「S～エス～」プレゼントコーナー！

プレゼントの応募締切は
2025年1月19日（月）当日消印有効です

1
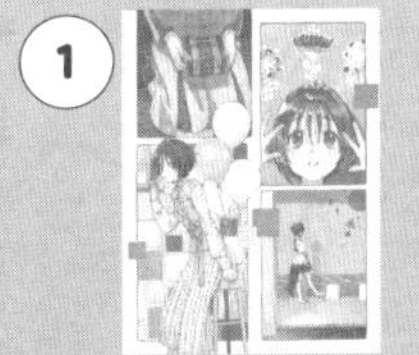
堀口悠紀子
表紙イラストタペストリー（直筆サイン入り）
1名様

2A **2B**
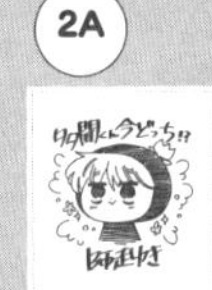
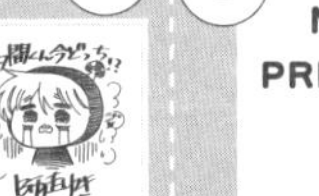
師走ゆき
直筆サイン色紙
各1名様

3
NOW PRINTING
得能正太郎
直筆サイン色紙
2名様

4
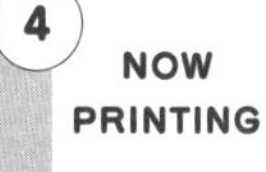
NOW PRINTING
平尾アウリ
直筆サイン色紙
1名様

5

ミキマキ
直筆サイン色紙
1名様

6
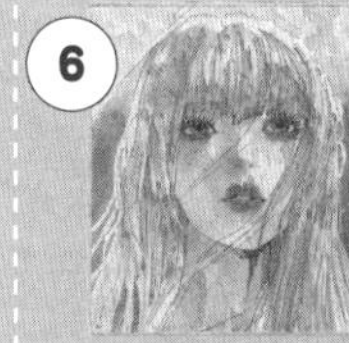
國安ユウキ
直筆サイン色紙
1名様

7
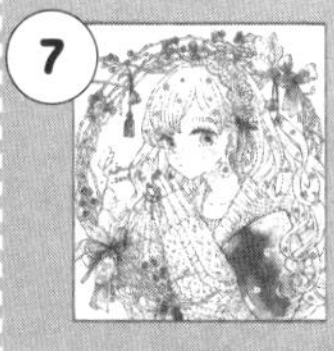
咲久亜
直筆サイン色紙
1名様

8

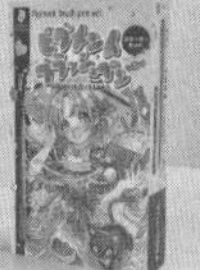
ステッドラー ピグメント
ブラッシュペン スターターセット
2名様
提供：ステッドラー日本株式会社

9
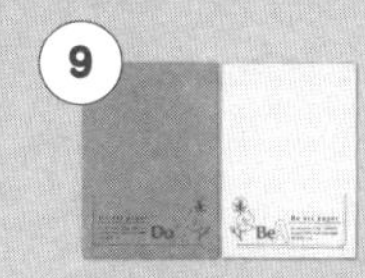
ドゥーアートペーパー
ビィーアートペーパー
パッド2冊セット　5名様
提供：株式会社ミューズ

10
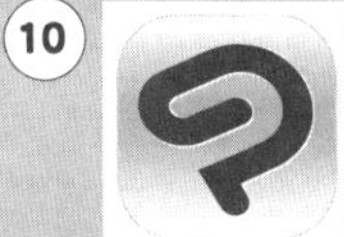
CLIP STUDIO PAINT PRO
1デバイス2年版アクティベーションコード
1名様
提供：株式会社セルシス
（Win/mac/iPad/iPhone/Android/Chromebook
のいずれか1台で利用可能）

11
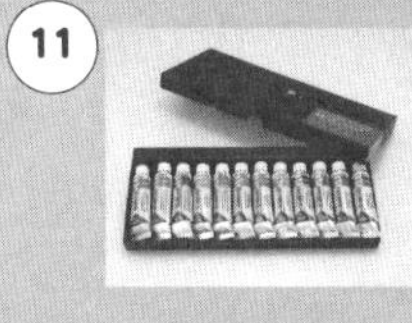
レンブラント水彩絵具
グラニュレーション12色セット
2名様
提供：株式会社ターレンスジャパン

12

PMW-10　ZIG マスキングライター　FINE
PMW-20　ZIG マスキングライター　MEDIUM
3名様（上記2つをセットで）
提供：株式会社呉竹

季刊エス・スモールエス運営の「ギャラリーエクリ」のお知らせ

「ギャラリーエクリ」では、季刊エスやスモールエスに
ゆかりのある作家さんの展示を開催！
詳しくはSNSをチェックください！

★アクセス　渋谷駅から徒歩7分
東京都渋谷区神南1丁目13-3
アーク神南ビル2F

Googleマップで
「ギャラリーエクリ」で表示！
【X】@galleryecrii　はこちらです→

「S～エス～」92号 2026年冬 あこがれ歌ふよ。

1 表紙＆ピンナップ｜堀口悠紀子「22/7(ナナブンノニジュウニ)」
2 ピンナップ：村田蓮爾　4DSTYLE
3 特集扉：浅田弘幸
4 堀口悠紀子「22/7(ナナブンノニジュウニ)」表紙メイキング＆インタビュー
5 22/7「あの日の彼女たち」若林信監督インタビュー
6 さくらしおりインタビュー
7 漫画『多聞くん今どっち！？』師走ゆき
8 漫画『IDOL × IDOL STORY！』得能正太郎
9 漫画『推しが武道館いってくれたら死ぬ』平尾アウリ
10 アニメ『超かぐや姫！』へちま
11 ゲーム「アイドルと〇〇しちゃダメですか？」ミキマキ
12 佐藤芽好
13 RiN wakabayashi
14 成田あやの
15 kondousan
16 YURIAJURIA
17 mitoron
18 ほしねぎ 描き下ろし
19 碧風羽 描き下ろし
20 うごんば 描き下ろし
21 ととまめ「うさにん」
22 根本凪 描き下ろし漫画
23 もっと教えて…♥ 七神マナのイラスト開発テクニック「RE:VANILLA*」
24 ほにゃほにゃいきものてん 2025 in 取手藝祭　鷹山真彩
25 コピックメイキング　國安ユウキ
26 第19回ペンタブレット de アート投稿コンテスト　結果発表
27 CLIP STUDIO ASSETS TRY!　#推しアセおためし
28 D[di:] × Aeryn 絵描きのためのタロット講座
29 Aeryn Tarot 数秘術・1月～3月の運勢（カットイラスト・玉川桜）
30 column：ゆかしなもんの昭和ガーリーカルチャー大学
31 column：「行ったぜ！ 女性用風俗」しろねり
32 田中将賀のキャラクター赤ペン講座
33 中村佑介　シゴトバ探訪　長場雄
34 直感通信　長尾謙一郎×小田島等
35 咲久亜×ホワイトアイビス水彩紙【細目】メイキング
36 Star S
37 咲久亜ピンナップ
38 Space S

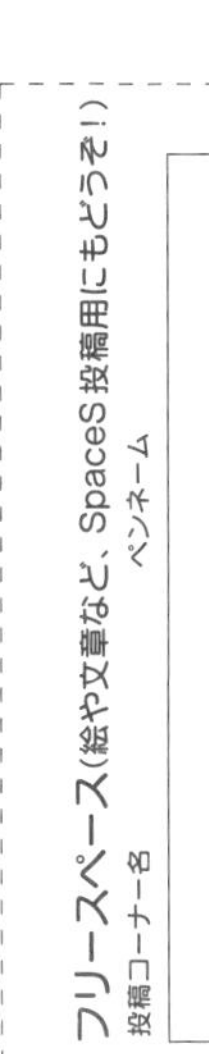

フリースペース（絵や文章など、SpaceS投稿用にもどうぞ！）
投稿コーナー名
ペンネーム

「S」2026年 冬 92号
「あこがれ歌ふよ。」

季刊エスの本誌やSNSでコメントを紹介することがあります。
ペンネーム掲載以外を希望の方は「□」にチェックしてください。
□掲載NG　□匿名希望

■今回登場した作家、作品への感想をどうぞ

■この雑誌で面白かった記事は？（上記のリスト番号から5つまで）
［　］［　］［　］［　］［　］

■114～136ページの「StarS」投稿イラストで気に入った絵の作家名を教えてください（3人まで）　※お手数ですが掲載ページもご記入ください
（P.　掲載）（P.　掲載）（P.　掲載）

■季刊エスの「表紙描き下ろし＆巻頭大特集」で見てみたい作家や内容は？

■好きなイラストレーターを教えてください

■今後「季刊エス」を買うとしたら、何が決め手になると思いますか？（2つまで）
□表紙の作家　□付録の内容　□有償特典グッズ　□漫画家記事　□投稿イラストコーナー
□好きな作家が複数出ている　□描きおろしイラスト　□メイキング記事　□連載の絵や記事

■人生でもっとも心をうたれた、影響を受けた作品は？（好きなところも教えてください）

■好きなアイドルを教えてください（今好きな人がいない場合は過去に好きだったアイドルを）

好評受付中！

「季刊エス」と「SS」は、年間定期購読ができます！

「季刊エス」と「SS」では便利な年間定期購読システムを行っています。
書店で探さずとも毎号確実に季刊エスやＳＳが手に入るのが
年間定期購読です。 お申し込みはインターネット、スマートフォンから！

季刊エス
定期購読

SS
定期購読

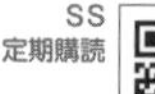

■季刊エス定期購読申し込み方法

WEBサイトから
http://www.fujisan.co.jp/kikans

■スモールエス定期購読のお申し込み方法

WEBサイトから
http://www.fujisan.co.jp/ss

※年間購読の申し込みはFujisan.co.jpになります。 お申し込みはFujisan.co.jp記載の利用規約に準じます。
★Fujisan.co.jpでは季刊エスとスモールエスのバックナンバーを購入することもできます！

スモールエスと季刊エスのバックナンバー販売中

■販売中のスモールエス
※電子書籍も発売中
72号（表紙：キナコ）
73号（表紙：寺田てら）
74号（表紙：WOOMA）
75号（表紙：上倉エク）
76号（表紙：南野葵）
77号（表紙：村カルキ）
78号（表紙：優子鈴(ゆこりん)）
79号（表紙：七神マナ）
80号（表紙：ヤマコ HoneyWorks）
81号（表紙：ワダアルコ）
82号（表紙：香琳）
83号（表紙：氷いた）

■販売中の季刊エス
83号（表紙：米山舞）
84号（表紙：rurudo）
85号（表紙：なもり）
86号（表紙：山口つばさ）
87号（表紙：あらゐけいいち）
88号（表紙：加藤和恵）
89号（表紙：mignon）
90号（表紙：森倉円）
91号（表紙：小畑健）

NEXT ISSUE
2025 年3月17 日発売予定

2026 年は、ひとりの作家や、ひとつの作品を大特集する企画も準備しています！
皆さんも、フィーチャーしてほしい作家さんや作品がございましたら、
アンケートでお声を寄せてくださいませ！
詳しくは SNS などで発表していきます！

編集後記

今号の表紙は堀口悠紀子さん。季刊エスでは、どちび名義で絵を描いてもらったり、白身魚として画集を刊行させていただいたり、長年たいへんお世話になってきました。今回は堀口さんがキャラクターデザインをされている 22/7 の滝川みうさんを表紙に描いていただいています。11 月に、22/7 のキャラクターたちを描いた堀口さんのイラスト集が発売されましたが、同書には滝川みう役の西條和さんと堀口さんとの対談も収録されています。22/7 は、今年に卒業した西條和さんを見送るように「じゃあね」という曲をカバーしました。これは 1980 年代に、女子大生グループ「オールナイターズ」から「大人数グループが新規加入や卒業でメンバーをつなぐ」という形を引き継いだおニャン子クラブが、一人のメンバーが離れるときに、「卒業」というお別れの表現を、感動的なセレモニーとして実現させて歌った曲。22/7 が歌い継ぎましたが、グループアイドルが持つドラマはあの頃に決定づけられたと言えます。前号で小畑健さんが 1985 年の自身のデビューについて、当時の時代潮流の変化が漫画家になったきっかけと語っていましたが、漫画やアニメ、アイドルなどのエンタメの直接的な転換は 80 年代初頭にあるようです。演劇もそうであることを、三谷幸喜さん脚本のドラマがちょうど今伝えています。80 年代初頭の文化状況は今に直結しているので興味深いです。

そして今号の特集タイトル「あこがれ歌ふよ。」は、今年に 120 周年を迎えた石川啄木の第一詩集『あこがれ』の一節。教科書では、清廉に生活や家族を見つめた作家のように描かれる啄木ですが、実際には数多くの女性との関係に耽り、生活能力はなく就職先で衝突を繰り返し、多大な借金で食い繋ぎ、26 歳で生涯を終えた人物です。日本文学界きっての問題児。それでも 19 歳で上梓した『あこがれ』は美しい作品集でした。社会を生きづらい者が抜け道を這って閉塞感のなかで光を求める。啄木の時代から 100 年を越えた今、あこがれは一層求められているようにも感じます。今号は、そんなあこがれを受ける者たちを見つめました。皆さんも自身のあこがれについて、思いめぐらせていただければ幸いです。そしてこの先も、あこがれ得る存在が棲まう物語やステージが続いていくことを願っています（ノ）

イラスト投稿ガイド

158 ページとあわせてよく読んでね！

● イラスト送付先住所（編集部は渋谷です！）
〒150-0041 東京都渋谷区神南1丁目13-3 アーク神南ビル2F
季刊エス編集部「（応募コーナー名を書いてください）」

78 号から、投稿の送付先の住所が渋谷に変更！ お間違えないように！

投稿イラストの裏面に必要事項を記入する
※読み間違いを防ぐために、丁寧に書いて下さい！
★住所、氏名などの必要事項は、必ず全てのイラストの裏に記入して下さい。封筒や別紙に記入するのは不可です！

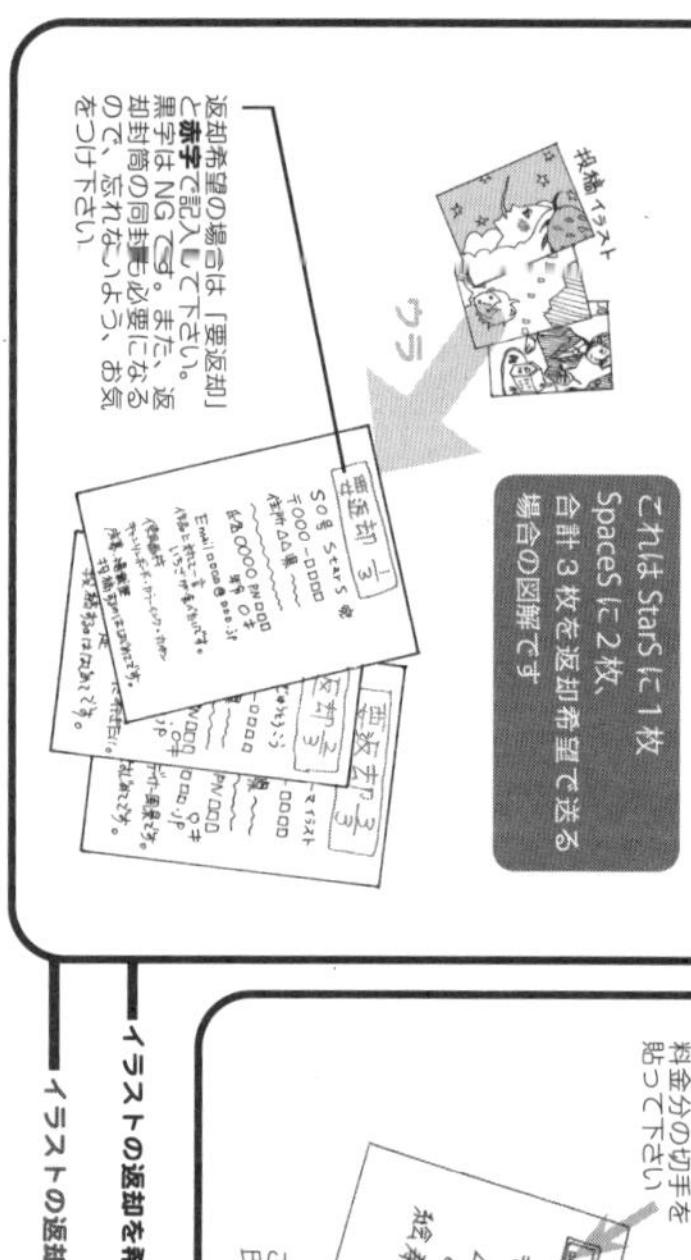

返却用封筒の用意
イラストを返却する時に、これに入れてお返ししますので、返却を希望する場合に必ず必要となります。返却用封筒が無いとイラストの返却が出来ませんので注意して下さい！

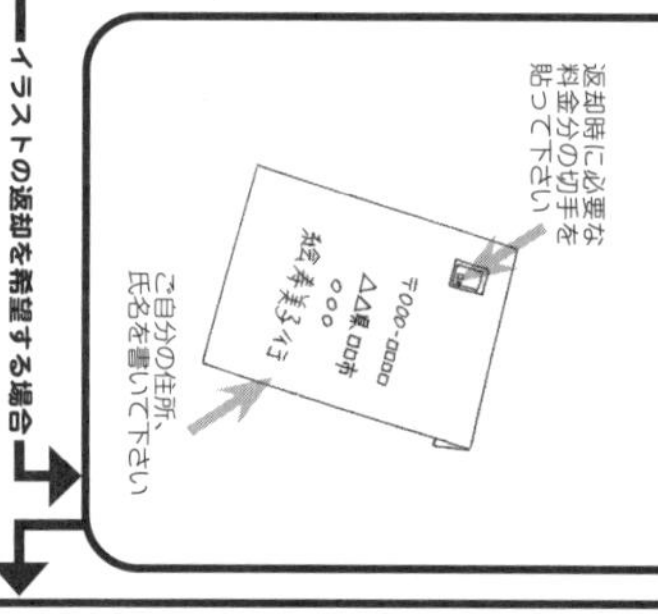

イラストの返却を希望する場合
イラストの返却が不要の場合

宛名（編集部の住所、コーナー名）、差出人を書いた封筒に入れ、切手を貼る
リターンアドレスが書かれているか、切手の料金が足りているか確認！郵便料金は下の料金表を参考にして下さい。
★重さは自宅のキッチンスケールで量れます。はかりが無い場合など、必要な料金が分からない時は郵便局の窓口で出しましょう。

23.5cm×12cm よりも大きなもの、または厚みが 1cm よりもあるものは定形外郵便の料金となるので要注意!!

郵便料金表

	定型内	定形外	角形2号厚み3cm以上の定形外
25g まで	110円	140円	260円
50g まで	110円		
100g まで		180円	290円
150g まで		270円	390円
250g まで		320円	450円

★2024年10月1日以降の新価格を掲載！
※A4、B5、A5サイズ等は定形外郵便となるため郵送には最低１４０円かかります。

投稿やハガキに記載された情報は、投稿作掲載、原稿依頼、プレゼント発送という誌面での企画にしか使用いたしません。

POST CARD

料金受取人払郵便
渋谷局承認
9391
差出有効期限
令和9年3月
14日まで
切手は不要なので送ってね！

150-8790
202

東京都渋谷区神南1-13-3
アーク神南ビル2F
株式会社パイ インターナショナル
「季刊エス」編集部
S92号
アンケート 係

サイン色紙は転売・譲渡禁止。当選者にはその契約を締結した後に発送します。

希望プレゼント番号： 第1希望 ◯ 第2希望 ◯
AとBなど複数あるプレゼントは「1-A」というように、希望を◯内に書いてください

住所：□□□-□□□□
都道府県
氏名：
ペンネーム：
性別：
職業：
年齢：
□掲載時に年齢を載せない
電話番号：
メールアドレス：

※太枠内は投稿作品を掲載する際に誌面に掲載します。

プレゼントの応募締切りは2026年1月19日(月)消印有効です

福岡県・えがおくらげ。

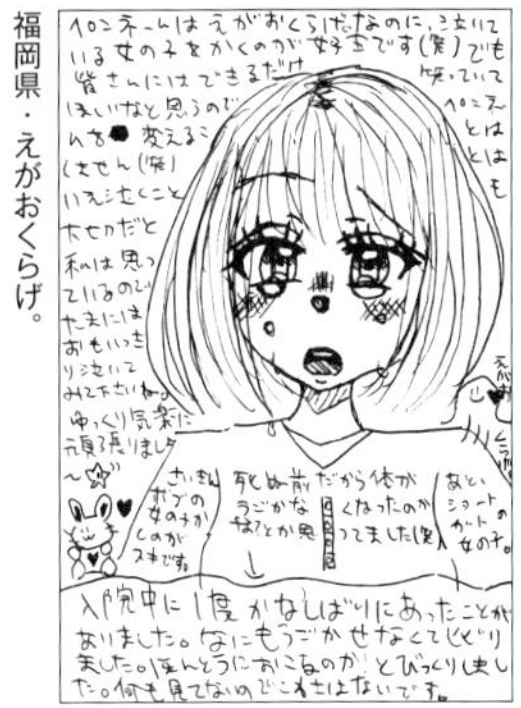

茨城県・はしかれ・15歳

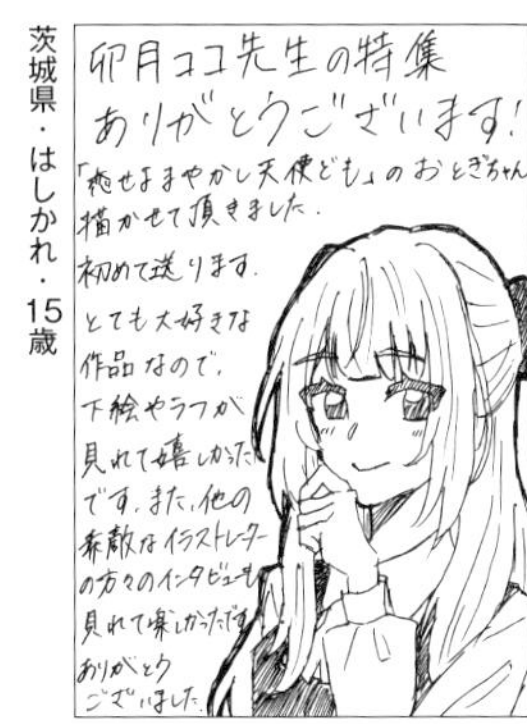

東京都・gon・31歳

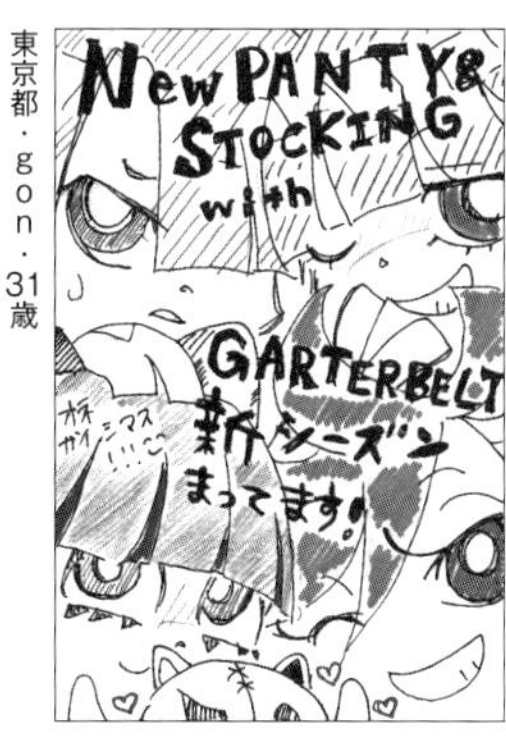

北海道・くろちまる

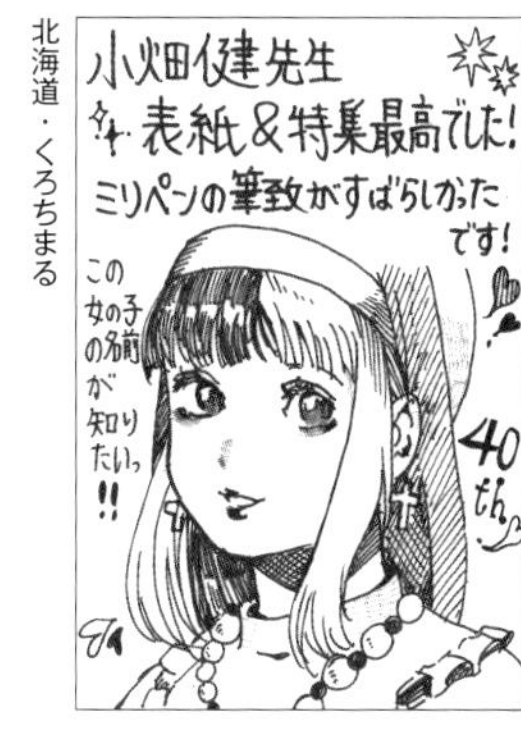

千葉県・上総かなえ

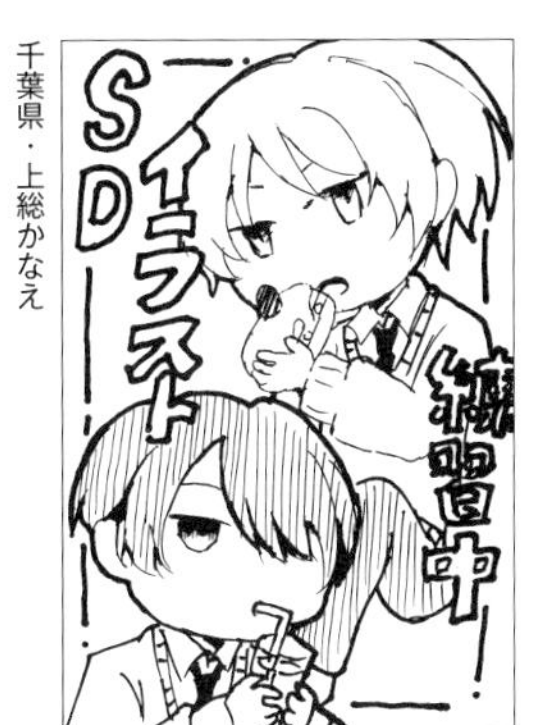
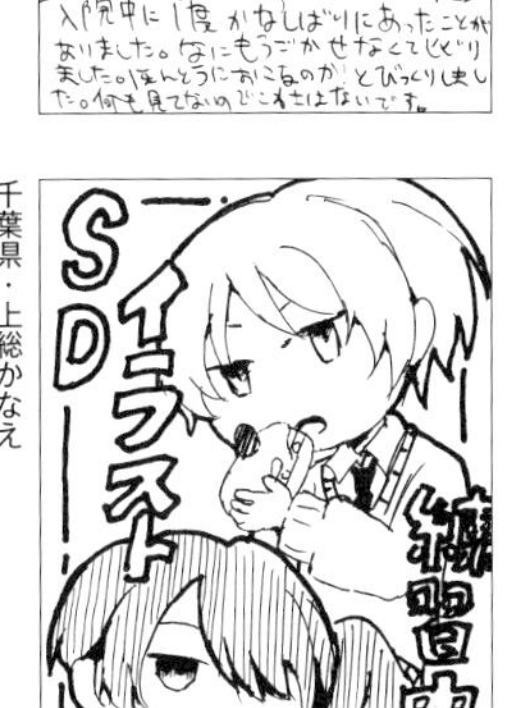

兵庫県・羊苺兎和

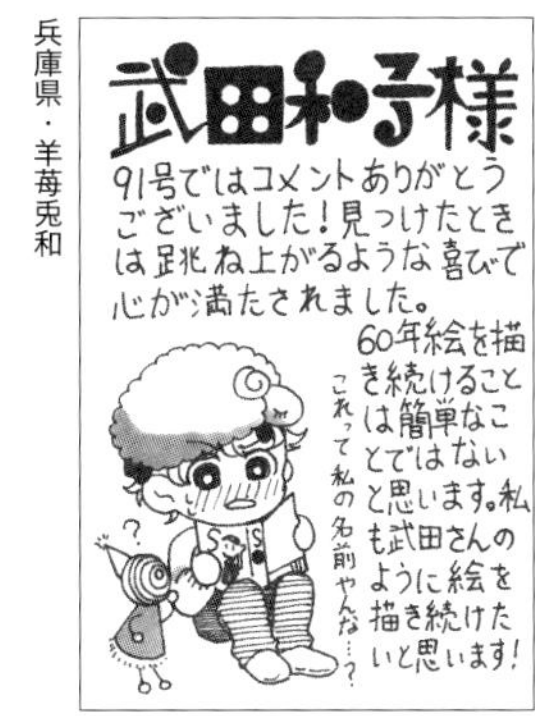

大阪府・篁おはる

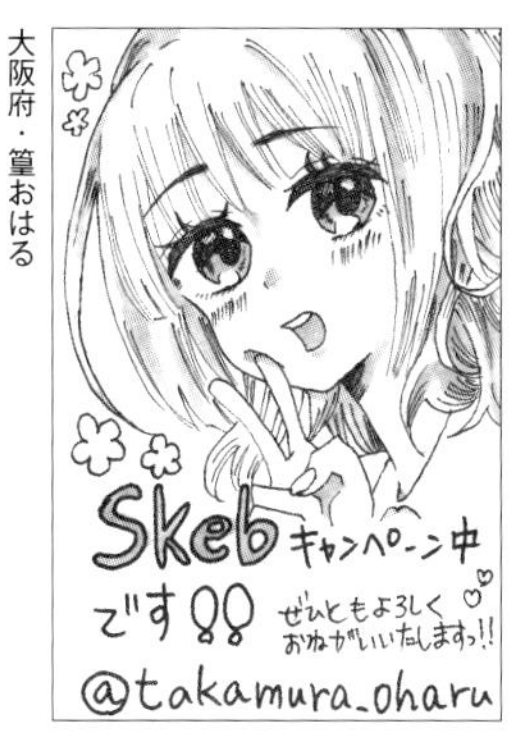

埼玉県・AtAt

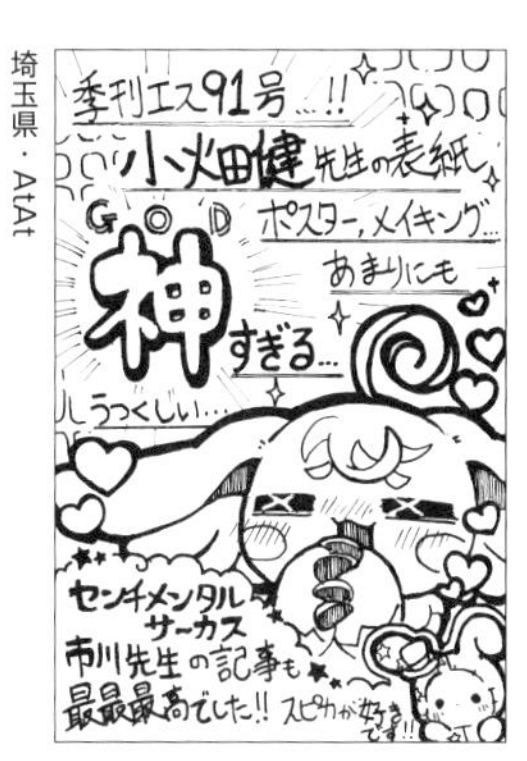

東京都・三峰徹

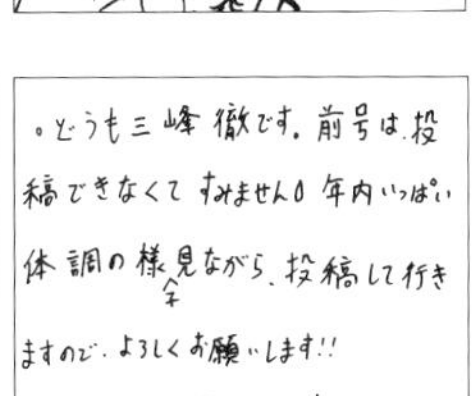

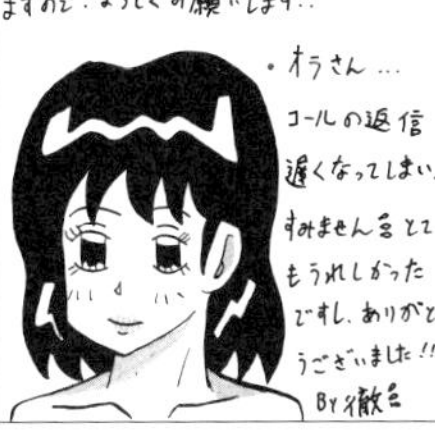

千葉県・武田和子・74歳

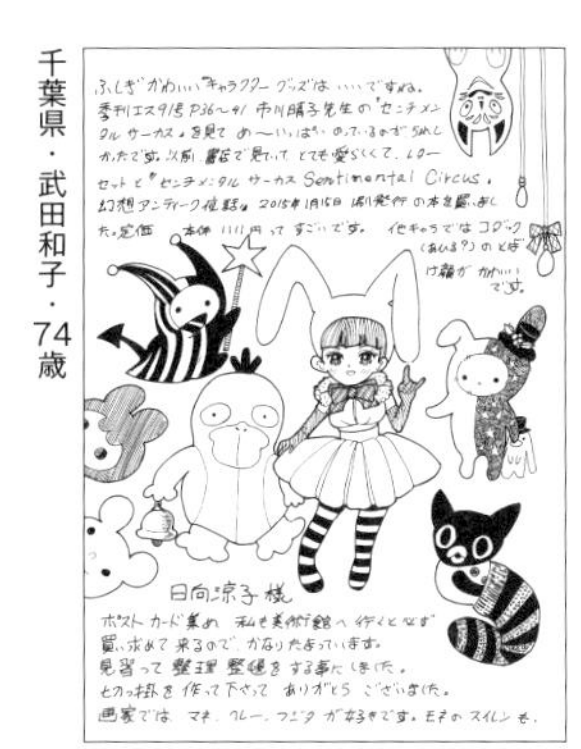

大阪府・田中童夏

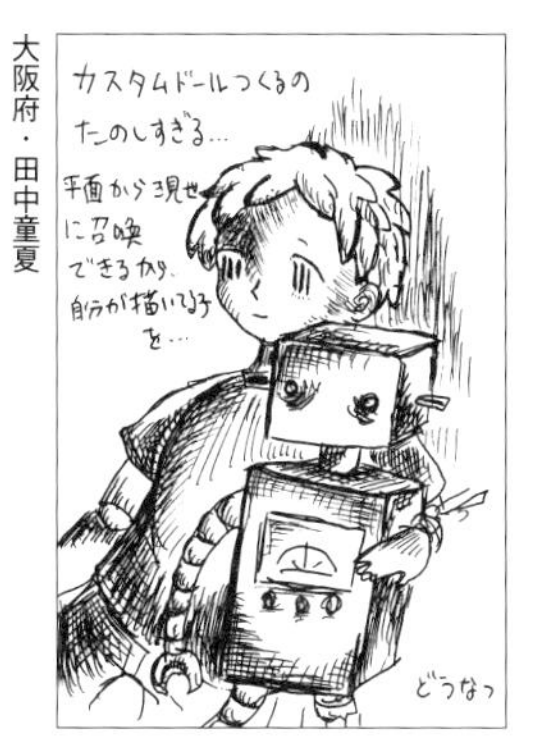

東京都・かけうどん

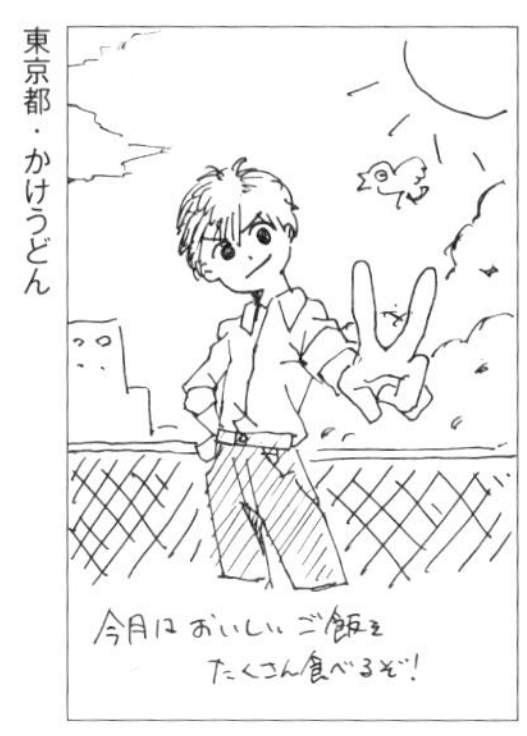

東京都・ひろくまひろみ

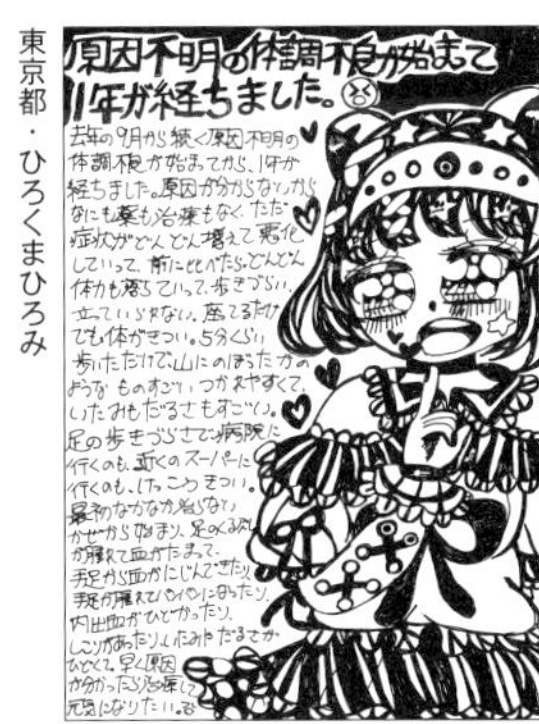

兵庫県・もちづき。・36歳

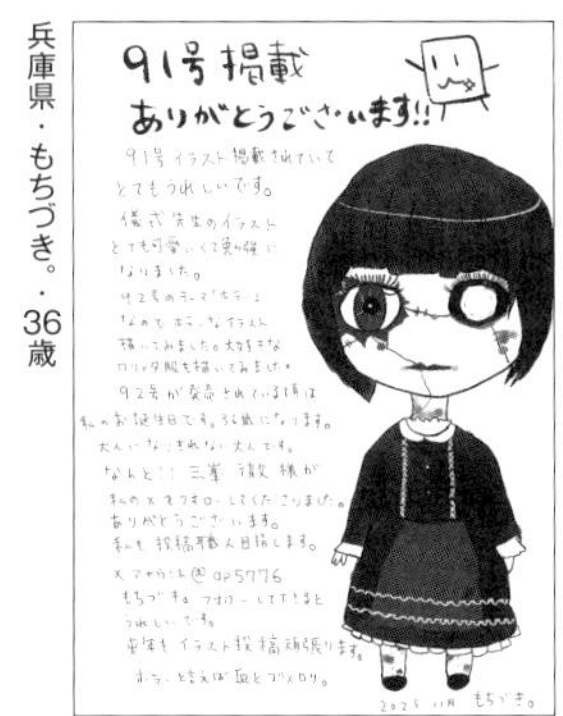

岐阜県・七茶

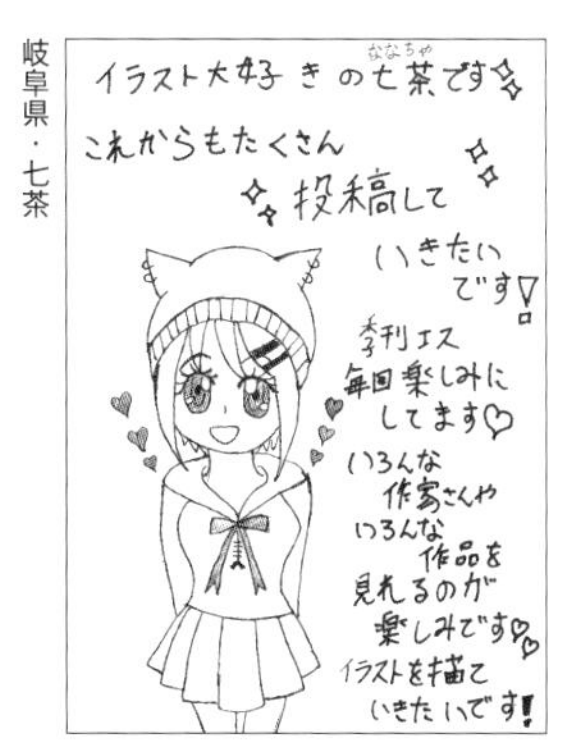

長崎県・細井悠人

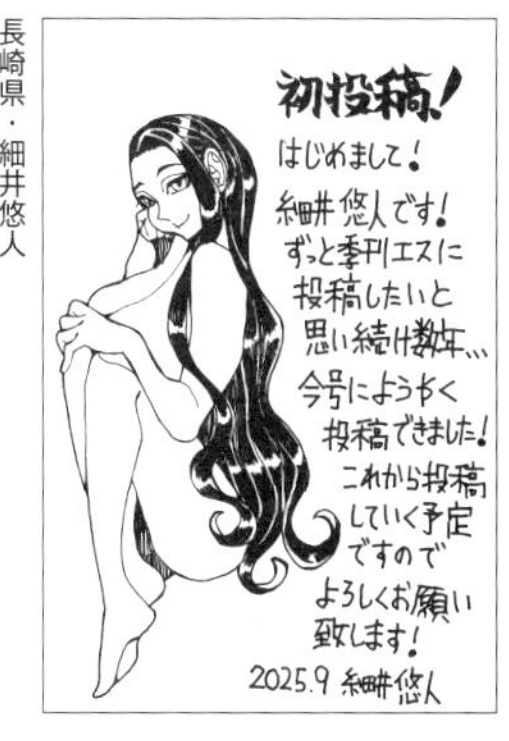

神奈川県・のさん

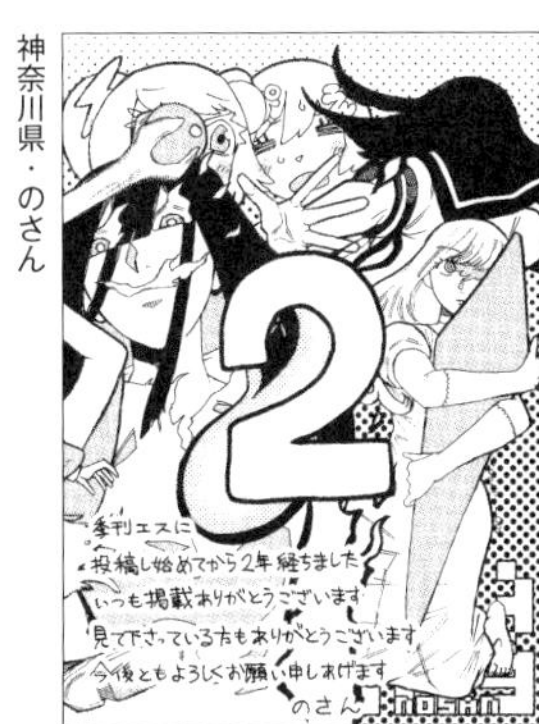

大阪府・You&You・11歳

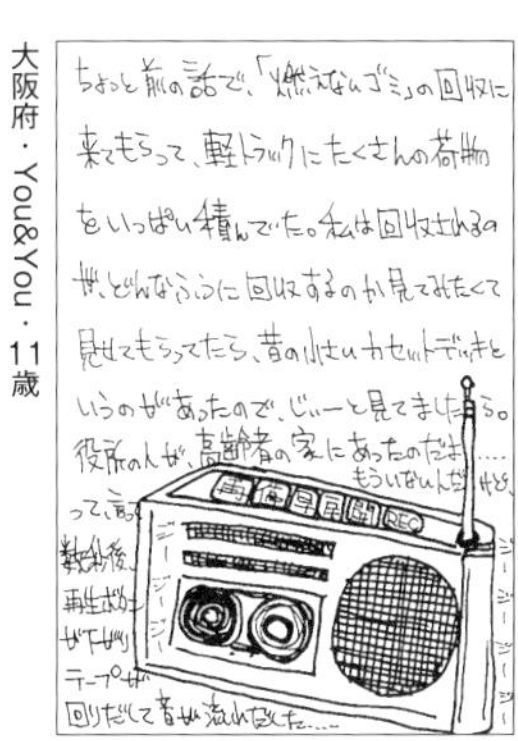

埼玉県・風見☆鶏・68歳

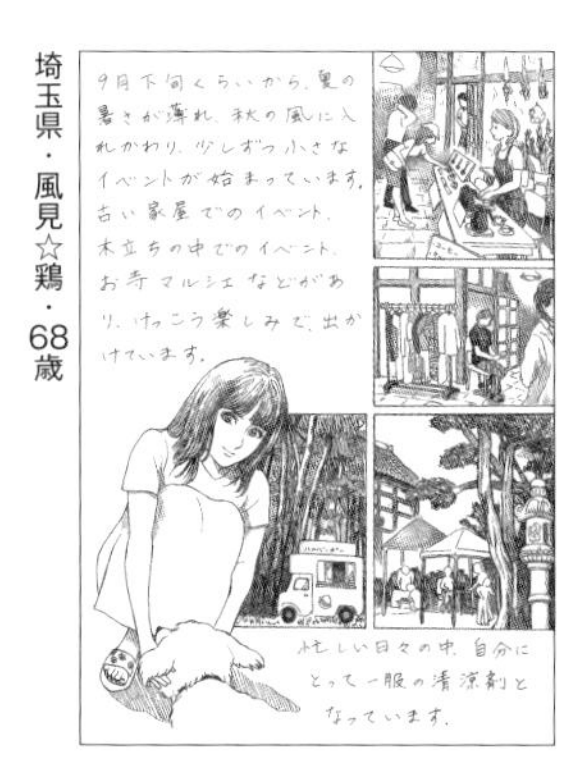

長野県・谷川りおん

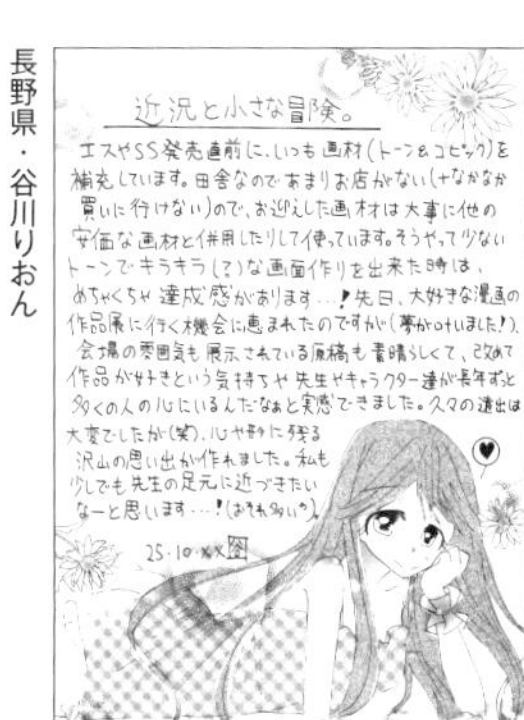

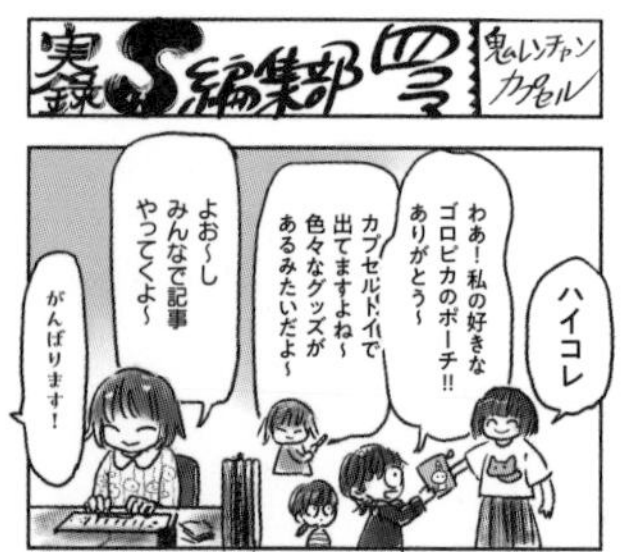

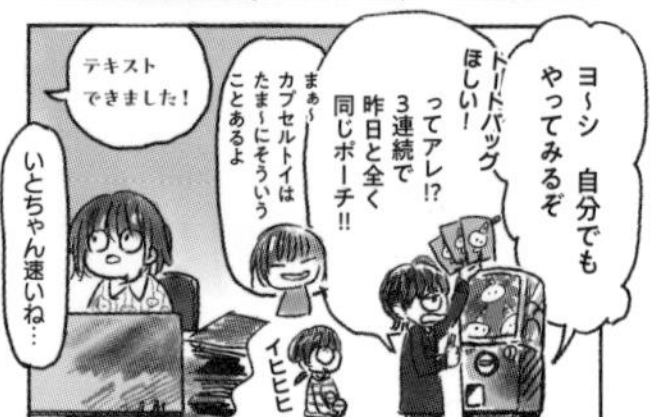

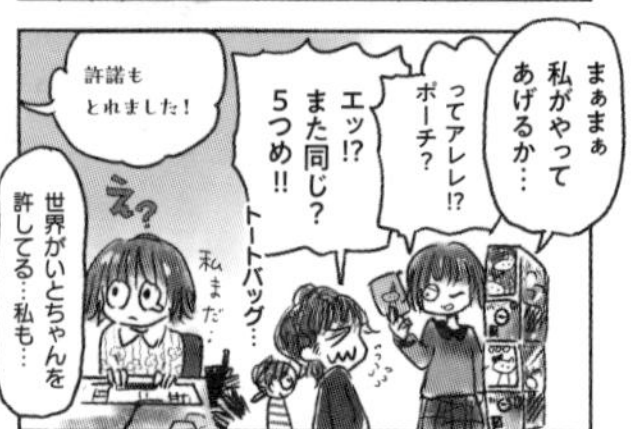

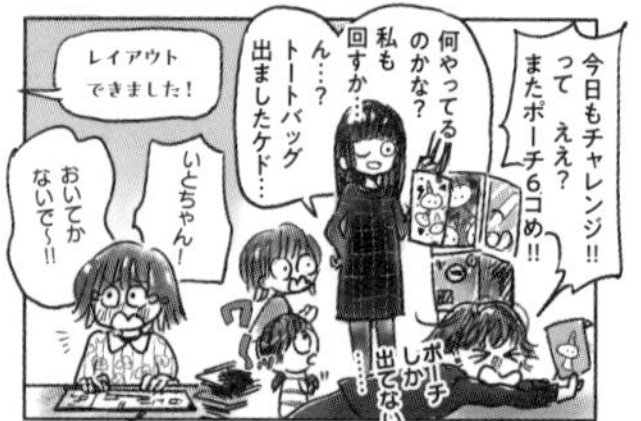

無欲の勝利とは
求めない技術である…！

Gallery ギャラリー エクリ ecrii
東京・渋谷にある
エス編集部に隣接した
ミニギャラリー

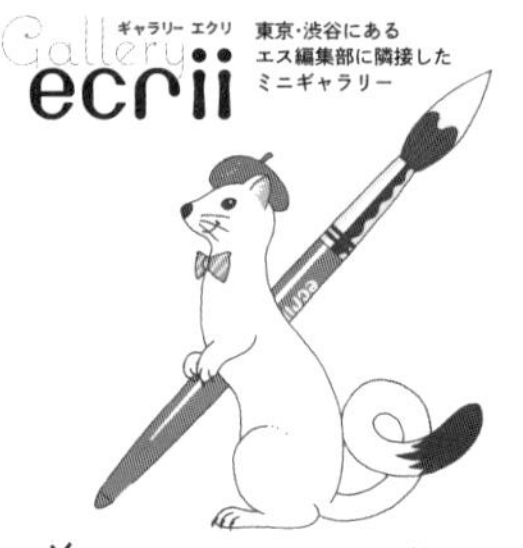

X（Twitter）

予約フォーム

福岡県・えがおくらげ。

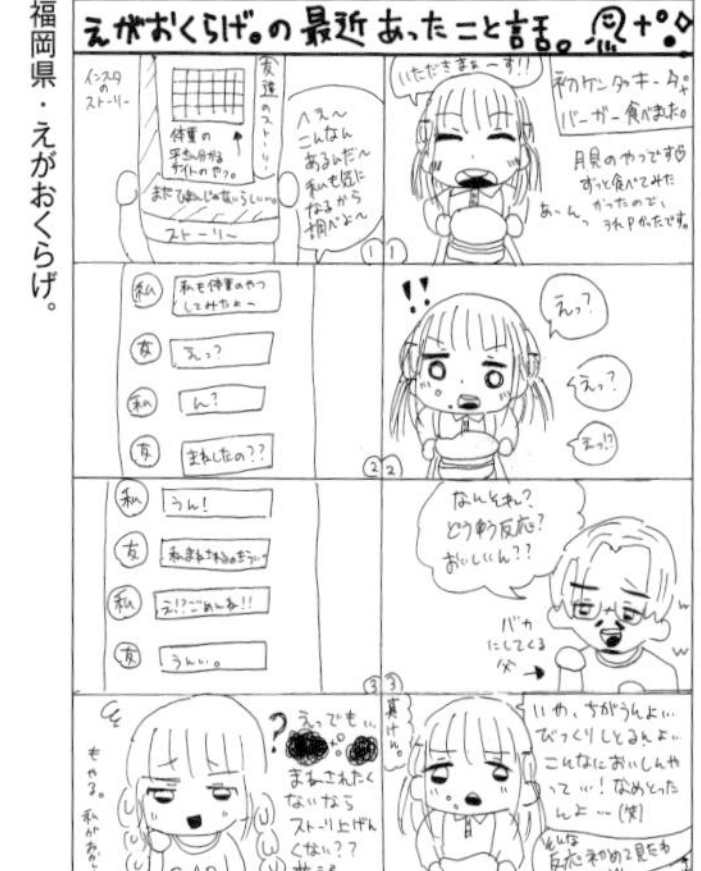

鳥取県・rosyemu

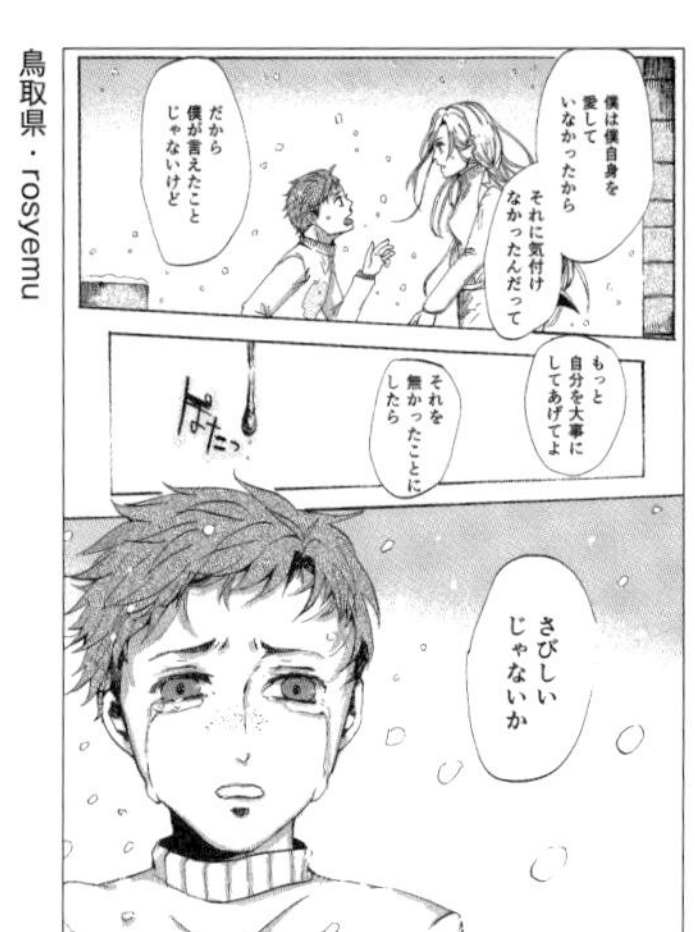

愛知県・風海ろっく

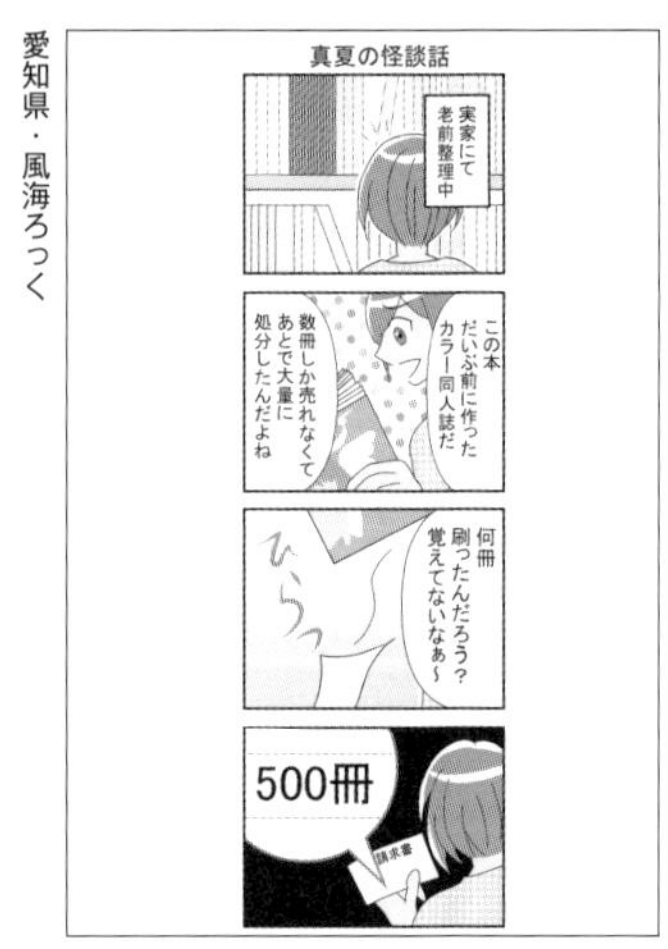

東京都・ひろくまひろみ

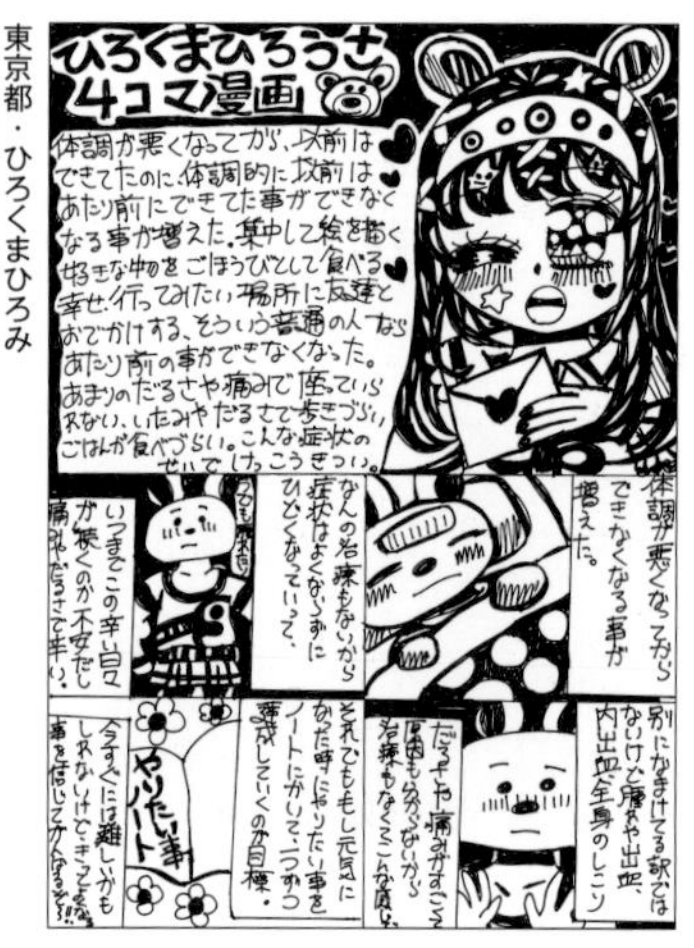

兵庫県・羊兎苺和

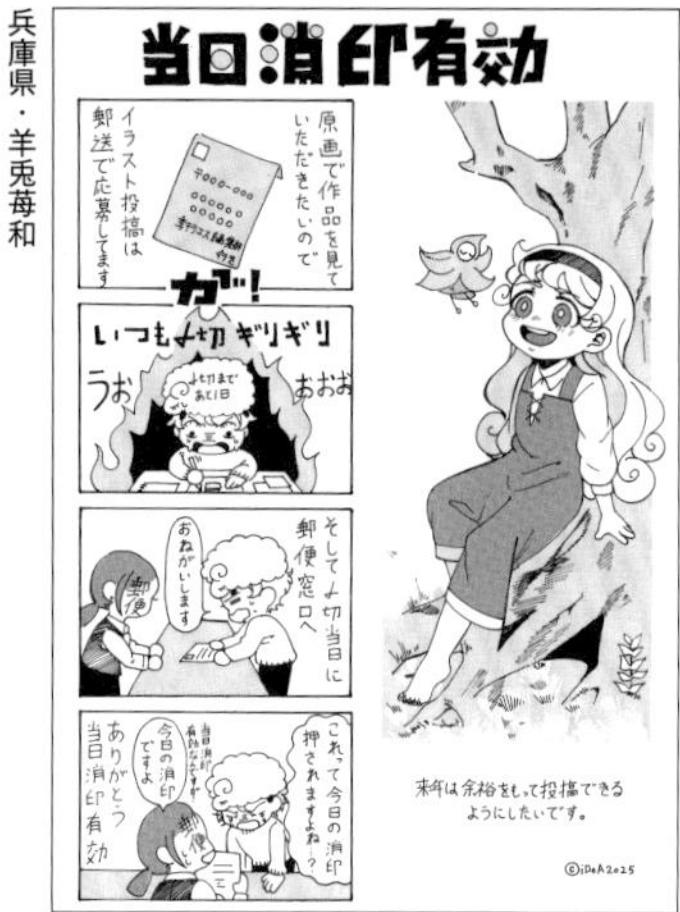

長野県・チェインミラァ

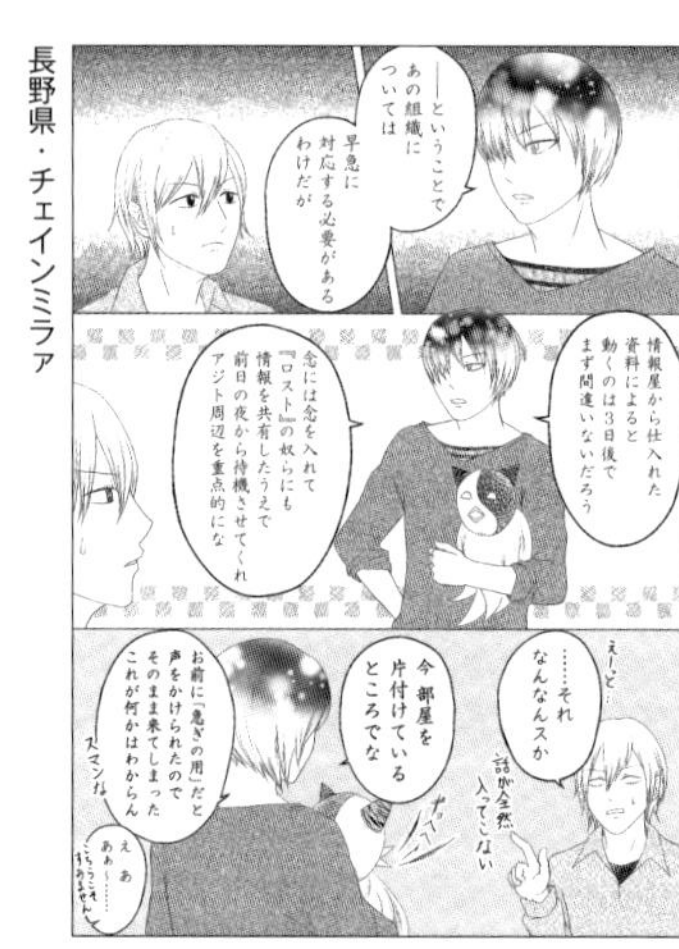

StarS 読者投票・結果発表！

本誌アンケートハガキに記入欄のある、気に入ったイラストアンケートの結果発表。審査員の意見に加えて、広く皆さんの意見を取り入れるために実施しています。投票で上位に入ったイラストには、読者ポイントも加算されますので、「この人の絵がもっとみたい！」という思いもこめて、是非、投票して下さい。

・第42回 StarS 読者投票結果

1位 畑野まめ 5ポイント
2位 yumemi 4ポイント
3位 咲久亜 3ポイント
4位 econoco
5位 potato
6位 海谷内藤
餃子サイダー。
YORU
9位 瀬戸すばる
10位 丑山雨

4位～10位の方には、2ポイント加算されます。

総合結果
1位 畑野まめ
2位 咲久亜
3位 econoco
4位 yumemi
5位 餃子サイダー。
5位 potato
7位 海谷内藤
7位 瀬戸すばる
7位 YORU
10位 天羽しいら、白ノ、丑山雨

StarSのポイントは10回ごとに集計し、その結果からグランプリ受賞者を決定します。上位ポイント獲得者には、画材や描き下ろし原稿料をかねた賞金が贈られます。皆様からの投稿お待ちしております～♡

ととちゃん、ピクラの似顔絵やトークコーナーにもご投稿下さい！

二代目メイド編集部員
ととちゃん

SpaceS ナビゲーター
お絵かき宇宙人ピクラ

spaceS

ONE MANGA

シリアスからギャグまで
みんなの1Pマンガを
紹介するコーナー

福岡県・とりり

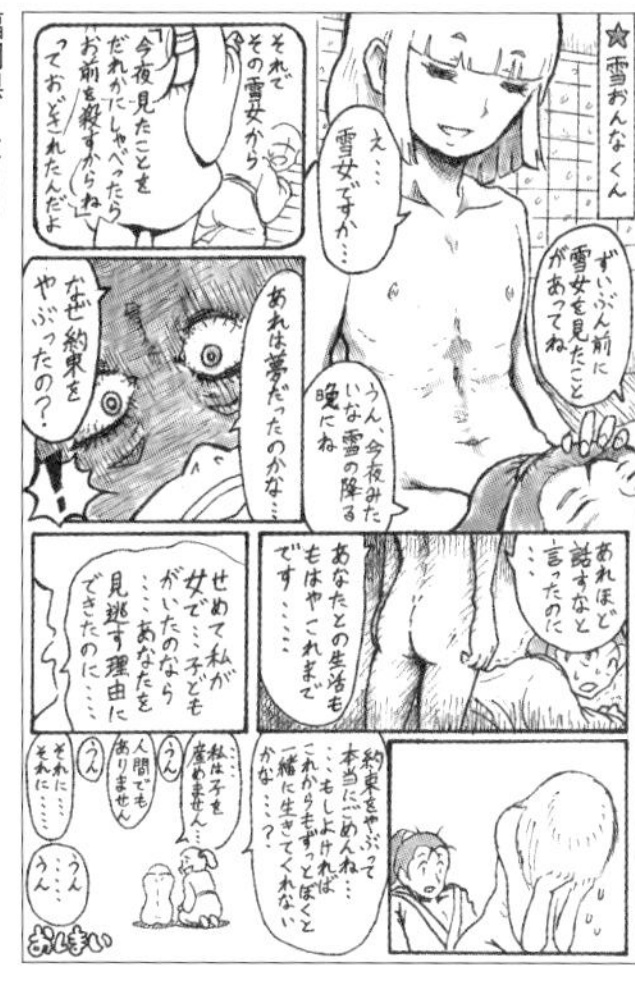

東京都・三田由子

長崎県・細井悠人

埼玉県・風見☆鶏・68歳

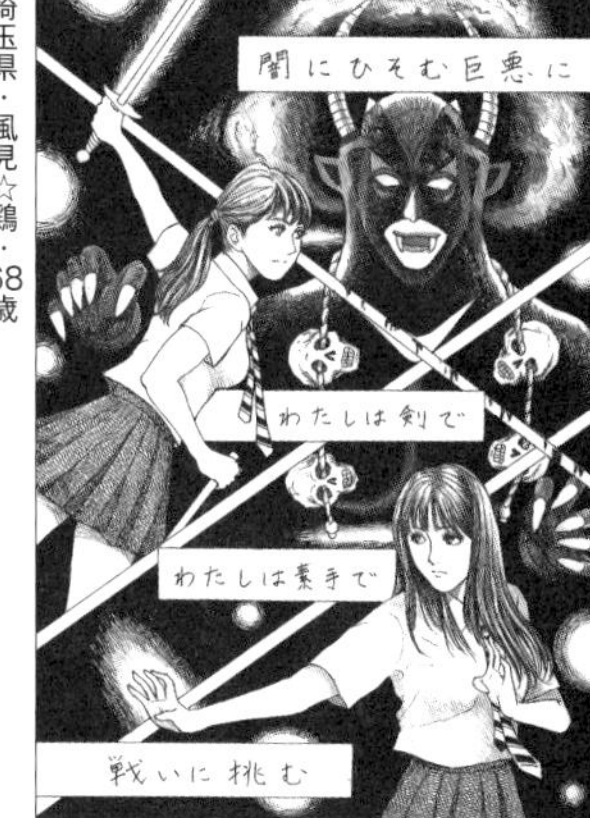

長野県・谷川りおん

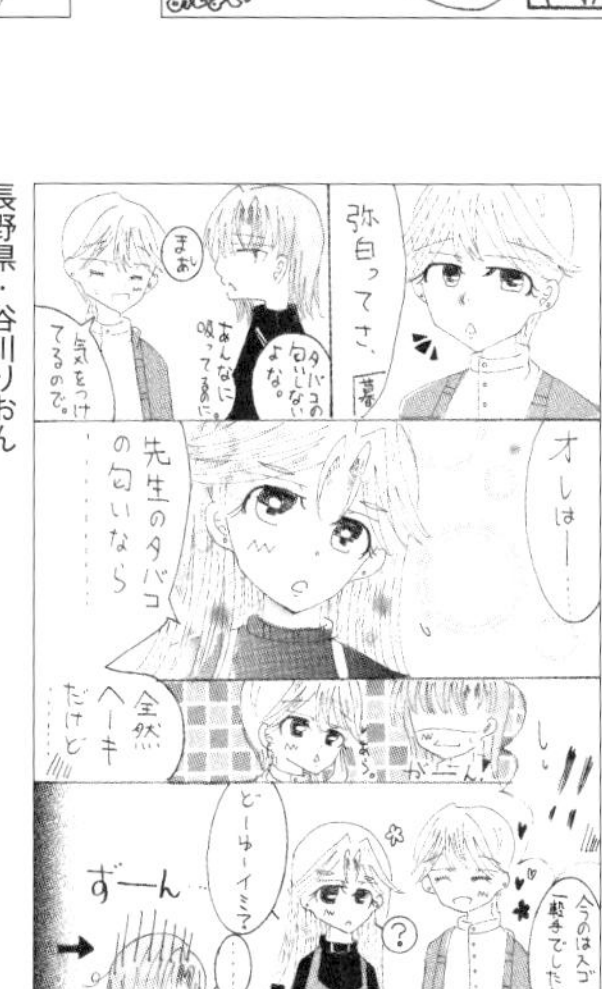
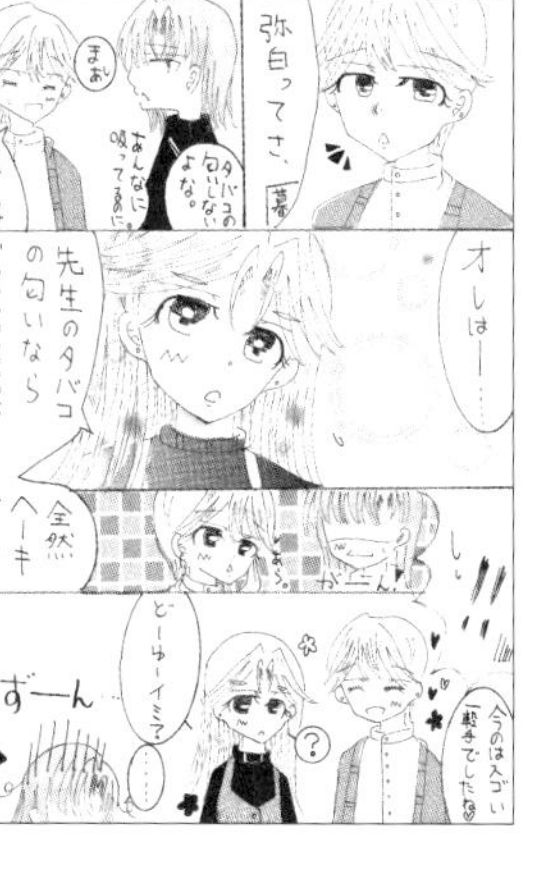

千葉県・都栄

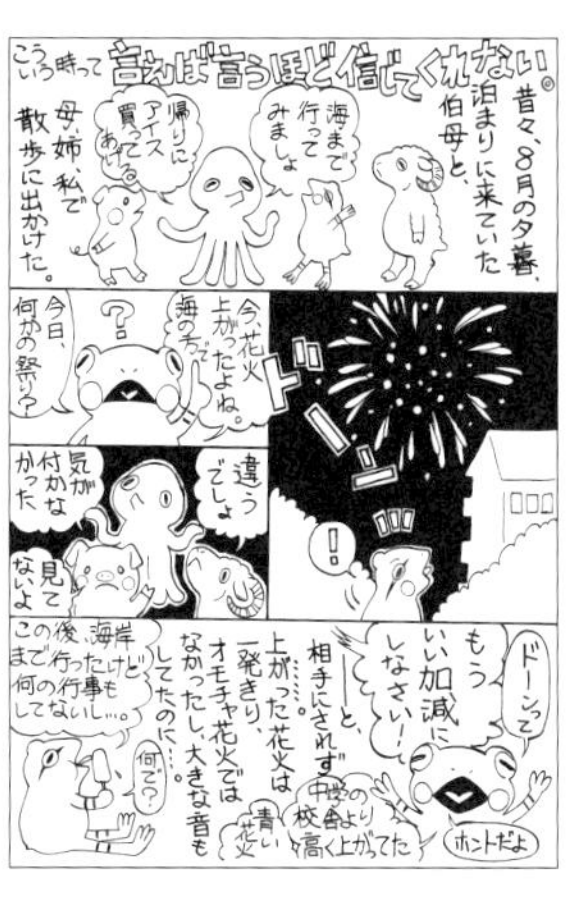

東京都・たかび

starS & spaceS 応募の決まり

★starS
カラーを中心としたメイン投稿コーナー

★spaceS（次回より少しリニューアル）
これまで三つのコーナーに分かれていましたが、次号からは、すべてまとめて掲載いたします！なので、投稿作品については、「白黒のイラスト」「オリジナルの1P漫画」「近況を語るトークイラスト」という内容を、「spaceS」として、お送りくださいませ。「ピクラ☆ランデブー」に送ってくれていた文字投稿も引き続き募集しますので、近況や感想などもお送りくださいませ〜！

●郵送でおくる場合

★応募要項
以下の要項を作品の裏面に記入してください（複数作品応募される場合も必ず個別に書いて下さい）

1 投稿するコーナー名（例：「StarS」「SpaceS」など）と、「季刊エス」の何号宛のイラストなのか必ず記入してください
2 郵便番号、住所、氏名、ペンネーム、年齢（**非公開希望の方は「非公開」と記入してください**）、電話番号またはメールアドレス
3 作品のタイトル（**※Space Sでは不要**）
4 使用画材（絵具や描画ソフト、紙の種類など）
5 作品に関して一言
6 投稿経験（初投稿は特に明記。Xやインスタのアカウント、エスやSSへの掲載歴を記載ください）

★使用画材
画材は何でもOKです。「StarS」宛は白黒、カラーは問いません。「SpaceS」はモノクロページでの掲載なので、白黒で描いてください。

★その他注意
・天地（作品の上下）左右がわかりにくいイラストは裏に明記して下さい。

★作品の返却を希望する際のキマリ
1 投稿時と同額の切手を貼った、自分の住所氏名を書いた封筒を同封すること
2 作品の裏に赤で「要返却」と書くこと
3 複数枚数の場合は、全部で何枚あるか全てのイラストの裏面に必ず書くこと（例えば3枚投稿した場合、1／3、2／3、3／3と書いて下さい。**1枚の場合でも1／1と記載してください**）

★作品のサイズ
用紙サイズはA4（21×29.7cm）以内でお願いします。A4より大きい用紙は不可です。

★応募締め切り
2026年1月19日（月）当日消印有効

★送付先
〒150-0041
東京都渋谷区神南1丁目13-3
アーク神南ビル2階
季刊エス編集部
「StarS」または「SpaceS」係
（応募するコーナーの係宛に送って下さい）

●インターネットでおくる場合

季刊エスサイト
http://s-ss-s.com/s/
「投稿のおしらせ」より応募要項をご確認いただきメールフォームに沿って投稿ください。

★応募締め切り
2026年1月19日（月）当日送信まで有効

◎発表 2026年3月17日発売号

埼玉県・風見☆鶏・68歳

長野県・谷川りおん

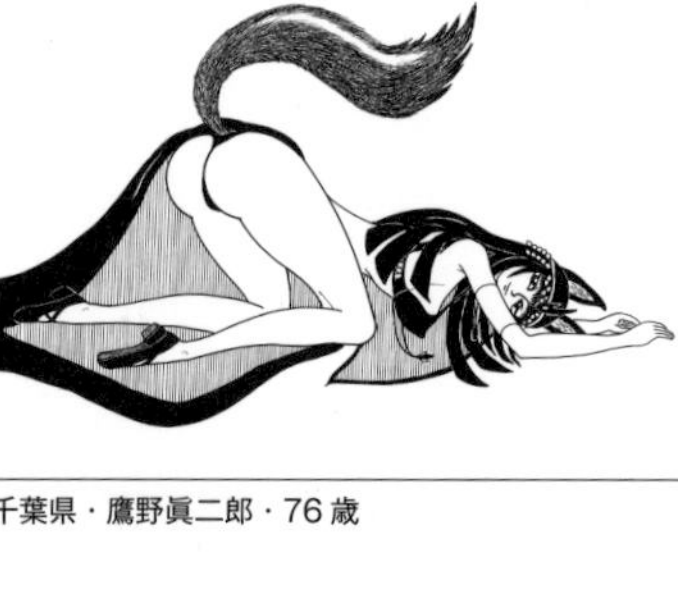

千葉県・鷹野眞二郎・76歳

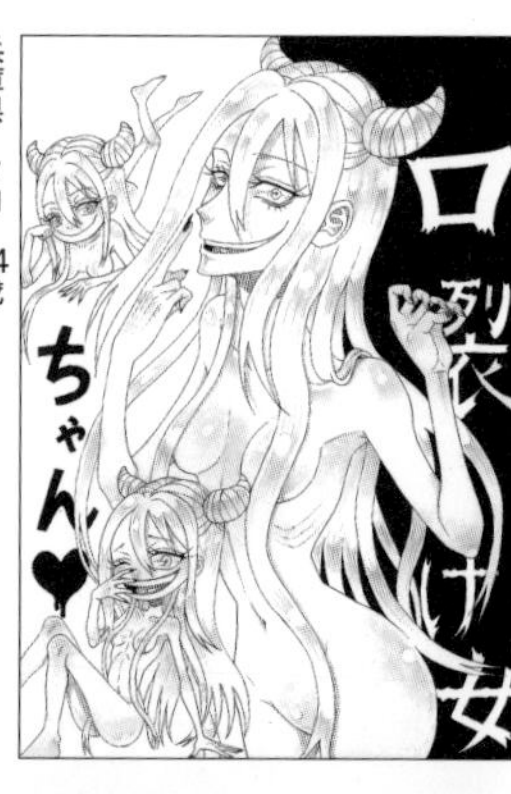

兵庫県・タロ・34歳

広島県・夜万尋

愛知県・風海ろっく

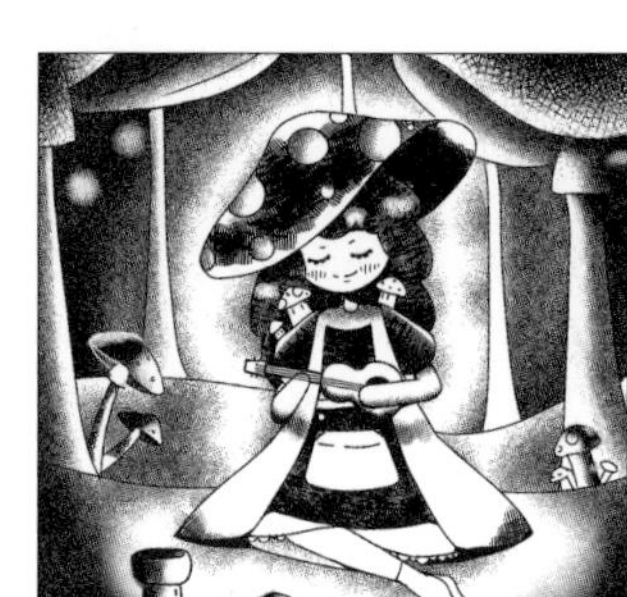

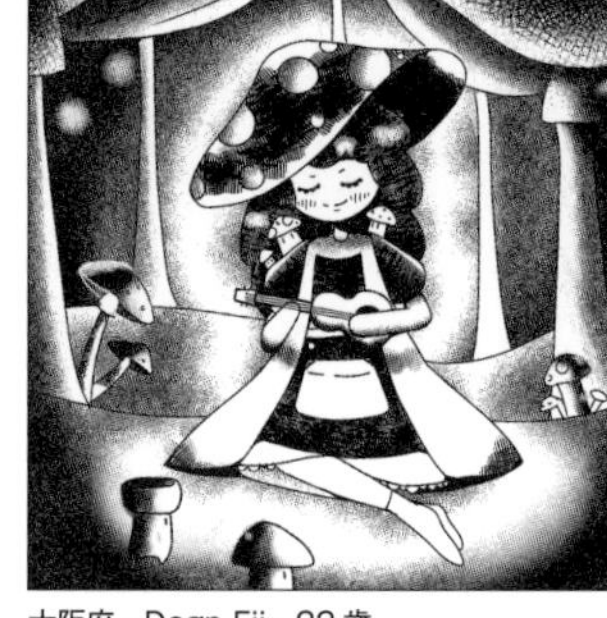

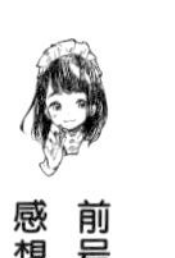

大阪府・Dagn Fii・22歳

大阪府・田中童夏

ピクラ☆ランデブー

今月もピクラ☆ランデブーにおハガキありがとうございますぅ。

それでは、今回もピクピクッとお便りコーナー始まるよ～！

●小畑健先生の描く「二面性」。シスターなのに武器、天使なのに悪魔、メガネ…眼鏡!? メガネをかけるかけないも二面性。このアイデア見れたの、ホント良かった。次々号の特集は「メガネ」にしましょう。

茨城県　さかさまアロハ　38歳

前号の小畑健さんによる表紙の感想ありがとうございます～。二面性ということでいろんな要素が入っていて、そのぶん細やかで濃密な描写ですごかったねん!

レースの細かい線もひとつひとつ手描きで圧巻だったね。ファンタジックな設定でありながら、現代にいそうな地雷系ファッションだったのも二面性でしたね～。

とても作り込んだコスプレをしてみたいって夢をずっと抱いてるんだけど、リアルファッションとしては、ゴスロリや地雷は通ってなくて、装飾的な洋服は着たことないの。

ととちゃん、アイドル衣装も良いんじゃない? 最近は衣装の展覧会をやっていて、そこでアイドル衣装を着ることができる体験型の楽しみもあるみたいだよ。

と、編集部のメイドからアイドルへステップアップできるかな…。カフェっ娘から人気投票一位になり…。そして電撃加入…。

●「New PANTY & STOCKING with GARTERBELT」のスタッフ座談会記事メイキングの話がぶっとんでいて最高でした! ところで、記事のキャラクター紹介でマイナーキャラのスーパーガイ・ジンがいるのにビックリしました笑 ピックアップされているシーンがナイスすぎです笑

東京都　ユウキ

スーパーガイ・ジンは、今石監督たちが海外イベントで会うファンのイメージだそうですね。謎の武器を持ってくるという…。

海外ファンはパワフルな人がいるんですね～。僕も地球のイベントに行ってみようかな。ピクラ星のあいさつとして、墨を吐いてピューってみたり。

危険生物…! 遊星からの物体Xは会場に入れません。ピクラがイベントに現れたら捕獲されちゃう。

●子どもの頃から絵を描いたり漫画を読むのが大好きなオタクです。結婚妊娠出産を経て、現在子どもがまだ小さいこともあり、なかなか自分の時間が持てません。オタクでママになった方々、皆様どのようにしてオタ活してらっしゃるのでしょうか。やはり子どもがある程度大きくなるまで耐え忍んでらっしゃるのでしょうか…。

宮崎県　佐藤ぼたん

確かに編集部のまわりにも育児をしている人がいますが、お子さんが二、三歳だと、自分の趣味に時間をつかいにくいと聞きます～。例えばパソコンで絵を描こうと画面に向かっていると、パソコンを放りなげられるとか…。

暴れん坊ベイビー! 地球人もなかなか…。ピクラが聞いた話では、おばあちゃんたちが近くにいるなどして、誰かがお子さんの相手をしてくれているときに、自分のことができるなど、昔の地域生活はみんなで子供を育てていたから、誰かを頼ることができたそうですよね。今は核家族になっているから、気軽に少し誰かが子供の面倒を見るとか、そういうことが減っているらしい…。

ピクラったら地球の現代社会の事情をなぜ知ってるねん?

逆に勉強してるので…。佐藤ぼたんさんも、趣味を楽しむ時間があれば良いですよね～。

●怖い話　M県S市で東日本大震災が起きた年、冬の河原の近くを車で走っていると、外側からバンバン車体を叩く複数の音がして、恐怖からスピードを出してその場から逃げ、車を降りて確認すると窓にびっしりと手形が付いていた。さらに恐ろしいのは、その無数の手の跡が車の内側から付いていたという事だった。

埼玉県　ヨズノリ　34歳

前号で次はホラー特集かもしれなかったから、怖い話を募集したのでした! ヨズノリさんありがとうございます…ってコワイよん!

最後の展開が一層怖い…! ホラー特集は来年にやる予定ですので、よろしくお願いします…。

ではでは、次回も身の回りのこと、絵や漫画、創作イラストのお話、悩みなどを聞かせてねん! ととやピクラのイラスト投稿もお待ちしてます～!

次号もピクピクっとお便りお待ちしてま～す♡

ととのYouTubeのご紹介! 新しいナビゲーターのもともとむぎも加わって、ととの動画も更新されるので、見てね～!

QRコードをチェック→

東京都・みすみ・7歳

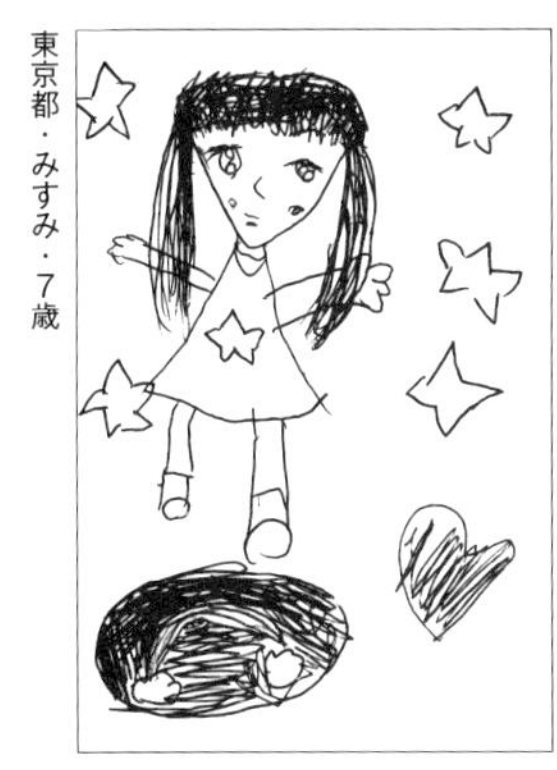

東京都・まいねーむ

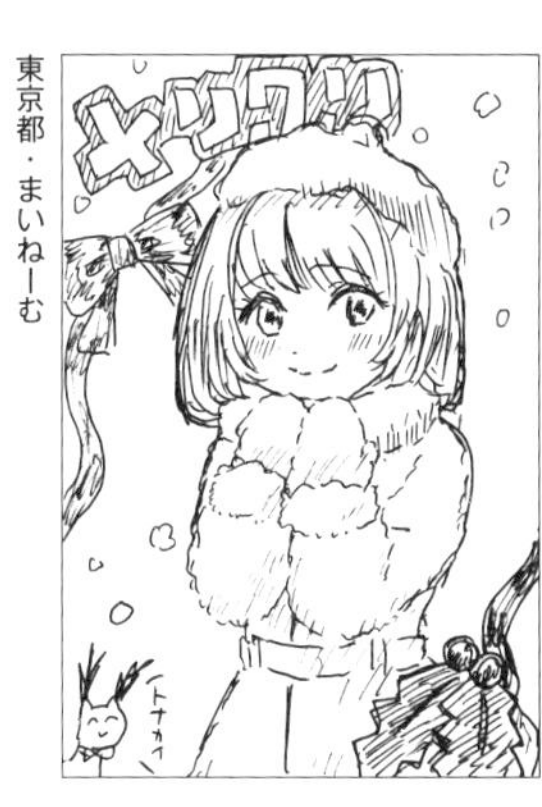

福岡県・武中則多『楽』・29歳

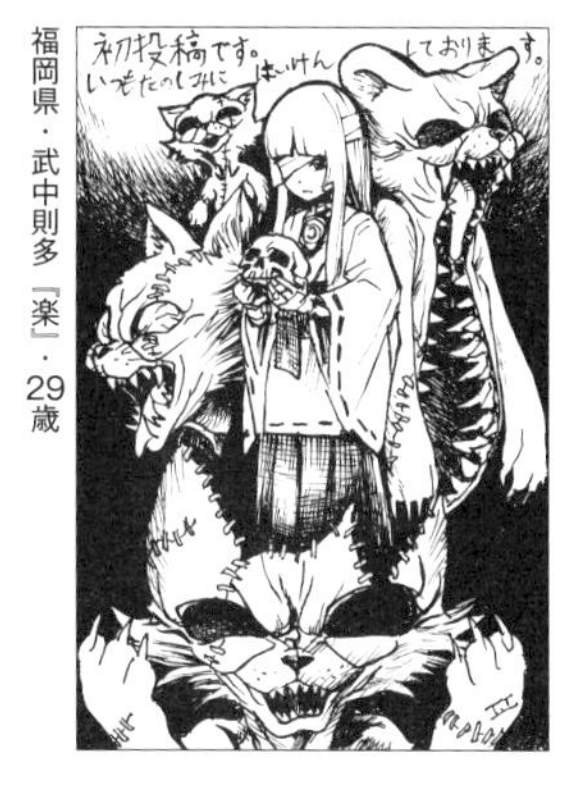

静岡県・彗田うみ

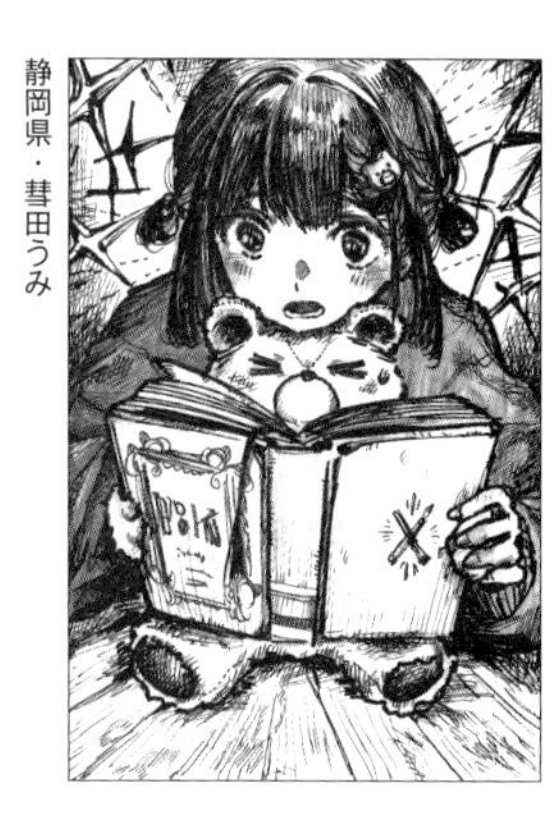

宮城県・ちゃる

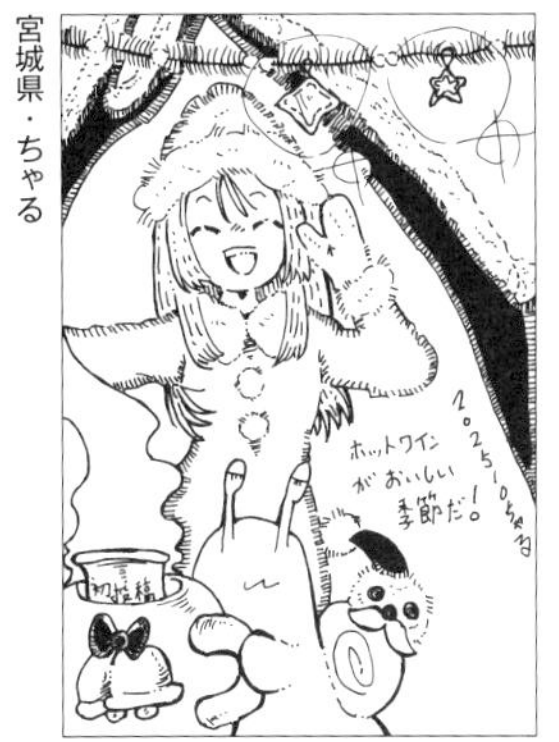

大阪府・融月りる

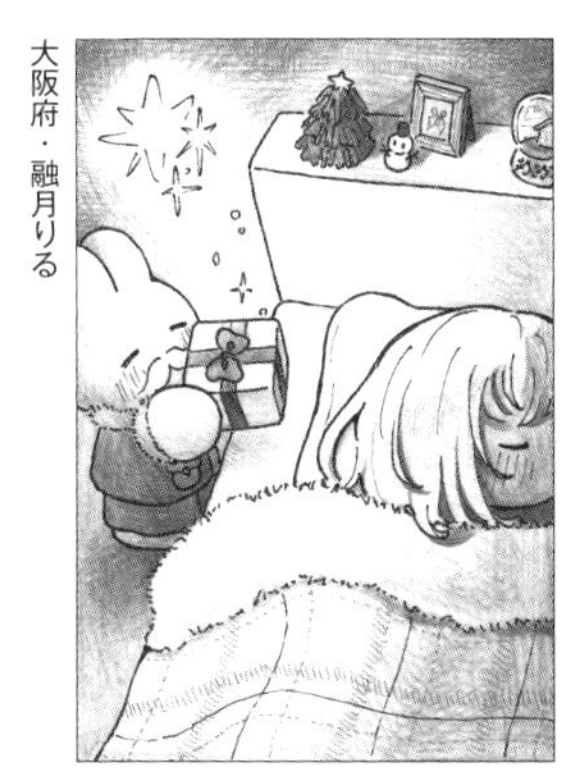

宮城県・Nio

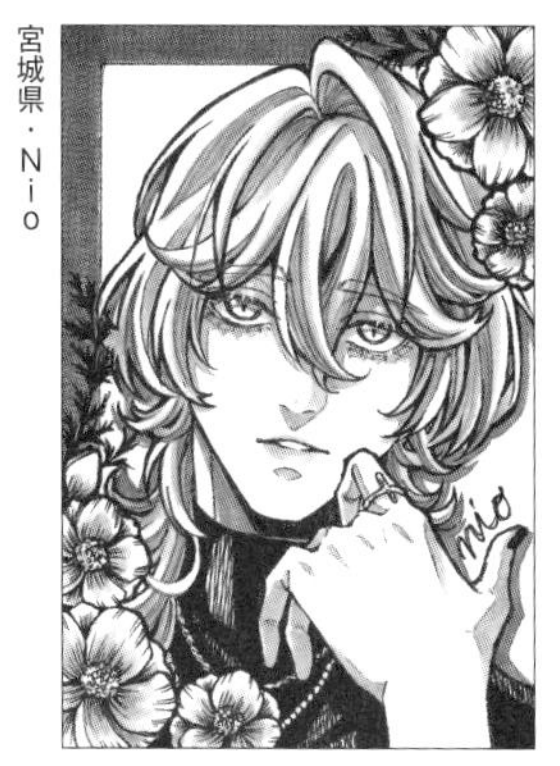

大阪府・上月終

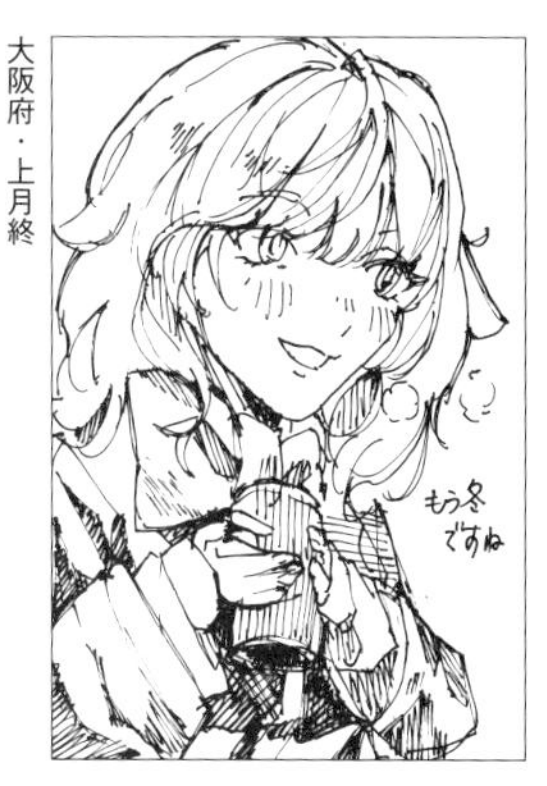

岐阜県・エメラ・20歳

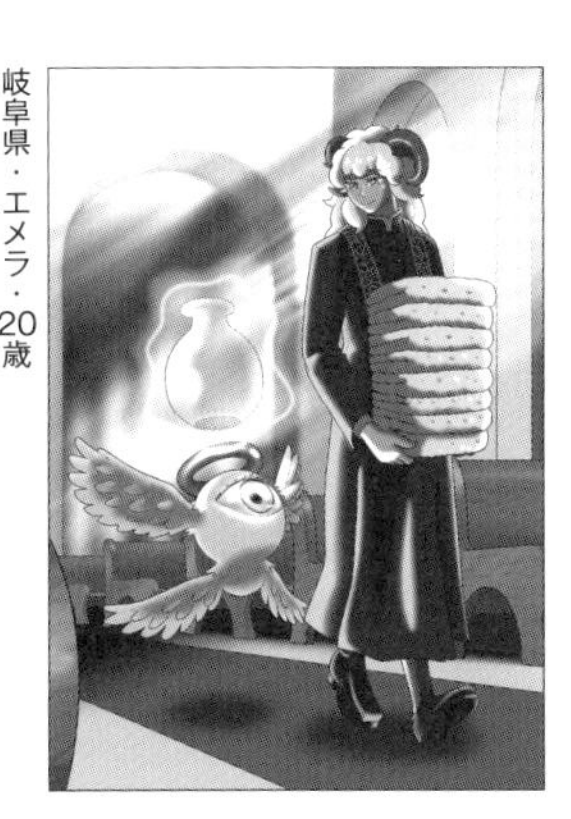
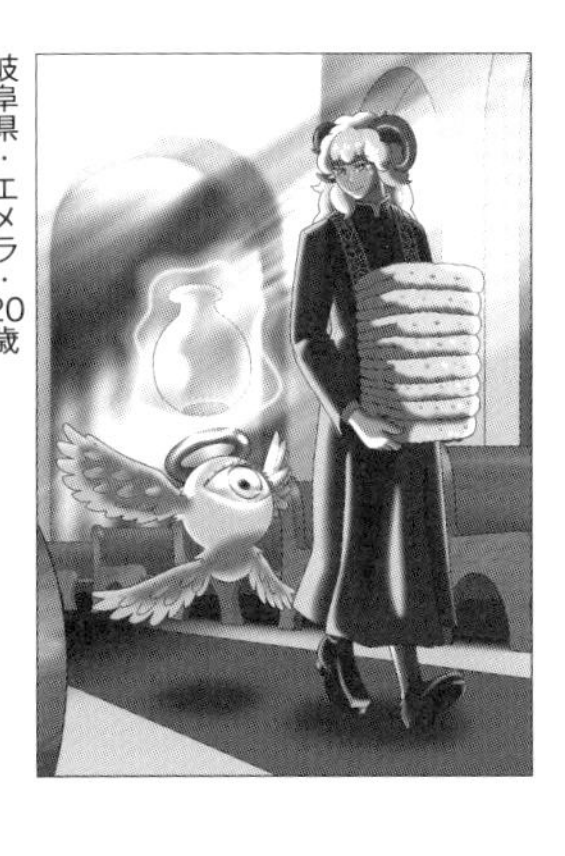

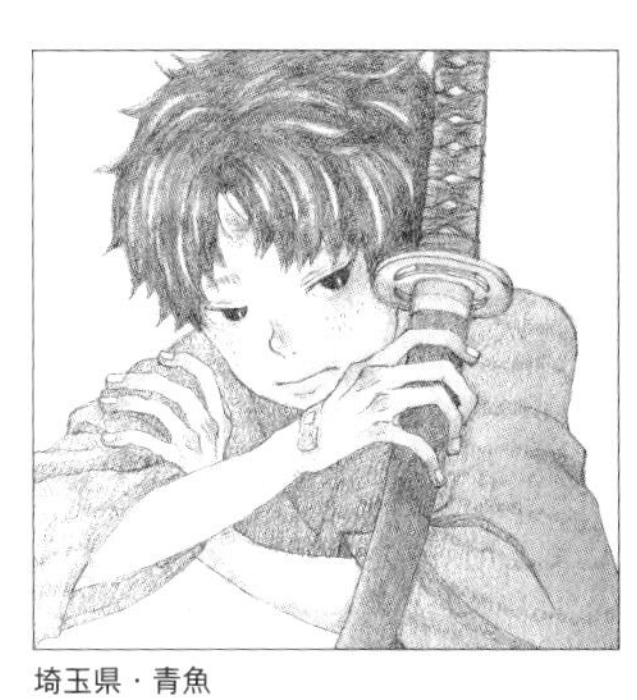
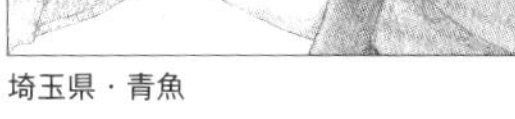
埼玉県・青魚

香川県・bond

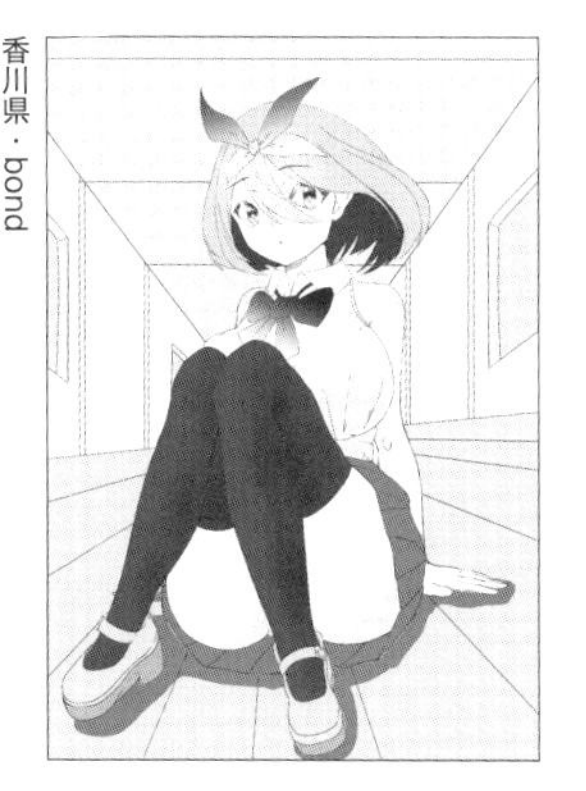

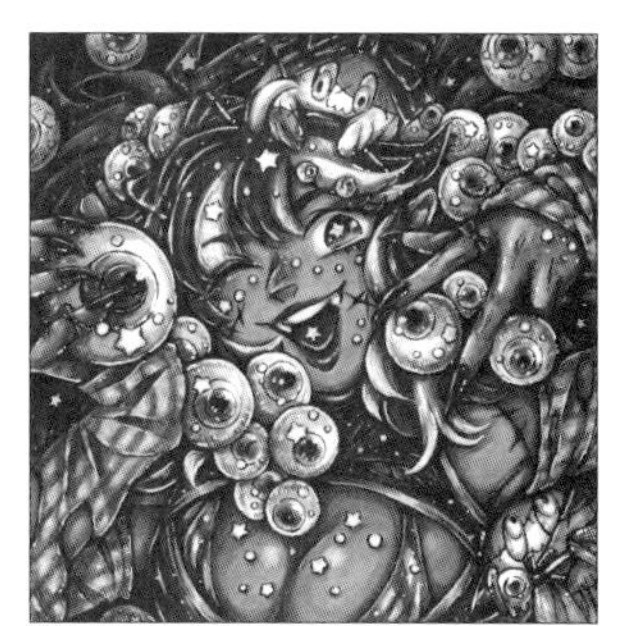
秋田県・ヒビュウ

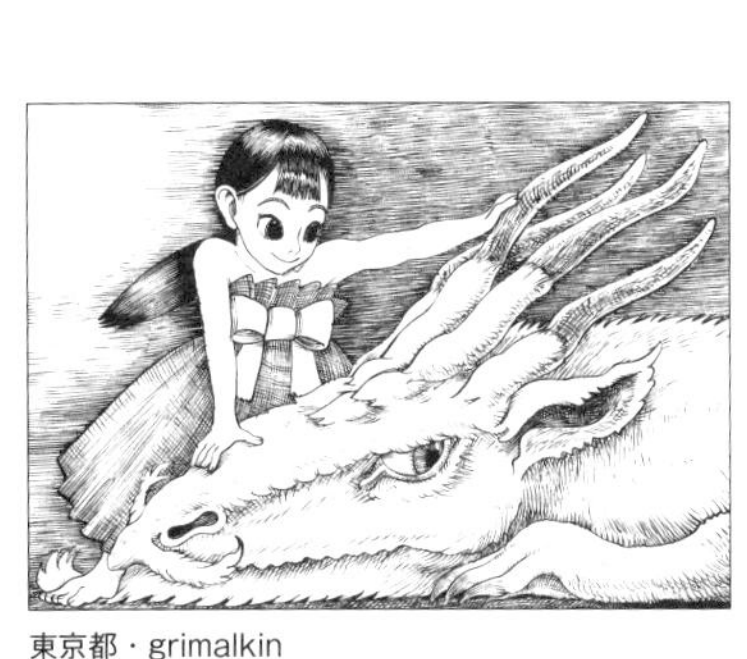
東京都・grimalkin

東京都・品一そとと

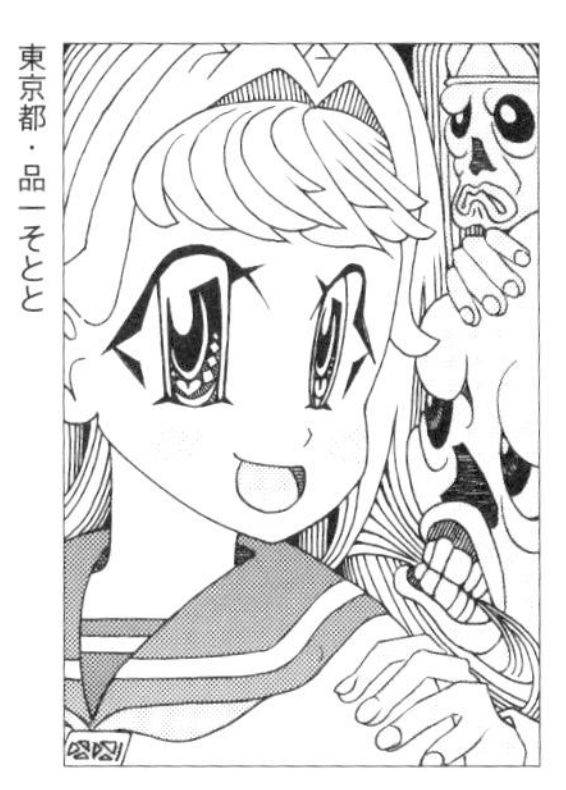

埼玉県・アネスギム・18歳

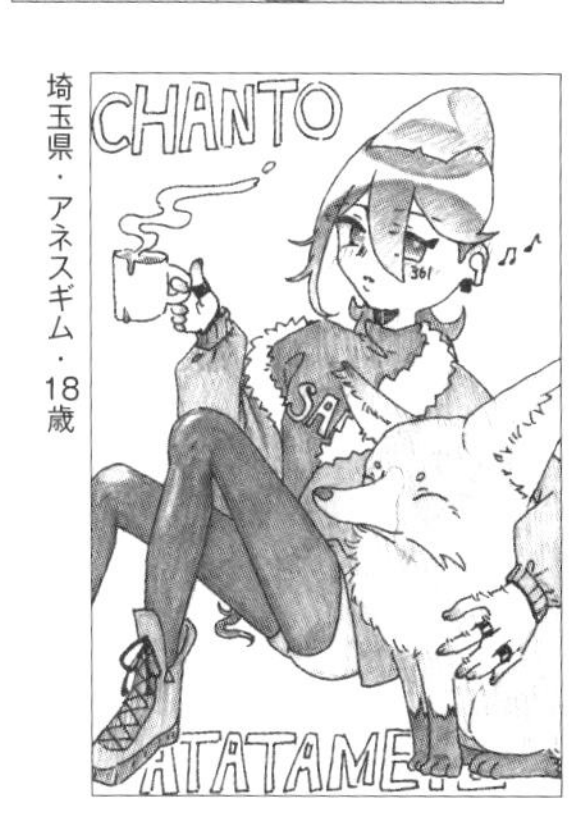

東京都・もやし

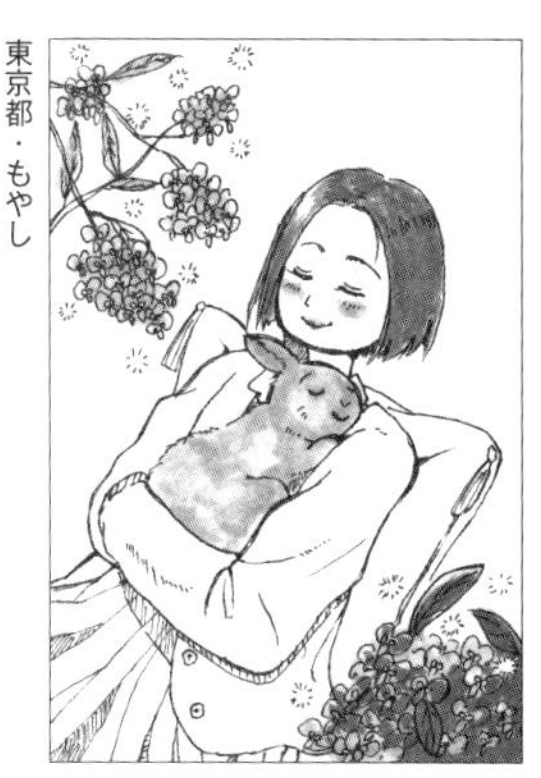

東京都・やえこまち

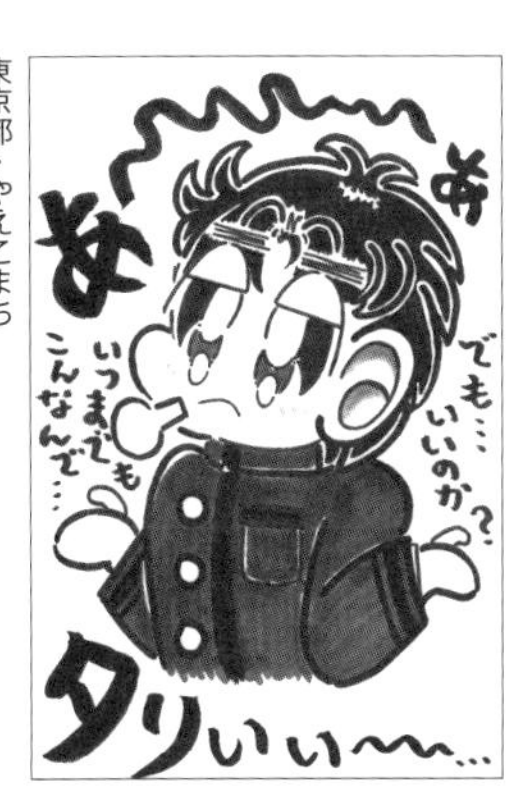

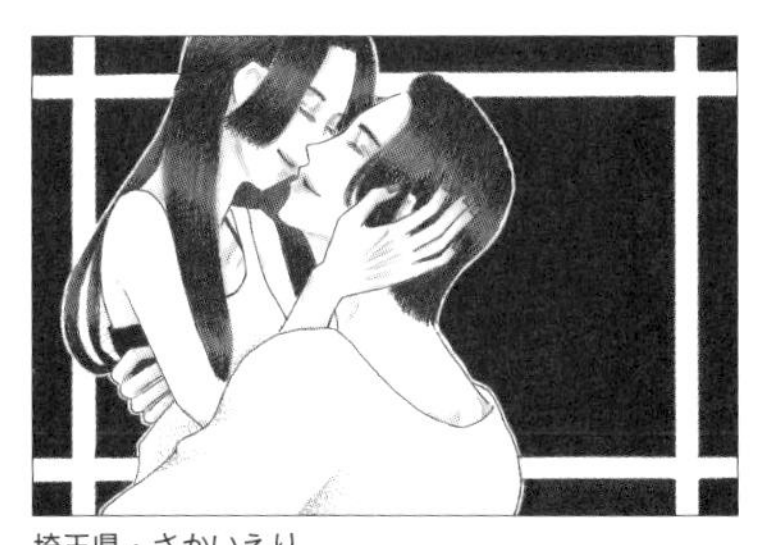
埼玉県・さかいえり

神奈川県・羽ぱっさーん

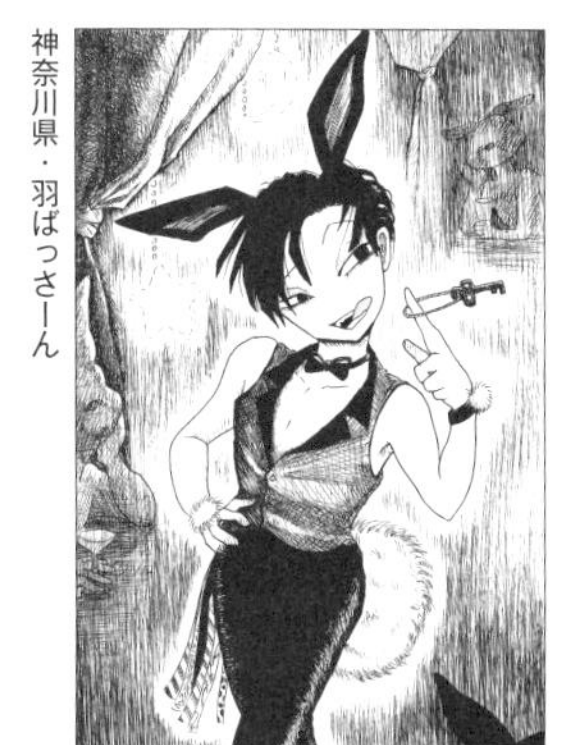

神奈川県・マイケル百姓・14歳

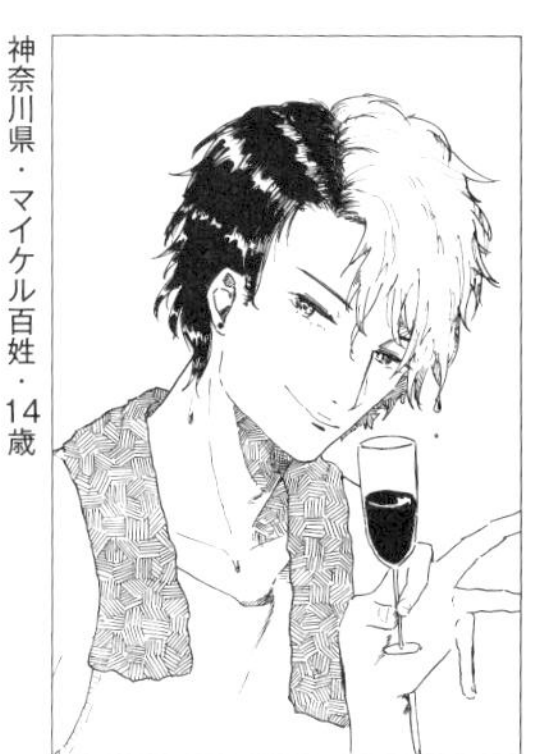

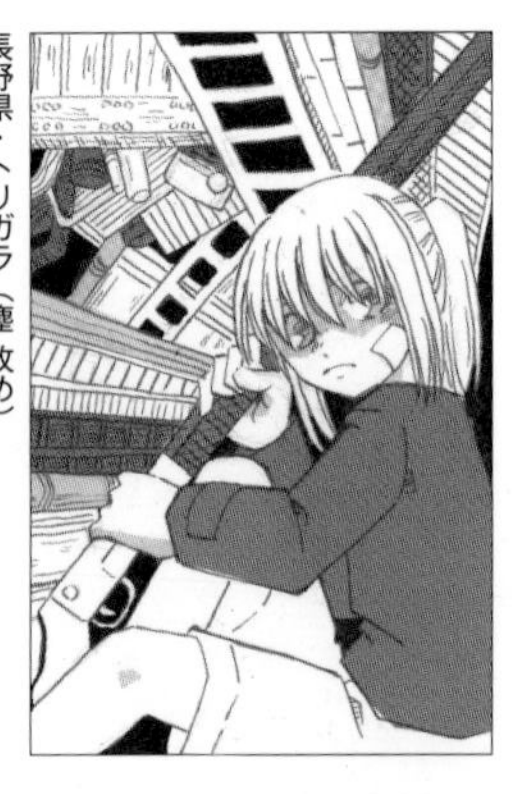
長野県・トリガラ（塵 改め）

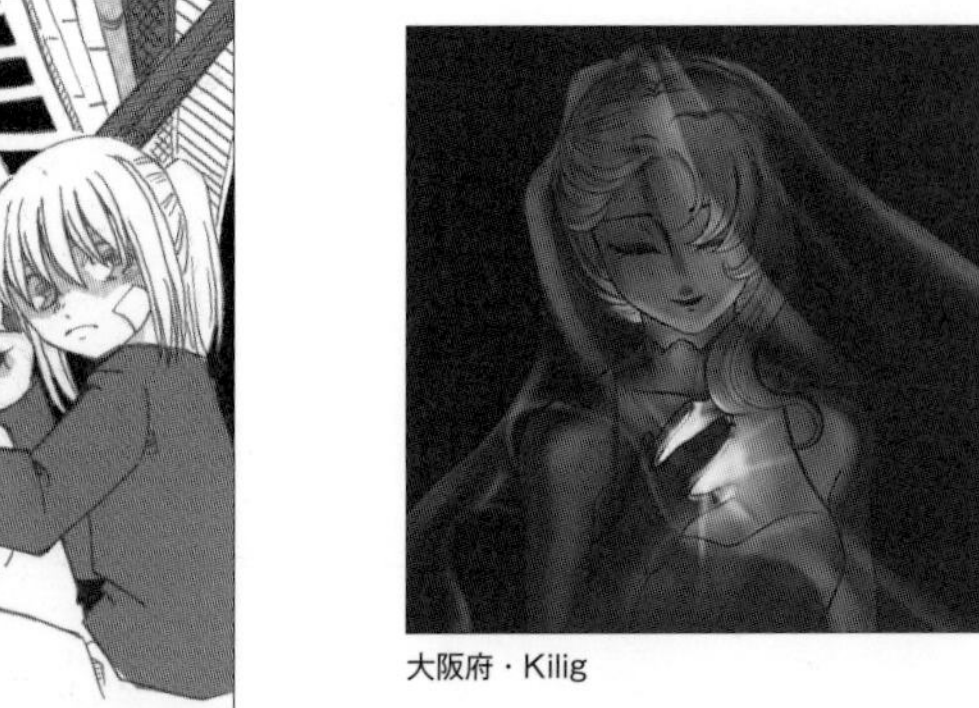
大阪府・Kilig

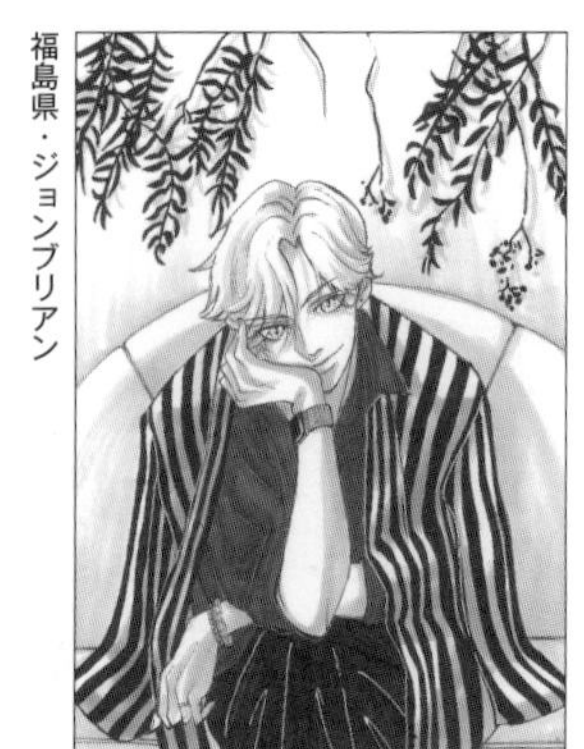
福島県・ジョンブリアン

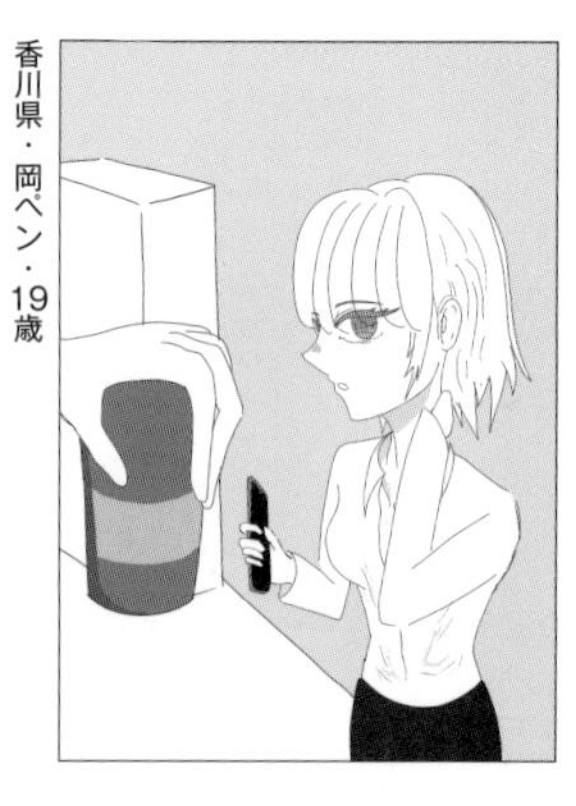
香川県・岡ペン・19歳

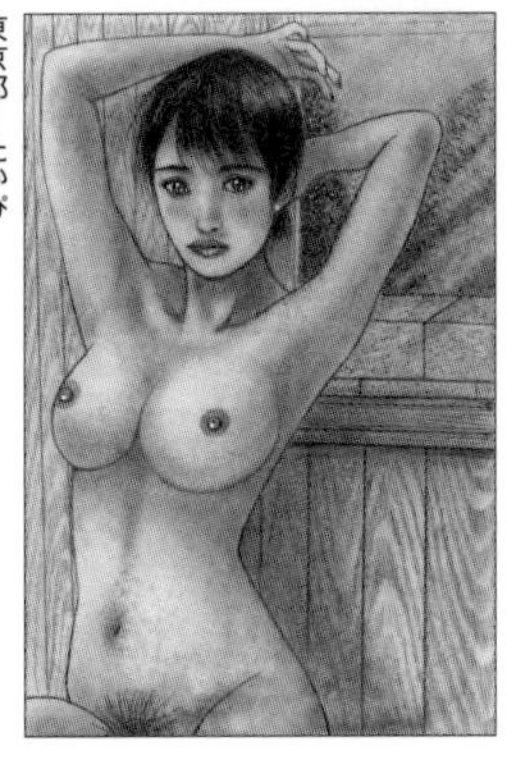
東京都・たかび

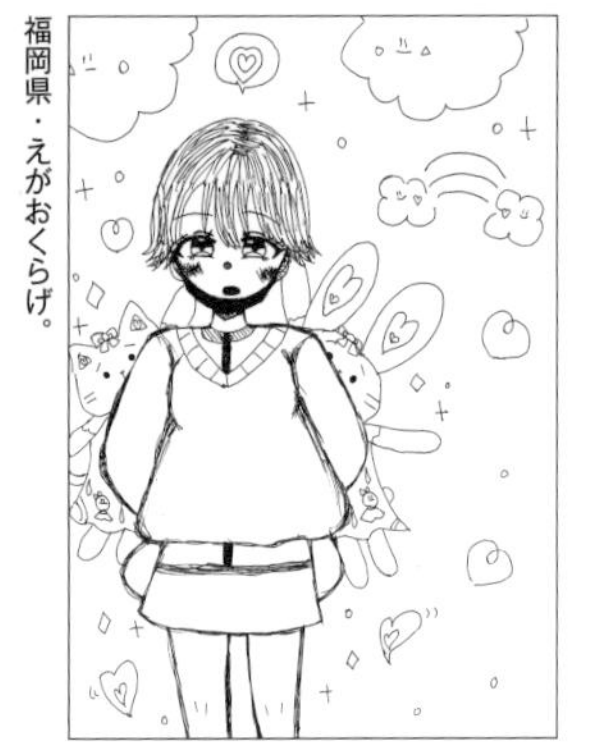
福岡県・えがおくらげ。

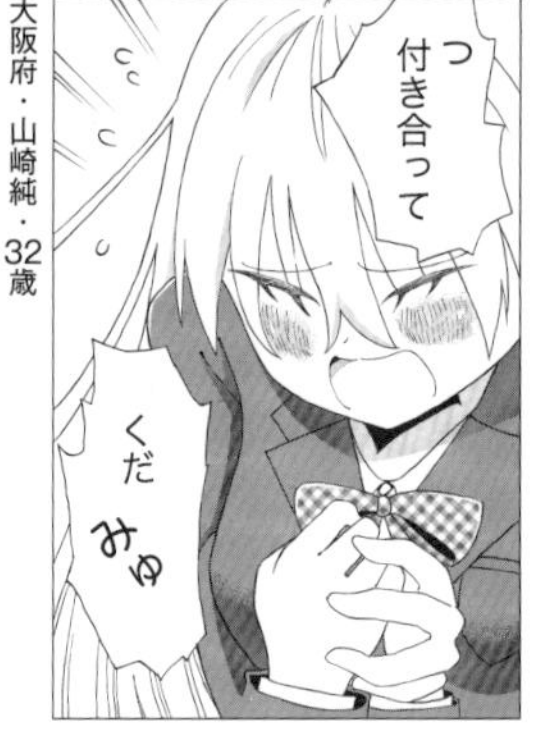

大阪府・山崎純・32歳

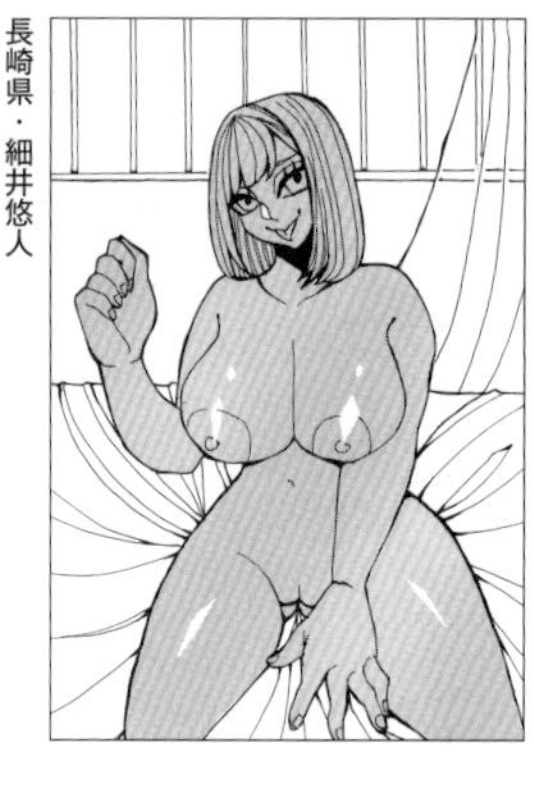
長崎県・細井悠人

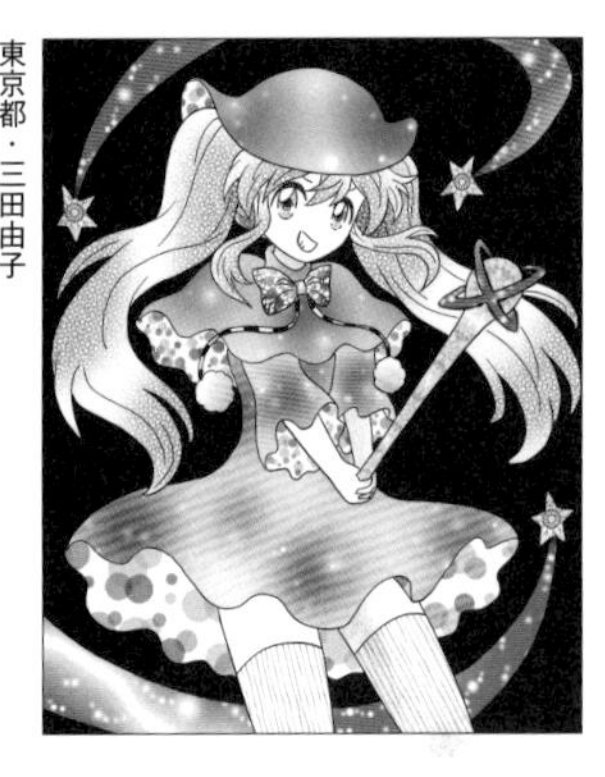
東京都・三田由子

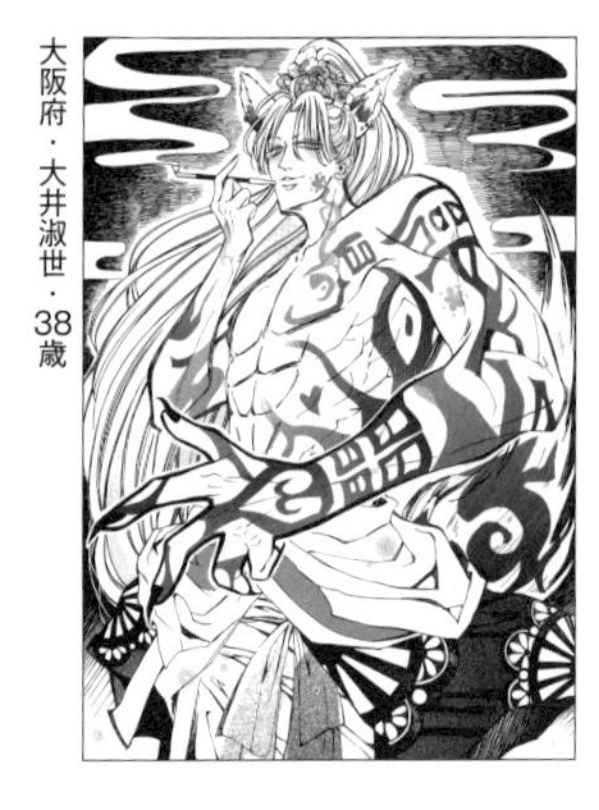
大阪府・大井淑世・38歳

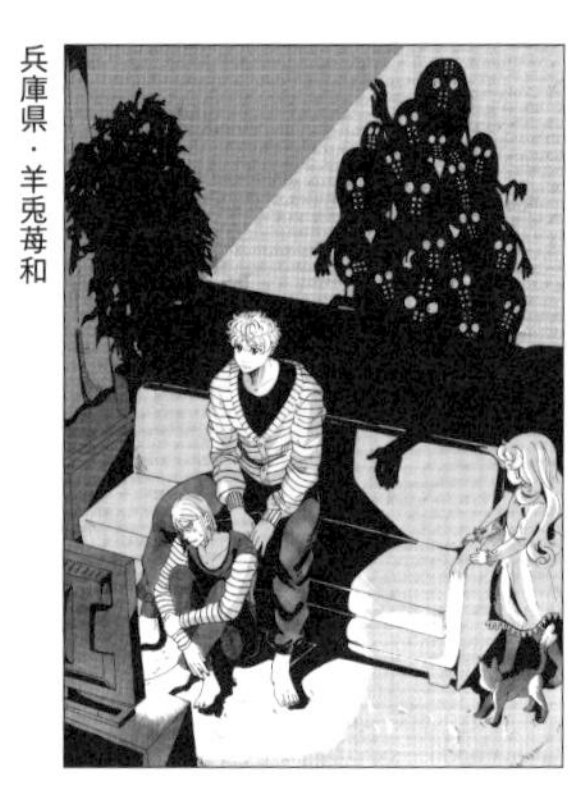
兵庫県・羊兎苺和

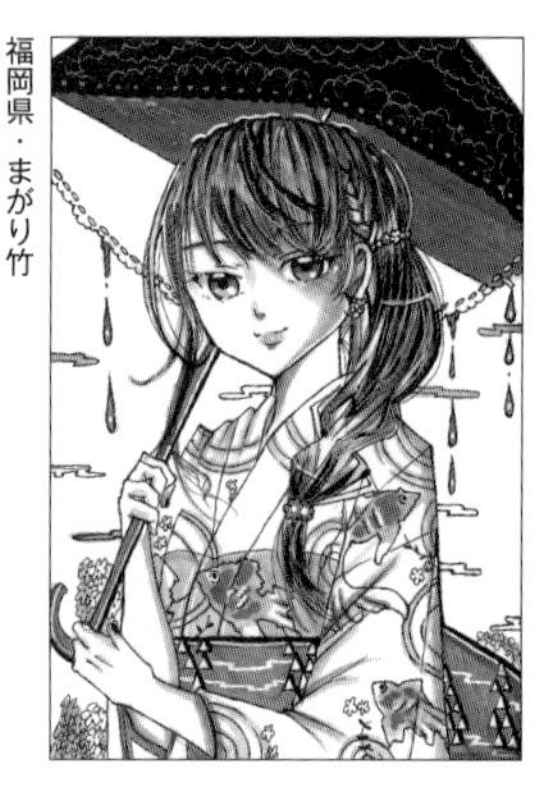
福岡県・まがり竹

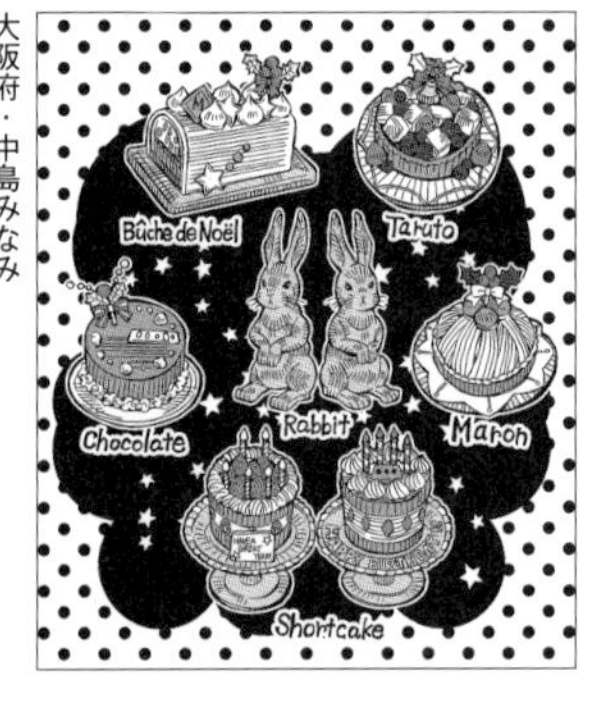

大阪府・中島みなみ

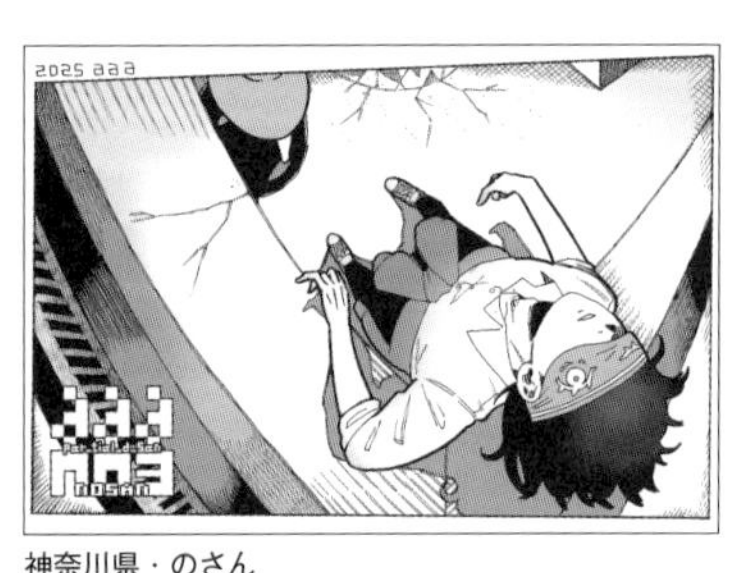
神奈川県・のさん

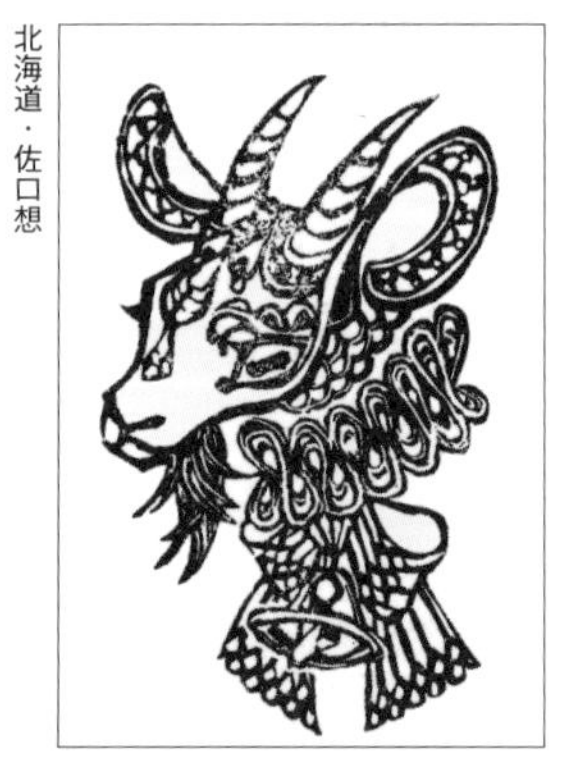
北海道・佐口想

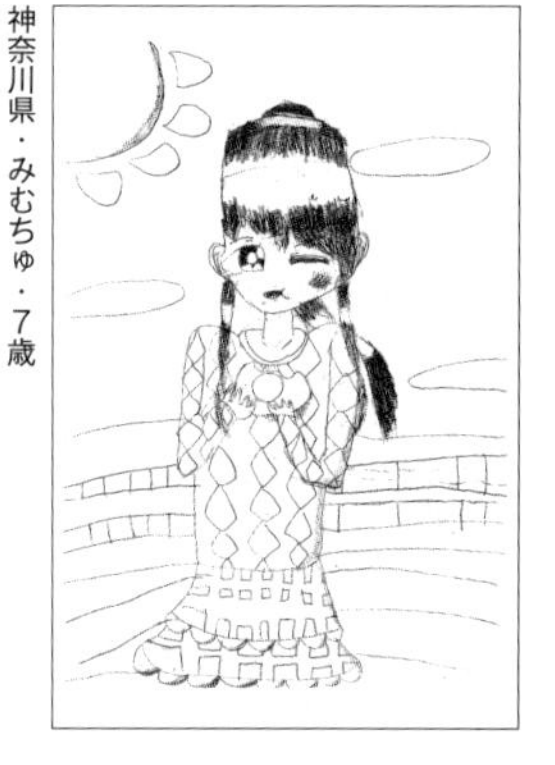
神奈川県・みむちゅ・7歳

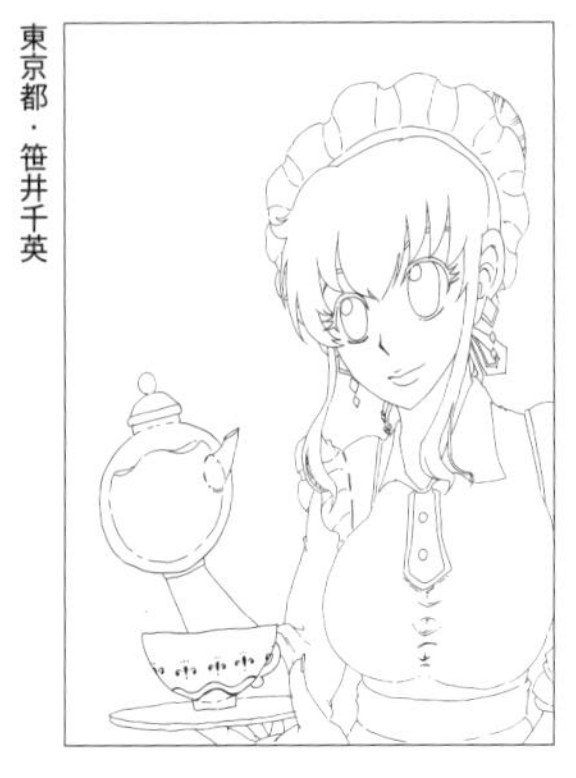
東京都・笹井千英

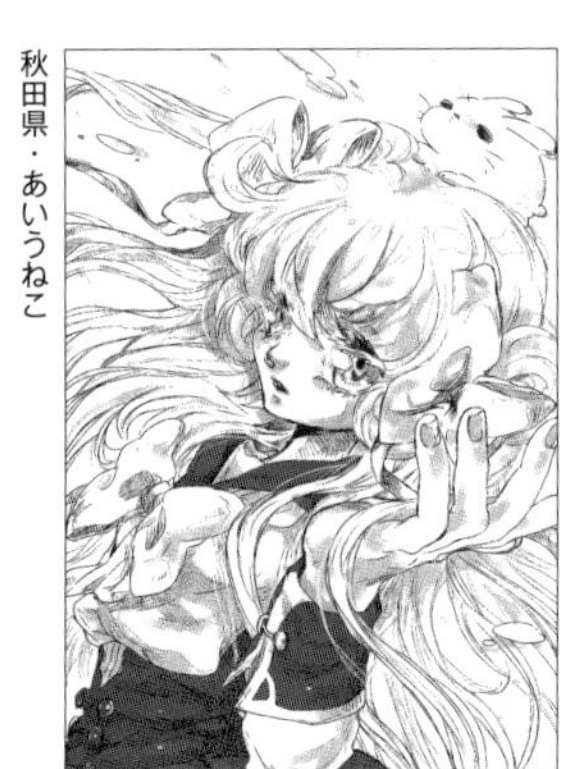
秋田県・あいうねこ

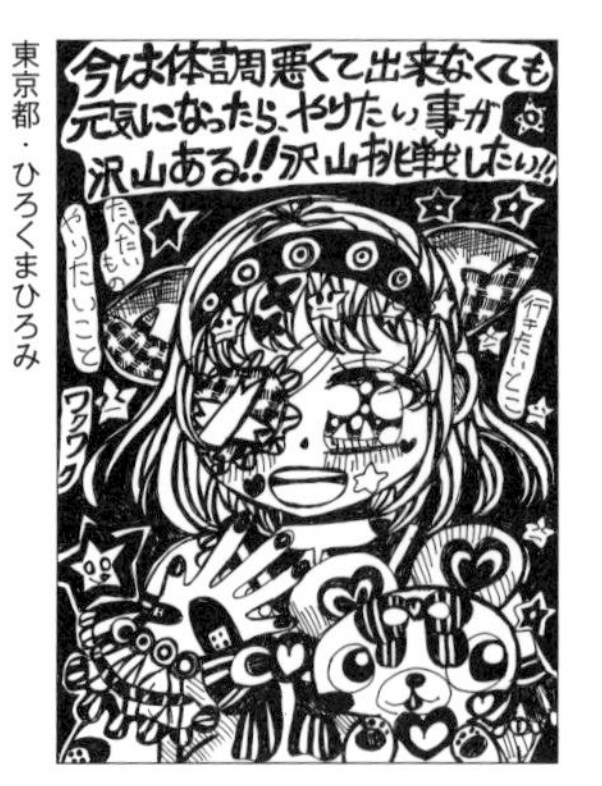

東京都・ひろくまひろみ

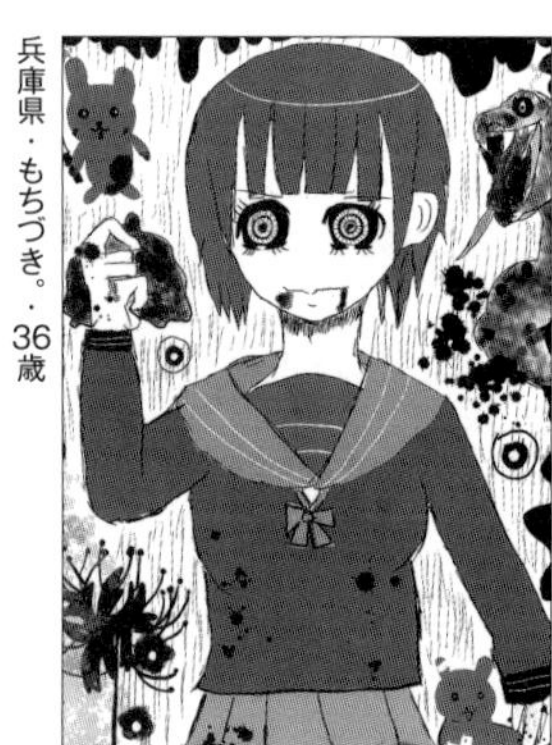
兵庫県・もちづき。・36歳

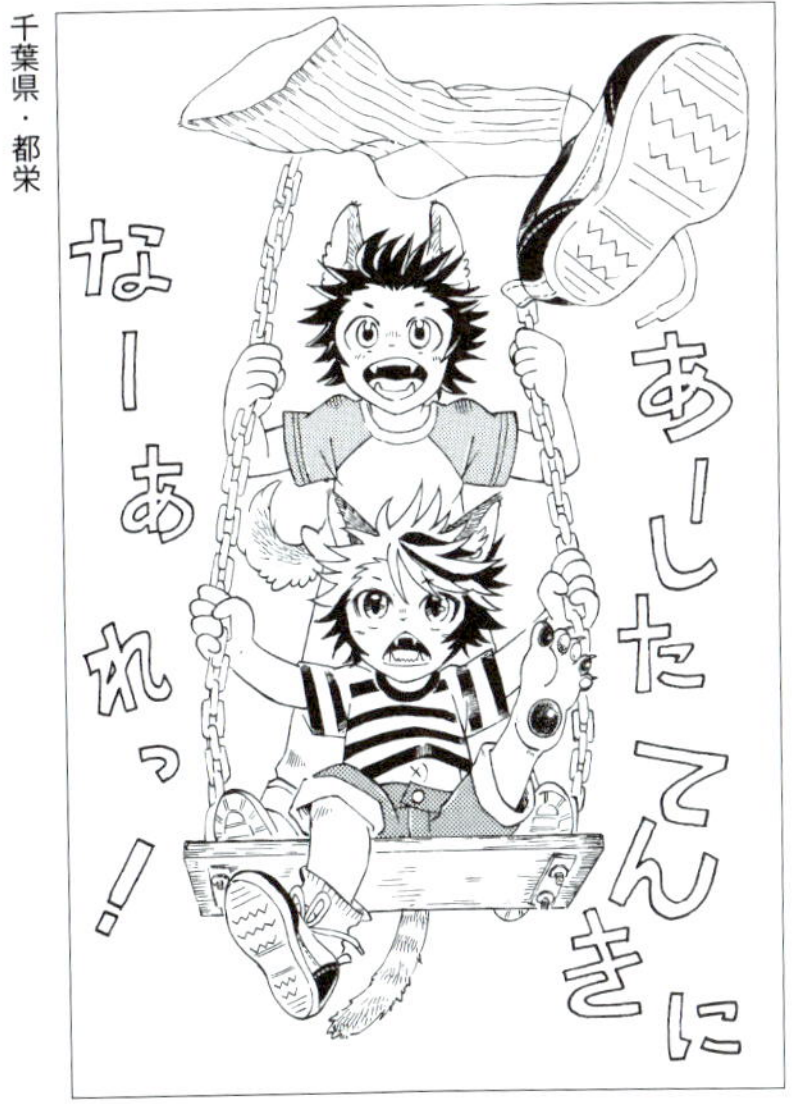

千葉県・都栄

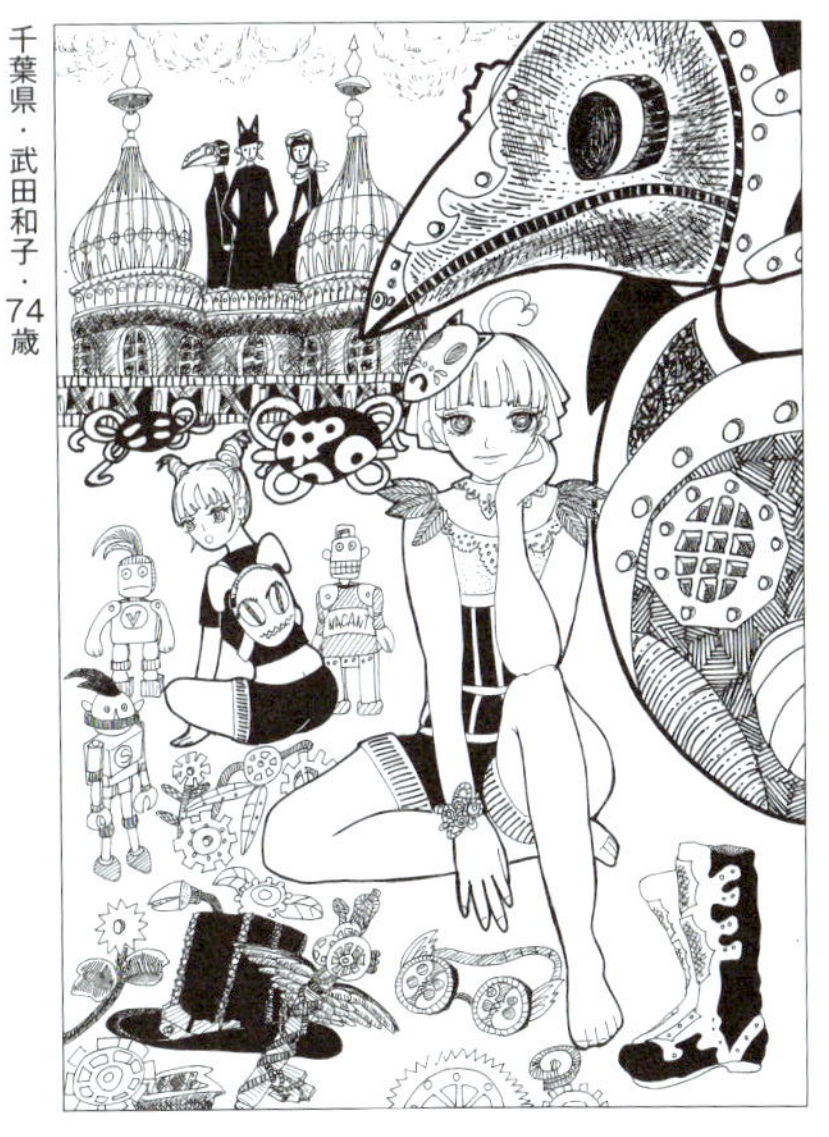
千葉県・武田和子・74歳

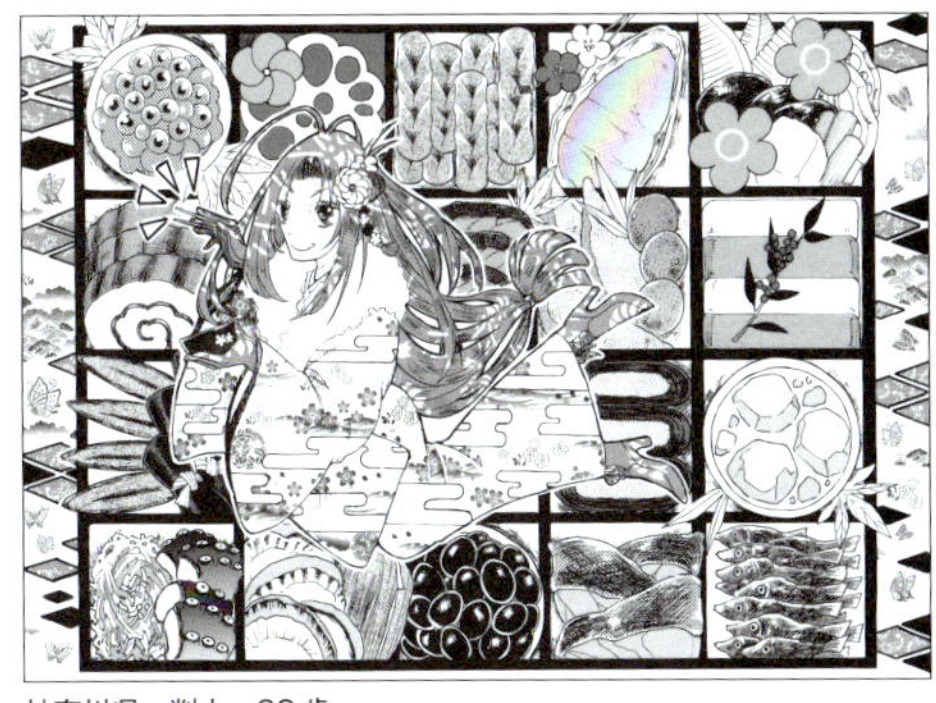
神奈川県・削木・33歳

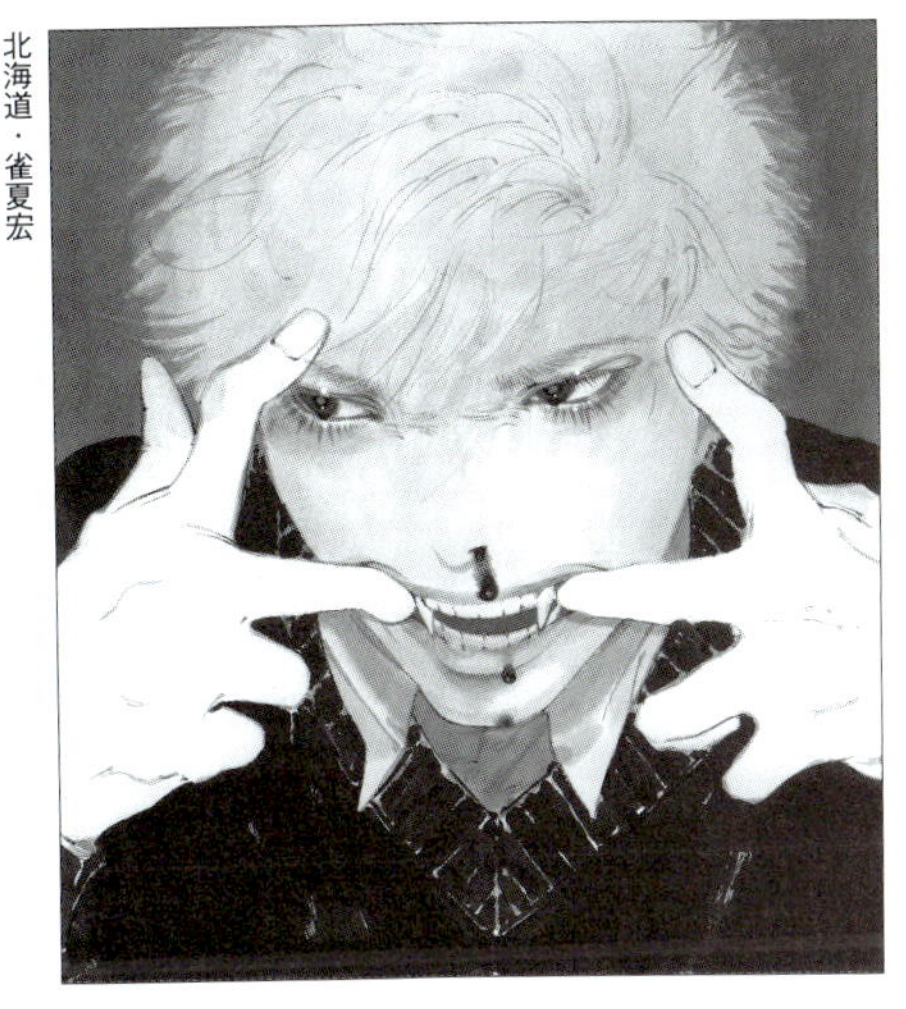
北海道・雀夏宏

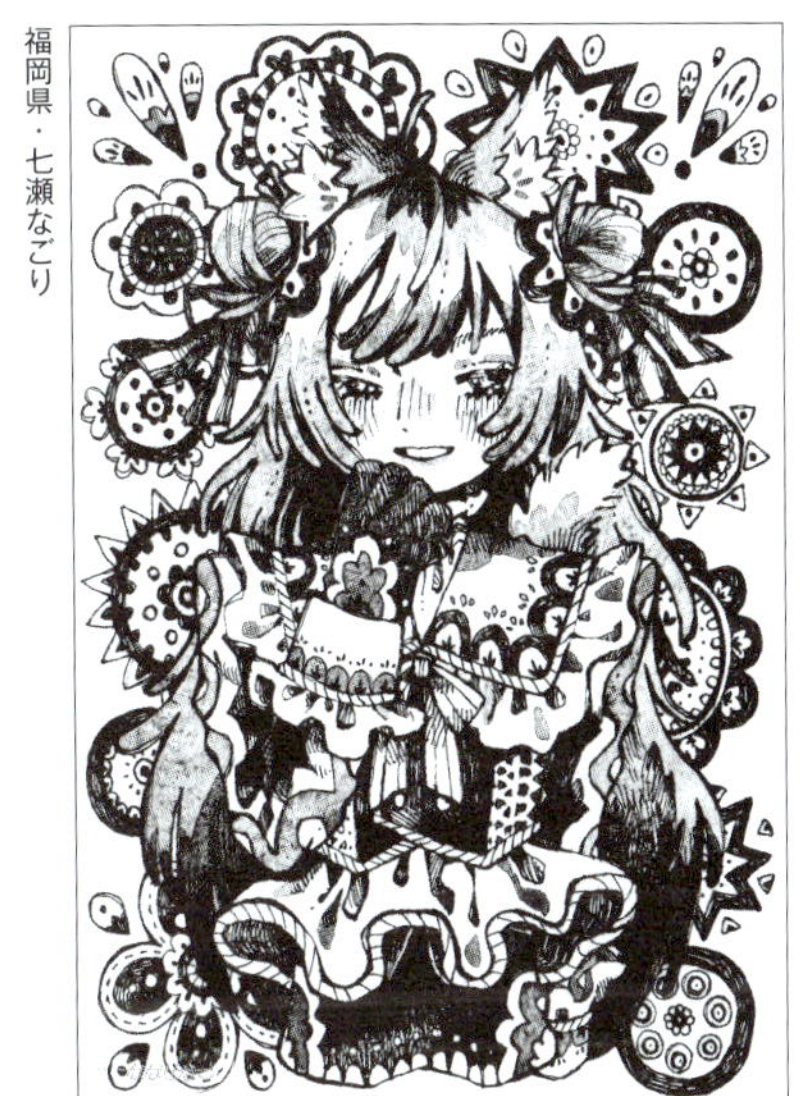
福岡県・七瀬なごり

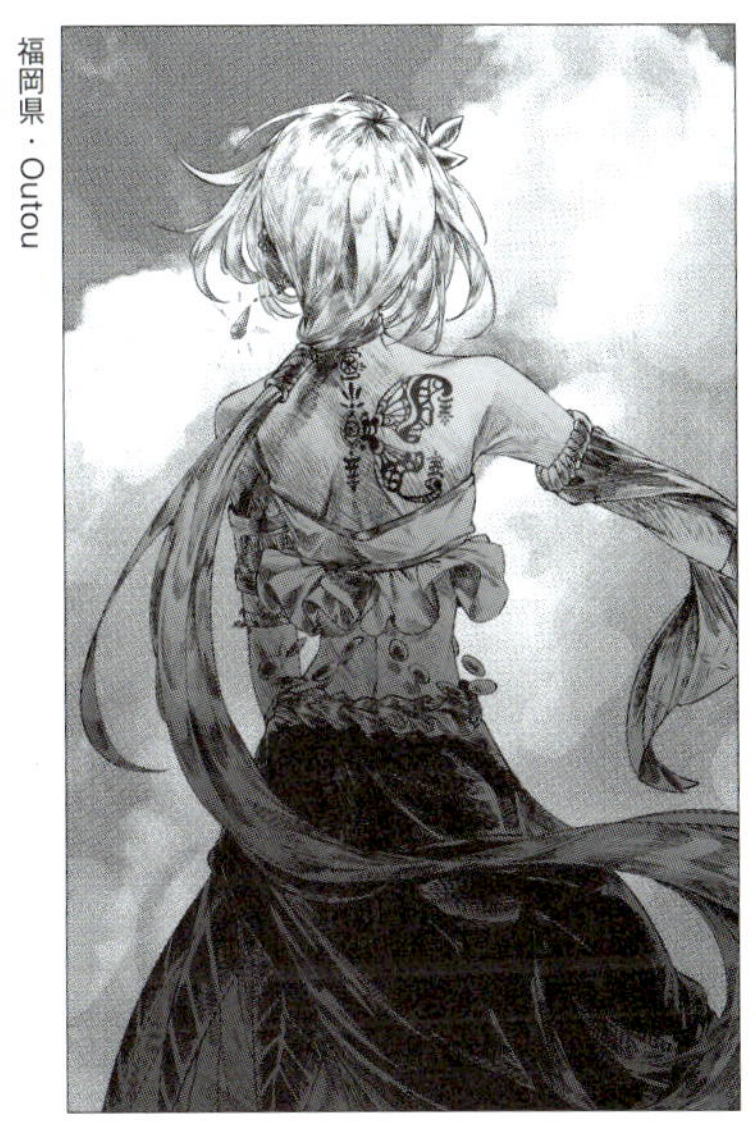
福岡県・Outou

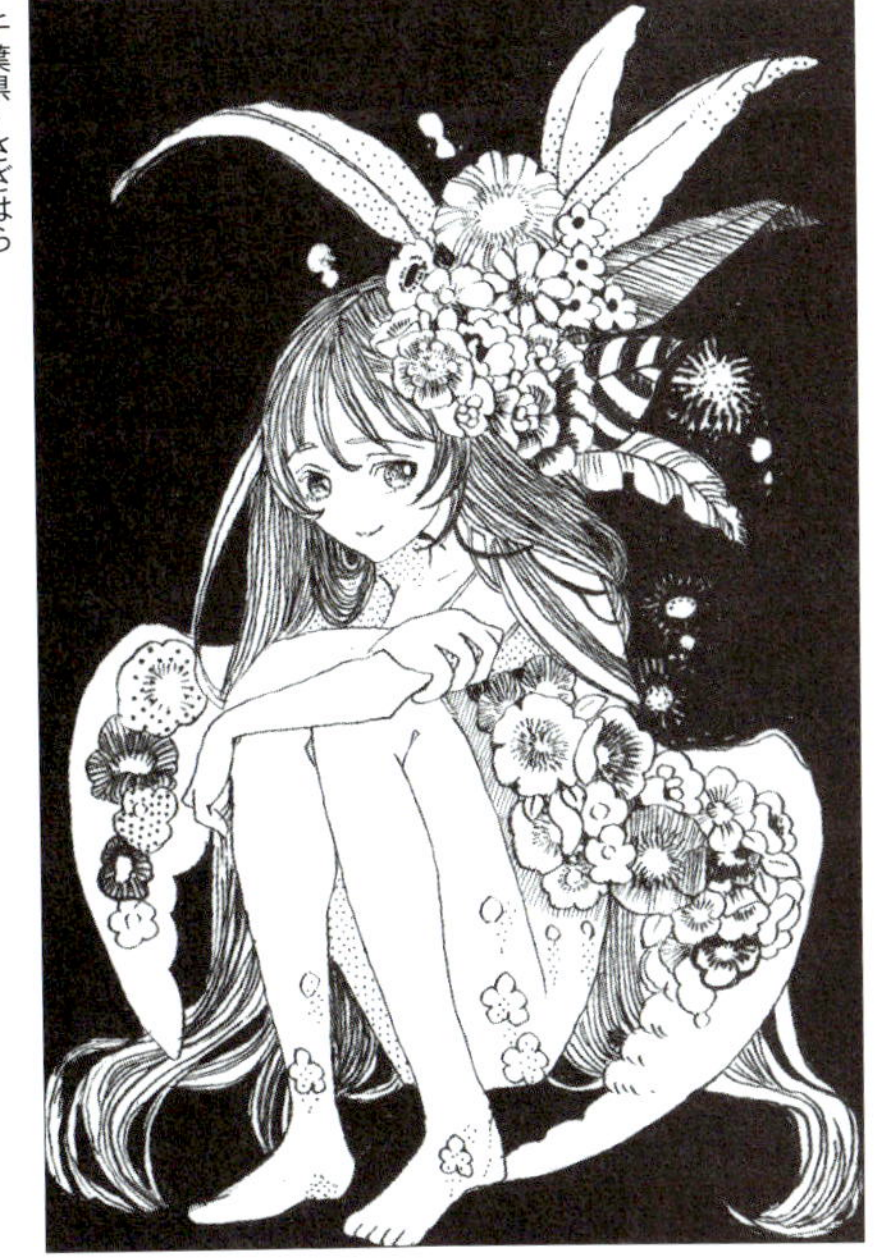
千葉県・さざはら

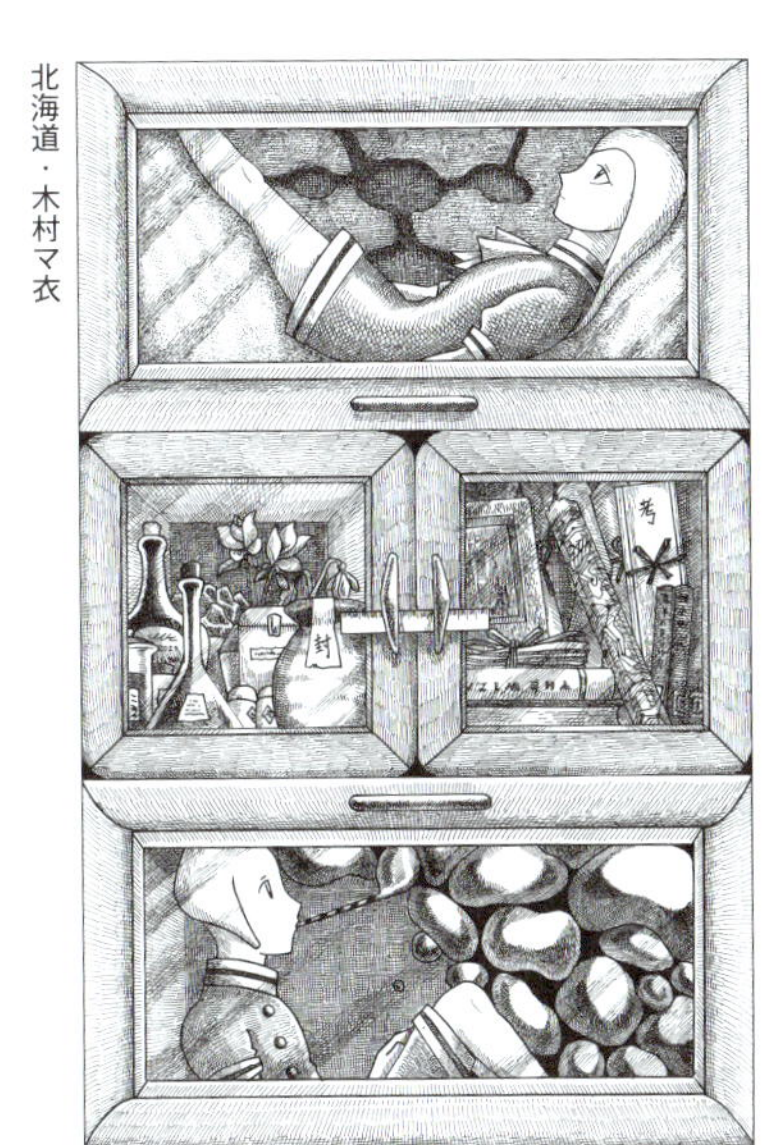
北海道・木村マ衣

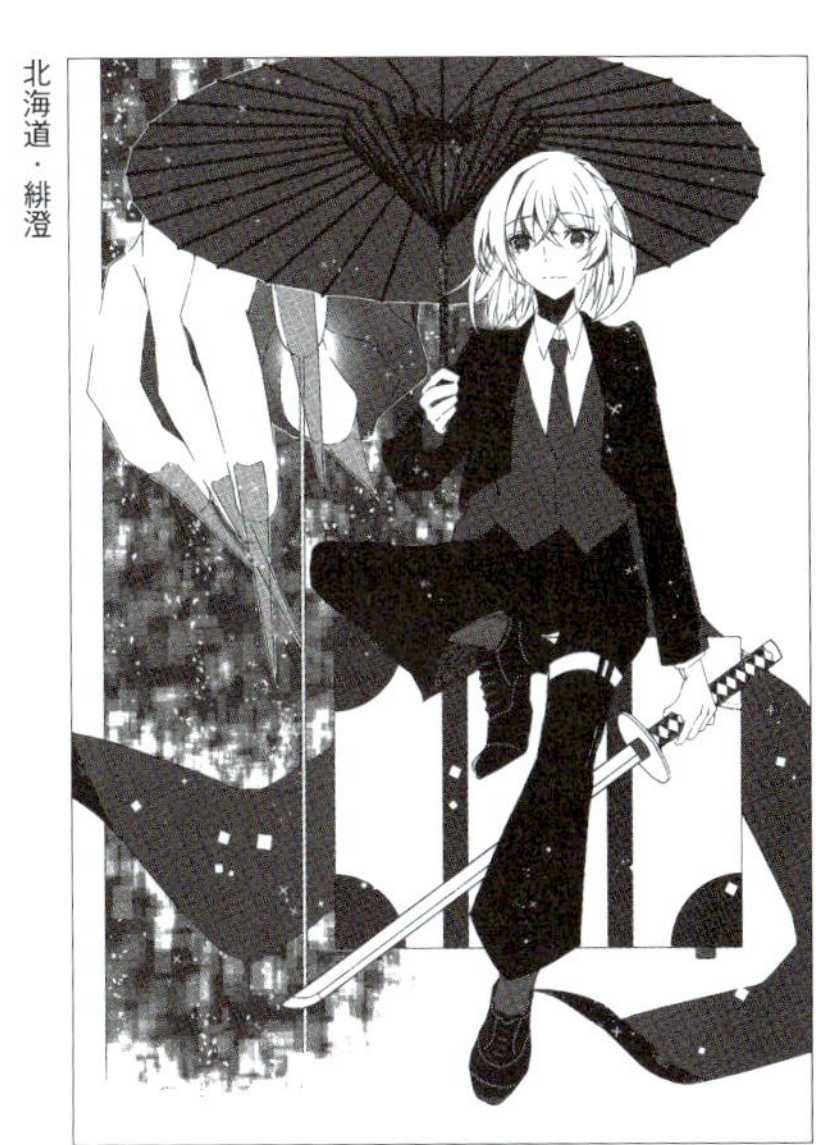
北海道・緋澄

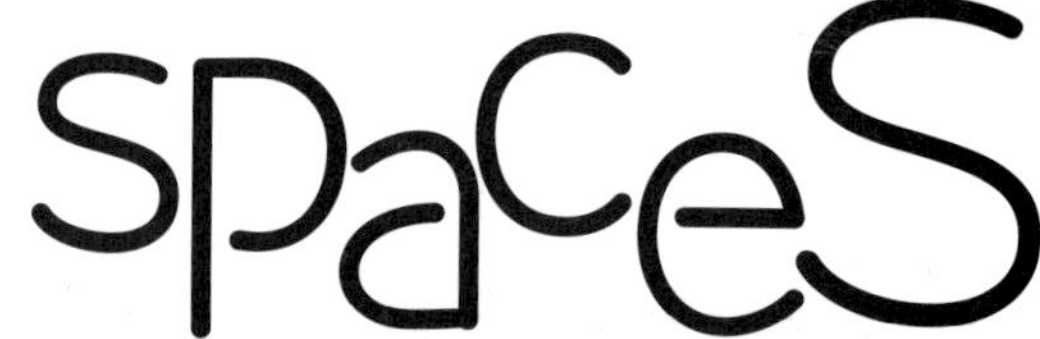

モノクロ投稿コーナー「spaceS」です。たくさんのご投稿ありがとうございました。次号もみなさんのご投稿、お待ちしています！

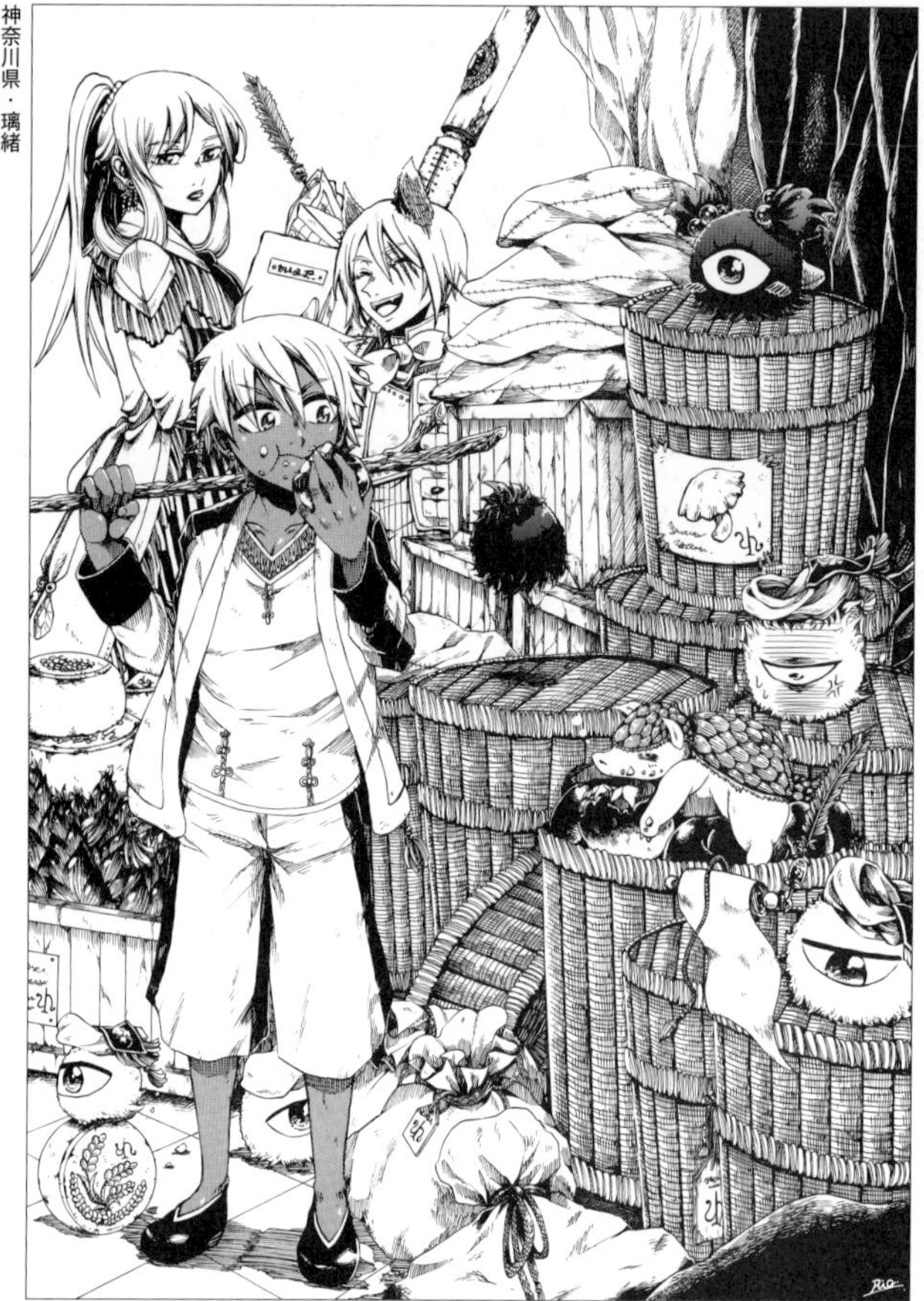

神奈川県・璃緒

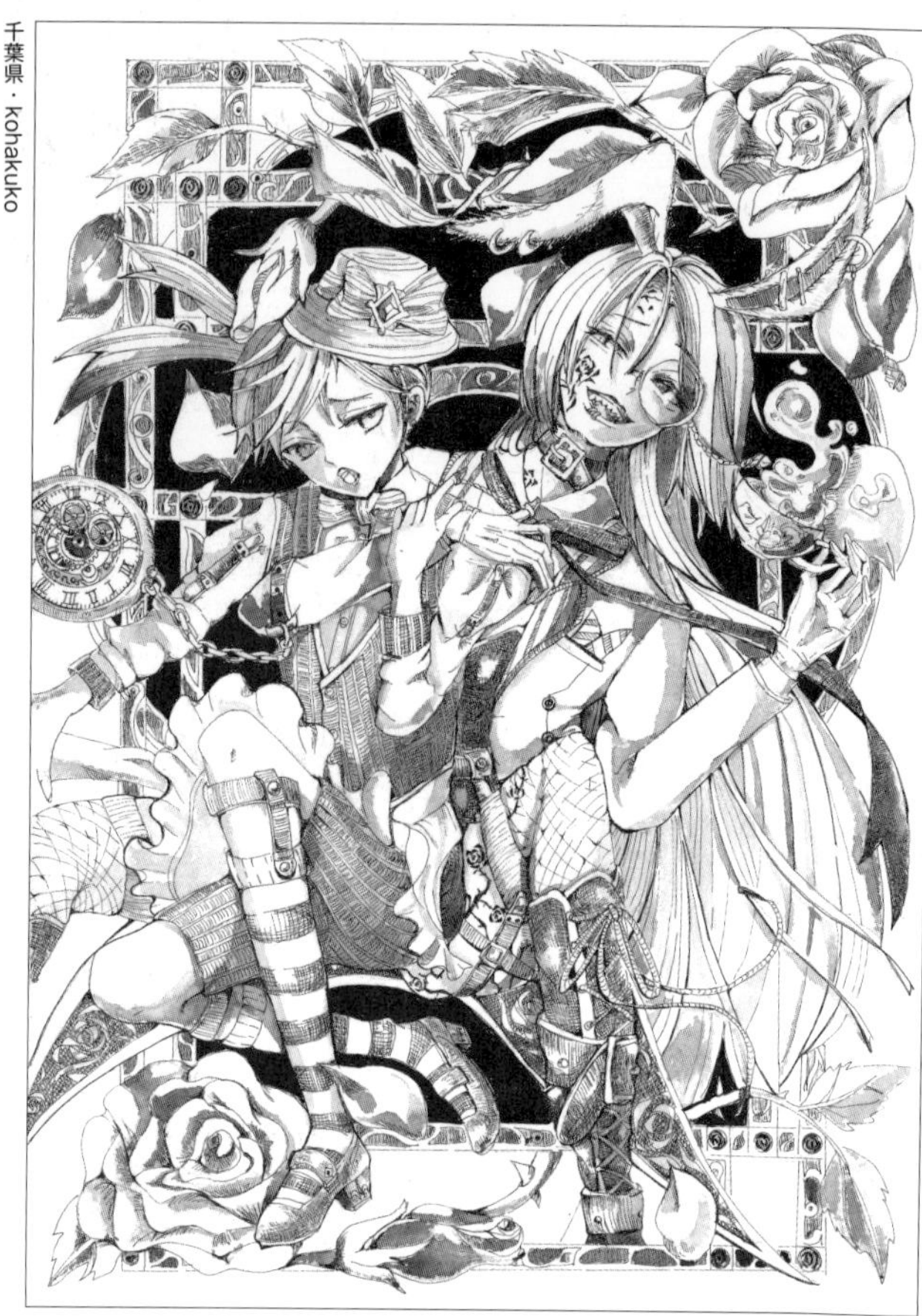

千葉県・kohakuko

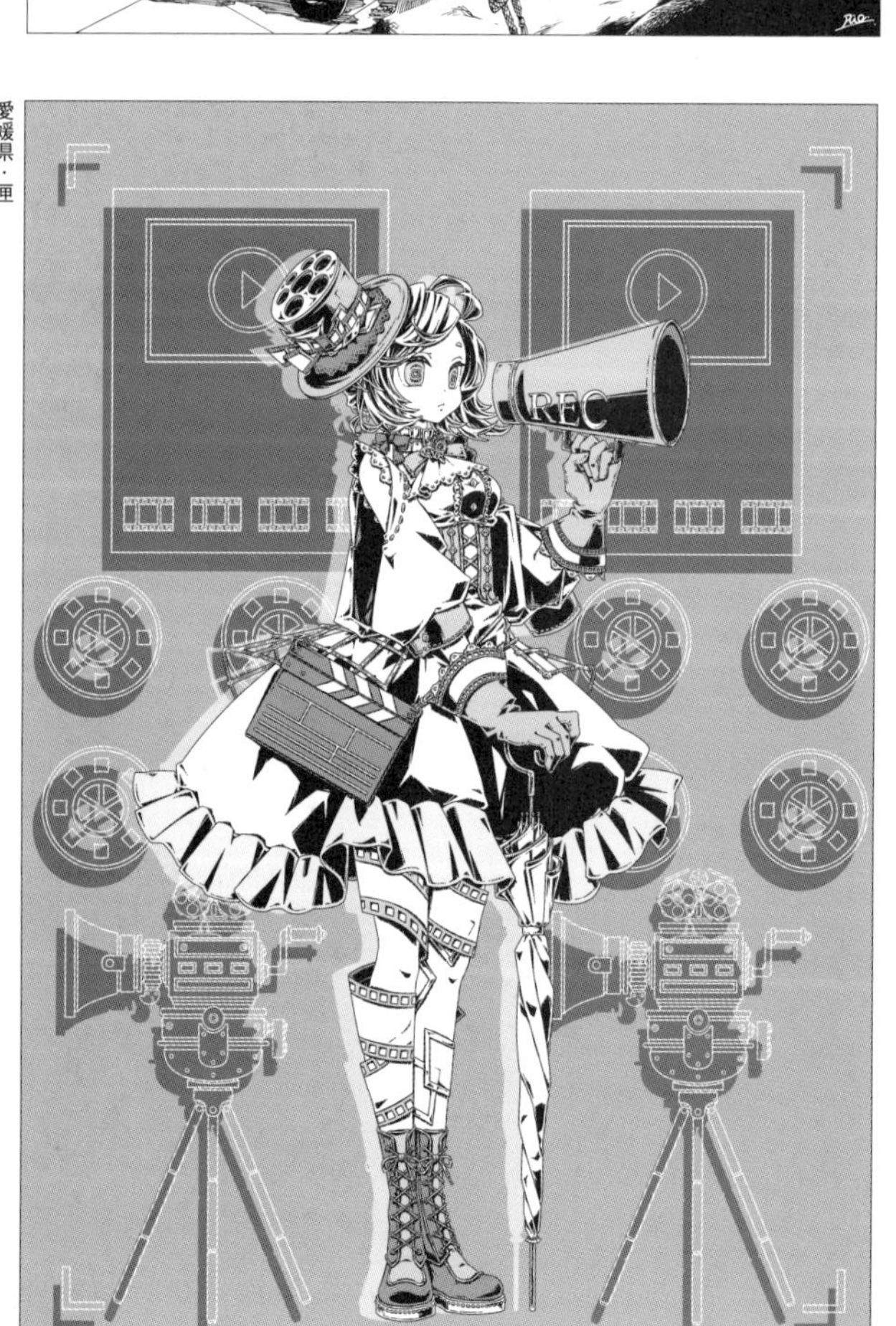

愛媛県・匣

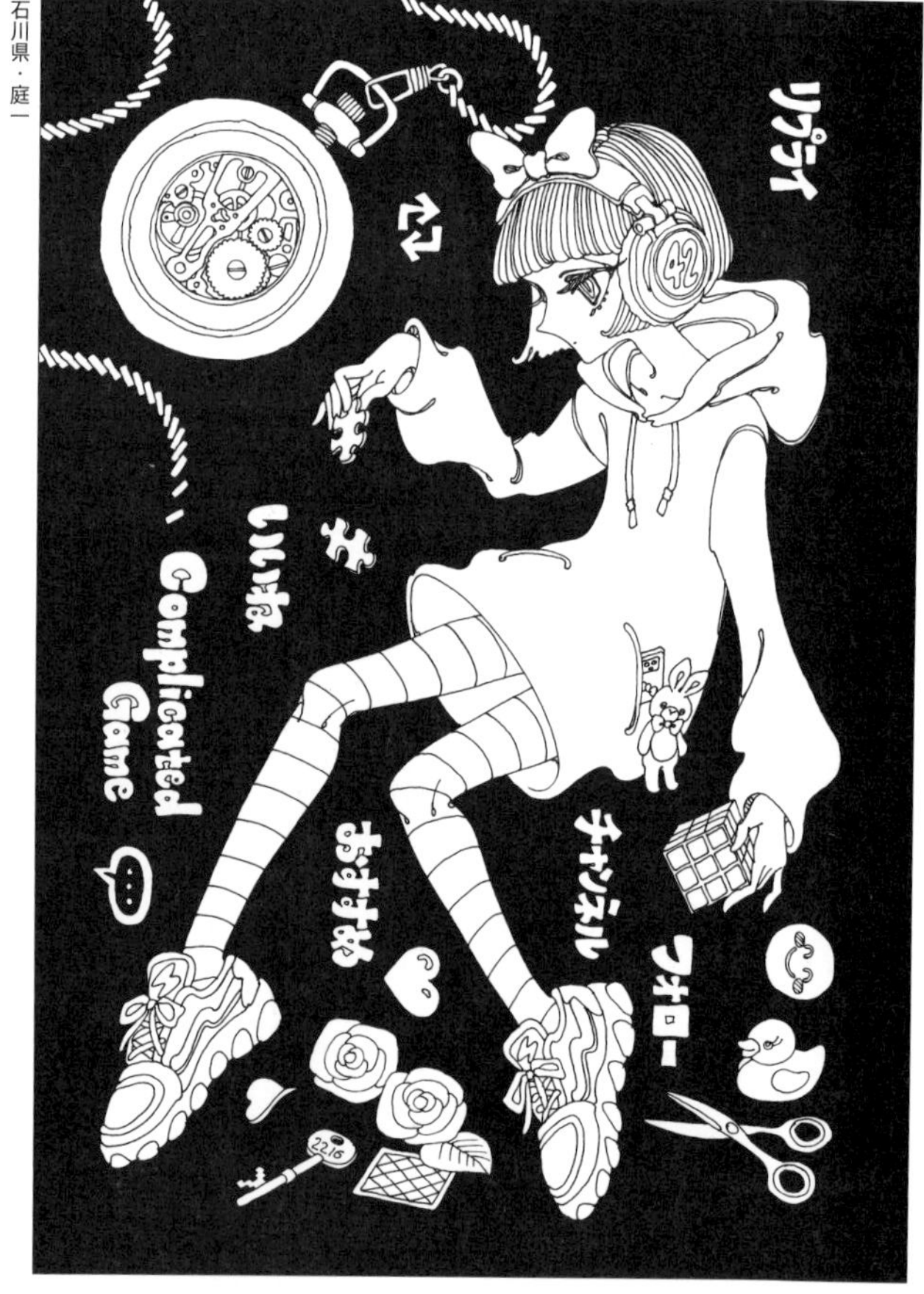

石川県・庭一

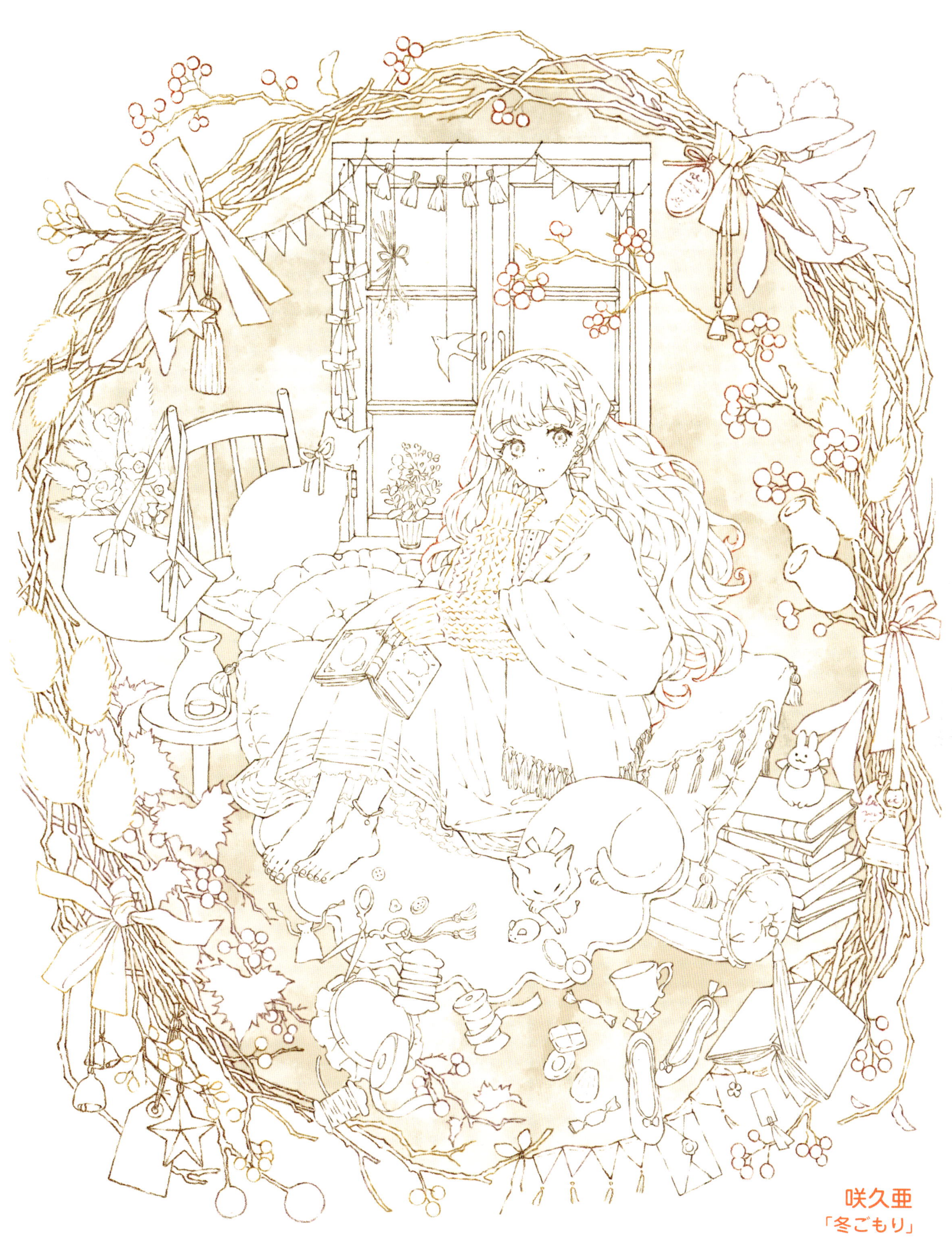

咲久亜
「冬ごもり」

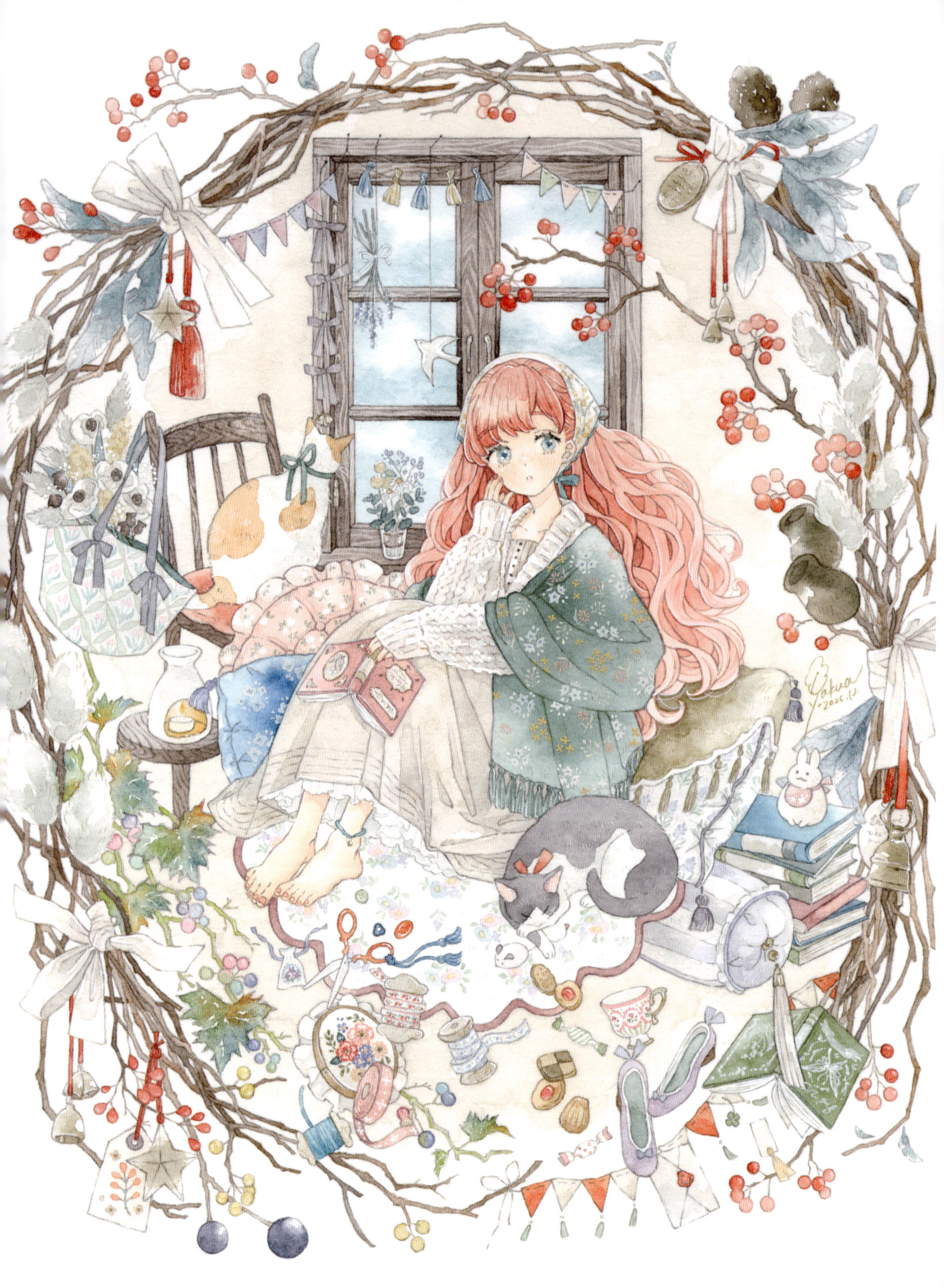

初投稿賞

2ポイント

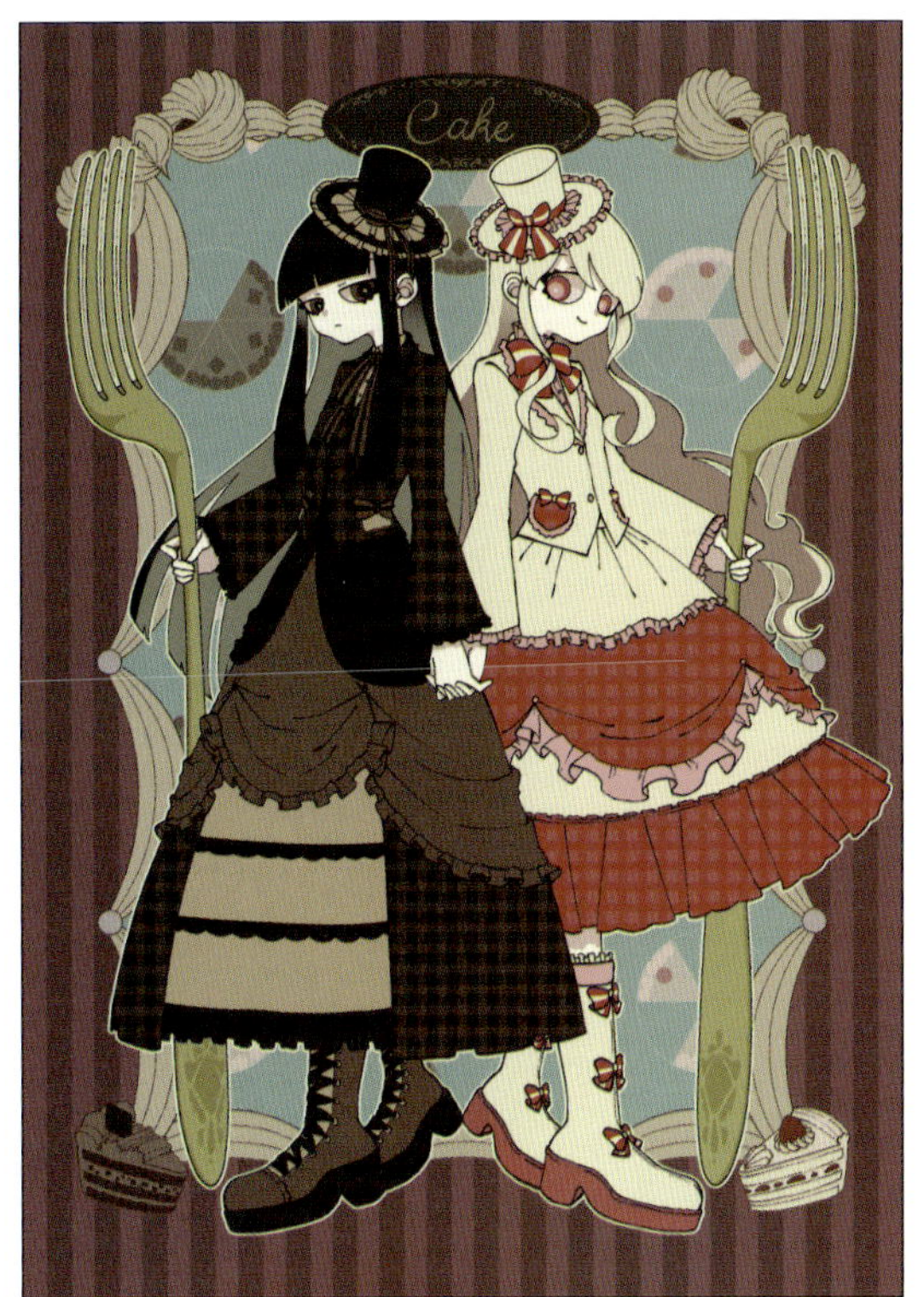

[Cake] 神奈川県・BookMA

チョコケーキとショートケーキの擬人化。色彩など対比してみえる二人だが、互いに指を絡めていて仲の良さが伝わってくる（夢）

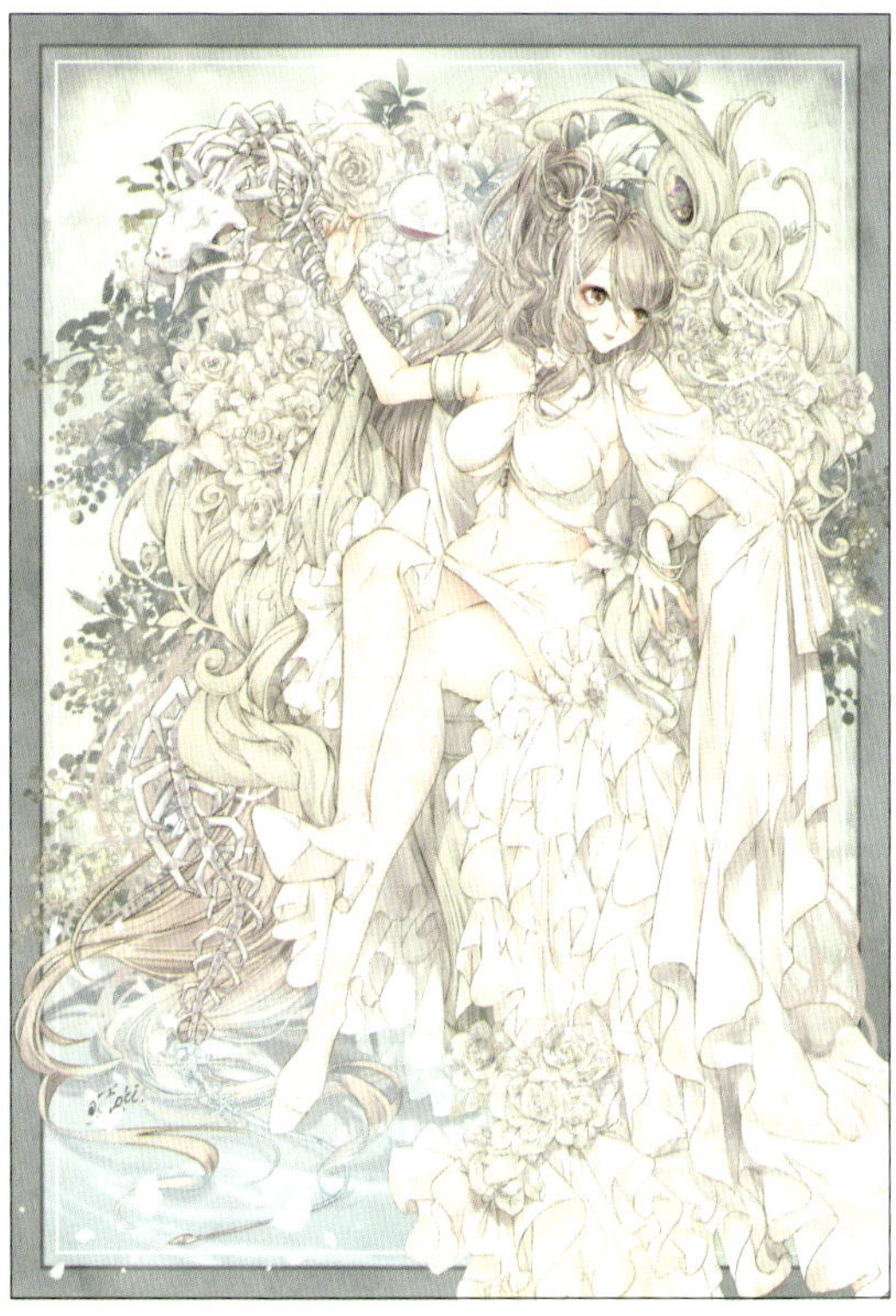
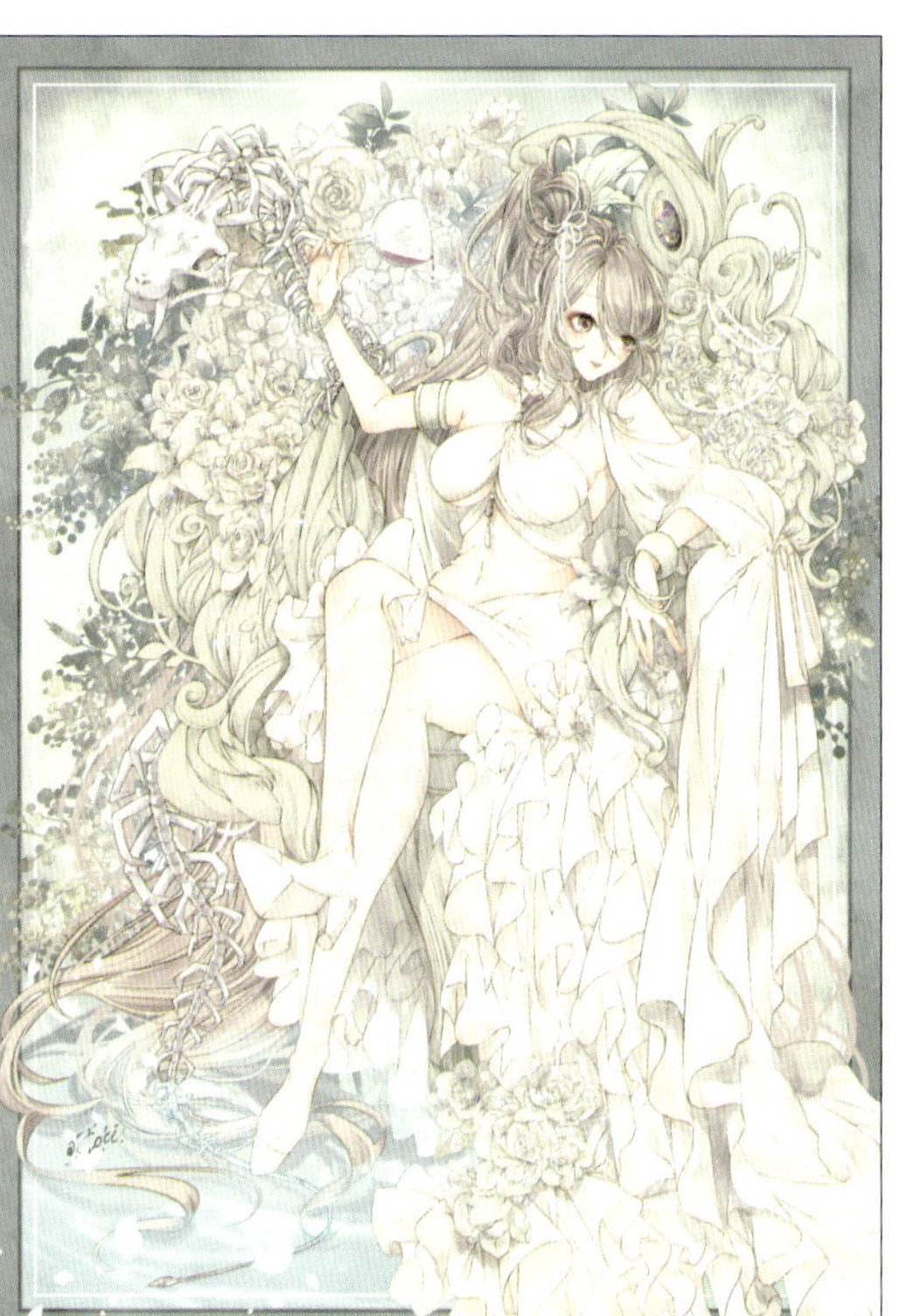

[Angelos（アンゲロス）] 北海道・暁鷺（トキ）

背景のたくさんの植物は華やかでありながらも、ナチュラルカラーによって主張しすぎず、メインの女性を神秘的に引き立たせている（海）

※Star Sへの応募方法は144ページに記載しています。次号もみなさまのご投稿、お待ちしています！

[まどろみ] 大阪府・アサノカジリヅキ

パキッとした塗りでありながら透き通った眩しさがあり、色や効果を扱う上手さを感じます。丁寧に描かれた質感も見応えがあります（し）

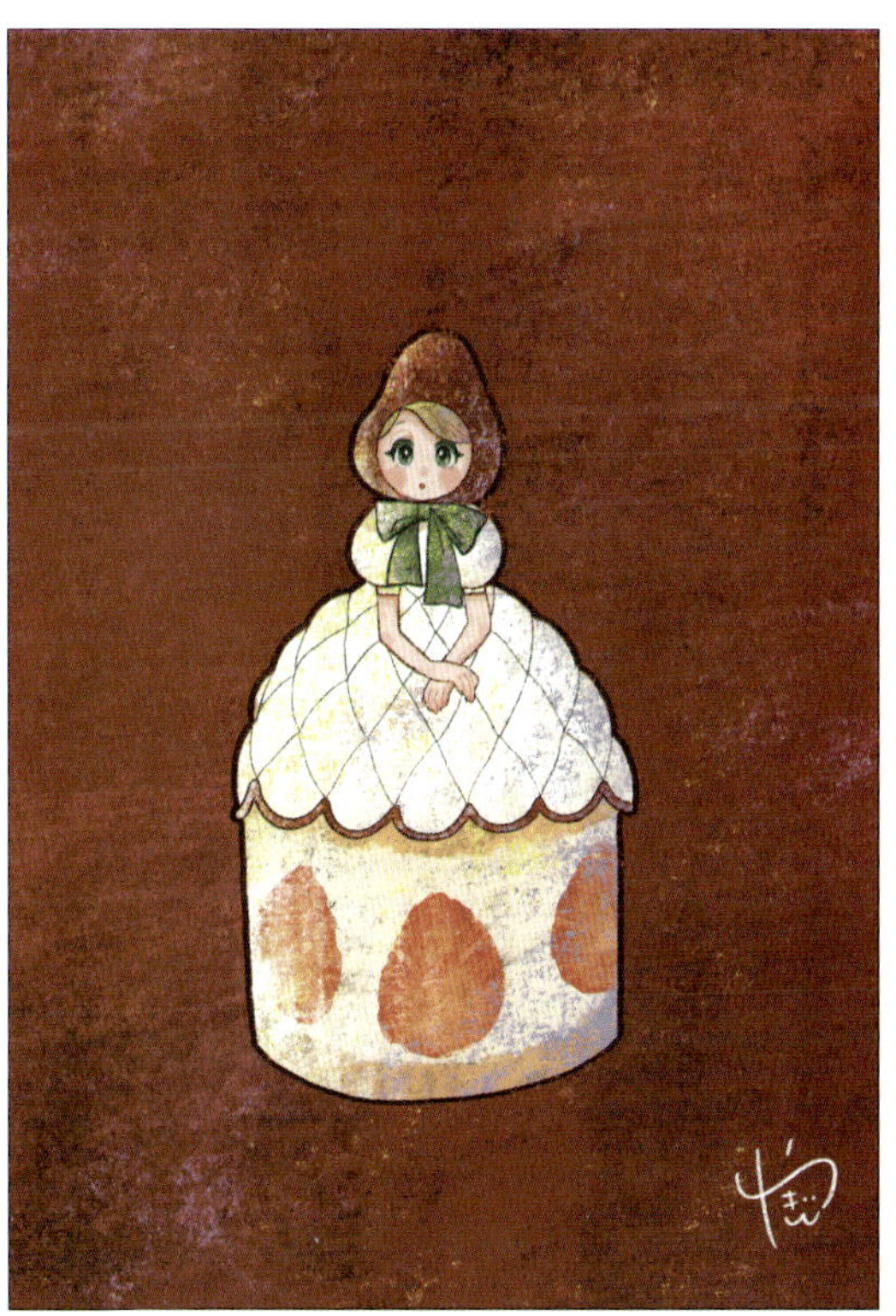

[ショートケーキガール] 大阪府・やぎあかり

コロンとしたショートケーキな女の子。小さなイチゴ頭巾にキョトン顔が可愛すぎて心が解けます（お）

ステッドラー日本賞

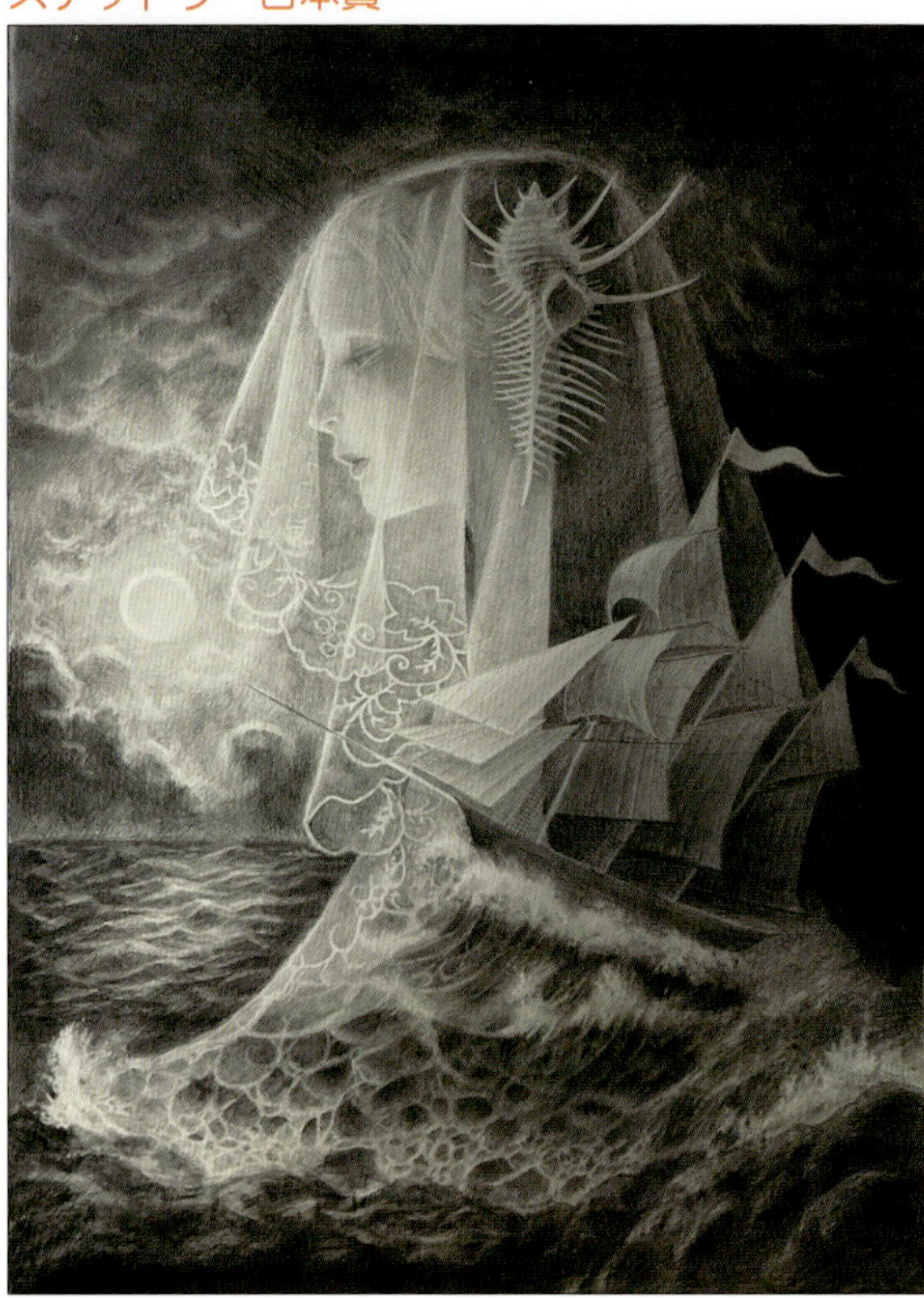

［Rán］三重県・Balot99

迫力のある画面構成、暗さと光の対比がなんとも引き込まれる作品でした。

ノピ賞

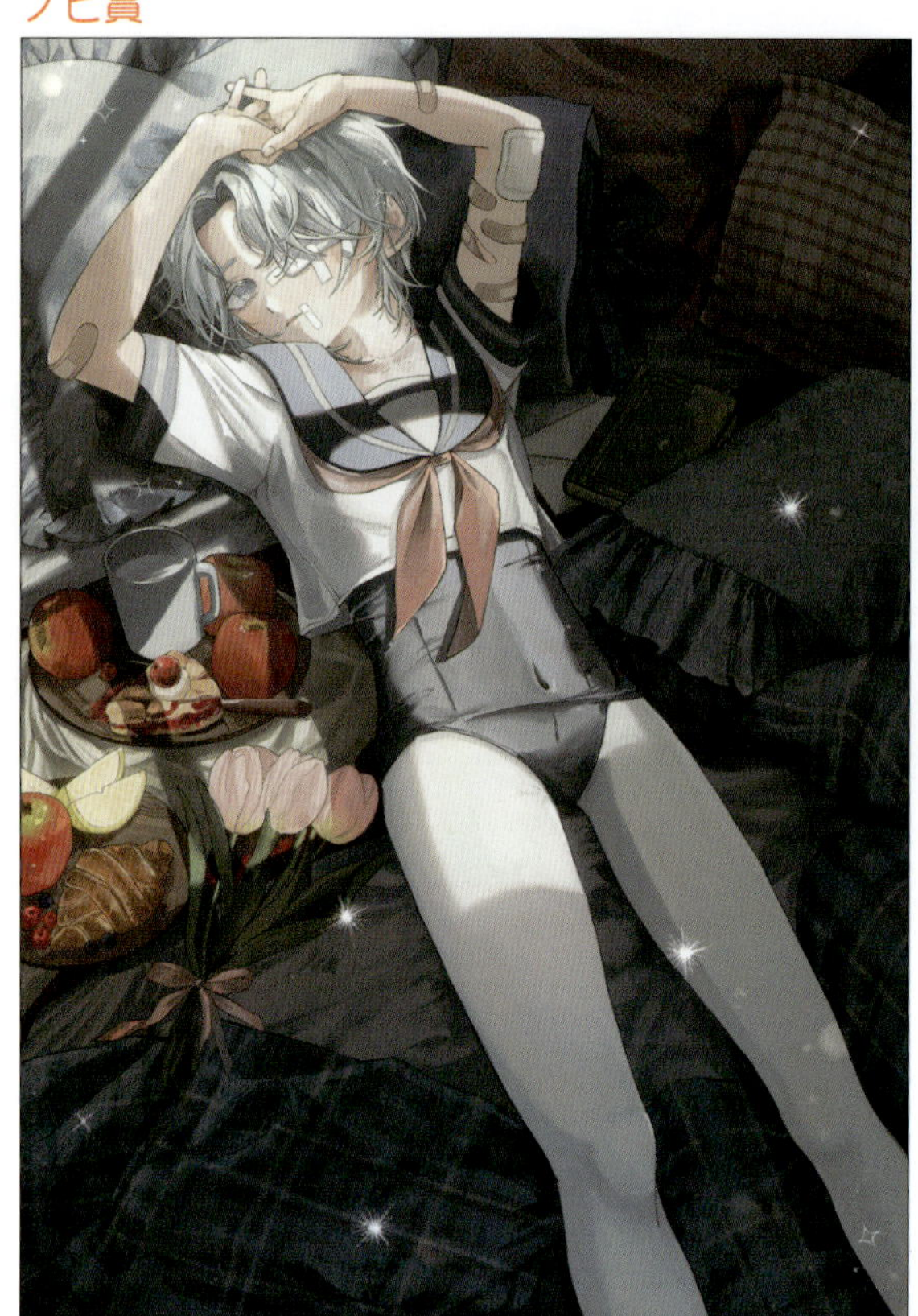

［もう少し一緒に寝よう］京都府・綾村菊介

昼下がりのミステリアスな少年を描いた作品。衣装や絆創膏のフェティッシュさ、少年の表情、身体を照らす光の表現が鮮烈。

池田はるか賞

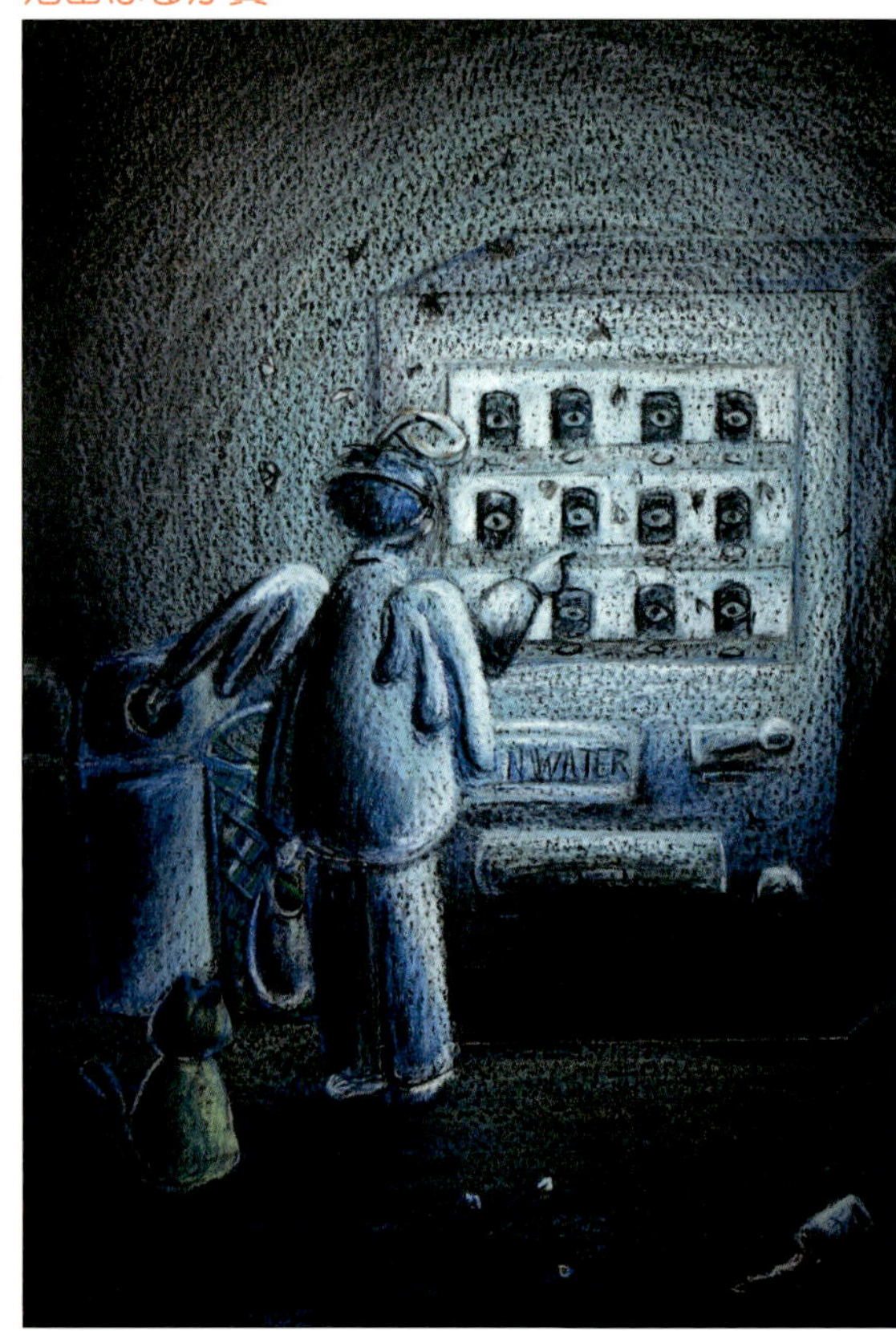

［天国の水］大阪府・田中童夏

世界観と物語に目が引き寄せられました。不思議な哀愁とミステリアスさがすてきです。

(株)ワニマガジン社・あか賞

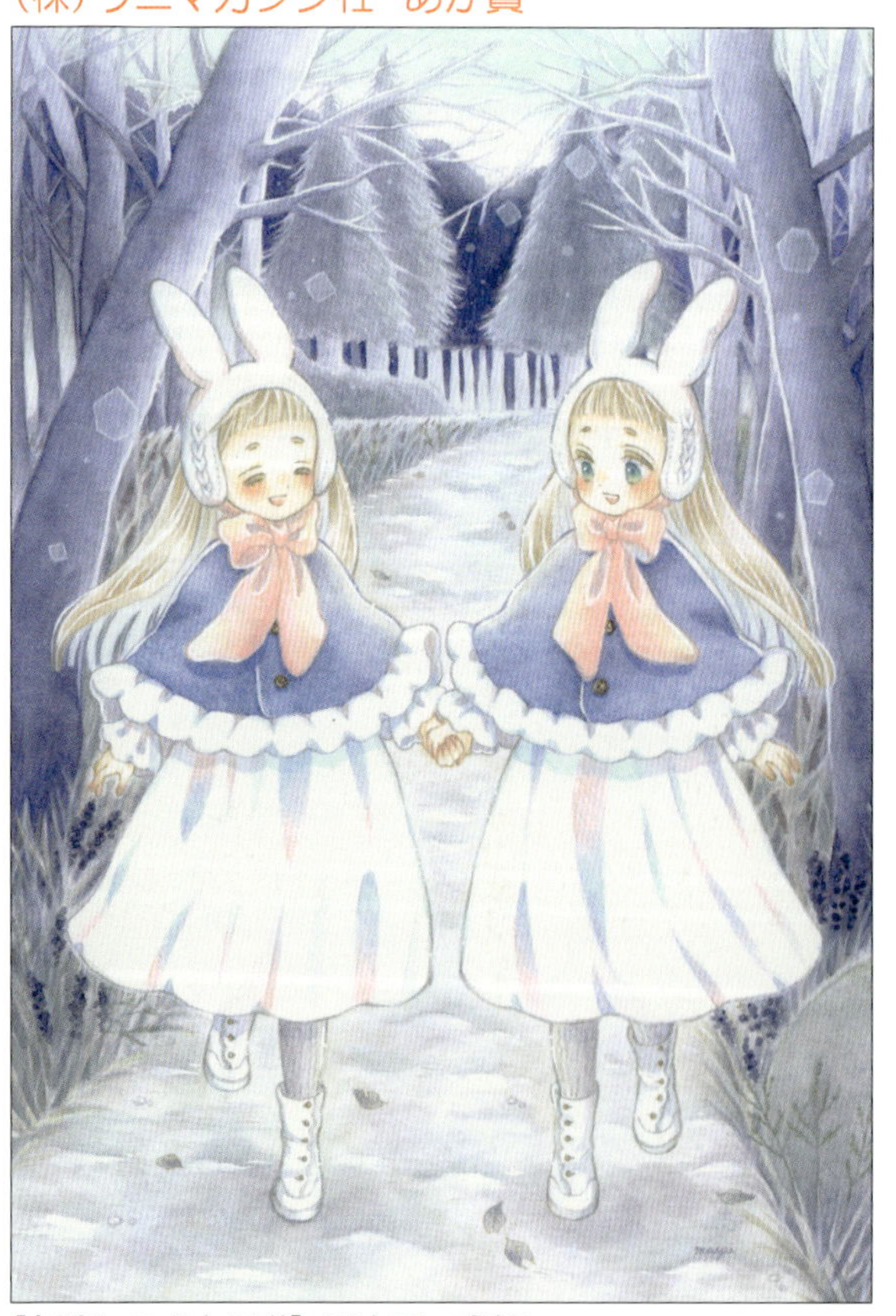

［冬晴れのさんぽ道］岡山県・真優

寒色で描かれた冷たい冬の森と対象的な楽しげで暖かい雰囲気の可愛い女の子に目をひかれました！　太まゆが際立つキャラデザがかわいい！

ポプラ社編集K・M賞

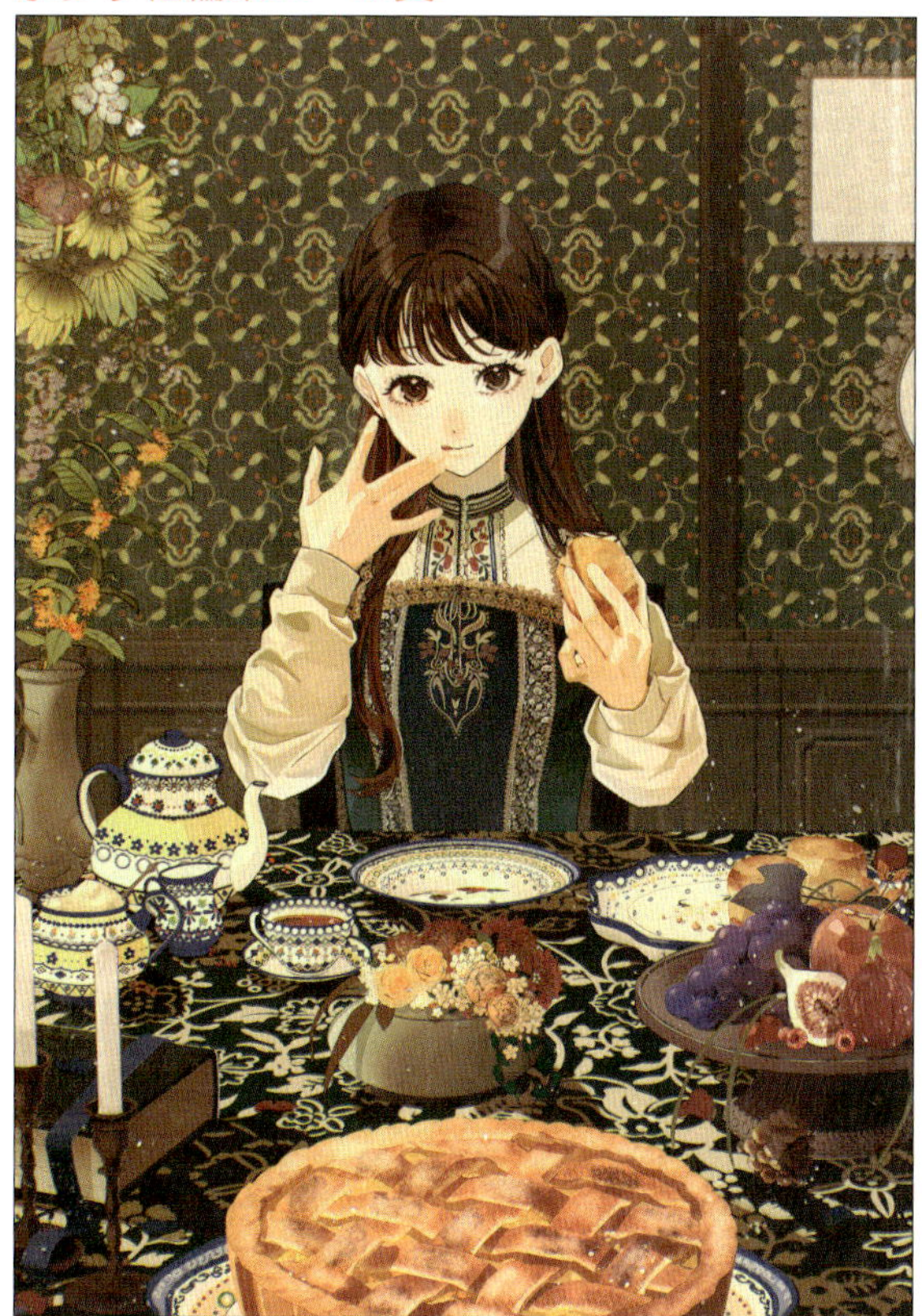

[実りの秋] 埼玉県・七海げにか

布・陶器・食べ物・人物それぞれ質感の違いがあり、空想のようでありながら、この空間で流れる空気を肌で感じるリアルさがありました。特に服のあたたかみが凄く好きでした。

儀式賞

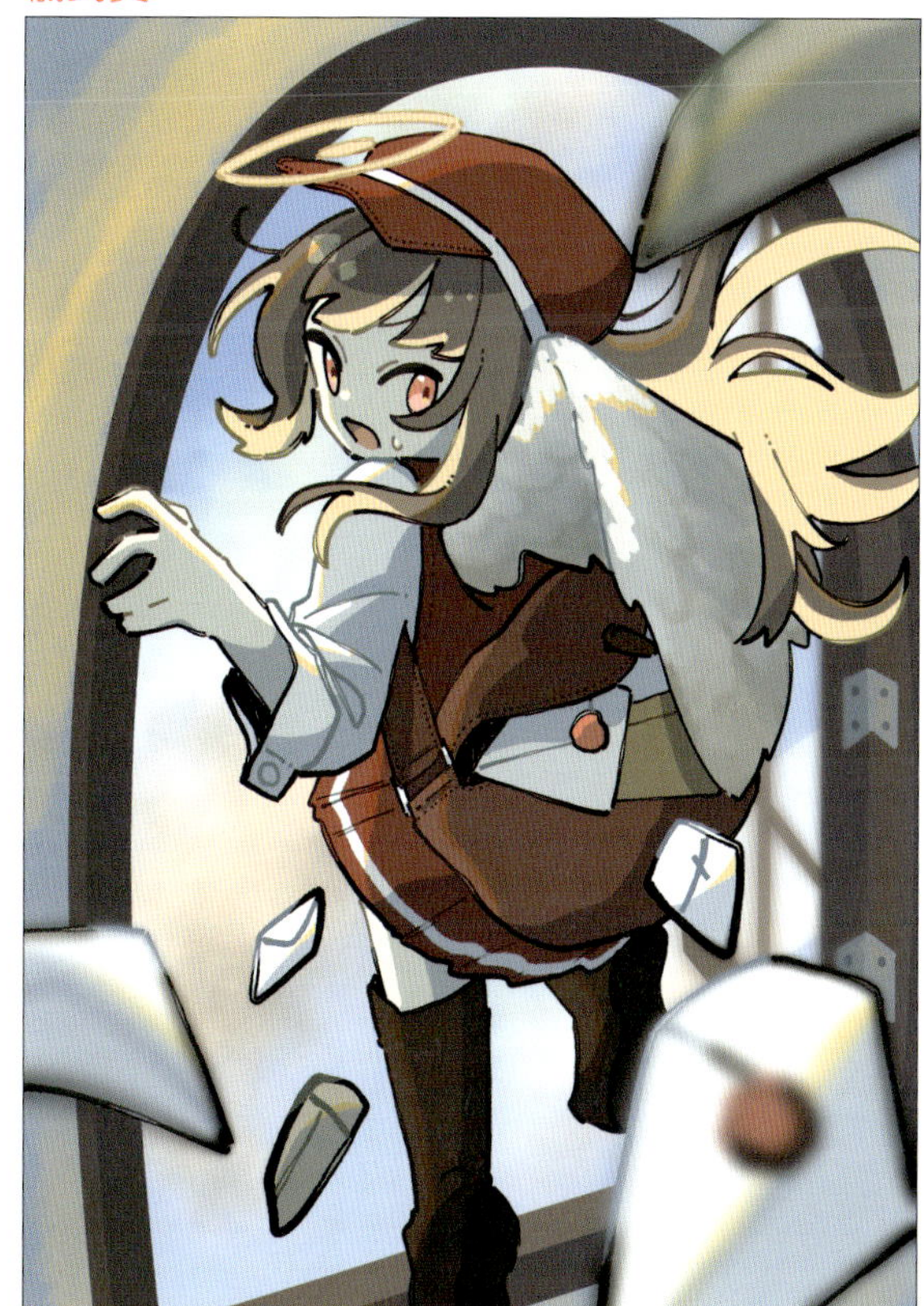

[おっちょこちょい天使の郵便屋さん]
香川県・おみそ

パッと見で惹かれました。子供の時にみたアニメのような、なつかしさを感じました。

3ポイント

パイインターナショナル・大場賞

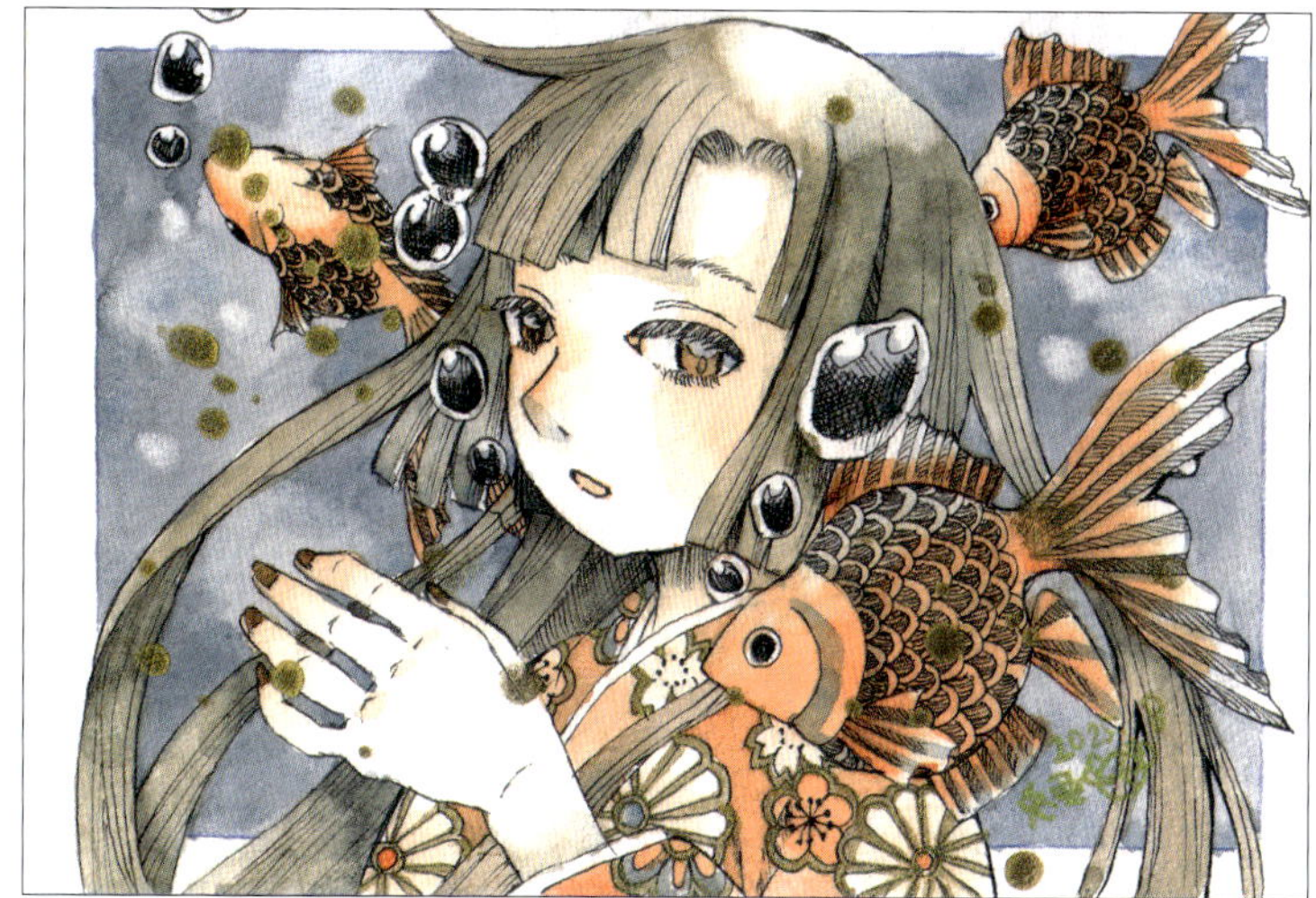

[金魚と舞う] 岐阜県・兎亜

とにかくこの線好きです。迷いつつもなにかを描き出そうとしているこの線いいです。

(株)ワニマガジン社・haru賞

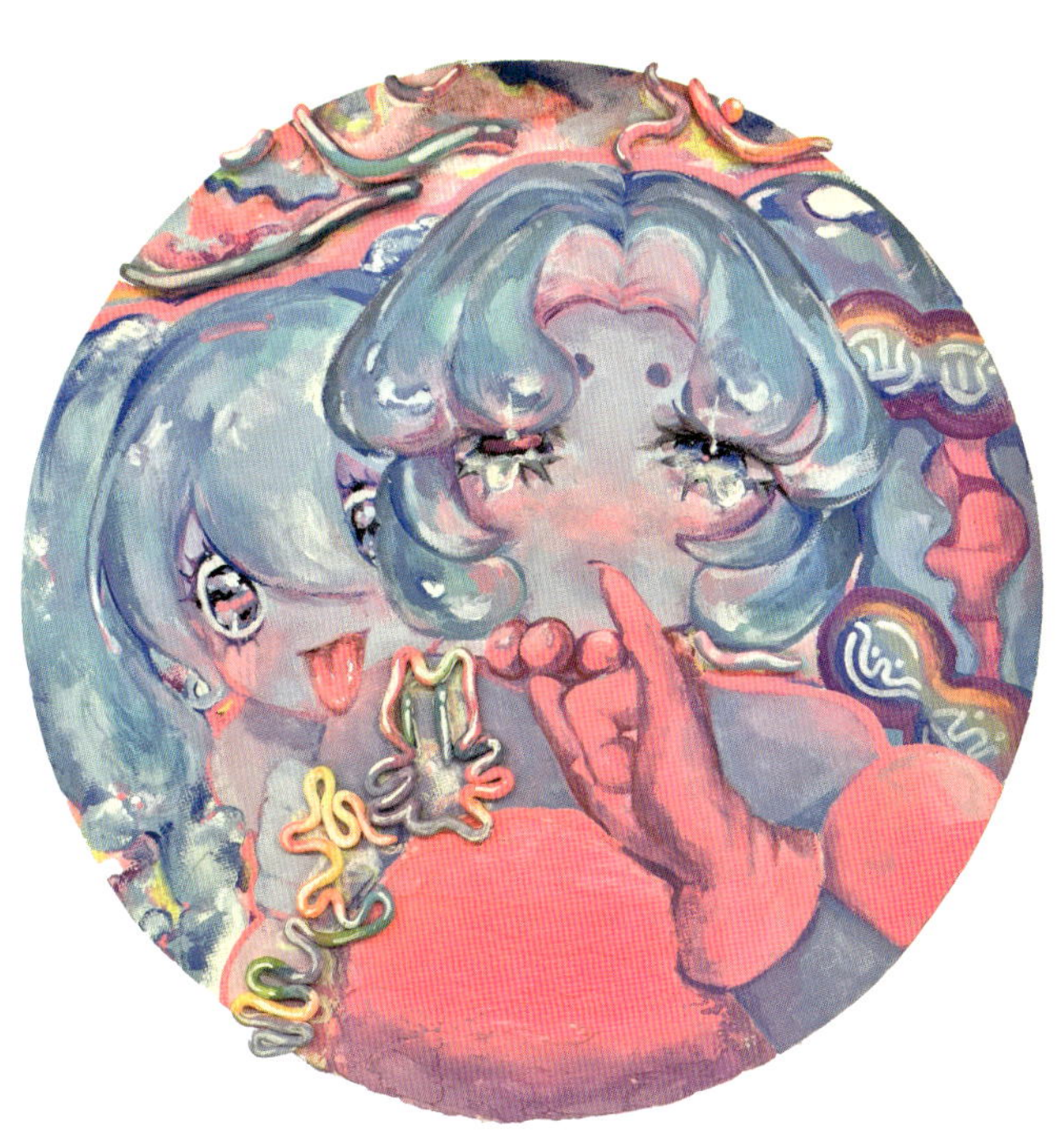

[spicypink] 愛知県・まる

色使いと粘土の独創性が素敵でした。是非、現物を拝見したいです。

1ポイント

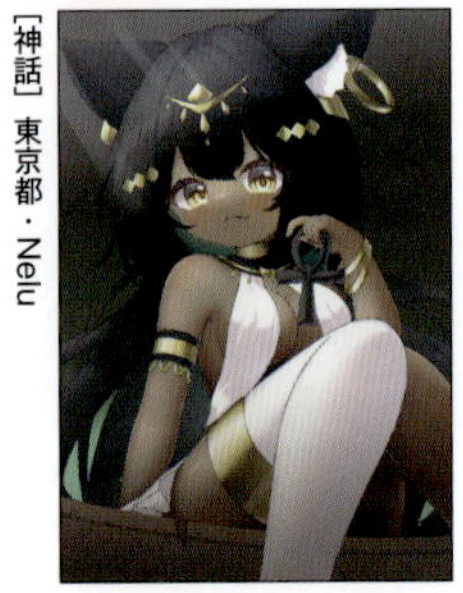
[神話] 東京都・Nelu

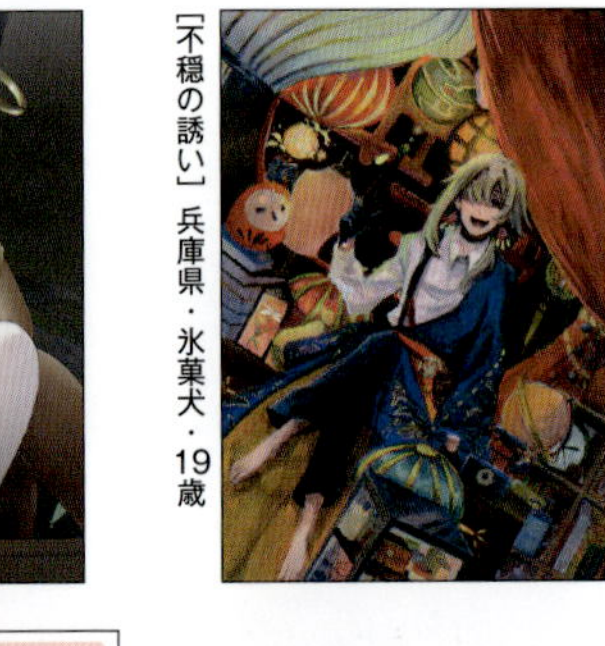
[不穏の誘い] 兵庫県・氷菓犬・19歳

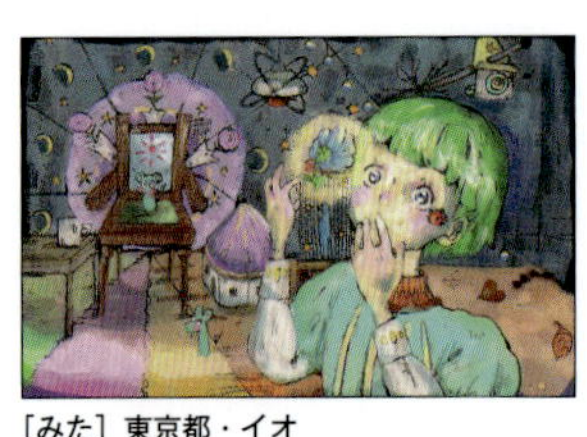
[みた] 東京都・イオ

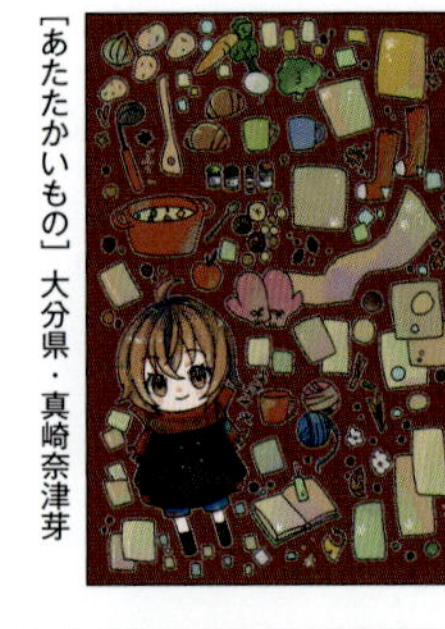
[あたたかいもの] 大分県・真崎奈津芽

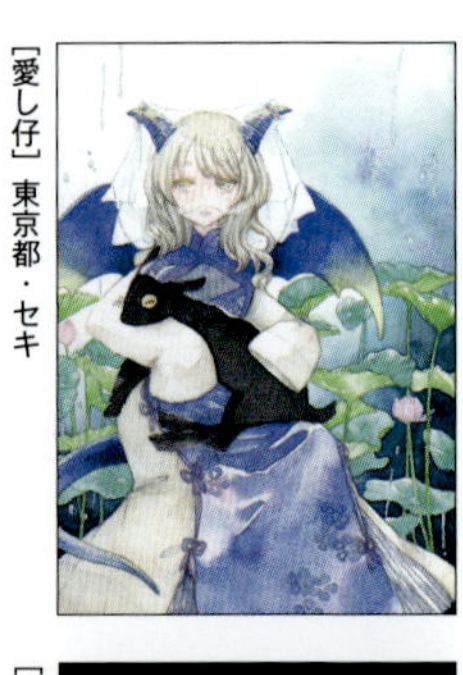
[愛し仔] 東京都・セキ

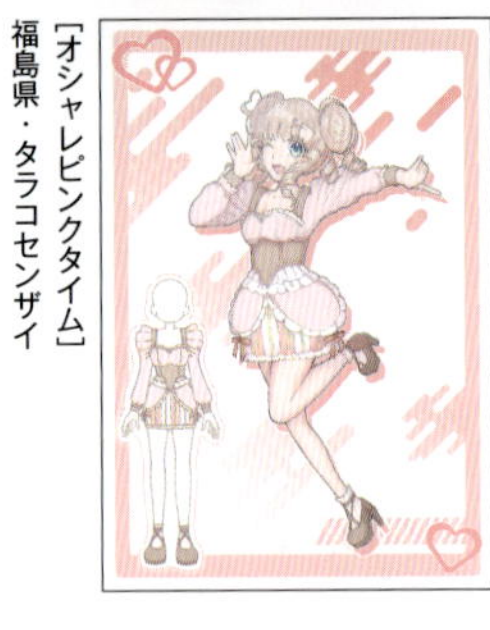
[オシャレピンクタイム] 福島県・タラコセンザイ

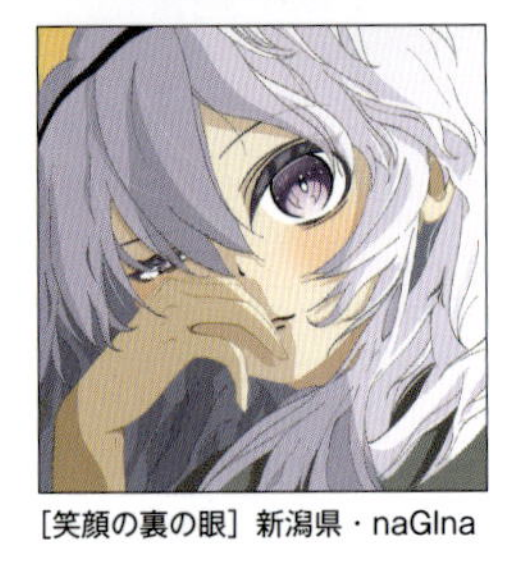
[笑顔の裏の眼] 新潟県・naGlna

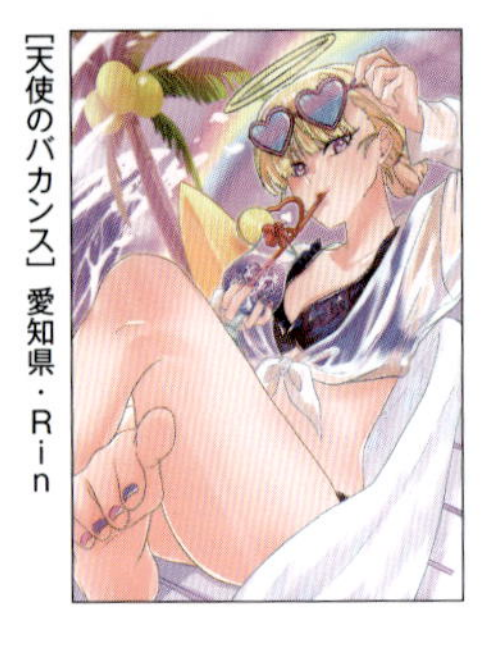
[天使のバカンス] 愛知県・Rin

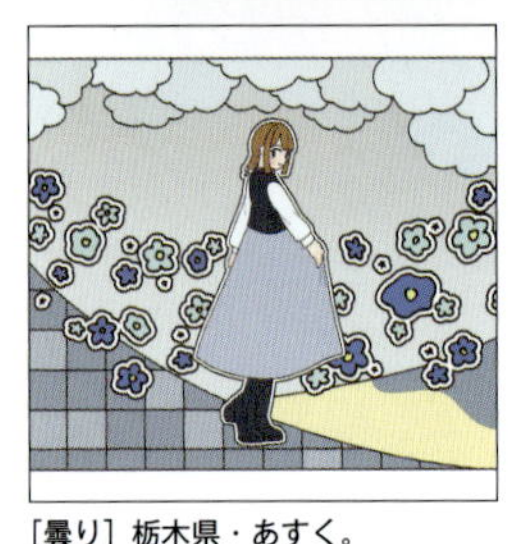
[曇り] 栃木県・あすく。

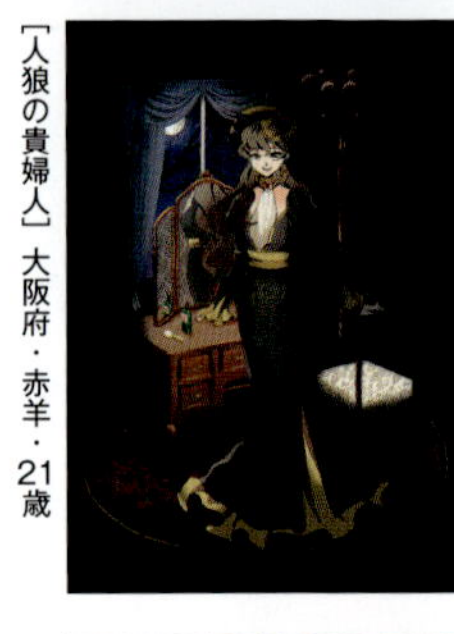
[人狼の貴婦人] 大阪府・赤羊・21歳

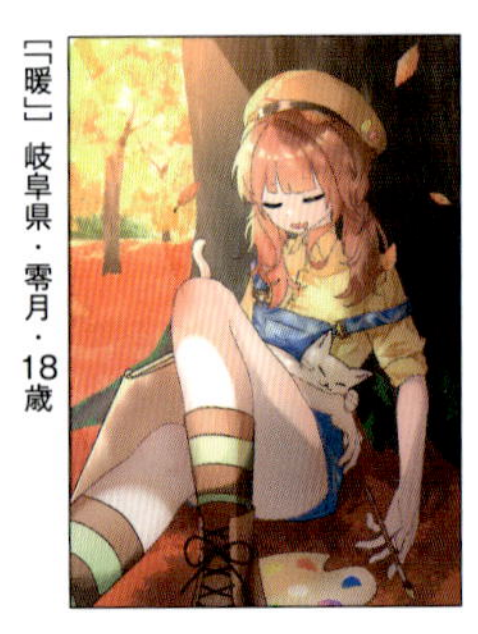
[暖] 岐阜県・零月・18歳

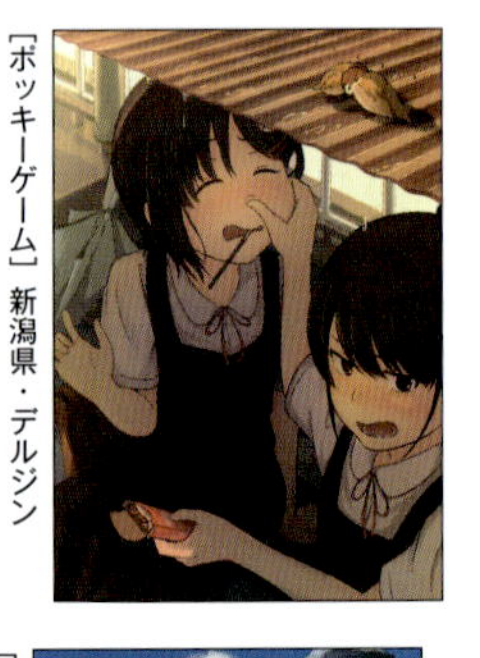
[ポッキーゲーム] 新潟県・デルジン

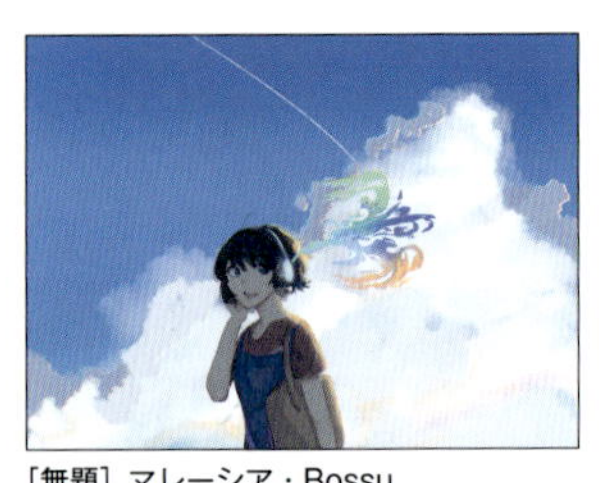
[無題] マレーシア・Bossu

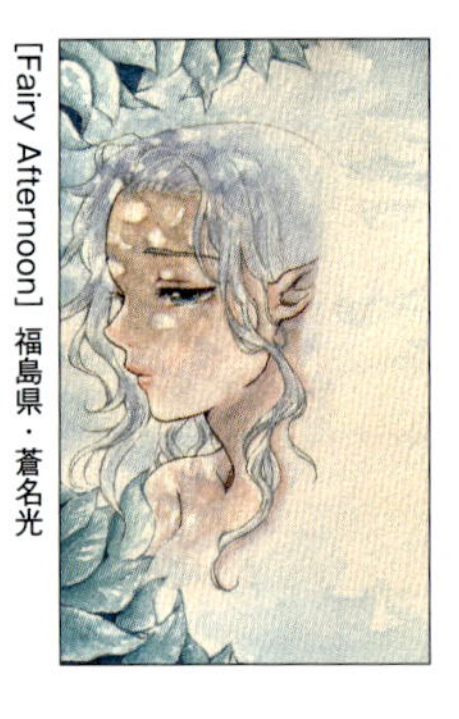
[Fairy Afternoon] 福島県・蒼名光

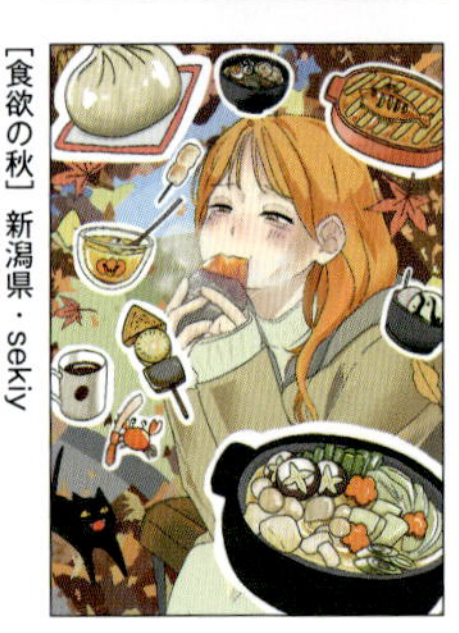
[食欲の秋] 新潟県・sekiy

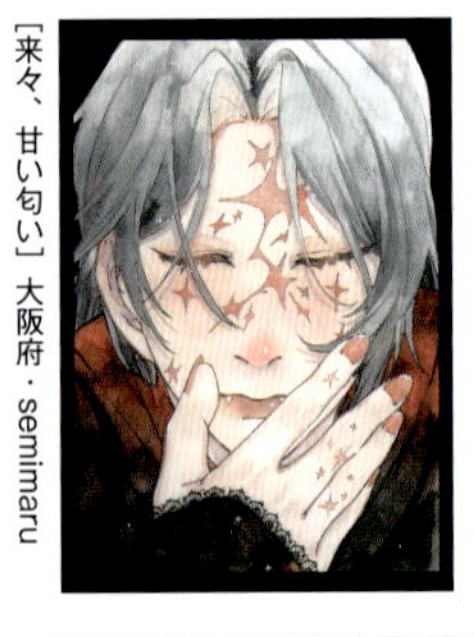
[来々、甘い匂い] 大阪府・semimaru

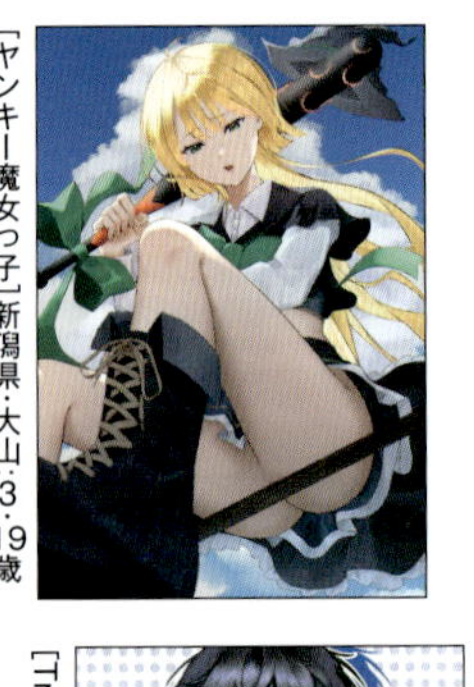
[ヤンキー魔女っ子] 新潟県・大山:3・19歳

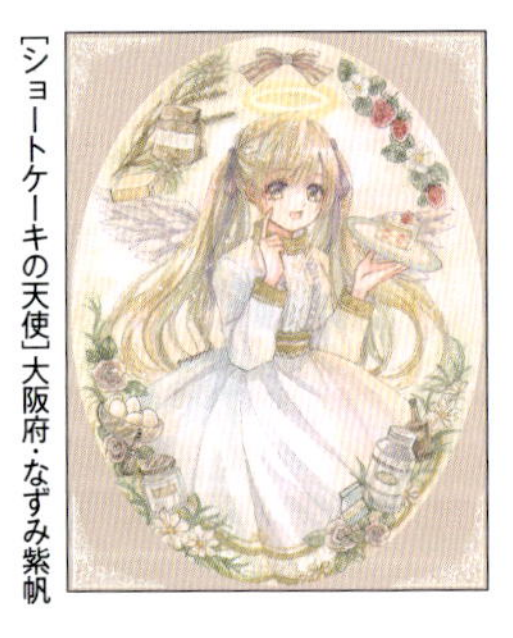
[ショートケーキの天使] 大阪府・なずみ紫帆

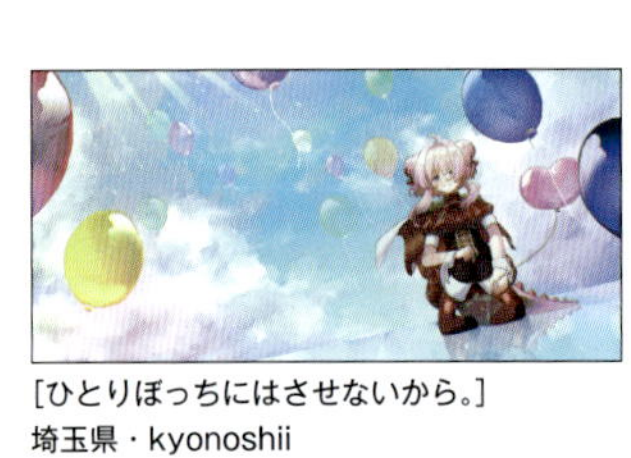
[ひとりぼっちにはさせないから。]
埼玉県・kyonoshii

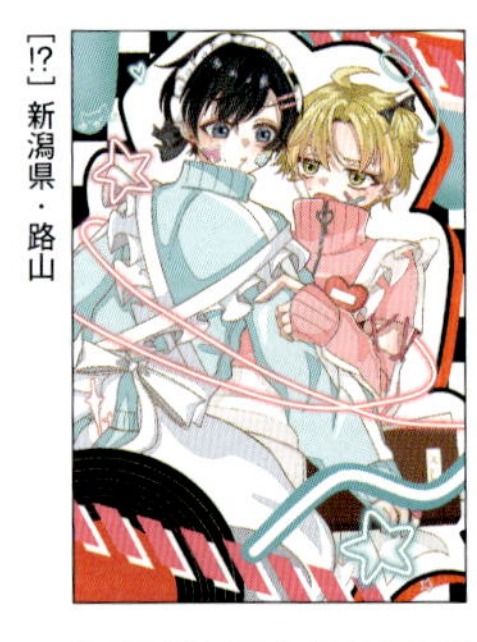
[!?] 新潟県・路山

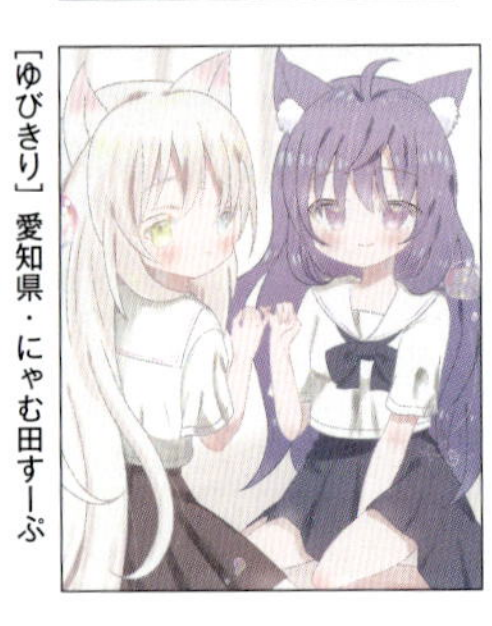
[ゆびきり] 愛知県・にゃむ田すーぷ

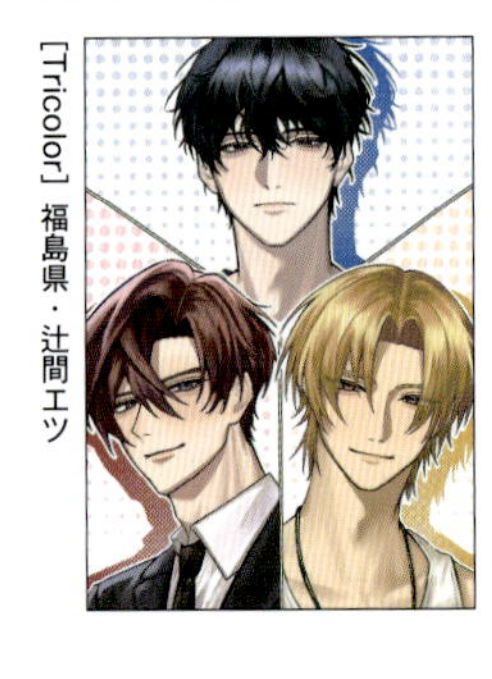
[Tricolor] 福島県・辻間エツ

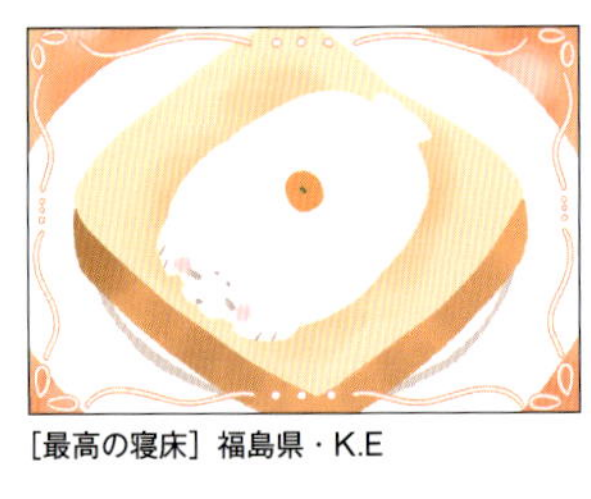
[最高の寝床] 福島県・K.E

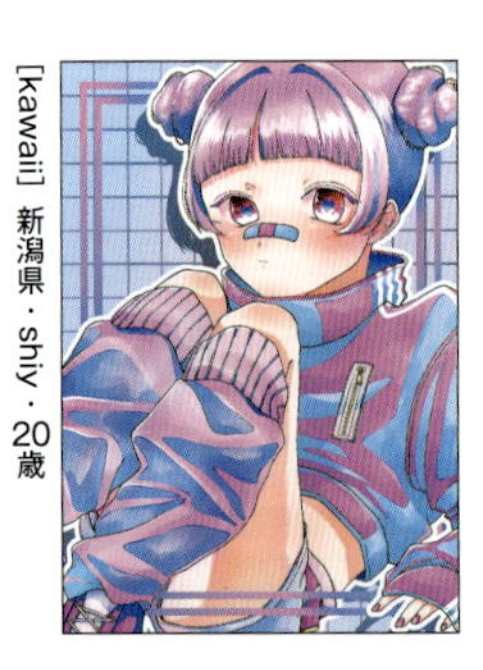
[kawaii] 新潟県・shiy・20歳

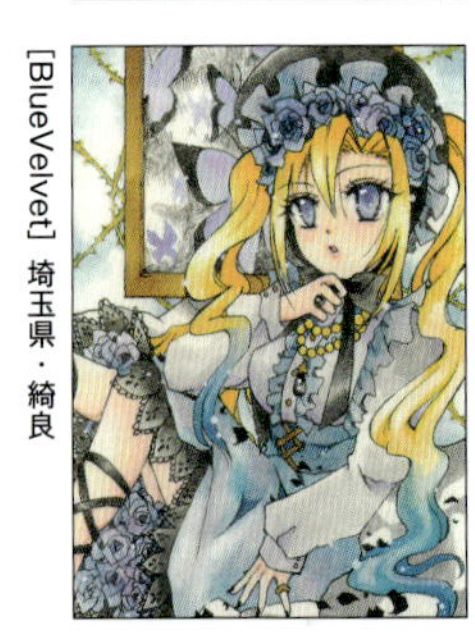
[BlueVelvet] 埼玉県・綺良

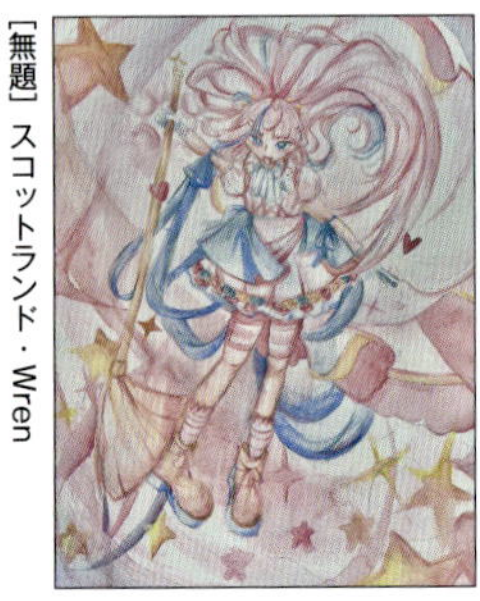
[無題] スコットランド・Wren

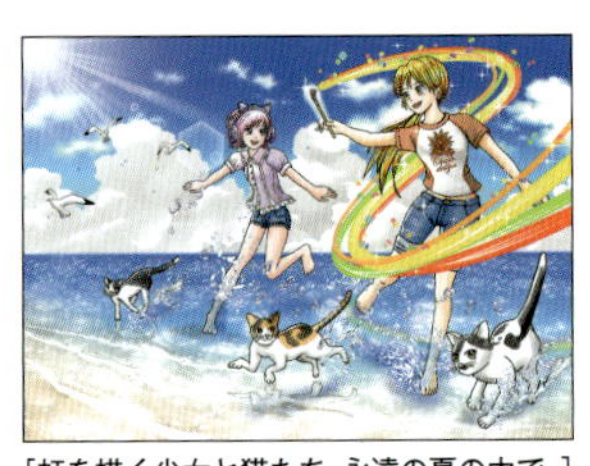
[虹を描く少女と猫たち。永遠の夏の中で。]
千葉県・ChappiDesign

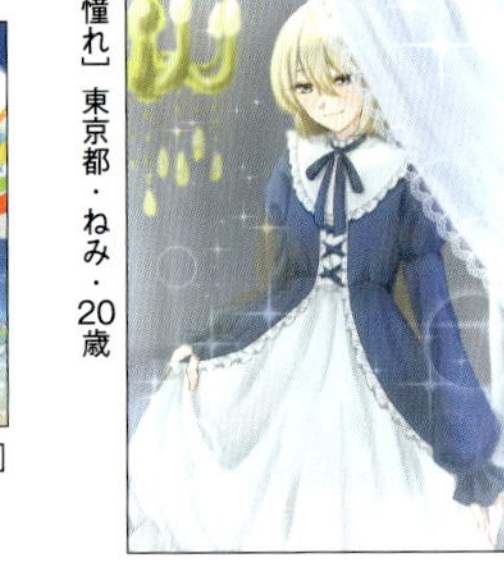
[憧れ] 東京都・ねみ・20歳

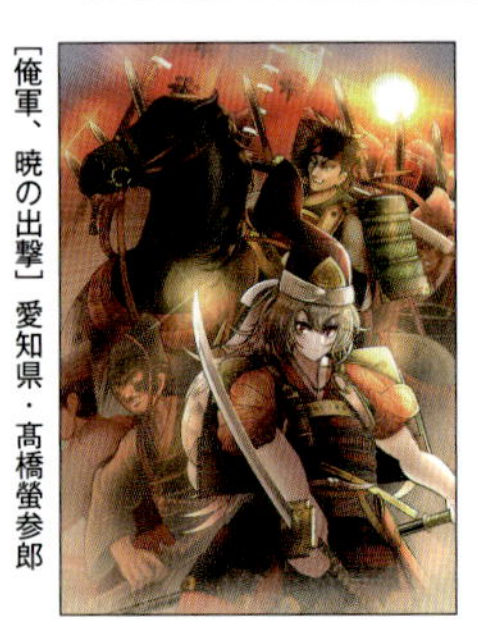
[俺軍、暁の出撃] 愛知県・高橋螢参郎

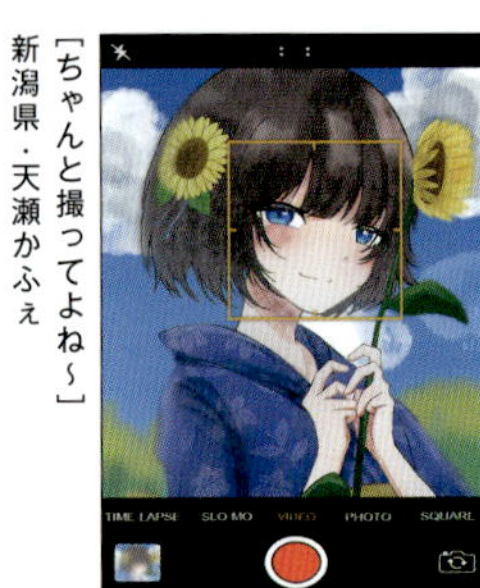

[ちゃんと撮ってよね〜] 新潟県・天瀬かふぇ

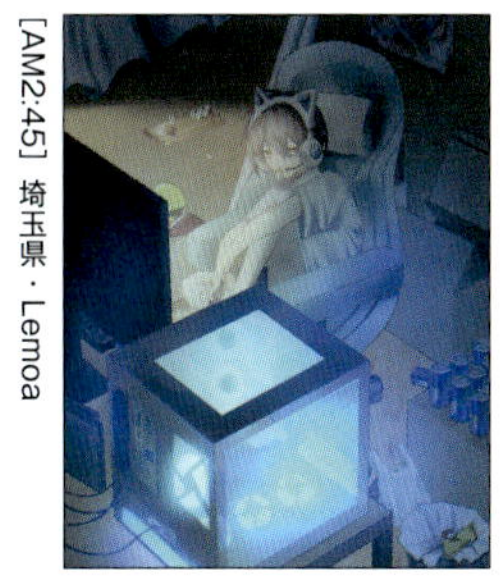
[AM2:45] 埼玉県・Lemoa

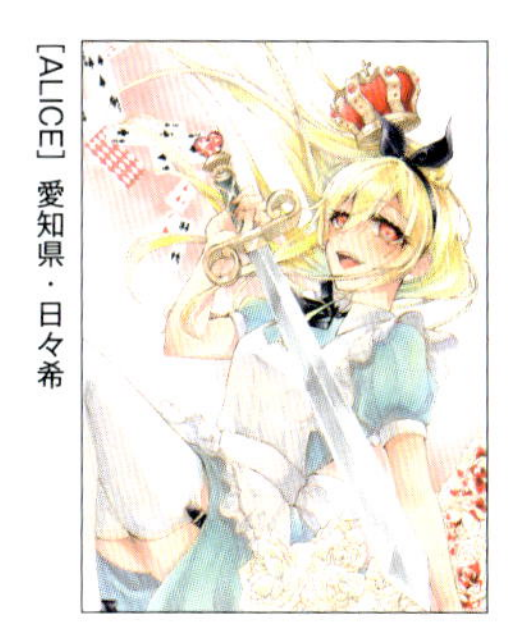
[ALICE] 愛知県・日々希

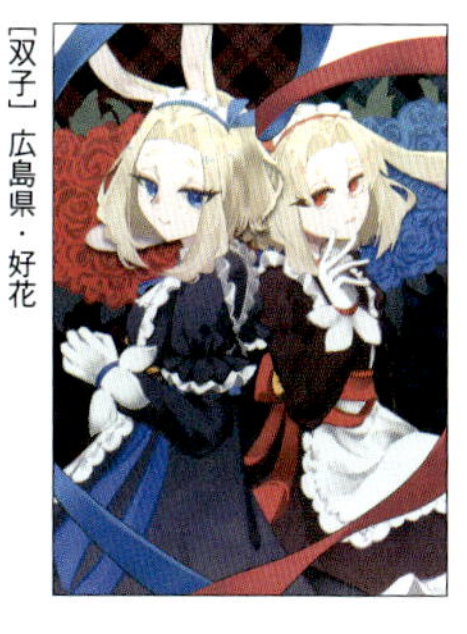
[双子] 広島県・好花

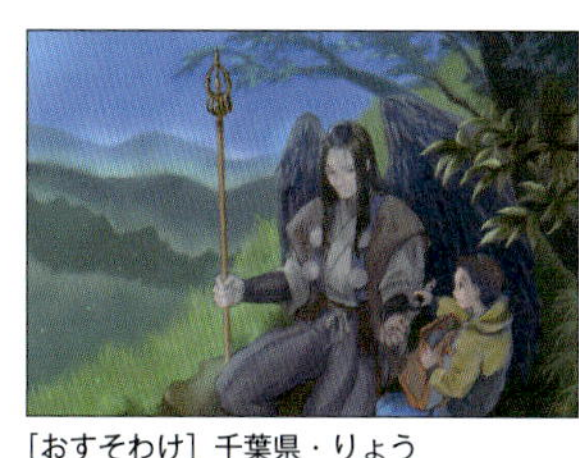
[おすそわけ] 千葉県・りょう

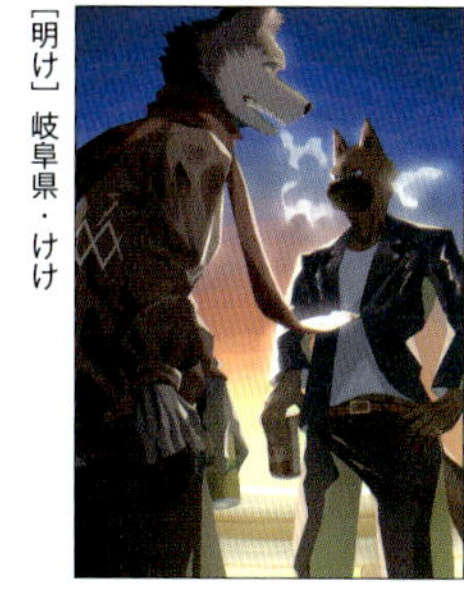
[明け] 岐阜県・けけ

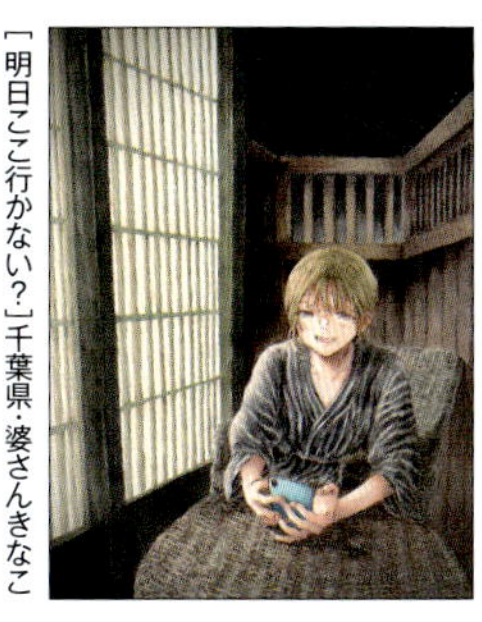
[明日ここ行かない?] 千葉県・婆さんきなこ

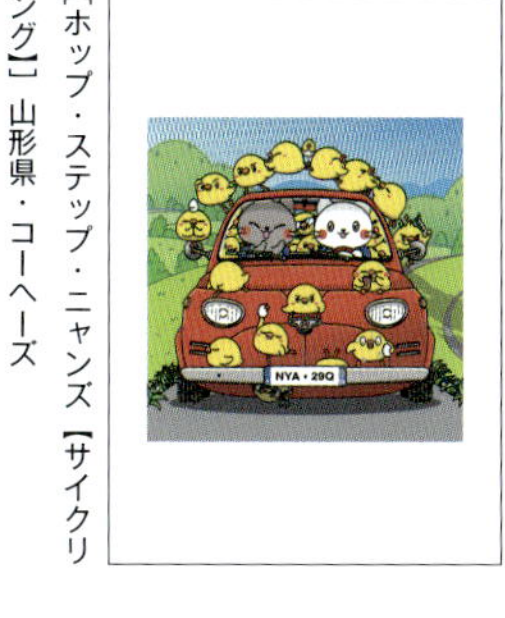
[ホップ・ステップ・ニャンズ【サイクリング】] 山形県・コーヘーズ

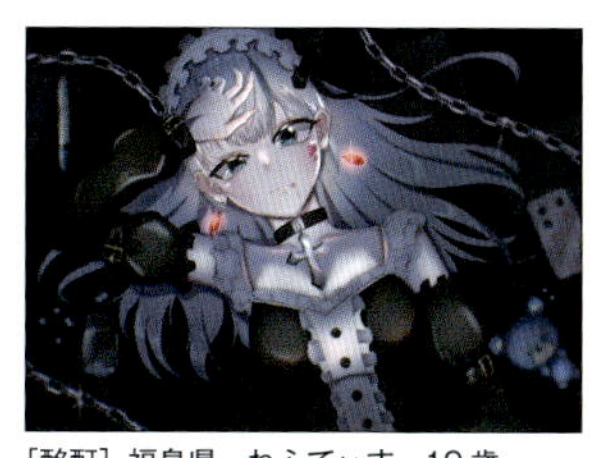
[酩酊] 福島県・ねふてぃす・19歳

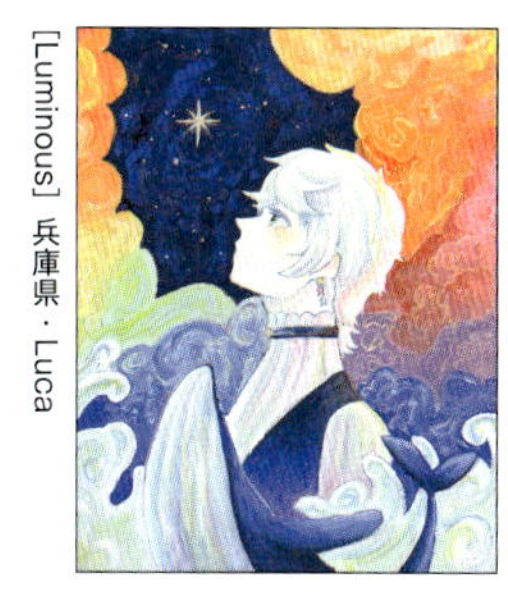
[Luminous] 兵庫県・Luca

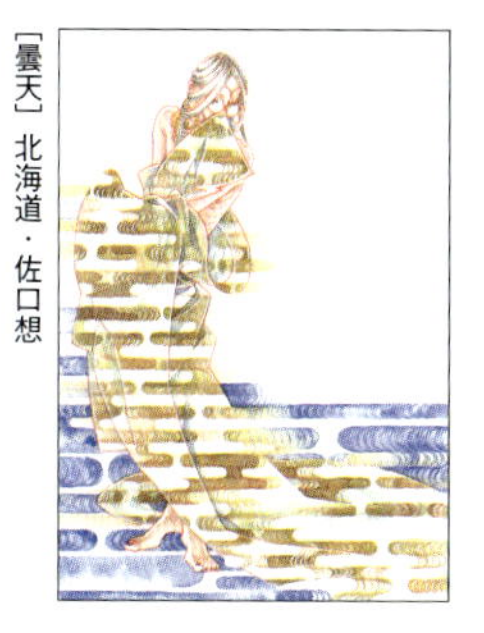
[曇天] 北海道・佐口想

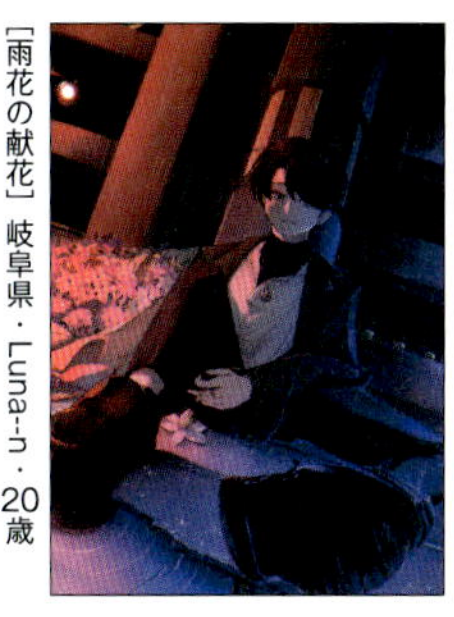
[雨花の献花] 岐阜県・Luna-n・20歳

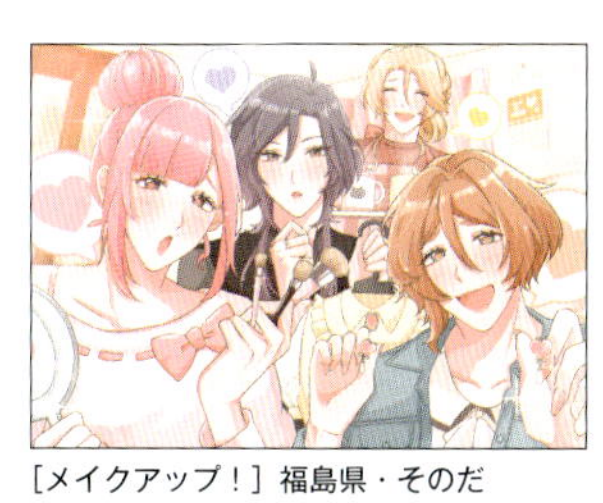
[メイクアップ!] 福島県・そのだ

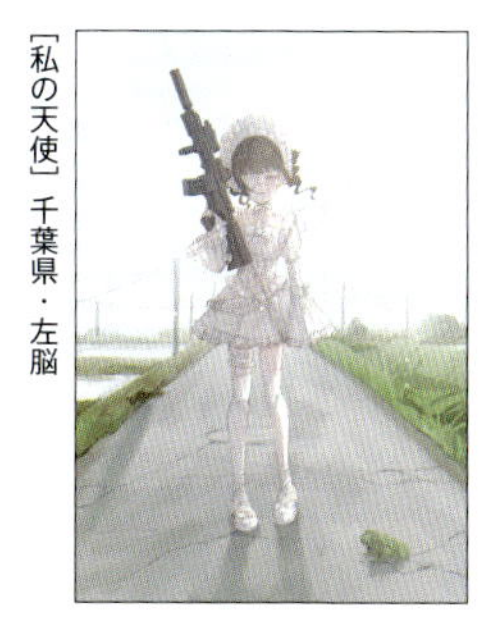
[私の天使] 千葉県・左脳

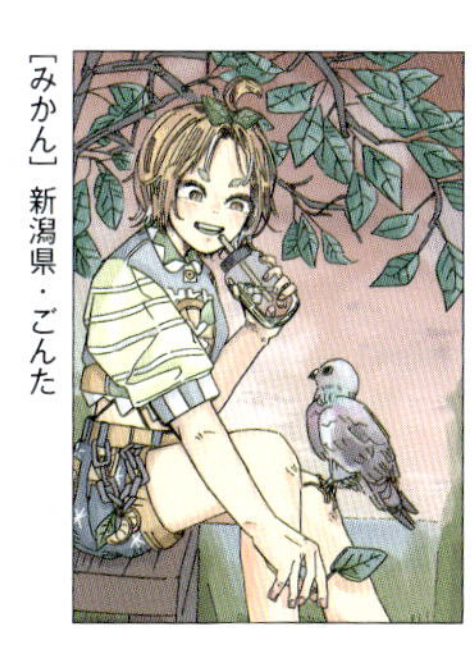
[みかん] 新潟県・ごんた

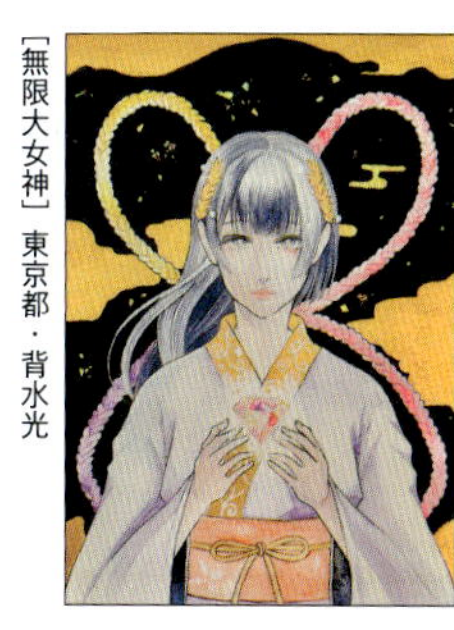
[無限大女神] 東京都・背水光

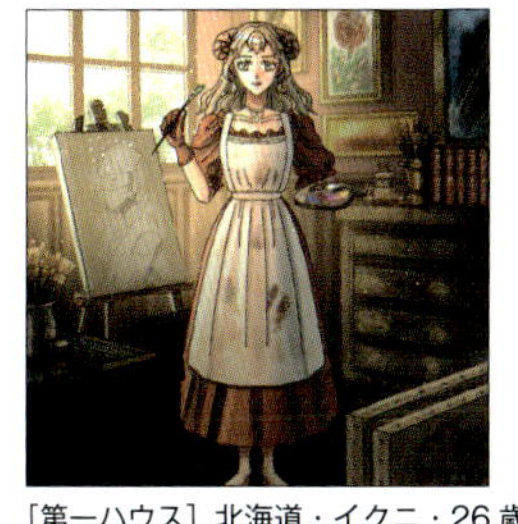
[第一ハウス] 北海道・イクニ・26歳

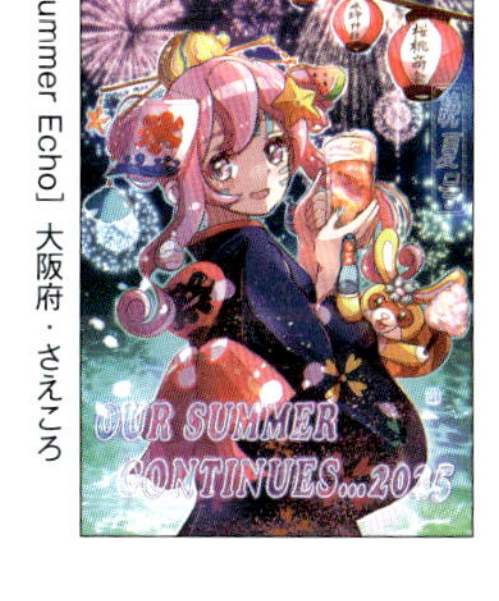
[Summer Echo] 大阪府・さえころ

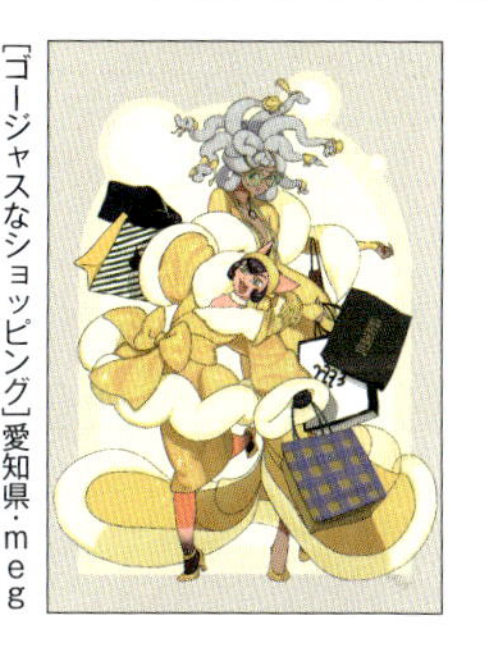
[ゴージャスなショッピング] 愛知県・meg

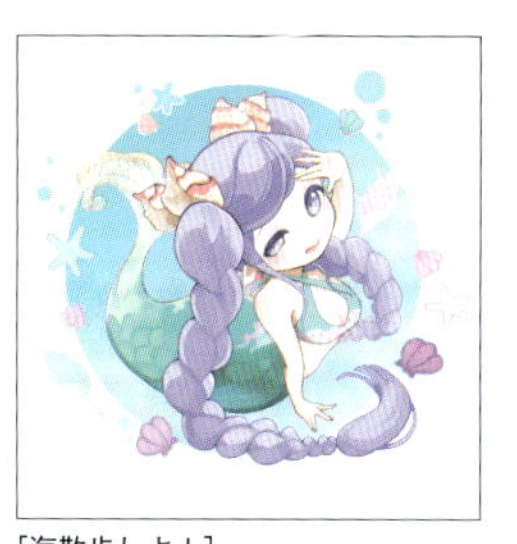
[海散歩しよ!]
埼玉県・桔紺ちや〈KICOChiya〉

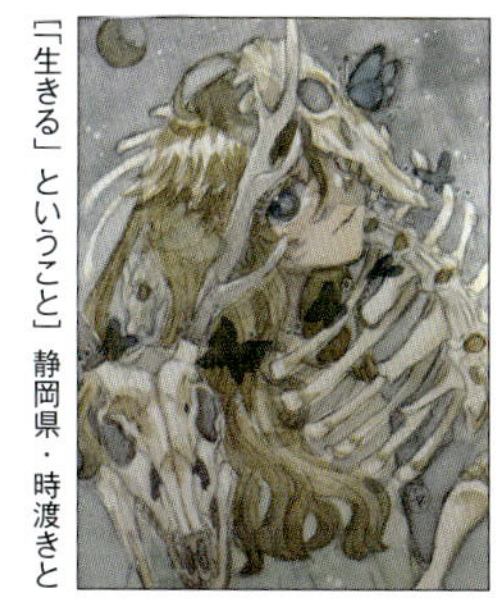
[「生きる」ということ] 静岡県・時渡きと

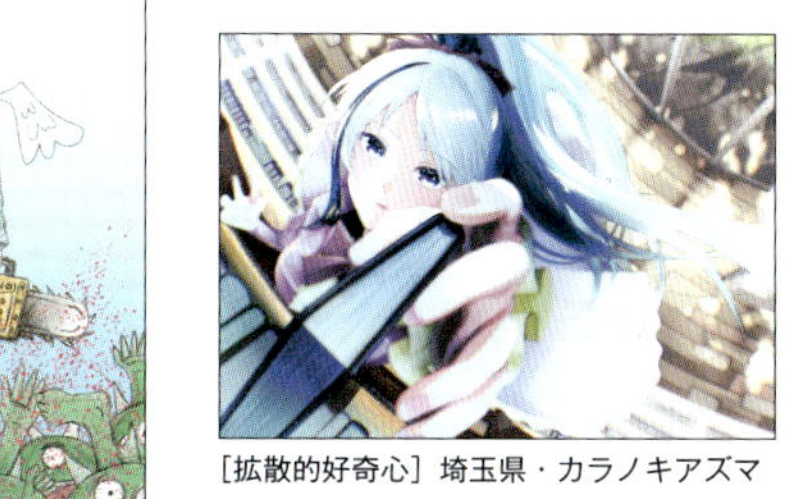
[チェンソーガール] 長野県・初冬

[拡散的好奇心] 埼玉県・カラノキアズマ

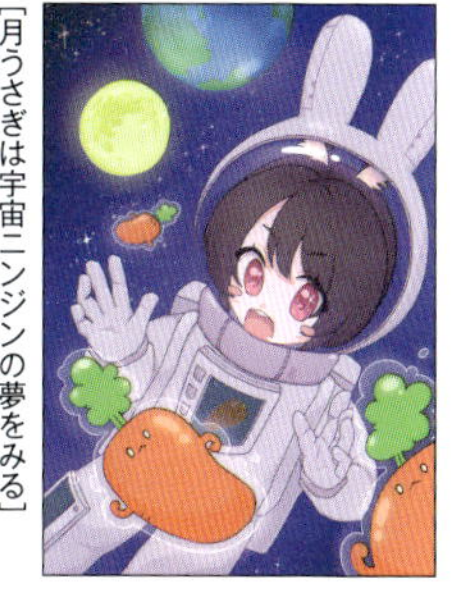
[月うさぎは宇宙ニンジンの夢をみる] 新潟県・さなぼ・19歳

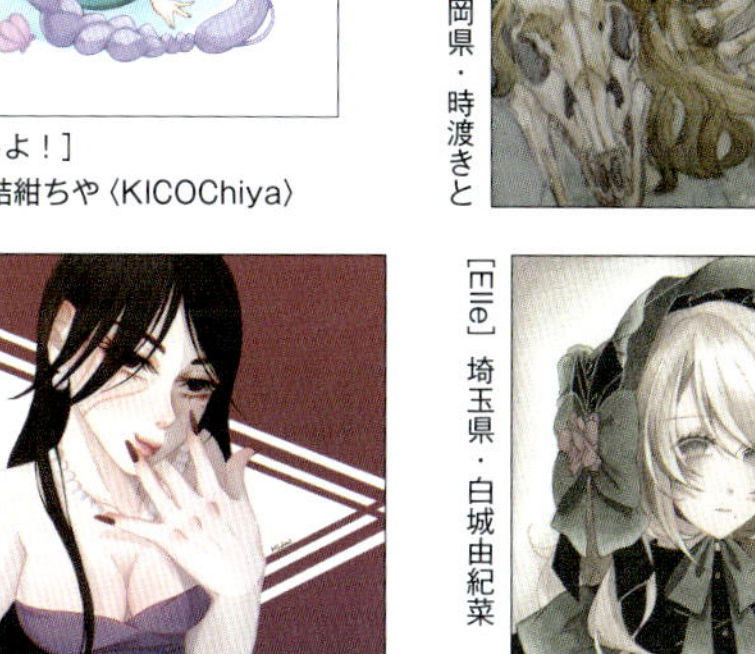
[無題] イタリア・Midori

[Elle] 埼玉県・白城由紀菜

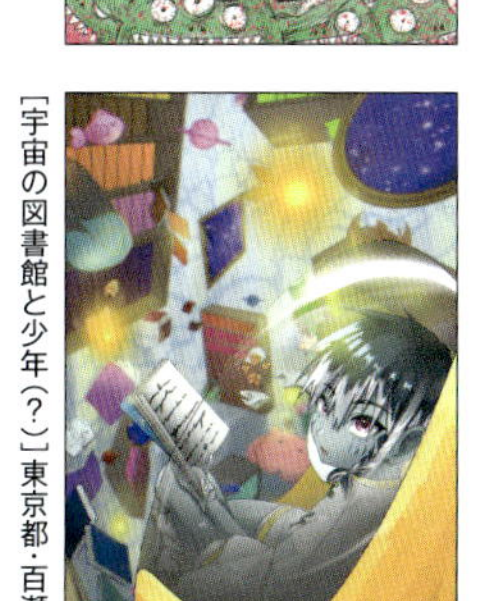
[宇宙の図書館と少年(?)] 東京都・百瀬

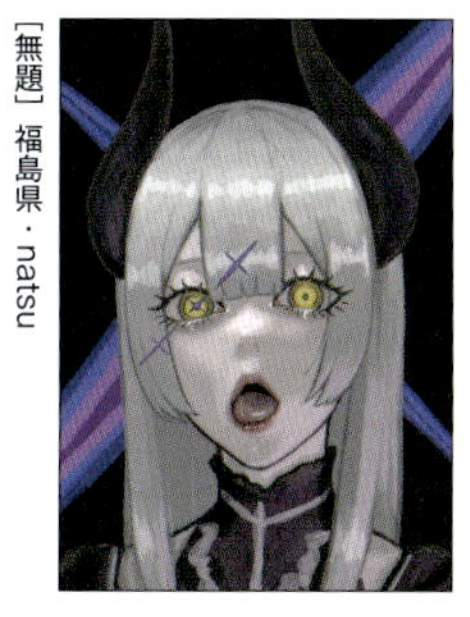
[無題] 福島県・natsu

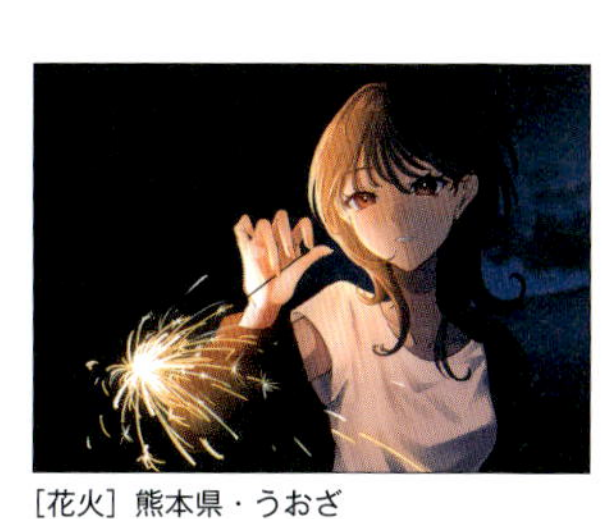
[花火] 熊本県・うおざ

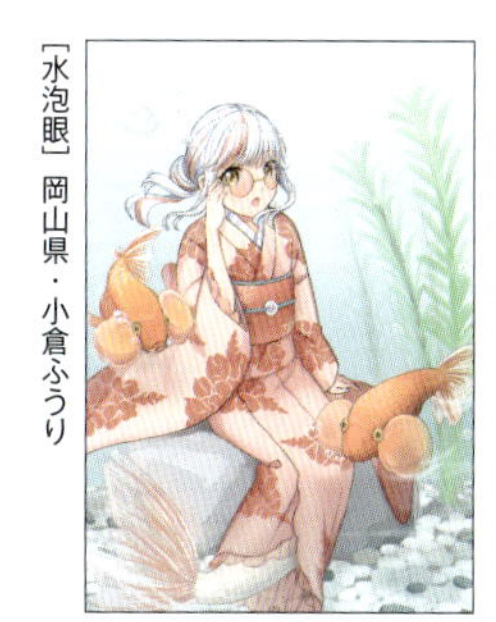
[水泡眼] 岡山県・小倉ふうり

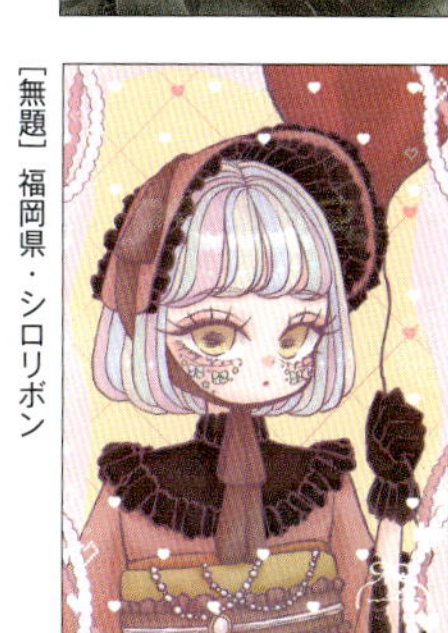
[無題] 福岡県・シロリボン

1ポイント

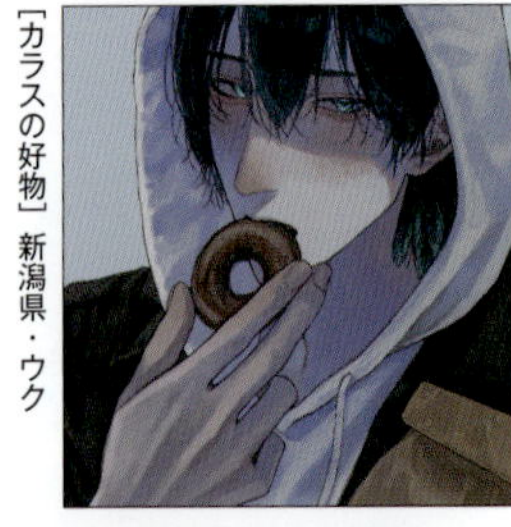
［カラスの好物］新潟県・ウク

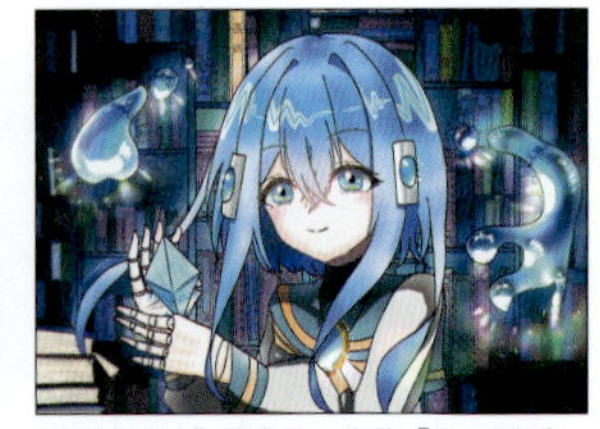
［水環の少女］福島県・氷華√2・20歳

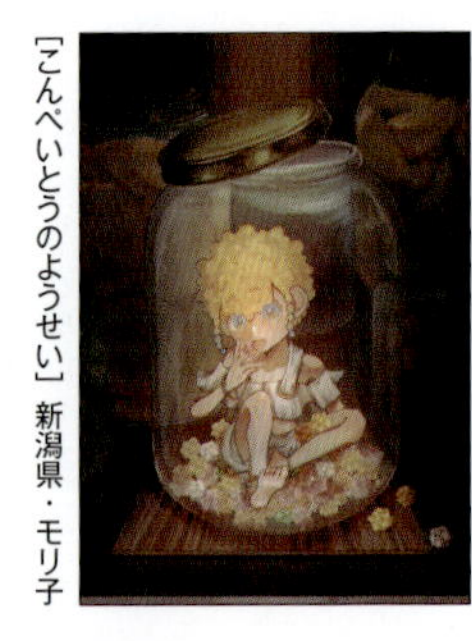
［こんぺいとうのようせい］新潟県・モリ子

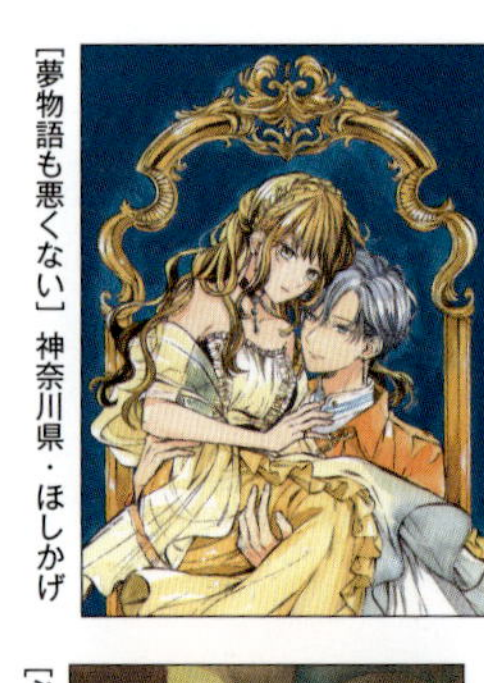
［夢物語も悪くない］神奈川県・ほしかげ

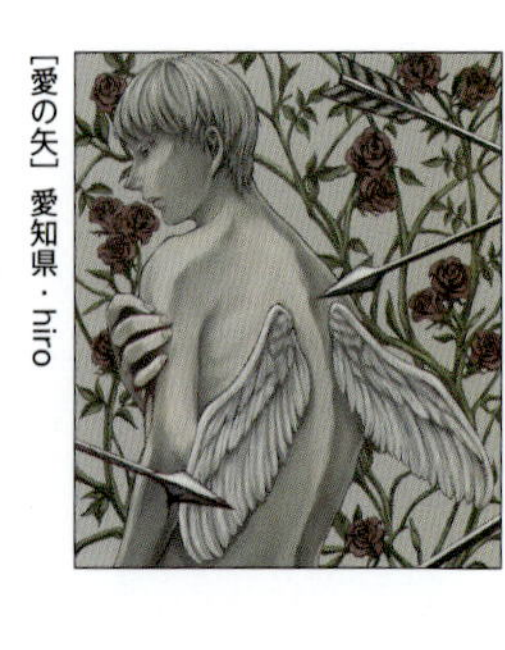
［愛の矢］愛知県・hiro

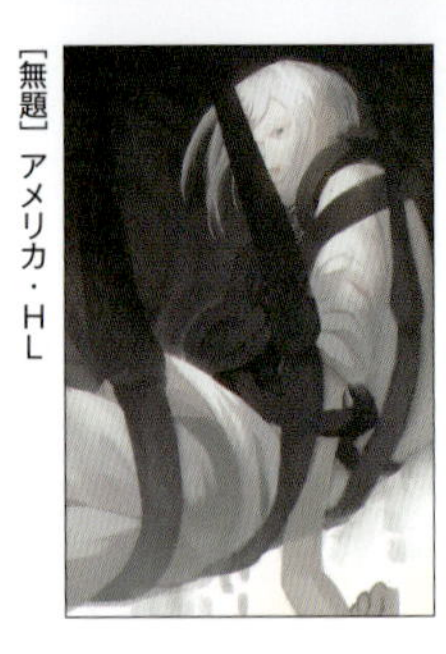
［無題］アメリカ・HL

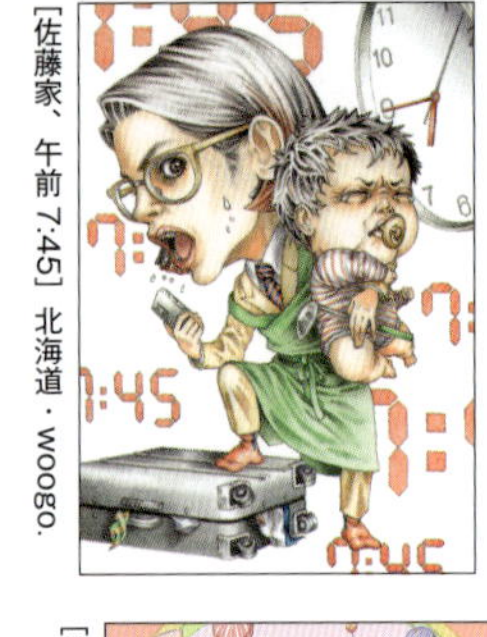
［佐藤家、午前7:45］北海道・woogo.

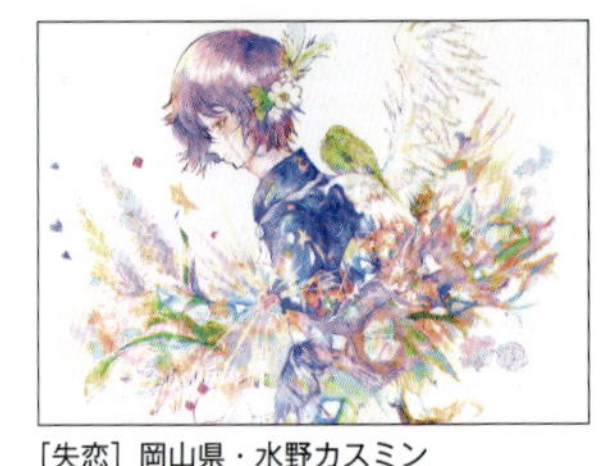
［失恋］岡山県・水野カスミン

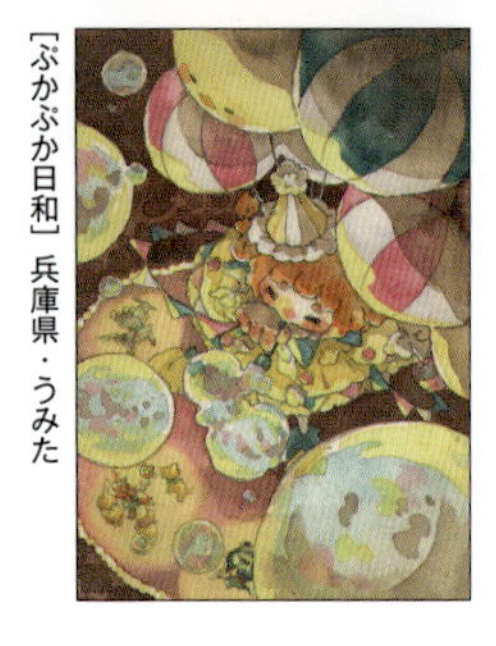
［ぷかぷか日和］兵庫県・うみた

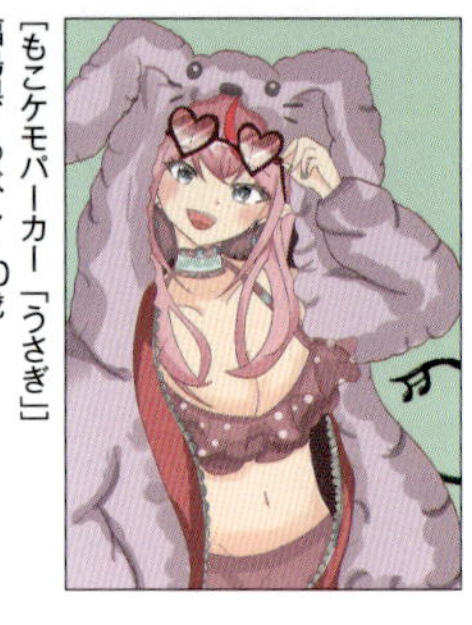
［もこケモパーカー「うさぎ」］福島県・ゆべし・20歳

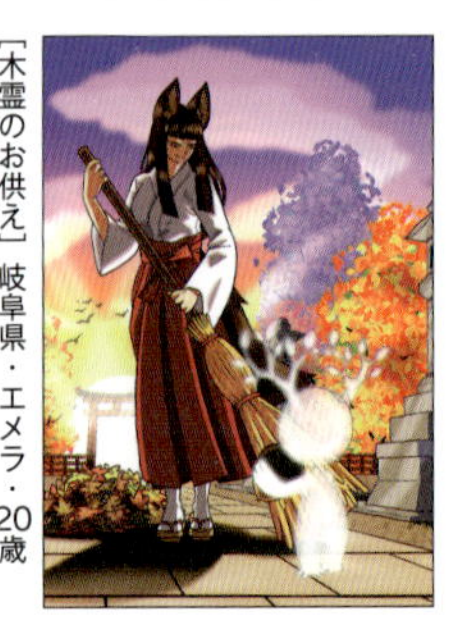
［木霊のお供え］岐阜県・エメラ・20歳

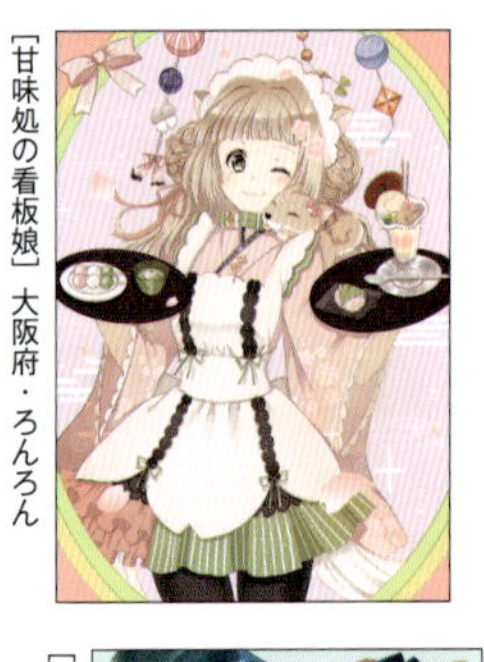
［甘味処の看板娘］大阪府・ろんろん

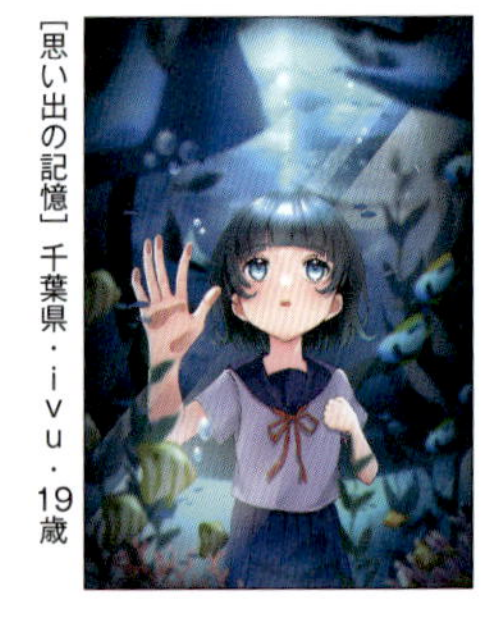
［思い出の記憶］千葉県・ivu・19歳

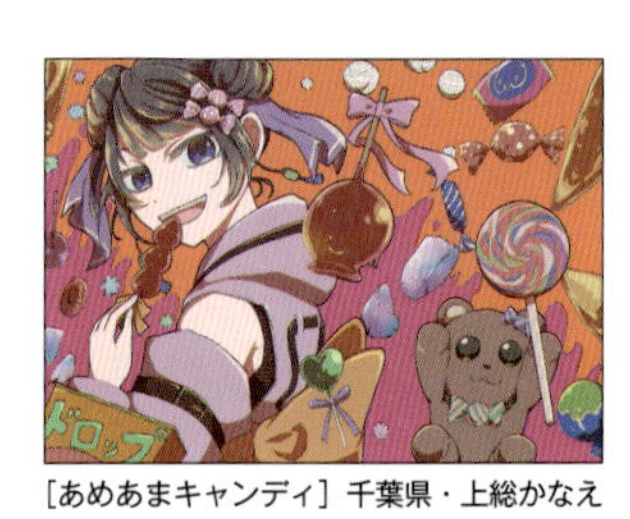
［あめあまキャンディ］千葉県・上総かなえ

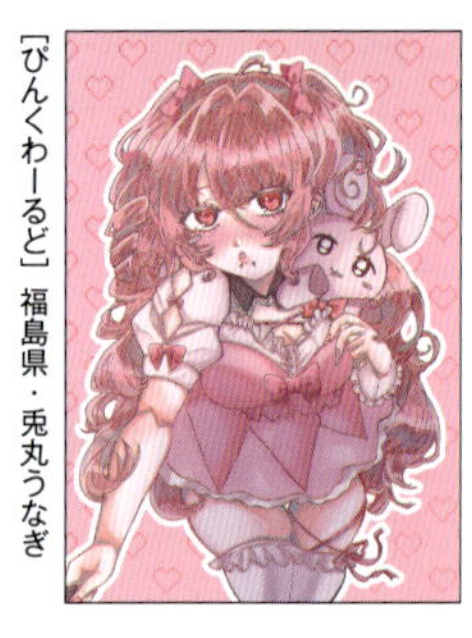
［ぴんくわーるど］福島県・兎丸うなぎ

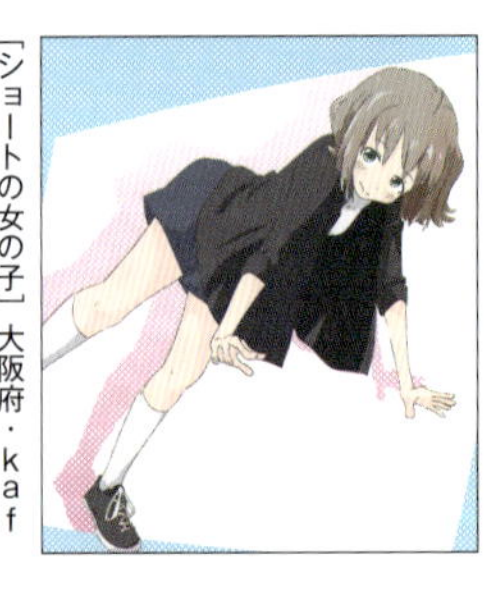
［ショートの女の子］大阪府・kaf

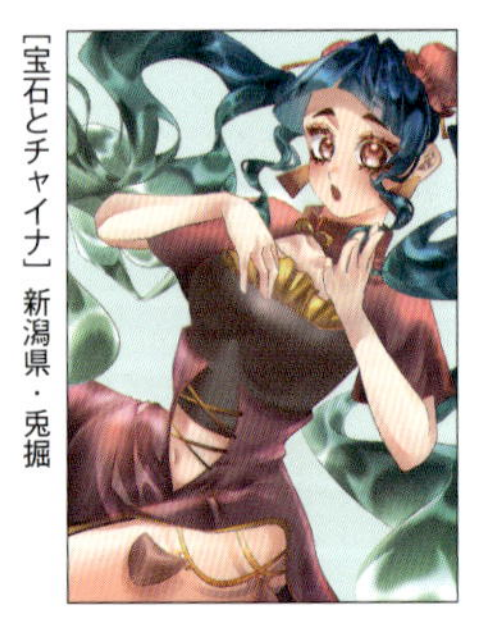
［宝石とチャイナ］新潟県・兎掘

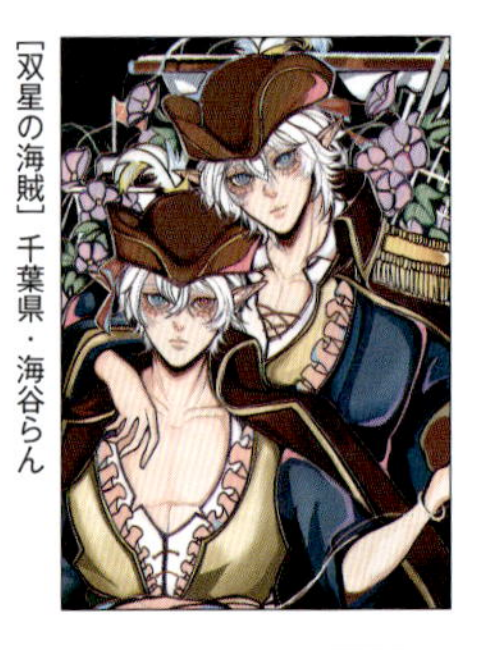
［双星の海賊］千葉県・海谷らん

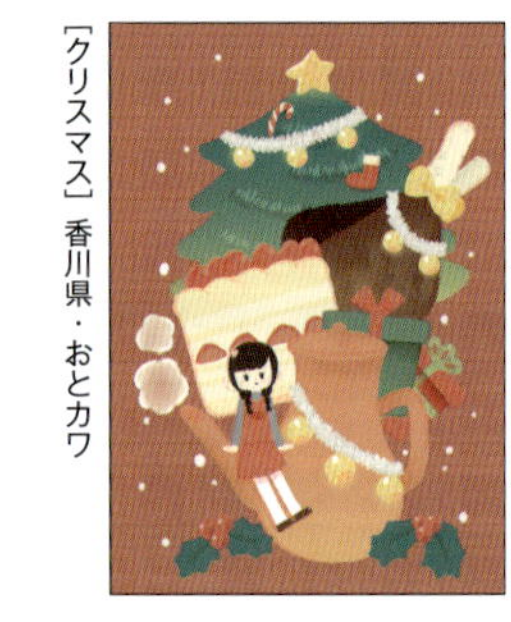
［クリスマス］香川県・おとカワ

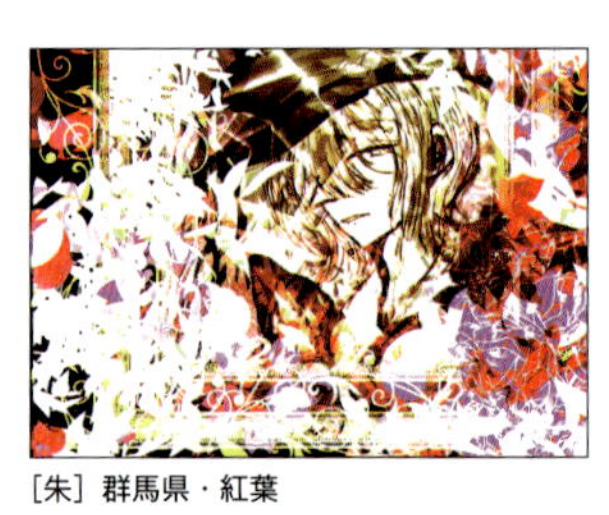
［朱］群馬県・紅葉

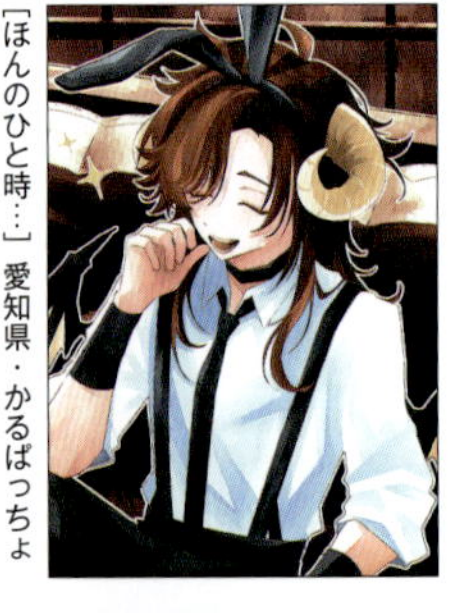
［ほんのひと時…］愛知県・かるぱっちょ

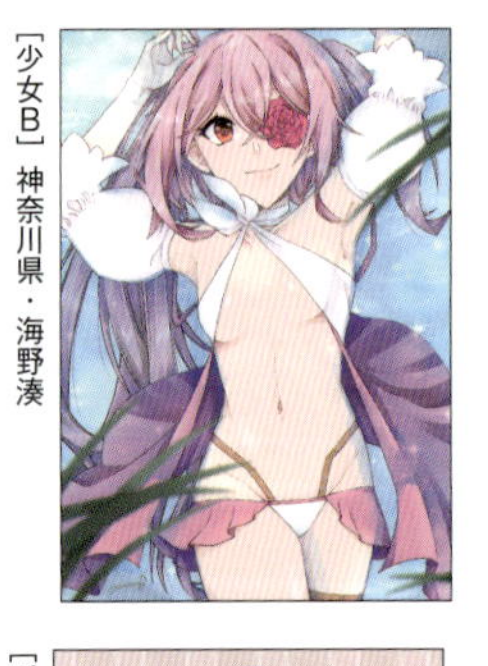
［少女B］神奈川県・海野湊

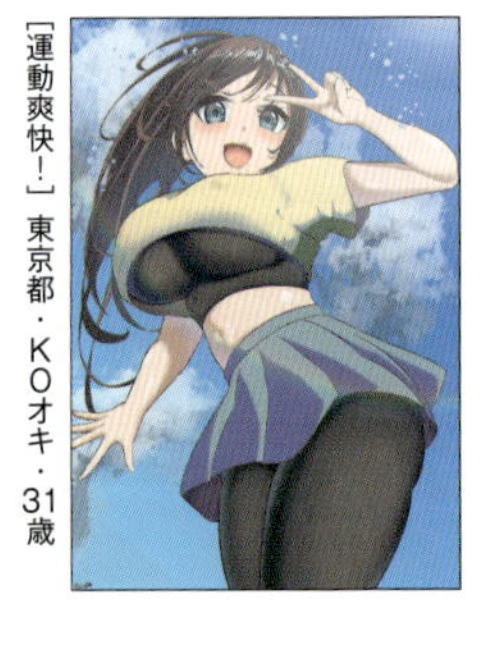
［運動爽快！］東京都・KOオキ・31歳

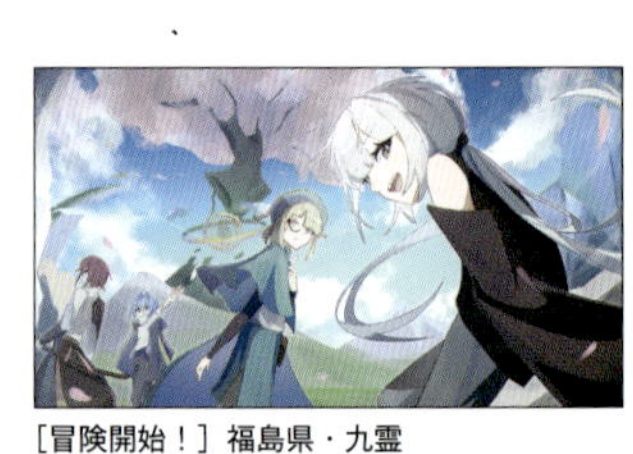
［冒険開始！］福島県・九雲

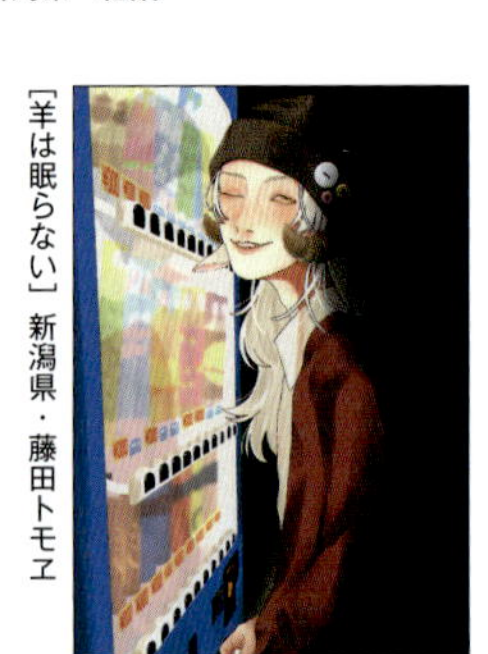
［羊は眠らない］新潟県・藤田トモエ

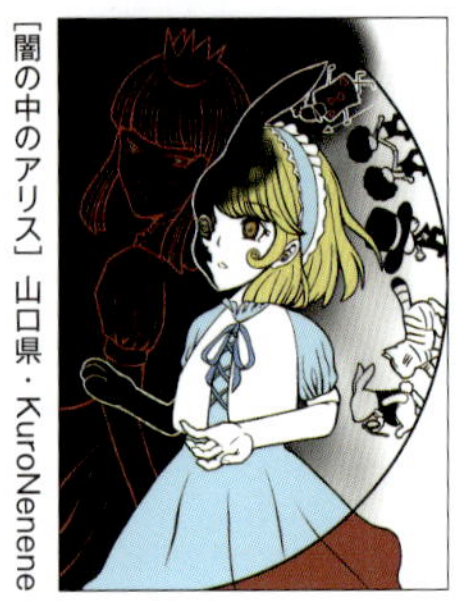
［闇の中のアリス］山口県・KuroNenene

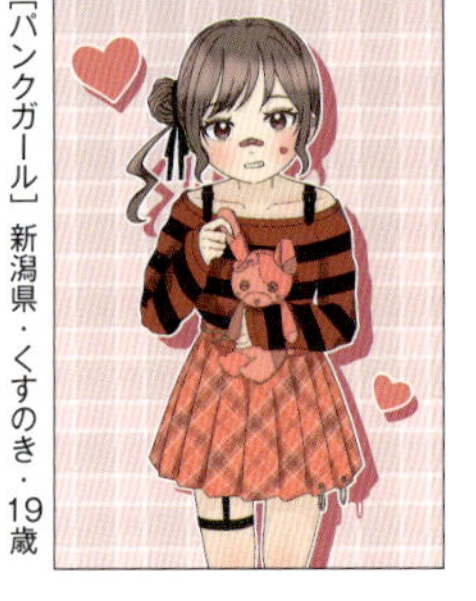
［パンクガール］新潟県・くすのき・19歳

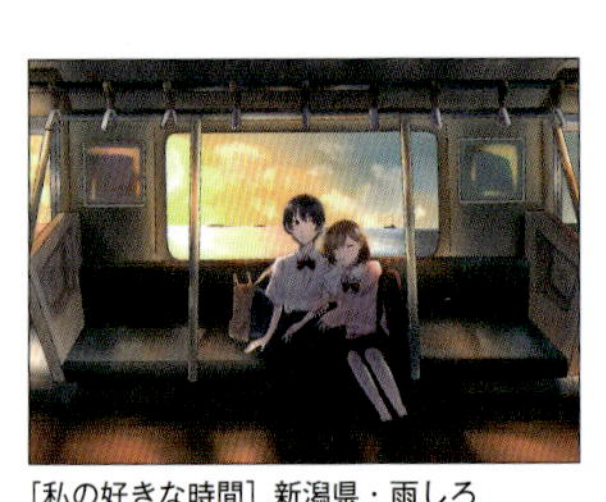
［私の好きな時間］新潟県・雨しろ

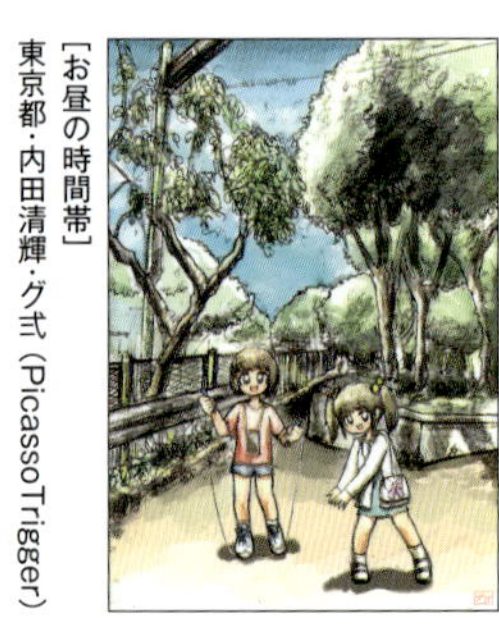
［お昼の時間帯］東京都・内田清輝・グ弐（PicassoTrigger）

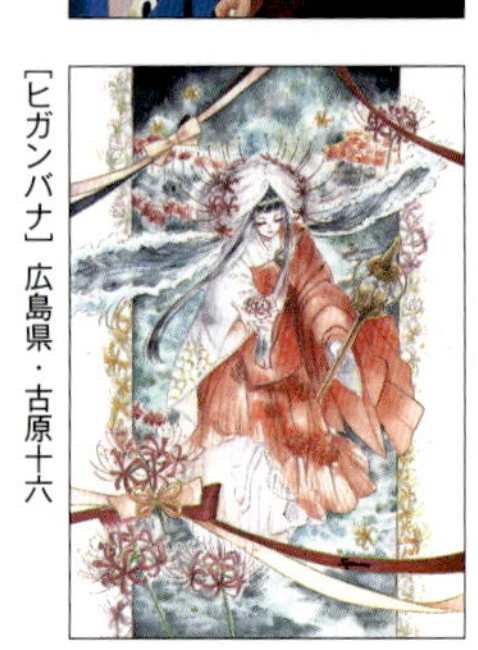
［ヒガンバナ］広島県・古原十六

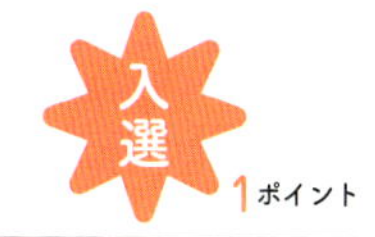

1ポイント

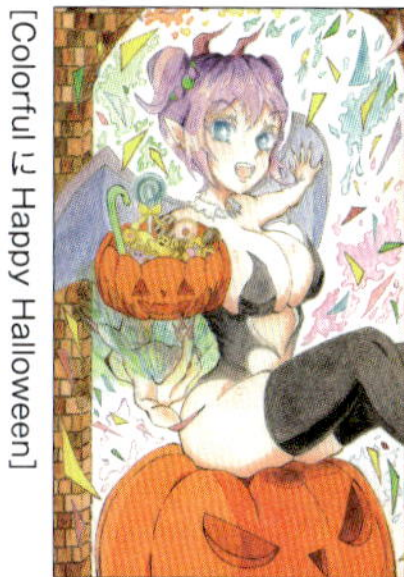
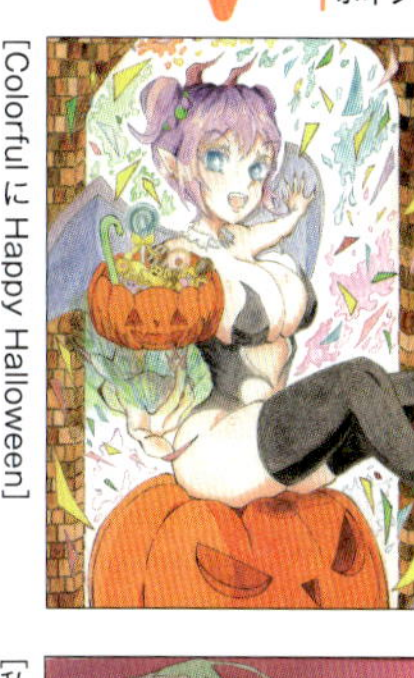
［Colorful に Happy Halloween］大阪府・Yukke（ゆっけ）

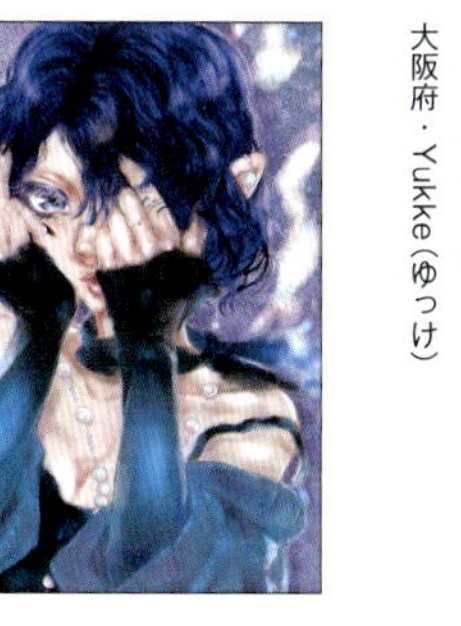
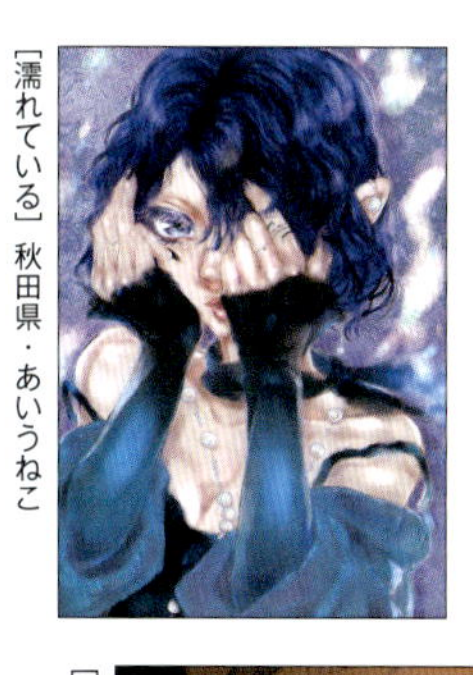
［濡れている］秋田県・あいうねこ

［光と影の狭間で］東京都・00・19歳

［HALLOWEEN］秋田県・ヒビュウ

［おはよう］神奈川県・ぷちぷち

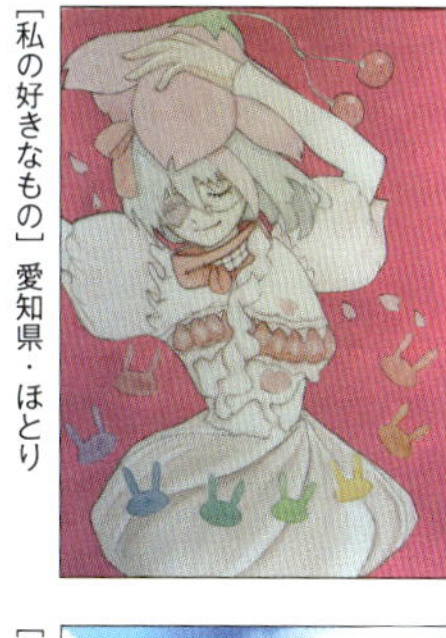
［私の好きなもの］愛知県・ほとり

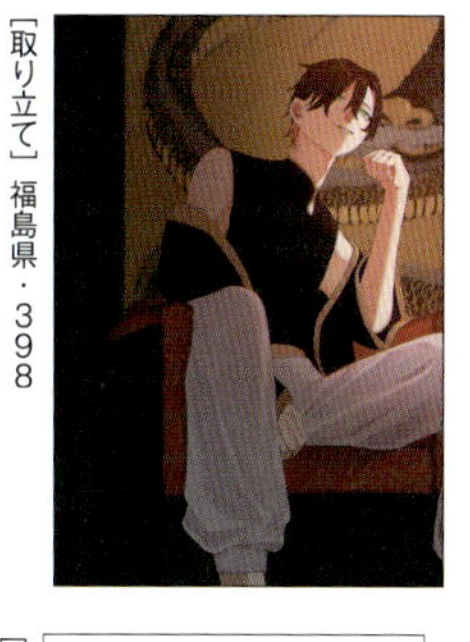
［取り立て］福島県・398

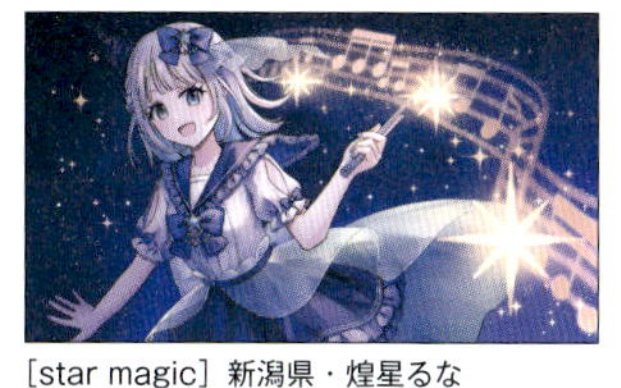
［star magic］新潟県・煌星るな

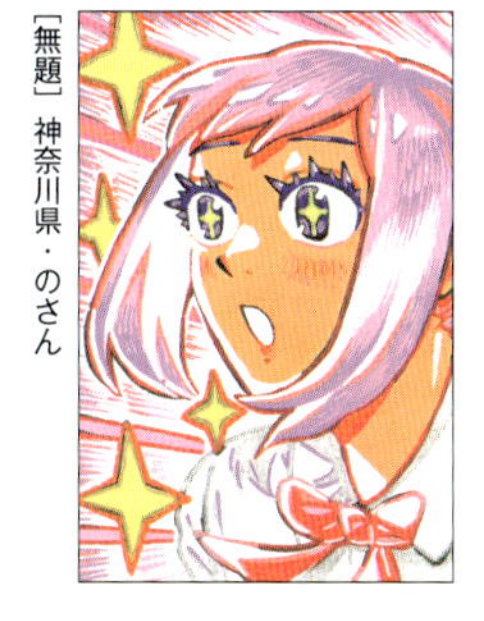
［無題］神奈川県・のさん

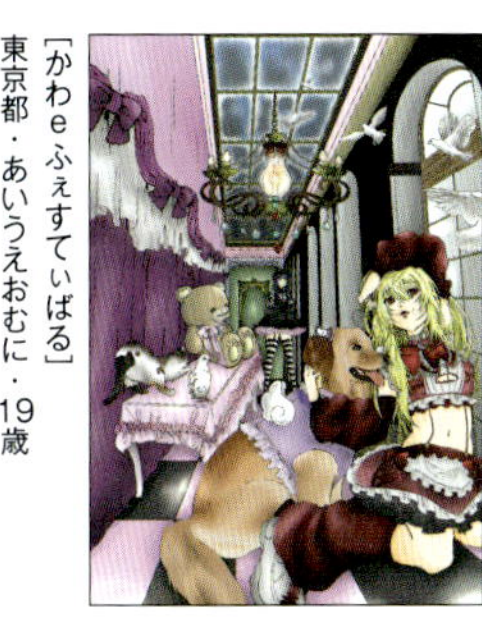
［かわeふぇすてぃばる］東京都・あいうえおむに・19歳

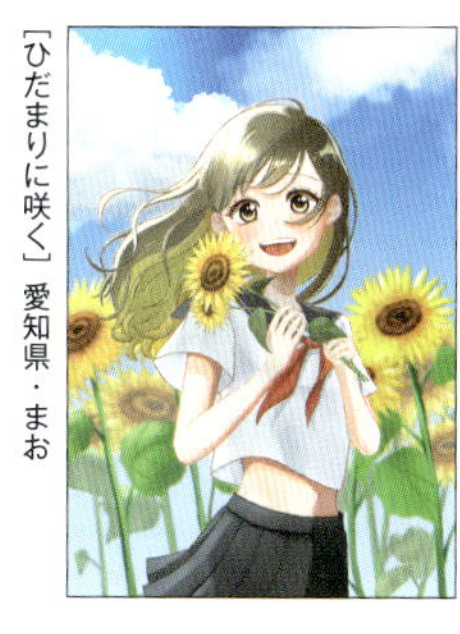
［ひだまりに咲く］愛知県・まお

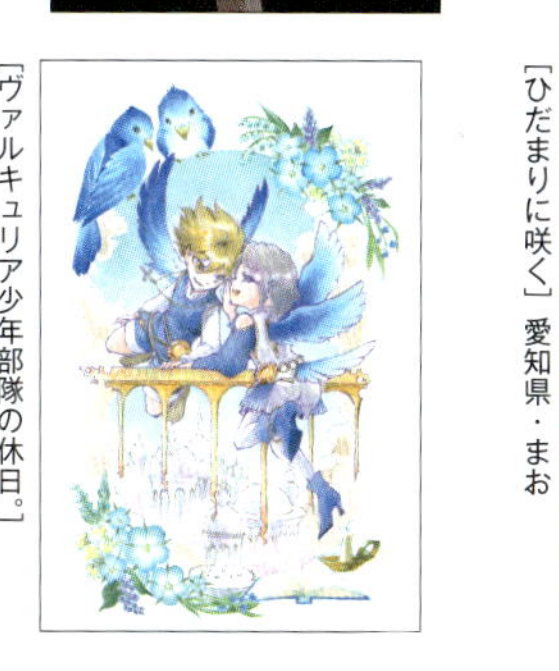
［ヴァルキュリア少年部隊の休日。］埼玉県・ねじねじ・40歳

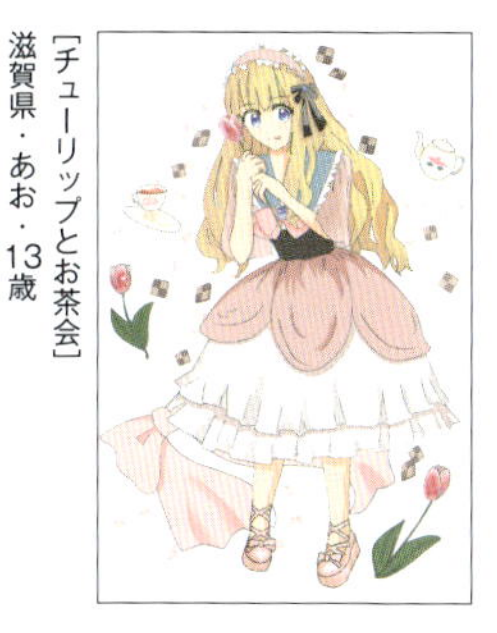
［チューリップとお茶会］滋賀県・あお・13歳

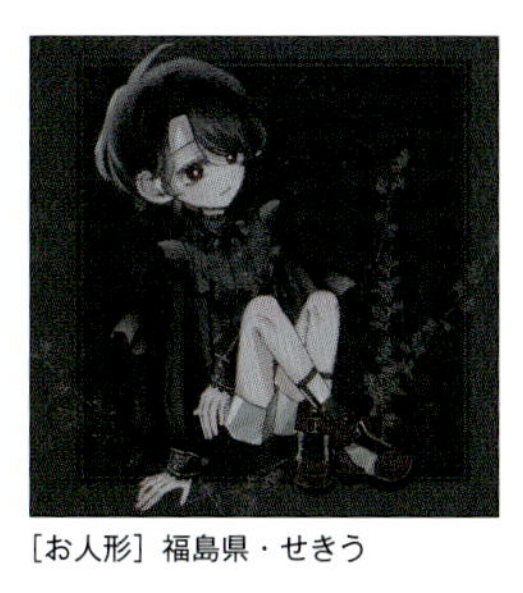
［お人形］福島県・せきう

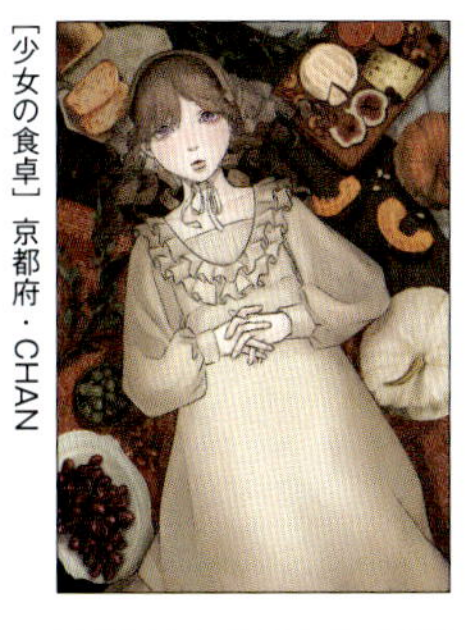
［少女の食卓］京都府・CHAN

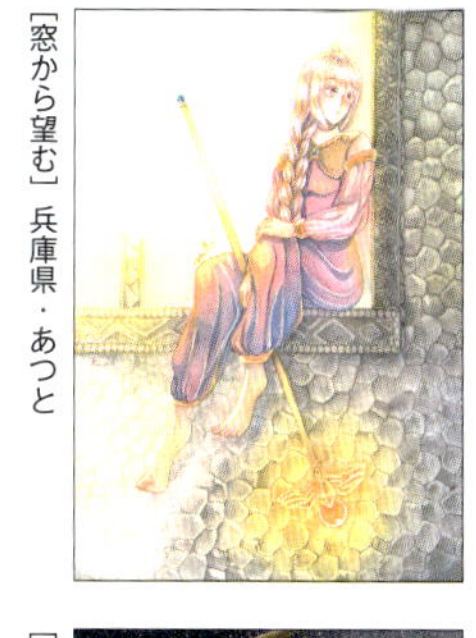
［窓から望む］兵庫県・あつと

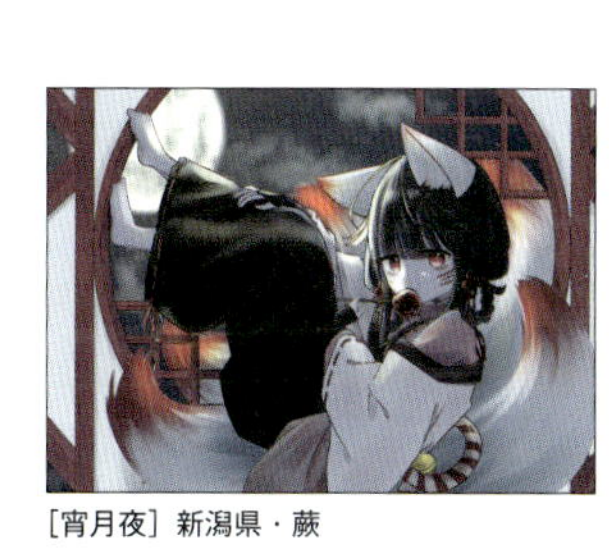
［宵月夜］新潟県・蕨

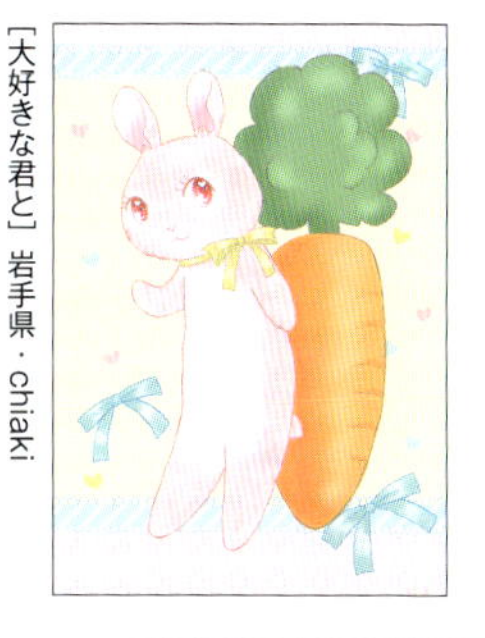
［大好きな君と］岩手県・chiaki

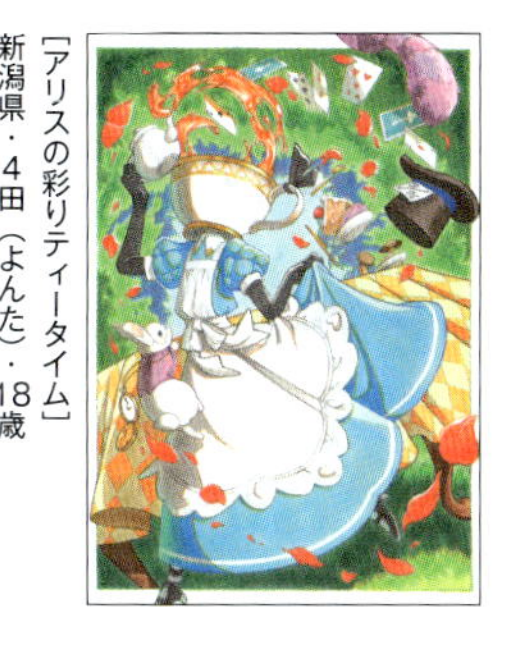
［アリスの彩りティータイム］新潟県・4田（よんた）・18歳

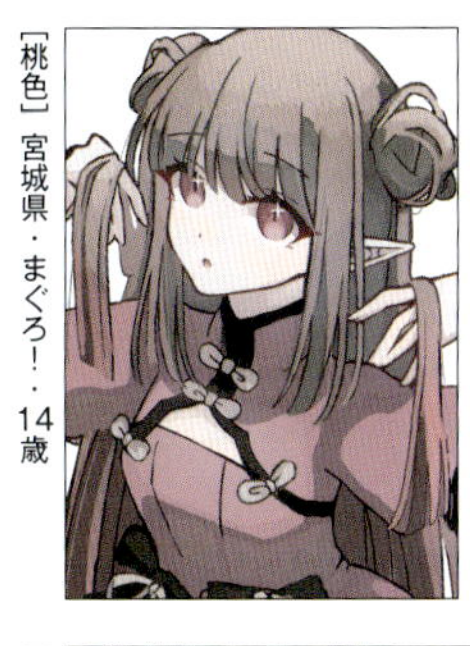
［桃色］宮城県・まぐろ！・14歳

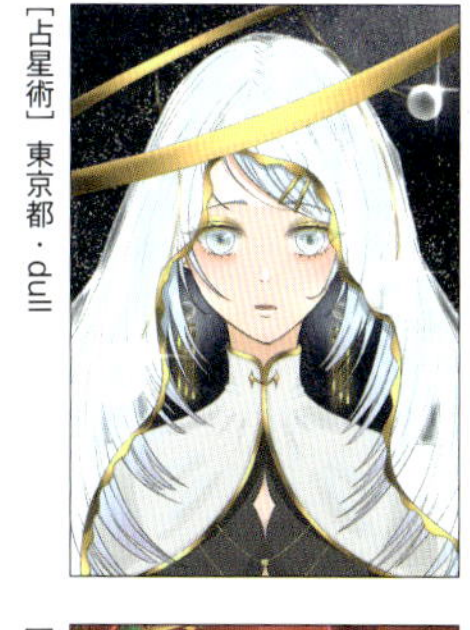
［占星術］東京都・dull

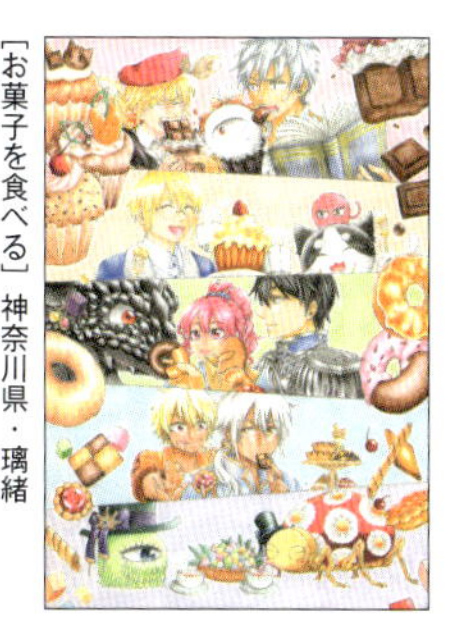
［お菓子を食べる］神奈川県・璃緒

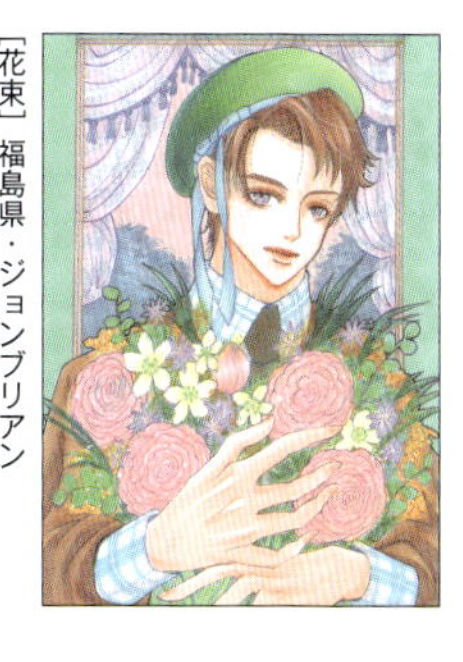
［花束］福島県・ジョンブリアン

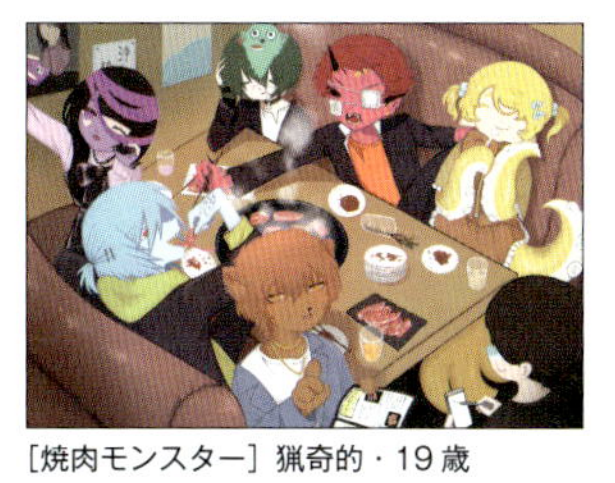
［焼肉モンスター］猟奇的・19歳

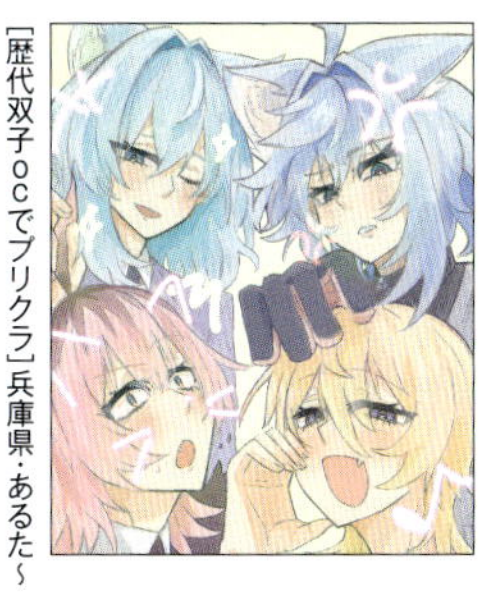
［歴代双子ocでプリクラ］兵庫県・あるた～

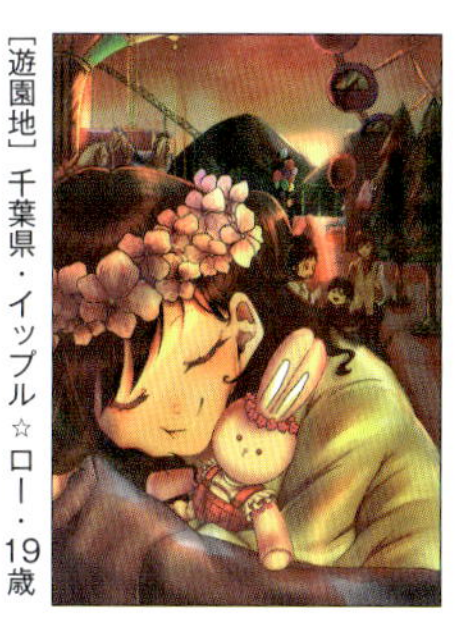
［遊園地］千葉県・イップル☆ロー・19歳

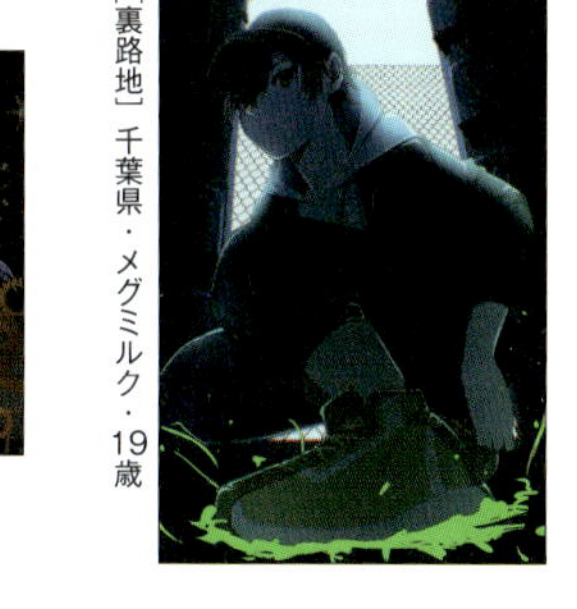
［裏路地］千葉県・メグミルク・19歳

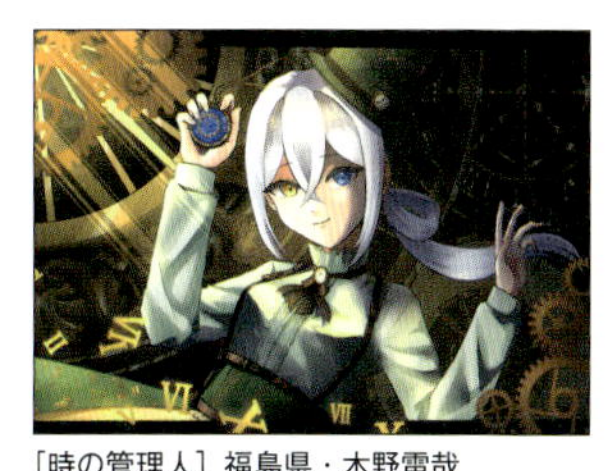
［時の管理人］福島県・木野雷哉

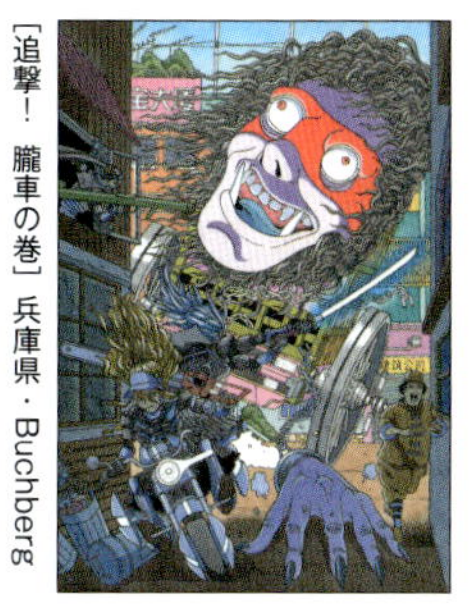
［追撃！朧車の巻］兵庫県・Buchberg

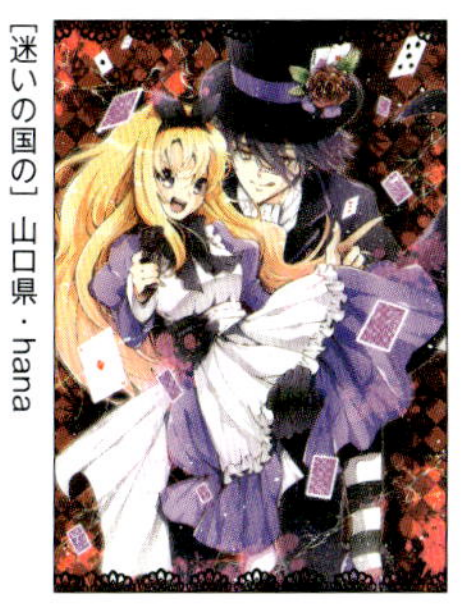
［迷いの国の］山口県・hana

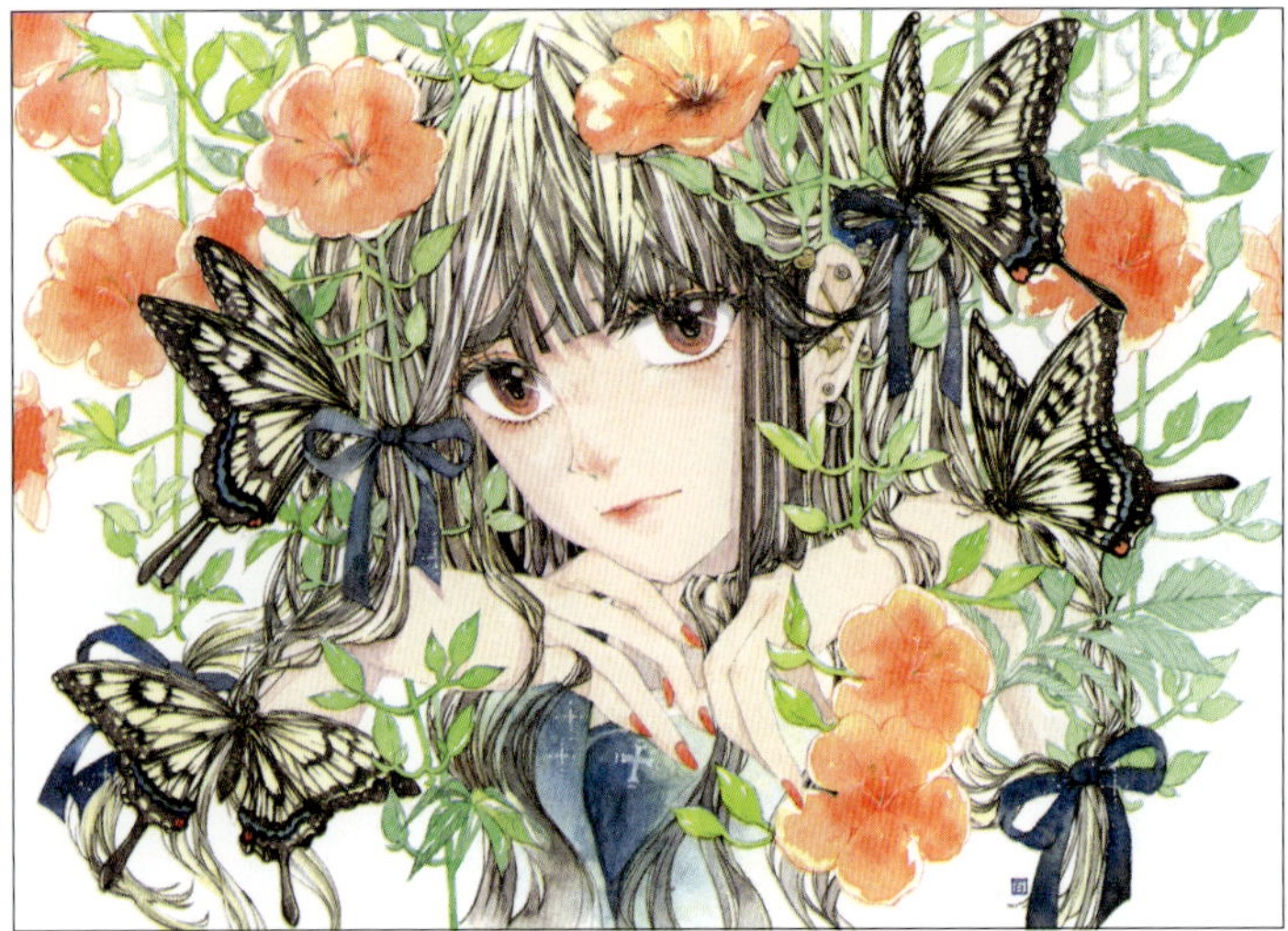

[情景] 宮城県・福

使用画材：透明水彩・コピックマルチライナー・色鉛筆

夏の花と蝶が好きです。毎年暑くて嫌になるけど、過ぎ去ってしまうと夏が恋しいです。

透明水彩をつかいながらも、くっきりとした線で蝶の存在感を見せている。花や蝶に囲まれた人物の表情が物憂げで印象深い（ノ）

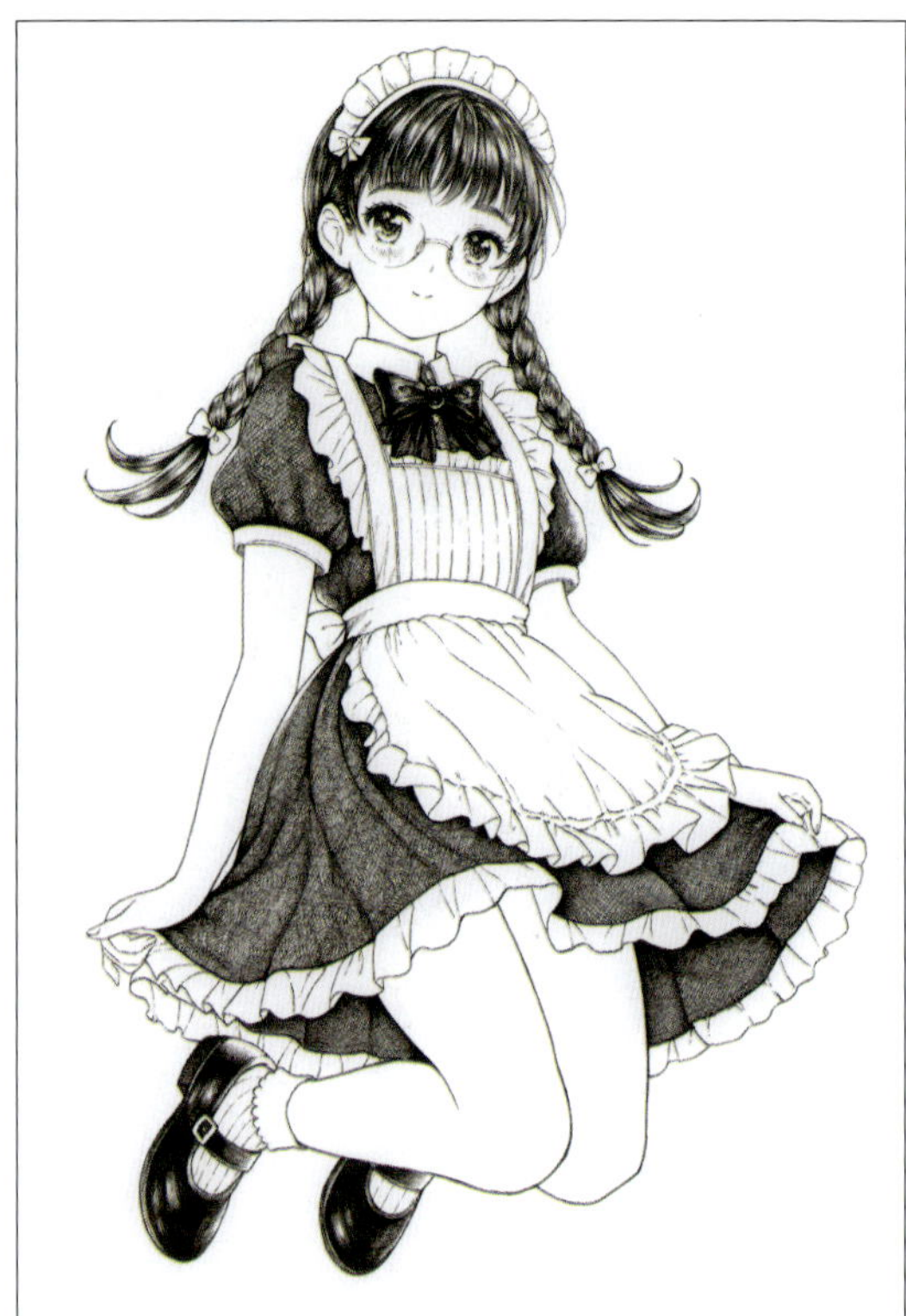

[三つ編みメイドちゃん] 新潟県・yumemi

使用画材：つけペン・コピックマルチライナー

丸ペンで細部まで描きました。

丸ペンで衣装や髪を細やかに仕上げた作品。肌にカゲをつけずとも立体感が伝わり、少女の存在感が際立った描写が素晴らしい（ノ）

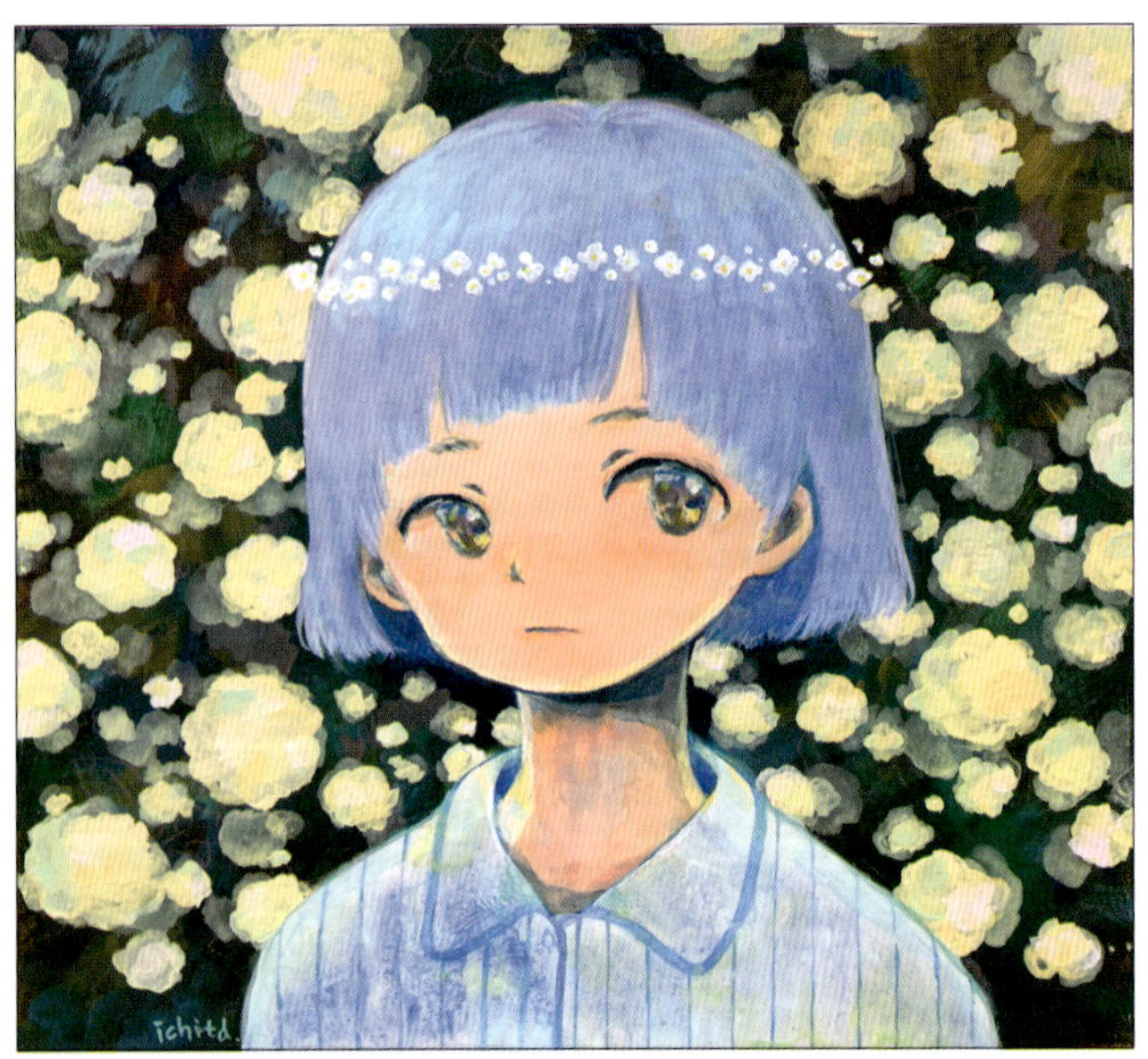

[ヒカリ] 東京都・壱太助丸・41歳

使用画材：色紙・アクリル絵具・色鉛筆

個展のための1枚。光を見つけたあなたへ。

ゆらめきながら輝く、どこか懐かしさを感じる光。まるで夢の中にいるような、心地の良さを感じる。また、光を受けた彩りのある瞳がとても美しい（お）

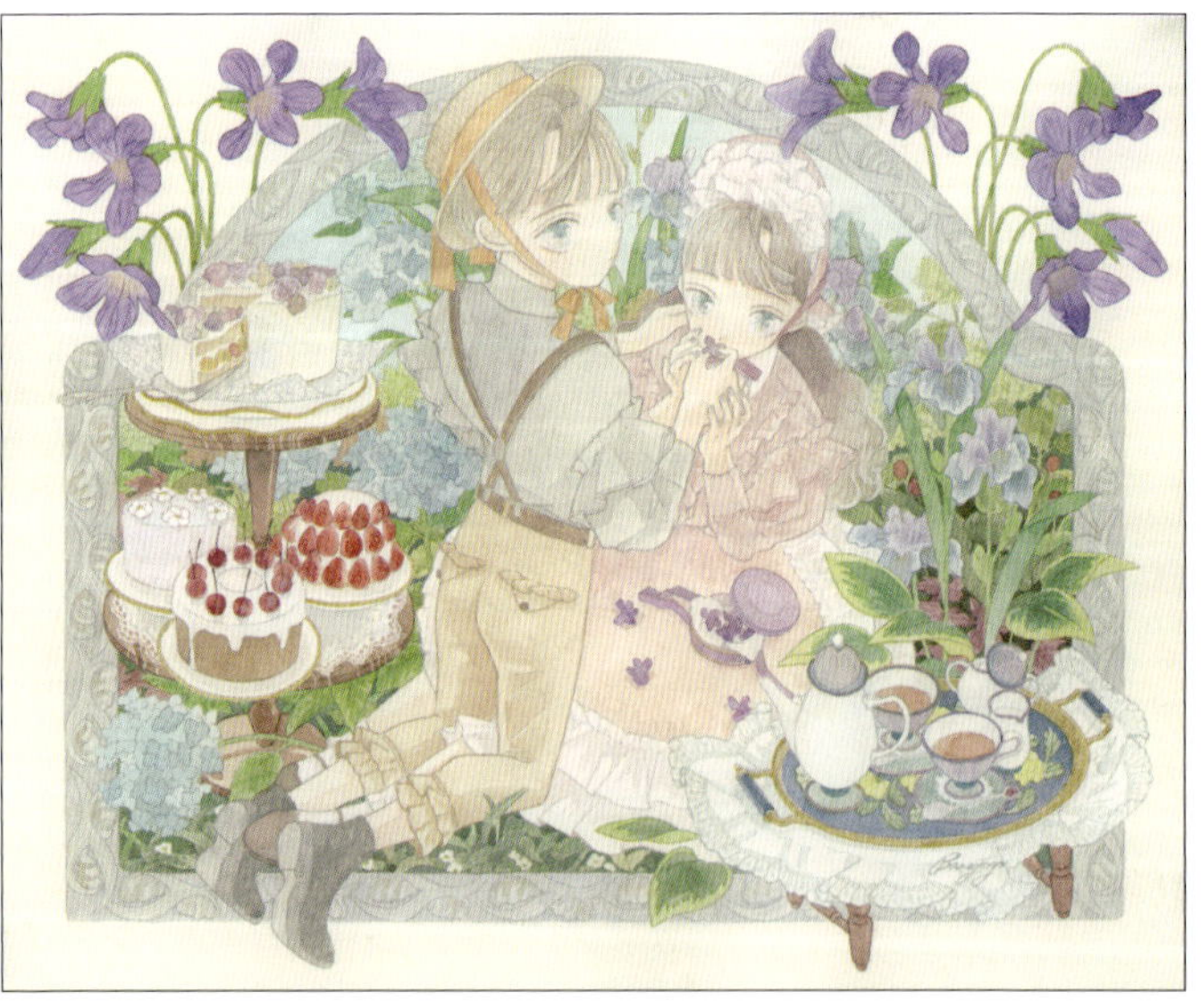

[The Unfading Garden]

長野県・万翔葉

使用画材：不透明水彩

色褪せない庭（The Unfading Garden）での少年と少女の秘め事（お茶会）を描きました。

少年少女の秘め事をふと覗き込んでしまったような気持ちになる。スミレの砂糖漬けを口に含む、手の仕草がとても好きです（お）

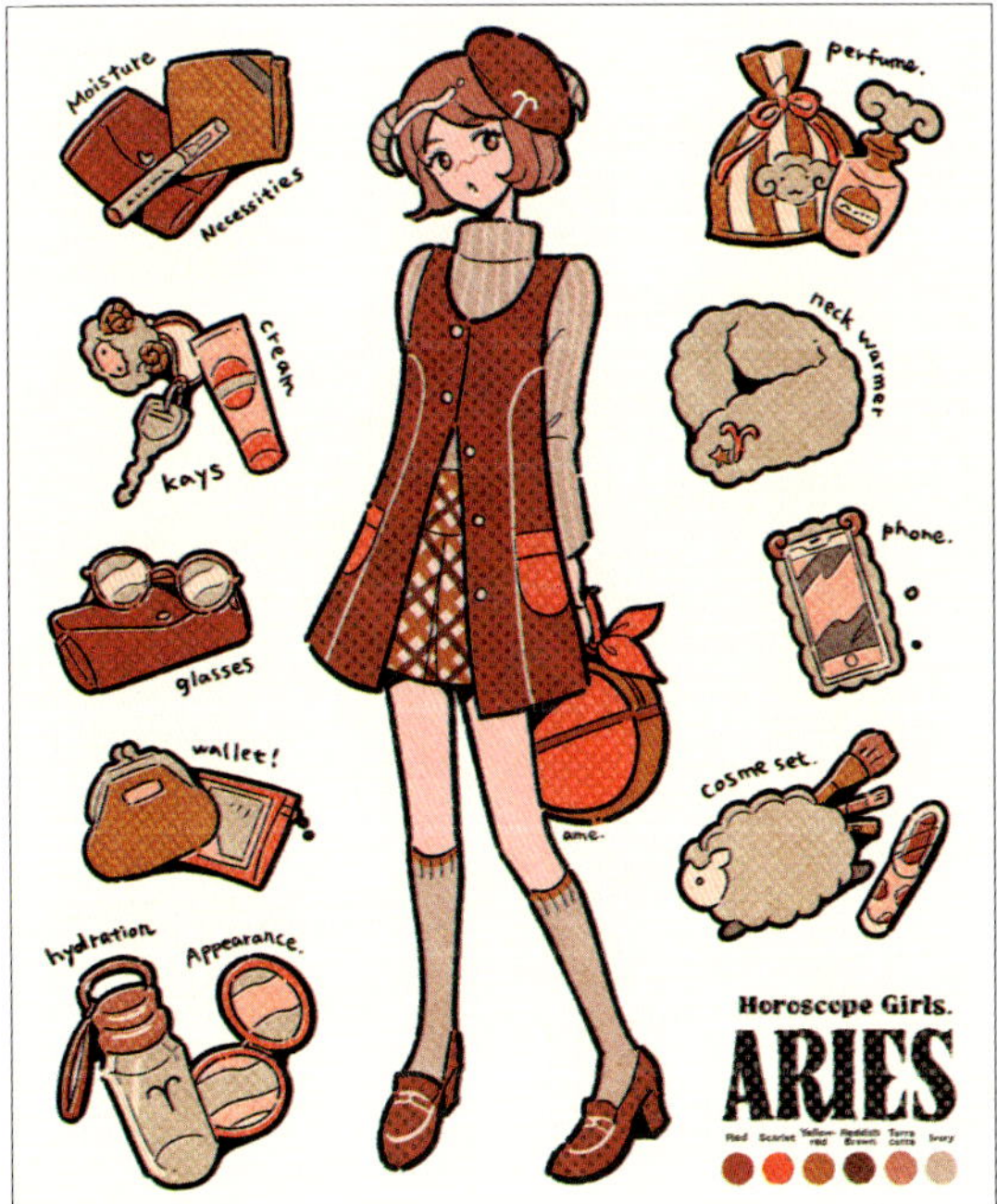

[ホロスコープガール]

北海道・琥珀雨

使用画材：CLIP STUDIO PAINT EX・Photoshop

12星座女子の牡羊座ちゃんと、その持ち物を描いてみました。

モコモコとした色々な牡羊座アイテムが可愛い！　くるんと巻いた髪や赤を基調としたファッションも女の子らしくてキュートです（し）

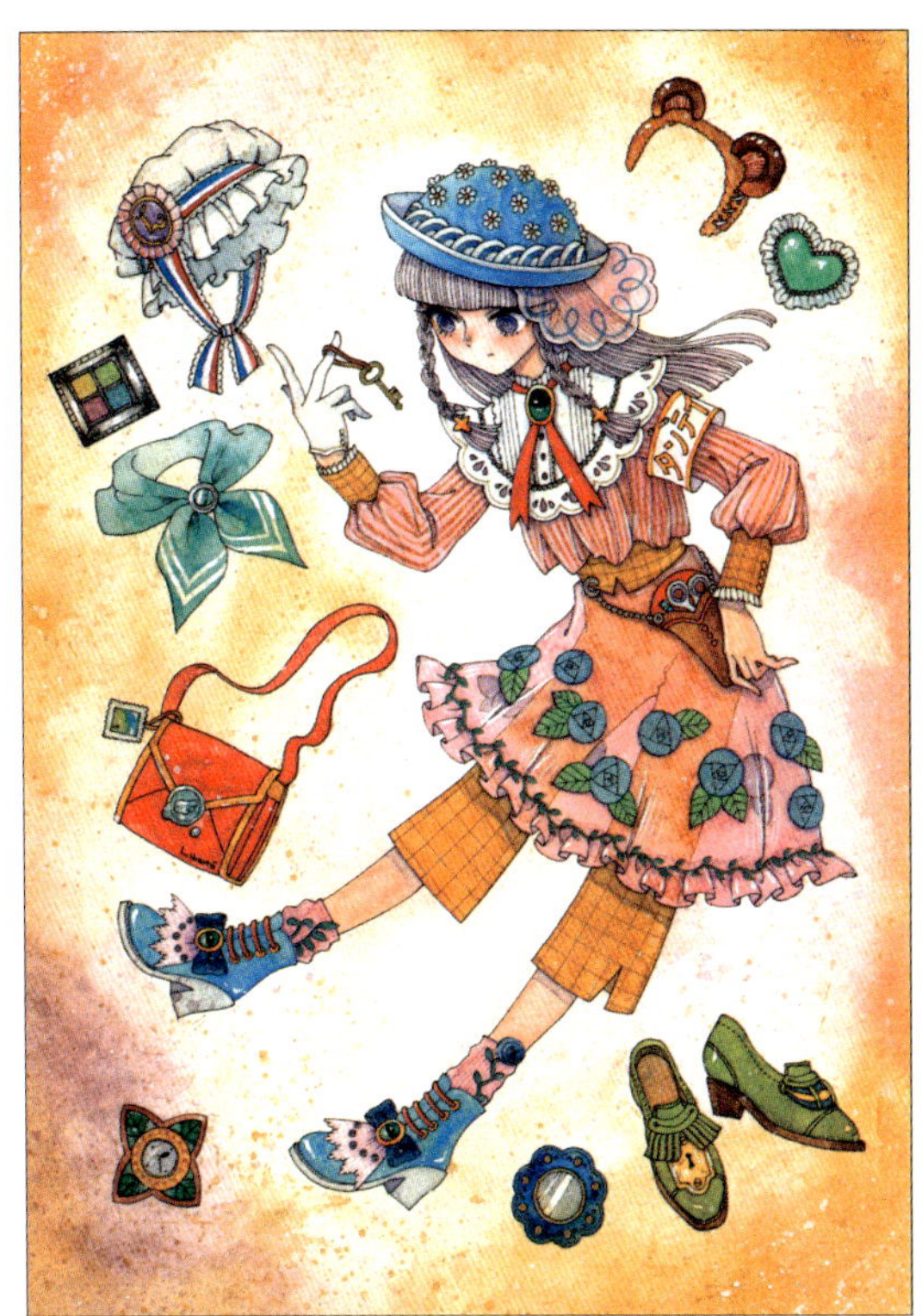

[探偵のためのワードローブ］石川県・庭一

使用画材：タチカワ新ペン先・透明水彩・アクリルガッシュ・ホワイトワトソン

捜査、推理、かわいさを追求する探偵のためのアイテム。

ファッショナブルな探偵という題材が個性的。いつ、どんな場所でどういったものを身につけるのだろうとワクワク想像できる（海）

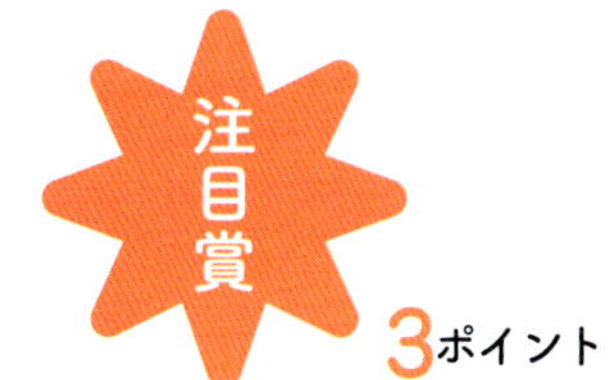

3ポイント

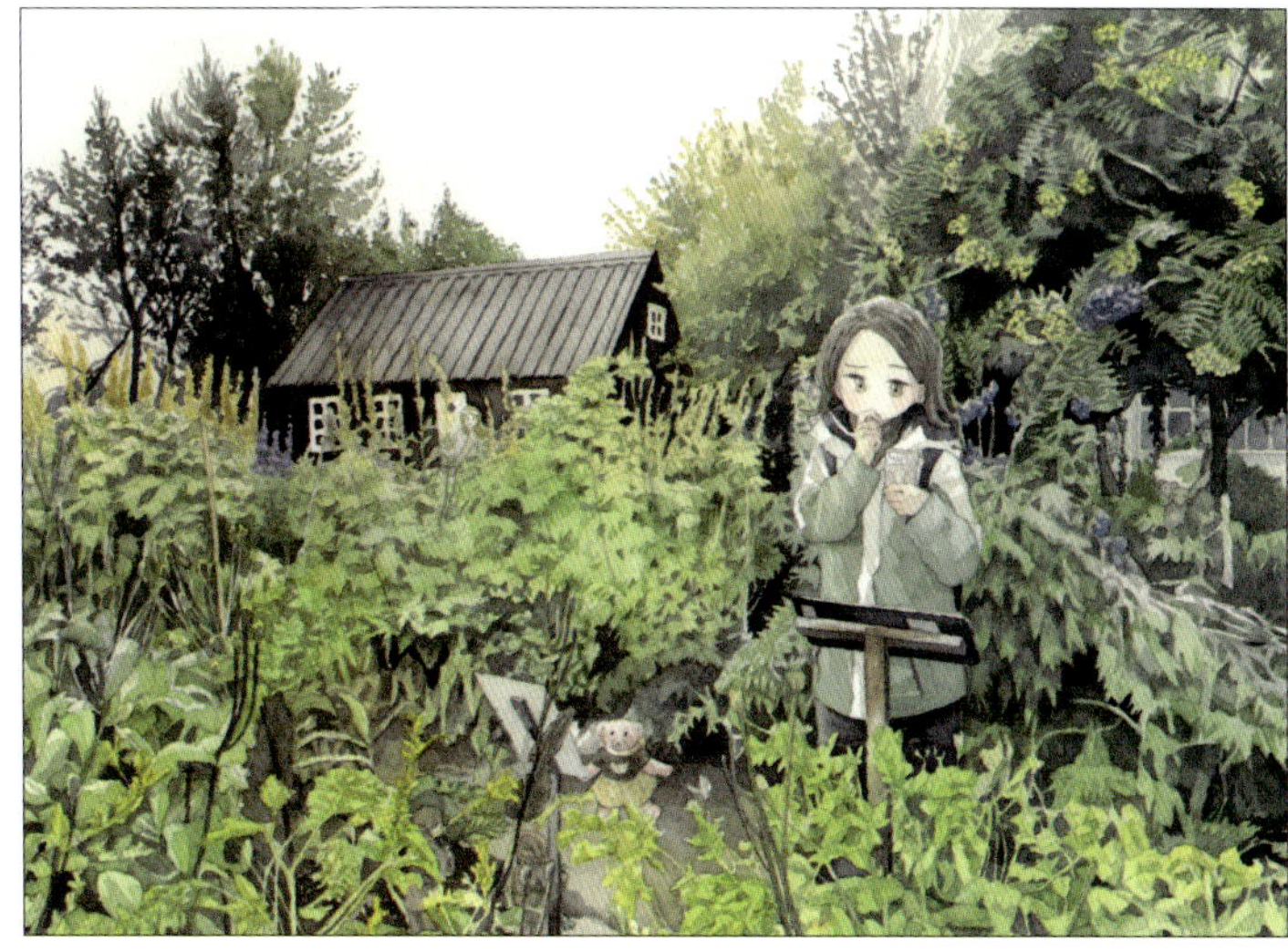

[ここにはエルフが居るかもしれない]

大阪府・ひまつだあき子

使用画材：透明水彩・アルシュ水彩紙

アイスランドのとある植物園にて

正確にはエルフではなく“隠れ人”というらしいです。アイスランド民謡では目に見えない人々や妖精が伝承されており、今でも多くの人がその存在を信じているそうです。

青々と生い茂る緑。その場の草木のざわめきや土のにおい、温度が感じられる描写は圧巻です。くまちゃんの目線の先には…！（ア）

とらっこ賞

アニメのワンシーンのようなメルヘンな世界がステキです！
物語の続きが気になりました！

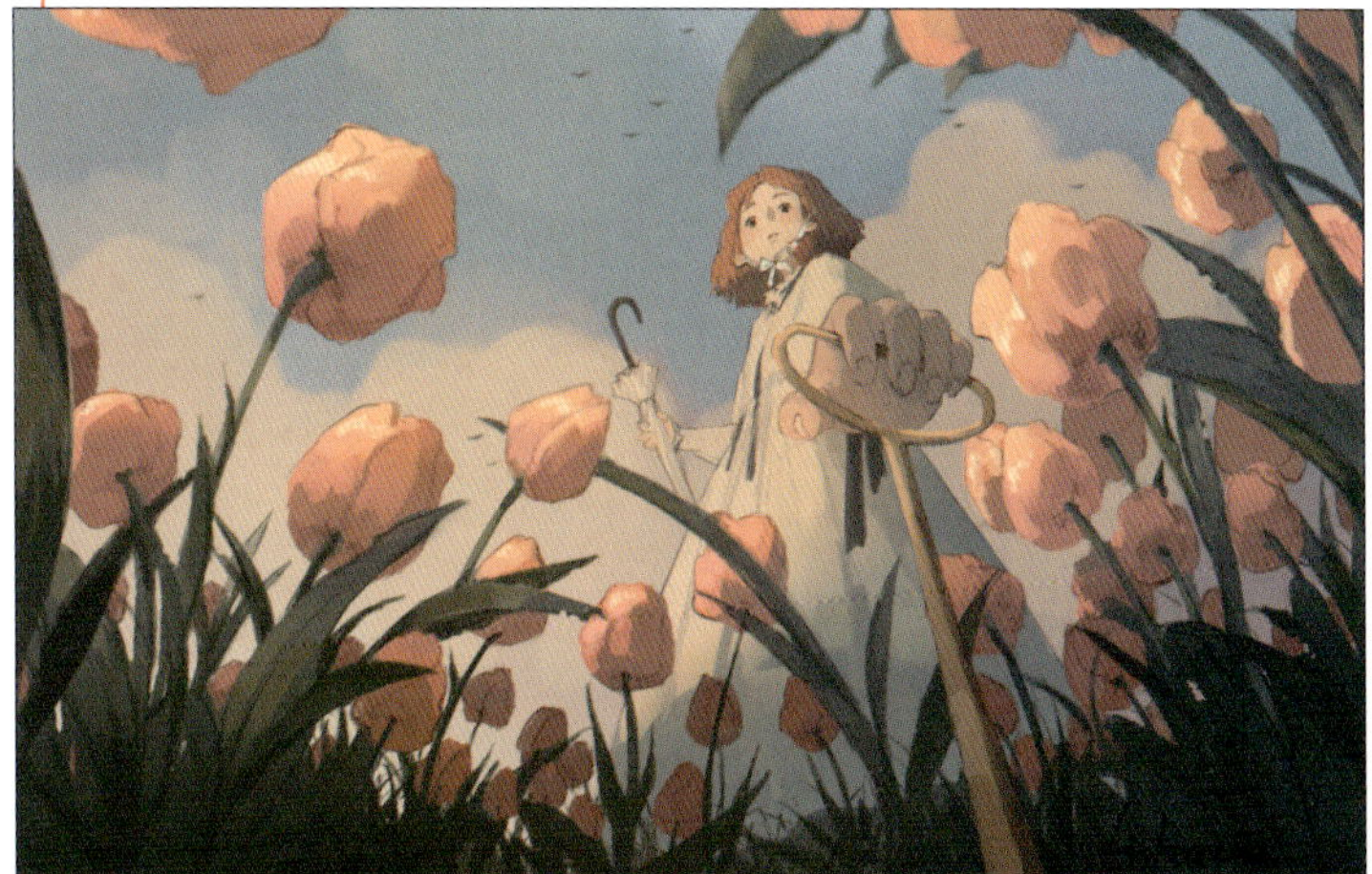

[Key of Flowers］東京都・Hehemeii

使用画材：Procreate

花咲く鍵 The key that blossoms

まるで映画のワンシーンのような迫力のある構図。少女の見つめる先、この鍵はどこへと通じるのか、さまざまな解釈が生まれそう。（海）

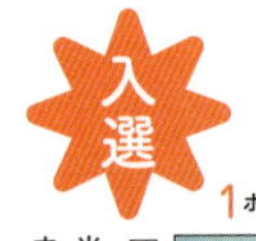

入選

1ポイント

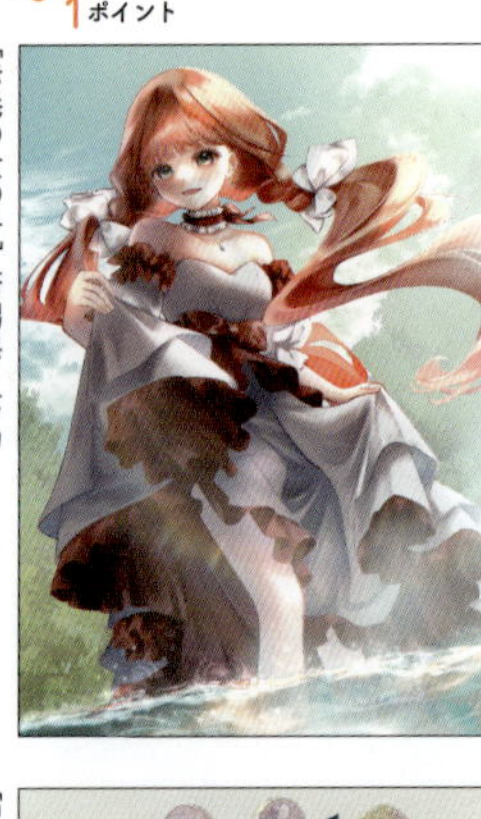

[赤毛の女の子] 新潟県・茅乃
光の捉え方が美しく、山奥の澄んだ空気を感じられます。少女のはにかむ姿がかわいらしい（ア）

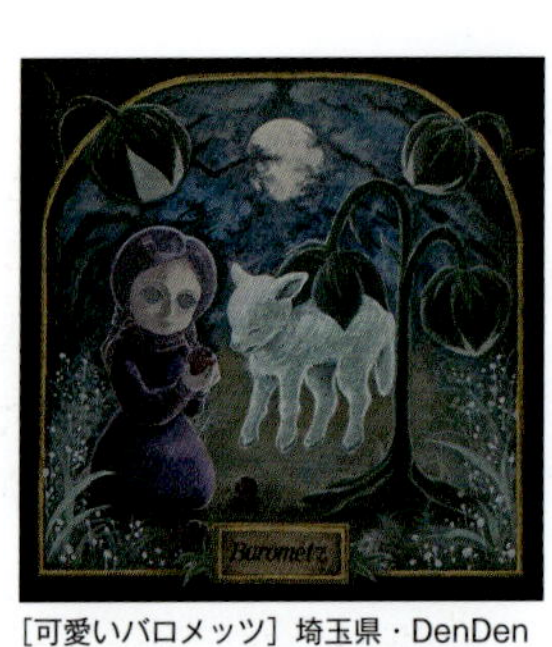

[可愛いバロメッツ] 埼玉県・DenDen
伝説の植物のヒストリーが感じられるようなタッチや構図が素敵。夜空の色彩も美しい（海）

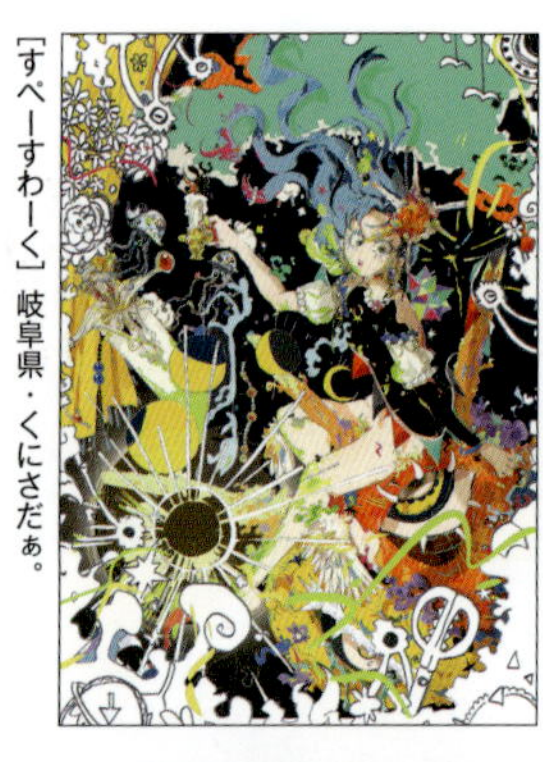

[すぺーすわーく] 岐阜県・くにだぁ。
宇宙を擬人化した作品で、星の爆発や満ち欠けなど、画面の濃密さと迫力が凄い（ノ）

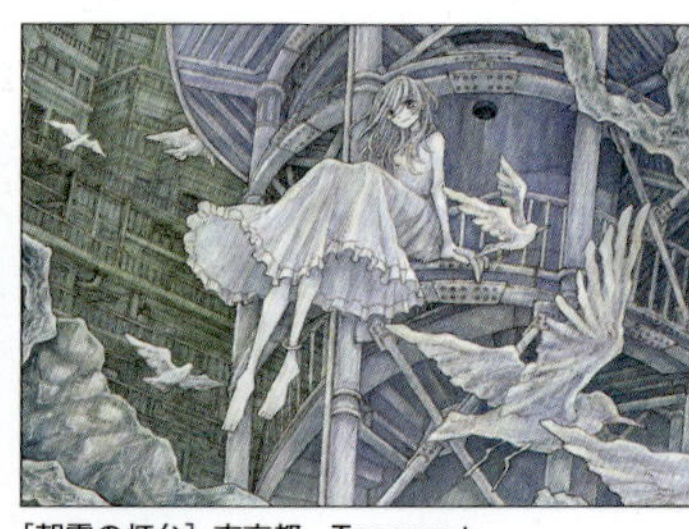

[朝霧の灯台] 東京都・Tasonnet
建物は細かな部分までしっかりと線で描かれており、作者の強い力量が感じられた（海）

[祝福の魔女] 兵庫県・ことり
フレームの境目でカラーになる演出が好き！ 大きい猫耳帽子がキャラの存在感をより高めている（お）

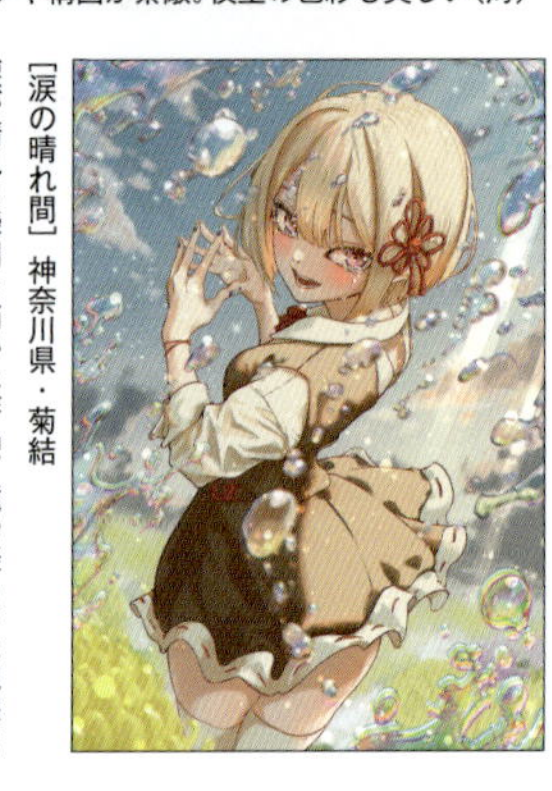
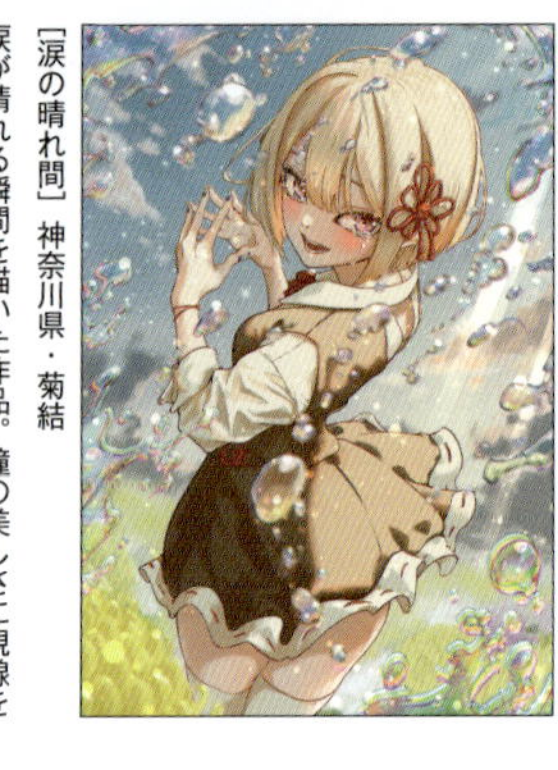

[涙の晴れ間] 神奈川県・菊結
涙が晴れる瞬間を描いた作品。瞳の美しさに視線を奪われる、ドラマティックな構図は圧巻（夢）

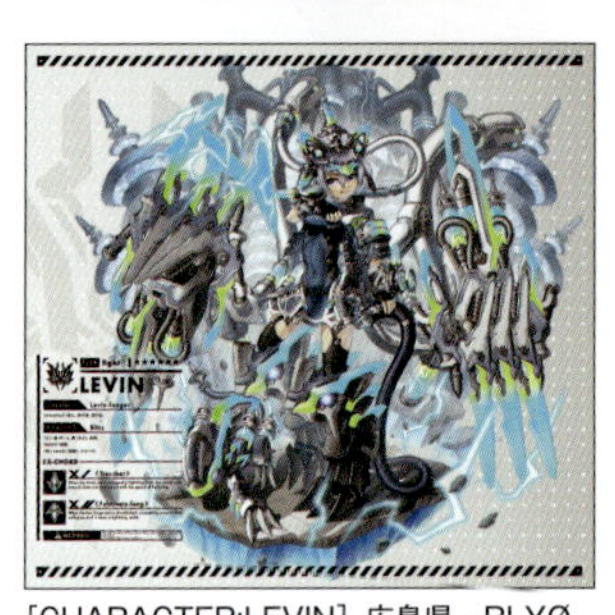

[CHARACTER:LEVIN] 広島県・RLYØ
サイバーチックな衣装や武器、背景も合わさって強さとカッコよさはまさにSSR（海）

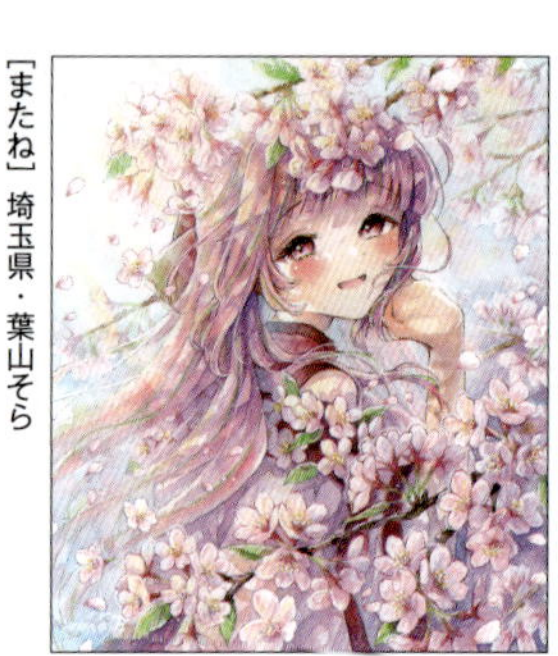

[またね] 埼玉県・葉山そら
散り際の儚さまで美しい桜。女の子の優しい表情に心が洗われる、素敵なひととき（お）

[おいでませ！フルーツサンドカフェ] 静岡県・梨茶
フルーツサンドが美味しそう！ 小さなリスさんのほっぺたも愛らしく、作品の見どころがいっぱい（夢）

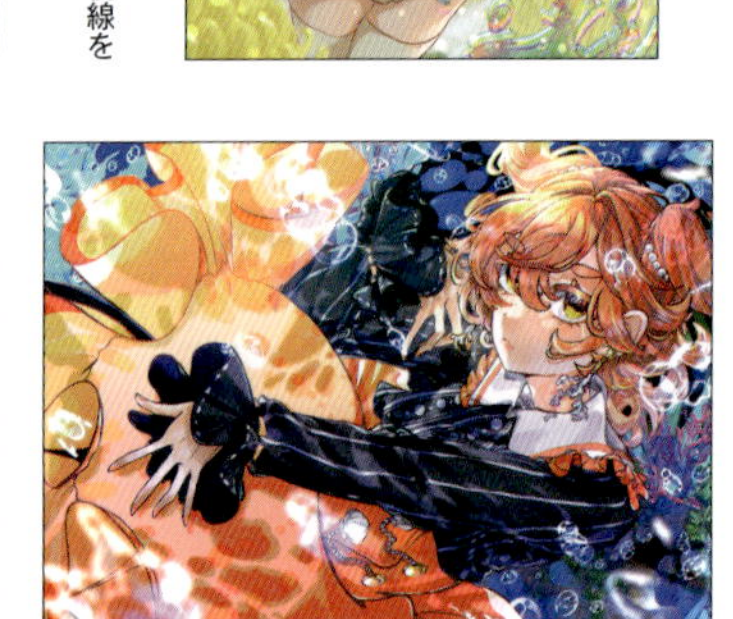

[水の煌めき] 福岡県・Outou
メンダコ的な髪型が可愛い。アクセサリーも海のモチーフなのが楽しい作品（ノ）

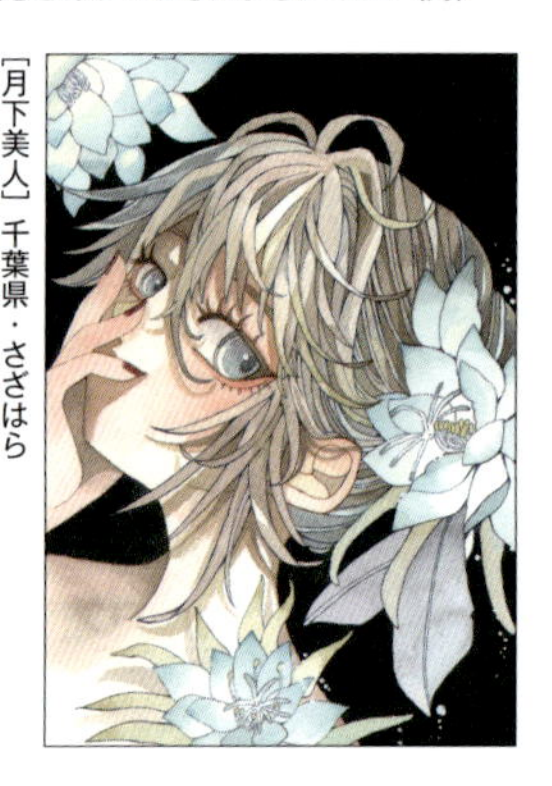
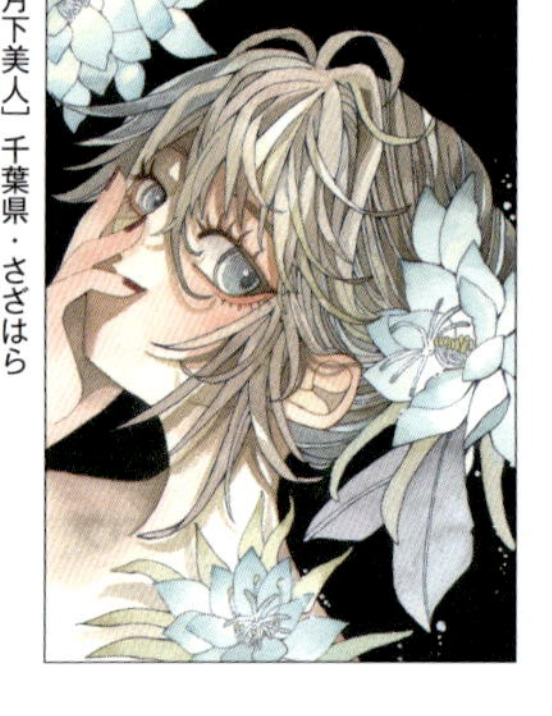

[月下美人] 千葉県・ささはら
切れ長な瞳を持つ人物に心を掴まれる。透明感のあるタッチからも月下美人のまばゆさを感じた（お）

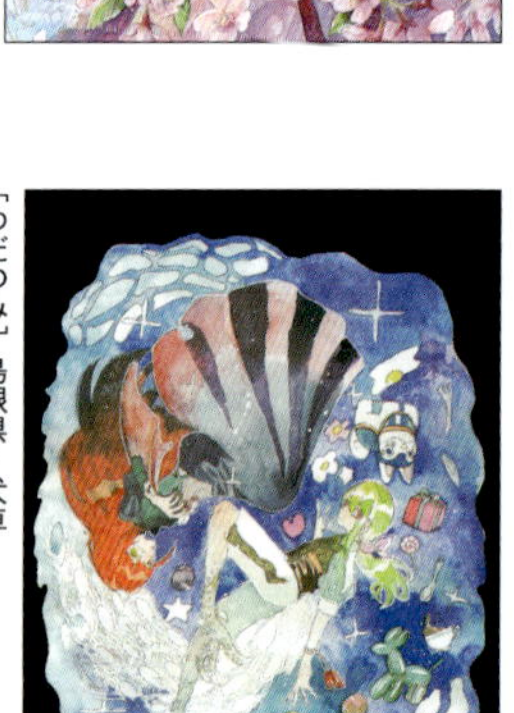
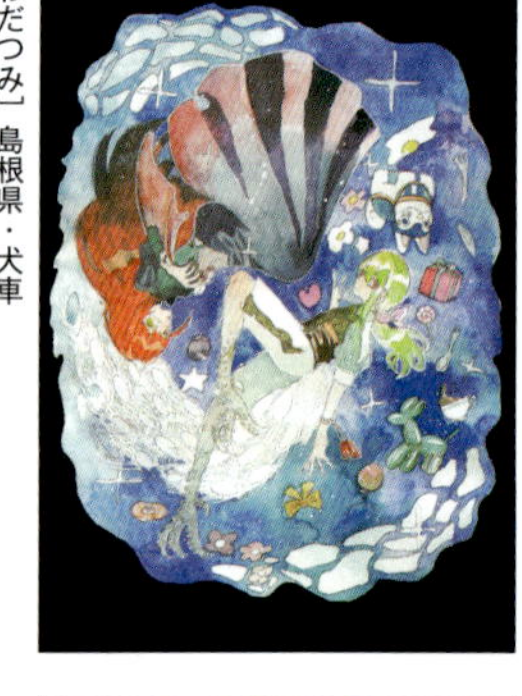

[わだつみ] 島根県・犬車
白孔雀とベタの子の特徴を、衣装で表現しているところが良い。小物も面白いです（ノ）

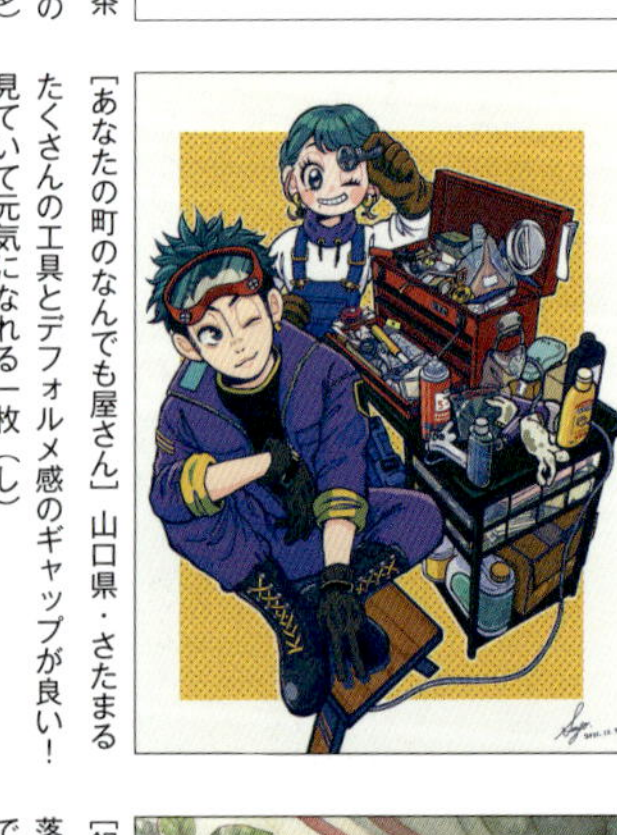

[あなたの町のなんでも屋さん] 山口県・さたまる
たくさんの工具とデフォルメ感のギャップが良い！ 見ていて元気になれる一枚（し）

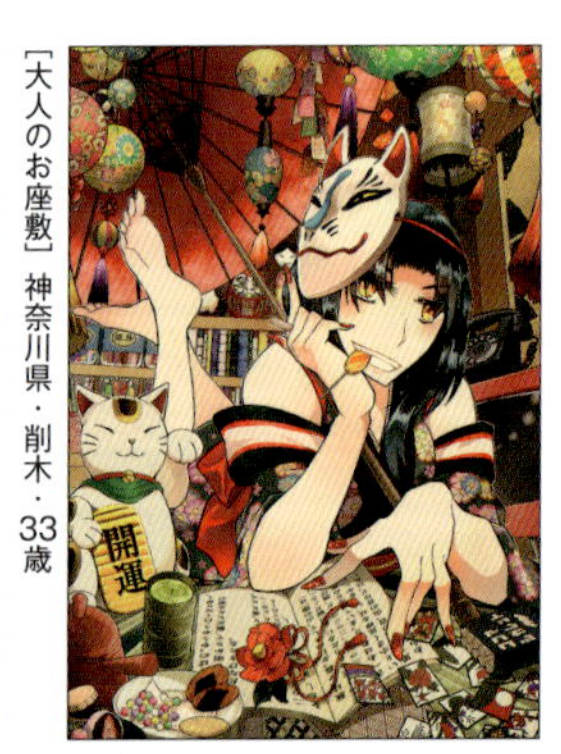
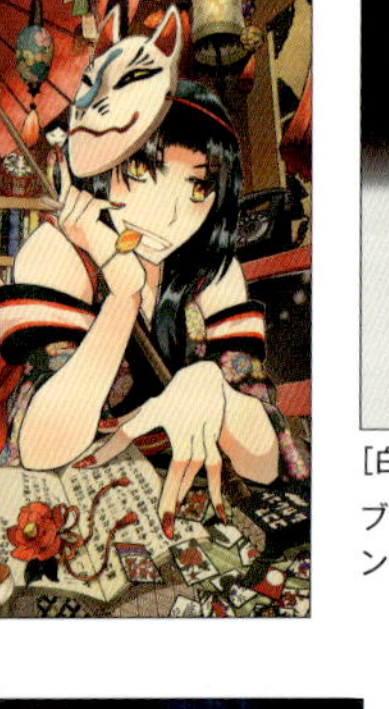

[大人のお座敷] 神奈川県・削木・33歳
成長しても駄菓子好きな座敷童♡ 茶柱など幸せが訪れそうな細かい要素に注目！（し）

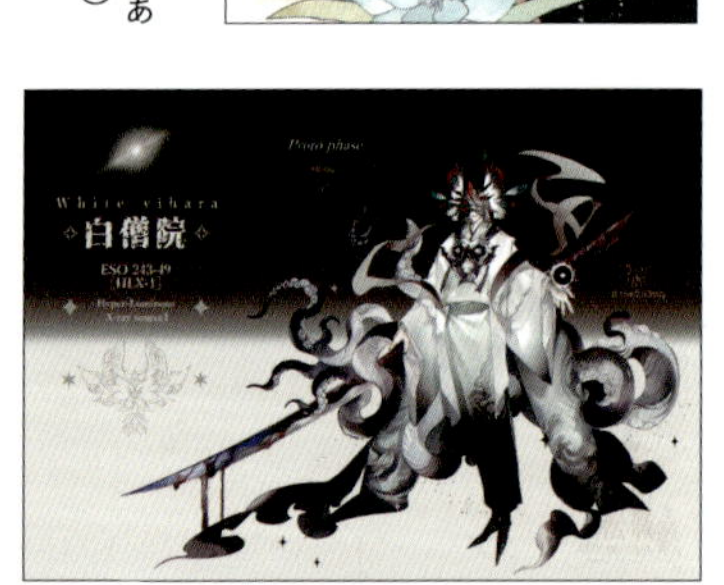

[白僧院] 長野県・nobishiro214
ブラックホールを、和装や蛸足のモチーフでデザインするのが独創的かつカッコいい（海）

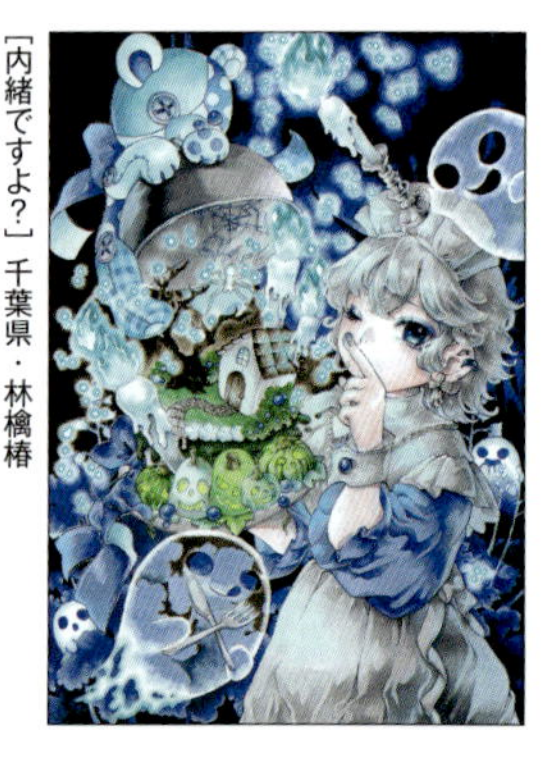

[内緒ですよ？] 千葉県・林檎椿
怪しげで美しい青色を基調に描いたハロウィンイラスト。料理を囲むおばけたちの表情がキュート（ア）

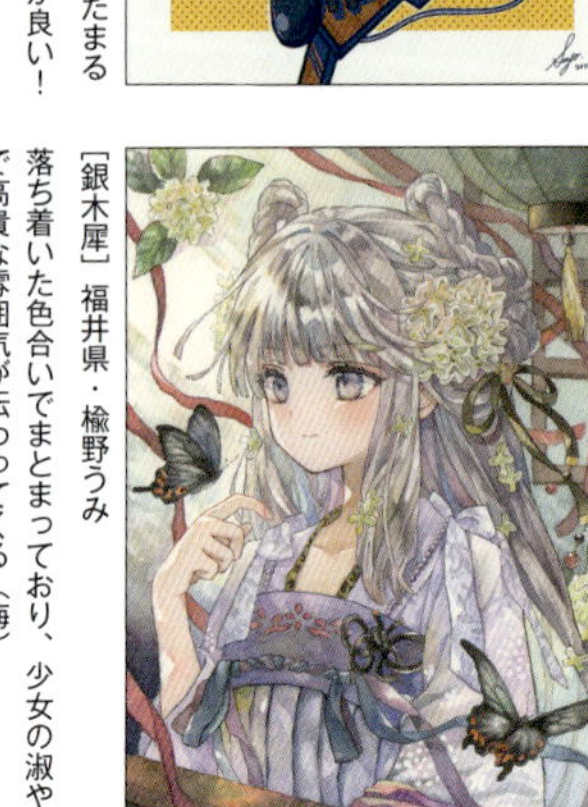

[銀木犀] 福井県・楡野うみ
落ち着いた色合いでまとまっており、少女の淑やかで高貴な雰囲気が伝わってくる（海）

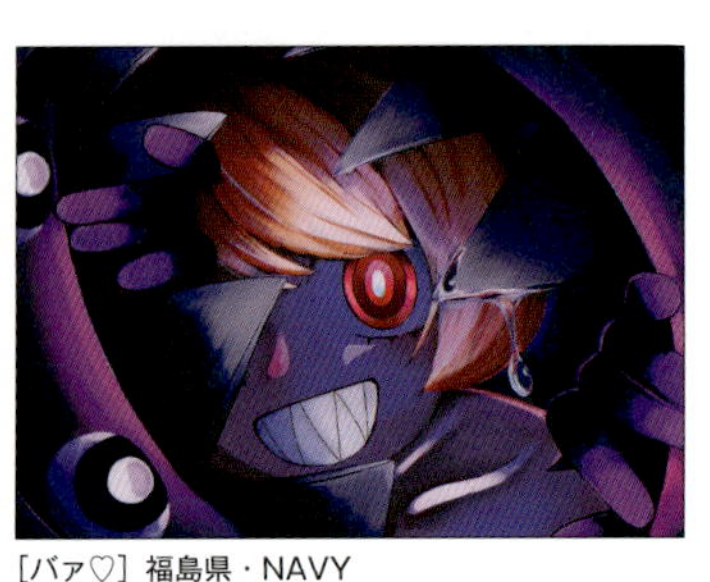

[バァ♡] 福島県・NAVY
ゾクっとしちゃうギザ歯スマイル。明快な構図と彩度比による視線誘導が効いています（ア）

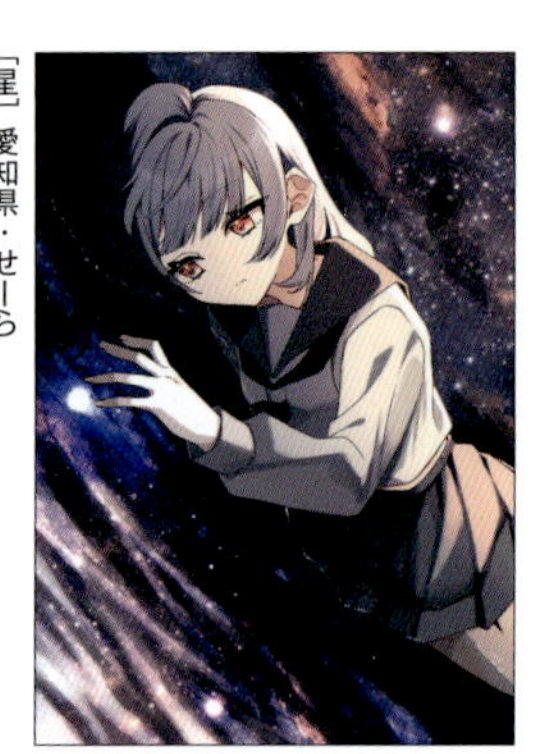

[星] 愛知県・せーら
海に映る星々に手を伸ばす少女。どこか憂いを帯びた表情に切なくなる（お）

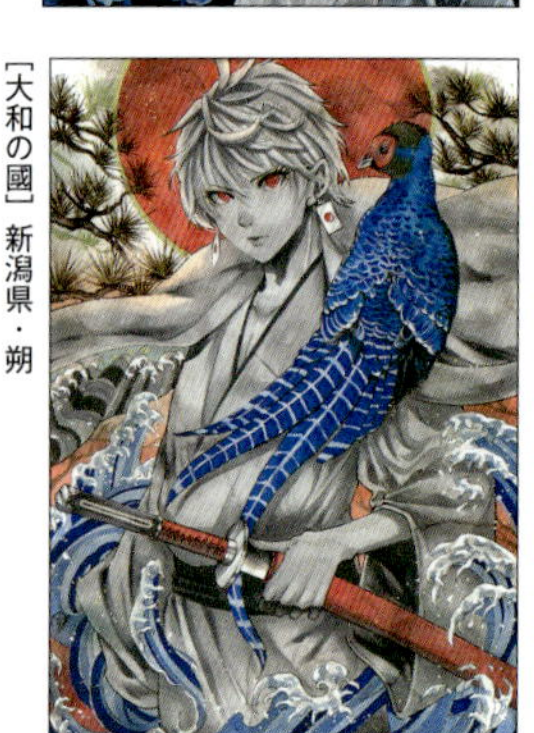

[大和の國] 新潟県・朔
カラーリングが印象的で、特に赤が日の丸と刀、目というポイントにおいたのが良い（ノ）

1ポイント

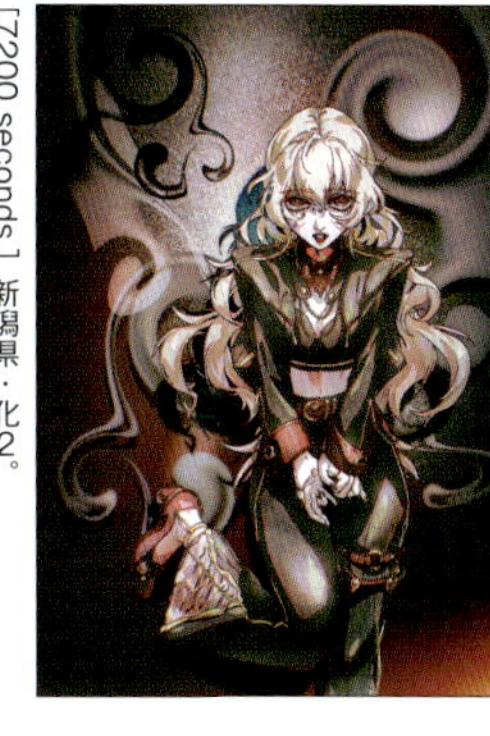

[7200 seconds.] 新潟県・化2。
待ち続ける子を描いた作品。着飾った服装に不安げな表情が彼女の内面を想像させる（ノ）

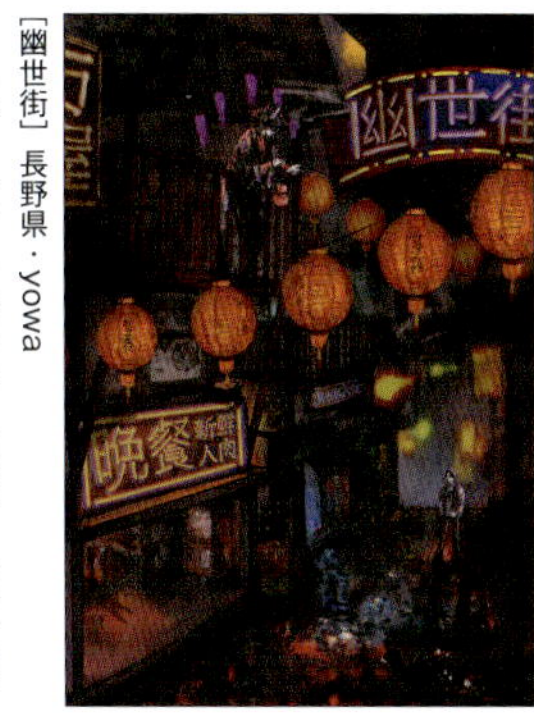

[幽世街] 長野県・yowa
ネオン街と思いきや建物は古風なデザインで、提灯などの揺れる光が不穏でいい雰囲気（し）

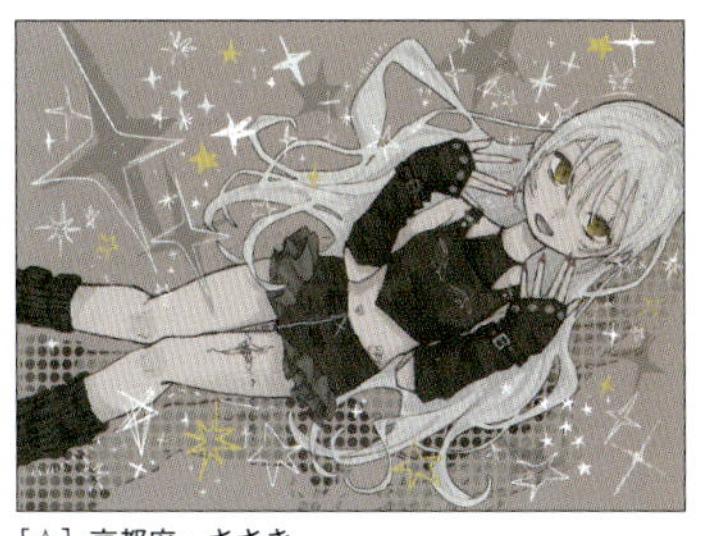

[☆] 京都府・ささき
パンクファッションが個人的どストライク。キャラの体型にもフェチズムを感じる（海）

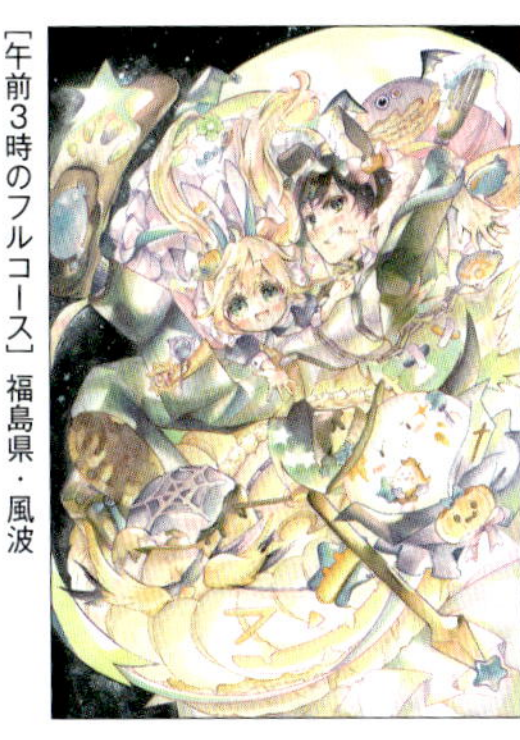

[午前3時のフルコース] 福島県・風波
絵の世界から二人が飛び出してくるような賑やかさが好き！ マシュマロお化けさんも可愛い（お）

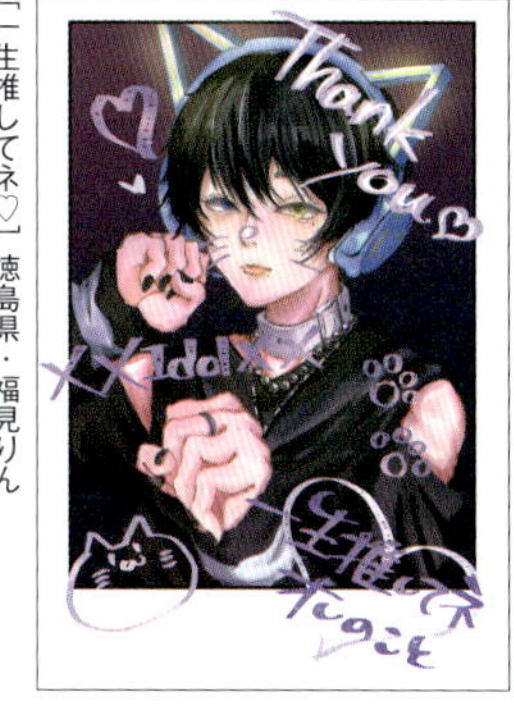

[一生推してネ♡] 徳島県・福見りん
チェキ風構図でグッズとして欲しい！ 肩出しシャツや泣きぼくろなどがセクシーで推せる！（海）

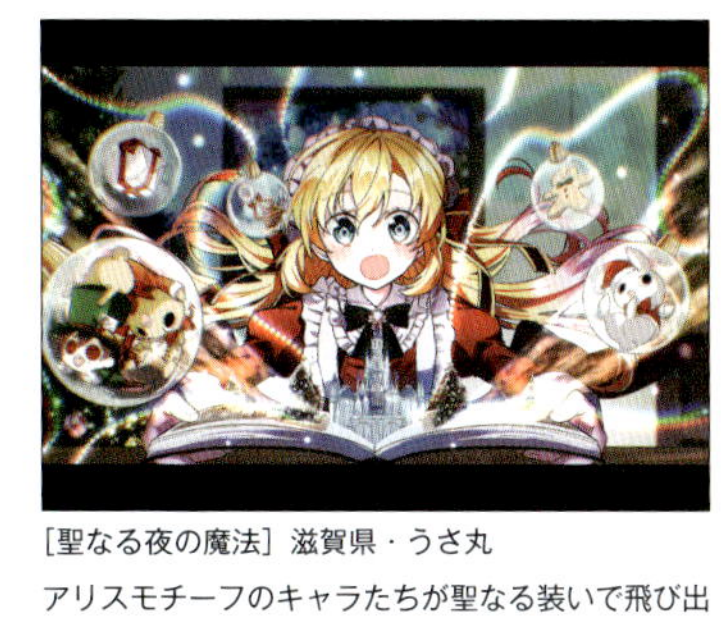

[聖なる夜の魔法] 滋賀県・うさ丸
アリスモチーフのキャラたちが聖なる装いで飛び出してくるよう。ワクワクが待っていそう！（し）

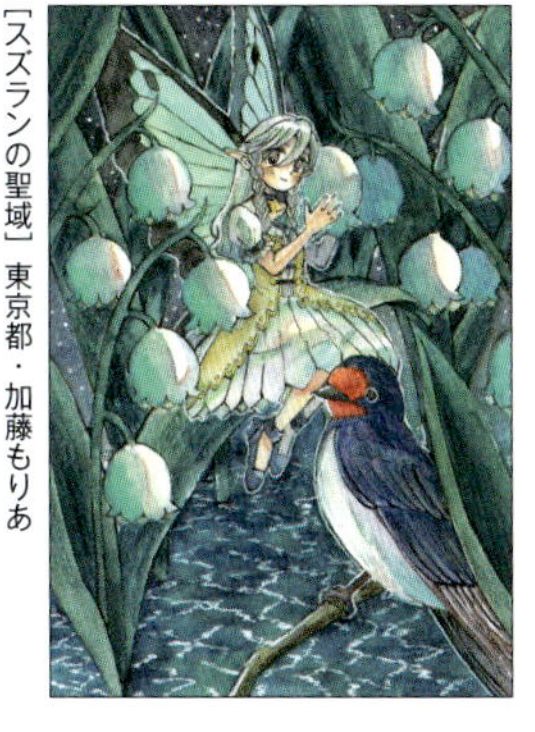

[スズランの聖域] 東京都・加藤もりあ
スズランの群生にいる妖精。そばにいる燕と彼女のおだやかな会話が聞こえてきそう（夢）

[霧の誘惑] 広島県・あおぎりしおん
ミリタリーとフリルという未知の組み合わせに膝を打つ。もっとこういう服が見たい（海）

[neko?] 大阪府・コハルカ
丸みのあるデフォルメが可愛い猫の子。落ち着いた色味でまとめているのも良い雰囲気（ノ）

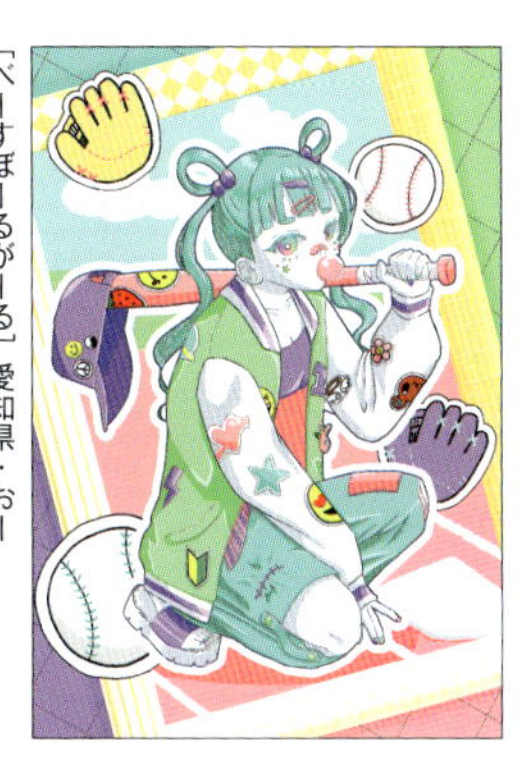

[べーすぼーるがーる] 愛知県・おー
パステルとビビッドな色合いが可愛らしくもあり、ストリートなモチーフでかっこよさもある（し）

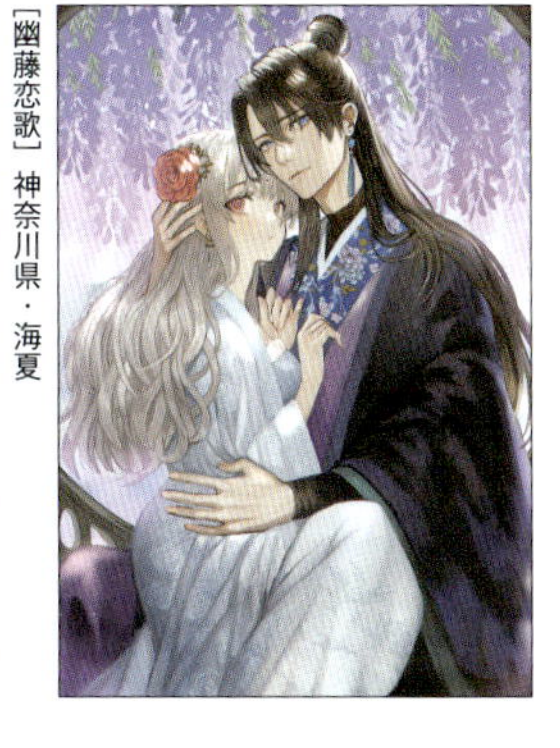
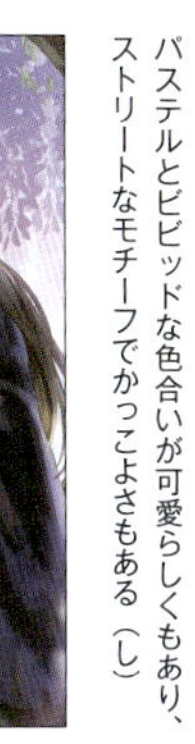

[幽藤恋歌] 神奈川県・海夏
二人の恋模様が始まる予感がする一枚。彼女を抱き寄せる男性の逞しさに惚れ惚れ…！（お）

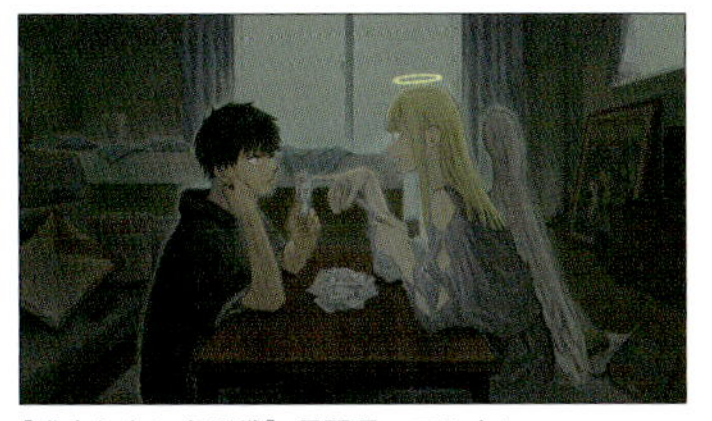

[成立しない心理戦] 長野県・アルカン
天使とのトランプ。超越的な存在とのゲームを日常的に見せているのが面白い（ノ）

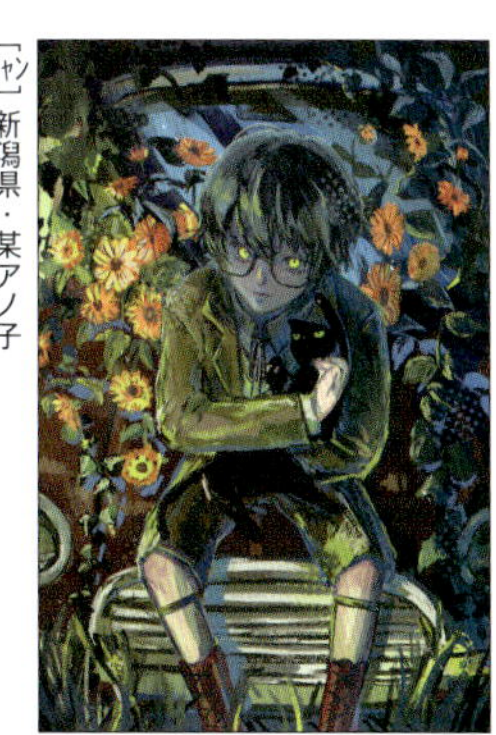

[ニャン] 新潟県・某アノ子
夜闇を思わせるブルーに、鮮やかなイエローの花や瞳のコントラストが美しい（海）

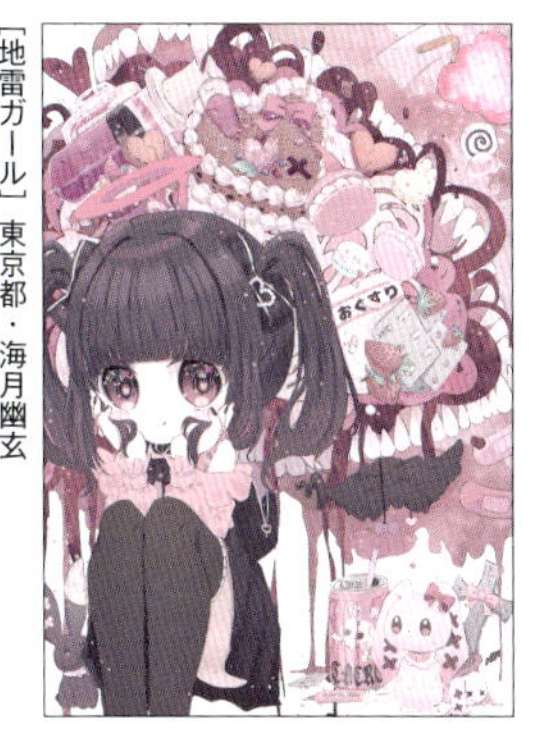

[地雷ガール] 東京都・海月幽玄
可愛さとダークさが入り混じる世界で、女の子が悪戯っぽく楽しそうな表情なのが良い（ノ）

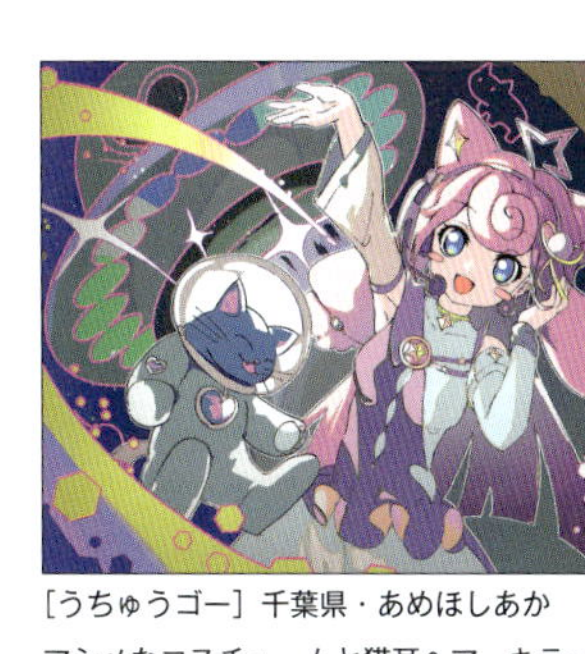
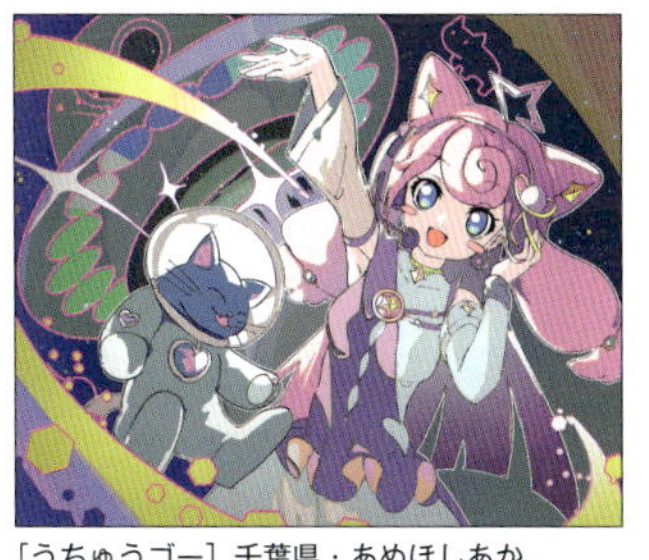

[うちゅうゴー] 千葉県・あめほしあか
アシメなコスチュームと猫耳ヘア、キラっとした形のアホ毛など、女の子がかわいいです！（ア）

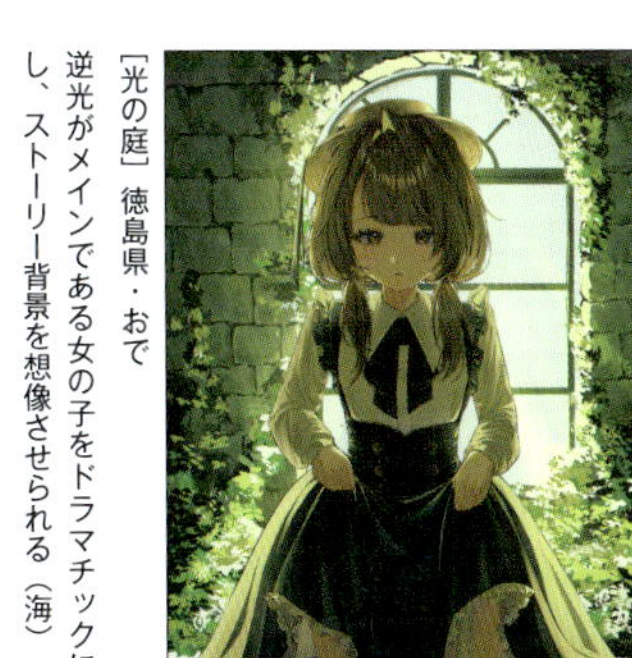

[光の庭] 徳島県・おで
逆光がメインである女の子をドラマチックに演出し、ストーリー背景を想像させられる（海）

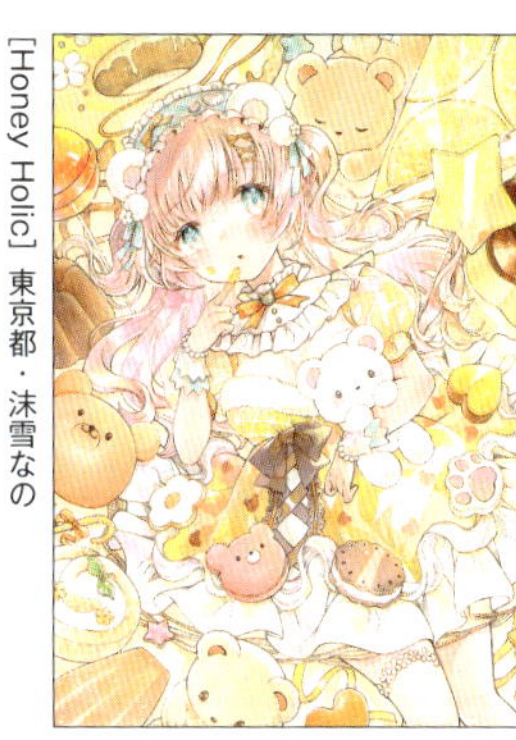

[Honey Holic] 東京都・沫雪なの
くまの女の子が魅力的で、ハニーなスイーツが美味しそう！ 甘い空間がたまりません♡（夢）

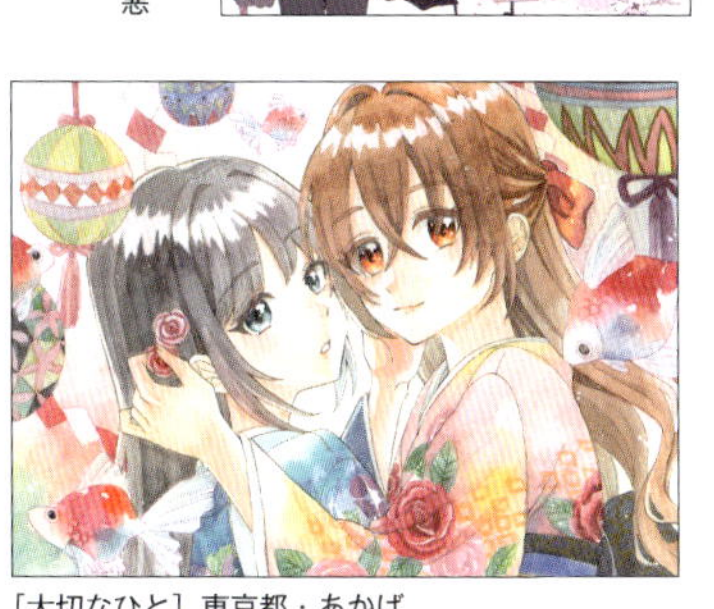

[大切なひと] 東京都・あかば
仕草や表情から互いを大事に思う感情が伝わってきます。相思相愛の姉妹愛、素敵です（夢）

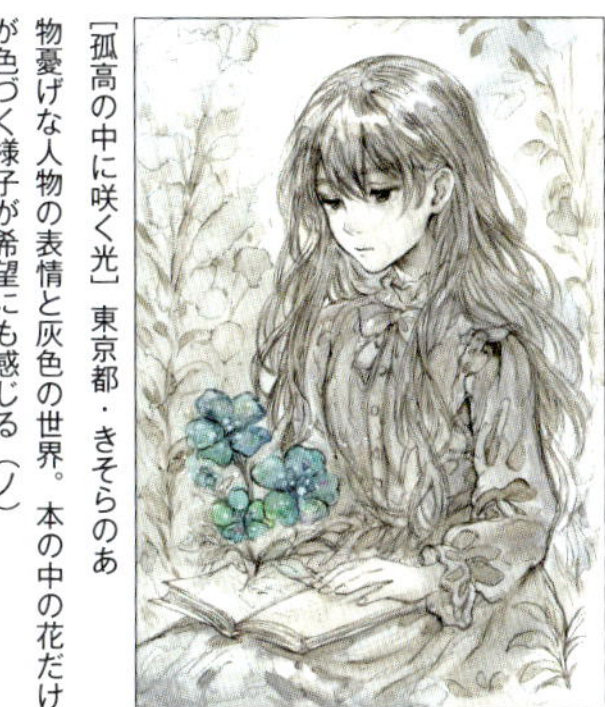
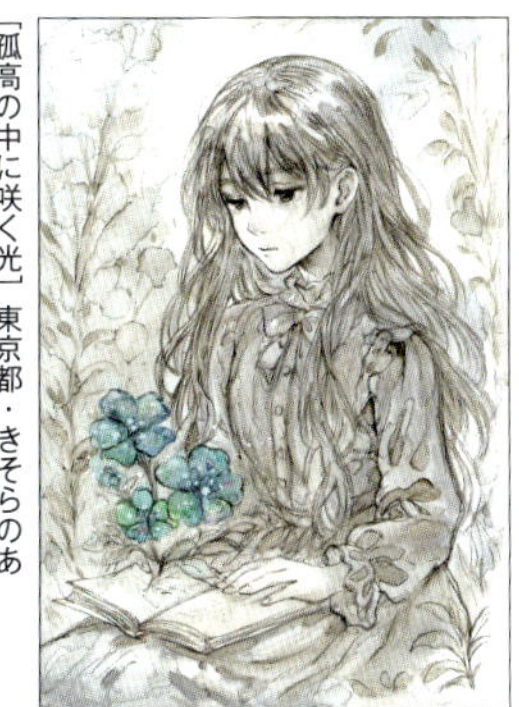

[孤高の中に咲く光] 東京都・きそらのあ
物憂げな人物の表情と灰色の世界。本の中の花だけが色づく様子が希望にも感じる（ノ）

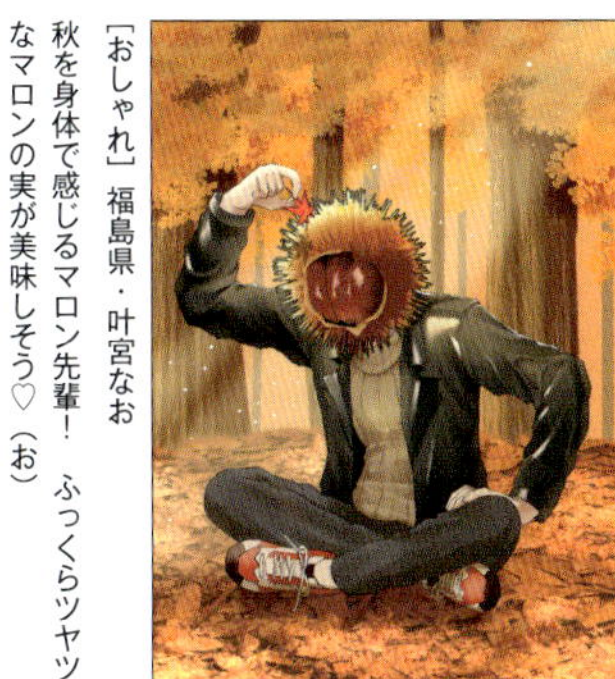

[おしゃれ] 福島県・叶宮なお
秋を身体で感じるマロン先輩！ ふっくらツヤツヤなマロンの実が美味しそう♡（お）

1ポイント

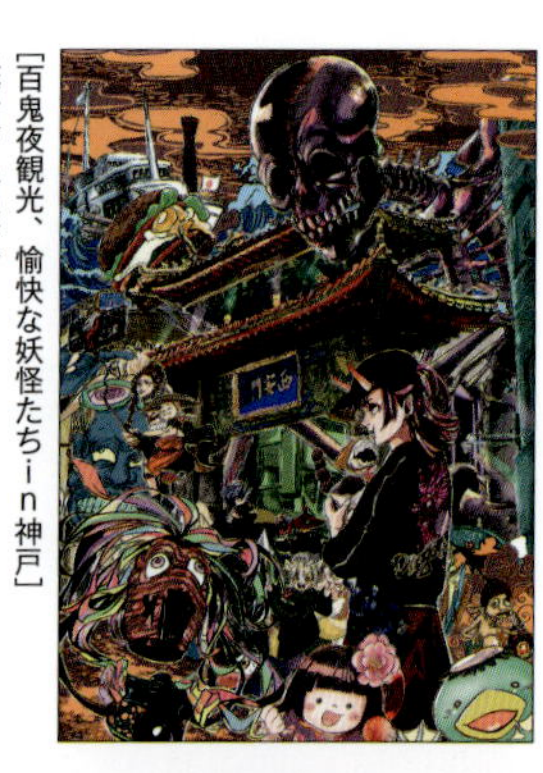

[百鬼夜観光、愉快な妖怪たち-in神戸] 兵庫県・青羅紅
画面にひしめく妖怪に物語を想像させる魅力がある。深みのある色づかいも良い（ノ）

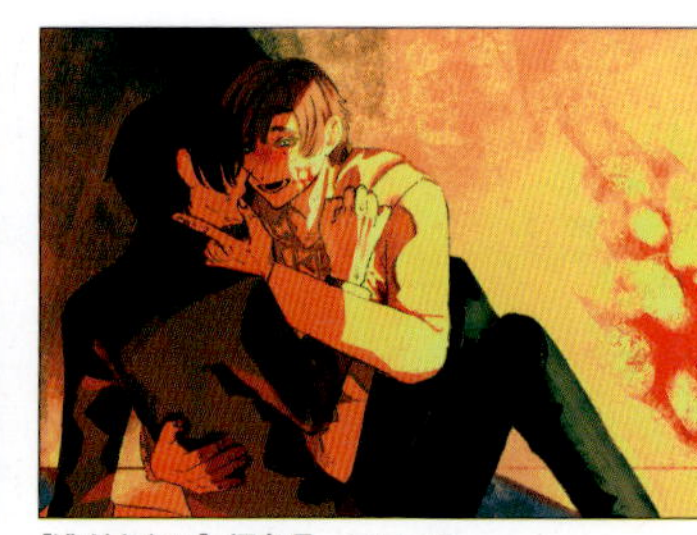

[逃がさない] 福島県・ヨニマル
黄色が印象的なイラスト。その中に強い赤色が入っており、男性の狂気的な表情が際立つ（し）

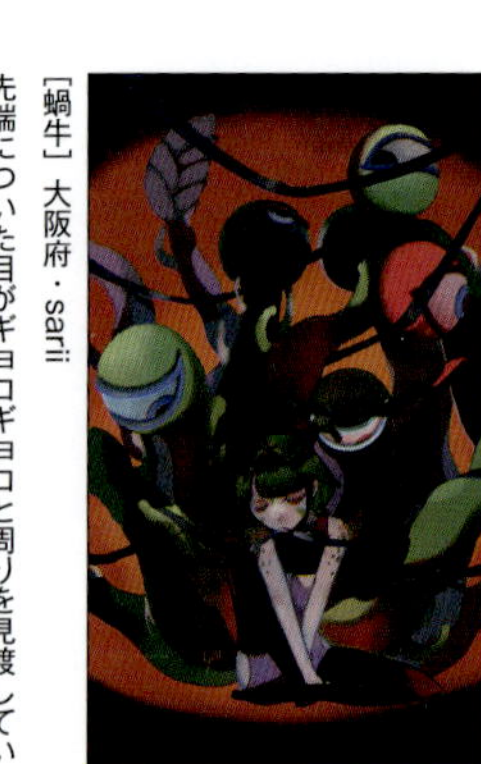
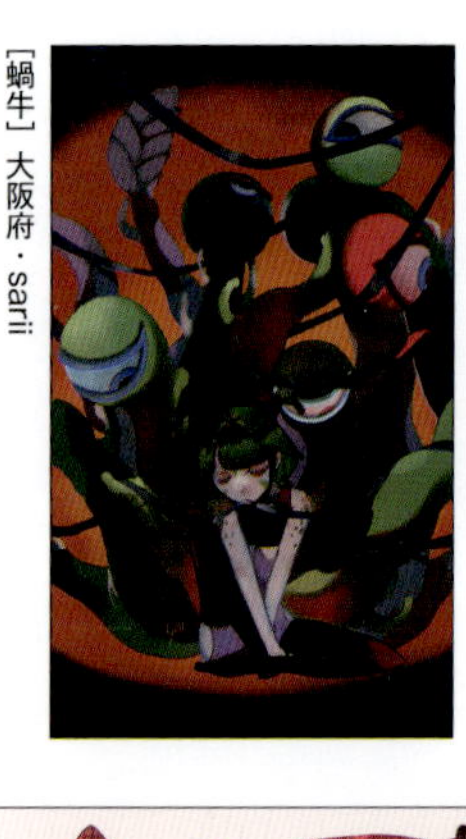

[蝸牛] 大阪府・sarii
先端についた目がギョロギョロと周りを見渡していて、色づかいもあいまって不気味で好き！（し）

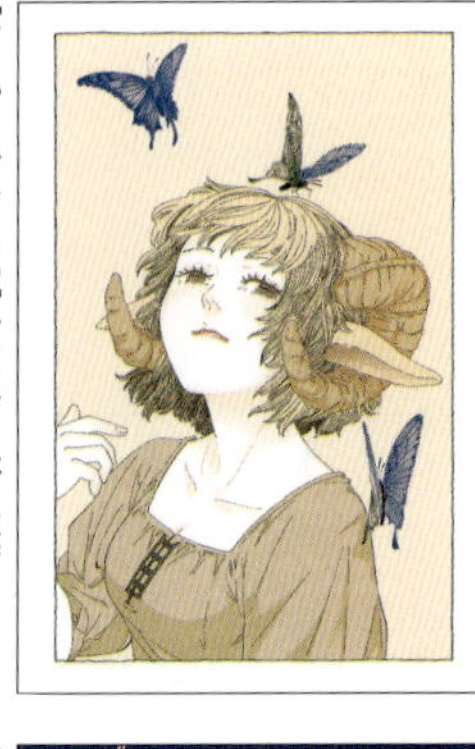
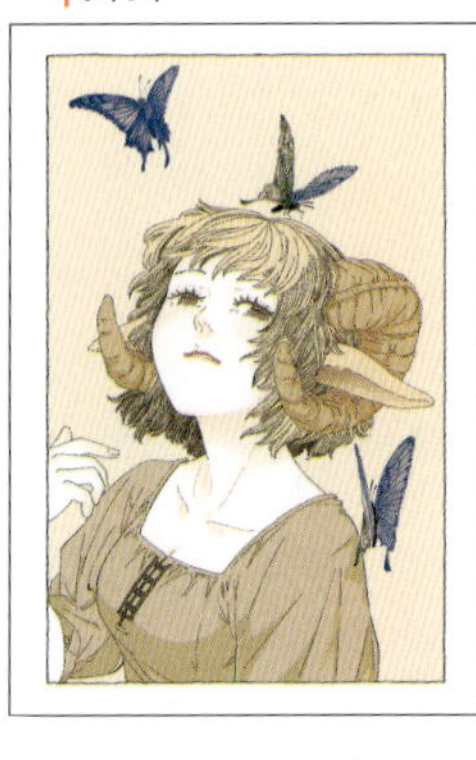

[そこからみえるもの] 石川県・みぎわ悠
タッチの異なるキャラクターと蝶のコラージュが素敵。浮遊を感じさせる表情にも惹かれる（海）

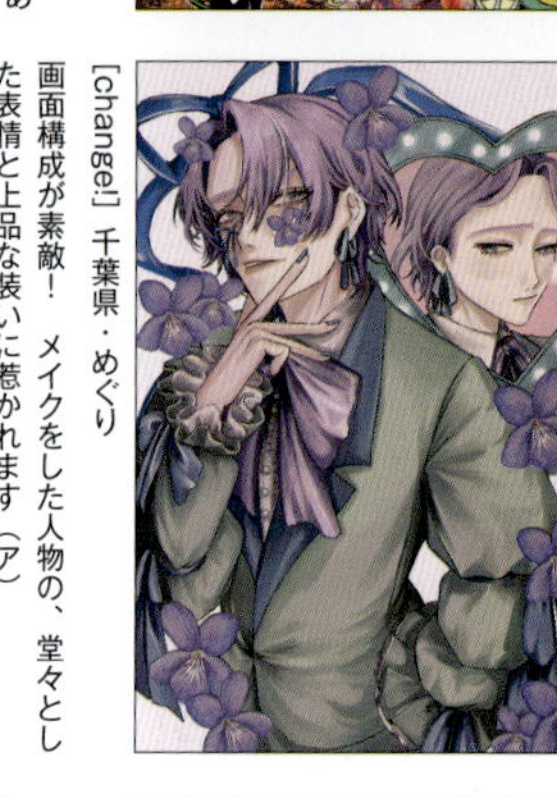

[change!] 千葉県・めぐり
画面構成が素敵！ メイクをした人物の、堂々とした表情と上品な装いに惹かれます（ア）

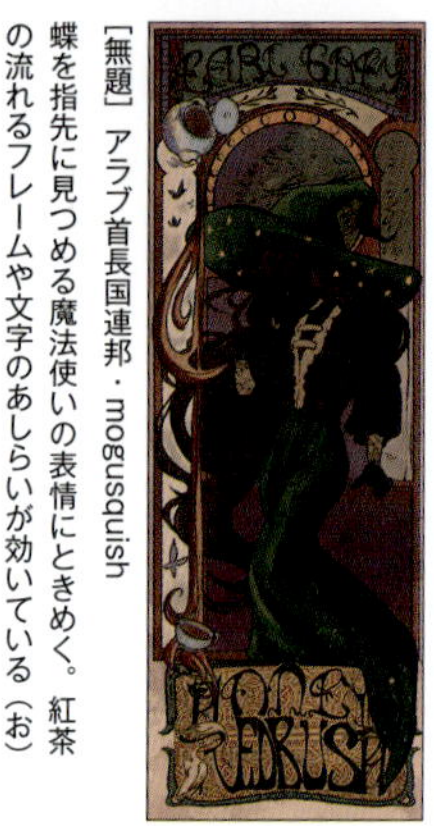

[無題] アラブ首長国連邦・mogusquish
蝶を指先に見つめる魔法使いの表情にときめく。紅茶の流れるフレームや文字のあしらいが効いている（お）

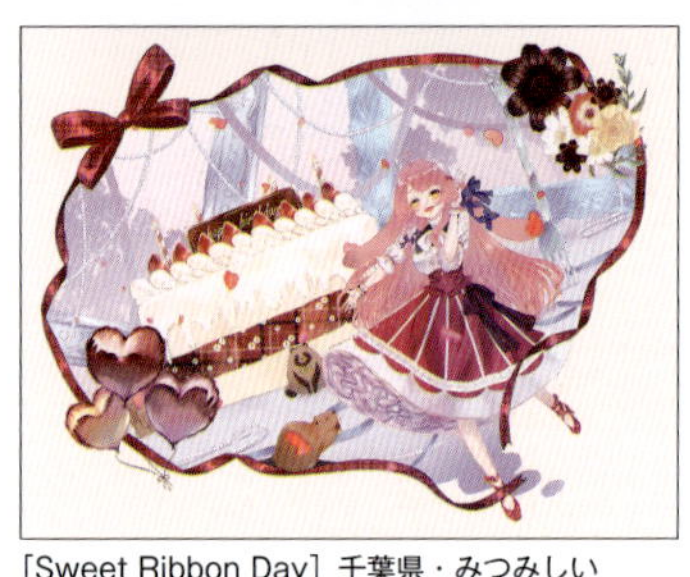

[Sweet Ribbon Day] 千葉県・みつみしい
リボンづかいと小物にセンスが光っています…！キャラデザも好みで小動物も可愛い（夢）

[cute girl] 福島県・椿姫みな
デザイン的な構図でグッズとして手に取りたくなる。ピンクと黒の色合いもガーリー（海）

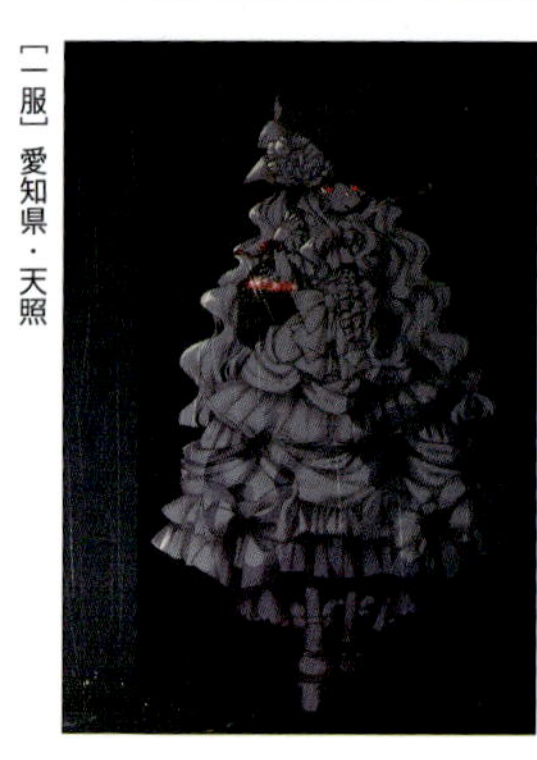

[一服] 愛知県・天照
ロリィタ少女×煙草というギャップが刺さる。瞳や林檎の赤色が作品のアクセントとなっている（夢）

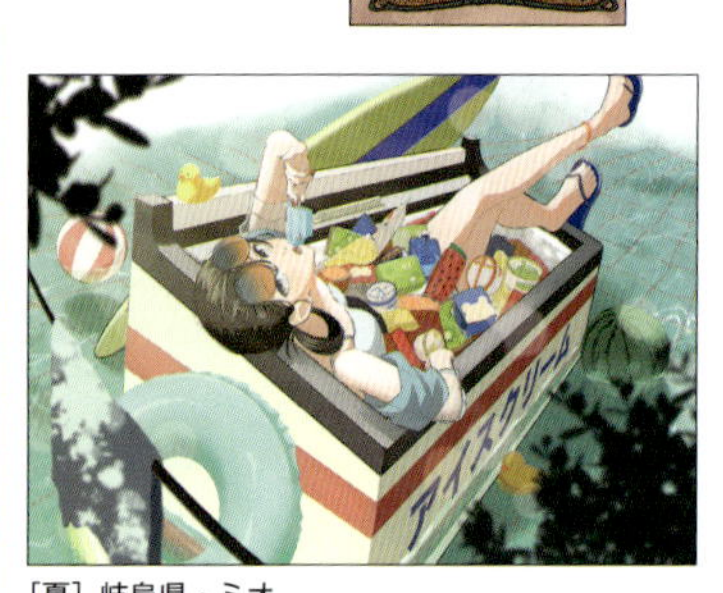

[夏] 岐阜県・ミオ
アイスと共にアイスケースに溺れる、絵だからできるシチュエーションに心踊る（海）

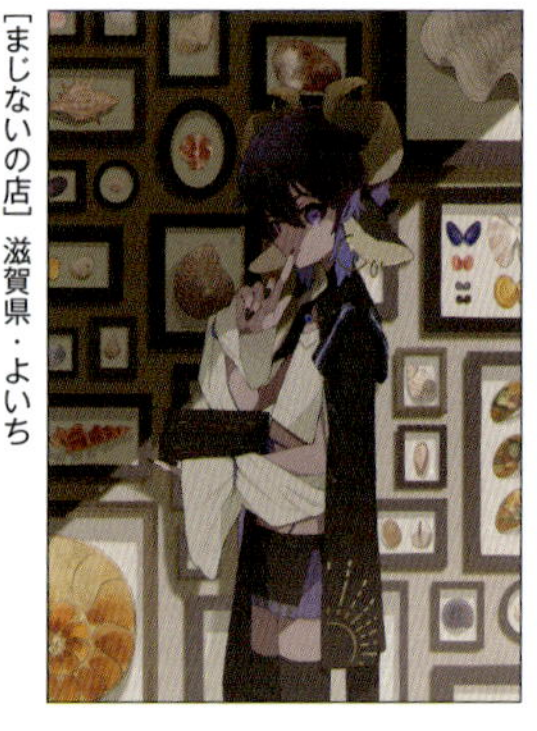
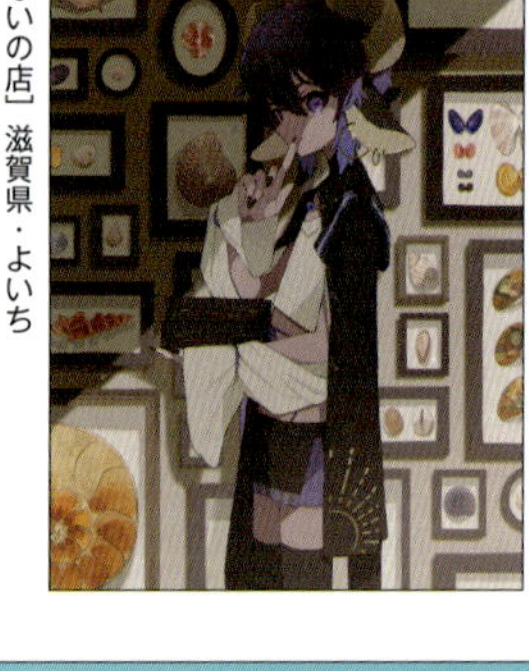

[まじないの店] 滋賀県・よいち
見るのが楽しい貝のコレクション。光によって、キャラの表情がよりミステリアスに感じられる（海）

[無題] アメリカ・Sobakas
ビビッドピンクな色づかいに余白や図形が効いている。女の子の明るい表情がキュート（お）

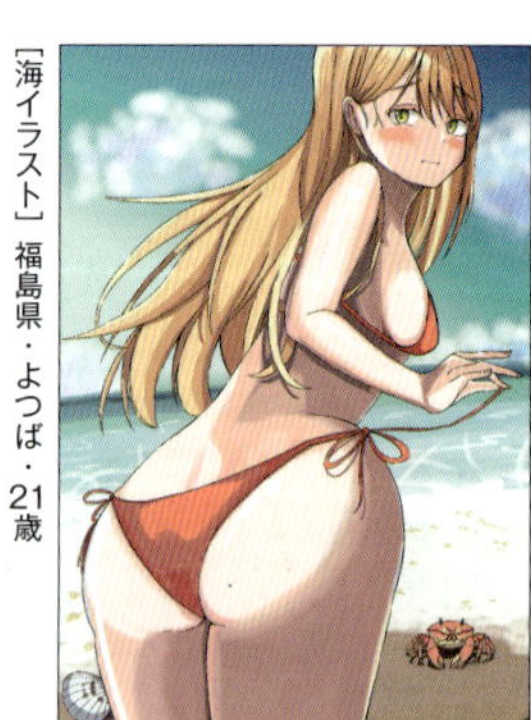

[海イラスト] 福島県・よつば・21歳
突き出したお尻がセクシーで、よく見るとホクロが……！ 恥じらう表情もなんとも愛らしい（し）

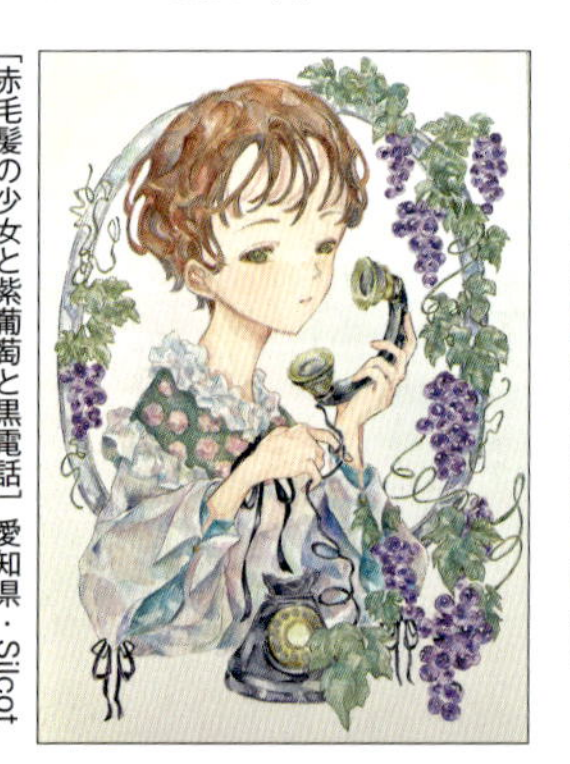

[赤毛髪の少女と紫葡萄と黒電話] 愛知県・Silcot
レトロなモチーフと水彩のタッチがノスタルジック。少女の儚げな表情も優美だ（海）

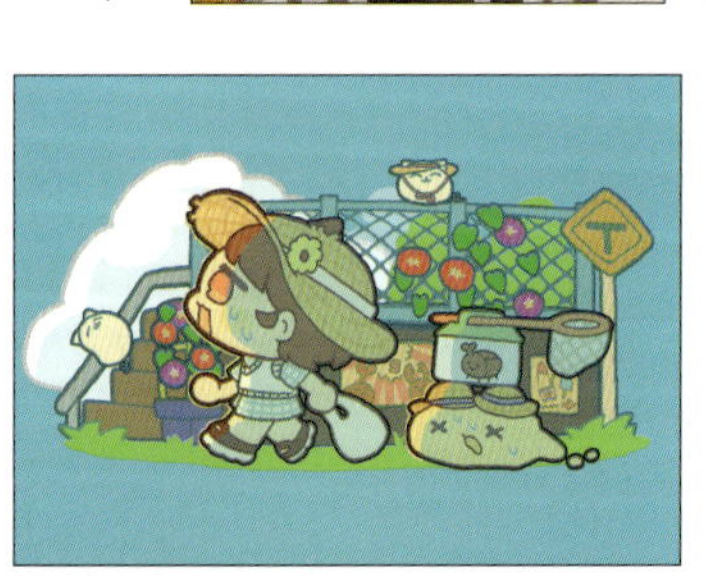

[夏色] 福島県・ふぶあ
夏の風景を描いた爽やかな一枚。暑さに汗を滲ませる姿に、どこか懐かしい気持ちになります（ア）

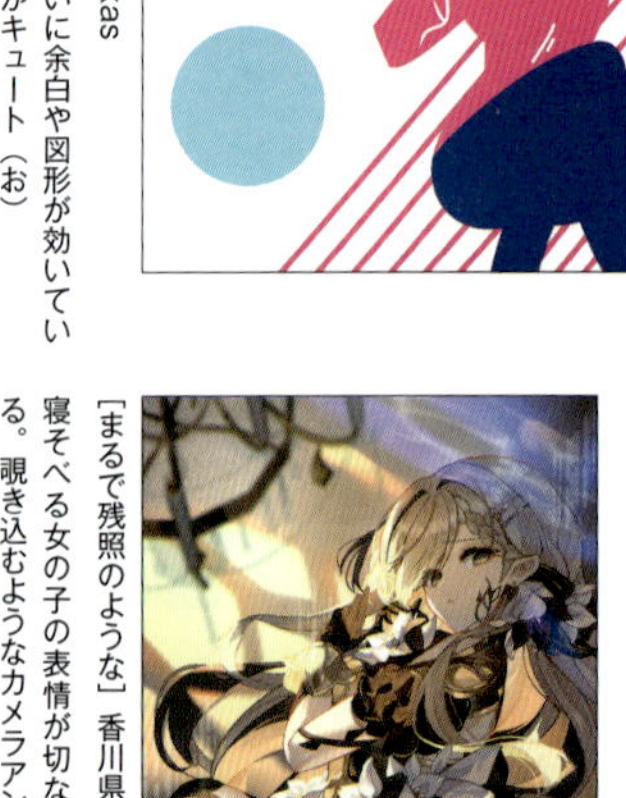

[まるで残照のような] 香川県・杜ラヴェ子・19歳
寝そべる女の子の表情が切なげで心を揺さぶられる。覗き込むようなカメラアングルが巧み（お）

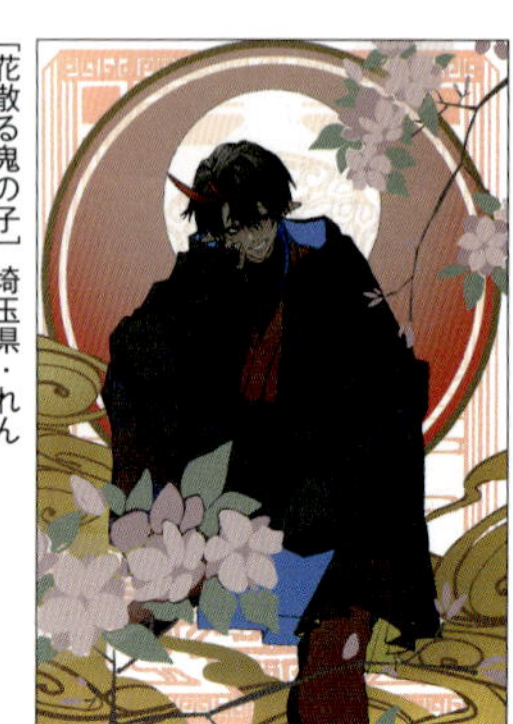

[花散る鬼の子] 埼玉県・れん
青年の気だるげな仕草がイイ。モチーフの構成も素晴らしく、表情へ視線誘導される（お）

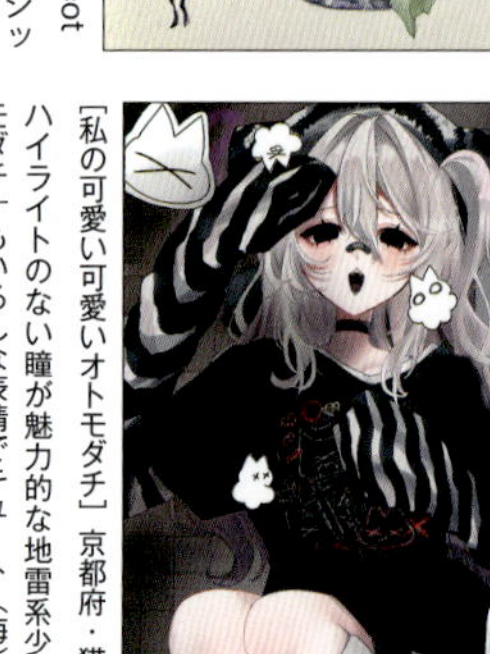
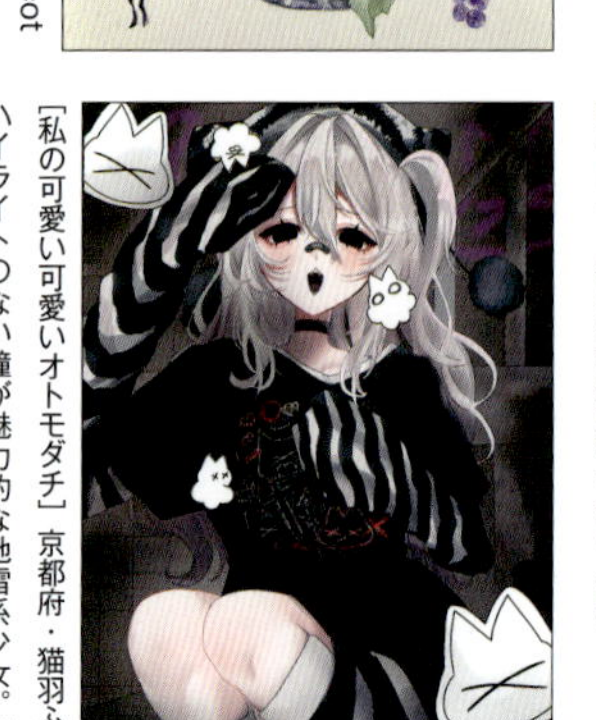

[私の可愛いオトモダチ] 京都府・猫羽ふしろ
ハイライトのない瞳が魅力的な地雷系少女。「オトモダチ」もいろんな表情でキュート（海）

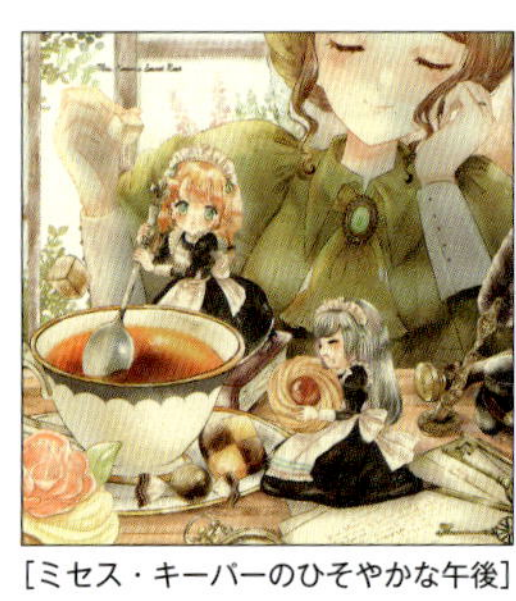

[ミセス・キーパーのひそやかな午後]
群馬県・ビーフあおチキン
小人のメイドさんの無邪気な表情にほっこり。いるだけで周囲を幸せにしてくれそう（海）

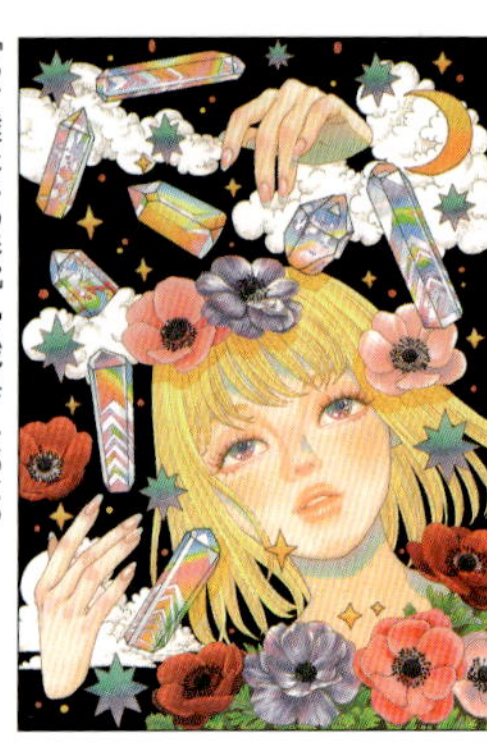

[あ、僕たちの影。] 宮城県・YOKO
カラフルなクリスタルがポップで、見た人を明るい気持ちにさせてくれる（海）

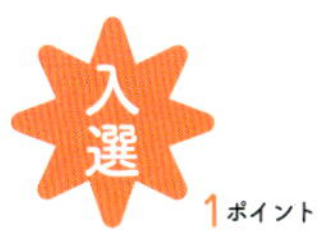

1ポイント

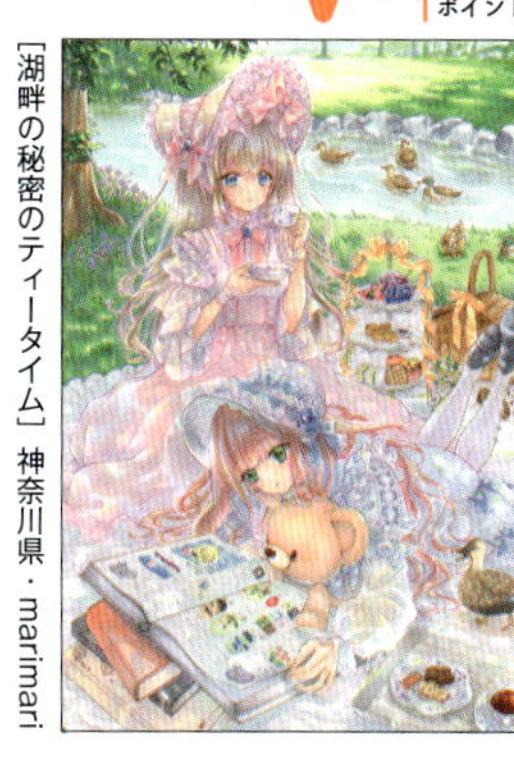

[湖畔の秘密のティータイム] 神奈川県・marimari
柔らかな線にフリルたっぷりの少女たち。おだやかな日常のひとときが伝わってくる（夢）

[♡どりぃ～みん♡] 青森県・ほほと
ビビッドなピンクに染まったポップな作品。豚たちの気の抜けた表情にとても癒やされる（海）

[Do you play game?] 静岡県・真田由貴
はい！ 遊びます！ こんな小悪魔っ子がいたらずっと遊んじゃいますね（お）

[ブルーベルが咲く頃に] 奈良県・照留セレン
こわくてきな笑みを浮かべた妖精さん。彼女は何を思いながら人を異界へ誘うのでしょうか（ア）

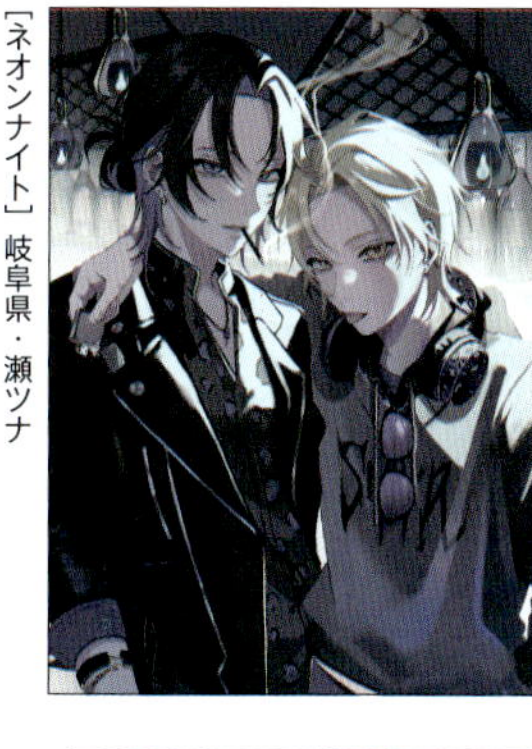
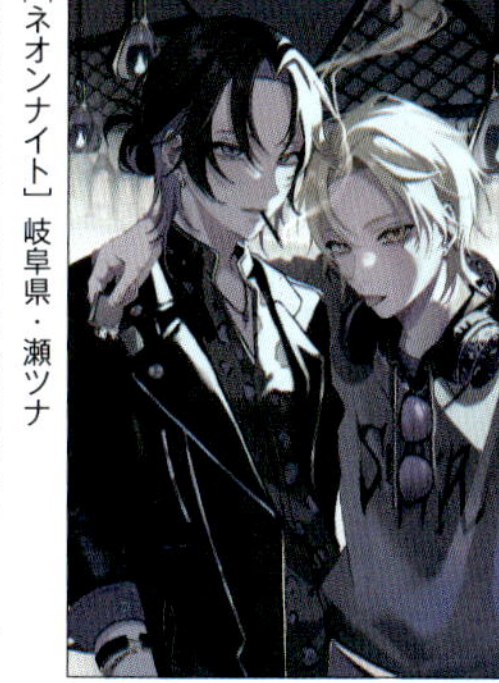

[ネオンナイト] 岐阜県・瀬ツナ
煙を燻らせながら肩を組む距離感が好き…！ オイルライターが渋カッコいいです！（お）

[朝] 千葉県・織篠
所々の線画の色を変えがアクセントとして効いています。スタイリッシュな日常のワンシーン（ア）

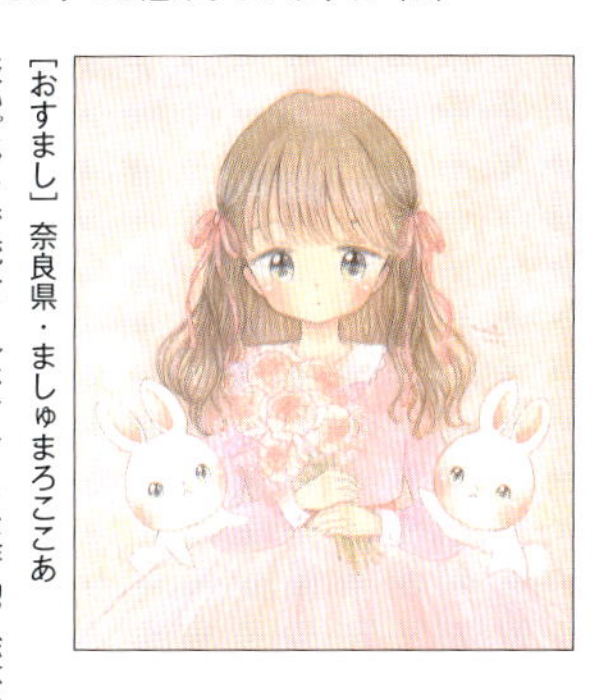

[おすまし] 奈良県・ましゅまろここあ
淡いピンクで統一されたキュートな作品。絵本のような、あたたかみのあるタッチが魅力的（夢）

[海花火の幽霊] 岡山県・minayuki
和風のテイストに、ビビッドなカラーがスタイリッシュ。勢いのある構図も◎（し）

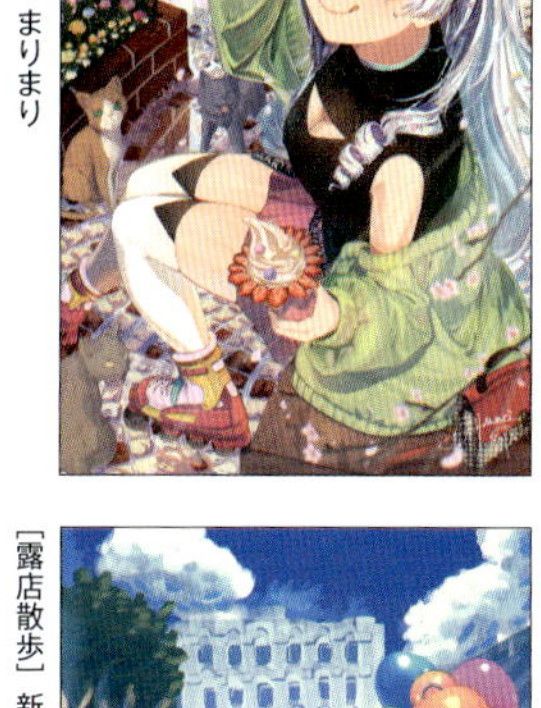

[休憩] 京都府・まりまり
かわいい&癒しの猫集会♡ カラフルでパステルなヘアカラーとリボンが素敵（ア）

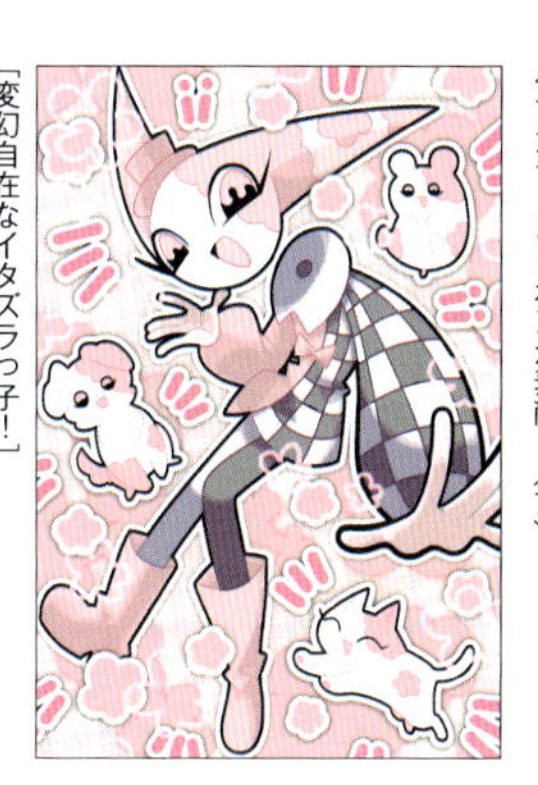

[変幻自在なイタズラっ子!] 福島県・MITSUKADO
ポップなテイストで背景のグラフィックも魅力的。躍動感があり今にも動きだしそうな予感！（夢）

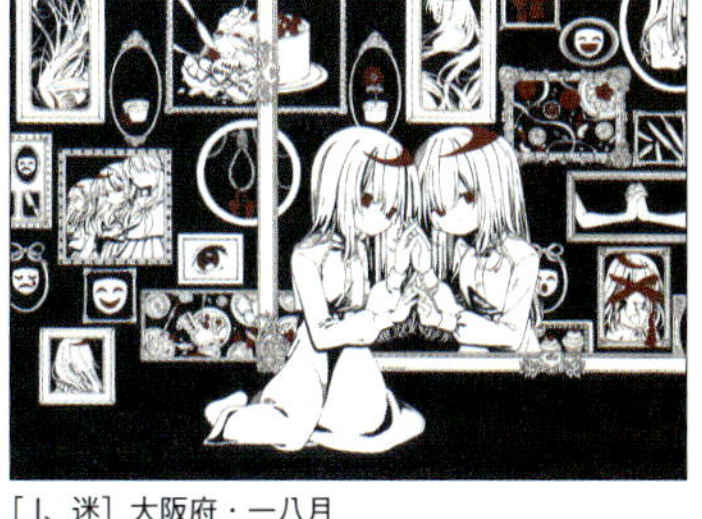

[I、迷] 大阪府・一八月
二つの自分にある差を背景の描写で伝えている。配色が絵的な美を盛り立てていて素敵（ノ）

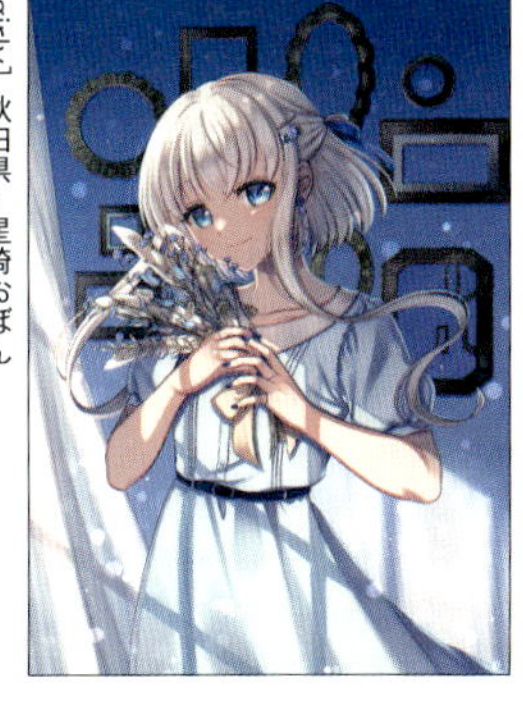

[girly] 秋田県・星崎おぼん
青色のカゲや降り注ぐ光など空気の表現が見事。少女の瞳がこちらを捉えて離さない（夢）

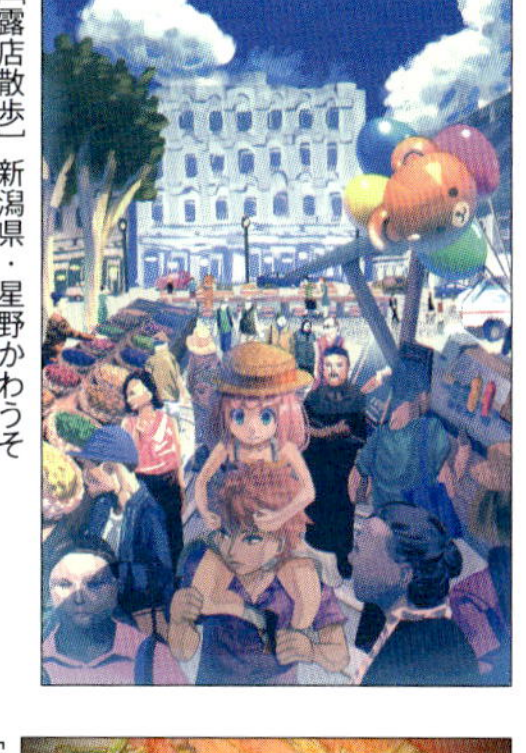

[露店散歩] 新潟県・星野かわうそ
肩車で露店を仲良く散歩する二人が微笑ましい！ カラフルな色合いからも賑やかさを感じる（し）

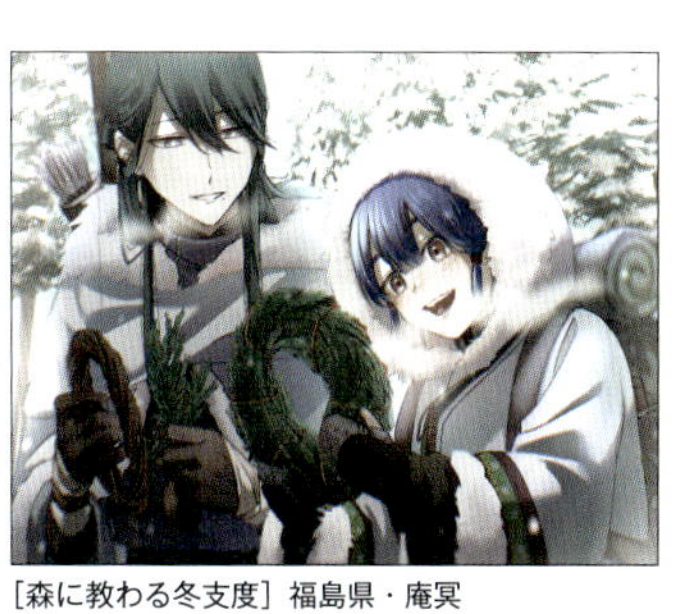

[森に教わる冬支度] 福島県・庵冥
リース作りを教わる表情に、見ていてほっこりします。二人の会話が聞こえてくるようです（し）

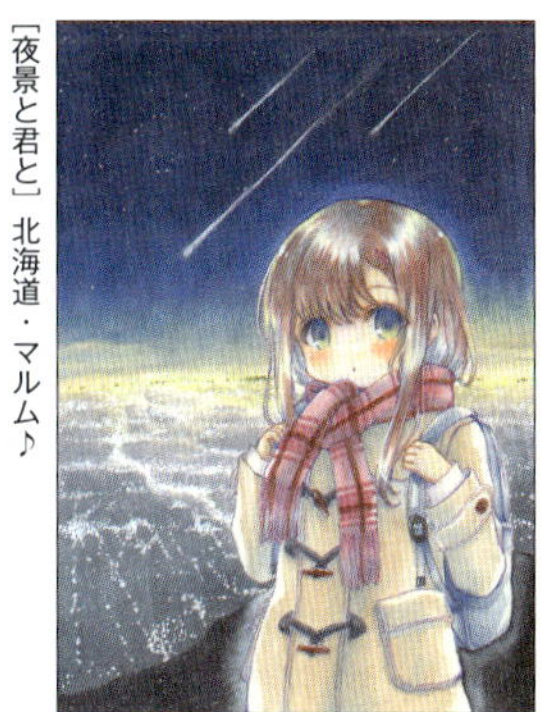
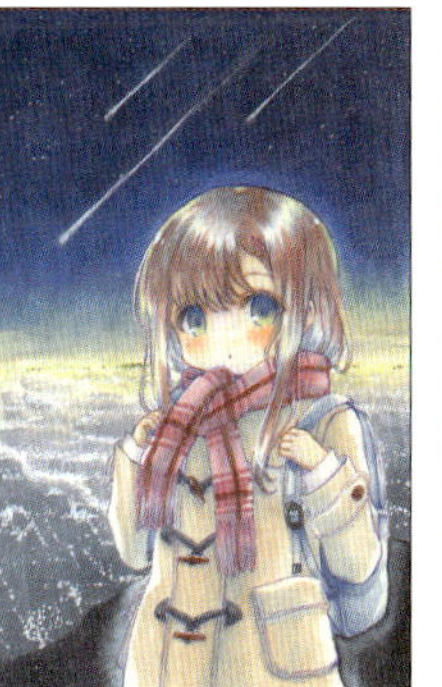

[夜景と君と] 北海道・マルム♪
温もりを感じるやわらかな色彩が美しいです。夜景を映したかのような女の子の瞳がきれい（ア）

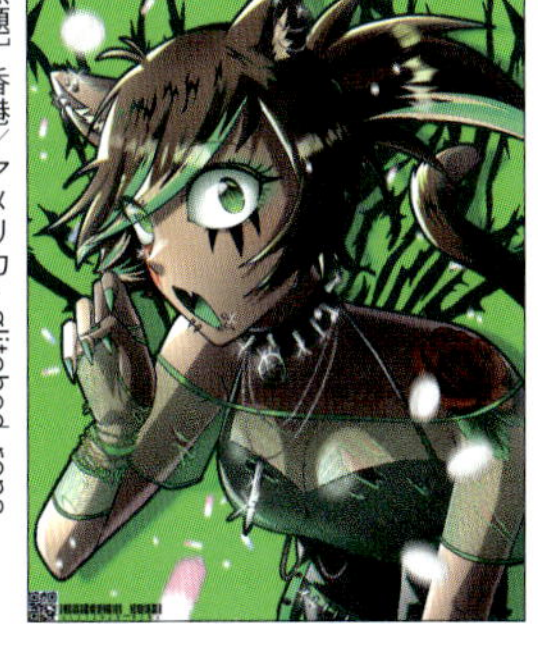

[無題] 香港／アメリカ・glitched_rena
トゲトゲとしたファッションに身を包むケモノっ子がカッコイイ！ 蛍光緑の色づかいが目を惹く（お）

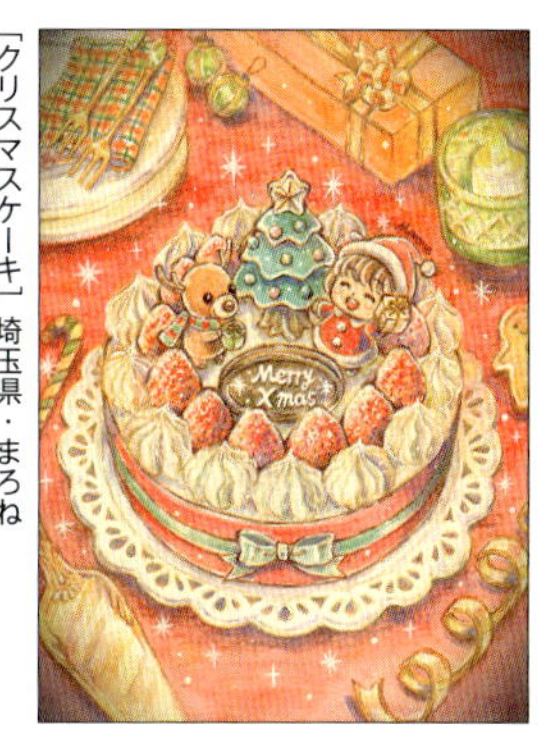

[クリスマスケーキ] 埼玉県・まろね
これからのクリスマスを楽しく過ごせそうな一枚。優しいタッチからぬくもりを感じる（お）

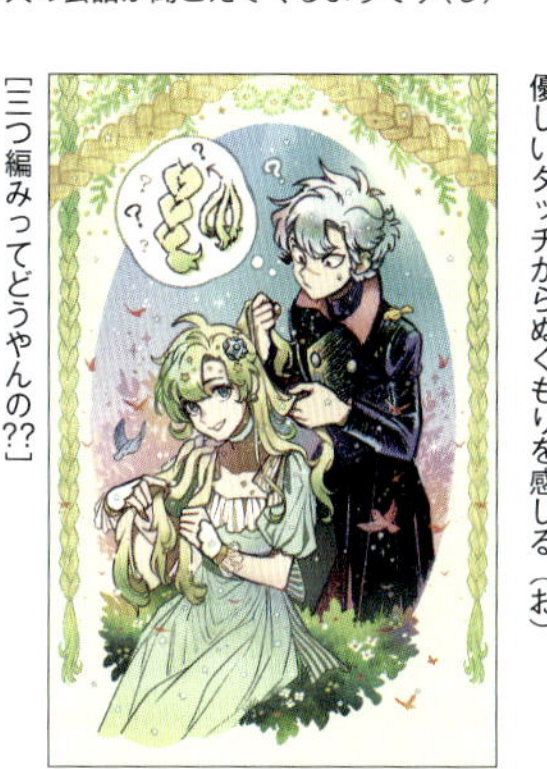

[三つ編みってどうやんの??] 北海道・samantha
戸惑い気味の表情が微笑ましくきゅんとします！ 前後の物語も想像させられます（ア）

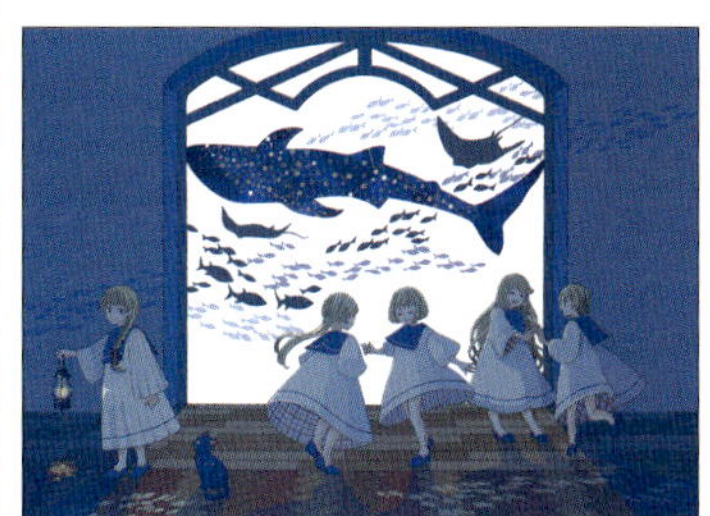
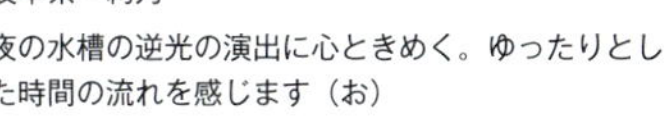

[AM1 時、星が泳ぐアクアリウムにて] 岐阜県・絢乃
夜の水槽の逆光の演出に心ときめく。ゆったりとした時間の流れを感じます（お）

[夏] 千葉県・清水咲奈
透き通った人物の体と周りを取り囲むモチーフから、様々なドラマが生まれそう（海）

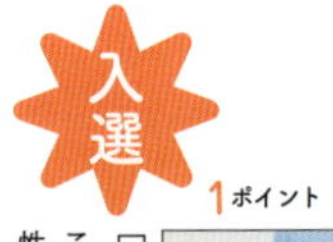

入選 1ポイント

［自由な社風に惹かれましたぁ～］愛知県・詩聖きなこ
アズキの上目づかいとムチムチな太ももに目が離せません…！ 困り眉な表情もグッときます！（夢）

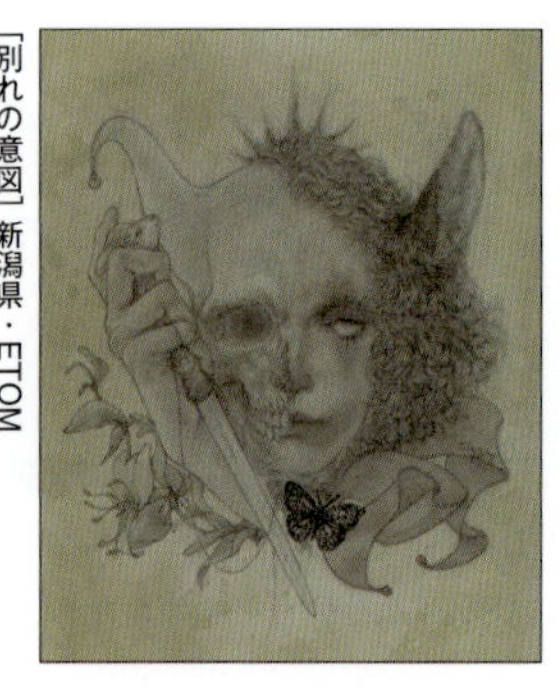

［別れの意図］新潟県・ETOM
人間関係の終わりのイメージを描いた作品。ダークさや二面性が覗いて印象深い（ノ）

［0と1の魔法］岡山県・融花
悲しい時も心を灯し励ましの魔法をかけてくれるような存在。光や色とりどりのきらめきが綺麗（ア）

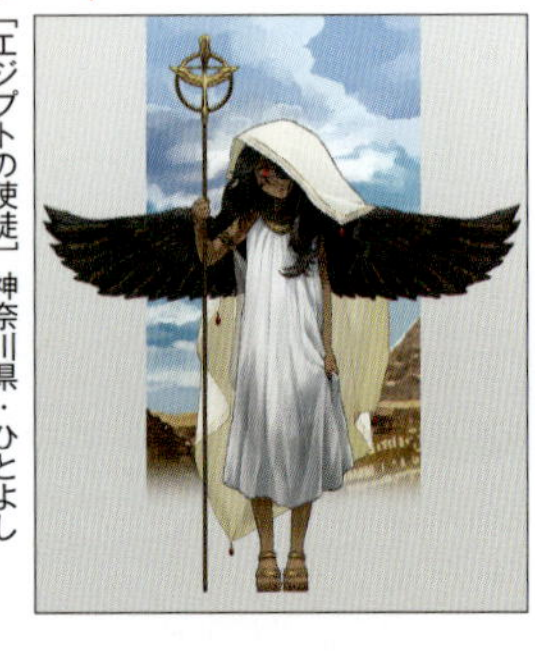

［エジプトの使徒］神奈川県・ひとよし
こちらを刺すような紅い眼に、キャラクターの神秘性や威厳が詰まっているように感じる（海）

［ニート＊ドリーマー］富山県・天音れもん
優しい色彩と素敵なメッセージが、見た人の心を「きれい」に洗ってくれそう（海）

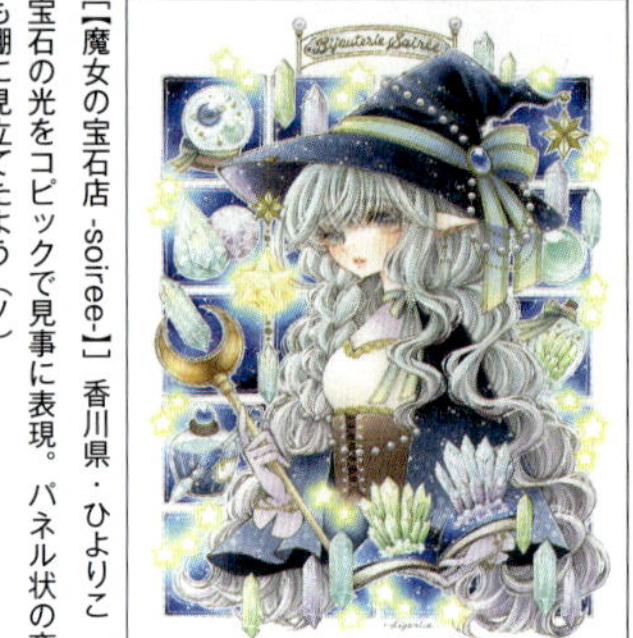

【魔女の宝石店 -soiree-】香川県・ひよりこ
宝石の光をコピックで見事に表現。パネル状の夜空も棚に見立てたよう（ノ）

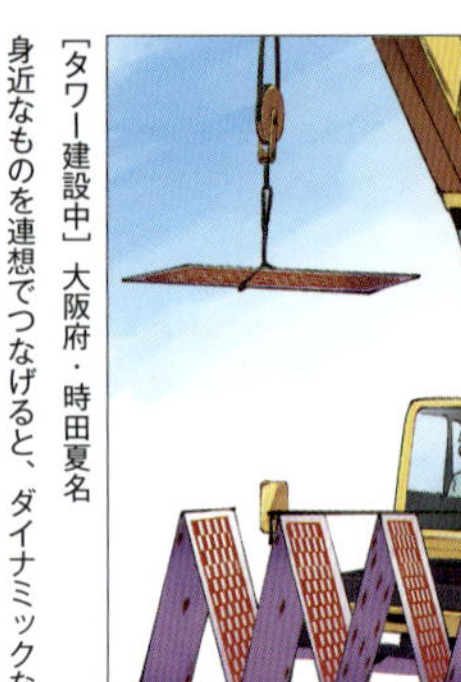

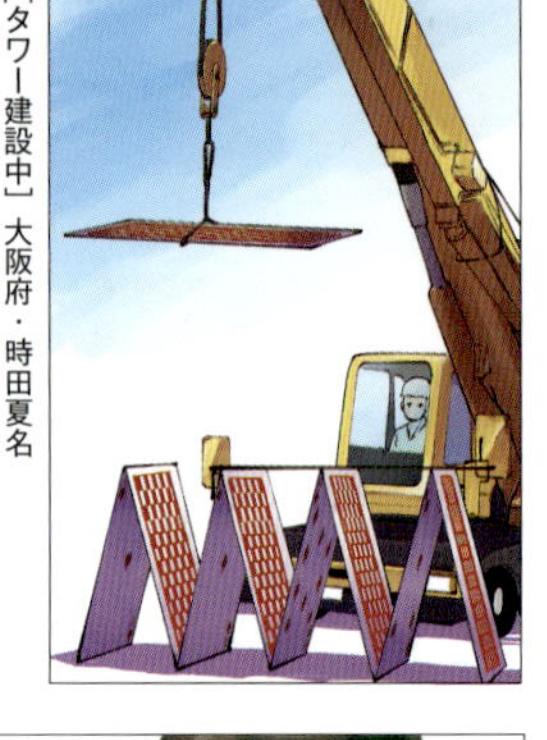

［タワー建設中］大阪府・時田夏名
身近なものを連想でつなげると、ダイナミックな飛躍が生まれる。面白さが圧巻です（ノ）

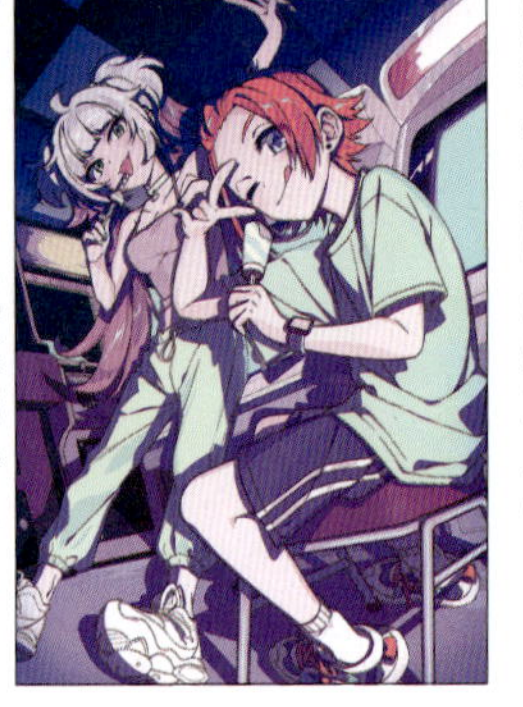

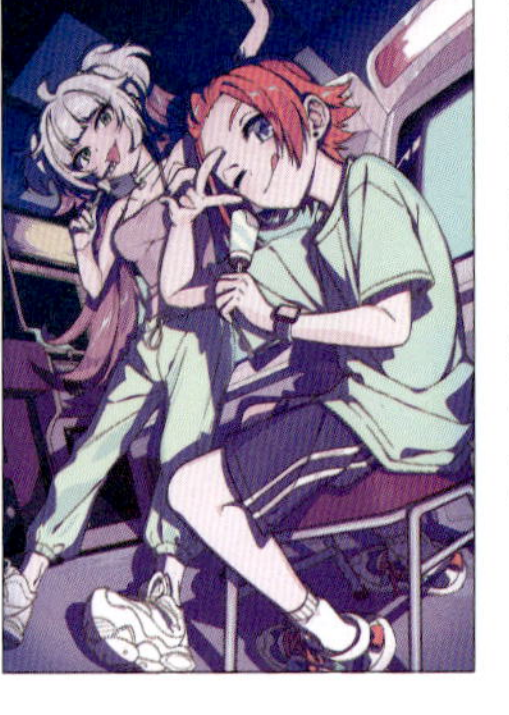

［Amusement arcade］東京都・ブミィ
ゲームセンターと自販機アイスの組み合わせに、幼い頃のロマンがかきたてられる（海）

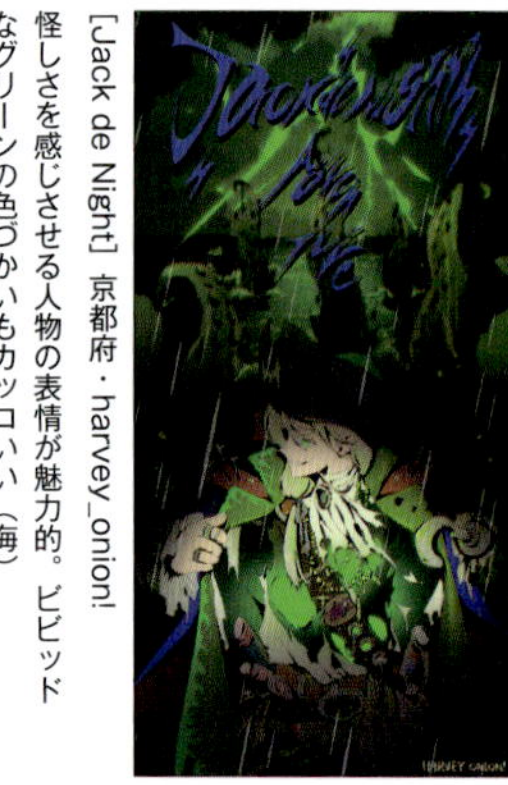

［Jack de Night］京都府・harvey_onion!
怪しさを感じさせる人物の表情が魅力的。ビビッドなグリーンの色づかいもカッコいい（海）

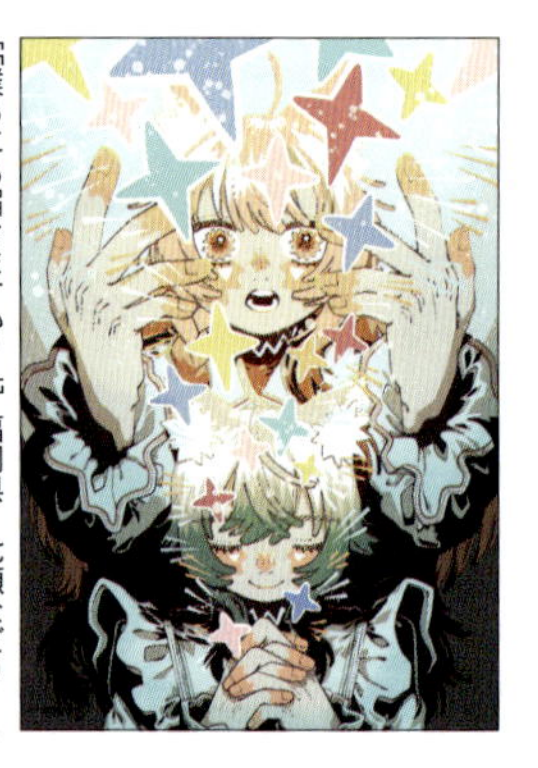

［「僕らにも届きますか？」］福岡県・七瀬なごり
まばゆい光に包まれる人物の、瞳がゆらめく表情が好き。光が届きますように（お）

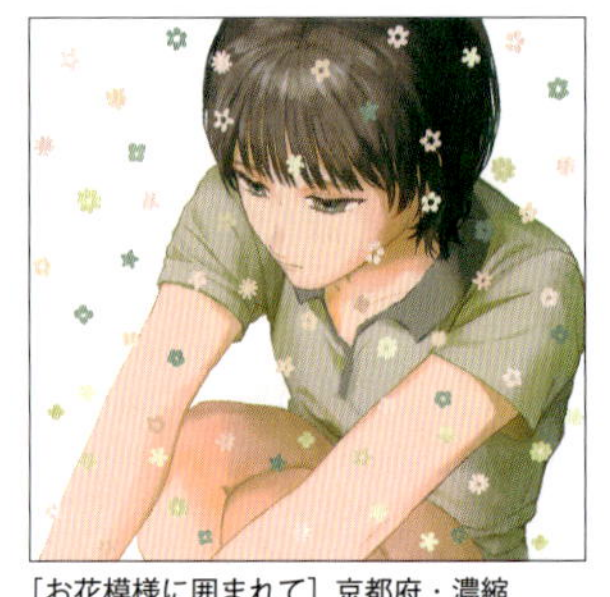

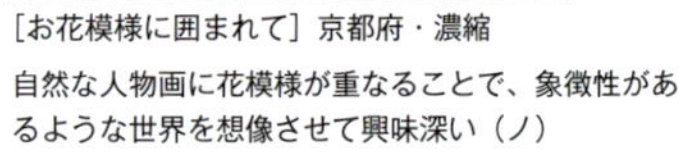

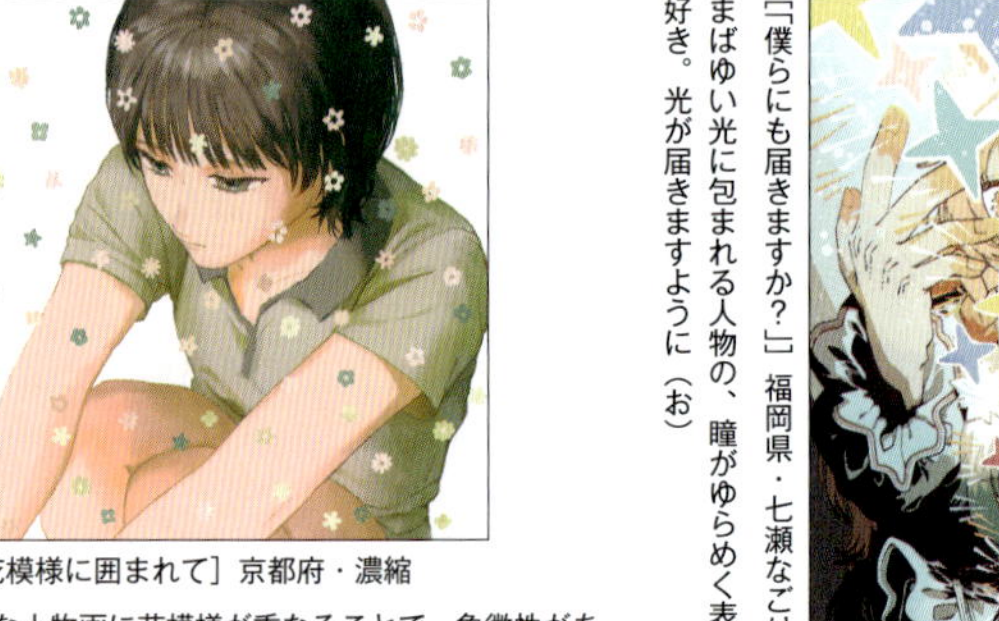

［お花模様に囲まれて］京都府・濃縮
自然な人物画に花模様が重なることで、象徴性があるような世界を想像させて興味深い（ノ）

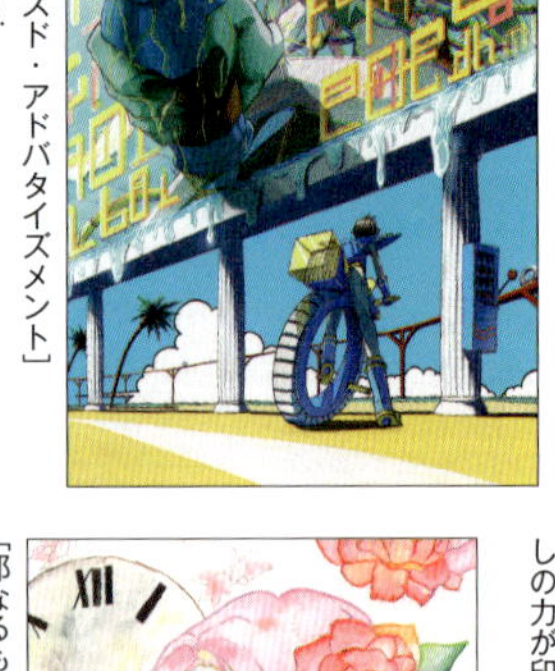

［パーソナライズド・アドバタイズメント］東京都・H2Osui
前に飛び出すドリンクや文字が大きなインパクト。色面のグラフィカルな塗りも良い（ノ）

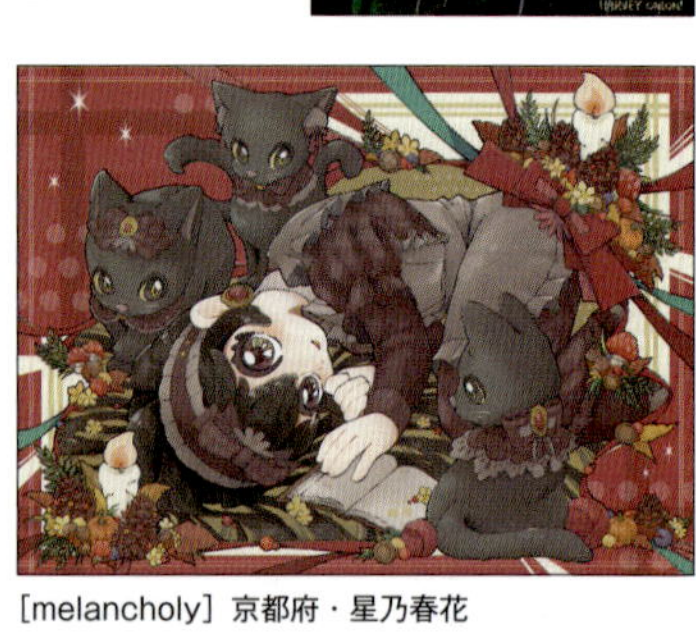

［melancholy］京都府・星乃春花
秋の終わりに物思いに耽る少女。女の子と猫ちゃん達がお揃いのお洋服を着ているのが◎（夢）

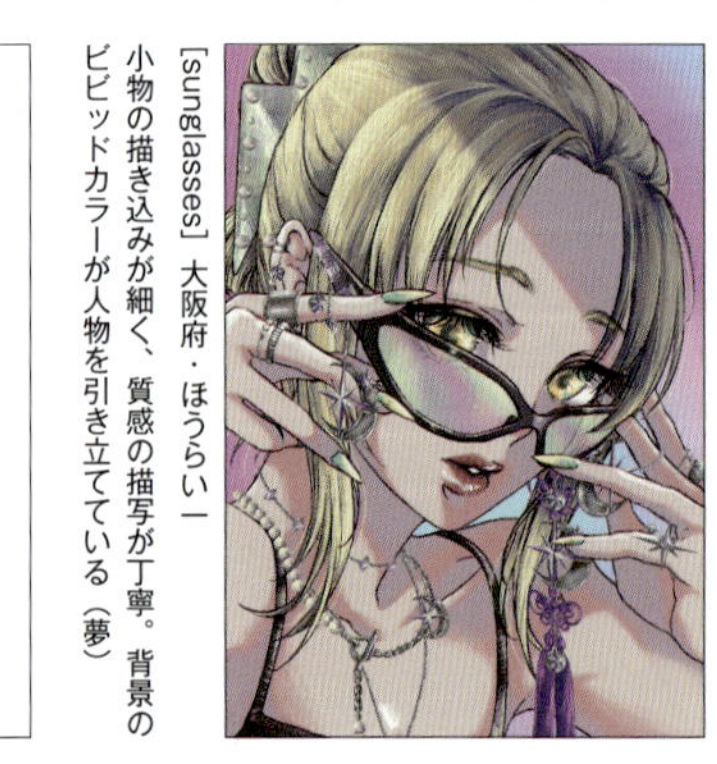

［sunglasses］大阪府・ほうらいー
小物の描き込みが細かく、質感の描写が丁寧。背景のビビッドカラーが人物を引き立てている（夢）

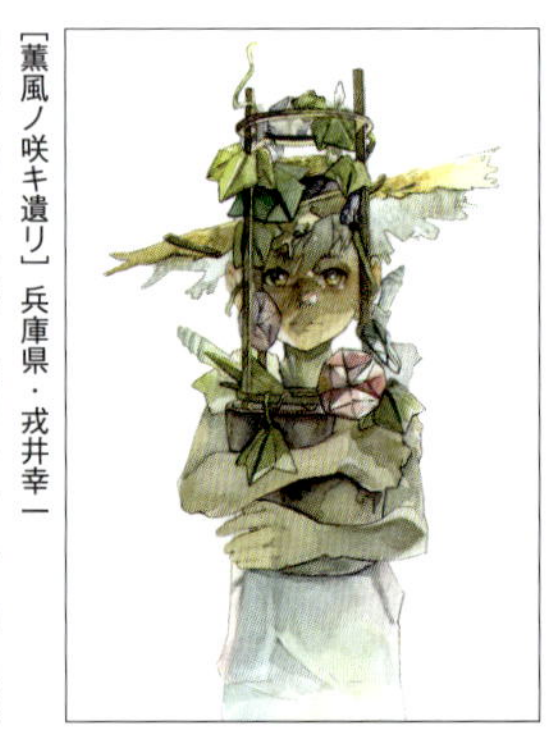

［薫風ノ咲キ遺リ］兵庫県・戎井幸一
朝顔が人物の前に重なる構図と、そこから覗く眼差しの力が印象深い。塗りも素敵（ノ）

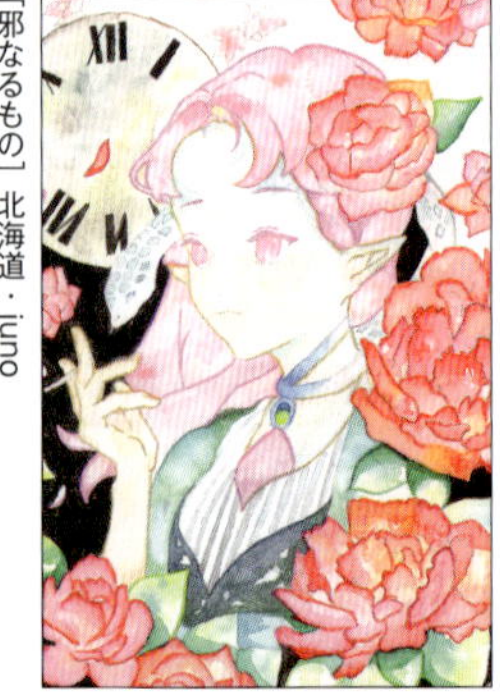

［邪なるもの］北海道・juno
蛇を手なづける可愛らしい乙女。時計を背に、花々に囲まれる姿はとても神秘的です（ア）

［Girls duo unit＜SOUTH FOREST＞new album『幸の龍は南の森に居る』］大阪府・中島みなみ
細やかでありながらポップな柄が可愛い。どんな曲が収録されているか聴いてみたい！（し）

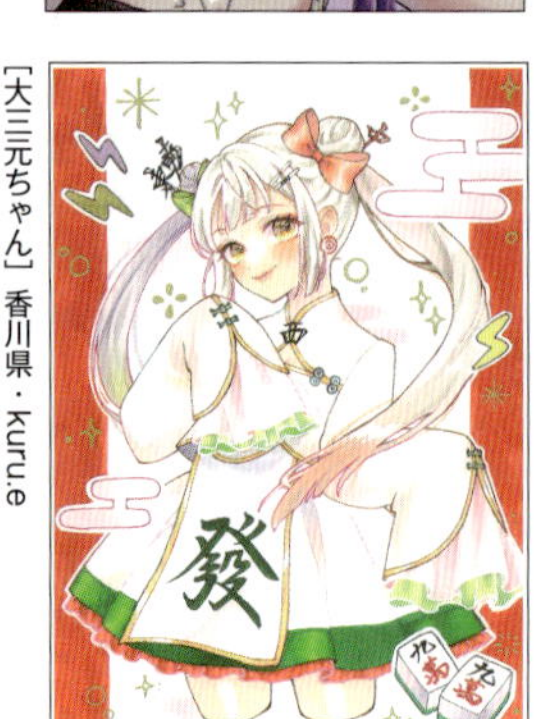

［大三元ちゃん］香川県・kurue
麻雀の大三元の擬人化。麻雀牌がところどころに散りばめられていて、見る人の遊び心がくすぐられる（夢）

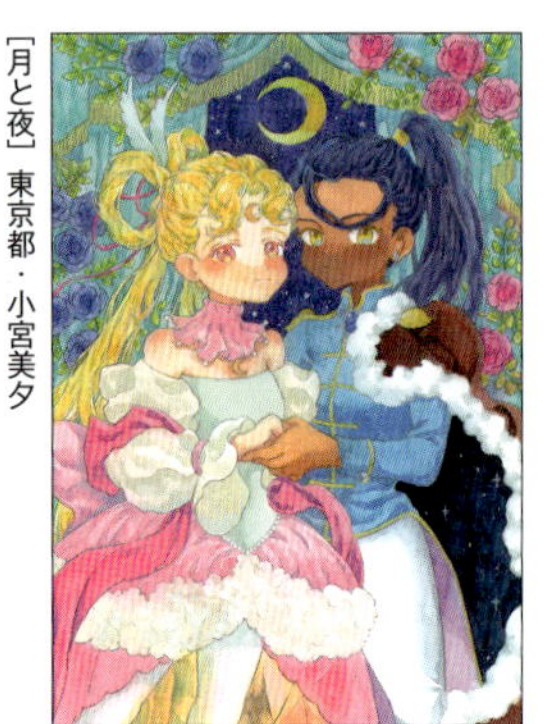

［月と夜］東京都・小宮美夕
手を優しく取り合い、幻想的な夜が幕を開けている。二人の少女たちはどんな関係性なのだろうか（お）

［不透明］宮城県・ほおずき結彩
キャラクターの表情や衣装は対比的で、それぞれの魅力を強く放っている（海）

[Hello! イエローふわもこ世界] 福島県・109vir
ふわもこでイエローなゆめかわ世界にトリップ♡ケモ耳が生えた宇宙飛行士も可愛い！（お）

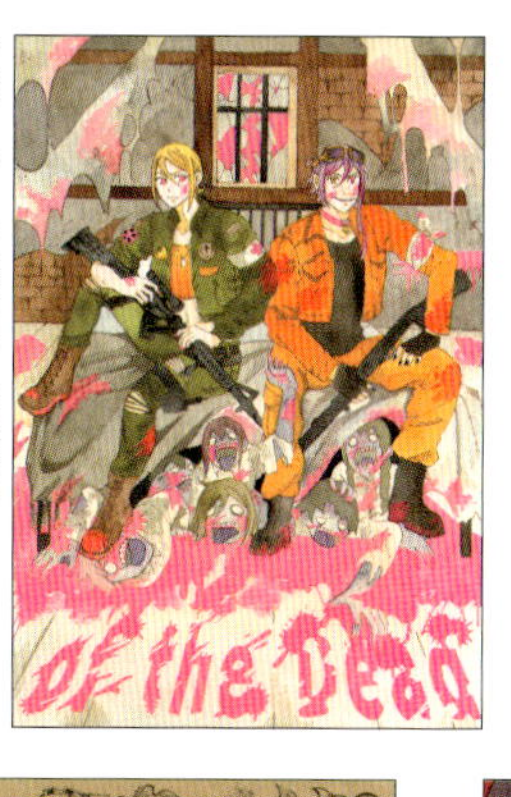
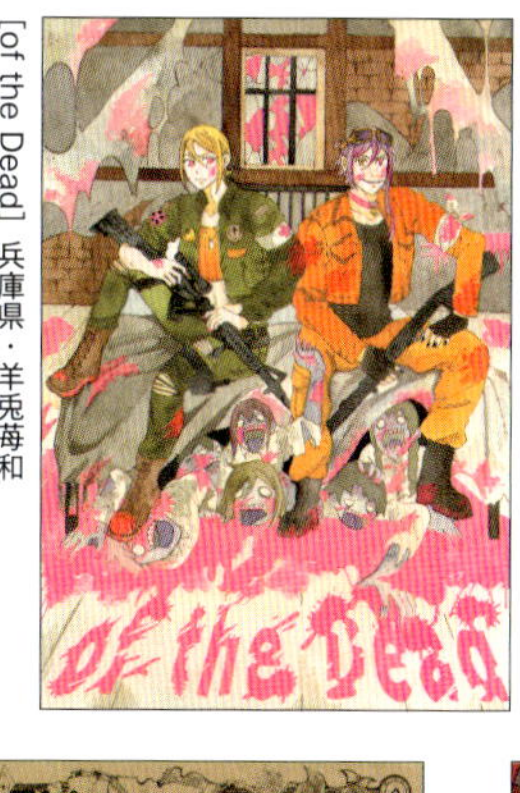

[of the Dead] 兵庫県・羊兎苺和
ホラーな場面がビビッドな色づかいとデフォルメでポップにまとめあげられている（し）

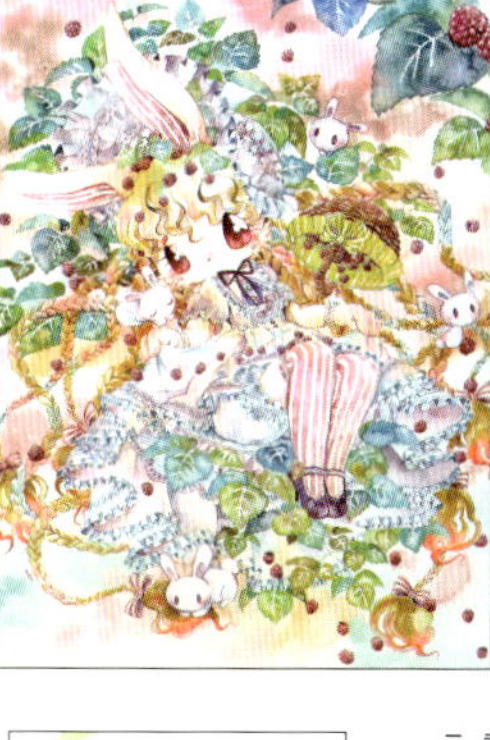

[木苺つみの少女] 埼玉県・AtAt
水彩で描かれたメルヘンな世界。フリルや三つ編みの描写が丁寧で細部まで惹き込まれます（夢）

[おねむな白猫] 茨城県・タラコ
夜空と同じ瞳の色をした白猫ちゃんがとても可愛らしいです。今日はどんな夢を見るのだろうか（夢）

[吐息] 神奈川県・餃子サイダー。
アクリル絵具による深みのある色づかいが良い。吐息の形も抽象性があって面白い（ノ）

[Happy Birthday] 千葉県・kohakuko
誕生日を祝ってくれるクールな執事たち。蝶やアンティークなモチーフづかいがオシャレ（し）

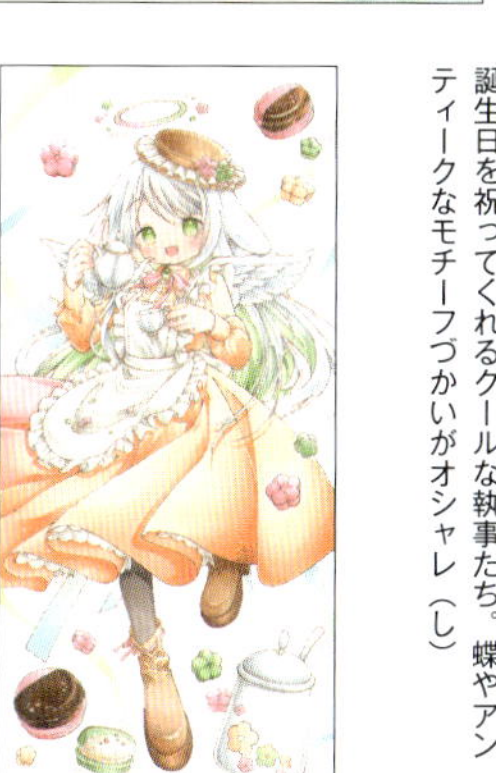

[花香るシュガーポット] 大阪府・ねこの庵
髪やスカートがふわっとなびき、キャラの愛らしさが増している。甘くやさしい香りがしそう（夢）

[The Underworld King] 北海道・Arro
シックな青で静かな雰囲気でありながら、細かく施された豪華な装飾から威厳を感じさせる（し）

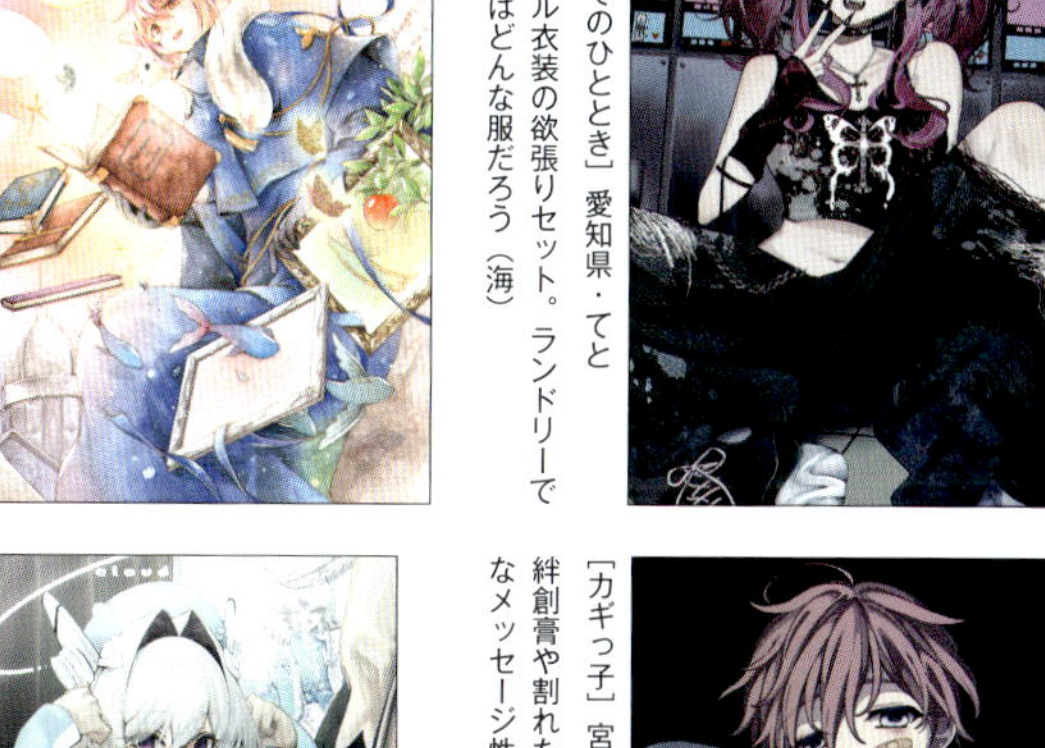

[ランドリーでのひととき] 愛知県・てと
猫耳とサブカル衣装の欲張りセット。ランドリーで洗っているのはどんな服だろう（海）

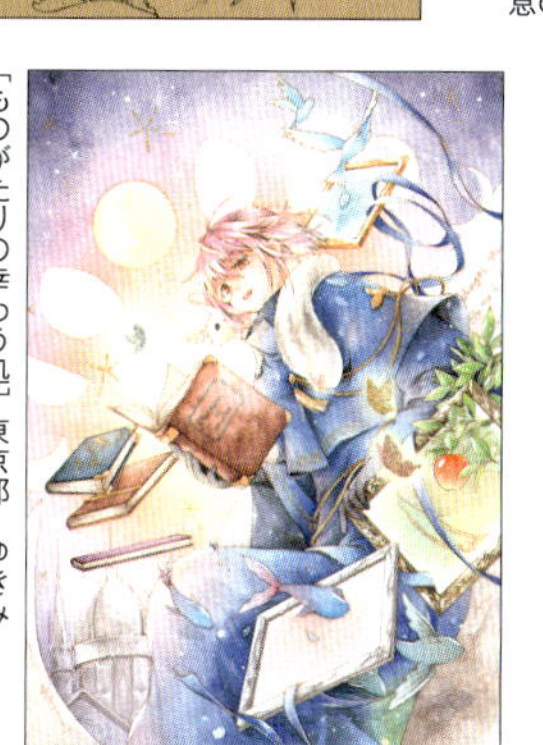
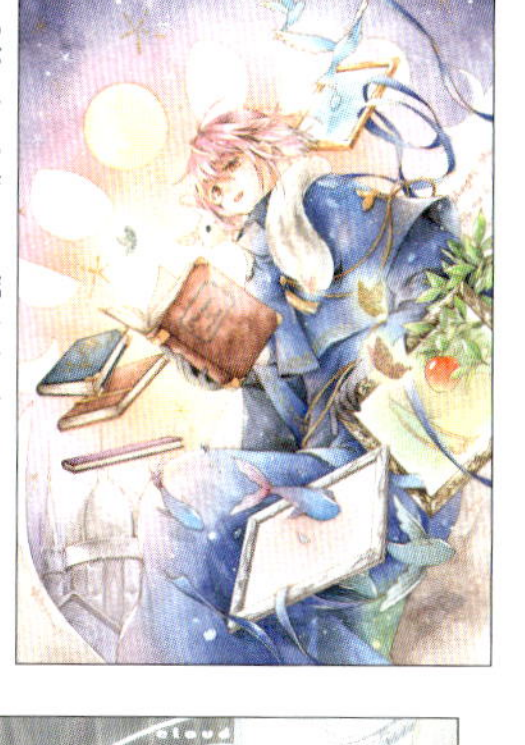

[ものがたりの幸わう処] 東京都・ゆきみ
月の満ち欠けや本の浮遊感が幻想的な構図で、素敵な旅が待っていそう。想像が膨らむ作品。（し）

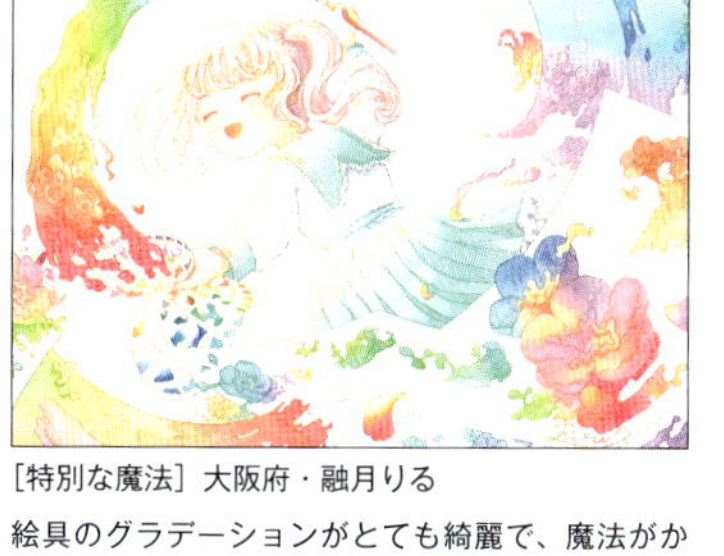

[特別な魔法] 大阪府・融月りる
絵具のグラデーションがとても綺麗で、魔法がかかったよう。見ていて心が躍ります（夢）

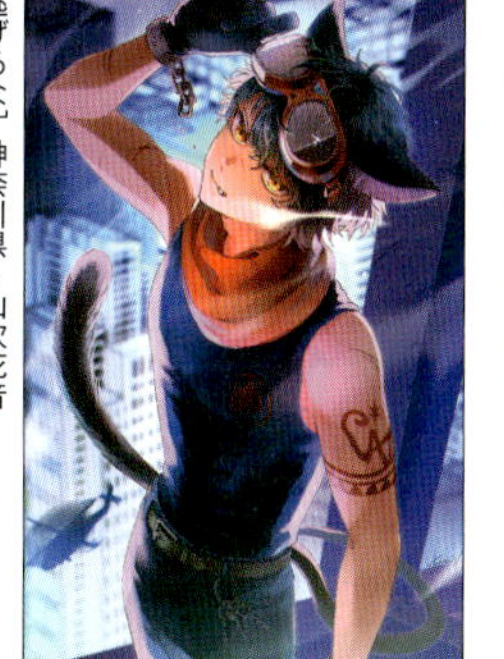

[逃げるな] 神奈川県・山吹花音
食いしばった歯と鋭い眼光に猫の本能を感じします。ドラマチックな背景もクールです！（し）

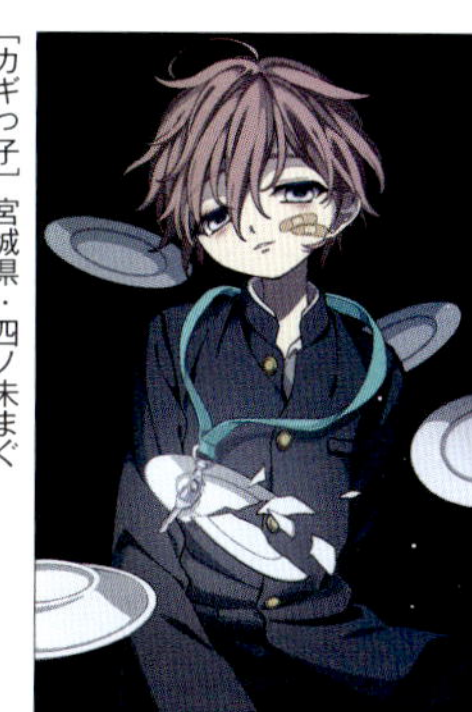

[カギっ子] 宮城県・四ノ末まぐ
絆創膏や割れた皿、気怠げな人物の表情が、ダークなメッセージ性を孕んでいる（海）

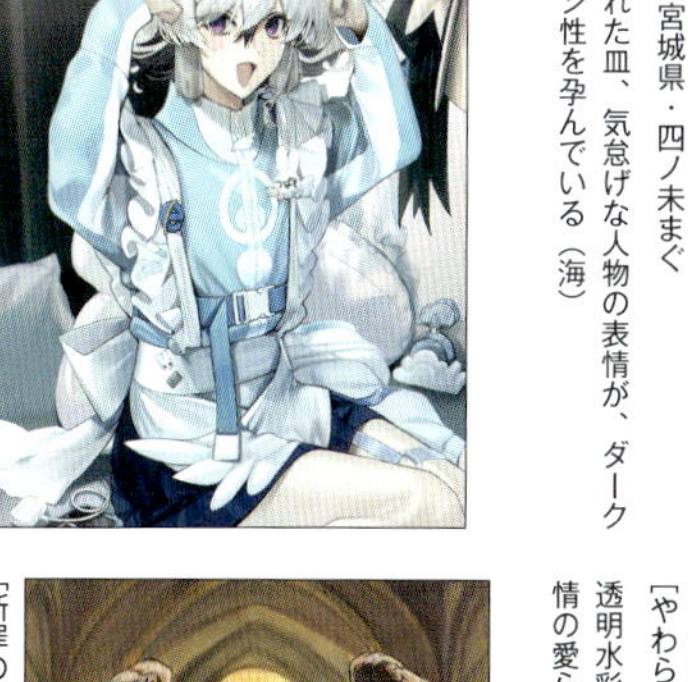

[CLOUD] 神奈川県・CL
水色の天使界隈の衣装だけでなく、それに合わせた奥の香水も可愛くて欲しくなる（海）

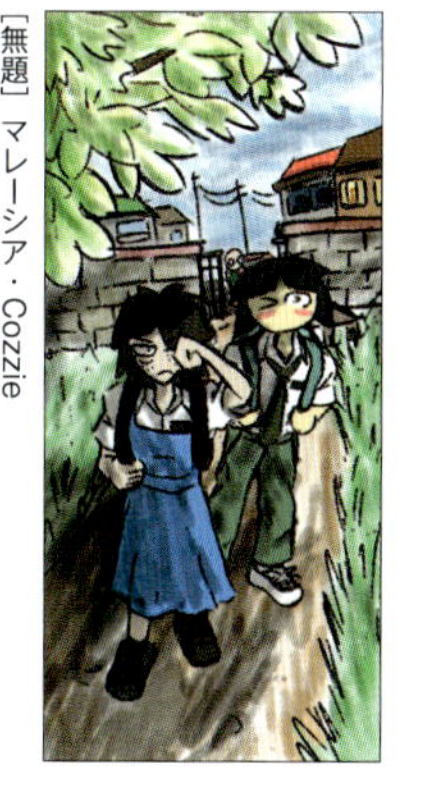

[無題] マレーシア・Cozzie
性格が対照的な二人。登下校の途中かな？　どこか懐かしさを感じる風景です（ア）

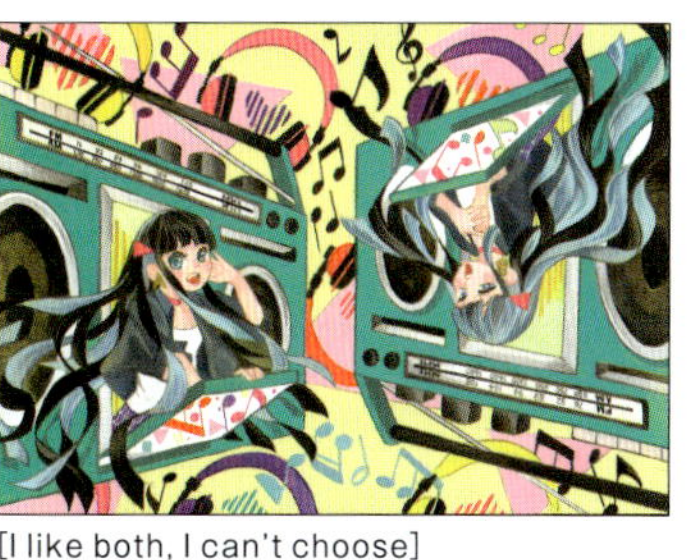

[I like both, I can't choose]
埼玉県・新倉なつな・40歳
A面B面で表情が変わるアイデアが素晴らしいです。テープの髪もヒラヒラでキュート！（し）

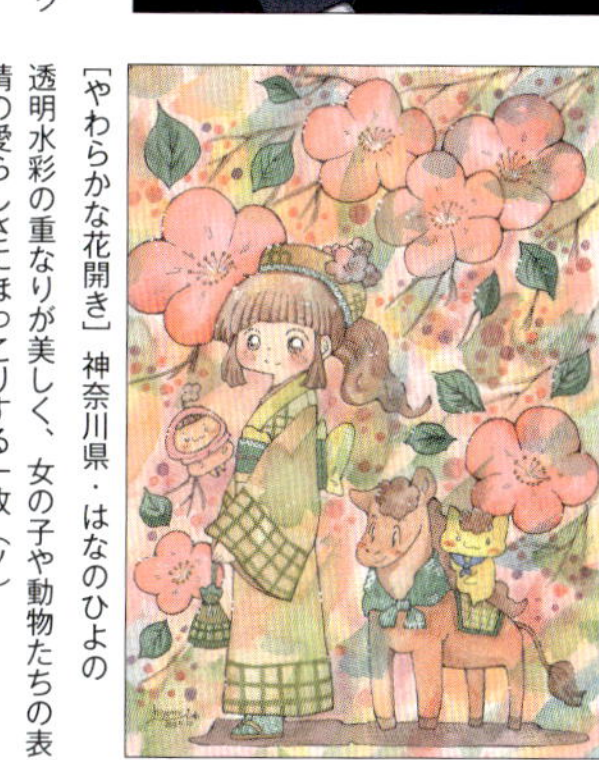

[やわらかな花開き] 神奈川県・はなのひよの
透明水彩の重なりが美しく、女の子や動物たちの表情の愛らしさにほっこりする一枚（ノ）

[断罪の羽音] 神奈川県・せきど亘
終わりの儀式を司る天使。一般的な耽美なイメージとは裏腹に力強く雄々しい雰囲気がカッコいい（し）

[ハーバリウムと魔女] 愛知県・ちまき
魔女さんのあたたかな雰囲気にほっこり。ハーバリウムの描写も緻密で素敵です（お）

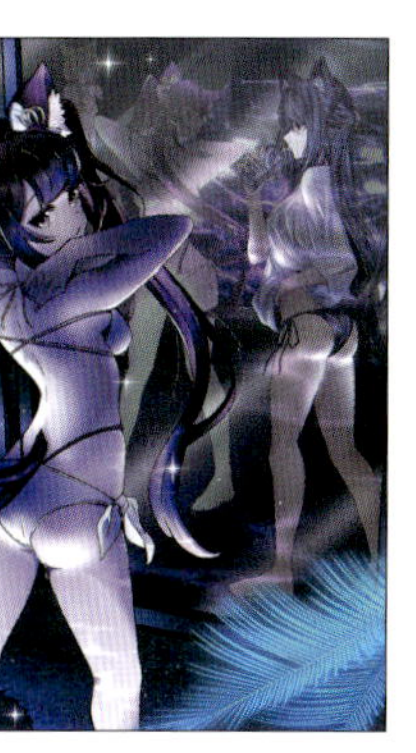

[キャッツナイトプール] 新潟県・四季景織・23歳
光が浮かび上がる艶やかな身体に目を奪われます♡窓に反射した姿とガラス越しの描き分けが巧み（ア）

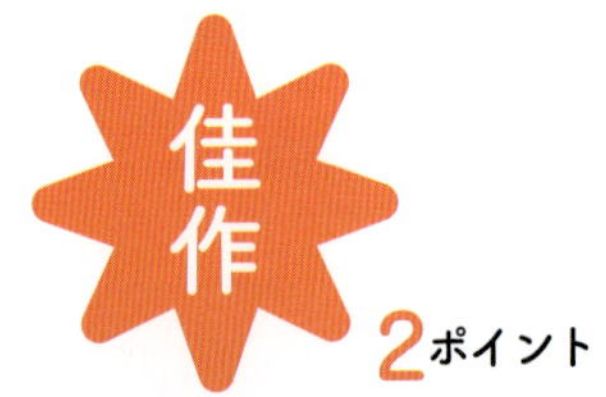

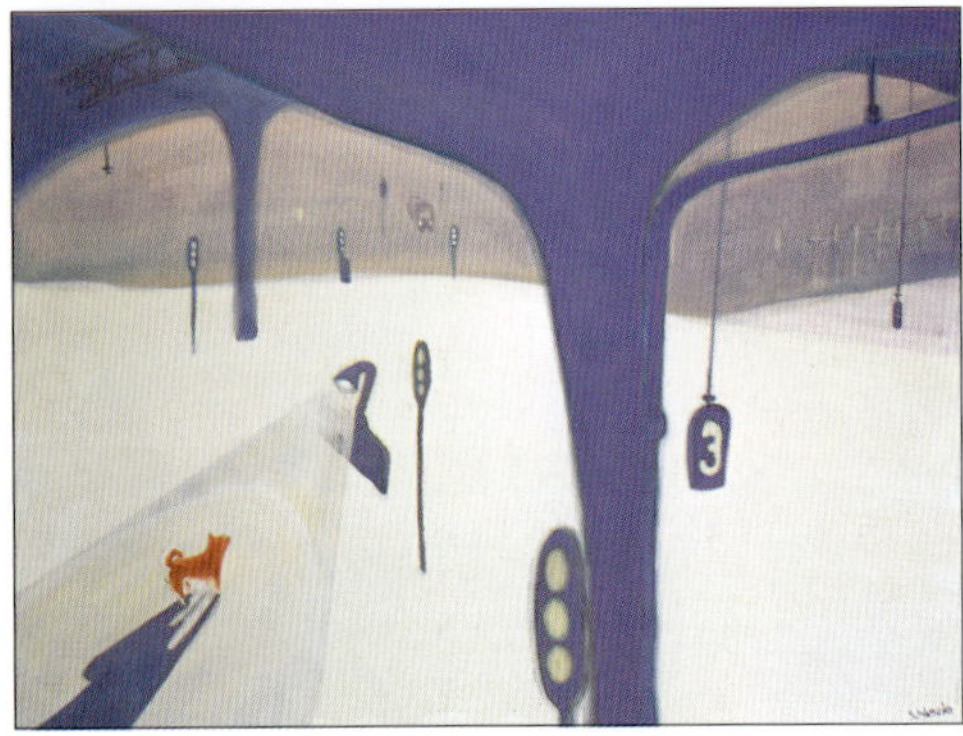

[雪の日のさんぽ 大きな駅] 埼玉県・柴トラ夏子

夢のようなしんとした世界で、独り佇む犬の背中は寂しげ。寒色の背景に映える犬の鮮やかなオレンジに惹き込まれる（海）

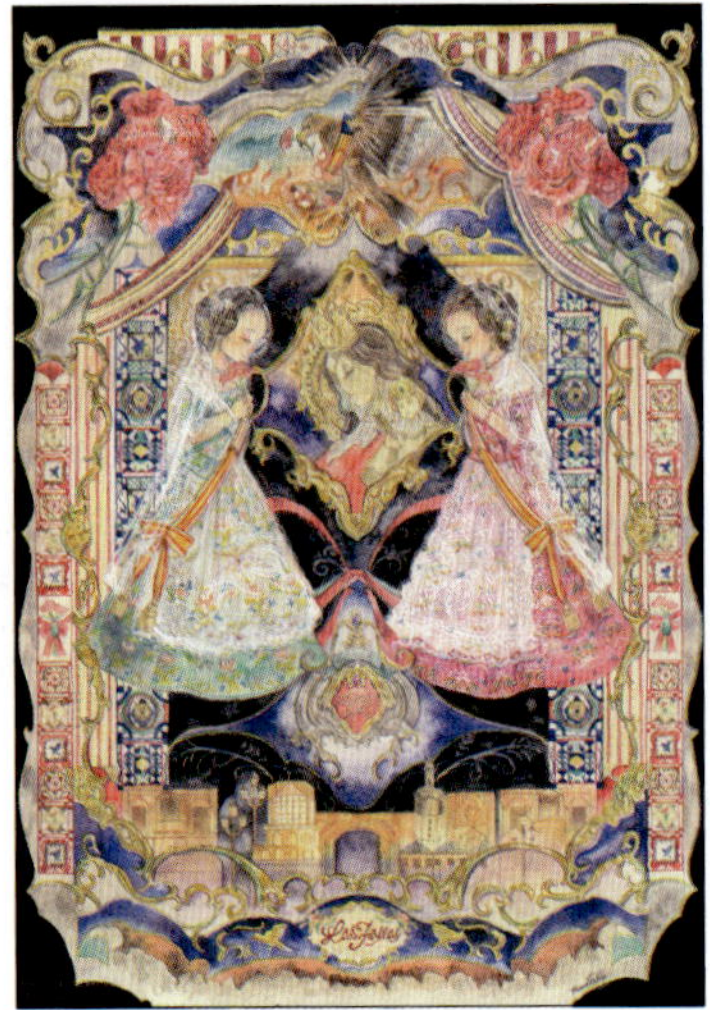

[春よ来い] 大阪府・茉莉花もも

バレンシア地方の火祭りをテーマにした作品。民族衣装に加え、同地方のタイルのように美しい装飾が光る（ノ）

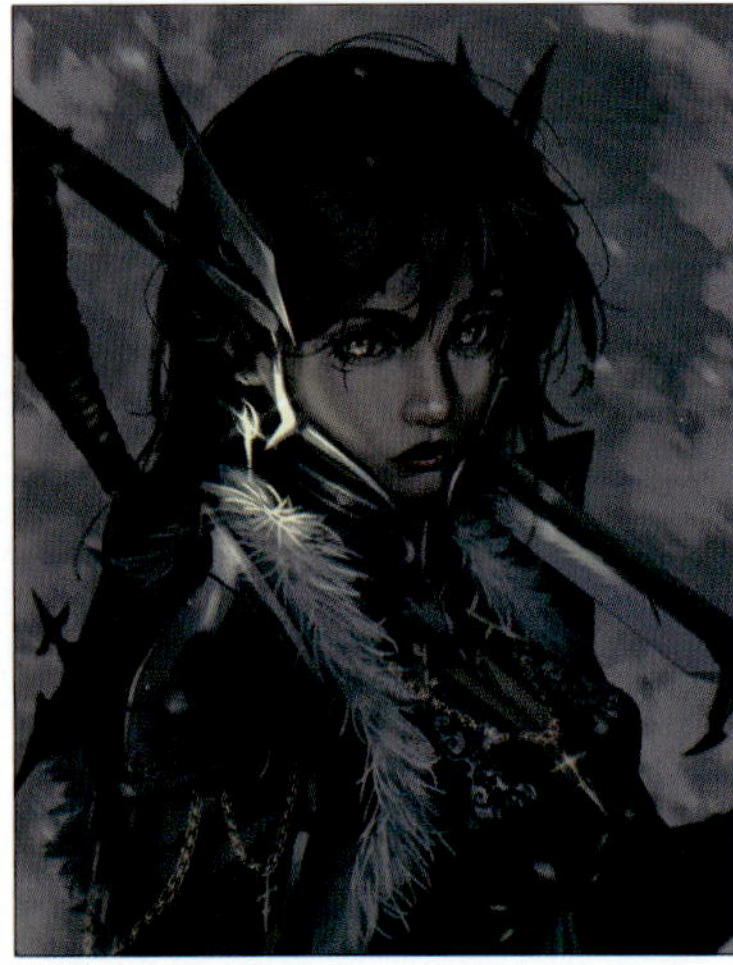

[無題] アメリカ・Tabi

戦時中の重圧を感じる画面の中、光る耳飾りと金の瞳が希望の光のよう。美しくも勇ましい姿に惹かれます（し）

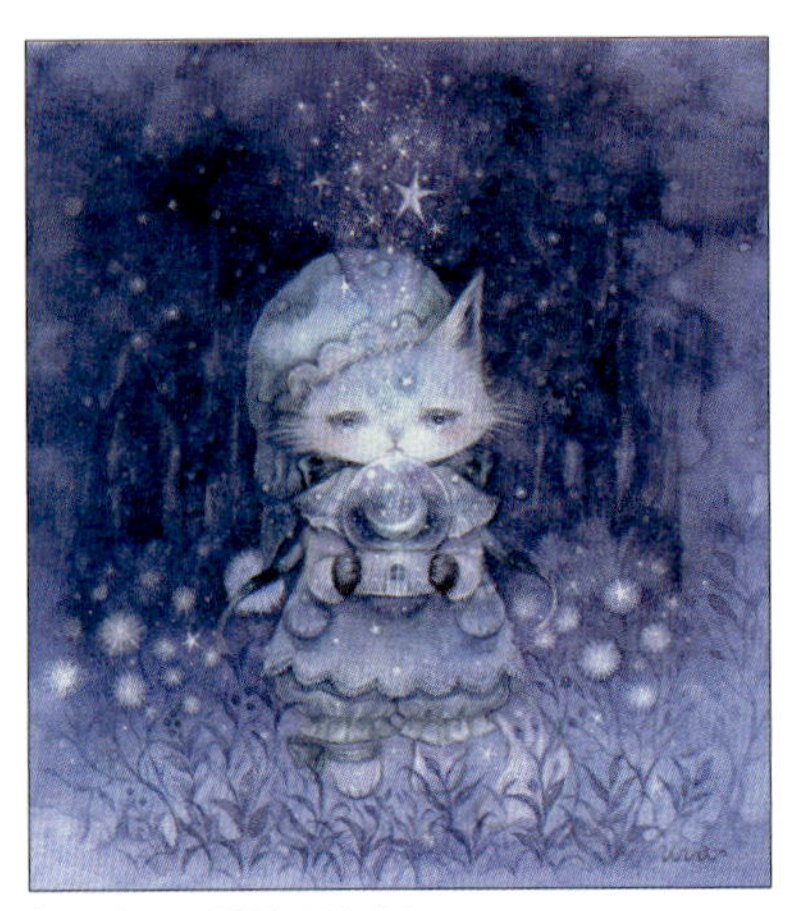

[きみだけの月]埼玉県·うら

深い青と絵本のようなタッチが幻想的で美しい。とろんとした猫の表情を見ていると心がほっこりしてくる（海）

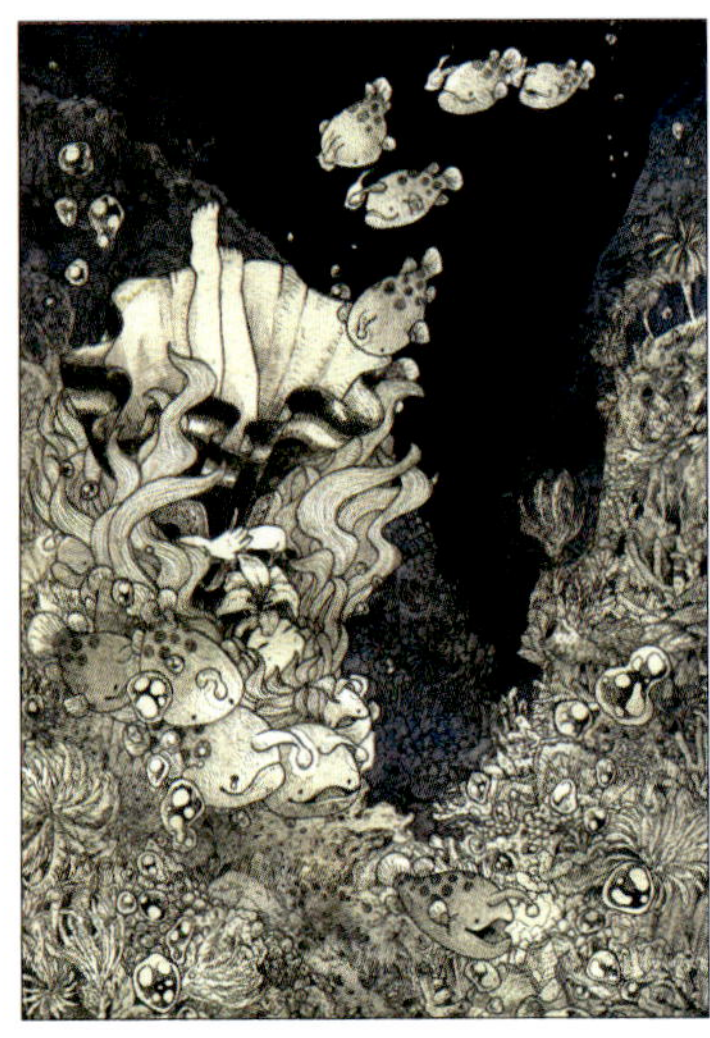

[深回想] 栃木県・まうら

深海を思わせる神秘的な世界観と細やかな線の描き込みが見事。チョウチンアンコウの群れも可愛らしい（海）

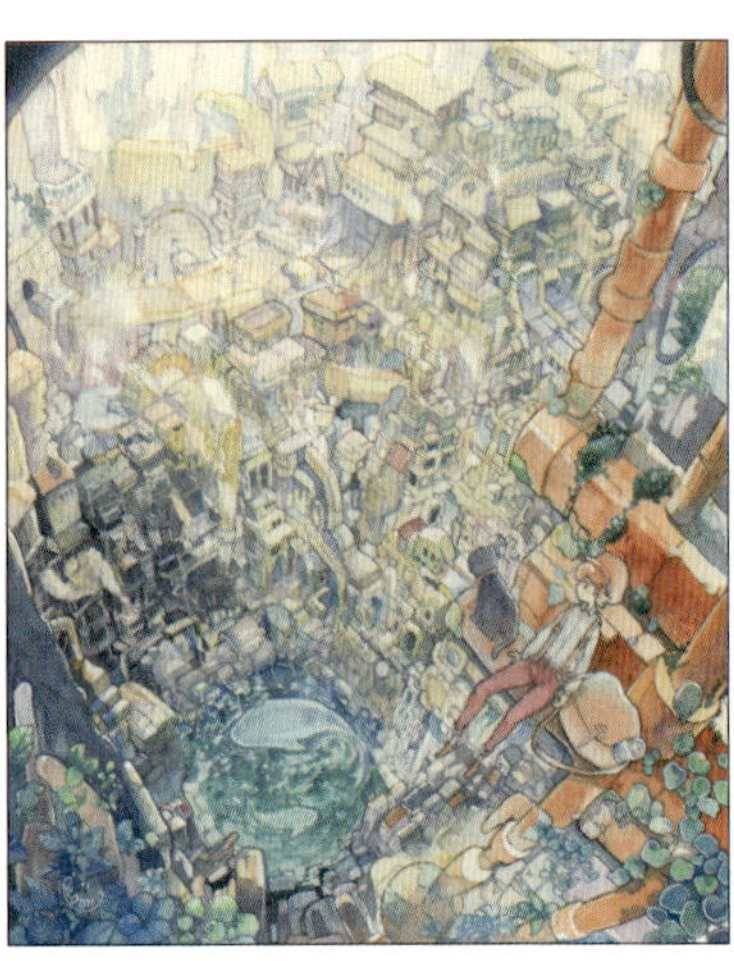

[晩ご飯見つけたニャ] 大阪府・econoco

じっと絵を見つめていると、自分が底に落ちてしまいそうな吸引力が凄まじい。不思議な世界を幾度なく旅してきたのだろう、少年と猫の物語も想像させられる（お）

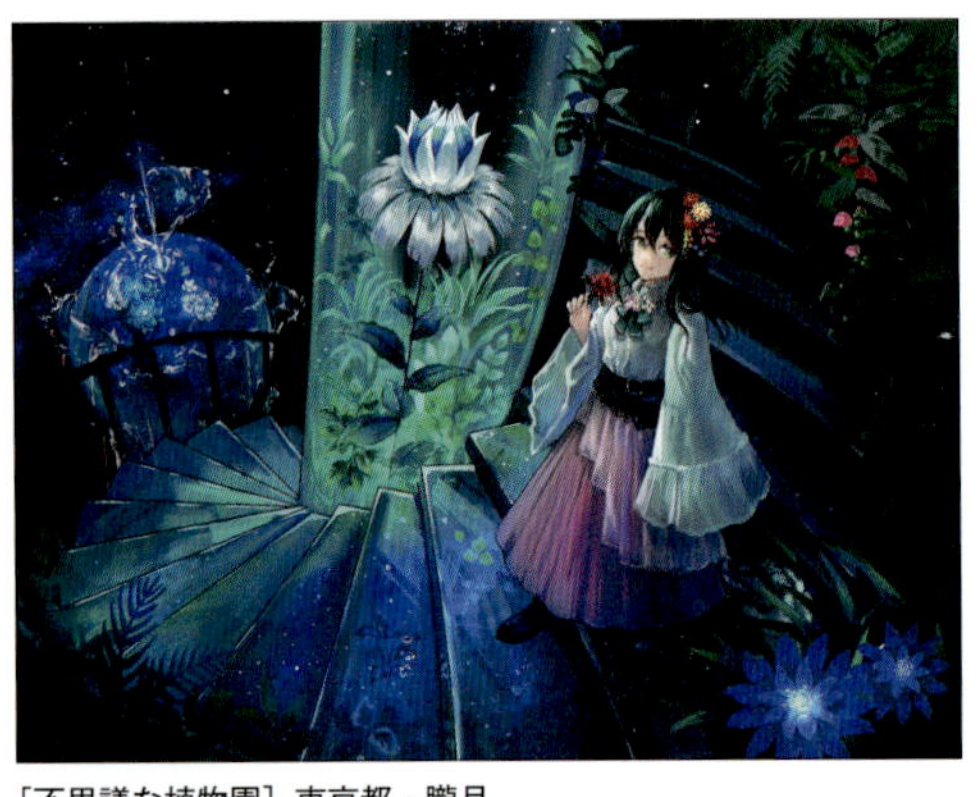

[不思議な植物園] 東京都・朧月

夜空に浮かび、透けた階段や柱の中に植物が美しい不思議な世界。深い青とまばゆい緑の色合いも見事（ノ）

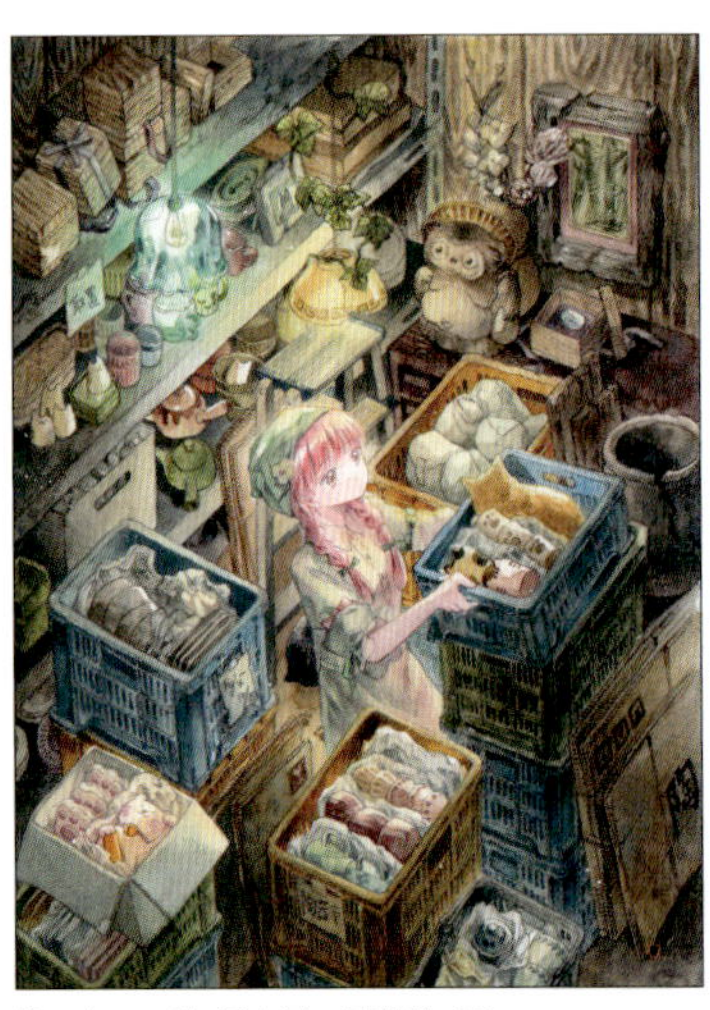

[backyard] 栃木県・言花めぐみ

たくさんの猫グッズを目で追うのが楽しい。狸の側には高そうな箱も…！ どれも可愛くて欲しくなっちゃいます(し)

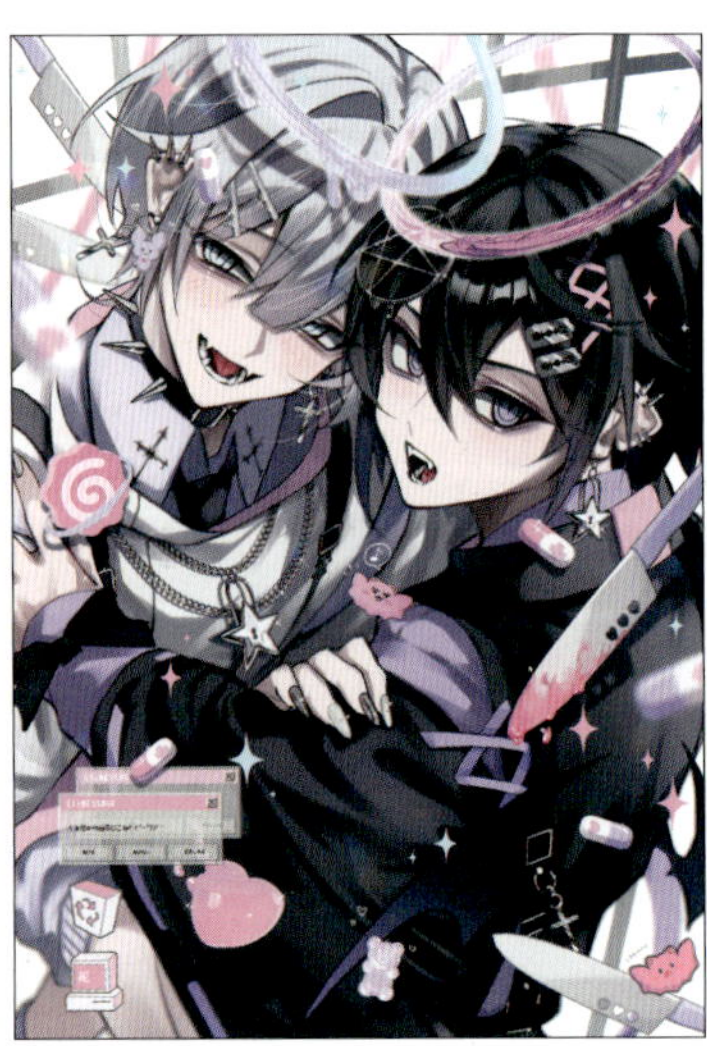

[愛憎] 京都府・上ノ句

和服とサブカルファッションの組み合わせに心惹かれる。所々に描かれたピンクのコウモリもキュート（海）

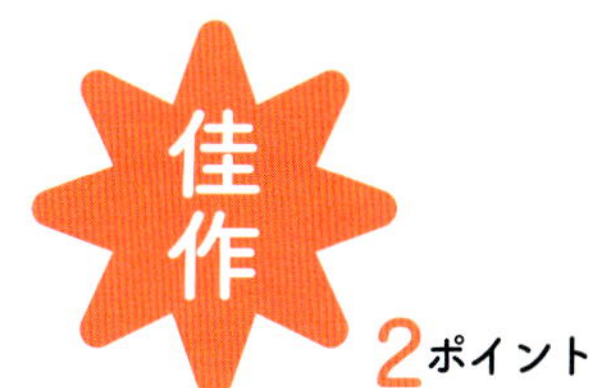

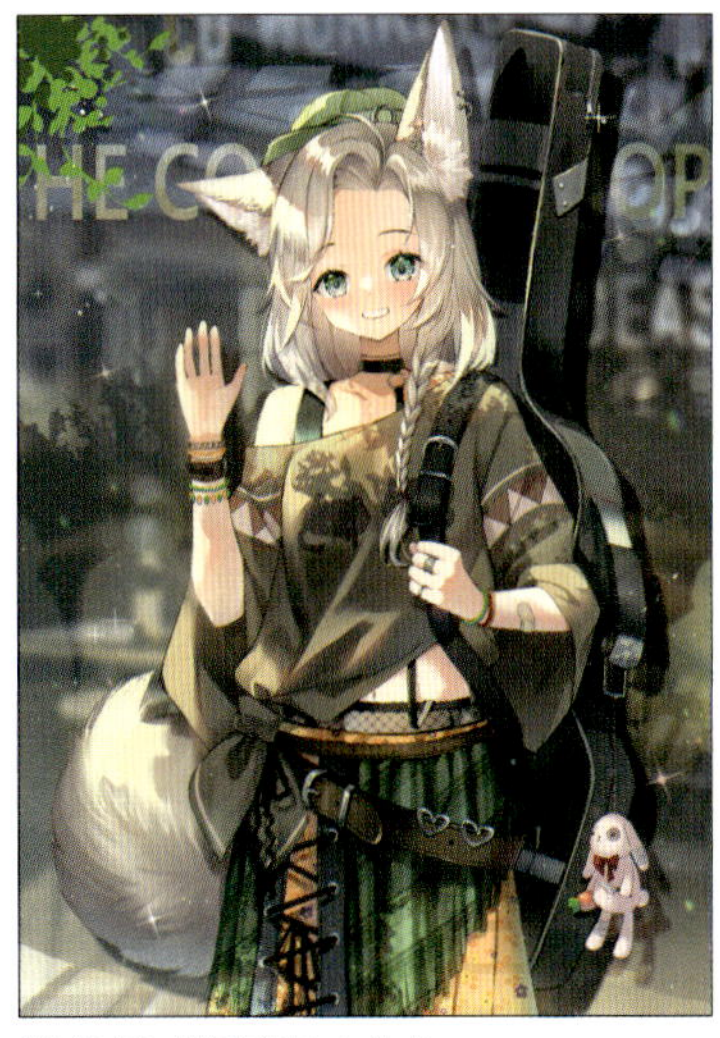

[まちあわせ]広島県·とうか

ファッションにこだわりを持った女の子が描かれた作品。背景と人物に当たるライティングも美しく、作品をドラマティックに仕上げている（夢）

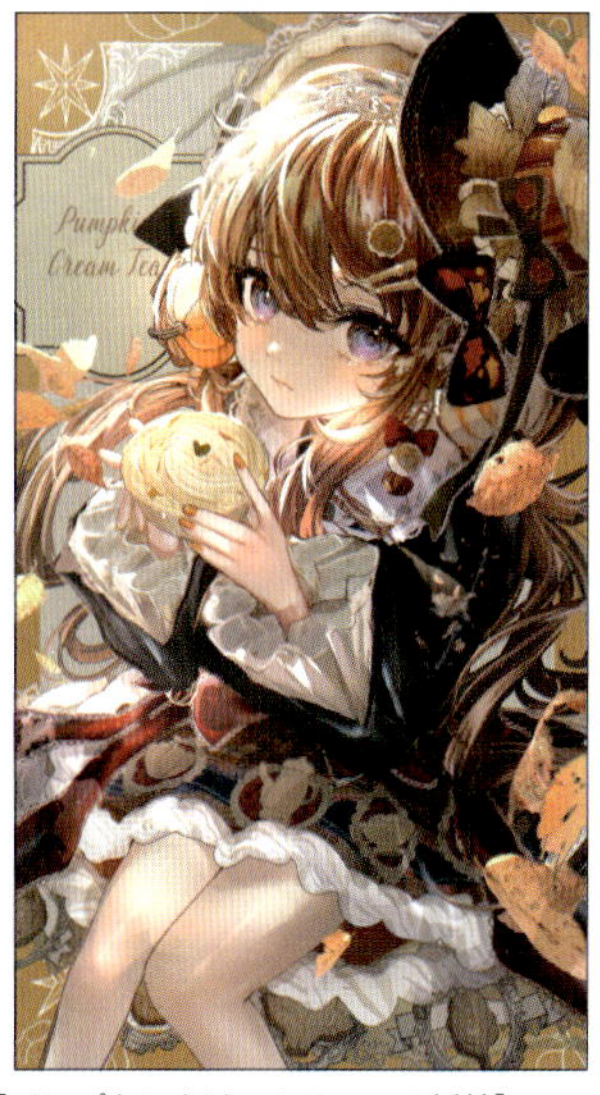

[パンプキンクリームティーの妖精]
兵庫県・こもりひっき

こちらを見つめる可愛らしい瞳に吸い込まれそうです。秋らしい装いも素敵。紅茶から甘い香りが漂ってきそう（ア）

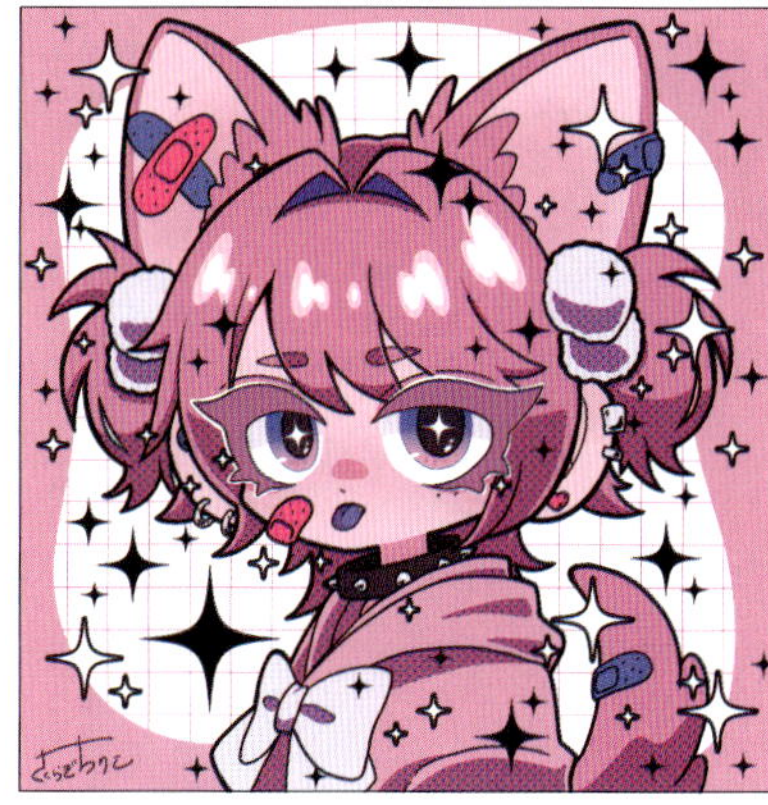

[PINK] 神奈川県・さくらぎちりこ

「べ」、と舌を出したケモ耳っ子の気だるげな表情がとても可愛い！ 様々なピンク色に青紫色がポイントで入る色づかいも効いています（お）

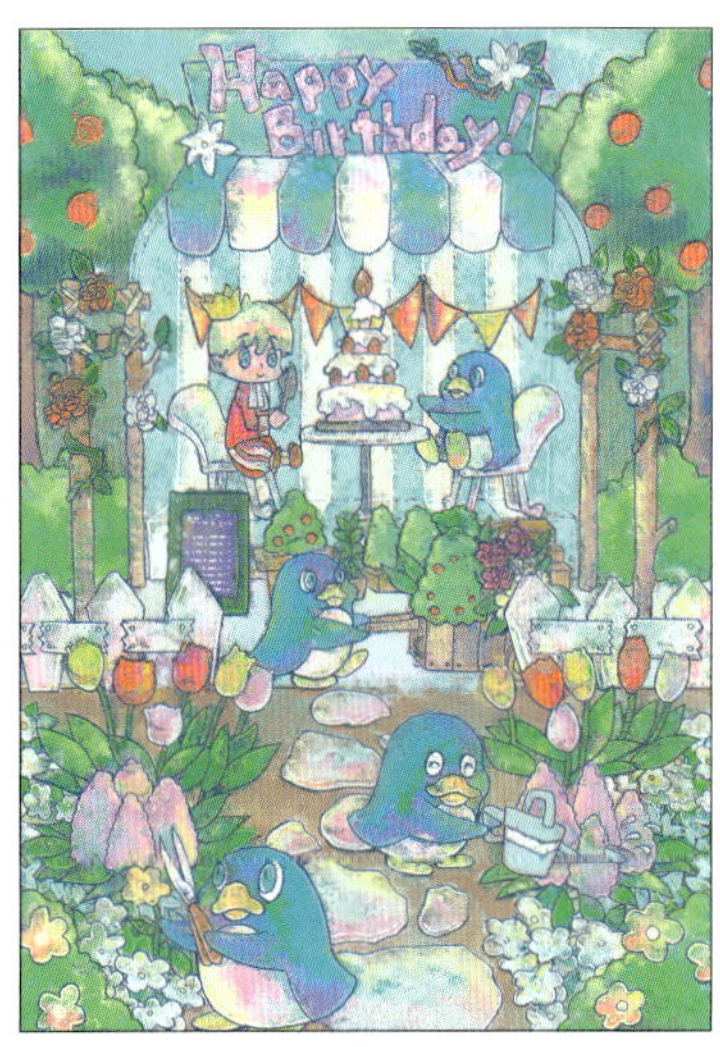

[ハッピーバースデー！] 東京都・ゼラ・ステラ

もちもちとしたフォルムのペンギンズとちいさな王子様！ 優しい彩りとザラッとしたタッチからもあたたかみが伝わってきます。ニコニコな表情に心から癒される～（お）

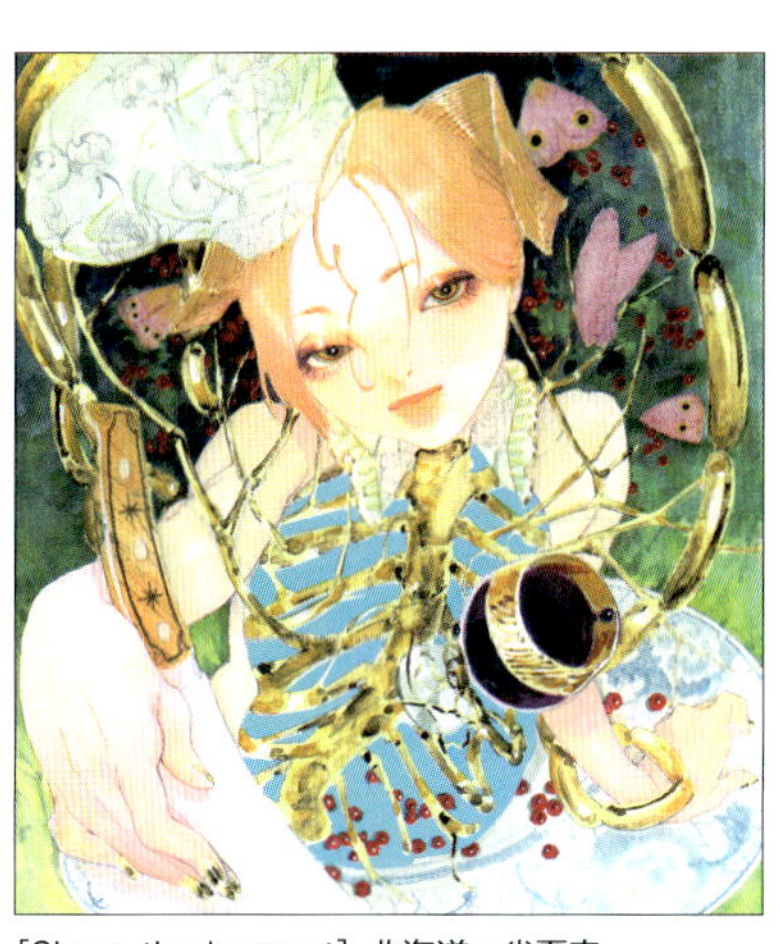

[Share the harvest] 北海道・雀夏宏

優しい眼差しが「分け与える」のイメージにぴったり。爪にまで施された黄金がリッチでどこか余裕を感じる（し）

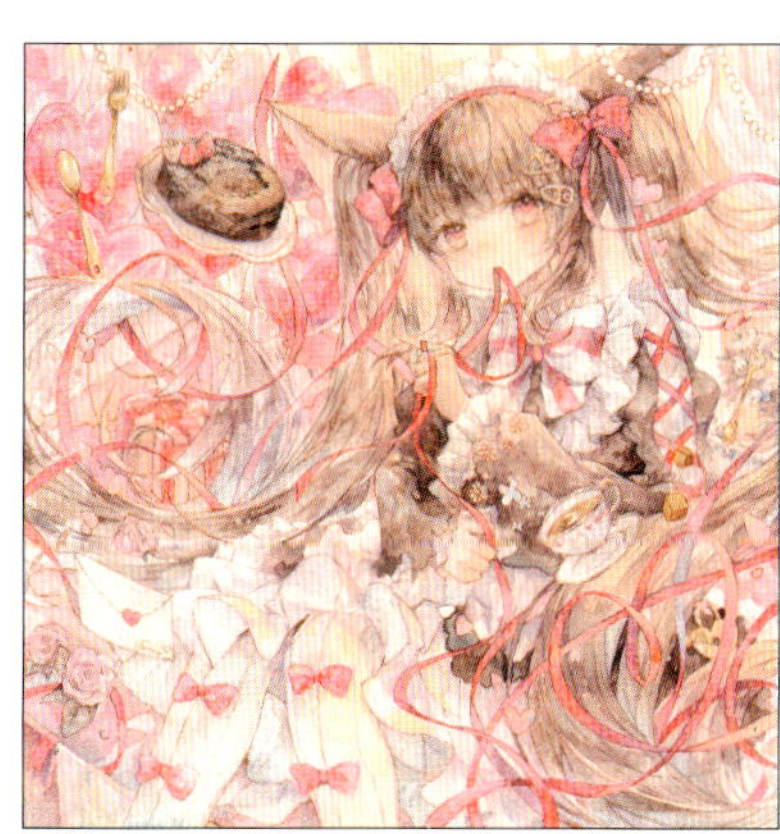

[Love for you] 北海道・とろ梅

かろやかに舞う髪や赤いリボンなど、柔らかさが伝わる繊細な表現からは巧みな描写力を感じる。全体の配色バランスも◎（ア）

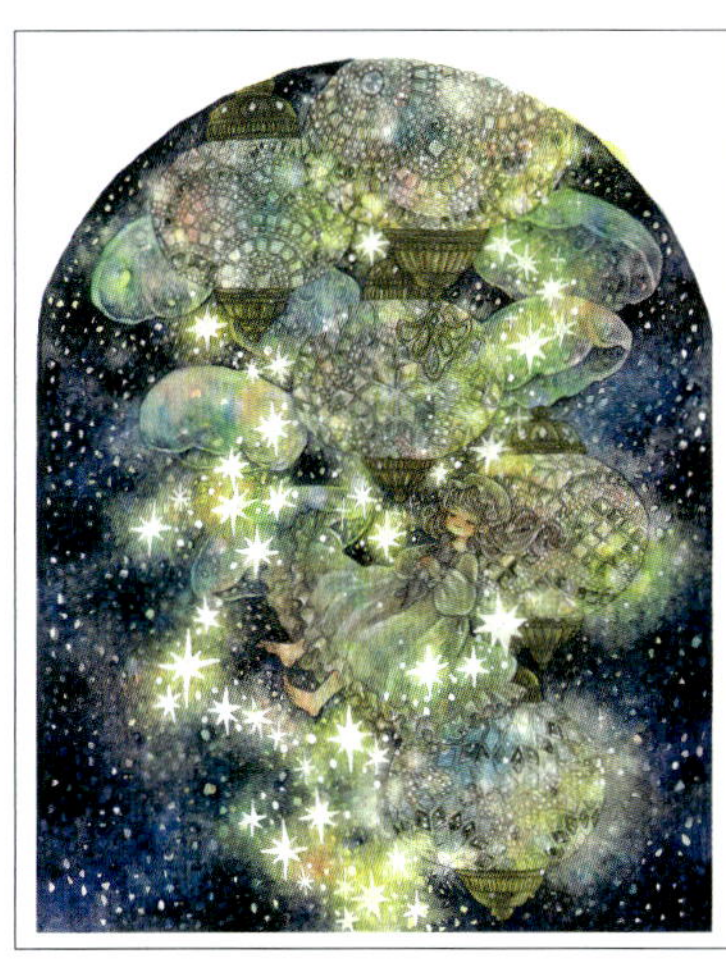

[See you in my dreams!] 栃木県・黒猫のら

水彩の柔らかなタッチとキラキラ瞬く星明かりから温もりが感じられる。この夢世界でずっとまどろんでいたい（海）

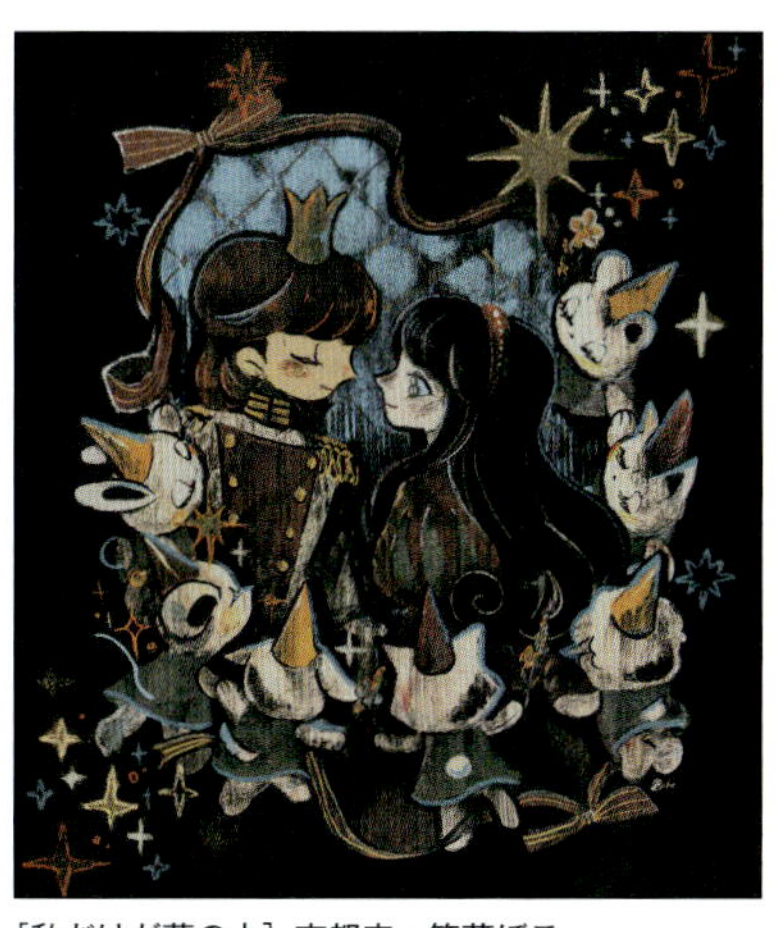

[私だけが夢の中] 京都府・笹蒲ぽこ

王子様と白雪姫を小人達とリボンで囲う構図がロマンティック！ 落ち着いた色づかいがクラシカルでステキ（ア）

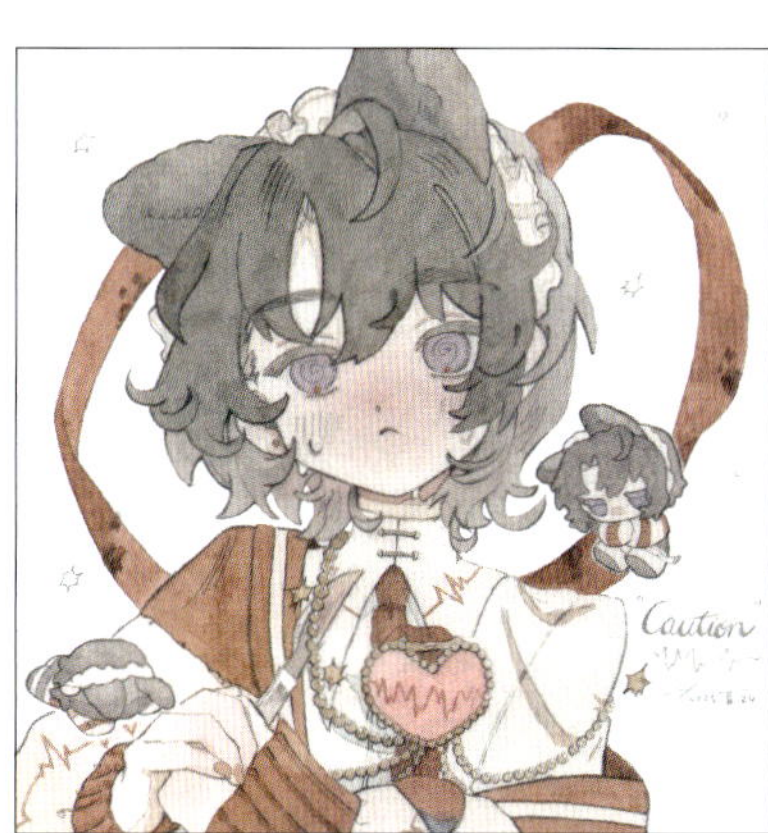

[Caution] 兵庫県・瀬戸すばる

キャラの表情と心拍数の表現が◎ かわいい×背徳感がマッチしていて、見る人にもドキドキが伝わってきます！（夢）

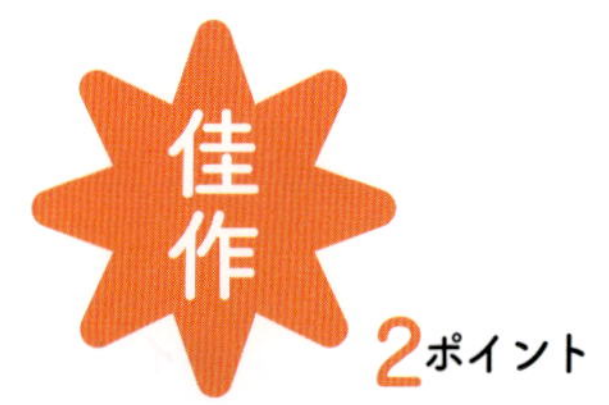

2ポイント

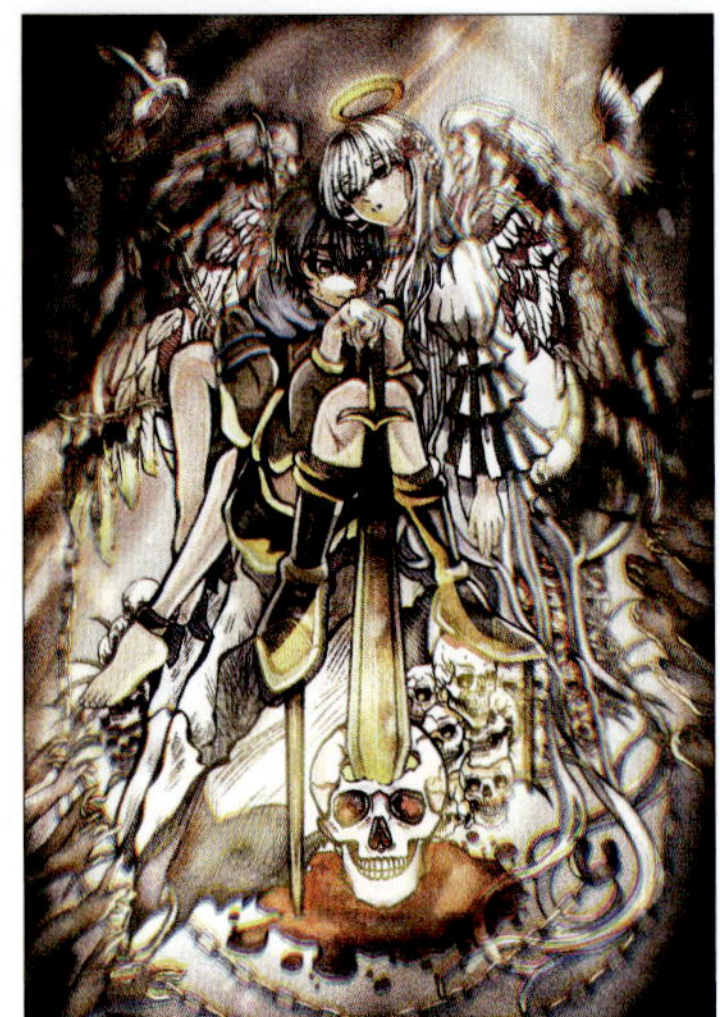

［勇者］沖縄県・ami・14歳

まっすぐ突き立てられた剣、寄り添う天使と勇者、神秘的でどこか切ないイラストに一目見て釘付けでした（し）

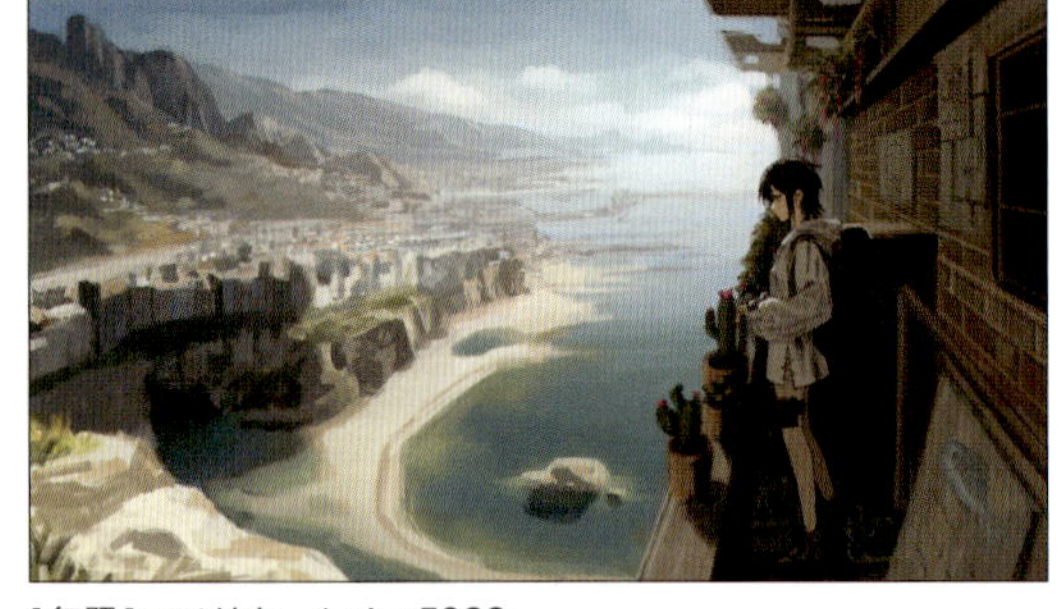

［無題］アメリカ・d_ying5022

貿易の港をのぞむオリキャラを描いた作品。遠くまで広がる海景色に佇む人物が雰囲気たっぷりで味わい深い（ノ）

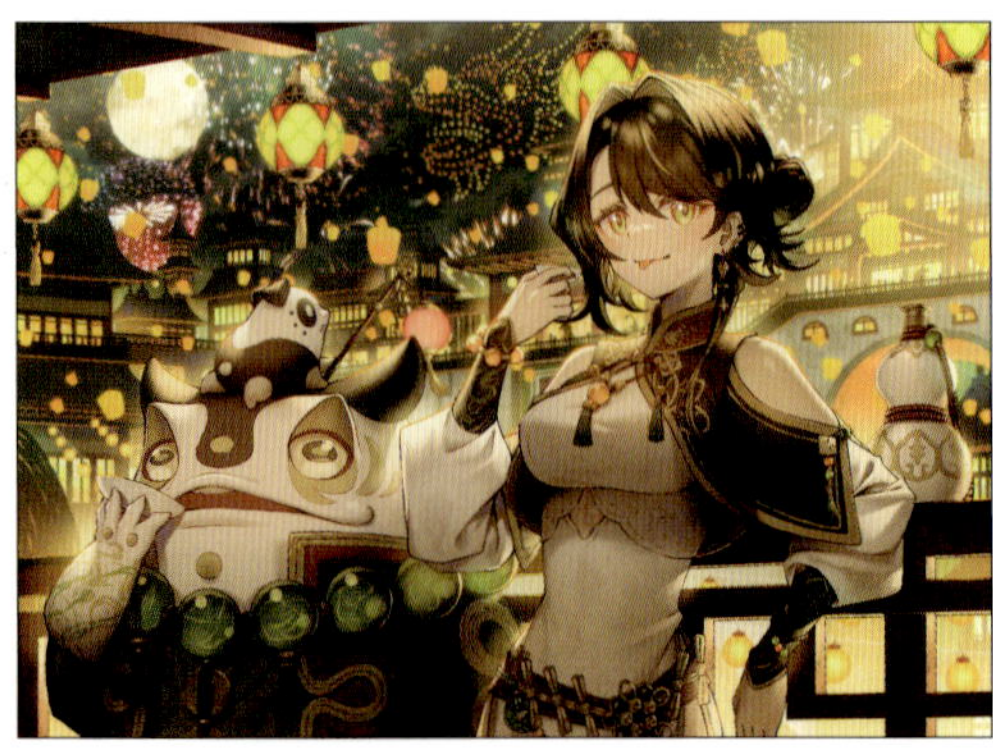

［祝いの日］広島県・syow

ランタンの光に包まれた絶景のイラスト。街中は活気に満ちており、花火の音や賑やかな声が聴こえてきそう。そんな街を背景に、盃を交わすキャラクターたちの表情からリラックスしたムードも感じる（夢）

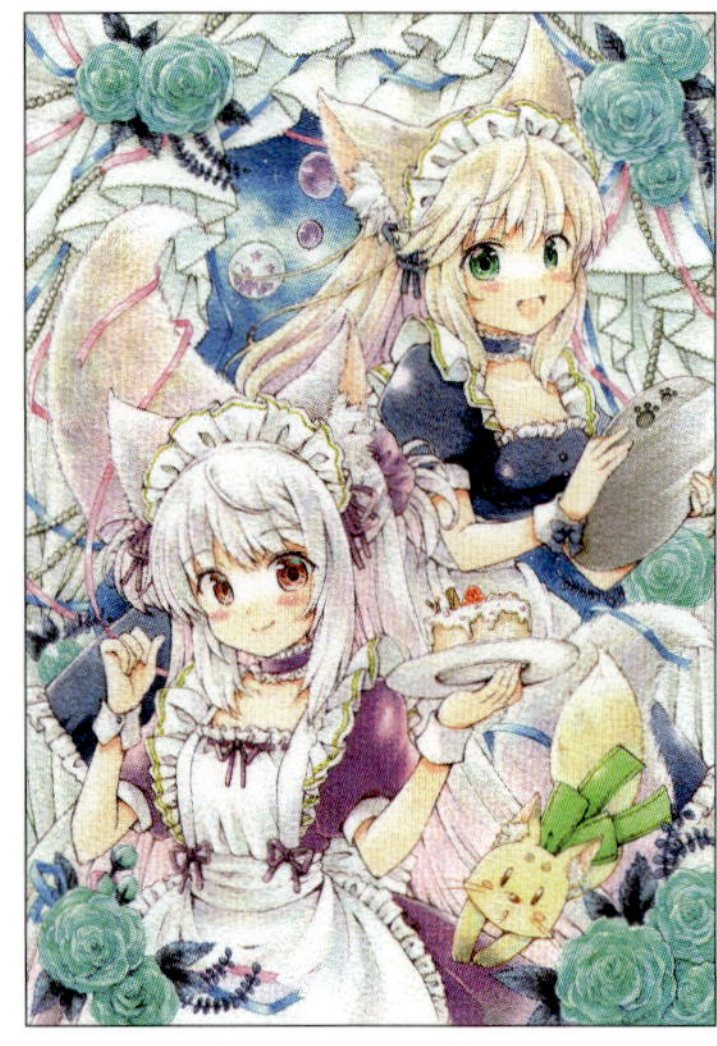

［きつねちゃんズとティータイム］
埼玉県・みなみかわ

ふわっふわなお耳と尻尾を持つキツネメイドちゃんたちが可愛すぎる～！　きゅあっと明るい表情からも賑やかな様子が伝わってきます（お）

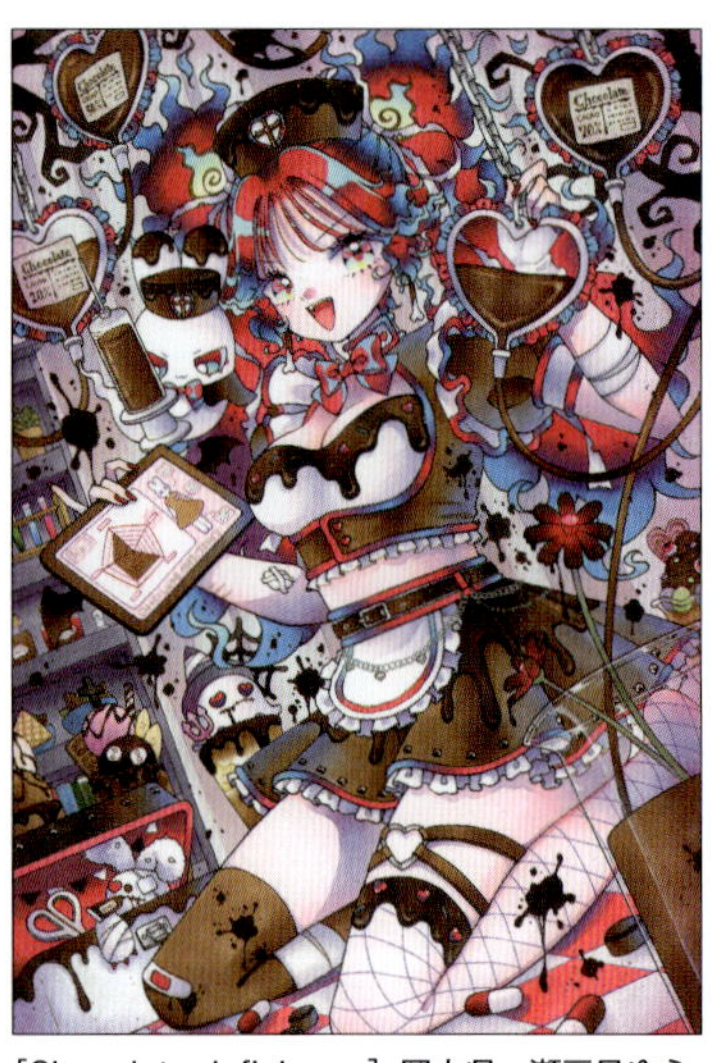

［Chocolate deficiency］岡山県・瀬戸見ゆら

チョコまみれなおばけのナース♡　コントラストの効いた色づかいのとろっと溶ける制服デザインも好き。「献チョコパック」で栄養補給されたい～！（お）

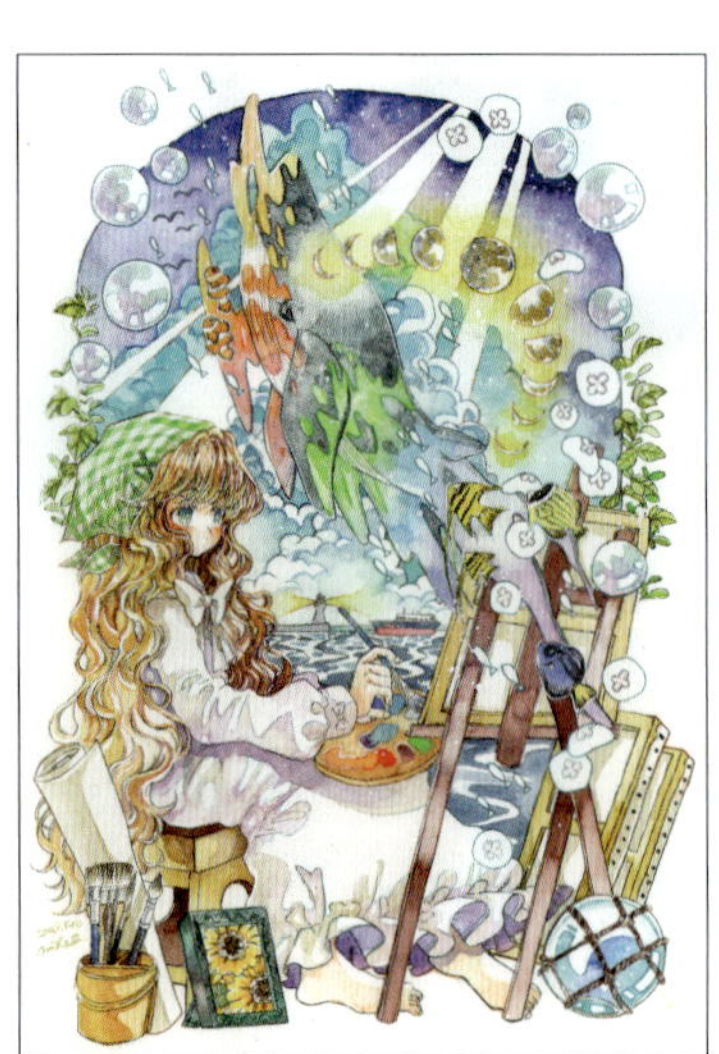

［潮騒のアトリエ］宮城県・星宙みか

鯨や魚、空のカラフルさが気持ちよく、絵に描かれるイメージが舞うように美しい。夢のような光景が印象的（ノ）

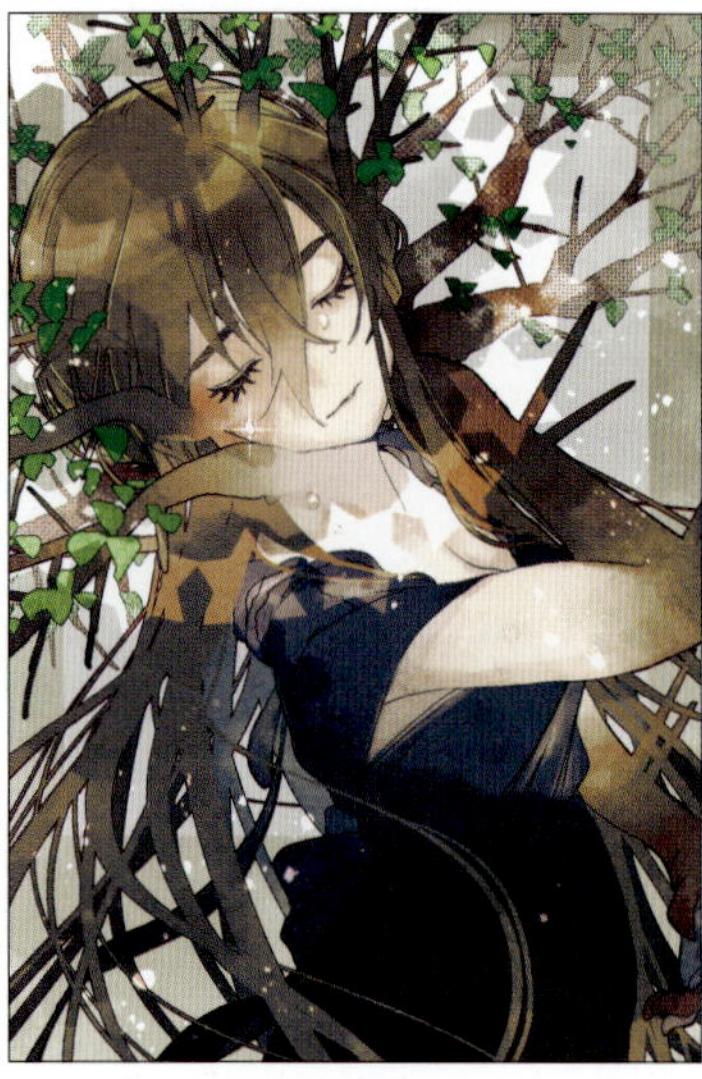

［ミュラー］北海道・yonaka

ギリシャ神話のミュラーが没薬の樹へと変身する様を描いた作品。彼女の悲恋と高貴な美しさが伝わってくる（海）

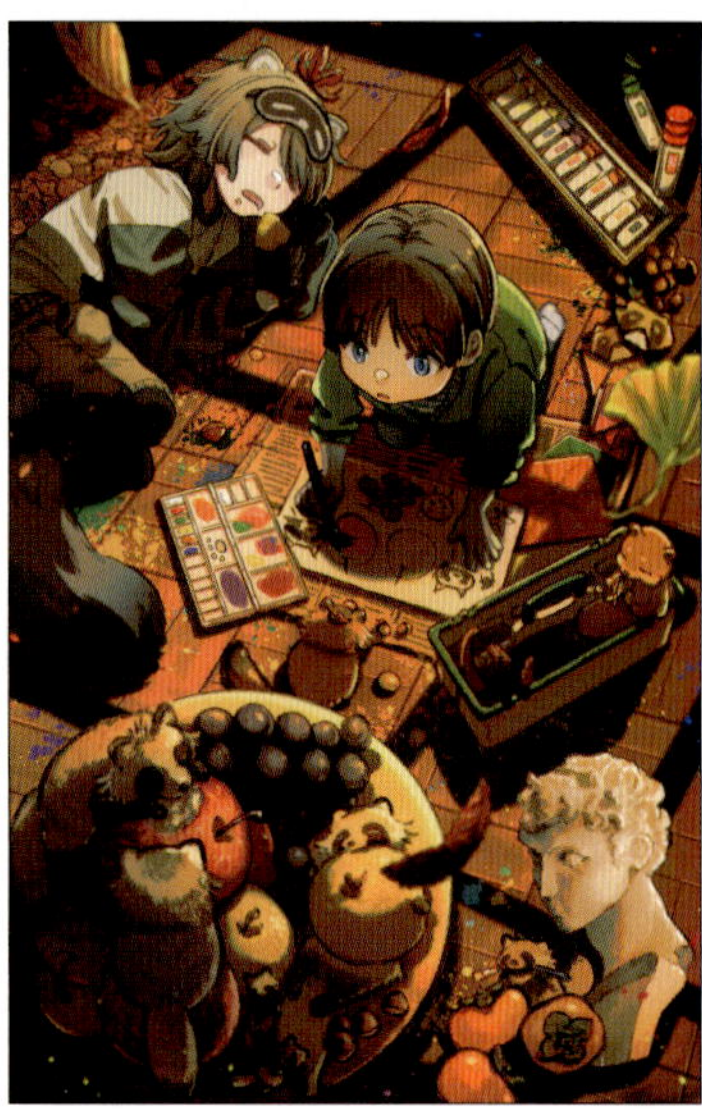

［芸術の秋味］愛知県・Mujyo

夢中になって秋の味覚を描く少年とスヤスヤたぬきちゃんの表情がキュート♡　夕日の織りなす光と影の描写も美しい（ア）

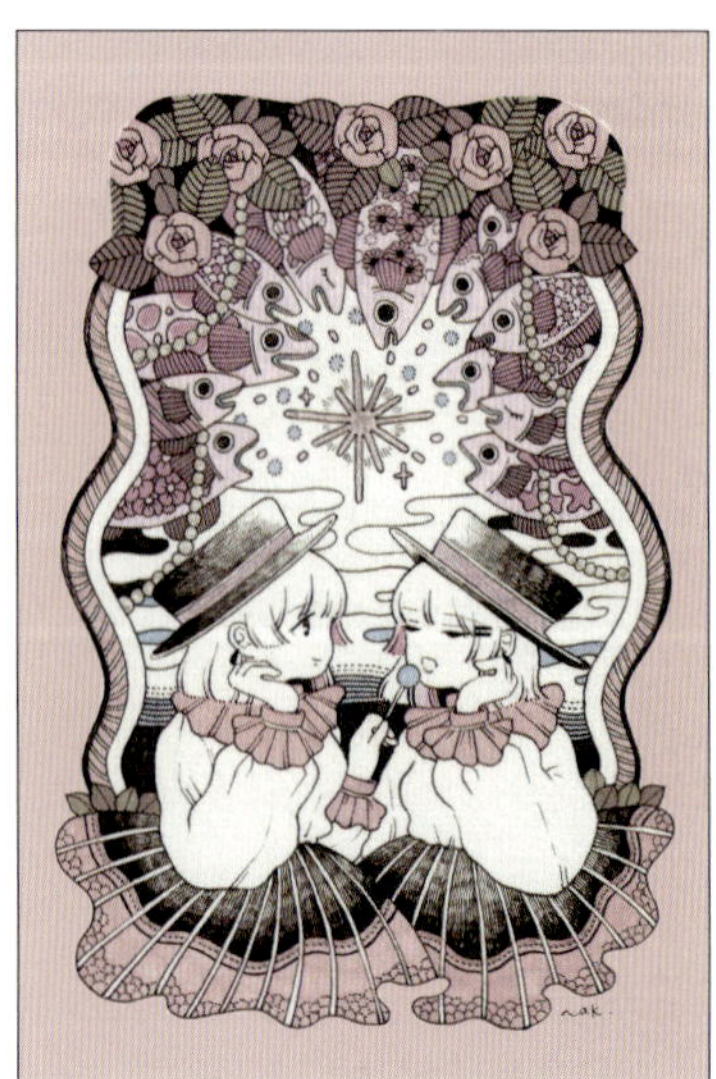

［たべられない！］千葉県・Nakker.

落ち着いたピンクでまとめられた色合いとデザイン的な構成が美しい。様々な表情を浮かべる魚も魅力豊か（海）

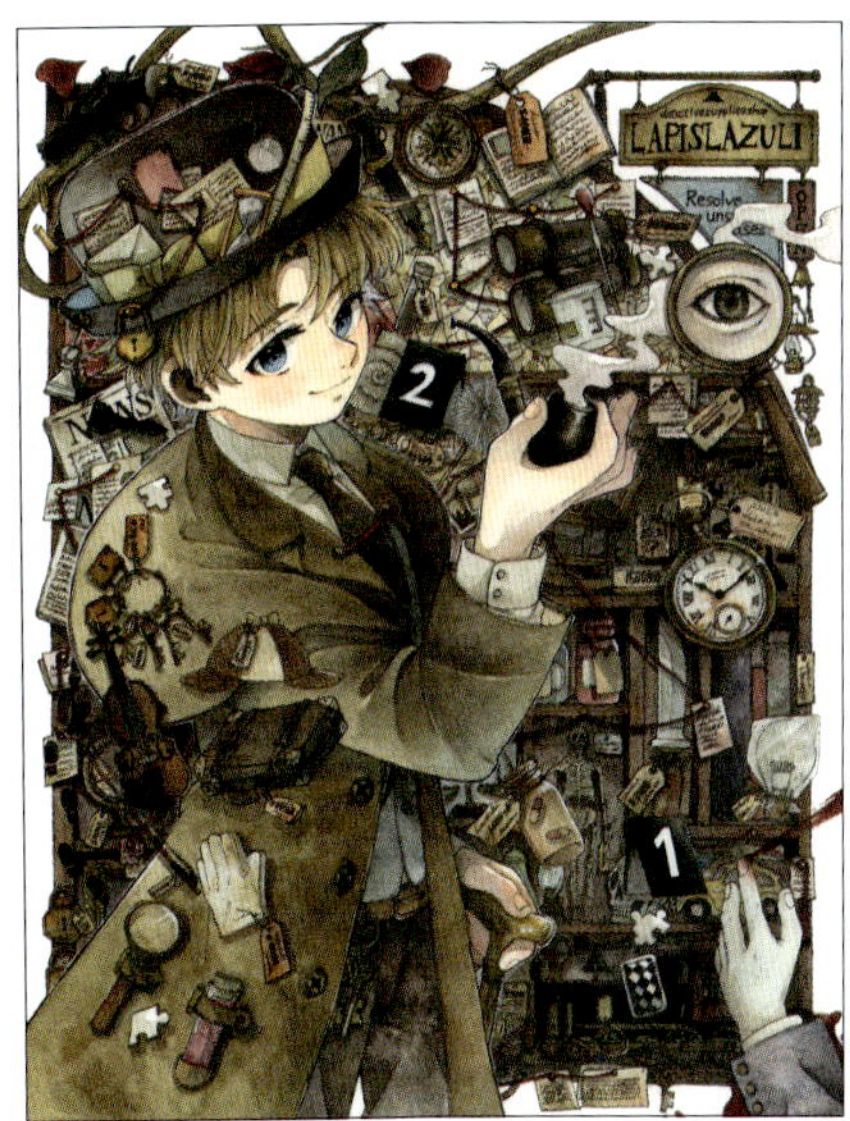

[迷店ラピスラズリの迷宮古棚]
栃木県・畑野まめ

使用画材：透明水彩・ウォーターフォード水彩紙

かつての名探偵達が相棒にしてきた数々の名品達とミステリーに関する品を蒐めた探偵用品店の古棚とその店主。相棒探しで迷ったら店主におまかせ、ぴったりの一品を推理いたします。古ぼけたような雰囲気や謎解きのワクワク感が伝わればいいなと思いながら制作しました。

名探偵たちが持っていた名品がぎっしりと並ぶ。細かく付けられたタグや文字を見ると想像力が広がり、濃密な世界に引き込まれる（ノ）

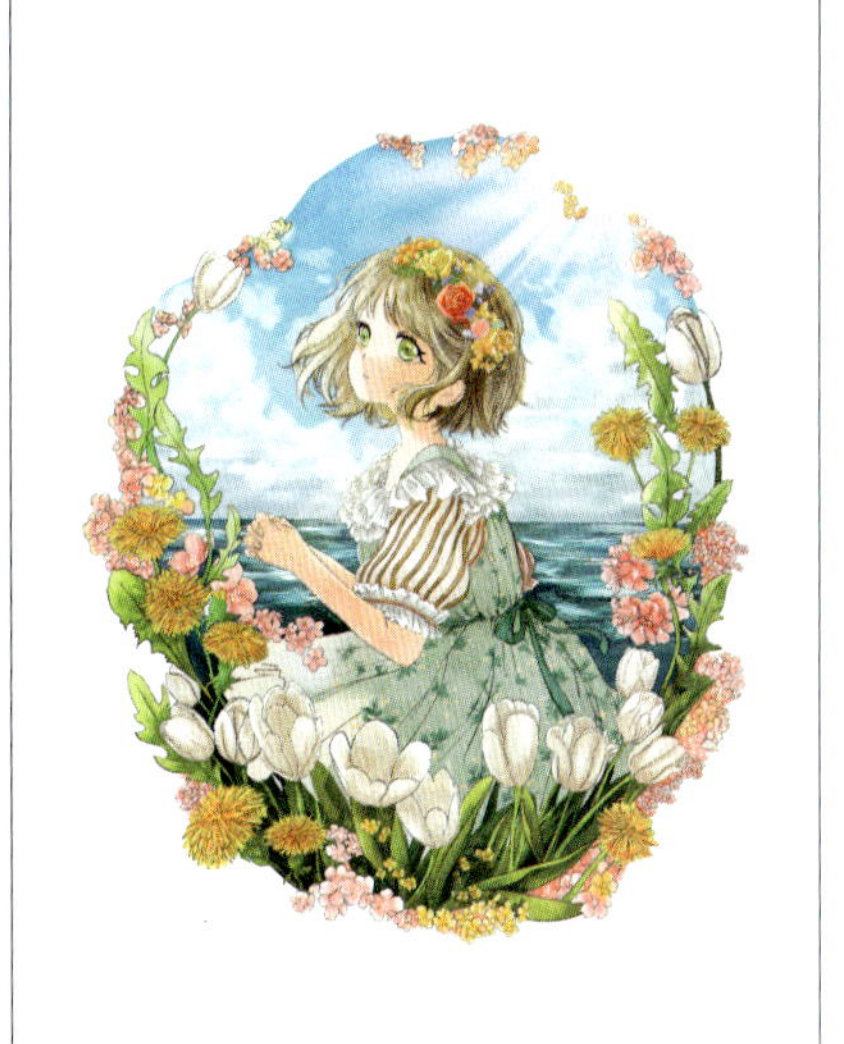

[チューリップとタンポポの少女]
東京都・ロコピエル

使用画材：デジタル水彩画

日差しが照りつける一時、少女のお出かけの様子を描きました。緑は白いチューリップとタンポポの花とツルバラを合わせて色味の違いを表現しました。デジタルで作業しました。

花の咲き具合や向きなど、植物の表情をも丁寧に捉えている。あたたかな日差しとそよ風に包まれた少女を描いた爽やかな一枚（ア）

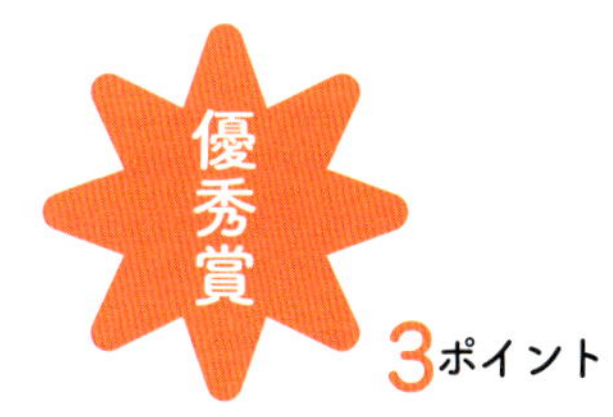

優秀賞 3ポイント

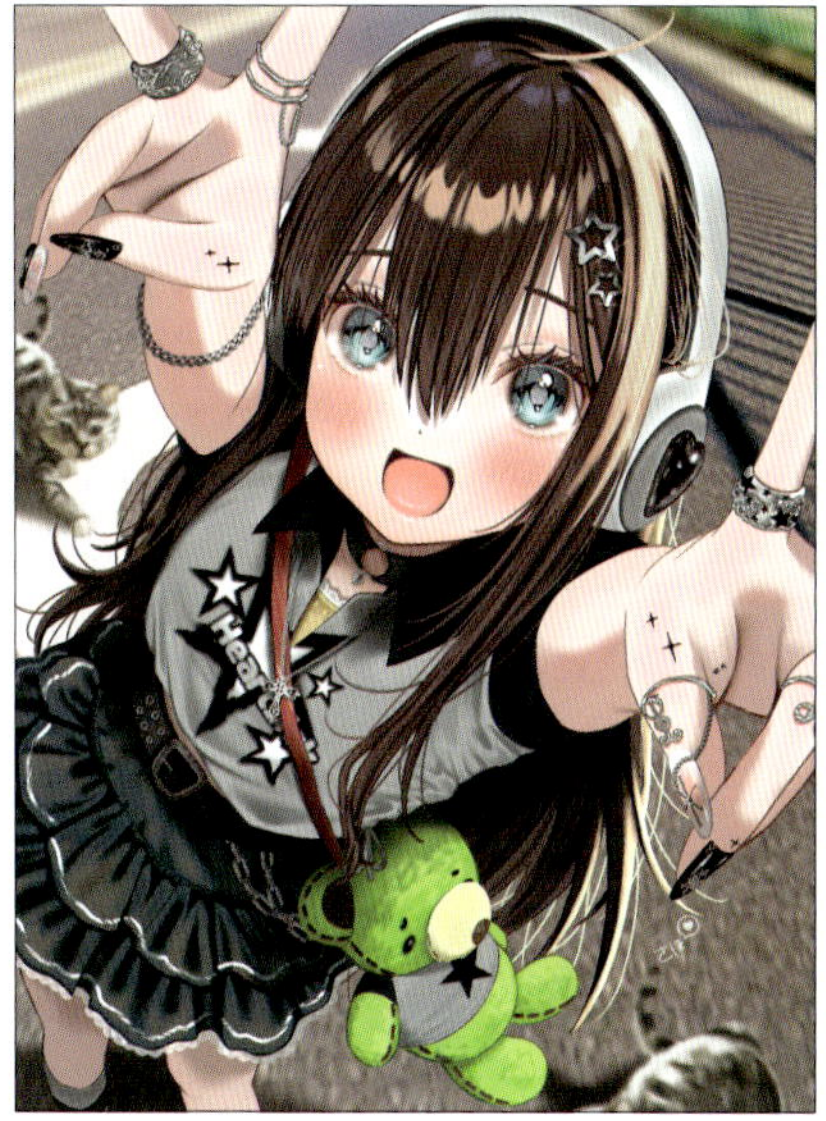

[ぴーす] 滋賀県・さぼ

使用画材：アイビスペイント

元気なY2Kガールをイメージして描きました^_^

臨場感のある構図で女の子の姿を映し出した作品。特にキャラのあどけない表情に惹かれる。ファッションもとてもキュート♡（夢）

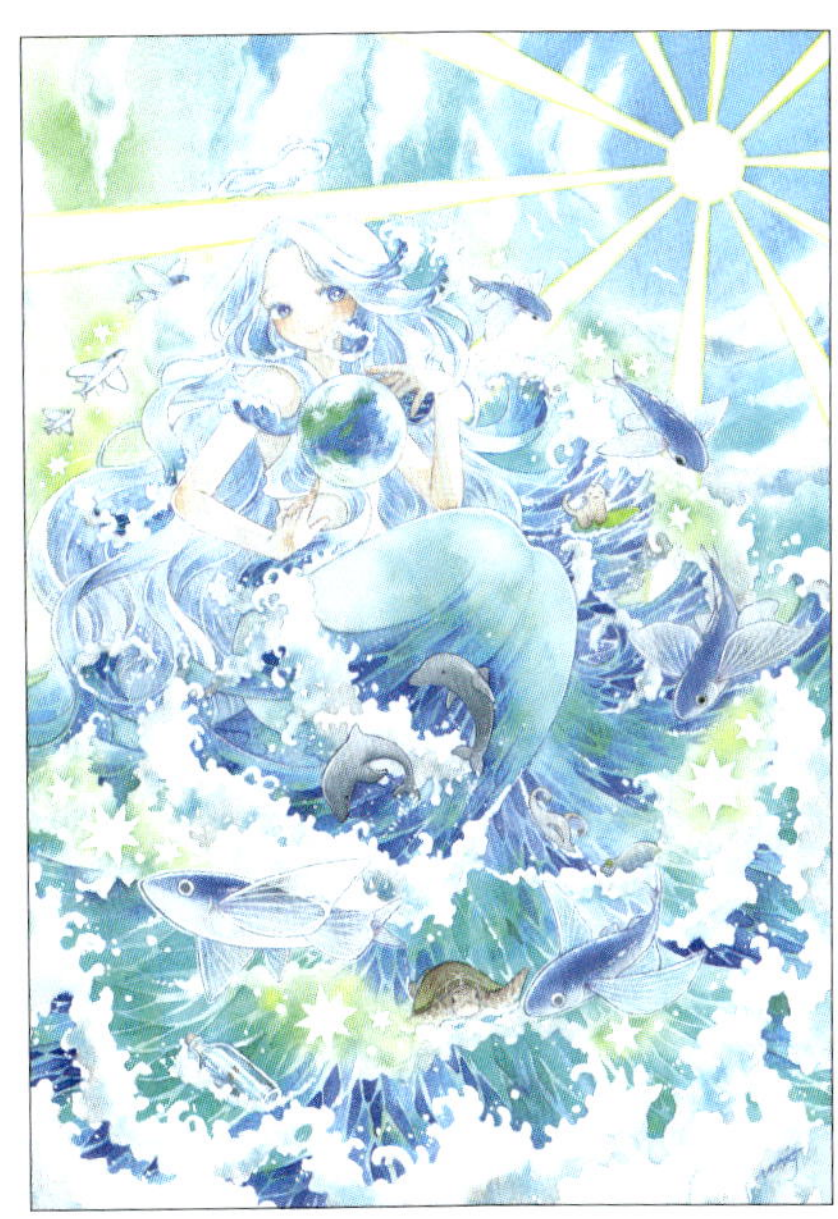

[Mother Sea] 北海道・深翠うり

使用画材：透明水彩

大海原に満ちる生命力や包容力、慈愛をイメージして描きました。

大海原に満ちる、輝かしいエネルギーの描写が圧巻。トビウオやイルカ、タコなどといった海洋生物に加え、小さなネコがいたりと隅々まで見る楽しさがある。そして泡立つ波は迫力もあり、まるでドレスのよう（お）

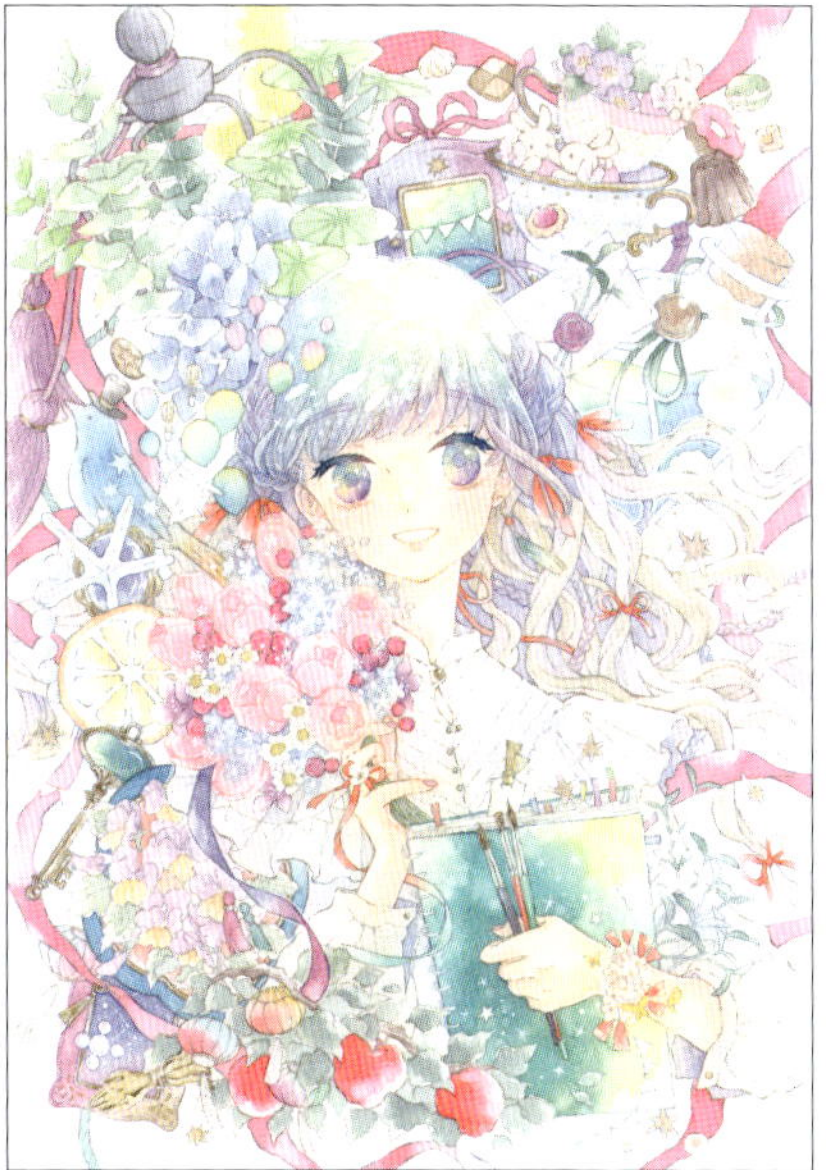

[クレアトゥール] 静岡県・咲久亜

使用画材：透明水彩・色鉛筆

描くことが楽しい！ 想像することが楽しい！ という想いを描きました。自分がこれまで別の作品に描いてきたモチーフをあちこちに描き込んでいます。クレアトゥールとはクリエイター、創造者という意味です。

七色にきらめく華やかな色づかい。美しいグラデーションに魅了されます。アンティークで温もりを感じられるモチーフ選びも素敵（ア）

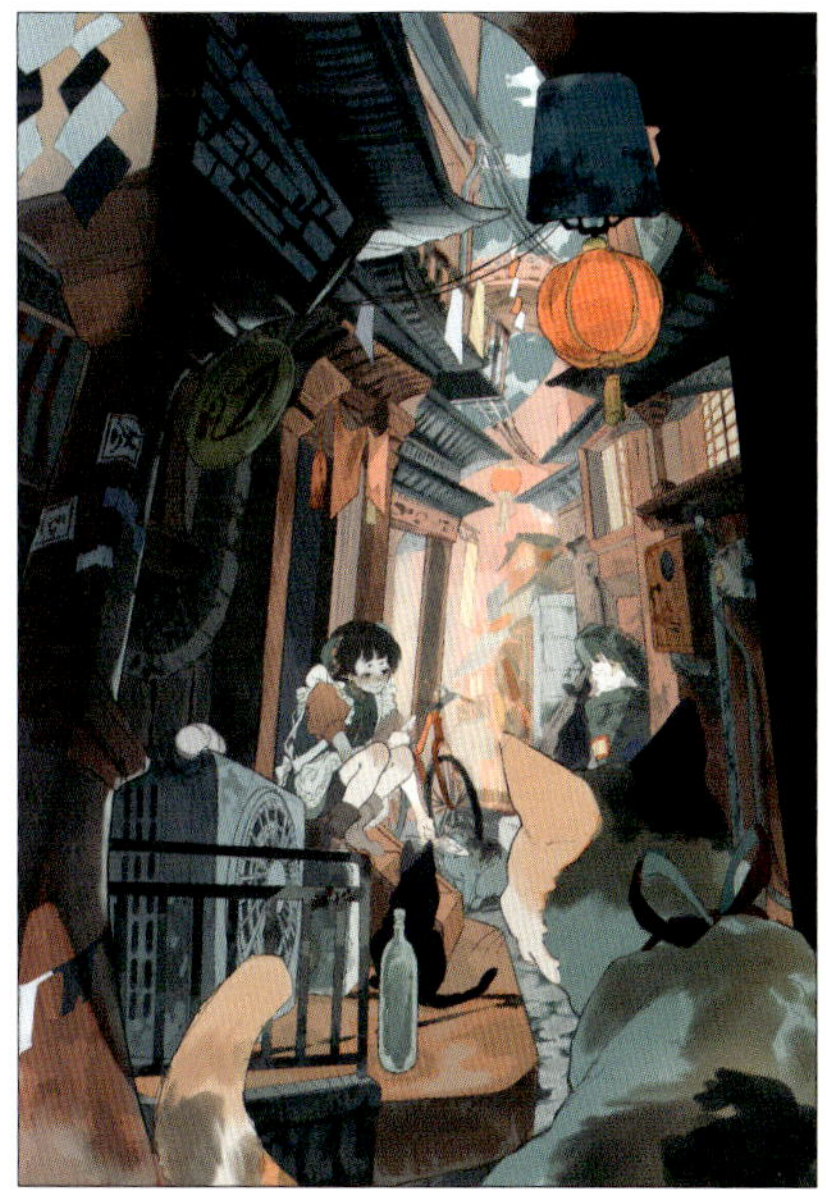

[猫天街] 愛知県・とい

使用画材：CLIP STUDIO PAINT

背景の書き込みにこだわりました。

東洋的なデザインと色味の風景が味わい深く、たくさんの猫がいて生活感も漂う。人物も含めて世界観の表現が素晴らしい（ノ）

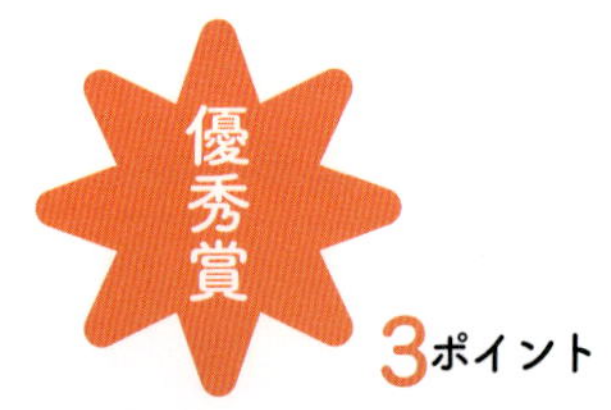

3ポイント

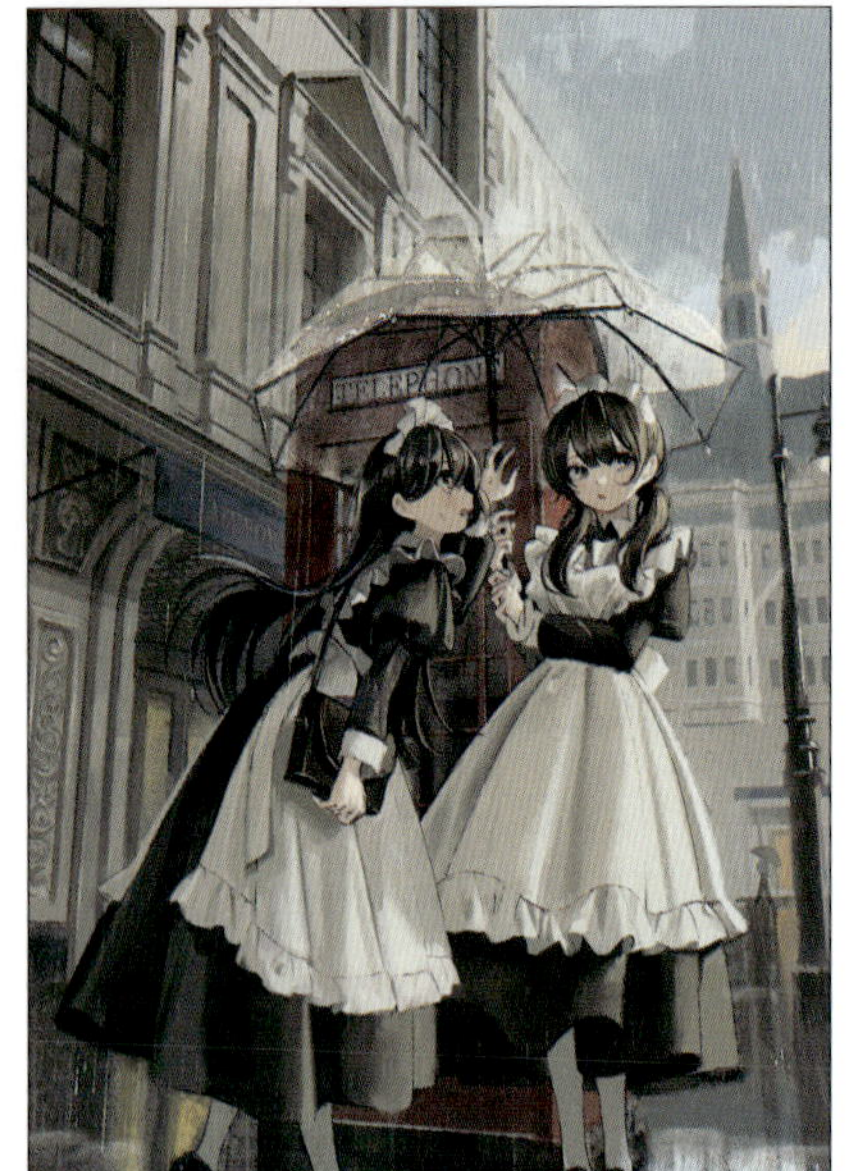

[通り雨] 東京都・栞しい

使用画材：CLIP STUDIO PAINT・Photoshop

ロンドンは天気が変わりやすく、通り雨がよく降るという話から構図を膨らませました。

メイドさんが通り雨に困る表情や仕草が自然体で、見ていて心が和む。少し明るい日差しもある、空気感の描写も絶妙で素晴らしい（お）

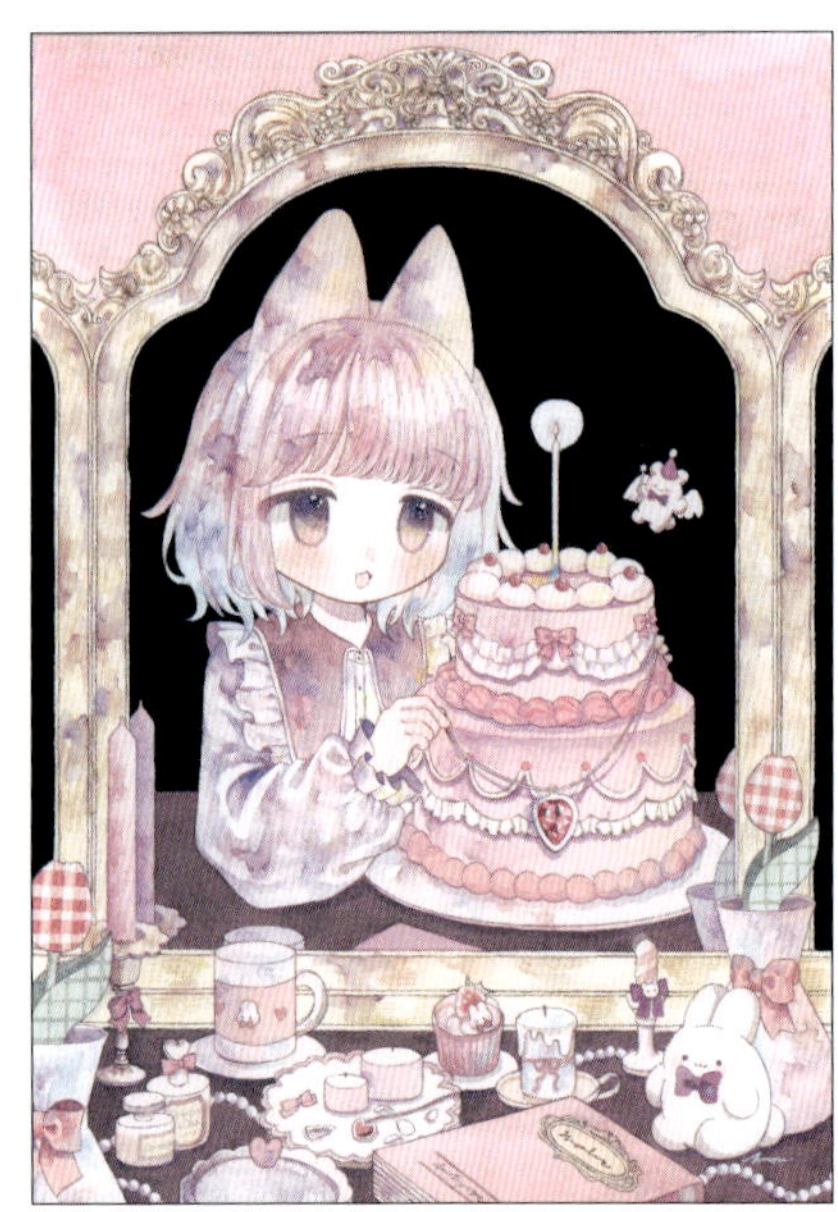

[More Sugar] 兵庫県・天羽しいら

使用画材：透明水彩・色鉛筆・アクリルガッシュ

かわいいものに囲まれたいという気持ちで描きました。甘ければ甘いほど、かわいければかわいいほど良いと言う気持ちを既に豪勢なケーキに、更に飾りをつけようとする様子で表現しました。

ケーキやキャンドル、布でできたチューリップなどキュートなものに囲まれる可愛い世界観。ピンク色の甘さを背景に黒色を持ってくることでグッと引き締め絵力を高めている（夢）

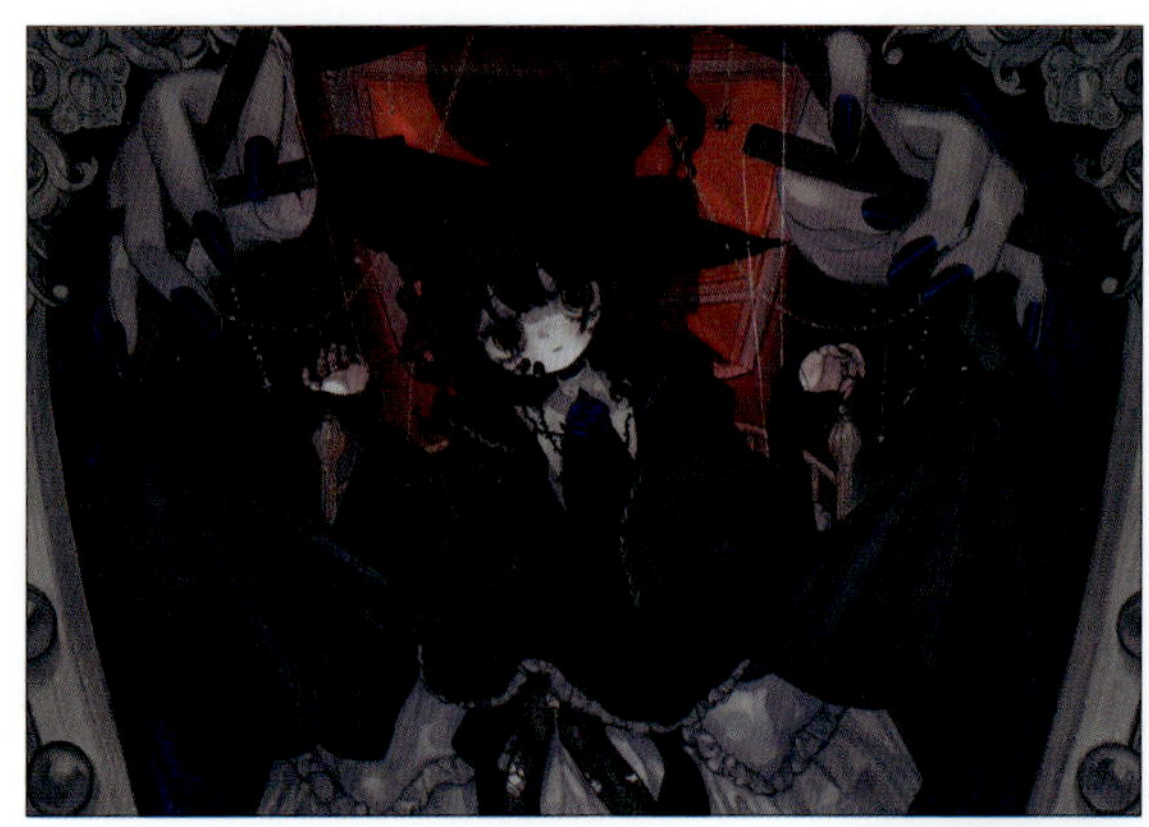

[マリオネット] 大分県・perü

使用画材：iPad・CLIP STUDIO PAINT

色が喧嘩しないように配色することを心がけました。

赤と青、組み合わせが難しそうな２色を暗いトーンで統一させ、バックに鮮やかな色をつかうことで、ダークな世界観を表現している（海）

[よるはいつもやさしい]
大阪府・七生まゆ

使用画材：アクリル絵具

どんな私にでもなれる

カラフルで丸っこい馬とオバケたちが可愛いです。リアリティのある巨大な骨と、ファンシーなメリーゴーランドの対比が印象的（し）

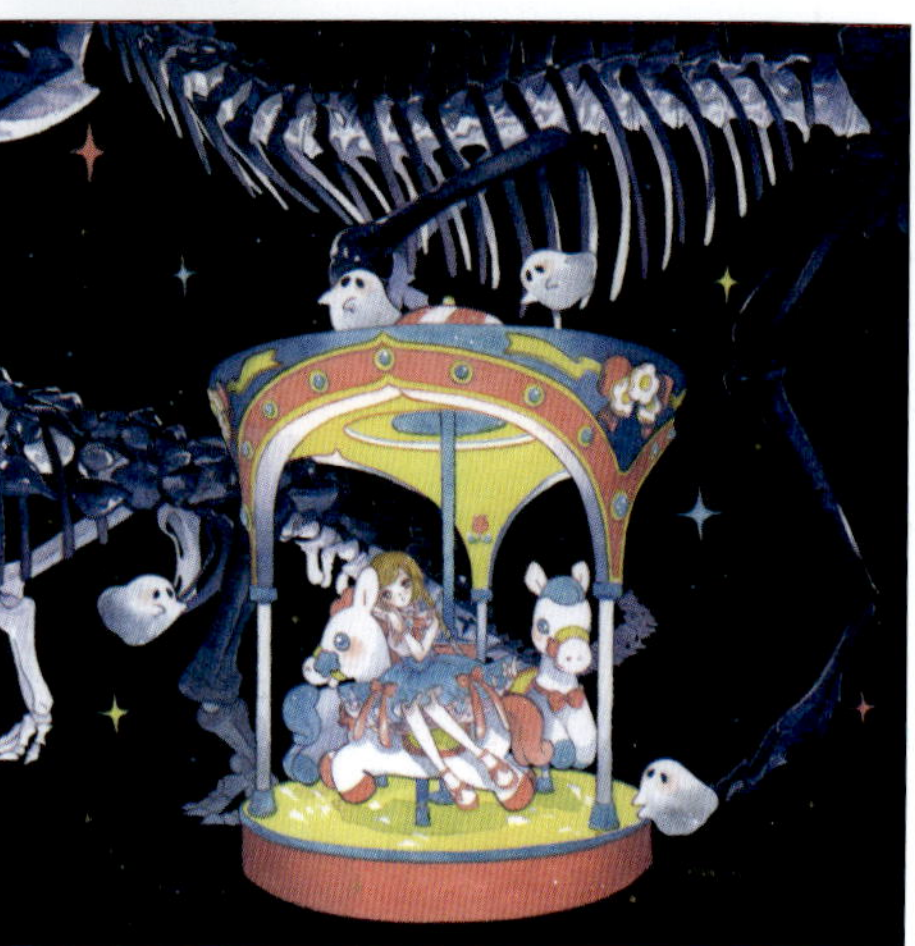

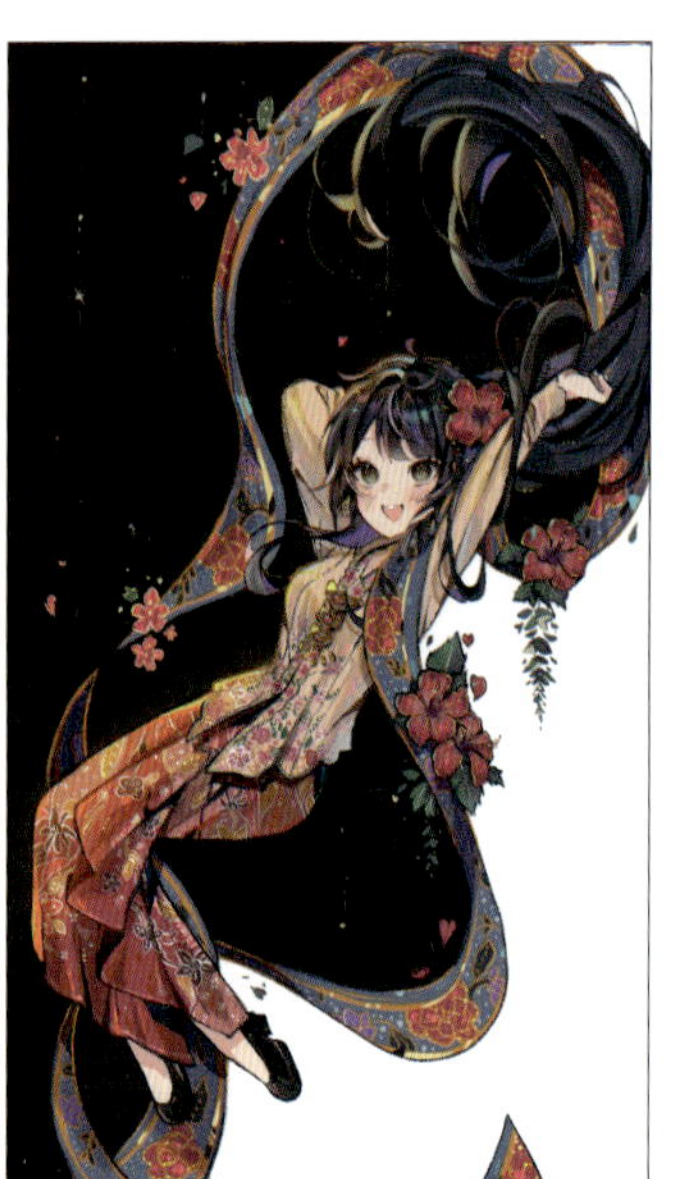

[無題] マレーシア・Leebalababa

使用画材：HUAWEI

Cultural clothing

色鮮やかな民族衣装は繊細な模様がきちんと描かれており、作者のこだわりが感じられた。髪や布の流れも構図が意識されていて良い（海）

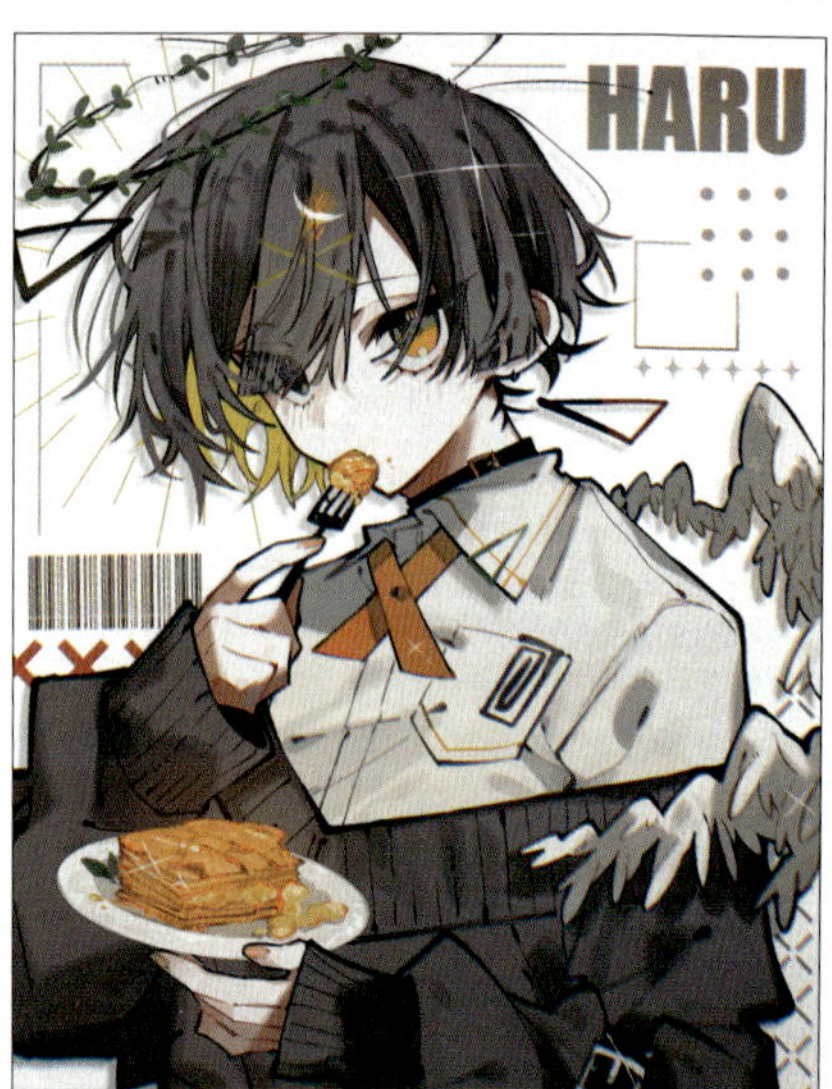

[至福の味] 埼玉県・虚葉弌。

使用画材：CLIP STUDIO PAINT PRO

アップルパイが特に食べたい季節になったので描きました。

ブラウンでまとまった画面の中に、彩度の高いアップルパイが目立っておいしそう！　羽やヘイローなど魅力的なデザインにも注目（し）

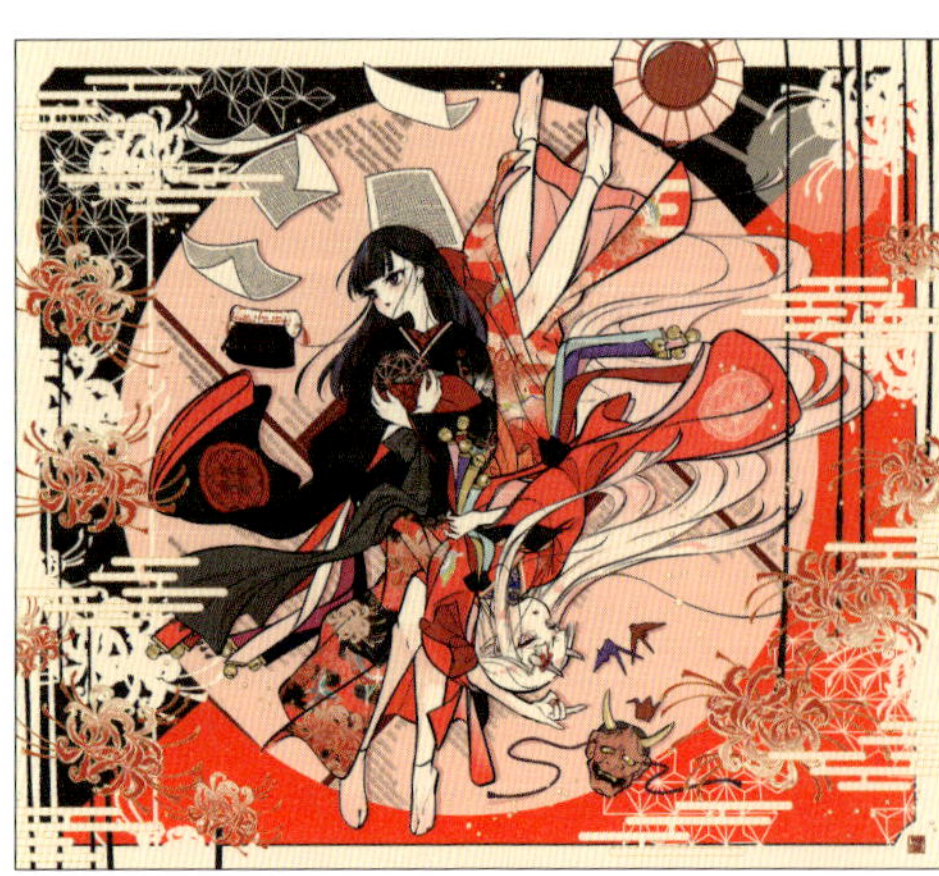

[大和撫子 魍魎櫻子] 千葉県・anじぇら

使用画材：CLIP STUDIO PAINT

「人の撫子と人でない櫻子」を描きました。秃風の着物をデザインしたのが楽しかったです。

インパクトの強い日の丸構図と、鮮やかな赤と黒のコントラストに目を奪われる。デザインチックな構成もスタイリッシュ（海）

4ポイント

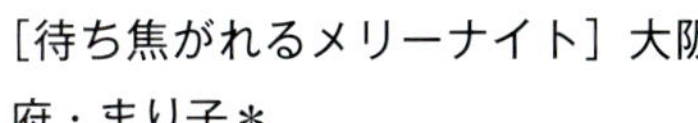

[待ち焦がれるメリーナイト] 大阪府・まり子＊

使用画材：リキテックスガッシュ・アクリリック プラス･FINETEC･メディウム（ホワイトワトソン色）

クリスマスリースを吊るした窓辺からサンタさんが来るのを今か今かと待ち焦がれる少女の夜を描きました。

サンタさんを待つ女の子とトナカイのツノをつけた２匹がなんとも愛おしい。モチーフの描き込みが丁寧で、やさしく落ち着いたリースの色合いに赤と金が映えます。サンタさん、きっと来てくれるよ…！（ア）

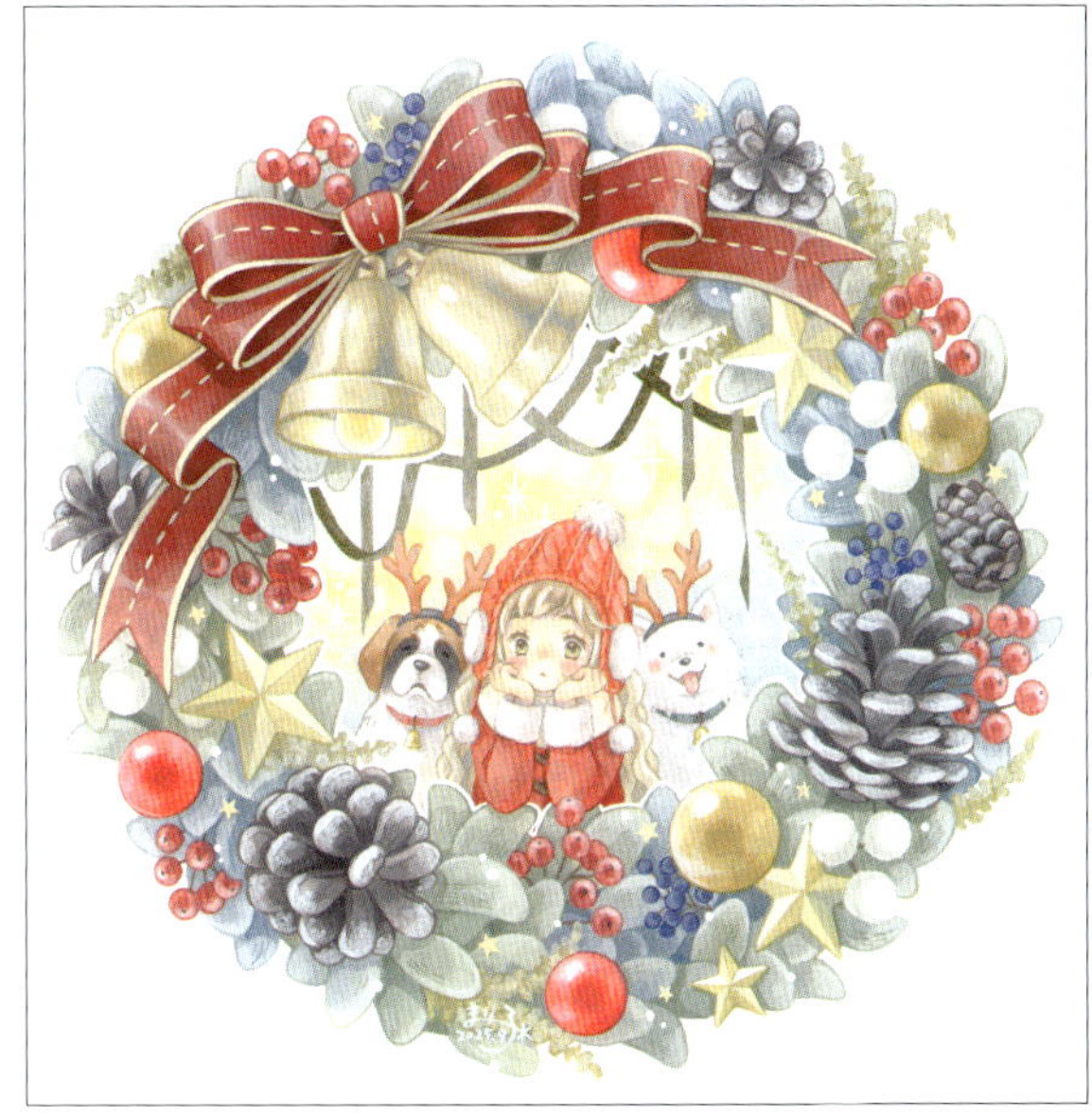

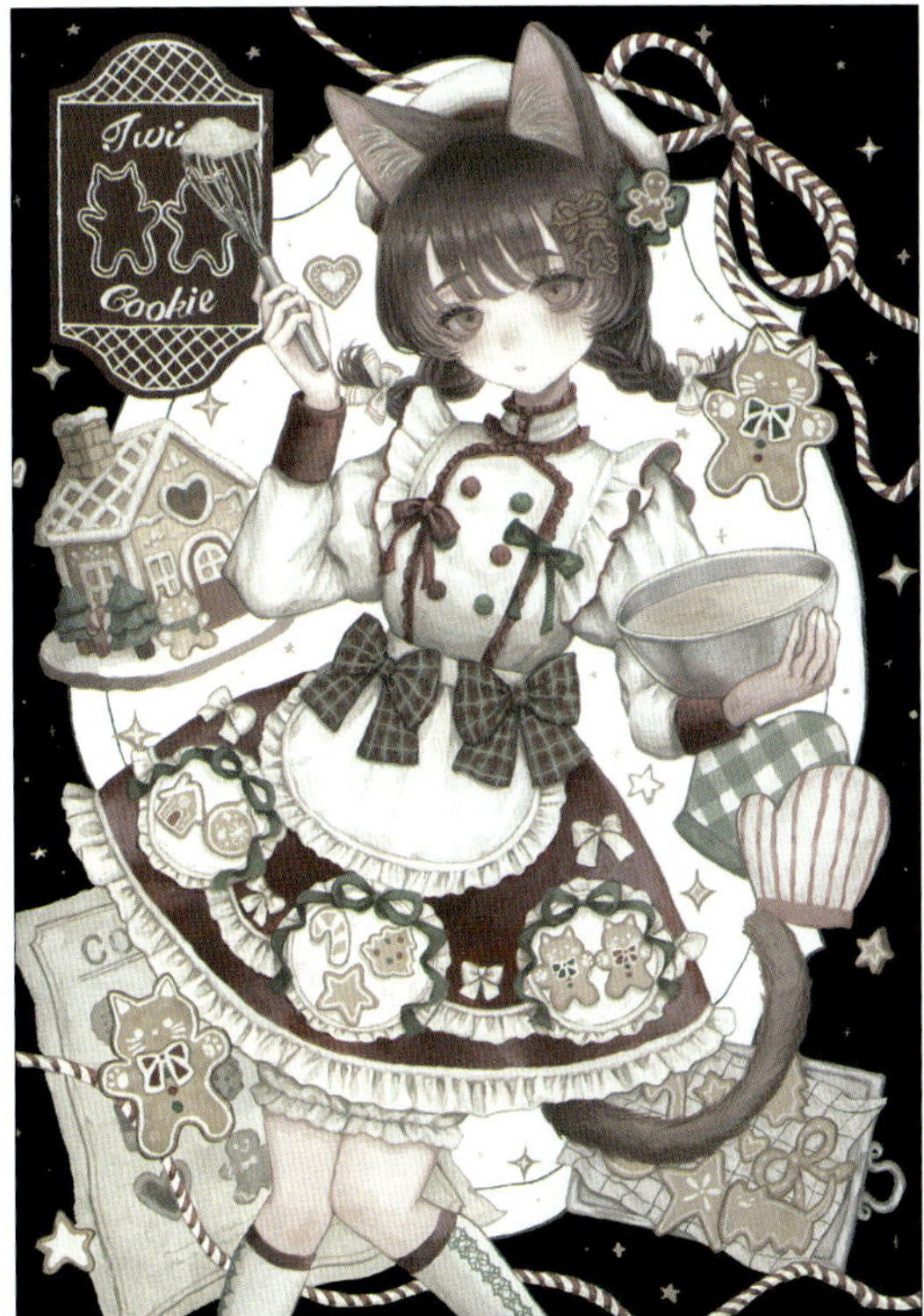

[Cookie shop “twins cats”] 大阪府・白ノ

使用画材：アクリルガッシュ

クリスマスのジンジャークッキー屋さんをテーマに、パティシエとクッキーを描きました。赤緑白のクリスマスカラーや柄で、かわいくクリスマス感のあるイラストに仕上げました。

猫耳パティシエと食べるのが勿体ないほど愛らしいお菓子が描かれた一枚。キュートな題材をシックなクリスマスカラーでまとめることで、ジンジャークッキーの香りだけでなく、おしゃれなムードも漂う（海）

[林檎姫の憂鬱]
兵庫県・あきら○

使用画材：
CLIP STUDIO PAINT

白雪姫をモチーフに、和風と洋風を組み合わせて描いてみました。

ユラユラとした波紋に輝く、リンゴが美しくもやや不気味な印象。こちらを見つめる強い視線と、きゅっと結ばれた口元が愛らしい。コントラストの効いた着物模様の描写も◎（お）

[猫茶会]
神奈川県・あしもとニカニ

使用画材：アイビスペイント

作品からお花の香りが漂ってくるような世界観や透明感を意識しました。

華やかな香りがこちらにも届いてきそうなお茶会のイラスト。白猫はふわふわの毛並みが表現され、とても可愛らしい。スカートに描かれた扉はどこに通じるのだろう？ というストーリー性もアイデアが効いていて素敵（海）

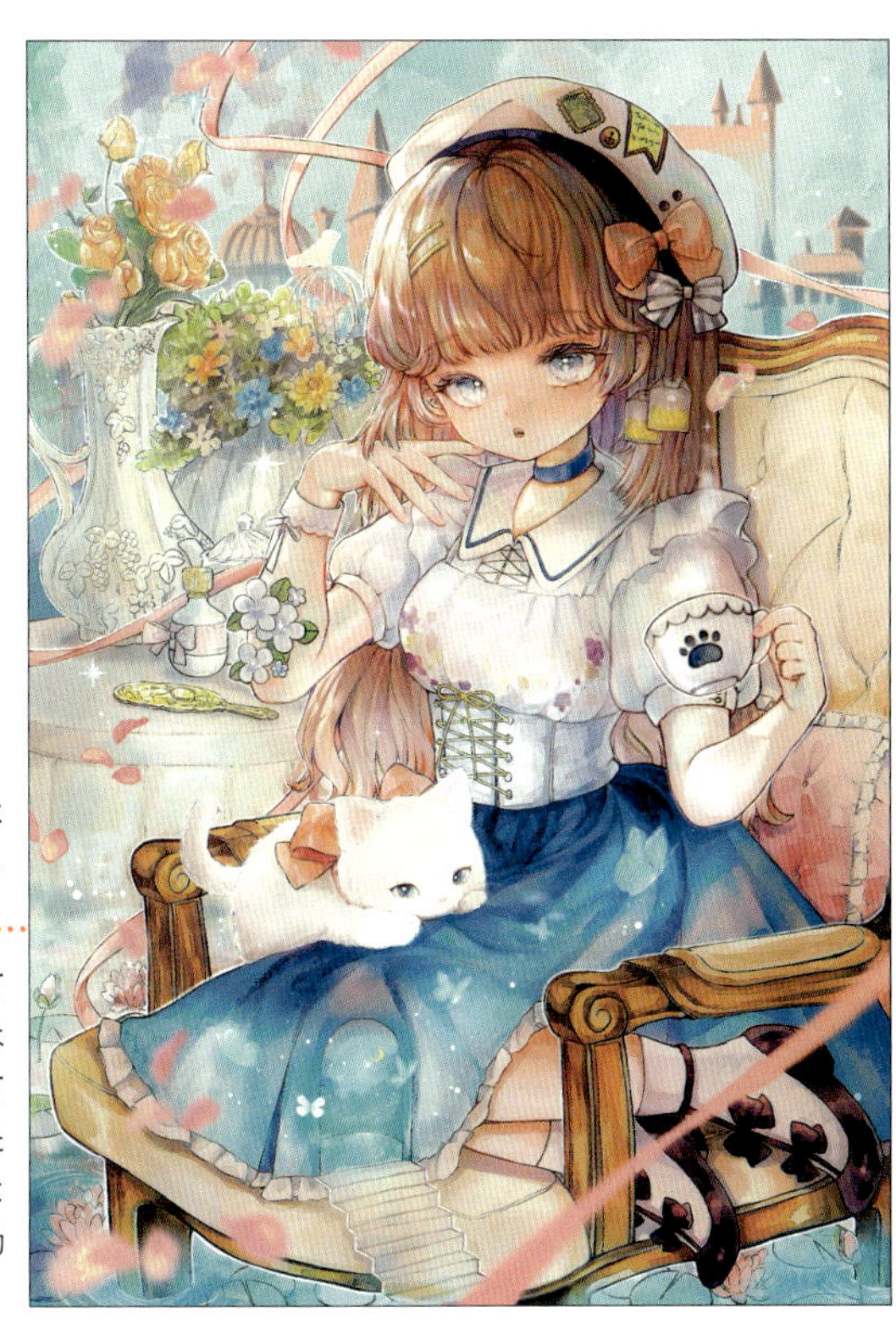

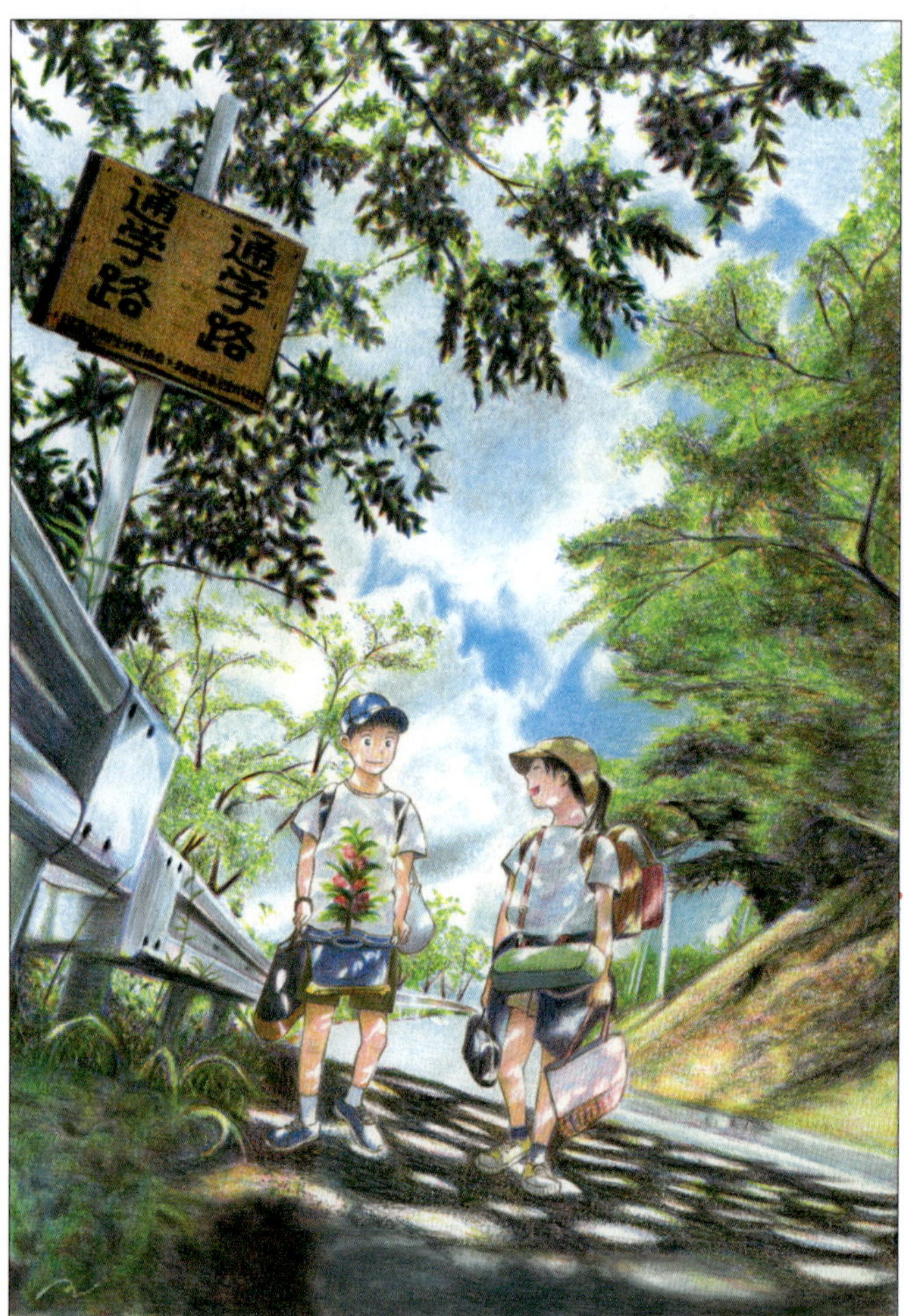

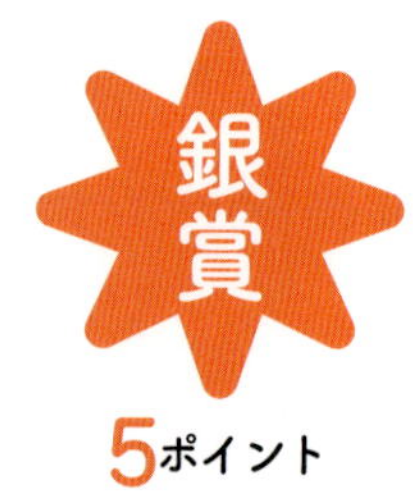

5ポイント

[なつめく]

神奈川県・つくし

使用画材：油性色鉛筆（シアン、マゼンタ、イエロー、ブラック、ホワイト）・Be art paper

夏休み前のワクワク、キラキラした様子を描きました。植木鉢も、重たい荷物も振り返るといい思い出です。

通学路を歩く子供たちを色鉛筆で描いた作品。下から見上げた構図で、夏の雲が浮かぶ空や木々の緑をとらえている。逆光のなか、木漏れ日が子供たちに落ちる様子は気持ち良い夏の日を感じさせる（ノ）

今回の審査員

儀式さん
イラストレーター。

池田はるかさん
画家。

とらっこさん
ぬいぐるみ作家。

ワニマガジン社・あかさん
ワニマガジン社のデザイナー。

ワニマガジン社・haru さん
ギャラリー事業部の方。

ポプラ社編集K・Mさん
書籍の編集者。

I さん
ステッドラー日本の方。

M 芳さん
パイ インターナショナルの方。

大場さん
パイ インターナショナルの方。

松村さん
パイ インターナショナルのデザイナー。

しらかばさん
動画や Live2D に関わる仕事をしている。

おさむさん
詩とダンスの関係者。

アルペジオさん
デザインの仕事をしている。

海陽さん
サブカルファッションが好きな妖怪研究者。

夢っちさん
漫画やイラストに関わる仕事をしている。

ノピさん
本誌編集長。

パイ インターナショナル・M芳賞

なぜこんなに引きこまれるのか、色彩も女の子も世界観も全てが素敵です。

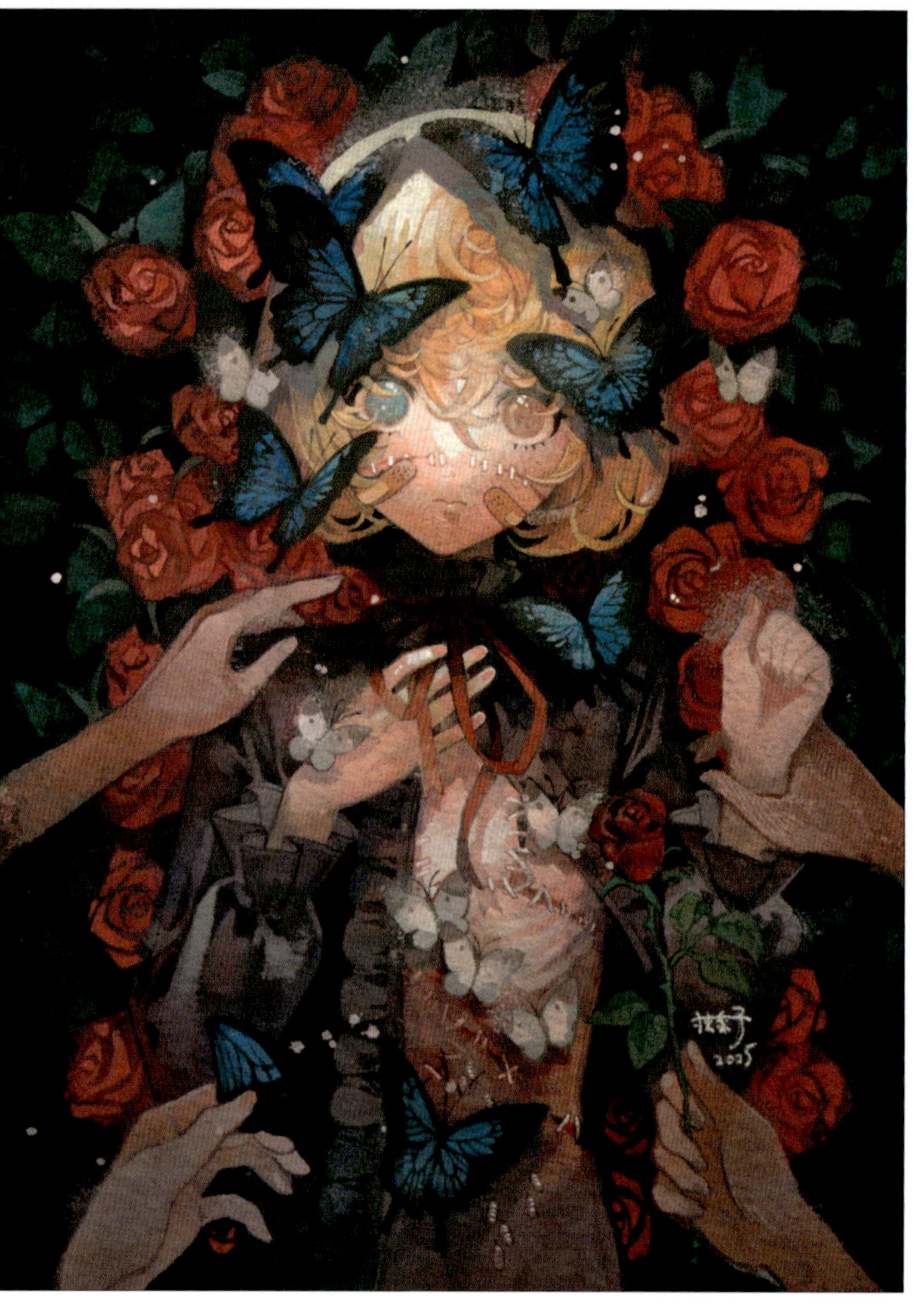

[縫合する楽園]

山口県・独楽子

使用画材：アクリル絵具・アクリルガッシュ・鉛筆・アルシュ水彩紙（細目）

誰かの理想の中で生き続けることは辛いですよね。

色鮮やかな蝶や薔薇の花、あどけなさをも感じる少女の美麗な表情。一見美しいようでいて、彼女の骨ばった身体や傷跡はかなりグロテスクだ。そして、そんな少女に手を伸ばすいくつもの手や、群がる虫からはほの暗いメッセージを感じ、絵世界に引き込まれていく（海）

6ポイント

[ひらめきの足音]

東京都・しの原しの

使用画材：水彩紙・アクリルガッシュ・ペン

耳を澄ますと感じるのはひらめきの足音。手を動かすままに、次々と描き留められていくアイデアたち。制作へ掻き立てる着想、そして絵を描くことへの素直な楽しさを描きました。

水彩のにじみを生かして、全体が淡く彩られながら、移り変わる色味が美しいしの原しのさんの作品が金賞。自由にモチーフが浮かび上がる様子が、人物のまわりの植物や生き物たちで伝わってくる。楽しく創作することの大事さを感じさせられる一枚（ノ）

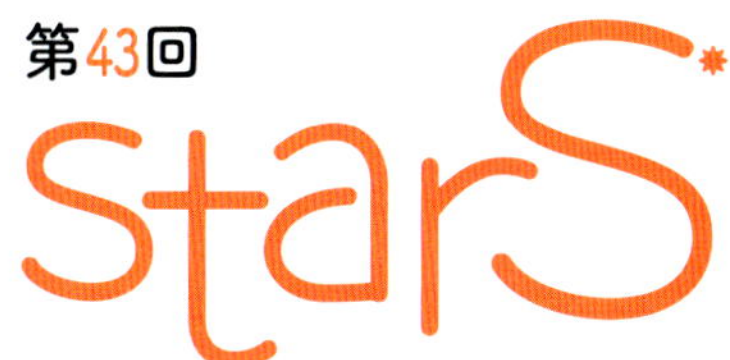

季刊エスの投稿コーナーStarSとSpaceSに、たくさんのご投稿ありがとうございます！今後もページ増でお届けします！

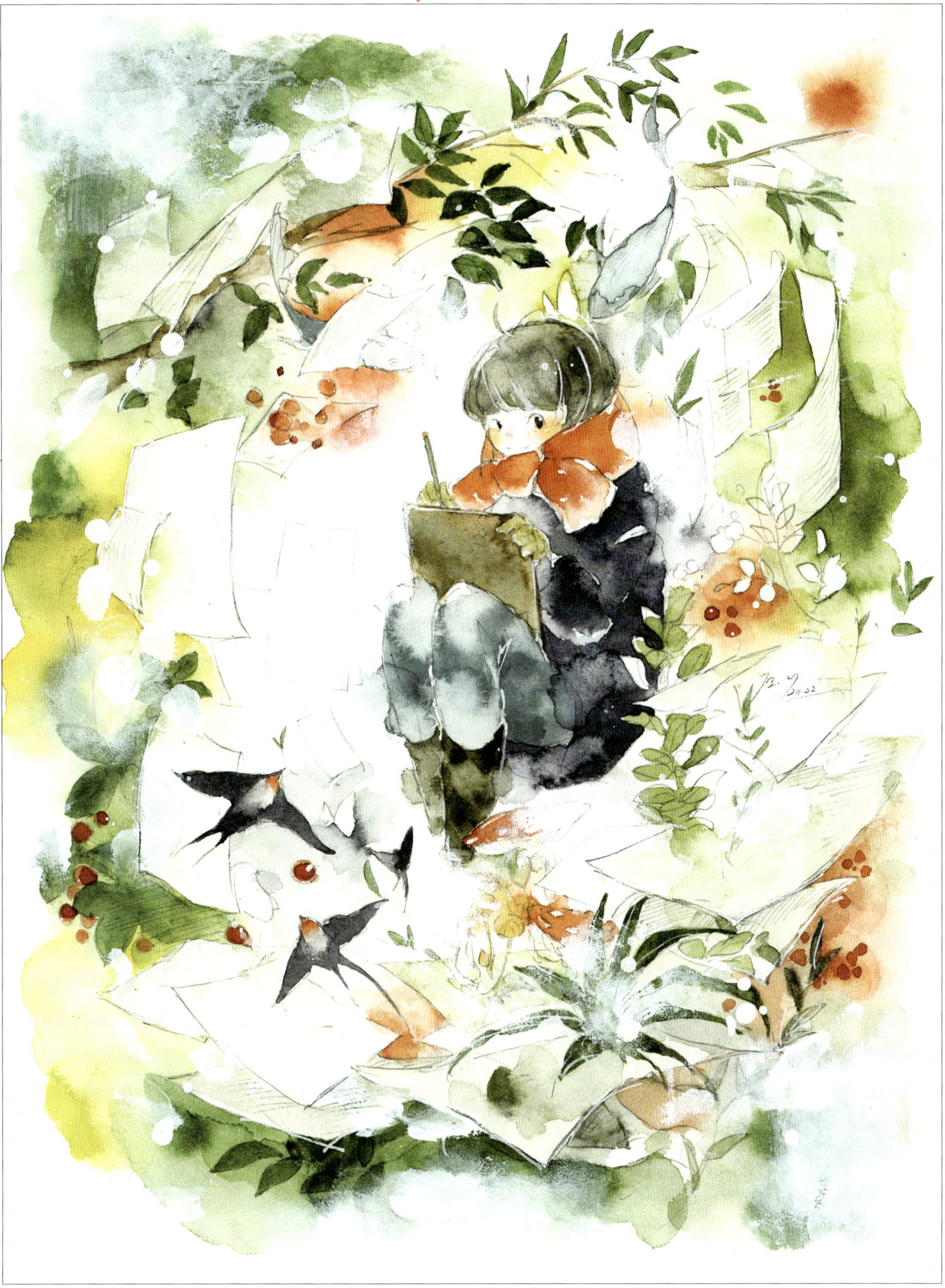

パイ インターナショナル・松村賞

このイラストが装画になっていたら、どんな小説でも手に取ってしまいそうです。絵の世界に引き込まれる〜。

ニットを塗る

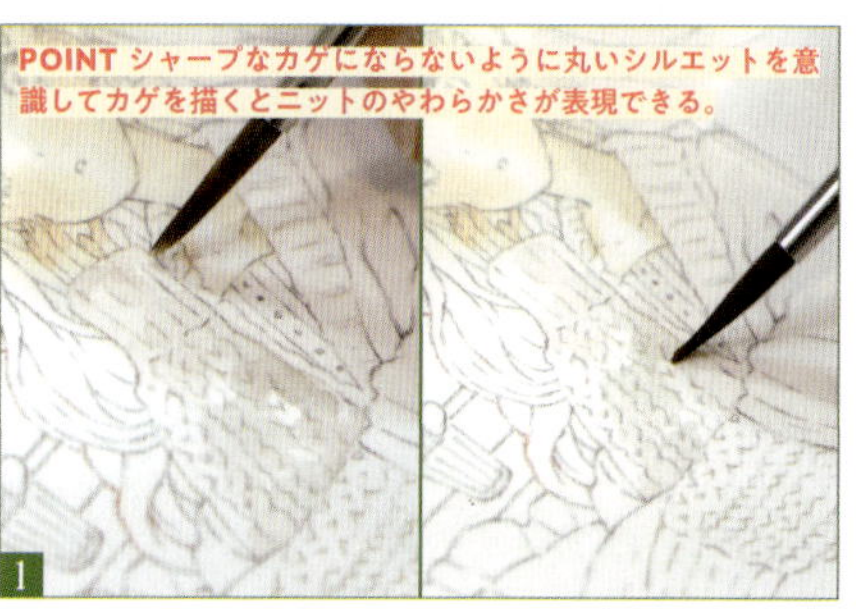

白いニットは網目を無視して、大きなカゲを描くイメージで色を乗せる。グレイオブグレイ（ホ）＋ピーチピンク（ク）を混色してつくったモーヴピンク色を使用した。

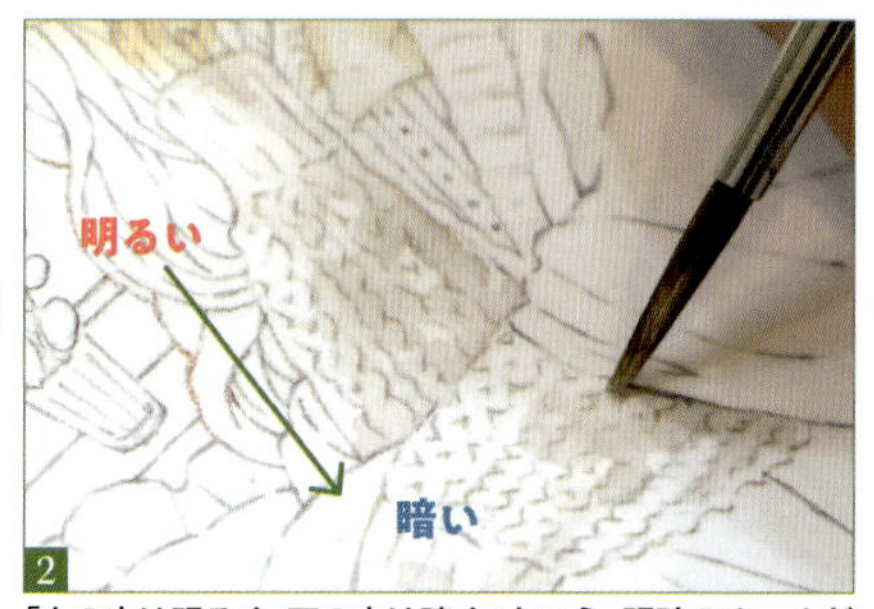

「上の方は明るく、下の方は暗く」という、明暗のルールだけ決めて着彩を続ける。暗くしたい場所は、フォレストグレー（シュ）をたして、混色の割合を増やしていく。

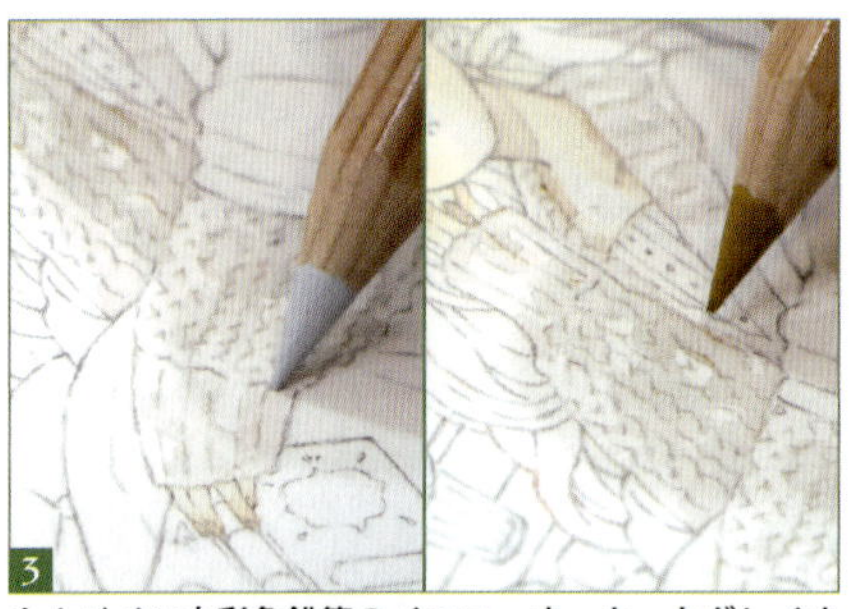

ホルベイン水彩色鉛筆のイエローオーカーとグレイオブグレイでニットを加筆。②までに乗せたカゲの明暗のルールを活かしつつ、ランダムに線をなぞる。

カーペットの模様を描く

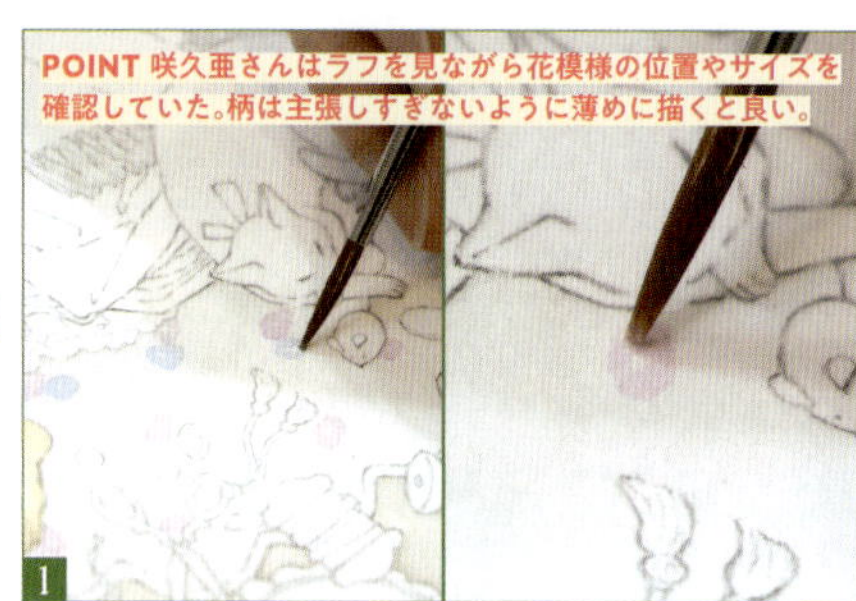

カーペットの花模様はベタ塗りで描く。赤紫色の花はライラック（ホ）で、青紫色の花はラベンダーブルー（ク）＋ピーコックブルー（ホ）を使用。輪っか模様を描いていく。

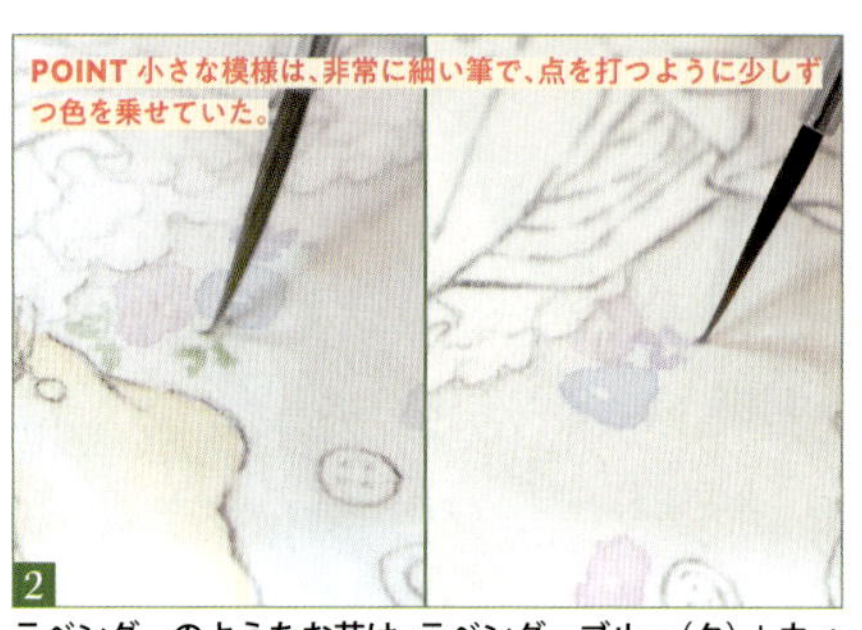

ラベンダーのようなお花は、ラベンダーブルー（ク）＋ウィンザーバイオレット（W）で描いた。続いて葉は、テールベルト（ホ）＋グレイオブグレイ（ホ）で塗る。

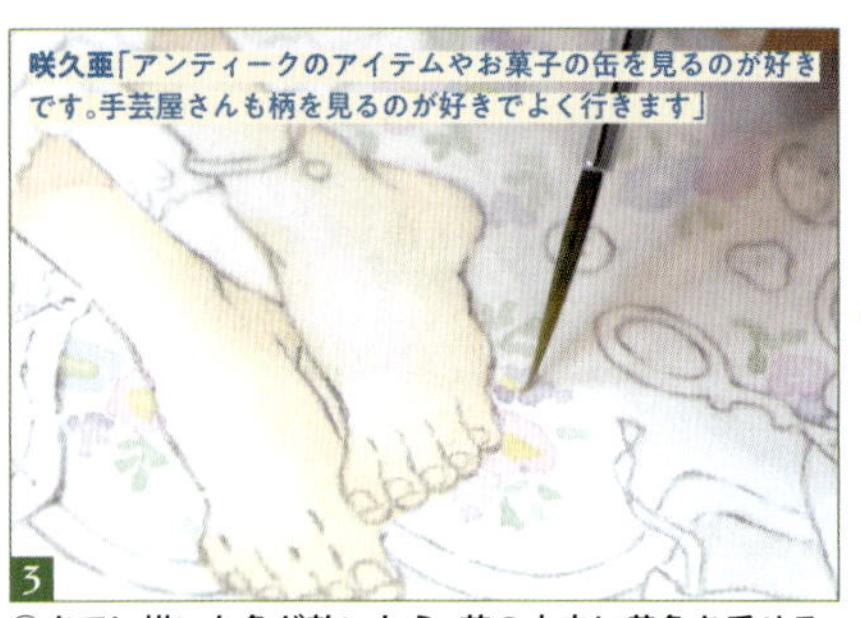

②までに描いた色が乾いたら、花の中央に黄色を乗せる。色はネープルスアイボリー（ク）＋イエローオレンジ（月）をつかった。

葉を描く

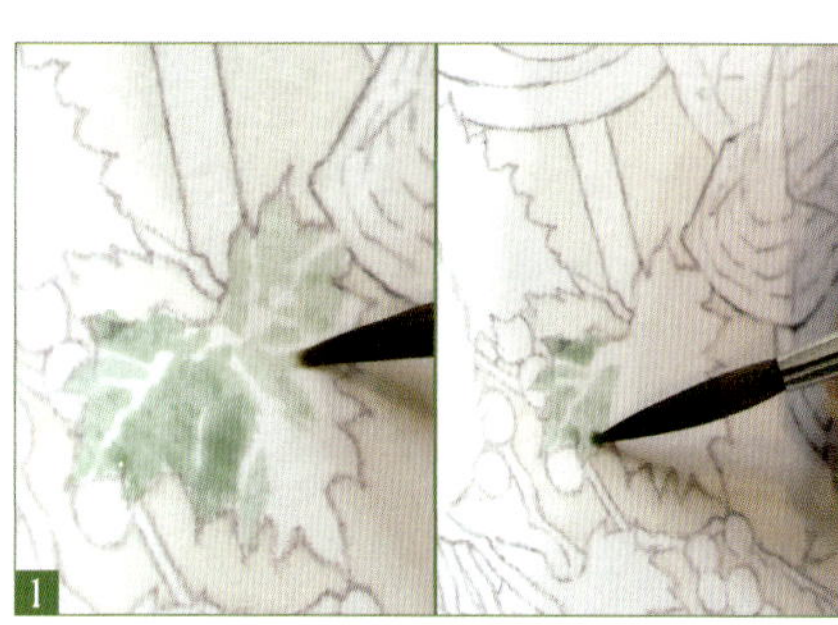

葉は葉脈を白抜きしながら緑色で塗る。コバルトグリーン（マ）＋オキサイドグリーン（月）を使用した。また、白抜きの幅や細かい形はこの段階ではあまり気にしなくて良い。

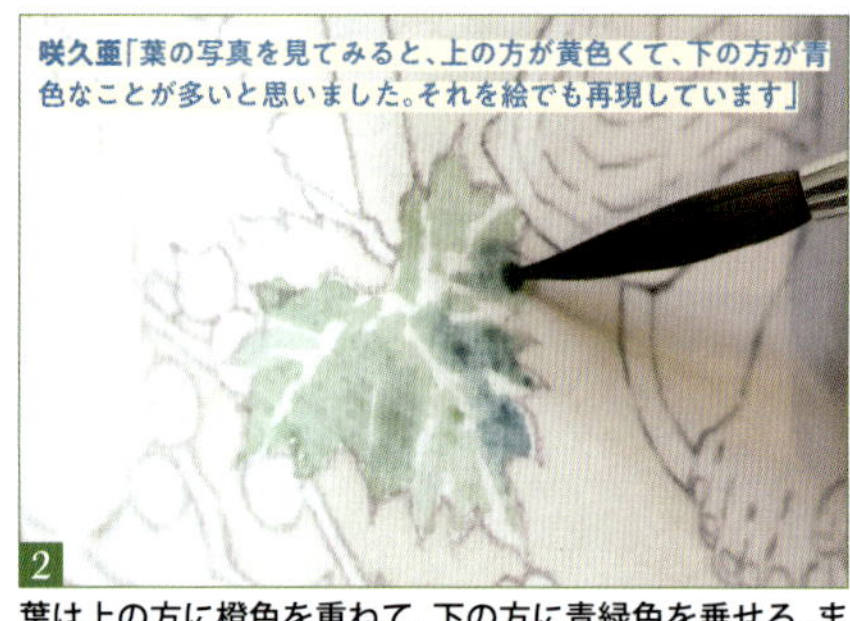

葉は上の方に橙色を重ねて、下の方に青緑色を乗せる。まずは向かって右側に青緑色を置く。①でつくった緑色にプルシアンブルー（W）を混ぜてつくった。

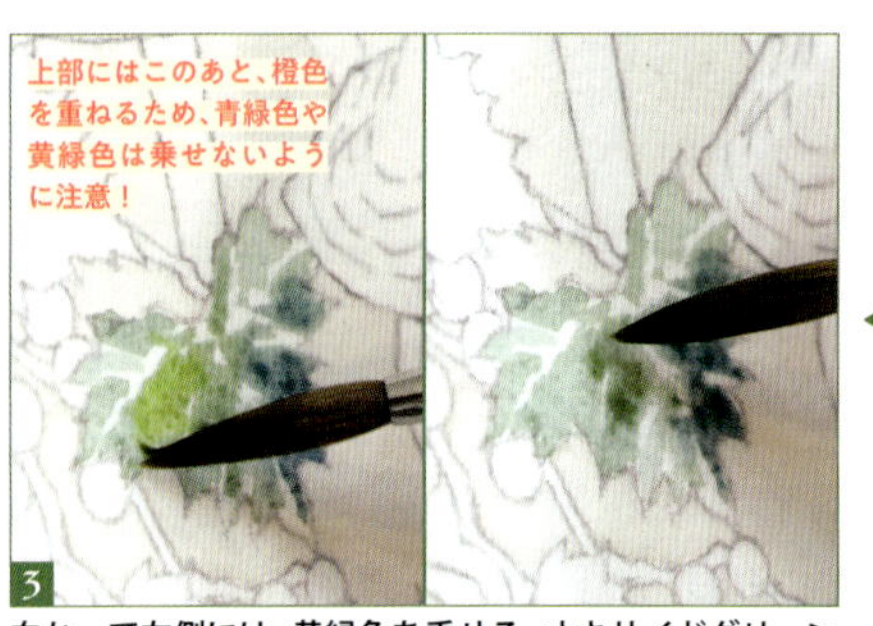

向かって左側には、黄緑色を乗せる。オキサイドグリーン（月）＋トランスペアレントイエロー（W）を混ぜてつくる。みずみずしい印象になった。

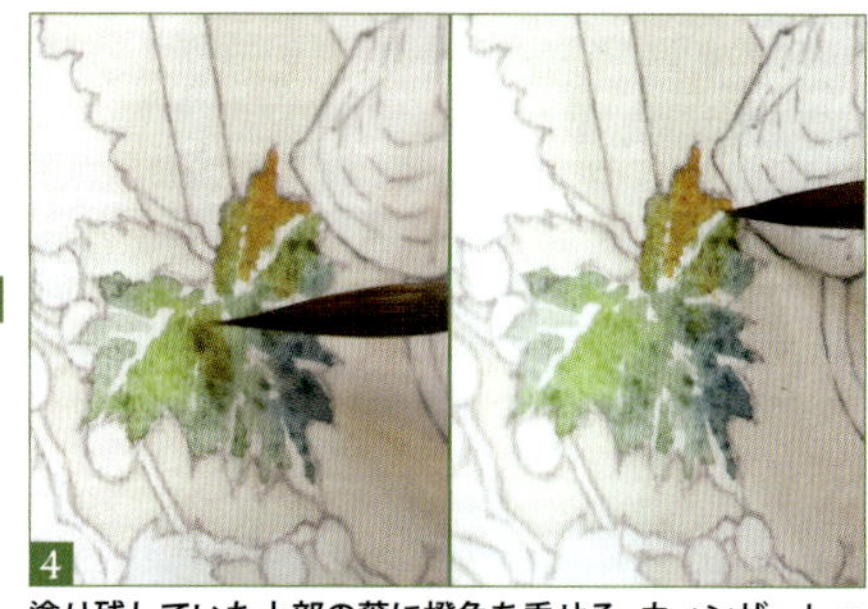

塗り残していた上部の葉に橙色を乗せる。ウィンザーレッド（W）にトランスペアレントイエロー（W）を混ぜた色を使用した。中間部にもわずかに色を乗せてなじませる。

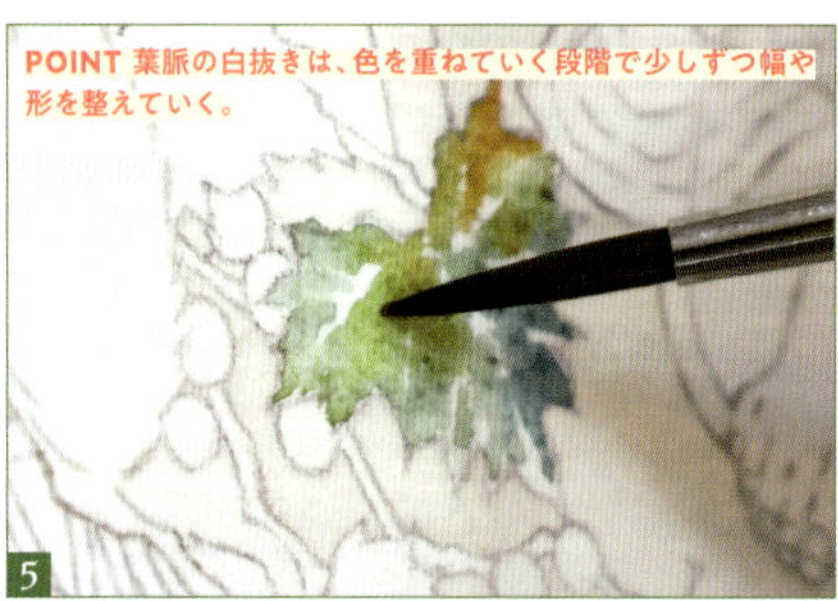

色の境目をなじませる。水をわずかに含ませた筆で、色の表面を叩くように撫で、グラデーションにする。筆に水を含ませすぎると色がにごるので注意。

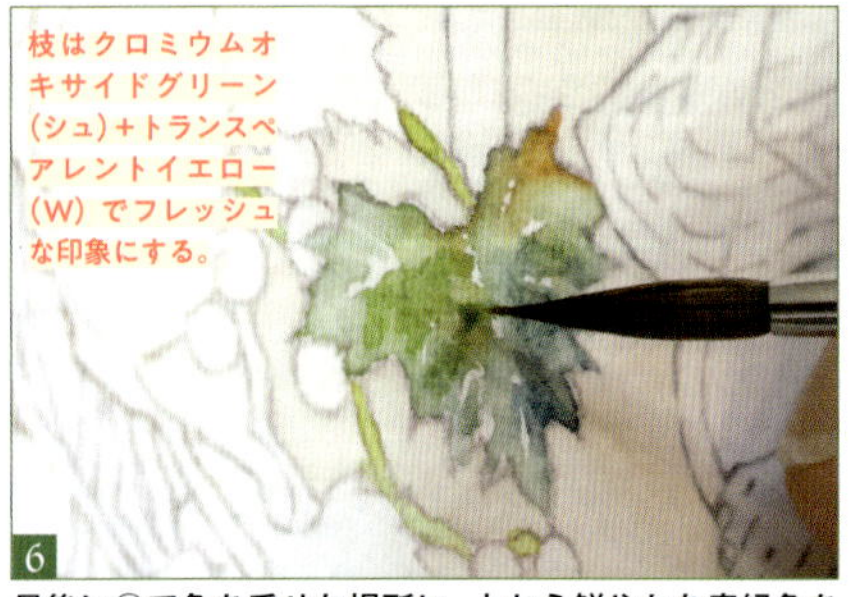

最後に③で色を乗せた場所に、上から鮮やかな青緑色を重ねる。鮮やかな青緑色はプルシアンブルー（W）＋オキサイドグリーン（月）を混ぜてつくった。

実を塗る

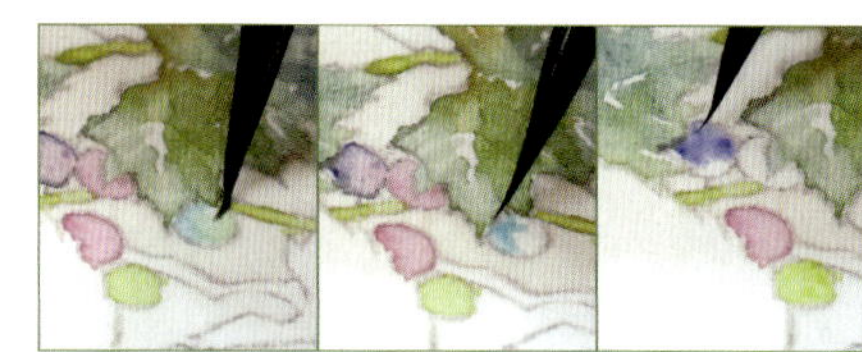

木の実は単色で塗るのがポイント。また、混色をする場合は色がにごらないように注意する。

◎ピンク色の実…コバルトバイオレットピンク（月）
◎黄緑色の実…クロミウムオキサイドグリーン（シュ）＋トランスペアレントイエロー（W）
◎青色の実…スマルト（デュモントブルー）（W）
◎水色の実…上部にホライズンブルー（ミ）、下部に黄緑色の実でつかった色をわずかに乗せた。

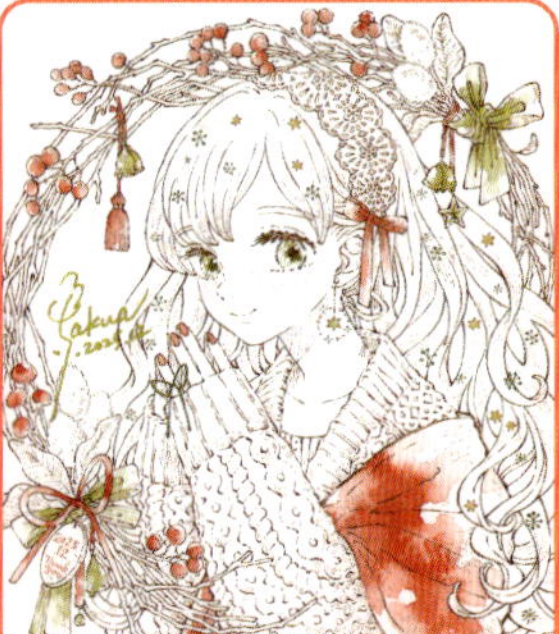

プレゼント色紙
詳細は巻末のプレゼントコーナーへ！

咲久亜さんは人物を中心にくすみカラーをつかい、植物には鮮やかな色を置くことで、人物に視線誘導をしながらも植物はリアルに、フレッシュな印象に仕上げていました。また、混色をする場合は着彩前に必ず試し塗りをすることで、繊細な色味のニュアンスを見極めていたのも印象的です。さらに、小物には模様を細やかに描きこむことで見応えと愛らしさを加えていました。

咲久亜さんの感想

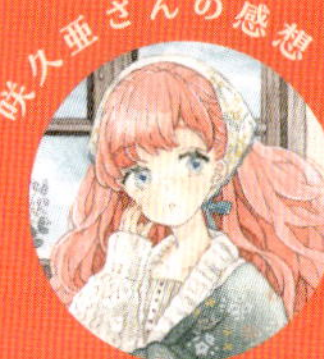

ホワイトアイビス（細目）はふんわりした塗り心地と優しい発色が魅力的です。重ね塗りすると水面境界が強めに出るところも面白いなと思いました。肌や葉のような繊細なグラデーションも表現しやすく使いやすい水彩紙でした。

Starr S 累計ポイントグランプリ1位受賞記念!
咲久亜×ホワイトアイビス水彩紙（細目）描き下ろしイラストメイキング

「季刊エス」91号で発表したStar S 累計ポイントグランプリで1位に輝いた咲久亜さんに、今回はイラストの描き下ろしとメイキングでご登場いただきます。咲久亜さんには、ホルベイン画材より新しく発売された、ホワイトアイビス水彩紙の細目と、ホルベイン水彩色鉛筆をつかっていただきました。やわらかな肌の塗り、美しいくすみカラーのつくり方、生き生きとした植物の塗りにご注目ください。また、このページで紹介したメイキングの完成絵は、ピンナップとして大きく137ページに掲載。メイキングと合わせてぜひ、ご覧ください。

咲久亜「今回は自分のアトリエにお気に入りのたからものを持ち寄って"冬ごもり"をする女の子を描きました」

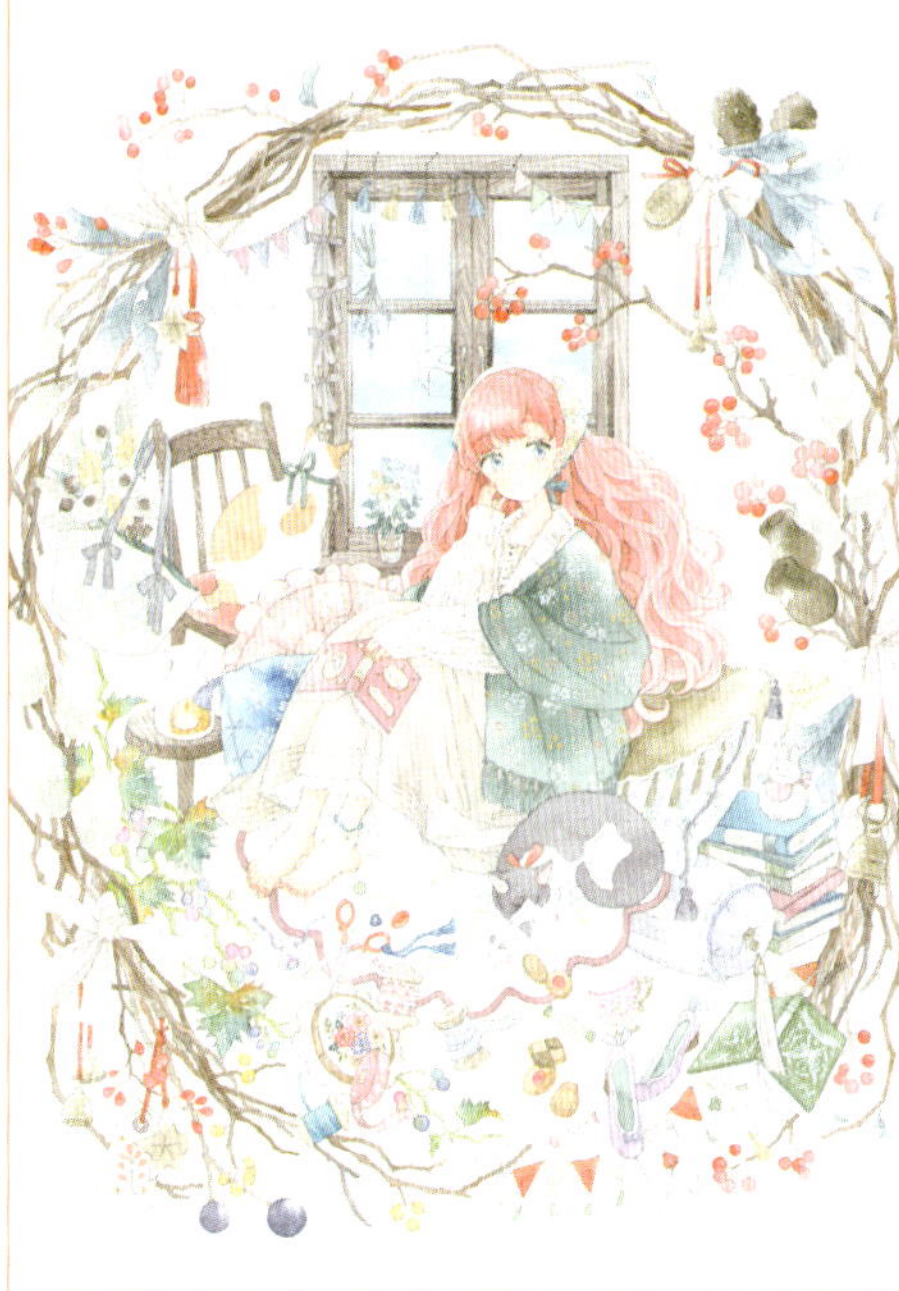

使用した画材

ホルベイン水彩色鉛筆

ホルベイン透明水彩絵具と同じ色番号が付いた水彩色鉛筆が登場！　水彩色鉛筆のみでの制作はもちろんのこと、水彩絵具と番号が同じものは色調も同じなため、併用もしやすいです。また、ホワイトアイビスの細目とも相性抜群です。

【価格】24色セット：7,392円（税込）
50色 紙箱全色セット：15,400円（税込）

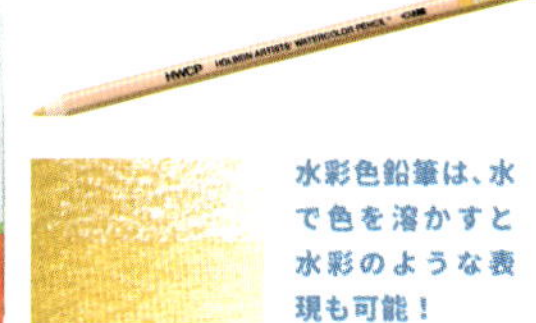

水彩色鉛筆は、水で色を溶かすと水彩のような表現も可能！

ホワイトアイビス水彩紙に細目が登場！

ホワイトアイビス水彩紙
（ブロック/300g/細目）

コットンをベースに良質なパルプを配合した水彩紙です。コットンが高配合にもかかわらず、手に取りやすい価格帯となっています。ブロック以外にも、ポストカードパック、A4カット判、大色紙、1/4色紙、ミニ色紙などのサイズも販売中！

【おすすめポイント】
- 細目は紙の凹凸が少ないため、水彩以外にも、ミリペン、色鉛筆、マーカーなどにもつかいやすい。
- パキッとした水彩境界が綺麗に出やすい。
- リフティング（色抜き）がしやすい。

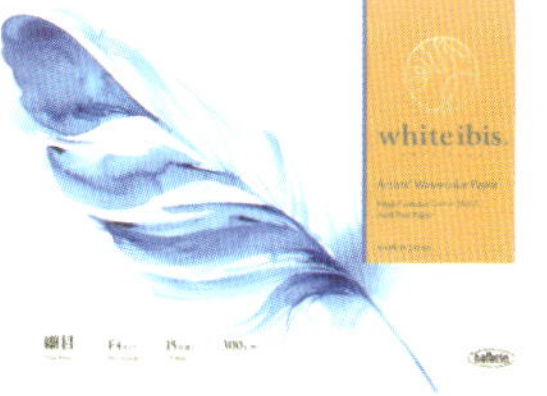

【価格】SMサイズ：1,705円（税込）
F4サイズ：2,915円（税込）/F6サイズ：4,345円（税込）

ラフ・下塗り

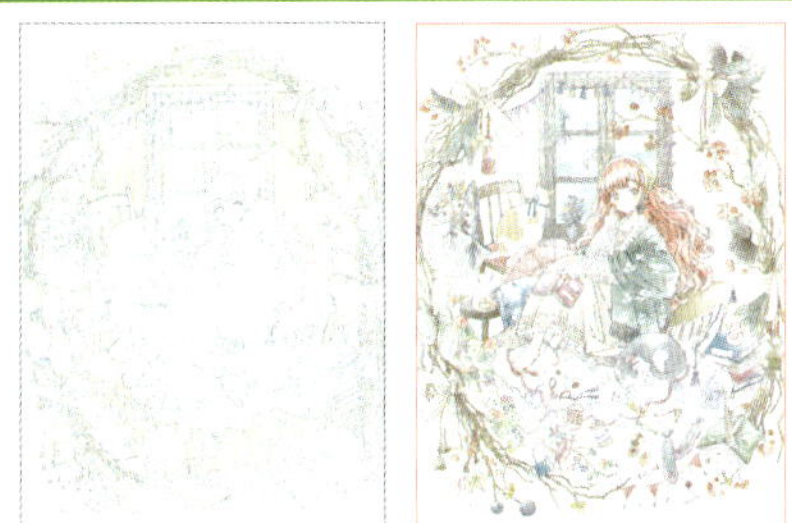

ラフ（右図）はiPadで作成するそう。色は別のレイヤーに置いてイメージを練る。また、線画はラフを転写して描く。転写をするときは、カラーラフの色を非表示にして線のみを印刷する。このとき、線の色はピンク色にするのがポイント。そうすることで、上からなぞった場所がわかりやすくなる。紙に転写したら最後にシャープペンシルで線画をなぞり直して整える。左図は、下塗りを終えた状態。

絵具とカラーチャート

咲久亜さんは様々なメーカーの水彩絵具を集めている。お菓子の缶ケースにメーカーごとに分けて収納しているそう。また、カラーチャートも全色作成している。使用する色に迷ったらカラーチャートを見て、混色する色を探していた。

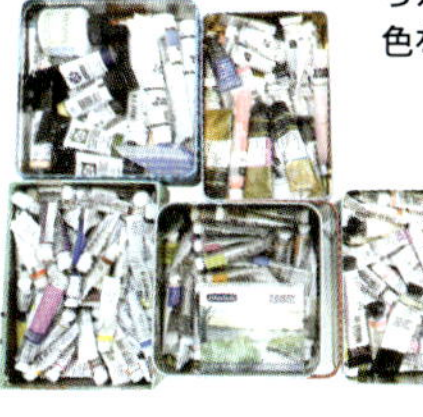

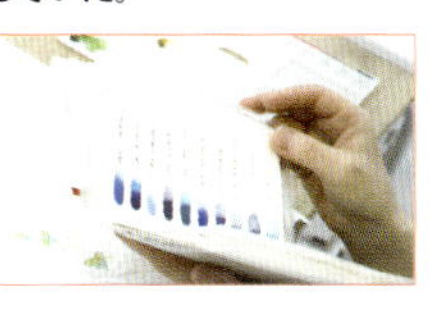

配色レシピ

使用する色を迷わないように、今回はあらかじめラフで考えていた色を再現するための配色レシピを作成してくれた。

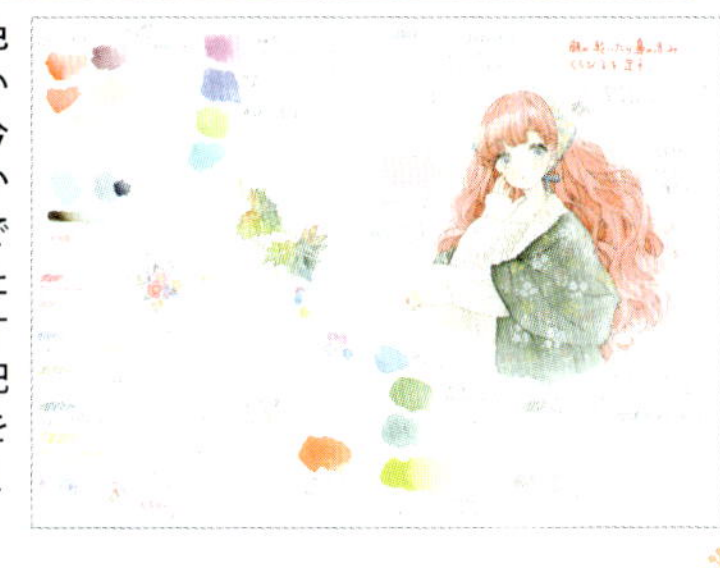

肌を塗る

※このメイキングでは水彩絵具のメーカーを次のように表記いたします。ホルベイン…(ホ)、クサカベ…(ク)、月光荘…(月)、マイメリブルー…(マ)、ウインザー&ニュートン…(W)、シュミンケ ホラダム…(シュ)、ミジェロ…(ミ)

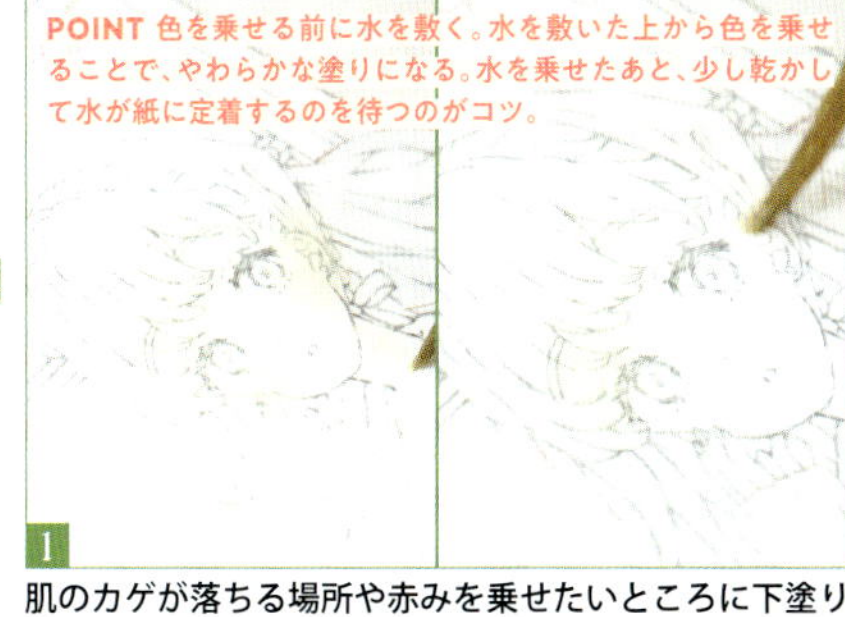

1 肌のカゲが落ちる場所や赤みを乗せたいところに下塗りをする。ひたいに落ちる前髪のカゲや首のカゲ、頬やデコルテの赤みにジョーンブリヤン No.1（ホ）を塗った。

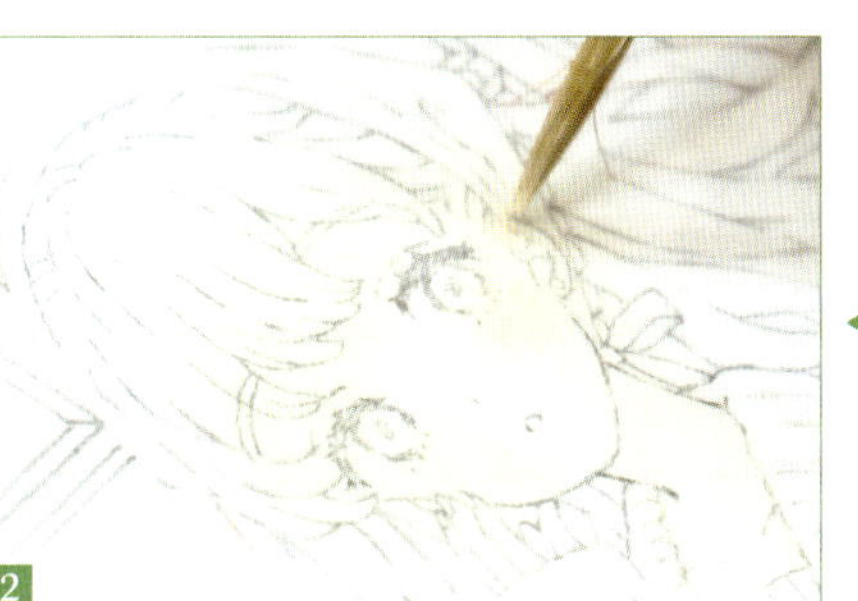

2 赤みを加える。ジョーンブリヤン No.1（ホ）＋バーミリオンヒュー（ホ）に少量のシェルピンク（ホ）を混ぜて杏色をつくった。頬やひたいに赤みを添える。

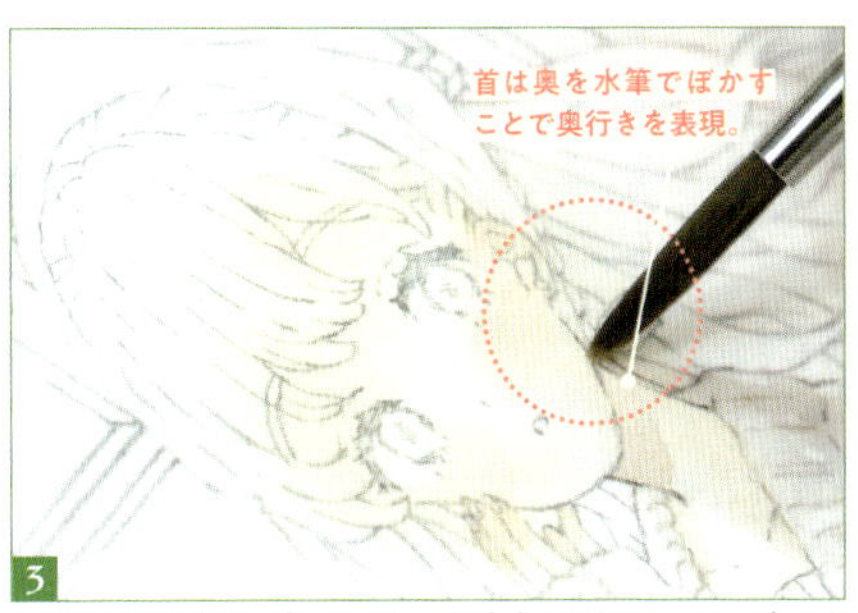

3 首のカゲを塗る。②でつくった杏色にペリレーンバイオレット（W）を混ぜて赤紫色をつくる。りんかくの形に沿ってカゲを塗るが、奥の方は水筆でグラデーションに。

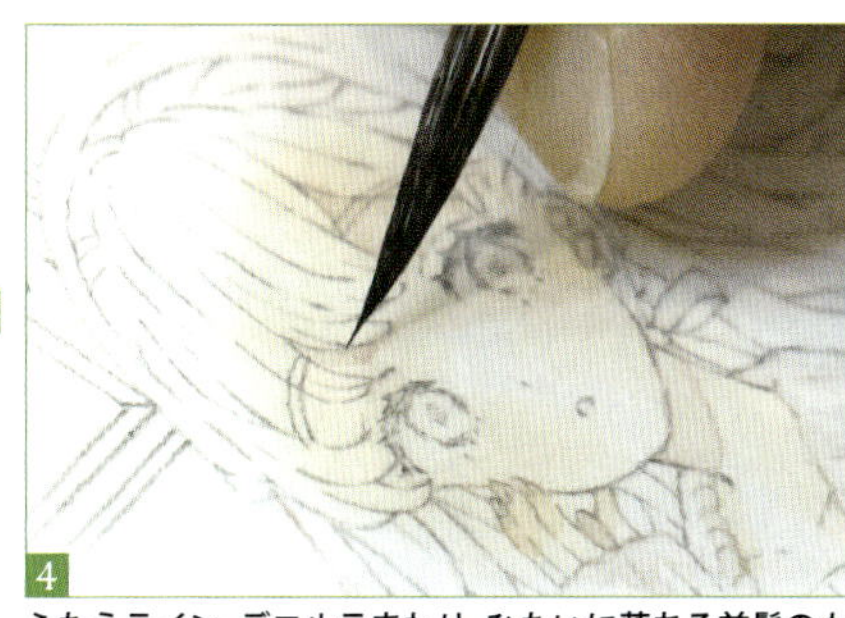

4 ふたえライン、デコルテまわり、ひたいに落ちる前髪のカゲも③でつくった赤紫色で描く。肌はベースを黄色系にして、カゲ色を赤色系にするのが咲久亜さんの描き方。

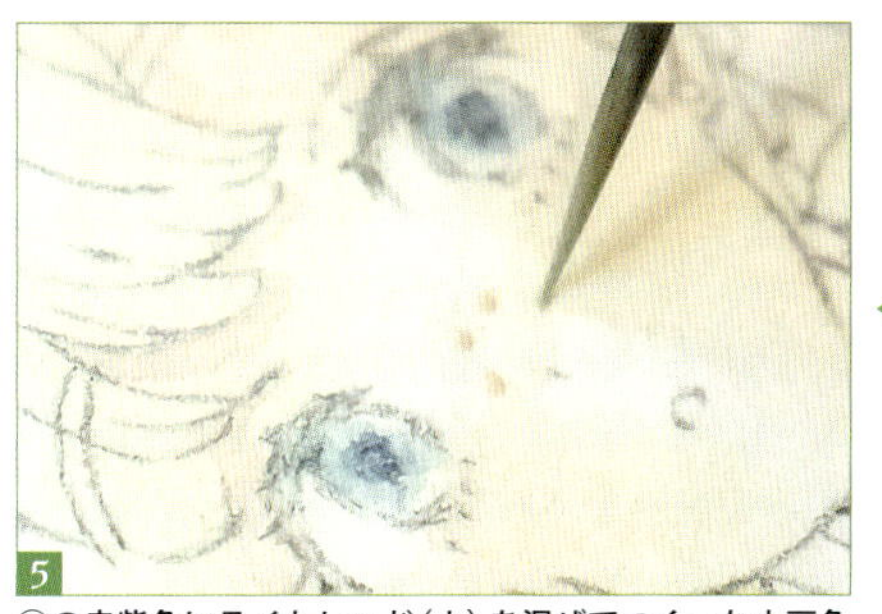

5 ③の赤紫色にライトレッド（ホ）を混ぜてつくった小豆色でそばかすを描く。たっぷりの水で薄めつつ、細かく点を打つように、慎重に色を乗せていく。

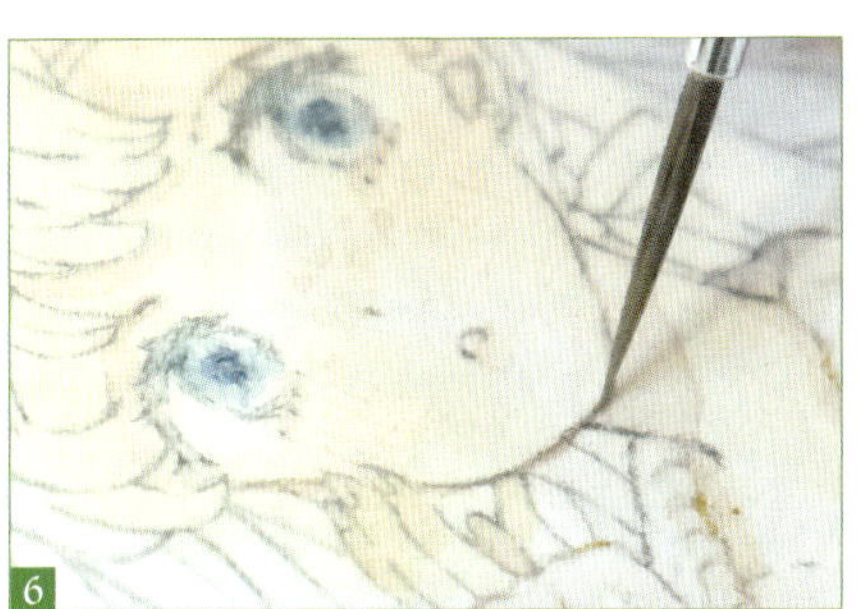

6 ピンク色の色えんぴつで頬に赤みを加えた状態。最後に⑤でつくった小豆色にペリレーンバイオレット（W）を混ぜた赤茶色で、りんかく線をなぞる。

のは、そんな単純なものじゃなかったよね。日本列島の真上で二頭の超巨大な光り輝く聖獣たちが空中戦を繰り返しているような感じだった。メディアそのものをジャックし、自分たちのやりやすい形に変えていく。コレって令和に先んじたYouTuber的な革命。石橋が放送の要である〝カメラ〟を壊すという行為は、象徴的だったのかもしれない。

長尾　確かに！　あれはメディアや社会に対する宣誓的な事件だったのかも。階層を飛び越えていくための自殺行為に似た聖なる通過儀礼だったのかもしれない。マクルーハンに見せたかった。あと、とんねるずとビースティ・ボーイズの共時性も今となっては気になるところよね？

小田島　そうなんだよね。ビースティととんねるず、似ているんだよね。ビースティ初期の爆音で暴れ倒すパーティスタイルとか特にそっくりなんだよ。若いくせにメディア戦術に長けた達観。プロデューサー、リック・ルービンと秋元康の存在。情報の全てがいちいち細かい。茶目っ気たっぷりなキャラクター。アナクロ趣味。周辺人物やスタッフをどんどんメディアに出す。あと、青春の美しいほとばしりが確かに似過ぎているんだよね。あのタイミングにあの肉体で輝けたというのは素晴らしい。参考にしていた様子としては、2トーンスカのMADNESS。あのサングラスにスーツ・スタイルって、とんねるずにもビースティにも影響あるんだろうなと思う。八〇年代という時代のファンシー化を受けていく過程で、〝面白い不良〟というものが出てきたんだろうね。とんねるずは永ちゃんを軟化させた存在だよね。

長尾　そうだね。それまで社会への反逆と言えば七〇年代の学生運動、八〇年代はツッパリだったわけで、とんねるずは体育会系のノリでツッパリブームを無力化させたところはあるかもね。何より木梨は新しい男の身のこなしを提示したよね？　雑誌「ビックリハウス」的なアティテュードと言ったらいいのか。ふと思ったけど、とんねるずって『傷だらけの天使』のショーケンと水谷豊の関係をシミュレーションしてた可能性ない？

小田島　確かに似てるね。コンビっていうのは必ず何か原型がある。トゥリーを描いたら面白いかもしれない。あと、とんねるずには松田優作のダンディズムが通っている。とんねるずの次となる時代のスターがフリッパーズ・ギターの二人だと設定すると、日本で最後に〝男気〟というものを大々的に飾ったのは、とんねるずだったのかもしれないね。八七年のシングル「迷惑でしょうが」では萩原健一のパロディもやってるよね。あとさ、ノリさんってヘテロセクシャルだと思うんだけど、とてもクィア的な芸人さんだよね。ノリさんは「オカマの味」を子供たちに教えていた（笑）。

長尾　最近、「ラスタとんねるず'94」（一九九四年四～九月放送／フジテレビ系列）から「ガニ」（シングル・一九九四年十二月発売）の頃が気になるんだよね。日常や因習からもっとも遠い場所を目指したモダニズムの痕跡を感じる。彼らをそうさせたのは恐らくダウンタウンの「ごっつええ感じ」（一九九一年～一九九七年放送／フジテレビ系列）の存在だったと思うけど、なんとなくアシッドの影響を感じてしまうのは俺だけだろうか？

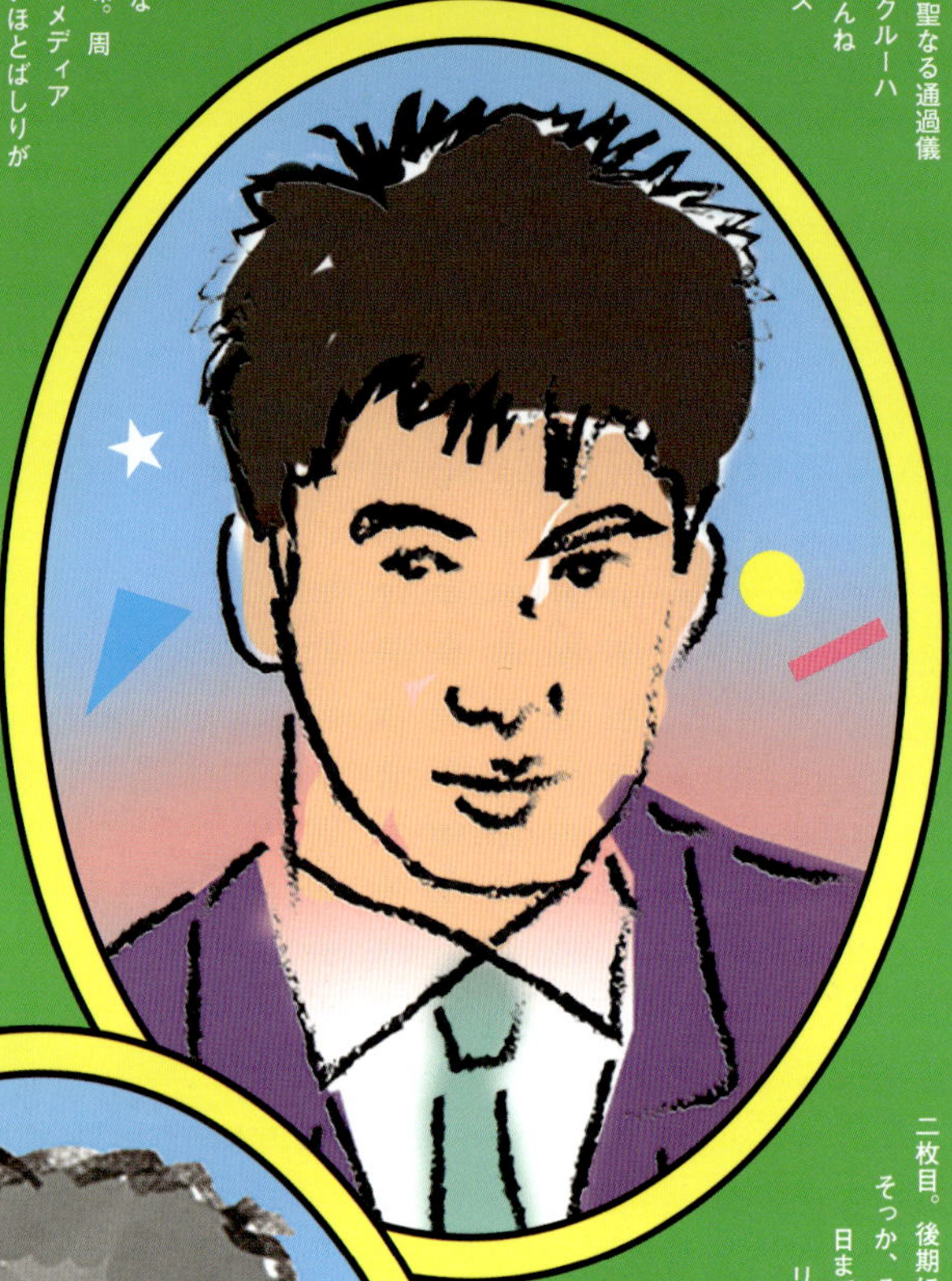

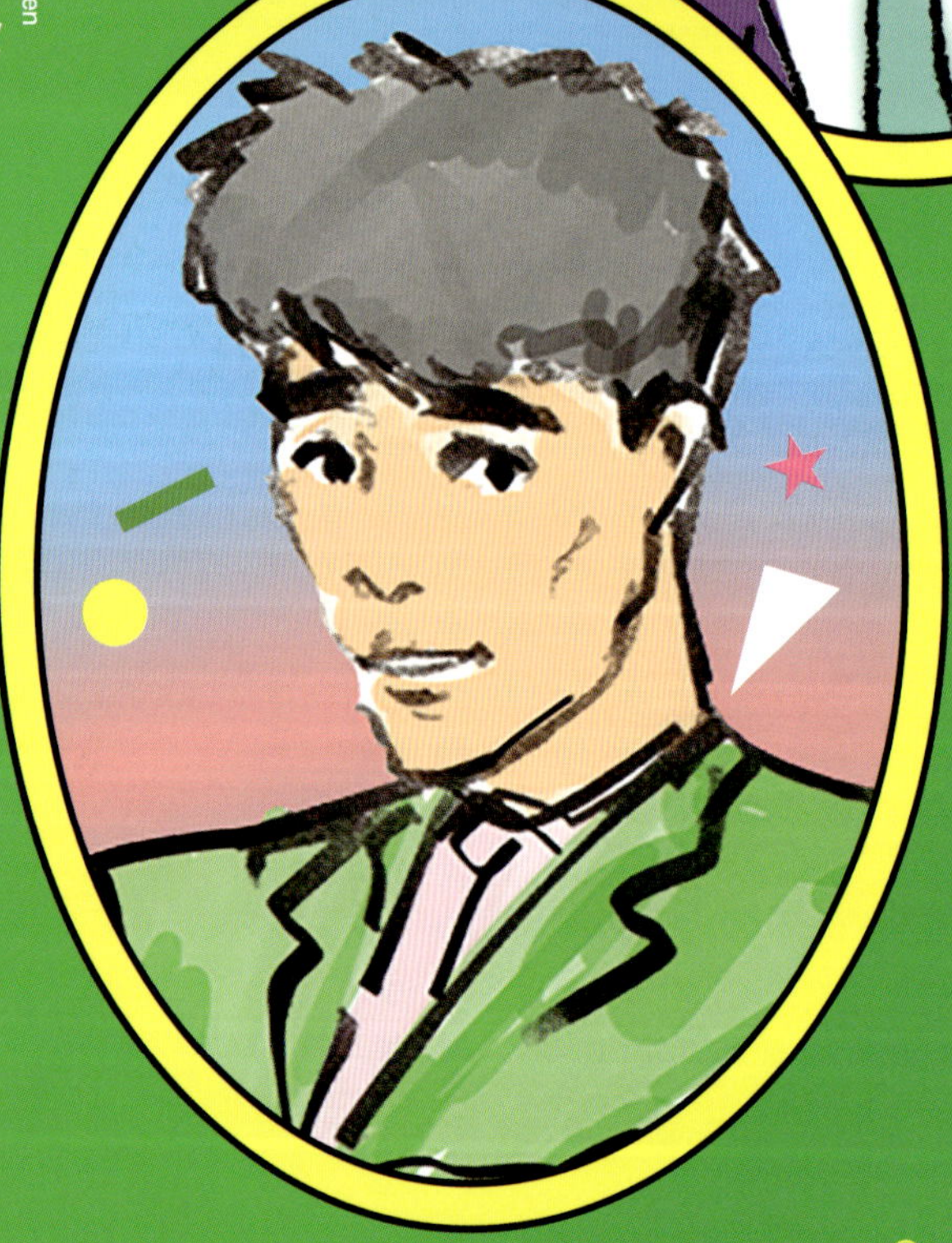

小田島　ちょっと大事な話な気がするね。コミックソングというものが、時代に示すものはデカい。かつ、とんねるずっていうのは本当に音楽に明るいグループなんだよね。九二年にはとんねるず最大のヒット「ガラガラヘビがやってくる」「一番偉い人へ」をリリースしているね。その後の「ガニ」は、とんねるずとしてのシングルリリースの最後から二枚目。後期に当たる。そっか、そこから今日までずっとリリースをしていないワケか。「ガニ」の作詞は秋元康、作曲は後藤次利。実は意外と珍しい全編賑やかな、急展開アリのQueenタイプのロック系コミック・ソング。あと、ちびっ子にしっかりウケるラインというものを、とんねるずは模索し続けるんだよね。九六年からはサブプロジェクトの野猿をやったり、展開をさらに増殖させる。「ガニ」や「ラスタとんねるず」で、とんねるずが何を乗り越えたかったのか、考えることがあるよね。モンティ・パイソンの影響を感じる。この「無意味・無秩序タイプ」というものを、誰が何処でどのような形で調理するのか。漫画、お笑い、文学、アート。ある時期から常にこの問題が存在すると思う。

長尾　うーむ、それはひょっとすると二〇世紀的な表現だったのかもしれないな。あれは一体なんだったのだろう。ひょっとすると世界が露わになる前の時代に、直感が疼いた人間によって行われたアレルギー反応だったのかもしれないな。世界の茶番を炭鉱のカナリヤの如く反応してみせていただけなのかもしれない。俺も当事者だったから、ふと考えるね。

小田島　そうだね。ケンちゃんのことを言っているつもりだったよ。銀杏BOYZの登場も然りなんだ。九〇年代末に名付けようのない動乱が各クリエィティブで同時多発的に起こっていったんだよね。ちょっと、こうやって「ガニ」の歌詞をプリントして、改めて眺めてみることにしよう。どうやら、男性という火の原理と、女性という水の原理。永久的な原理が謳われているようだね。時を超えて「ガニ」が伝えたかった本当のメッセージが、今の私たちにならきっと分かるかもしれない。そう、出来ないことはない。

長尾　しかし、猥雑でサイケデリックなクールさってもう二度とお目にかかれないのかな？　ザ・ストーン・ローゼズのマニが先日お亡くなりになって、改めてローゼズを聴いてみたけど本当に奇跡的なバンドだったね。女神を覆うベールを剥がしてしまったバンドだった。

小田島　うん。ロック親父みたいでこんな話をするのは恥ずかしいけれど、我々くらいの多くのロックキッズにとって、ストーン・ローゼズは本当に全くの別格・別次元だったね。処女性の伝説は真理だったし、全ては一度きりだってことが、マニの死で分かった。あの輝かしい九〇年代のロックアイコンがこうして軽々と旅立ってしまう。僕らはSNSでそれを知ってしまう。何故か哀しくもなく。その後腐れの無さと言ったら、私たちがあの日全身で浴びたハウスビートの洗礼と同質の感触だった。

（小田島等／長尾謙一郎）

直感通信

小田島等×長尾謙一郎

第55回目

小田島 令和ロマン、面白いよね。語っていい?

長尾 語って語って。

小田島 くるまさんが漫才で演じる変人の様子って「クラスに妙にイキったオタクがいてオモロかった」というようなことを大きくフォローした笑いなのか、と思い当たったワケなんです。かつ、細かく無秩序に枝分かれするあのネタには「SNSのくだらない返信」の独白的なシュール感があるなど。つまり、スモールトーク的。SNSやオタクの時代を反映した笑いなのかと。それが松本人志不在のタイミングにM1の覇者になったのは何か象徴的にも見える。コレ、どうだろう?

長尾 コンビ名も「令和」だから、時代のアンチテーゼとしての役割を意識してるかもね? しかし、オタクよ。「くるまさん」って……さん付けしちゃう?(笑) 最近YouTubeさんって言う人いるけど、あれ系?

小田島 いやいや、くるまって呼ぶには知らなさ過ぎるから。恥ずかしいなと思ってさん付けした(笑)。ああいうネタの雰囲気って、私たちの後輩の漫画家・大橋裕之の影響もあるんだろうね。何の世話をしたわけでもないのに後輩呼ばわり。何様だよ(笑)。

長尾 漫才って面白い? 特にM1って俺は全然面白いと思わない。いっぱい練習して、ボケを初めて聞いたテイでリアクションして突っ込んで、そんな予定調和面白いと思わないな。やっぱ、ビジバシステムよ。全てのM1チャンピオンはビジバシステムを超えられないよ(笑)。

小田島 うむ。今の漫才はハードプログレみたいになっているかもね。構築・鍛錬の極みというか。それにしても、ビジバシステムの話はしておかないとならないだろう。

長尾 いや、マジでビジバシステムがいまお笑い界のトップにいないという現状が俺は解せない。「なんでも鑑定団」のレポーターをやらせてる場合じゃないでしょ? いま俺、神様に向かって言ってるから。

小田島 住田隆さん。最高だよ。初期の相方、西田康人の頃もビジバシステムは最高。西田が役者に専念したいという理由から布施絵里にバトンタッチするんだ。布施になった後期ビジバシステムもだいぶ調子がイイ。あと、ビジバシステムはさ、もともとラジカルガジベリビンバ・システム(竹中直人・いとうせいこう・中村ゆうじ・大竹まこと・斉木しげる・きたろう他)のプロダクションは人力舎だ。シティボーイズ、中村有志、オアシズ、おぎやはぎ、ドランクドラゴン、北陽。

長尾 ビジバシステムは本当に衝撃だった。八〇年代後半の多感なキッズたちは、こぞって注目していたよね。バナナマンなんかは明らかに彼らに憧れてたんじゃないかな? ビジバシステムのコントの魅力はなんといっても観客から笑いをとることを目的としていないところ。あれには、びっくりした。笑いを忘れて、あっけにとられるんだよ。既成のお笑いの潮流をあざ笑うような時間と空間なんだ。ビジバシステムを観た後は笑いをとることに必死な芸人たちが単なる下品な死に損ないにしか見えないんだ。ざまあみろな気分で痛快だったよな?

小田島 確かに。ラジカルガジベリビンバシステムは俳優やコメディアンと劇作家・宮沢章夫からなる演劇ユニットで、ビジバシステムもその"新劇的なシュール"の流れを汲んでいるよね。観客を意識しないスタイルは演劇の要素だ。しかし、ビジバシステムにラジカルガジベリビンバシステムのようなニューウェイブ感は無い。どちらかと言うと、もっとずっとメジャーな風体。ビジバシステムには伝説のコント「いさせて」というネタがあって、私ら世代でちゃんとお笑いをチェックしていたマニアは、あのコントをテレビで観ている。でもテレビ出演した回数って、なんとなく三回くらいじゃなかろうか? ゆえに、幻のような印象。自分は日本テレビの深夜のお笑い番組「爆笑王誕生」(九二年放送)で観たんだ。ちょっとそのネタの中身は衝撃的で…まあ、文字にしてしまうと実に伝わらないものなんだけど…。

長尾 YouTubeさんにあればいいんだけど、いかんせんアップされてないんだよな。俺の記憶だと深夜番組で一回、二回目が「笑っていいとも」のテレフォンショッキング、そして三回目が伝説の「笑点」。瞼を閉じれば観客席に座る司会の圓楽のほくほくとした表情が昨日のことのように蘇ってくる。だろ?

「続いては若者たちに絶大な支持をうけるビジバシステムのお二人です。どうぞ!」

お約束の高齢者たちの乾いた拍手から一転、しっとりとしたBGMのイントロがステージを優しく包む。もちろん研ナオコの「泣かせて」だ。そこに現れたるは白いタキシードとドレスを着たビジバシステム。「泣かせて」のメロディにのせて「いさせて、いさせて♫」と歌い始めたってわけ。

小田島 そう、つまり歌謡ショーを模した、長尺のワンシークエンスのコントなんだよね。当時ではもちろん珍しいし、禁じ手。今で言うと野生爆弾のネタなんかに近しいものかもしれない。

「いさせて、いさせて。綺麗なお姉ちゃんのそばに、いさせて」

この歌詞もなかなか想いが滲み出ている。それだけのフレーズを延々と歌い続けるネタなんだよね。

長尾 観客席に降りていった二人が次から次へと高齢者の横に居座り「いさせて、いさせて♫」と哀願するんだ。笑いなんか一切無くて、一見いつものビジバシなんだけど、なんだか不穏な気配を孕んでいたのを覚えてる。しばらくすると遠くで叫ぶ老人の罵声が聞こえた。

「いい加減にしろ!」

「何がやりてぇんだ! このすっとこどっこい!」

笑点の客層って東京の東側でしょ? ビジバシステムの笑いなんて理解する気もないんだよ。そのうち舞台袖からカラフルな果実がチラチラと見えたかと思えば、ひょっこり顔が並んでる。ご存知、大喜利のメンバーがムスーっと困惑の表情を浮かべているわけ。小遊三はまだハンチング被ったままで好楽に至ってはペットのポメラニアン抱きながらすごい形相なんだよ。

小田島 今では信じられないかもしれないけど、日本の新しいお笑いの台頭。保守と前衛の戦い。アツい時代が確かにあった。あと、ビジバシステムの登場で思うのはさ、八〇年代にとんねるずが売れたことで、そこからポストとんねるず的なポップなお笑いコンビを芸能事務所各社がデビューさせるという流れがあったこと。そう、最近、石橋貴明が癌になってしまったんだよね。

長尾 後ろの襖がぱっと開いた瞬間、真っ赤に焼けた甘栗がドドーッ!! と飛び出したわけ。

小田島 えっ…、急に何それ? えっと、コマネチ!!

長尾 いやコマネチじゃないんだ、よく見たら烈火の如く怒った山田くんなんだよ! ずーとるびの!「お前ら舐めてんのかー!!」って住田に殴りかかった瞬間、フラメンコギターのアルペジオが鳴り響いたんだよ。ジプシーキングスだ! って俺思わず叫んだら、ドライアイスの煙の向こうから堺すすむの登場。「なんでかフラメンコ」が始まったんだよ! ジャンジャカシャンジャカやるんだ。でも肝心のオチを言う前にぐーっとカメラが瞳孔のアップに寄ると瞳の中に夜のシャルルドゴール空港が映し出されたのさ、気がついたらコンコルドになった圓楽がにんまり笑ってビュンと飛んでいっちまった。で……龍角散のコマーシャルだったかな?

小田島 ケ、ケンちゃん…急に何を言う…早見優北天佑〜! お父ちゃんやめたげてっ! いやーん、バカンスの娘たちよ〜♡ ドゥーン!!

長尾 それ以降ビジバシステムをテレビで見ることはなかった……と。ところでキミ移民問題どう思う?

小田島 それね、高市早苗首相に一つ解決策を打診しようとpdf資料をまとめているところなんですよ。以下、提案です。①東京湾に巨大な人工島をいくつも建造し、移民専用国家を作る。②国全ての敷地を階層に分ける。地下一階は日本人、一階は中国人、二階はクルド人みたいな巨大構造物の建造。③くるくる〜っと、魔法をかけ全人類を同じ種族にして摩擦をなくす。④ジョン・レノンのDNAからクローン・レノンを復元する。国際的な国境撤廃運動「イマジン運動」大展開へ。④全員で白目を剥く。どかな?

長尾 いいな。高市さんに送ろう! あえて俺たちらしくpsdで送ろう! 移民問題はここ半年日本のホットトピックだけど、俺は正直言ってドイツを倣って制限する必要があると考えている。いま大学は留学生の割合が高くて、あるパーセンテージを超えてくると教室に日本語が消えるんだよ。それは秩序と繋がっている。とはいえ、日本の本質は神話的に読み解くと「譲る」なんだよ。日本は歴史上何度か国を譲っているわけで、流れ的にはまた他民族に譲ってしまったりするのだろうか? そして神武東征の如く我々日本人はヒールとして討伐されていくのだろうか? まさに、いさせて、いさせて〜♫ だな? ビジバシステムはこのことを言ってたのか。

小田島 ビジバシステムに戻ってきたので、とんねるずの話を続けると、当時アイドル的人気を持つ新たなるお笑い芸人を見つけようという動きが各芸能事務所に起こった時に、とんねるずは理想的な指標になったわけです。実のところ、ダウンタウンもウッチャンナンチャンもポストとんねるず的な動きなんだと思う。コレはタカさんが癌になってみて、初めて見えてくること。

長尾 確かに確かに。あのやせ細った闘病姿はショックだったな。とんねるずはダウンタウンと世代的には大差ないけど、初出はかなり早い時期だったから、思い入れも個人的に大きい。お笑いスター誕生が僕ら小学二年ぐらいでしょ? てことは「ひょうきん族」とほぼ同時期なんだよね。そして沈黙期が数年あってシングル「一気!」(一九八四年)を出し、「オールナイトフジ」でのテレビライブでカメラを壊して小ブレイク、「夕焼けニャンニャン」で大ブレイクってところだろうか?

小田島 うんうん。まさしく。私らの世代は、本当に直撃だからね。ある時期まではテレビもラジオも全部チェックしていたよね。単行本も色々あった。ホント、とんねるずからいろんなことを学んだ。メジャーな立ち位置なのに、若者に刺さるようなことばっかり仕掛けてくるフザけた人らなんだよね。タカさんノリさん、マジでホントに青春をサンキューと言いたい。でさ、真面目な話なんだけど、笑いというものの構造の中に保守と改革の対立やらがあるじゃない? 少なくとも九〇年代までは分かりやすい対立が成立したと。ドリフターズが保守で、ビートたけしや明石家さんまが革新というアレね。しかし、今の世の中から思えばさ、テレビや雑誌というものの限界がこの「対立構造」だったのだろうなとも思うね。しかし、とんねるずとダウンタウンの対立具合のリアルというも

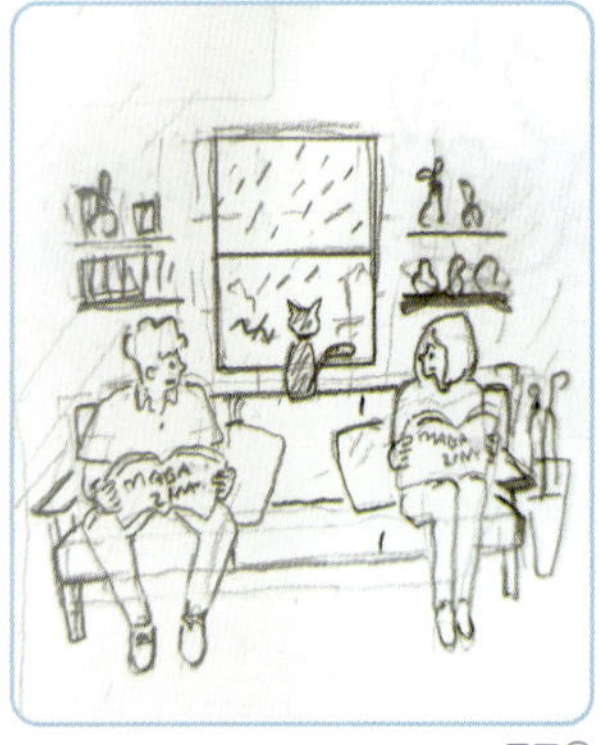

ラフ②

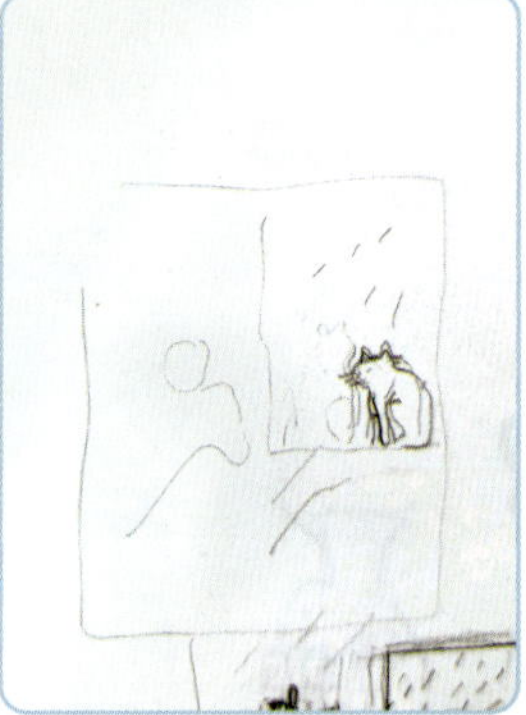

ラフ①

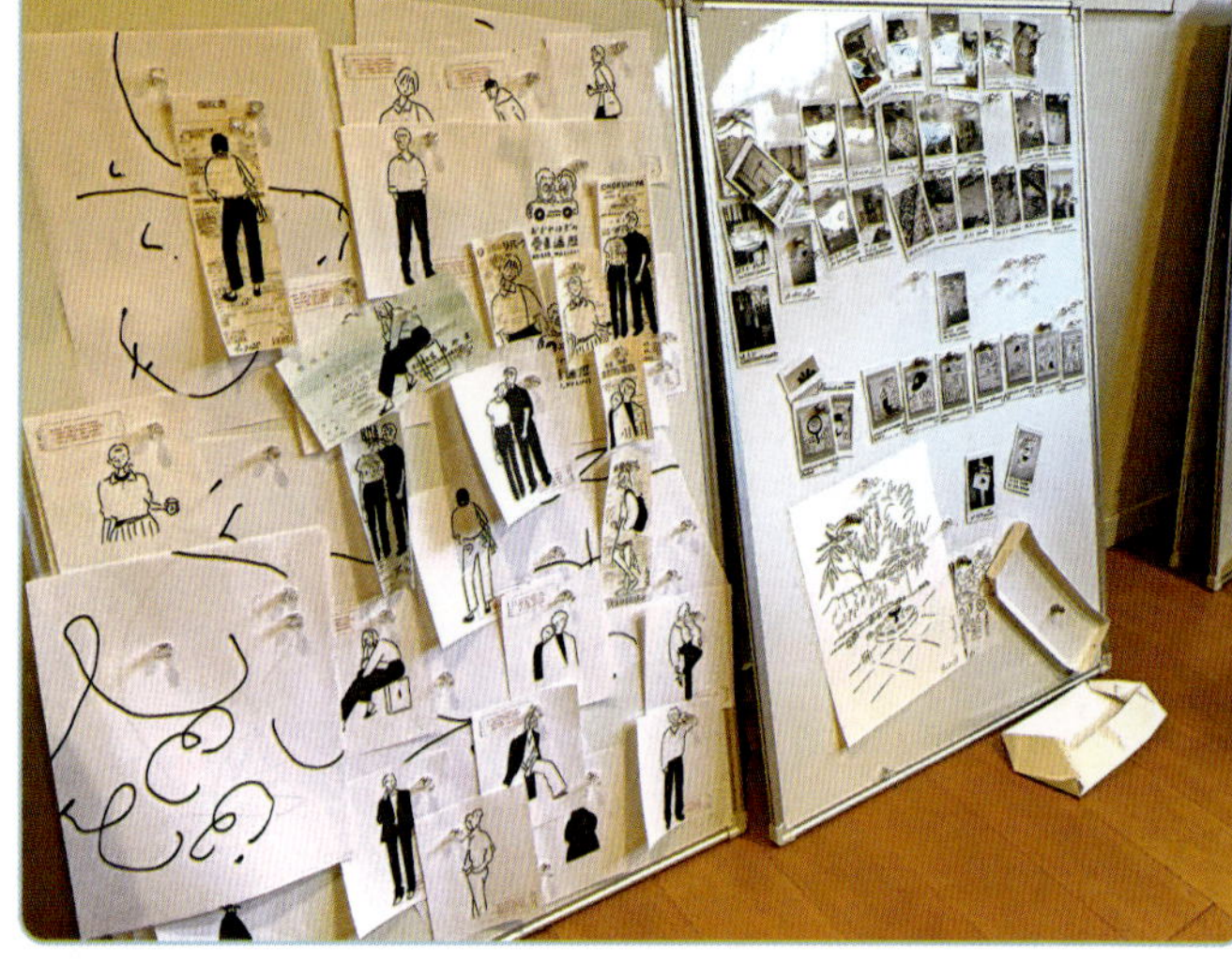

ホワイトボードに貼られた作品

Ace Hotelのメモ帳をはじめレシートや領収書にまで描かれたイラストと、作品のポラロイドがペタペタと貼られたホワイトボード。

てしまいそうで怖いんですよね。長場さんもいっぱい見てきたと思うんですけど、すごく人気者になっては消費されて、リバイバルもなく見なくなる作家さんはいっぱいいたじゃないですか。そこで考えるのが、自分のイメージを広げていくことと消費されることのバランス、自分が持っている絵のキャパシティの問題。そこは、けっこう注意深く考えていて、結論として僕は自分の目が届く範囲内の仕事しかしないと決めたんです。担当者がきちんと見える仕事しか絶対受けない。そうなると、チームのみんなが同じ問題や課題を共有できるので、その商品に血が通っていくというか。最終的に消費者に届いた時もただ消費されるものにはならないと思うんです。そういう感じなので、僕はなんでも自分で把握していないと落ち着かないんですよ。メールも自分で全部見ているし、自分でイニシアチブを取りすぎているんじゃないかなとは思う。ただ、長く続けていくためには、ちょっとやり方を変えないといけないんだろうなとは思っていて。このまま頑固おやじみたいな感じで行けるわけがないんだよなって（笑）。

でも、やっぱり仕事のプロジェクトの中で知らない話が一個でも出てきて欲しくないから、グッズをつくる時もコストの話から販路の話まで全部知りたいんですよ。できる時はデザインも自分でして。やっぱり、「納得はしてないんだけど勝手に出ちゃってたんだよね～」みたいなことは絶対に嫌だから。そこは目を光らせたい。

でも、そうなると、やっぱりだんだん体力がなくなってきたから、疲れてきて怒りっぽくなってブチ切れるという悪循環に陥るわけですよね。丁寧というより、もはや偏屈（笑）。だって、やっぱり不安じゃないですか。自分が七〇歳、八〇歳になった時に、例えば宇野亞喜良さんや和田誠さんみたいに描き続けていられるかと言えば、全然分からないし想像もできないので。だって二〇年前はこんなふうにSNSが台頭するなんて思いもしなかったし、それどころか生成AIが登場して、誰でもきれいな画像がつくれるようになる未来なんて想像もしなかったですから。そう考えると今から二〇年後なんて、どうなってるか分からないですよ。そう思いません？

長場　でもモノの価値は二〇年後も上がるものは上がるんじゃないかな。例えば中村さんの作品の価値はこれからも上がっていくと思いますよ。より神格化されるというか。

中村　え？　僕が？　宇野亞喜良さんみたいになれるってことですか？？

長場　なるでしょう！　僕が若い時に中村さんの作品を見た時と比べて、今また改めて見ると、すごく価値が上がっていると感じますよ。それは今後二〇年、三〇年、ずっと上がっていくと感じます。それはAIがあろうとも関係ないと思います。

中村　分かんないですよ。最近僕はTikTokかYouTubeに流れてくるSora2というAIのショート動画をAIと気づかず面白いと思って観てましたからね。信じられないですよね。だから、自分たちでは想像もつかないぐらいそっくりなものが、著作権もクリアして量産される未来も全然ありえる。そうなった時に、じゃあ何が残るのかと言えば、やっぱり人間しか残らないじゃないかなと思って。だから自分が生きていないとダメなんですよ。中村佑介が、これを描いた人物が生きているということを込みにしないと、たぶんモノの価値は上がっていかない。だって僕のスタイル自体はいくらでも真似できますからね。ほとんどの消費者は別にそこまで細かく絵を見ていないと思うし。

長場　や、でもAIが描いていたら分かるんじゃないですか。

中村　分かんない！

長場　だって例えば美味しいみかんを食べたって美味しいという感動があるじゃないですか。

中村　僕はない！！

長場　僕はあるんです（笑）。美味しいものを食べて脳にバーンと来る、みたいなことが。それは別に味覚に限らず何かしらみんな感動するものはあるわけで。

中村　音楽とか。…確かにそうかも。

長場　そうそう（笑）。だから絵にも絶対にそれはあるはずです。本物を見てバーンと来る、ということが。みかんを食べても、代官山 蔦屋書店で永井博さんの原画を見ても、それは起こるんです。

中村　永井さんはもう時代を超えてますからね。

長場　超えているし、あれだけ色々なところに作品が出ていても、原画に出合うことでまた全然違う。

中村　本物だからですよ。

長場　だから人間の活動は、ちゃんと感動を与えます。

中村　僕の絵どうこうでなく、人間の営みそのものが、ってことですね。そういう意味でも僕は今日、長場さんの作品ファイルを見られて面白かったです。完成に至るまでのラフ段階だと意外と線が多くて、最終的なペン入れであの絵になるんだっていうのが、すごく意外で面白かった。アイデアを発想した時点では、まだあの絵柄になってないんだ！　って。

長場　何度もデッサンしてますね。

中村　だからシンプルなのに生っぽい。それが人間の力だと再確認できました！　というか僕ばかり喋って、この聞き上手！　こりゃ好かれるわけで、それこそが人間力だ！　悔しー！！

長場　またいつでもいらしてください（笑）。

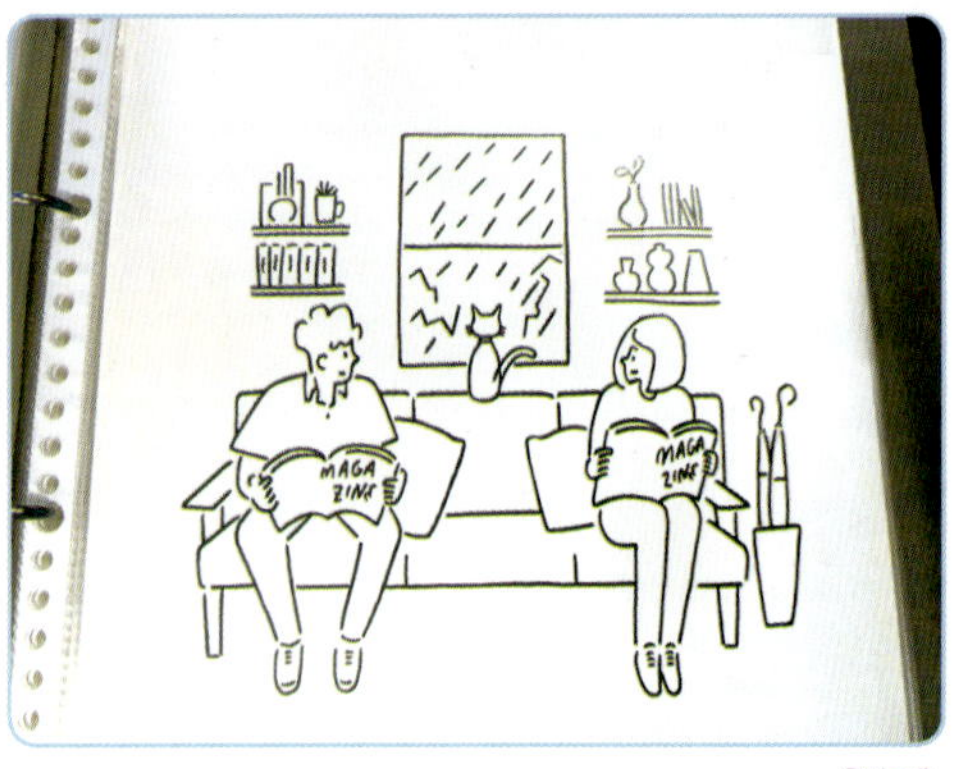

③完成

作品ファイルとラフスケッチ

過去作品を綺麗にファイリングしている長場さん。完成作品と合わせて、たくさんのラフが収められているので、完成までの変化が面白く、中村氏も楽しそうに眺めていた。こちらの作品は、ラフ①で窓辺に猫と人が描かれているが、実はラフ①の前段階では「雨の窓」がテーマで、本当に雨と窓しか描かれていなかった。それが①になり、続く②では、窓の外を眺める猫を挟んで恋人たちがくつろぐ、完成作品に近いイメージへと変化。

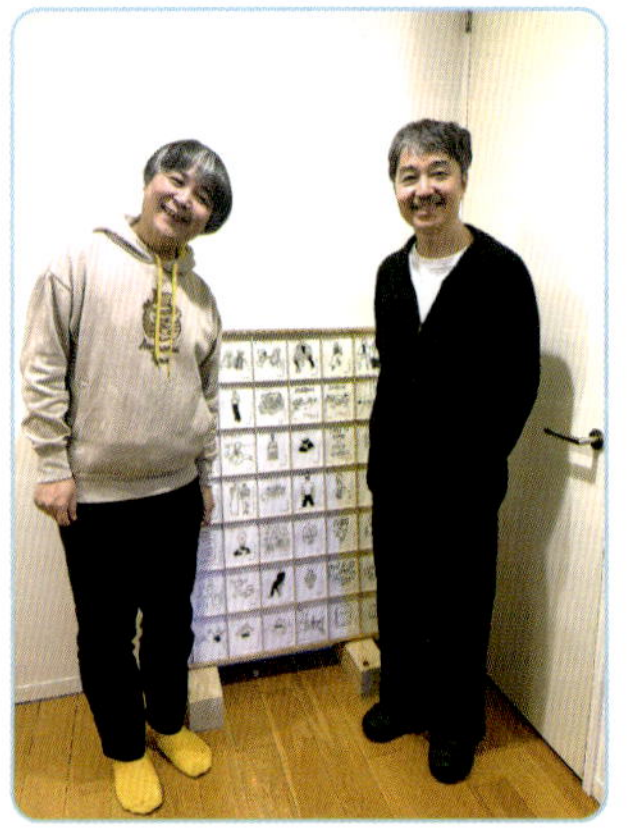

長場雄

アーティスト。1976年東京生まれ。東京造形大学を卒業。アパレル会社でデザイナーとして活動後、作家活動を本格的に開始。2014年に現在のスタイルとなる白黒のラインのみで構成された作品を発表。雑誌「POPEYE」の表紙に起用されたことをきっかけに、一躍その作風が世に知られる。以後は作品制作だけではなく、UNIQLO、ASICS、G-SHOCK、BEAMS、ポケモンカードゲームなど、国内外の名だたるブランドとコラボレーションを発表。

中村佑介

イラストレーター。1978年兵庫県生まれ、大阪芸術大学デザイン学科卒業。ASIAN KUNG-FU GENERATIONなどのCDジャケット、『夜は短し歩けよ乙女』『謎解きはディナーのあとで』などの書籍カバー、音楽の教科書、浅田飴やロッテのチョコパイのパッケージ、など数多くのイラストを手がける。また、アパレルブランドグラニフとのコラボ企画、動画配信、執筆など表現は多岐にわたる。著書は画集『Blue』『NOW』、教則本「みんなのイラスト教室」、CDジャケット全集「PLAY」（全て飛鳥新社）など。浅田飴2026限定缶、「中村佑介カレンダー2026」発売中！

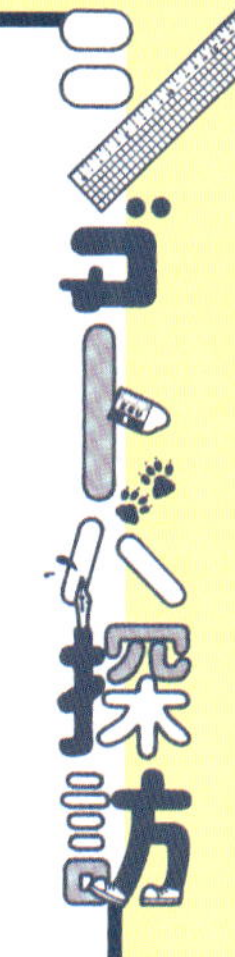

ちゃくちゃいっぱいキン消しあっただろうに！

長場 いっぱいあった(笑)。ファミコンも捨てられたしね。

中村 なんでそもそも捨てられたんですか？持っていけばいいじゃないですか。

長場 トルコ行きにあわせて、当時住んでいた家を売ることは決まっていたので、持っていけないものは捨てるしかなかったんです。しかも引っ越しは三月だったんですけど、十二月のクリスマスプレゼントで、どうしてもロボダッチというプラモデルの大きな船が欲しくて。親には「トルコには持っていけないけど、いいの？」と言われたんだけど、「それでもいい」と買ってもらい、作って三月には全部捨てました。

中村 悲しすぎる……。それでこんなふうになったんだ……。

長場 中村さんの部屋は、この前の対談の時にZoomで見せてもらいましたけど、トランスフォーマーがずらりと並んでいましたよね。うわーっと思った(笑)。

中村 両極端ですよね(笑)。だから長場さんの描く絵って子供文化との断絶というか、すごくお洒落で洗練されていて、僕から見ると、ものすごく仕立てのいい白いシャツみたいな印象なんです。僕には辿り着けない価値観。逆に自分の部屋を見ていると、やっぱりこの絵を描いている人の部屋だよな、といつも思う。子供の時からずーっとモノを溜め込んできた人の絵です、我ながら。

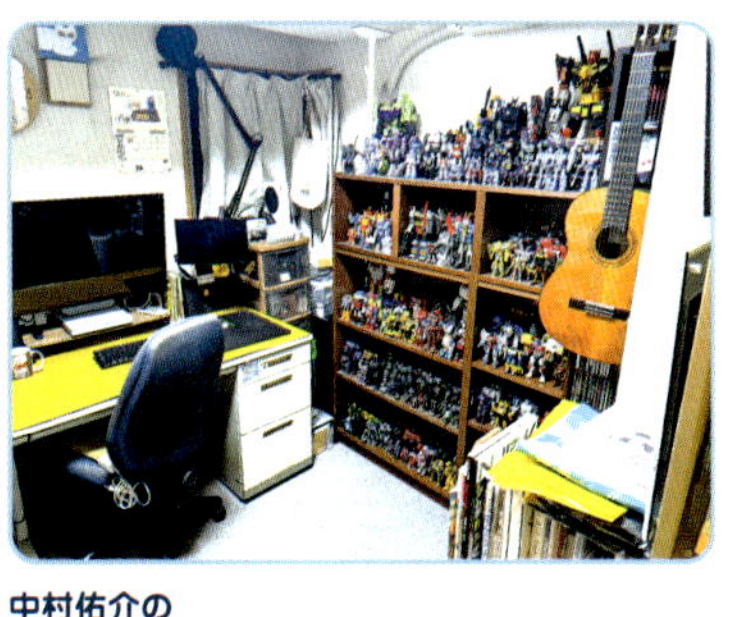

中村佑介の
シゴトバ

デスク右横の棚にトランスフォーマーがこれでもかと並ぶ、中村氏らしい賑やかな仕事部屋。実は写真では見えないデスク左横の棚にもトランスフォーマーが……！

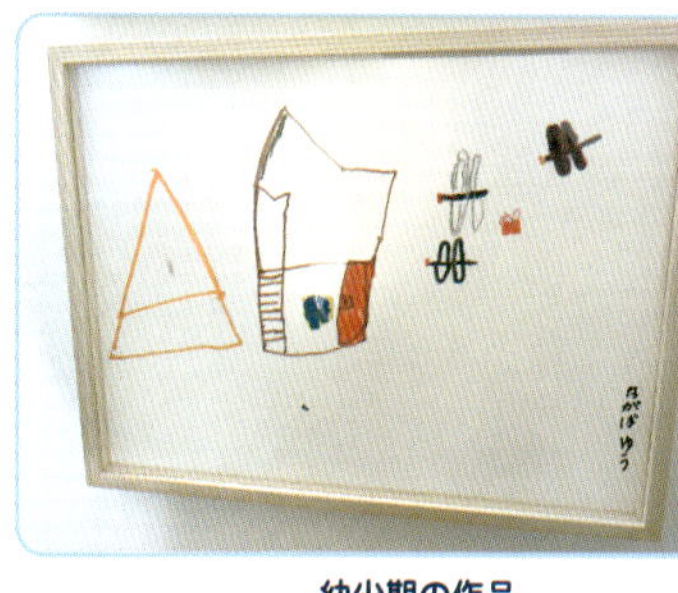

幼少期の作品

トルコで油絵を学ぶ前、幼稚園時代の作品も仕事場には飾られていた。那須でトンボを捕まえた思い出を描いものだそう。

長場 そこに原体験があるのかもしれないね。

中村 絶対にありますよね。どうせ買っても捨てられんだろ！ みたいな。でも僕も玩具はそんなに買ってもらえなかった。捨てられはしないけど。

長場 僕もそんなに買ってもらってなかったです。それでも親が買ってくれたということは、ロボダッチはよほど欲しがったんだと思います。

中村 今から買ってあげたい！ めちゃくちゃプレ値だけど(笑)。トルコでは絵画教室に通っていたそうですけど、ご両親も絵に素養をお持ちだったんですか？

長場 両親ともに絵との関わりはないです。でも僕が絵を好きなことには肯定的で、それこそトルコはヨーロッパが近いので、ヨーロッパの美術館にも連れていってくれました。

中村 子供時代のそういう経験は大切ですよね。長場さんは東京造形大学出身ですよね？ 私立の美大って学費も高いじゃないですか。そこからもご両親が応援してくれていたからなのかなーと。高二ぐらいに進路を決めたと思うんですけど。

長場 母親は僕が高校二年生の時に亡くなるんですけど、ギリギリ進路のことは話していて、僕が美術系に行くことには肯定的でした。父親も別にそれでOKでしたね。

中村 じゃあ、子供の頃から中高生の頃までずっと絵を描いていて？

長場 全然。中高は陸上部に入っていたので、美術からは離れていました。でも子供の時に絵が好きだったな、というのは頭の片隅にずっとあって。分かんないけど、将来は絵の仕事に就けたらいいなと思っていました。中高で色々経験してみたけど、他にやりたい職業もなかったし。陸上も頑張ってはいたんですけど、家のこともあったりして、あまり現実的じゃなかったんです。

中村 カルチャーはどうでしたか？

長場 洋服も音楽も好きでした。

中村 その中でもやっぱり絵を選んだと。

長場 洋服は好きなんだけど、それこそお金がそんなになかったから、いっぱいは買えなかったし、服をつくることに憧れはあったけど、なんか違うんじゃないかと思っていました。周りにはメイクの学校に行く人もいて、そういうのも面白そうだなと思ったけど、自分はもっとピュアなことをやりたいんだろうなって。じゃあ、やっぱり絵かなって。

中村 ピュアというのは、メイクやファッションに比べて、絵にはあまり通俗性がないという意味ですか？

長場 というより絵なら全部自分一人でできるから。誰かと関わって進めるものより、自分と向き合うもののほうが自分には合うんじゃないかと思ったんです。

中村 だから間を取って大学卒業後にグラニフに入って洋服に絵を描くと。つながってくる。

長場 そうですね。Tシャツをつくっていました。Tシャツというものが表現媒体としてすごく好きなんです。裏原文化も好きだったから、Tシャツで自己表現をすることには憧れがあって。だから紙より、服にのせる絵をつくりたいという思いは強かったです。むしろ僕はイラストレーターにはあまり憧れたことがなくて。今でもイラストをやっているという感覚はあまりないんですよ。依頼を受けて、絵を描いて、お金を貰う、という仕事がイラストレーターということだからイラストレーターと名乗っているだけで。

中村 確かに長場さんのイラストは服に寄り添います。トートバッグとかに描かれているとすごく可愛い。でも、そうなるのはファッションが好きだからですよね。絶対にそう。僕は絵以外のことをやってこなかったからなあ。だって今、陸上をやっていたと聞いて、ちょっとビクッとしたもん。元運動部の人が目の前にいる！ いじめられる！ って(笑)。でもイラストレーターに憧れていなかったということは、イラスト一本で食っていきたいという気持ちもそこまで強くはなかった？

長場 ただ絵を描いていければいいという感覚でした。だから二〇一四年に作風を変えた時も、まずは個展でまとめて出して、その中で気に入ったものがあれば買ってくれればいいやぐらいのノリでした。もともと自分の作品を売り込むことも苦手だったし。

中村 長場さんとしては、個展で発表した時もそこまで売れることを目指しているわけではなかったと。逆に言えばその個展で売れようが売れまいが、それが絵をやめる理由にはならないってことですね。

長場 ならないですね。それと僕は本当に周りに恵まれていたので。僕が絵を描いていると誰かが近づいてきて、ちょっと使いたいんだけど…と仕事につながる感じだったので、めちゃめちゃ仕事に困ったということがあまりなくて。それでも作風を変える時はすごく迷ってはいたんですよ。このまま周りの受け仕事だけをやっていてもいいのか、もっと自分なりの絵を打ち出さなきゃいけないんじゃないかって。それで悩んだ末に今があるんですけど。

中村 受けた仕事に対して、自分がやっている仕事は他の人でも描けるしな…みたいに思っていたということですか？ もしくは単に「これが自分だ！」みたいカラーを打ち出したかった？

長場 将来の心配もあったし、一〇年後、二〇年後を考えた時に、自分のカラーを出したいという気持ちもありました。

中村 カラーを出すために色を廃したと！ 結局のところ、仕事って人と人じゃないですか。いいなと思う時点で、たぶんその人の人間性も好きなんだと思う。だって絵にはやっぱりその人の価値観が表れるものだから。好かれるってすごく重要なことだし、そればかりは自分でどうすることもできないので不思議なもんだなと思います。でもこういう対談で、いろんな方とお会いしてきて、そりゃ、この人となら絶対に一緒に仕事したいよな、という人ばかりなんです。もちろん絵がいいのは大前提としても、技術や作風って、似た人を探そうと思ったら探せるようなことだとも思うんですよ。世界は広いので。若い人だったらそれこそもっと安く請けてくれるかもしれないし。ということは究極的には、この人と仕事をしたい、この人と一緒に何かやりたいというところが一番大きいのかな、って最近はいろんな作家さんとお会いするたびに思います。だから長場さんのお仕事が順調なのは恵まれているというか、長場さんが好かれているからですよ！ だって約束の時間より三〇分も早く着いた僕を普通はそんなに感じ良く入れてくれないよ！(笑)。

長場 宅急便かな、と思ってドアを開けたら中村さんだった(笑)。

中村 僕は五分前でも怒るからね。「時間どおりに来てくださいって言ったじゃないですか！」とか言って(笑)。年々短気になってる。でも一方で、僕は短気になっていこうと、老害は老害らしく、どうせへりくだっても怖がられるんだから、偉そうにしていたほうが若い人たちにとっても親切なんじゃないかと思うんです。だって、こちらがフランクなつもりでも、若い人からしたら何気ない言葉が命令みたいに聞こえちゃうわけだから。

長場 中村さんは若いイラストレーターの人たちをピックアップしていきたいと考えたりはするんですか？

中村 若い作家さんが本を出す時にSNSで紹介したりすることはあるんですけど、そこでレールに乗れている人はもうクリア済みというか。この年齢まで描いてきたなら、もう行けるだろうという感じがある。それよりも僕の関心は、もうちょっと下の年代にあるんですよね。うちは母がファッションデザイナーで父が建築家なので、どちらも絵を描く仕事なんです。だから僕が絵を描いていれば喜んでくれて、いくら美大予備校でデッサンの先生に怒られても、家に帰って泣きついたら褒めてくれた。それって、絵を描き続ける上ですごく大きかったなと感じます。でも誰もが身近な大人に認めてもらえる環境に置かれているわけじゃないし、いつの間にか精神力を擦り減らして描けなくなる人もいる。それは勿体ないし、そこで自分が若い人たちに還元できることがあればいいなとは思っています。そうして、もっと絵を描く人が増えたら嬉しいなって。まだまだ世の中には絵が付いていないものなんて大量にあるわけで、別にイラストレーターの席なんて商品の数だけ無限にあるわけですよ。だから、もっともっと絵を描く人が増えたらいいし、もっともっと絵を見る人も増えたらいいのになって考えているんですよね。そういう興味はあります。ところで長場さんは受けないと決めている仕事の種類ってありますか？ 例えばパチンコの仕事が来たらやります？

長場 パチンコはないけど競馬の仕事はお受けしたことがありますね。基本的には依頼を受けたら真面目に検討して、最初から絶対にNGという仕事はないです。可能性というか、どうやったら面白くなるかは探ります。ただ、ノベルティをばら撒くタイプの仕事はちょっと選んでいますね。転売する人を見かけると悲しい気持ちになるので。中村さんは受けない仕事ってあります？

中村 コンペ、広告代理店を通した仕事、ギャンブル関係、この三つは自分がまだ余裕があるからかもしれないけれど、基本的には受けないようにしています。その場ではお金をたくさん貰えるけど、作家としての消費スピードを早めマティスの「大きな横たわる裸婦」をモチーフに、アメリカンアパレル、スケートなど、長場さんの好きなアイテムをちりばめた作品。キャンバスにアクリル絵具で描かれた線が明快で力強い。

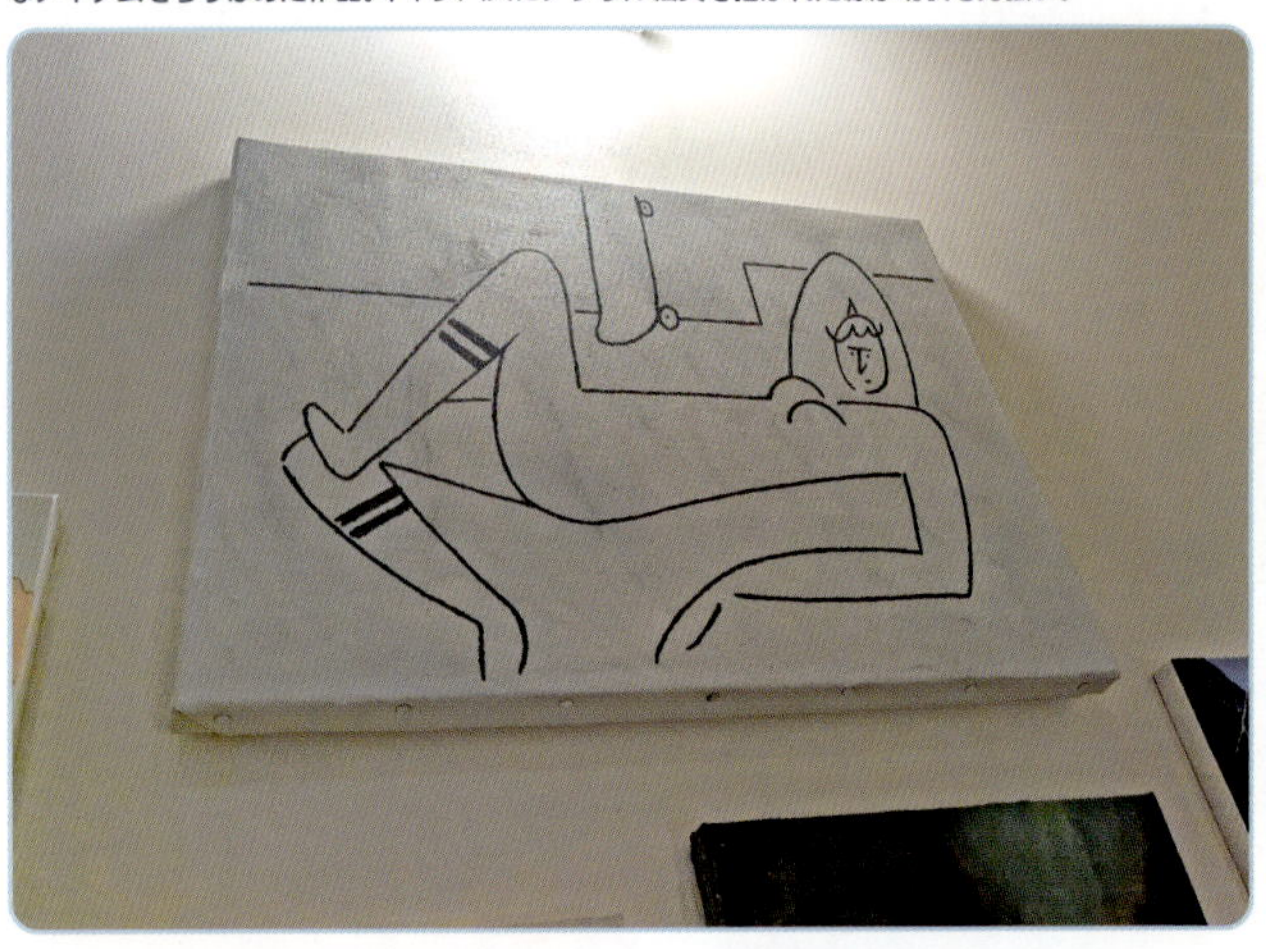

"The Last Supper" ／まさにダ・ヴィンチの「最後の晩餐」をモチーフとした作品で、2020年ギャラリー「SAI」（渋谷ミヤシタパーク内）で開催された個展"The Last Supper"などで展示された。

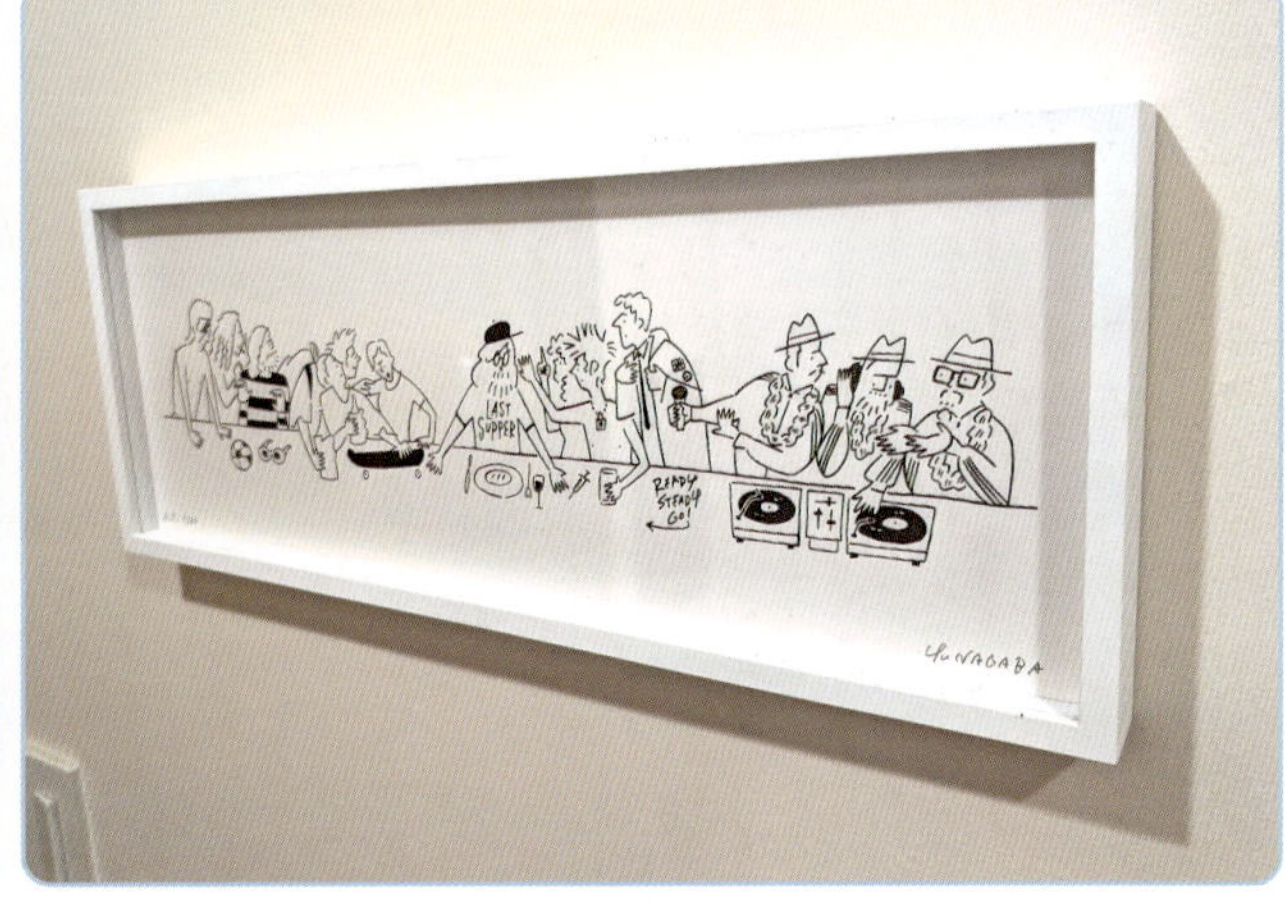

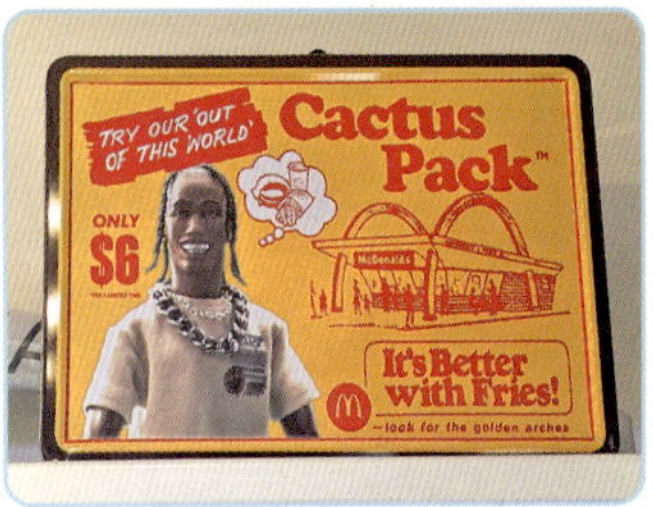

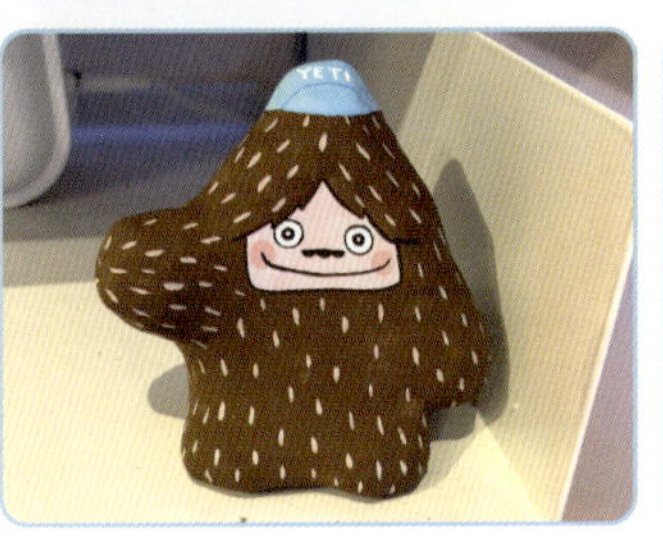

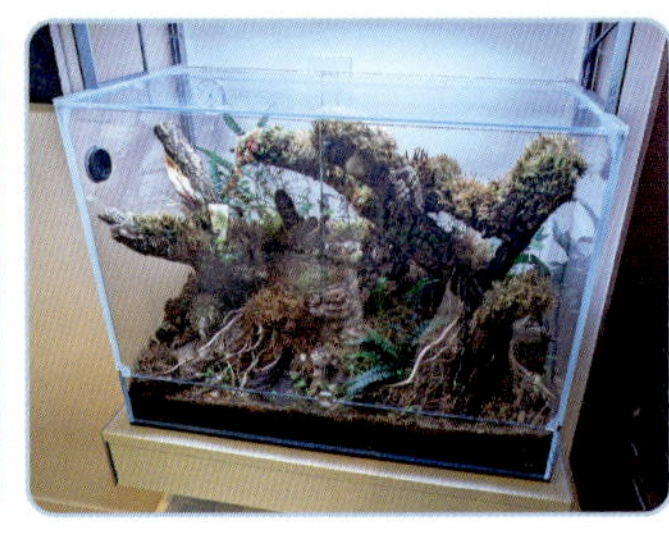

右）立派なパルダリウム
中）とぼけた顔がゆるくて愛らしいイエティの張り子
左）会話中に登場したマクドナルド×トラヴィス・スコットのコラボレーションランチボックス

長場雄のシゴトバ

白を基調とした整頓された空間に、厳選されたお気に入りの品と、自身の歴代作品が並ぶ長場さんの仕事場。窓に向かって配置されたデスクからは、外の緑が見えるのも気持ち良さそうだった。

三〇代より四〇代のほうが体力も集中力もなくなるので。それでも一定のクオリティは保たなければならないから、昔の倍の時間をかけて描くようになったりする。そうすると絵以外のことができなくなるんですよ。昔は絵のほかにライブやトークイベント、ラジオ、文章を書いたりしていたのに、それをやっているとイラストの仕事に支障がでるので。そう考えると五〇代、六〇代は大丈夫なのかな？　って。なんとか大丈夫にするには、もう頑固になるしかないのかなと思ったりします。例えば編集さんから「ちょっと修正をお願いします」と言われた時に、若い頃はいくらでも柔軟な心があるし、いくらでも時間も体力もあるから「分かりました！」と対応できるけど、むしろ「これでいいんです！」と言えるくらいの頑固さを持つ道しかないのかもしれない（笑）。

長場　中村さんはキャンバスに絵を描いて個展で売るということはやらないんですか？

中村　僕は、極力そうじゃない方法で食べていけたらいいなと思っているんです。絵として良いかどうかは、原画でも印刷物でも別に変わらないわけで、僕自身は複製できるものにどれだけ価値を持たせられるかに興味がある。それで言うとサインって「この人がここに来ました」という手形みたいなもので、サインそのものに価値はないわけじゃないですか。うちにいるワンちゃんが手に墨汁をつけてペタンと押したものと、芸能人が描いたサインは物質的には同じなので。それなのに芸能人のサインにだけ価値が付くのは、その裏側を見ているからですよね。つまり、その人のバックボーンやプロフィールに価値がある。だから僕はサイン会を開く時も自分の中で相反する感情があって、なんでこの人たちは僕のサインなんて欲しいんだろうと複雑な気持ちになる。要は僕としては、付加価値のついた一点ものより、世に溢れているけれど持っている人にとっては特別というような仕事が理想なんです。それを自分が体験したのがビックリマンシール。今だったら大阪のグリーンハウスさんが描いていて、あのタッチにこそ価値がある、ということでコラボもたくさん見ますけど、当時は子供たちみんなが、あのキラキラシールを欲しがっていた。でも僕はそもそも、なんでキラキラがいいんだろう？　なんで僕の悪魔はハズレと言われるんだろう？　と思っていて。そうしてじっと見ていると、この悪魔だってめちゃくちゃ面白いやん！　と思ったんですよ。その時点で世の中での価値と、その絵の持つ価値は違うものなんだと思った。そこから美大に行きデザイン、イラストレーションを学ぶなかで、とにかく複製というものに興味を持って。僕は自分の原画が高く売れるだろうことも分かるんですよ。なぜならその原画には僕のイラストレーターとしての二〇年以上の歴史が乗っている上に、一点物だから。けれど僕はなるべく色々な人が低価格で受容できる印刷物の絵を描いていたいし、そこでいかに価値を高めていけるかに興味がある。そうなると、やっぱり若い人たちの価値観を知っておく必要があるんですよ。なぜなら僕が目指しているのは、昔から自分を見てくれている人たちを相手にした商売ではないから。例えば教科書だったら常に新しい高校生が相手になるわけで。……と思うんだけど、どうしても一歩遅れちゃうんですよね。

長場　難しいですよね。

中村　そんなわけでXでは日々、価値観のすれ違いから炎上が起きているわけですが、作家だと今はInstagramから仕事が来たという人も多いですね。

長場　僕も「POPEYE」のカバーをやる前からInstagramをやっていたんですけど、そこに日々描いてはアップしていたせいか、「POPEYE」だけでなくInstagramが接点になって依頼される仕事もありましたね。

中村　長場さんは何かと「POPEYE」の名前を出されますが、凄いのは「POPEYE」も長場さんもですよ。両者のマッチングとタイミングで奇跡的に輝いたという話ですよね。

長場　僕がカバーを依頼いただいた時の「POPEYE」って、編集長が木下孝浩さん、アートディレクターが前田晃伸さんという、どちらも好きな人たちだったんです。木下さんはそれ以前のファッションに寄っていた「POPEYE」を創刊時に近いカルチャーに特化した雑誌に大リニューアルした人で、前田さんもそのリニューアルをデザイン面から支えた人。木下号からの「POPEYE」は僕が目指すスタイルにすごくハマっていて、大好きです。そもそも、その前に同じマガジンハウスから出ていた「relax」がモロに刺さって、その続きでもあるような「POPEYE」の一員になりたいという気持ちはどこか心の中にありました。

中村　そうは言っても、雑誌って今はどんどん縮小傾向にあるじゃないですか。「季刊エス」はもともと名前のとおり季刊誌なんですけど、「イラストノート」は季刊から今や年に一回のムックになっているんですよ。そんな時代に、モノとして雑誌を出すことの意味は考えたりしますか？

長場　意味……うーん、難しいですね。

中村　でも、意味があると感じているから長場さんも紙で作品集を出してるわけですよね？

長場　モノを作りたい自分はいる。けれど自分としてはミニマルになりたいので、モノを減らしたくはあるんです。

中村　ここに来て分かりました！　だって長場さんの仕事場は、確かにこの絵を描く人の部屋だなという感じで、あまりに物が置かれていないので。本当に厳選してこだわったモノだけが置かれている。だってあんなふうに缶とか置いちゃうんだよ。缶一個だよ！

長場　あれはマクドナルドとトラヴィス・スコットというラッパーがコラボしたランチボックスですね。モノ…苦手なんですけど、苦手だからこそ目に入っちゃって、気になるものがあると買っちゃうんです。

中村　どういうところが苦手ですか？

長場　場所を取る。捨てられなくなっちゃう。だから、そうなる前にすぐに捨てちゃう。

中村　長場さんは一〇歳の時にご家族のお仕事の都合でトルコに引っ越されたそうですが、その時に持っていたキン消し（キン肉マンのフィギュア）を全部捨てられたんでしょう？　それが今のミニマルな暮らしと作風に影響を与えているんじゃないですか？　絶対そうだよ！　め

本棚には、洋書をメインに写真集や美術書などが並ぶ。下段には作品ファイルも。

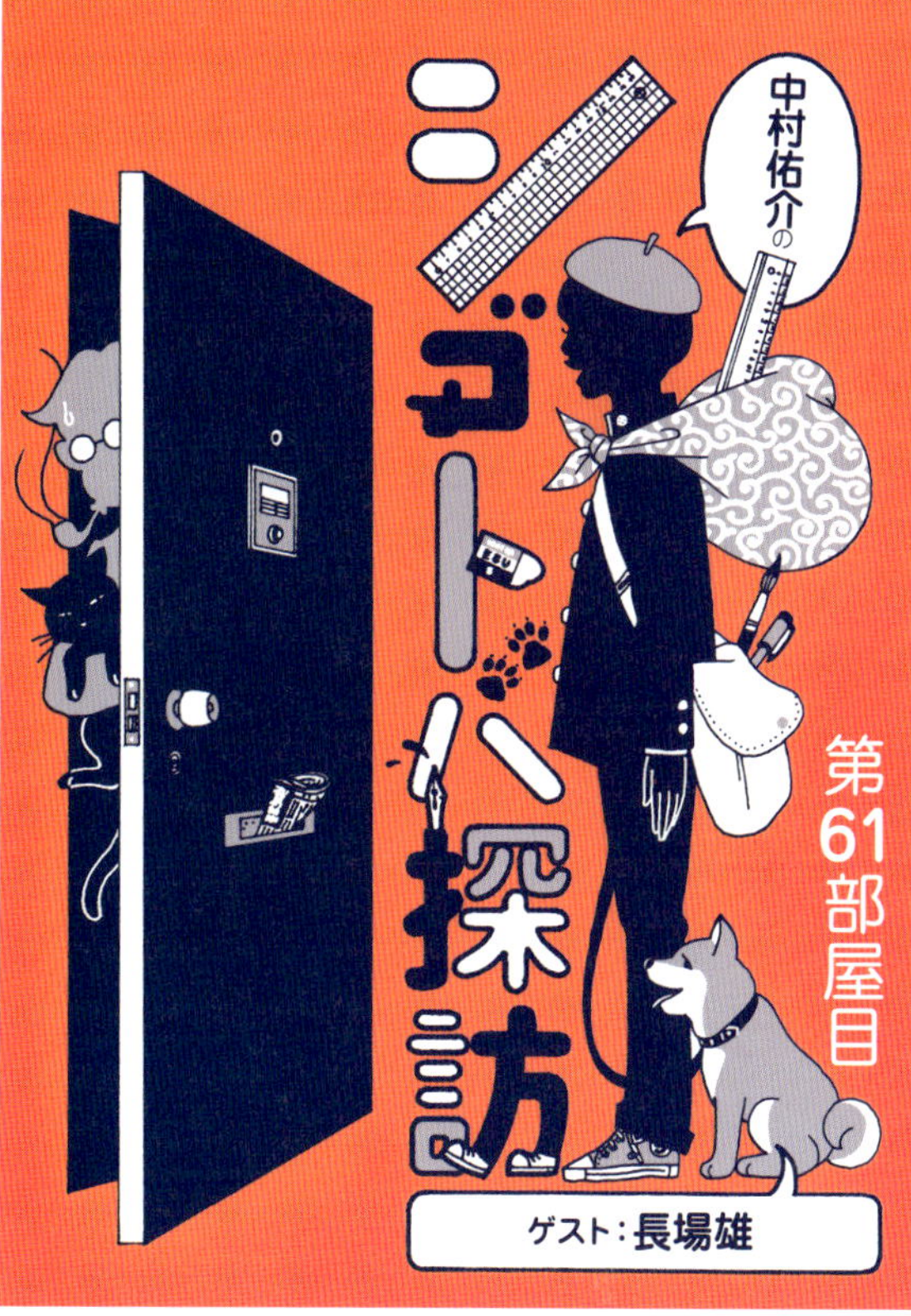

中村佑介が様々な仕事場に押しかける「中村佑介のシゴトバ探訪」。第61回目となる今回のゲストはアーティストの長場雄さんです。その洗練されたモノクロの曲線から生み出される作品たちは、今や雑誌や広告、商品パッケージなど様々な場で見ることができます。また、UNIQLOやBEAMSにポケモンカードまで、コラボレーションも多岐に渡ります。そんな長場さんは中村氏と同様にイラストを描くことを生業にしていますが、両者の活動スタイルはだいぶ異なるようです。過日、とある対談で初対面を果たした二人ですが、「まだまだ話したい！」ということで、長場さんの東京の仕事場に突撃しました!!

©Yu Nagaba

中村 長場さんとは「BRUTUS」の対談で初めてお会いしたんですよね。「ゼロ年代カルチャー再考。」という連載でイラストレーションの回を長場さんが担当されて、その対談に僕を呼んでくださいました。あの時は個人的な話というより、イラストレーションの歴史を紹介するような流れだったので、今日は改めてちゃんとお話をしたいと思って伺いました！ ちなみに長場さんはいつからマネージャーさんに付いてもらいましたか？

長場 八年くらい前だと思います。「POPEYE」のカバーイラストをやってから急激に仕事が増えて、メールの返信もままならなくなったタイミングでお願いしました。

中村 四〇歳くらいで掌返したように急に仕事が増えたら、僕はネチネチ恨みごとを言っちゃいそう……。

長場 ちょうど今の作風になったタイミングだったので、まあ、そういうことなんだなと納得しました(笑)。

中村 今の長場さんの作風は極限までシンプルですよね。そういうスタイルで世間から認められることに戸惑いはありませんでしたか？ だって長場さんは美大を卒業されているわけじゃないですか。デッサンに色彩構成、たくさんの課題をこなし、卒業してからはグラニフでTシャツのデザインをして、なんだかんだでクリエイティブというのは最低限時間がかかるものだという固定観念があったと思うんです。だから普通なら、なかなか売れないというときに、手数を増やすほうに向かうと思うんですよ。それが奥様の「いや、こっちのほうが面白いんじゃないの？」という一声で今の作風に変えて、実際に仕事が増えるというのは凄いことと同時に、僕なら絶対に戸惑うと思う。

長場 戸惑いはありましたよ。個展に出すつもりで最初に妻に見せた作品は、ちゃんと色も入った細かい描写の、自分としてはそれまでの集大成のような気持ちで描いたものだったので。これなら人を惹きつけられるんじゃないか、という絵を「面白くない」と全否定され、表に出すつもりもなく描いてきた線だけの絵をいいと言われたわけですから。でも今思えば、シンプルで狙っていない絵のほうが新鮮に受け止められるかもしれないという気持ちも確かにあって。そんなタイミングで妻の一声もあって、じゃあこれで行こうと。

中村 それまでの活動歴もあるので方向転換に勇気が必要じゃなかったですか？

長場 ただ自分としては、そっちのほうがいいなとは思っていたんです。けれど、当時はあくまで自分だけの秘め事のような気持ちで描いていて、表に出すつもりはありませんでした。それこそ美術教育を受けているからこそ、この絵は誰にも理解されないだろうと思っていたんです。だから、いざ表に出すとなった時に、線の面白さだけではお客さんには響かないと思って、モチーフはみんなが知っていそうなものを選んだんです。

中村 映画や絵画、キャラクターなど、みんなが知っているモチーフをアレンジするということでパロディにも近い面白さを感じます。長場さんの描くパロディと、SNSで度々炎上しているトレパク問題とで何が違うのかと言えば、パロディはみんなが元ネタを知っていて、それがパロディであることを分かっているところ。じゃあトレパクはどうかと言えば、作家側の意識だけで言えばあまり変わらないと思うんです。「あ、可愛い写真だな。僕がアレンジしたら、さらに可愛くなるぞ」と、おそらくは本気で思っていて、特に悪びれもせず無断で描いてしまったという。これについて、僕は他人事ではいられないなと思うんですよ。というのは絵を描く仕事って、自分の色を持ち続けることでもあるじゃないですか。たとえ世の中の流れを意識していたとしても、これまで需要されてきた自分の作風から大きく外れることは難しいというか。クライアントは常に過去の自分の作品を見て依頼するわけで、突然一八〇度違う画風で描いたら、やっぱりダメなので。そもそも僕も美大で教わったから権利問題については踏み外さないように気をつけてはいるんです。けれど、それと時代の価値観みたいなものとはまた別の話で。例えばトレパク問題も、上の世代からしたら本気で何がダメなのか分からないと思うんですよ。というのは、七〇〜九〇年代ぐらいまでは、アニメも漫画もライブハウスのチラシも、平気で洋書のデザインをそのままカラーコピーしているようなものがたくさんありました。

長場 そういう時代でしたね。

中村 今やったら完全にアウトですよ。けれど当時はそれが普通だった。しかも八〇年代後半からはコラージュが流行りだして、権利侵害かもしれないけれど「これはこういうカルチャーなんです！」というポーズを取ることが、むしろ格好いいとされていた。音楽のサンプリングみたいな感覚ですよね。今の時代で言えば、グラフィティなんかもグレーゾーンだけれどOKというか。だから当時を知る上の世代からすると、トレパクがこれだけ叩かれることに対して「なんで？」という感覚になるのは不思議ではないんです。そして未来の自分も、そういう古い価値観をアップデートできずに間違ってしまうんじゃないかと思うとゾッとして。実在の建物もけっこうグレーゾーンで、例えば東京タワーも……

長場 東京タワーはダメですよね。

中村 そう、厳密に言えばダメ。でもけっこう描かれているし、風景の一部として描くなら一応OKという見方もある。それこそ最近、棚橋弘至さんの引退試合のポスターを描かせてもらった時に、新日本プロレスは東京にあるから、ラフの段階では東京タワーを描いていたんです。そしたら「正式な許可を取るとなると、グッズの予算内では使用料が払えないので難しいです」と言われて。結局別のモチーフに変えるということがありました。

長場 僕も著作物に関わるものをわりと描くので、弁護士に相談したりはしていて。その時に、きちんと敬意をはらって相手方に味方になってもらいなさい、という助言はされましたね。歳を重ねていく怖さと言えば、価値観の問題だけでなく単純に体力的にもしんどくなっていきますよね。僕は線が少ないからいいけど、細かく描いている人は大変だと思います。

中村 大変です。やっぱり二〇代より三〇代、

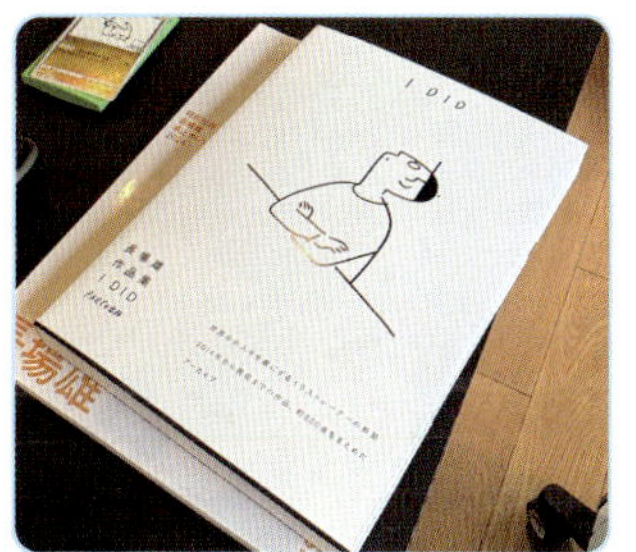

『長場雄作品集 I DID』
●著者：長場雄
●発売：パルコ ●価格：3,300円(税込)
作風が変わった2014年から2017年までのクライアントワークを集めた作品集。マガジンハウス、BEAMS、東京メトロなど、800点以上のイラストを収録。

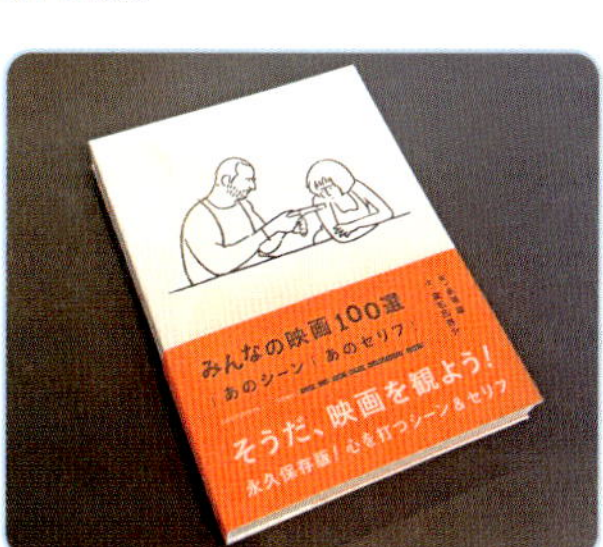

『みんなの映画100選』
●著：鍵和田啓介　イラスト：長場雄
●発売：オークラ出版 ●価格：3,080円(税込)
映画の名場面＆名台詞を取り上げ、長場さんによるイラストと、鍵和田啓介氏による解説で紹介する絵本のような書籍。ジャンルも時代も様々な作品を眺めるうち、無性に映画を観たくなる一冊。

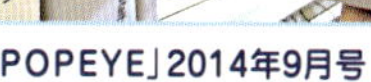

「POPEYE」2014年9月号
長場さんにとって大きな転機となった「POPEYE」の仕事。「サンドイッチと……。」という特集に合わせて、サンドイッチを前にしたシティボーイの姿が描かれる。なんだかユーモラスで素敵。この表紙で多くの注目を集めることとなった。

田中将賀さんのお答え

学校にいると添削や講義などで刺激を受けて、それに巻かれてしまいそうになるけれど、即断・即決せず、冷静になることが大事です。在学中は自分がこれから描く絵ついて考えてみる時間にすると良いですよ。「自分が描きたいものをこれからも描く」「商業イラストの世界に入りたい」「純粋に描きたい」「ちやほやされたい」…それぞれにメリットとデメリットがあります。絵に限らず大概の問題は、白黒の二択ではなくグレーなんです。「実は全部が選択肢」という考えでもいいわけです。その選択肢を広げる行為として、赤ペン講座が参考になればと思います。

もうひとつ絵に対する熱意や興味として意識できると良いのが、「この人のここがいい」というファン語りができるかどうか。絵でも漫画でも映画でも、なんでもいいです。毒草さんは一晩中語れるものがありますか？ その姿勢や視点が、どれだけ絵に反映されているのかも重要です。もし、語れるのに絵にいかせていないなら、分析が足りないとなりますね。あと、プロとアマの違いとして同じ題材を何度も描くことも知っておくとよいですね。なぜかというとプロは自分に「絵の決定権がない」から。原作のないオリジナル作品は好きに描けているように思われがちですが、同人誌のように自費で制作するわけではなく、クライアントがついていて、仕事をしているんです。その意向が優先されるので、描き直すこともたくさんあります。ひとつの作品に対してトライアンドエラーをしながら、精度を上げていくことは、苦痛でもあります。だから普段からやろうと思う人は少ない。別の考え方を取り入れて描くことも、プロを選択するならば、必要とされる能力だといえますね。

フレーミングで印象が変わる

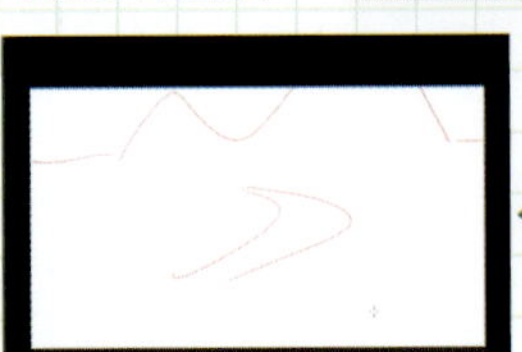

もとの絵は水面と目線が同じ高さだったため、視線が集まる場所に情報が集中して見づらくなっていました。少し上(または下)にすることでキャラの周りがスッキリします。

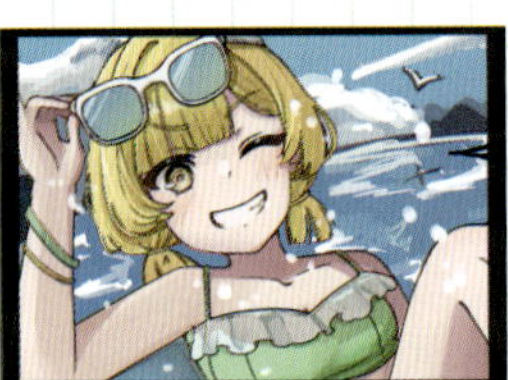

川を中心にしたフレーミング。切り取り方で絵の表情が違いますよね。その感覚は、1枚絵を描くときに大事。逃げずに考えていく必要があります。

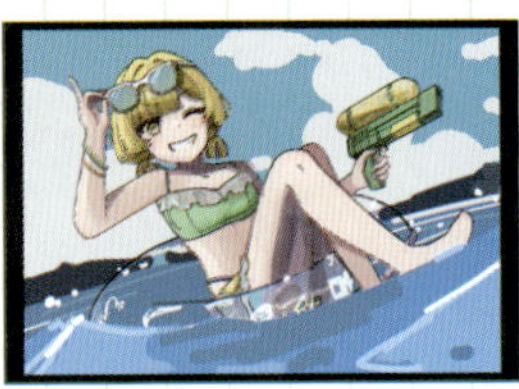

人によって、雄大な空と山を入れたい、山だけ見せたいなど、捉え方は自由。画面をつくることに興味があるなら、余白の使い方にも注目してみて。

キャラがメインなら寄りも◎。手前に水飛沫を加えれば、はしゃぐ姿も演出可能。全て見せなくてもフレームの外にある状況まで伝えることができます。

パースが変わってしまいますが、空を大きく見せる構図もあります。アイレベルの場所次第で、同じモチーフでも印象を変えることができます。

毒草さんのお悩み・1枚目

「質感描写や色塗りが苦手です」

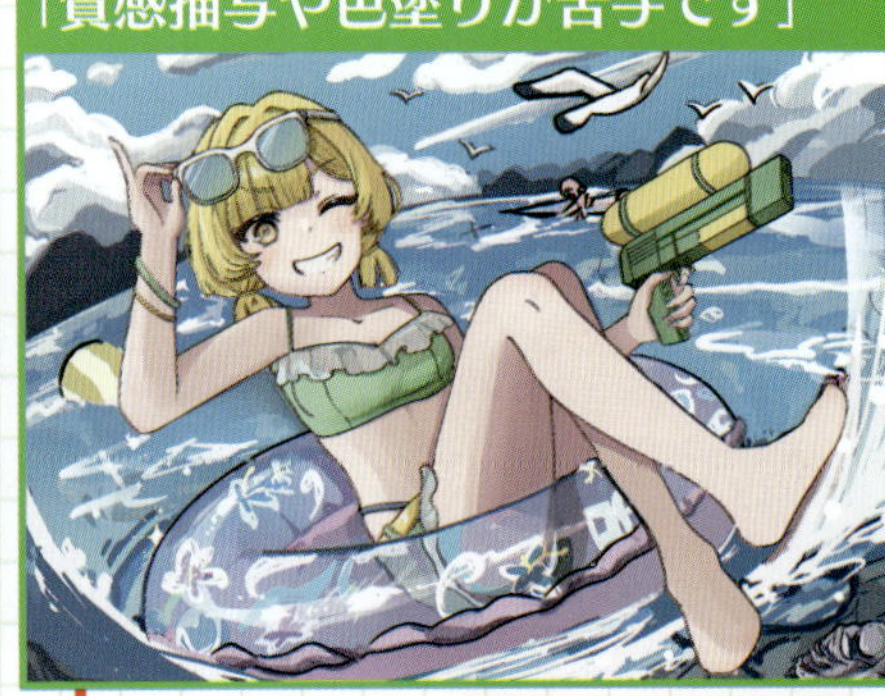

意識すると良いポイント

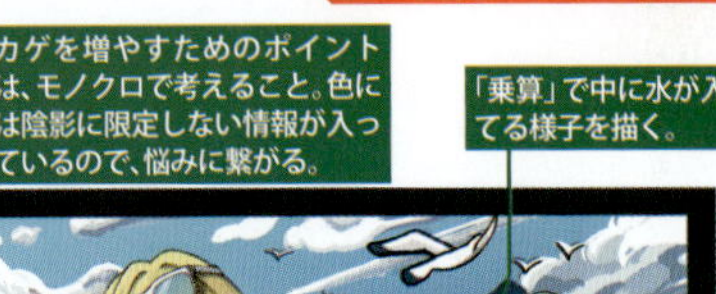

カゲを増やすためのポイントは、モノクロで考えること。色には陰影に限定しない情報が入っているので、悩みに繋がる。

「乗算」で中に水が入ってる様子を描く。

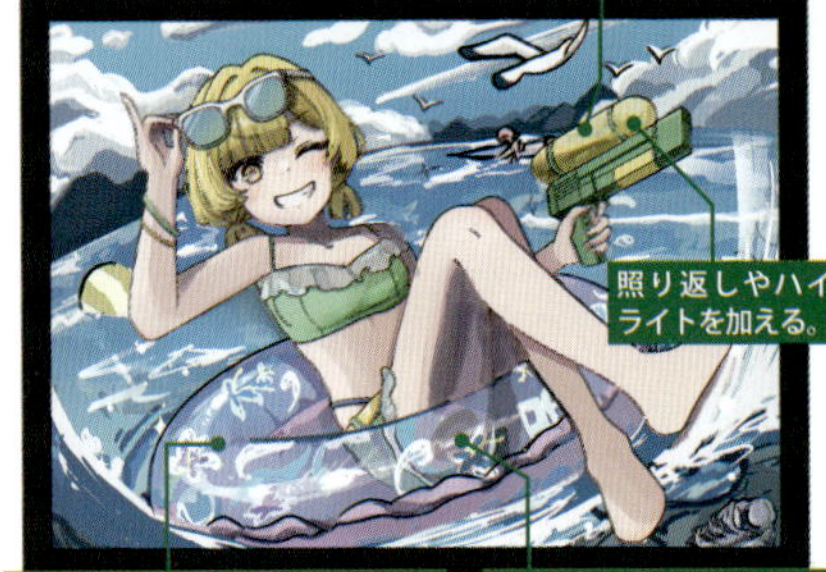

照り返しやハイライトを加える。

「透明なものは向こうが透ける」という表現方法はありますが、想像で描いても時間に対して効果は弱い。資料や実物を見るのが大事。

機械的に透明度を下げるより、淡いタッチで描く。機械にの機能に頼りすぎないほうが理解を深められる。

カゲのバランス

便宜上、色のないところにカゲをつけてバランスを見ます。

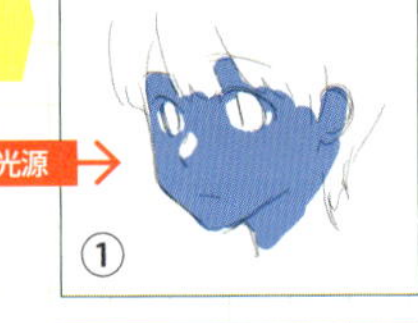

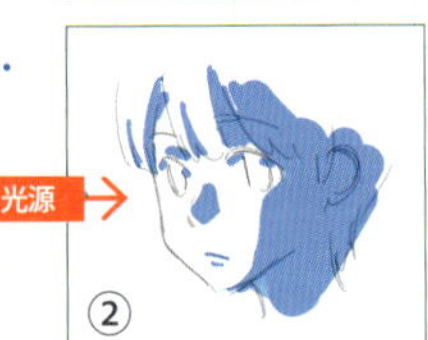

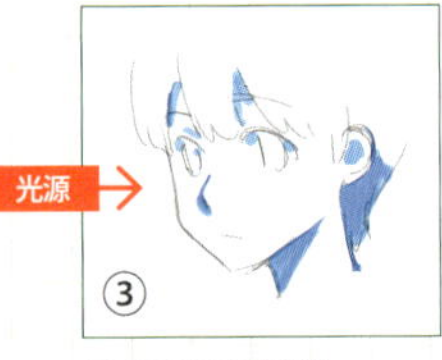

①メリハリのある影
②顔の立体の影
③鼻の頭の光（ある種の記号）
それぞれで印象が変わる。

毒草さんのお悩み・2枚目

意識すると良いポイント

長い髪を揺らして抜きを作ることで華やかな印象に。

閉じ目は直線だと力が入っているように見える。自然な仕草に見えるよう、力が入っていない感じ角度に。

人間は左右非対称。人形という設定ならば良いですが、ガイドを使うことに対して、メリットとデメリットがあることも忘れずに。

袖が広がっているときは内側にレースやパニエを描く。シンプルなデザインでも細部へのこだわりが出る。

重心がどセンターで左右対称のキャラは硬く見える。少し揺らすだけで、動きが出て自然な印象に。硬さも軽減される。

プリマやバレエのポーズで凛とした印象に。

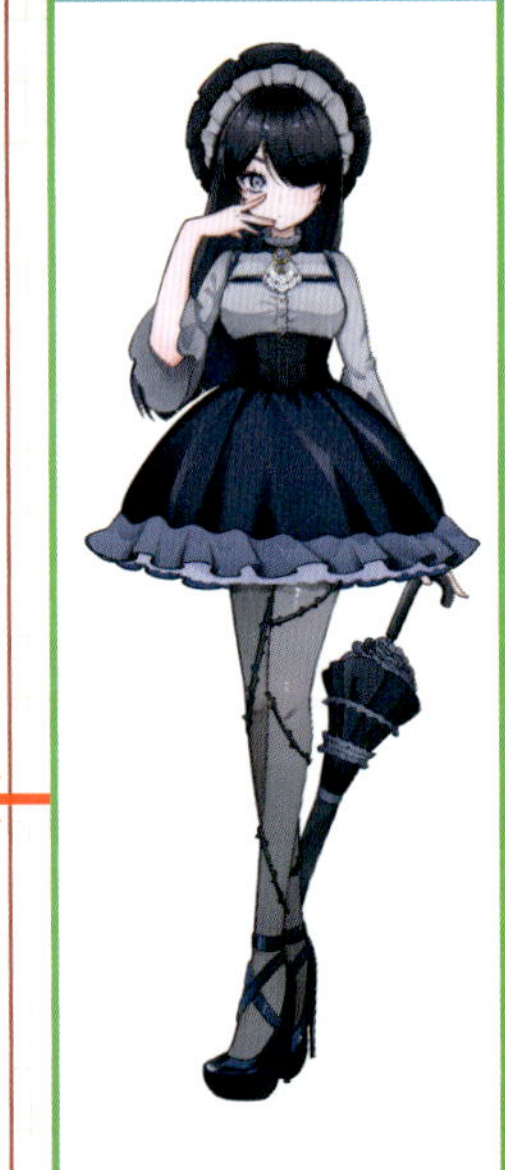

受講を終えて

毒草さんからの感想

今回添削していただき、勉強不足な部分の明確化、またどのように直していくかを学ぶことができました。特に背景の作り方のお話では、海の位置を高くするだけで本当に印象が代わり驚きました。その場で修正してただけたことで理解しやすく、大変参考になりました。このような大変貴重な機会をいただき、本当にありがとうございました！

X【@jbd1u】

田中将賀のキャラクター赤ペン講座

キャラクターデザインをつとめる映画『ふれる。』の配信がPrimeVideoをはじめ、各プラットフォームでスタートした田中将賀さん。この赤ペン講座では数々の作品に携わる田中さんの経験をふまえたアドバイスを直接聞くことができます。キャラクターデザインやレイアウトなどの技術的なことだけでなく、行き詰まって凝り固まった考え方をほぐしたり、意識を変えるきっかけを投げかけてくれます。

第37限目は漫画も描いていきたい「篁おはる」さんと美大生の「毒草」さん。プロの方から自分の絵がどう見えるのかを聞きたいということで応募してくださいました。違う視点から見てもらいたい方や絵の話を聞きたい方など、赤ペン講座は参加者を随時募集中。収録の様子や赤ペンしている内容を聴講できる公開収録をはじめます。日程が決まり次第、季刊エスのXや季刊エスのメールマガジンでおしらせします。

第37限目
「見やすさ＝明確に伝わること」だと意識しよう

受講生
篁おはるさん
毒草さん

篁おはるさんのお悩み①

「体のひねりかた、局部の立体感、美しいからだつきを知りたいです」

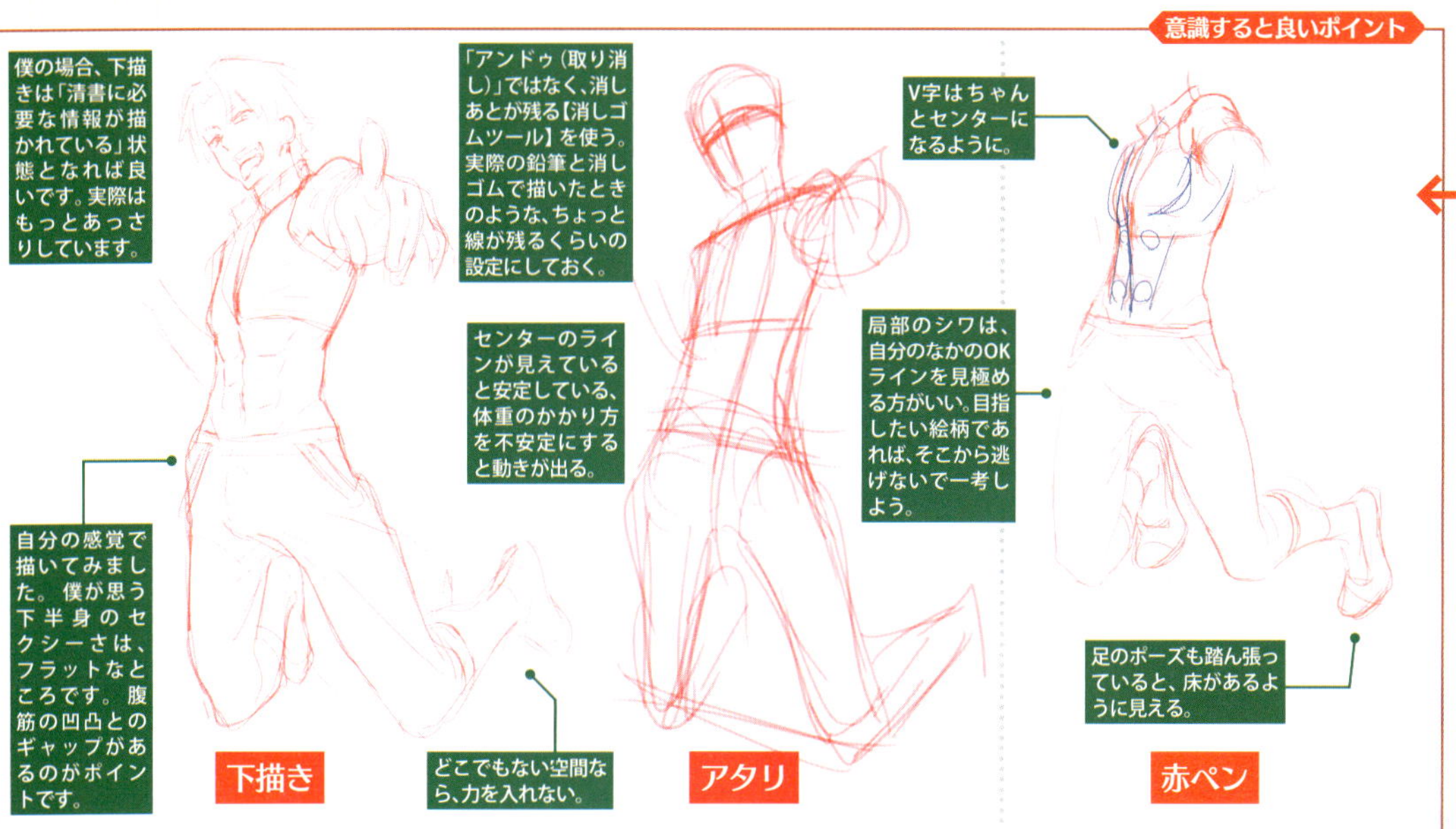

田中将賀さんのお答え

「模写やトレース」「実物を見ながら描く」が大事であることはよく聞きますし、赤ペン講座でもたびたび話しています。大事なのは「両方ともすること」なんです。ひとつの価値観しかないと、自分のなかで評価をつけられません。「評価する＝2つ以上のこと」が必要なので、自分の絵を客観的に見る能力を、好きな絵とや目指したいタッチの模写とあわせて、実写の絵を模写したり、勉強することが「自分の絵」を見るきっかけに繋がります。どちらも真剣に打ち込むことで、自分の目を修正できます。軸がないと信じたいものしか見なくなるので、そこには注意が必要です。

そして、おはるさんはフェチを感じる表現も気になっているとのこと。「美醜」や「羞恥」を突き詰めるなら、変な照れを出すことが面白さを半減させてしまいます。フェチの目線で他人の絵を見たときに、「好みじゃないけど惹かれる」「明確な表現じゃないけれど、とても強く惹かれる」「まさに好きな表現だ」などと思いますよね。そのとき、なぜそれを感じたのかを考えてみるんです。自分が他人の気持ちを動かしたいなら、他人によって自分の気持ちが動いた瞬間も見逃さないようにしましょう。立ち止まって検証してみてほしいです。続けることで否定も含めた深掘りができるようになっていきますよ。

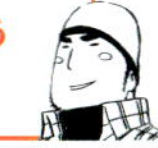

逆光のレベルを変えていく

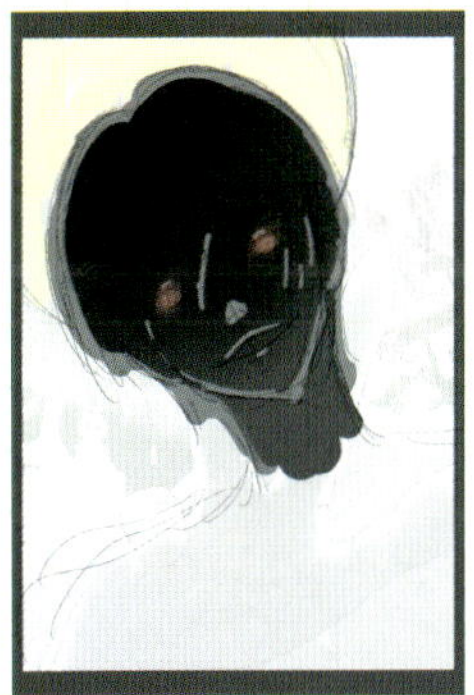

逆光が弱いと感じるなら、振り切ることも大事。描く途中で見せ方を発見したり、小道具で照明が使える…と思ったら途中で方向転換したり、新たな演出を加えてもいいです。

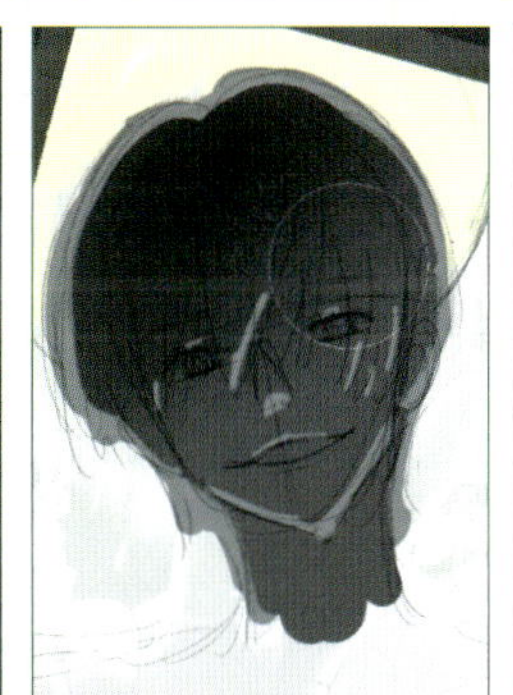

逆光にした状態。状況を伝えるために、「カゲ越しの顔がどのくらい見えるべきか」考えます。よく見えないけど雰囲気はカッコいい、という程度にします。

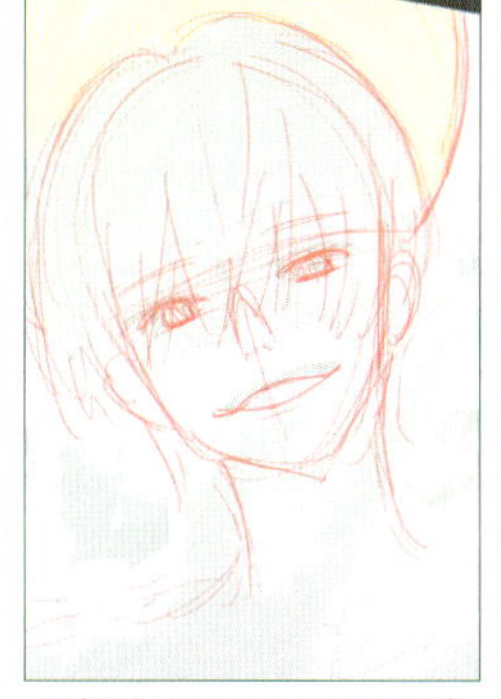

逆光のためにつけた照明を引き立て、後光が指しているように見せます。人道から超えた猟奇的な迫力を出します。詳細なコンセプトがあると、絵の方向性が明確になります。

アイテムをしっかり見せて作品に引き込む

壁の写真の貼り方に規則性が出ると模様のように見えてしまい、貼り付けた雑さがなくなるので注意。

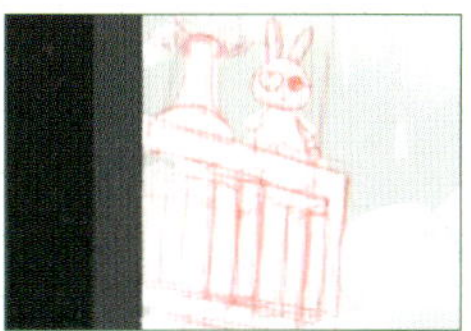

花瓶の底面にガイドを引いて安定感をします。本は高さやサイズ感の違いを描いて自然に見せます。

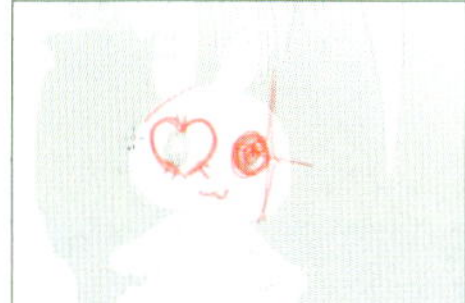

レンズっぽい瞳。絵を見る人がパッと気づけるよう明瞭に。答えに辿りつくヒントを用意します。

篁おはるさんのお悩み②

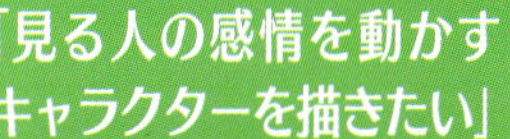

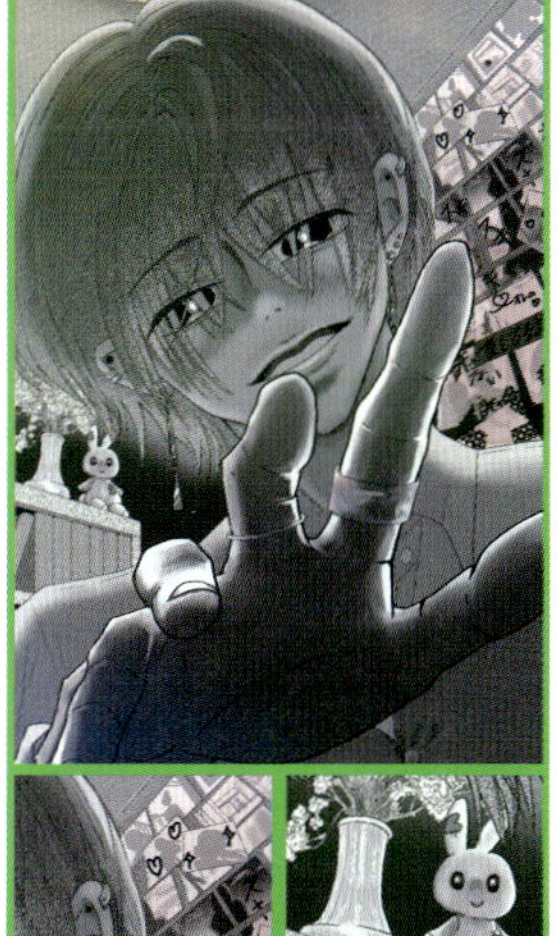

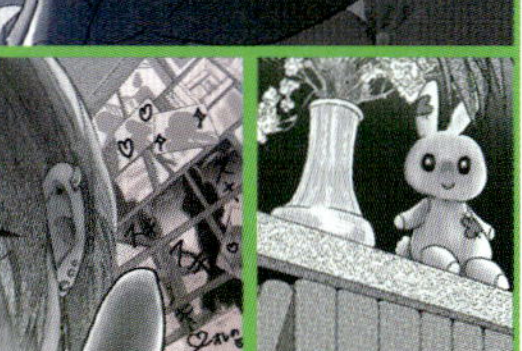

基本的に何かのキャラクターになりきるのが「演技」です。そこが思い通りに描けていないと、動いてくれません。もとのイラストは、カッコいい顔を見せたいという気持ちが上回っていると感じました。

受講を終えて

篁おはるさんからの感想

田中さんにイラストを添削していただく機会に恵まれました。とても濃密で、どのご指導も宝物でした。特に「一本一本の線の意味を考える」という言葉が深く残りました。無意識に線を増やしていた自分に気づき、演出のわかりやすさなど多くを学びました。貴重な体験を本当にありがとうございました。読者の皆様、これは受講あるのみだと思います！

X【@takamura_oharu】

ゆかしなもん教授による、永遠のおんなのこカルチャー講義!

昭和ガーリー♡カルチャー大学

文=ゆかしなもん

51時限目

「昭和ガーリーアナログレコードイベント、開催したよ!」の巻

おはこんばんちわー、ゆかしな教授です♡ 少し前の話になりますが、夏に昭和ガーリーなイベント、「アナログレコード鑑賞会」を開催しました! 近年はコロナ禍もあったので、単独主催イベントとしては10年ぶりぐらい! 今は告知もチケット発売も入金管理もそれ専用のサービスがあるし、会場もネットでサクサク探して予約完了。昭和の民からしたら、すごいテクノロジーだと感動したな〜(笑)。システムを理解して使いこなすのに相当苦労しましたけど。イベントの内容は、「昭和ガーリーレコード」を聴く会。これまで私がちまちまと集めてきた、70〜80年代の少女漫画や女の子向けアニメのレコード盤をみんなで聴くというもの。これまで展示イベントやトークイベントは何度かやってきたけれど、「音楽」という分野はできていなくて、一度やってみたかったのです。耳で楽しむ「昭和ガーリー」ね♫ この急速に加速していくデジタル社会の中で、あえて「レコードを聴く」っていうアナログな体験を提供したくて。総勢20名ものオーディエンスが集まってくれました〜。

私が集めた昭和ガーリーな少女漫画のレコードは、当時たくさんリリースされていた「イメージアルバム」。作品の世界観に合わせたイメージソングを集めたものです。歌モノもインストもどちらもありました。当時は女の子たちの人気を二分していた漫画雑誌「りぼん(集英社)」、「なかよし(講談社)」の作品を中心に。アニメのレコードはサウンドトラック(劇伴)。「キャンディ♡キャンディ」、「花の子ルンルン」、「愛してナイト」、「おはよう!スパンク」などの往年の名作ばかり! 劇伴の他に、ミニドラマやヒロインが語るセリフ、ポエムが入っているものもあって、楽しいの〜。アルバムには全編を通しての「コンセプト」や「ストーリー」があるので、本当はレコードの全収録曲をまるごと聴いて欲しいぐらいなんだけど、今回はいろいろな作品から2曲ずつぐらいセレクトしました。このセットリスト選びが大変ながらも楽しい作業だったな。当日は、レコードの回転数を間違えたり、聴きたい曲の頭出しを間違えたりとハプニングが続出。レコードって頭出しができないから、レコードの溝の位置で曲順を察知するしかないのよ(汗)! それでも、レコードジャケットのアートを楽しんだり、ライナーノーツ(解説書)や歌詞カードを見たりっていう一連のアクションを含めて、やはりレコードって素敵だなあと感じましたね。特にレコードに針を落とす瞬間の、あのわずかな緊張感。パチパチとしたノイズ音。これはサブスクの音楽配信では味わえない醍醐味です。サブスクも手軽で大好きですけど。

最近は世界的にアナログレコード(素材の名称から、「vinyl」ヴィニールと呼ばれる。)が人気のようです。音の暖かさ、ジャケットがアートである、針を落とす儀式がエモい…らしい(笑)。配信に慣れた読者の皆さんも、一度レコードを体験してみてね。リサイクルショップに行っても、今アナログレコードコーナーが結構アツくて、掘り出し物が見つかったりするのでおすすめでーす!

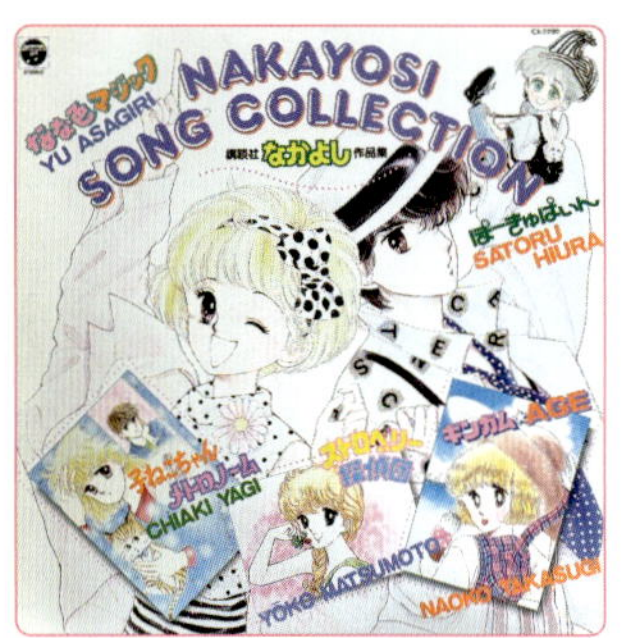

こちらは「なかよし」(講談社)の人気作品のイメージソングを集めたアルバム「NAKAYOSI SONG COLLECTION」(1986年)♡

ゆかしなもん
主に70〜80年代の昭和ガーリーカルチャーを懐古&発信する「昭和的ガーリー文化研究所(http://lineblog.me/yukacinnamon)」所長。小学30年生でもある。2010年より、同名の武露愚(ブログ)をスタート。ムック本「80'sガールズ大百科」にライターとして参加したほか、共著本「ファンシーメイト」も手掛ける。著書に「'80sガーリーデザインコレクション」「'80sガーリー雑誌広告コレクション」「'80s少女漫画ふろくコレクション」(発売:グラフィック社)がある。2023年5月には「ゆかしなもんの'80sガーリーカルチャーガイド」(グラフィック社)を発売。

S SAY COLUMN

行ったぜ! 女性用風俗

文=しろねり

3回目

営業DM、まんまと乗ってみた

こんにちは、みなさんXはやっていますか。

私の初めての女風を担当してくださったセラピスト、筋肉と二回くらい会ったところでXのDMで予約をする為に新しいアカウントを作って、女風に最近行き始めた旨を独り言として呟いていたら、様々なセラピストから営業のDMがくるようになってしまいました。返信はしていなかったのですがその中の一人の普段の呟きがとても面白くて自分にささったので試しにDMにお返事をしてみたら話が合う合う! あれよあれよとうまに予約。

当日、新宿のTOHOシネマズ前で待ち合わせとなり、いきすぎた緊張を紛らわす為に大地讃頌を聞きながら待ち合わせ場所で待機。母なる大地の懐に、我ら人の…来た。

色白で細身のイケメンが優しく声をかけてくれて合流、コミュ障で挙動不審の私にも優しく荷物を持つか声をかけてくれ、手を繋いでホテルへ。

まずカウンセリングから始まったのですが彼は距離が近い! ボディタッチがすごい! 雰囲気が甘い! こんなの恋人だと錯覚してしまう! 時折思わずうめき声を漏らしながら一緒にお風呂に入り、歯を磨いている最中もずっとくっついてくれる。私の頭に顎を乗せて目が大きくて可愛いねなんてリップサービスまでくれる、あんまり可愛いと言ってくれるものだからもしかして自分は可愛いのかもしれないなんて錯覚までおこしかけました、これがホスピタリティか…。

ベッドに寝かされ普通のマッサージをしながら楽しく雑談をしていると段々雰囲気がスケベになっていく、私はいつもそういう時ヘラヘラして雰囲気をぶち壊してしまいがちなのでちゃんと自分の世界に持ってきてくれてプロの技だなと感心してしまった。

性感ですが彼との相性がよかったのか彼が上手かったのかこれまでにないほどグシャグシャになり終わった後の私はとんでもない賢者タイムを迎えていました。心なしか肌もツヤツヤしてとっても明るくさよならをし、帰りの電車の中では世界平和なんかに思いを馳せながら帰りました。

彼はその後も継続して指名させてもらっていて、この間は深夜の代々木公園で青姦しているカップルを探す散歩をしたりするなどすっかり仲良くなりました。仲の良い友達が一人増えたみたいでとっても楽しく使わせてもらっています、ありがとう女性用風俗。

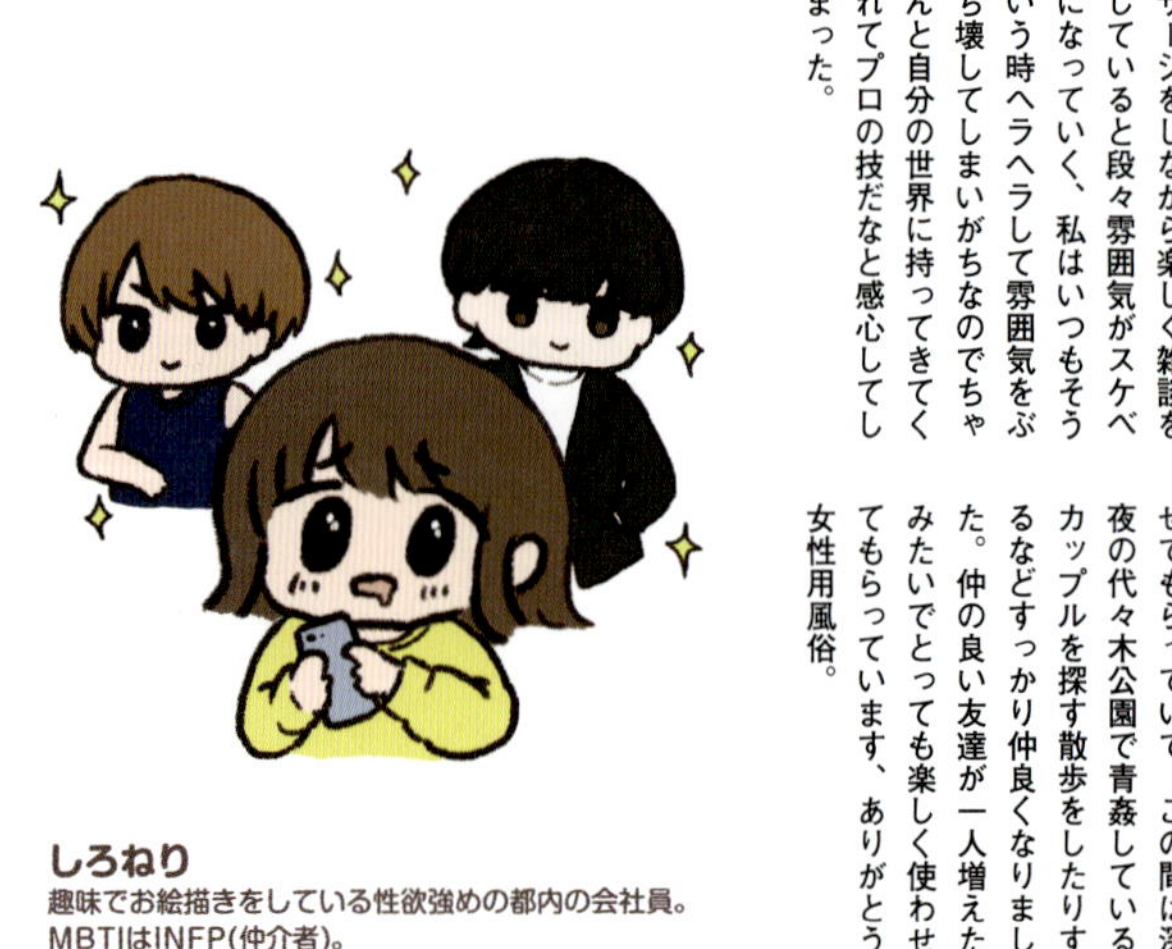

しろねり
趣味でお絵描きをしている性欲強めの都内の会社員。MBTIはINFP(仲介者)。

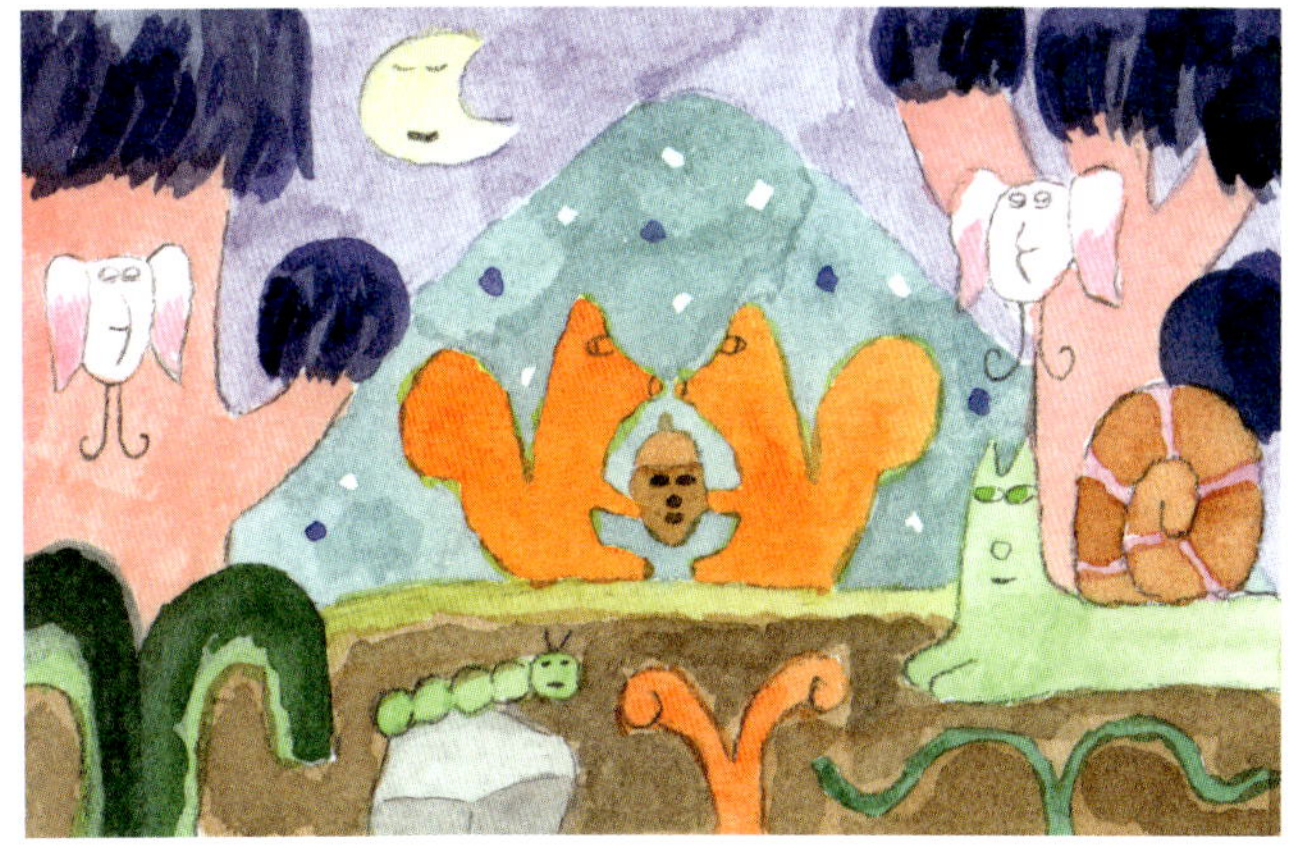

Aeryn Tarot 数秘術

2026年 1月〜3月の運勢

占い|Aeryn
メインカットイラスト|玉川桜
星座カットイラスト|D[di:]

1月〜3月のキーワード「気づき・発見」

新しい感覚、方向性や可能性を発見する時期だよ！　自分でもびっくりするほど今までの自分とは全く違う価値観に気づき、突然優先順位が変わるでしょう。この変化により、心の中では前の自分VS新しい自分の意見が対立し、時には戸惑いを感じるかも。でもこれはより自分らしく、より楽に生きるための脱皮プロセスだから、周りを気にせず勇気を出して新たな自分の一面を丸出しにしてみよう！

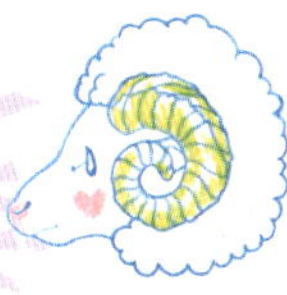

牡羊座
3/21〜4/19

無事に大きな壁を乗り越え、いつも妨げと感じていた事も克服したあなたは自分に誇りを持って今の時期を過ごせるでしょう。調子が良いからどんどん前へ進みたいところですが、健康と心の状況にも気配りしてね！　3月は特に恋愛運が上がるよ！

Lucky item｜パール

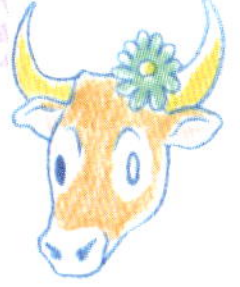

牡牛座
4/20〜5/20

確信と真心を抱いて日々行動していれば、2月頃に新しい仕事やプロジェクトのオファーがくるでしょう！　あなたはやる気と行動力に満ちて新たなミッションに挑みます。感情のアップダウンを上手く乗りこなして、どんどん先を目指してGO！

Lucky item｜動物園、ペンギン

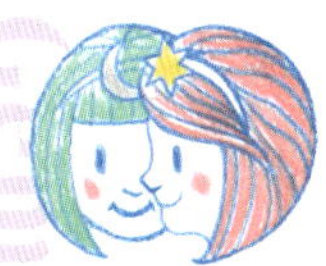

双子座
5/21〜6/21

今まで作り上げてきたものや、集めてきた情報は大切に守りましょう。盗難や詐欺に注意！　仕事運も金運も上がっていますが、人間関係とコミュニケーションは言葉の使い方やお互いの誤解で悪化しやすいかも。気持ちの伝え方を学ぶ時期です。

Lucky item｜Hot tea

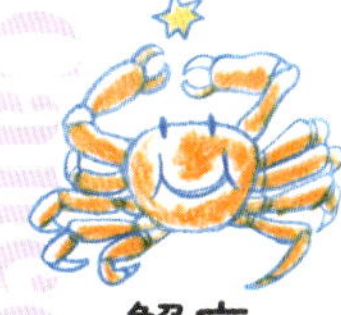

蟹座
6/22〜7/22

「せっかくのチャンスを逃してしまった」又は「思っていたのと違った」とガッカリしているのでは？　本当は何を一番したいのか、何を一番必要としているのか？　自分の強みやアピールポイントを再確認すれば、新しい目標と好奇心が芽生えるよ！

Lucky item｜ピンク

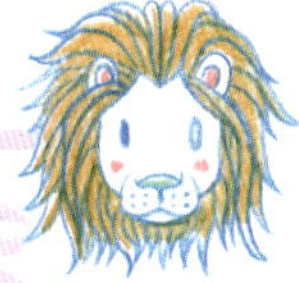

獅子座
7/23〜8/22

自分のスキルに自信がついてくる時期。地位も安定し、仕事と私生活のオン・オフも上手く調和できるようになって、充実した時期になるでしょう。あなたのマネージメント力が高く評価され、3月からは新しいチャレンジが待っているかも！

Lucky item｜マッチボックス

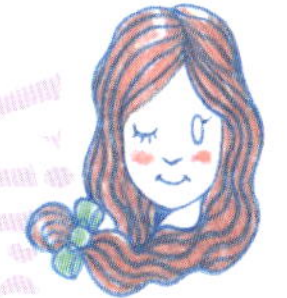

乙女座
8/23〜9/22

今は踏ん張り時！　ちゃんとプランを立ててから実行しよう。アイディアとエネルギーに満ちたあなたは前へ進み、先のビジョンを描けるでしょう。でも、時には足を止め、心の奥に隠れているかもしれない本当の自分の気持ちとも向き合ってね！

Lucky item｜夢

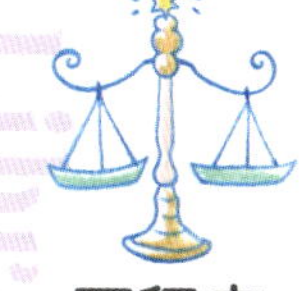

天秤座
9/23〜10/23

やりたいことが山ほどあって、会いたい人も山ほどいる！　マルチタスクが上手なあなたは、どんどんスピード感を持って仕事をこなしていくでしょう。でも、このままだとバーンアウトしてしまうから、ときには何もしない日を作ってね！

Lucky item｜カフェ

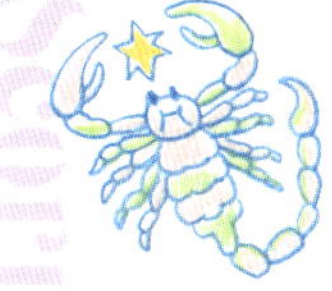

蠍座
10/24〜11/22

突然、今の道でいいのか、このままコツコツとやり続けても満足できるのかと疑問を抱きはじめます。「違うものが作りたい」と今までとは全く違う方向へ軌道修正がしたくなるでしょう。素直な気持ちで、自己分析してから次のステップを決めてね！

Lucky item｜テーブル、デスク

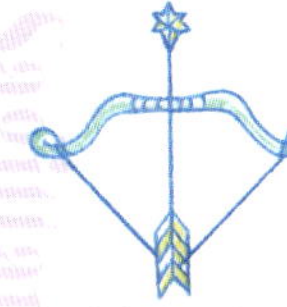

射手座
11/23〜12/21

これまで心の中で眠っていた過去の心配事や恐怖から解放され、純粋に楽しく毎日を過ごす時期です！　何事に対しても、前向きな気持ちで挑むパワーに満ちています！　人気運も上がっているから、どんどん社交的な場に参加して、おでかけしてね！

Lucky item｜白い鳩

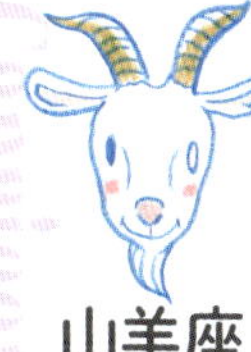

山羊座
12/22〜1/19

今の自分を他の人の状況と比べない方がいいよ。悩みの原因のほとんどは思い込みから発生するから、視点を変えて物事を見つめてみると、きっと新しい道が開くよ！　自分が今1番大切にしていることを明確にして、ユニークな光を輝かせて！

Lucky item｜カップケーキ、マフィン

水瓶座
1/20〜2/18

恋愛運UP！　年明けは心が愛と喜びで溢れ、色んな可能性の扉が開く時期。心の声に耳を澄ませば、今のあなたに最も必要な方向へと導いてくれるよ！　でも、なんでもひとりで解決しようとしないでね。ときには助けを求めてもいいんだよ。

Lucky item｜フクロウ

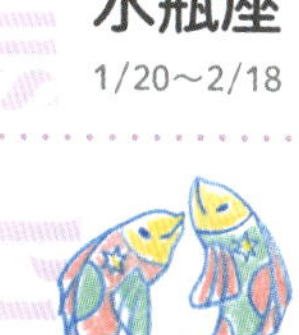

魚座
2/19〜3/20

スピーディーに、どんどん前へと突き進む時期です。悩み事や問題は意外と早く解決されて、タスクやプロジェクトも以前よりも早く完了するでしょう。決断を先延ばしにせず、直ぐに下すこと！　旅行や引っ越しなど、新しい環境へと移る可能性も！

Lucky item｜ヘビ

D[di:]による2番 女教皇／High Priestess

黒い柱

こちらもライダー版ではただ黒い柱にBだけの文字でしたが、「BOAZ:ボアズ（意味は、力によって）」と表記しました。カバラ·生命の木では厳格（峻厳）の柱の配置になります。また、悪魔「Beelzebub（蝿の悪魔ベルゼブブ）」という説もあります。二元性を表したいため、「白と黒」「神と悪魔」という対比だということです。

王冠

これは雌牛の角と、月を象徴する球でできた王冠なのだそうです。このシンボルはエジプトのイシス:月の女神で水を司る女神、太陽神ラーの秘密を盗んで強大な神秘の力を身につけたという魔術の女神を暗示しており、このカードのHigh Priestessのモチーフになったと考えられています。中央の球体は、宇宙（天）と繋がるためのツールという説もあります。

TORAHと書かれた巻物

TORAH:トーラーはヘブライ語で「教え」を意味し、日本語では「法、律法」と訳されます。秘技の伝承には、「書かれたもの」だけでなく、「暗示」や「口伝」も重視されます。このTORAHが、ほぼHigh Priestessの着ている外套に隠されているのも、秘術のある部分は暗示で示されたり、口伝されていることを示します。伝説では、イシスは、奥義を授かったものだけにヴェールをあげて見せるが、それは決して口外してはならないと言われています。

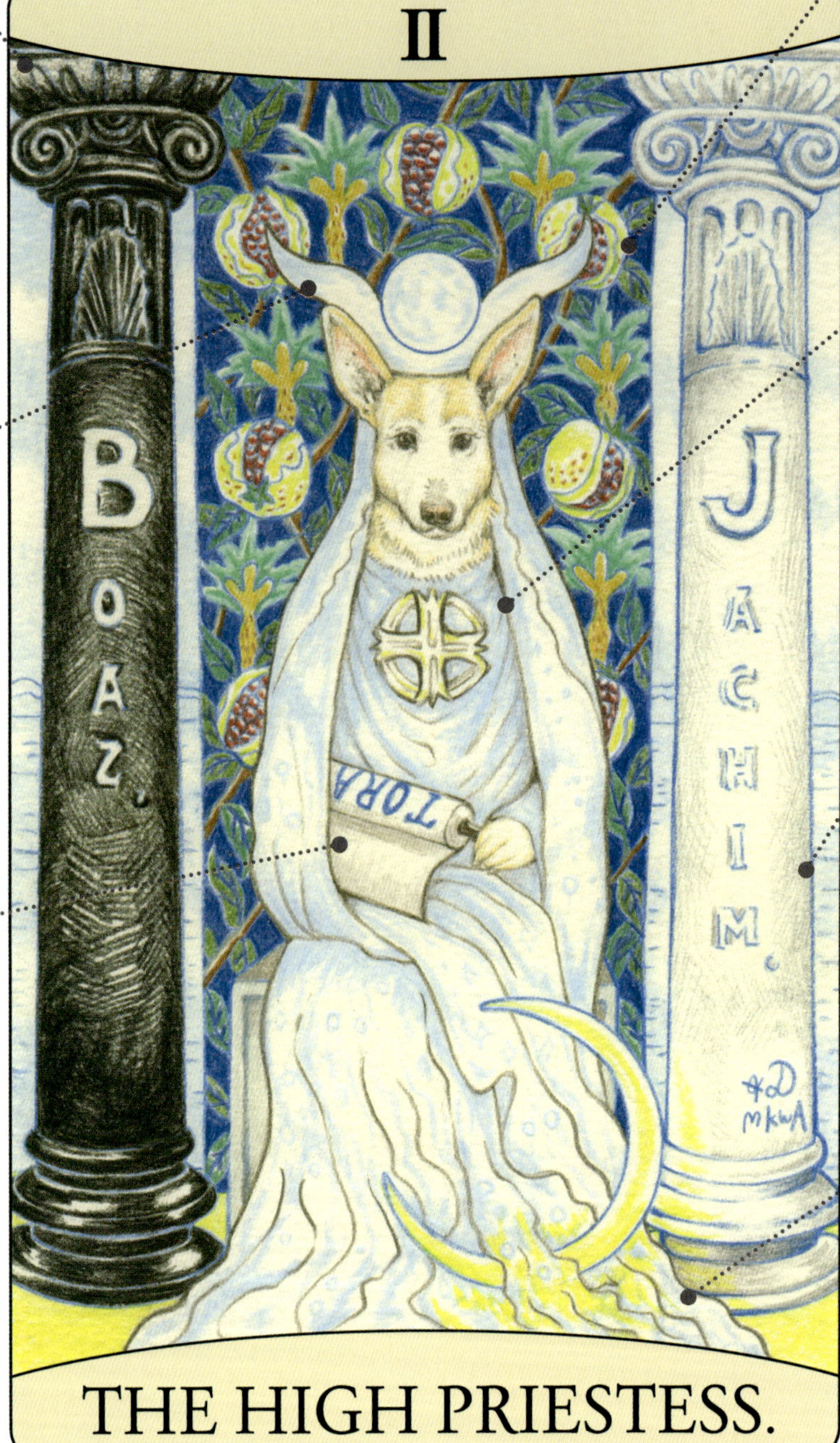

神殿のヴェール

ヴェールには、ナツメヤシとザクロが刺繍されていて、これらは繁栄や神の祝福を表します。ナツメヤシは男性原理、ザクロは女性原理を示します。ザクロの配置、および冠の上の球体、胸にある十字架がカバラの「生命の木」のセフィロトの位置と対比しています。

太陽十字

ライダー版では縦と横が等しい長さのギリシャ十字で描かれていますが、ライダー版原案者による解説書The Key to the Tarotによると、「胸には大きな太陽を表す十字架を提げている」とあったので、円の中に十字を描いたものにしました。イシスは月の女神ですが、月は太陽の反射により輝きます。彼女は、人間に文字や技術、知恵と密議、そして愛を教えたと言われています。

白い柱

ライダー版ではただ白い柱にJの文字だけだったのですが、私はBJといえば、どうしてもブラックジャックを想起してしまう（笑）ので、この柱が示す「JACHIM:ヤキン（意味は設立する、固くする）」と表記しました。これは、カバラの「生命の木」では「慈悲の柱」に呼応します。「JEHOVAH」という、言葉では言い表せない神の名という説もあります。

きらめき透きとおった外套と祭服

ライダー氏の解説によると、High Priestessのお召し物は「流れる水のようになだらかで、薄く透き通った外套(がいとう)がゆらめく「神の力の流出」をイメージしているようです。足元の三日月も、この流れのようなドレスにたゆたって、反射の光を放っています。

このカードのキーワード

全てを頭で理解しようとしない｜答えの出ない時期｜直感を信じる｜今を生きる時期｜本心と繋がる｜信じて好奇心を持つ｜Trust your intuition!

心の本心で決断をするときは、今を生きているということを念頭に置いてください。直感的にいるということは、「考える」ことではなく、「感じる」ことなのです。また、2はバランスや協力、繋がりも表します。2のメッセージは、自分の本心を知ることで宇宙と繋がることができ、それから決断して欲しいというメッセージでもあります。宇宙·天は常に、私たちに協力してくれています。「自分を信じて進んでいけば、この先にはとても素晴らしい可能性が待っていますよ」と教えてくれるカードなのです。

彼女はFOOLに言います。「ときには嫌なことを体験することもあるでしょう。しかし、そういう経験があるからこそ、その後にどうしていくのかという選択肢が生まれ、嫌いな物事が明確になり、そこから自分が好ましい道とは何かを学ぶのです」。2は数秘における潜在意識の数字であって、知識や意識的な考えでは辿り着けない領域を表します。頭で決断をするとき、過去の経験則に基づいた未来の想定をしがちですが、それでは今を生きていることにはなりません。

このカードの番号は2番であって、女性のいる左右には2本の柱が立っています。これは、人生の二面性「過去と未来」「正誤」「意識と潜在意識」「始まりと終わり」「悲喜」などです。彼女が見せてくれているのは、人生の中には二面性のある事象が起こり、それにぶつかり体験しながら学ぶこと。また、彼女の胸元には縦横の長さが均一な十字架があります。これも、「物質世界とスピリチュアルな世界」「意識と潜在意識の世界」という二面性の交差を表します。ときに、人生におけるこの二面性を体験するのは苦しい体験でもあります。 ←

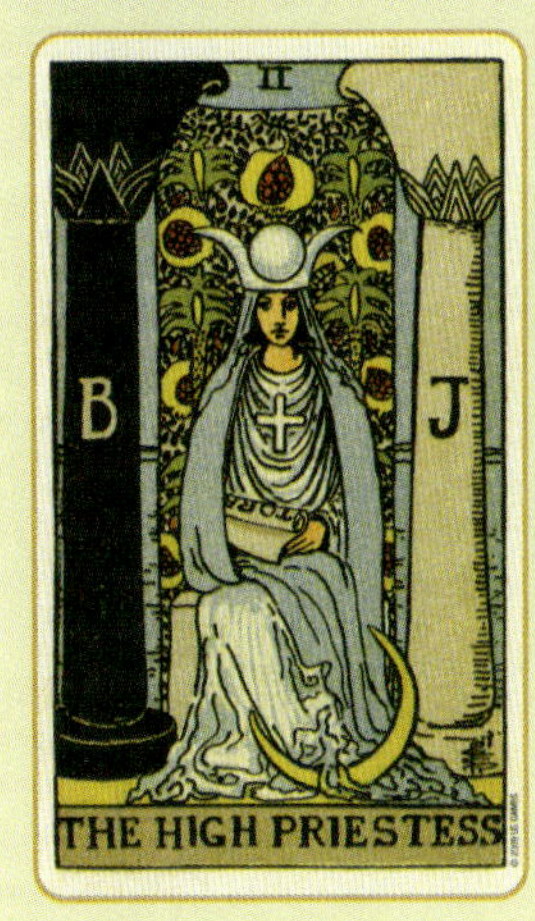

今号のいちまい

2番
女教皇
High Priestess

連載では【ライダー版タロット】に準拠する形で進めていきます。タロットカードは、「大アルカナ」とよばれるカード群が22枚、「小アルカナ」とよばれるカード群が56枚あり、全78枚で構成されます。

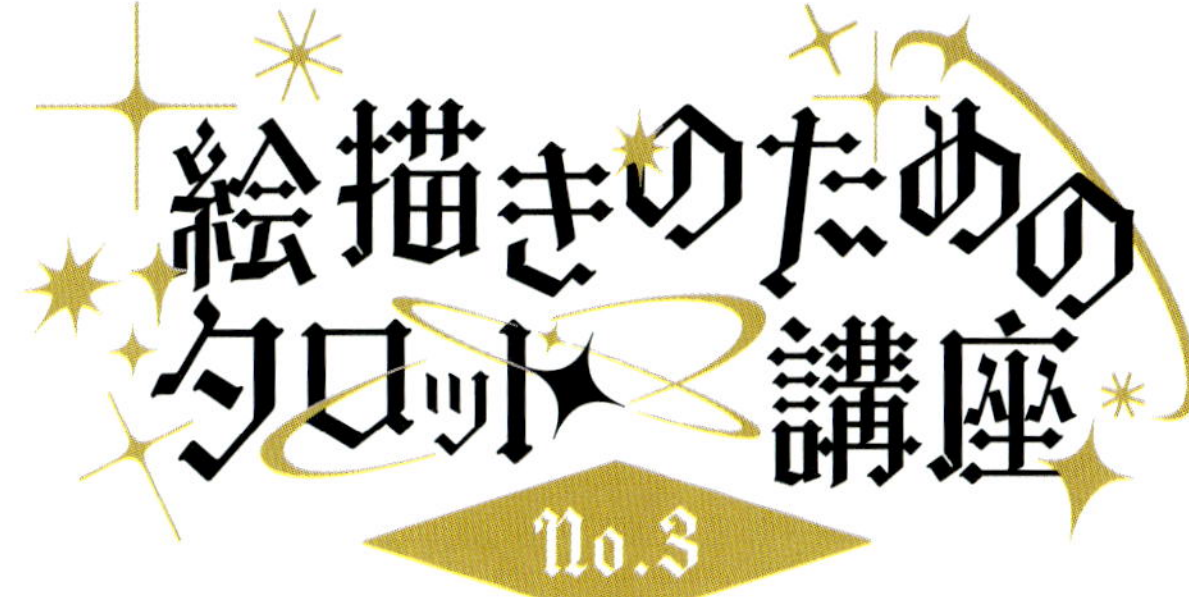

絵描きのためのタロット講座 No.3

タロットカードという魅惑的な題材、でもカードの意味がわからなくて何を描けばいいのか迷う…という「季刊エス」のペインターズや占い初心者のためのレッスンページです！

描き手

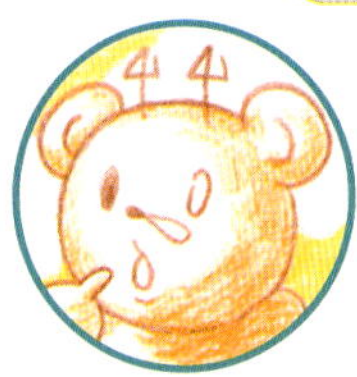

D[di:]
ディー

2020年に東京から北海道に移住し、スピリチュアルに目覚めたり、田舎暮らしを満喫ちゅう

instagram◆deeth

占者

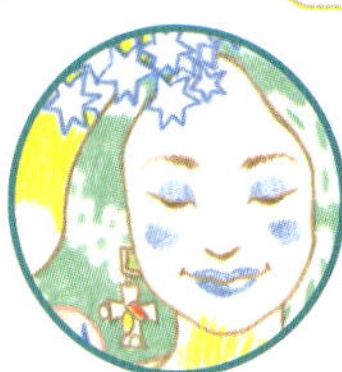

Aeryn
愛鈴／アイリン

サイキッカーの血筋で、幼少期からタロットに慣れ親しむオーストリアと日本のハーフガール

instagram◆aeryn.tarot

実際にはいない存在？　女教皇とは

D[di:]　今回解説するのは「女教皇」。そんな職業は聞いたことがないんだけど、本当に存在するの？

Aeryn　いや、たぶん実際にはいないと思う。教皇というとキリスト教を思い浮かべるかもしれないけど、女性の場合は違っていて。どちらかというと、スピリチュアルな能力に長けたシャーマンとか巫女、東北でいうとイタコとか、沖縄のユタのような存在って感じだね。高等女司祭とか、女司祭長とも呼ばれているみたい。

D[di:]　どうして、実際には存在しないような職業の人物が描かれているのかな？

Aeryn　タロットが作られた時代は、タロットの秘密が他者に漏れないことが大事だったからね。だから本来の意味を隠すためにタイトルをわざと変えたり、それぞれのメッセージをシンボルとして絵に組み込んだの。タロットを理解にするには、モチーフや意味だけでなく、その背景を読み取ることもとても大事だよ。

D[di:]　タロットは昔はかなりアブないモノという扱いだったみたいだよね～。ちなみに、この女教皇というのは、私たちが生きる現実世界の宗教上の教皇とは違い、とってもスピリチュアルな世界の存在だそうです～。今回は私が超超お世話になっている漫画家さんのご夫婦の愛犬、柑奈嬢をモデルに描かせていただいたよ。

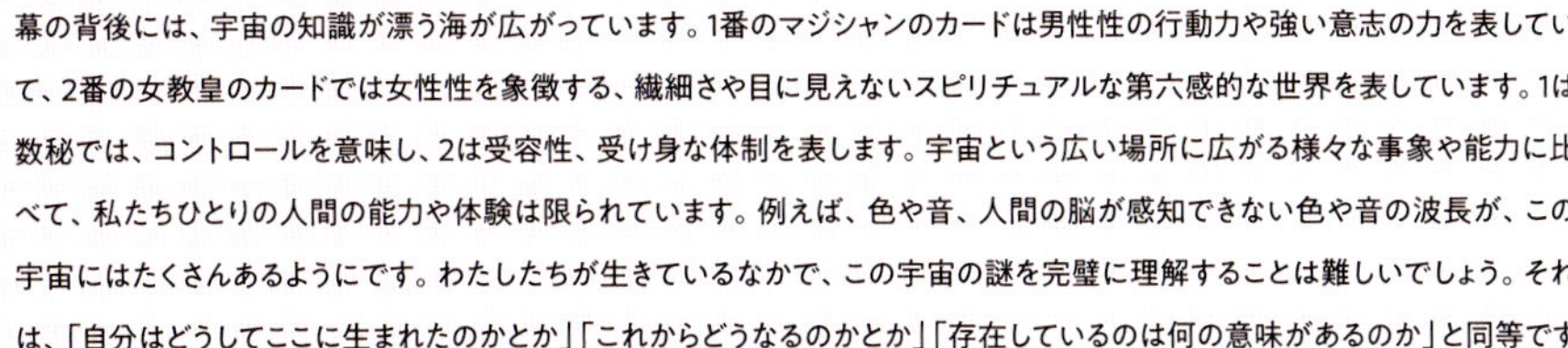

女教皇に関するエトセトラ

Spotlight Tarot Card Etceteras

このカードに登場する人物は、FOOLが、この旅で初めて出会った人物であり、最初の女性です。彼女は椅子に座り、両サイドにあるポールや垂れ幕の背後には、宇宙の知識が漂う海が広がっています。1番のマジシャンのカードは男性性の行動力や強い意志の力を表していて、2番の女教皇のカードでは女性性を象徴する、繊細さや目に見えないスピリチュアルな第六感的な世界を表しています。1は数秘では、コントロールを意味し、2は受容性、受け身な体制を表します。宇宙という広い場所に広がる様々な事象や能力に比べて、私たちひとりの人間の能力や体験は限られています。例えば、色や音、人間の脳が感知できない色や音の波長が、この宇宙にはたくさんあるようにです。わたしたちが生きているなかで、この宇宙の謎を完璧に理解することは難しいでしょう。それは、「自分はどうしてここに生まれたのかとか」「これからどうなるのかとか」「存在しているのは何の意味があるのか」と同等です。

それらは、私たちが知るべきではないということにも繋がります。このカードが教えてくれるのは、「人生には知ることができないことがある」あるいは「知るべきではないということがある」ということを意味します。宇宙には私たちの理解を超えることが山ほどあるのです。とはいえ、先に見えないものがあるからこそ、人生は楽しく、美しいのです。あなたは全ての運命を知りたいと思いますか？　これからの人生に起こる全てを知ってしまっても、この先の人生を楽しめますか？　もし人生の終わり方を知っても、それらを全て遂行する勇気を持てるでしょうか？　全ての人生の答えを知ってしまっても、ありがたみを持てるでしょうか？

知らないこと、それについて好奇心を持つことは、人生にはとても重要なエッセンスなのです。ときには、頭で全てを分析してしまうことで、はじめに受けた印象や感動が薄れてしまうことに繋がるのです。まだ見ぬ人生について知ろうとするのではなく、起こっている事象をリスペクトして、今はただ受け止めるべきなのです。

このカードが出たとき、「自分の質問への答えを今は知るべきではない」と伝えています。女教皇・High Priestess は、TORAH/トーラーという巻物を持っています。この巻物には、全ての創造物・運命・真実が描かれていますが、彼女はそれを私たちには見せません。彼女はシャーマンなので、この先の未来・運命が全て見えている人物です。しかし、それらを私たちにあえて言わないと決めています。今はベールで隠されているのですが、彼女の後ろの垂れ幕の背後では宇宙がFOOLの人生という旅の準備をしたりグランドプランを練ったりしてくれていています。彼女の前に、FOOLが立っていると想像してください。彼女は彼に「時がくれば、あなたには真実が露（あら）わになります。あなたに必要なものだけ見えてくるのです」と言います。今の状況では、幕の後ろで何が起こっているか、準備されているかを知ることはできず、知るタイミングでもないのです。

唯一、私たちがわかっているのは、「今は、何も知らない」ということ。つまり、ときには自分の直感で進み、今は自分を信じて突き進む良い機会だというカードです。では、直感を使うとはどういう意味なのかというと、それは「今を生きる」ということ。今を生きるというのは、常に心と繋がっている状態であるからです。

今を生きることに集中しているとき、私たちはとても繊細になります。心の声もよく聞こえるし、自分の中の真実や潜在意識であったり、本心を感じて受けとめることもできるのです。ほとんどの人は、頭のなかで過去やまだ起こっていない未来を心配して生きていることが多いですが、頭で考えるのではなく、今この瞬間を生きることに心と体で集中してほしいのです。

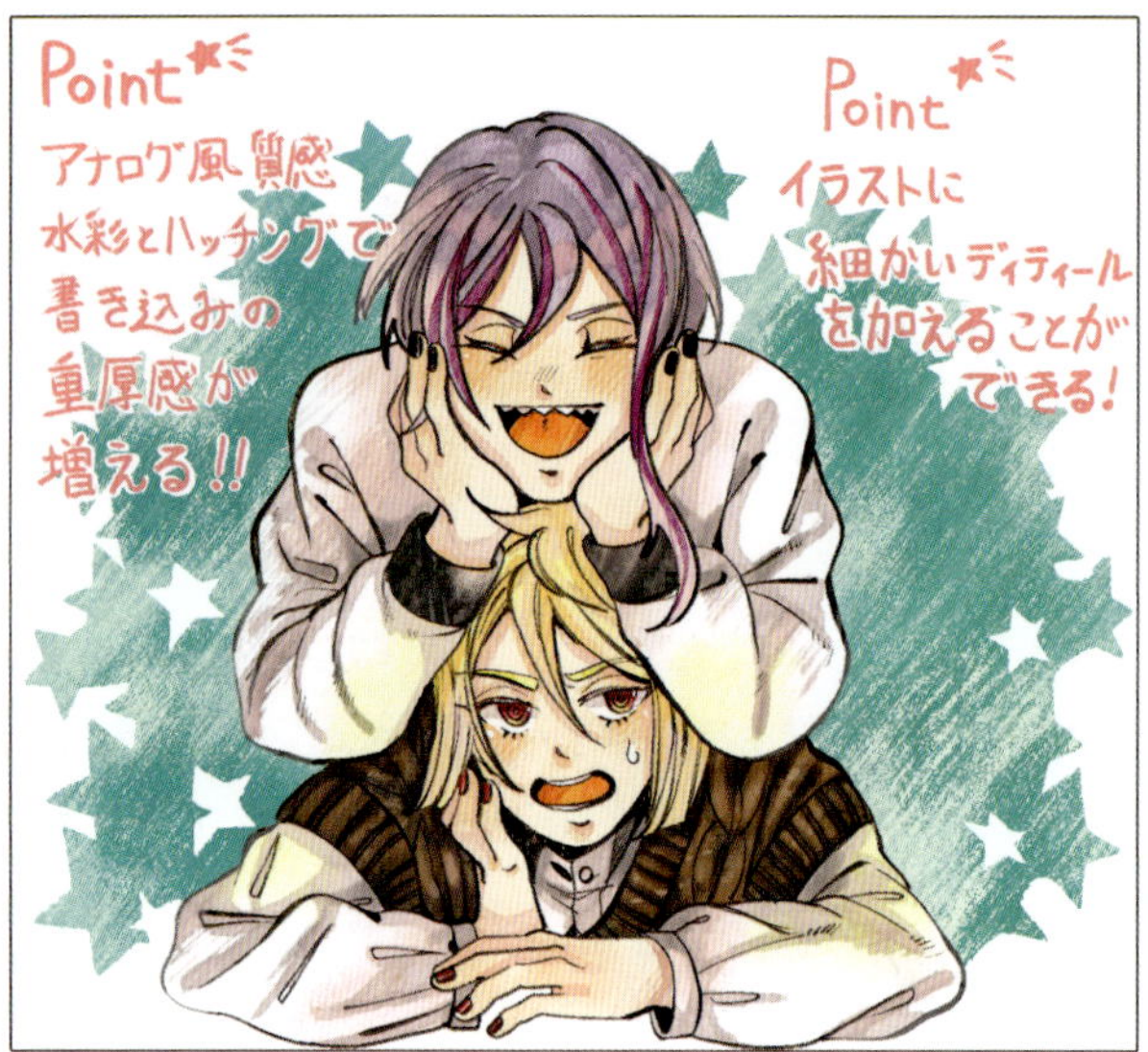

使用したアセット名 アナログ風水彩マーカー
お名前 羊兎苺和

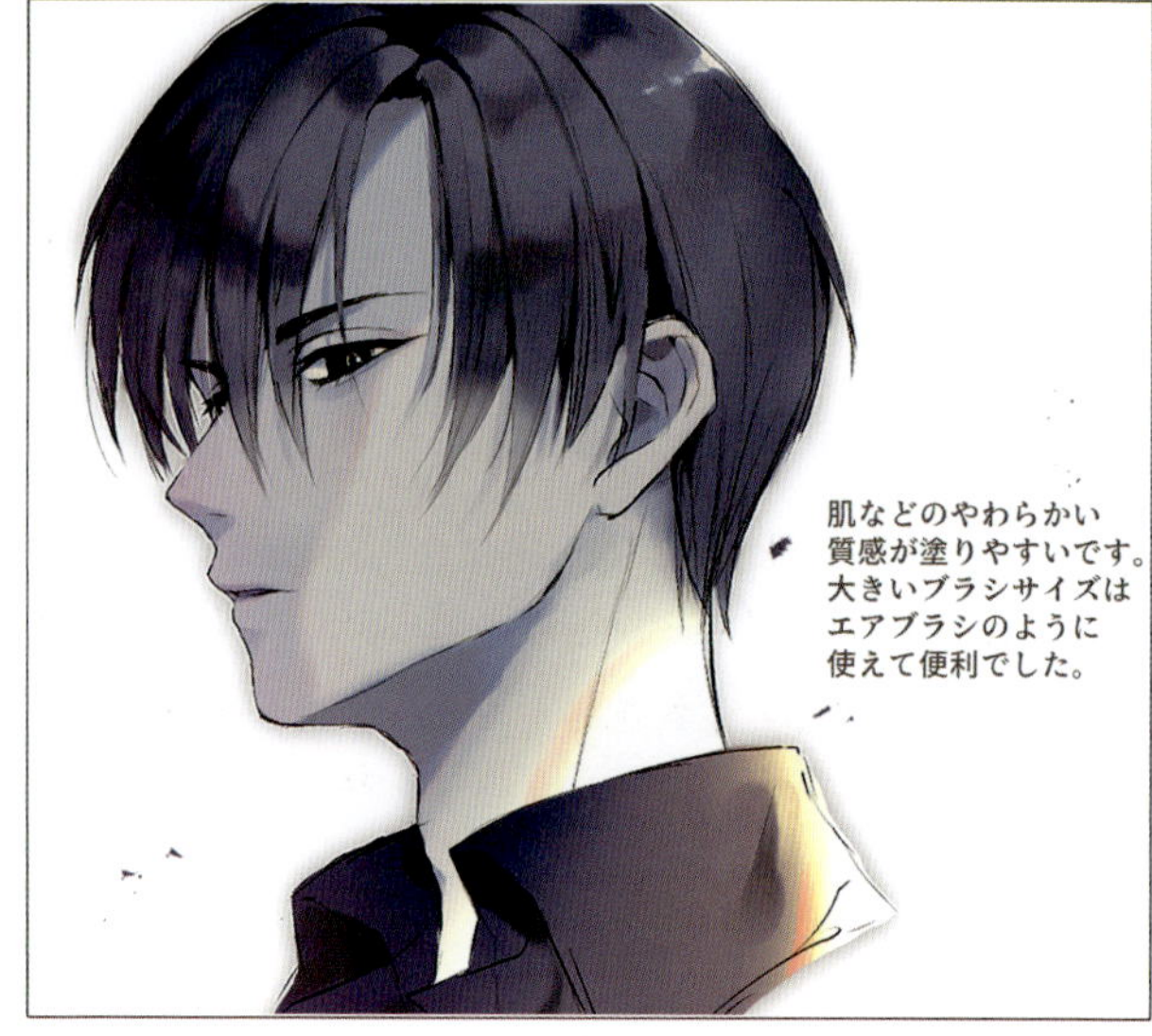

使用したアセット名 ぬる水ブラシ
お名前 たよしの

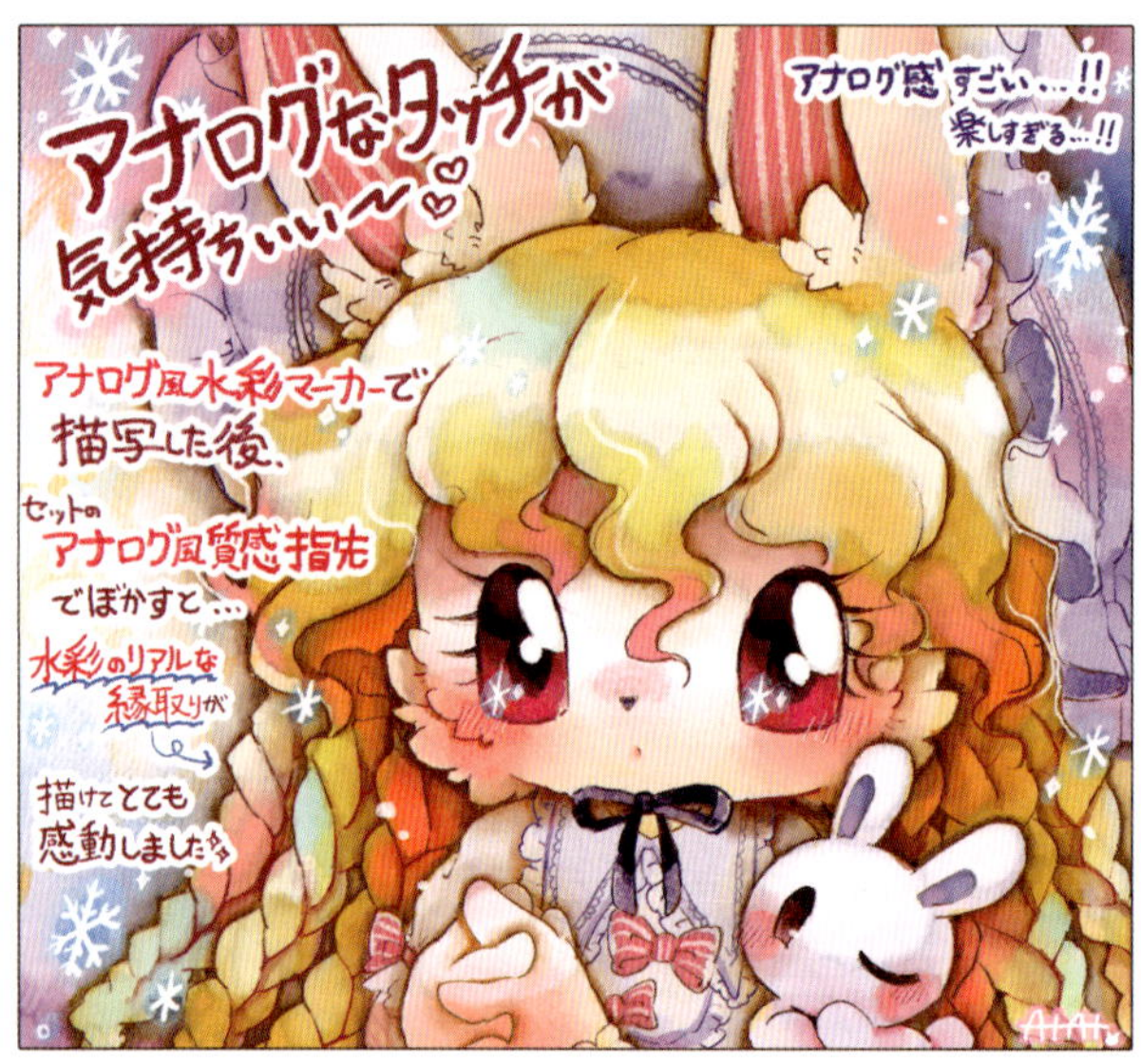

使用したアセット名 アナログ風水彩マーカー
お名前 A+A+

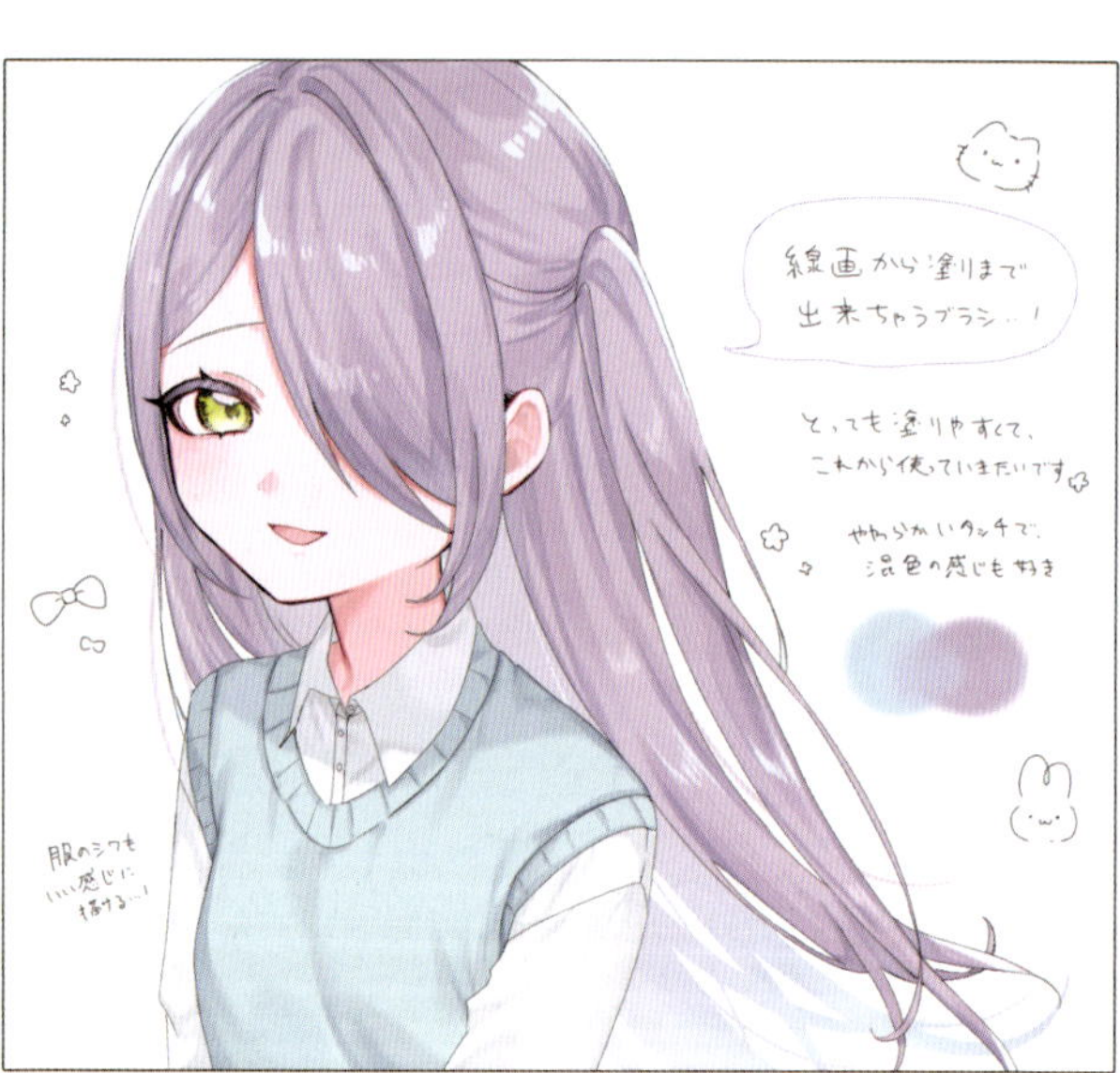

使用したアセット名 ぬる水ブラシ
お名前 たまご

応募方法とCLIPPYのプレゼントについて

季刊エスのホームページ内にある「イラスト投稿」に設ける応募フォームを使ってお送りください。応募は随時募集しますが、「推しアセット」は毎号変わるので、応募の締め切りにご注意ください。募集中の「推しアセット」は誌面の他、ホームページでも発表します。

おひとりさま複数点の投稿が可能ですが、基本的に1点のみの掲載です。また、掲載枚数に関係なく贈呈は8,000CLIPPYになります。CLIPPYのお渡しは応募時のメールアドレスへご案内します。メールアドレスの間違いにご注意ください。メールの送付は掲載号の発売日より1ヶ月後ほどを予定しています。 ※「ss@s-ss-s.com」からのメールが受信できるように設定ください。

応募はコチラから

https://www.s-ss-s.com/events/90

第5回応募締め切り

2026年2月5日(木)

投稿ページと重ならない時期に応募期間を延長しました。ご応募お待ちしております!

応募フォーム

試し描きテンプレート

第5回募集 #推しアセット はコチラ!

※2つのブラシから、1種類を選んで試し描きしてください

使い方① クリスタの「素材」パレットより「ASSETSで素材をさがす」をクリックして、「CLIP STUDIO ASSETS」へアクセス(https://assets.clip-studio.com/ja-jp/)。

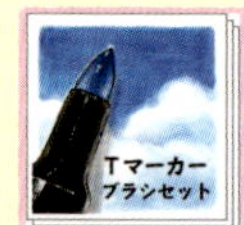

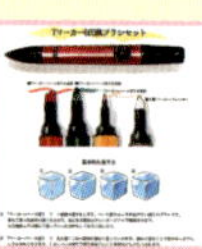

Tマーカー風ブラシセット

コンテンツID:1692034 制作者:×ェ×

自然なムラがつくアルコールマーカー風のブラシ4種と、質感を加える素材のセット。重ね塗りに適した乗算バージョンや、塗りの境界をなじませられる「Tマーカー/ブレンダー」など、使いやすくカスタムされているのが嬉しい。

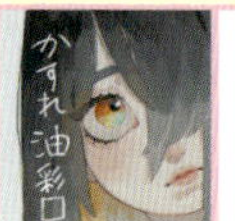

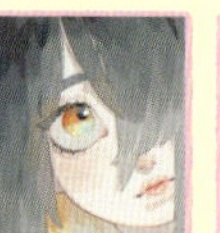

かすれ油彩■リメイク

コンテンツID:1776520 制作者:つあ

適度にブラシのタッチを残しつつ、やわらかく塗れるブラシ。「紙質濃度を低くするとスベスベ、高くするとゴワゴワした雰囲気になります」とのことで、質感調整も可能。線画に使うと適度に質感のあるなめらかなラインに。

使い方② ダウンロードしたいアセットページから「ダウンロードボタン」をクリックします。

使い方③ ダウンロードした素材を、「サブツールを追加する」または「サブツールパレット」へドラッグすれば使用できます。

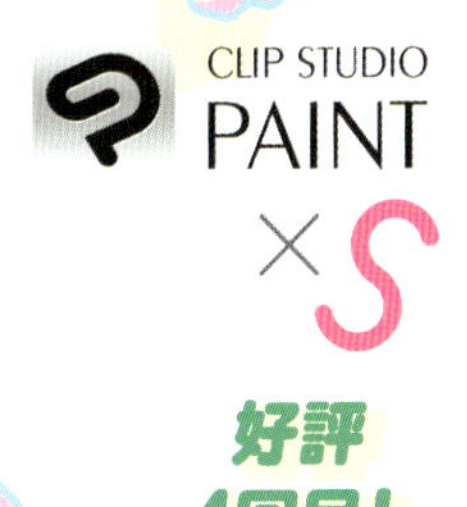

好評
4回目!

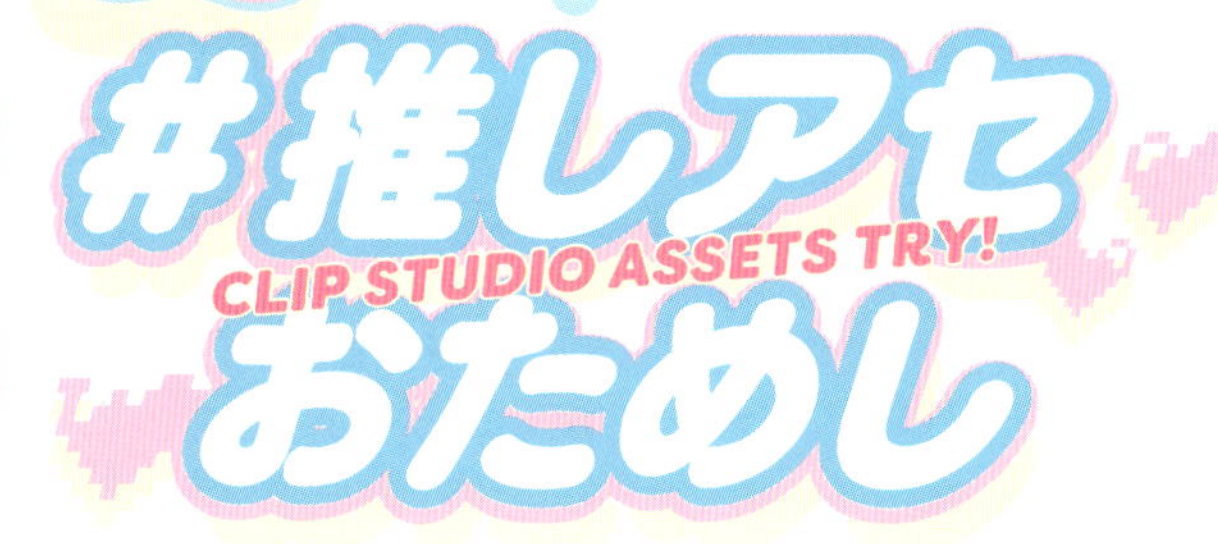

第4回
#推しアセット

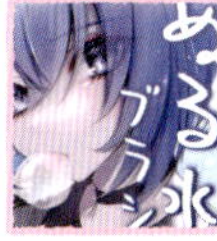

ぬる水ブラシ
コンテンツID:1850648
制作者:こごめ有

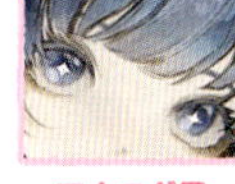

アナログ風水彩マーカー
コンテンツID:2097029
制作者:☕.

プロアマ問わず作画に欠かせない描画ソフト·CLIP STUDIO PAINT。イラストや漫画、アニメまで制作できます。すぐに使えるブラシや機能の豊富さが魅力ですが、さらに追加でブラシや素材のアセットがダウンロードできることも大きな特徴です。ただ、種類が豊富すぎるがゆえに使うきっかけや、自分に合っているアセットを探すのは大変かもしれません。そこで、お題のアセットを試し描きしてもらうコーナーをお届け! 第4回目のお題はマットな風合いのある「アナログ風水彩マーカー」&なめらかな塗りが特徴の「ぬる水ブラシ」が登場。新しいブラシの発見や追加素材の幅を広げるきっかけのひとつになれば嬉しいです!

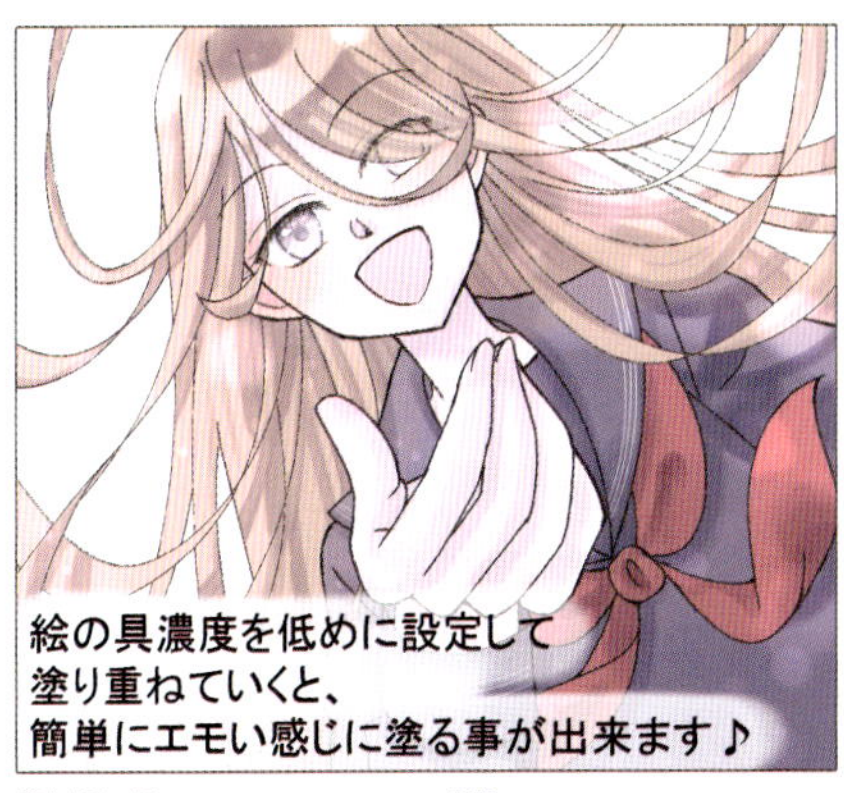

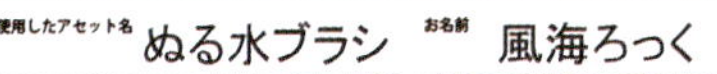

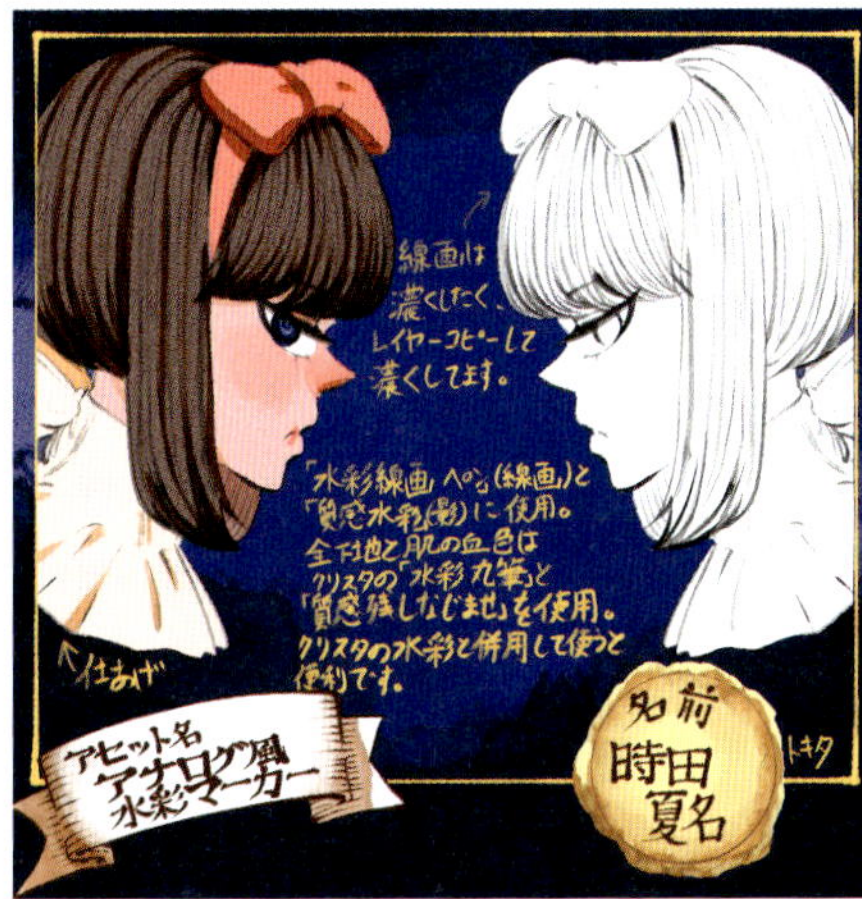

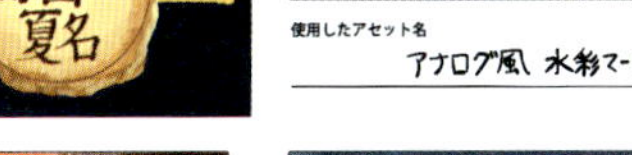

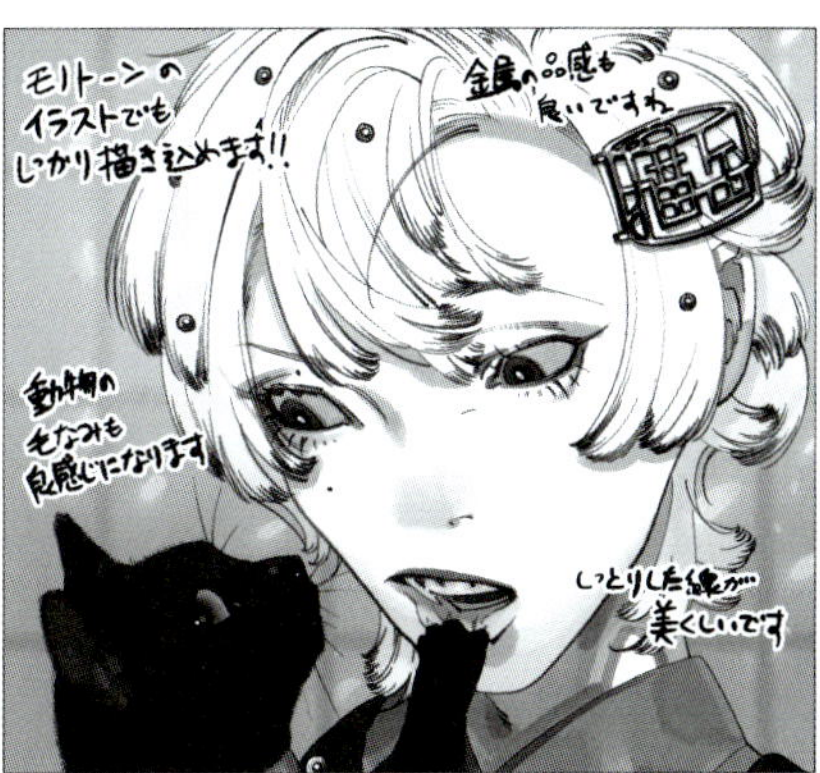

使用したアセット名 アナログ風水彩マーカー
お名前 雀 夏宏

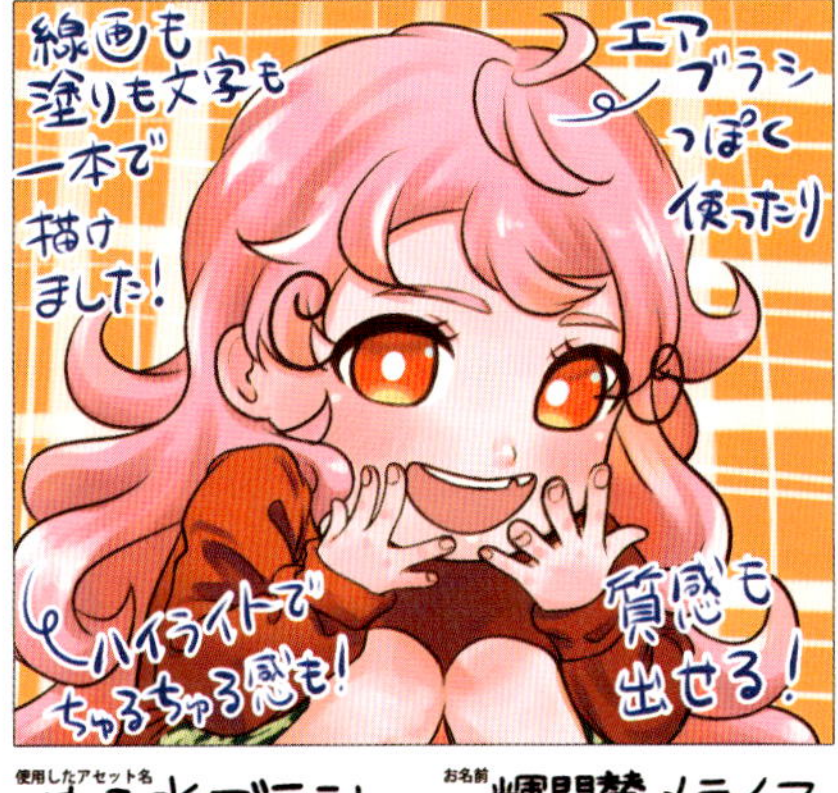

使用したアセット名 ぬる水ブラシ
お名前 輝閃贊メライア

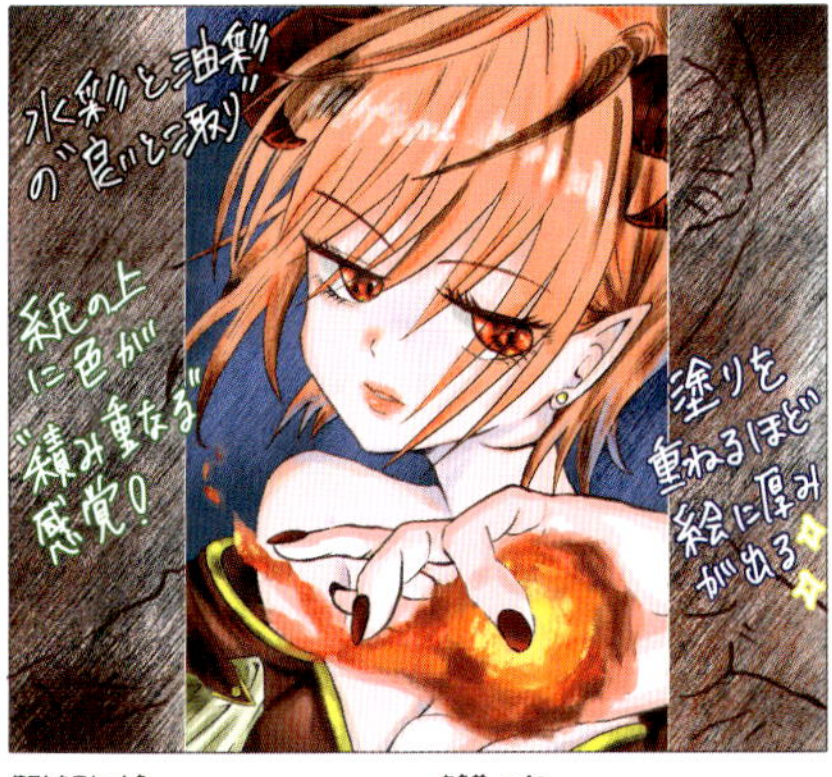

使用したアセット名 アナログ風水彩マーカー
お名前 篁 おはる

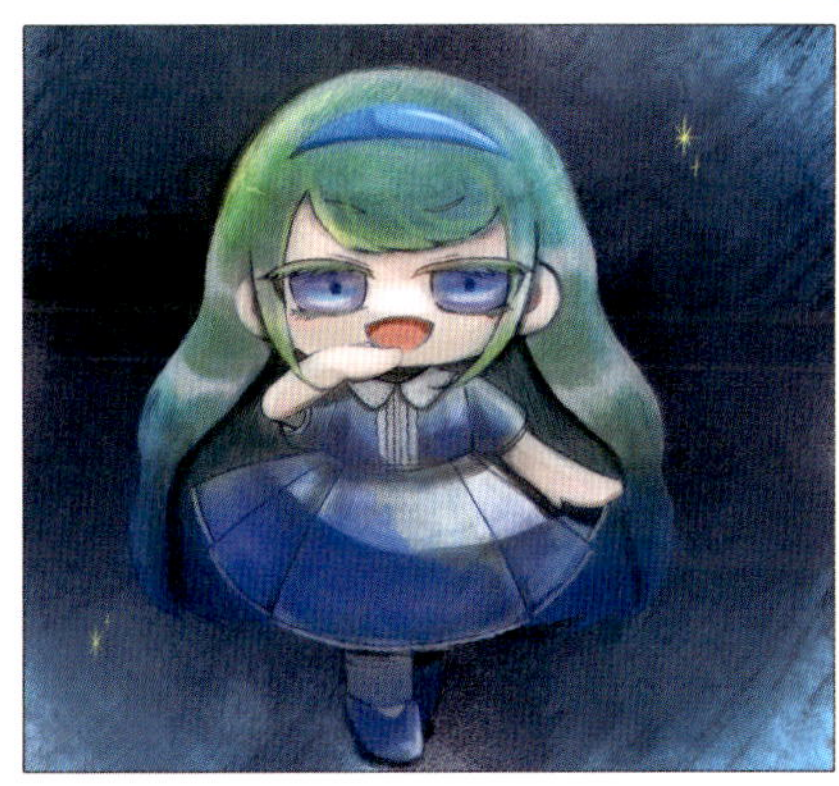

使用したアセット名 アナログ風水彩マーカー
お名前 えとう しじみ

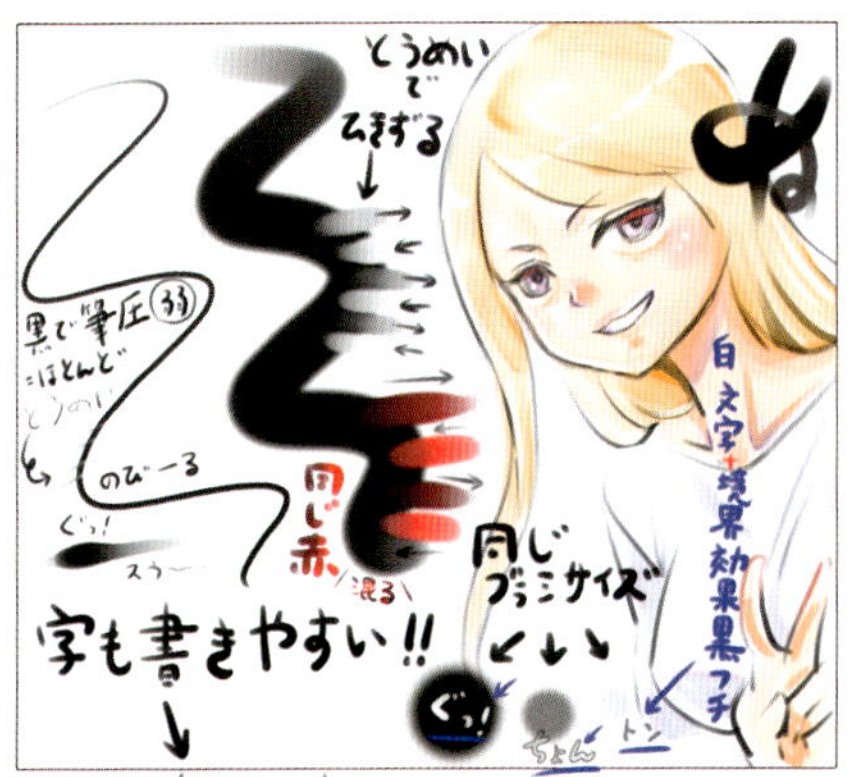

使用したアセット名 ぬる水ブラシ
お名前 すざく みかど

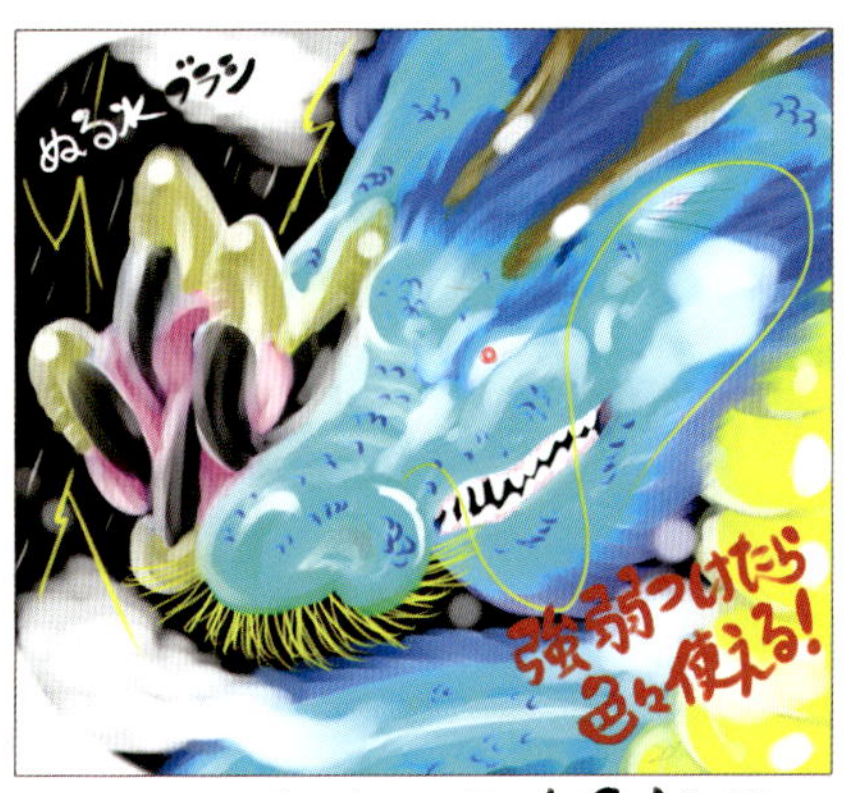

使用したアセット名 ぬる水ブラシ
お名前 しろねこ

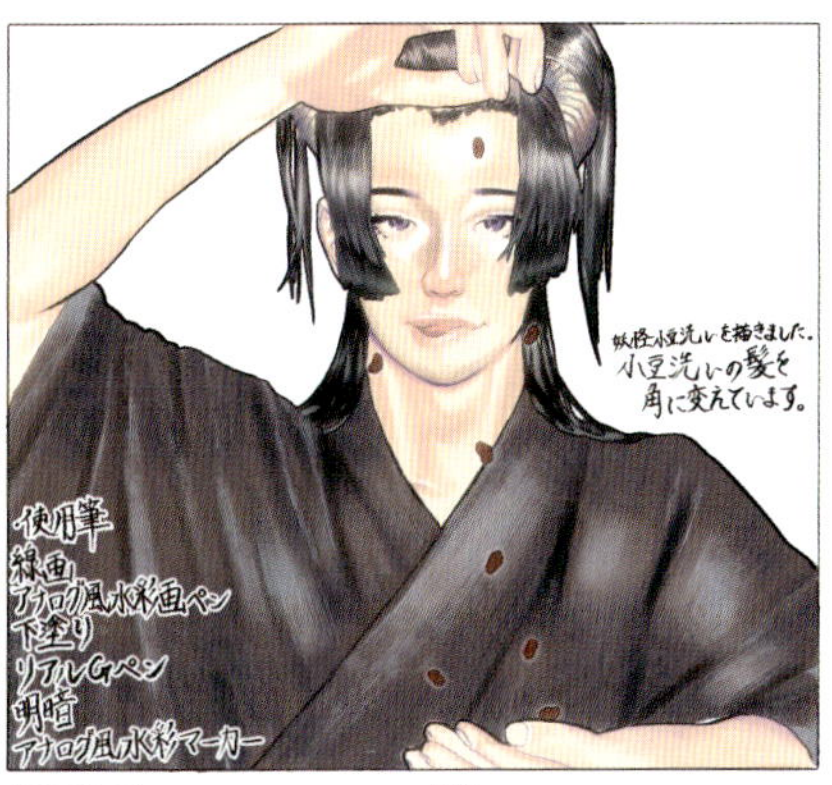

使用したアセット名 アナログ風水彩マーカー
お名前 岡田 高榕 古言

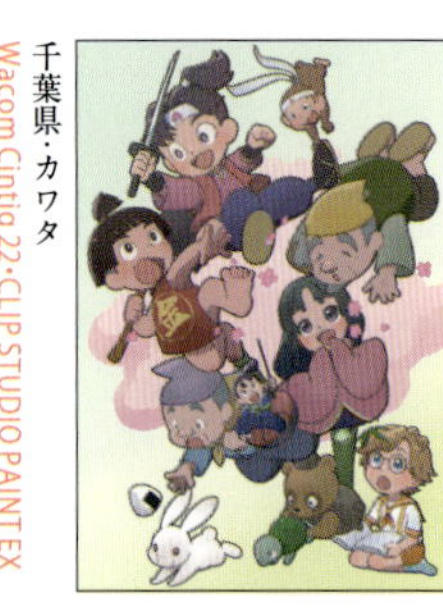
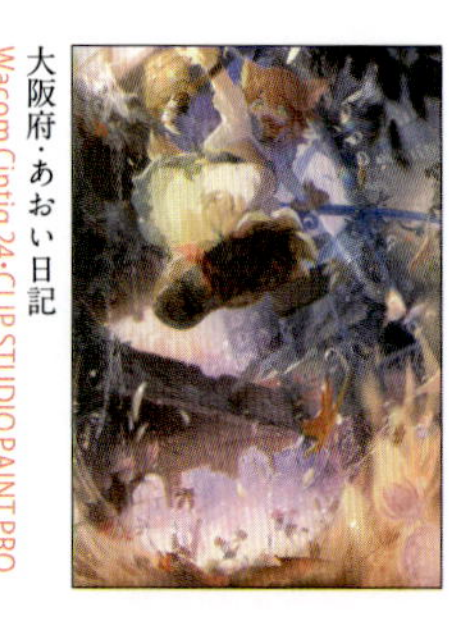
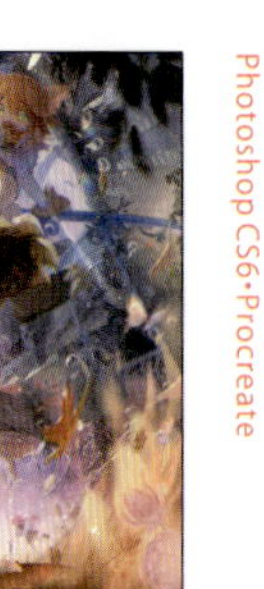
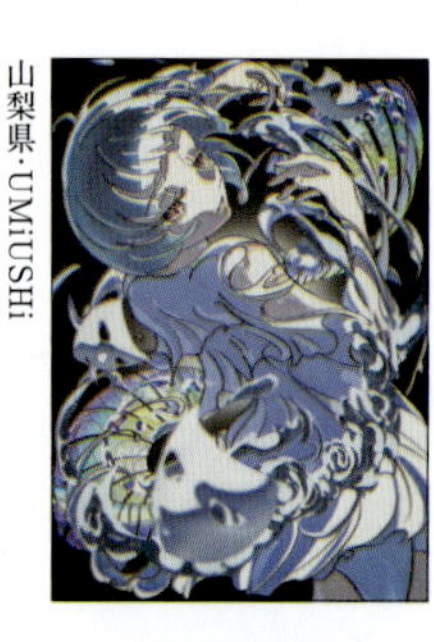

福岡県・ぱんとりりぃー
Intuos・CLIP STUDIO PAINT

三重県・uma・22歳
Wacom Intuos Pro medium・ArtStudio Pro

山梨県・UMIUSHi
Bamboo Comic Medium・Photoshop CS6・Procreate

大阪府・あおい日記
Wacom Cintiq 24・CLIP STUDIO PAINT PRO

千葉県・カワタ
Wacom Cintiq 22・CLIP STUDIO PAINT EX

東京都・ミズミ
Wacom Intuos Pro・Photoshop

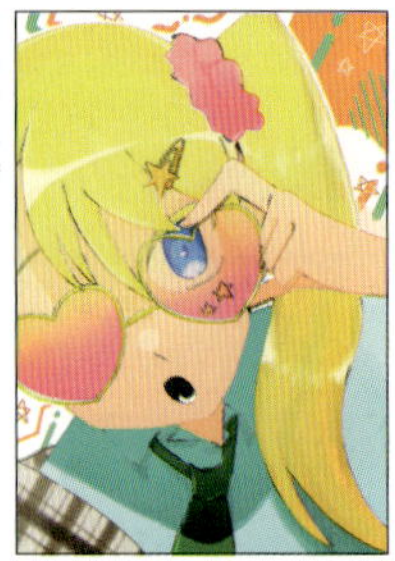
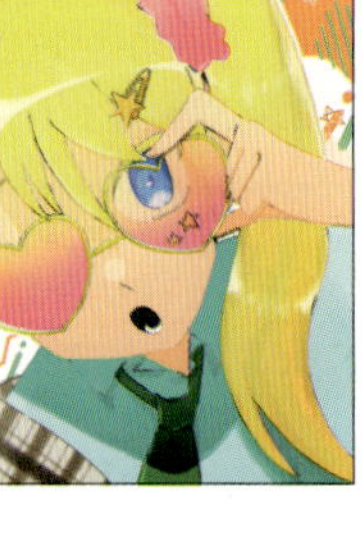
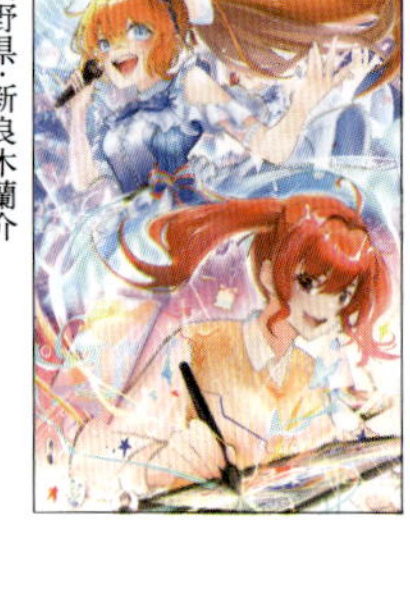
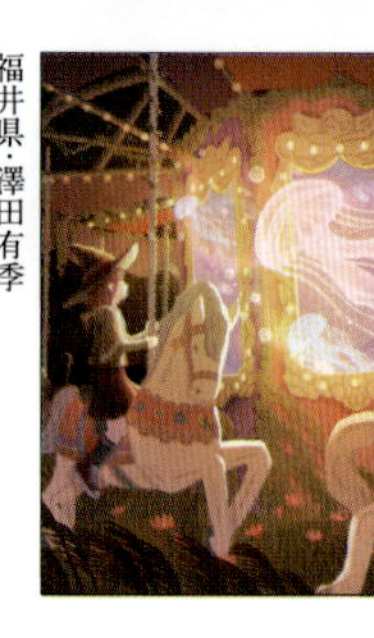
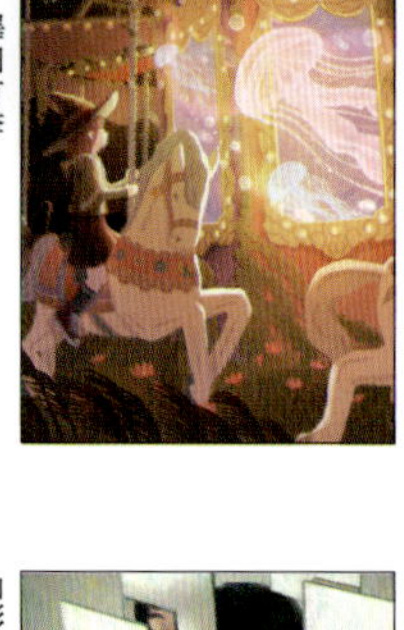

福井県・澤田有季
Wacom Cintiq 16・CLIP STUDIO PAINT

東京都・YANG9
Wacom Intuos・CLIP STUDIO PAINT

長野県・新良木蘭介
Wacom One 液晶ペンタブレット・CLIP STUDIO PAINT EX

徳島県・沸騰水
Wacom One 液晶ペンタブレット・CLIP STUDIO PAINT

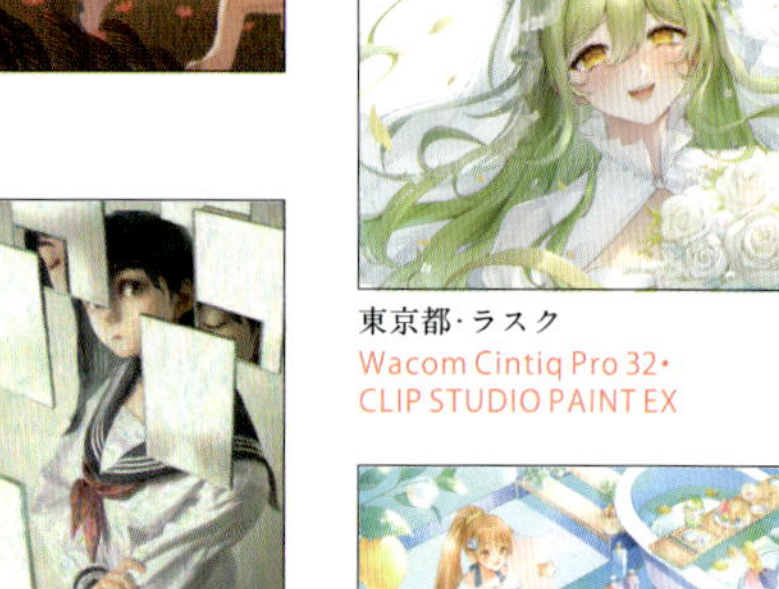

東京都・ラスク
Wacom Cintiq Pro 32・CLIP STUDIO PAINT EX

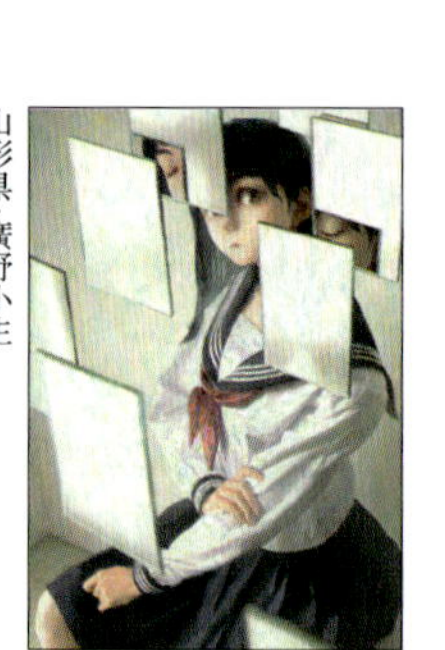
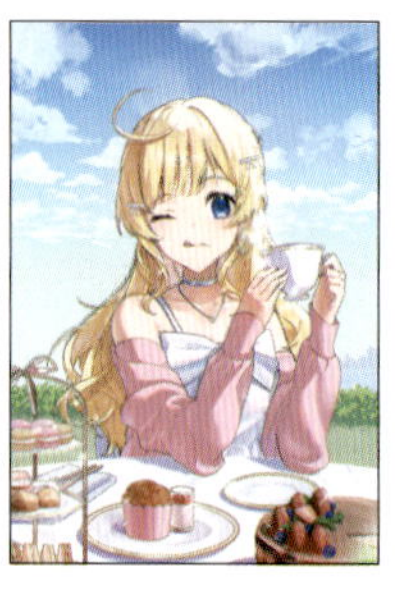

山形県・廣野小生
Wacom Cintiq 22・Photoshop

神奈川県・m
Wacom One 液晶ペンタブレット・Photoshop

東京都・mirume（みるめ）
Wacom Cintiq 22・CLIP STUDIO PAINT EX・ibisPaint X

東京都・RON-CHO
Wacom Cintiq 16・CLIP STUDIO PAINT EX

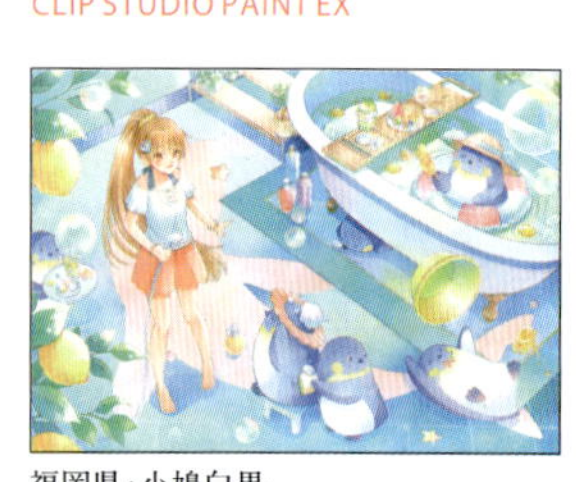

福岡県・小鳩白果
Wacom Cintiq 16・CLIP STUDIO PAINT EX

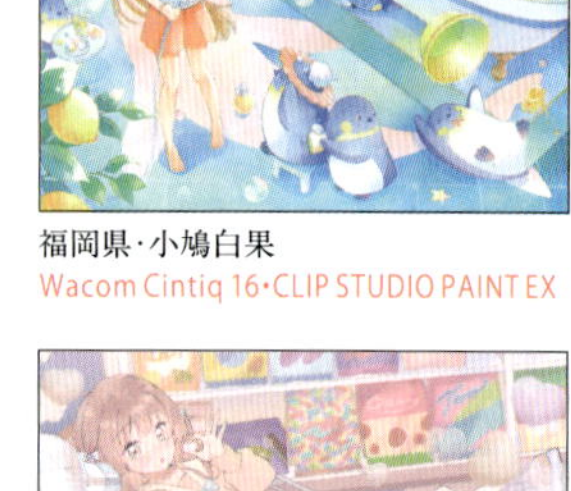
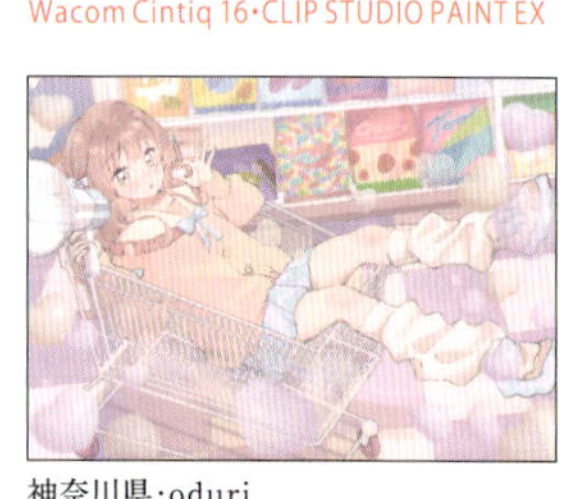
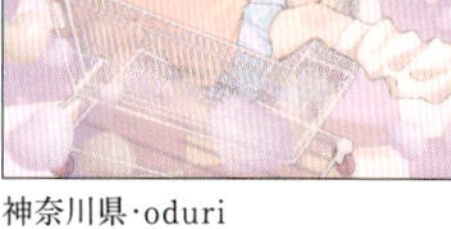

神奈川県・oduri
Cintiq・CLIP STUDIO PAINT

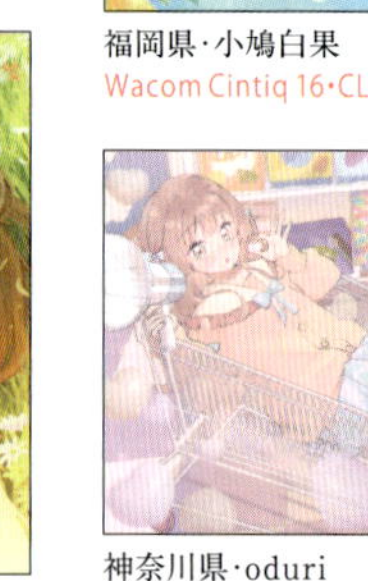
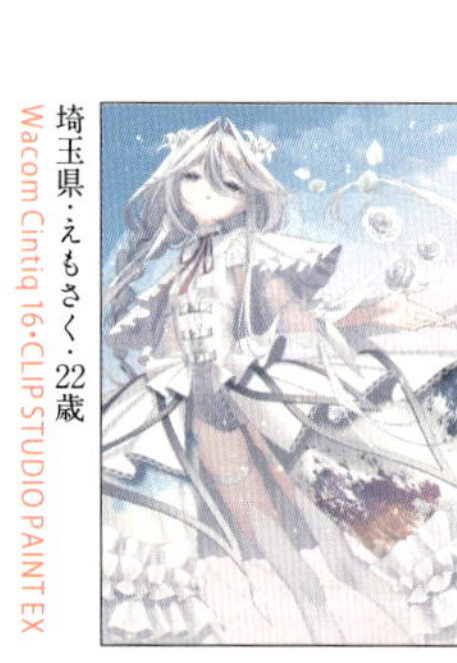
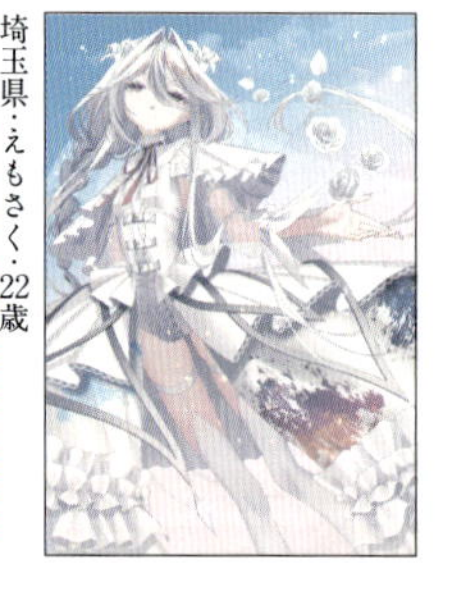
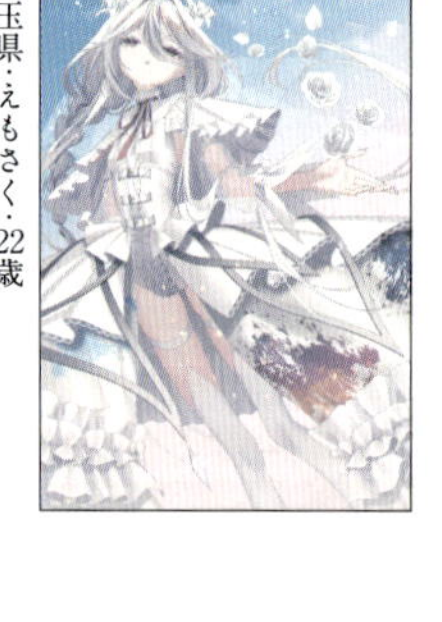

徳島県・あくび
Wacom One 液晶ペンタブレット・CLIP STUDIO PAINT

埼玉県・えもさく・22歳
Wacom Cintiq 16・CLIP STUDIO PAINT EX

福岡県・こねだぱん
Wacom Cintiq 16・CLIP STUDIO PAINT

兵庫県・メイ
Wacom Intuos ベーシック・CLIP STUDIO PAINT

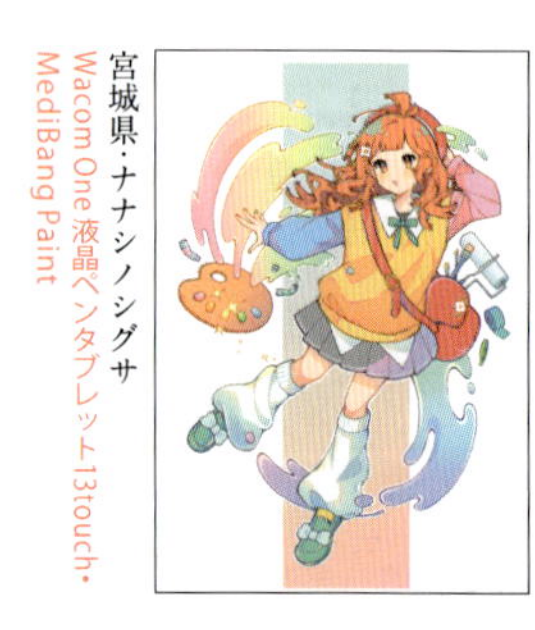
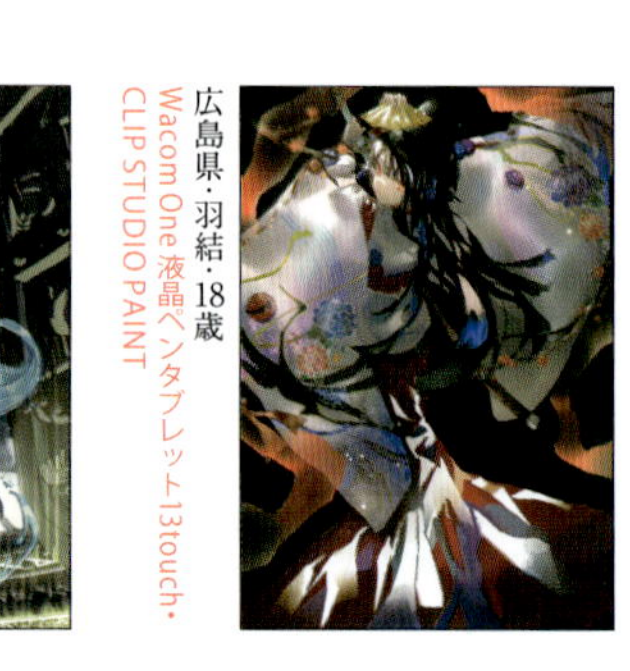
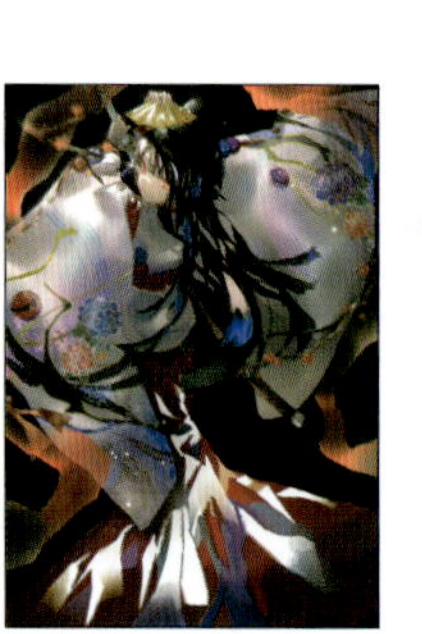
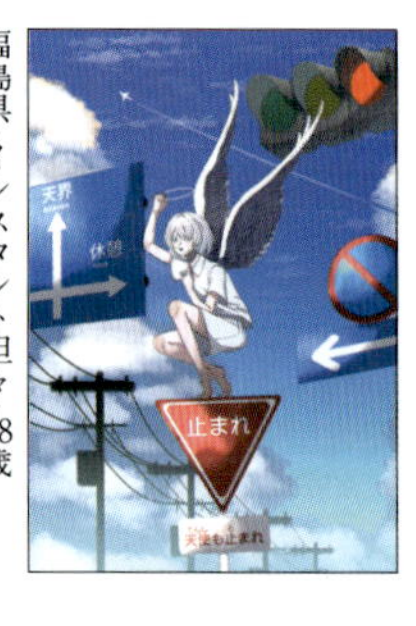
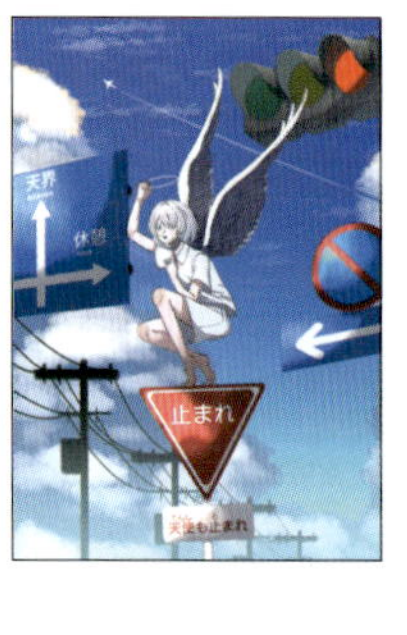

宮城県・ナナシノシグサ
Wacom One 液晶ペンタブレット13touch・MediBang Paint

広島県・羽結・18歳
Wacom One 液晶ペンタブレット13touch・CLIP STUDIO PAINT

福島県・Qナッツ
Wacom Cintiq 16・CLIP STUDIO PAINT PRO

福島県・インスタント坦々・18歳
Wacom Intuos Small・CLIP STUDIO PAINT・Illustrator

神奈川県・ちょこれ・19歳
Wacom One 液晶ペンタブレット13touch・CLIP STUDIO PAINT EX

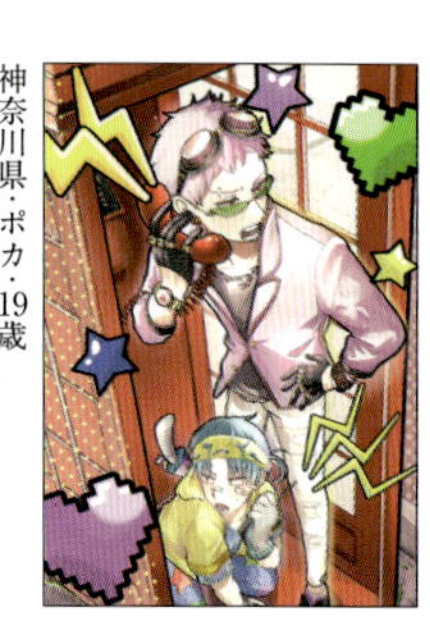
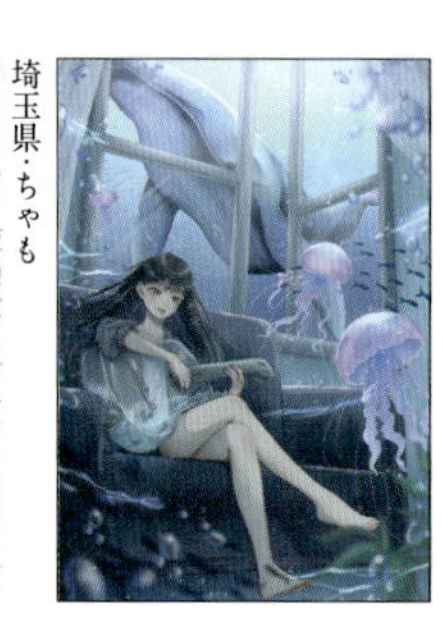
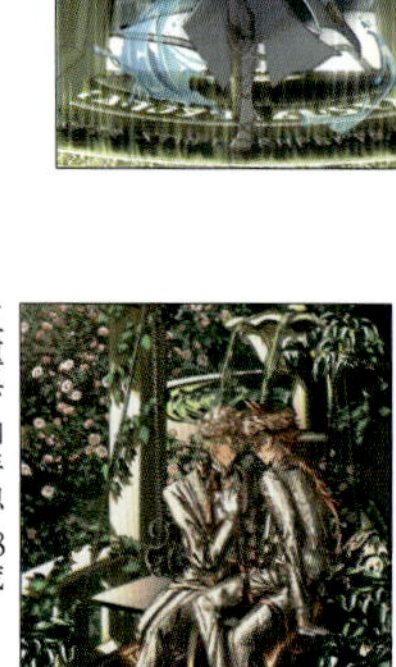
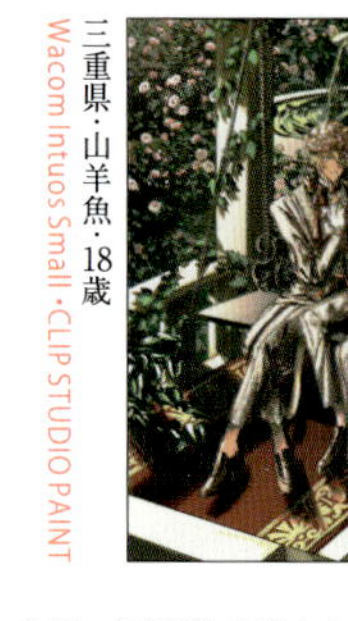
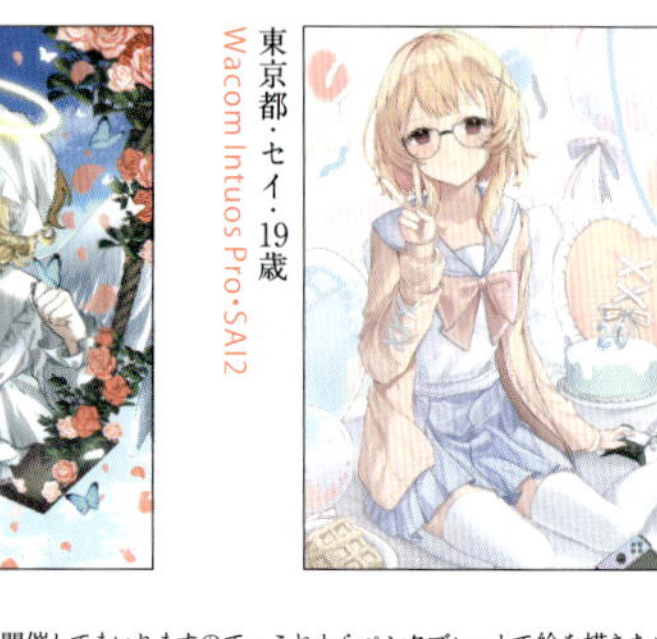
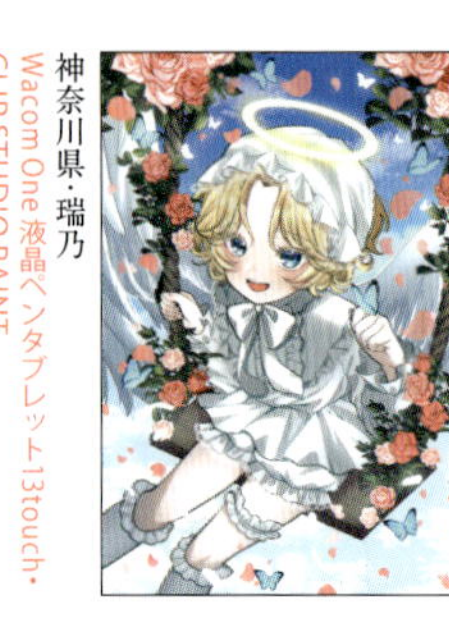

神奈川県・ポカ・19歳
Wacom One 液晶ペンタブレット・CLIP STUDIO PAINT

埼玉県・ちゃも
Wacom One 液晶ペンタブレット13touch・CLIP STUDIO PAINT PRO

三重県・山羊魚・18歳
Wacom Intuos Small・CLIP STUDIO PAINT

東京都・セイ・19歳
Wacom Intuos Pro・SAI2

神奈川県・瑞乃
Wacom One 液晶ペンタブレット13touch・CLIP STUDIO PAINT

 今後もコンテストを開催してまいりますので・これからペンタブレットで絵を描きたいという方も・今回挑戦しそびれた方も・広く投稿をお待ちしております。コンテストに関するお問い合わせは【http://www.s-ss-s.com】からご連絡ください。

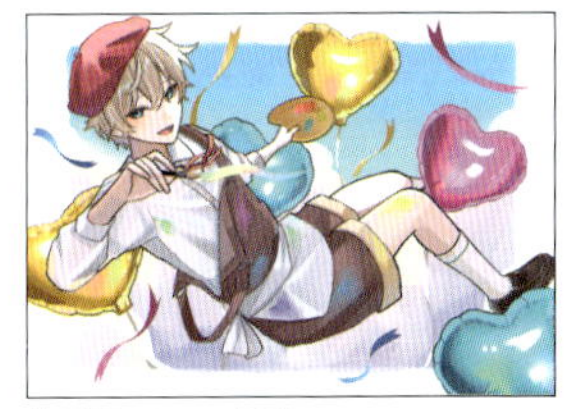
埼玉県・cham・19歳
Wacom One 液晶ペンタブレット・Photoshop

宮城県・犬飼弐
Wacom Intuos・CLIP STUDIO PAINT EX

東京都・あり
Wacom Cintiq Pro 24・CLIP STUDIO PAINT・Photoshop

岐阜県・いくら
Wacom Intuos・CLIP STUDIO PAINT

千葉県・sanonia
Wacom Cintiq 16・CLIP STUDIO PAINT EX

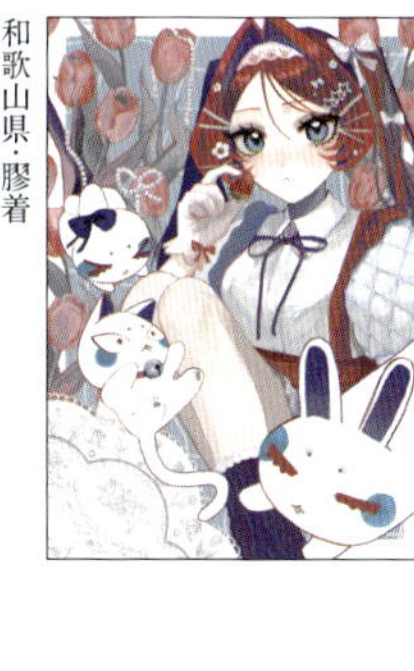
北海道・画々市
Wacom Cintiq Pro 16・Photoshop

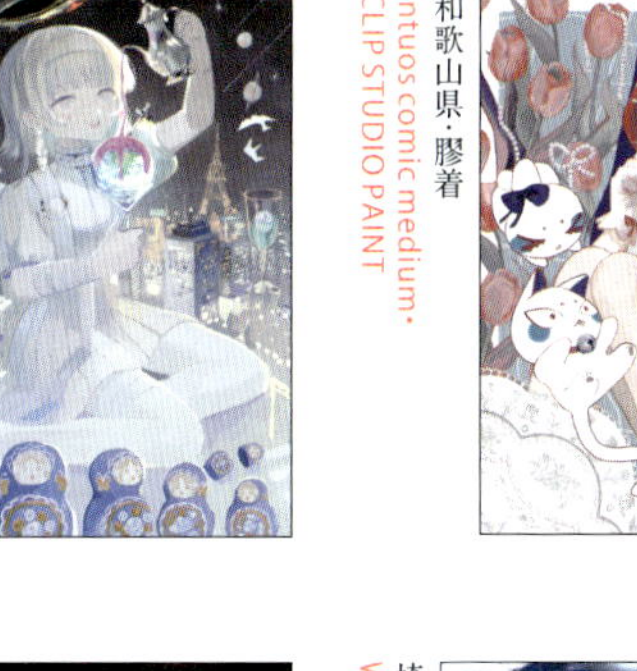
新潟県・木乃伊みいら
Intuos comic・CLIP STUDIO PAINT PRO

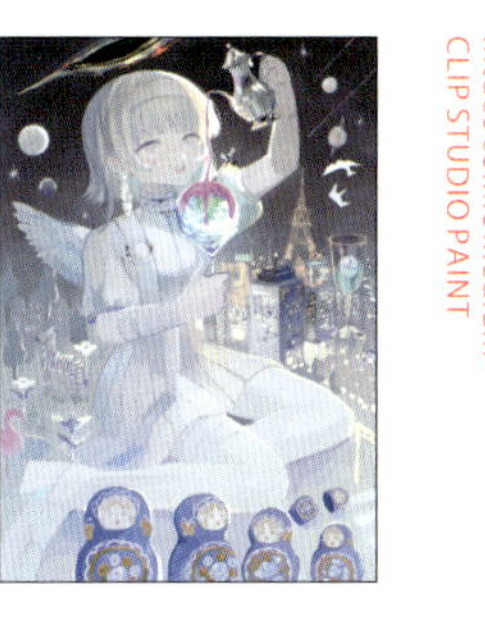
和歌山県・膠着
Intuos comic medium・CLIP STUDIO PAINT

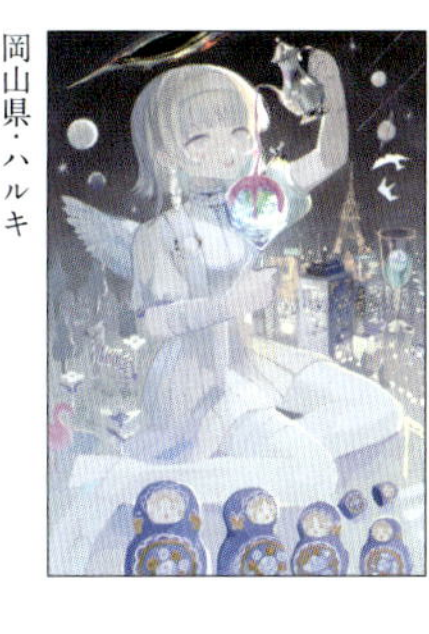
岡山県・ハルキ
Wacom Cintiq 16・CLIP STUDIO PAINT PRO

千葉県・ソガラム・24歳
Wacom Intuos Pro・CLIP STUDIO PAINT

愛知県・ゆた・19歳
Wacom One 液晶ペンタブレット・CLIP STUDIO PAINT

埼玉県・Noll
Wacom Cintiq 16・CLIP STUDIO PAINT

福岡県・ヨタ
Wacom One 液晶ペンタブレット・CLIP STUDIO PAINT

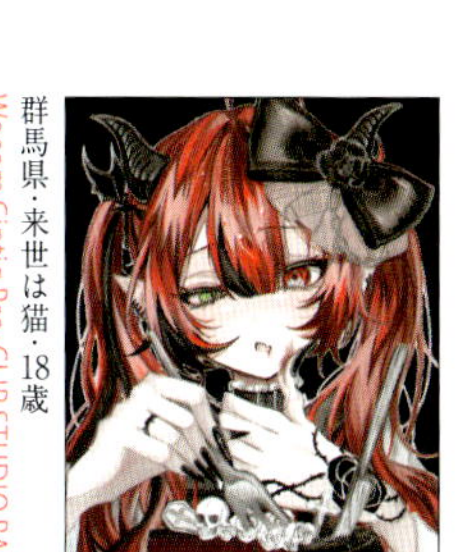
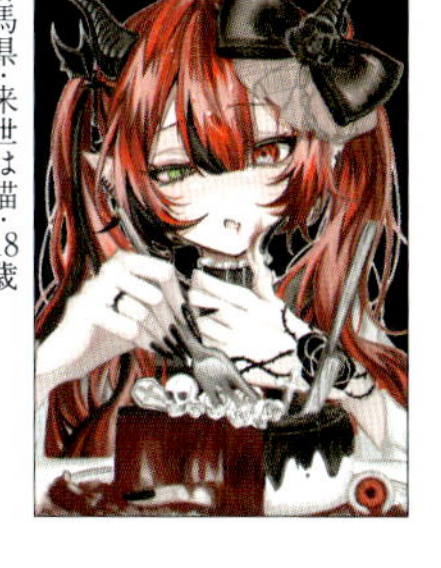
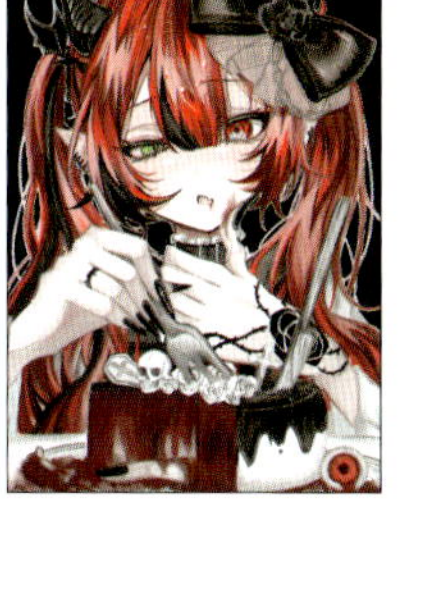
福島県・庵冥
Wacom One 液晶ペンタブレット・CLIP STUDIO PAINT

新潟県・呑-のめ-
Wacom MobileStudio Pro・CLIP STUDIO PAINT EX

群馬県・来世は猫・18歳
Wacom Cintiq Pro・CLIP STUDIO PAINT

神奈川県・Misa
Wacom Intuos・Photoshop・CLIP STUDIO PAINT

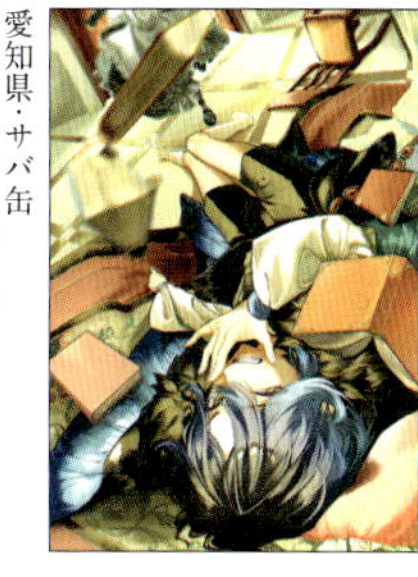
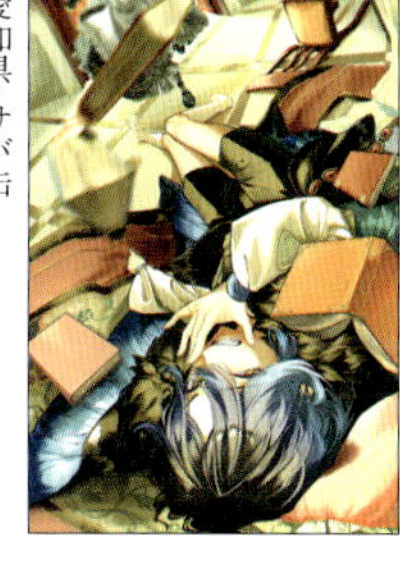
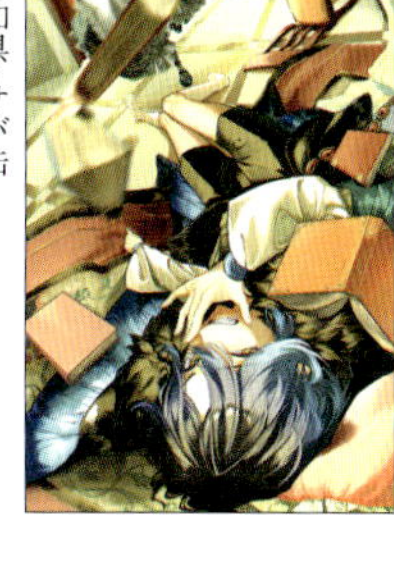
愛知県・サバ缶
Wacom Intuos Small・CLIP STUDIO PAINT

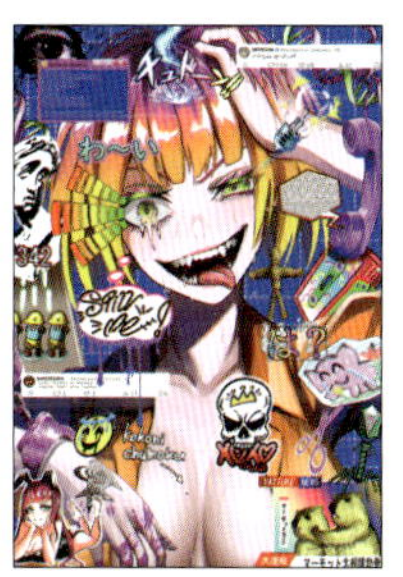
大阪府・アロハ部長
Wacom MobileStudio Pro 13・CLIP STUDIO PAINT EX

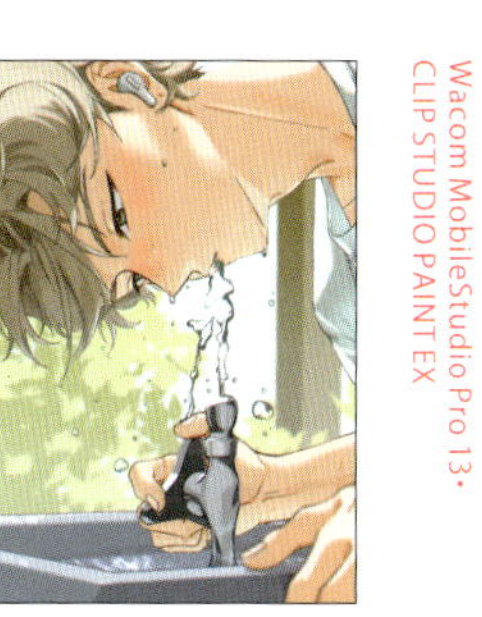
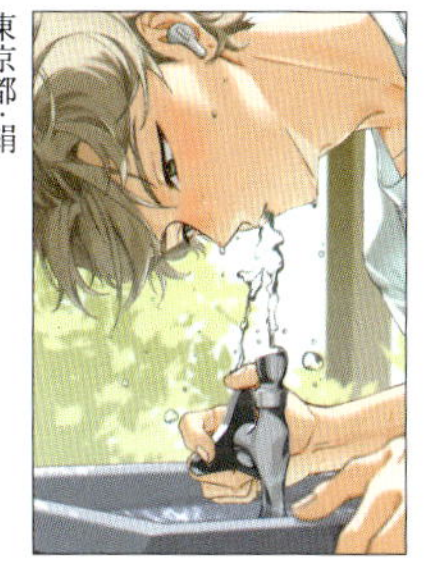
東京都・絹
Wacom Cintiq 16・CLIP STUDIO PAINT

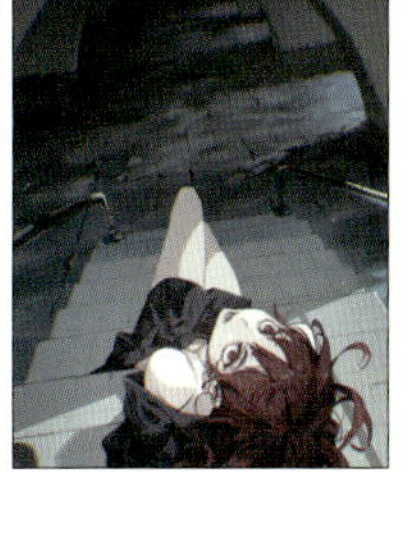
東京都・青と桃・
Wacom・CLIP STUDIO PAINT

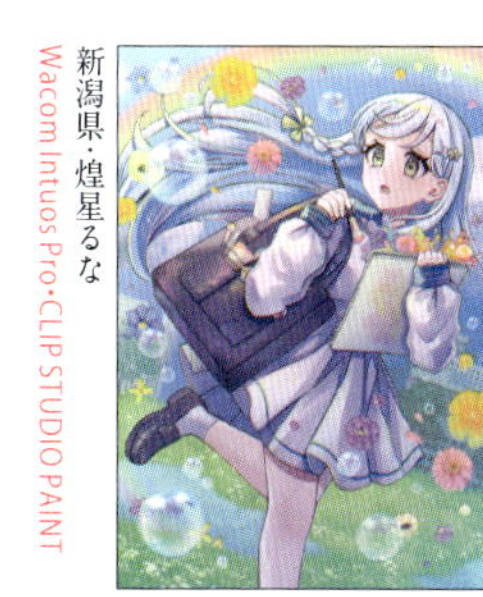
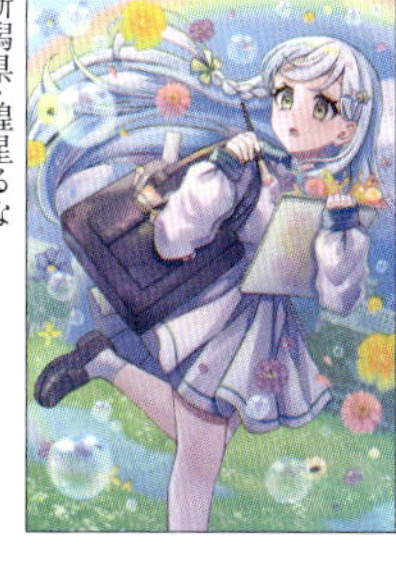
新潟県・煌星るな
Wacom Intuos Pro・CLIP STUDIO PAINT

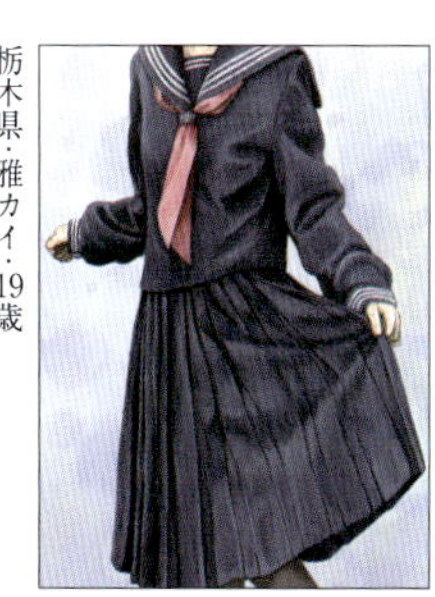
栃木県・雅カイ・19歳
Wacom Cintiq 22・CLIP STUDIO PAINT EX

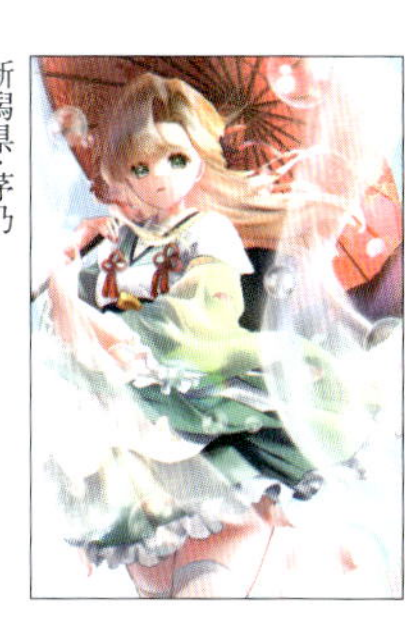
新潟県・茅乃
Wacom MobileStudio Pro・CLIP STUDIO PAINT

福島県・辻間エツ
Wacom Cintiq 16・CLIP STUDIO PAINT

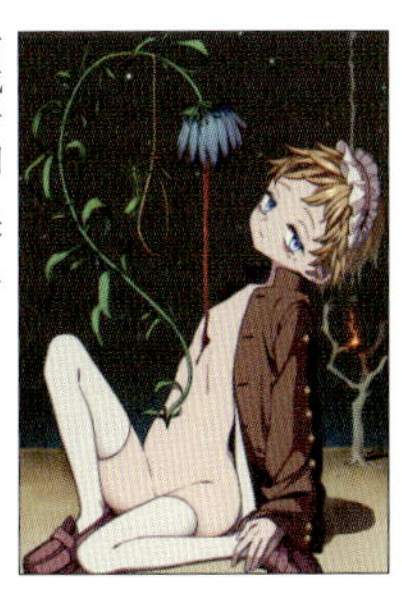
宮城県・四ノ未まぐ
Wacom Cintiq 16・SAI2

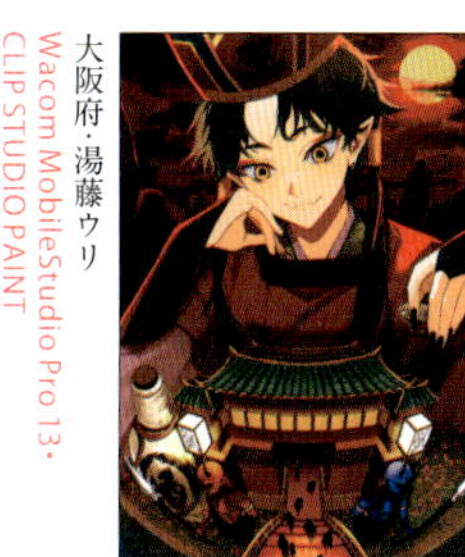
大阪府・湯藤ウリ
Wacom MobileStudio Pro 13・CLIP STUDIO PAINT

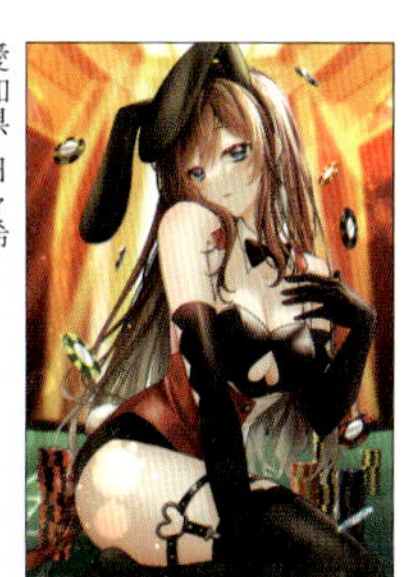
愛知県・日々希
Cintiq 22HD・CLIP STUDIO PAINT

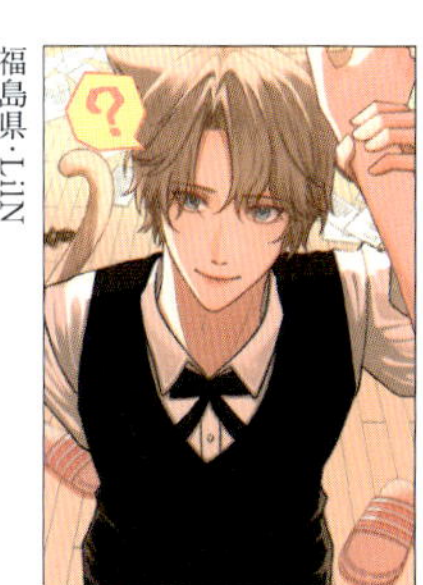
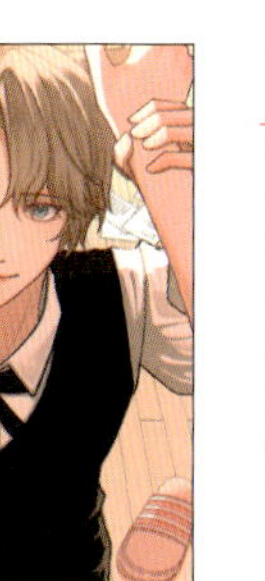
福島県・LiIN
Wacom One 液晶ペンタブレット・CLIP STUDIO PAINT

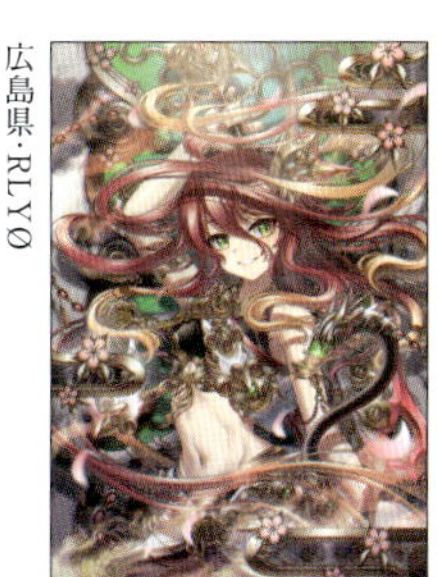
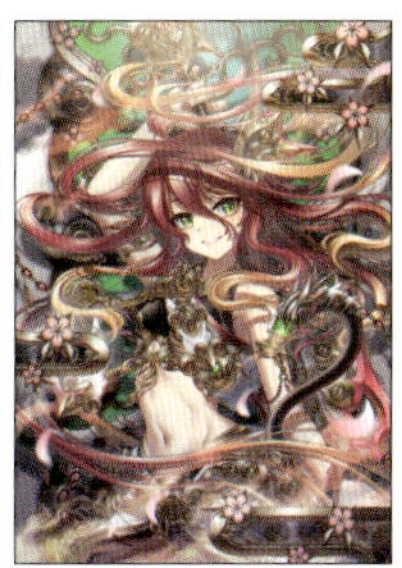
広島県・RLYØ
Intuos Pen & Touch・CLIP STUDIO PAINT

東京都・海月幽玄
Wacom Cintiq 16・CLIP STUDIO PAINT

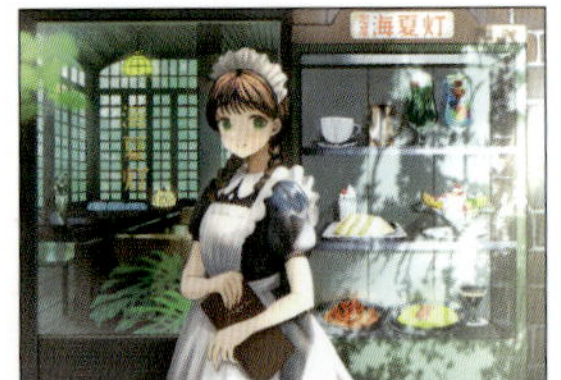

神奈川県・海夏
Wacom Intuos Pro・CLIP STUDIO PAINT

新潟県・フレア・19歳
Wacom Intuos Pro・CLIP STUDIO PAINT

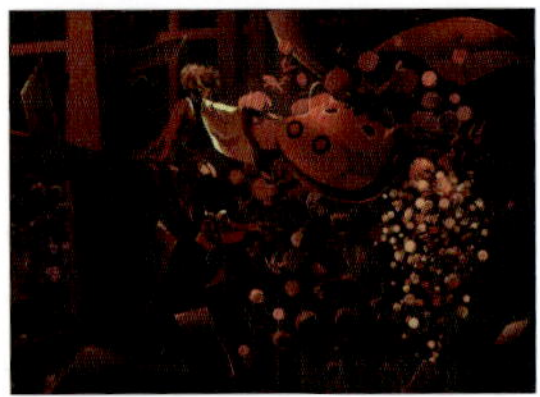

新潟県・たかしーか
Wacom MobileStudio Pro・CLIP STUDIO PAINT

埼玉県・きとう
Wacom Intuos Small・CLIP STUDIO PAINT

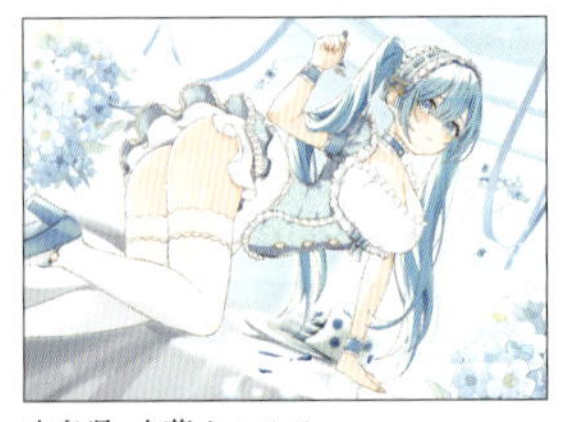

広島県・水菜カステラ
Wacom One 液晶ペンタブレット・CLIP STUDIO PAINT PRO

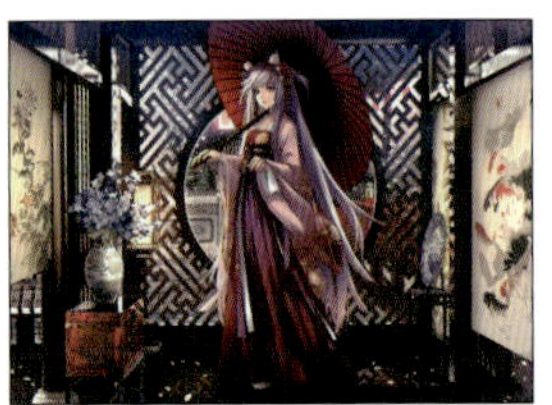

大阪府・ringo_u
Wacom Cintiq Pro 16・CLIP STUDIO PAINT

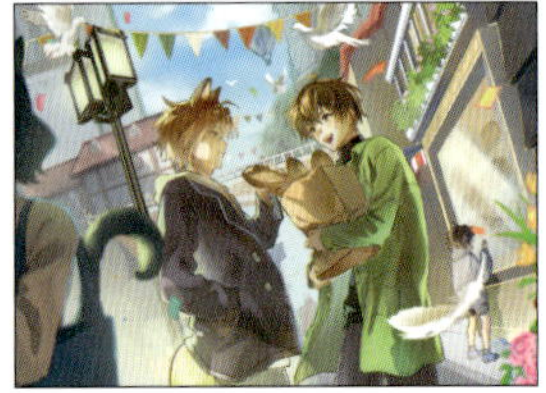

神奈川県・たいやき
Wacom Movink 13・CLIP STUDIO PAINT

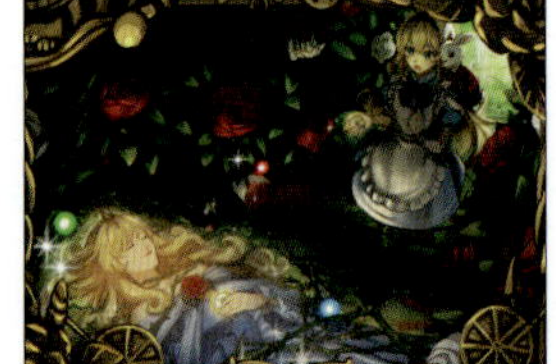

福岡県・めんだこて
Wacom One 液晶ペンタブレット・CLIP STUDIO PAINT・ibisPaint

三重県・タマムラカルボ
Wacom Cintiq 16・CLIP STUDIO PAINT

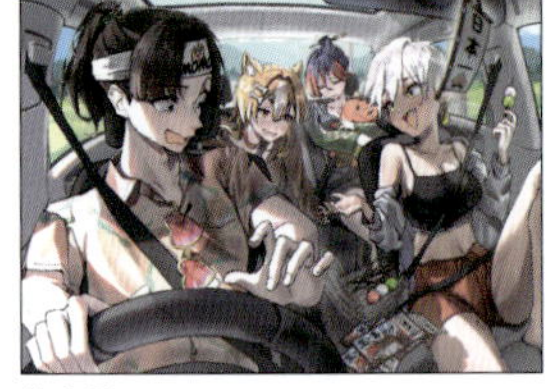

熊本県・Toramaru
Wacom One 液晶ペンタブレット・CLIP STUDIO PAINT

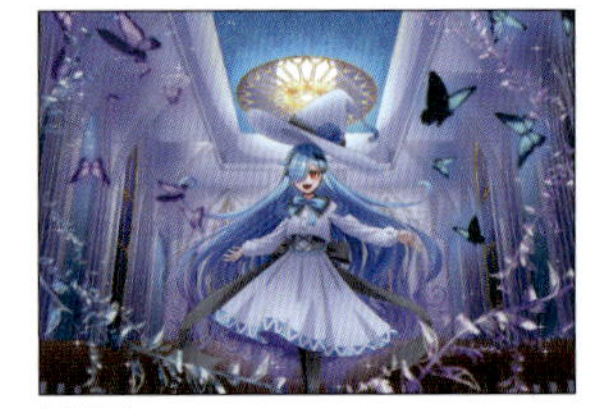

新潟県・NEVE
Wacom One 液晶ペンタブレット・CLIP STUDIO PAINT EX

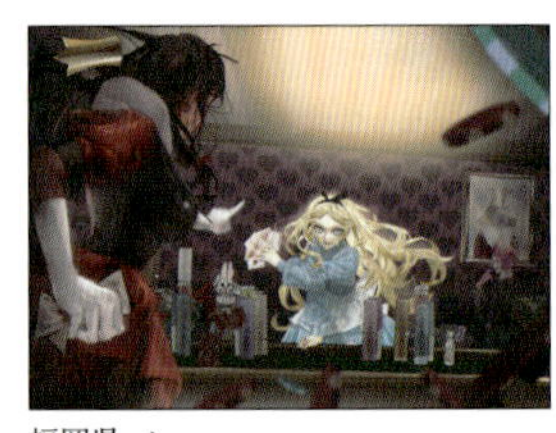

福岡県・々
Wacom Cintiq 22・CLIP STUDIO PAINT

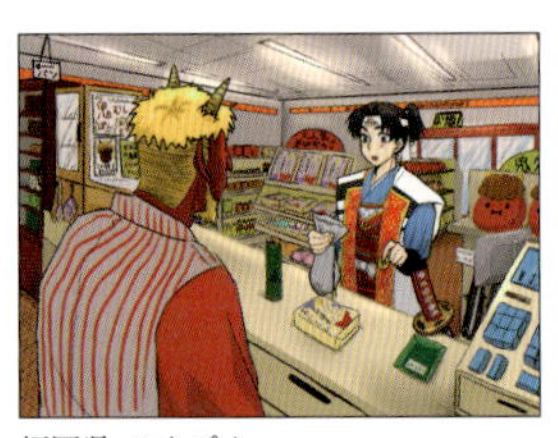

福岡県・ゆちぴよ
Wacom・CLIP STUDIO PAINT

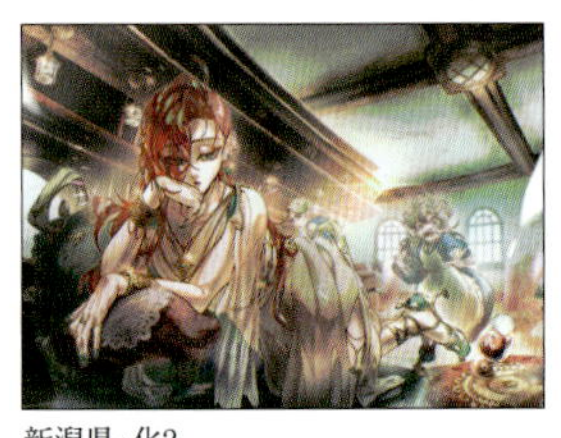

新潟県・化2。
Wacom Cintiq Pro 16・Procreate・CLIP STUDIO PAINT

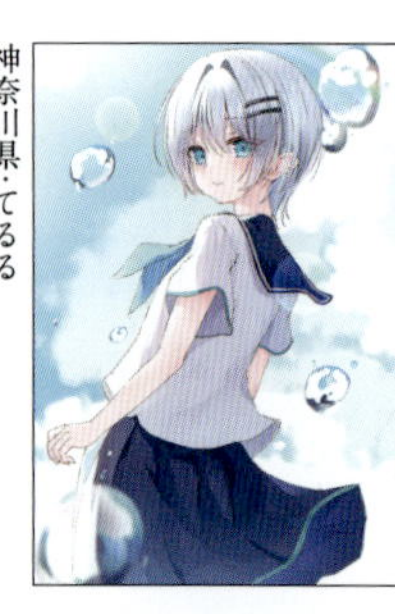

神奈川県・てるる
Wacom Cintiq 16・CLIP STUDIO PAINT

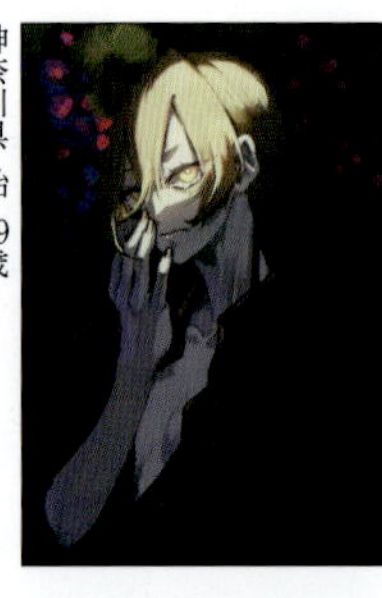

神奈川県・飴・19歳
Wacom One 液晶ペンタブレット13touch・CLIP STUDIO PAINT EX

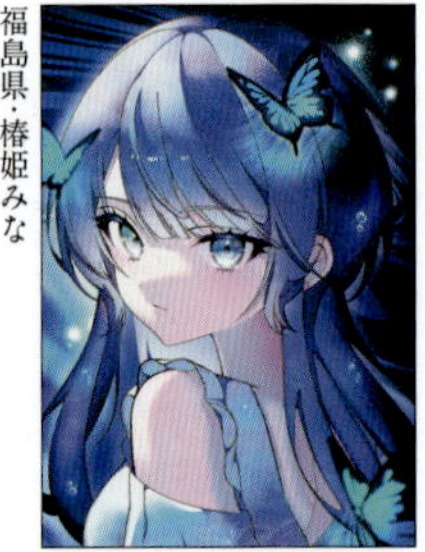

福島県・椿姫みな
One by Wacom・CLIP STUDIO PAINT

北海道・opti
Wacom MobileStudio Pro 16・CLIP STUDIO PAINT

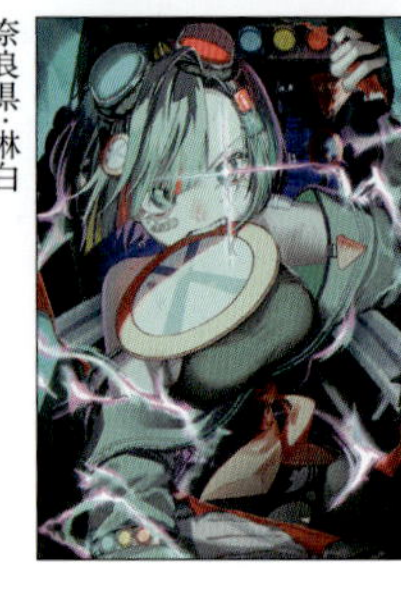

奈良県・淋白
Wacom One 液晶ペンタブレット13touch・CLIP STUDIO PAINT EX

栃木県・汐眠
Wacom Intuos Small・CLIP STUDIO PAINT

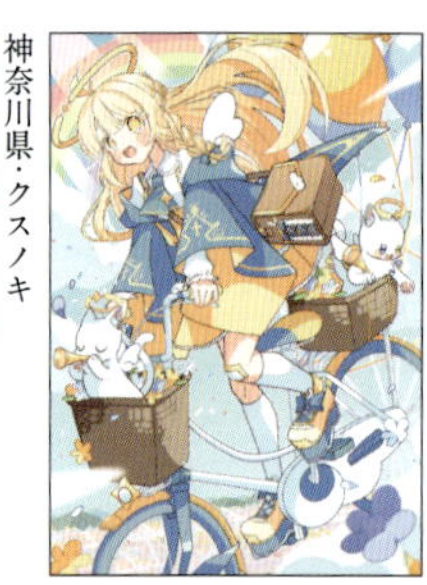

神奈川県・クスノキ
Wacom Cintiq Pro 13・CLIP STUDIO PAINT EX

埼玉県・お茶飲む長・19歳
Wacom Intuos Pro Medium・CLIP STUDIO PAINT

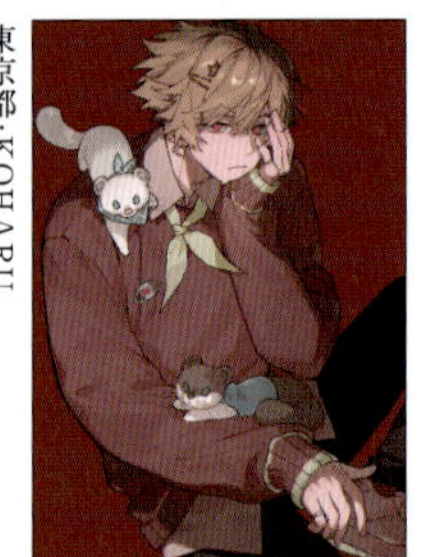

東京都・KOHARU
Wacom Cintiq 16・CLIP STUDIO PAINT

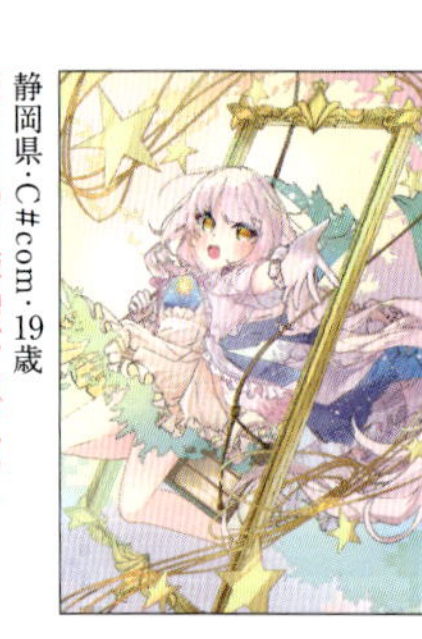

静岡県・C#com・19歳
Wacom One 液晶ペンタブレット・CLIP STUDIO PAINT

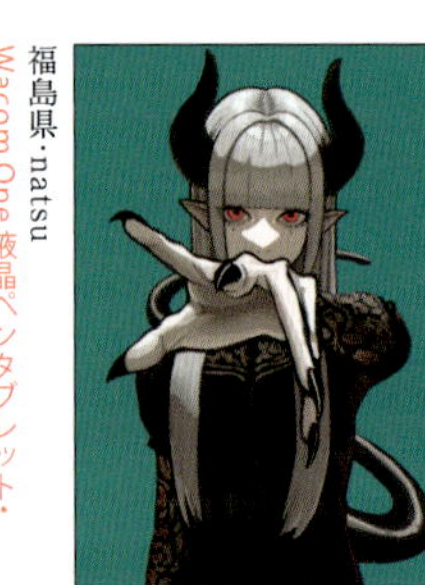

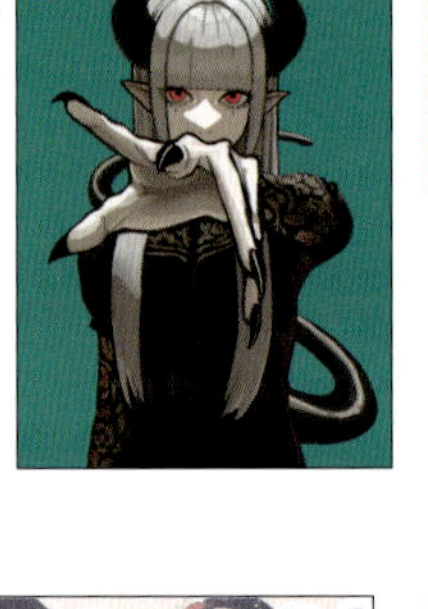

福島県・natsu
Wacom One 液晶ペンタブレット・CLIP STUDIO PAINT・Procreate

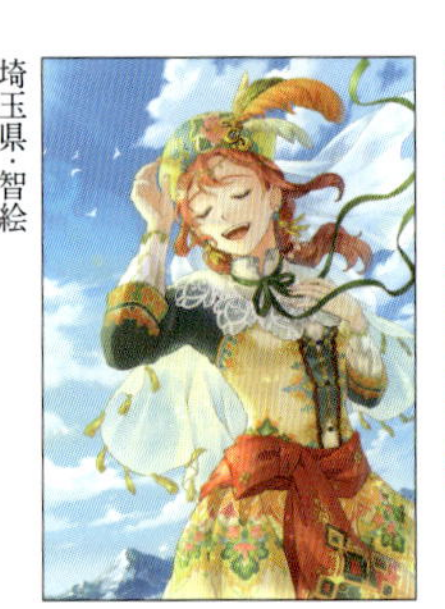

埼玉県・智絵
Intuos4・CLIP STUDIO PAINT PRO

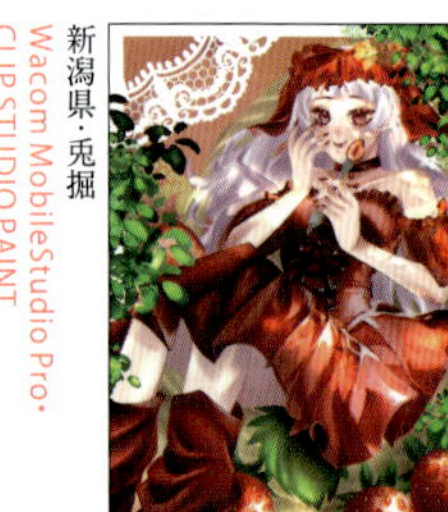

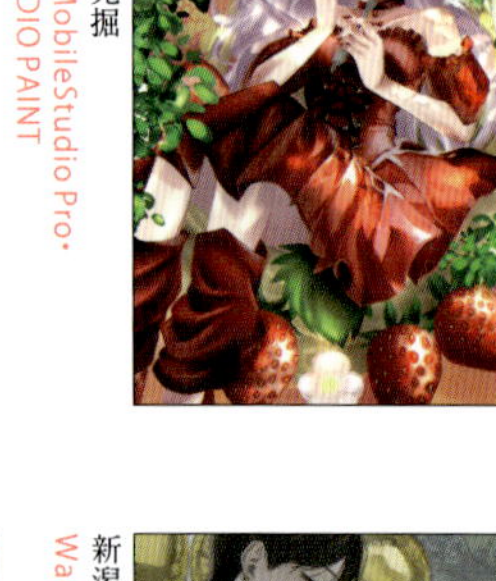

新潟県・兎掘
Wacom MobileStudio Pro・CLIP STUDIO PAINT

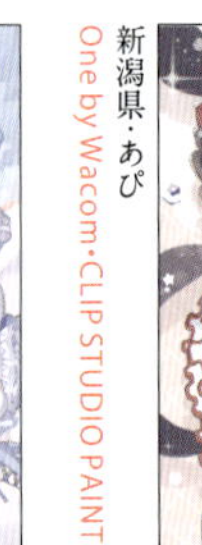

新潟県・あび
One by Wacom・CLIP STUDIO PAINT

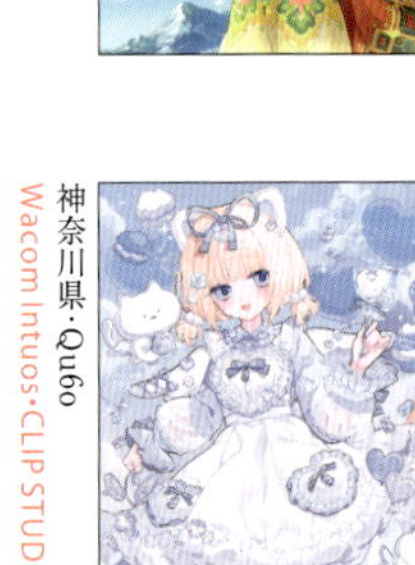

神奈川県・Qu6o
Wacom Intuos・CLIP STUDIO PAINT

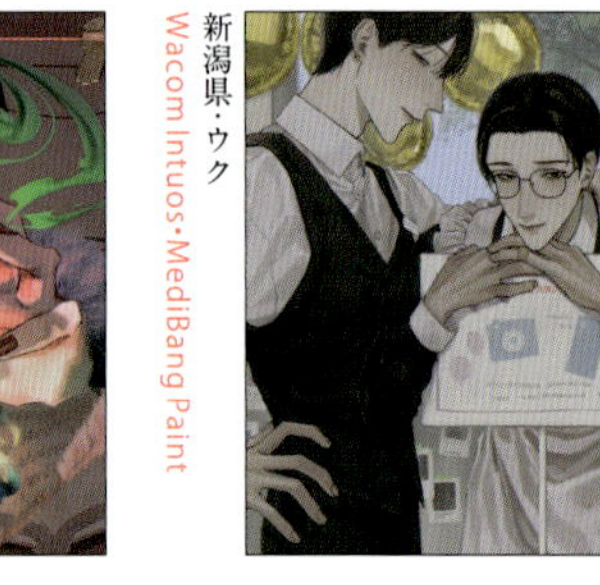

新潟県・ウク
Wacom Intuos・MediBang Paint

新潟県・モリ子・18歳
Wacom MobileStudio Pro・CLIP STUDIO PAINT

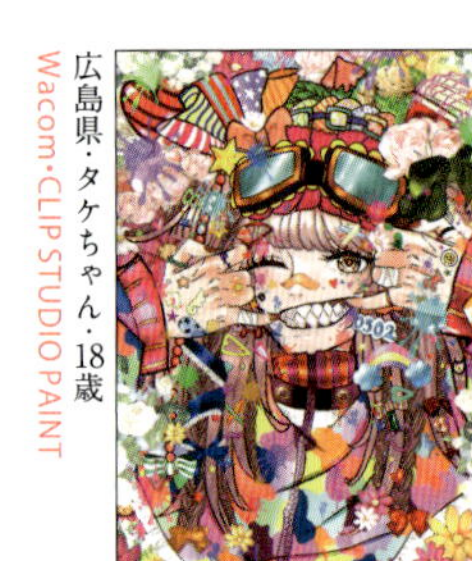

広島県・タケちゃん・18歳
Wacom・CLIP STUDIO PAINT

準入選

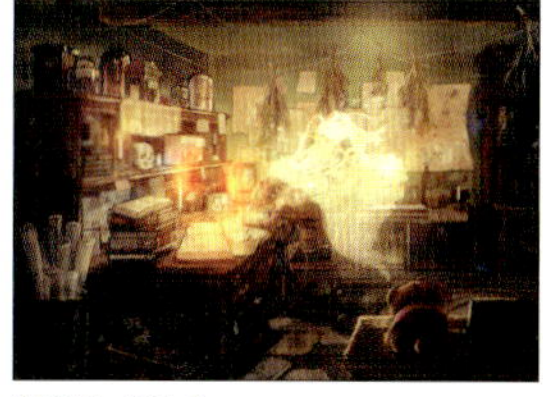
新潟県・竜みそ
Cintiq 13HD・Procreate・CLIP STUDIO PAINT

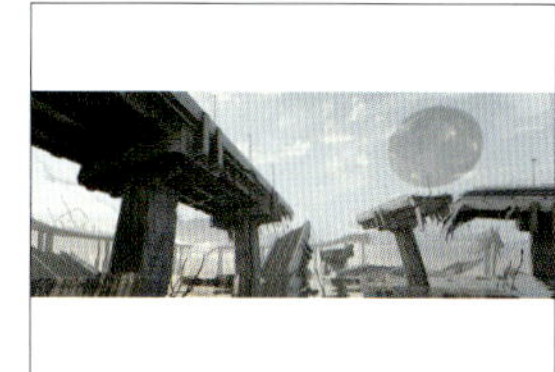
埼玉県・Luminaslow
Wacom Cintiq 16・Photoshop・Blender・Substance 3D Painter

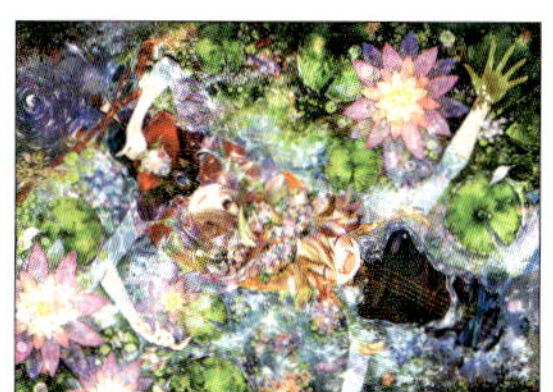
神奈川県・荻灯
Wacom Intuos Pro medium・CLIP STUDIO PAINT EX

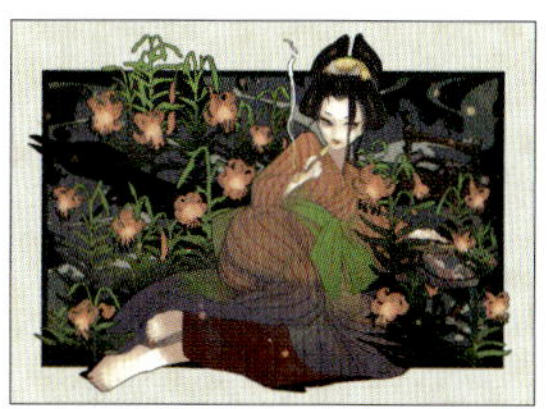
北海道・yonaka
Wacom Intuos Pro・CLIP STUDIO PAINT

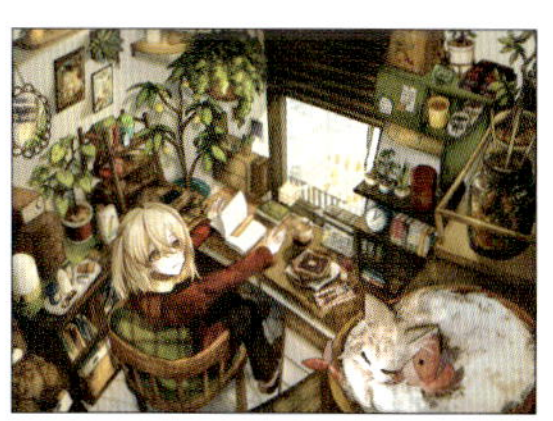
東京都・きろく
Wacom One 液晶ペンタブレット・CLIP STUDIO PAINT EX

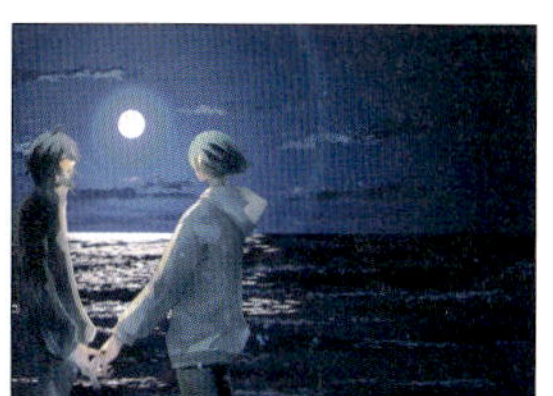
福島県・ヨニマル
One by Wacom・CLIP STUDIO PAINT PRO

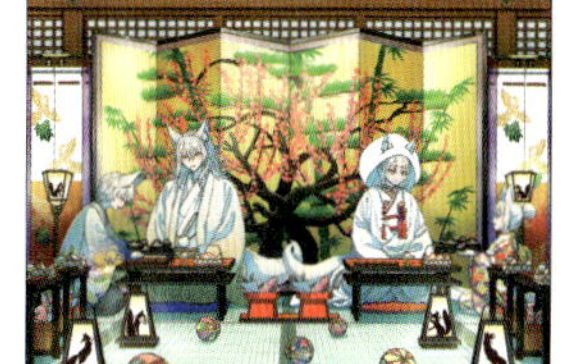
奈良県・神凰月/かおうつき
Wacom Intuos Pro medium・CLIP STUDIO PAINT EX

新潟県・ビバゴ中中
Wacom MobileStudio Pro・CLIP STUDIO PAINT PRO

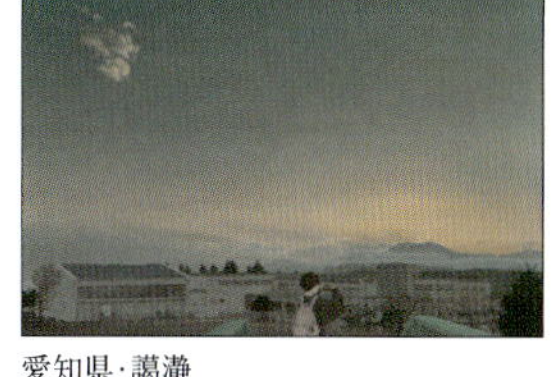
愛知県・譪瀞
Wacom Intuos Medium・MediBang Paint Pro

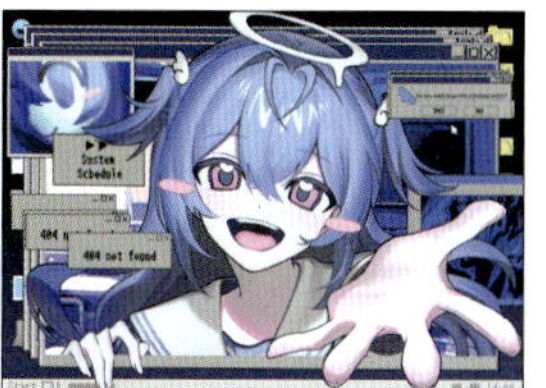
新潟県・uwoza
Wacom MobileStudio Pro・CLIP STUDIO PAINT PRO

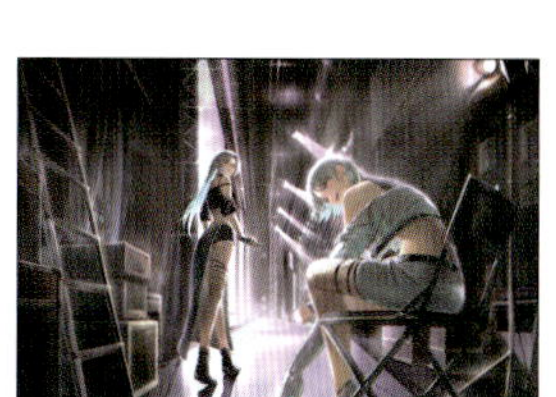
宮城県・kohk・20歳
Wacom Cintiq 16・CLIP STUDIO PAINT

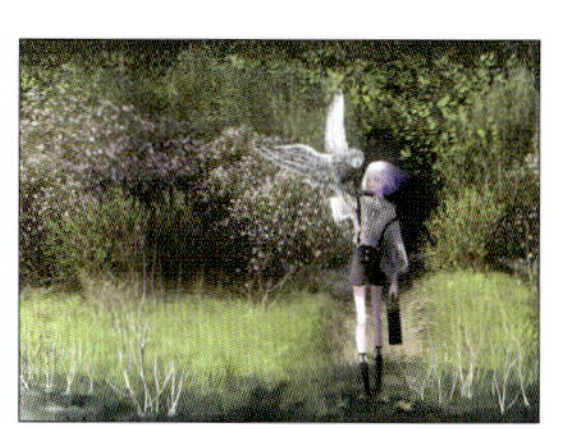
埼玉県・物体
Wacom Intuos・Photoshop 2024

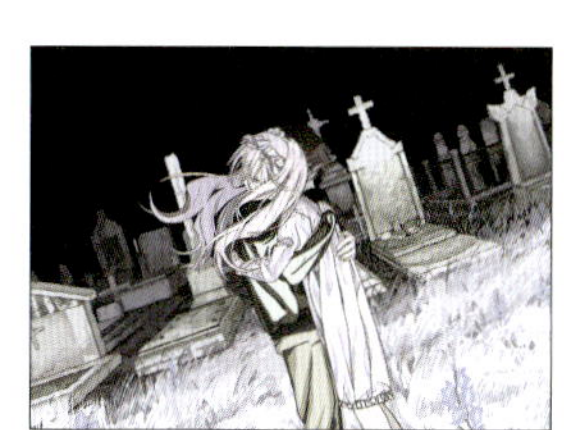
福岡県・リカ
Wacom MobileStudio Pro 13・CLIP STUDIO PAINT

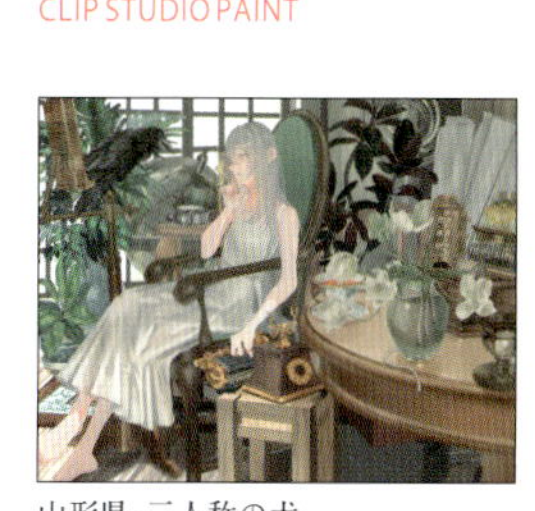
山形県・三人称の犬
One by Wacom medium・CLIP STUDIO PAINT

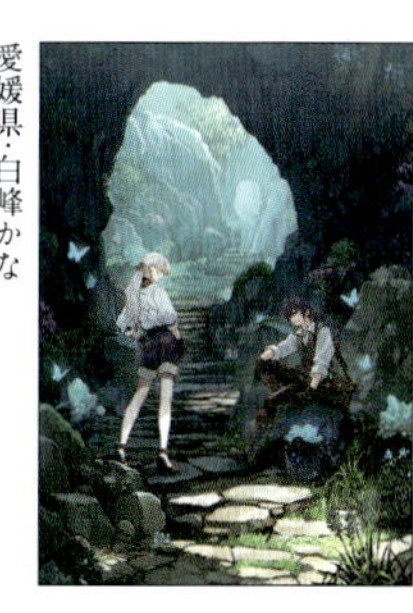
愛媛県・白峰かな
Cintiq 13HD・CLIP STUDIO PAINT EX

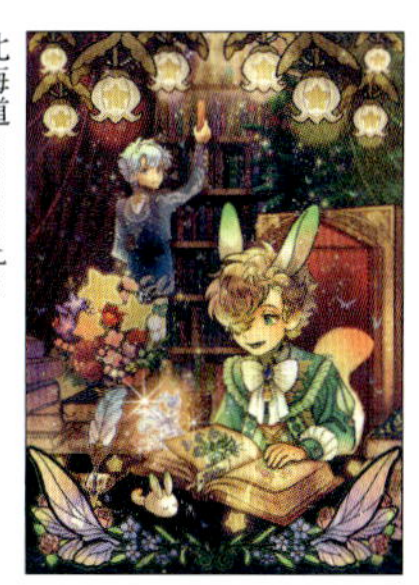
北海道・samantha
Wacom Cintiq 16・Photoshop

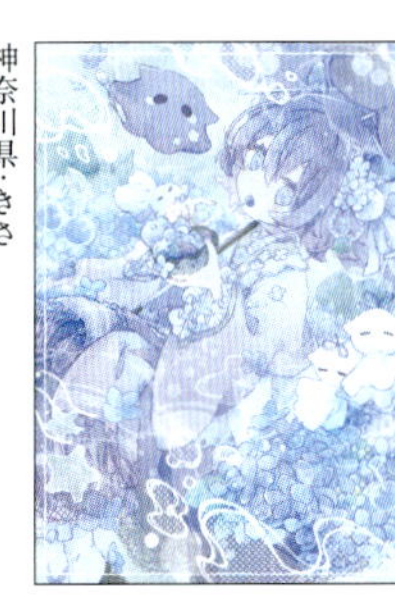
神奈川県・きさ
Wacom Intuos4・CLIP STUDIO PAINT

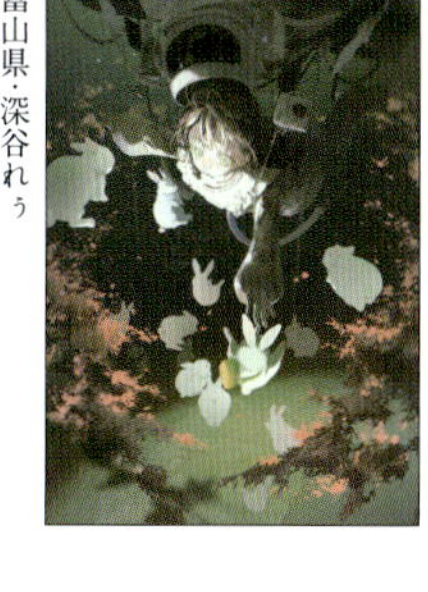
富山県・深谷れぅ
Wacom Intuos・CLIP STUDIO PAINT PRO

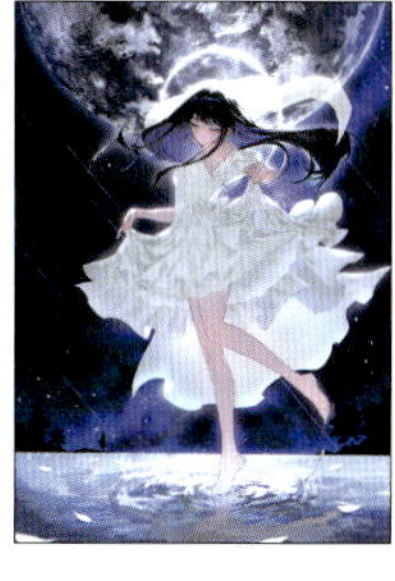
広島県・mmm・20歳
Wacom One 液晶ペンタブレット 13 touch・CLIP STUDIO PAINT EX

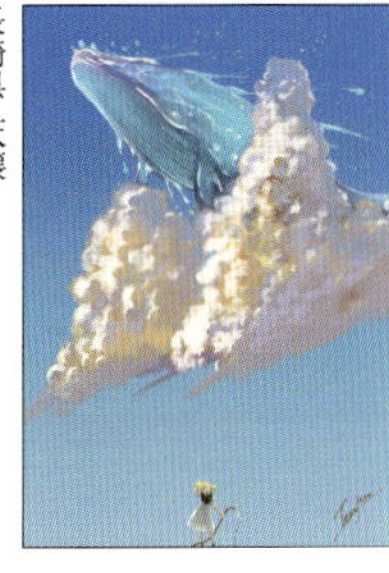
長崎県・天壌
Wacom Cintiq 16・CLIP STUDIO PAINT EX

愛知県・みょんち・18歳
Wacom Cintiq 16・CLIP STUDIO PAINT

徳島県・澪
Wacom One 液晶ペンタブレット・CLIP STUDIO PAINT

神奈川県・海夏
Wacom Intuos Pro・CLIP STUDIO PAINT

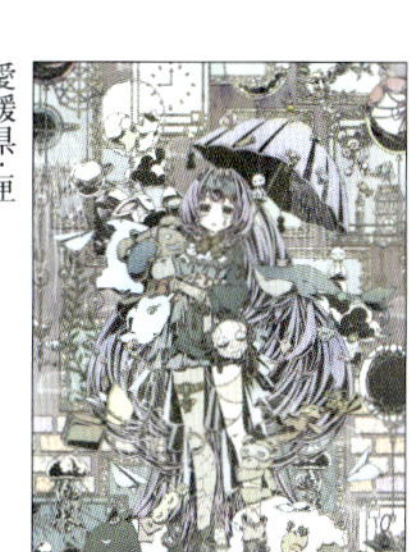
愛媛県・匣
Wacom Intuos Small・CLIP STUDIO PAINT

徳島県・梅昆布茶
Wacom One 液晶ペンタブレット・CLIP STUDIO PAINT

徳島県・国士無双・18歳
Wacom Intuos・CLIP STUDIO PAINT

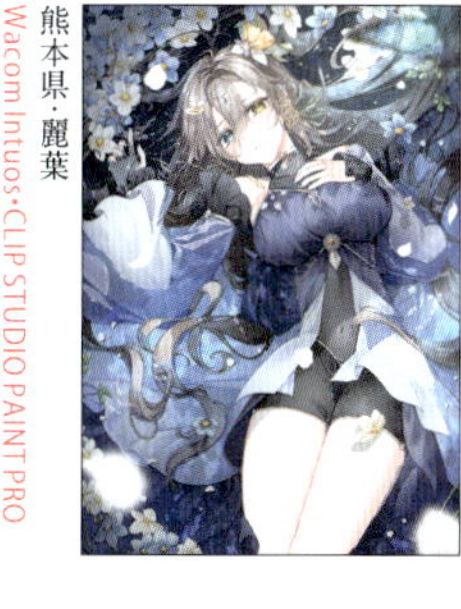
熊本県・麗葉
Wacom Intuos・CLIP STUDIO PAINT PRO

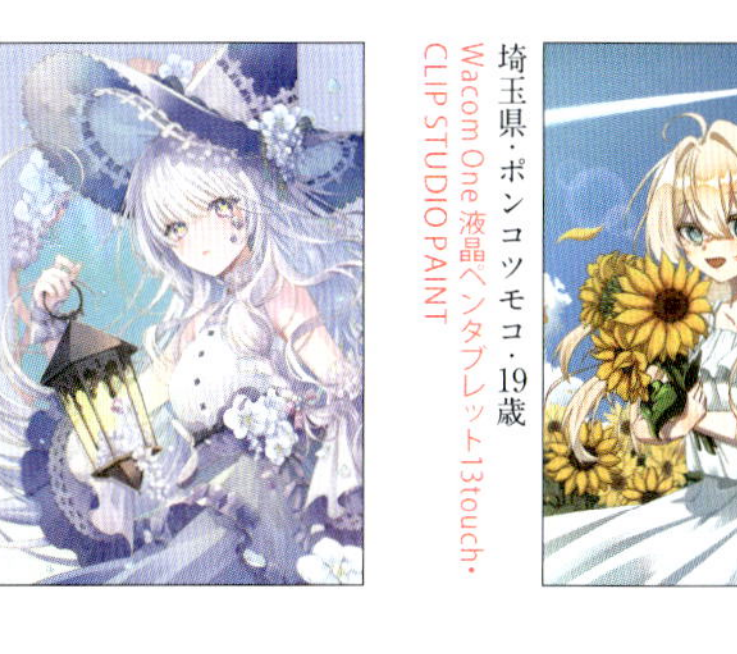
埼玉県・ポンコツモコ・19歳
Wacom One 液晶ペンタブレット13touch・CLIP STUDIO PAINT

福岡県・小鳩白果
Wacom Cintiq 16・CLIP STUDIO PAINT EX

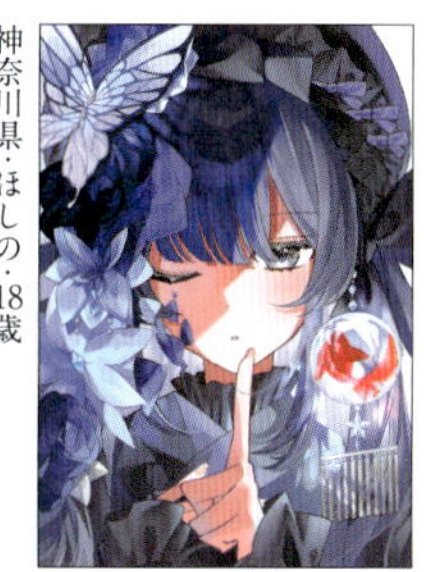
神奈川県・ほしの・18歳
Wacom One 液晶ペンタブレット13touch・CLIP STUDIO PAINT

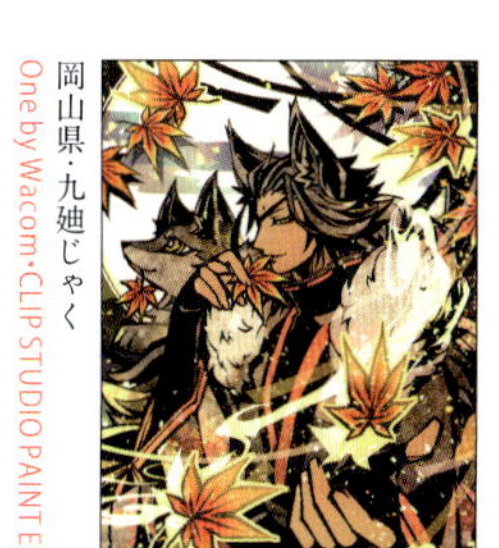
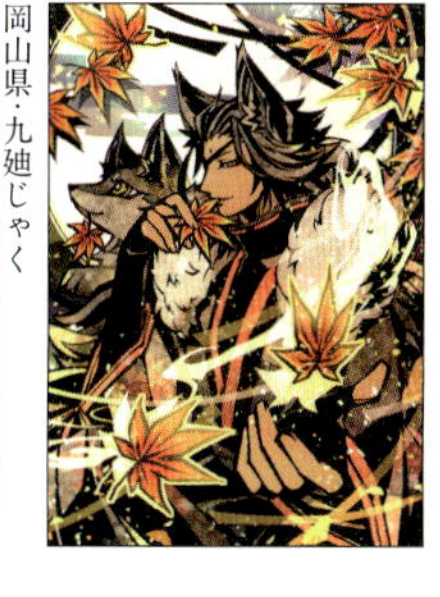
岡山県・九廸じゃく
One by Wacom・CLIP STUDIO PAINT EX

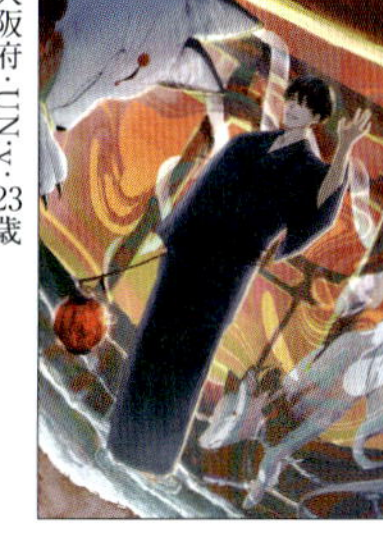
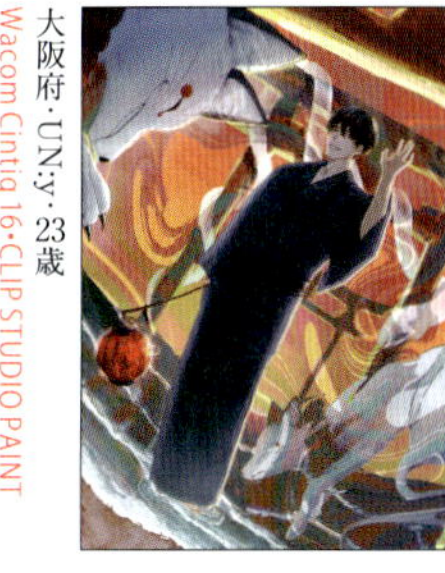
大阪府・UN;y・23歳
Wacom Cintiq 16・CLIP STUDIO PAINT

銅賞は
(株)ワコム製 液晶ペンタブレット「Wacom One 液晶ペンタブレット 13 touch」をプレゼント!

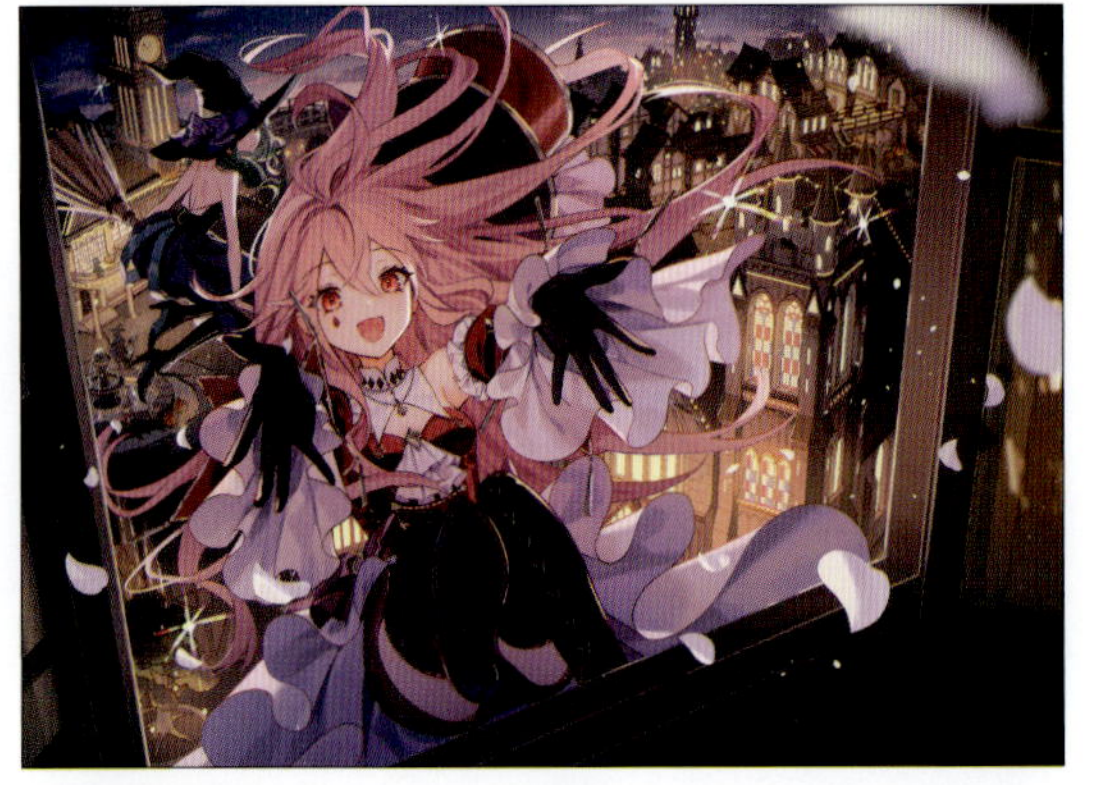

神奈川県・おーぶりー

■作業環境/Wacom Cintiq 16・CLIP STUDIO PAINT・Photoshop 2025

部屋の窓が異世界へつながったらいいのに、という想像を絵にしました。空を飛ぶ魔女がいたり、みんな自分の好きな服装をしていたり、毎晩パーティが開かれていたり…そんな楽しい街へこれから飛び込むような、わくわくした気持ちになってもらえたら嬉しいです。

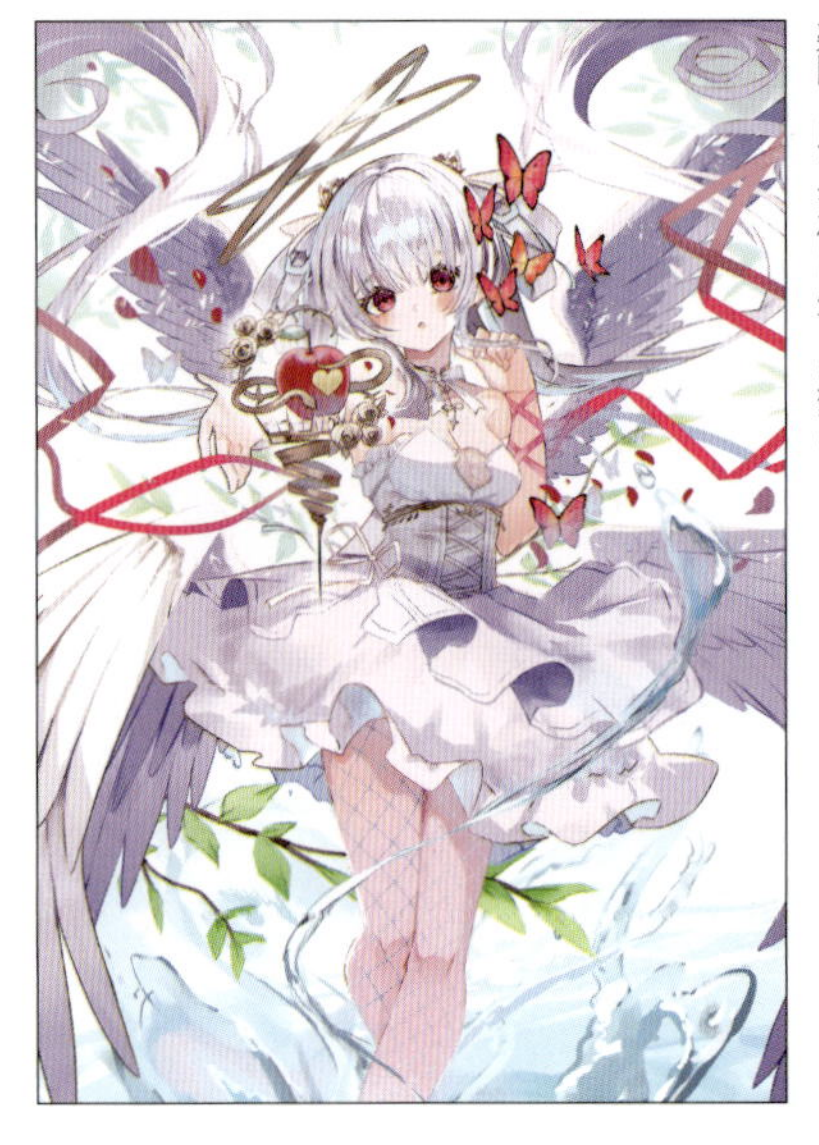

福島県・桃寸(もす)

■作業環境/Wacom Intuos Medium
SAI・CLIP STUDIO PAINT

楽園を以て天使は生まれ変わる

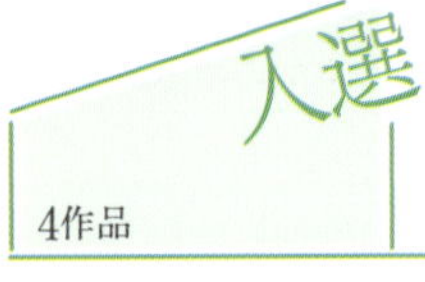

入選はペイントソフト「Fire Alpaca SE」をプレゼント!

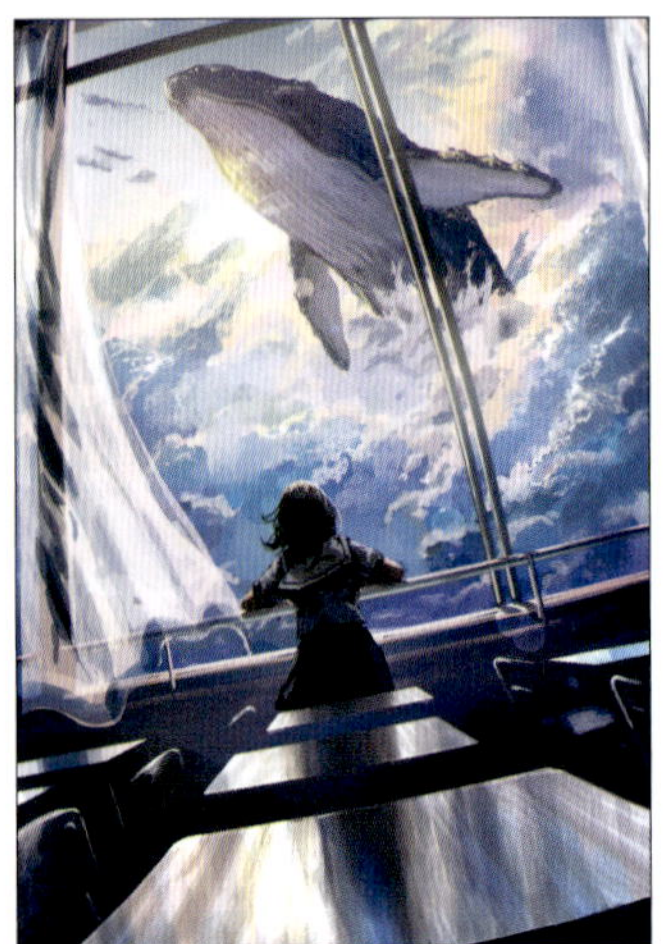

愛知県・さんめん

■作業環境/Wacom Intuos
CLIP STUDIO PAINT

日常に壮大を、をテーマに壮大感のあるイラストを描きました。特に構図に力を入れてます。

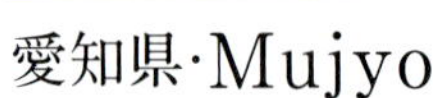

愛知県・Mujyo

■作業環境/
Wacom Intuos Medium
CLIP STUDIO PAINT EX・Photoshop

「魔女のアフタヌーンティ」をイメージして描きました。ヨーロッパのいくつかの国々の要素を取り入れた架空の世界を考え、その街で暮らす魔女たちの、楽しそうな日常とファンタジー感が出せるよう意識して制作しました。

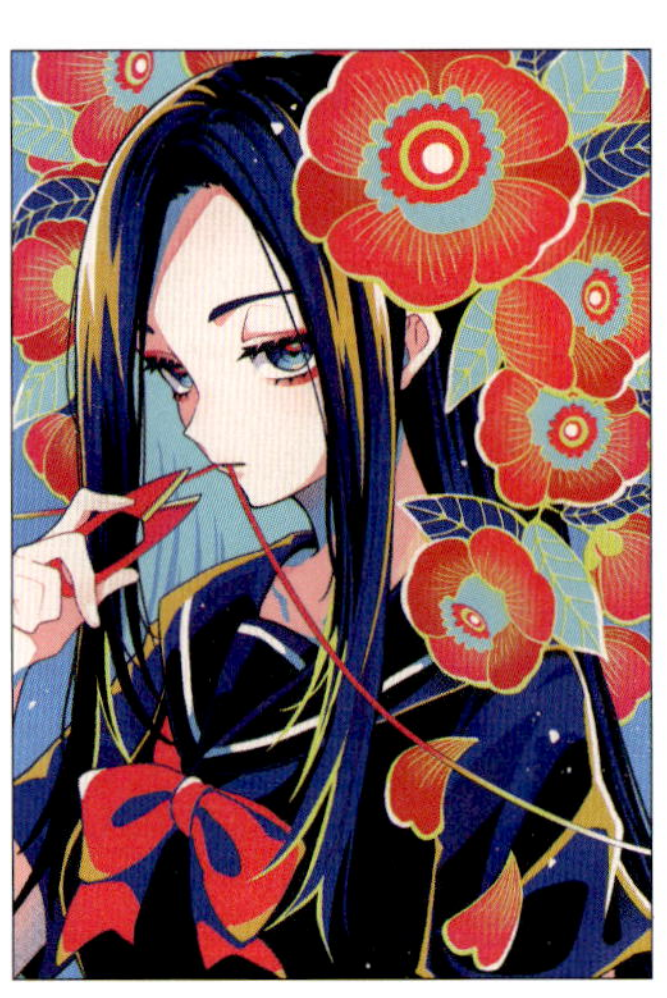

宮城県・のうねゐむ

■作業環境/
Wacom Intuos Pro Medium
CLIP STUDIO PAINT PRO

夏に対する想いをイラストに落とし込んでみました。夏の鮮やかさと毒々しさを感じていただける絵になったと思います。

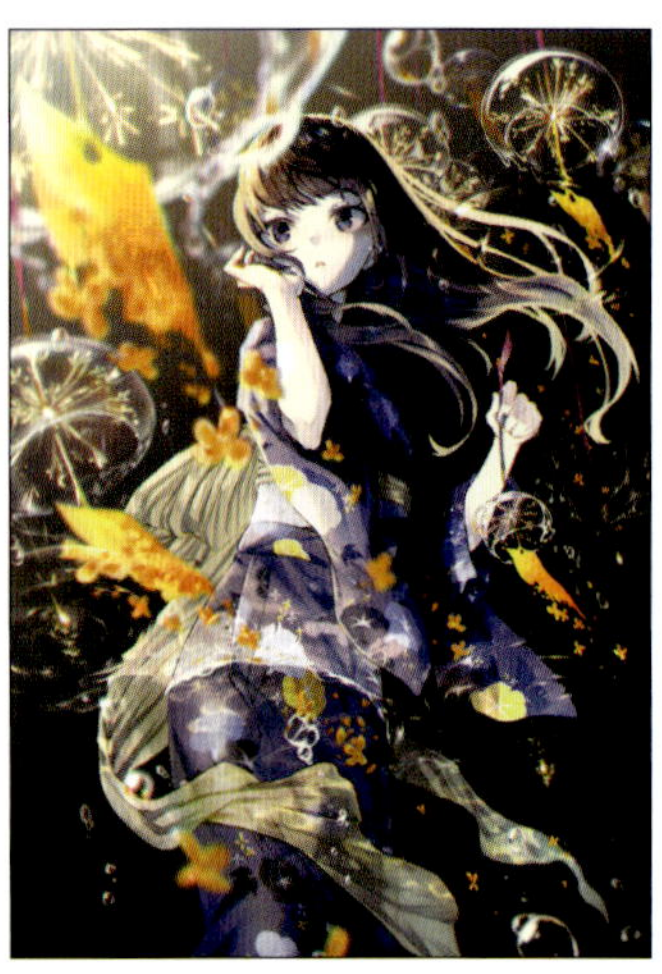

東京都・薔薇缶

■作業環境/Wacom MobileStudio Pro 16
CLIP STUDIO PAINT EX

「夏暮れる音に秋が香る」
見つめる先で さようならが咲く

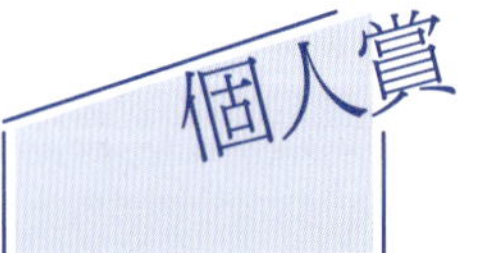

エス賞 1作品 | 書籍&作品紹介ページ掲載

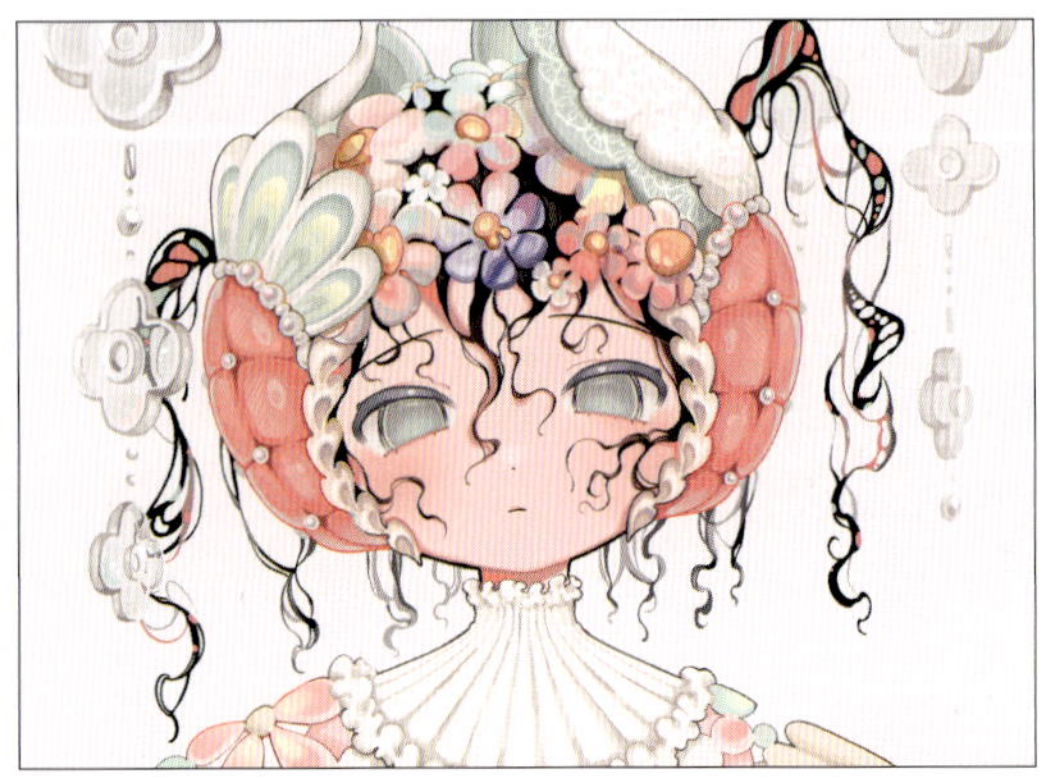

宮城県・んち

■作業環境/Wacom Cintiq 16・CLIP STUDIO PAINT

カラからケラケラ

PIE賞 1作品 | 書籍&作品紹介ページ掲載

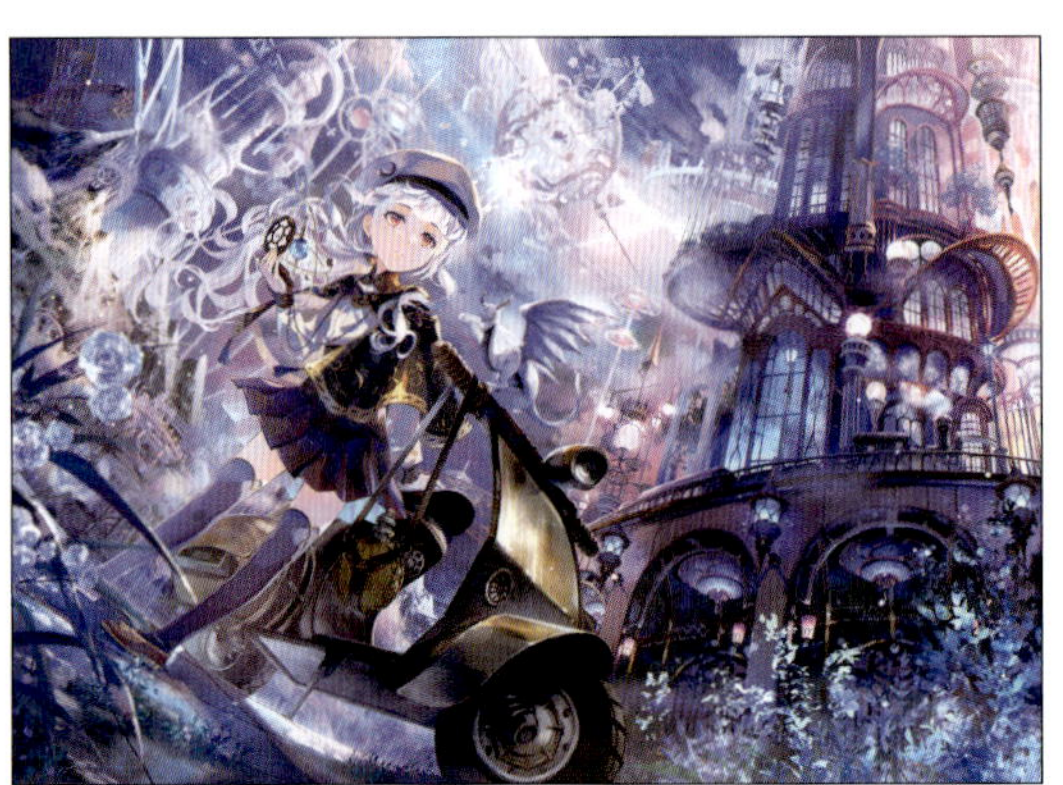

東京都・也森タカへ

■作業環境/Wacom Intuos Medium・CLIP STUDIO PAINT

キャラクター、乗り物、背景など、好きなものを詰め込みました。

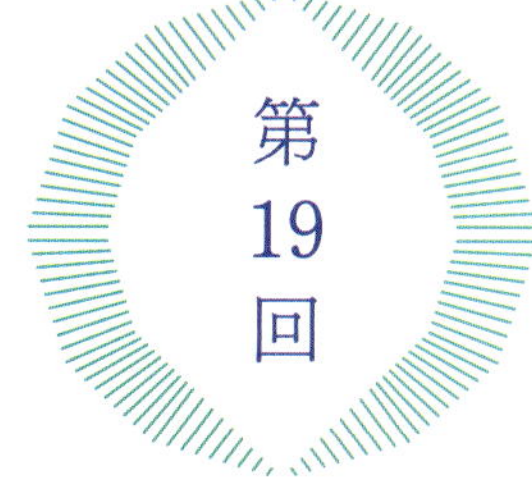

ペンタブレットdeアート投稿コンテスト 結果発表！

季刊エス・SS（スモールエス）編集部主催・ペンタブレットメーカー（株）ワコムの協賛で行われる年に1度の大きなイラストコンテスト『ペンタブレットdeアート投稿コンテスト』が第19回を迎えました。力作ぞろいのご投稿、誠にありがとうございます。今年は、展示会場をWEBとリアル5会場併設にて行い、43,000もの閲覧をいただき、同時に募った投票では3,200票が集まりました。たくさんの閲覧・投票ありがとうございました！ 上位受賞者には、各賞品の他に季刊エス・SSの誌面 でメイキングなどにご登場いただきますのでお楽しみに。

応募総数 778作品

750点を超える応募となったため、季刊エス編集部で一次選考を行いました。通過した500作品は「展示会WEB会場」にて、閲覧と投票を募りました。一般投票と季刊エス編集部の投票でグランプリを決定いたしました！

作品展示・投票会場 専門学校 日本デザイナー学院 九州校（福岡県）／大阪総合デザイン専門学校（大阪府）／日本アニメ・マンガ専門学校（新潟県）／専門学校 日本マンガ芸術学院（愛知県）／専門学校 東京デザイナー・アカデミー（東京都）

賞品協賛 株式会社ワコム／株式会社PGN(FireAlpaca.com)
印刷協賛 株式会社グラフィック(コミグラ)

季刊エス編集部をはじめとした審査員と「作品展WEB会場」で募った一般投票で決定しました！

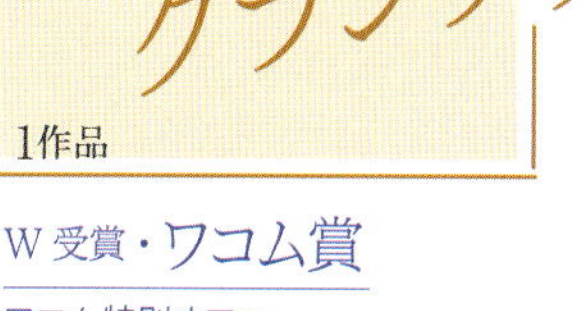

W受賞・ワコム賞
ワコム特別オファー

茨城県・404

■作業環境／
Wacom Cintiq Pro 24・
CLIP STUDIO PAINT・

思い通りに描けず、
苦しいことの方が多かったあの頃。
それでも夢中になる楽しさを教えてくれたのは、初めてのペンタブレット「Bamboo」でした。あの一台がなければ、今こうして絵を描き続ける私はいません。
全てがノイズに感じるほど没頭していたあの頃を振り返りながら、豊かな草原で牧草を食む牛に現在の自分を重ね、この作品を描きました。

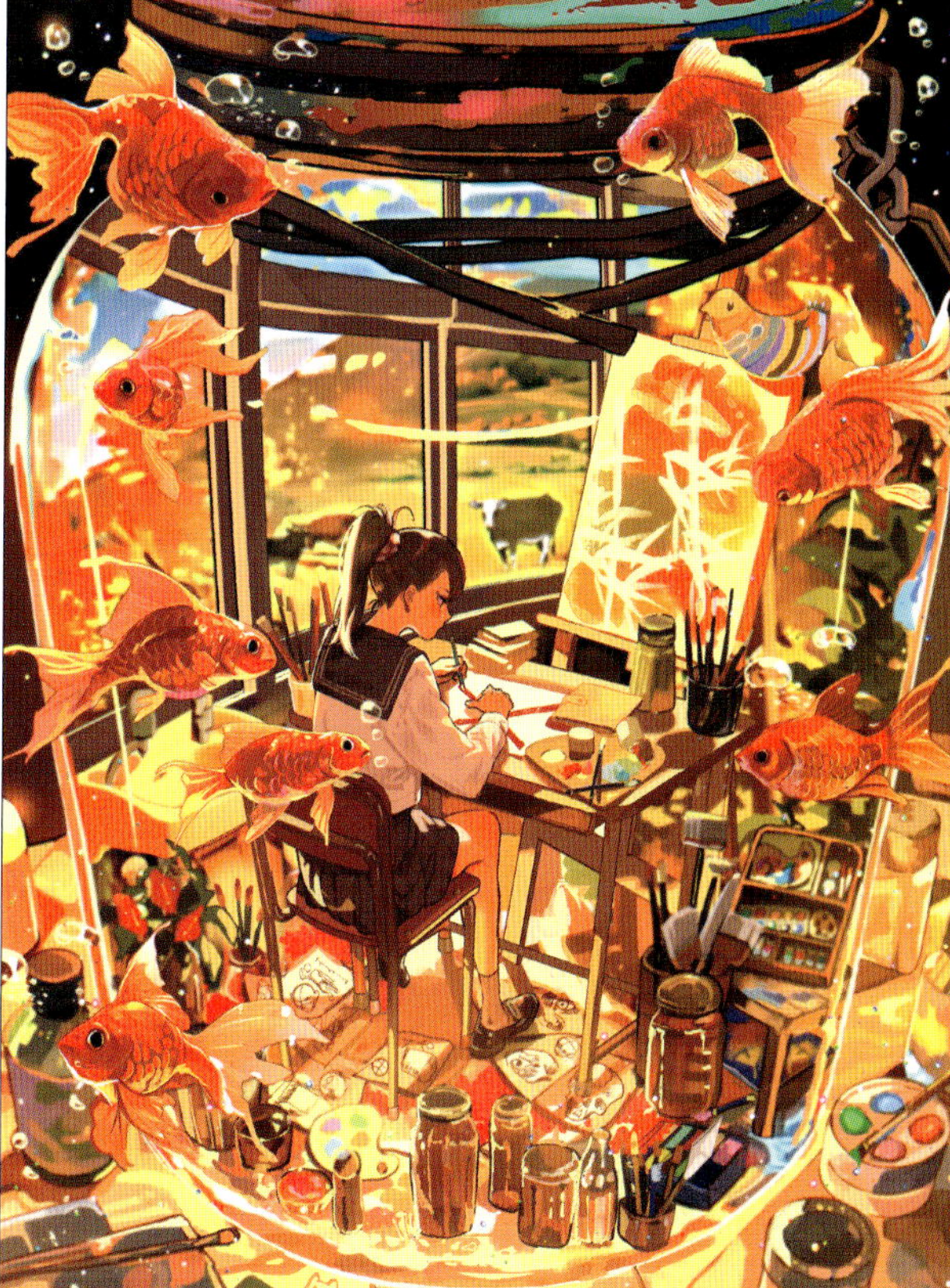

グランプリの404さんには、
㈱ワコム製 プロフェッショナル向け液晶ペンタブレット
「Wacom Cintiq Pro 17」をプレゼント！
新しい作業環境で作品の幅をより広げてください！
さらにグランプリ受賞記念としまして、季刊エスでの
メイキング依頼・WEBサイトで作品紹介ページを設けます。

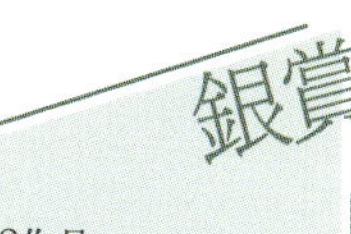
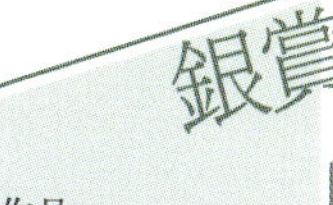

銀賞は（株）ワコム製液晶ペンタブレット
「Wacom Cintiq 16」をプレゼント！

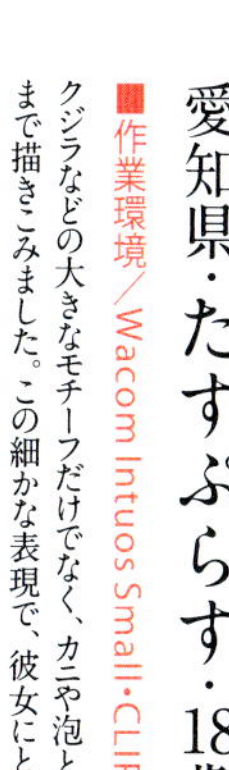

愛知県・たすぷらす・18歳

■作業環境／Wacom Intuos Small・CLIP STUDIO PAINT

クジラなどの大きなモチーフだけでなく、カニや泡といった小さなモチーフまで描きこみました。この細かな表現で、彼女にとってこの瞬間がいかに鮮明だったのかが伝わっていれば嬉しいです。

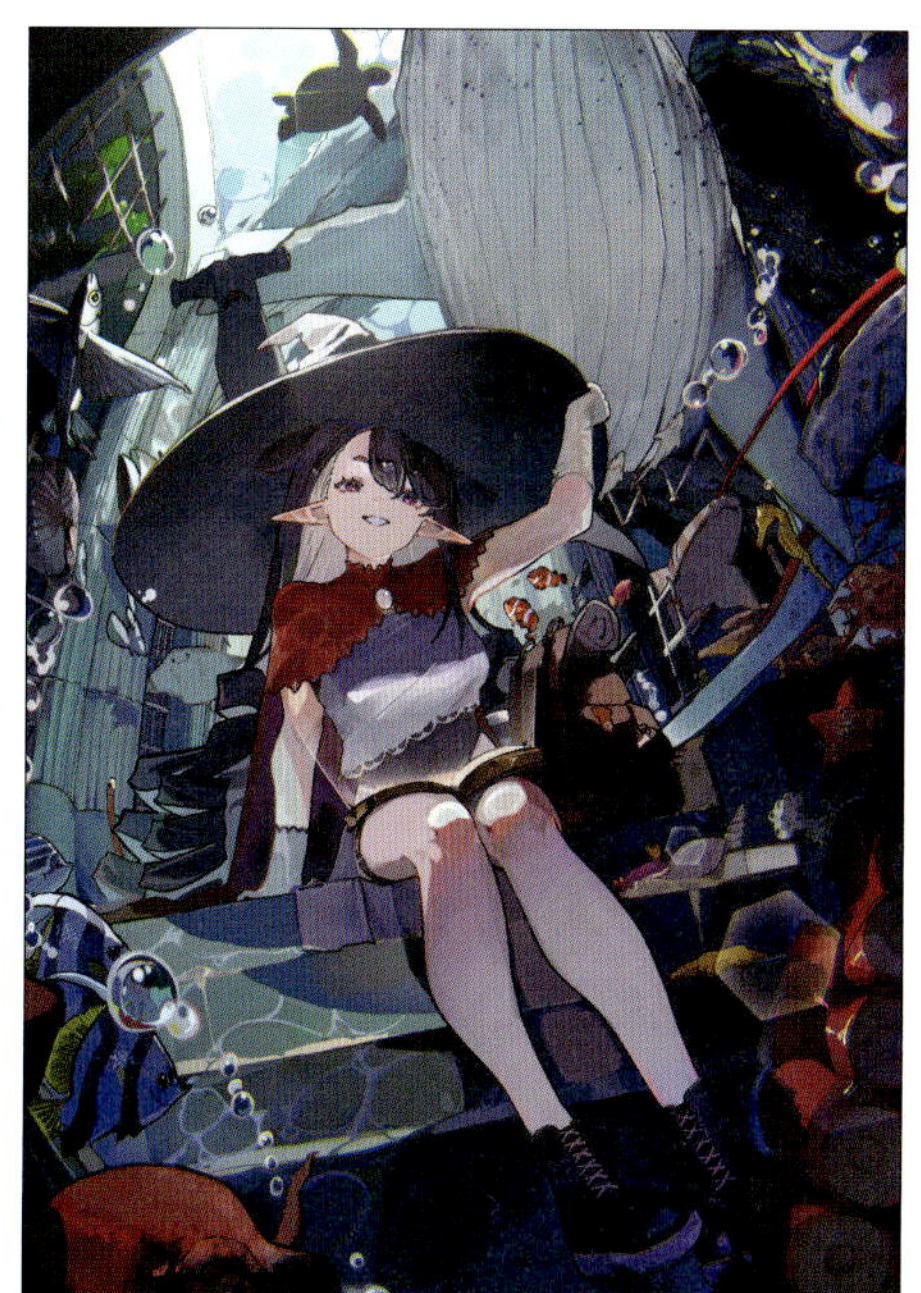

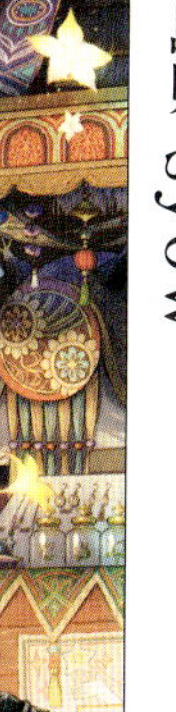

広島県・syow

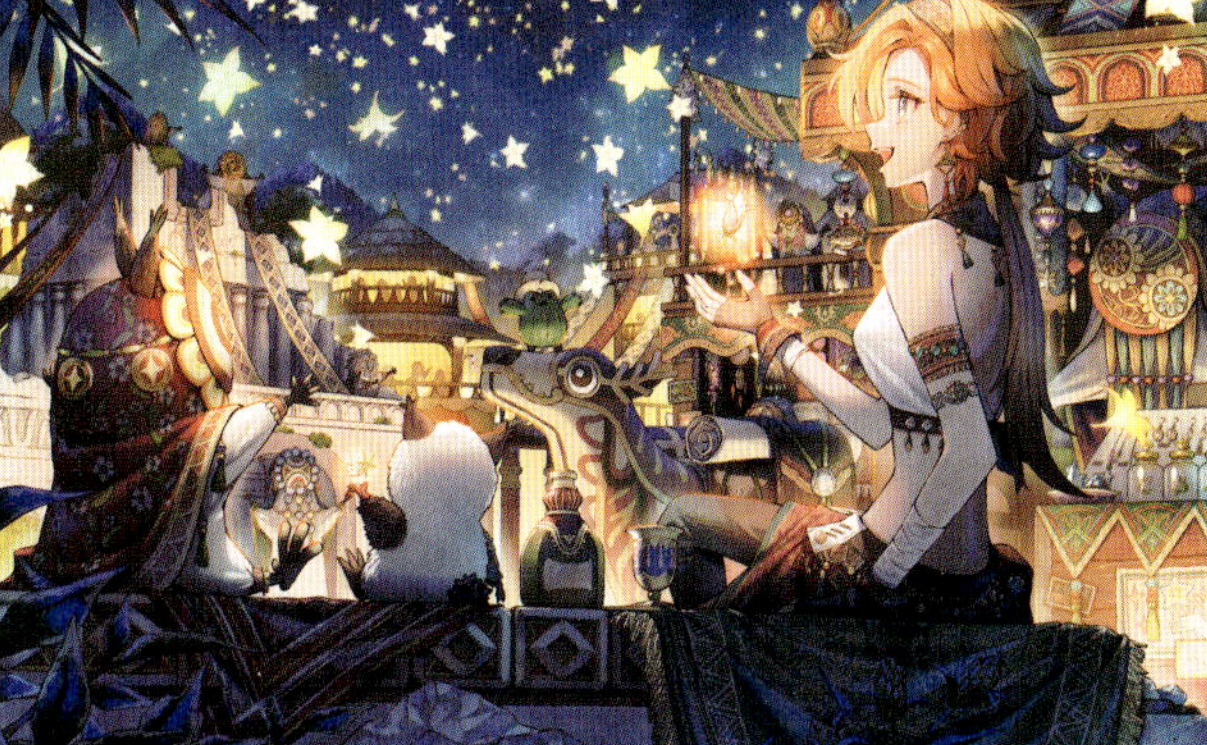

■作業環境／Wacom Intuos Pen & Touch small・Photoshop・CLIP STUDIO PAINT

異郷の地で数年に一度行われる祭りがテーマです。
露店や祭りを楽しむ旅人と異郷の民を描きました。普段は星の見えない地ですが数年に一度咲く星の形をした花を空に飛ばすことによって、まるで夜空に星が輝いているように見えるという内容の祭りです。その地の文化などを想像したりして楽しんでいただければと思います。

髪飾りを塗る

使用色…B000、RV00、C-4

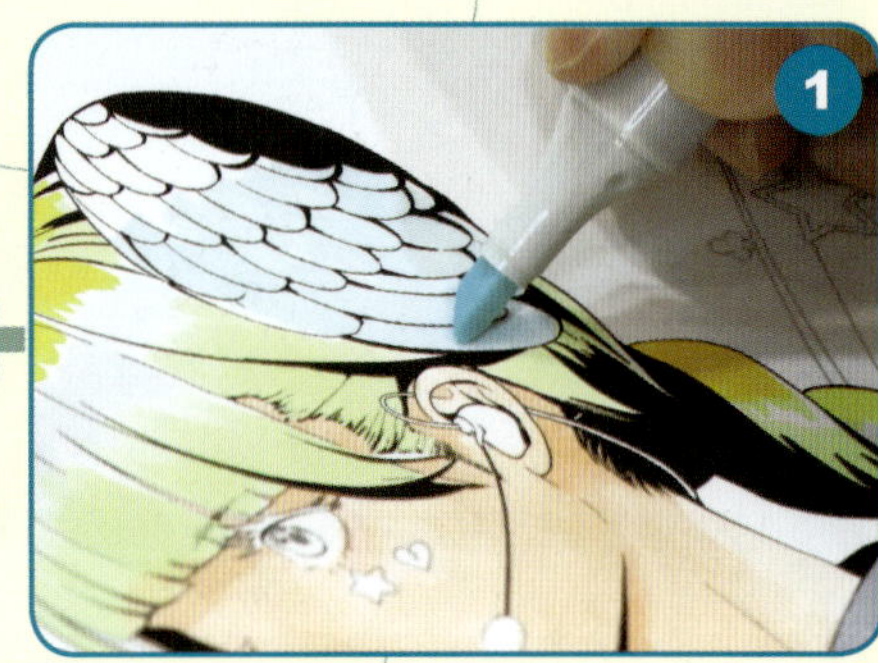

1 髪飾りを塗る。B000（ペール・ポーセリン・ブルー）のブロードニブをつかい、飾りの中央から下部分を塗る。

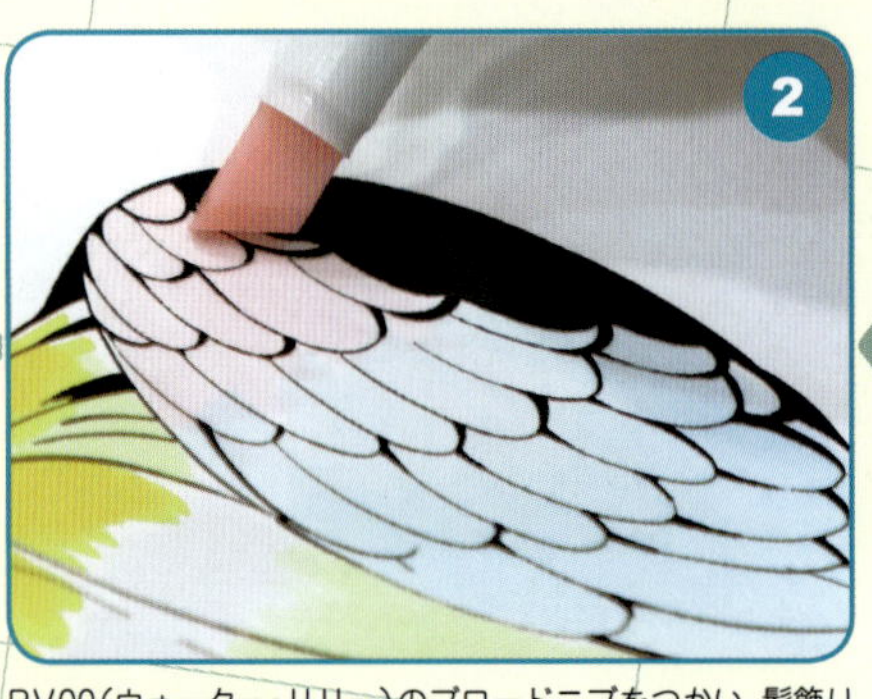

2 RV00（ウォーター・リリー）のブロードニブをつかい、髪飾りの上部分を塗る。境目はグラデーションにしている。

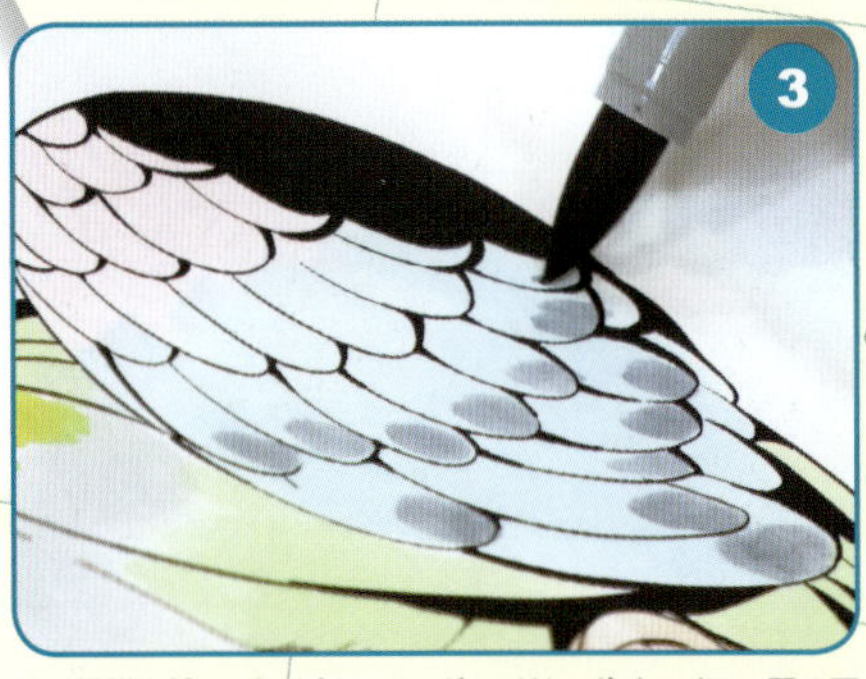

3 羽の模様を塗る。C-4（クール・グレイNo.4）をつかい、羽の下部分にベタ塗りで描き込む。

壁を塗る

使用色…RV02、G02、BV11、Y08、C-1

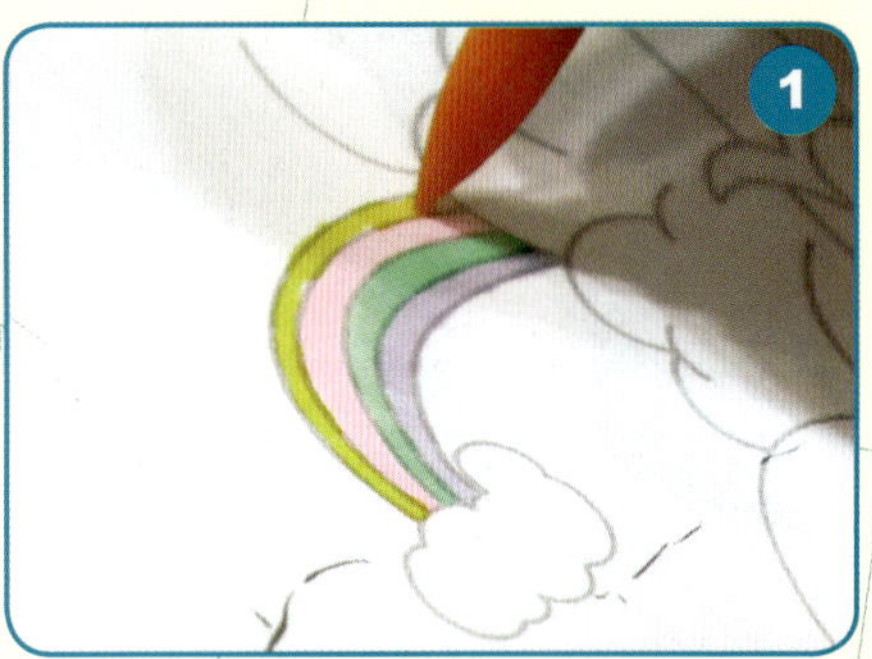

1 壁のアートペイントである虹を描く。上から順に、Y08（アシッド・イエロー）、RV02（シュガード・アーモンド・ピンク）、G02（スペクトラム・グリーン）、BV11（ソフト・バイオレット）でアーチをベタ塗りする。

國安「壁にはいろんな模様や言葉が隠れているので、探してみてください」

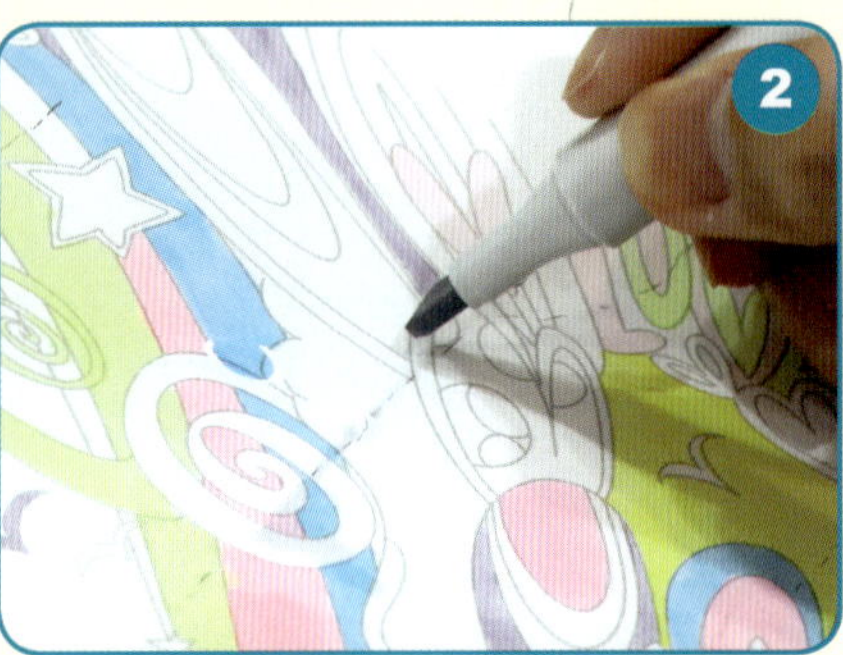

2 壁のヒビ割れを描く。線画でうっすらと描き込んでいたヒビ割れ部分に、C-1（クール・グレイNo.1）を点置きして壁の汚れを表現する。汚れを入れたことで、遠近感も出た。

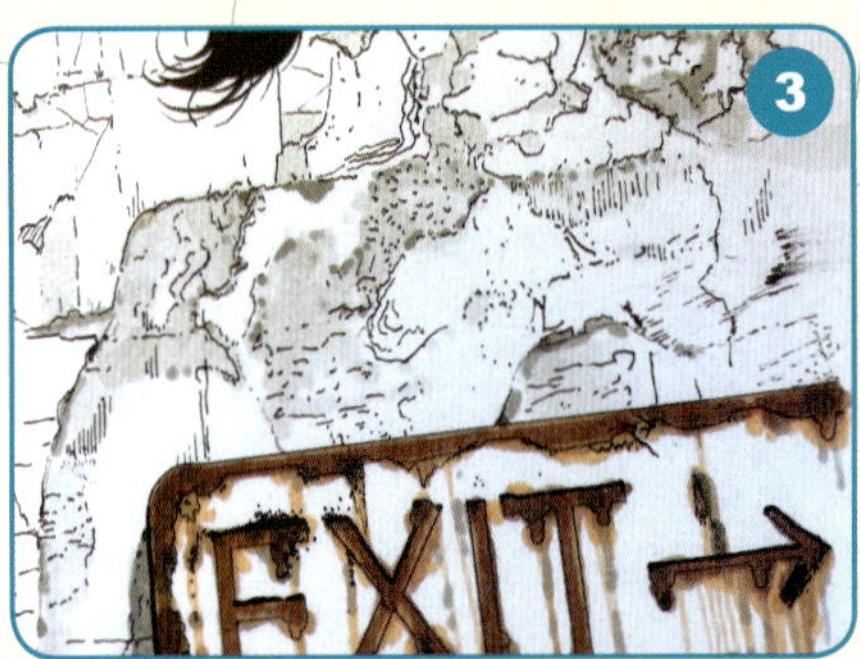

3 仕上げに、グレー系のコピックやつけペンで点と線を描き入れ、壁のボコボコとしたタッチを表現する。

ONE POINT

手元にカラーラフを用意する

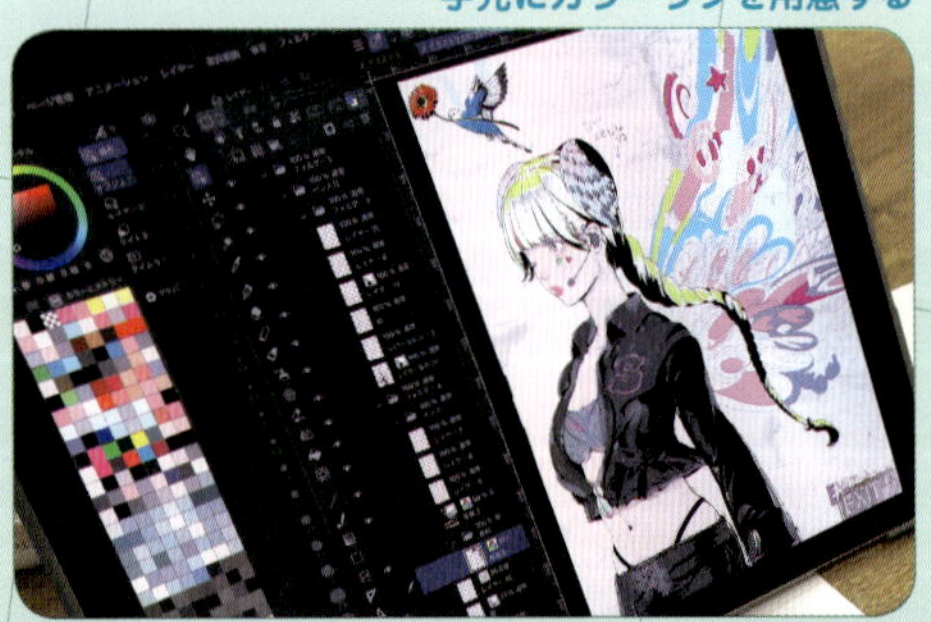

國安さんはメイキング中、「CLIP STUDIO PAINT」で描いたカラーラフをタブレットで表示しながら作業を進めている。カラーラフを作成することで、色選びを迷わず進めることができる。デジタルとアナログ両方を使う人ならではの工夫だ。

ONE POINT

試し塗り

複数枚コピーした線画や、別紙に試し塗りをすることで本番の塗り間違いを防ぐことができる。特に今回のような、カラフルな色構成の絵を描く際はとても有効だ。

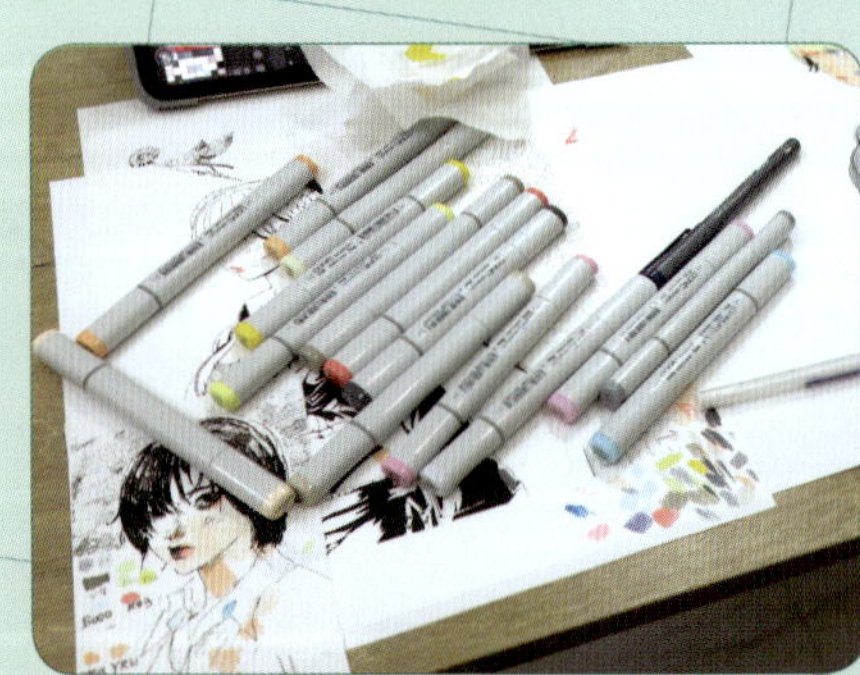

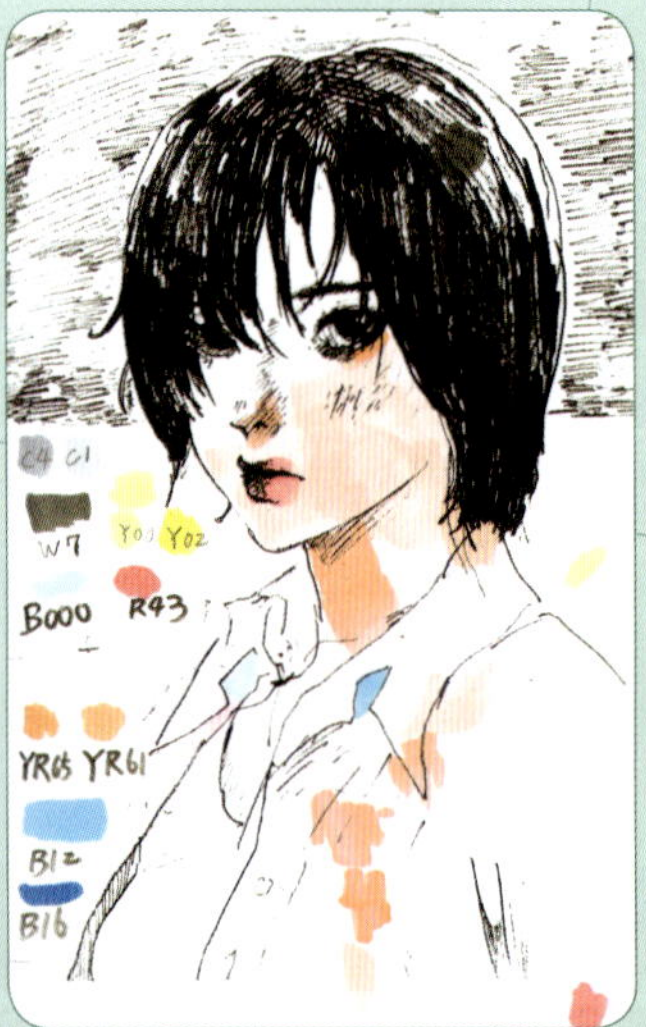

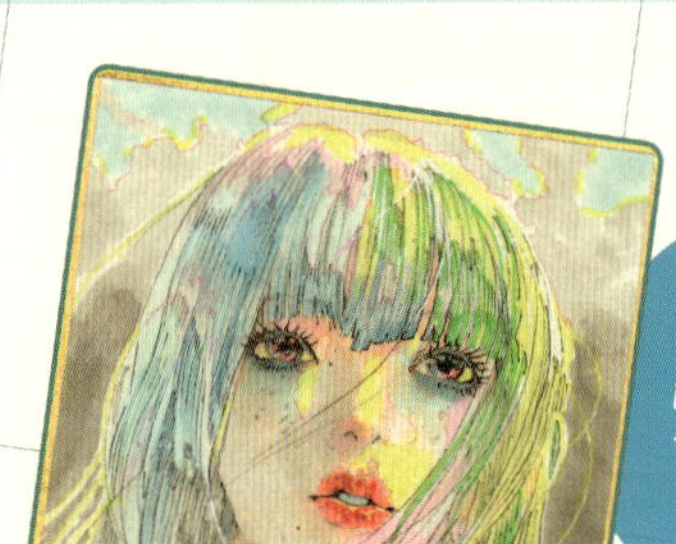

國安ユウキ
直筆サイン色紙
1名様にプレゼント！

まとめ

「コピックスケッチ ベーシック36色セット」をつかって、エネルギッシュでポップなアイドルが描かれました。同系色を何度も塗り重ねたり、別の画材のタッチも組み合わせることで、奥深い陰影やテクスチャの表現が生まれます。また、念入りな下描きや試し塗りによって、完成したカラフルな色づかいも魅力たっぷりです。みなさんも國安ユウキさんのメイキングを参考に、色鮮やかなイラストを描いてみてくださいね！

革のジャケットを塗る

使用色…C-7、C-4、B000、RV00、RV02

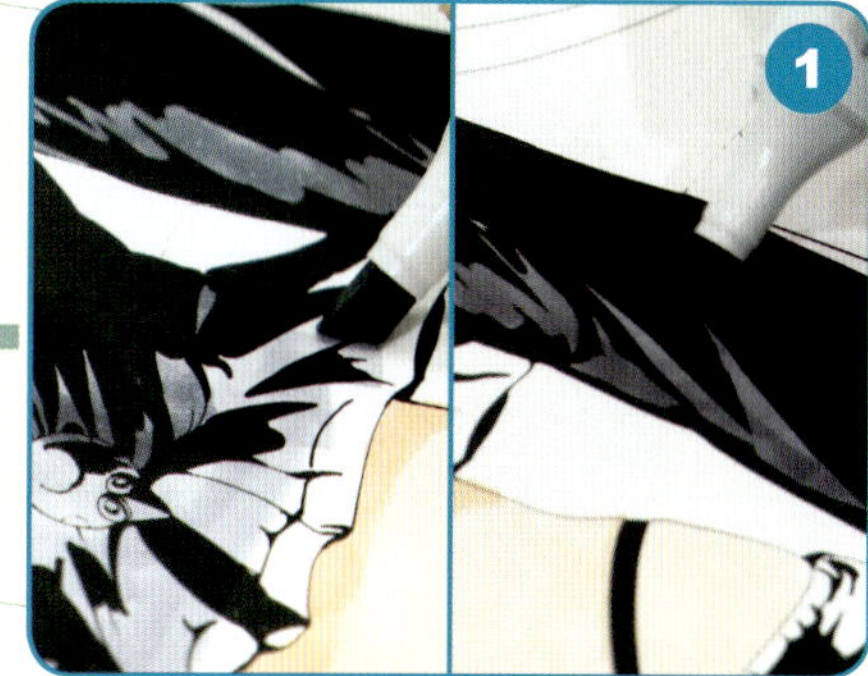

革のジャケットを塗る。線画の段階で残していた強いハイライト部分にC-7（クール・グレイNo.7）とC-4（クール・グレイNo.4）をつかい、ベタ塗りする。

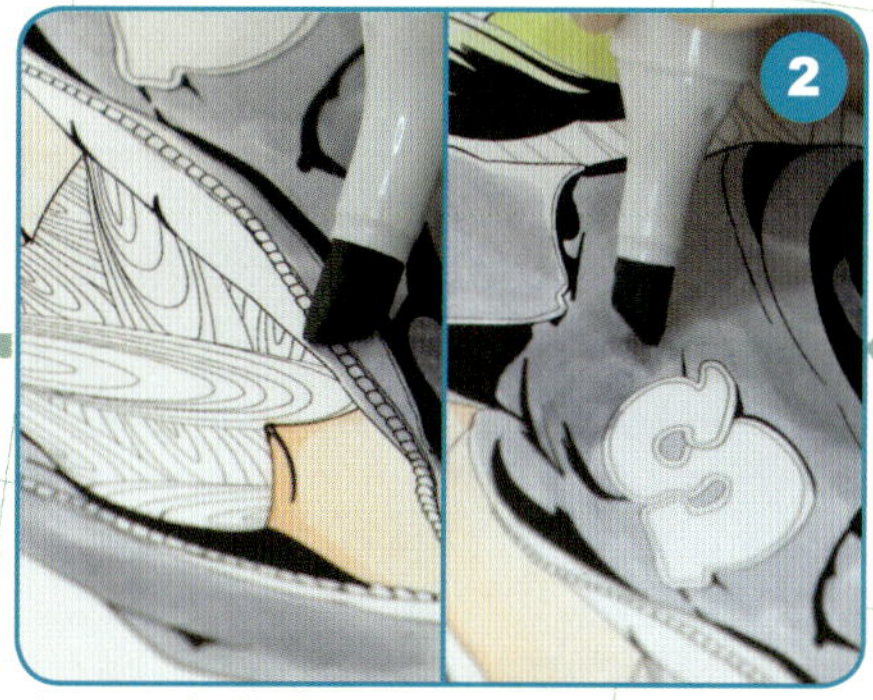

ブロードニブで塗り進める。C-4を塗り重ねて濃淡をつけたり、パキッとしたカゲはC-7を塗って表現する。

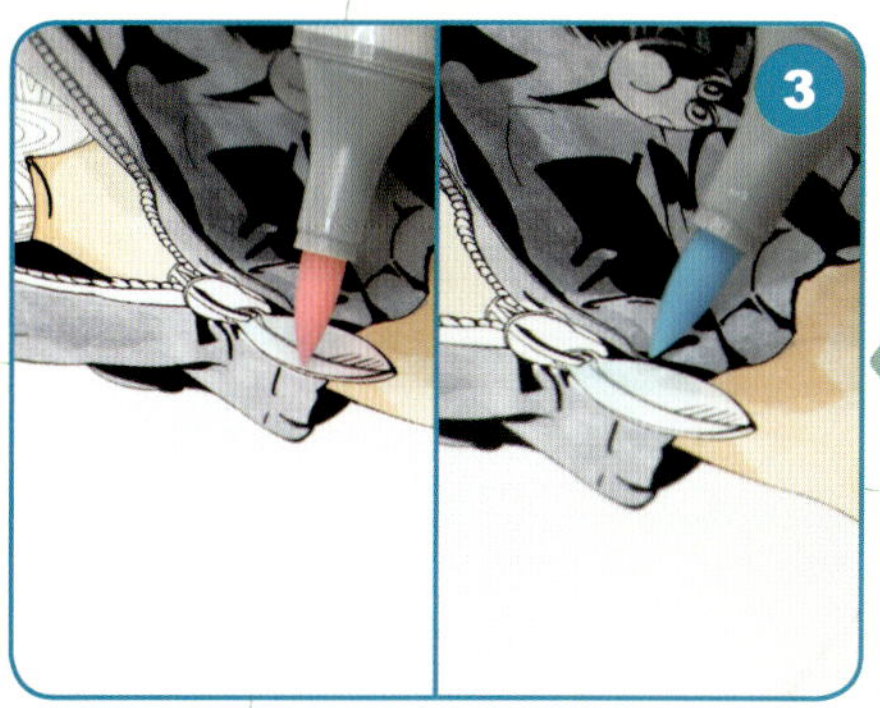

ファスナーの羽飾りを塗る。B000（ペール・ポーセリン・ブルー）を上側に、RV00（ウォーター・リリー）下側に塗り、境目をグラデーションにしている。

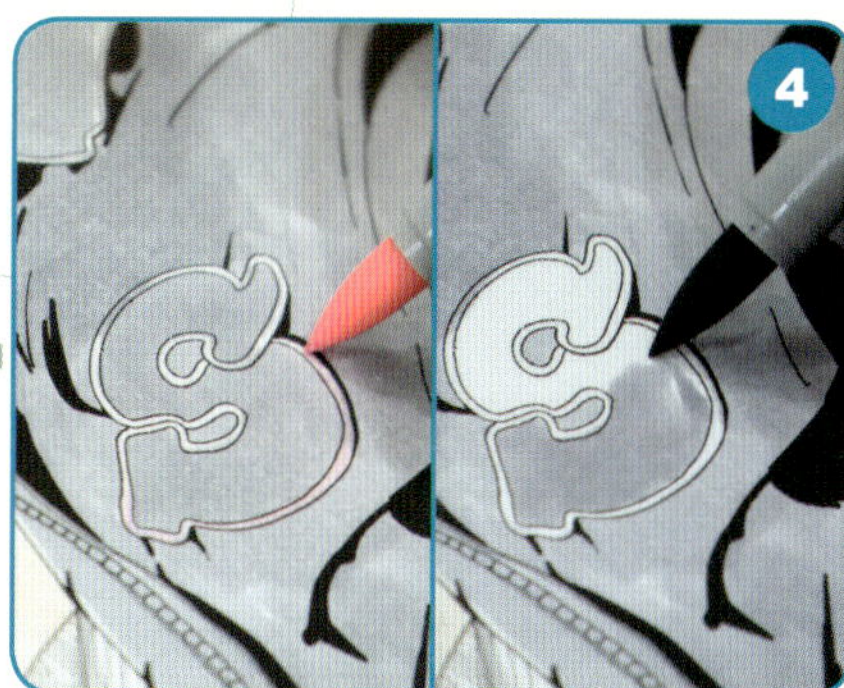

すずちゃん印である、ワッペンの「S」マークを塗る。C-4でマークの内側を、RV02（シュガード・アーモンド・ピンク）でフチを塗る。

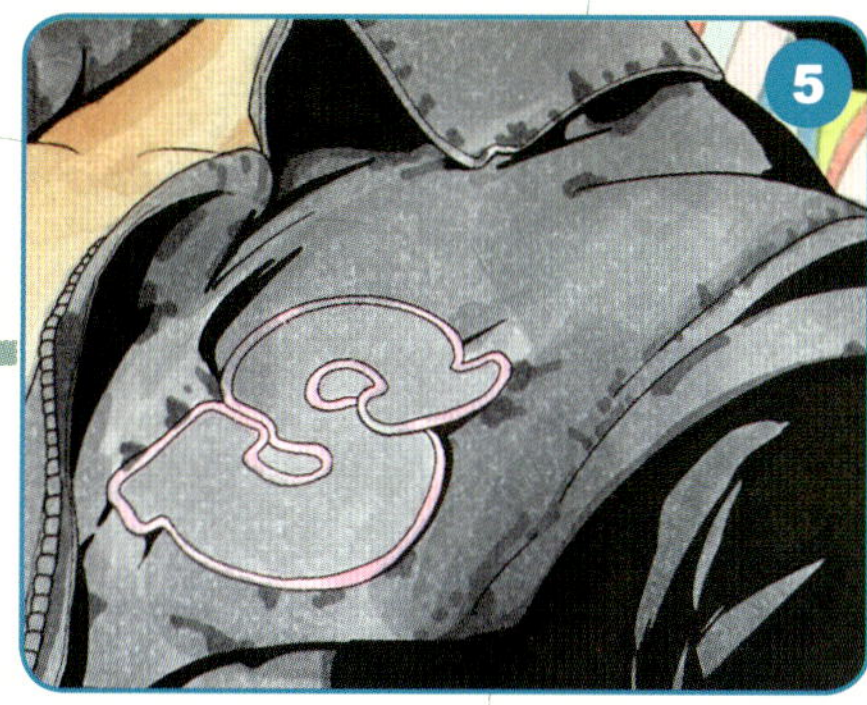

革ジャケットのパイピングやワッペンの縫い目にカゲを入れる。C-4とC-7をつかい、細かなカゲを描き込んだ。

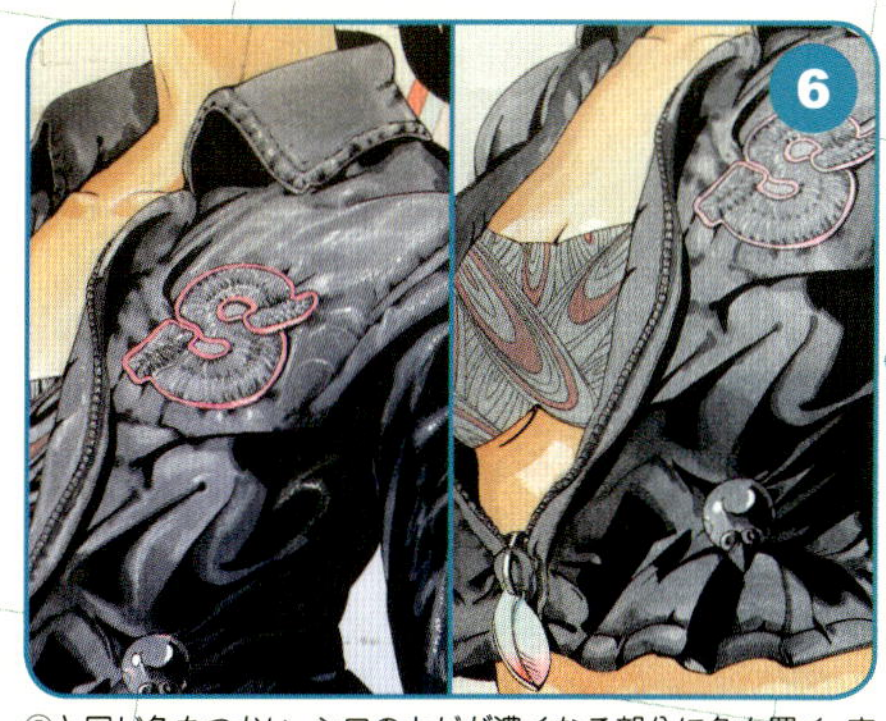

⑤と同じ色をつかい、シワのカゲが濃くなる部分に色を置く。完成では、修正ペンや白い色鉛筆をつかって、強いツヤを加筆。小さなハイライトを散らすことでリアルな質感を生み出している。

髪を塗る

使用色…Y08、Y02、Y00、C-1、R43、RV00

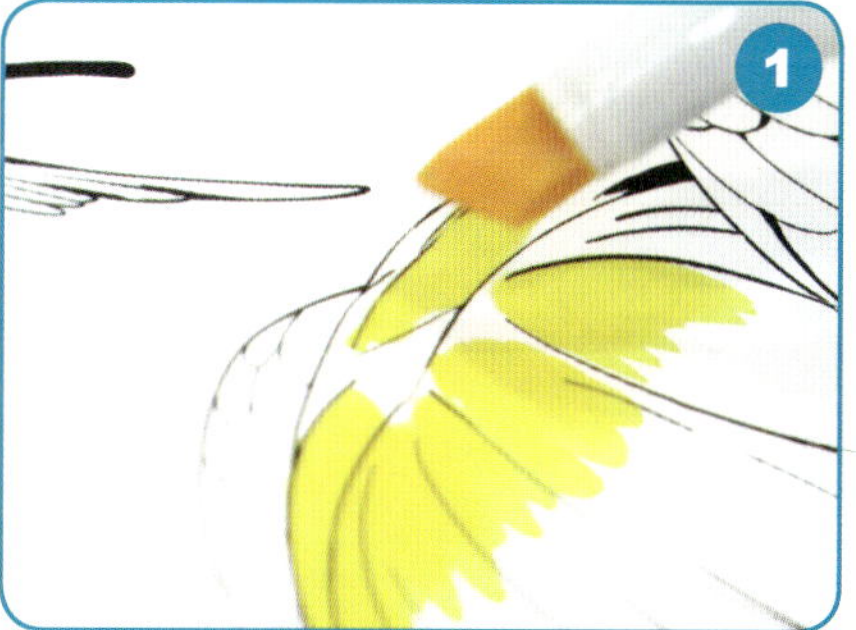

髪を塗る。Y08（アシッド・イエロー）のブロードニブをつかい、ベタ塗りでつむじの周りや三つ編みの上部分を塗る。インコのすずちゃんをイメージした、鮮やかな黄色をチョイス。

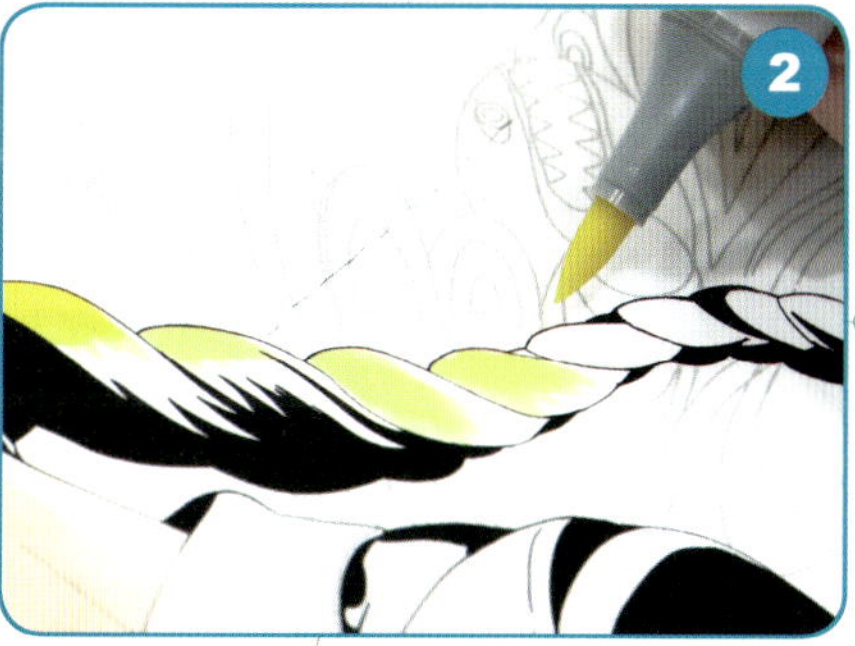

三つ編みの中間辺りを塗る。Y02（カナリア・イエロー）をつかい、結び目を白く塗り残しつつ塗る。

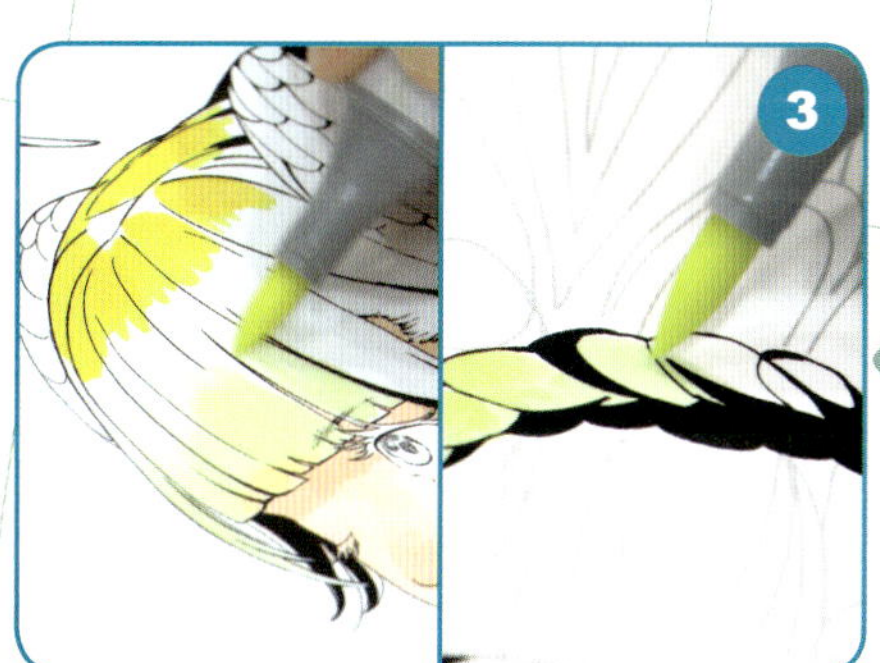

髪色の明るい部分を塗る。Y00（バリウム・イエロー）をつかい、前髪の毛先や三つ編みの下部分を塗る。

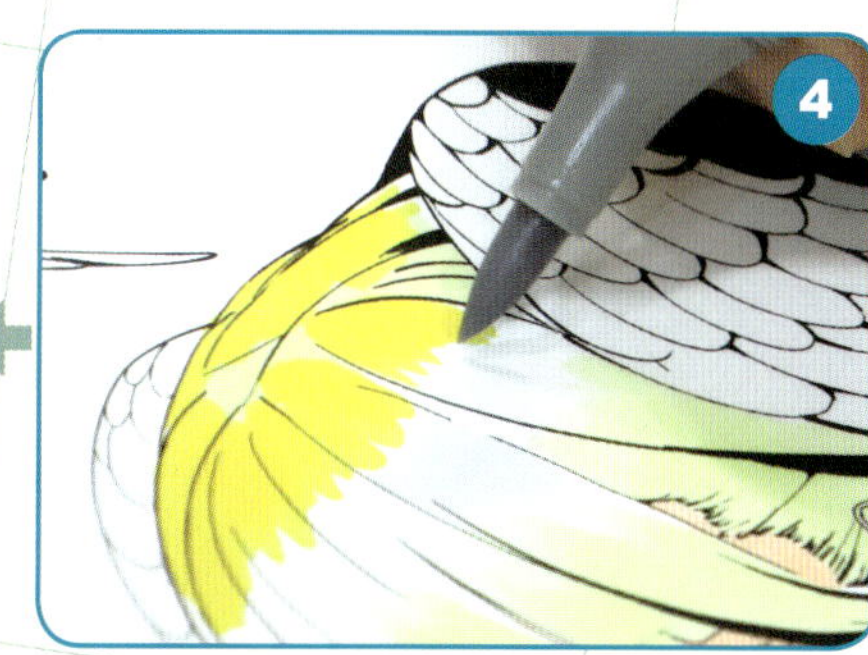

前髪の天使の輪を塗る。C-1（クール・グレイNo.1）をつかい、ニブ先を下にはらいながらツヤを入れた。

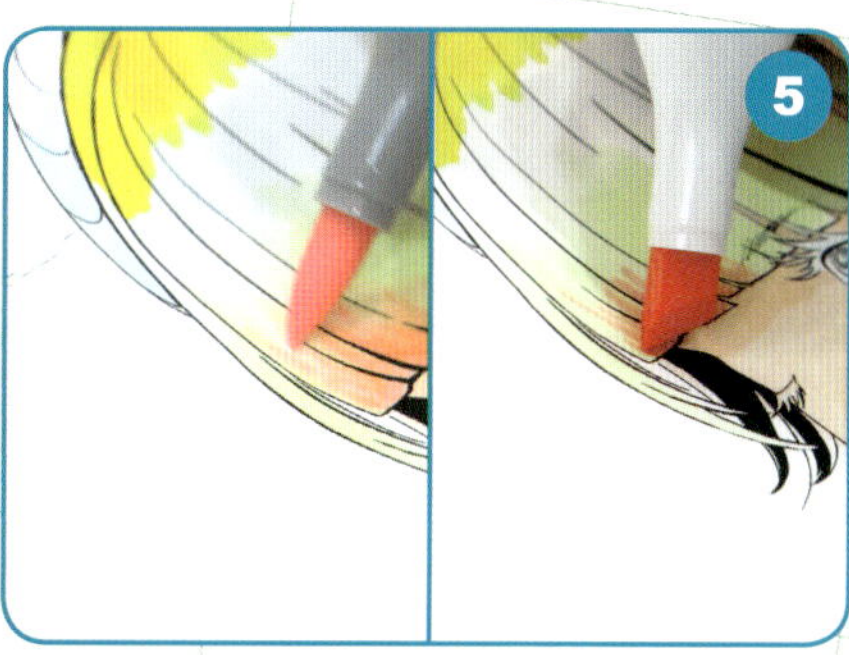

前髪の毛先に色味を加える。R43（ブーゲンビリア）のブロードニブの角で毛流れを描く。また、RV00（ウォーター・リリー）でエッジをぼかしてなじませた。

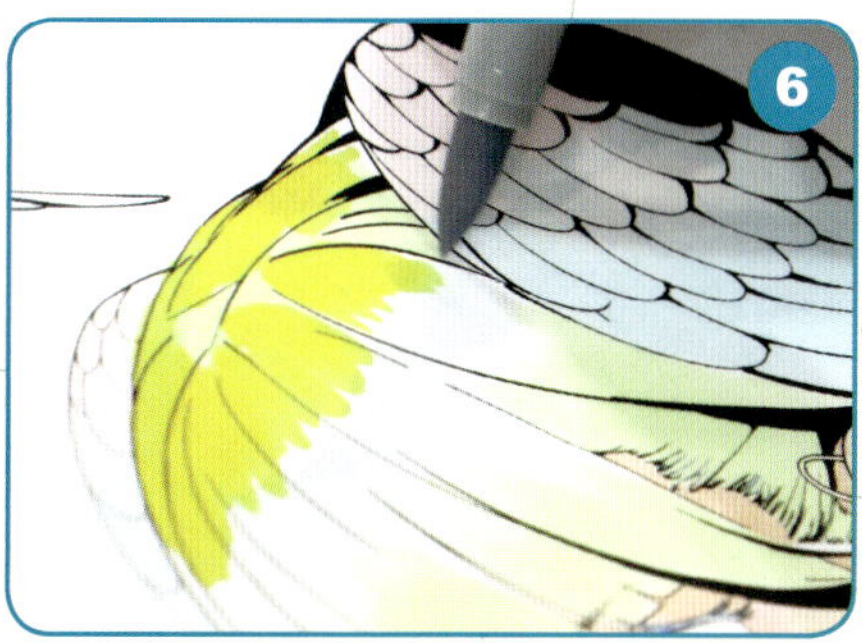

④で描いたツヤ部分にC-1を塗り重ね、色味を強める。よりツヤっとした髪の印象にする。

線画

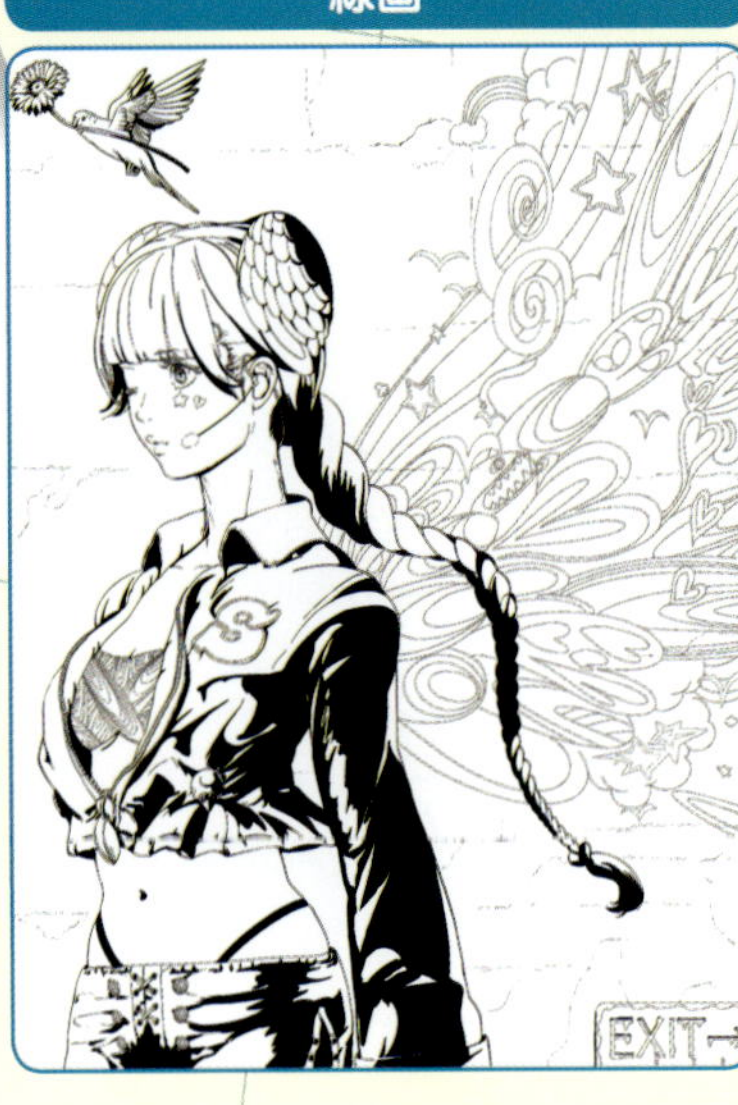

線画はデジタルで、「CLIP STUDIO PAINT」の「丸ペンブラシ」で描いた。衣装のツヤは黒でベタ塗りしており、ハッキリとした印象。また、背景の線画はトーン化され、少しグレー味がある。これによって、手前の女の子との前後感を出しつつも、塗りやすさをも両立している。線画はコンビニでレーザープリントしたものに着彩をする（家庭用コピー機に多いインクジェットプリントの場合は、インクがにじむので注意が必要）。

國安「今回、線を何色にするか悩みました。青色やピンク色も検討したのですが、たくさんの色に負けない黒色がカッコよくまとまるかなと思って。黒ベタを取り入れたカラーイラストを描くこと自体も初の試みです。」

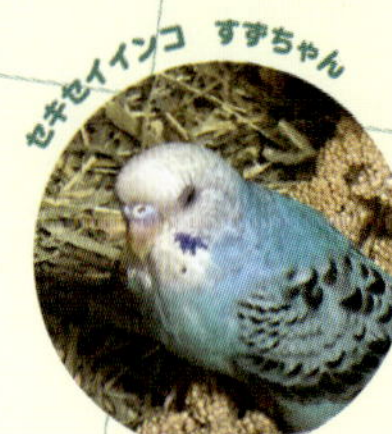

セキセイインコ　すずちゃん

國安さんの妹さんが飼っている、セキセイインコの「すずちゃん」。今回の作品で登場しているアイドルの子のモデルになっている。

決定ラフ

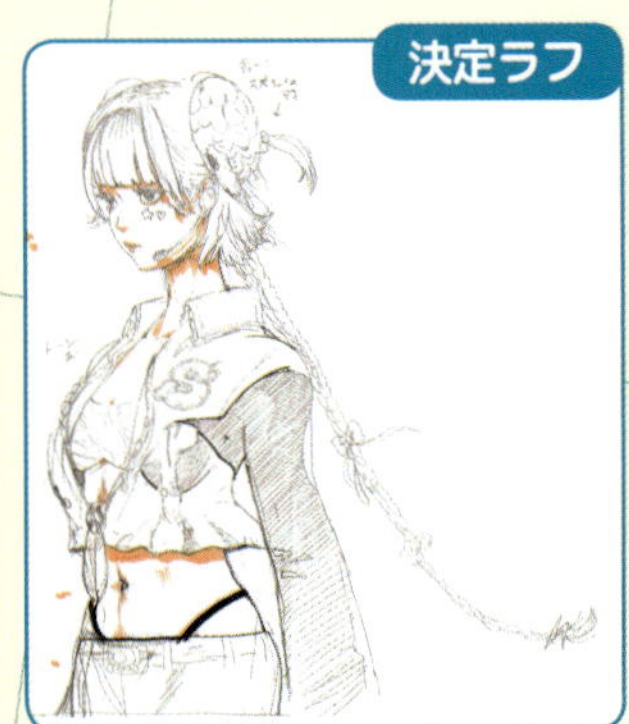

初期ラフ

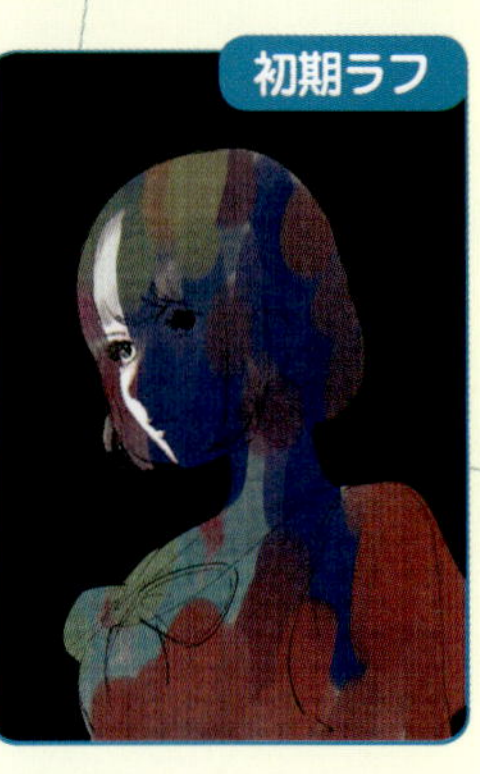

初期ラフ…舞台の幕が上がる瞬間の、緊張感が伝わる表情が魅力的だ。黒ベタを背景に、彩り豊かなランダムの色づかいが目を惹く。

決定ラフ…楽屋を出た瞬間からアイドルであるという凛とした空気感をまとった女の子。アイドルの「可愛さ」に囚われない、スタイリッシュなイメージにまとめられている。

國安「幕が上がる仕様は演劇舞台に多いので、決定ラフでは楽屋廊下に場所を変更しました。また、今回のメイキングでは塗りやすいほうが良いかと思い、キャラクター像をハッキリとさせています」

肌を塗る

使用色…YR000、R43、RV00、YR61、W-1、W-4、W-7

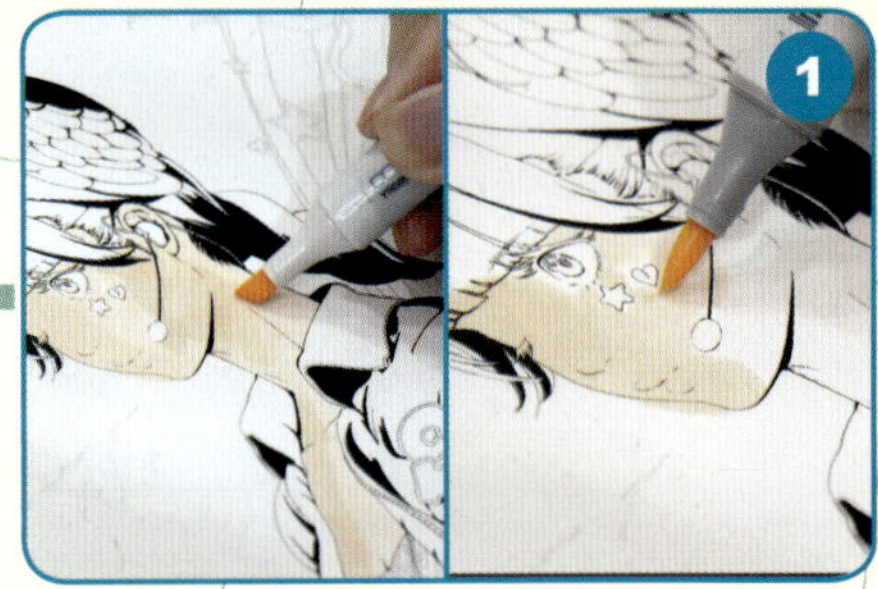

1 肌を塗る。YR000（シルク）で肌を塗り、重ねることで濃淡をつける。また、ブロードニブ側で面を意識しながら塗り広げる。

國安「おろし立てのコピックはインクがどばっと出やすいので、ティッシュで軽く拭いながらコントロールします。ブロードニブ側のほうが、比較的インクを均一に塗り広げやすいです」

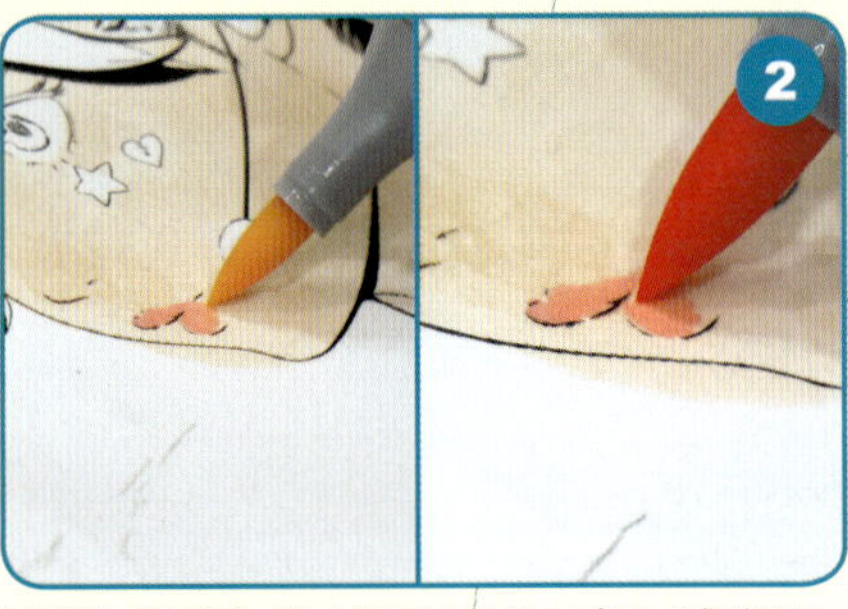

2 唇を塗る。R43（ブーゲンビリア）をつかい、ブラシの先端でちょんちょんと唇を塗る。乾かないうちに、YR000でぼかしなじませた。ぷっくりとした唇にする。

國安「化粧がケバくなりすぎないように、慎重に色を置きます」

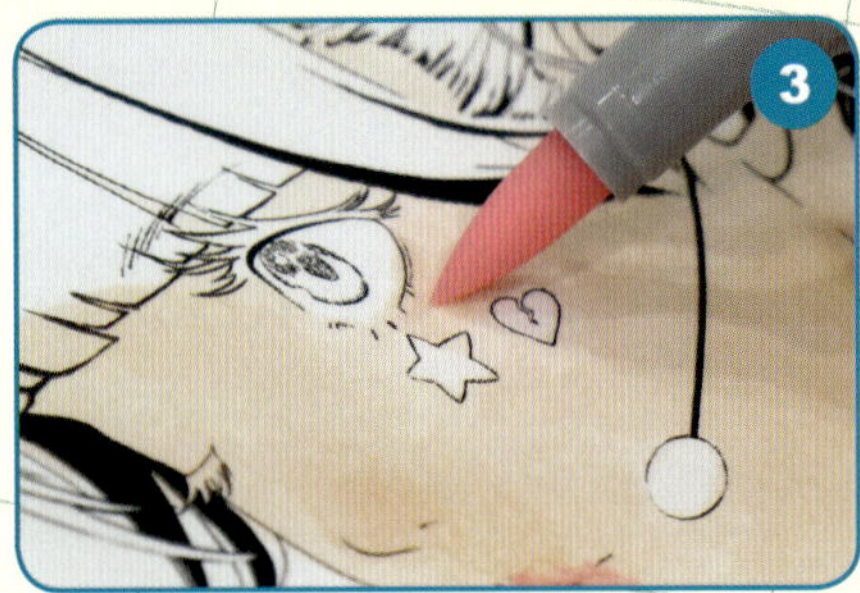

3 RV00（ウォーター・リリー）をつかい、鼻頭、涙袋、唇にほんのりと赤みを加える。

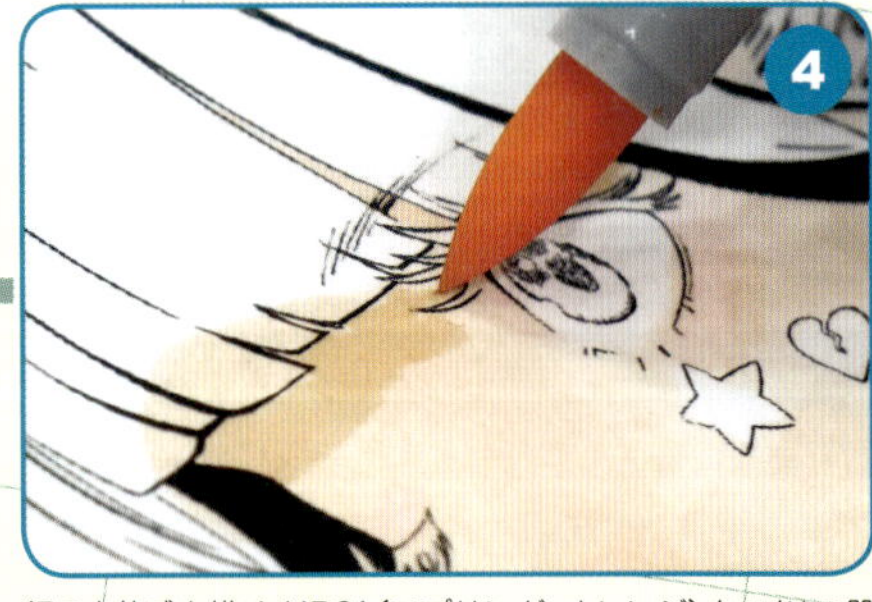

4 顔の立体感を描く。YR61（スプリング・オレンジ）をつかい、肌に濃いカゲを乗せた。

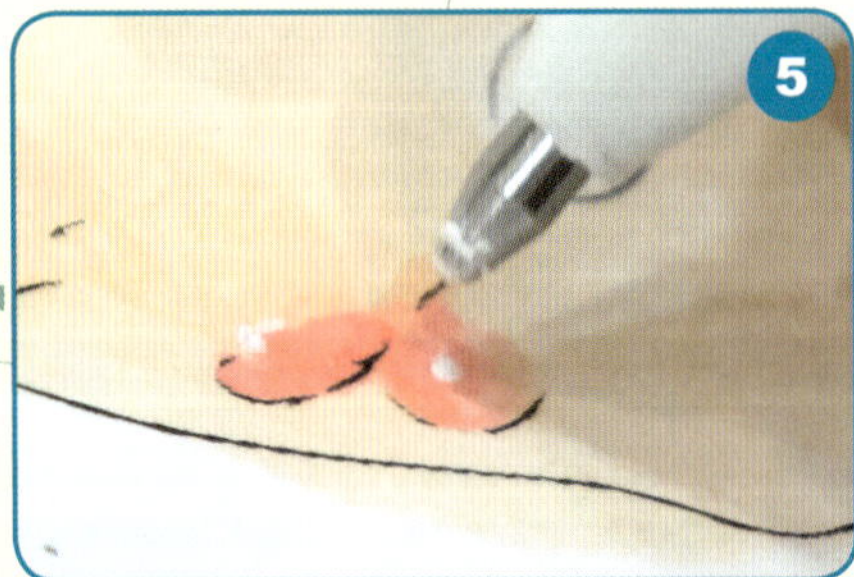

5 タチカワのピュアホワイト（0.1）をつかい、唇にちょんと小さなハイライトを乗せる。より、ぷっくりとした可愛らしい印象になった。

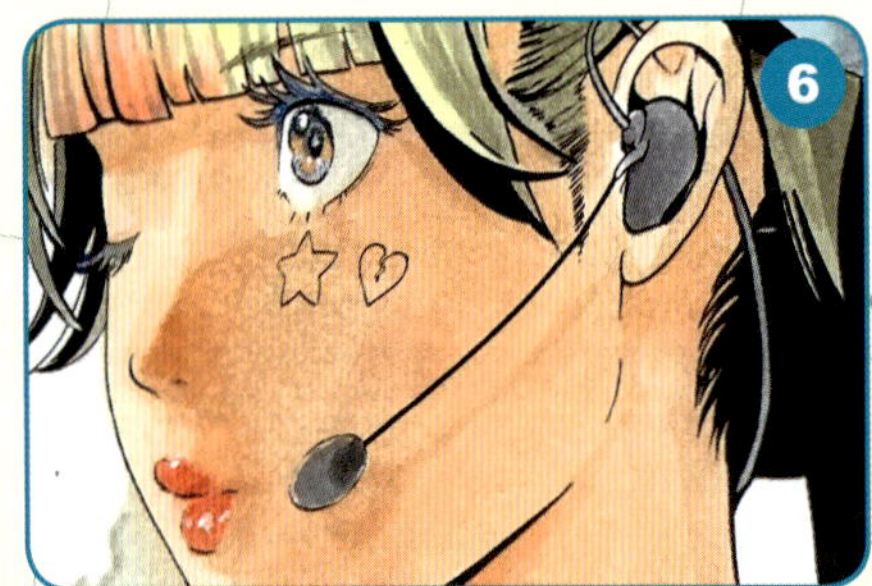

6 さらに、肌の仕上げとして、W-1（ウォーム・グレイNo.1）とW-4（ウォーム・グレイNo.4）、W-7（ウォーム・グレイNo.7）でカゲを塗って立体感を出す。

瞳を塗る

使用色…B000、RV00

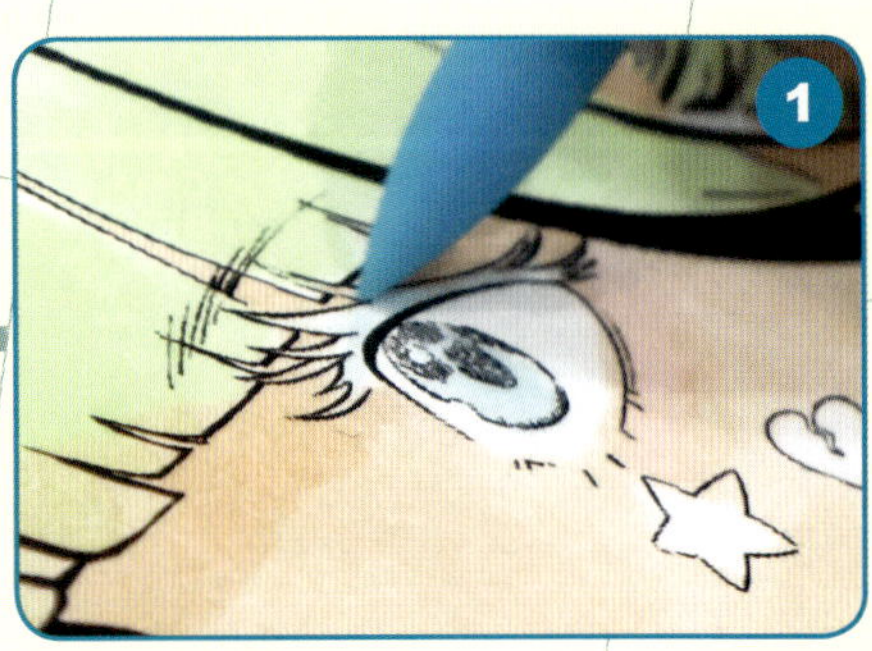

1 瞳を塗る。 B000（ペール・ポーセリン・ブルー）で瞳をベタ塗りする。また、まつ毛にも重ねた。

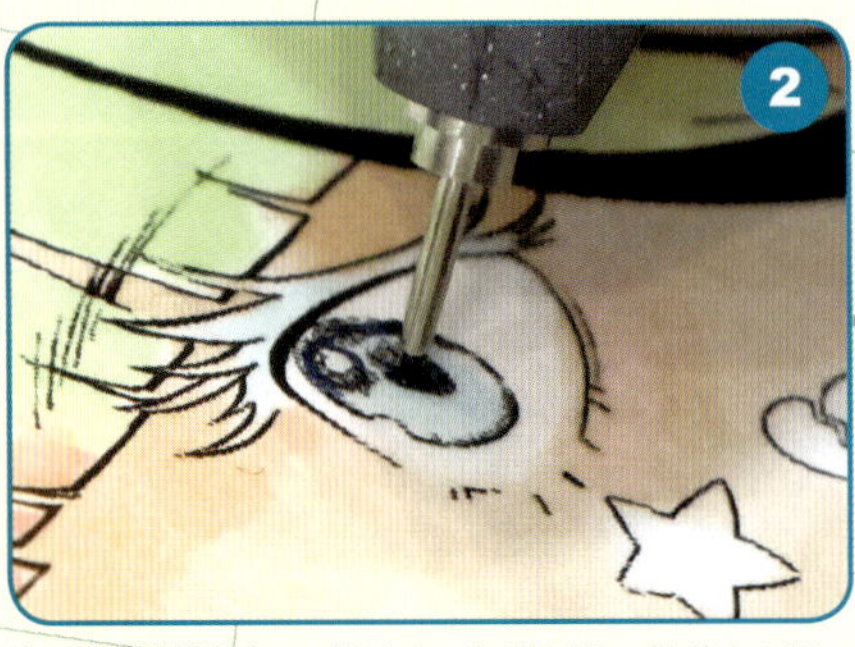

2 瞳の模様を描き込む。コバルトのマルチライナー（0.1）をつかい、瞳のりんかくや瞳孔にタッチを加えた。

國安「目線が強まって、女の子が生き生きしてきました」

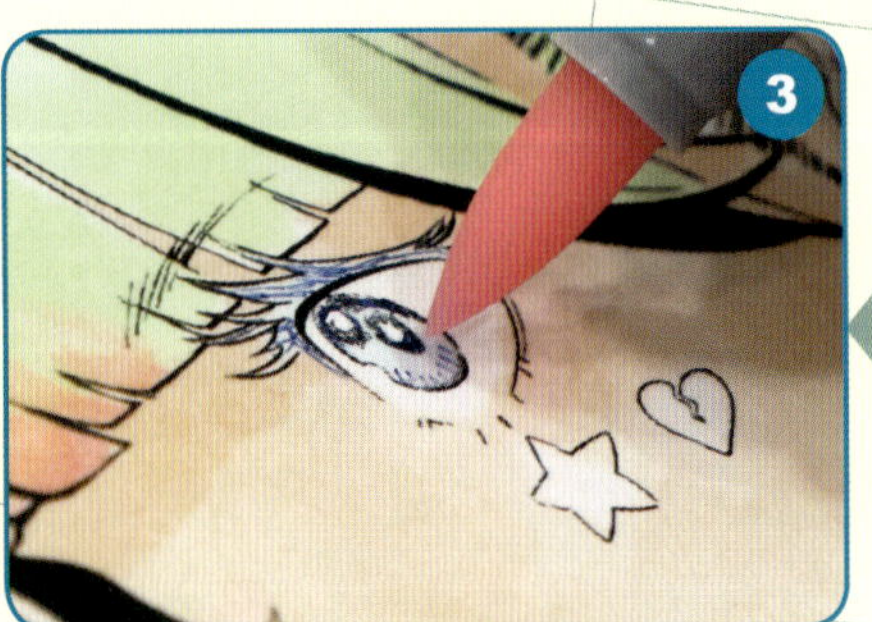

3 RV00で瞳の下部分に色を乗せる。完成の瞳には、作品に使用したピンク色やオレンジ色をランダムに取り入れている。

國安ユウキ

今回は「コピックスケッチ ベーシック36色セット」のみを使用して、ポップでエネルギッシュなアイドルのイラストを國安ユウキさんに描いていただきました！ 女の子がステージへと上がる真剣な眼差しと、放つ色気に思わず目を奪われます。心踊る色鮮やかな背景模様や、ジャケットのリアルな質感・陰影の表現にも注目です。

國安ユウキ／漫画家、イラストレーター。2024年2月に「別冊少年マガジン」にて読み切り漫画『ユイチと花』を掲載。「コピックアワード2025」では準グランプリを受賞。

X＝@air100100100
Instagram＝yuuki9768

コピックスケッチ／コピックマルチライナー（コバルト…0.05）／タチカワピュアホワイト（0.1）／アクリル絵具（仕上げに使用）／水彩絵具（仕上げに使用）／つけペン（仕上げに使用）／CLIP STUDIO PAINT（線画に使用）

用紙：コピー用紙

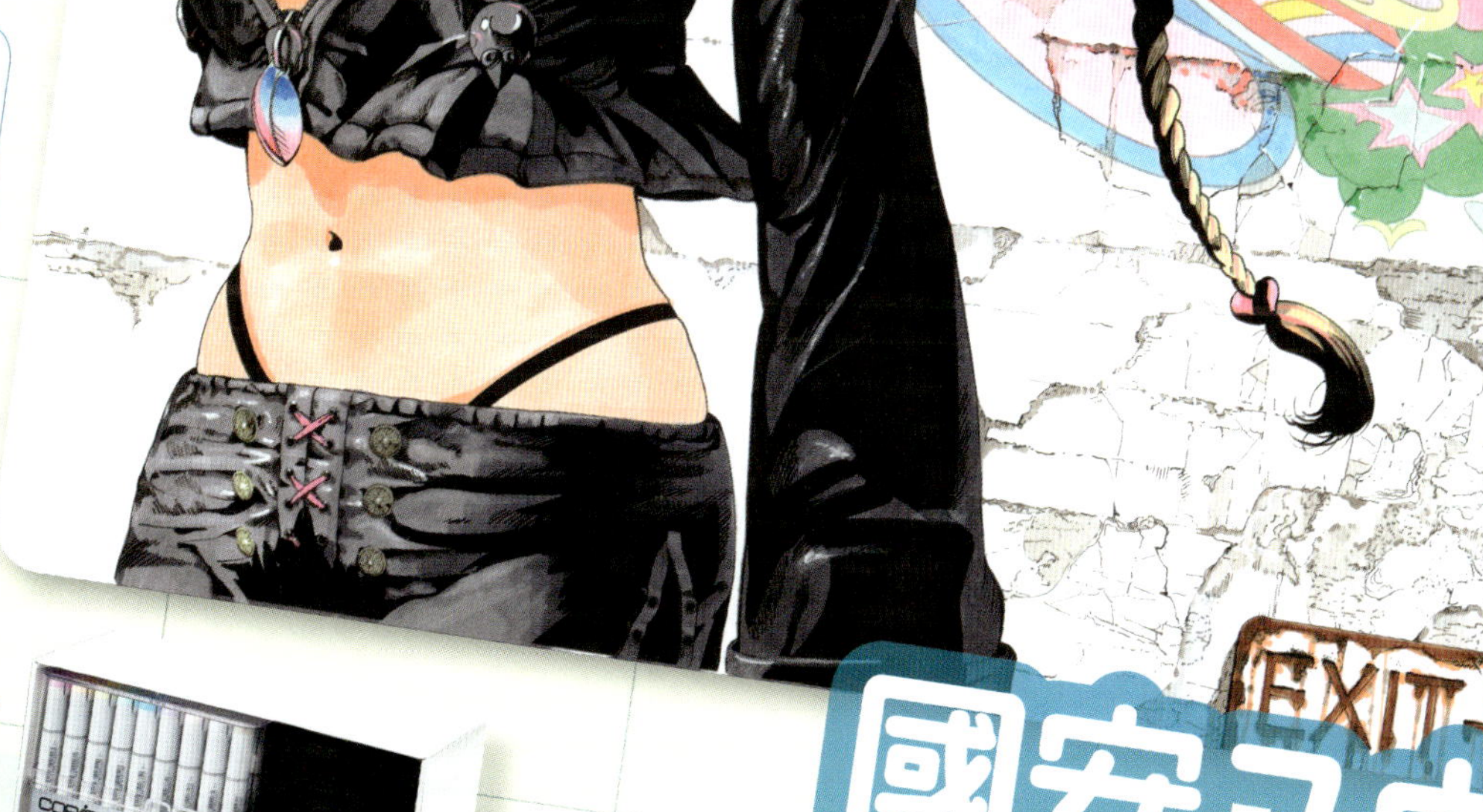

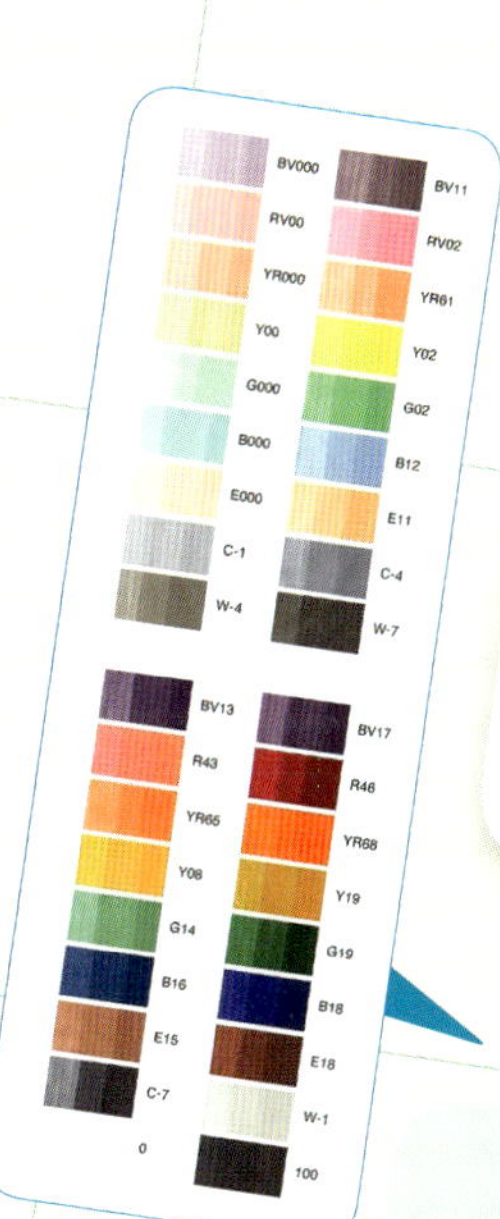

コピック スペシャルギフト ポシェットバンドルセット
色数：36色
価格：19,800円（税込）

2025年11月14日より、数量限定で「コピック スペシャルギフト ポシェットバンドルセット」が発売！ プロのクリエイターも愛用する「コピックスケッチ」のベーシック36色セットと、収納や持ち運びに便利な専用ポーチ「コピック ポシェット」を組み合わせた限定のギフトセットです。ポシェットの色はブラック、ネイビーブルーの2種類からお選びいただけます。

【内容物】
・「コピックスケッチ ベーシック36色セット」
ツインニブ（スーパーブラシ&ミディアムブロード）、アルコール染料インク

B000／BV000／YR000／Y00／C-1／C-4／C-7／W-1／W-4／W-7／0／100／RV00／G000／E000／YR61／E11／E15／R43／RV00／Y02／G02／B12／BV11／RV02／E18／YR65／Y08／G14／B16／BV13／R46／YR68／Y19／G19／B18／BV17

・「コピック ポシェット ブラック／ネイビーブルー」
・ギフトパッケージ入り

●コピックスケッチはコピックのアルコールマーカーの中で、最も人気のあるスタンダードモデル。
●36色セットは、各系統の基本色がバランスよく含まれたスターティングセット。
●イラスト、アイディアスケッチ、アート、デザインなど用途を問わず、本格的にマーカーイラストを描き始めたい方にオススメ。
●ギフトボックス仕様で、贈り物や自分へのご褒美に。

発売元
株式会社トゥーマーカープロダクツ
https://copic.jp

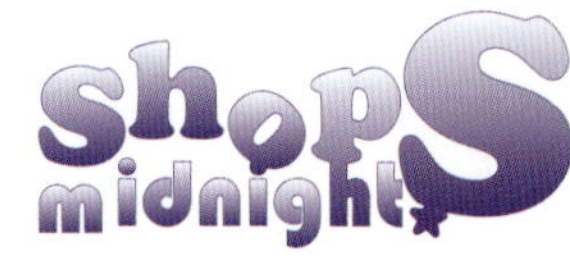

ナビゲーター
絵 寿美子
最近の趣味
タロットカード

☆P102に星座占いがあるよ！

こんばんは！『Shop S』キャストの絵 寿美子です！本日も素敵な商品をたくさん取り揃えております～！

また、季刊エス88号でご登場いただいた、おくむらみゆきさんの最新情報をたっぷりとご紹介！

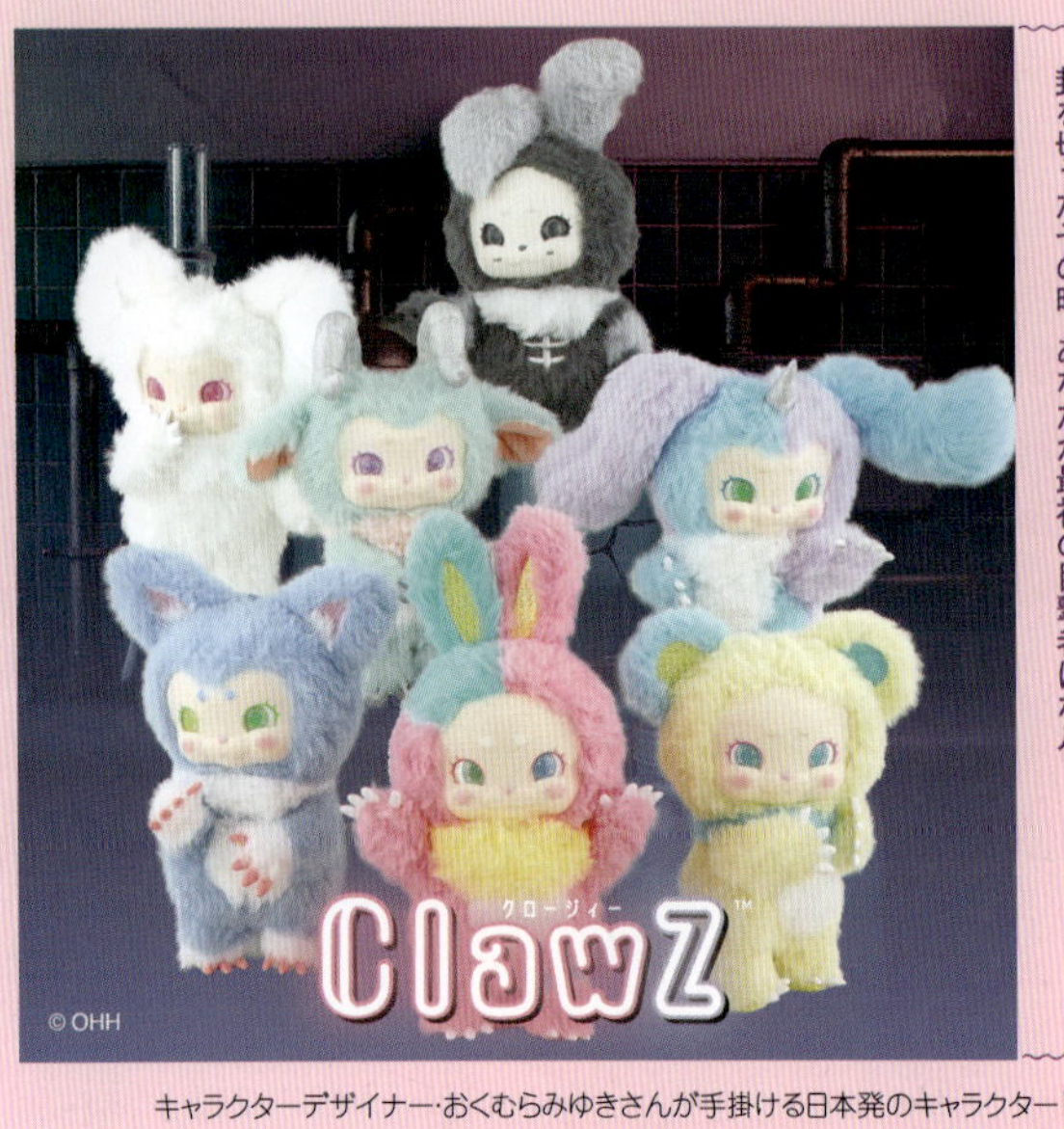

© OHH

No.000～006のクロージィーに出会えるシリーズ第1弾

『ハローワールド vol.1』

ClawZ（クロージィー）
それは、ラボから漏れた〝ちいさな謎〟
その存在は世界にとってまだ秘密
封を切ったその時、あなたが最初の目撃者になル

キャラクターデザイナー・おくむらみゆきさんが手掛ける日本発のキャラクター『ClawZ（クロージィー）』。個性豊かなクロージィーたちはポーズも付けることができ、かわいい写真もたくさん撮れます。カラビナ付きだからお出かけも一緒。ラボから生まれた彼らに外の世界を見せてあげよう！

■価格：3,300円（税込）
■ラインナップ：No.001／No.002／No.003／No.004／No.005／No.006（レア）／No.000（スーパーレア）
■セット内容：フィギュア（ランダム）×1／キャラクターカード ×1（キャラクターイラストが印刷されています）／お出かけ用カラビナ×1
■販売元：株式会社ハシートップイン
■公式サイト：https://hashy-topin.co.jp/clawz/
■公式SNS：Instagram＝clawz_labo ／X=@ClawZ_labo／TikTok＝@clawz_labo

「コロコロコミック」と「ちゃお」が目指す〝世界最高〟の新まんが雑誌誕生！

「コロちゃお」vol.1

☆発売日：2025年12月19日（金）
価格：1,280円（税込）
発行：小学館

『中村佑介カレンダー2026』
著者：中村佑介

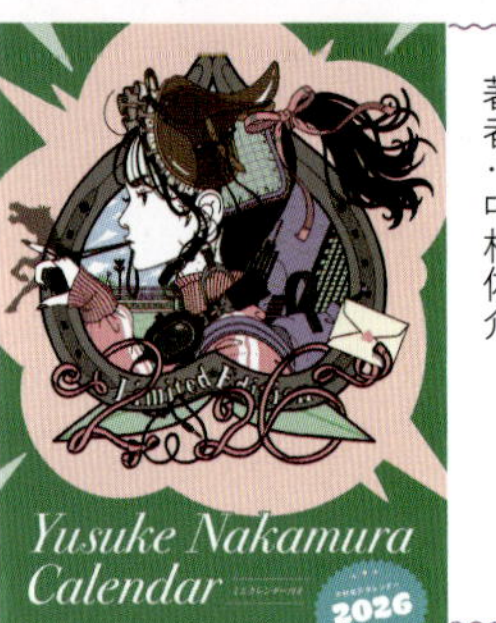

価格：1,980円（税込）
発行：飛鳥新社

『「自分らしい絵作り」がわかる！さくしゃ2のお絵描き教室』
著者：さくしゃ2

価格：2,420円（税込）
発行：KADOKAWA

蒼川わか
個展「日々と街灯り」

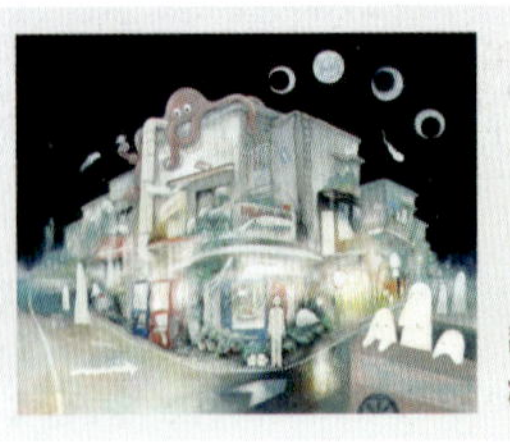

会期：2025年12月4日（木）～21日（日）
時間：12:00～19:00
※月・火曜定休
場所：喫茶 村田商會
X=@muratashokai

展示「✷ SWEET HOLIDAY ✷」
参加作家：砂糖みかく、itousa、雲丹。、さだ、Julian、えとうみさち、ラブ百貨店、yuikuno

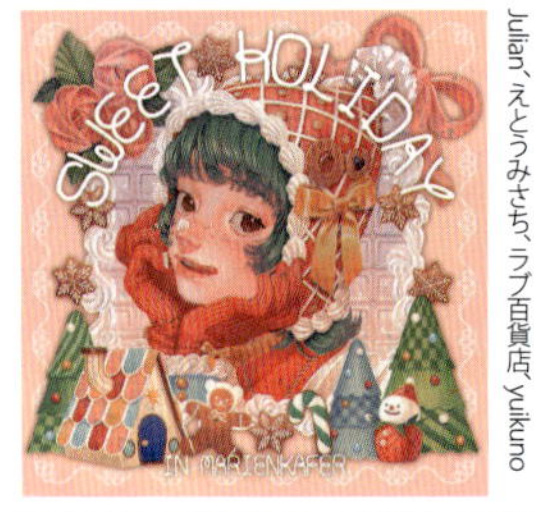

会期：2025年12月20日（土）～12月28日（日）
時間：12:00～19:00
※火曜定休
会場：原宿　marienkafer
X=@__marienkafer__

『ひねくれ給仕は愛を観ない』
著者：道草家守
イラスト：萩谷薫

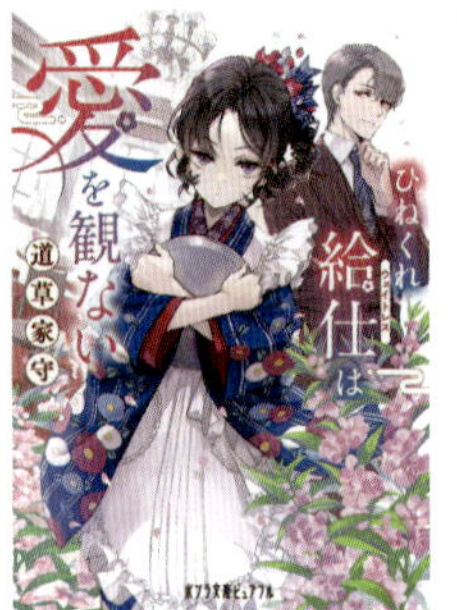

価格：814円（税込）
発行：ポプラ社

『1冊めのペン画イラスト入門
風景・静物から日常のスケッチまで』
著者・編者：デヴィッド・モラレス・H
翻訳：倉田ありさ

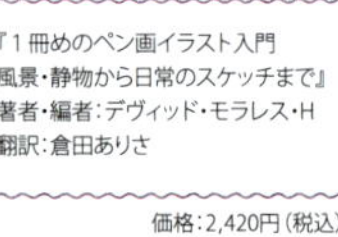

価格：2,420円（税込）
発行：マール社

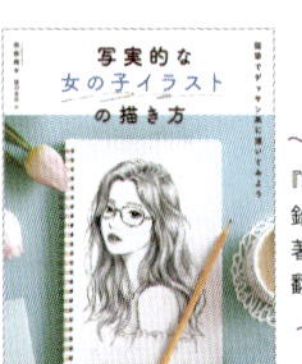

『写実的な女の子イラストの描き方
鉛筆でデッサン風に描いてみよう』
著者・編者：飛楽鳥
翻訳：陰山有加

価格：2,420円（税込）
発行：マール社

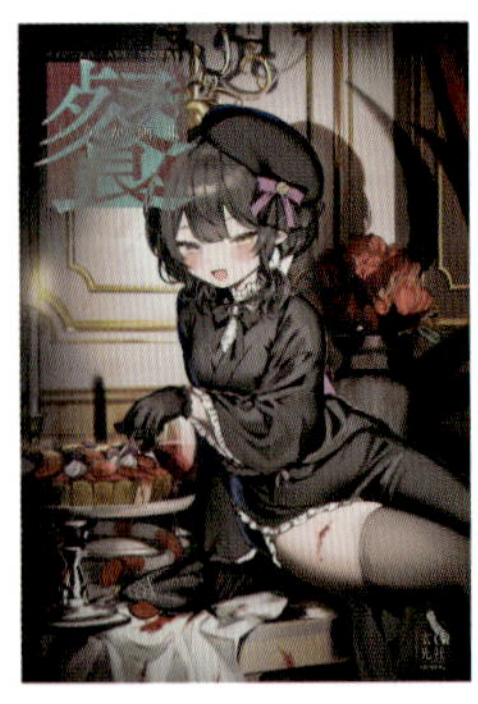

『ようか画集 餐』
著者：ようか

価格：2,860円（税込）
発行：玄光社

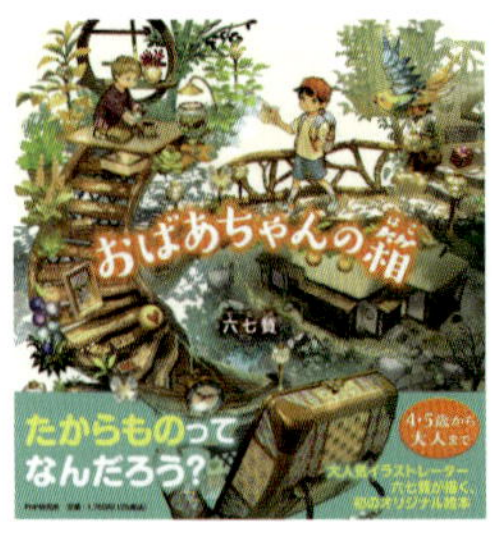

『おばあちゃんの箱』
著者：六七質

価格：1,760円（税込）
発行：PHP研究所

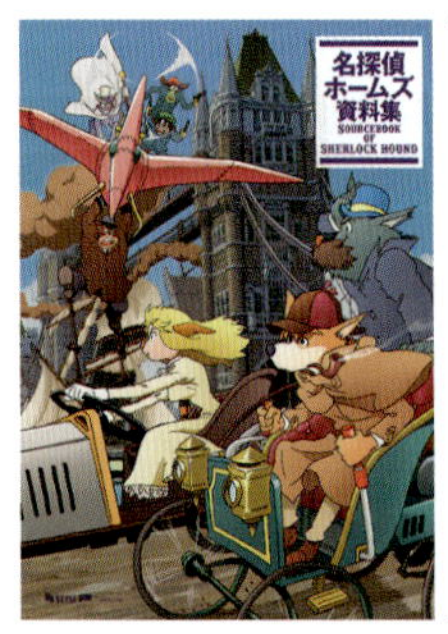

『名探偵ホームズ資料集』

価格：4,400円（税込）
発行：メディア・パル

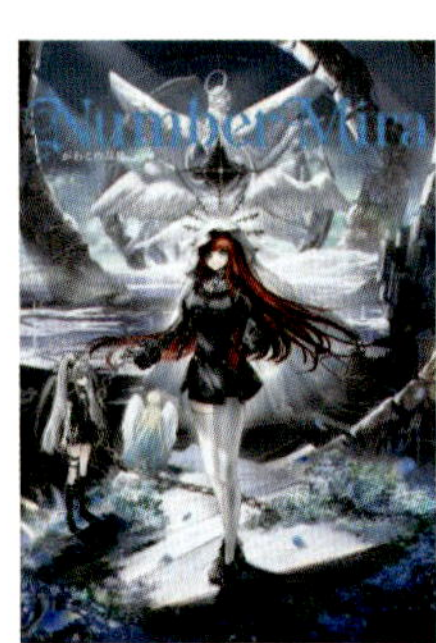

『Number Mira　がわこ作品集』
著者：がわこ

価格：2,970円（税込）
発行：小学館集英社プロダクション

『ひなぎく 4Kレストア版』
2026年3月14日（土）よりシアター・イメージフォーラムにて公開。シネ・ヌーヴォ、元町映画館、ナゴヤキネマ・ノイ、アップリンク京都ほか全国順次公開

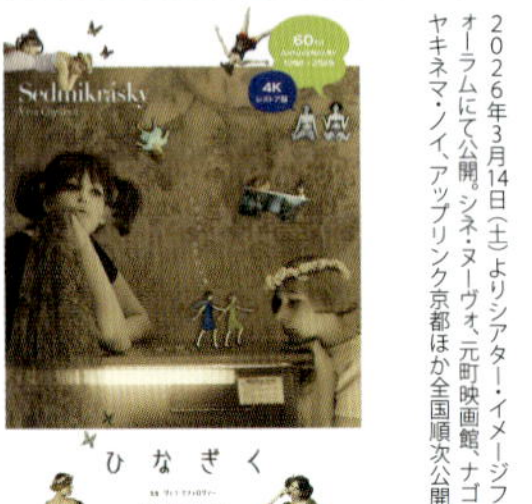

実験的な映画手法にハイセンスな美術や音楽が光るヴェラ・ヒティロヴァー監督作品。60年代チェコ・ヌーヴェルヴァーグの傑作が4Kレストア版で上映！
© Czech audiovisual fund, source: NFA
配給：チェスキー・ケー
公式サイト：https://hinagiku2014.jimdofree.com/

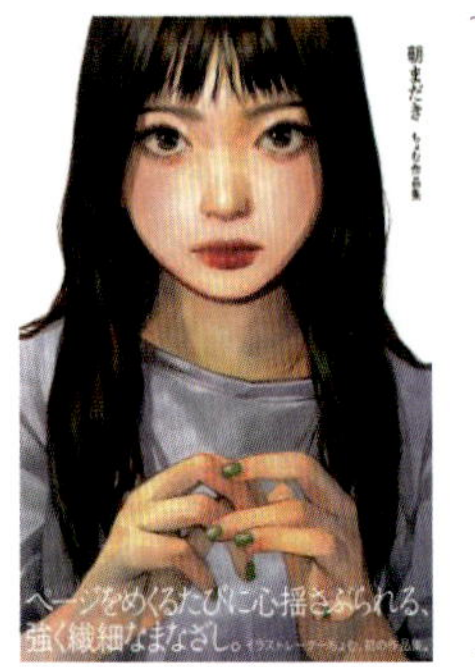

『朝まだき　ちょむ作品集』
著者：ちょむ

価格：2,750円（税込）
発行：小学館集英社プロダクション

『人気イラストレーターたちの幻想的な世界のぬりえ Magical World』
著者：芦屋マキ、いろはあやの、kokuno、淵゛、やまがみ彩、yuko

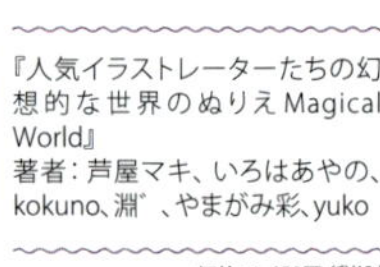

価格：1,650円（税込）
発行：翔泳社

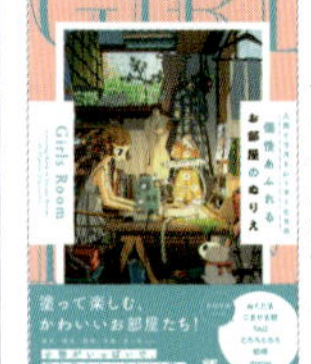

『人気イラストレーターたちの個性あふれるお部屋のぬりえ Girls Room』
著者：おくだま、こまやま明、TAO、とろろとろろ、松峰、mame

価格：1,650円（税込）
発行：翔泳社

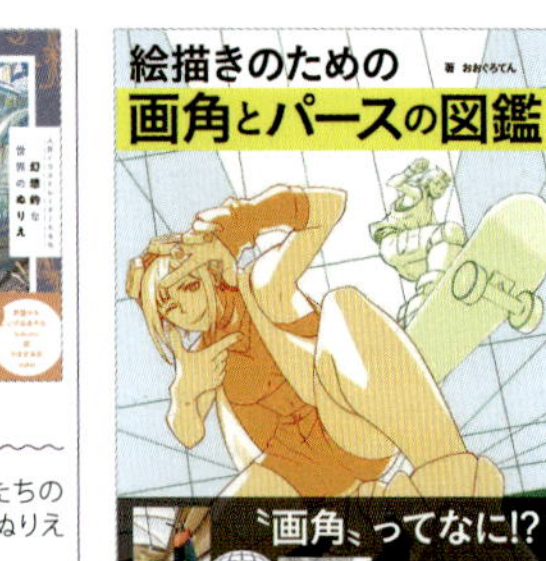

『絵描きのための画角とパースの図鑑』
著者：おぐろてん

価格：2,200円（税込）
発行：グラフィック社

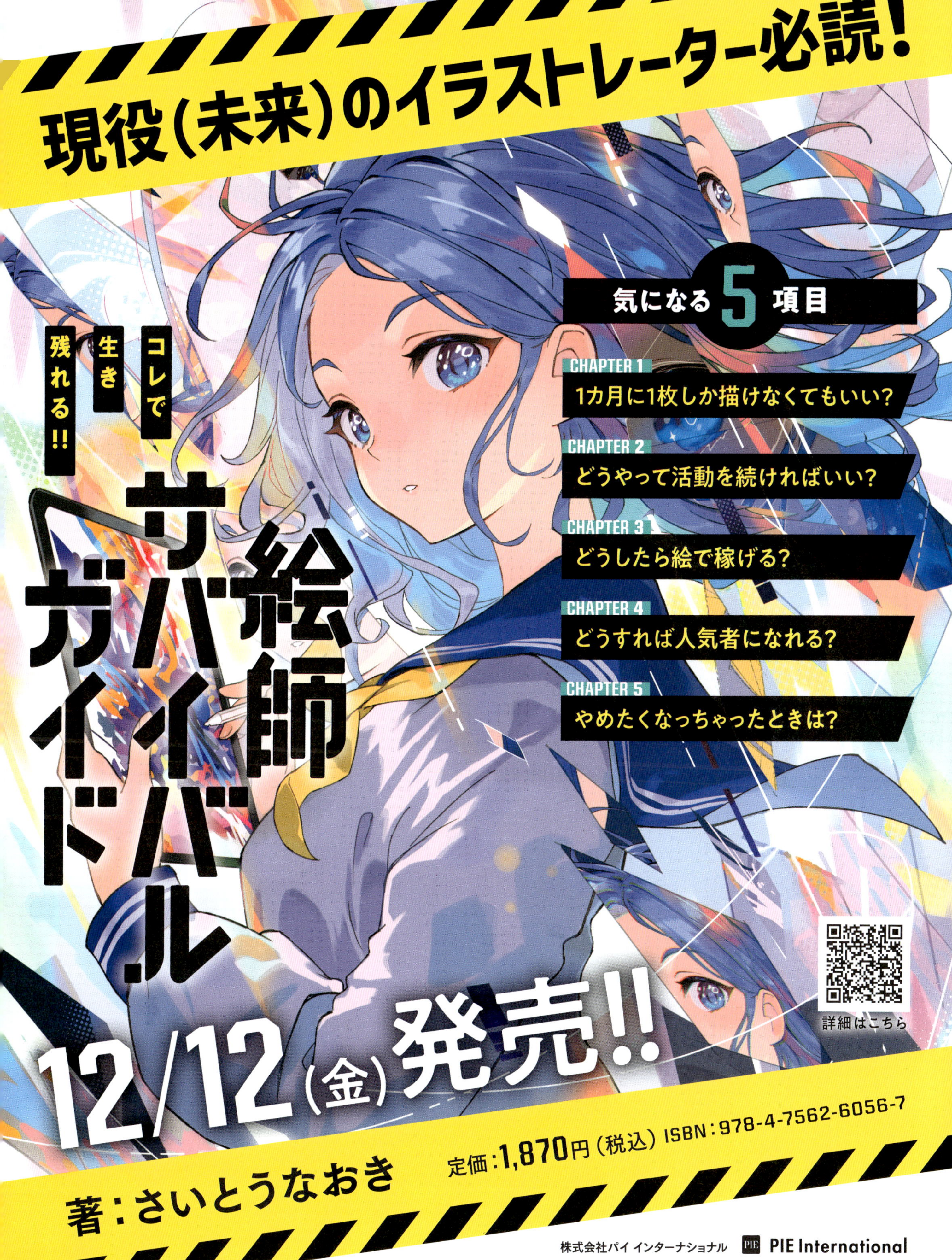
現役（未来）のイラストレーター必読！
コレで生き残れる!!
絵師サバイバルガイド
気になる5項目
CHAPTER 1
1カ月に1枚しか描けなくてもいい？
CHAPTER 2
どうやって活動を続ければいい？
CHAPTER 3
どうしたら絵で稼げる？
CHAPTER 4
どうすれば人気者になれる？
CHAPTER 5
やめたくなっちゃったときは？
詳細はこちら
12/12（金）発売!!
定価：1,870円（税込）ISBN：978-4-7562-6056-7
著：さいとうなおき
株式会社パイ インターナショナル PIE International
〒170-0005 東京都豊島区南大塚2-32-4 TEL: 03-3944-3981 https://pie.co.jp/

85ページ掲載作品はすべて抽選販売したもの。**右上**：トリケラトプスがちょこんと乗った容器は、お皿に蓋を被せることができる。蓋だけでなくお皿のなかまで装飾が施されていて華やか。／**右下**：雲に乗る三日月、そこにいるふたりのアヒルの寄り添う姿が愛らしい。全体がパールのように輝いていて綺麗。／**左上**：**ここ、おちつくね**。やわらかな曲線にアイボリーの色味からはぬくもりを感じる。また、体を寄せ合うふたりからは会話が聞こえてきそう。／**左下**：鷹山さんが以前より制作されていた黒と白のアパトサウルス。今回は花瓶にすることでお花に囲まれた姿を紡いだ。

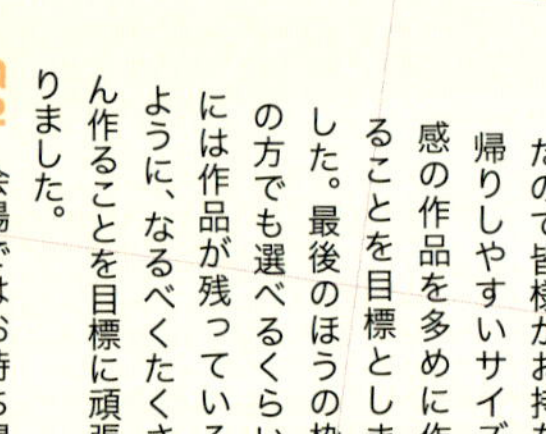

装飾のある小物入れなど作品のバリエーションを増やしたいと思って制作していました。今回は展示メインではなくアートマーケットだったので皆様がお持ち帰りしやすいサイズ感の作品を多めに作ることを目標としました。最後のほうの枠の方でも選べるくらいには作品が残っているように、なるべくたくさん作ることを目標に頑張りました。

Q2 会場ではお持ち帰り用の作品とは別に、少し大きな花瓶やオブジェなども展示されていました。特に輪っかになっている花瓶たち（84ページ左下掲載作品）が素敵でした。輪っかの花瓶を自立させるために足を付けていたと思うのですが、そのフォルムも丸くて愛らしいです。ほかにも、三日月の上で寄り添うふたりのアヒルの作品（85ページ掲載作品）も素晴らしかったです。どちらも、普段手掛けられているきらきらないきものたちと同様に、鷹山真彩さんの作品の特徴である丸くてコロンとしたフォルムづくりが活かされているように感じております。抽選販売の作品たちは、どのようなところからイメージを膨らませてつくっていったのでしょうか？

A2 もともと抽選販売の作品たちはまだ修了制作の案が決まっていなかった今年の五月、六月頃に制作したものでした。絵付けなどがしてある装飾的なオブジェを試しに色々と作りました。そこからいい案が思い浮かぶのではないかと思い、気づいたら何個も作っていました。結果、修了制作は装飾的なものではないようにしようという結論に達したのですが、その思案の過程として様々な新しいものが生まれました。取手藝祭でその作品たちを抽選販売兼展示という形で皆様に見ていただけたので良かったです。今回は販売のアートマーケットがメインだったのですが一部を抽選販売作品として展示したことで、作品が少なくなってくる最後のほうの枠の方でも展示スペースの作品鑑賞をお楽しみいただければいいなと思い取り組んでみました。

Q3 鷹山真彩さんは今回、ご自身で初めて作品集を制作されました。フルカラーで六三ページものボリュームのある本は、これまでの鷹山真彩さんの作品を振り返ることができる一冊となっています。作品集やカレンダーについてのこだわりをお聞かせください。また今後つくってみたいものなどありましたら教えてください。

A3 作品集やカレンダーは、二日間の中で最後のほうの枠の方が来てくださったときに作品があまりのこっていなくても買えるものがあるという楽しみがあればいいなという思いから制作しようと考えました。また、作品集を作ってほしいというお声を以前から何件かいただいており学校卒業という区切りの良いこの機会にという思いもありました。藝大デザイン科の後輩さんが素晴らしいデザインをしてくれて、藤原印刷様が装丁に関する様々な素敵なご提案をしてくださったお陰でいいものができたと感じております。こだわった点は、デザインが洗練されている感がでればいいなというくらいです。そこはデザイナーさんと一緒に考えをまとめられてとても良かったと感じております。ひとまず、今後グッズや作品集を作る予定はないのですが急に絵本を作りたいとか絵を描きたいとか思い立ちなにか描き始めるかもしれませんが、まったくの未定です。

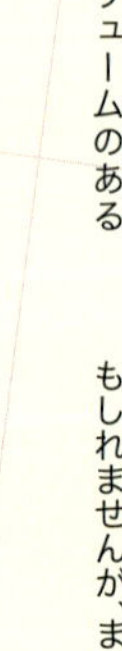

鷹山さんが藝祭に合わせて制作したカレンダーと作品集。作品集はシンプルなハードカバーの表紙が美しい。また、カレンダーは通販でも購入することができる。ぜひチェックしていただきたい。

2026年 きらきらいきもの
卓上カレンダーの購入先はこちら。
https://honyahonya.base.shop/items/126409867

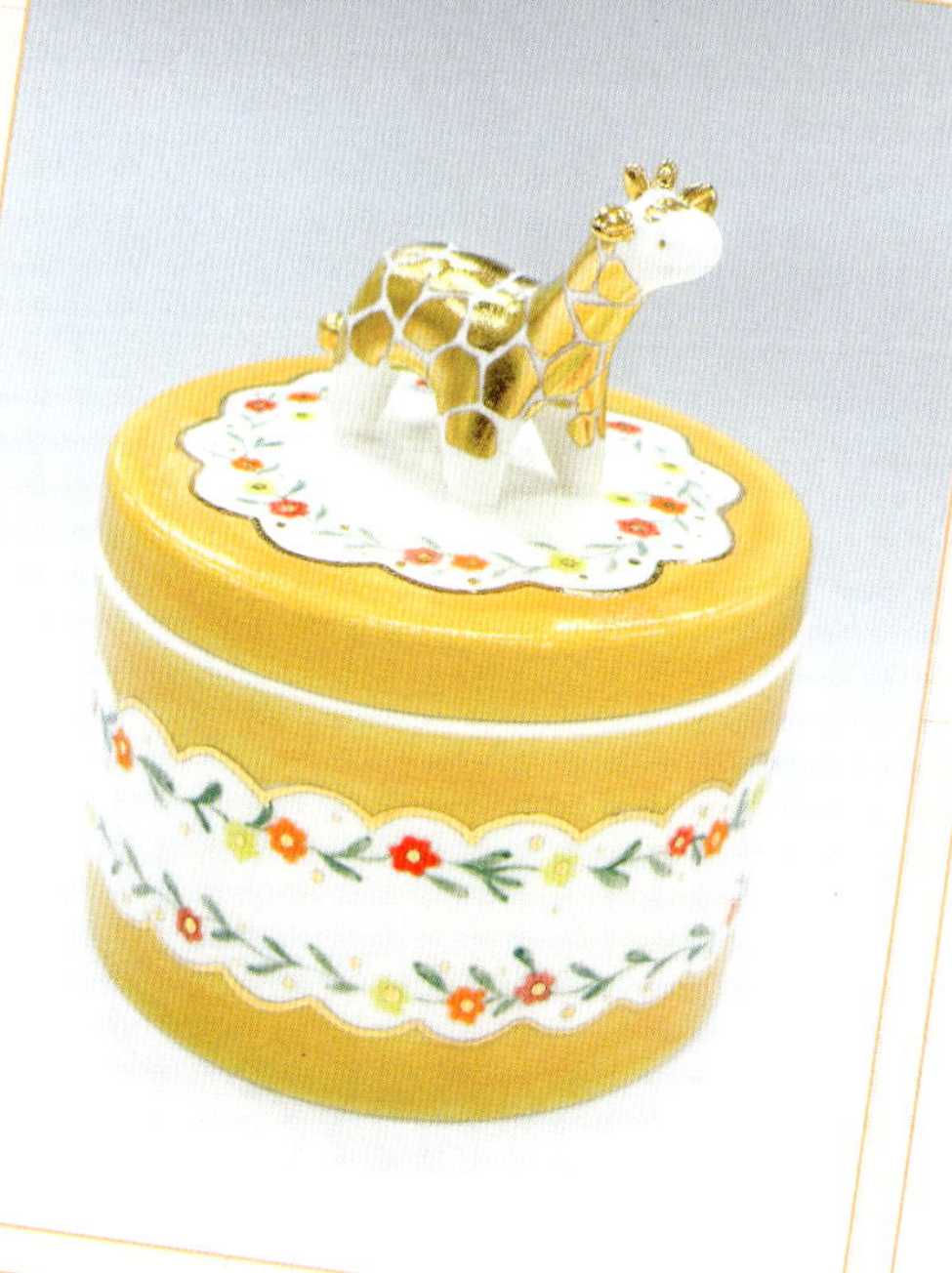

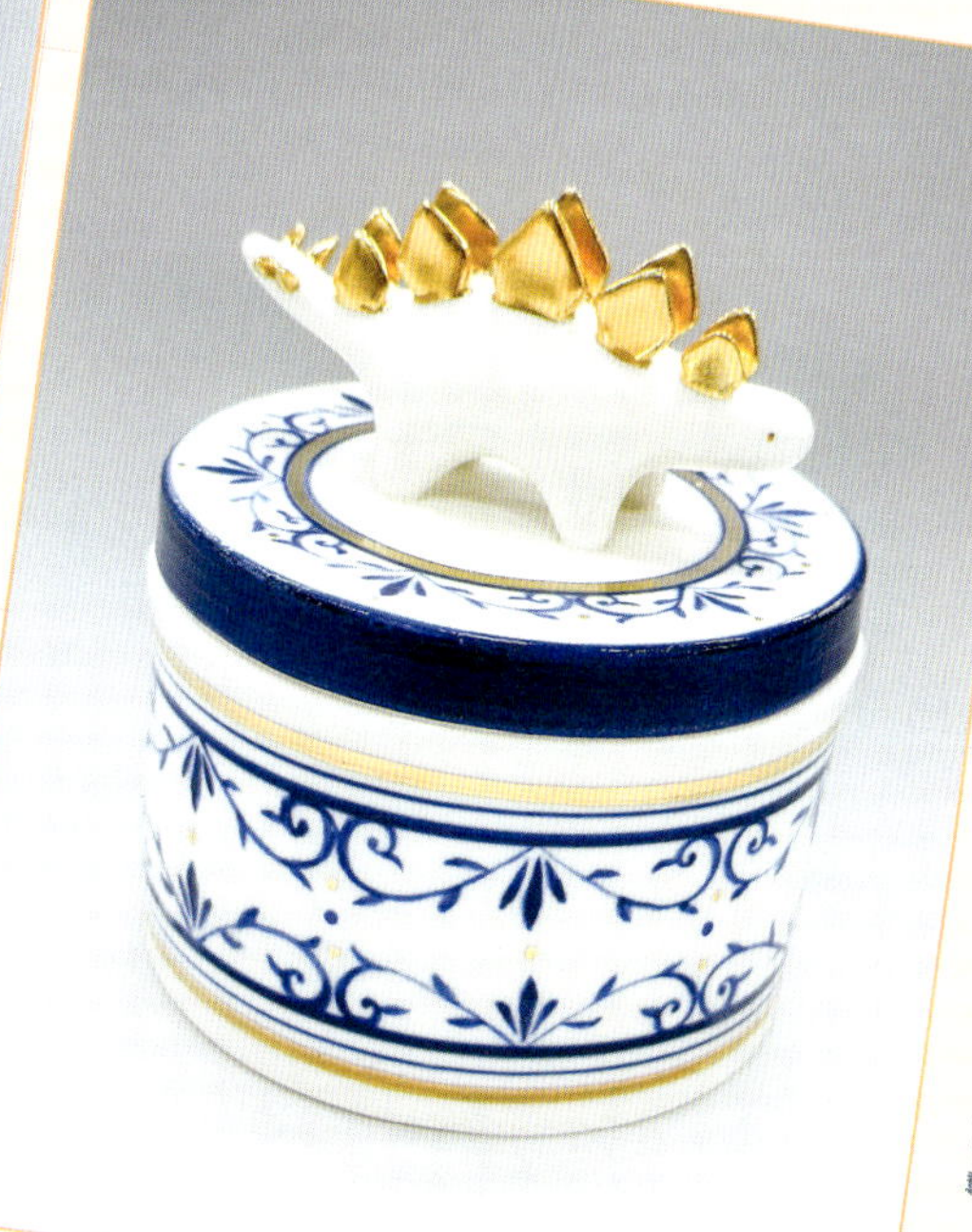

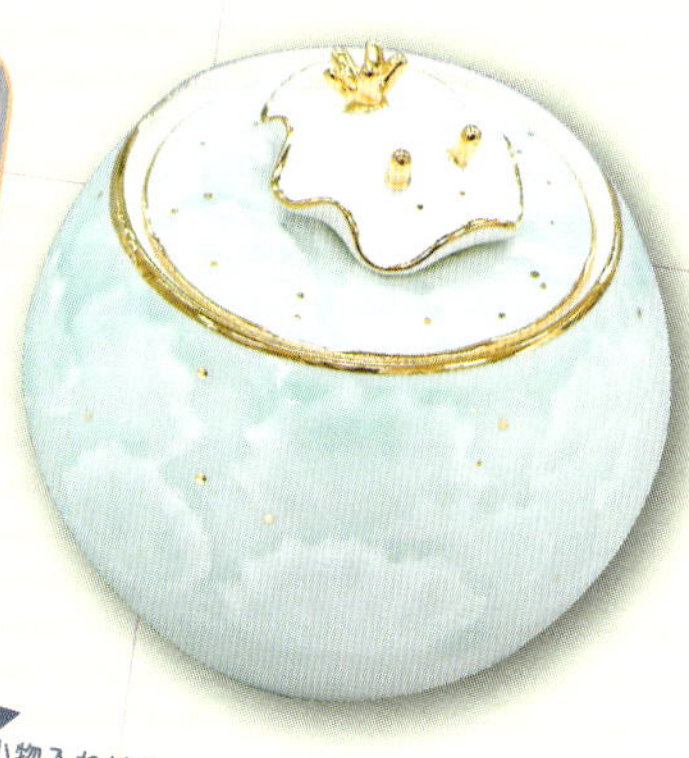

▼
小物入れは全てその場で持ち帰ることができる作品として販売されていた。
左：キリンの小物入れ
中央：ステゴサウルスの小物入れ
右：ウミウシの青磁蓋物

▼
右：抽選販売をした作品。お花に囲まれたふたりの仲良しな姿が微笑ましい。角度を変えてみるとより愛おしさが募る。
左：波乗りをしているかのようなフタバスズキリュウ。オーロラのような輝きを放つ作品に目を奪われる。

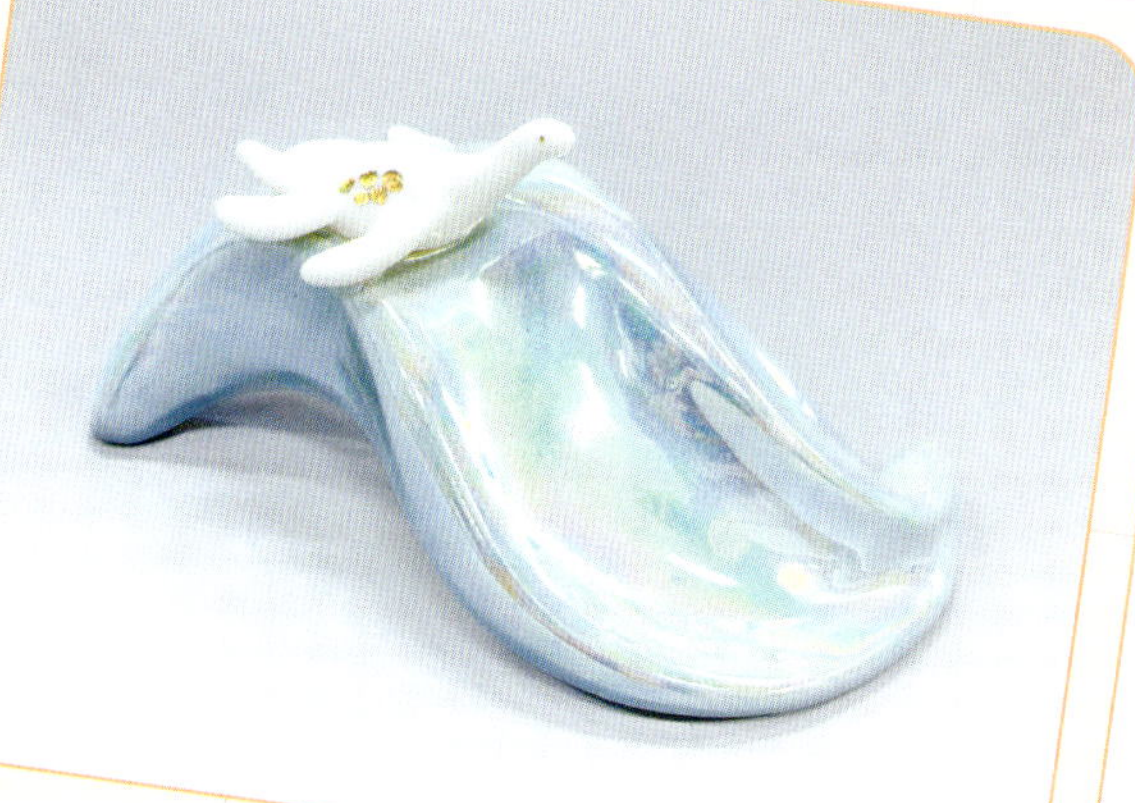

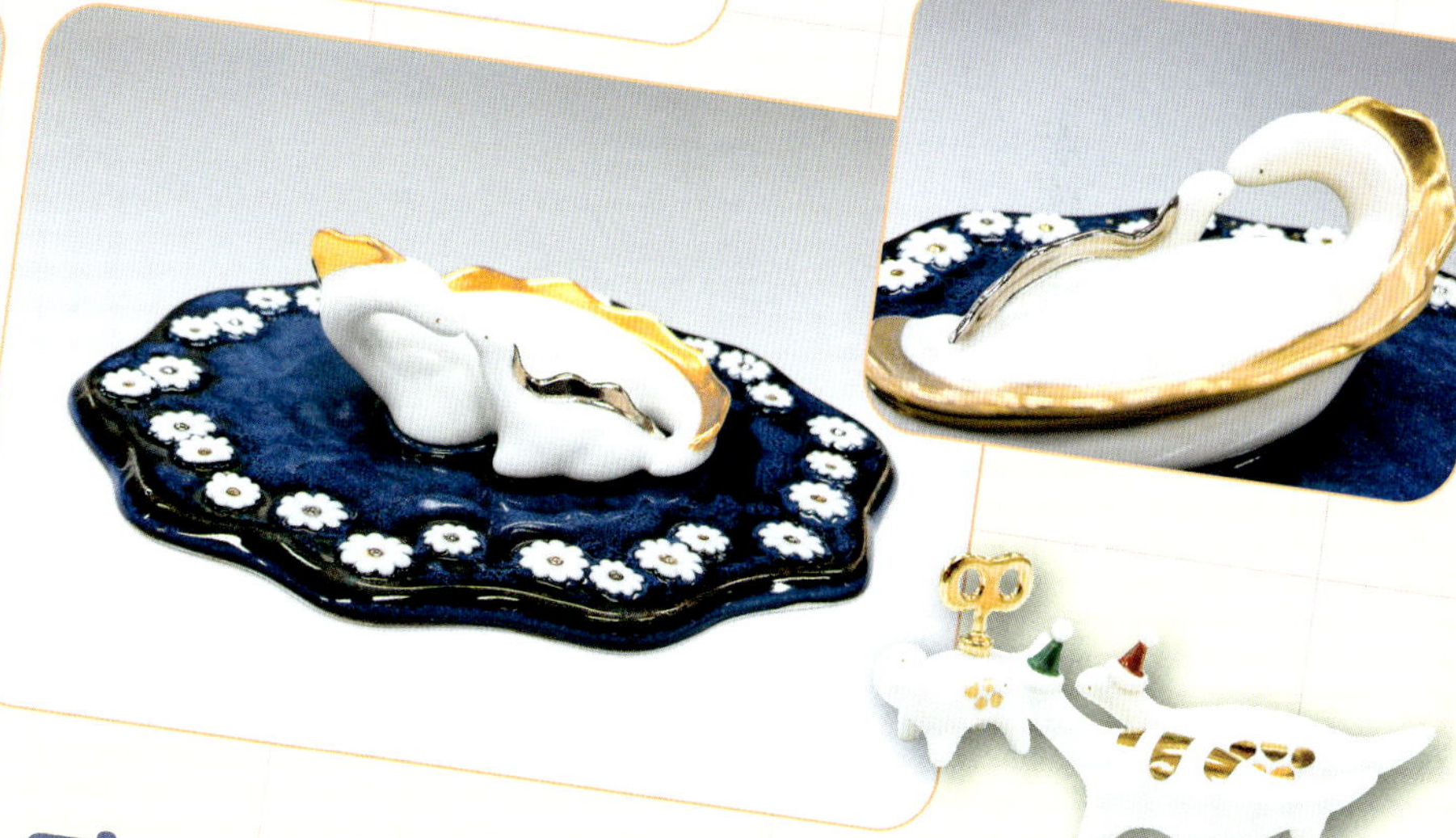

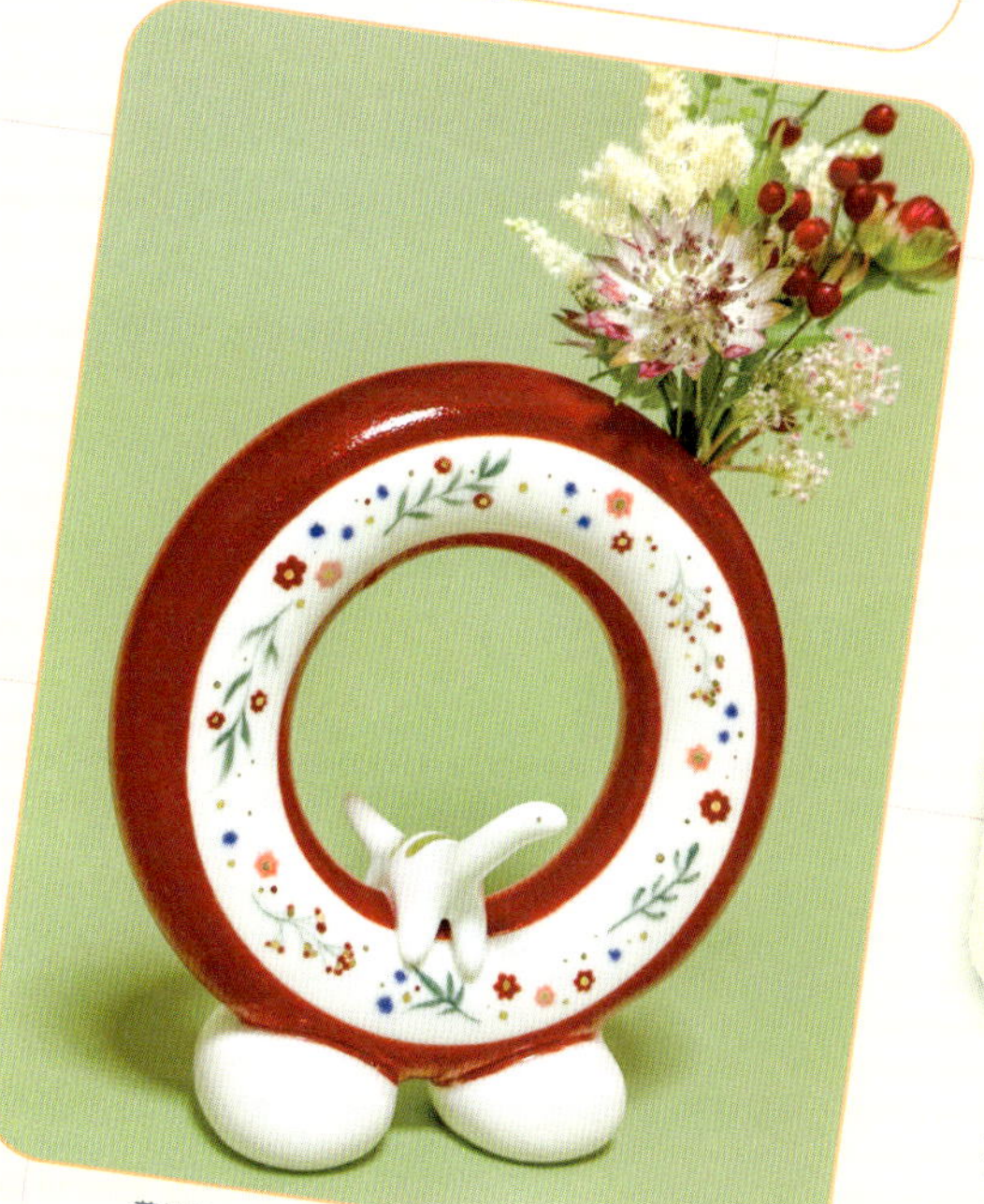

花模様が描かれたドーナツ型の花瓶は抽選販売されたもの。自立させるためにつけられた足も丸くて可愛い。また、ドーナツの輪に乗るアパトサウルスからは無邪気な印象を抱く。

鷹山真彩 展示販売レポート in「取手藝祭2025」

X=@Takayama_Maaya
Instagram=takayama_maaya

2025年11月22日・23日の2日間、東京藝術大学 取手キャンパスにて開催された「取手藝祭2025」。そこで、鷹山真彩さんは「ほにゃほにゃいきものてん」として作品販売をおこないました。その場でお持ち帰りができる小さなきらきらないきものに加え、少し大きな作品たちも展示販売し、多くの来場者を楽しませていました。さらには、初の作品集とカレンダーも自費制作し、きらきらないきものたちを身近に感じられるアイテムを届けてくれました。今回は「取手藝祭2025」で制作した作品について、鷹山真彩さんにお話をお聞きしました。新作のきらきらないきものたちにもご注目ください。

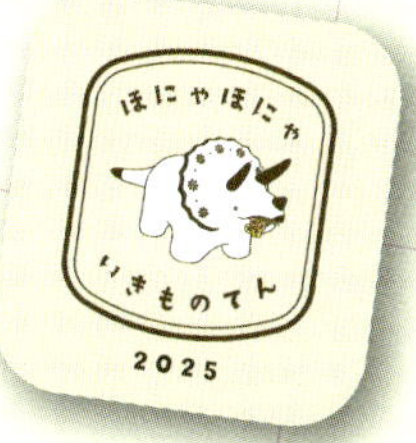

Q1 二〇二五年十一月二二日・二三日の二日間、東京藝術大学 取手キャンパスで開催された「取手藝祭2025」にて、きらきらないきものを展示販売されていました。長いテーブルいっぱいに敷き詰められた沢山のきらきらないきものたちを見た瞬間、取手藝祭のために非常に多くのエネルギーを注いで制作をされたのだと思い、とても感動いたしました。はじめに、お持ち帰り用のきらきらないきものたちについて伺わせてください。今回は、どのような作品をつくりたいと考えていましたか？

A1 最近では、いきものオブジェだけでなく花瓶や

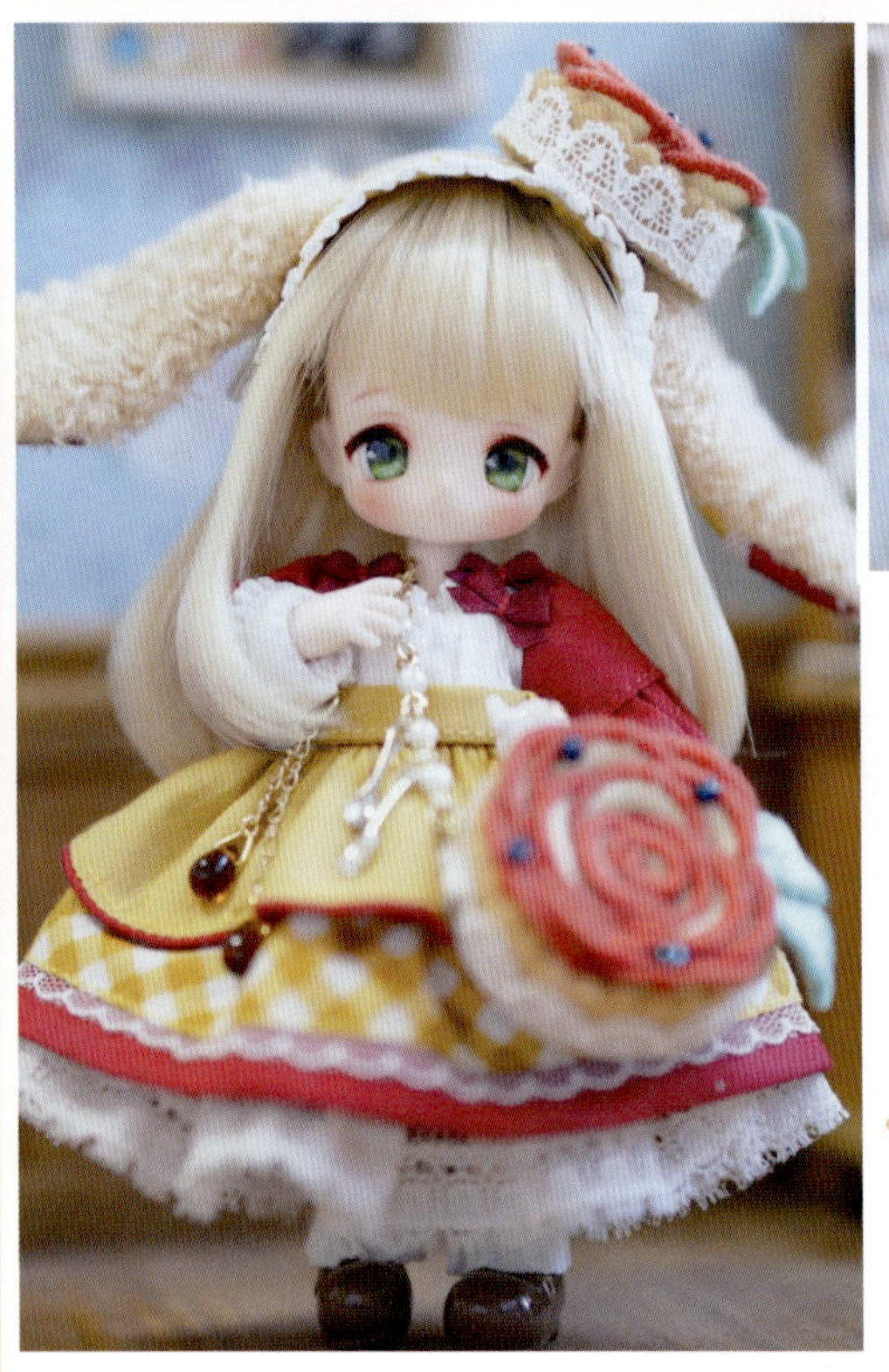

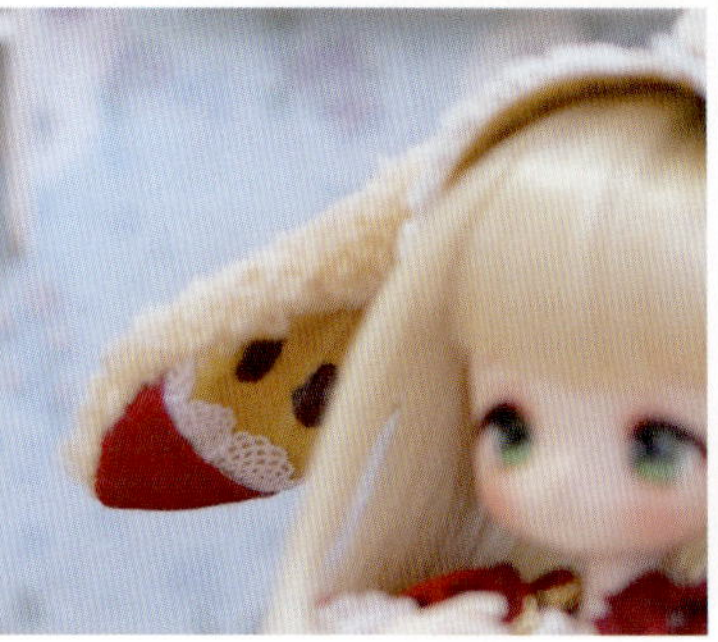

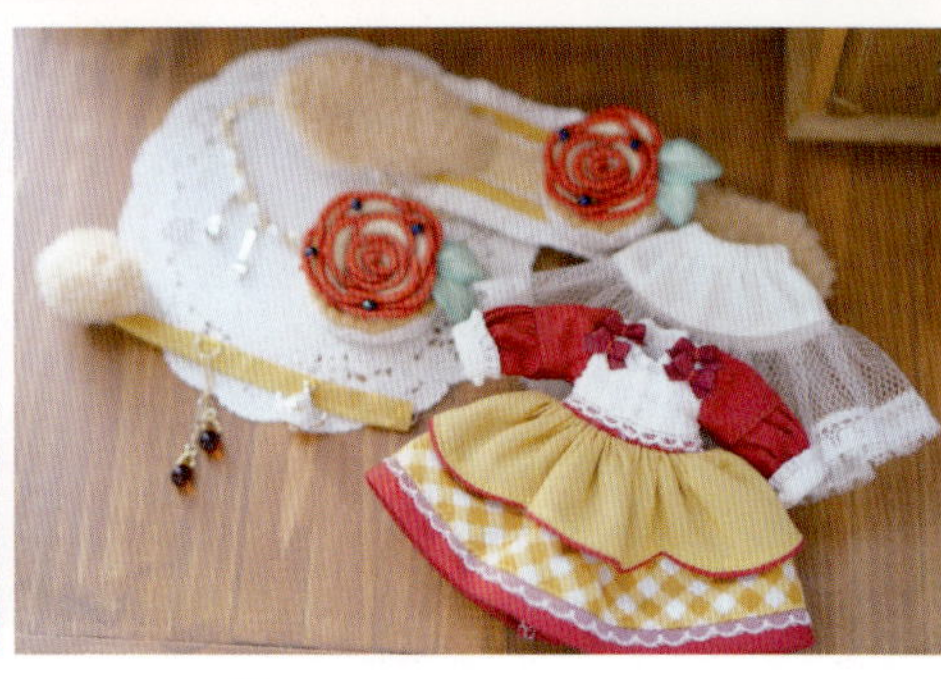

薔薇のアップルパイドレスセット（2024年制作）

ヘッドドレスとポシェットに薔薇のアップルパイを取り入れているのがわかる。アップルパイにはブルーベリーとミントの葉が添えられている。また、小物に合わせてドレスもりんごをイメージしたカラーリングで表現されているのがわかる。このセットには、パニエとドレスに巻くベルトもついている。ベルトは胸の下に巻きつけることで、正面から見た際にティーポットのチャームや紅茶の雫をアクセサリーとして加えることができるだけでなく、うしろを見た時にうさぎのしっぽもプラスされて可愛さもアップ！　また、うさ耳の裏には、全体のバランスを見てりんごの種を刺繍で加えたそう。

置ですか？

masa　いえ、この服はエプロン自体でサンドイッチを表現したいと思ってつくりました。ですから真ん中に刺繍を配置したのはサンドイッチであることをわかりやすく伝えるためです。白いリボンを中央につけることで、エプロンらしさも出せると思いました。

七神　コンセプトも相まっての配置なのですね。ホワイトシチューは襟の左右に黄色いリボンをつけたり、ベレー帽にもギンガムチェックのリボンがついています。

masa　リボンを色々な場所に散らすと、より幼さを出せる気がします。また、リボンを二つ付けると可愛さもアップします。

七神　リボンのタレの長さや端の処理はどのようにしていますか？　ホワイトシチューの帽子についたリボンは端の形も相まって、ペンネやパスタのようにも見えます。

masa　これはリボンもおいしそうに見せたいと思って、飾り切りできるハサミで端をカットしてみたんです。

七神　この形にカットできるハサミがあるのですね！　リボンのタレ部分の長さは意図的に変えていますか？

masa　はい。上品な雰囲気や優雅さを出したい時にはリボンのタレ部分を長くしますが、用途によってリボンの形はいろいろと変えます。

——話は変わりますが、masaさんのお洋服はチェック柄も多い印象があります。

masa　エプロンを着せた時のバランスを見て、寂しくならないようにチェック柄をつかうことがあります。

七神　私は勝手にうさ耳に合わせてカントリーのイメージからチェック柄をつかっているのかと思いました（笑）。

masa　意識していませんでした！　いつも、ほとんど感覚でつくっているんです。自分のなかにある「可愛い」に従ってつくるのが一番だと思っているので。

七神　凄いですね。どうしたらmasaさんのように思えるようになるのでしょうか？

masa　私は自分の感覚で楽しいと思えないと制作が進まないので、そこは自信をもって「これは私が可愛いと思っているから可愛いでしょ！」と思うようにしているんです。

七神　楽しくないと長続きしないんですね。

masa　そうだと思います。妥協してつくっても楽しくないんですよね。それに、楽しいと感じてつくったものを好きだと言ってくれる人もたくさんいるので、自分を信じて良かったなとも思います。それに、自分が楽しくてつくったものは面白いと思ってもらえることが多いような気がしています。

七神　いいですね。制作をする段階になると、みんな楽しさよりも、うまさや一般ウケを優先してしまいがちだと思うのでmasaさんのような考え方はとても大事なことだと思いました。

——ここまで服のデザインについて色々と伺ってきましたが、masaさんはそもそもどのようなきっかけで手芸や裁縫をするようになったのでしょう？

masa　もともと母が洋裁の学校に通っていたこともあり、小さい頃から針と糸が身近にありました。高校生の頃に、『ローゼンメイデン』を見て、男の子が服をつくる姿がかっこいいなと思ったんです。それから糸と針を持ち始めるようになりました。ですが、私自身は服飾などの学校には通ったことがなく、もともとは美術系の短期大学で工芸を学んでいました。ドール服も私のなかでは工芸に近い感覚で、図画工作のような意識があります。だから他のディーラーさんに比べて、切り貼りして制作している瞬間が多いのかなと思いますね。

——もともと漫画などもお好きだったのですね。

masa　好きです！　それに、イラストは資料としても大切です。絵はパッと見で、すぐに可愛いと感じられるので、その感覚を立体でどう表現するかは勉強になります。私は、二次元と三次元の狭間にドールがあると思っているので、立体になりすぎても違うし、平面すぎても違う。その中間の可愛さを探していくなかで、色数が多くて温もりも感じられるフェルトで服を表現してみようと思いました。

七神　何かと何かのあいだのものは、この世には存在しないからつくっているんですね。それは私も同じです。私はリアルになりすぎず、でもリアルを捨てすぎてはいけないと思っています。リアルが良いなら三次元で満足すればいいし、二次元で良ければ絵で満足すればいい。でも、それでは私は満足できないから、まだこの世にないものを見たいから、必死に描いてしまうんです。

masa　わかります。まさに、オムライスの服がそうです。今日、七神さんに私の服を絵本だと表現してもらえたのがすごくしっくりきました。

七神　masaさんの服は自分が子供の頃に出会って触っていてもすごく楽しかっただろうなって思います。

masa　やっぱり服は遊んで欲しいですね。

——生活のなかで使ってもらいたいという気持ちは工芸にもつながることのように感じます。

masa　そうですね。だから何度、脱ぎ着させてもボタンが取れないように念入りに縫いつけています。私にとって私の服は手に取った方々に遊んでもらうためのものなんです。

——素敵ですね。本日は素晴らしいお話をありがとうございました。

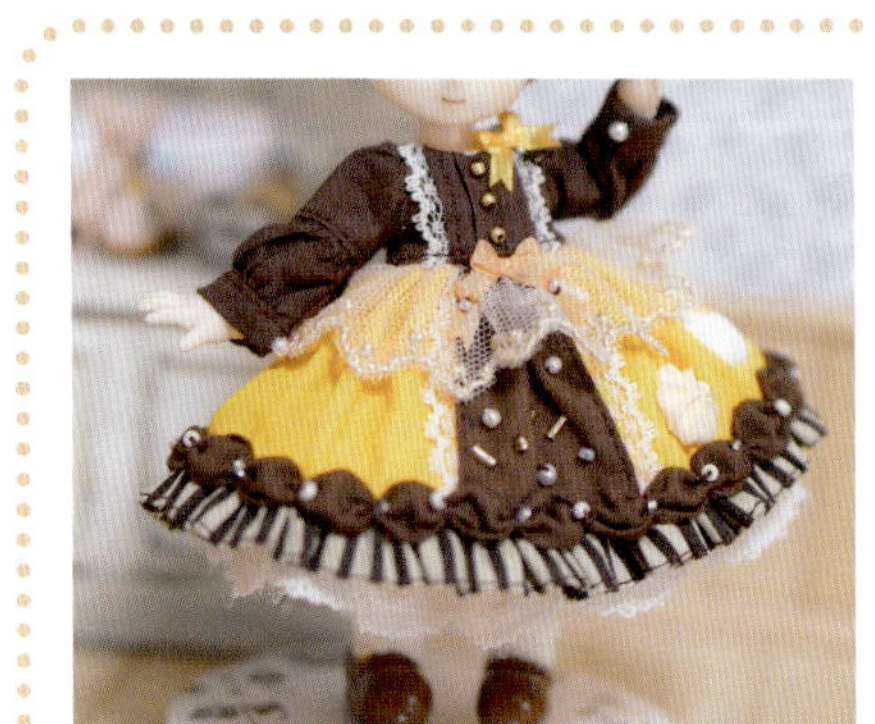

オランジェットなドレスセット（2018年制作）

——これまで制作したなかで思い出に残っている服について教えてください。

masa　何度かオランジェットをテーマにつくっているのですが、最初につくった服が自分のなかでは一番可愛くできたと思っています。また、この服がきっかけで、フェルトでアイテムをつくることが楽しいと気づけたので、いまの自分の表現の方向性が決まった一着でもあります。この時はスカート部分につけたクリームなどは買ったパーツでしたが、最近は自分でもフェルトでクリームを表現できるようになりました。

七神マナ／主に身長の小さな根本凪ちゃんを推しているイラストレーター。七神マナ（ななかみまな）と言う名前でイベントにほとんど参加していない。みなさん、年末年始は和風ファンタジーシュミレーションゲーム、「龍の国ルーンファクトリー」（Switch/Steam）をやってください。
[X]@h654r1

masa／主に小さなドールのお洋服をつくる作家。「RE:VANILLA*」（りーばにら）という名前で、展示会やイベントに参加している。フェルトに刺繍をしながら、食べ物をモチーフに絵本のような愛らしい世界と物語性のあるお洋服を紡ぐ。現在は主にオークションにてお洋服を販売中。
[X]@rv6masa9

フルーツサンドのピクニックワンピセット（みかん）（2025年制作）

フルーツサンドがテーマのワンピースセット。ポシェットだけでなく、エプロン自体もフルーツサンドに見立てられてつくられているのがわかる。青色と白色に入る橙色が差し色として効いていて、補色関係にある二色を取り入れた配色は可愛らしい。さらにエプロンのウエスト部分は細かくギャザーが寄せられ、袖や裾にはフリルがついている。ギンガムチェック柄のワンピースと合わせると、スカートとエプロンの重なりが三層になるところも素敵。刺繍されたフルーツをみると、みかんがお花のようになっているのがわかる。また、くきや葉はキウイフルーツになっている。こうした細やかなアイデアが効いているところがmasaさんの素晴らしいところであり、masaさんの服を見ていて楽しいところ。

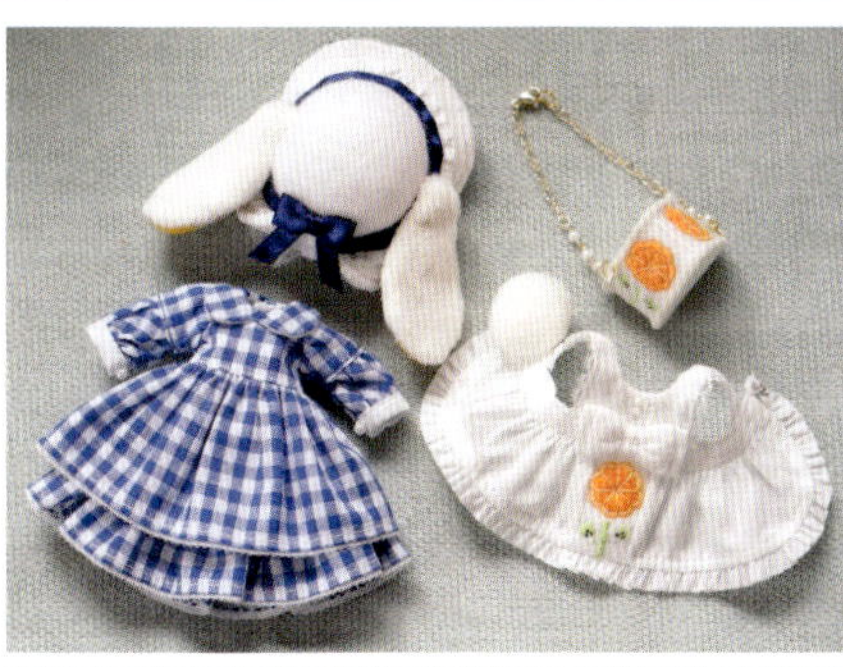

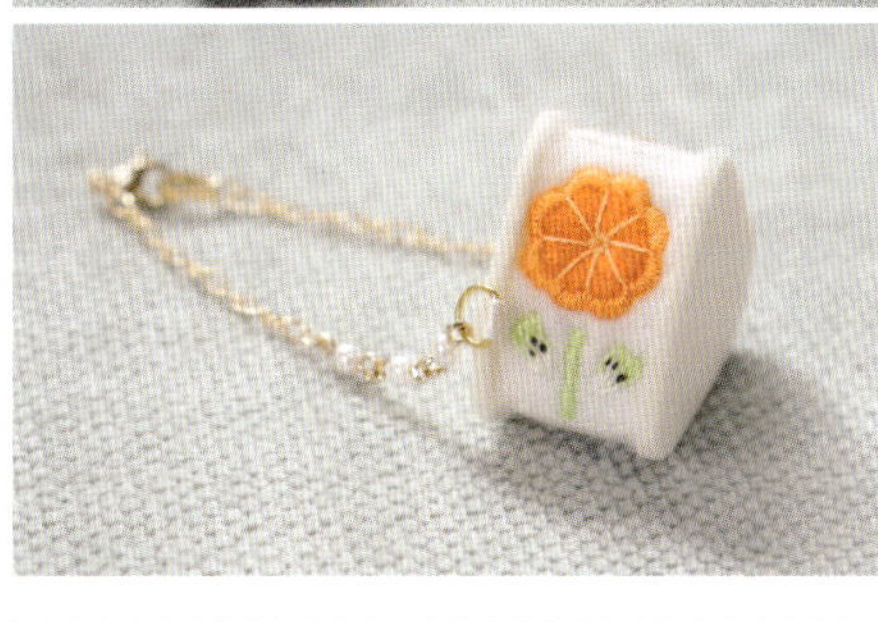

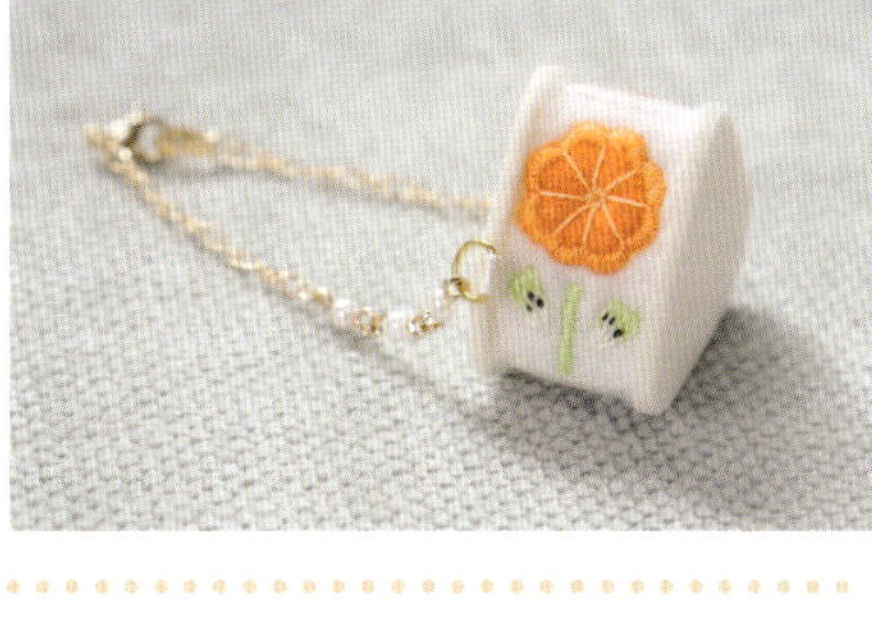

masa　サイズ感はちがうのですが、そういうイメージでつくりました。

七神　同じ大きさじゃないところからセンスを感じます。頭が大きいからこそ、そのサイズに似合う大きさで可愛くしようと思ったんだろうなって。

masa　ありがとうございます。ドールの頭に大きなアイテムをつけるのが好きなんです。なので、うさ耳もついついつけてしまいます。

七神　なるほど〜！　masaさんはうさぎが好きと言うよりは、耳が大きいからうさ耳が好きなんですね。

masa　はい。自分のなかではうさ耳が一番可愛く見えるバランスなんです。もともと私はブライスやプーリップなどの巨頭ドールからドールの世界に入ったので、頭の上に大きなものを乗せたくなるのかなと思います。

七神　そうなんですね。また、masaさんの服は可愛いだけではなく、おいしそうだと思わせてくれるところも凄いなと思います。

masa　おいしそうだと言われるのはとても嬉しいです。

——おいしそうな表現というのは、フォルムなども大切かと思いますが、選ぶ生地の質感や色も大切なのでしょうか？

masa　両方を意識して選びます。素材としてはフェルト生地がおいしそうに見えやすいと思いますね。また、色は小物につかうものを特に大切にしています。ですから、小物につかうフェルトの色に合わせて服の生地を選んでいますね。

七神　ホワイトシチューの服は、グリーンがメインカラーだと思うのですが、メインカラーはどのようにして決めたのですか？

masa　作品をつくる前に、いつも画像検索をして本物の食べ物の写真を見てから、デザインを起こします。そこで、緑色のカップに入ったシチューを見て可愛いなと思ったので、緑色をキーカラーにつかおうと思いました。

七神　私はもっと黄色や青色が混ざったファンシーな緑色は好きなのですが、人工的に見える緑色は可愛いと思ったことがなかったんです。ですが、masaさんがこの緑色をつかうと可愛いと思える。いままで好きではなかった色も好きだと思えるようになります。masaさんはフェルトの生地を見る段階でも色が可愛いという感覚はありますか？

masa　可愛いと感じる色味のフェルトはつかう予定が無くてもつい買ってしまいます。メーカーによっても色味が変わるので、色を集め始めたらきりがないんです。

七神　絵具みたい！　何を見て育てば色だけを見て可愛いと思う感性が育つのか気になります。masaさんはそもそも色が好きですか？

masa　はい、カラフルで鮮やかな色が好きですね。シチューも、リアルなシチューの見た目は可愛くないと思うんです。

七神　シチューは可愛いですよ！（笑）それにmasaさんの服はシチューを可愛いと思っていないと絶対につくれないと思います。

masa　自分でつくったものは可愛いなと思うのですが、本物はそんなに可愛いと思ったことがないんです。でも、シチューの色は好きです！　色味は本物がやっぱり一番だと思います。

七神　なるほど。言われてみると私も食べ物自体が可愛いのではなく、色で可愛いと思っているのかもしれないです。シチューが可愛いと思うのは淡い色のなかに赤色と緑色が入って来るからで、masaさんのいうように質感などはあまり可愛くないのかも…。いままで私が可愛いなと感じていたのは色だったと気づきました。

——masaさんが服をつくる際に色で気をつけていることはありますか？

masa　服はメインカラーを三色にしています。ホワイトシチューの服は緑色、白色、黄色をメインカラーにしていて、アップルパイの服は赤色、白色、茶色を主につかっています。色の数を増やしてしまうと、お人形さんの良さが消えてしまうように感じるので意識しています。

七神　ほかにも、masaさんはうさ耳の内側にもレースをつけていますよね。薔薇のアップルパイ（83ページ掲載）のときにはりんごの種を刺繍していたのも良かったです。

masa　手に取った人が楽しめればいいなと思ってデザインをしています。薔薇のアップルパイはうさ耳だけがシンプルになりすぎてしまい、少し寂しいなと感じたので種を入れて少し派手にしようと思いました。

七神　モチーフやアイテムを増やすのではなく、色で派手にするのですね。また、アップルパイのうさ耳についたリボンの位置にも感動しています（80ページ掲載）。私ならうさ耳の根元にリボンをつけたくなるのですが、それを少し下にさげて配置しているところも凄いなと思いました。

masa　このヘッドドレスの根元にリボンを置くとアップルパイの邪魔をしてしまうんです。うさ耳にリボンを仮置きしてみて、位置を決めました。

七神　アップルパイの服は、ワンピースの真ん中の位置に赤色のリボンが配置されていますが、襟元には黄色いリボンが左肩あたりから階段状に縫われています。リボンのつけ方やつける位置にそれぞれイメージがあるのでしょうか？

masa　真ん中にリボンを配置すると王道の可愛さがでます。襟元のようにリボンをカーリングさせるとお嬢様のような雰囲気になると思います。

七神　リボンとは異なりますが、フルーツサンドの服（82ページ掲載）は、エプロンの中央部にみかんを刺繍していますね。これも可愛いさを出すための王道の配

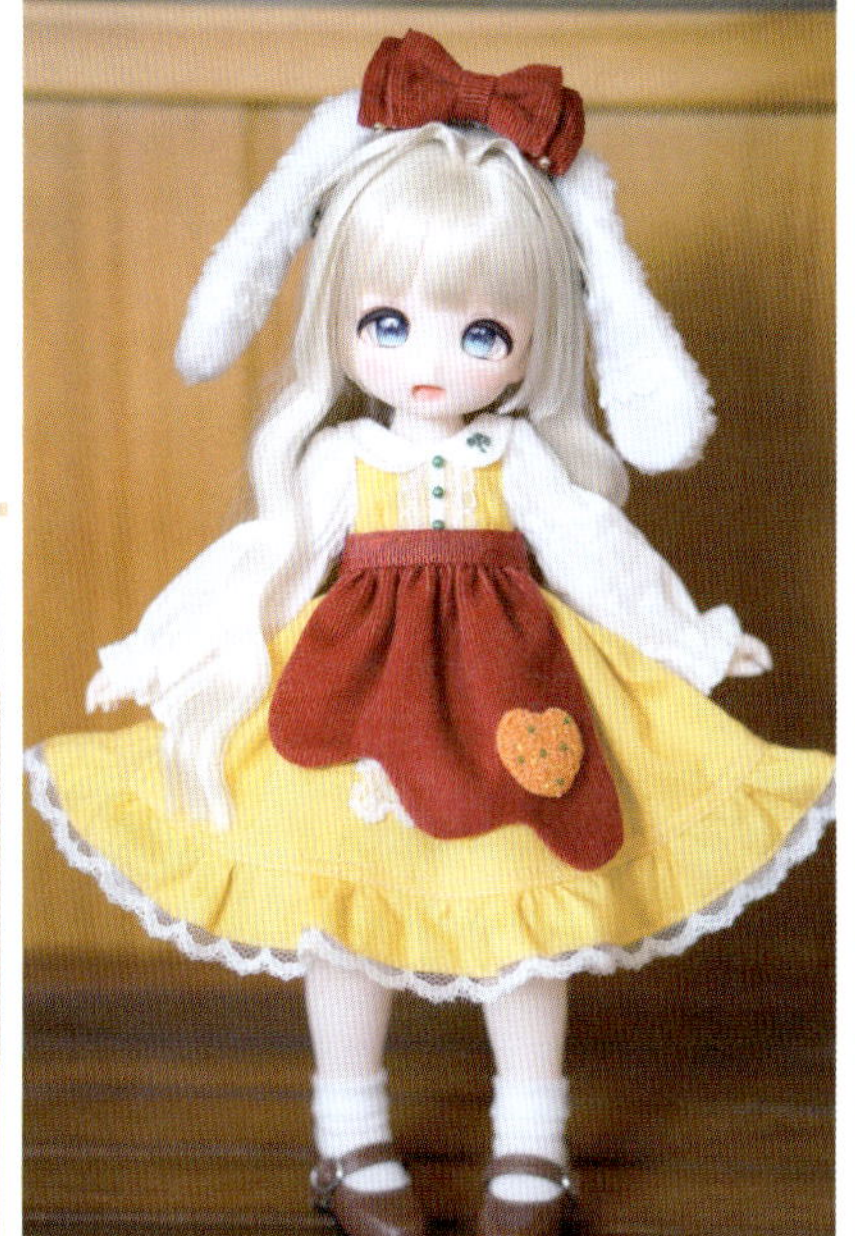

オムライスワンピース（2025年制作）

オムライスの服は、鮮やかな色を用いることで元気な雰囲気を感じるが、コーデュロイのような生地でつくられたエプロンやパールのように輝くグリーンのビーズからはリッチな印象も抱く。また、ワンピースのシルエットからも上品さを感じる。

七神　グリーンピースに見立てたボタンも可愛いです。

masa　パーツ屋さんに行った時にこの色のビーズを見て、グリーンピースになりそうだなと思って買いました。いまは白いビーズが、小さくカットしたイカのようにも見えると気づいたので、今度はシーフードピザをつくろうと思っています。

七神　それも発見ですね（笑）。エプロンの下からチラっと見えている黄色いスカートについたレースは半熟卵の表現ですか？

masa　そうです。ちょっと白身が混ざっている感じを表現しました。見つけていただけて嬉しいです。

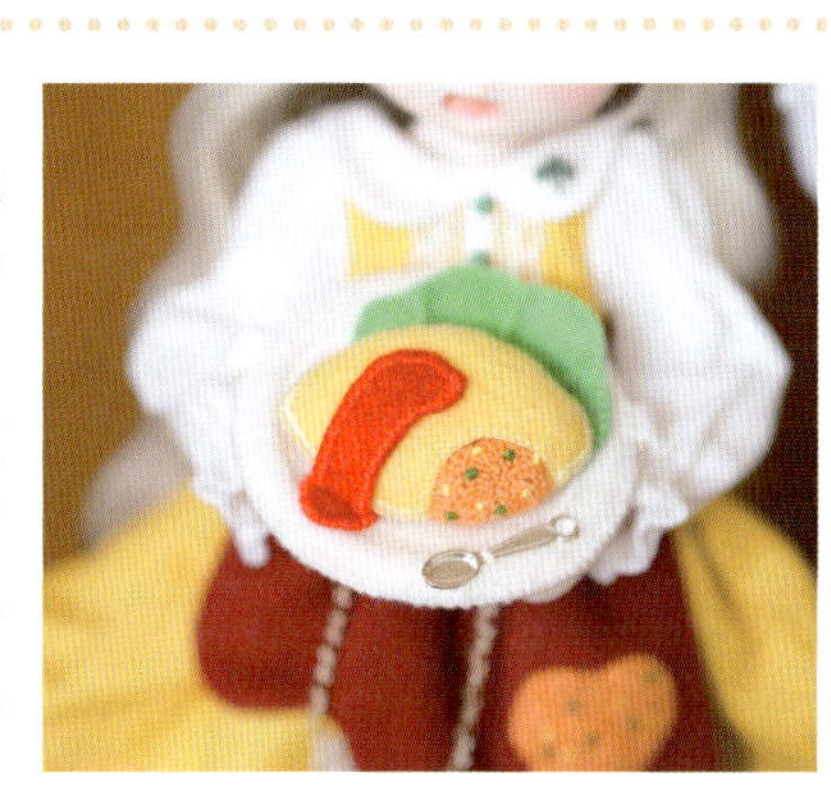

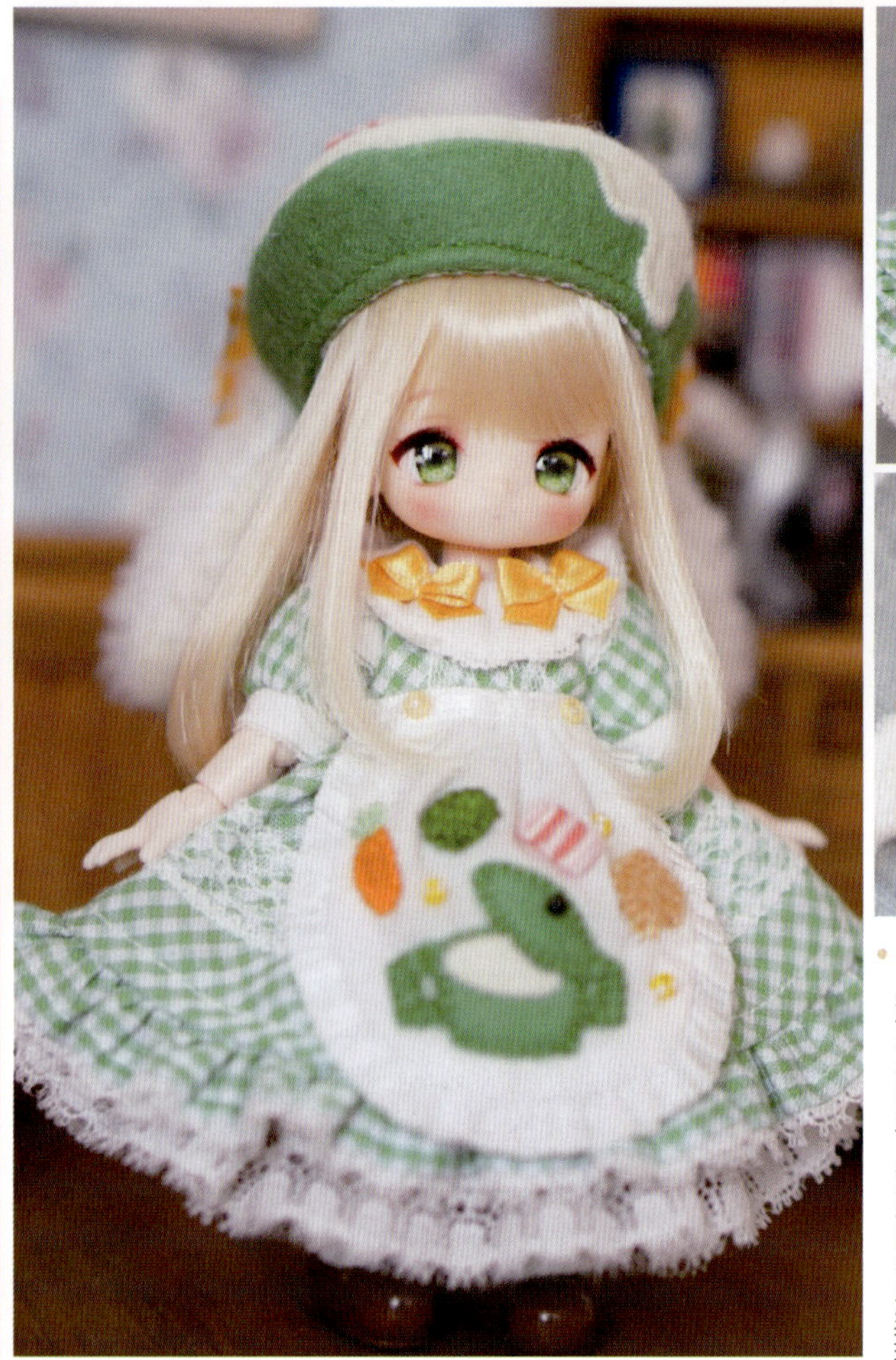

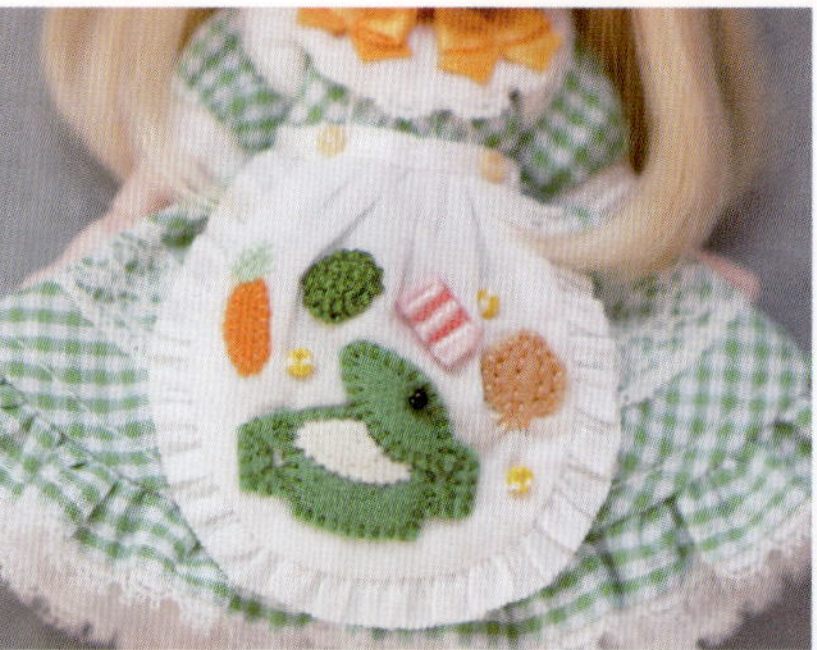

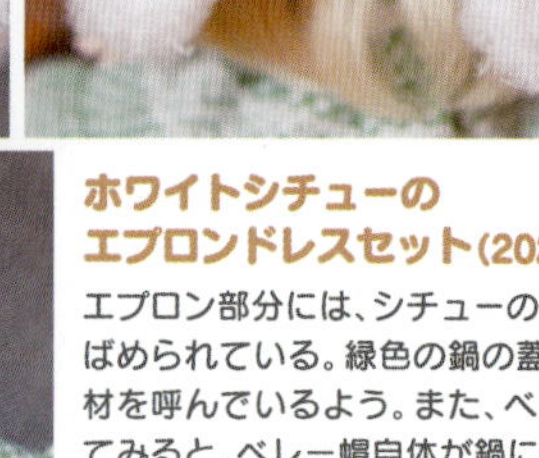

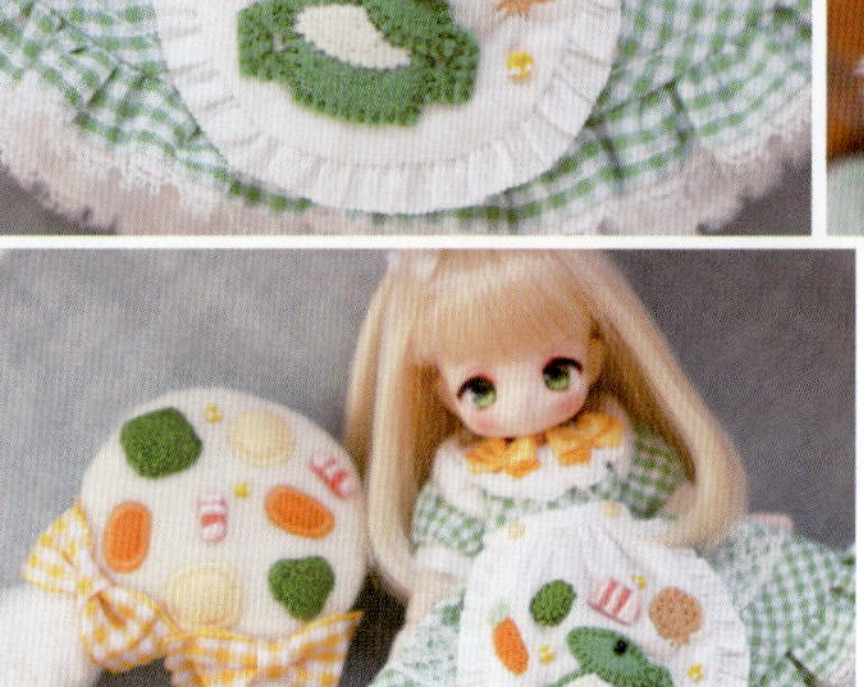

ホワイトシチューのエプロンドレスセット（2025年制作）

エプロン部分には、シチューの具材が散りばめられている。緑色の鍋の蓋が開き、具材を呼んでいるよう。また、ベレー帽を見てみると、ベレー帽自体が鍋になっているのがわかる。上から覗けば調理された具材が刺繍されており、正面から女の子を見ると、シチューが溢れ出している。ところどころに配置された黄色のリボンやビーズが服を明るく、そしておいしそうな印象に見せている。

ので、信じられない技術だと思いました。写真だけでは、スケール感は伝わりにくいので、本物を見たら絶対にみんなが驚くと思います。刺繍でいうと、ホワイトシチューの服（81ページ掲載）も大好きです。エプロンには食材を配置して、帽子には完成した料理が刺繍されているのに感動しました。調理前と調理後という時間経過が表現されているところは、立体絵本がそのまま服になっているようです。

masa　とても嬉しいです。この時は、ブロッコリーをつくりたいというところから、シチューをテーマに決めました。

七神　まさにブロッコリーについてお聞きしたかったんです！　私はmasaさんの服を見てブロッコリーを初めて可愛いと思いました。masaさんはいつブロッコリーを可愛いと思う瞬間があったんですか？

masa　これはフレンチノットステッチという、新しい刺繍の刺し方を試したいと思ったのがきっかけでした。ちょっと大きな玉止めのようなものをつくることで、もこもことした表現ができます。

七神　そこでブロッコリーを試してみたら可愛いかった、ということですか？

masa　そうです。あとはこの時期はとても寒くて（笑）。気分で服のデザインを決めることも多いので、シチューが食べたかったのも理由のひとつです。

七神　黄色のビーズをコーンに見立てられると気づいたのはいつ頃ですか？

masa　以前、ピザの服をつくった時に試しに乗せたらコーンに見えるという発見がありました。試しにやってみて、バチっとハマったときはやっぱり楽しいですね。

七神　私は、アイデアが思いついてもそれを行動に移すことは難しいと思っていて。masaさんのようにとりあえず行動してみる、ということは素晴らしいですよね。

――オムライスの服（82ページ掲載）とセットになっているポシェットのチキンライス部分もフレンチノットステッチで刺しているのですか？

masa　はい。ですが、ブロッコリーとお米では、巻き数を変えています。ブロッコリーのほうがちょっとだけふんわりと優しく巻いています。それにチキンライスは、下にフェルトを入れて厚みを出したうえでフレンチノットステッチをしているので、普通の刺繍よりはモコっとして見えるかもしれません。ちょっとした工夫で表現の幅が広がるところは刺繍をしていて面白いなと思います。

七神　masaさんが、フェルトを刺繍で縁取るところもいいなと思います。特にホワイトシチューの野菜は縁取ることでリアルさが出るだけでなく、デフォルメが効いているようにも見え、絵本のような可愛さがあると思いました。

masa　リアルなものをつくりたいけれど、やりすぎると可愛くないなと思うので、自分のなかではある程度、崩しています。

七神　そのお話、詳しくお聞きしたいです！　例えば、オムライスのポシェットは、リアルだけど赤ちゃん用のアイテムにも見えます。ケチャップはデフォルメをしようと思うと多くの方はハート型や猫ちゃんの形にして可愛さを表現すると思うのですが、masaさんはそこをリアルに表現している。オムライスのフォルムも先が尖っていたり、なかのチキンライスはすごくリアルです。ですが、卵を縁取っている糸が太いことで愛らしくまとめあげているように感じます。リアルさと愛らしさを同時に表現するためには、どのようにしたら良いのでしょうか？

masa　私はドールの可愛さを引き立たせるために服やアイテムをつくっているのですが、完璧すぎないつくりの方が全体の仕上がりが「お人形さん」に似合うと感じます。例えばケチャップを猫ちゃんにすると、少しつくりものすぎてしまうと思うんですよ。ある程度、本物に似せはしますが、お人形さんが主役ですので、完成されているのはお人形さんのお顔だけでいいと考えています。私は服をつくってはいますが、主役はお人形さんで、お人形さんが可愛く見えればいいんですよね。

――アップルパイのヘッドドレス（80ページ掲載）もクリームが垂れていますが、それも完成されていない表現に繋がりますか？

masa　それは動きがあったほうが楽しいなと思ったんです。

七神　動きを出す時は、綺麗な形を考えたあとに少しずつ崩していきますか？

masa　そうです。崩す以外にも、トッピングを外してみたりもします。それに抜けている感じがあったほうが可愛いなとも思いますね。

七神　確かに。抜けている感じ、というのはあどけなさに繋がりますし、小さなお人形さんの持つ幼さともマッチしていますよね。カットしたアップルパイがついたヘッドドレスは、丸型のアップルパイのポシェットから切り分けて頭に乗せたのかなと物語を想像しました。

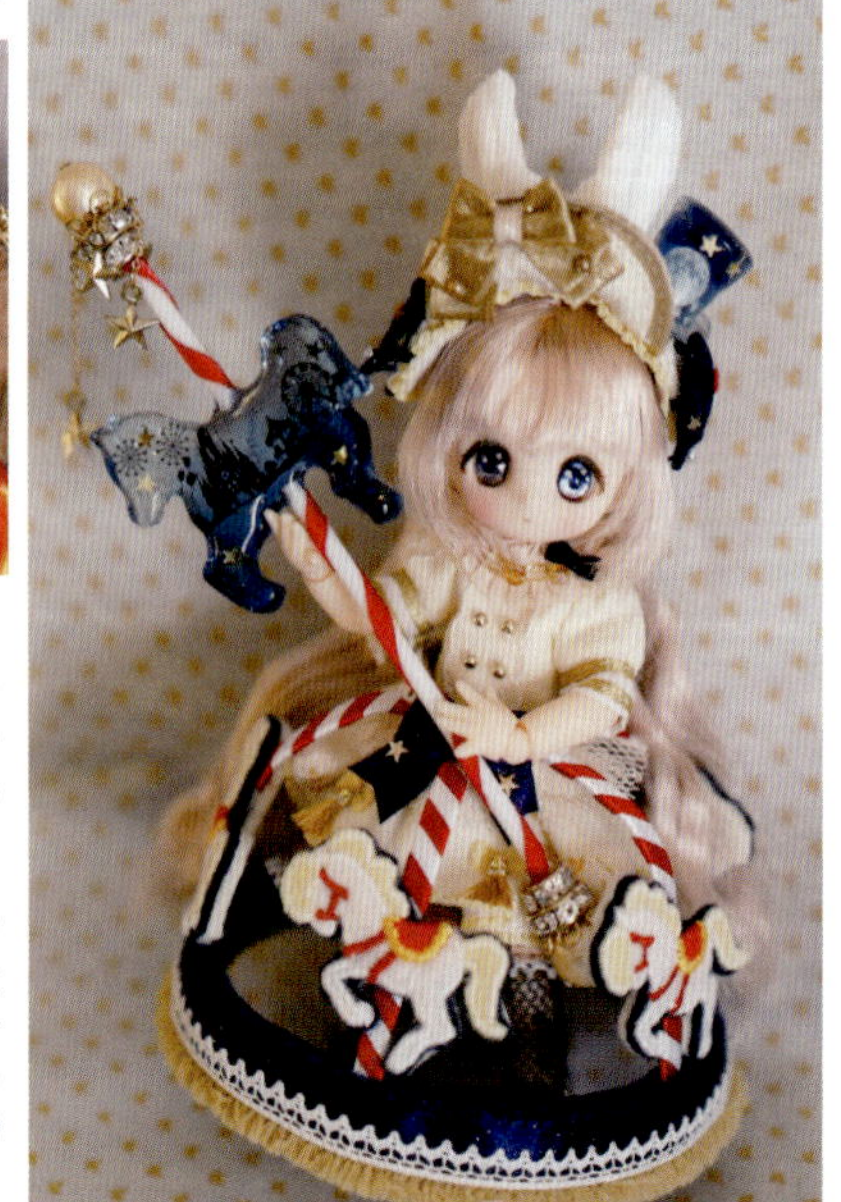

メリーゴーランドちゃん（2022年制作）

「Sugar Sugar Party 2021」のテーマがワンダーランドだったことから、メリーゴーランドを連想して、たくぱん屋さんとコラボして制作した作品。ヘッドドレスについたミニハット、手に持つステッキのクリア部分はたくぱん屋さんが手がけた。メリーゴーランドをイメージしたスカート部分は、クリノリン・スタイルのドレスを連想させる。そこに縫いつけられた馬たちもすべて、masaさんがひとつずつフェルトに刺繍をして表現しているそうだ。立体的なスカートのフォルムと平面的な馬のデザインのバランスが見事な作品。

★たくぱん屋さん【X＝@Takupanya】

もっと教えて…♥

七神マナのイラスト開発テクニック

RE:VANILLA* masa × 七神マナ

七神マナがゲストの作品づくりの裏側に迫る ここでしか聞けないディープなトーク♥

イラストレーターの七神マナが気になるクリエイターへ、ビジュアル表現についてのヒミツを尋ねていく連載企画がS66号よりスタート！　いまよりも上手くイラストを描きたい、魅力的に表現したい人のために贈る対談＆メイキング記事です。第25回はドールのお洋服を制作している「RE:VANILLA*」のmasaさんへインタビューを敢行！　masaさんは主に約13cmほどの小さなドールのためのお洋服を制作しています。食べ物をモチーフにフェルト刺繍でつくられた愛らしくて美味しそうなお洋服のデザインの秘密について紐解きます。

——本日は七神マナさんが大好きなドール服作家「RE:VANILLA*」のmasaさんにご登場いただきます。まずは七神さんがmasaさんの作品を知ったきっかけについて教えてください。

七神　当時はmasaさんだと認識をしていなかったのですが、アゾンインターナショナルのシュガーカップスの展示に遊びに行った時に展示されていた、お花の立体刺繍の服がとてつもなく可愛いなと思った記憶があります。その後、SNSで別の刺繍の服を見かけて、あの時の服はmasaさんという方がつくられているのだと知りました。今日はmasaさんにいくつかの服のデザインについてお話を伺えたらと思っています。まずは夜の遊園地のような服（81ページ掲載）についてお聞きしたいです。この服はうさ耳がついていて、ネイビーがポイントで入りながらもゴールドがたくさんつかわれているところから、満月の夜をイメージしてつくられているのかなと思いました。そもそもこの服は、どのようなきっかけで生まれたのですか？

masa　この服は「メリーゴーランドちゃん」という名前で、「Sugar Sugar Party 2021」というイベントのコンセプトであるワンダーランドに合わせて、遊園地やサーカスなどのイメージでつくりました。メリーゴーランドちゃんのほかにも、サーカスのクマちゃんも一緒につくったんです。

七神　また、masaさんはロップイヤーから立ち耳までいろいろなうさ耳をつくられている印象があります。メリーゴーランドちゃんはモチーフとしてもコンセプトとしても、すごくうさぎが合っています。ヘッドドレスについたミニハットには月が映し出されているのも良いなと思いました。

masa　うさ耳は好きで、ついついつけてしまいます。ミニハットと手に持っているステッキのクリア素材部分は、ミニチュアなどを作成されているアクセサリー作家のたくぱん屋さんにお願いをしてつくっていただきました。もともと、たくぱん屋さんのつくるドール用のアイテムが凄く好きだったんです。

——masaさんから具体的なアイテムのイメージはお伝えしましたか？

masa　先に衣装のデザインは考えていたので、たくぱん屋さんにはメリーゴーランドをテーマにすることをお伝えしていました。デザインなどはたくぱん屋さんのセンスに完全にお任せだったのですが、とても素敵に仕上げて頂きました。

七神　メリーゴーランドというキーワードだけで月が入って来たのですね。すごくマッチしていて、二人でつくったとは思えないほどです。もともとドレスのデザイン画はたくぱん屋さんへお見せしていたのでしょうか？

masa　はい。ですが当時のデザイン帳を見ても、私はミニハットに月を描いていなかったので、たくぱん屋さんが想像して入れてくださったものですね。

七神　masaさんはデザイン帳をつくっているんですね。

masa　私は頭の中でしっかりとデザインを考えてから制作しないと、つくっている最中に迷ってしまい、手が止まってしまうので、落描きのような感じではありますが、普段から紙にデザイン画を描いています。

七神　パーツから衣装を想像する作家さんもいますが、masaさんは刺繍がポイントの作家さんなのでパーツに左右されることもなさそうです。

masa　そうですね。昔はパーツがあるかどうかでつくることができる服のデザインの幅も決まってしまっていたのですが、服をつくる時にパーツに左右されてしまうことが嫌で、いまはなるべくすべてを自分でつくっています。

——デザイン画からはあまりデザインは変わりませんか？

masa　変わることはよくあります。特に素材はつくりながら変えることが多いです。実際につくっている最中に違和感を感じたら生地を変えています。

——服をつくっていて譲れないことはありますか？

masa　自分が楽しくないとダメですね。微妙だなと思ってしまったら進まなくなるんです。

七神　わかります。なので私はよく描き直しちゃいますね(笑)。

masa　一緒ですね！　型をつくってみて、この生地少し違うかも？　と思ったら、私も最初からやり直しちゃいますね(笑)。

七神　私は平面ですが、masaさんは立体なのにつくり直すんですね。もし嫌でなければmasaさんがボツにした衣装も見てみたいです。

masa　いや～、ボツの服は捨てちゃいますね…。あとは、子供のおもちゃにすることもあります。

七神　え～！（驚）　リカちゃんやシルバニアファミリーに着せるということですよね。贅沢すぎます！　話は戻るのですが、先ほどお話していたメリーゴーランドちゃんのスカートは、クリノリン・スタイルのドレスをイメージされているのかなと思いました。この表現にはどのようにして辿りついたのですか？

masa　メリーゴーランドを再現するにはどうすれば良いのかを考えた時に、クリノリン・スタイルなら表現できるんじゃないかと思いました。

七神　馬の刺繍の土台のフェルトの色がネイビーなところもオシャレです。

masa　嬉しいです。色はすぐ決まりました。一緒につくったクマちゃんの衣装は赤色をキーカラーにしようと思ったので、それと対になるようにメリーゴーランドちゃんには青色を取り入れました。

——メリーゴーランドの馬はひとつずつ手で刺繍をしてつくられたのですか？

masa　そうです。でも、すべての面積を刺繍で表現しているわけではなく、フェルトも活かしながらつくったものなので、それほど大変ではありません。

七神　私はこのドールがとても小さなサイズだと知っている

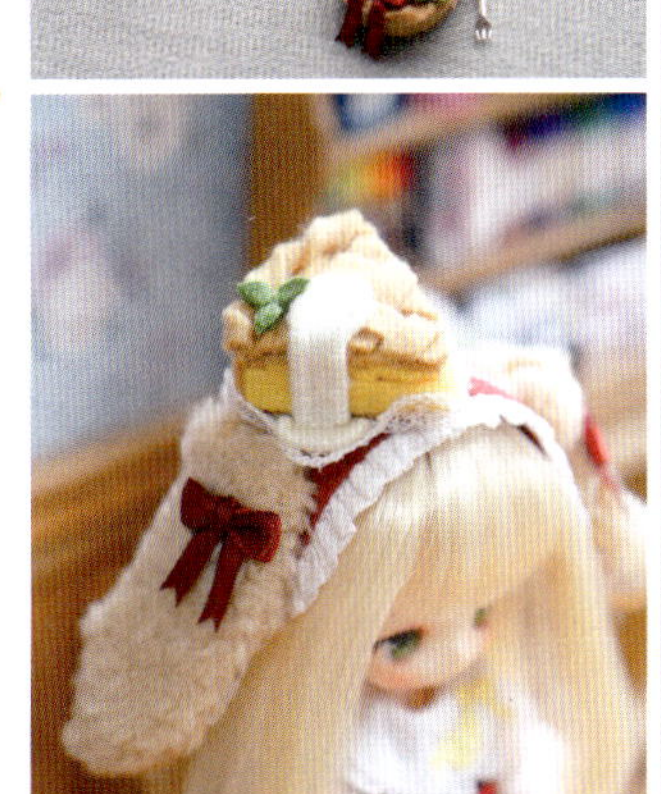

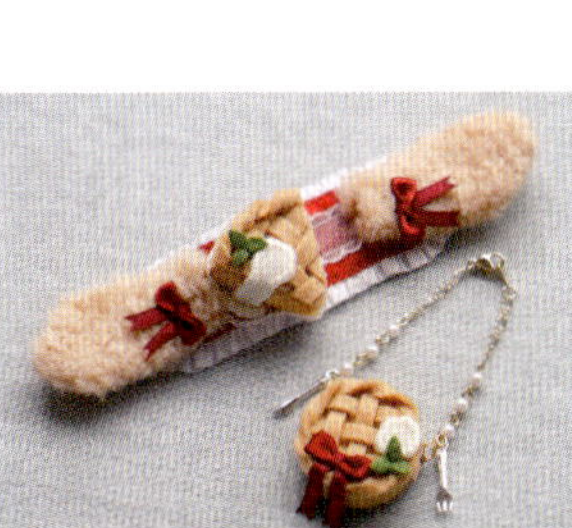

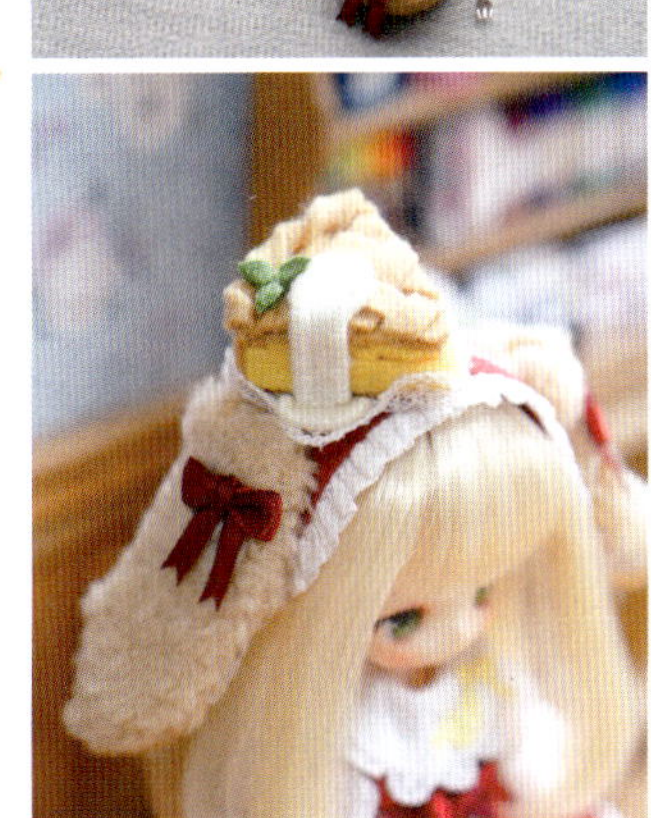

アップルパイワンピセット（2025年制作）

アップルパイをテーマにつくった服。メインテーマであるアップルパイはポシェットとヘッドドレスとして表現している。パイ生地が編まれた表現も細やかで、ミントやクリームからもリアリティを感じる。また、ワンピースの色味はりんごを想像させる。スカート部分に刺繍されたりんごもアップルパイのカラーリングとリンクしているのが良い。さらに、ヘッドドレスに注目してみると、アップルパイを切り分けてから時間が経ったからか、切り分けたケーキのほうはクリームが垂れているのがわかる。また、ポシェットのチェーンにもアップルパイを食べるためのフォークとナイフがついている。小さなスケール感のなかにも丁寧にアイテムを組み合わせることで物語を想像させられる。

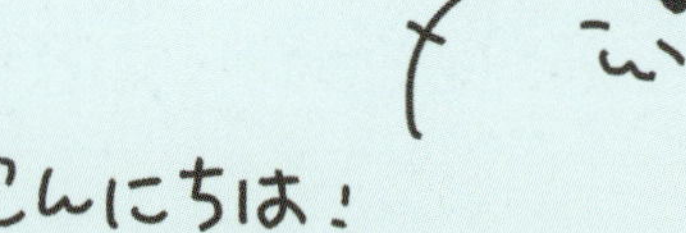

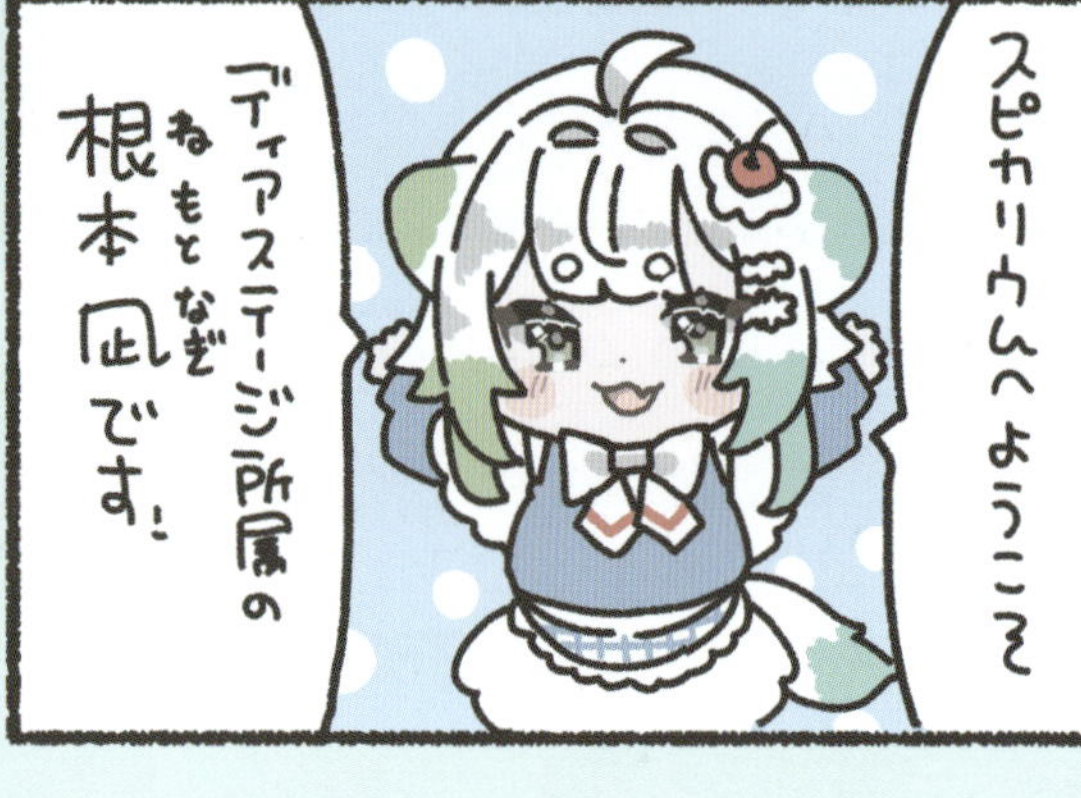

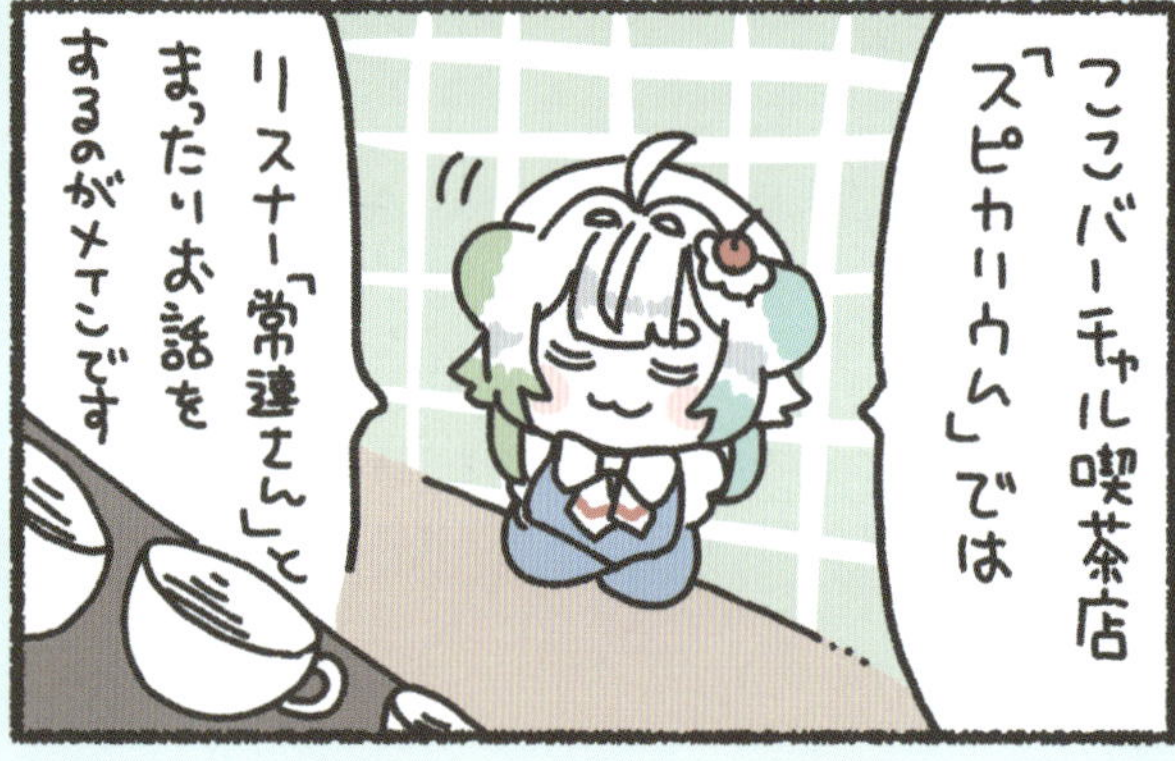

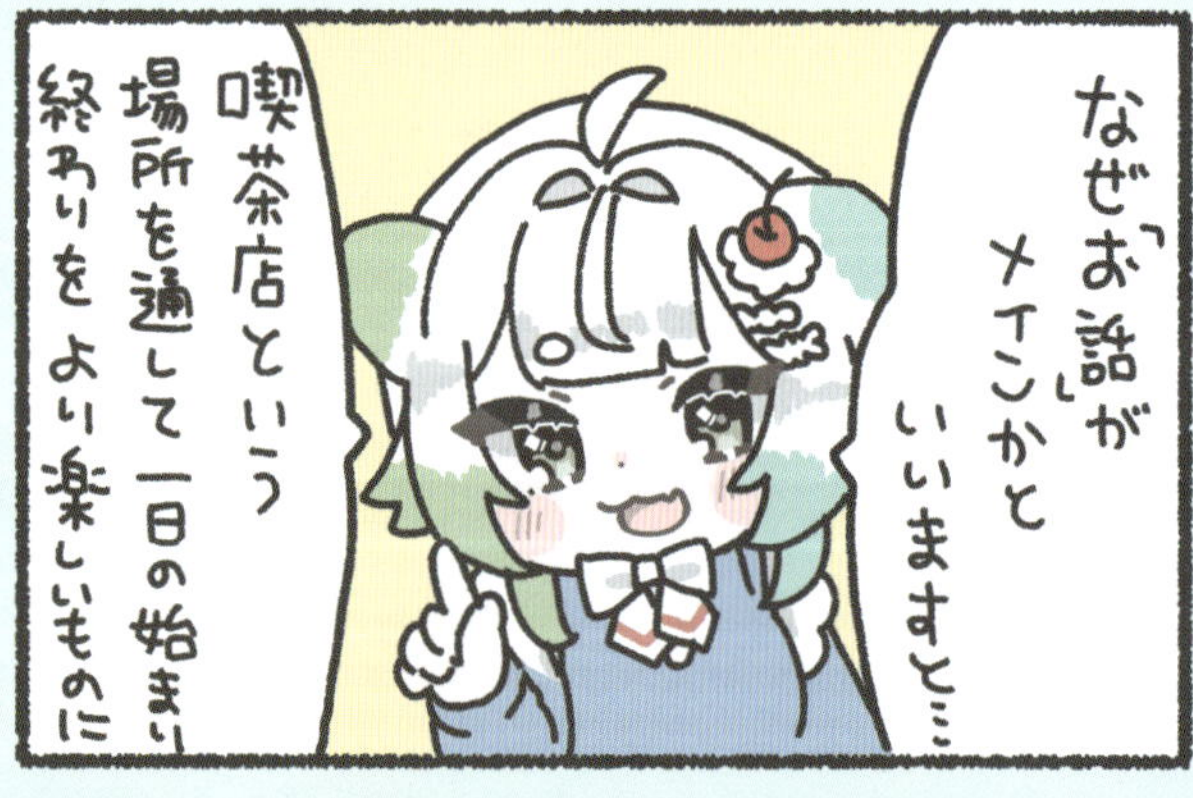

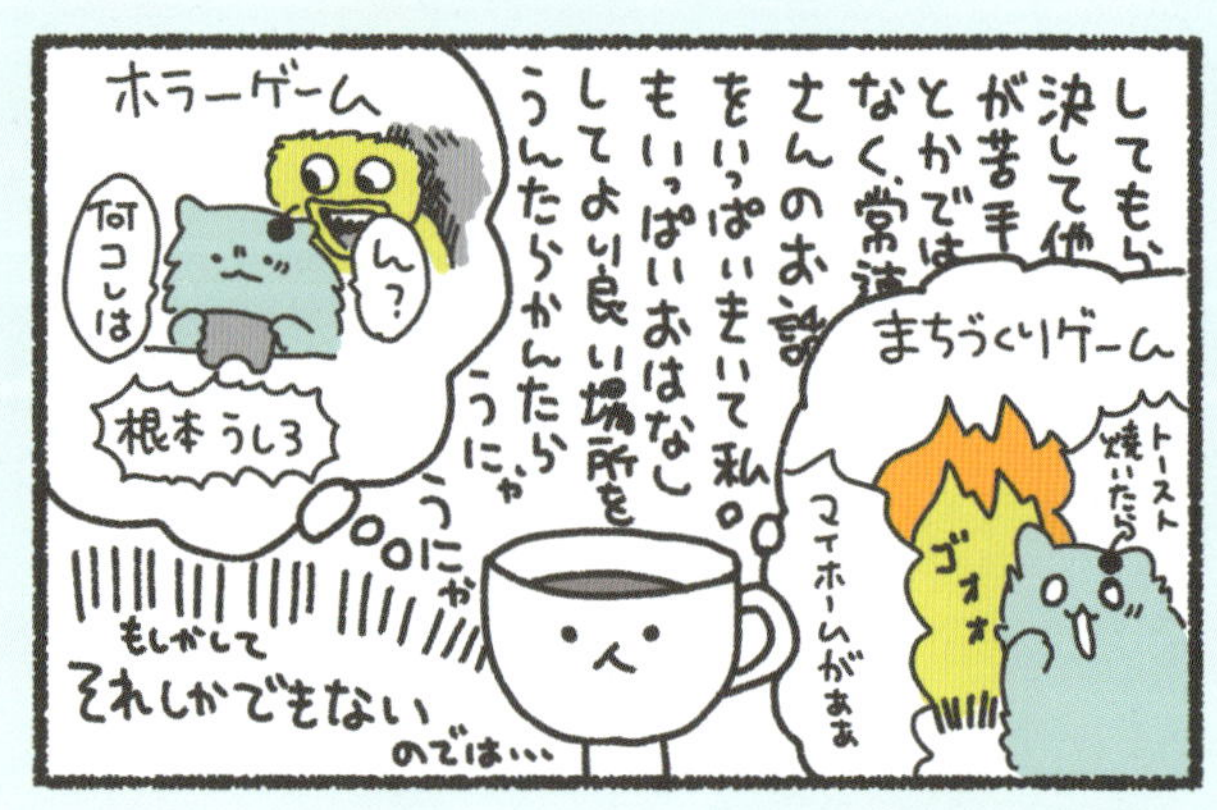

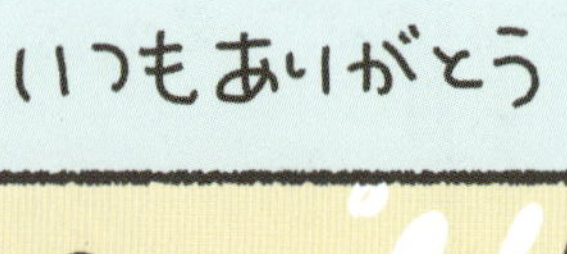

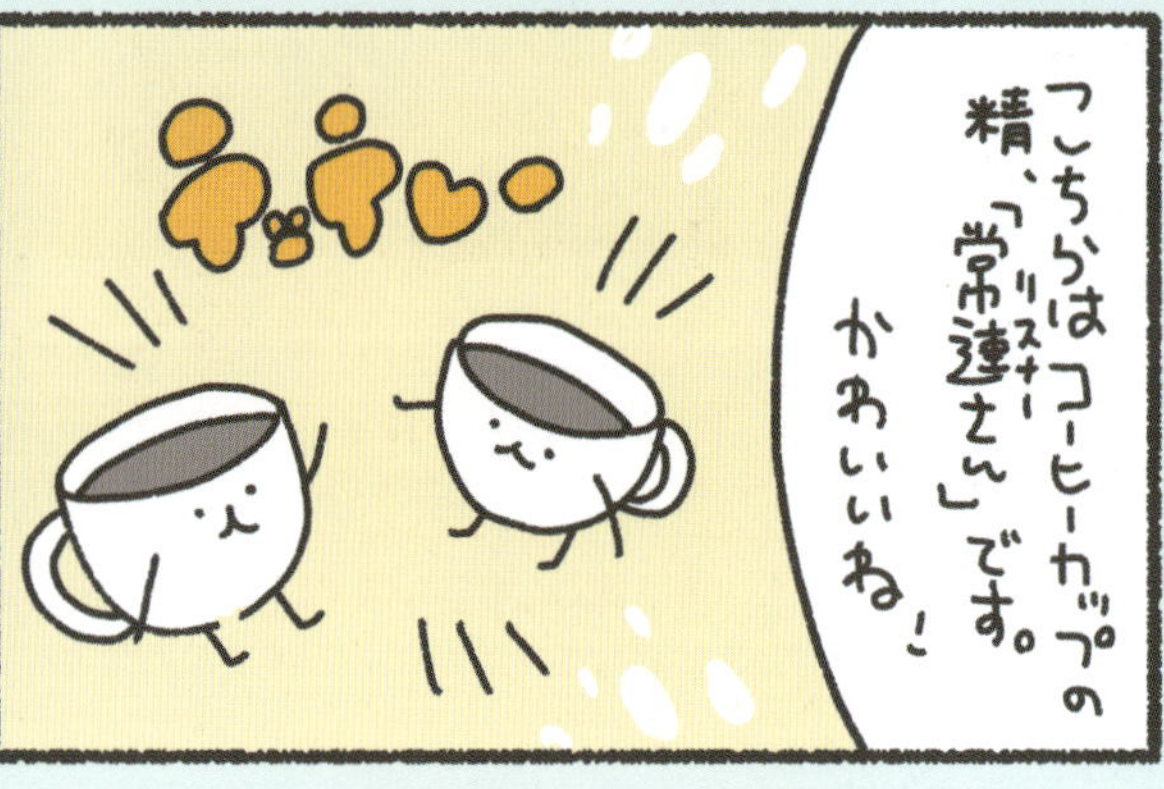

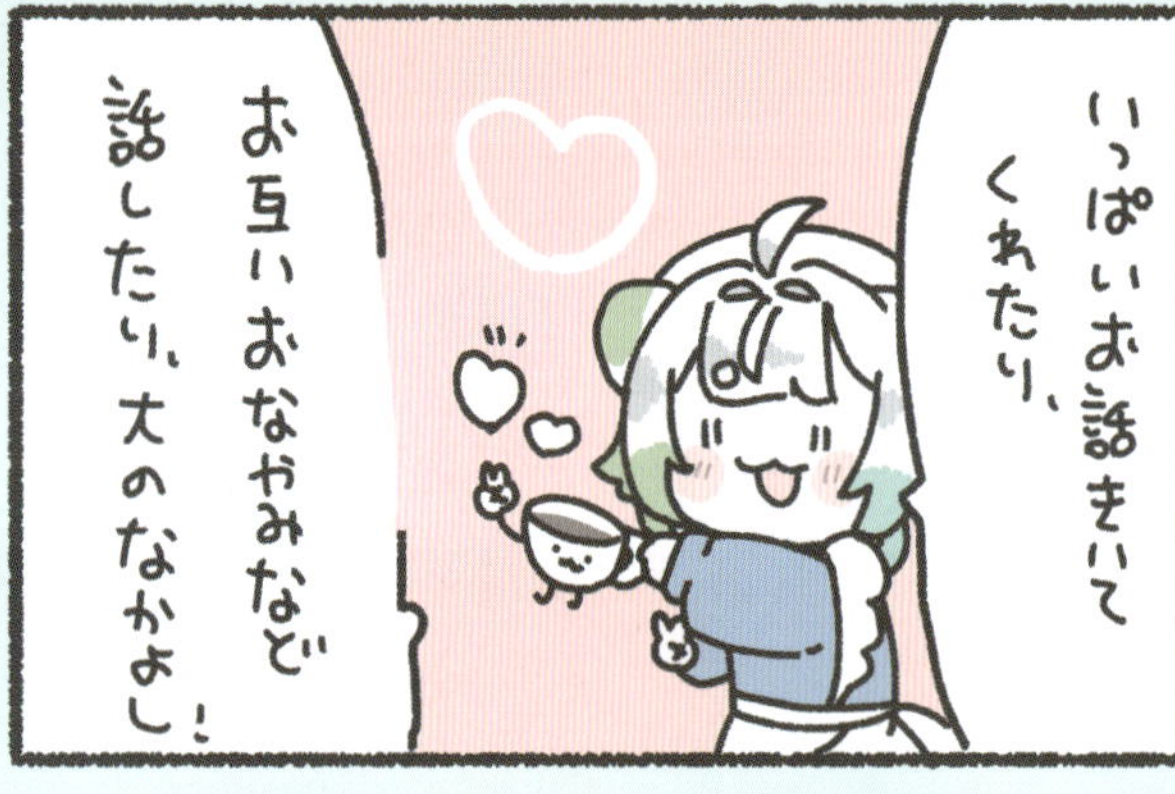

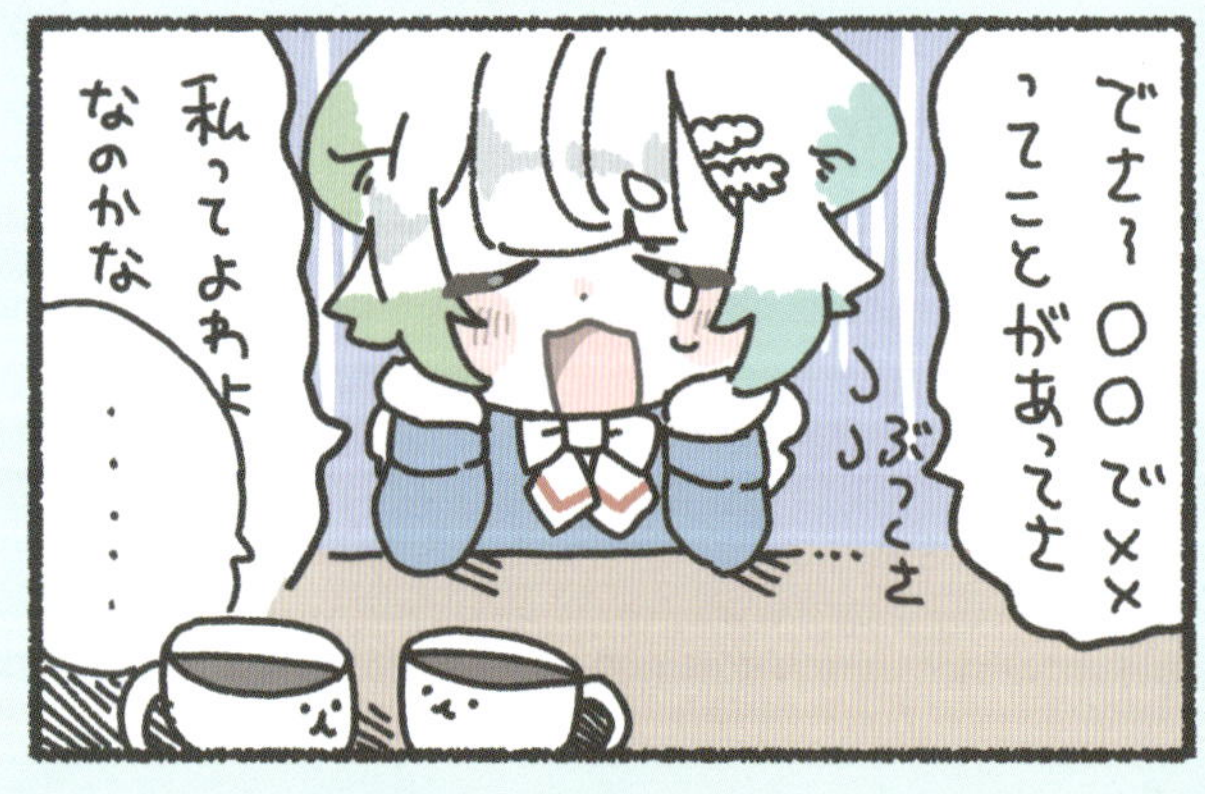

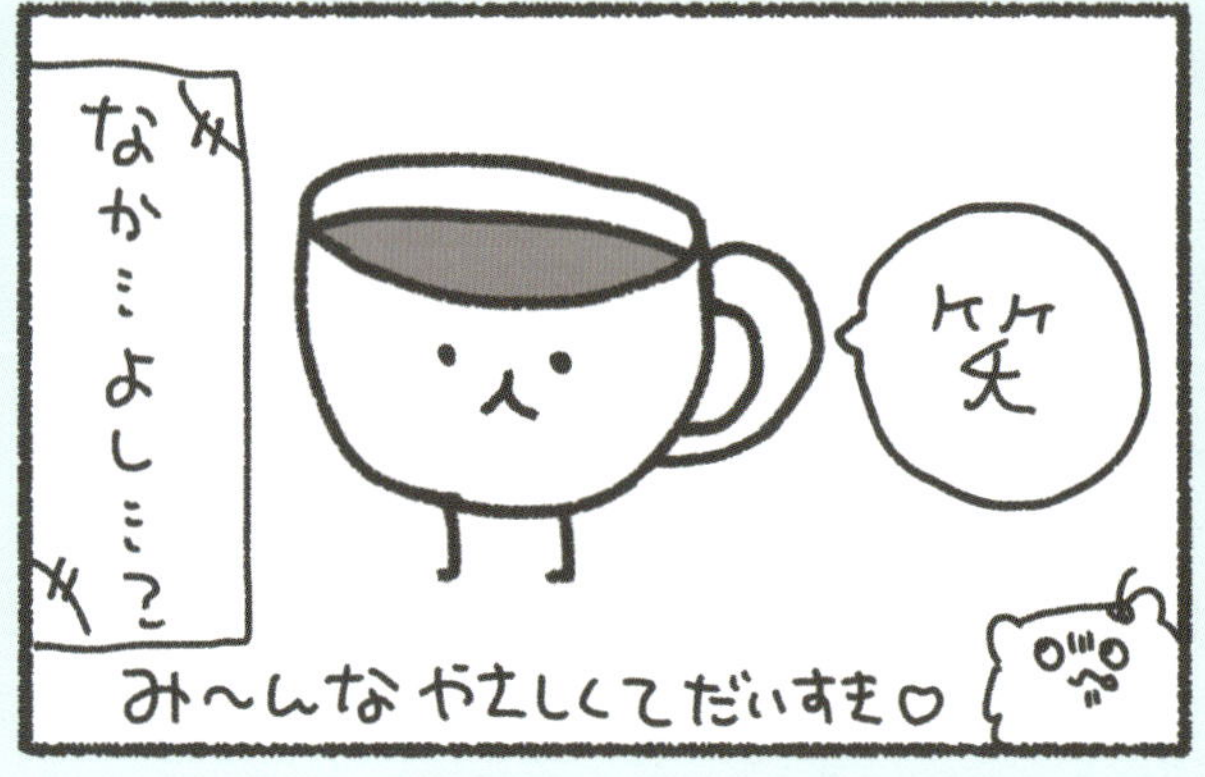

作・ねもとなぎ
ママ・七神マナ先生♡

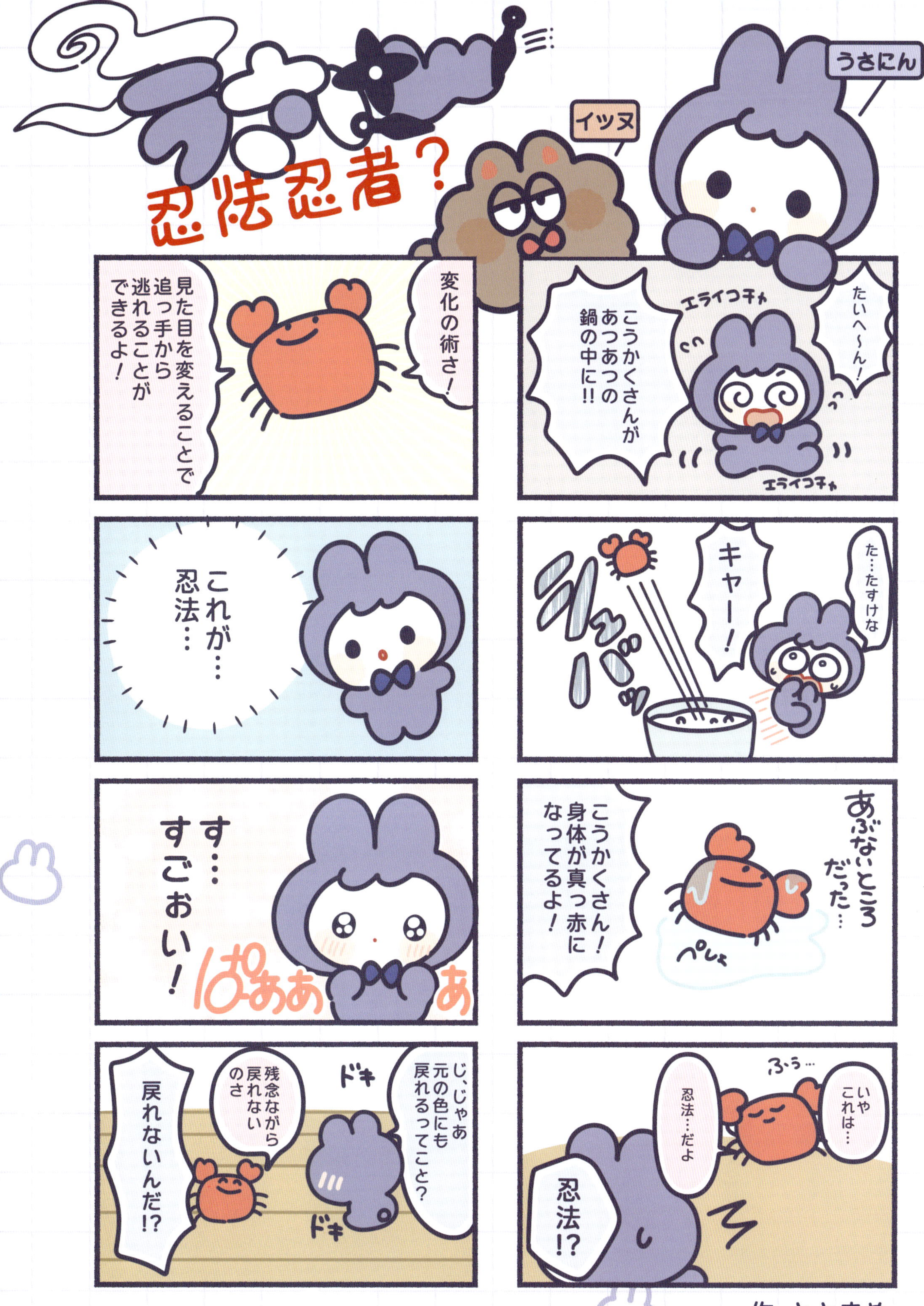

うさにん
忍法忍者？
イッヌ
うさにん
たいへ～ん！
こうかくさんがあつあつの鍋の中に!!
エライコチャ
エライコチャ
た…たすけな
キャー！
シュバッ
あぶないところだった…
こうかくさん！身体が真っ赤になってるよ！
ぺしょ
ふぅ…
いやこれは…
忍法…だよ
忍法!?
変化の術さ！
見た目を変えることで追っ手から逃れることができるよ！
これが…忍法…
す…すごおい！
ぱあああ
あ
じ、じゃあ元の色にも戻れるってこと？
ドキ
ドキ
残念ながら戻れないのさ
戻れないんだ!?

作・ととまめ

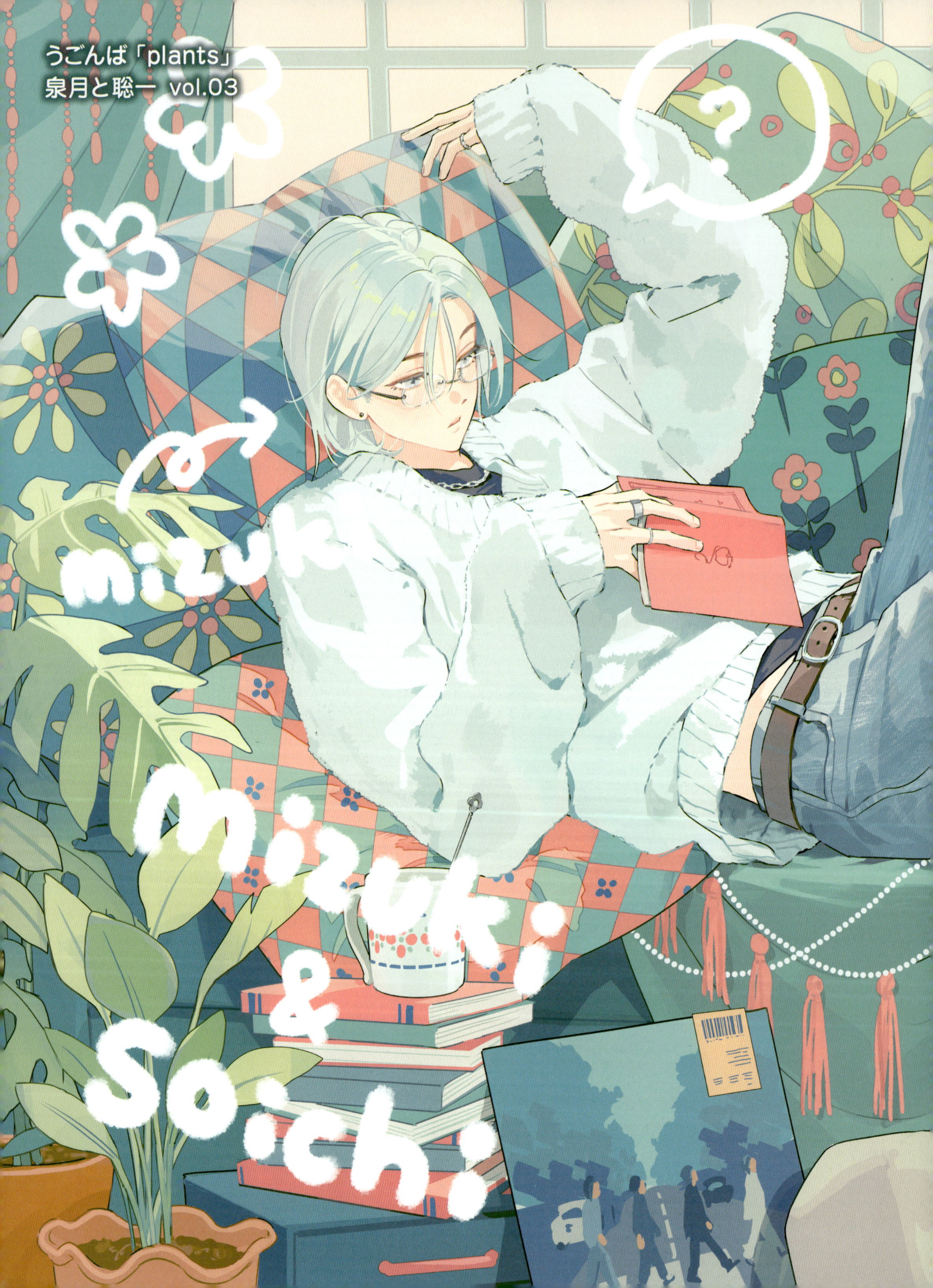
うごんば「plants」
泉月と聡一 vol.03
?
mizuki
mizuki
&
Soichi

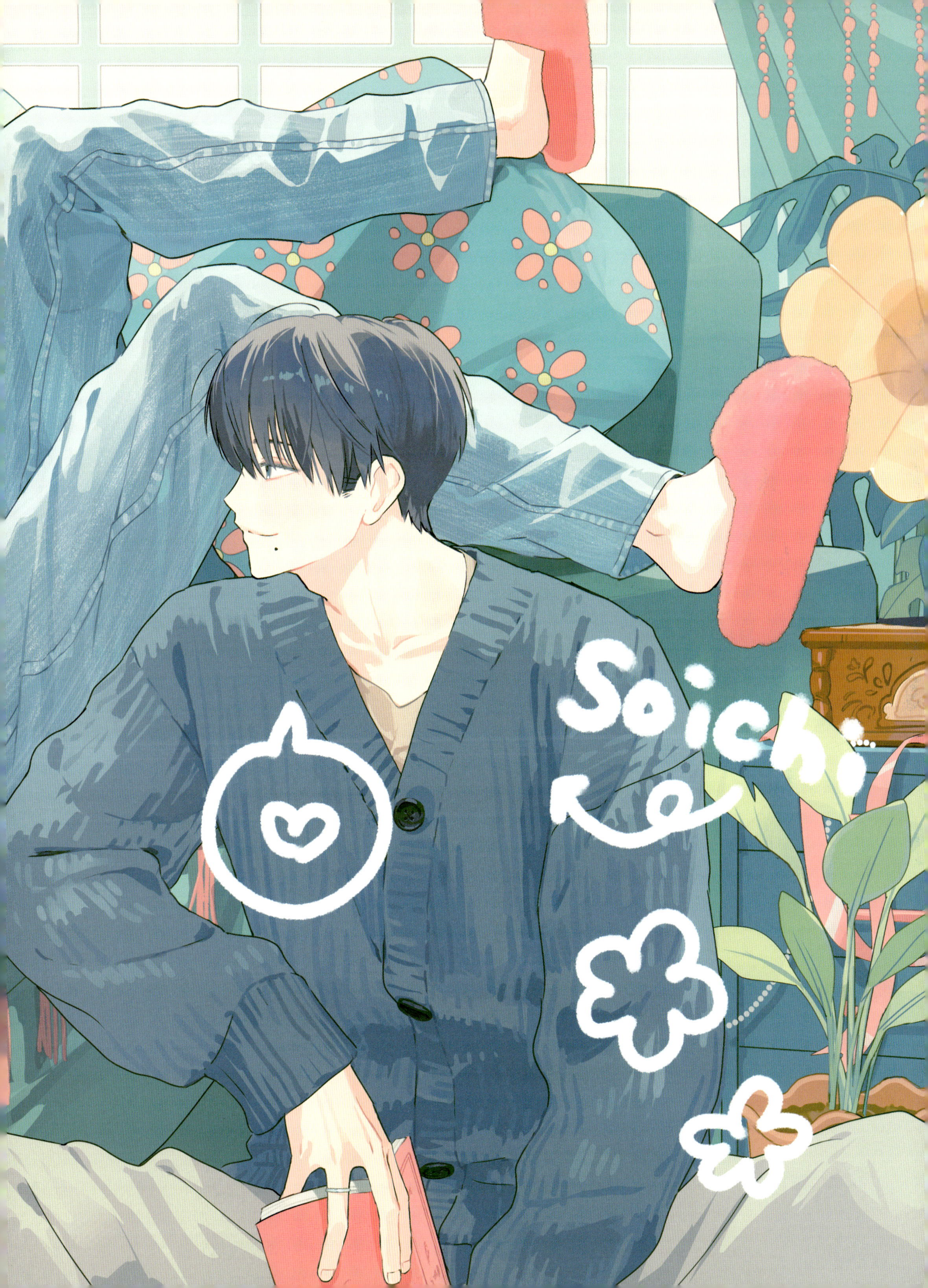
Soichi

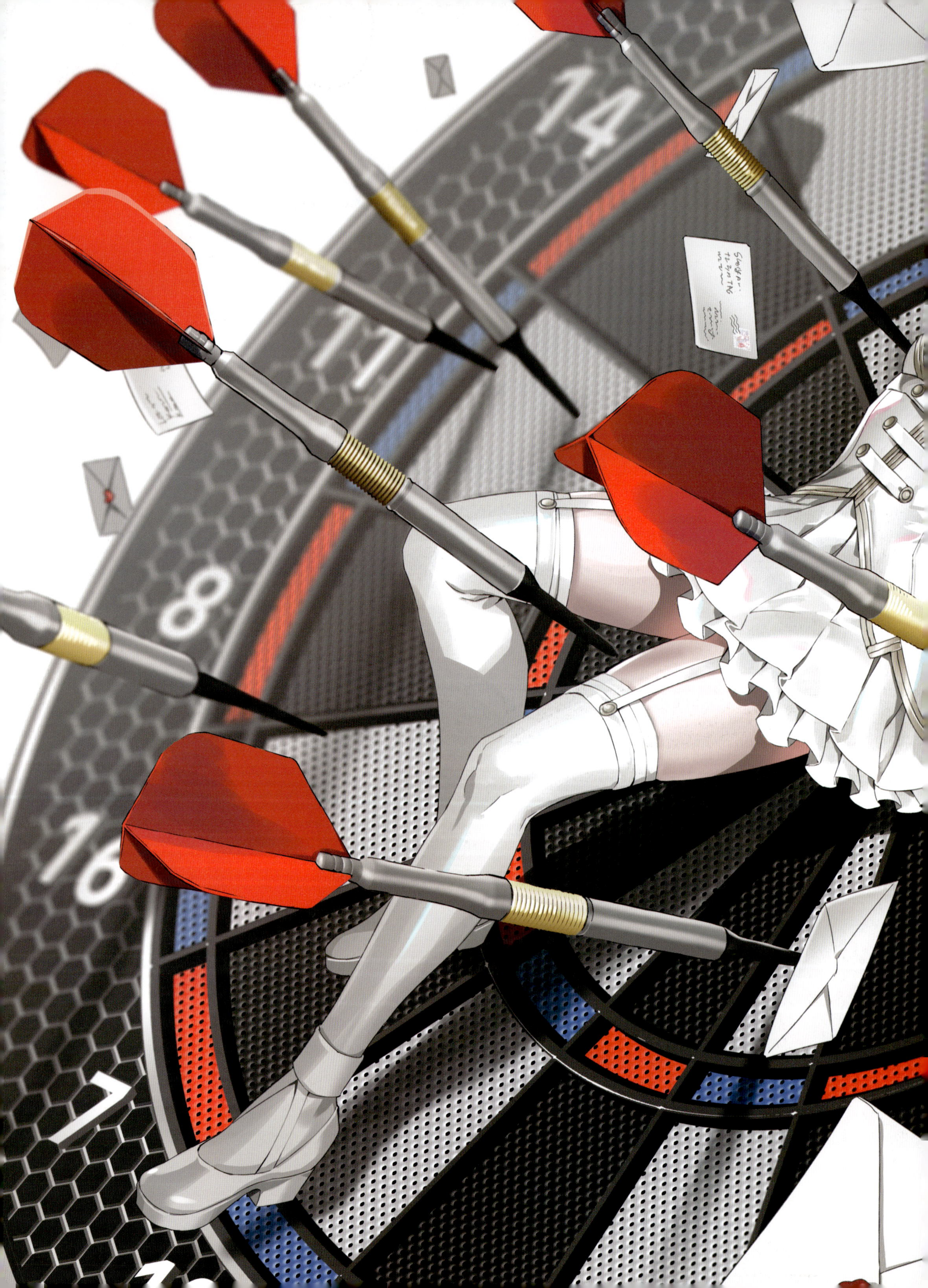
14
11
8
16
7

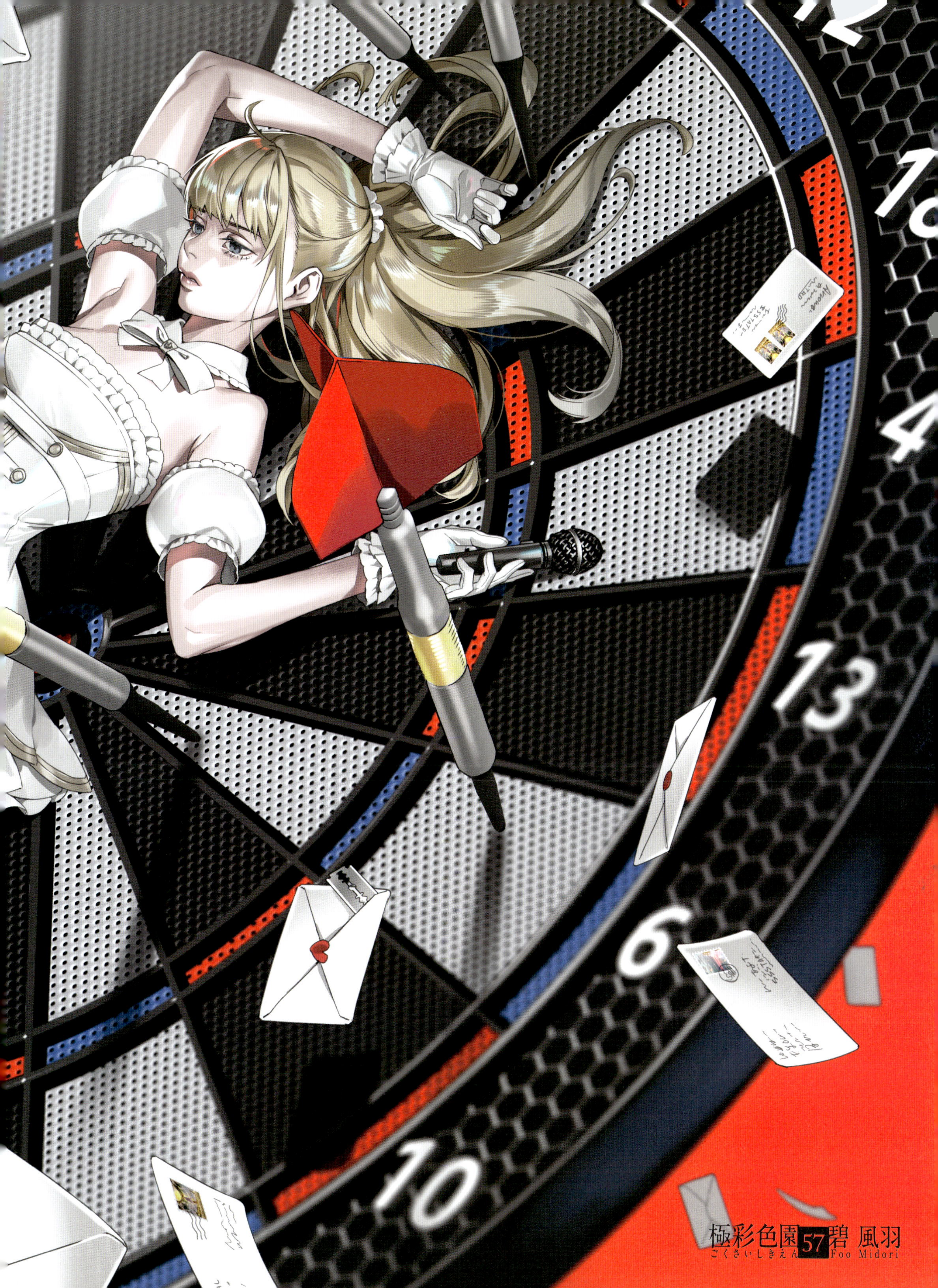
13
6
10
4
極彩色園 57 碧 風羽
ごくさいしきえん Foo Midori

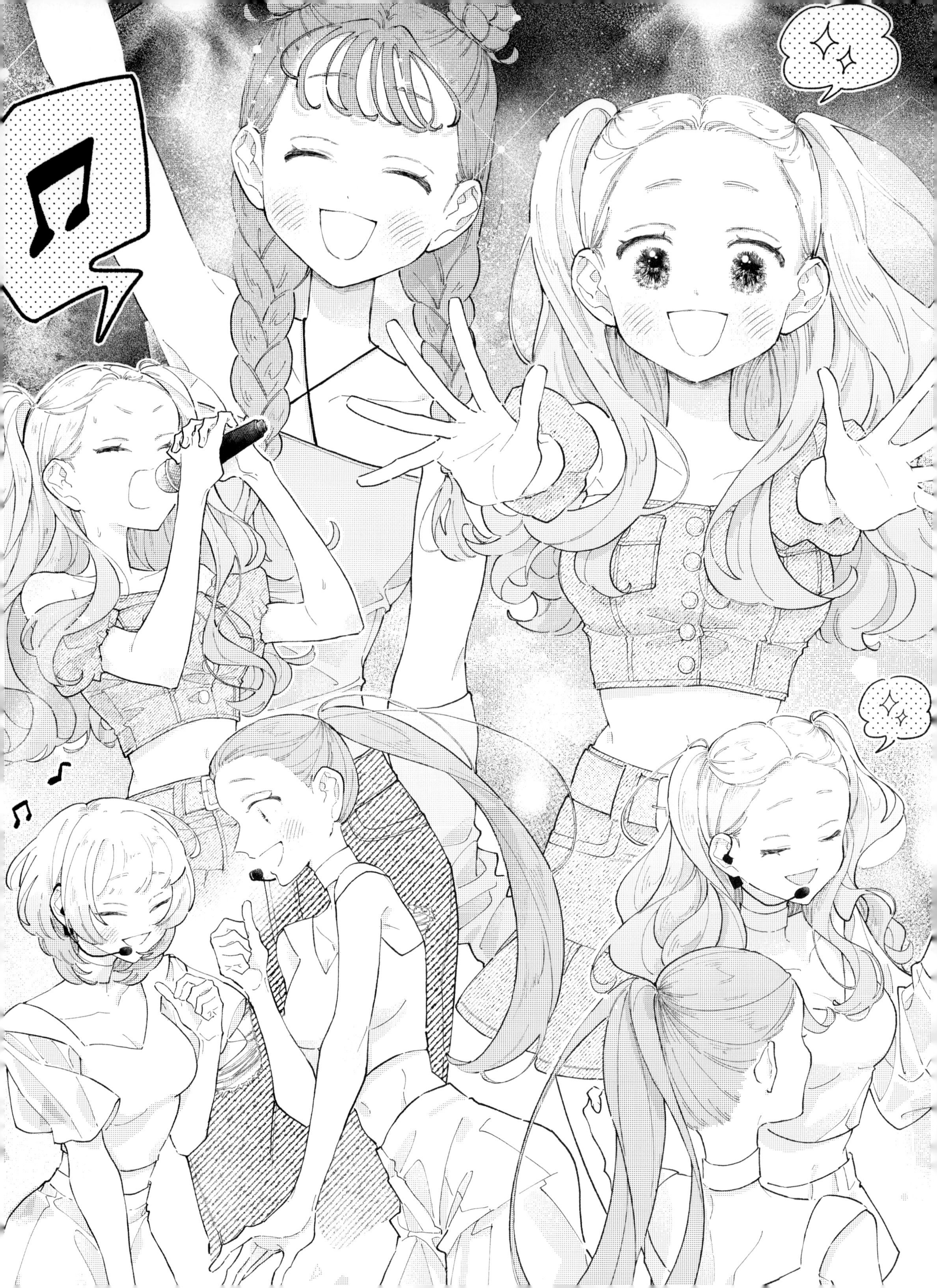

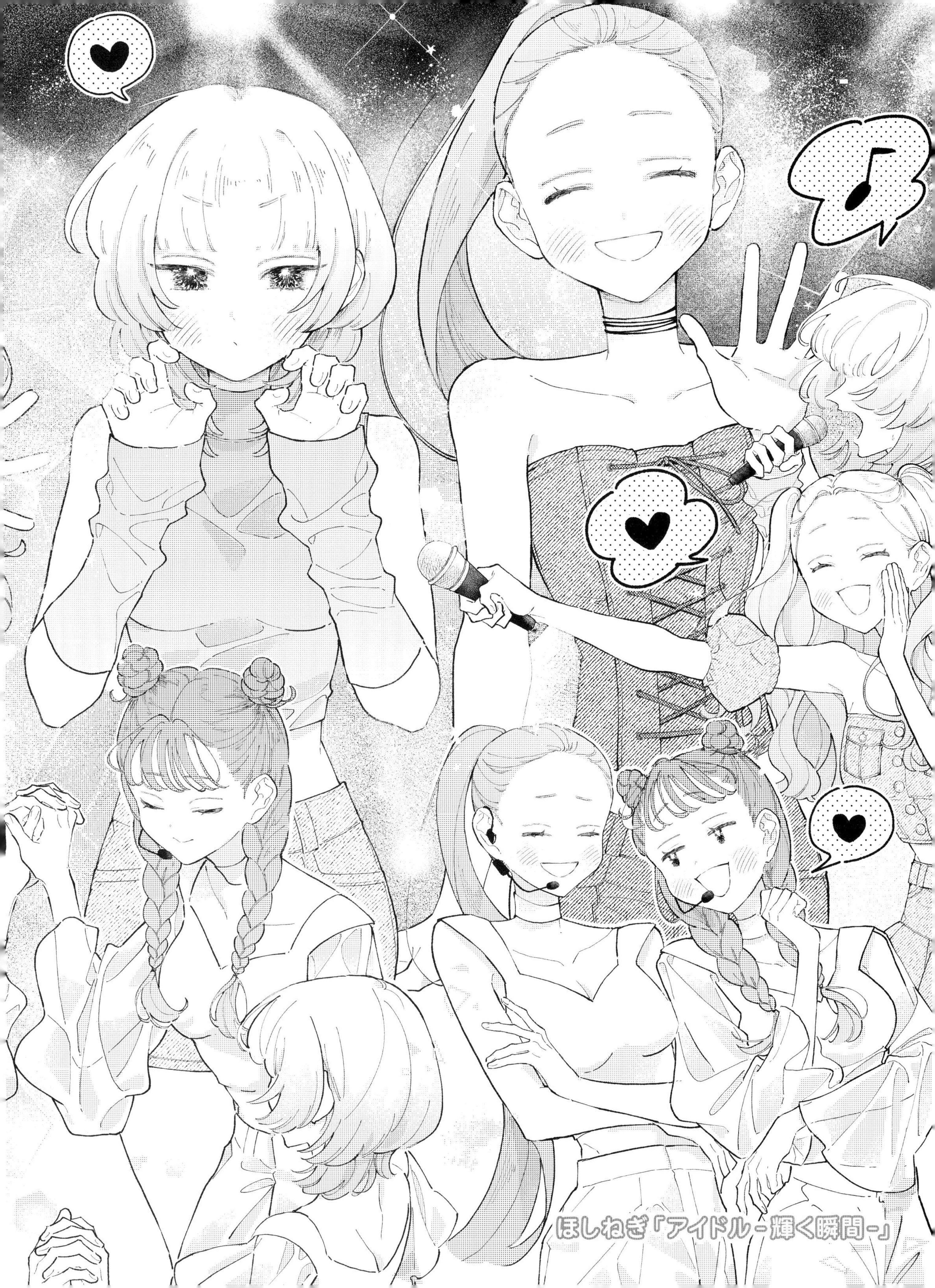
ほしねぎ「アイドル－輝く瞬間－」

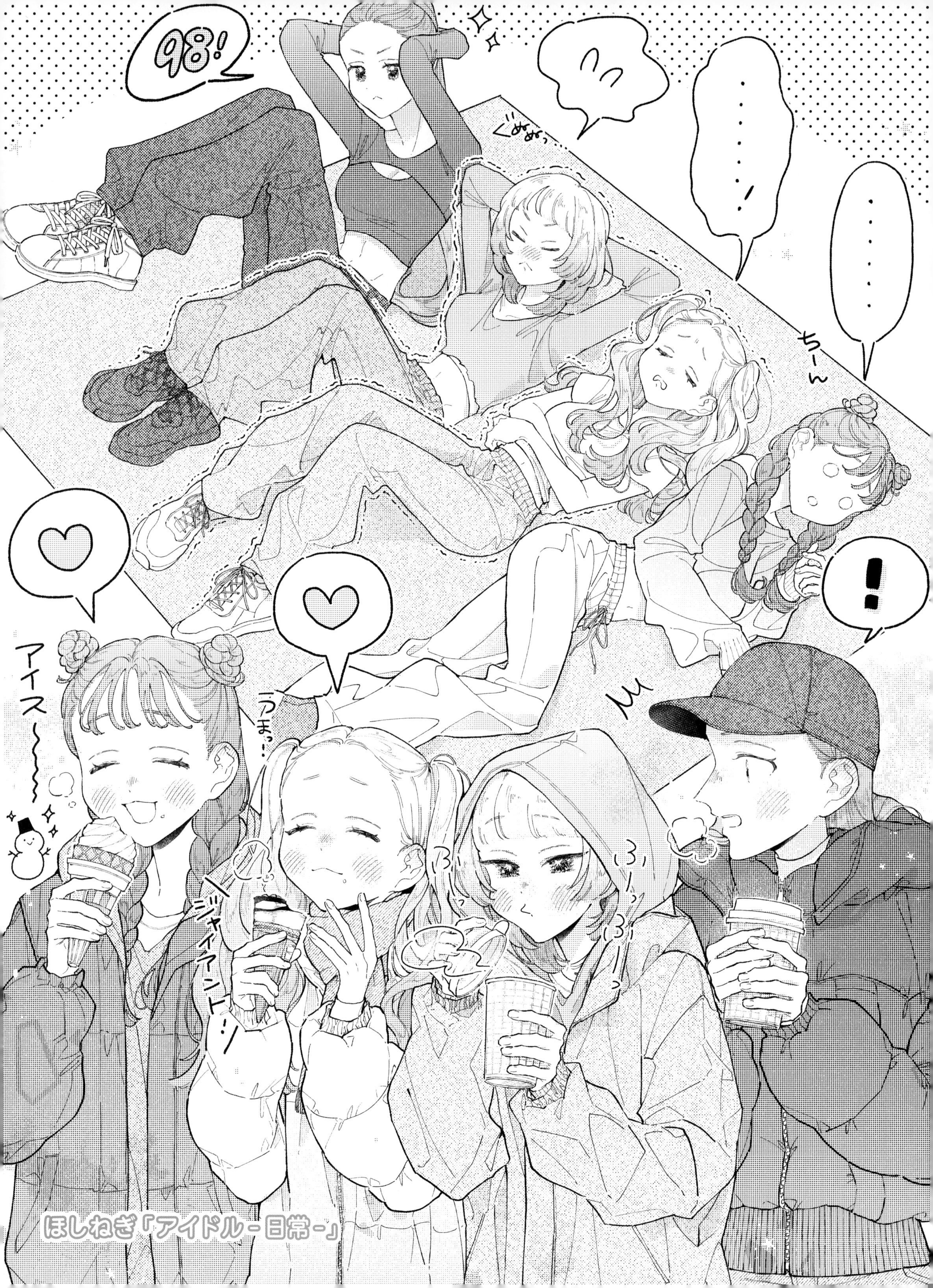

98!
ぐぬぬっ
っっ
……!
……
ちーん
!
アイス～～
うまっ…!
ジャイアント!!
ふーっ
ふーっ
ほしねぎ「アイドル－日常－」

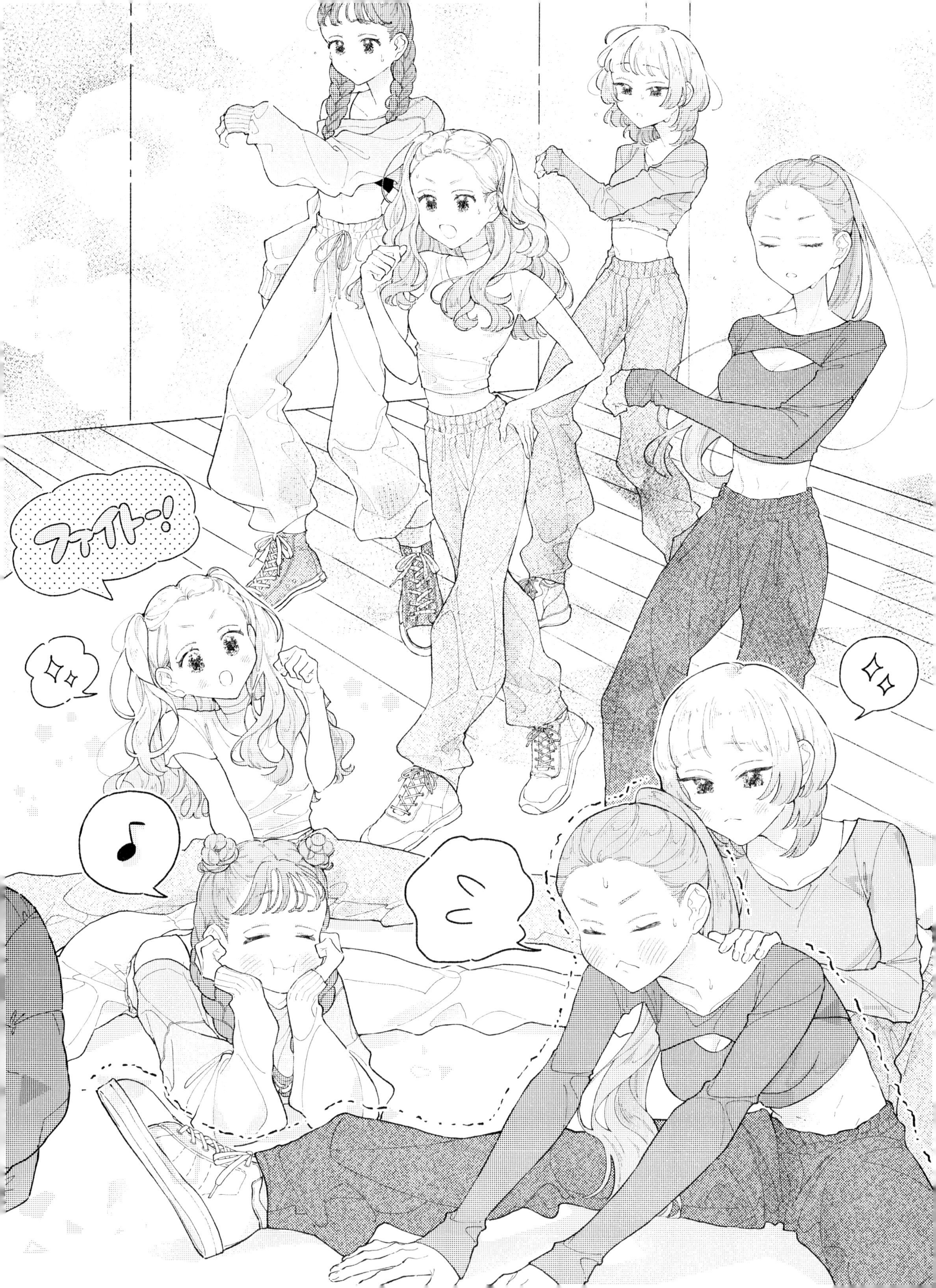
ファイトー！

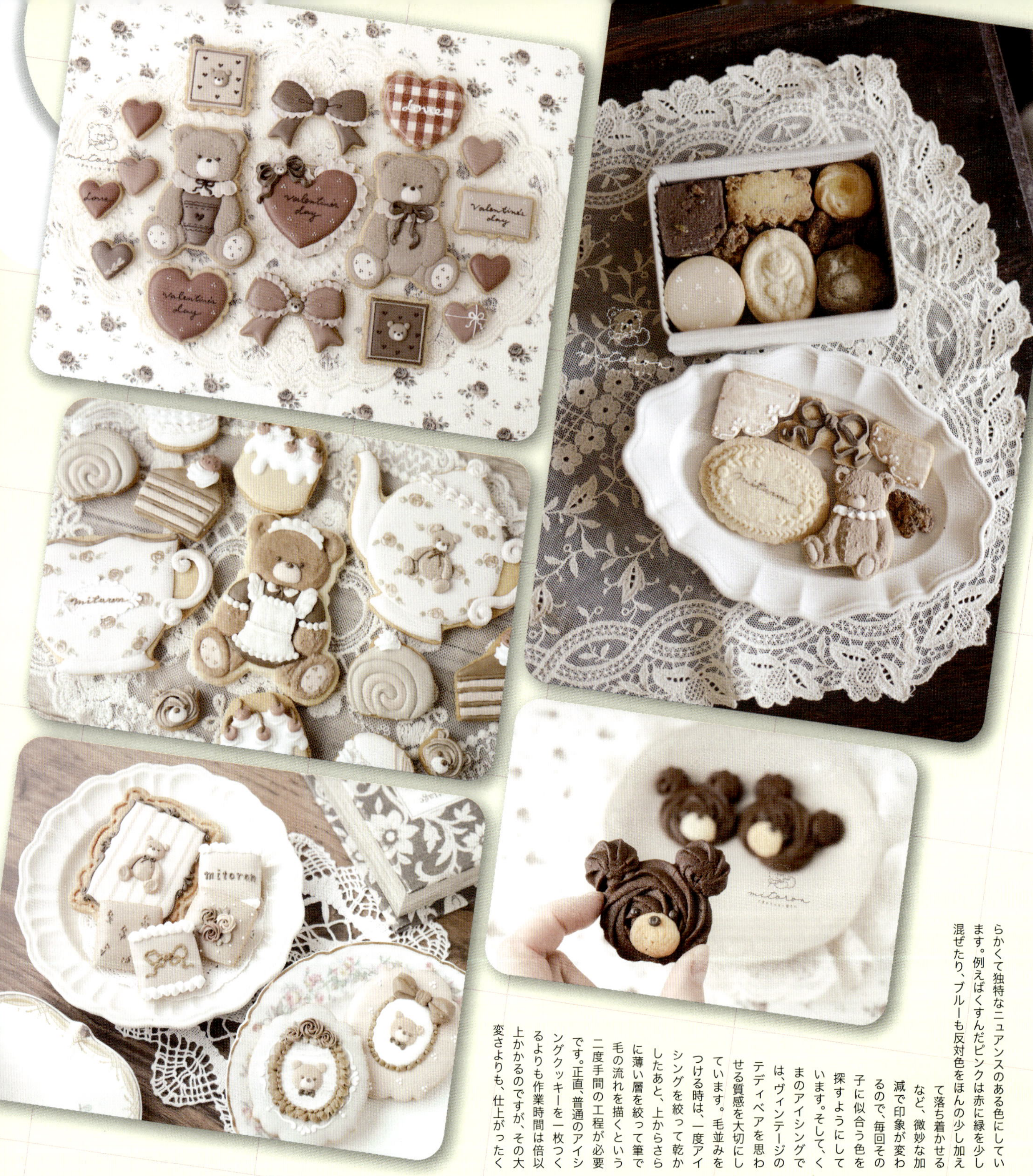

らかくて独特なニュアンスのある色にしています。例えばくすんだピンクは赤に緑を少し混ぜたり、ブルーも反対色をほんの少し加えて落ち着かせるなど、微妙な加減で印象が変わるので、毎回その子に似合う色を探すようにしています。そして、くまのアイシングでは、ヴィンテージのテディベアを思わせる質感を大切にしています。毛並みをつける時は、一度アイシングを絞って乾かしたあと、上からさらに薄い層を絞って筆で毛の流れを描くという二度手間の工程が必要です。正直、普通のアイシングクッキーを一枚つくるよりも作業時間は倍以上かかるのですが、その大変さよりも、仕上がったくまの可愛さやときめきのほうがいつも勝ちます。なので、この工程は私のなかで〝絶対に譲れないこだわり〟です。また、mitoronらしさを出すために、くまはリボンやフリルでおめかしをしています。レースのフリルは、バラ口の口金でふわっと広がるように絞って表現しています。口金の形を生かすことで、布のようなやわらかさや〝ひらひら感〟が自然と出るところが好きで、ガーリーな雰囲気をつくりたい時には欠かせない装飾です。リボンも、結び目はキュッと立体的に、垂れる部分には少し動きをつけて、「大切にされている子が身につけているリボン」のような雰囲気を意識しています。お花などの立体的な装飾でも、花びらの重なりや広がりを細かくつくることで、生きているお花のような繊細さを感じてもらえたら嬉しいなと思っています。

リアルな造形と、優しいファンシーな色合い。その二つが自然に同じ世界のなかで調和するように、ひとつひとつ丁寧にデザインしています。細かいところに気づいてくれるお客様がいることがとても嬉しく、「誰かに贈りたい」「伝えたい」と思ってもらえるようなクッキーをつくりたい、という気持ちが制作の支えになっています。

Q3 今後つくりたいテーマや題材、チャレンジしたい活動などをお聞かせください。

A3 今後も、これまでと同じように「くまのクッキー屋さん」として、mitoronらしいデザインを丁寧につくり続けていきたいと思っています。季節やその年ごとに感じたことを形にして、その時々のmitoronらしさをお届けできたら嬉しいです。そして、これからも対面販売の機会を大切にしたいと思っています。お客様と直接お話しできる時間が、私にとってとても励みになっていて、可能な限り毎月対面販売を続けていけたらと考えています。その場で感想を聞けたり、喜んでくださる表情を見られることが、制作を続けるうえで大きな力になっています。mitoronのクッキーを好きになってくださる方が、これからも少しずつ増えていったら嬉しいです。今まで通り、ひとつひとつ丁寧に、手に取ってくださる方の日常にそっと寄り添えるようなクッキーをつくっていきたいと思っています。また、季節ごとのクッキーや対面販売の情報を、Xやオンラインショップにてその都度お知らせしてまいりますので、楽しみにしていただけたら嬉しいです。

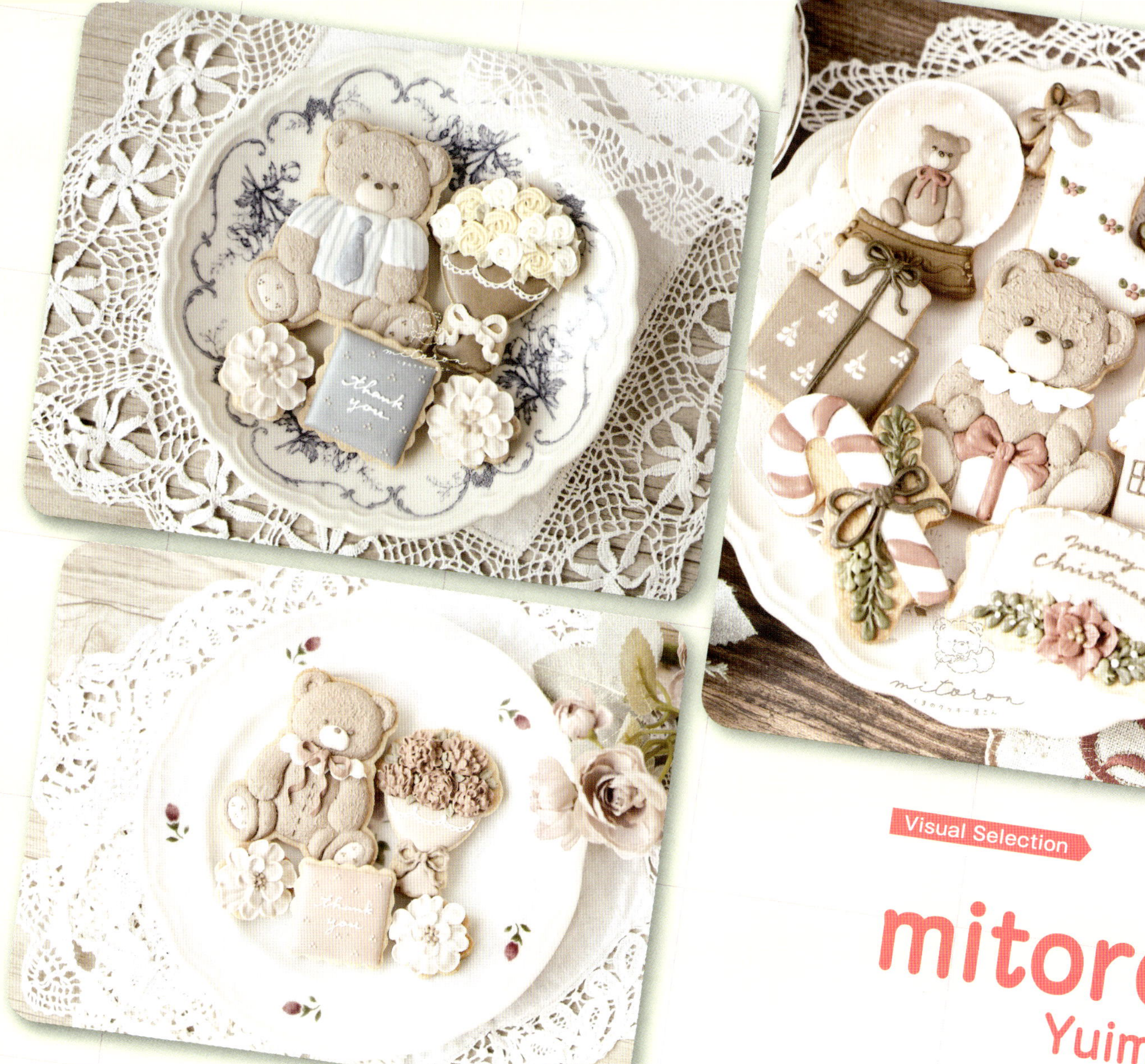

Visual Selection

mitoron
Yuimaru

X=@mitoron_cookie
Instagram=mitoron_cookie

Q1 Yuimaruさんが手がけるクッキー屋さん「mitoron」について、まずは「季刊エス」の読者に教えてください。また、現在の活動に至った経緯から、くまというモチーフを好きになったきっかけなどについて伺えたら嬉しいです。

A1 初めまして。Yuimaruと申します。「くま好きによる、くま好きのための、くまのクッキー屋さん」をテーマに〝mitoron（ミトロン）〟という名前でアイシングクッキーを制作しています。〝mitoron〟という店名は、私の祖父と父がかつて営んでいたケーキ屋さんから受け継いだ、大切な名前です。子どもの頃からお店の甘い匂いが生活のなかにあり、ケーキやお菓子はとても身近な存在でした。そんななか、アイシングクッキーに魅力を感じ始めたのは、パティシエとして就職したケーキ屋さんで、ウェディングケーキのアイシングの装飾を任せてもらったことがきっかけです。そこでアイシングの面白さを知り、十代の頃から〝アイシングクッキーだけは独学で〟つくり続けてきました。もともと絵を描くことが好きで得意だったこともあり、「食べられるキャンバス」に自由に描ける楽しさにどんどん惹かれていきました。

また、私にとって「くま」は、お菓子と同じくらい自然で特別な存在です。いつから好きになったのか明確なきっかけは思い出せないのですが、気づいたら〝いつもそばにいた〟ような存在でした。リラックマが好きで学生の頃はたくさんグッズを集めていたり、大人になってからもくまの雑貨を見るとつい気になってしまったり……。赤ちゃんの頃の写真を見返すと、くま柄の服を着ていることも多く、もしかしたら知らないうちにくまが生活のなかに溶け込んでいたのかもしれません。ふいに落描きをすると、自然とくまを描いてしまうこともよくありました。〝くま好きによる、くま好きのための、くまのクッキー屋さん〟というキャッチコピーには、「くま好きな私がつくる可愛いくまのクッキーを、くま好きさんに届けたい」という願いを込めています。実際に販売を続けるなかで、お客様自身がくま好きさんだったり、「友達がくまが大好きだから」とプレゼントに選んでくださったり……。そんな声をいただくたびに、このテーマがちゃんと届いていることがとても嬉しく、活動の励みになっています。

活動初期はオンライン販売が中心でした。ある時、知り合いに誘われて初めて対面販売をしたのですが、お客様と直接お話しできることがとても楽しくて、それをきっかけに対面での販売を続けるようになりました。高校生の頃から接客業をしていたこともあり、人とお話をするのが好きで、前職のケーキ屋でも自分のつくったケーキを渡した瞬間に目の前で喜んでいただけることに大きなやりがいを感じていました。独立した今もその感覚を味わえることが本当に幸せで、対面販売ではお客様がたくさん感想を伝えてくださるので、その言葉ひとつひとつが制作の力になり、「また喜んでもらえるものをつくりたい」と次への活力につながっています。お客様の声を近くで聞けるからこそ、毎日続けられているのだと思います。これからも、手に取ってくださる方の日常にそっと寄り添えるような、くまのクッキーをつくり続けていけたら嬉しいです。

Q2 「mitoron」のクッキーは、くすみカラーの色づかいに、細やかなディテールとガーリーなデザインが印象的です。ここでは、Yuimaruさんがクッキーをつくる際に色づかいや質感について意識していることや大切にされていることなど、造形やデザインについてのこだわりをお聞きできたら嬉しいです。

A2 mitoronのクッキーでは、色づかいと質感をとても大切にしています。もともとくすみカラーやパステルカラーが大好きなのですが、活動初期は〝売れること〟を意識して、少しポップで明るい色をつかうことが多かったように思います。そのほうが一般ウケが良いのではないか、と感じていたからです。けれど、ありがたいことに見てくださるお客様が少しずつ増え、淡い色や優しい世界観を好きだと言ってくださる方が多くなりました。それがきっかけで、「一般ウケを狙うより、自分が本当につくりたい世界を表現したい」という気持ちが強くなり、今のカラーリングへ自然と変わっていきました。そしてその色合いを好きだと言ってくださる方も増えて、自分の作品に自信が持てるようになったと感じています。また、色づくりをする時は、一色ではなく補色を少し足して〝にごらせる〟ことで、やわ

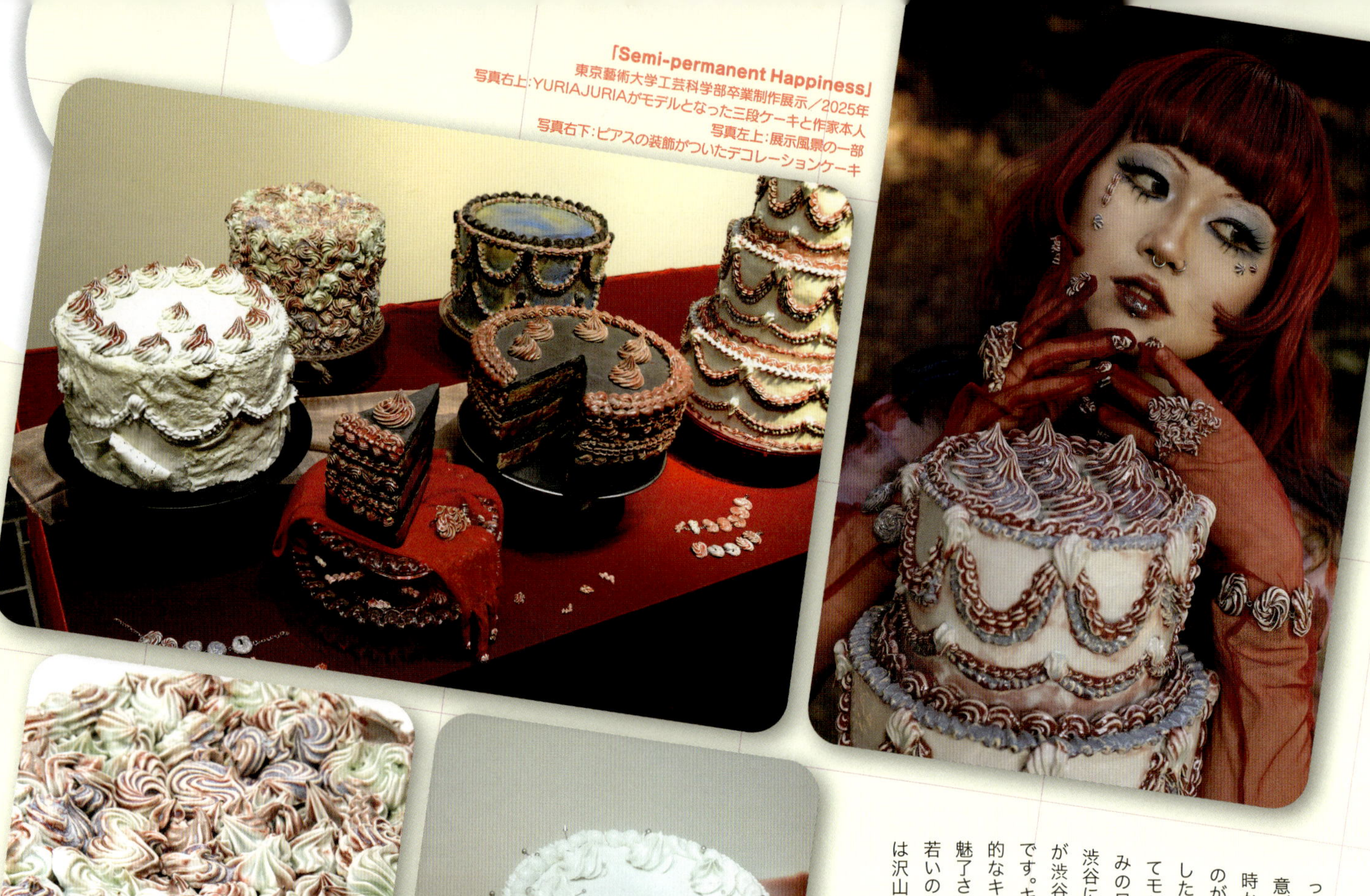

「Semi-permanent Happiness」
東京藝術大学工芸科学部卒業制作展示
写真右上：YURIAJURIAがモデルとなった三段ケーキと作家本人／2025年
写真左上：展示風景の一部
写真右下：ピアスの装飾がついたデコレーションケーキ

っとありつつ、大学浪人中にその熱意が格段に上がった気がします。当時から様々なテイストの服を着るのが好きでしたが、その中でも一貫した"自分のスタイル"を確立したくてモヤモヤしていました。予備校が休みの日に往復三時間かけて殆ど毎週渋谷に通っていて、必ず行っていたのが渋谷のnudetrumpとhypnotiqueです。キャバレーや映画みたいな非日常的なキラキラしたものが溢れる店内に魅了されていました。そんな私に対して若いのに珍しいと、オーナーの松村さんは沢山オマケをつけてくれたりしました。当時はコロナ禍というのもあり店舗を縮小、それを機に今では考えられないくらい破格で販売をされていたのもあって沢山お買い物をしました。その時の経験は私の世界観をより具体的にしてくれたと思います。そういったヴィンテージやアンティークの世界により深く入り込むきっかけになったのは、今は閉店した古着屋HAIGHT & ASHBURYで働かれていたオヨさんという方の存在です。何十年も前のものから現代のブランドのアイテムまで自由自在に組み合わせているスタイリングが本当に大好きです。また、煌びやかな世界観といえば小学二年生の頃からずっと憧れているマイケル・ジャクソンの影響も大きいです。マイケルが着ていそうなスパンコールのアイテムとかを見つけるとつい買っちゃいます（笑）。パフォーマンスに対する完璧主義な姿勢にも感銘を受けています。色彩に関してはファッションにおいて様々な色柄を組み合わせていたことや絵画を描いていた経験が影響しつつ、これも浪人中に受験の色彩課題で自分らしい配色や表現を確立できたことが大きいと思います。

Q3 今後の活動予定や作ってみたい作品、興味のあるテーマや素材などがあれば教えてください。

A3 今後も陶芸や写真作品など様々な素材を通して、自分の世界観を詰め込んだ作品を作り続けていきたいです。陶製のケーキを作るのはとても楽しいのでまだまだ作り続けたいですが、同時に他の題材にも挑戦する予定です。また、陶芸とファッションの融合をひとつのテーマとしているので、どういう形でファッションと交えられるのか研究、実験を続けていきます。例えば現在もリングやブレスレットなどの装身具を制作していますが、より広く身体を覆うようなものに挑戦する予定です。それらを写真作品に取り込む際も一枚の中で被写体を増やしたり幅を広げていきたいです。

東京藝術大学上野校地にある「藝大アートプラザ」ではアクセサリーや花瓶など「ものとアート」グランスタ東京店、吉祥寺店では器などをお取り扱い、常時販売させていただいてます。

十二月二一日～二五日にGallery Conceal Shibuyaのクリスマスをテーマにしたグループ展で展示します。詳細はSNSをご参照ください。

土のホイップを絞って、三段ケーキをデコレーションしている様子

Visual Selection

YURIAJURIA

Twitter ID=@juria_yuria
Instagram=yuriajuria_works

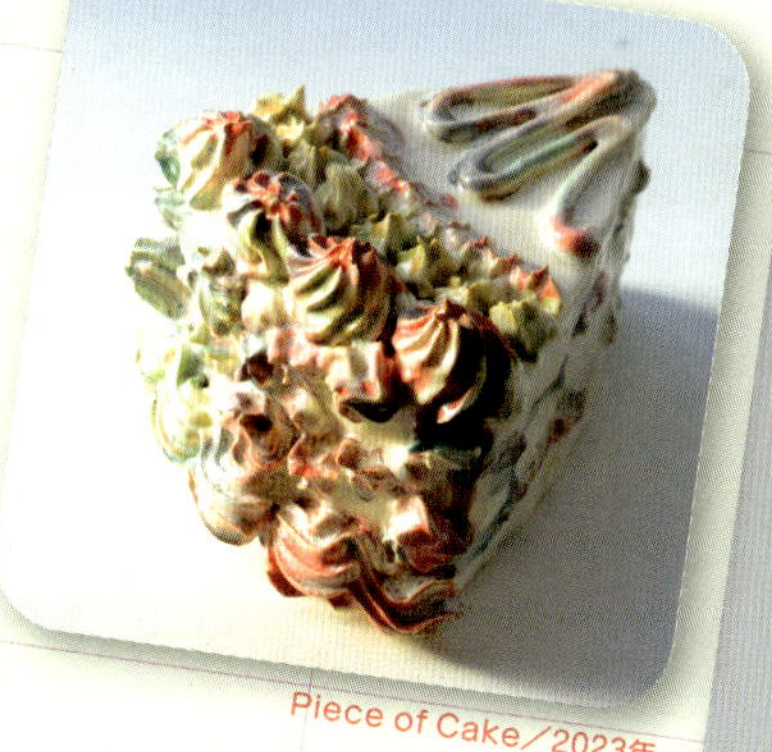

Piece of Cake／2023年

my veganism cake"philosophy&way of living"
「私の工芸－触れる工芸・観る工芸－」
東京藝術大学工芸科学部3年生課題作品展示／2023年

Q1 YURIAJURIAさんは近年、ケーキやクリームの装飾を用いた陶芸作品を発表されています。祝祭性を感じるドリーミーなヴィジュアルと、モノとしての圧倒的な存在感は一度見たら忘れられません。作品には正統派の真っ白なデコレーションケーキから、カラフルで鮮やかなもの、ピアスなどの装飾がつけられたもの、あるいは今年の取手藝祭では人の肌に近づけたようなベースカラーに刺青を施したケーキなど、展示ごとに様々なケーキを発表されています。もともとは二〇二三年の東京藝術大学工芸科学部三年生課題作品展示「私の工芸―触れる工芸・観る工芸―」から、陶製のケーキを作られるようになったと思うのですが、なぜ陶芸作品でケーキをつくろうと思ったのですか？ YURIAJURIAさんにとって、ケーキとはどんな印象のものでしょう？ また卒業制作展ではご自身をモデルにされたりもしていましたが、ケーキを作る上でどんなふうにコンセプトを立て、どんなふうに作品づくりをされているのかを教えていただけますか？

A1 私にとってケーキとは、見ただけで心が躍る多幸感あふれるものです。また、老若男女問わずほとんどの人が〝ケーキ〟というものを認識していてポジティブなイメージを持っているように感じます。そんなケーキの魅力の裏には職人さんのアスリート的な熱意や鍛錬、仕事量があったり、使われている素材がかなり形を変えていたりと、表面的な印象とケーキが生まれる過程のギャップにも魅力を感じます。自分自身がヴィジュアル的な印象と話した時の感じにギャップがあると言われるので、ギャップが生じるものや相反する要素が同居するものが好きなんですよね。

制作の過程としてはコンセプトから形を考えていく作品や、実験によって見つけた現象や装飾のパターンを取り入れる目的から始まる作品があります。最初に陶製のケーキを作った作品ではveganism（菜食主義の思想）をテーマに制作していました。ここ一年は乳製品に関しては緩くしているのですが、六年前から魚介以外の卵や乳製品、お肉などの動物性食品を殆ど摂取しない生活を続けており、当時の自分がケーキを食べるならば完全に植物性のものでした。そして陶製のケーキも土で作られているから植物性、と捉え前述したテーマでメッセージを絞り出したケーキを作りました。その後卒業制作まではジェンダーリビールケーキの再解釈を行ったりと私個人の疑問を出発点とした社会的なテーマで制作をしていました。最近では土を絞るという行為や現象と、ケーキに限らずファッションや建築など様々な分野における装飾を研究し、装飾（デコレーション）をひとつのテーマとしています。陶製のケーキや装身具とモデルが合わさった写真は、作品が持つ世界観や魅力を拡張し鑑賞者が作品の世界観に入り込める装置として制作しています。卒制の際は作品のイメージに合うモデルさんを選びました。その際私の一番お気に入りのケーキを体現できるのが自分であることに気がつき、〝私の世界観を一番表現できるのは私自身〟〝私は作者であり作品の一部〟と思い、自分もモデルをしました。入学したての頃から担任に〝作品と作者が似ているね〟と言われ続けていましたが、本当にそうなのだと実感しました。展示の在廊時や発表の際は常に作品に合わせたドレスアップをしています。

Q2 YURIAJURIAさんの作品の色づかいや装飾性がとても素敵だと感じます。Instagramを拝見すると、大学で陶芸を始められる前から、ご自身の装いにも、すでに今の作品と通じる世界観を感じます。YURIAJURIAさんの体現されている世界観や色彩感覚はどうやって培われたものなのか、もし良ければ幼少期や思春期にどんなものを好きだったのかを教えていただけますか？

A2 アパレルで販売員をしていた母の影響で、物心ついた時からファッションが大好きでした。好きという思いはず

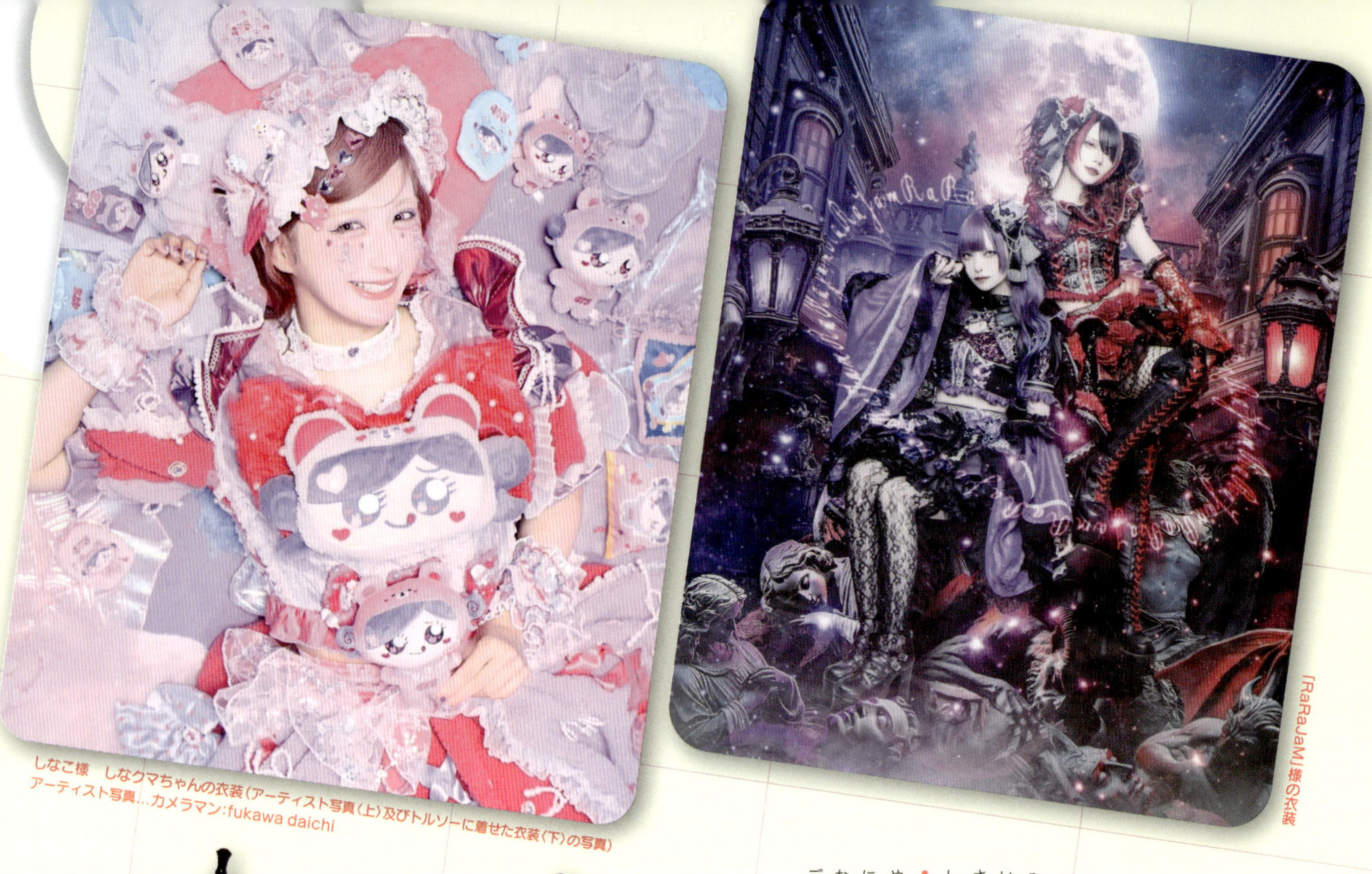

しなこ様　しなクマちゃんの衣装（アーティスト写真（上）及びトルソーに着せた衣装（下）の写真）
アーティスト写真…カメラマン:fukawa daichi

「RaRaJaM」様の衣装

「君に、胸キュン。」様
南ことの様の衣装

「君に、胸キュン。」様
恋麦める様の衣装

エピソードは沢山ありますが、なかでも一番深い関わりがあるアイドルさんだなと思っております。

Q3 kondousanさんの衣装は柄や素材選びが印象的です。衣装を見ていると、大小さまざまな柄の布を組み合わせているように感じております。それらの布選びは、ステージに立った際に華やかに見えるだけでなく、近くで見ても楽しいデザインになっているように感じておりまして、感銘を受けております。そんなkondousanさんが衣装を手掛ける際に、好きな布や素材の組み合わせ方などがありましたら伺えますと幸いです。また、デザインを考えるときに大切にされていることなども教えていただけたら嬉しいです。

A3 私の衣装のデザインのこだわりは、「華やかさ・非現実感・立体感」です。それらを大事にデザインしています。やはり、ステージ衣装なので非日常感は絶対で、全てのディテールがデザインに見えるように出来たら完璧だと思っています。例えば、トップスを体に沿わせる為に絶対に必要な縫い目すらも、デザインに見えるようにと考えています。また、衣装って機能性は必要なのですが、見ている方からは出来るだけ二次元的に、現実感が無いように見られたいなと思っております。また、生地を重ねたり、柄を組み合わせるのはデザインに立体感が出るのでよくやっています。生地はあまり無地だけで使うことはなくて、一見無地に見えても織りで柄が入っていたり、ラメが微かに入っているものを使用しています。デザインにもよるのですが、おうとつのない生地や無地だとペタッとした感じに見えがちです。デザイン的に無地の物でも織り柄が入っている事によってステージでも光の屈折があるので奥行きが出るように感じられますし、特典会など至近距離だと更に〝こんな柄が入っている生地を使っているんだ！〟と驚きを感じられます。スパンコールやラメ生地を好んで使うのも、やはりステージ映えするからです。遠くから見ているお客様からでもアイドルさんの複雑なパフォーマンスがよくわかりますし、光っていると更にスター性が増すと思いますので、デザインにもよりますが使いがちです（笑）。また、「君に、胸キュン。」さんのチェックの制服衣装（左上掲載：南ことの様の衣装）では、三種類の生地にプリントを施しました。こちらも複雑な工夫をする事でより立体感が増すと思いまして、一見同じ柄で制服らしい統一感を出しているのですが、この部分は透けている、この部分は同じ柄だけどラメが強い！　と見ていて驚きがあるかなと思ってこのようなディテールにしました。さらに、オリジナルプリントを作ったという利点もより活かせましたね。好きな柄、素材の組み合わせはデザインによって違いますが、私なりのセオリーとしては、同じような柄の大きさを組み合わせるとぼんやりしてしまうので、柄同士共通項はあるものの、しっかりとコントラストが出るような柄のサイズの布を選んでいますね。

Q4 今後つくりたいテーマや題材、チャレンジしたい活動などをお聞かせください。そして告知できることなどがありましたら教えてください。

A4 作りたいテーマと言いますか、クリエイティブなお仕事ってどの業界も納期は絶対なので、いつでも時間との戦いなのですが、時間を気にせず作りこみたいっていうのはありますね（笑）。また、少し先のお話なのですが今の所、二〇二六年十月頃に行われるParis Fashion Weekにてコレクションを発表させていただく事になりました。一流メゾンがコレクションを発表している最中、私も現地で参加させていただけてとても光栄すぎます！　「まさか地下アイドルの衣装さんがParisに行くなんて！」と身に余る程の挑戦で今からドキドキしておりますが燃え尽きたいと思っております！　折角なのでそのプロセスを来年になったらSNSに上げられたらなと思っていますので、もしご興味がありましたらご覧ください。

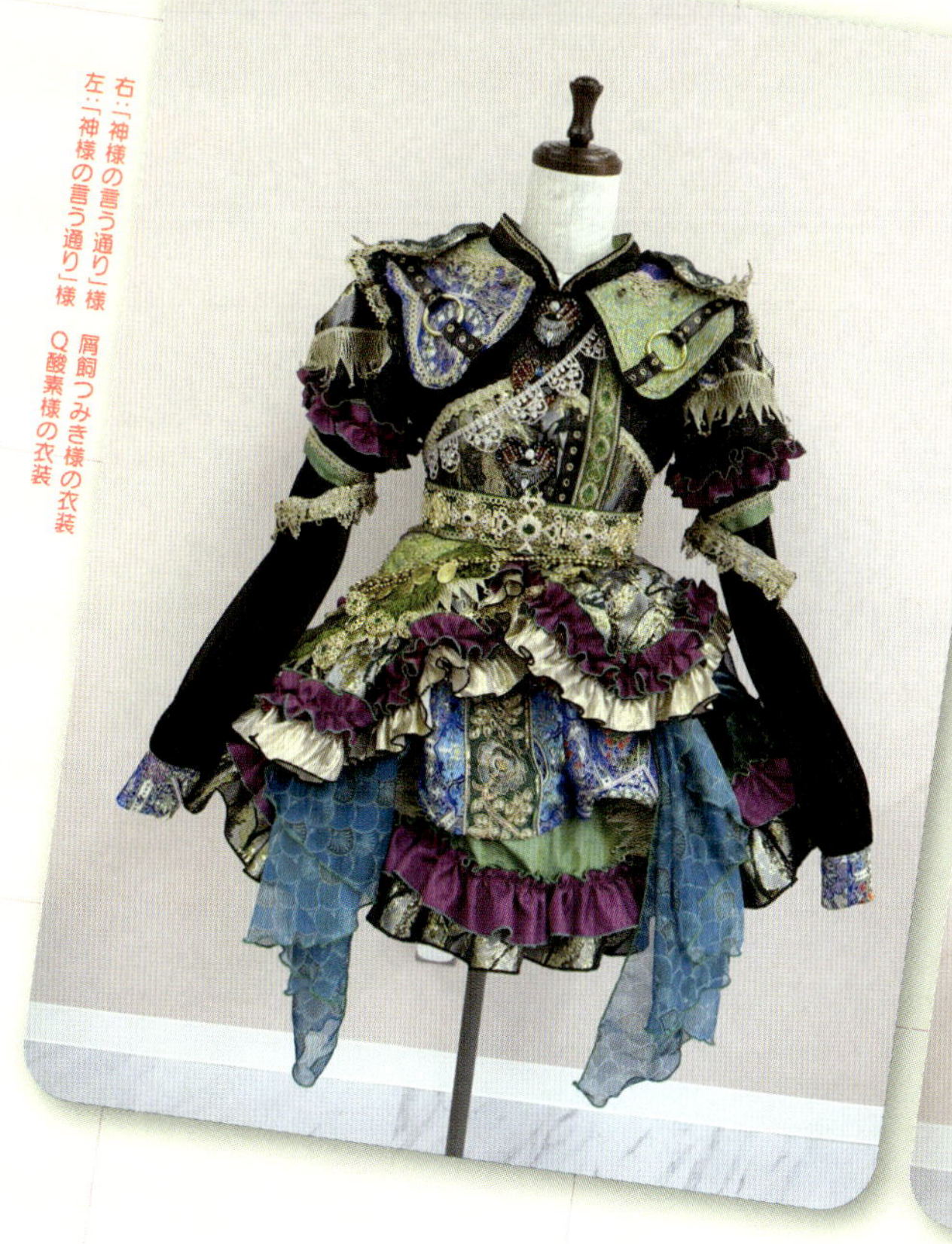

右：「神様の言う通り」様　屑飼つみき様の衣装
左：「神様の言う通り」様　Q酸素様の衣装

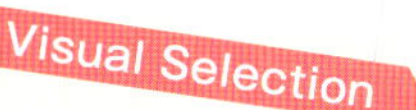

kondousan

X=@kondouMomoko
Instagram=momo_kondosan

Q1　まずはkondousanさんがどのようなきっかけで、服飾の道に進まれたのか、経緯を伺えますと幸いです。またご自身の衣装は、着る方々にとってどのような存在でありたいと考えているかもお聞きできたら嬉しいです。

A1　服に興味を持ったのは小学校低学年の頃で、容姿に特別秀でた事もなく、どちらかと言うとコンプレックスな所もあったのですが、好きな服を着ている時は〝なりたい自分になれる〟と、好きな服を着てはワクワクするようになり、ちょうど矢沢あい先生の『ご近所物語』のアニメが始まって「実果子ちゃんみたいになりたい！」と思ったのが強くファッションデザイナーになりたい！　と思ったきっかけでした。その後、高校受験も服飾に力を入れている学校に受験するも失敗しましたが、一八歳のときに服飾の専門学校に入学して服飾の勉強をし始めました。けれど、やる気はあるものの空回りするタイプで、ひとつひとつを理解するのにとても苦労していた学生時代でした。服を製作するのには向いていない学生でしたね(笑)。学校卒業後、婦人物のニットのアトリエに務めたのですが、退職。その後アメリカ中心の古着屋さん(アメカジと言うよりは50ｓのロカビリースタイルや60ｓのサイケデリックなお洋服、70ｓのヒッピースタイルを多く扱っているお店)に入社。いま得意としている柄合わせはここでの経験がとても大きいと思っていて、ディスプレイからマネキンは、柄オン柄オン柄！　と言ったコーデをよく組んでいてネックレスもベルトも二〜三個使いは当たり前な感じでした(笑)。けれど、このレイヤードスタイルや柄合わせはいまのデザインの強みになっているので、本当に古着屋さんに務めていてよかったなと思っています。もの作りの現場からは離れたものの、やっぱりクリエイトする事に諦めがつかず…。古着屋さんを退職してアルバイトをしながらアクセサリーや雑貨を作っては作家活動みたいな事もしていました。ですが、やっぱりお洋服が作りたい！と思い二〇代後半でドレスを主に製作しているアトリエに務めるようになりました。と言ってもそんなにドレスのオーダー件数が多い会社ではなく、そこではアイドルの衣装も製作していたんです。私はアイドル衣装をメインで仕事させて頂き、四年務めて独立する運びになり、いまに至ると言った経歴です。

また、衣装はやっぱり演者さんたちにとってのお守りのような存在でいて欲しいというか。自信のない時や、鼓舞させて欲しい時〝大丈夫！　あなたは世界一可愛いし、かっこいい！〟と私の作った衣装を着ることによって自信をつけて欲しい。堂々となりたい私になってほしい、と思います。独立して約八年程経つのですが、沢山のアイドルさんに関わらせて頂いています。

Q2　kondousanさんは、さまざまなコンセプトのコスチュームやアイドル衣装を手掛けられています。特にアイドルさんの衣装では、デビューから生誕、卒業まで、ひとりの人生のターニングポイントに立ち会い、その子たちひとりひとりに合わせて衣装をつくられているように感じています。特に「君に、胸キュン。」様はデビューから現在まで衣装を担当されていますね。そうした様子からは、一つのグループの成長などを見守るようなお気持ちもあるのかなと想像しておりますがいかがでしょうか？

A2　「君に、胸キュン。」さんがデビューする少し前に私も独立して、いまでも一緒に並走しています。今では全国、海外でもLIVEをしているアイドルさんで大きく羽ばたいている姿を見させていただけて、とても嬉しく思います。特に「君に、胸キュン。」さんのプロデューサーさんとは衣装を製作するにあたり、「今回は今までに無かった色使いにしましょう！」というお話など、毎回衣装のテーマや狙いを一緒に話しながら決める事が多いです。また、初期は制服系で可憐かつエモさのある雰囲気が多かったのですが、メンバーさんも卒業したり、新メンバーさんも入ってきたりで、逆にいまは華やかで可愛いデザインにしていて、今のメンバーさんにも似合う雰囲気をプロデューサーさんとファンの方、まだ見ぬ新規の方が沸くような新衣装を目指してプロデューサーさんと作り上げてきました。関わらせていただいているどのアイドルさんにも、皆さんから思い入れや

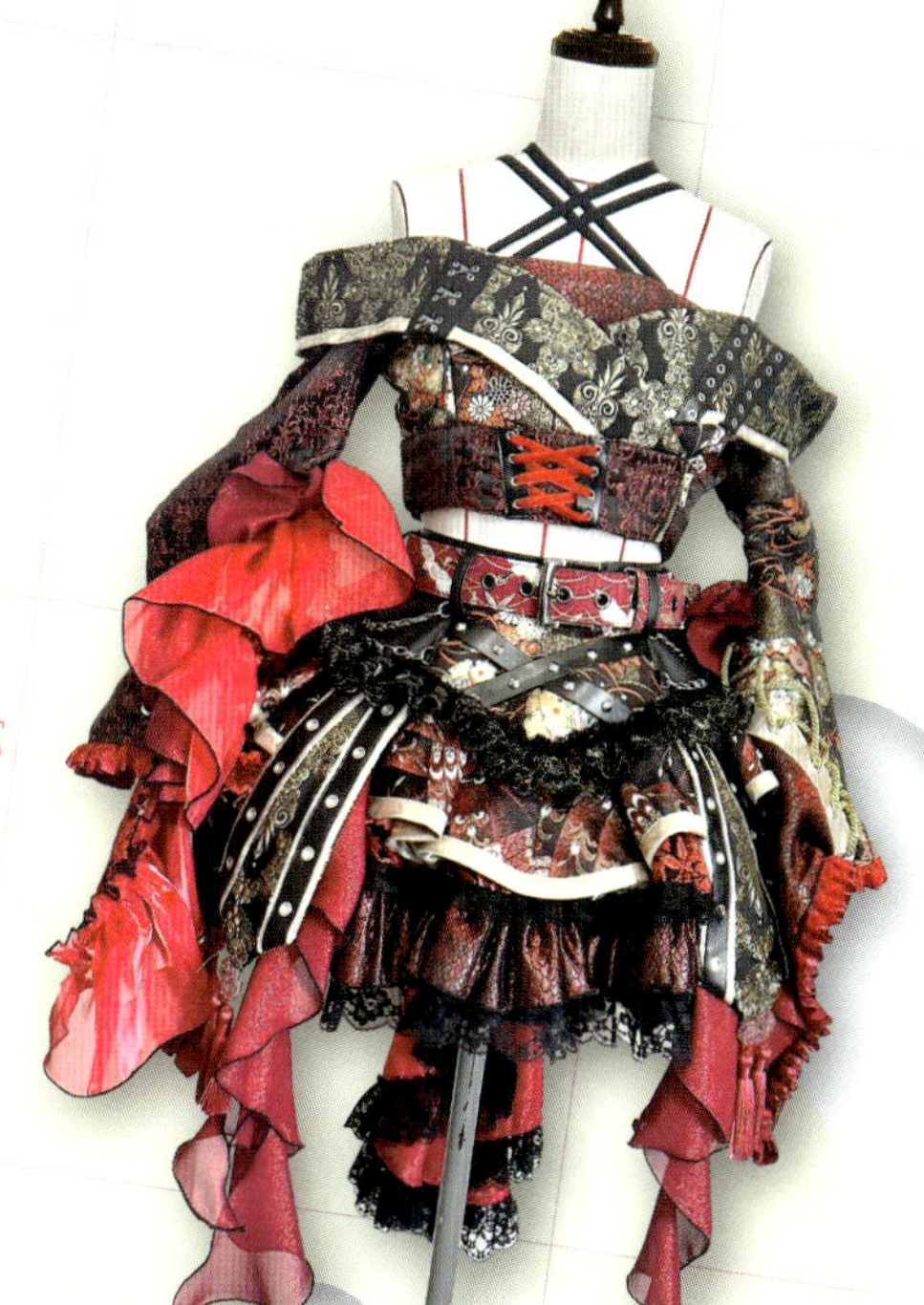

「ふぇありーているず！」様　夢咲このか様の衣装

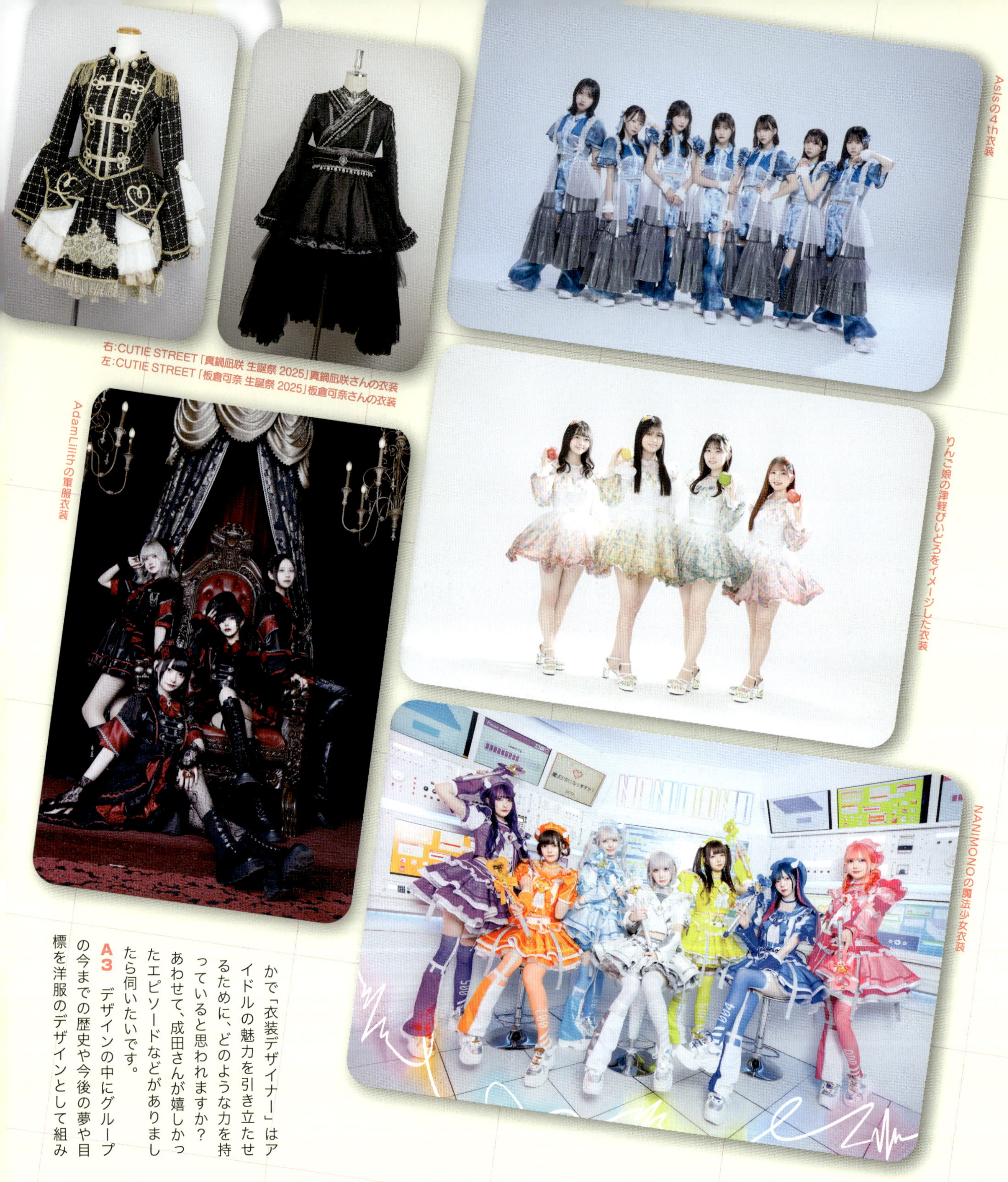

右:CUTIE STREET「真鍋凪咲 生誕祭 2025」真鍋凪咲さんの衣装
左:CUTIE STREET「板倉可奈 生誕祭 2025」板倉可奈さんの衣装

Asisの4th衣装

AdamLilithの軍服衣装

りんご娘の津軽びいどろをイメージした衣装

NANIMONOの魔法少女衣装

かで「衣装デザイナー」はアイドルの魅力を引き立たせるために、どのような力を持っていると思われますか？　あわせて、成田さんが嬉しかったエピソードなどがありましたら伺いたいです。

A3　デザインの中にグループの今までの歴史や今後の夢や目標を洋服のデザインとして組み込むことも好きで、ファンの人がたまに気づいてくれたりすると、とても嬉しいです。自分が過去に作ったデザインをセルフオマージュしたりもします。アイドルは応援してくれるファンの方あってこそ輝ける存在なのかなと思っているので長く応援しているファンの方が気づいて当時のことを思い出してくれたり、新しいファンの方がグループのこれまでに興味を持ってくれるようなデザインができると「してやったぜー！」という気持ちになります（笑）。また現在は私の地元青森県弘前市の伝統工芸を組み込んだ衣装デザインをする機会もあり、昔からある物を地元の職人さんたちの力をお借りしながら新しく可愛くデザインしていくのも楽しいです。今までの歴史があるものを新しい切り口で表現し、興味をもってくれる方が少しでも増えてくれたらいいなと思いながらデザインしています。

Q4　成田あやのさんが今後活動する上でやってみたいことや、告知できることがありましたら教えてください。

A4　「udonfactory」という「好きなものを作る工場」を作りました。paraoid（パラロイド）では一緒に働いてくれるスタッフが好きなことに挑戦できる場所を、KAKIAGE（カキアゲ）では衣装制作で残ってしまう端材を使って、ファンに喜んでもらえるものを、cherrypick（チェリーピック）ではもっと身近に感じられる衣装を、Eudemonics（ユーデモニクス）では衣装の魅力を発信できる場所を作って魅力を発信できたらと思います。

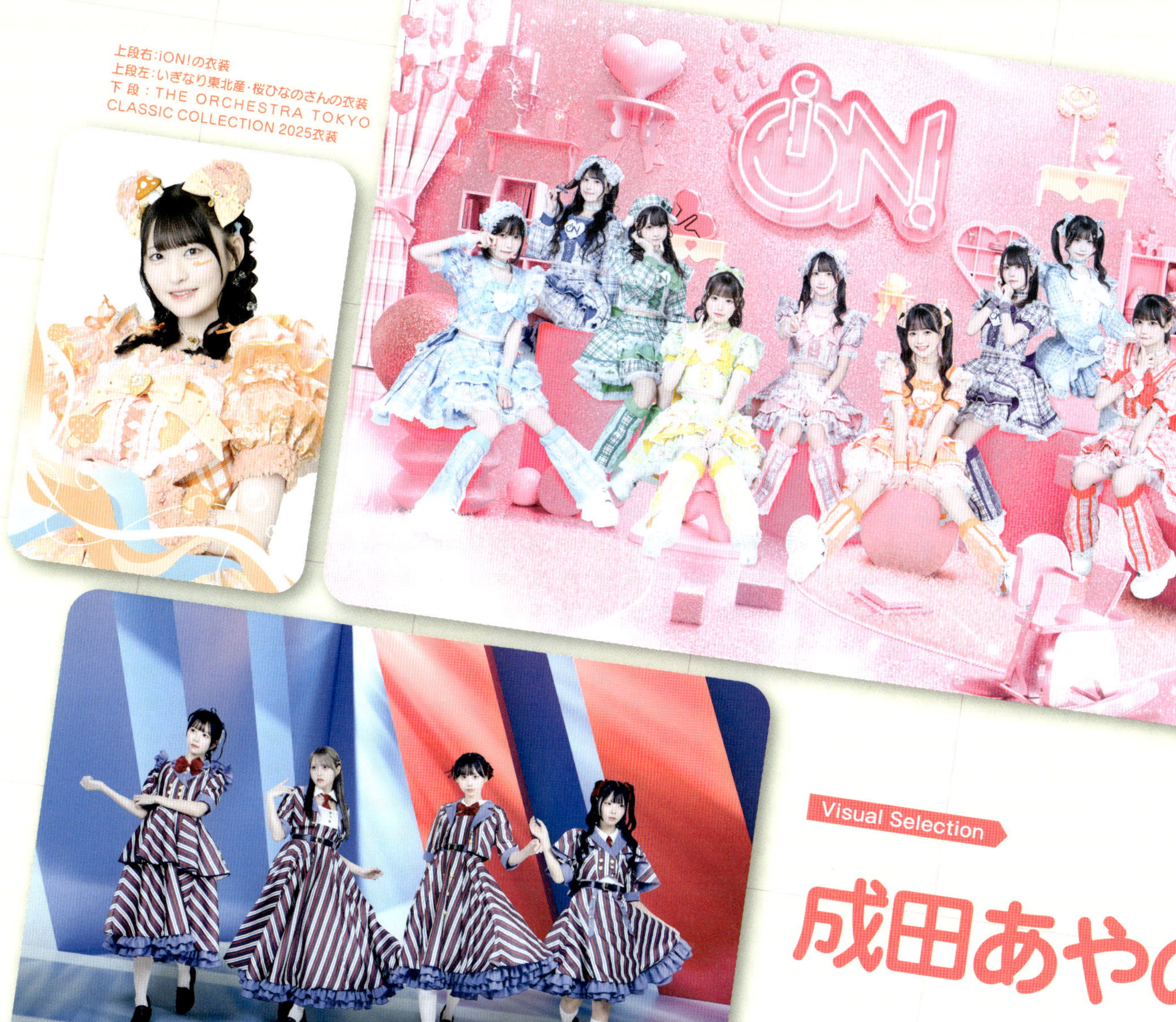

上段右：iON!の衣装
上段左：いぎなり東北産・桜ひなのさんの衣装
下段：THE ORCHESTRA TOKYO CLASSIC COLLECTION 2025衣装

Visual Selection

成田あやの

X=@2Mkyu
Instagram=nrtayn_95
HP=https://www.udonfactory.net

Q1 成田あやのさんは現在、衣装制作会社「udonfactory」を立ち上げ、様々なアイドルの衣装を手掛けられております。ここでは、成田あやのさんが服飾の道に進まれた経緯について教えてください。

A1 小さい頃実家の近所に歳が離れたお姉さんたちがいてオシャレを教えてくれました。ティーン誌を一緒に読んだり、子供用のメイクセットでメイクをしてくれたり、オシャレや服に興味を持ったきっかけはこれが大きいかなと思います。年齢が上がるにつれてモーニング娘。さんや、ももいろクローバーZさん、AKB48さんなどの女性アイドルに興味を持ち、楽曲やミュージックビデオごとに変わる衣装が可愛くて自分も着てみたい！と思いながら見ていました。その流れでたまたま見たAKB48さんのドキュメンタリーで体調不良のなか、センターに立つ前田敦子さんに衣装を着せる方々を見てこの人たち凄いと思い作り手に憧れ、そういう現場にいたい、服を作りたいと思い、服飾専門学校に入りました。服飾専門学校在学中はアイドル衣装を作っている方の現場にアシスタントに行き、やっぱり現場って面白いな～！衣装って自分の好きなように飾って作ってもいいんだ！と思い再び惹かれ、卒業後は衣装の道に進もうと思いました。

Q2 成田あやのさんの手掛けられる衣装は、王道、クラシカル、ロック、近未来風など様々な世界観に寄り添いながら、アイドルひとりひとりの輝く力をぐっと引き出してくれるエネルギーを感じております。成田あやのさんが衣装をデザインされる上で、大切にされていることやこだわりについてお聞かせください。

A2 アイドル衣装制作において私が一番大切にしていることは全体のバランスです。どういうテーマの衣装であっても、グループ感というかメンバー全員が集まった時に最高に可愛いと思えるデザインバランスを心がけています。誰か一人だけが可愛く、目立ってもアイドル衣装としては違うかなと制作当初から思っており、メンバーさんの要望は聞きますが全体のバランスの為であれば聞き入れない時もあります。素材に関して特に好き、嫌いがなくパタンナーと共に意見を言い合いながら決めるのが楽しいです。成田あやのといったらこういう系統のデザイン！というのをあえて作らず色々なテイストの衣装を作っていきたいと考えているので今後も色々な素材に挑戦していきたいと思っています。

Q3 成田あやのさんはこれまで、たくさんの方々の一瞬一瞬を輝かす衣装を手掛けられてきました。そんな成田さんが衣装の持つ力をどのようなものだと考えられているか気になっております。アイドル業界のな

きゅるりんってしてみて『らぶきゅん♡うぉんてっど』

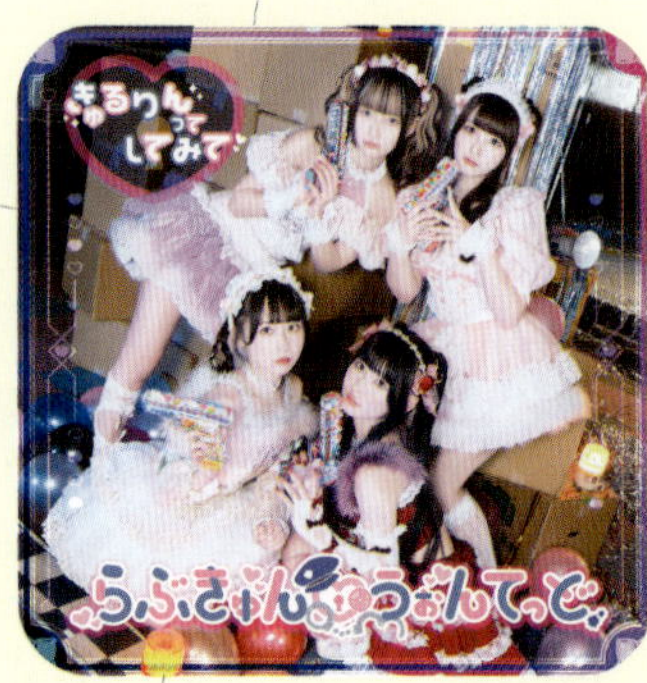

2024年3月6日にリリースされた『らぶきゅん♡うぉんてっど』のジャケット。また左の4枚は、同月に公開されたMV内でメンバーの環やねさん、島村嬉唄さん、逃げ水あむさん、チバゆなさんが着用された衣装。メンバーカラーを基に、それぞれに個性のあるデザインでありながら、共通であしらわれたファーが統一感を生み出している。引き締まったトップスと、ウエストから広がる軽やかで立体的なスカートで、動きの美しさが際立つ。

島村嬉唄さんの衣装

オフショルダーのファーと、パールの組み合わせがエレガント。厚みのある生地に施されたレースとビジューの繊細な装飾が美しい。

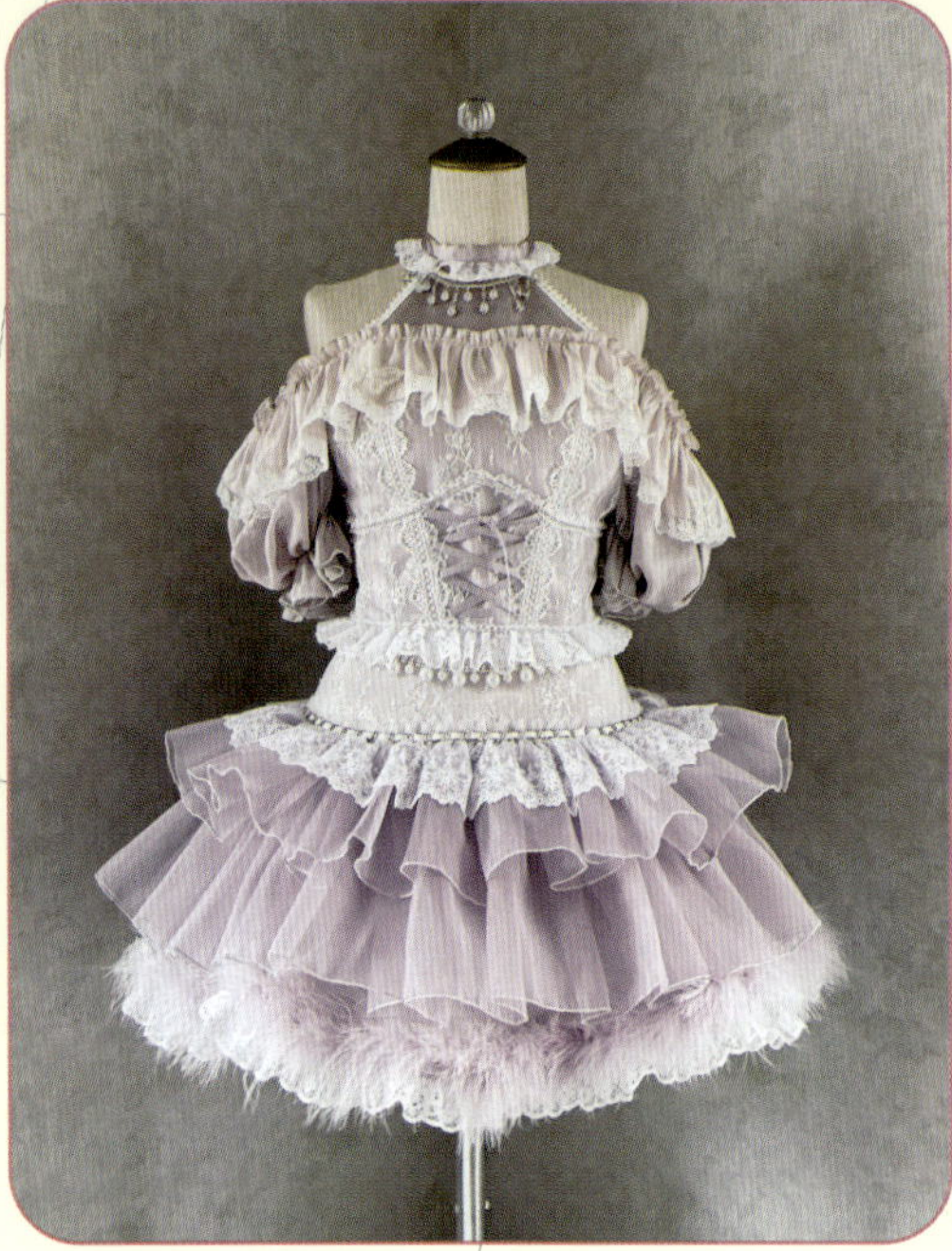

環やねさんの衣装

蝶のモチーフのレースや、オフショルダーパフスリーブ、ネックラインの洗練されたデザインに気品と可憐さを感じる。

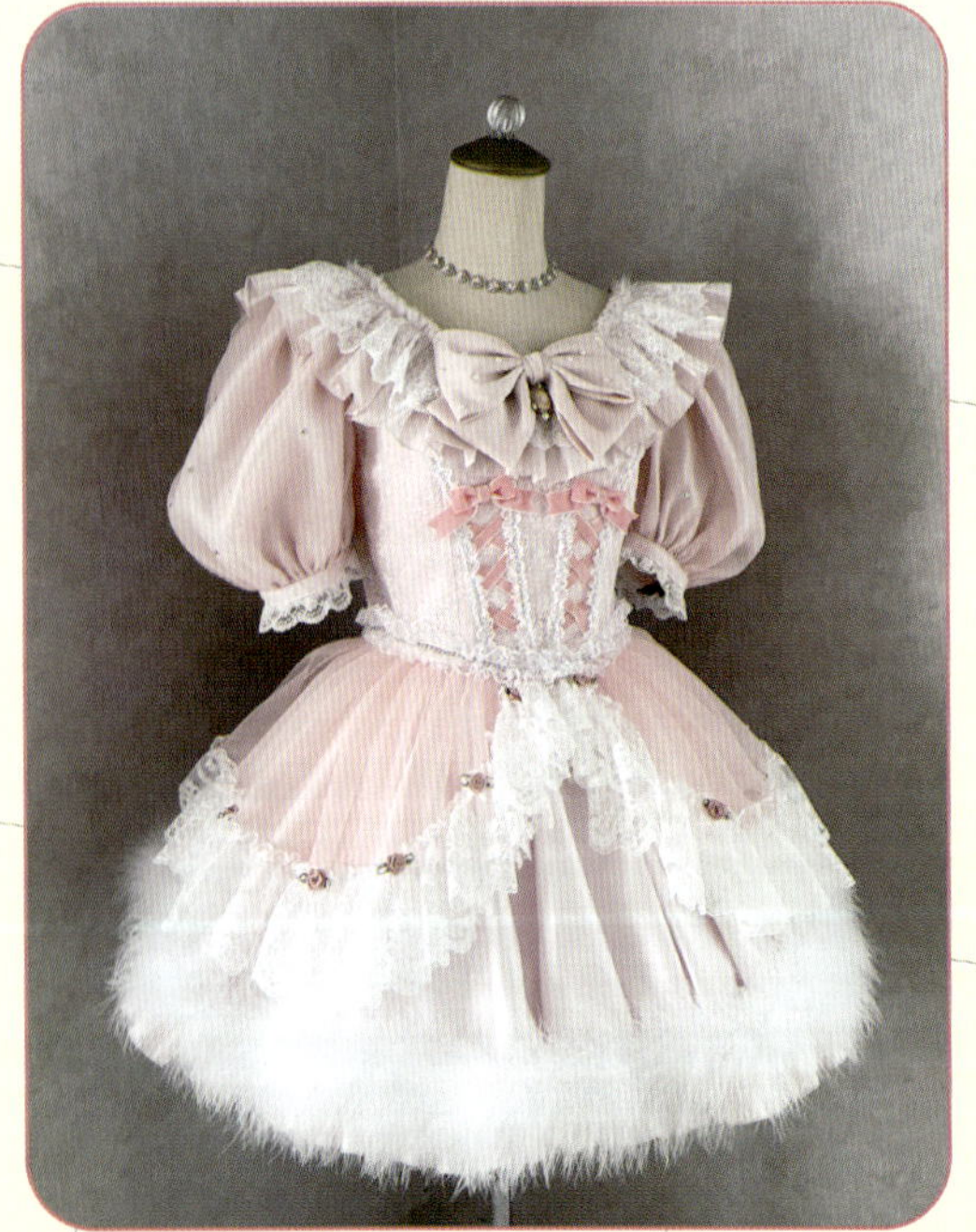

チバゆなさんの衣装

胸元の立体的なリボンとレースアップされたリボンのデザインがラブリー。袖やスカートのふわっとしたシルエットが可愛らしい。

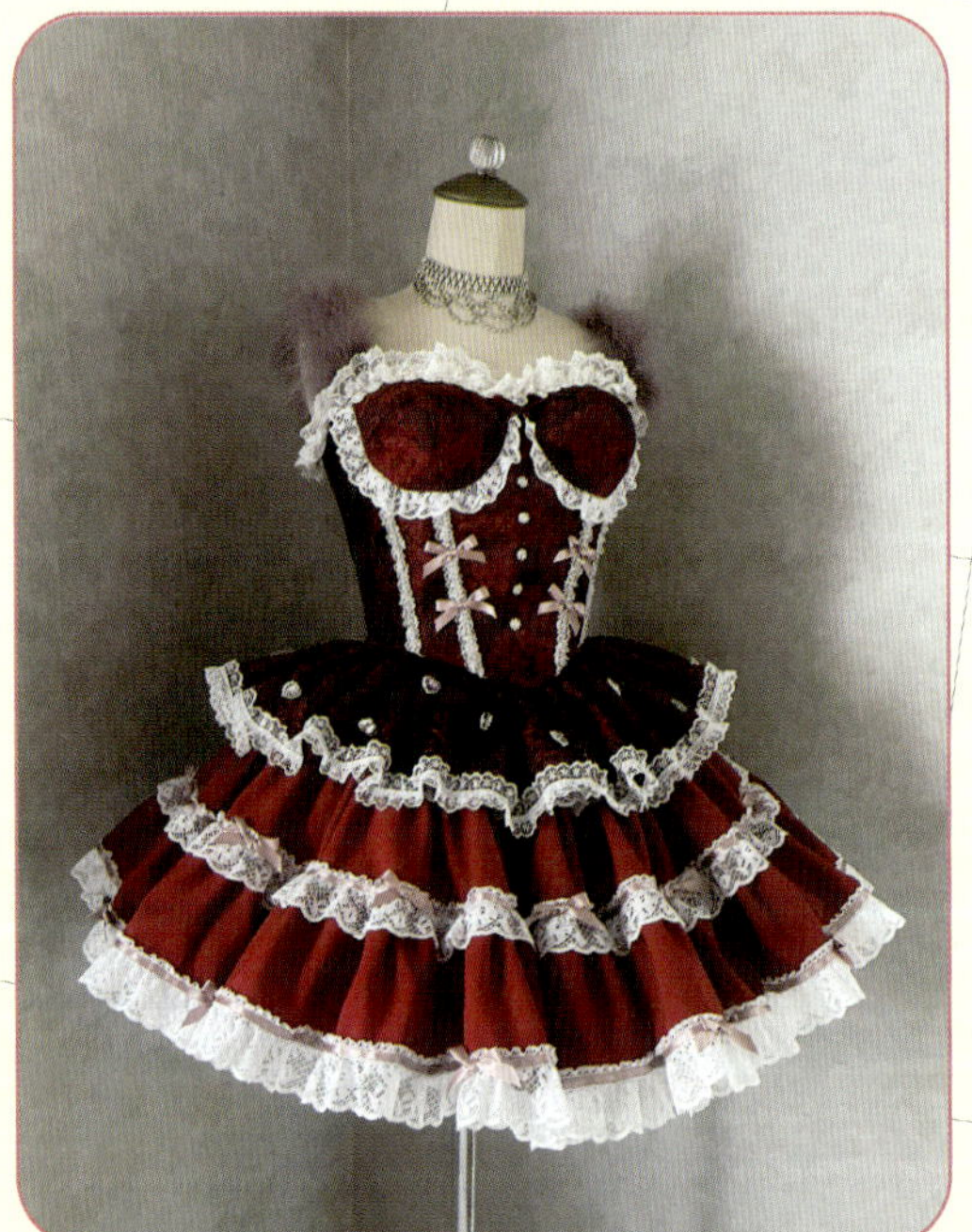

逃げ水あむさんの衣装

深い赤色が目を引くビスチェスタイルの衣装。華やかなジャガード生地とマットな生地のコントラストがリッチな印象を与えている。

時はよく使います。

Q7 R-iNさんの衣装には、着る者の輝きをそっと引き上げてくれるような力が宿っているように感じます。R-iNさんにとって、アイドルの衣装はどんな存在でしょうか？ また、手掛けた衣装はアイドルやファンの方にとってどんな存在でありたいですか？

A7 アイドル衣装は今の私にとって一番作りたいと思うデザインを受け入れてくれる所です。私の今のデザインをアイドル衣装の界隈で受け入れられていなかったら続けていなかったと思います。だからこそ私に作ってほしいと思ってくださった方には私の最大限をお渡ししたいですし、最大限しか着せられないです。なので、毎回どの衣装でもその方にとって「今までで一番似合う」「一番かわいい」と言っていただけるような衣装を目指して制作しています。この想いはこれからも絶対変わらないと思うので、恐れ多いですが、私が制作すれば、必ず可愛くしてもらえる。と思っていただけるようになったらとても嬉しいです。

Q8 デザインから縫製、装飾までご自身で手掛けられているR-iNさんですが、作ることができてよかったな、と思う瞬間はどんなときでしょうか？ また、印象に残っている制作時のエピソードがありましたら教えてください。

A8 好きなことだからこそ、こだわりが強すぎて、自分を追い込みすぎて、全部放り投げたくなる時があります。（絶対しませんが…）いいものを作るには大事なことだと思ってます。どんなに大変でも、アイドルの方が衣装を着てステージで踊って、ファンの方の歓声を聞くと本当に大変だったこと全部忘れてしまうんですよね。それくらいアイドルって感動的で涙が止まらなくなるくらいです。その瞬間本当にアイドルって最高、素晴らしい、携われてよかったと本当に思います。私はいつでも裏方にもなれるし、会場から見れば、ファンにもなれてしまう、とても美味しいところにいる　と思います。見えない所で練習するアイドルの方たちも、そのアイドルたちを全力で支えるスタッフの方たちも、ステージを観て歓声をあげるファンの方たちも、近くで見れるのに気持ちは少し客観的にもなるので、その大好きだからこその一生懸命な姿に感動しますし、いつも元気をもらいます。作るのが大好きで、このお仕事をしていますが、正直一番楽しい瞬間は現場に行って人と関わった時です。

Q9 R-iNさんが今後活動する上で目標にしていることや、やってみたいことを教えてください。

A9 今はウェディング以外、一般の方のオーダーをお受けしていないのですが、たくさんの方に一般販売してほしいというメッセージをいただくので、いつかリアルクローズで服の展開をしてたくさんの方にときめきをお届けできたらいいなと思っています。

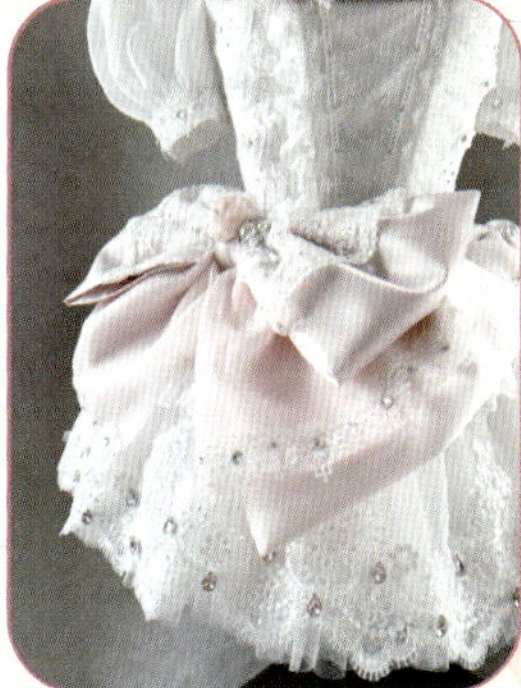

CUTIE STREET
川本笑瑠さん
生誕祭衣装

2025年4月22日に開催された「CUTIE STREET 川本笑瑠 生誕祭 2025」にてお披露目された衣装。パフスリーブやスカートの可愛らしい丸いフォルムと、ピンク色と白色の組み合わせが少女心をくすぐる。アイコニックなリボンには、一つ一つ異なるパーツが施されており、その細部へのこだわりに見る者も心ときめく。RiNさんが手縫いで付けたというスカートの裾の約80個のビジューは、川本笑瑠さんの晴れやかなパフォーマンスと共にキラキラと輝く。

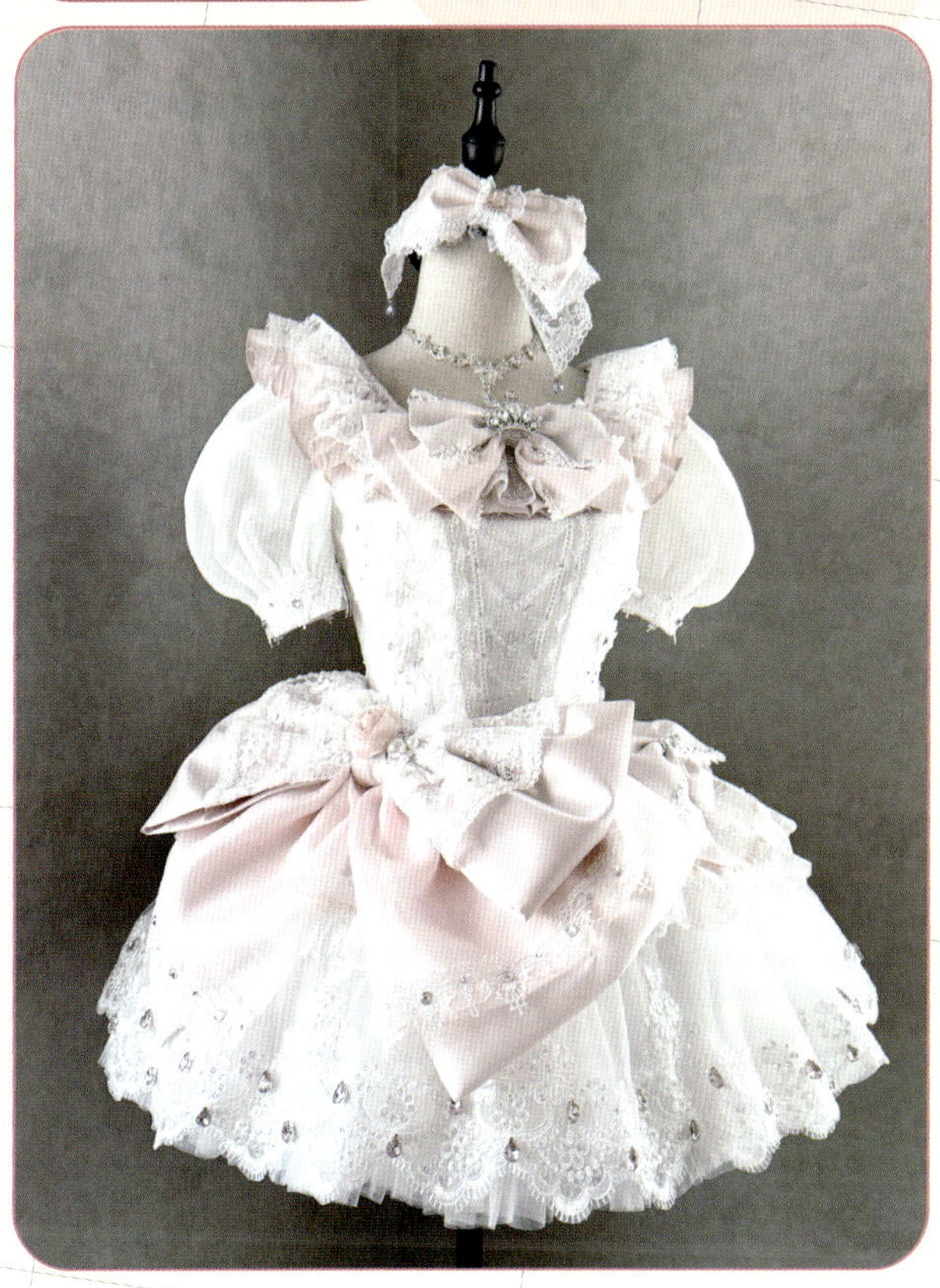

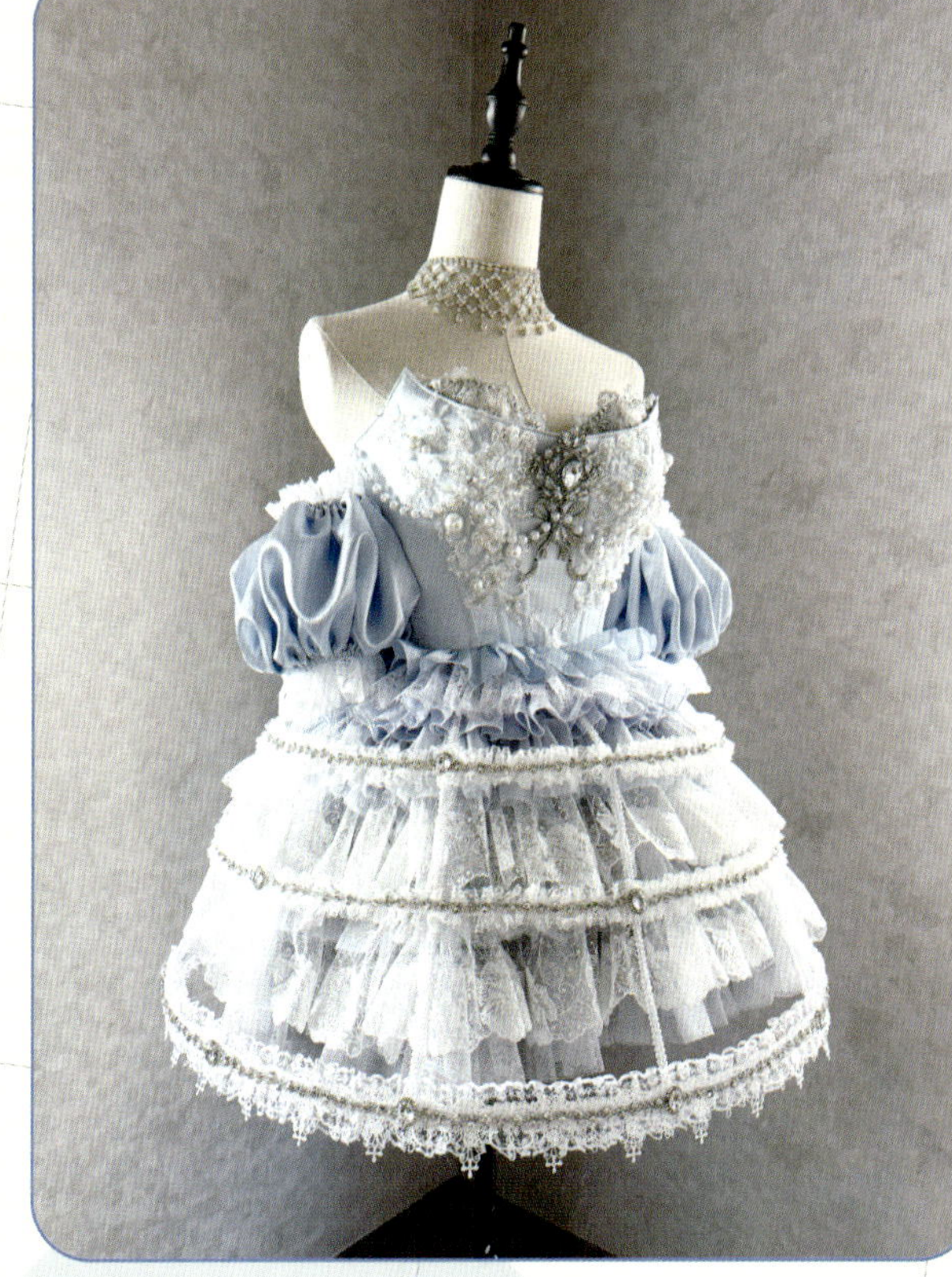

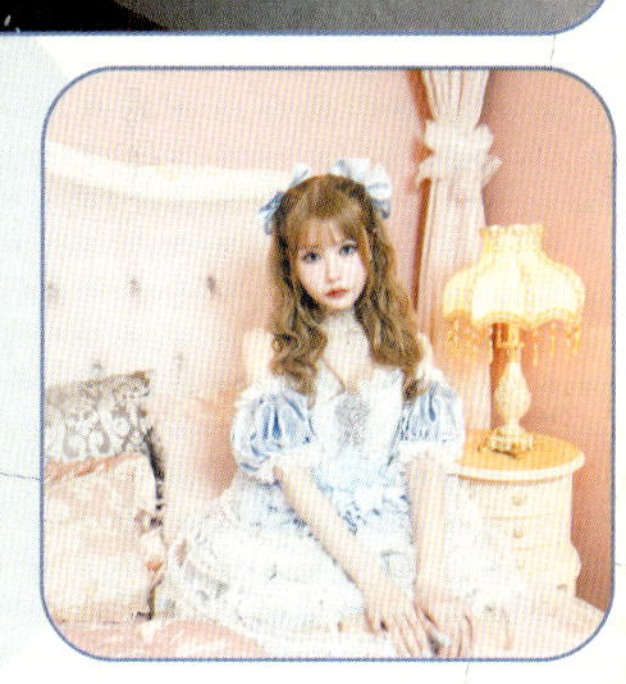

戦慄かなのさん
生誕祭衣装

2025年9月9日に公開された「moreきゅん奴隷」のMVでも着用されている衣装。絶妙にニュアンスの異なる水色の布が組み合わさる優雅な雰囲気に魅了される。デコルテラインのきらびやかなアクセサリーやレース装飾、パフスリーブのディテールがフェミニンで美しい。また、きらりと輝く胸元の装飾によって光がぎゅっと中心に集まり、華やかさと存在感が高まる。そして、スカートにはレースやビジューによって飾られた「クリノリン」のようなデザインがあしらわれており、ライブパフォーマンスでも、ふわっと弾むように揺れる様子が印象に残る。

A5　Q3と似てしまいますが、軸になるのは依頼者の方の希望やコンセプトです。そこにその方の好みだったり、その方だから出来たデザイン、その方が一番似合う、一番の魅力を引き出せるデザインを私なりに組み立てていきます。着想は、感覚なので特に何ってものは無いです。西洋ドレスやバレエ衣装のようと言っていただくことが多いのですが、言われてからその要素があることに気がつきました。西洋ドレスやバレエ衣装のような綺麗めな印象が強い衣装は昔から大好きで、本やSNSでよく見ているので、無意識に要素が入っているのだと思います。マリー・アントワネットの映画や、『グランド・ブダペスト・ホテル』や、『シンデレラ』、『マレフィセント』、『クルエラ』のディズニー実写映画、『アリス・イン・ワンダーランド』、『ミス・ペレグリンと奇妙なこどもたち』など、ティム・バートン監督の映画は特に大好きです。ファンタジーさを感じる衣装が好きなのは映画の影響が強いと思います。最近は基本的には私自身が思うかわいいをデザインさせていただくことが多くて、このお仕事を始めたばかりの時は、日本ウケがいいだろうなという、"日本らしいかわいい"だったり、アニメっぽい、少しポップな要素があるデザインを作るべきかと葛藤した時もあったのですが、私らしい衣装を制作していて共感してくださる方がとても多いことが分かってからは、全力で私が思うかわいいをデザインするようにしています。

Q6　アイドルの生誕祭では特別な一日を彩る衣装を手掛け、グループ衣装ではグループの色を出しつつひとりひとりの魅力を最大限に引き出す衣装を作っておられます。パフォーマンス衣装からスタイリング用のドレスまで、実際に着るアイドルの方を思いながら、RiNさんが心がけていることを教えてください。

A6　私はその衣装を着る方にはその衣装をステージでの鎧、自信、この衣装を着ているから大丈夫！　というお守りのような衣装になってほしいと思っています。そのため、着た時の高揚感を一番大事にしています。アイドル衣装は基本的に細かな所にこだわっても、会場にいるファンの方には見えないことがほとんどです。ですが、着る方からすれば、常に近くで見ますし、細かなこだわりの方がときめきは大きいと思います。なので、私はファンの方からは見えないくらいのこだわりを特に大事にしています。見えないからいいや。の妥協があまり好きではないです。例えば、繊細なレースの柄、形、デザインは遠くからほとんど分からないですが、どのレースを使うか、一番の最適な選択をしたいので、そのための時間は惜しまず使いますし、繊細なレースをたくさん使用する理由もここに繋がります。また、シルエットに合う丈感、袖の形、襟ぐりの形、ウエストの切り替え位置、レースを付ける位置など、似合うかどうかも高揚感には欠かせないので、これらもミリ単位でこだわります。そして、アイドルの方にとってはファンの方たちからの見え方が一番大事だと思いますので、会場の一番遠くまで届く、スカートなどのフリルの動き、ビジューやスパンコールの輝き、"舞台映え"も同じくらい大事にしています。ここまでは見た目のことで、耐久性、動きやすさも、もちろんこだわります。デザインが可愛くても踊りにくい衣装だと、高揚感も台無しなので、体にフィットしたシルエットでありながらも、動きやすさも大事にしています。一番耐久性を気をつけるのは、グループ衣装、次に生誕衣装、雑誌での衣装です。そのため、グループ衣装で使えるビジューは特に限られてきます。レースに引っかかってしまうことがあるので、パーツが限られてきます。どうしても、使いたいビジューがある時は、レジンでコーティングしたりします。これらに比べて、生誕祭衣装は何回も洗濯したりしないので、ラインストーンをたくさん付けたりすることができます。糸で付けるビジューよりかは耐久性に欠けますが、付ければ付けただけ舞台映えするので、生誕衣装の

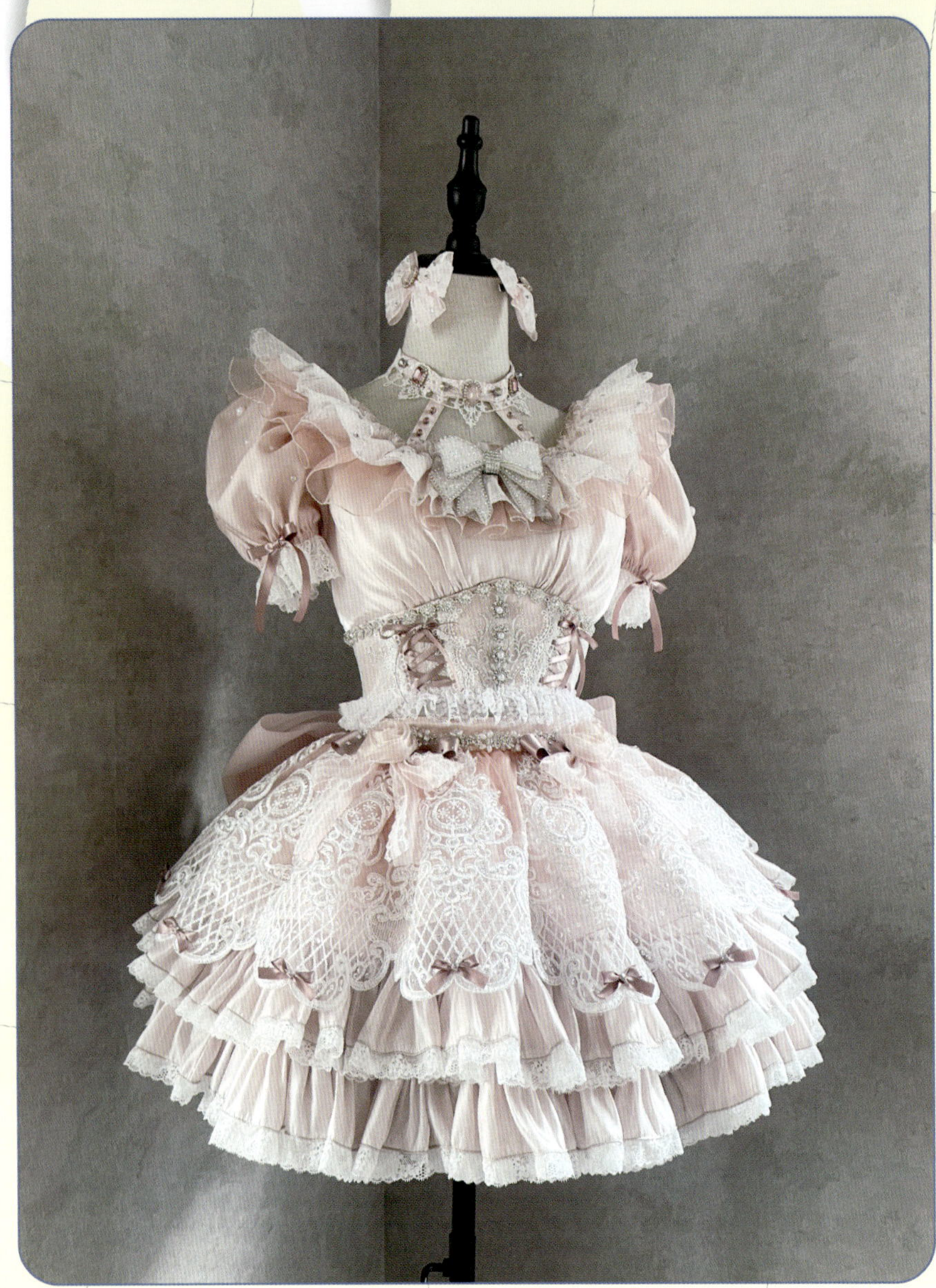

Onephony 田島櫻子さん 生誕祭衣装

2025年2月19日に開催された「Onephony 田島櫻子生誕祭2025「いくつになってもお世話係は必要だもんっ♡」」にてお披露目。ビジュー装飾された胸元のリボンやチョーカーがラグジュアリーな衣装。コーラルピンクとくすみピンクの色の組み合わせが調和しており、甘すぎない可憐さのなかに優美さが残る。また、アンティークな趣を帯びた光沢のある生地に、装飾的なレースがふんわりと重なるスカートは、どこかロマンティックな余韻をまとっていて、シルエットの愛らしさを一層引き立てる。バラをかたどったリボンにも心をくすぐられる。

一目惚れで、そこのアシスタントをはじめました。その際に舞台衣装の魅力に惹かれたのと、大きい会社というより、アシスタントをしながら個人でも好きなものを作るフリーの道を選びました。同時に卒業制作を『LARME』に貸したのをきっかけに、編集長がLARME 10thショーの衣装制作を頼んでくれました。それを見たアイドルの方々や運営の方から依頼が来るようになってという感じです。一点物の一番好きなところは、私のオーダー制の場合、その人のためだけに作られた服ということです。量産の服でも今は素敵なものが本当にありふれているので、一点物の衣装はその子だけのために、その子だから生まれたデザインや、その子に一番似合うデザインにしてあげられるというのが、一番の魅力だと思います。また、高級な仕立て方、布の使用量、繊細な装飾など、一点物ならではのデザインが叶うのも好きなところです。手作業で時間をかけるからこそ生まれる唯一無二の価値を大事にしたいと思ってます。

Q3 R-iNさんが衣装のデザインを考えるときに、どのような手順で形にしていくのかお聞かせください。

A3 基本的にはまず依頼者様の希望のデザインをお聞きして、そこに私のデザインを組み合わせていきます。川本笑瑠さんの衣装（P60掲載）だったら、まずリボンがたくさん付いている衣装で、色は白色とピンク色とのことだったので、リボンのインパクトが強くなるように大きいリボンと、バランスを考えて色んなサイズのリボンが付いたデザインになりました。せっかくリボンをたくさん付けるなら、同じデザインじゃつまらないと思い、一つ一つのリボンのデザインを変えたり、凝ったデザインにしたことで、この衣装は可愛くなったと思います。色も白色とピンク色で甘いイメージだったので、自然とトップスや、スカートのデザインもフリルやレースをたくさん使用しました。ですが、笑瑠ちゃんは甘いだけより、綺麗めが少しあった方が似合うと思ったので、デコルテが少し広めだったり、スカートの裾のコードレースは綺麗めな印象になるように選び、そこにたくさんのビジューを付けました。

Q4 R-iNさんの手掛ける衣装の随所に散りばめられたビジューや、繊細なフリル・レースにはまるで魔法がかかっているかのようなときめきを感じております。R-iNさんが衣装を作る際に好きな素材、そして色や素材の好きな組み合わせを教えてください。素材や色が生み出す効果を知ることが出来たら嬉しいです。

A4 デザインも大事ですが、私は素材選びが一番大事だと思っていて、常に高級感が出るような素材を選ぶように心がけています。あからさまに高級な生地を使用すればいいわけではなく、そのデザインや、その場所に一番適した素材を使用するということです。土台には必ず厚めで、しっかりした生地を選び、スカートのフリルなどで、分量を多くしたい場合は裾のドレープ曲線が細かい方が綺麗に出るような、薄い生地を選んだりしています。また、環やねさん、チバゆなさん（P61掲載）、川本笑瑠さんの衣装のようにサテンの光沢に、マットなレース生地を全体に重ねるのは少し可愛らしい印象になりますし、桜庭遥花さんの衣装（P58掲載）のようにサテン生地にラメ糸のレースを重ねると華やかな印象になります。戦慄かなのさんの生誕衣装（P60掲載）の場合はサテン生地に部分的に刺繍モチーフを重ねることでコントラストを付けて、光沢も強く出て、刺繍モチーフも華やかなので一番綺麗めで、高級な印象にしたい時に用います。

Q5 R-iNさんの手掛ける衣装は装飾的ながらも洗練されたシルエットから上品な印象を受けます。何層にも重なったふわふわのパニエや胸元のビジューのあしらいは女の子の夢や憧れがぎゅっと詰まっているようで胸がいっぱいになります…。R-iNさんの衣装のデザインは普段、どんなものから着想を得ているのかお聞きしたいです。

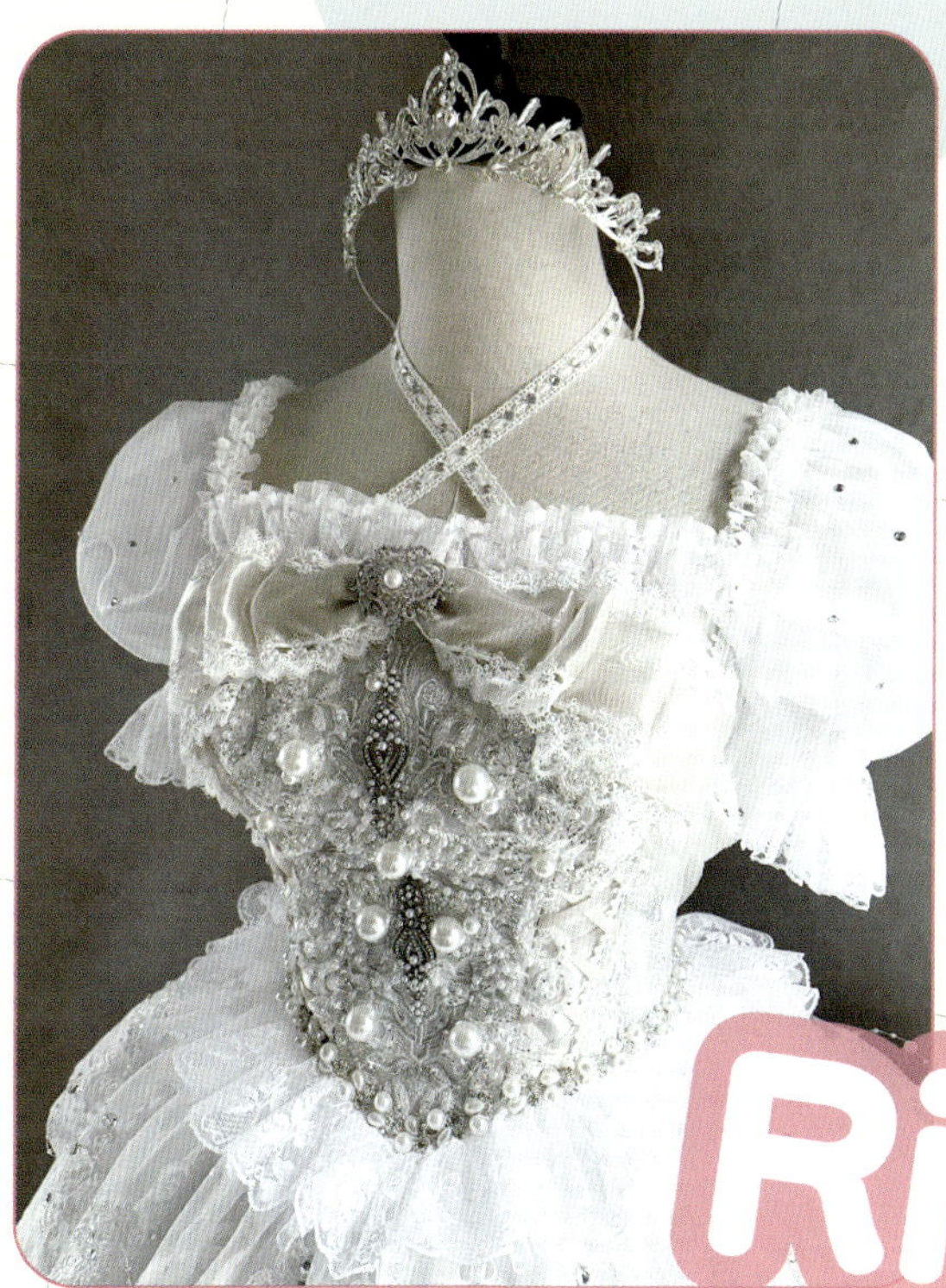

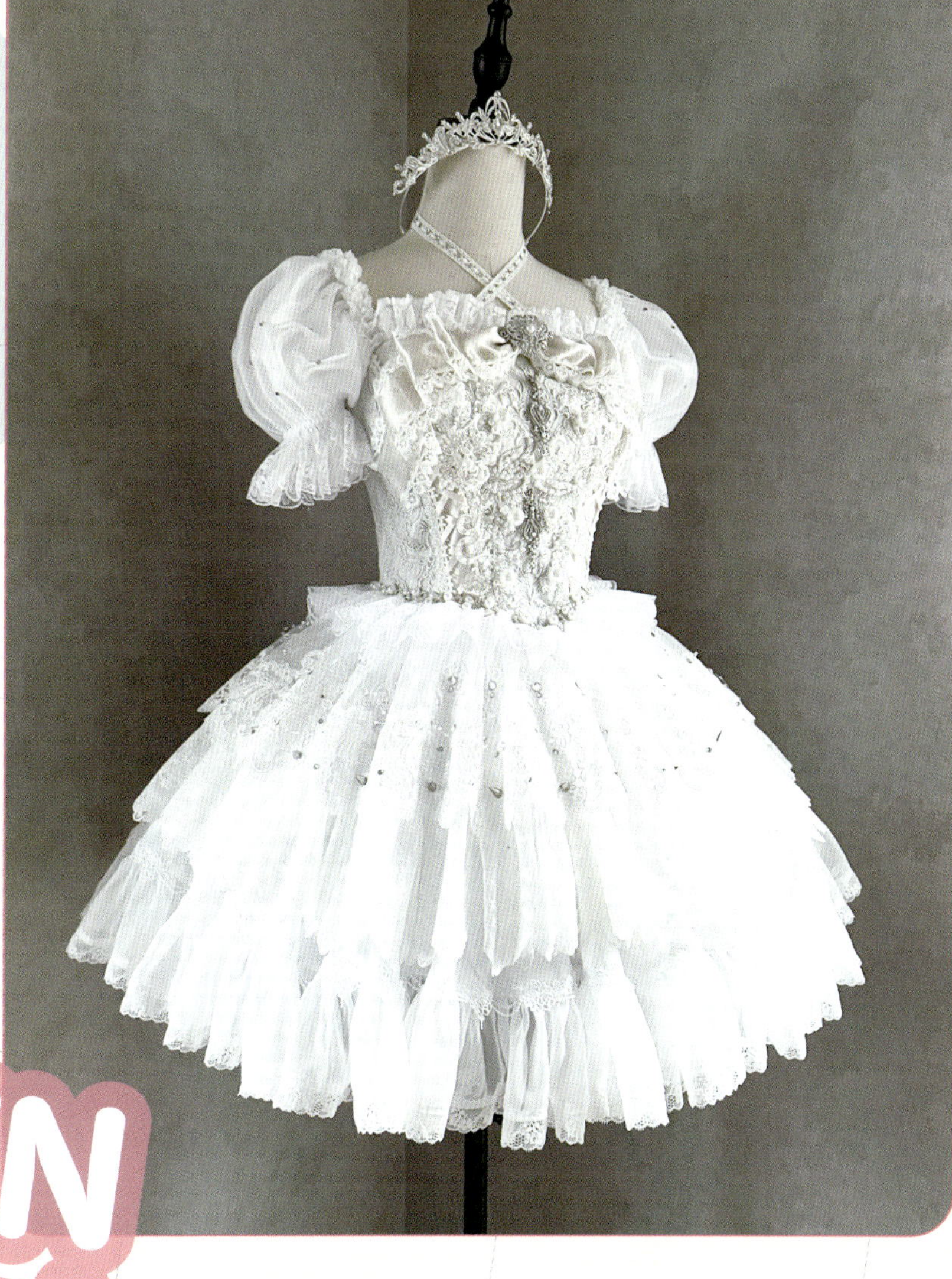

CUTIE STREET
桜庭遥花さん
生誕祭衣装

2025年3月10日に開催された「CUTIE STREET 桜庭遥花 生誕祭 2025」にてお披露目。純潔なイメージの白色のドレスに、頭にはティアラが飾られる衣装。トップスの刺繍レース生地に、様々な大きさのパールやビーズなどが細やかに施された、華やかな装飾に目を奪われる。また、やわらかなレースがたっぷりと重なったスカートは、白鳥の羽が重なったような気品がある。アクセントになっている鋭いスタッズで、桜庭遥花さんの"ふわふわした中にある芯の強さ"を表現されたそうだ。

RiN wakabayashi

生誕祭、ステージパフォーマンス、撮影のスタイリング…RiN wakabayashiさんはアイドルの特別な瞬間の衣装を手掛けられている。着用者に寄り添いながらデザインを考え、ビジュー装飾や刺繍、レース生地のディテール一つ一つにこだわり、丁寧に施すことによって、着る者を輝かせる。RiNさんの作るロマンティックなドレスは、特別な日のための一着のようで、着る者にもそれを見る者にも、まるで魔法にかけられたかのようなときめきを届けてくれる。今回は、衣装デザイナーのRiN wakabayashiさんの繊細で美しい衣装の紹介とともに、彼女が衣装を手掛けるようになった経緯や、ときめき溢れる衣装の制作をするなかで、どんなこだわりや想いがあるのかお聞きした。

RiN wakabayashi／衣装デザイナー。得意とする手仕事を活かしながら、ビジューやレース、刺繍などの繊細な装飾を施し、華やかでロマンティックな衣装を制作する。きゅるりんってしてみて『Maison de 520』『らぶきゅん♡うぉんてっど』MV、PiKi『Kawaii Kaiwai』、『LARME』2024年夏号（061号）桜庭遥花表紙衣装、LARME FES' 25『bisque doll theater／着せ替え人形劇』にてFRUITS ZIPPERの衣装を手掛ける。

X=@rin12_ss
Instagram=rin12_ss

Q1 小さい頃は、どんなものがお好きでしたか？またRiNさんがファッション（服飾）に関心を持たれたきっかけを教えてください。

A1 小学生の頃に韓国のアイドルが大好きになり、そのグループは衣装がいつも個性的で、普通に売ってるような服ではありませんでした。最初はこんな服を着たいから始まり、でもどこにも売ってない。じゃあいつかこんなどこにも無いような服を作るデザイナーになりたい。と思ったことが一番古いきっかけの記憶です。その頃から今でも、アイドルより衣装を真っ先に見てしまう癖があり、K-POPオタクであり、K-POP衣装オタクでした。小学校の先生にファッションに興味があるというと、読まなくなった海外のファッション雑誌を譲ってもらったことは今でも大事な思い出です。『VOGUE』という雑誌で、その雑誌の中は私にとって本当にキラキラした世界で海外のハイファッション、ラグジュアリーブランドを知るきっかけでした。

絵を描いたり、何かを作ることは元々大好きだったので、小学生で家庭科クラブ、中学で家庭科部、高校は服飾デザイン科がある学校に通い、そして、文化服装学院という感じで、ずっと何かを作るということは生活の一部でした。

Q2 RiNさんは現在衣装デザイナーとして、さまざまなアイドルのイベントや撮影時の衣装制作を担当されています。元々、服飾の学校でオートクチュールを学ばれていたとのことでしたが、アイドルの衣装を手掛けるようになった経緯はどのようなものだったのでしょうか？

A2 元々ドレス関係に携わりたくて、文化服装学院のオートクチュール科で、一点ものの高級仕立てを学びました。ですが、在学中にあるブランドに出会って

BanG Dream!（バンドリ！）とは

キャラクターとライブがリンクする次世代ガールズバンドプロジェクト。アニメ、ゲーム、リアルライブなどのメディアミックスを展開している。佐藤さんはリアルライブの衣装デザインを担当。

Morfonica Concept LIVE『forte』

メンバーそれぞれでバランスに差をつけながらも、ネイビーカラーでまとめたプリーツのボリューム感と、黒い合皮の重厚さで、ゴージャスな気品を感じさせる衣装。ボディを締めるコルセットには、レーザーカットによる装飾が施されていて、佐藤さんによれば、よく見るとモルフォ蝶のデザインも入っているという。Morfonicaの幻想的な世界を盛り立てるドラマチックな衣装だ。

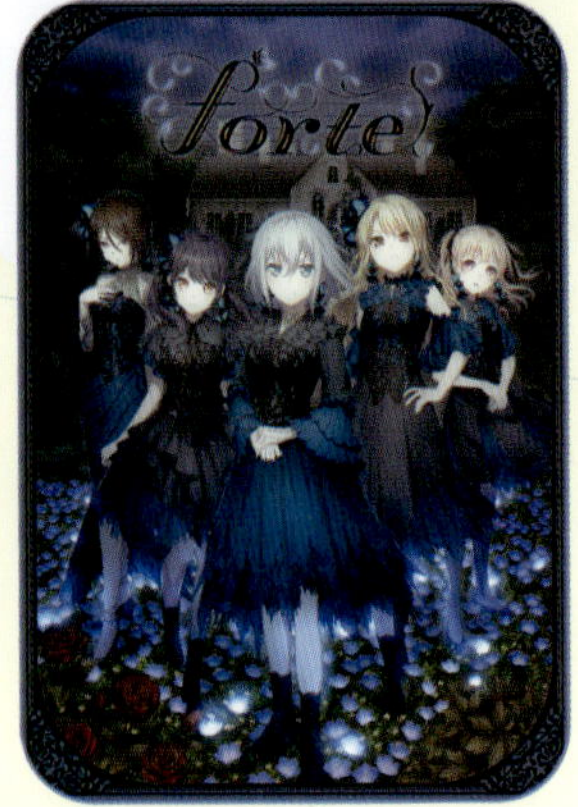

キャラクター側のメインビジュアル

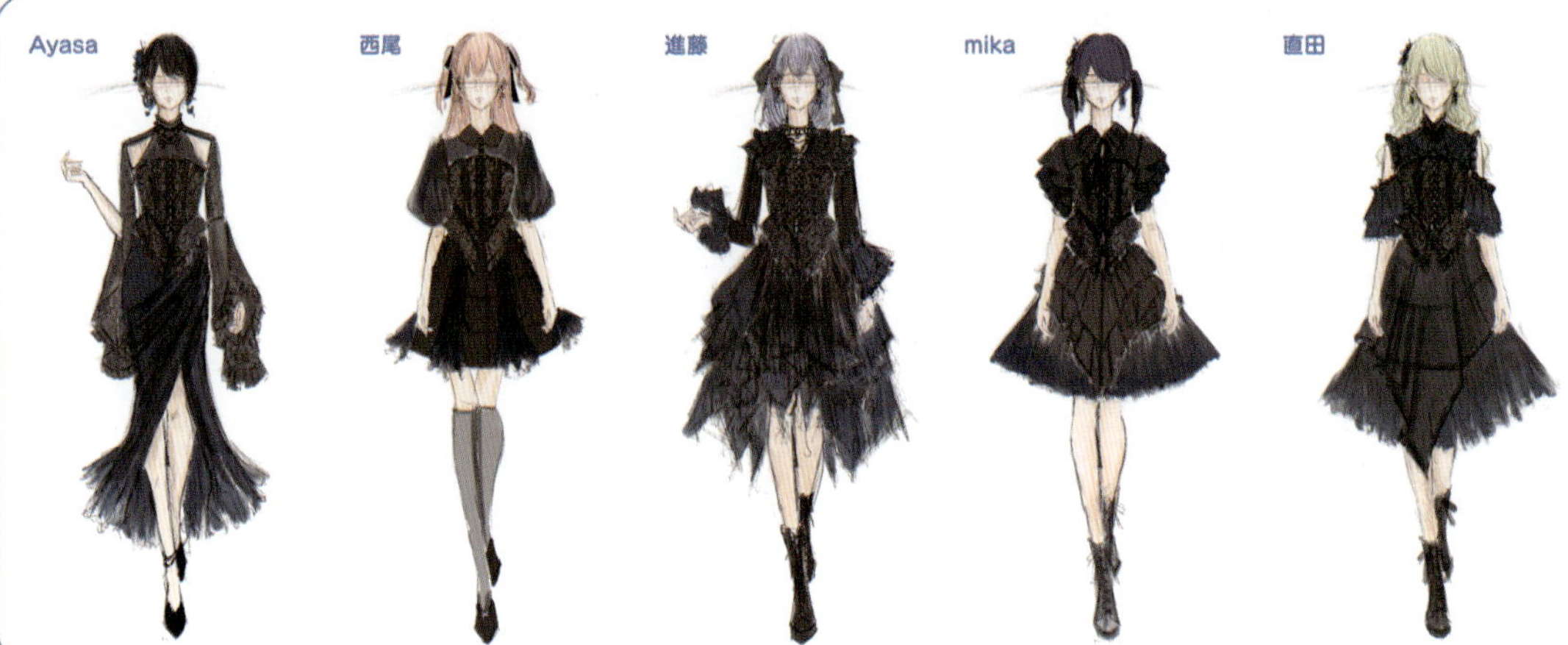

軍服のような勇ましいデザインの中に、プリーツやフリルが入ることで優雅さが加わり、ネイビーにバーガンディのチェック柄は、Morfonicaの格調高い厚みを感じさせるデザイン。マントの肩章やフリンジ、胸元の装飾やラベルのスタッズがキラキラと輝いて美しい。各メンバーの装いの変化も、五人が揃うことでシンフォニックな響き合いを見せており、一人一人の内にある力強さ、気高さを浮かび上がらせている。

Morfonica Concept LIVE『ff』

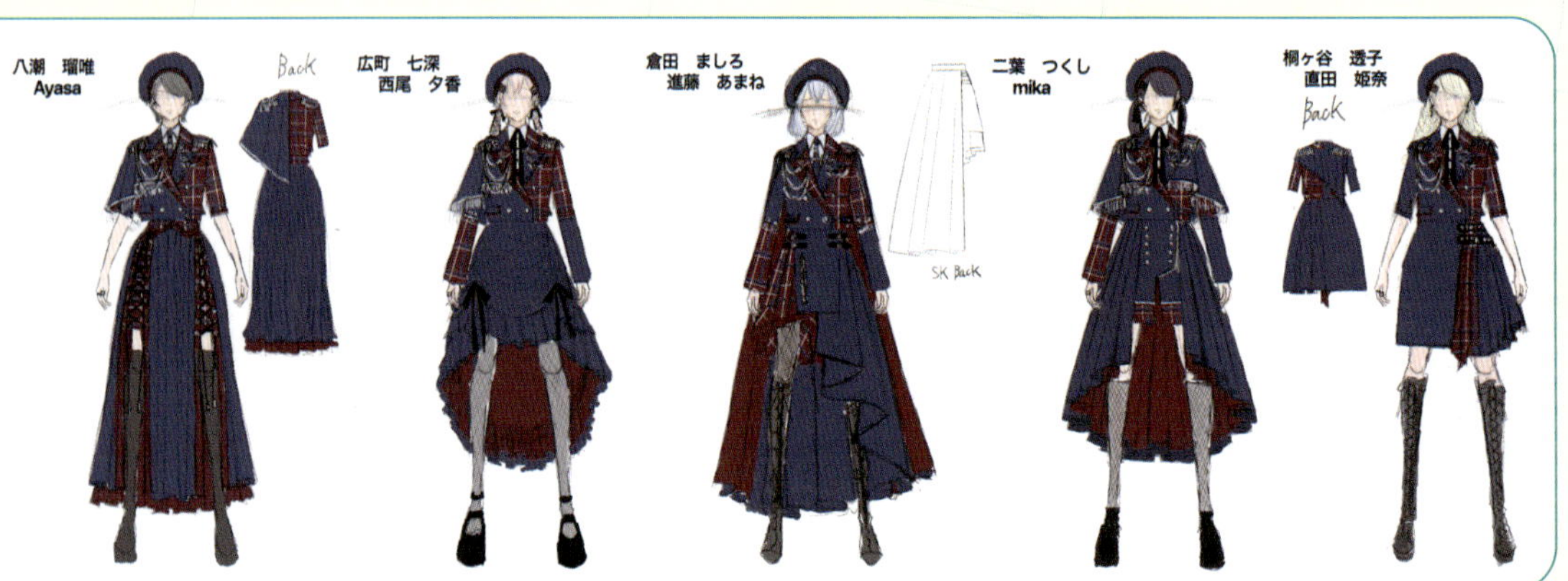

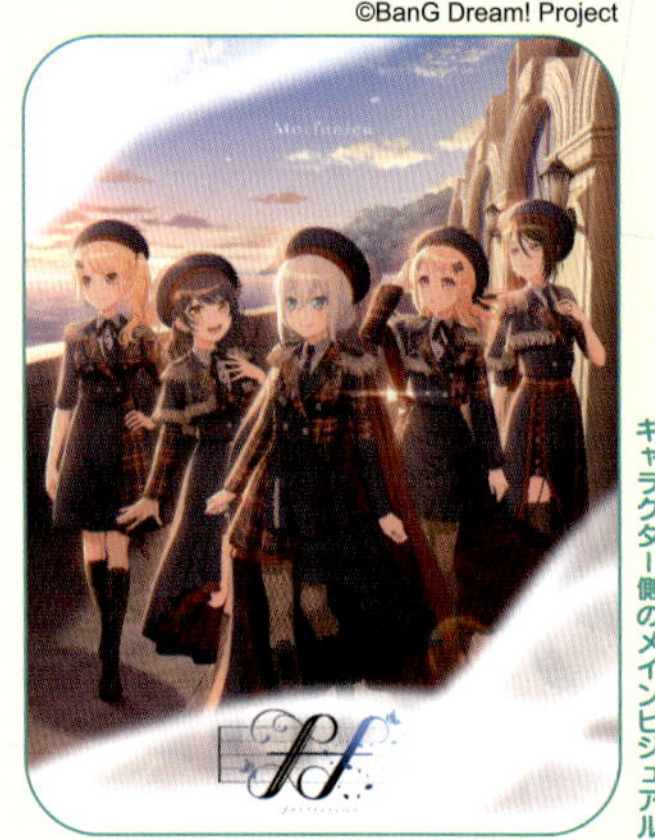
キャラクター側のメインビジュアル

BanG Dream! 11th☆LIVE DAY2: Roselia×Morfonica『星空の夜想曲』

色味を抑えた花柄の白い生地に黒のレースが重なり、たっぷりとしたフリルのボリューム感がある衣装。華麗なる存在感を放っている。胸元に連なるコルセット的なベルトも装飾性を強めていて、Roseliaのゴシックな世界観を伝えてくれる。首元のリボンはそれぞれのメンバーカラーで彩られながら、実際に制作された衣装では全体に白の明るい印象があり、可憐さと凛々しさが共存しているのも魅力だ。

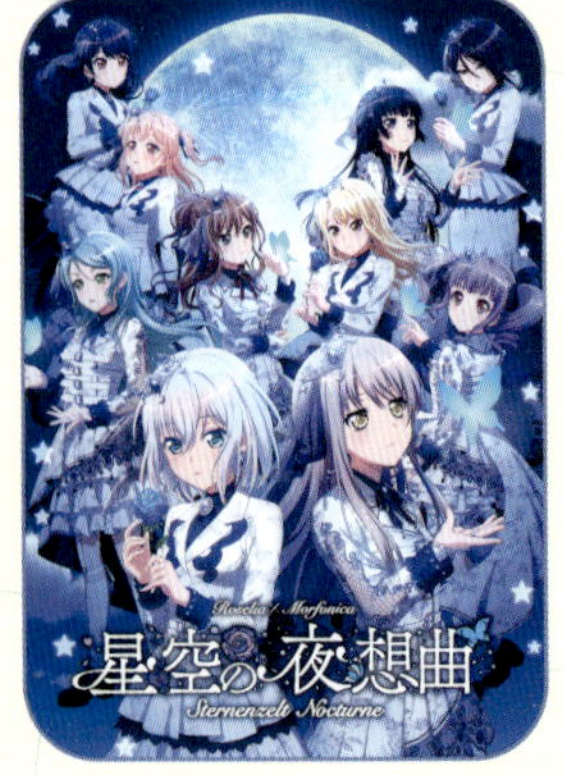

キャラクター側のメインビジュアル

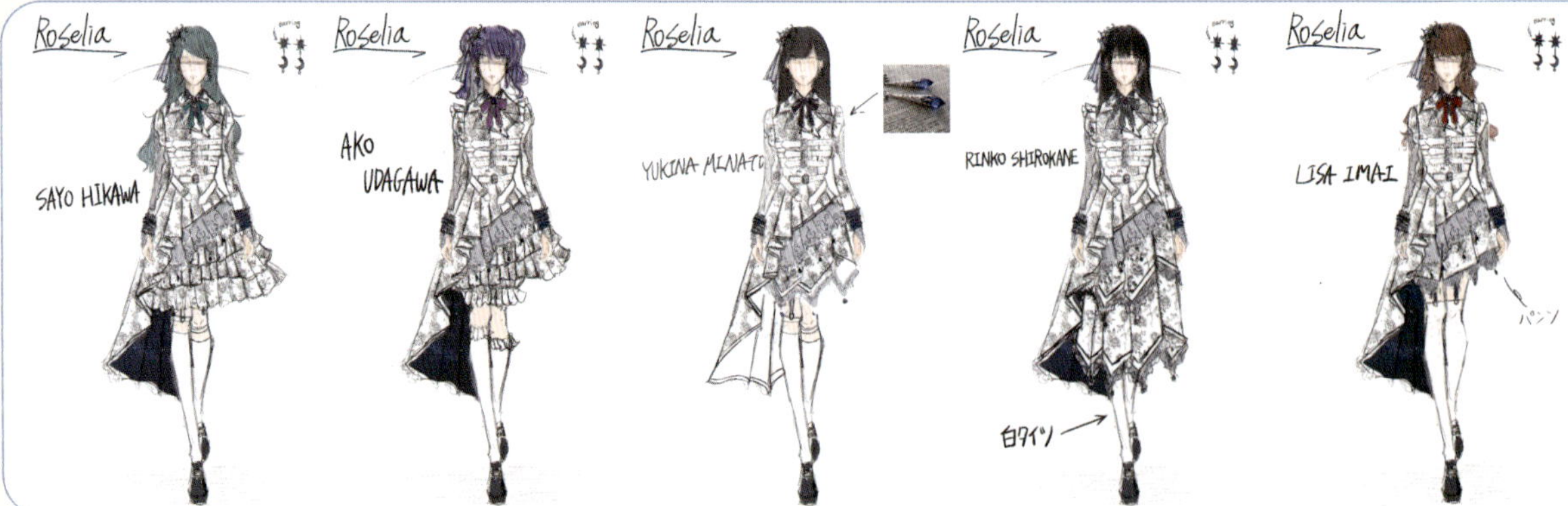

おります。佐藤さんにとって、アイドル衣装とはどのような存在だと感じていますか？

A9　「アイドル」と「衣装」で答えが出ないのですが、自分を通して「人」と「服」で考えると服は勇気と自信と見たことのない新しい自分の姿を教えてくれる物なので、アイドルのみなさんにも衣装を着て同じ気持ちを抱いていただけるように頑張りたいです。

Q10　様々な衣装のデザインとスタイリングを担当されている佐藤さんですが、担当された衣装の中で印象に残っている作品や、手掛けることができて良かったなと感じたエピソードはありますか？

A10　すごく悩んだのですが、全部です。毎回、自分がデザインをした衣装を技術者の人に制作をしていただき、LIVE、テレビやMV、広告を東京の街中で見かけたとき不思議な気持ちになります。結果が出せなくて悩んでいた過去の自分に大丈夫と教えてあげたいとよく思います。

Q11　Q1では佐藤さんの幼少期や学生時代に好きだったものについてお聞きしました。現在の佐藤さんが気になっていることや、夢中になっているもの、また、日々の活力になっているものを教えてください。

A11　服に問わず、物作りや表現をしている人といる時間が楽しくて、自分も頑張ろうと思えています。

Q12　佐藤さんが今後、手掛けてみたいことや、チャレンジしたいことをお聞かせください。

A12　インタビューを受けて、改めていつかひびのこづえさんのような、子供番組やコンテンポラリーな衣装や表現に近い服を作りたいです。

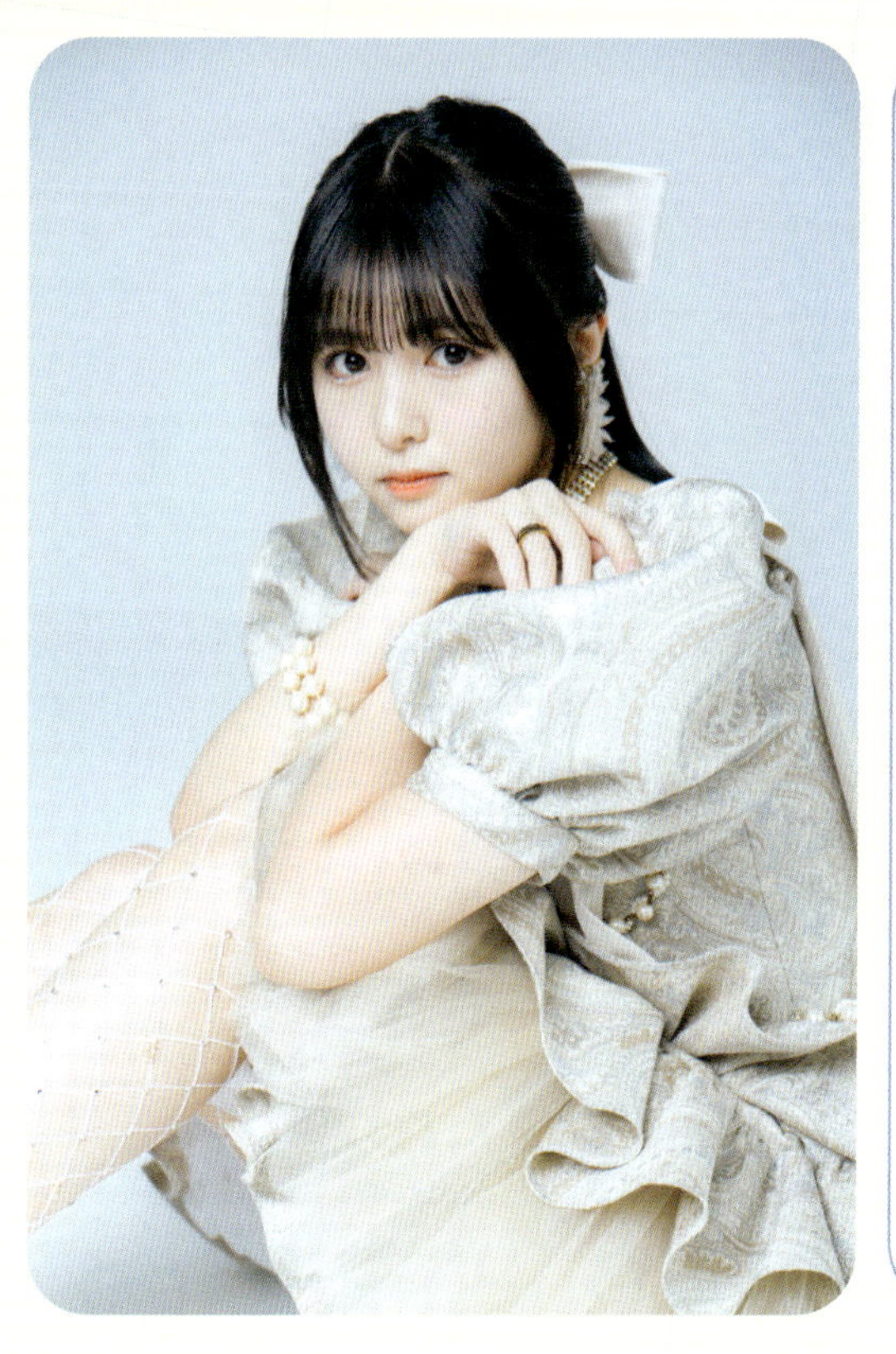

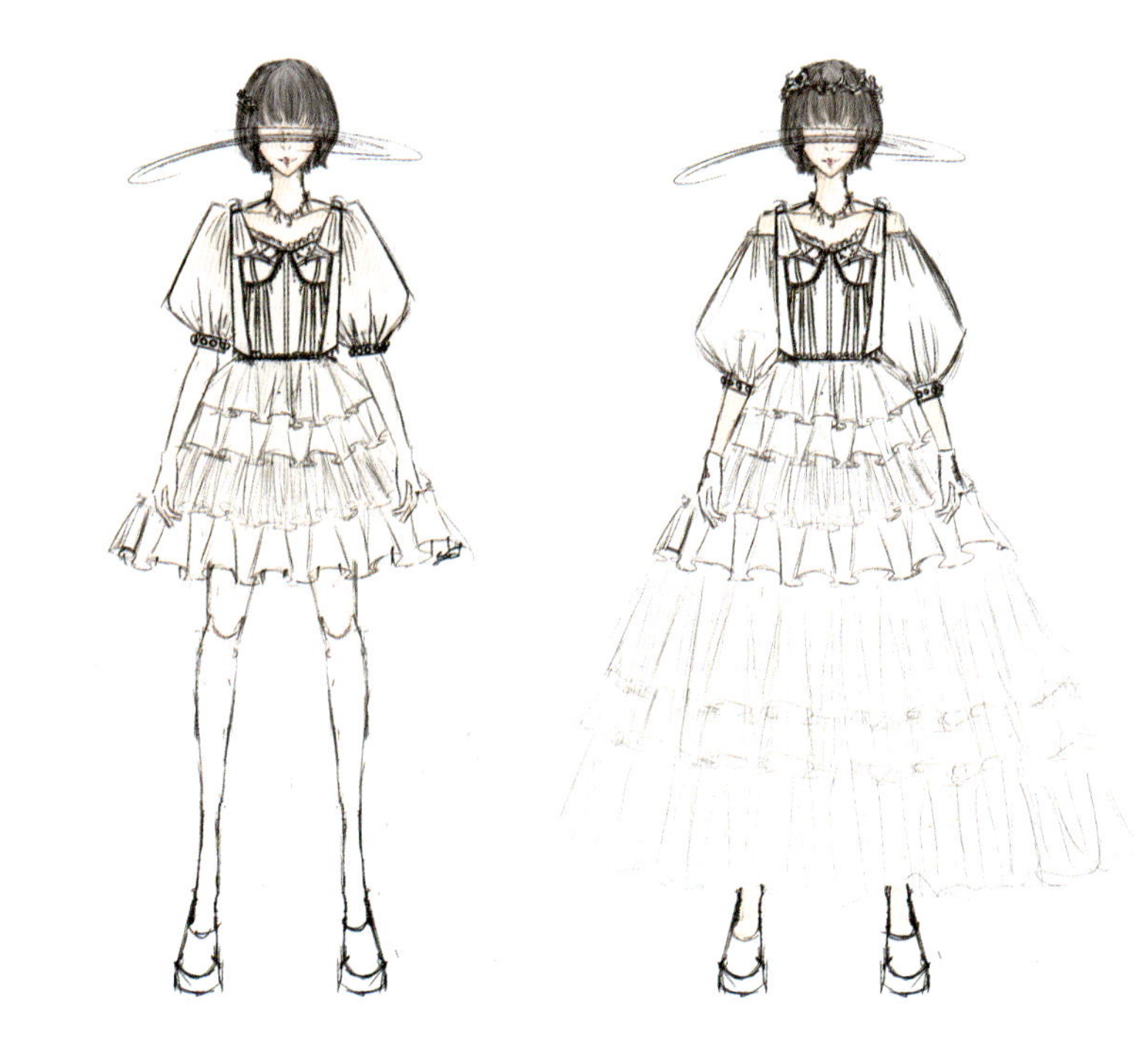

頓知気さきな生誕祭2025
『-ぼちぼち大人-』

キラキラ輝くチュールのロングスカートはミニスカートへと姿を変えるサプライズ。ふわりと膨らんだパフスリーブに肩の大きなリボン、パールでまばゆく彩られたウエストマークは、女の子のときめきをぎゅっと集めた夢そのもの。一方で、ざっくりと開いた胸元やビジューのついた純白の網タイツからは、もういたいけな少女ではない、大人の女性としての余韻も感じられるようだ。可憐さと成熟が同居する、忘れられない一着。

例えば女性アイドルの場合、上半身は体に沿いながらも、スカートはふんわりしているなど、女の子のシルエットと衣装のフォルムがあわさった可愛らしさがあります。人と衣服が出会うときの感動、着る人が素敵に変わる姿に心を打たれます。佐藤さんが衣装をデザインする際に、大切にしていることを教えてください。

A4 意識してはいないのですが植物や、景色のように作品や、人に対しても抽象的なことが美しいと感じているため、どこか儚げ（繊細）なかに強さ（クール、メリハリのある）が美しいと思っているからかもしれないです。

Q5 佐藤さんが制作される衣装・スタイリングは、レースなどの透明感があるふわっとしたものと、レザーやコルセットなどの重厚なものが多様に組み合わさるなど、深みのある美しさが魅力的だと感じております。佐藤さんがときめきを感じるモチーフや、組み合わせて素敵だと感じるアイテムを教えてください。

A5 好きな人が多いので恥ずかしいですがAlexander McQueen、SIMONE ROCHA、noir kei ninomiya のような甘さの中に鋭さがあるものをみると可愛くてテンション上がります。Morfonica Concept LIVE『forte』の衣装は合皮のコルセットに柄を描いてもらい、レーザーカットをしました。よくみるとモルフォ蝶がいて騙し絵みたいで気に入ってます。MEOVV『TRAILER 'ANNA'』のスタイリングは一人一人アニメのキャラクター（ジョジョ）のようにユーモアがありパンチを効かせてみました。

Q6 佐藤さんが、これまでどのようなものから刺激を受けてきたのかをお伺いしたいです。佐藤さんご自身の糧になってきたものや、衣装制作されるうえでインスピレーションや発想に活かされていると感じるものをお聞かせくださいませ。

A6 人との出会いときっかけが糧になっています。自分の知らない知識や、意識を持っている人の話や動作と行動、観たことのない世界や作品をみせてくれたきっかけが私の糧になっています。Q4で答えた美しさを学んだのは大学生の時に物作りで表現をしたく、インスタレーションや絵を描くことをしていたので現代アートや芸術の作品を見ることが影響かと思います。マルセルデュシャン、クリスチャン・ボルタンスキー、マグリット、パウル・クレーについて本や雑誌を読んだり、美術館によく行ったり、藝大の文化祭に行ってたくさんの作品を観ることはしていました。また当時、UNDERCOVERが25周年記念で東京オペラシティで個展をしていて、服で表現することの魅力と絵本を観ているような物語を感じたのがきっかけで、服で表現してみたいと思ったきっかけでした。

Q7 ミュージックビデオ、アーティスト写真、ライブ衣装など、様々なシーンで着用される衣装を手掛けておられますが、着用される場面によって大切にしていること、心がけていることはありますか？

A7 今は、テーマや依頼された内容に答えることを心がけています。

Q8 今回掲載させていただいた衣装のポイントを教えてくださいませ。

A8 my fav『アーティスト写真』は、曲が学生の青春時代を思い出すような爽やかで透明感のある曲調が印象的でした。その印象から水色のシフォン生地の上から白いレースを重ねて生地が揺れると淡く水色の生地が透けて見えて、透明感と儚げな印象を表現しています。Rain Tree『I U』は1stデジタルシングルだったため、色の染まっていない真っ白の衣装に、葉のような動きのあるフリルとキラキラした模様の入ったジャガード生地を使用しました。3rdデジタルシングル『好きだよとどっちが先に言うのか？』では、たくさんの人たちにRain Treeを知っていただきたいという気持ちから、グループ名のTreeを連想させるようなグリーンのレースに裾をベージュのチュールを出し、品があり可愛らしく、スタイルのいいメンバーの魅力を引き出せるようにシンプルな形にしてみました。頓知気さきな生誕祭2025『-ぼちぼち大人-』では、初めてご本人にお会いし衣装の方向性の打ち合わせをしながら、個人的に感じたのがお洒落であどけない可愛らしさと知的さが混ざった印象があり、ファッション性のある衣装を作りたいと感じました。タイトルの『-ぼちぼち大人-』から大人っぽい印象を出したくコルセットとヌーディーなベージュの色にイギリス製のカーテンの生地を使用し、ぼちぼちなので大人になりかけをイメージするために、大きなリボンや袖にしました。本人の要望で、LIVEで一着の中でイメージをガラリと変えて変身したいと提案をいただきスカートの丈と、袖を変えられる仕様にしました。

Q9 佐藤さんが手掛けられる衣装は着る人を優しくつつみ、勇気を与えてくれる暖かな戦闘服のようだと感じて

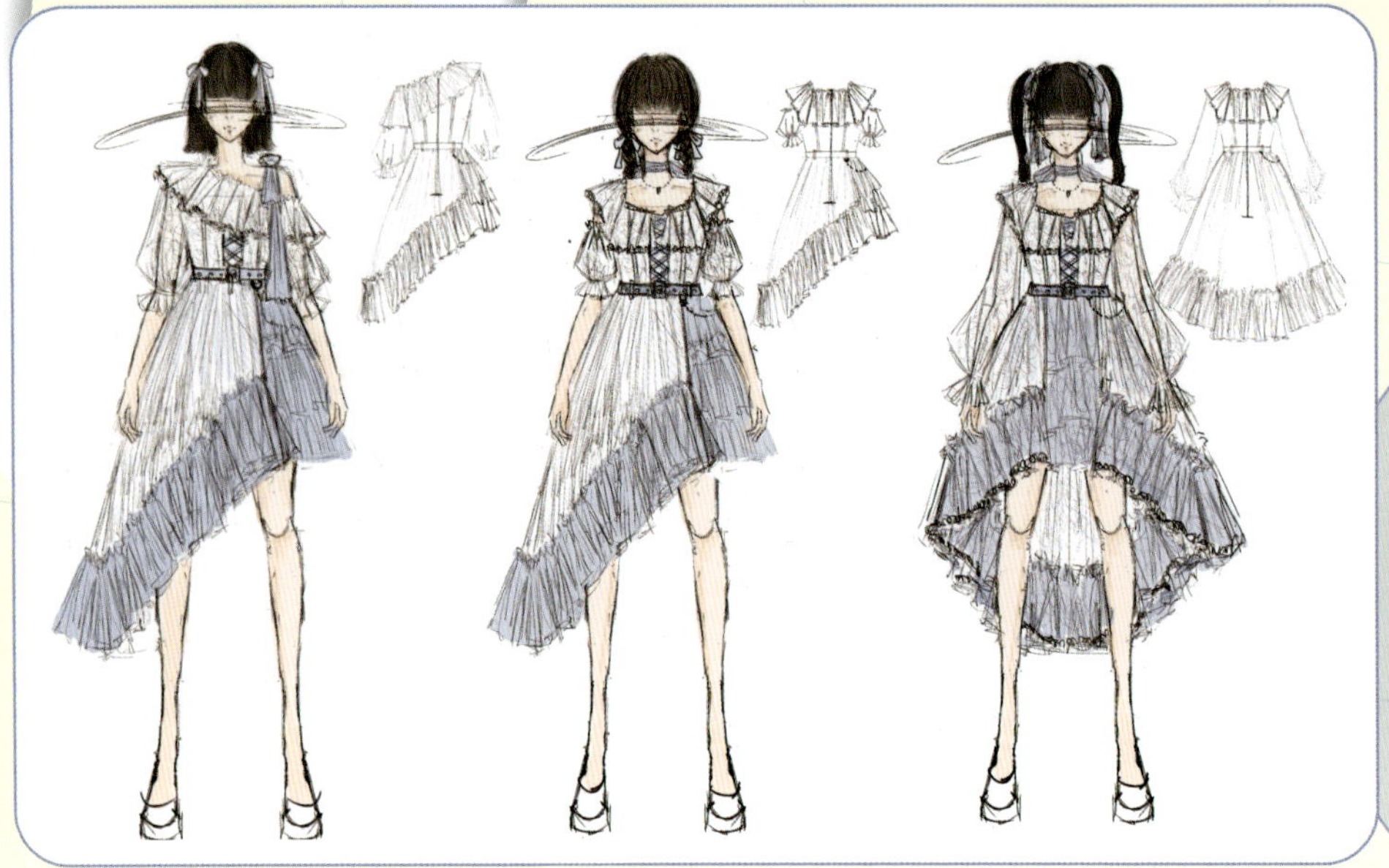

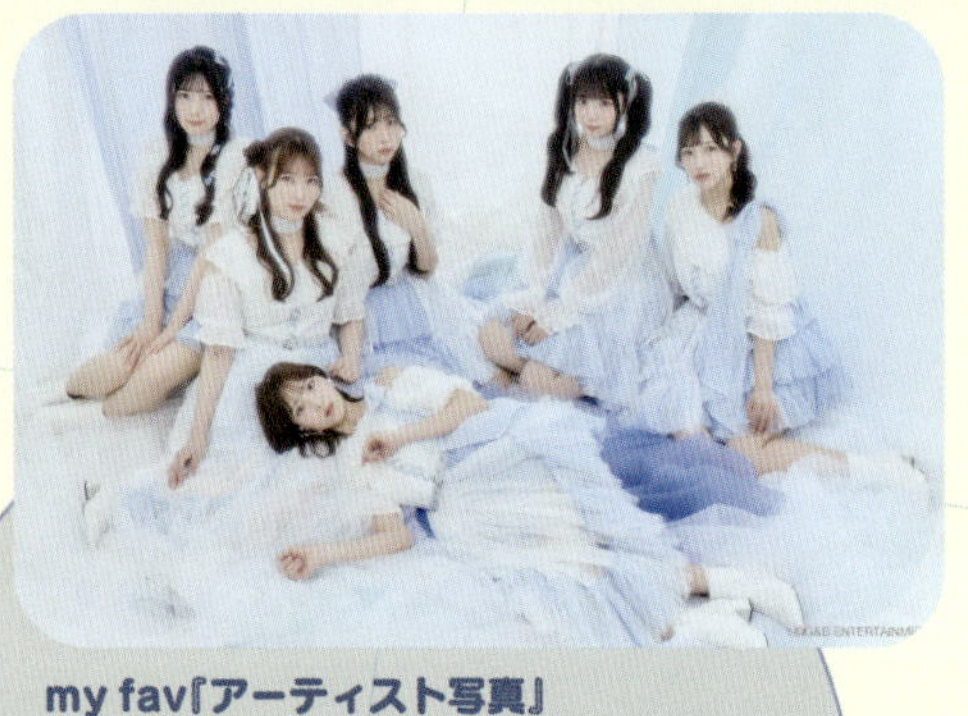

my fav『アーティスト写真』

柔らかな生地を重ねて膨らんだスカートに心を奪われる。白を基調にグループカラーの水色が取り入れられたカラーリングからは、清廉な気配が漂う。そして、透け感とフリルで女の子の可愛らしさを全面に出したデザインは、my favの「ファンの皆さまのお気に入りになれるように」という思いの愛らしさと響き合う。肩や首元に配されたリボンは、淡く幻想的なイメージを彷彿とさせて印象深い。

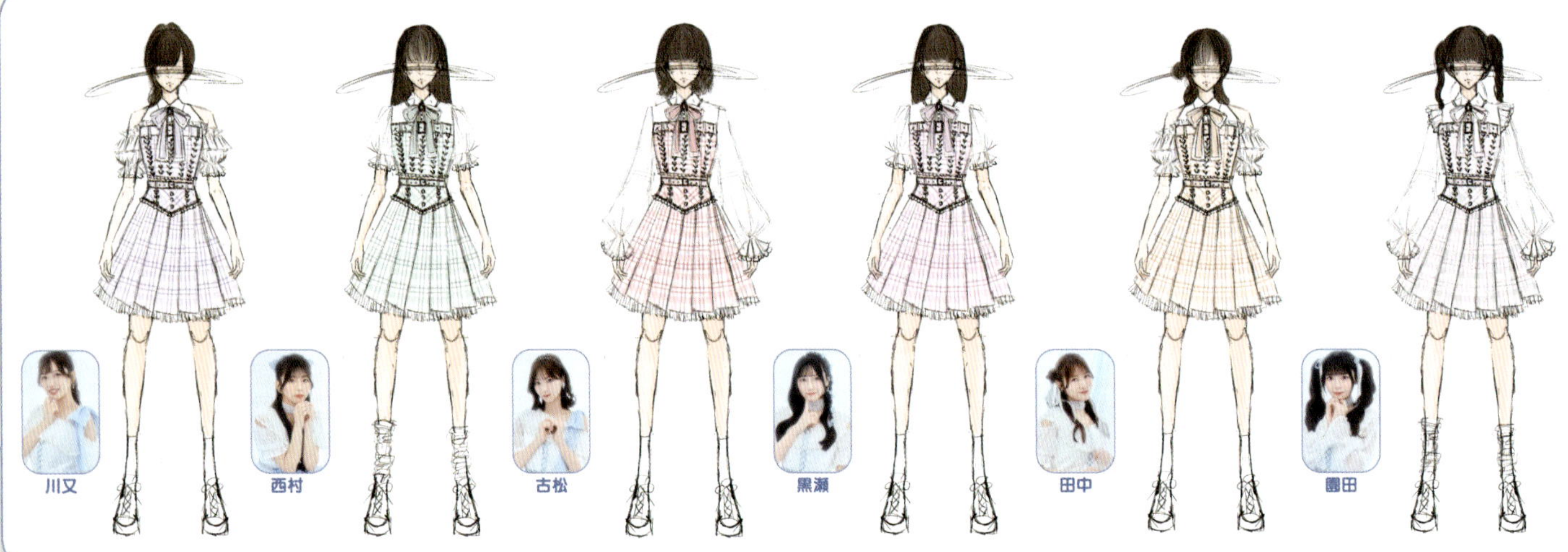

my fav『新衣装』

メンバーそれぞれのペンライトカラーのチェック柄に、胸元の大きなリボン、短めのスカートが華やかで、可愛くて格好良い衣装。両脇に編み上げが施された胸と腰は、キュッと締まったシルエットで、鎧のような力強さを感じさせるが、それぞれの裾にはフリルがついていて、愛らしさも伝わる。メンバーによって袖や靴紐の色、腰のキーホルダーが違う個性のあらわれ方も印象的。

Q1　佐藤さんは幼い頃や学生時代にどういうものがお好きでしたか。そして、ファッション（服飾）に興味をもったきっかけを教えてくださいませ。

A1　幼い頃から、剣道をしていてお洒落をすることや可愛らしい女の子は自分にとってかけ離れた憧れの存在だったので、よく理想と空想の女の子の絵を描いていました。自由帳や交換ノートに理想の制服の女の子や、「今日の理想のファッション」をテーマに絵を描いていました。休みの日に、お父さんとDVDを借りたのが『下妻物語』と『ラブ★コン』で当時は服というよりも世界観が好きで何度も見ていたのを覚えています。明確的に服を好きになったのは、中学生の頃に個性的な服や音楽が好きな友達と一緒にいたことが影響だったかと思います。夏休みにプールに行った帰りに本屋さんで『KERA』の雑誌を教えてくれたのがファッションに興味を持ったきっかけでした。

Q2　佐藤さんは現在、たくさんの素敵なアイドル衣装のデザイン、またスタイリングを担当されています。そんな佐藤さんが衣装制作に関わりたいと思ったきっかけの出来事や、実際にお仕事を始められた経緯をお聞きしたいです。

A2　コスチュームデザイナーのひびのこづえさんの展覧会がきっかけでした。市原湖畔美術館で展覧会をしていて服だけではなくインスタレーションで、空間ごとお客さんを楽しませ、コンテンポラリーなダンスと共に、異素材の服を使用し繊細な質感と日本人らしい品のある色と儚げな光りを再現していたのが美しく、感動をしたのを今でも覚えています。いつか、私もひびのさんのような年齢問わず、たくさんの人を楽しませることができるコスチュームデザイナーになりたいと思ったのがきっかけです。経緯は、初めはブランドとヴィンテージを取り扱いしているlibertéという古着屋の店員をしていました。そこで、出会ったオーナーからブランドの知識と、良い服（着た時に綺麗な体のシルエットがでる服）を着せて学ばせてくれました。また人とのコミニケーション力と、自分が楽しむではなく、相手を楽しませる意識を持たせてくれた人でした。その後、母校の先生の紹介でスタイリスト：市野沢祐大さんの元でアシスタントをしました。ほぼ休むことなく毎日、師匠の市野沢さんの下でお仕事を関わらさせていただいていました。感覚的な思考な方だったので、言葉で伝えるというよりは市野沢さんと一緒にいることでスタイリングを組むリズム、スピード、お洒落な空気や物を観て触れていたことから学ばさせて頂いていたと感じています。世の中がコロナのタイミングでスタイリストとして卒業することに不安を抱き、現在ALCATROCKに所属をしています。今は上司である尾内さんと山崎さんや、そのデザインを制作をしているパタンナー、縫製の方が近くにいる環境で学びながら、デザイナーとしてお仕事をしています。

Q3　佐藤さんの衣装デザインと制作が進められていく手順をお聞きかせください。

A3　依頼が来たアーティストさんのインスタとMVと曲をたくさんみて聴いて似合いそうなものや好きそうなものを考えます。

Q4　佐藤さんが手掛けられた衣装は、

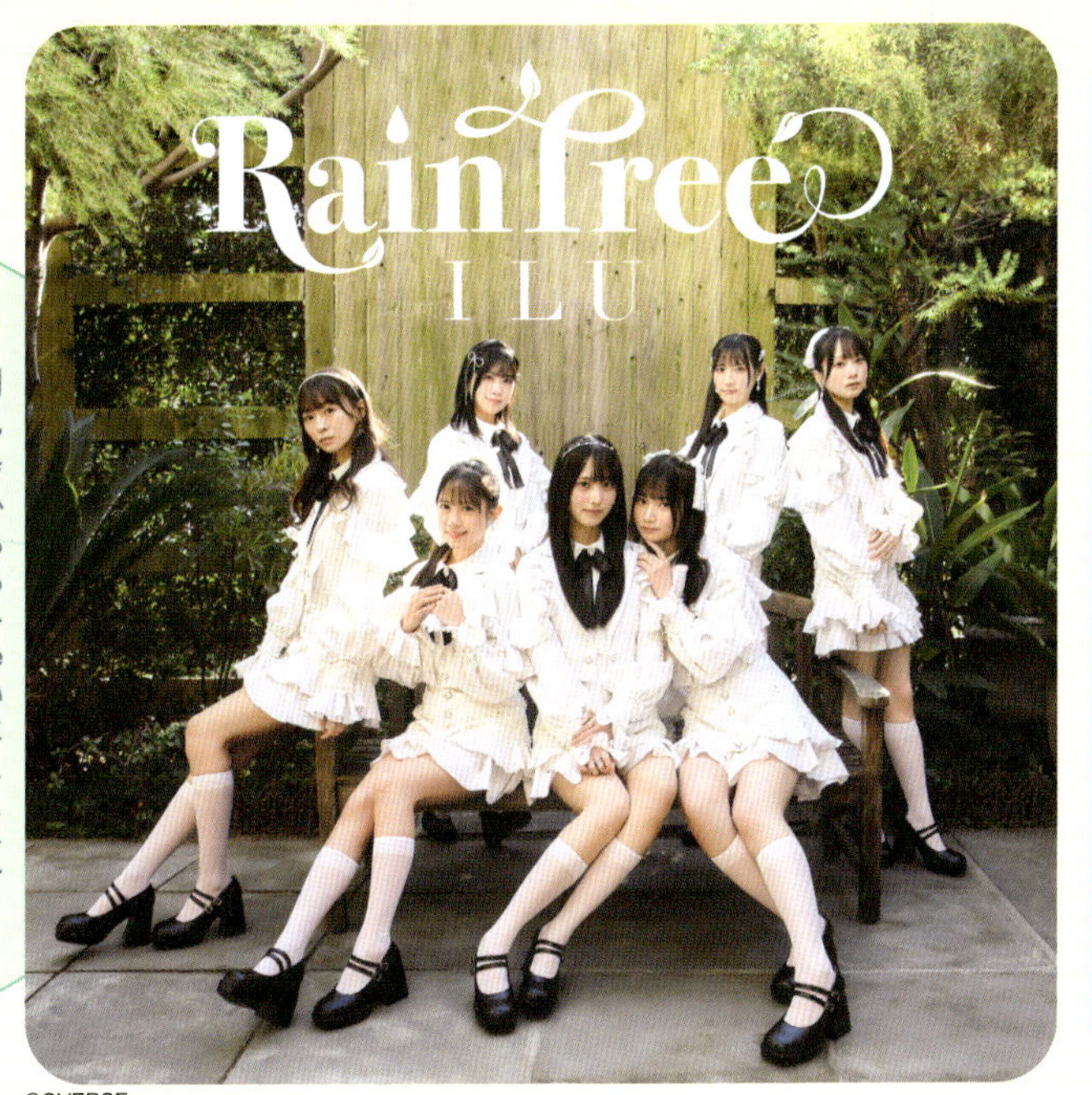

©OVERSE

Rain Tree
1stデジタルシングル『I L U』

腰にフィットするラインで凛としたシルエットを出しながら、袖のふくらみでやわらかいムードを伝える衣装。華やかな肩のフリルやレース、透け感のあるソックスは繊細な少女性を感じさせるが、きらりと輝くビジューやショートパンツには力強さも宿る。Rain Treeというグループ名には「力強く優しい存在になれるように」という思いがこもっているそうだが、この衣装にも、優しさと芯の強さがあらわれていて、純白に黒のリボンを合わせたカラーリングも、その印象を一層深めていて美しい。

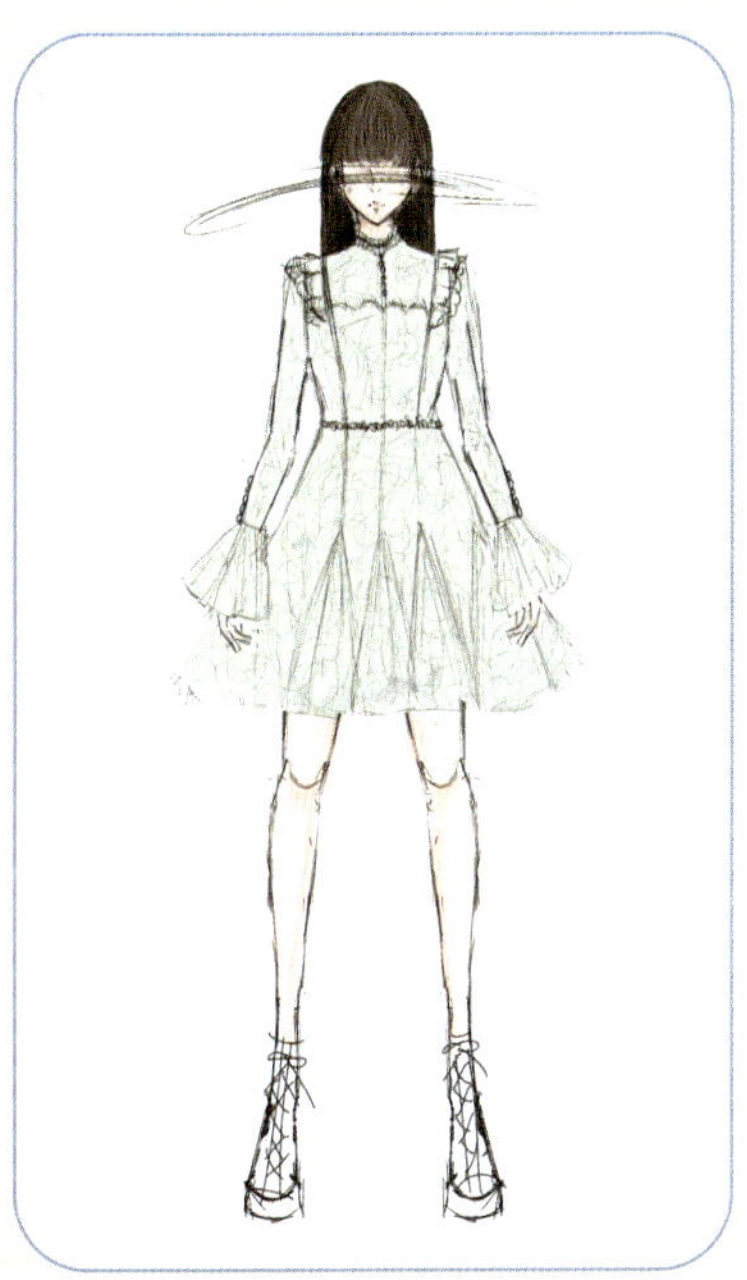

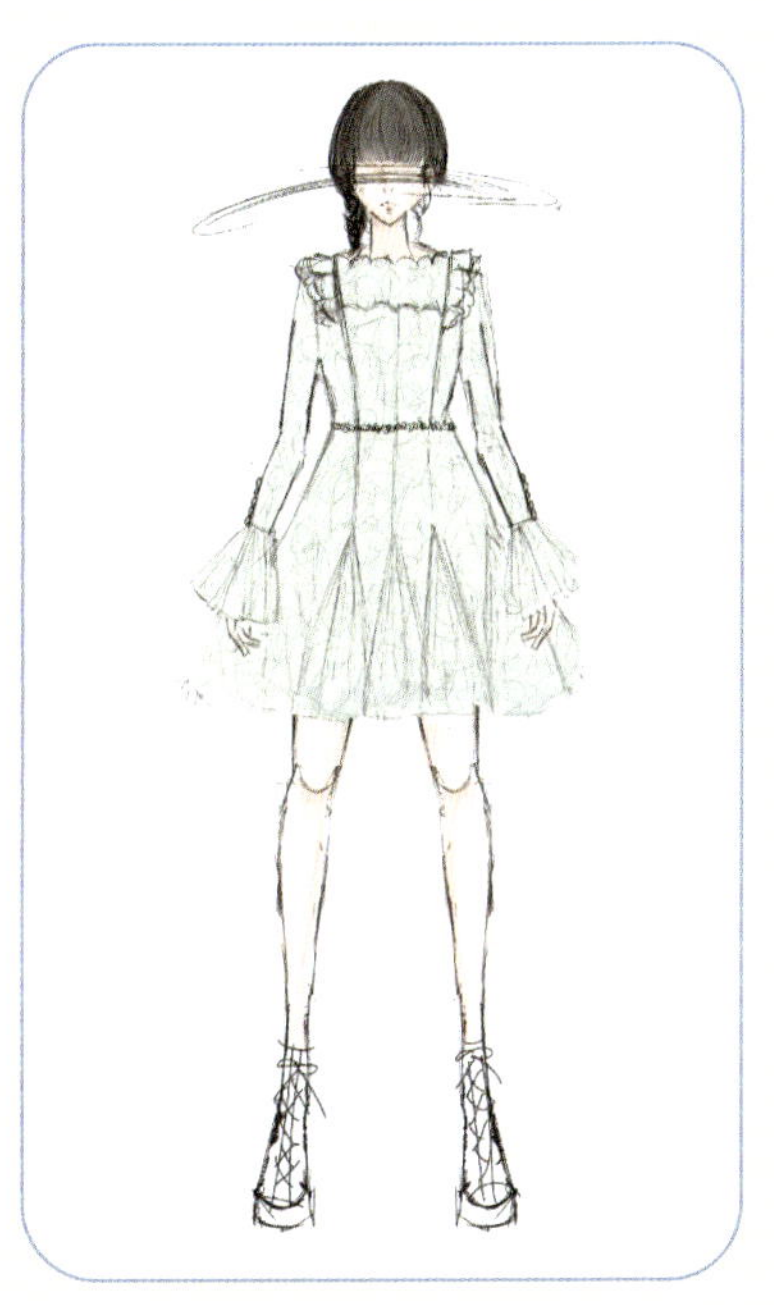

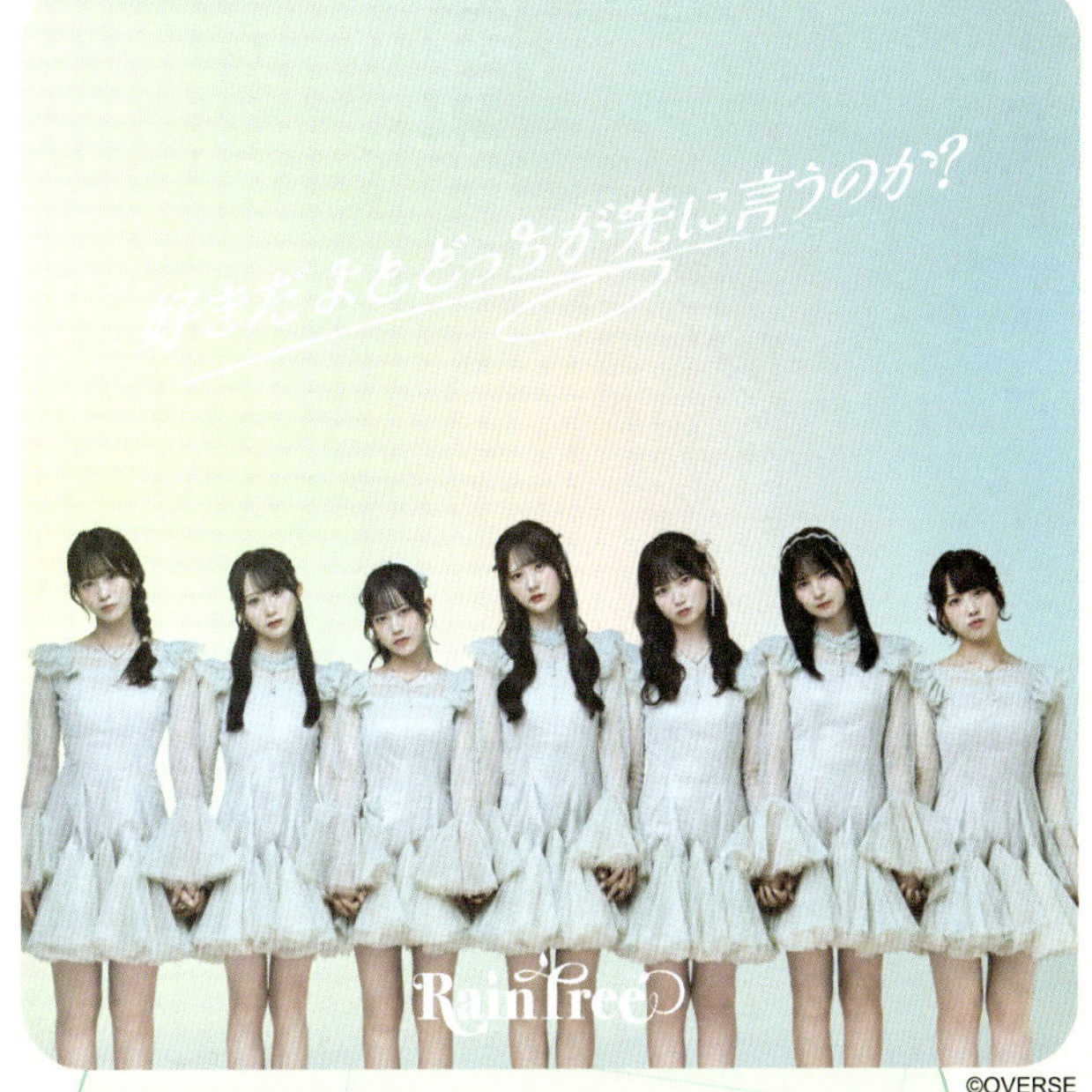

©OVERSE

Rain Tree 3rdデジタルシングル
『好きだよとどっちが先に言うのか？』

胸から腰にかけてのラインと腕は細めに絞られていて、脚も見せるミニの衣装は、女の子の体の美しさを伝えてくれる。そこに、ふわふわで柔らかく膨らむ袖先とスカート裾がインパクトを与えていて、踊るたびに揺れる様子に目を惹きつけられる。特にボリューム感のある袖先が元気に振られるMVの動きは、見ていて力をもらえる気持ちになる。何層にも重ねられたレースが見る者に静かな魔法をかけるようだ。

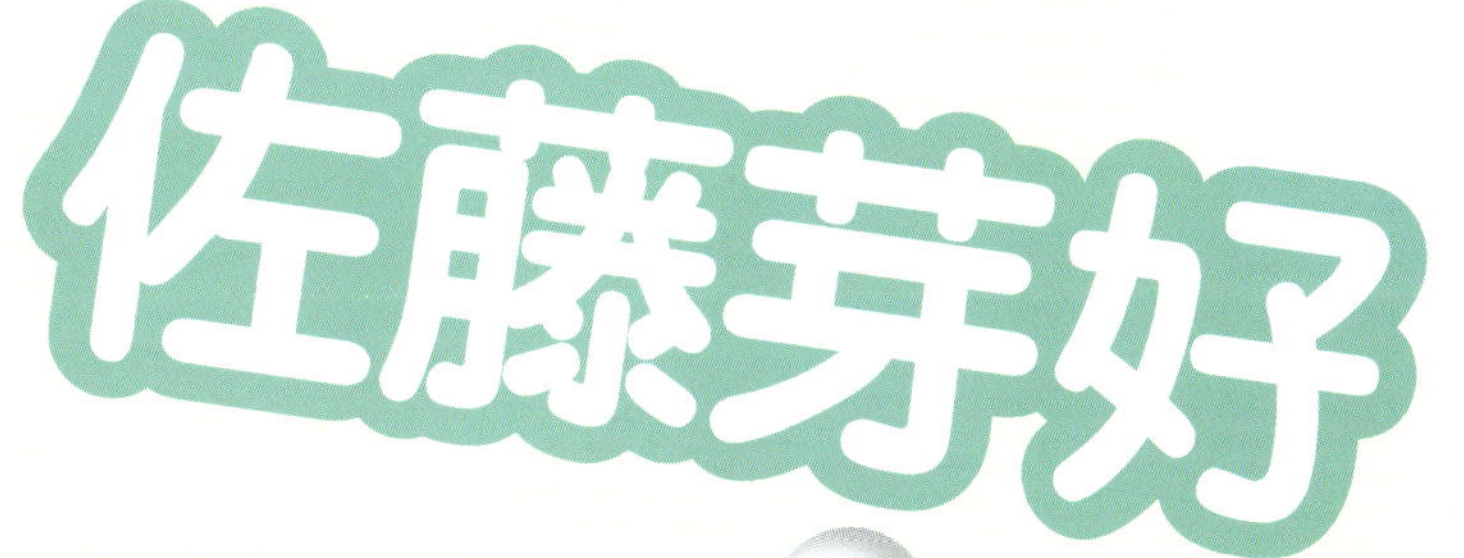

佐藤芽好が手掛ける衣装には、人の身体を美しく見せるシルエットづくりと、女の子の儚く、繊細なムードが伝わる魅力がある。そしてそこに「強さ」という芯があるのが印象的だ。やわらかく膨らむスカートの上で細く締まった腰、ボディラインを横切る先鋭的な斜めのライン、各パーツが見せる大胆なコントラストは鮮烈。女の子たちの愛らしさを伝えつつ、前に進む思いや意志を感じ取れるデザインだ。ファッションは人体の美しさとともに、ファンタジックなイメージや、形ならぬ抽象的なテーマも表現できるという衣装の奥深さを感じさせてくれる。今回はデザイン画と共に、佐藤芽好のルーツや大事していることを伺った。

佐藤芽好（さとう・めい）

衣装デザイナー、スタイリスト。
ALCATROCK所属。きゅっと絞られたウエストやふわりと広がるスカートが女の子らしいシルエットで着る者の魅力を引き出す。日向坂46では「お願いバッハ！」をはじめ、いくつもの衣装デザインを担当し、Rain Treeでは「I L U」「好きだよとどっちが先に言うのか？」などの衣装デザイン、MEOVV「TRAILER 'ANNA'」ではキャストスタイリング、頓知気さきな生誕祭2025「-ぼちぼち大人-」の衣装デザインなど、数多くのアイドル衣装を手掛けている。

X=@nemunemumei
Instagram=satomei0416

コスチュームにも注目！

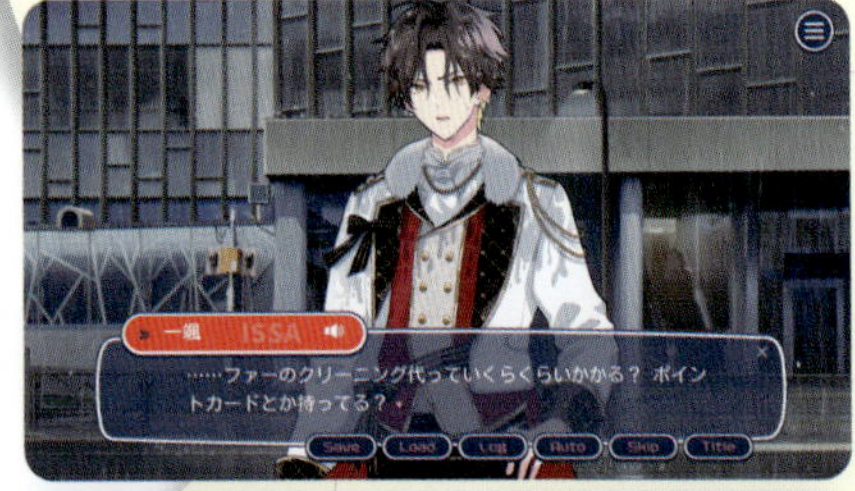

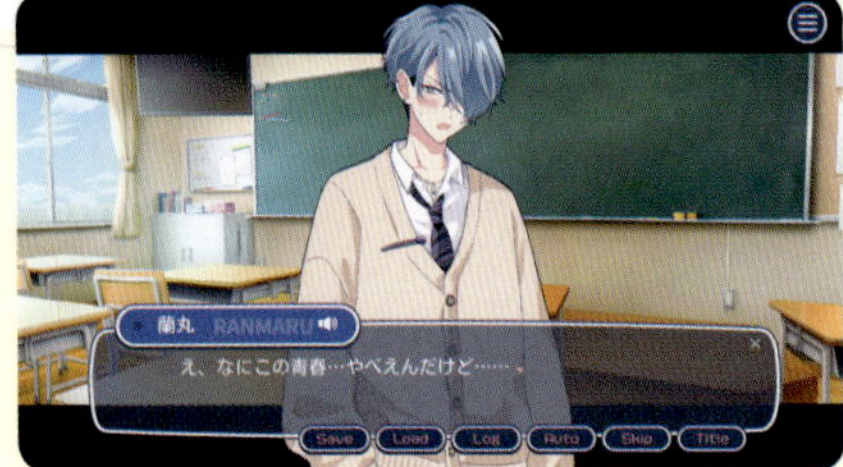

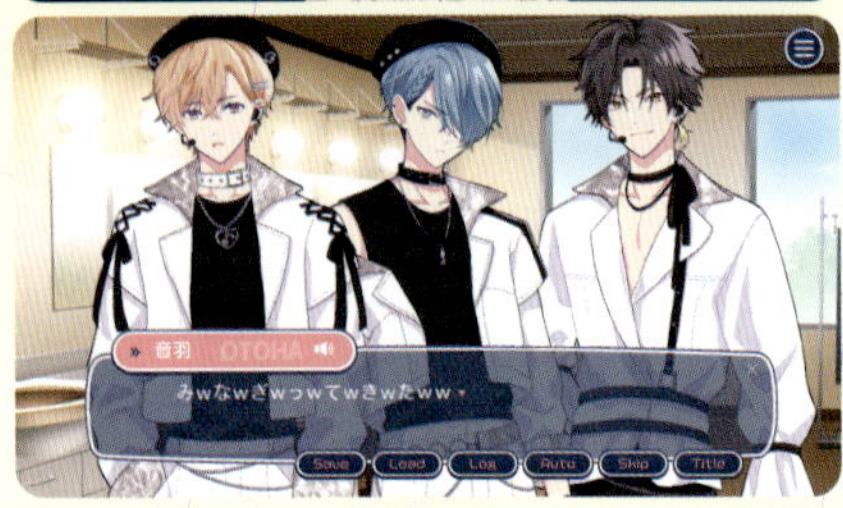

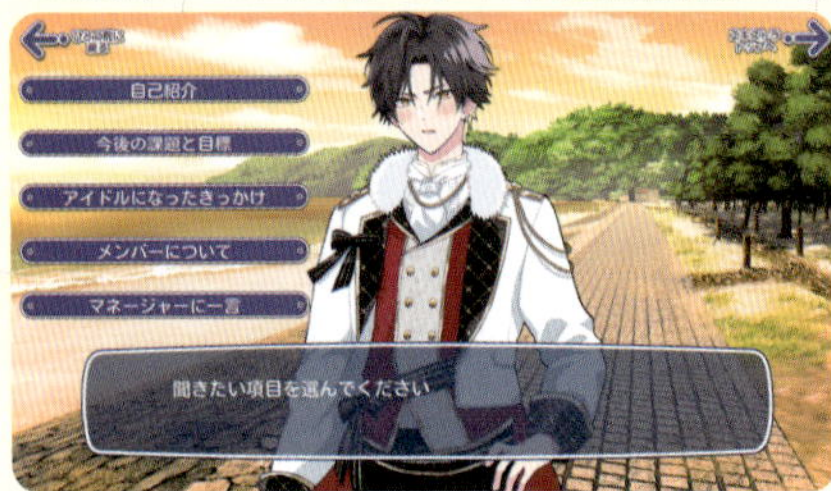

ずぶ濡れになる王子様や撮影で着用する学生服、ライブ衣装など華やかな衣装が登場。ベストエンディング解放後に遊べる「Playroom」では、一颯・蘭丸・音羽・零司それぞれの登場衣装と表情を好みの組み合わせで作ることができる。

ルート選択で変わるセリフ

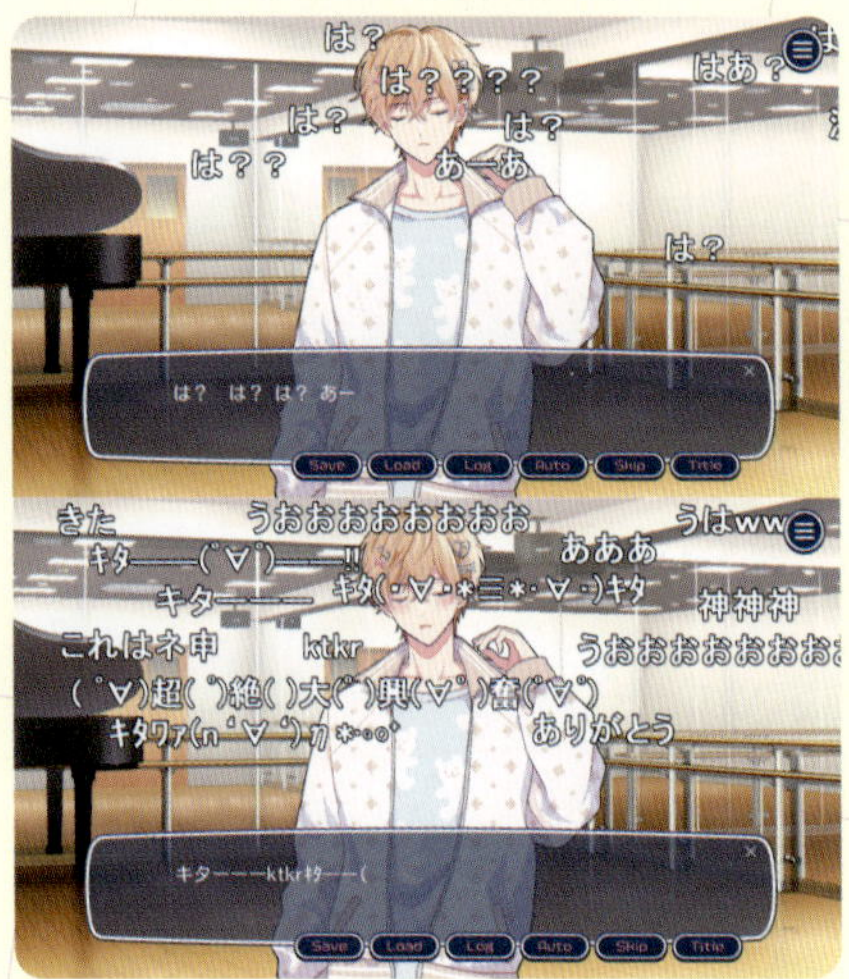

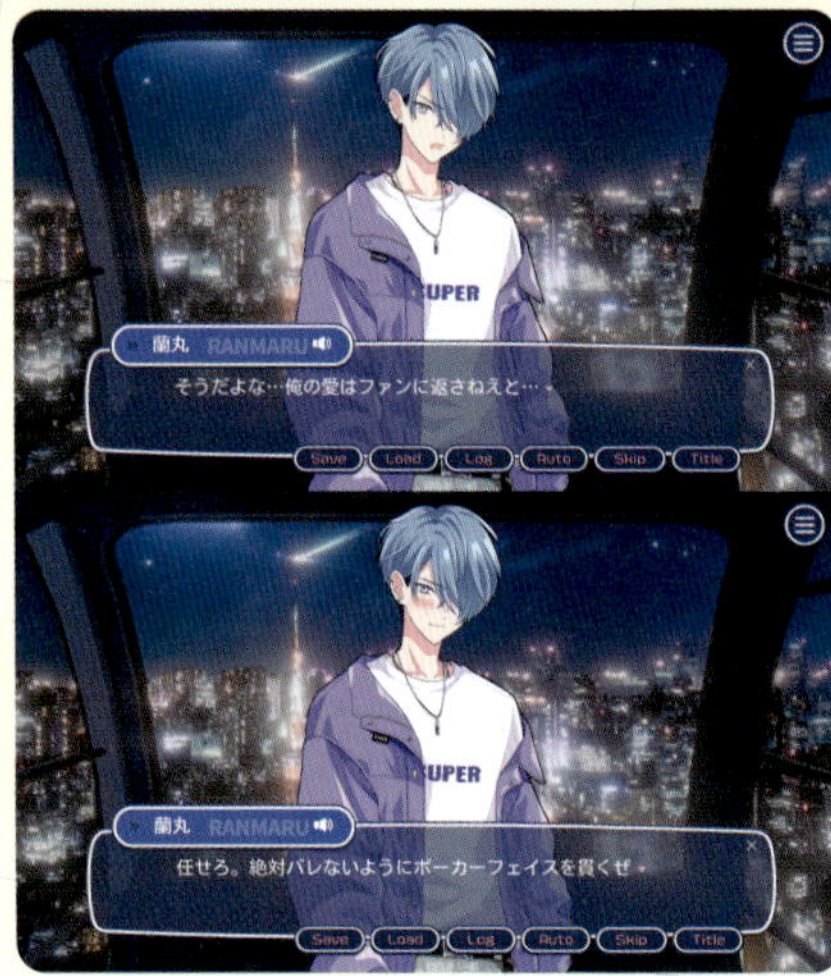

漫画と異なるゲームならではの魅力が「選択による展開の違い」。上図は、高まる感情を弾幕字幕で流す音羽の差分。テンションの違いが明確だ。下図は告白後の蘭丸。断るとアイドルとしての立場を再確認するセリフになる。読みくらべてみよう。

ツッコミたくなる展開

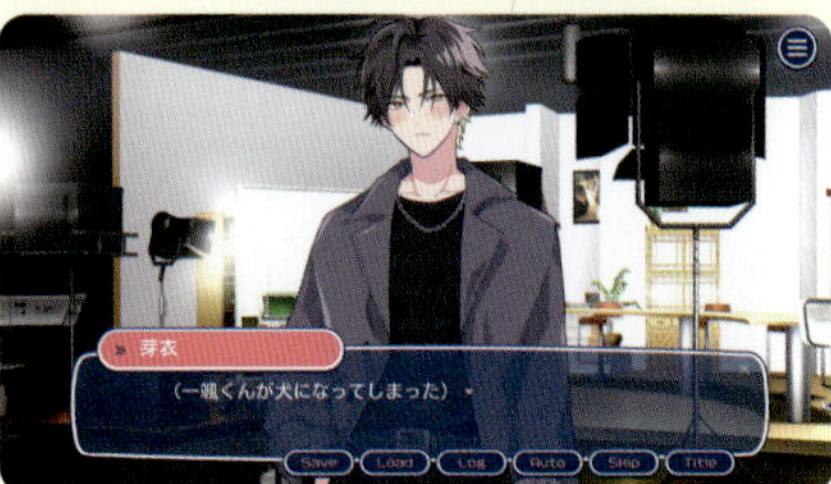

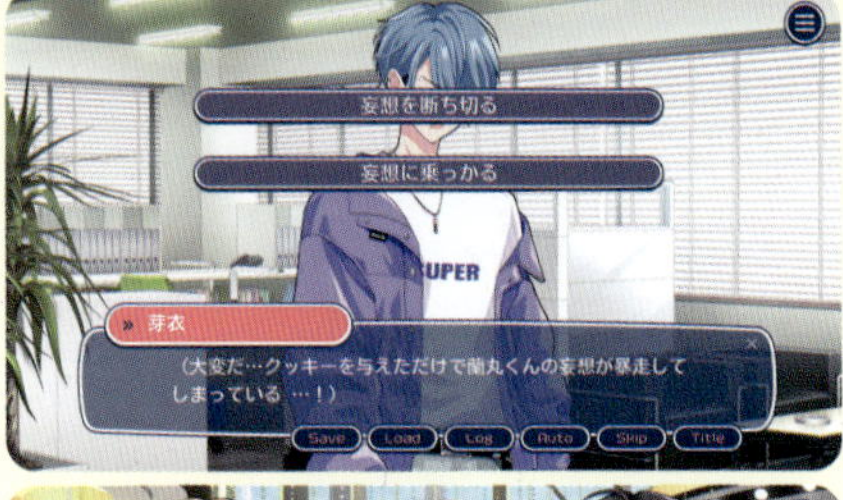

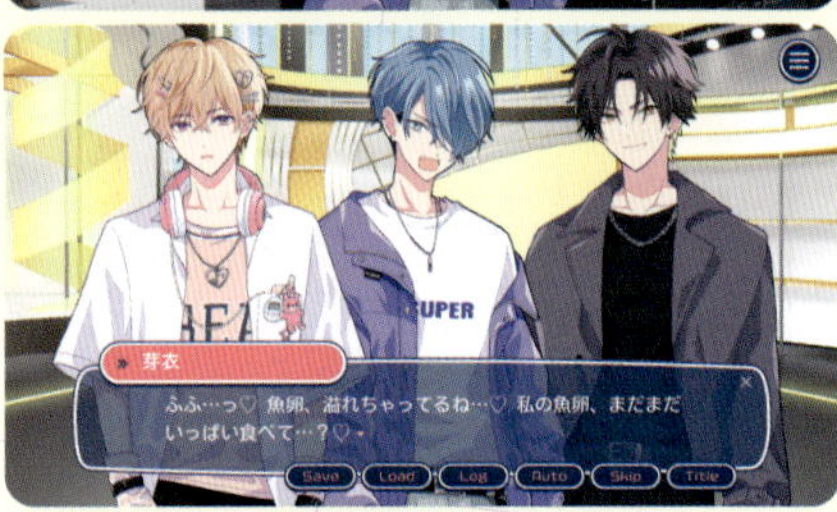

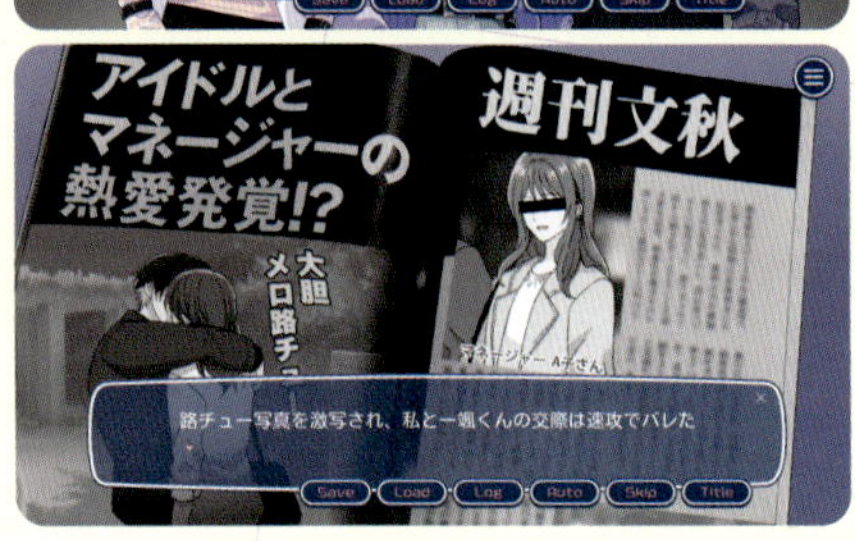

タオルと下着が入れ替わるほかにも、二度見したくなるようなイベントが用意されている『アイダメ』。犬に嫉妬したり、クッキーで妄想が止まらなくなったり…。フラグを折らなかった場合の展開も見ごたえがあるので、両ルート選択してみて。

ギャグになる構造にしたくて。

ミキ　ふたりで悩んだのが、ゲームを攻略するために「好意がありません」という選択肢を選び続けることに対してでした。ストレスなく進んでもらえるように気をつかいましたね。プレイヤーが拒絶しても気にしない強心臓のキャラなのはそのためです。怒ったり傷ついたりすると、悪いことしちゃったな…という罪悪感が湧いてしまうので。

――たしかにそうですね。

ミキ　ゲーム体験として気持ち良くないのではないか、コンセプトが間違っているんじゃないかと怯んだ瞬間もあったのですが、それに負けない好意を抱いているなら突破できると思いました。

――好感度が落ちないので、進めていて安心感がありました。他に考えていたイベントやルートもありそうです。

マキ　零司ルートですかね。私は本当は零司と恋愛するルートをトゥルーエンドとして入れたかったんですよ。

ミキ　でもそこは、意図的に削ったんですよ。他のキャラのルートを考えると、零司と付き合うのは違うのではと思って。

――そうだったんですね。今の零司エンドはすごく良かったと思います。

ミキ　コンセプトが締まりましたよね。

マキ　元アイドルとなら恋愛するのかも、マネージャー側がブレず、全部のフラグを折ることで、ゲームとしてまとまりました。

――そして、現在は追加コンテンツを作られているんですよね。

ミキ　もともと考えていたことではなかったのですが、ゲーム制作のボリュームを考慮して削ったところやリクエストを元に作っています。最初に考えたのが炎上で、同じく追加する恋愛パートとの、両方のドキドキを楽しんでもらえたらと思っています。追加もフルボイスです。あとは主題歌も作れたらいいなと思っています。エンディングのライブで曲を流したいですし、アイドルは歌っていてほしいので！

――見逃せない展開がこれからもありますね。とても楽しみです！

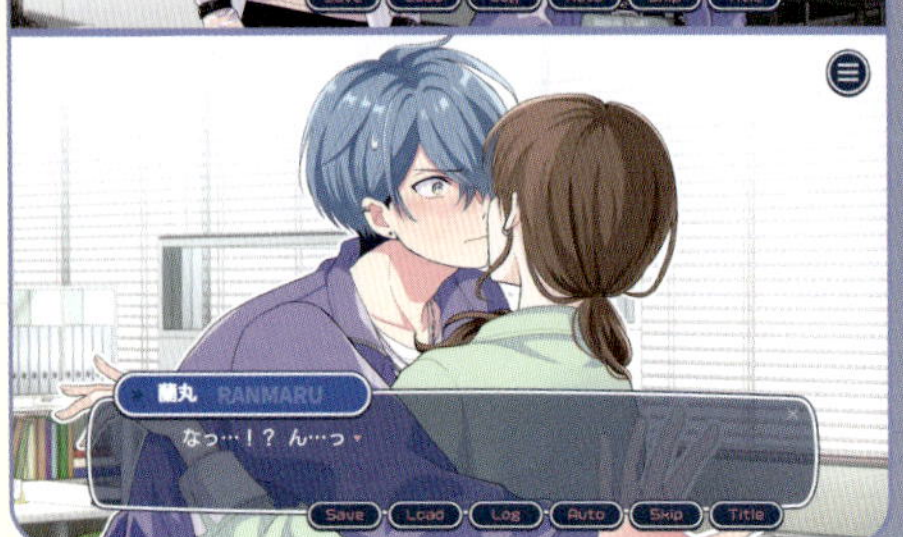

追加エピソード制作中！

「乙女ゲームなのに恋愛禁止」というインパクトもあり、ノベコレでのダウンロード数が20,000本を突破した本作。反響を受け、現在「恋愛拡張版」を制作中だ。その一部を特別公開！ 音羽の制服姿や週刊誌に報道されるBADエンドに至るまでの恋愛パート、ドキッとする展開も…!? 乞うご期待！

『アイダメ』の醍醐味は、乙女ゲームの「あるある」と「ないない」がふんだんに織り交ぜられているところ。目的は「ライブを成功させること」とシンプルながら、あらゆる手で恋愛フラグを立ててくる、♡愛恋人♡（メロんちゅ）のメンバーたち。6パターンのエンディングを回収しながら、最推しを見つけてみては？

妄想がふくらむアイドルたち

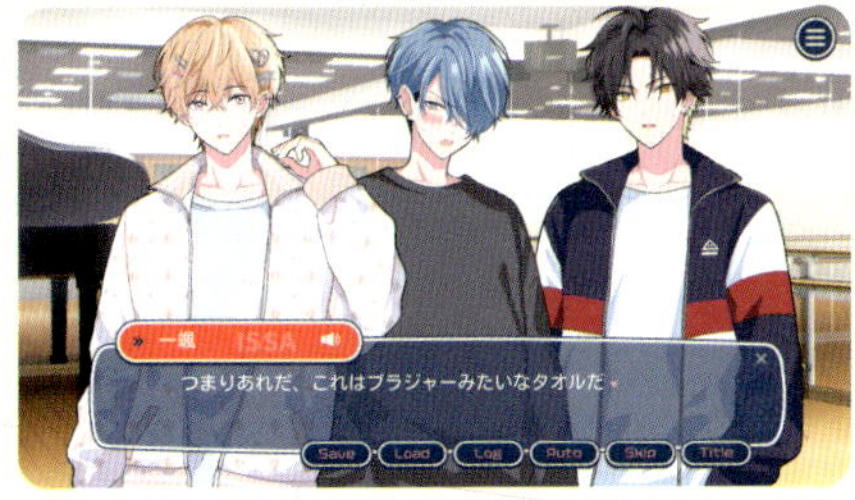

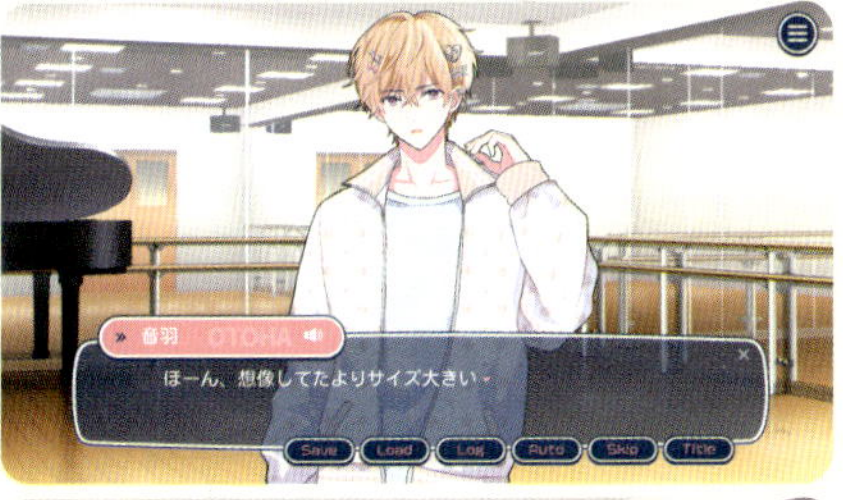

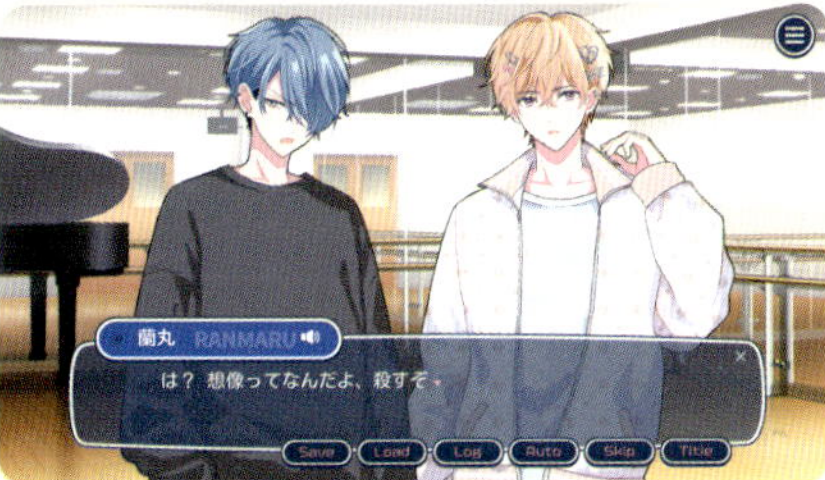

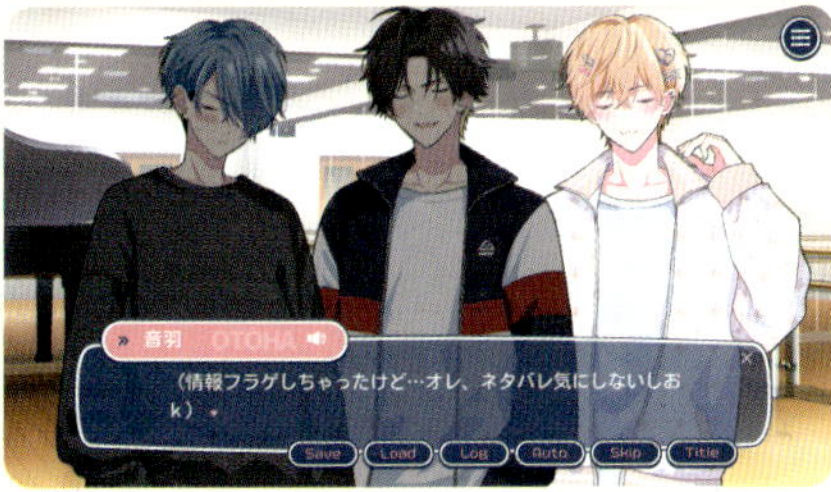

カバンの中身がタオルではなく、マネージャーがジム用に準備していた自身の着替えになっている…という、うっかりミス展開。それぞれ異なる反応が微笑ましい。何が起きても好感度が下がらないという世界観ならではのコミカルなイベントだ。

恋愛フラグの応酬

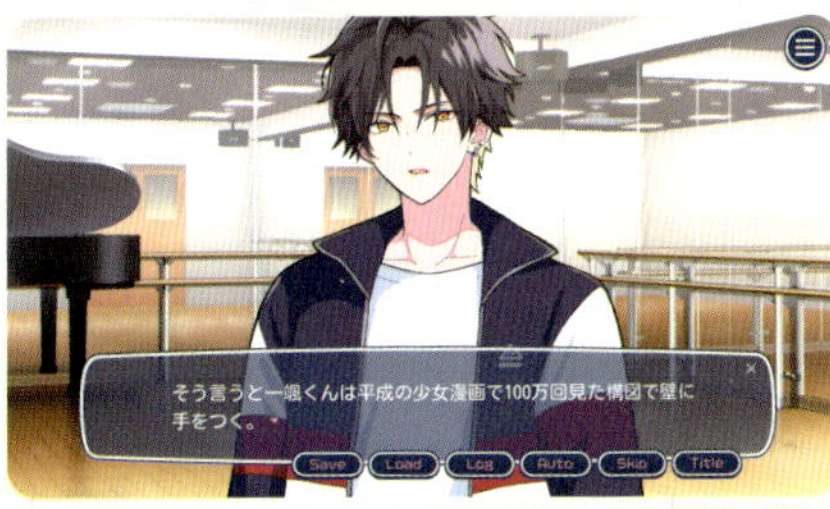

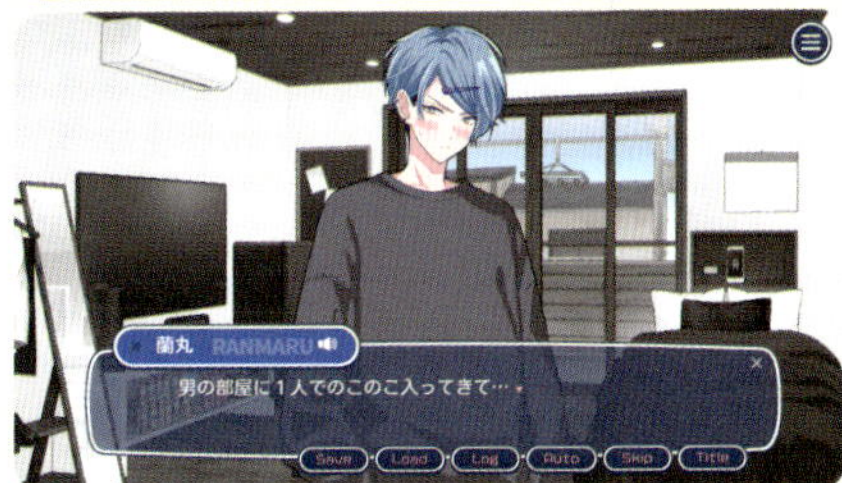

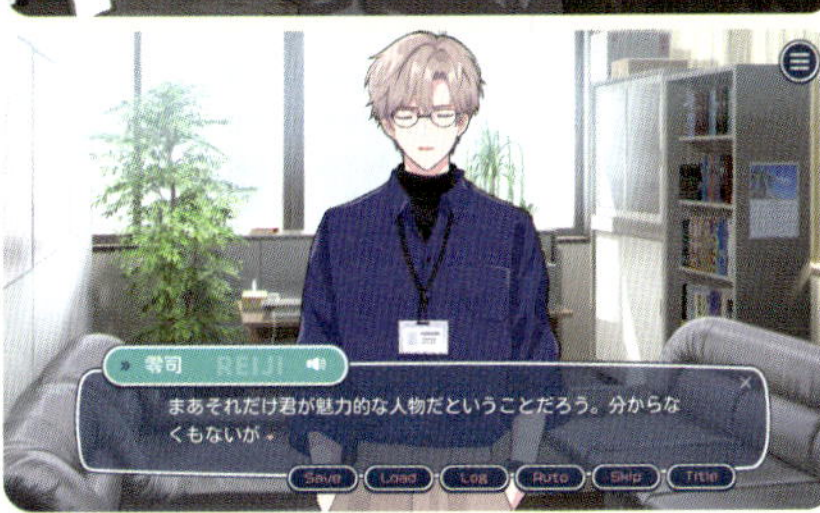

ライブのレッスン中に壁ドンされたり、カフェでパンケーキをあーんされたり、風邪のお見舞いに行くなど、あらゆる場面でイベントが発生し、恋愛フラグが続々と生まれていく。♡愛恋人♡だけでなく、先輩の零司からのフラグも…？

♡愛恋人♡（メロんちゅ）との出会いは突然に

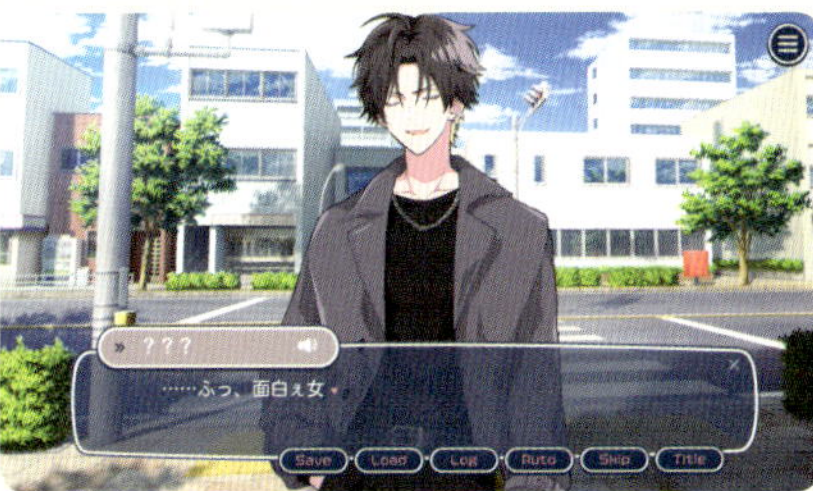

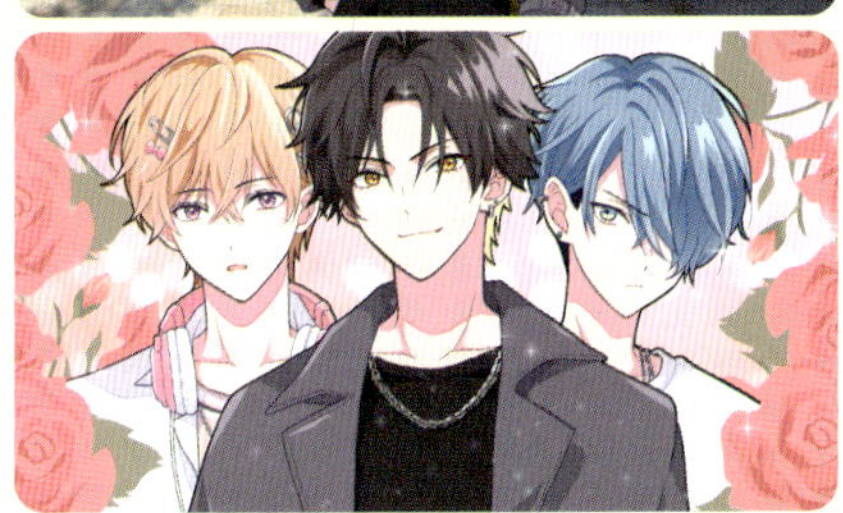

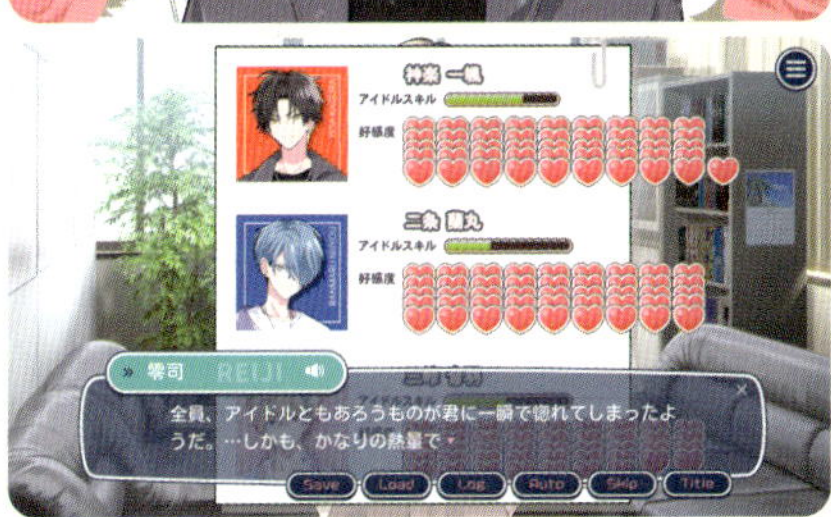

マネージャー就任初日、事務所に向かう途中で次々とイケメンに遭遇する主人公。♡愛恋人♡全員が「偶然出会ったマネージャーに一目惚れ」しているため、好感度が最初から振り切れた状態になっている。異常なハートの数に思わず笑ってしまう。

が結構あるんです。ここ数年のインディーゲームの盛り上がりも見ていて、自分でもトライしてみたくなりました。不安はなくて、作れるだろう！　という感じでした。

――フルボイスにすることも最初から決めていましたか？

ミキ　そこはブレずにババっと決めました。具体的にフリーゲームで短く遊べること、声をつけるなどの条件を決めていくなかで、アイドルグループが題材としていいかもしれないと思ったんです。

――ゲームはどういう分業なのでしょう。

ミキ　漫画と同じようにシナリオは私です。キャラクターデザインや立ち絵などの必要なビジュアルをマキに描いてもらいました。そのあとのゲームを組むのは私が担当しています。ホームページを作っている感覚と似てるところがあって、やれそうかなってなりました。作ってみると新しいことができて、すごく楽しかったですね。

――ゲームの特徴である「恋愛フラグを立てるとBADエンドになる」という「あるある」と「ないない」のバランスが、ミキマキさんの漫画と地続きなんだなと感じたところです。

ミキ　ゲームを作るなら核となる特徴が必要ですよね。このコンセプトはマキからの提案でした。どんなふうに考えたの？

マキ　おっしゃるように、「あるある」と「ないない」が好きなんですよ。乙女ゲームやアイドルゲームが大好きだからこそ、その「あるある」「ないない」ができると思いました（笑）。

――まさにそうですね。つづいてキャラクターについてもお聞きしたいです。設定資料集によると難航せずに描けたというコメントがありました。

ミキ　いままで見てきた二次元のアイドルを参考にしたので、迷うことはなかったです。ボリューム的に人数の多いグループにはできないので、バランスを考慮して三人になりました。

マキ　あと、アイドルはメンカラ（メンバーカラー）があるので、そこを考えましたね。

――蘭丸と音羽はメンカラが髪色やアイテムに入っています。一颯は衣装に赤色が入りますが、髪には入れなかったんですね。

マキ　初期のデザインは赤いメッシュで、ジャケットも赤だったんです。ちょっと私のセンスではおしゃれに描ききれなくて。

――赤いジャケット姿、いつか披露してほしいです。あと、グループ名の「♡愛恋人♡（メロんちゅ）」もすごく気になっているんです。

ミキ　他にも候補がありました。実在するグループでも、はじめて聞いたときにインパクトがあると引っかかるので、そんな名前がいいと思ったんです。こういう感じのノリのゲームということも伝わりますし。

――マネージャー（主人公）が記憶喪失しているという設定なのもインパクトがありますね。

ミキ　マキからの「あるある」のリクエストのなかに、事務所の先輩は絶対に元アイドルにしてほしいと言われたんです。シナリオを書いていて「さすがに元アイドルだとバレるよ」と伝えたんですけど、「気にしないから、バレないのもあるあるだから」と言われたんです（笑）。私はマキほど乙女ゲームをやっていないので、あるあるに迎合できなくて。記憶を失くしているなら正体がバレても大丈夫か…と納得させました。他にもマキからのリクエストに基づいて膨らませっていったところが結構ありますね。

マキ　乙女ゲームあるあるとあわせて、最近のアイドルは配信をするので、それを入れたいという話もしました。

――なるほど。漫画と違って、男性キャラは読者側（ゲームのプレイヤー）に恋愛感情を向けますよね。そこも意識する必要がありそうです。

マキ　それがギャグになるようなストーリーにしています。好きと言えば言うほど

三峠 音羽（みとうげ おとは）

CV: 伊能 幸輝

17歳／172cm
担当カラー：ピンク
平成から令和のネットスラングで会話する不思議系アイドル。♡愛恋人♡（メロんちゅ）のSNS担当。

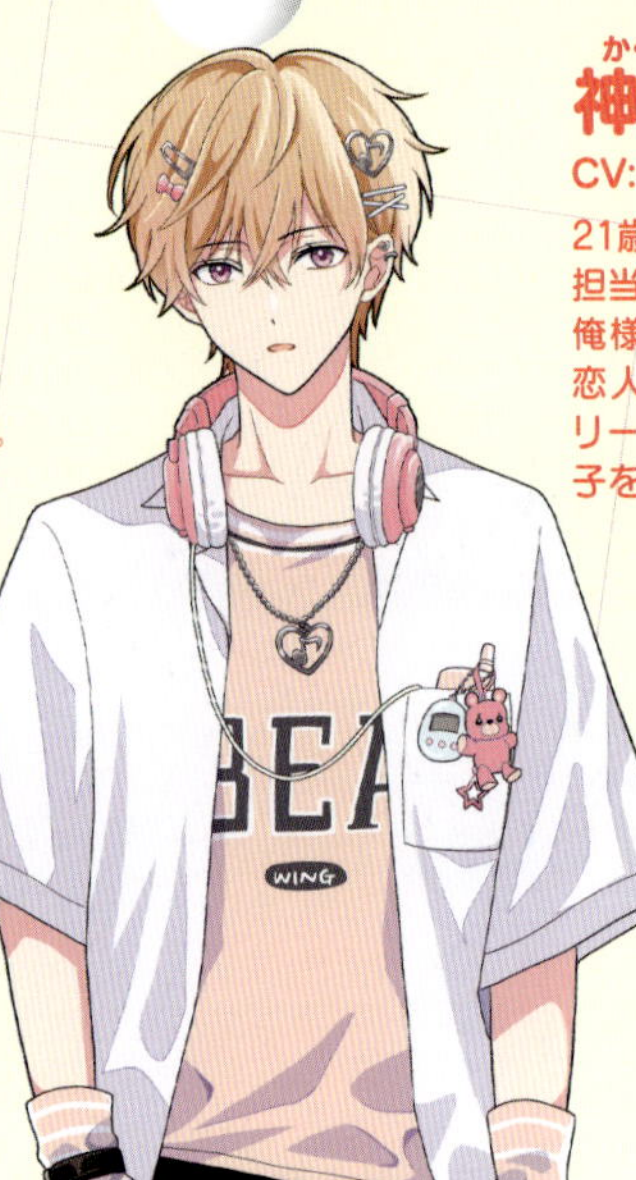

神楽 一颯（かぐら いっさ）

CV: 吉野 格

21歳／177cm
担当カラー：赤
俺様系アイドルで、♡愛恋人♡（メロんちゅ）のリーダー＆ラップと手拍子を担当。

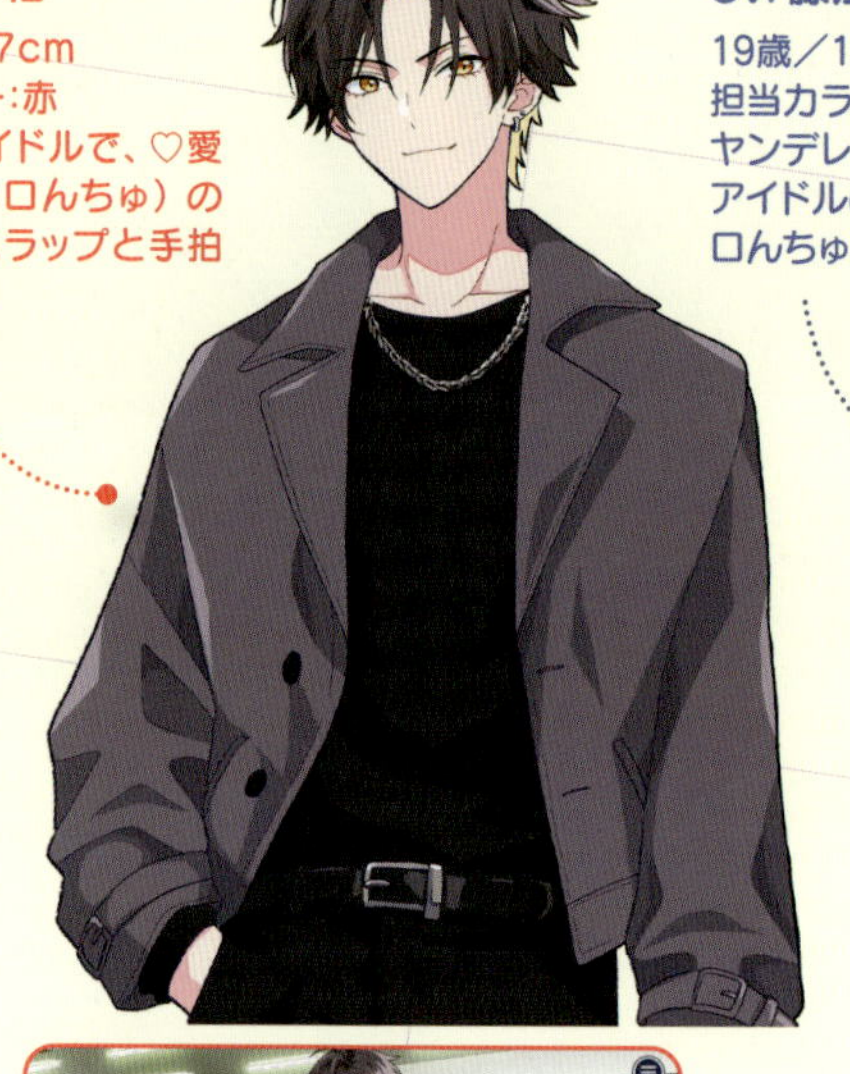

二条 蘭丸（にじょう らんまる）

CV: 藤江 達也

19歳／168cm
担当カラー：青
ヤンデレ（ヤンキーデレ）系アイドルの、♡愛恋人♡（メロんちゅ）のダンス担当。

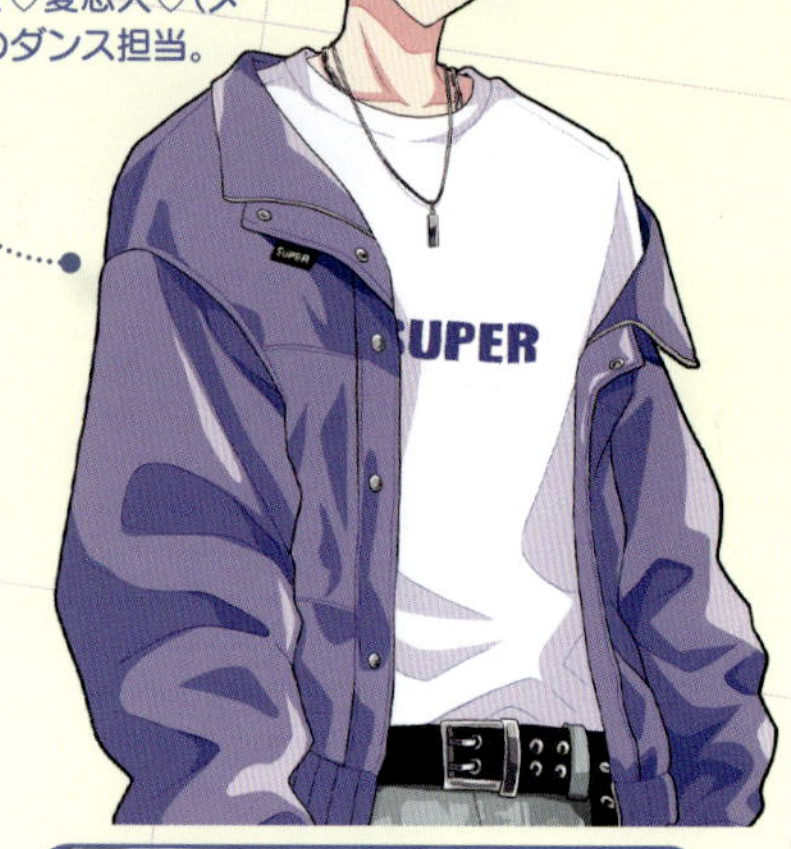

セリフはボイスでも聞けるが、テキストを追いかけるとネットスラングらしさをより味わえる。

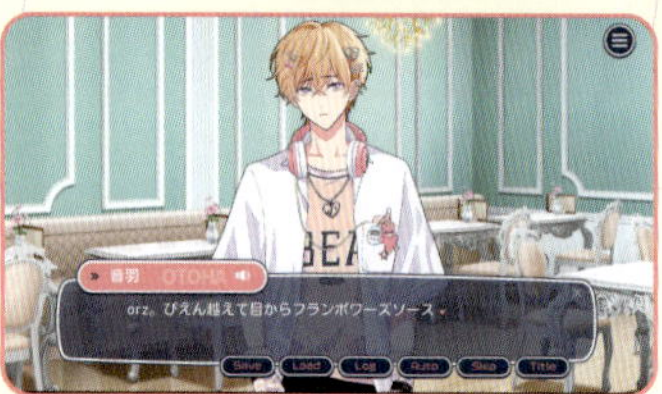

マネージャー（主人公）へのアピールが直球な一颯。配信中や街中など場所を問わず突き進む。

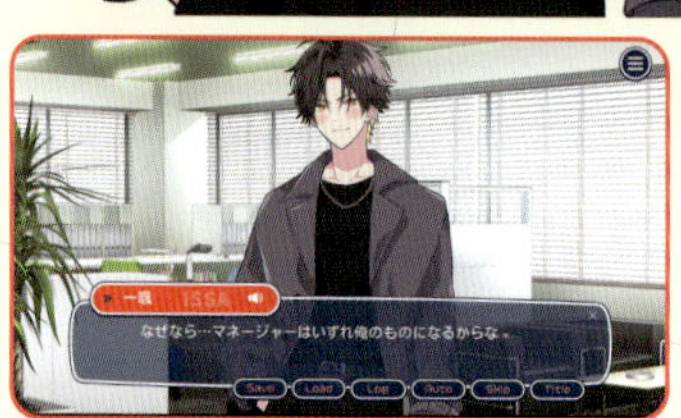

粗っぽい口調からデレるスピード感が絶妙。妄想ではマネージャーと家庭を築いているらしい。

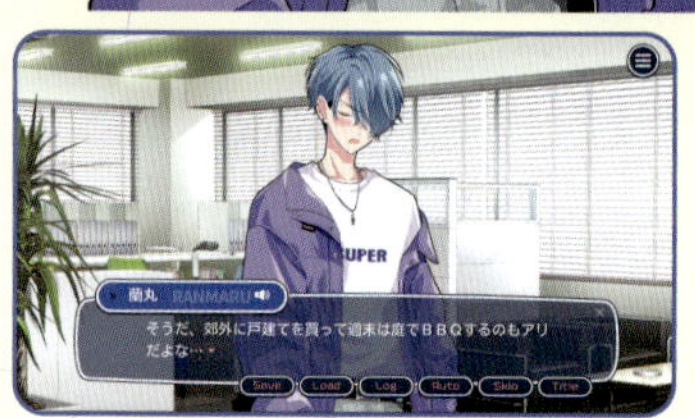

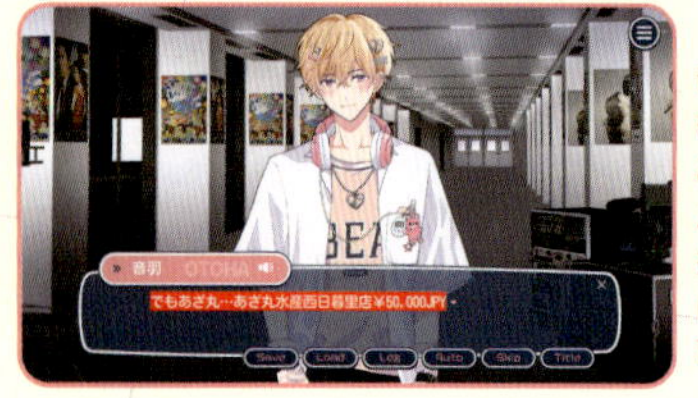

音羽の会話は、細かな演出もみどころ。赤スパ（高額な投げ銭）を投げてくれる場面も。

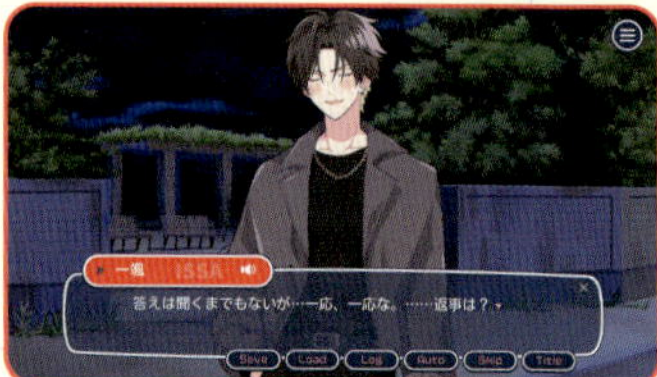

自信と妄想が加速して、ムードやセンスが追いついていないところに、目が離せなくなる。

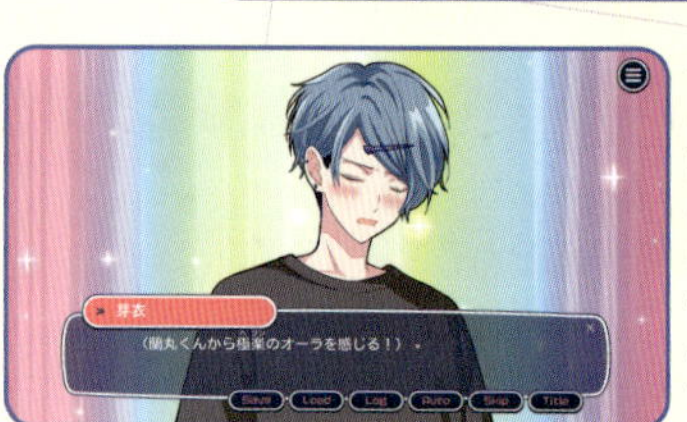

言葉数は少ないが、緊張する鼓動でEDMを完成させたり、オーラが漏れているなど感情表現のクセが強い。

芝浦 零司（しばうら れいじ）

CV: 義村 優

28歳／176cm
プロダクションの経理担当。♡愛恋人♡（メロんちゅ）メンバーの好感度を主人公に教えてくれる。

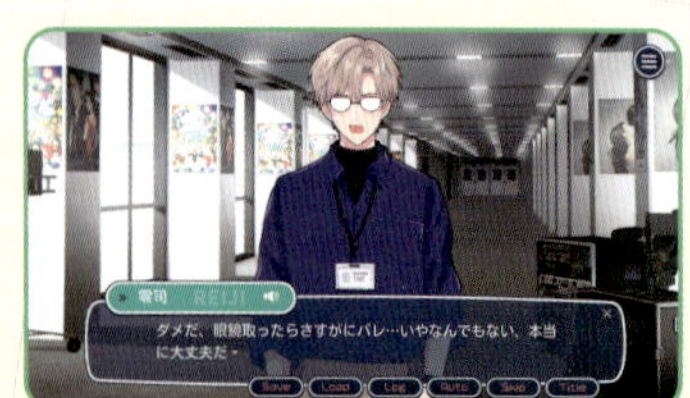

新米マネージャーの主人公を気にかけている。頼もしい先輩として声をかけてくれるが…。眼鏡を取るとバレてしまうことがあるらしい。

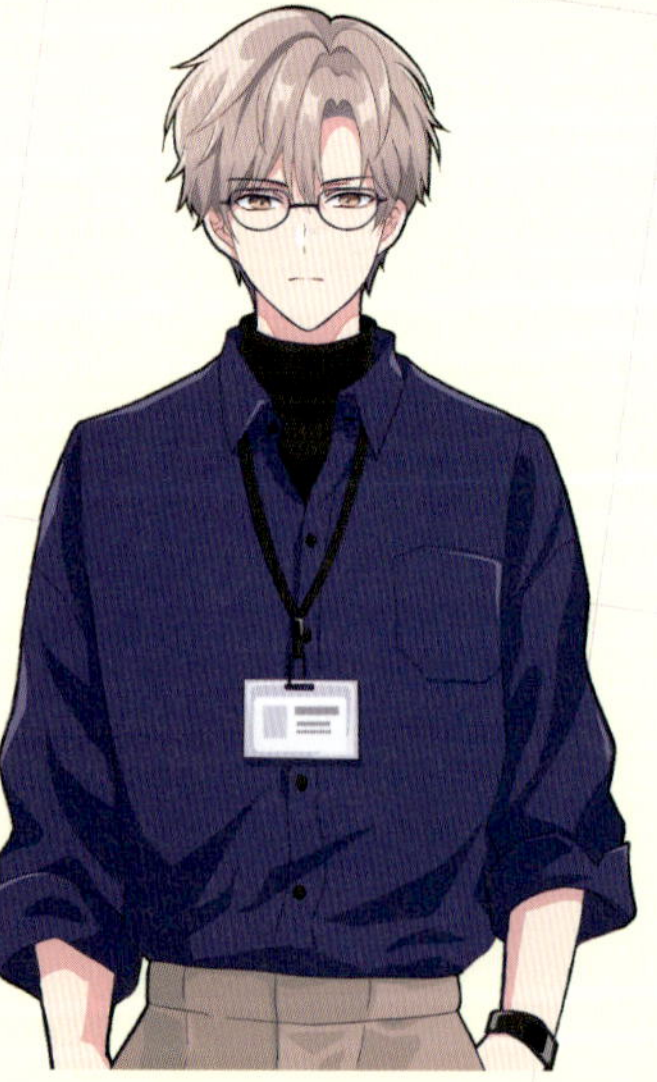

相田 芽衣（あいだ めい）※名前変更可

23歳／162cm
主人公（プレイヤー）。♡愛恋人♡（メロんちゅ）の新米マネージャー。昔、大好きだったアイドルグループが突然解散したショックで当時の記憶を失っている。

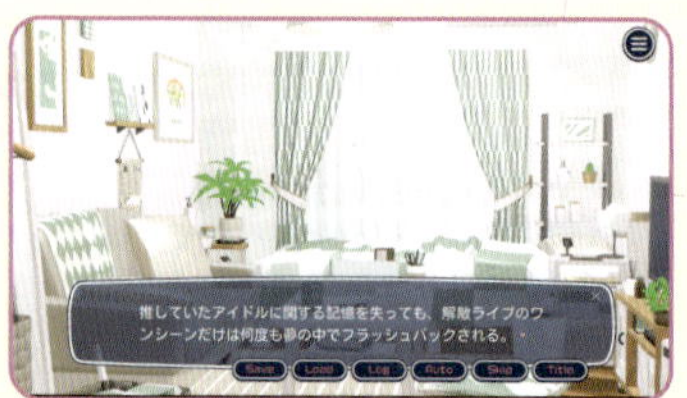

部屋の小物や持ち物にエメラルドグリーンのアイテムが多いのは、記憶を失う前に推していたメンバーの担当カラーなのかも…？

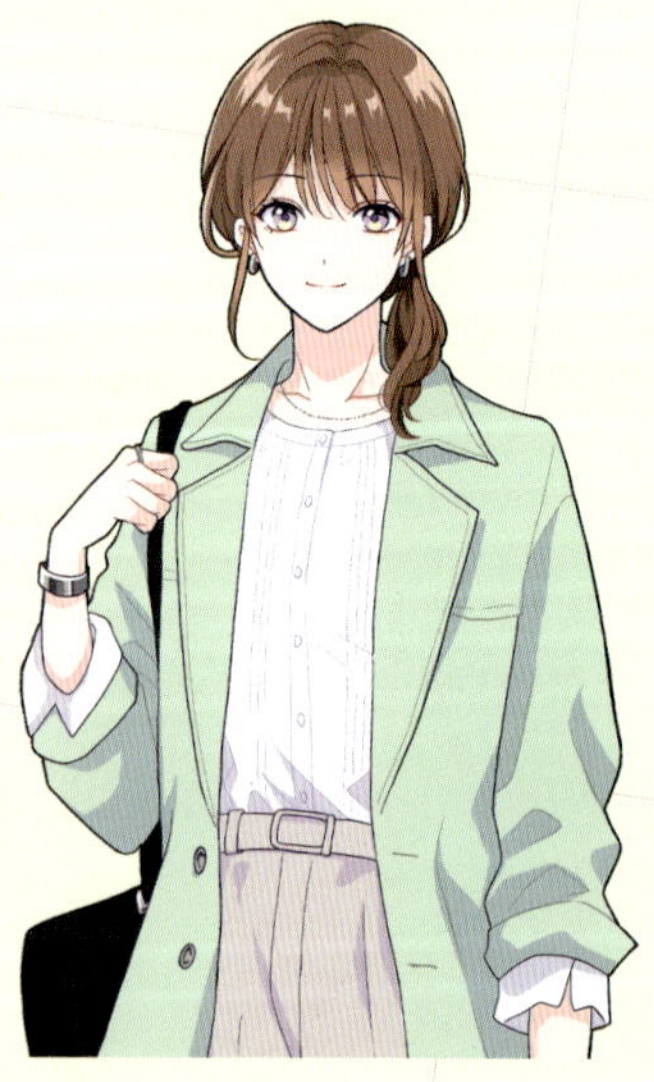

YouTubeの創作漫画『スパノヴァ学園』や『僕は王子様になれない』にもアイドルの子が出てくるので気になりました。

ミキ　ゲームに関してはアイドルを題材にしようと思ってスタートしたわけではないんです。YouTubeで新しいことをはじめたいと考えるなかで、「キャラクターを応援してもらえるコンテンツ」を作りたいと思っていて。まずゲームを作って、のちのちYouTubeに繋げていこうとふたりで話しあったんです。

――応援したくなるキャラクターとアイドルはマッチしますね。実際にアイドルを推す体験はこれまでありましたか？

ミキ　はじめて生身のアイドルでハマったのが「タイプロ（timelesz project）」です。周りで話題になることが多くて、一応チェックしようという感じでしたが、しっかりハマって全て観ました。SNSで感想を見ていたら、おすすめのタイムラインにアイドルのファンの子たちのポストが流れてくるようになって。リアルなアイドルを推しているファンの生の声にはじめて触れたんですよね。なるほど…と思ったことが『アイダメ』を作るときに生きているかもしれません。

マキ　そうなんです。これまでは二次元アイドルがずっと好きで、『うた☆プリ』から網羅的に全てチェックしてかじっていると思います。『アイ★チュウ』『あんスタ!!』『アイナナ』『Mマス』…など挙げきれません。

――三次元のアイドルにハマってみていかがでした？

マキ　二次元の良さを再確認できました（笑）。人間の場合、自分の理想と違うところもありますよね。「こういう一面は見たくなかった」ということが起きないので、二次元は裏切らないなって思いました。

――（笑）。もともとアイドルを題材にしたゲームもプレイされていたのですね。

ミキ　そうですね。面白いなと思うものがあると「作れないかな」と展開していくこと

『アイドルと〇〇しちゃダメですか？』

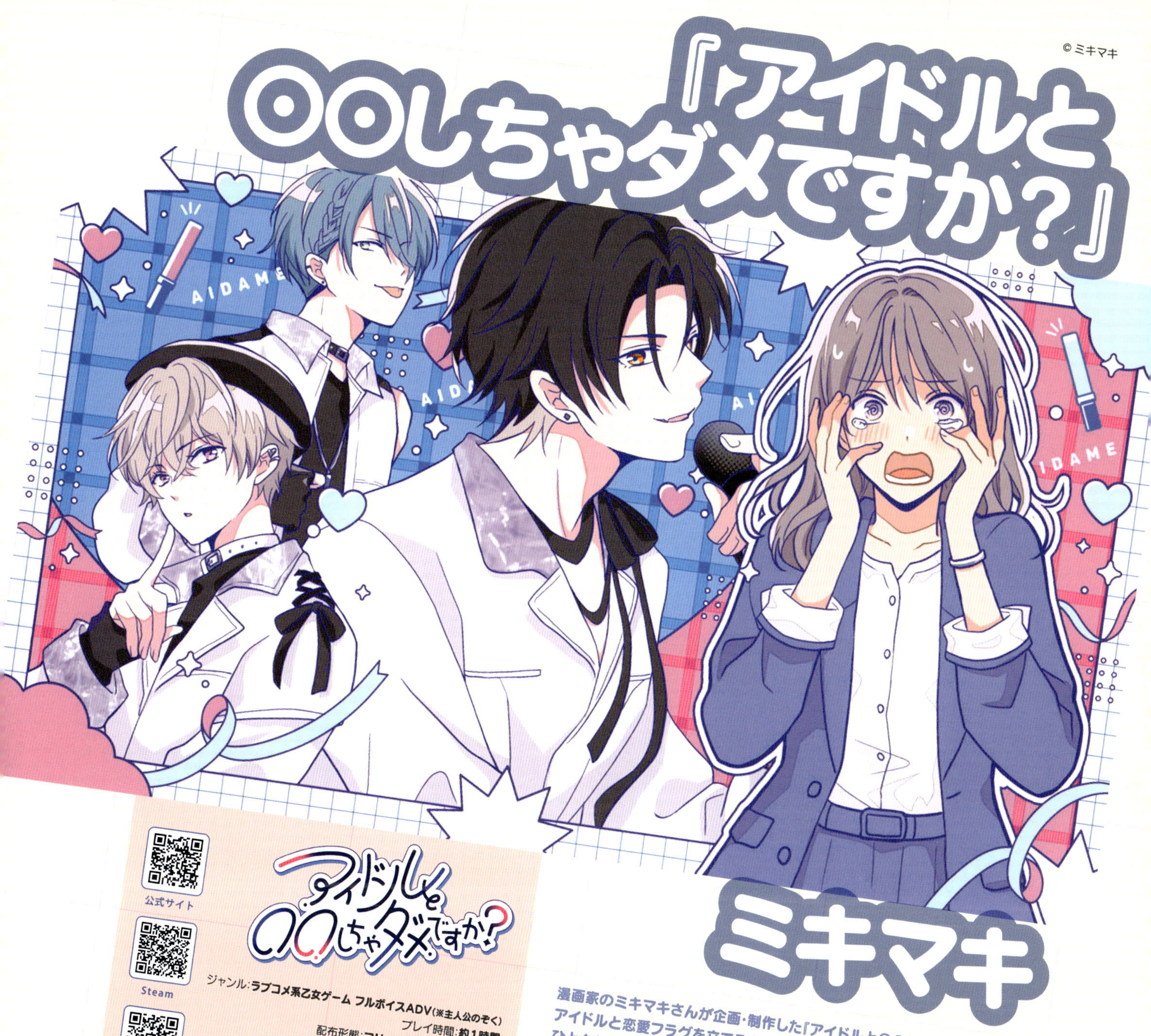

公式サイト

Steam

ノベコレ

アイドルと〇〇しちゃダメですか？

ジャンル：ラブコメ系乙女ゲーム フルボイスADV（※主人公のぞく）
プレイ時間：約1時間
配布形態：フリーウェア（PC／スマホ）
企画・制作（シナリオ/イラスト）：ミキマキ
声の出演
神楽 一颯 … 吉野 格／二条 蘭丸 … 藤江 達也
三峠 音羽 … 伊能 幸輝／芝浦 零司 … 鵜村 優

ミキマキ

漫画家のミキマキさんが企画・制作した『アイドルと〇〇しちゃダメですか？』は、アイドルと恋愛フラグを立てるとBADエンドになるという前代未聞の乙女ゲーム。ひとクセもふたクセもあるイベントから、恋愛フラグを折りつづけて担当するアイドルのライブを成功させられるのか…！新人アイドルグループ「♡愛恋人♡（メロんちゅ）」のメンバーや、プレイしたくなるゲーム内イベントを紹介しつつ現在制作中の追加コンテンツもチラ見せ！ミキマキさんにもお話を伺い、ゲームを作ろうと思われたきっかけや制作中のエピソードを伺いながら『アイダメ』の魅力をお届けします！

ミキマキ／双子の漫画家。主な作品に『少年よ耽美を描け』（新書館／全8巻）』『JKと家庭教師』（スクウェア・エニックス／全3巻）があるほか、近作ではYouTubeのショート動画をもとにコミックス化した『後輩が一途すぎる話』（リブレ）、『僕は王子様になれない』（KADOKAWA）も発売された。現在は『少年よ耽美を描け』の続編となる『腐女子、小清水詩織。』をWEBウィングスで連載中。自身のYouTubeチャンネルにはフルボイスの創作漫画動画がアップされている。

【X】@gekiretu
【HP】www.mikimaki.site
【YouTube】@mickymacky25

直筆色紙を1名様にプレゼント！
巻末のハガキからご応募ください！

――今回は自主制作したゲーム『アイドルと〇〇しちゃダメですか？』（以下『アイダメ』と略記）について伺いますが、ミキマキさんは少し前からボイスコミックスやYouTubeのショート動画など新しい形で漫画を発表されています。

ミキ　二年ほど前からYouTubeの動画やショートの投稿をはじめました。Twitter（X）の仕様が変わる話題が定期的にでるじゃないですか。漫画を他の場所でも発表できないかと模索するなかで、漫画に声をつけたショート動画はみんなに見てもらえるんじゃないかと、自然な流れで作るようになりました。ネタは私が担当して、動画は基本的にマキが作っています。漫画と同じです。

マキ　自分で描いた絵なので、やりやすいですし、動きを考えながら描いています。

――今回はオリジナルの乙女ゲームを作られましたが、男の子のアイドルという登場人物はスッと決まりましたか？

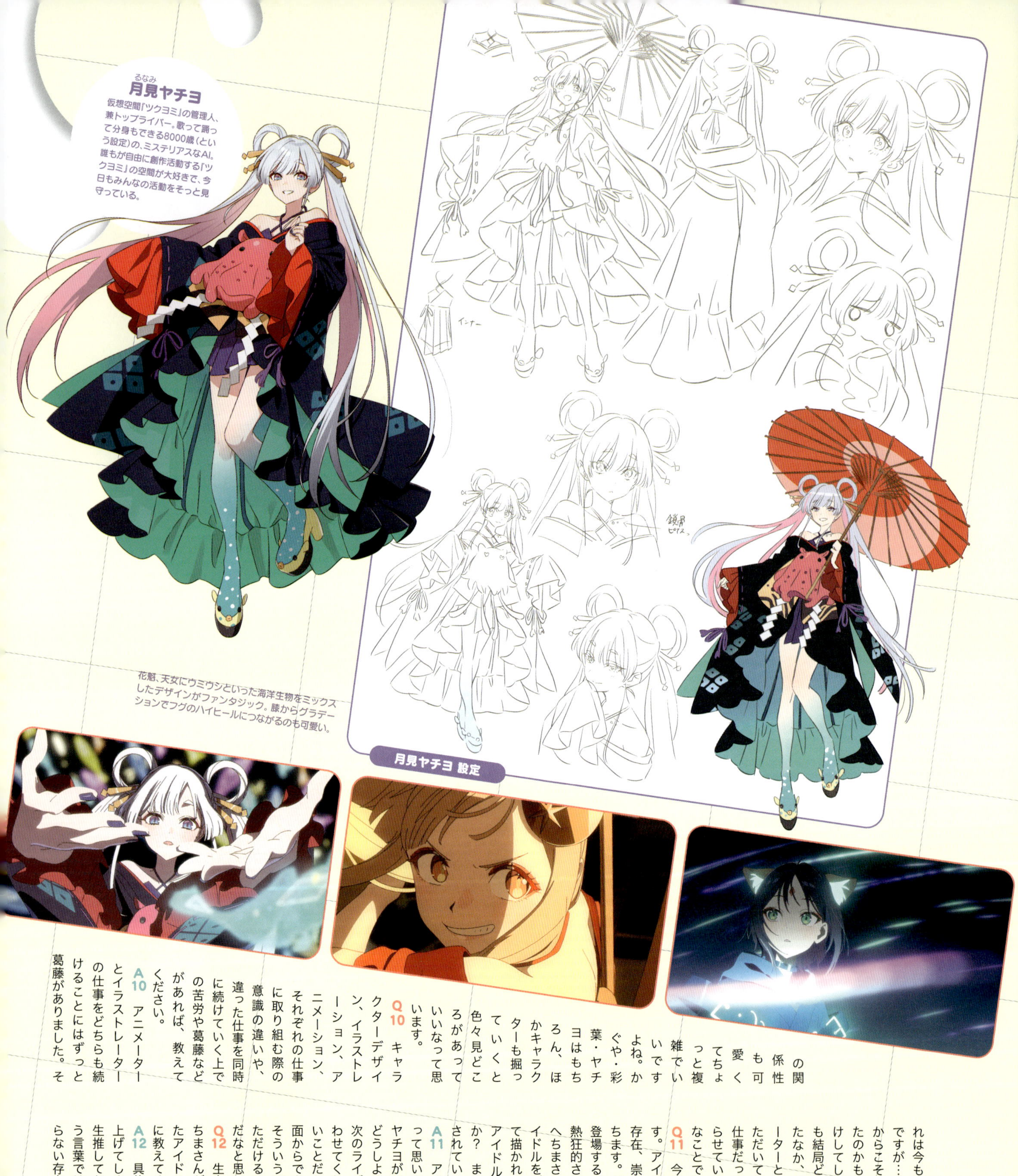

花魁、天女にウミウシといった海洋生物をミックスしたデザインがファンタジック。膝からグラデーションでフグのハイヒールにつながるのも可愛い。

の関係性も可愛くてちょっと複雑でいいですよね。かぐや・彩葉・ヤチヨはもちろん、ほかキャラクターも掘っていくと色々見どころがあっていいなって思います。

Q10 キャラクターデザイン、イラストレーション、アニメーション、それぞれの仕事に取り組む際の意識の違いや、違った仕事を同時に続けていく上での苦労や葛藤などがあれば、教えてください。

A10 アニメーターとイラストレーターの仕事をどちらも続けることにはずっと葛藤がありました。それは今も完全に消化したとは言い難いのですが……どちらにも憧れと尊敬があるからこそ、中途半端な自分を許せなかったのかもしれません。実際ご迷惑をおかけしてしまうこともありましたし…。でも結局どちらか一つを選べないままでいたなか、『超かぐや姫！』はイラストレーターとして色々なキャラを描かせていただいてきたことが活かせるアニメのお仕事だったんですよね。この作品に携わらせていただけたことは自分の中で大きなことでした。

Q11 今号はアイドルにまつわる特集です。アイドルとは熱狂的なファンを持つ存在、崇拝される人や物という意味も持ちます。Vtuberや『超かぐや姫！』に登場するライバーたちも、人を惹きつけ熱狂的させる「アイドル」と言えますし、へちまさんはこれまでにもたくさんのアイドルをデザインしたり、イラストとして描かれてきた思います。へちまさんはアイドルをどんな存在だと思われますか？ また、アイドルを描く上で大切にされていることを教えてください。

A11 アイドルには人を救う力があるなって思います。今作では彩葉にとってのヤチヨがそうですけど、限界ギリでもうどうしようもない絶望があっても、でも次のライブまでは生きよう、みたいに思わせてくれる存在で、それってものすごいことだと思うんです。絵やデザインの面からできることは限られていますけど、そういうアイドルの一部に関わらせていただけるのは本当に光栄で、得難いことだなと思います。

Q12 生身の人間、二次元を問わず、へちまさんがこれまでの人生で好きになったアイドルと呼べる存在について具体的に教えてください。

A12 具体的にということですので申し上げてしまいますと、坂本真綾さんを一生推しております。ファンとか推しという言葉では語り尽くせない、なくてはならない存在です！（重くてすみません！）

ツクヨミキャラクターデザイン

へちまさんによる3人の設定画。生き物モチーフ＋着物を洋風にアレンジしたコスチュームで、動きが綺麗に見えるシルエットや、足のラインを活かしたデザインがポイント。

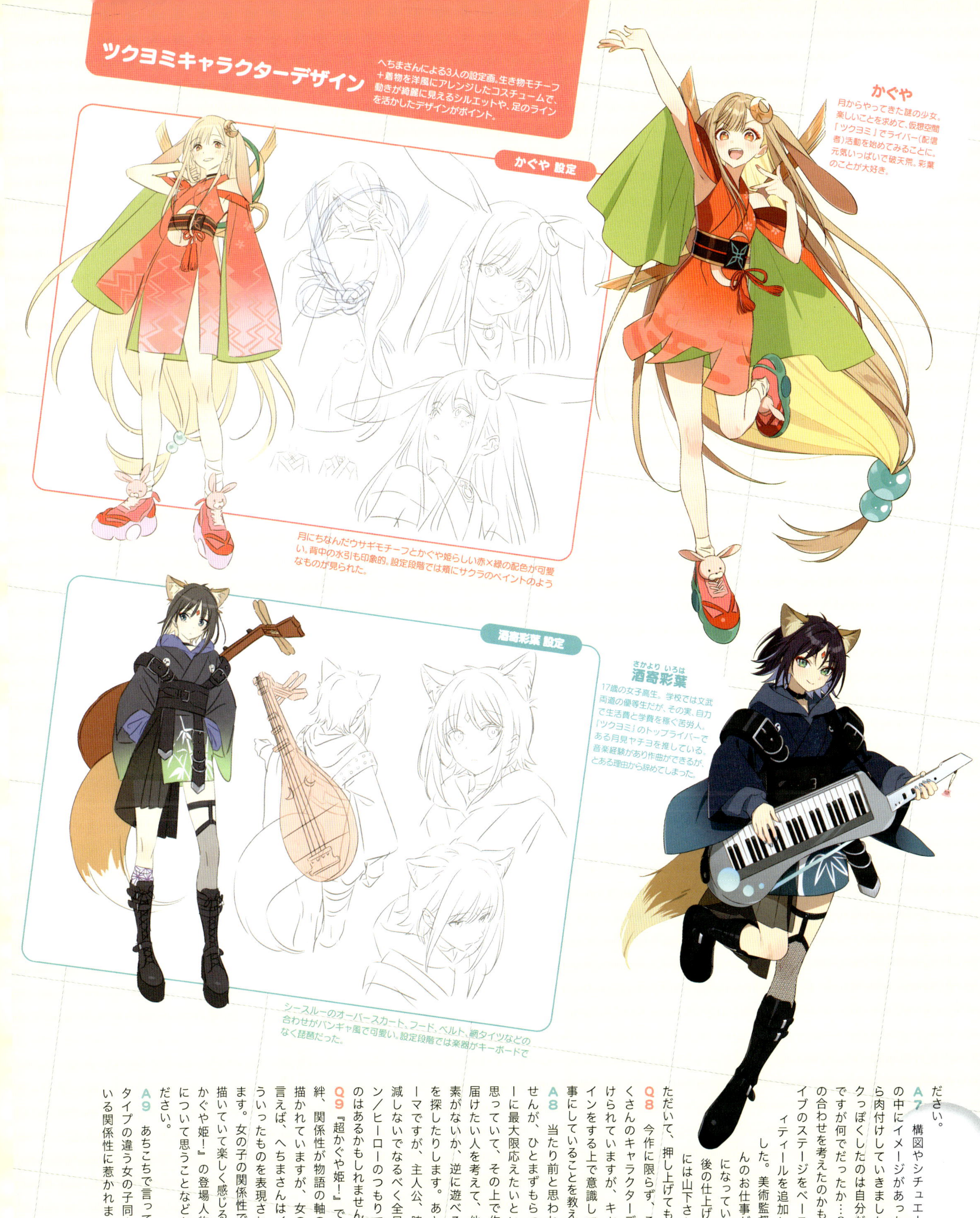

月にちなんだウサギモチーフとかぐや姫らしい赤×緑の配色が可愛い。背中の水引も印象的。設定段階では頬にサクラのペイントのようなものが見られた。

かぐや

月からやってきた謎の少女。楽しいことを求めて、仮想空間「ツクヨミ」でライバー（配信者）活動を始めてみることに。元気いっぱいで破天荒。彩葉のことが大好き。

シースルーのオーバースカート、フード、ベルト、網タイツなどの合わせせがバンギャ風で可愛い。設定段階では楽器がキーボードでなく琵琶だった。

酒寄彩葉（さかより いろは）

17歳の女子高生。学校では文武両道の優等生だが、その実、自力で生活費と学費を稼ぐ苦労人。『ツクヨミ』のトップライバーである月見ヤチヨを推している。音楽経験があり作曲ができるが、とある理由から辞めてしまった。

ださい。

A7 構図やシチュエーションは監督の中にイメージがあったので、そこから肉付けしていきました。全体をピンクっぽくしたのは自分だったと思うのですが何でだったか…？ 着物の色との合わせせを考えたのかもしれません。ライブのステージをベースに、客席やディティールを追加していただきました。美術監督の宍戸太一さんのお仕事が光る仕上がりになっています。撮影（最後の仕上げ、色味調整など）には山下さんにも入っていただいて、押し上げてもらいました。

Q8 今作に限らず、これまでにもたくさんのキャラクターデザインを手掛けられていますが、キャラクターデザインをする上で意識していること、大事にしていることを教えてください。

A8 当たり前と思われるかもしれませんが、ひとまずもらっているオーダーに最大限応えたいというのはいつも思っていて、その上で作品のテーマや届けたい人を考えて、他にも必要な要素がないか、逆に遊べる部分はあるかを探したりします。あとは自分の裏テーマですが、主人公、脇役、などで加減しないでなるべく全員メインヒロイン／ヒーローのつもりで描こうというのはあるかもしれません。

Q9 『超かぐや姫！』では女の子同士の絆、関係性が物語の軸のひとつとして描かれていますが、女の子の関係性と言えば、へちまさんはイラストでもそういったものを表現されていると思います。女の子の関係性で惹かれるもの、描いていて楽しく感じるもの、また『超かぐや姫！』の登場人物たちの関係性について思うことなどあれば教えてください。

A9 あちこちで言っているのですが、タイプの違う女の子同士が仲良くしている関係性に惹かれます。かぐやたちの最新作となる『超かぐや姫!』では、仮想空間ツクヨミのキャラクターデザインを手がけられています。これまで、たくさんのコロリド作品に参加されてきましたが、今回イラストレーター・へちま名義で参加されることに関して、ご自身の心構えとして何かこれまでと違うところはありますか?

A2　名義は最初から変えるつもりではなかったのですが、イラストレーターとしてやっていた仕事(へちま名義)に性質が近いよねということになり、私自身もそのほうが宣伝しやすいなと感じたのでそうしたという感じでした。デザインの方向性としても、アニメというよりはゲーム(もっと言うとVtuberのような)キャラとして作って、動かせるように線を整理する、みたいな考え方でやっていたように思います。そもそもアニメのキャラクターデザインでこんなに自由度が高いことってあんまりない気がするので、そういう意味でも今までとは全然違うお仕事だったなと思います。

Q3　『超かぐや姫!』は〝現実パート〟と歌って踊って分身もできる8000歳(という設定)のミステリアスなA I・月見ヤチヨが管理人、兼トップライバーとして君臨する仮想空間〝ツクヨミパート〟に分かれており、へちまさんは「ツクヨミキャラクターデザイン」としてクレジットされています。具体的に担当されたキャラクターデザインのお仕事内容について教えてください。

A3　人間全般といったらいいでしょうか。モブのキャラ参考や、途中で出てくるトップライバーたちのデザインをやらせていただいておりまして、武器デザイン(ミニオン以外の全て)はフジモトゴールドさん(ゴキンジョ)、虎車、ミニオンの武器は谷垣慧実さんが担当されています。

Q4　現実キャラクターデザインを担当された永江彰浩さんとの話し合いや、イメージのすり合わせ、監督の山下清悟さんからのデザインの要望はどういったものでしたか?

A4　永江さんとは一緒にお仕事をして長いのですが、今回はあえて合わせる必要がなかったのもあり、すり合わせ的な話は全然しなかったです。身長設定も現実とツクヨミで違うんですよね。ただキャラによっては現実のデザインを踏まえて(顔つきとか髪色など)組み立てていたりします。山下さんからは最初に大きな要望があったというよりは、都度ストーリーや作品の世界観について聞いたり、ラフをもらったり、話し合ったりしながら一人一人作っていった感じです。

Q5　仮想空間ツクヨミの全体的なキャラクターデザインのコンセプトや、デザインにあたって重視したこと、苦労したところなどを教えてください。

A5　あまり最初から引き算を考えないということは気をつけました。アニメという性質上、どうしても線を減らしたくなってしまうところはあり、特にコロリド作品は少なくて柔らかい線でずっとやっていたのですが、その辺は現実世界のほうで担ってもらっているので、ツクヨミでは華やかさを求められているんだろうなと考えました。なので要素を一回もりもりにして、そこからどうしても難しそうな部分を修正していくという作り方をしています。サブキャラクターまで行くとネタ切れの壁を超えて捻り出す作業に突入していたのですが、和風が個人的に好きなモチーフだったのもあり、そんなに苦ではなかったように思います。

Q6　へちまさんがデザインされた主要キャラクターのデザインについて、それぞれのポイントを教えてください。

A6

●月見ヤチヨ：海がヤチヨの出自ということから、ヤチヨのデザインは海洋生物モチーフになったと記憶しています。全ての生命の源、みたいな象徴性も含めてですね。天女っぽい輪っか、花魁モチーフ、なども最初にもらったラフからあった要素でした。足をがっつり綺麗に見せたかったので、ソックスやブーツを履かせず靴までグラデーションで繋ぐというちょっと現実っぽくないデザインを持ってきています。バーチャル世界ならこういうのもありかな? という提案でした。

●かぐや：かぐやは結構はっきりしたイメージを監督からもらったので(ほぼ唯一? 色ラフでいただいている)、その要素をこぼさずにまとめることに注力しました。ギャルでもあるのでバチバチのまつ毛×垂れ目で、コーラルピンク~朱赤がイメージカラーでした。背中にくっついているのは水引なのですが、普通の帯やリボンよりポイントになるものが欲しかったので、どうですか、と提案したものが採用されています。

●酒寄彩葉：キツネにしたのは彩葉の二面性(人を化かすところから)、賢さ、なんかと結びついて設定されたと記憶しています。アイシャドウは最初、彩葉だけだったんじゃないかな…と思います(バンギャイメージだった)が、結局三人ともつけることになりましたね。シースルーのオーバースカートは処理が大変なのは分かっていつつも、取ると寂しくなってしまうので悩みました。本当に仕上げさんには頑張っていただきました…ありがとうございます。着ぐるみを着ているときのほうがなんなら動きにキレがあって笑ってしまいました。

Q7　ティザービジュアルのキャラクターの作画、仕上げもへちまさんが担当されていますが、どんなオーダーだったのかと、どんなところにこだわったのかを教えてく

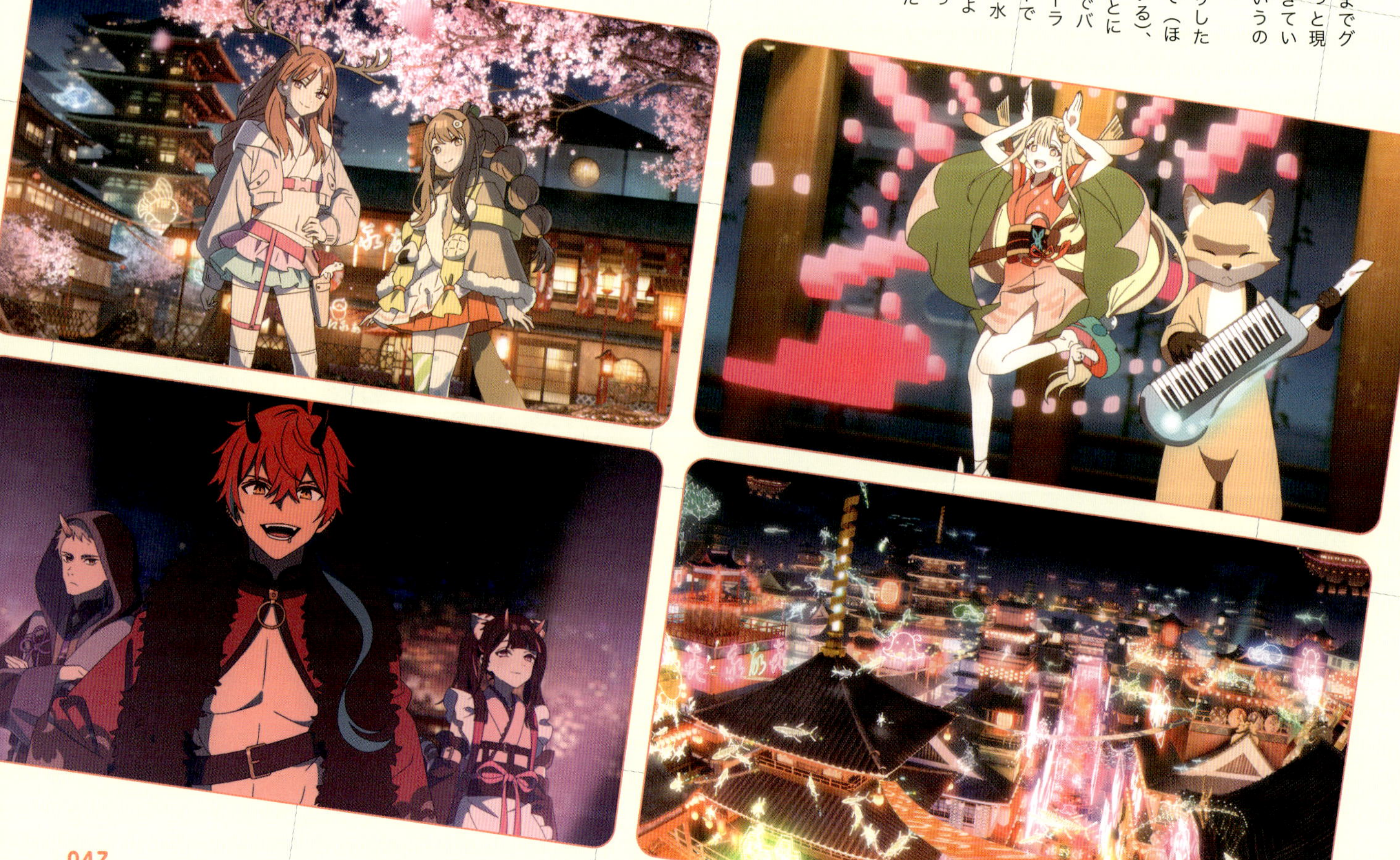

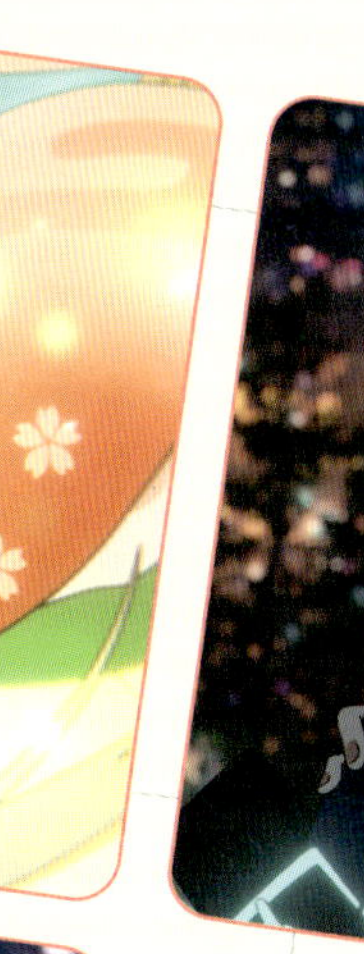

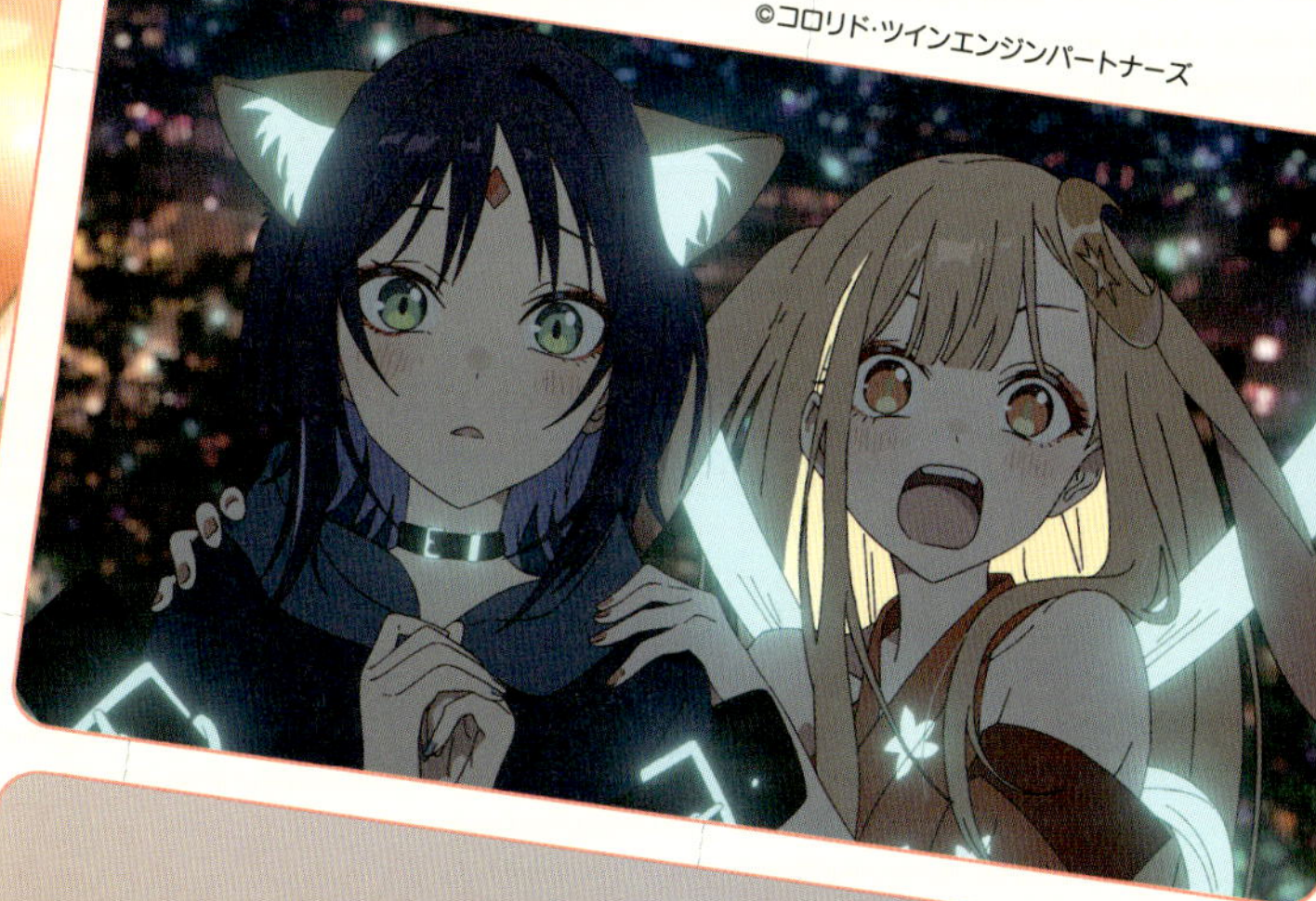

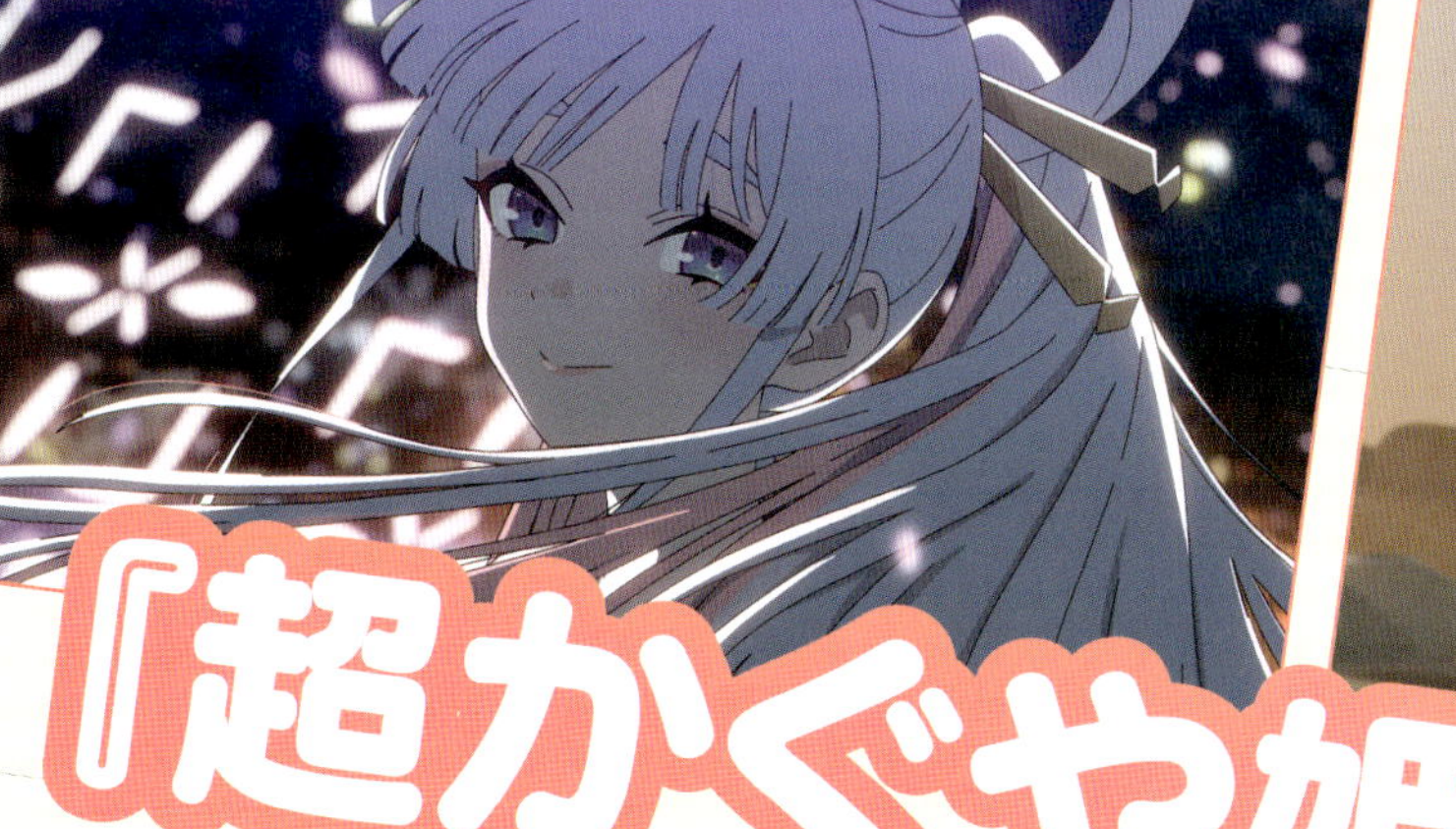

『超かぐや姫！』キャラクターデザイン へちま

『呪術廻戦 第1期』『チェンソーマン』など、名だたるアニメーション作品でオープニング映像を手がけてきた山下清悟初の長編監督作品は、"歌"で繋がる少女たちの絆の物語。夢と希望に満ちたインターネット上の仮想空間『ツクヨミ』を舞台に、圧巻の映像クオリティと錚々たる"ボカロP"の楽曲によって、ドラマチックな運命のステージが紡がれる。そんなツクヨミのキャラクターデザインをイラストレーター・アニメーターのへちまが担当。そのクリエイションについてインタビューを行った。

Q1 『超かぐや姫！』は、日本最古の物語『かぐや姫』をモチーフに、美しい画とレジェンド〝ボカロP〟の劇中歌によって〝歌〟で繋がる少女たちの絆を描いた物語です。中毒性のあるライブシーンの気持ち良さと、女の子たちの切なくも美しい結びつきに胸打たれ、何度でも観たくなる作品だと感じます。まずは完成作品をご覧になったへちまさんの率直なお気持ちを教えてください。

A1 そうですね……様々な思いが去来して、めちゃくちゃ泣けてしまいました。もちろんお話に泣かされた部分もあって、何の涙かもはやわからない感じで、各セクションのスタッフのプロフェッショナルな仕事にも改めて感動しましたし、この素敵な作品のためにもっと何かできたんじゃないかという気持ちと苦労が報われたという矛盾した気持ちがありました。

Q2 へちまさんは、以前からイラストレーター・アニメーターとして活躍されており、イラストレーターとしてはVtuberやVOCALOIDにまつわるお仕事もたくさんされています。そしてアニメーターとしてはスタジオコロリドに所属して、『ペンギン・ハイウェイ』『泣きたい私は猫をかぶる』では作画監督、『雨を告げる漂流団地』ではキャラクターデザイン補佐、日清食品 どん兵衛のCMではディレクションから作画監督まで担当されました。そんなスタジオコロリド

超かぐや姫！
COSMIC PRINCESS KAGUYA!
2026.1.22(木) Netflix 世界独占配信

【キャスト】
かぐや:夏吉ゆうこ
酒寄彩葉:永瀬アンナ
月見ヤチヨ:早見沙織
FUSHI:釘宮理恵

【スタッフ】
監督:山下清悟
脚本:夏生さえり
ツクヨミキャラクターデザイン:へちま
現実キャラクターデザイン:永江彰浩
ライブ演出:中山直哉
美術監督:宍戸太一
色彩設計:広瀬いづみ
ツクヨミコンセプトデザイン:
東みずたまり / フジモトゴールド(ゴキンジョ)
現実コンセプトデザイン:刈谷仁美
CG監督:町田政彌(スティミュラスイメージ)
CG背景:草間徹也(キューンプラント)
編集:木南涼太
撮影監督:千葉大輔(Folium)
音楽:コーニッシュ
音響監督:三好慶一郎
企画・プロデュース:山本幸治
製作:コロリド・ツインエンジンパートナーズ
アニメーション制作:
スタジオコロリド / スタジオクロマト

【劇中歌楽曲提供】
ryo (supercell)
yuigot
Aqu3ra
HoneyWorks
40mP
kz(livetune)

へちま／アニメーター、イラストレーター。大学在学中にアニメーション制作を始め、2016年からはスタジオコロリドで作画監督等を務める。そのほか『学園アイドルマスター』の共同キャラクター原案などを手掛ける。

the making of 平尾アウリ

今回は、最終12巻に収録される原稿を撮影させていただいた。現在は少しずつデジタルへと作画を変えていっている平尾アウリさん。そんななか、『推し武道』は最後までアナログで作画をしていたそう。ここでは最後のアナログ作画になるであろう、平尾アウリさんの貴重な原稿をお届けする。

平尾アウリさんは、人物の線画を描いたら、アシスタントさんへと、ベタ塗り、トーン貼り、背景の作画をお願いする。仕上げに、自分でトーンを削ったり人物の線画を加筆修正するそうだ。

平尾　線画は最後にたくさん修正をします。例えば、髪はシルエットを変えたり、描き足したりしていますね。人物の下絵は素体のみなので、お洋服などは一発がきしています。そのため、人物の体はよく直していますね。

扉絵で様々なコスチュームを着てきたChamJamメンバー。最終巻に収録される第63話～第65話は、自宅に残っていたトーンをつかいきろう！ということで、たくさんの模様や柄をつかったそう。

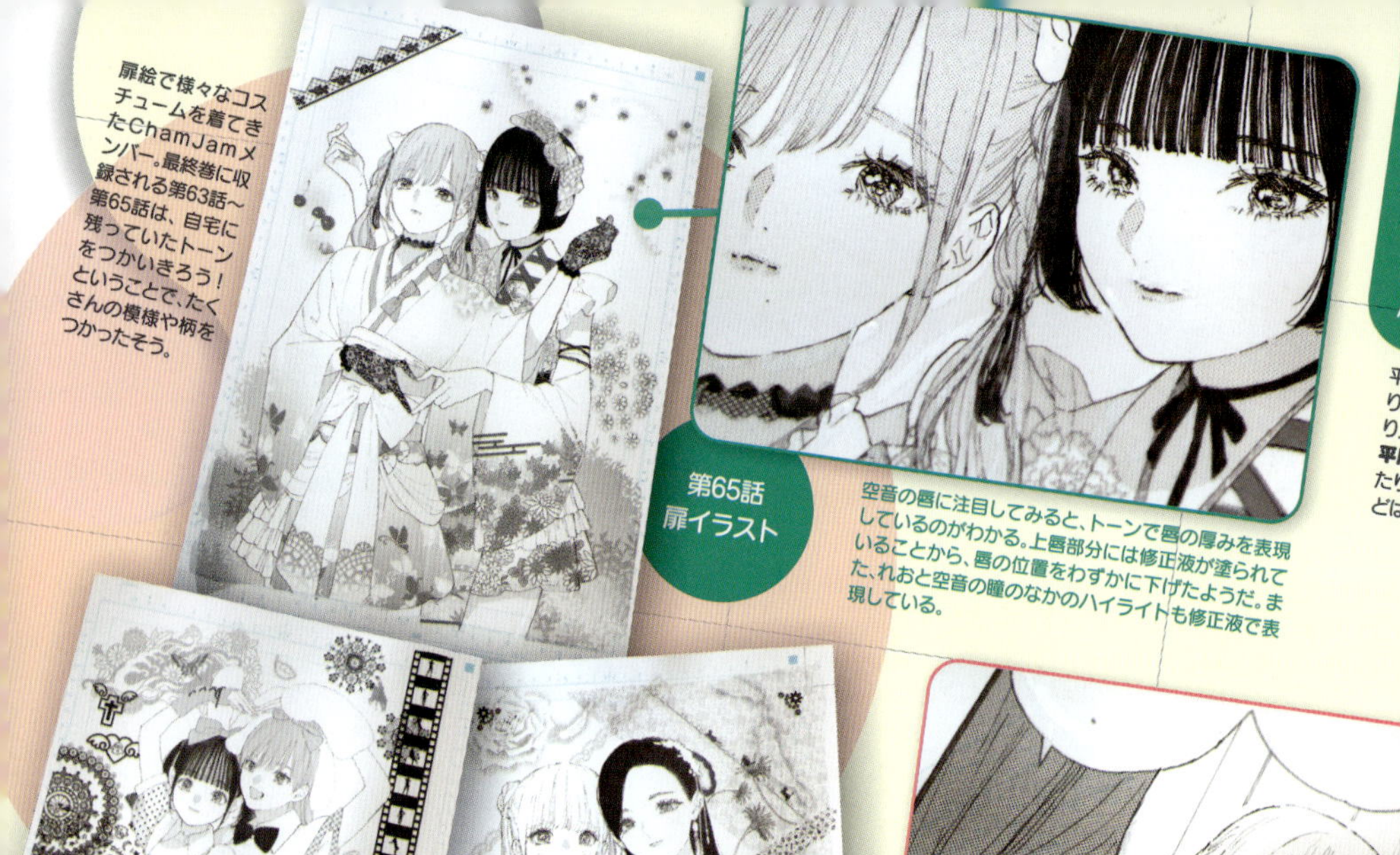

第65話
扉イラスト

空音の唇に注目してみると、トーンで唇の厚みを表現しているのがわかる。上唇部分には修正液が塗られていることから、唇の位置をわずかに下げたようだ。また、れおと空音の瞳のなかのハイライトも修正液で表現している。

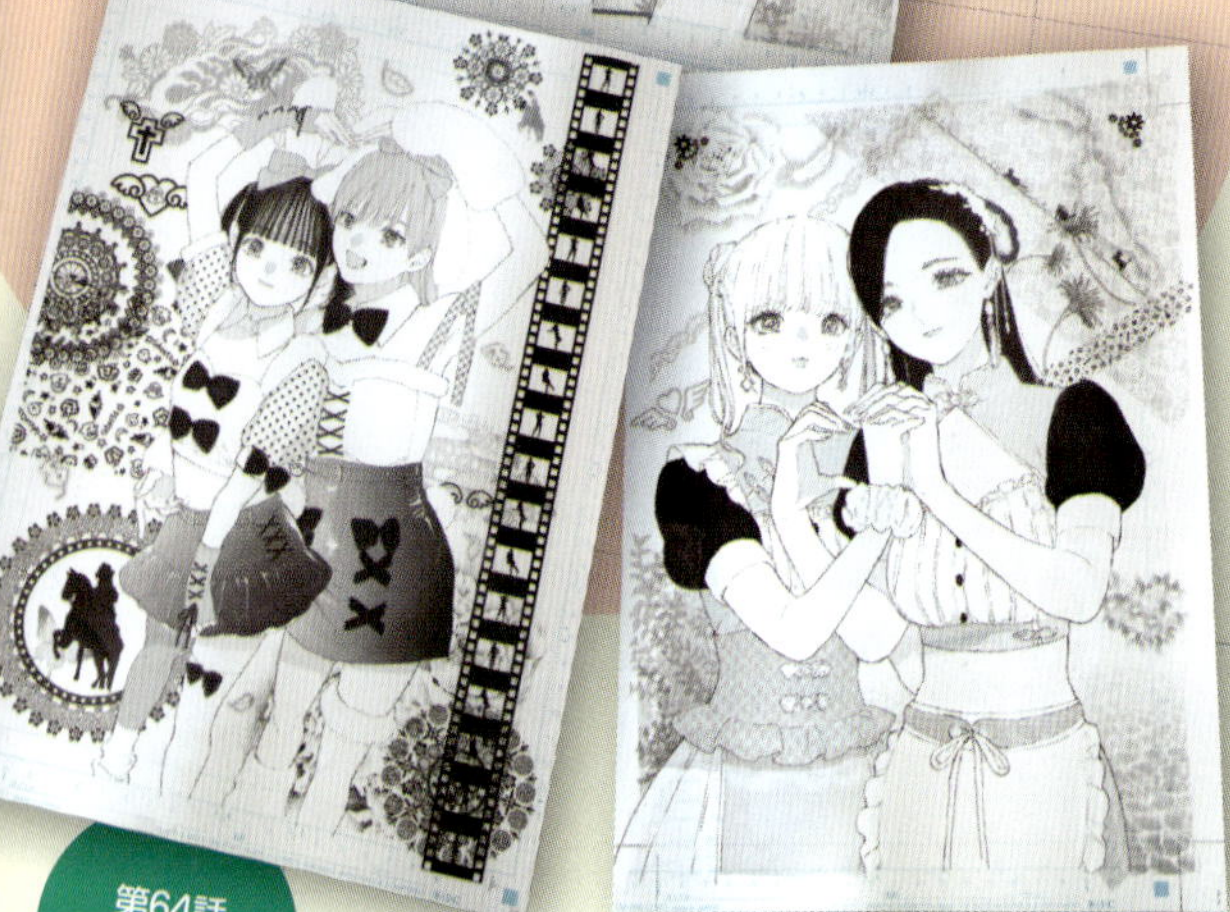

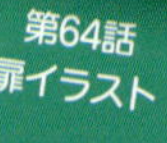

第64話
扉イラスト

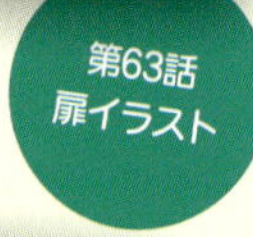

第63話
扉イラスト

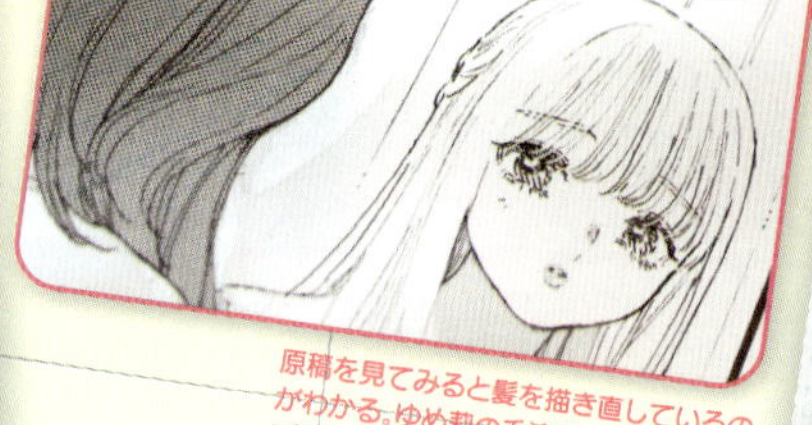

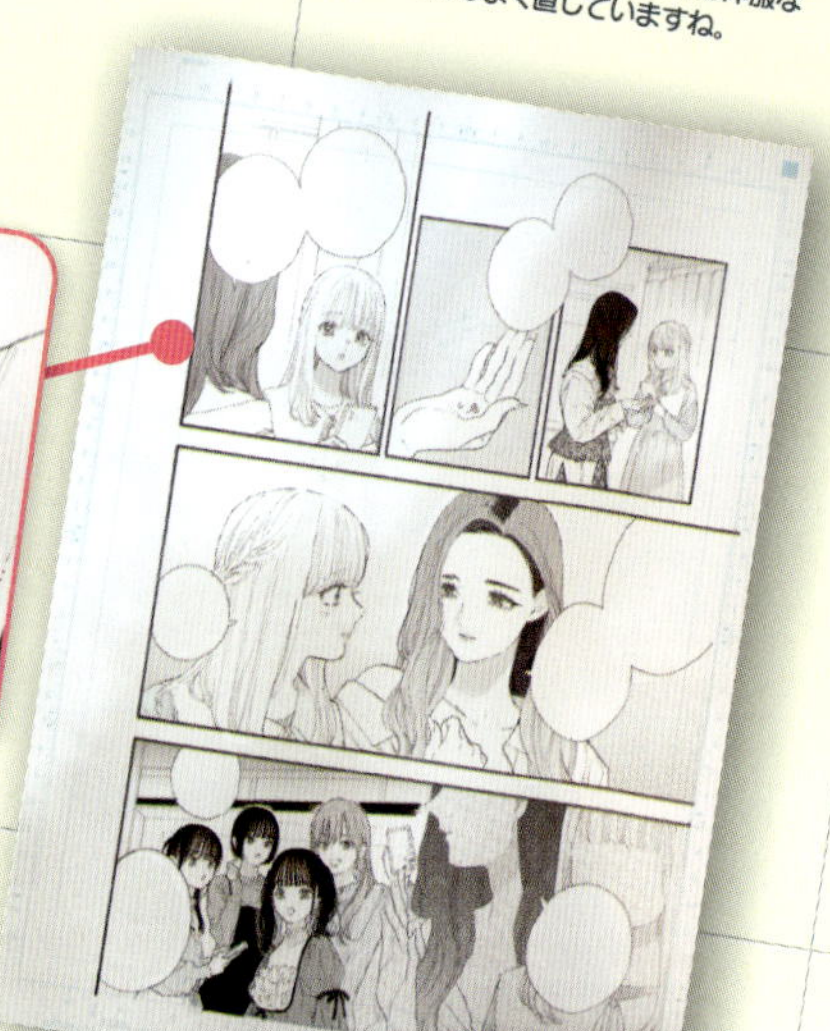

原稿を見てみると髪を描き直しているのがわかる。ゆめ莉の毛流れ、眞妃のウェーブがかった髪のシルエットを調整した跡が残っている。

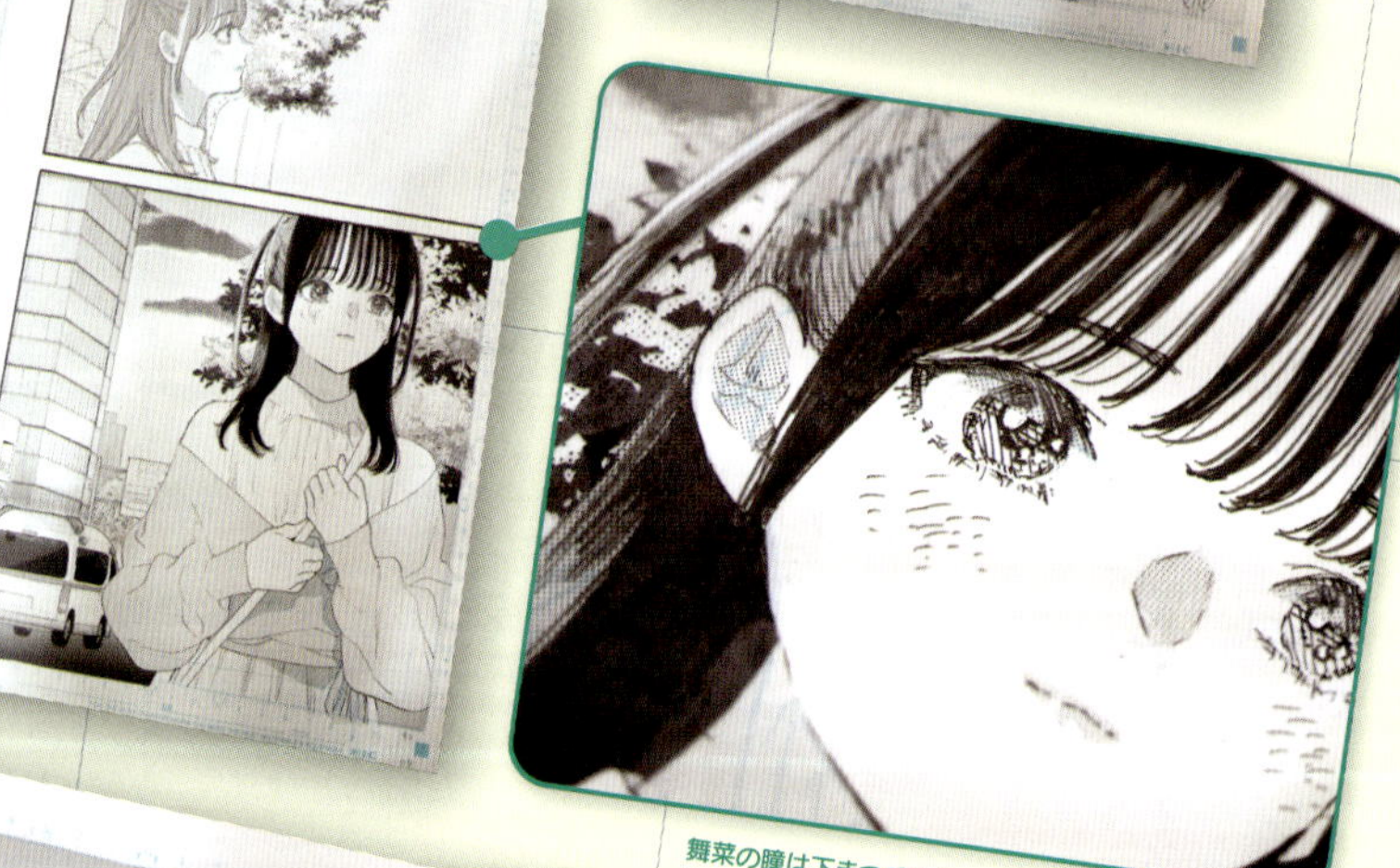

舞菜の瞳は下まつ毛を修正液で消して描き直されているのがわかる。また、目尻のラインにも修正液を乗せた跡があることから、目のサイズ感も調整したようだ。耳のなか、瞳上部、首元など、カゲになる位置にはアシスタントさんにトーンを貼ってもらうために水色のシャープペンシルで印をつけている。また、近年は髪のディテールも細やかになったのがわかる。

平尾　この10年間で描き込みは増えたとは思います。紙にトーンを貼るとどうしても平面的になりすぎてしまうので、トーンを貼る前に意識して黒色で毛流れを描いたり黒ベタでカゲを取り入れています。

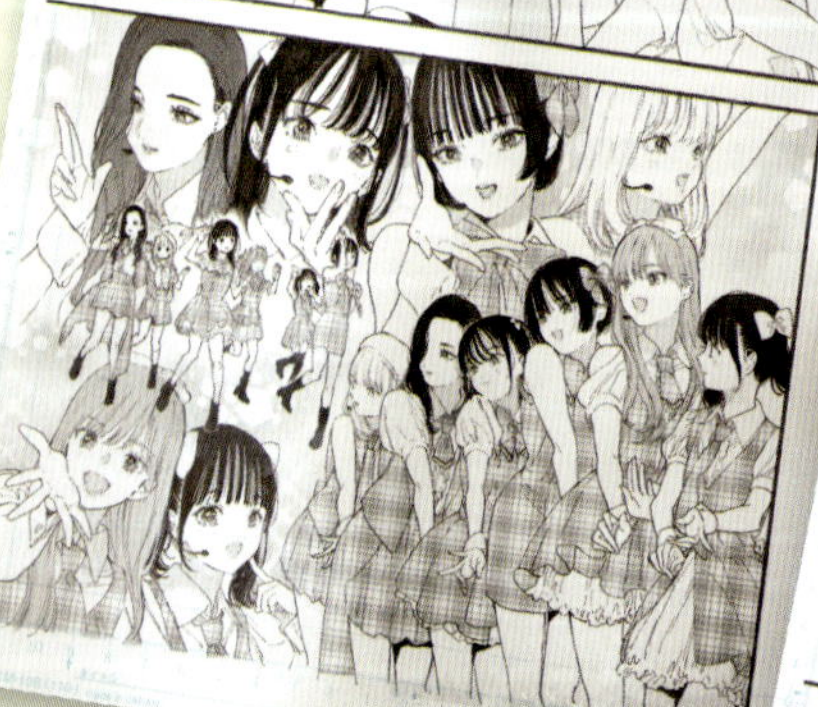

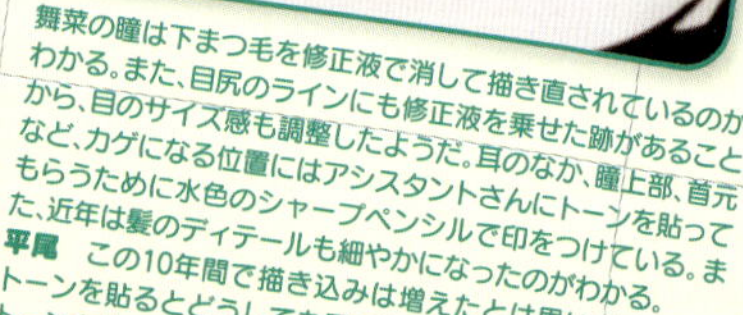

アイドルがステージに立ったときならではの躍動感のある華やかなシーン。また、人数が多いため見応えもある。人物のポージングに注目してみると、同じダンスの振りでも、腕や足の角度、指先の仕草がひとりずつ異なっているのがわかる。さらには、スカートの揺れの動きからは踊ったときの腰の使い方までも伝わってくる。平尾さんのこだわりが詰まった細やかな描写はどこを切り取っても楽しさが詰まっており、また臨場感もある。

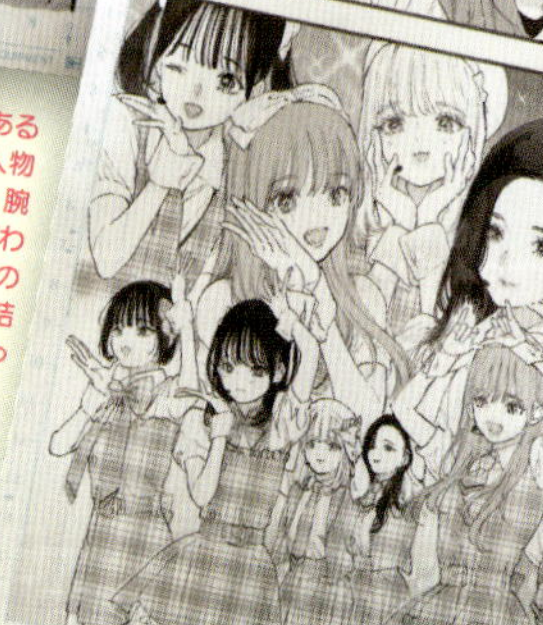

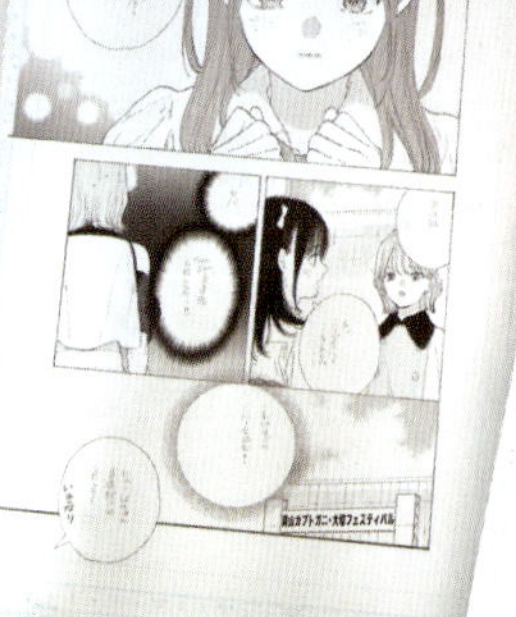

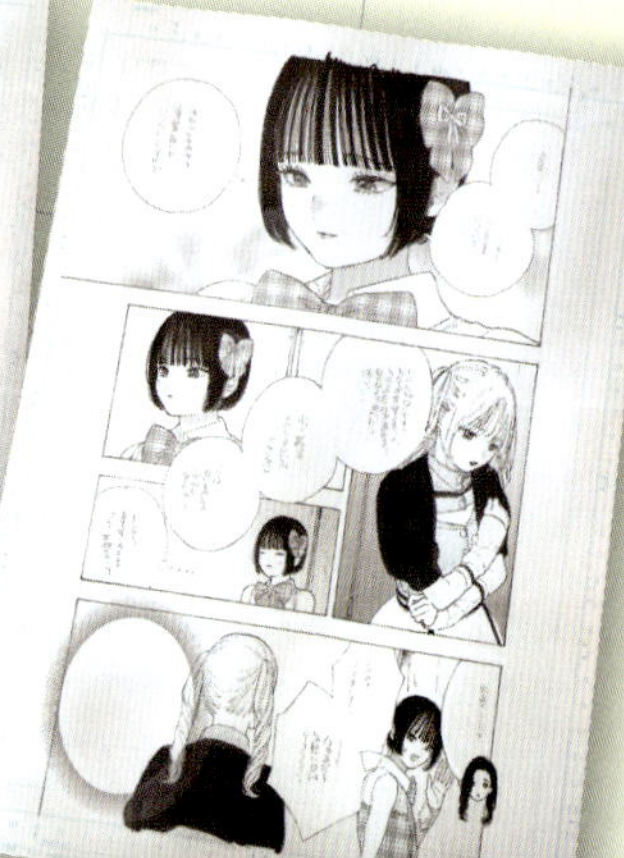

平尾アウリさん
直筆サイン色紙
1名様にプレゼント！
詳細は巻末
プレゼント
コーナーへ♡

平尾　それはあまり意識していなかったかもしれないです…。でも、頑張っている人のほうが共感してもらいやすいので、頑張らせようと思って描いてはいました。私はアイドルになったことがないので、アイドル側の努力は完全に空想ですが、頑張っているはずだと思いながら表現していましたね。

――ただ、優佳はなんでもできちゃうタイプですよね。それに最初はアイドルを辞めたあとは公務員になると言ったりして、現実的な思考の子です。

平尾　私はけっこう現実を見ている子がタイプです。だからアイドルになりきれなくて素に戻ってしまうような子や、辞めたあとのことも考えているような子が好きなのですが、きっとアイドルを好きな人たちは推しの子には一生アイドルで居てほしいと願っていると思うんです。

――たしかに。ほかにはどんなタイプの子がお好きですか？

平尾　顔が良くて自分の顔に自信のある人も好きです。小さい頃に周りに褒められて育ってきたり、顔を信じて芸能の世界に入ってきたけど、ちょっと違うと違和感を感じている子が良いなと思います。

――すぐに辞めそうな子達ですね…（笑）。作中だと、眞妃は学生時代すごく美人だと言われていたけど、実際には「ステライツ」の夏未のほうが売れたりしていますよね。

平尾　そうですね。可愛いと売れるは違いますから。

――そういった平尾さんの現実的な思考は作品からも感じられます。一般的に三次元では、ファンの方々はアイドルの子に対して純潔やピュアさを求めているところがあるように感じますが、それは一種の理想ですよね。ですが平尾さんはその逆で、現実的な目線でアイドルの子を見守っているように感じます。

平尾　私が漫画家だからかな…。人間が好きだし、人間に興味があるんです。完璧で全てが整っているタイプもフィクションとしては大好きだし楽しめるのですが、アイドルに対しては生身の人間らしい、完璧ではないところに惹かれる部分はあると思います。

――興味深いお話です。先程、『推し武道』を描く際に癒しを意識されていたとお聞きしましたが、そうした作品では、いつか来る終わりを感じさせないために時間経過をあえて描かない方もいると思います。ですが、『推し武道』では四季や時間経過を感じられるところもリアルさに繋がっていると思います。

平尾　時間経過は大事です。地下のアイドルの子達は若いので、一年一年が大切だと思います。どうでもいいイベントであっという間に一日が終わって、怒涛の日々を過ごしている姿も良いなと思うんですよ。前に地下アイドルのオタクをしていたときに、四季折々のイベントがたくさんあって、めちゃくちゃ忙しかったんです。そう考えると、アイドルの子達は普通の人よりもすごく忙しいだろうなって。

――たしかに。物語を通して最後には舞菜もアイドルとして徐々に成長していきセンターになりましたね。

平尾　舞菜のアイドルとしての成長は描いても描かなくても良かったのですが、二十歳を過ぎたのに成長していないのはヤバいなと思って（笑）。また、私が描きたかった地下時代は一通り描くことができたので、少し人気が出てきたアイドルの姿も描きたくなったというのもあります。

猪飼　「地下あるある」をある程度描き尽くしたときの作品のキーワードは成長でした。最初は普通の女の子だったのに、気づけばこんなに立派になって…という変化は、アイドルを応援しているときの醍醐味だよねという話をしましたね。

平尾　でも、私の好きな子は全員成長をする前に辞めてしまいます（笑）。私は長く見守ることができたという経験がないから、そうであったらいいなという願いも込めました。ですから、本当にこんなことあるのかな？　と思いながら描いていましたね。

――アイドルについてのトークは尽きませんね（笑）。平尾さんは連載を終えられたいま、何か新しいものに興味を持ったりされているのでしょうか？

平尾　難しいのですが、今よく見ているのはオカルトですかね。怪談をよく聞いていて、怪談師だと伊山亮吉さんが好きです。たまたま（怪談ライブBar）スリラーナイトを見ていたら、すごく良かったんですよ。

――そうなんですね。次回作なども決まっているのでしょうか？

平尾　来年、新連載が始まる予定です。その連載が落ち着いたらまた、『推し武道』のスピンオフも少しずつ描いていきたいなと思っています。

――次回作も『推し武道』のスピンオフもどちらも楽しみにしています。本日はありがとうございました！

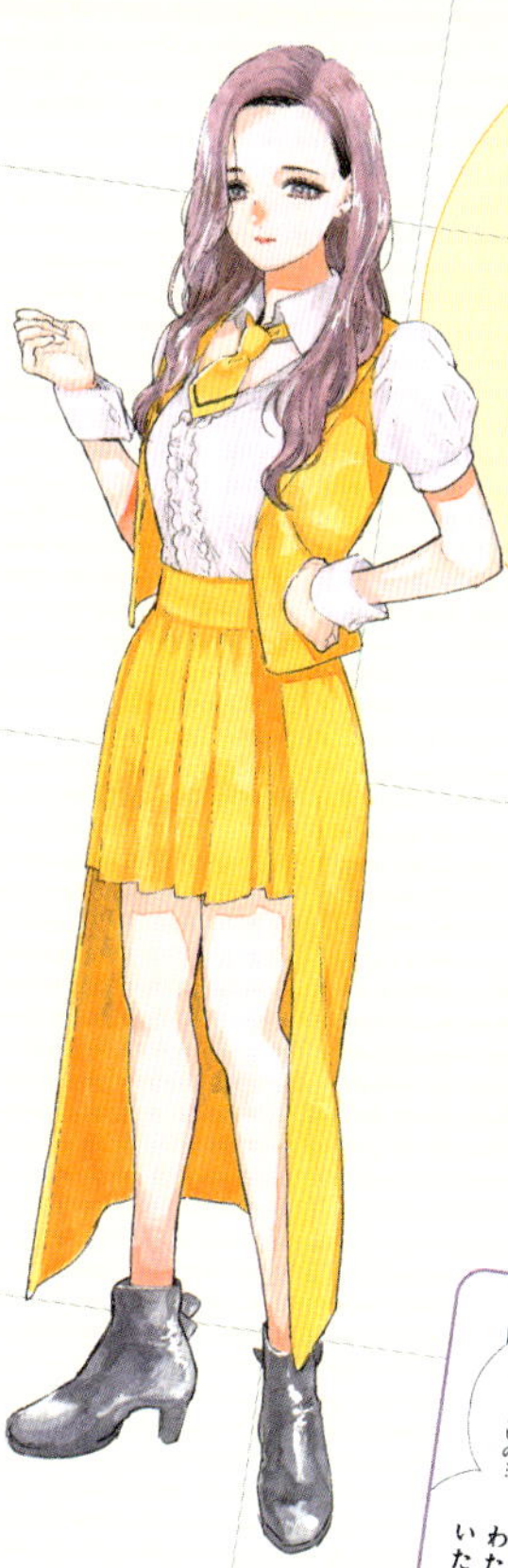

伯方眞妃

6月2日生まれ。メンカラーはイエロー。学生時代は街でもよくスカウトをされるほど目を引くビジュアルの持ち主。現在の事務所からもスカウトされてアイドルになったが、スカウトを引き受けたのはいとこの夏未がきっかけだった。幼い頃は夏未よりも自分のほうが可愛いと言われてきたにもかかわらず、今では夏未のグループ「ステライツ」のほうが人気があり複雑な気持ち。また、アイドルとしての魅力に無自覚なゆめを応援している。

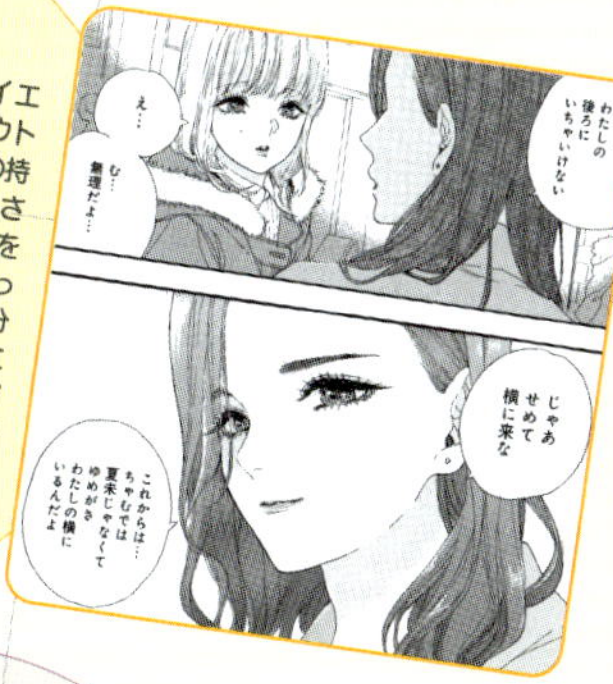

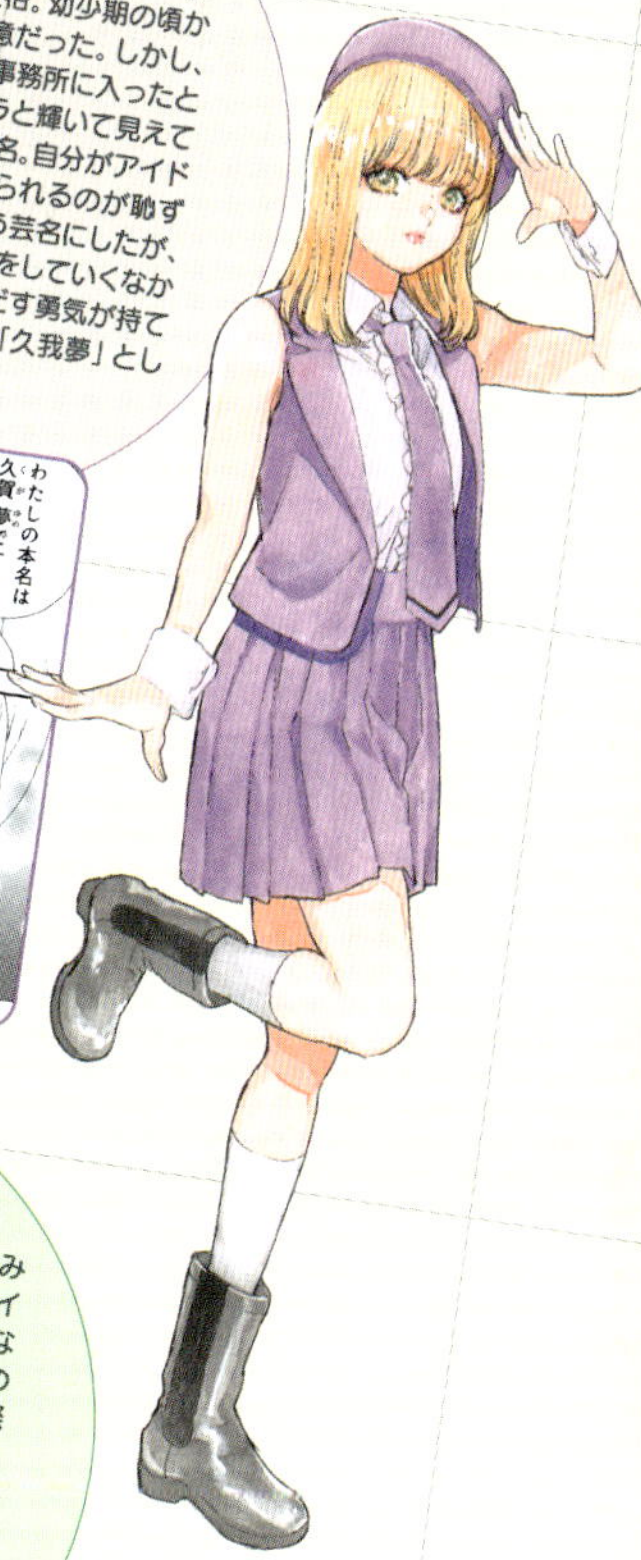

水守ゆめ莉

12月30日生まれ。メンカラーはパープル。おっとりとした性格。幼少期の頃からダンスが好きで得意だった。しかし、走るのは苦手で遅い。事務所に入ったときから、眞妃がキラキラと輝いて見えていた。また、ゆめ莉は芸名。自分がアイドルをしていることを知られるのが恥ずかしくて「ゆめ莉」という芸名にしたが、ChamJamとして活動をしていくなかで、本当の自分をさらけだす勇気が持てるようになり本名である「久我夢」として新たに活動をし始める。

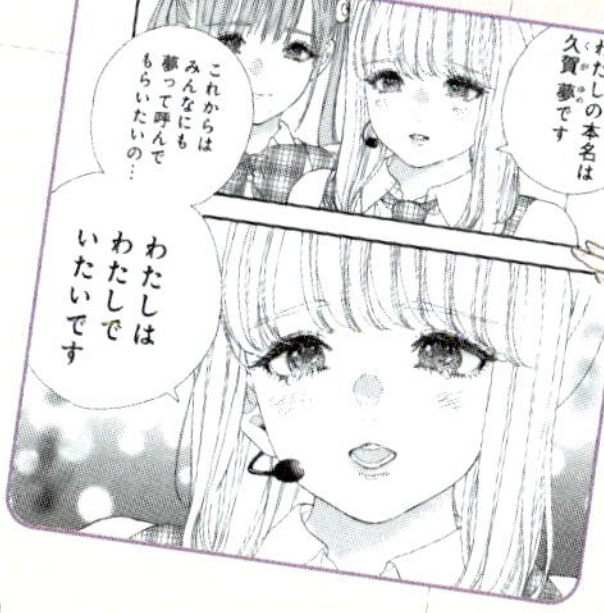

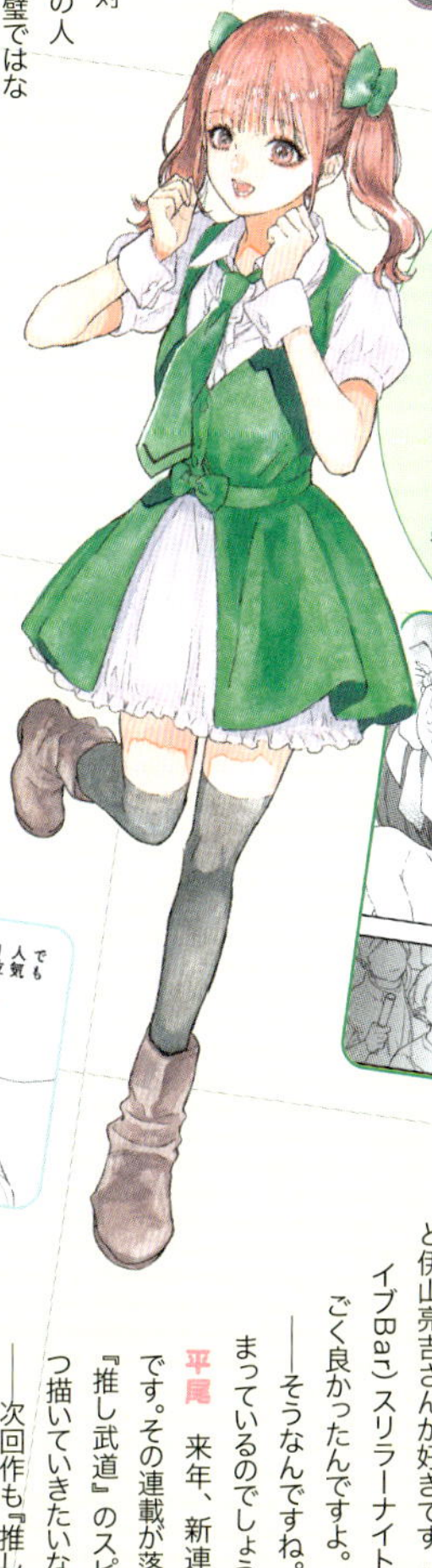

横田文

7月21日生まれ。メンカラーはグリーン。みんなからは「あーや」と呼ばれている。メイド喫茶でバイトをしている。アイドルになりたくて自ら事務所に入った。メンバーのなかでも一番人気を目指している。生誕祭では大好きで憧れのピンク色のドレスを着てステージに立つことができた。また、ChamJamでアイドルフェスに参加が決まった際には優佳と一緒に「めいぷる♡どーる」の偵察に行った。その際、的確な観察眼でChamJamの努力の方向性を示す。

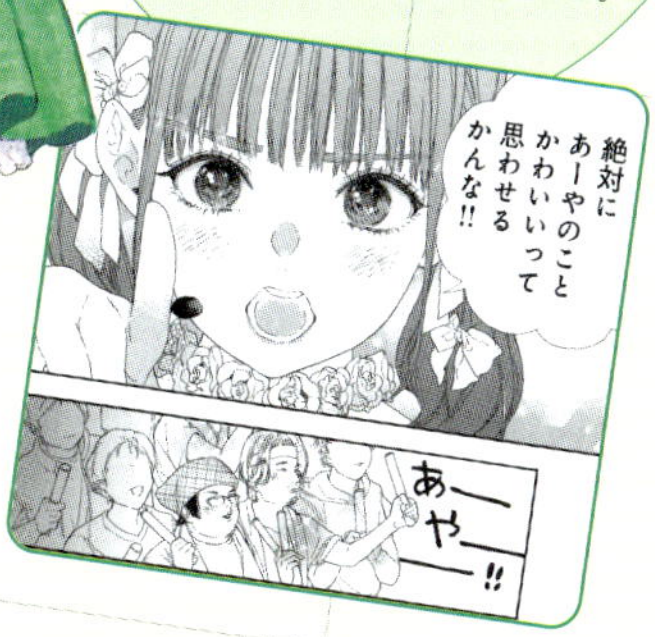

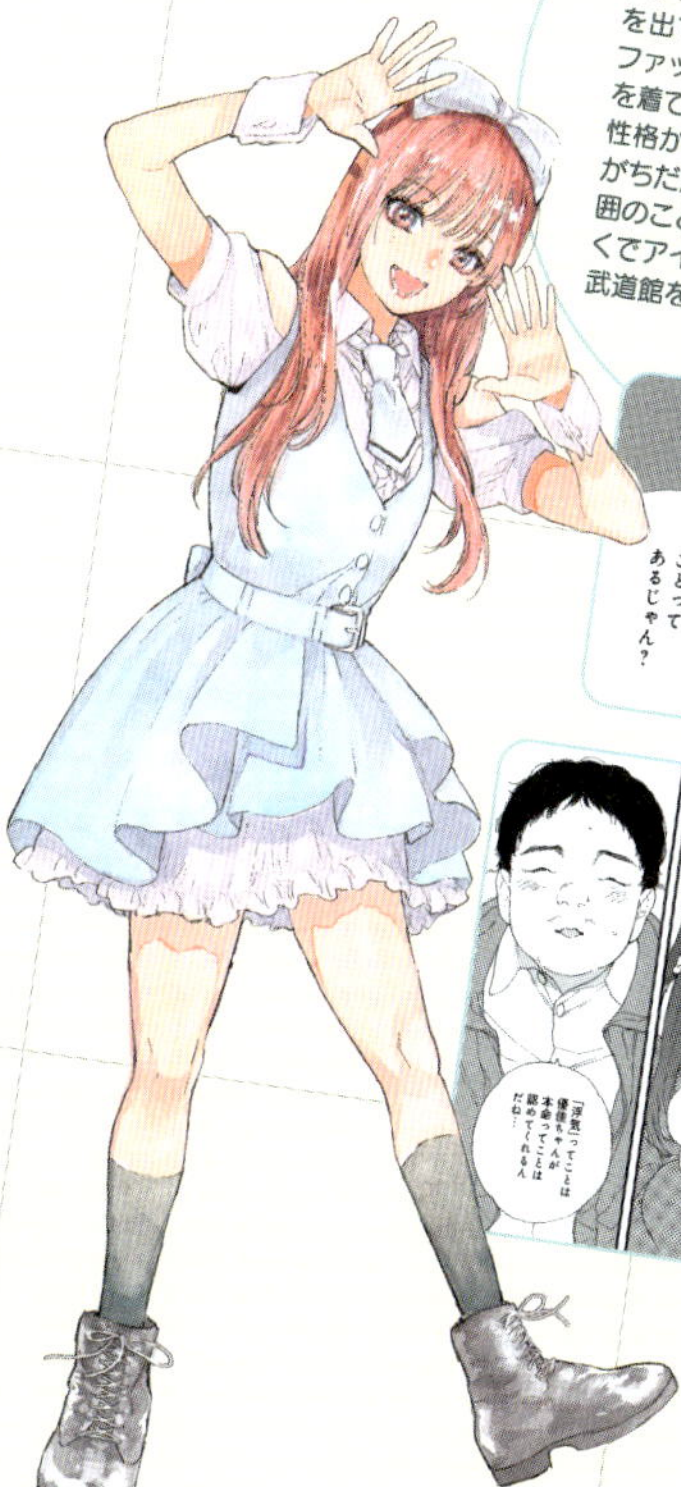

寺本優佳

8月5日生まれ。メンカラーはホワイト。趣味はソシャゲ。ChamJamで出演したドアストッパーのCMがきっかけで個性を出すために髪を黒色から茶色にした。ファッションセンスが独特で、不思議な服を着ていることも。また、明るく裏表のない性格から、何も考えていないように見られがちだが、実はリアリストな一面もあり、周囲のこともよく見ている。最初はなんとなくでアイドルをしていたが、徐々に本気で武道館を目指すようになっていく。

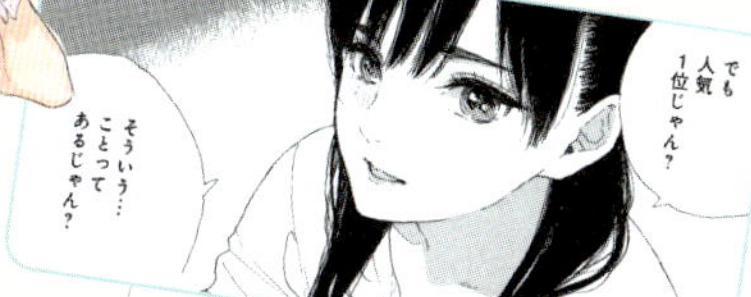

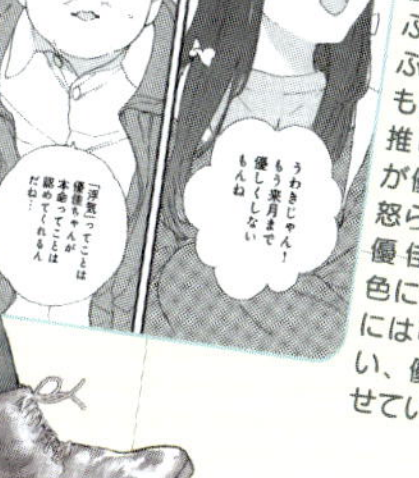

優佳推し・ふみくん

優佳のオタクのふみくん。「めいぷる♡どーる」も掛け持ちして推していたことが優佳にバレて怒られる。だが、優佳が髪を茶色に染めたときには可愛いと言い、優佳を喜ばせていた。

平尾アウリ ネーム集

平尾アウリさんは普段「①ネームの下描き→②ネーム→③下絵→④ペン入れ→⑤トーン（アシスタント作業）→⑥仕上げ・調整」という工程で漫画を制作している。ここでは工程②のネームの一部を紹介する。

平尾　A4サイズの紙に8ページぶんのネームを描きます。これは担当の猪飼さんに見せるために読みやすく描いたネームなのですが、この段階の前に自分だけが読める程度にラフに描いたネームがあります。また、ネームを見せた際に直しがあった場合は、別の紙にネームを描きなおして貼りつけます。

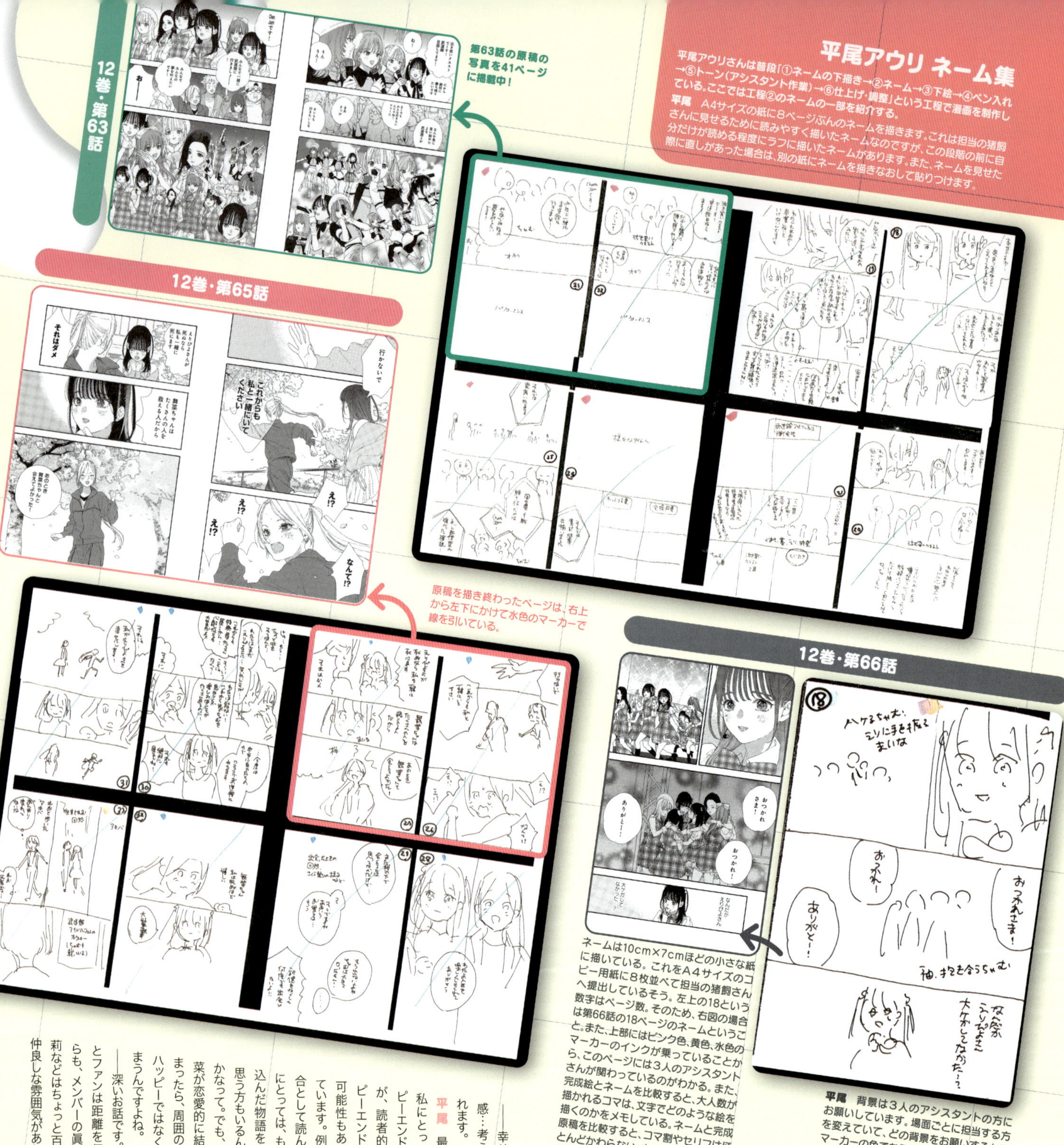

12巻・第63話

第63話の原稿の写真を41ページに掲載中！

12巻・第65話

原稿を描き終わったページは、右上から左下にかけて水色のマーカーで線を引いている。

12巻・第66話

ネームは10cm×7cmほどの小さな紙に描いている。これをA4サイズのコピー用紙に8枚並べて担当の猪飼さんへ提出しているそう。左上の18という数字はページ数。そのため、右図の場合は第66話の18ページのネームということ。また、上部にはピンク色、黄色、水色のマーカーのインクが乗っていることから、このページには3人のアシスタントさんが関わっているのがわかる。また、完成絵とネームを比較すると、大人数が描かれるコマは、文字でどのような絵を描くのかをメモしている。ネームと完成原稿を比較すると、コマ割やセリフはほとんどかわらない。ネームの一番下の舞菜のお顔も愛らしい。

平尾　背景は3人のアシスタントの方にお願いしています。場面ごとに担当する方を変えていて、どの背景をお願いするかはマーカーの色でお伝えしています。

――幸せな距離感…考えさせられます。

平尾　最終話は私にとってはハッピーエンドなのですが、読者的にはハッピーエンドではない可能性もあると思っています。例えば、百合として読んでいる人にとっては、もっと踏み込んだ物語を見たいと思う方もいるんじゃないかなって。でも、えりと舞菜が恋愛的に結ばれてしまったら、周囲の人たちはハッピーではなくなってしまうんですよね。

――深いお話です。アイドルとファンは距離を保ちながらも、メンバーの眞妃とゆめ莉などはちょっと百合っぽい仲良しな雰囲気があります。

平尾　私は百合漫画という意識では描いていないので、私のなかではふたりは付き合っていないですが、最終的な関係性は見た人が決めることだと思っています。舞菜は恋愛的な意味でえりを好きですが、ほかの子達は恋愛でも友情でもどちらでも良いと思っています。女の子がたくさんいたときの仲の良さを描いているだけで、関係性や感じ方は読む人に委ねています。

――なるほど。『推し武道』にはたくさんのアイドルグループが登場しますが、ほかのグループはどのようにして考えていったのでしょうか？

平尾　れおが以前は別のグループにいたという設定から「めいぷる♡どーる」を考えました。また「ステライツ」は、田舎特有の濃い親戚関係を描きたいと思って、眞妃の親戚である夏未から考えたんです。キャラの役割や性格の分布を考えた際にバランス的に「ステライツ」は六人グループが良いなと思い今のメンバーになりました。

――作品でフューチャーされることのないキャラでもグループ内での役割などを考えられてメンバーを構成されているんですね。作品を通して言葉づかいや言い回しなどで気をつけていたことはありますか？

平尾　「尊い」という言葉はあまりつかわないように意識していました。とても便利で気軽につかうことができる良い表現ですが、作中では推しへの感情を「尊い」と表現しても軽い意味になってしまうなと思ったんです。ほかには「推し活」という言葉もつかわないように意識していました。

――そんな気づかいもあったんですね。こうして振り返ると時代と共にファンもアイドルも雰囲気が変わりましたね。

平尾　全然違いますよね。何より最近のアイドルとファンは距離が近いなと思います。アイドルの子達がSNSでファンの子達とやり取りをしているのを見ると「無課金で交流している！」と思いびっくりします。

――平尾さんにとっては、推しにお金を払うことも大切だという印象があります（笑）。『推し武道』では、えりの労働姿もよく描いていますよね。えり以外にも、くまさも基も自分でお金を稼いでいるオタクです。

平尾　オタクも、親金のオタクと頑張って働いているオタクでは全然違いますよね。えりたちが親金のオタクではなかったのは、私がそうじゃなかったからかな。

――アイドルに会うために一生懸命に労働をしているのも一種の努力だと思います。そうした努力は、アイドルとオタクの両方に言えることです。

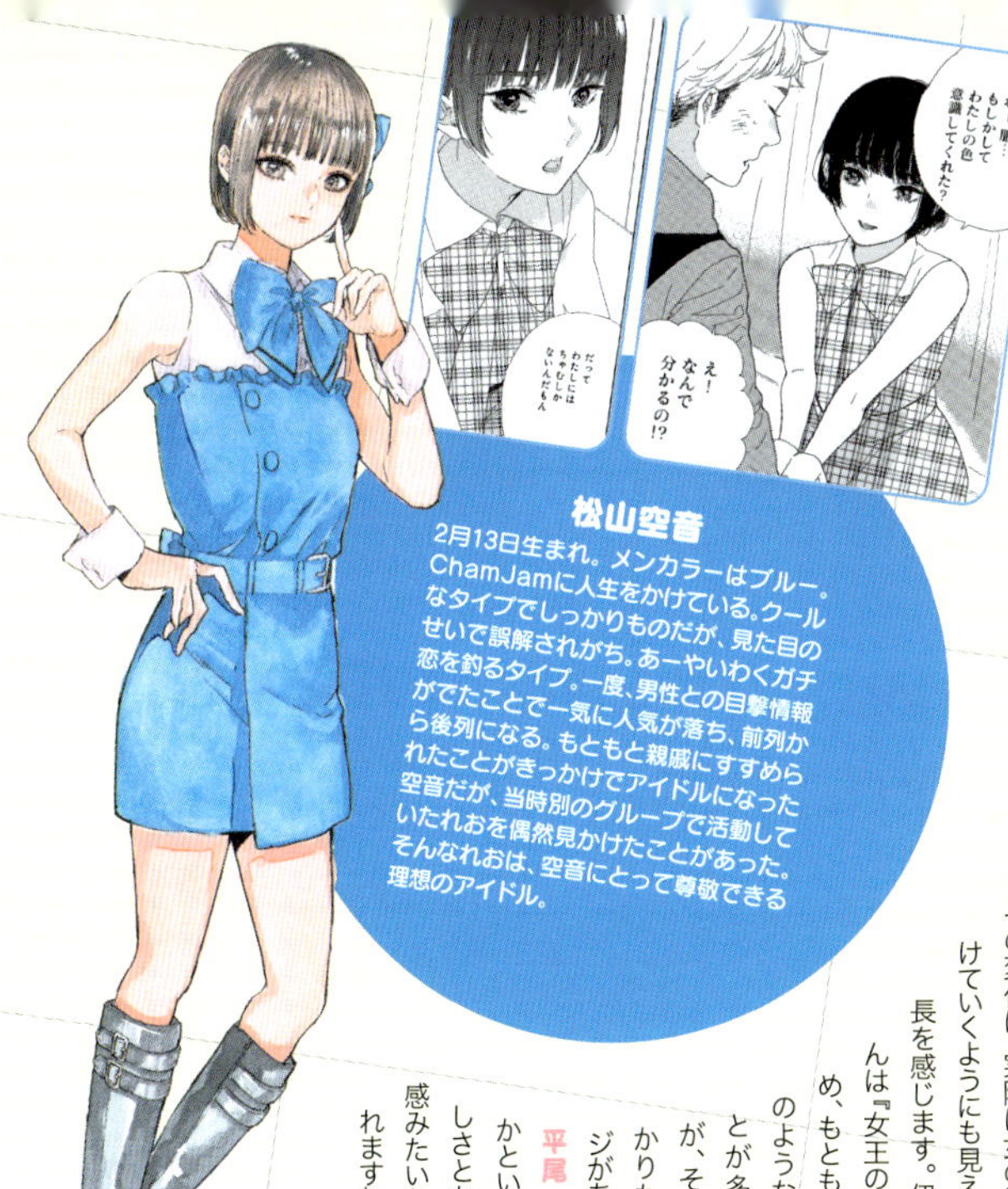

松山空音

2月13日生まれ。メンカラーはブルー。ChamJamに人生をかけている。クールなタイプでしっかりものだが、見た目のせいで誤解されがち。あーやいわくガチ恋を釣るタイプ。一度、男性との目撃情報がでたことで一気に人気が落ち、前列から後列になる。もともと親戚にすすめられたことがきっかけでアイドルになった空音だが、当時別のグループで活動していたれおを偶然見かけたことがあった。そんなれおは、空音にとって尊敬できる理想のアイドル。

正しいオタクとして

空音の男性との目撃情報が出たときには、「ファンが減る＝恋人候補のライバルが減る」と思い、喜ぶ一方で空音のアイドルとしての成功を祈ることができない自分に気づき、自己嫌悪する基。また、周囲のオタクを見て、自分も正しい距離感のオタクになろうと頑張るがうまく行かずに苛立ちを感じたりモヤモヤすることも…。だが、そんな基が抱く空音への気持ちを否定しないでいてくれるえりとくまさ。このふたりも基にとっては大切な存在だと言える。また、SNSでの友人もたくさん増えた。基も推しができたことで自分の世界が広がったひとりだろう。

──以前に舞菜のモデルは伊藤沙莉ちゃんだとおっしゃっていました。舞菜からも感じるのですが、目が小さめのタイプのお顔ですよね。

平尾　そうですね。三次元でも目が小さめの薄顔が好みです。舞菜は最初の頃、瞳を小さく描き過ぎて、描き直すことも多々ありました。だんだんと漫画のなかでの瞳のサイズは大きいほうが可愛いなと思うようになったので、ちょっとずつ大きくなってきています。

──その変化は、実際に女の子たちが垢抜けていくようにも見え、リアルな成長を感じます。伊藤沙莉ちゃんは『女王の教室』をはじめ、もともといじめっ子のような役をすることが多かったですが、そのあとはしっかりものなイメージがあります。

平尾　私はどちらかといえば、たくましさとか滲み出る闇感みたいなものに惹かれますね。

──なるほど。エス編集部の編集長も同じことを言っていました（笑）。

平尾　見ていて疲れない顔が好きです。

──男女ともに、目に光が入らないようなミステリアスな雰囲気がお好きなのでしょうか？

平尾　たしかに。私は綾野剛さんも好きです。綾野剛さんもダークな役が多いですよね。

──一方で、作中で描かれる女の子たちからは癒しを感じます。

平尾　それは意識していたところで、猪飼さんともよく話をしていました。アイドルの文化にも光と闇はあるのかもしれないけれど、この作品では光の部分だけを描きたかったんです。その光というのはアイドルをファンタジーとして描くことではなくて、ちゃんと誰かを好きで推すという行為、その現実は人生にとって素晴らしいことなんだと描くことでした。それができたらオタクの人たちも救われるんじゃないかと思ったんです。一〇年前は今ほど推しの文化も一般的ではなく、アイドルを追いかけるような人たちの世間からの風当たりって、今よりずっと厳しかったんです。恋人や友人がたくさんいるような人に比べると不幸というイメージもあった。確かに、推しが恋人や友達にはなることは決してないんだけど、でも推しに夢中になる人たちの人生が充実していないかと言ったらそうではない。そんなアイドルを推すオタクの幸せな姿を描きたいと思ったんです。ですから、連載が決まった最初の段階では、あくまで推す側である、えりやくまさがメインのお話でした。

──アイドル側の物語を考えたのはいつ頃ですか？

平尾　長期連載をするにあたり、もうひとつ縦軸が必要ではないかという話になり、アイドルの物語として「武道館を目指す」というストーリーを考えました。

──なるほど。『推し武道』を読んでいると、オタク側に新しいコミュニティができるところも平尾さんの描きたかった救いのひとつなのかなと思いました。推しを通して出会った仲間との青春が描かれているように感じます。

平尾　打ち合わせのなかで『推し武道』はスポ根漫画にしましょう、という話になりました。また、いろいろな種類のオタクを登場させて様々な方法で救いたいなとも思ったんです。ですが今の時代は推しを描いた作品も増えたので、当時に比べてオタクの人たちも救われることが多いのではないかと思います。

──今の時代、いろいろな形でアイドルとファンの関係性が描かれていますが、平尾さんの描く『推し武道』は絶対的にファンとアイドルに超えられない壁がありますよね。

平尾　推しは友達じゃないから、とよく言われていますが、友達じゃない距離感の人だからこその救われ方もあると思うんです。近すぎない距離感だからこそ、得られる幸せというか。繋がってしまったら終わってしまう繊細な関係性も良いところだと思います。

基（もとい）

空音のガチ恋オタク。そのため推しが被るのはNG。いつか空音を養って、おうちでおいしいご飯を作ってもらうのが夢。そんな基は、幼少期にクラスの女の子の何気ない一言に傷つき自分に自信が持てず、自己嫌悪に陥りやすい性格となった過去を持つ。どんな性格の自分でも好きでいてくれる空音は大切な存在。基は、自分が落ち込んでいたタイミングでChamJamのライブを街で見かけたのがきっかけで空音に一目惚れする。また空音に似た妹・玲奈がいる。

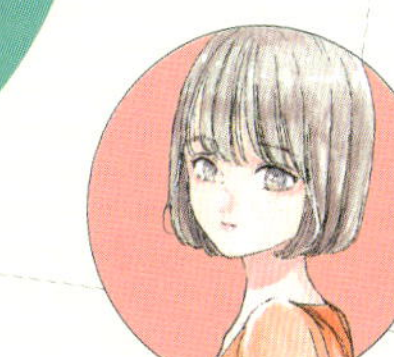

玲奈

基の妹で舞菜推し。えりやくまさからは空音に似ていると言われている。岡山ガールズフェスタで舞菜を見て推すようになる。えりと出会った頃は大学受験の勉強中であったが現在は大学生になり、学校近くのスタバでバイトをしている。また、ChamJamより人気のインスタグラマーになっている。

新体制のChamJam

これまでセンターになりたいと思ったことがなかった舞菜。ダンスへの不安やグループの顔になる勇気や責任が持てないからこそ、端っこのポジションが自分にはちょうどいいと思っていたのだが、れおが卒業したあとに空音と共にダブルセンターに選ばれる。自分がセンターに立つことで、ファンの人たちが喜んでくれると知り、少しずつセンターとして頑張る気持ちが芽生えていく。

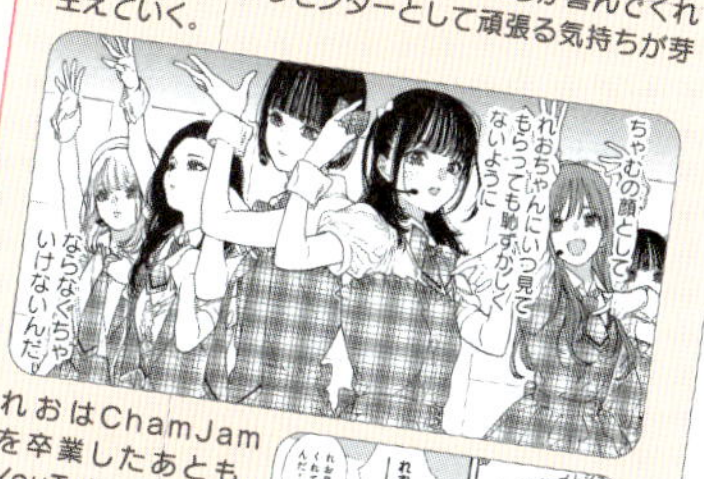

れおはChamJamを卒業したあとも、YouTubeのコメント欄にコメントを書き込んだりして、みんなを励ましている。グループ卒業後もメンバーとの繋がりを感じられるシーンにグッとくる。

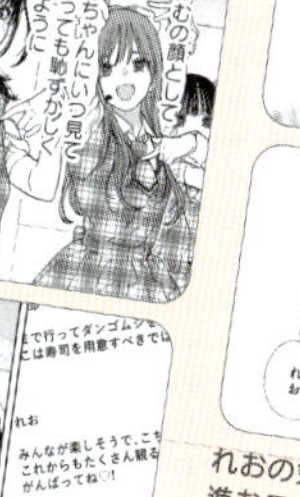

れおの気持ちも背負って前に進むことを決意するメンバーの姿に胸が熱くなる。

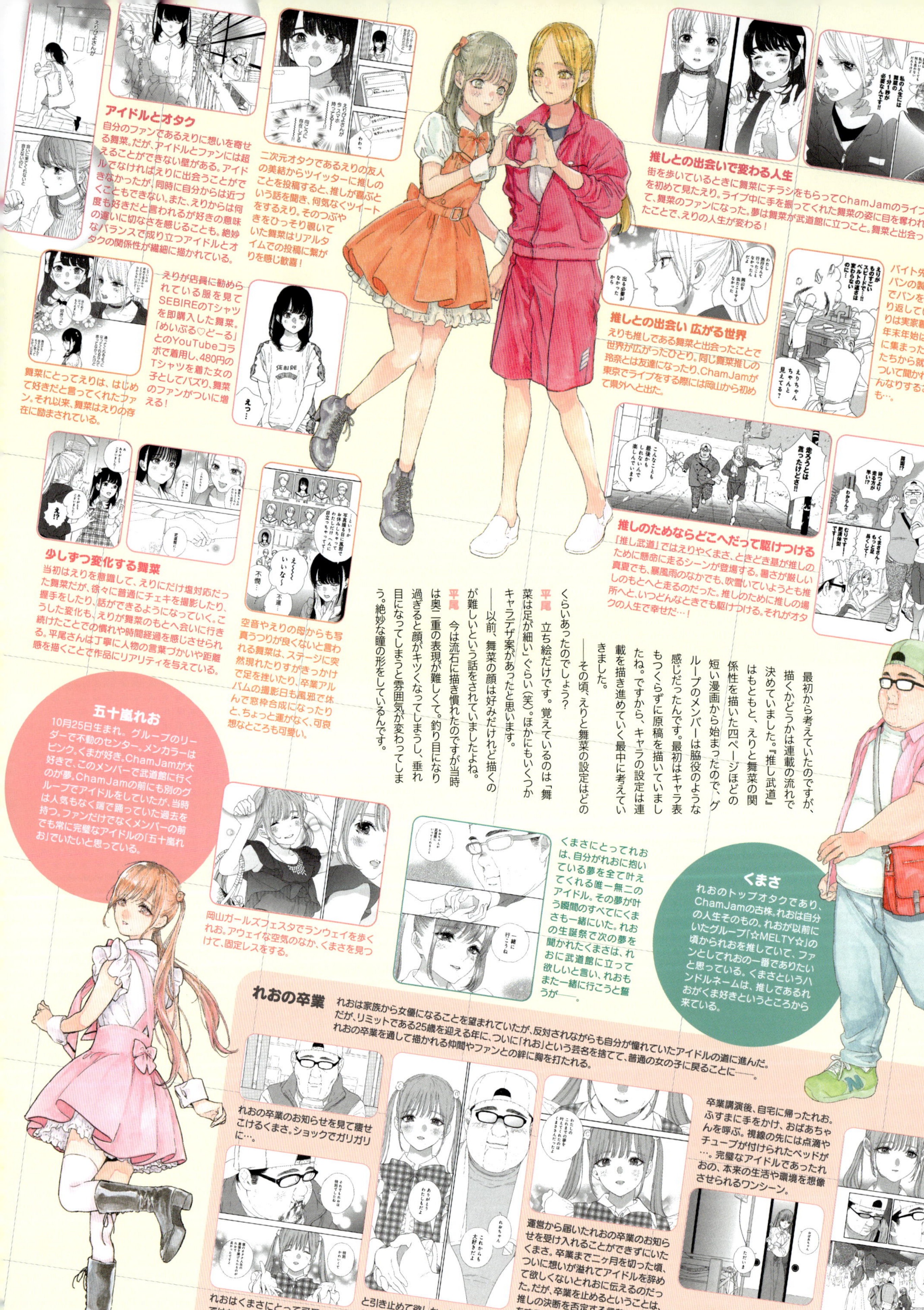

アイドルとオタク

自分のファンであるえりに想いを寄せる舞菜。だが、アイドルとファンには超えることができない壁がある。アイドルでなければえりに出会うことができなかったが、同時に自分からは近づくこともできない。また、えりからは何度も好きだと言われるが好きの意味の違いに切なさを感じることも。絶妙なバランスで成り立つアイドルとオタクの関係性が繊細に描かれている。

二次元オタクであるえりの友人の美結からツイッターに推しのことを投稿すると、推しが喜ぶという話を聞き、何気なくツイートをするえり。そのつぶやきをひっそり覗いていた舞菜はリアルタイムでの投稿に繋がりを感じ歓喜！

えりが店員に勧められている服を見てSEBIREのTシャツを即購入した舞菜。「めいぷる♡どーる」とのYouTubeコラボで着用し、480円のTシャツを着た女の子としてバズり、舞菜のファンがついに増える！

舞菜にとってえりは、はじめて好きだと言ってくれたファン。それ以来、舞菜はえりの存在に励まされている。

推しとの出会いで変わる人生

街を歩いているときに舞菜にチラシをもらってChamJamのライブを初めて見たえり。ライブ中に手を振ってくれた舞菜の姿に目を奪われて、舞菜のファンになった。夢は舞菜が武道館に立つこと。舞菜と出会ったことで、えりの人生が変わる！

推しとの出会い 広がる世界

えりも推しである舞菜と出会ったことで世界が広がったひとり。同じ舞菜推しの玲奈とは友達になったり、ChamJamが東京でライブをする際には岡山から初めて県外へと出た。

バイト先であるパンの製造工場でパンをひっくり返しているえりは実家暮らし。年末年始は実家に集まった親戚たちから就職について聞かれ、げんなりすることも…。

少しずつ変化する舞菜

当初はえりを意識して、えりにだけ塩対応だった舞菜だが、徐々に普通にチェキを撮影したり、握手をしたり、話ができるようになっていく。こうした変化も、えりが舞菜のもとへ会いに行き続けたことでの慣れや時間経過を感じさせられる。平尾さんは丁寧に人物の言葉づかいや距離感を描くことで作品にリアリティを与えている。

空音やえりの母からも写真うつりが良くないと言われる舞菜は、ステージに突然現れたりすがきっかけで足を挫いたり、卒業アルバムの撮影日も風邪で休んで窓枠合成になったりと、ちょっと運がなく、可哀想なところも可愛い。

推しのためならどこへだって駆けつける

『推し武道』ではえりやくまさ、ときどき基が推しのために懸命に走るシーンが登場する。暑さが厳しい真夏でも、暴風雨のなかでも、吹雪いていようとも推しのもとへと走るのだった。推しのために推しの場所へと、いつどんなときでも駆けつける。それがオタクの人生で幸せだ…！

最初から考えていたのですが、描くかどうかは連載の流れで決めていました。『推し武道』はもともと、えりと舞菜の関係性を描いた四ページほどの短い漫画から始まったので、グループのメンバーは脇役のような感じだったんです。最初はキャラ表もつくらずに原稿を描いていましたね。ですから、キャラの設定は連載を描き進めていく最中に考えていきました。

——その頃、えりと舞菜の設定はどのくらいあったのでしょう？

平尾　立ち絵だけです。覚えているのは「舞菜は足が細い」ぐらい（笑）。ほかにもいくつかキャラデザ案があったと思います。

——以前、舞菜の顔は好みだけれど描くのが難しいという話をされていましたよね。

平尾　今は流石に描き慣れたのですが当時は奥二重の表現が難しくて。釣り目になり過ぎると顔がキツくなってしまうし、垂れ目になってしまうと雰囲気が変わってしまう。絶妙な瞳の形をしているんです。

五十嵐れお

10月25日生まれ。グループのリーダーで不動のセンター。メンカラーはピンク。くまが好き。ChamJamが大好きで、このメンバーで武道館に行くのが夢。ChamJamの前にも別のグループでアイドルをしていたが、当時は人気もなく端で踊っていた過去を持つ。ファンだけでなくメンバーの前でも常に完璧なアイドルの「五十嵐れお」でいたいと思っている。

岡山ガールズフェスタでランウェイを歩くれお。アウェイな空気のなか、くまさを見つけて、固定レスをする。

くまさにとってれおは、自分がれおに抱いている夢を全て叶えてくれる唯一無二のアイドル。その夢が叶う瞬間のすべてにくまさも一緒にいた。れおの生誕祭で次の夢を聞かれたくまさは、れおに武道館に立って欲しいと言い、れおもまた一緒に行こうと誓うが——。

くまさ

れおのトップオタクであり、ChamJamの古株。れおは自分の人生そのもの。れおが以前にいたグループ「☆MELTY☆」の頃かられおを推していて、ファンとしてれおの一番でありたいと思っている。くまさというハンドルネームは、推しであるれおがくま好きというところから来ている。

れおの卒業

れおは家族から女優になることを望まれていたが、反対されながらも自分が憧れていたアイドルの道に進んだ。だが、リミットである25歳を迎える年に、ついに「れお」という芸名を捨てて、普通の女の子に戻ることに——。れおの卒業を通して描かれる仲間やファンとの絆に胸を打たれる。

れおの卒業のお知らせを見て痩せこけるくまさ。ショックでガリガリに…。

運営から届いたれおの卒業のお知らせを受け入れることができずにいたくまさ。卒業まで二ヶ月を切った頃、ついに想いが溢れてアイドルを辞めて欲しくないとれおに伝えるのだった。だが、卒業を止めるということは、推しの決断を否定する言葉だと後悔をする…。そんなくまさに対してずっと引き止めて欲しかったと言うれお。同時に、これまでのアイドル活動が楽しかったのはくまさのおかげだと感謝を伝えるのだった。また、れおのアイドル人生最後の握手は、れおのトップオタクであるくまさが、ほかのれおのファンの気持ちも背負って担当した。人生をかけて推してきた推しのアイドルの卒業の姿を見届けるくまさの姿に胸が締め付けられる。

れおはくまさにとって可愛いだけではない、特別な存在。人生の全てを注いできた推しの卒業への悲しみは計り知れない。

卒業講演後、自宅に帰ったれお。ふすまに手をかけ、おばあちゃんを呼ぶ。視線の先には点滴やチューブが付けられたベッドが…。完璧なアイドルであったれおの、本来の生活や環境を想像させられるワンシーン。

ChamJamが武道館に立つ姿をひっそりと見にきていたれお。くまさは会場外でれおの存在に気づくが、気持ちをグッと堪えて気づかないフリをする。アイドルとオタクの越えられない距離や壁、何とも言い難い関係性を表現した非常に印象深い場面。

推しが武道館いってくれたら死ぬ
平尾アウリ

岡山県で活動するマイナーな地下アイドルグループと、そのアイドルを推すオタクの日常を描いた『推しが武道館いってくれたら死ぬ』が2025年11月、ついに10年の連載に幕を閉じた。推すことは人生を豊かにし、推しに出会った人物たちの笑顔と感動が混じり合うたかけがえのない日々を、たっぷりのときめきとユーモアで表現してきた平尾アウリに、『推しが武道館いってくれたら死ぬ』の完結を記念してインタビューを敢行! また、最終回までアナログで描き続けた本作のプロットや生原稿を掲載し、平尾アウリと『推しが武道館いってくれたら死ぬ』の魅力をお届けする。

市井舞菜
1月18日生まれ。内気でシャイな性格。メンカラーはサーモンピンク。パンが好き。えりは初めて自分についてくれたファンで、自分を推してくれているえりが好き。憧れのアイドル活動を続けるためにえりへの気持ちを隠している。えりとは握手会で話をするが、言葉が足りずにすれ違うこともしばしば。ダンスは少し自信がなく、えりに気を取られて振りが飛んでしまったこともある。また、えりに言われるまで本人も気づいていなかったが左耳にホクロがある。

えりぴよ
古株で唯一の舞菜オタク。アイドルを頑張っている舞菜が好き。舞菜に収入の全てを貢ぐため、服も買わずに高校指定のジャージを着続けている。自分がCDを買い占めてしまうため舞菜のオタクが増えないことに本人は気づいていない。ハンドルネームは、舞菜のサインがひよこであることから「えりぴよ」になった。また、いつも舞菜の大切なタイミングで、川に流されたり、事故にあったり大ケガをしているため、定期的に包帯や松葉杖姿が目撃されている。今はパンの製造工場で推しのために日々、働いている。

平尾アウリ(ひらお・あうり)／8月30日生まれ。岡山県倉敷市出身。2007年に第2回龍神賞 <銀龍賞> を受賞。受賞作「まんがの作り方」(全8巻)は「COMICリュウ」にて連載された。2015年から同誌で『推しが武道館いってくれたら死ぬ』の連載を開始し、2020年にはテレビアニメ化、2022年には実写ドラマ化、2023年には実写映画が公開。そして、2025年11月についに最終話を迎え、12月12日には最終12巻が発売された。

【X】@h_auri

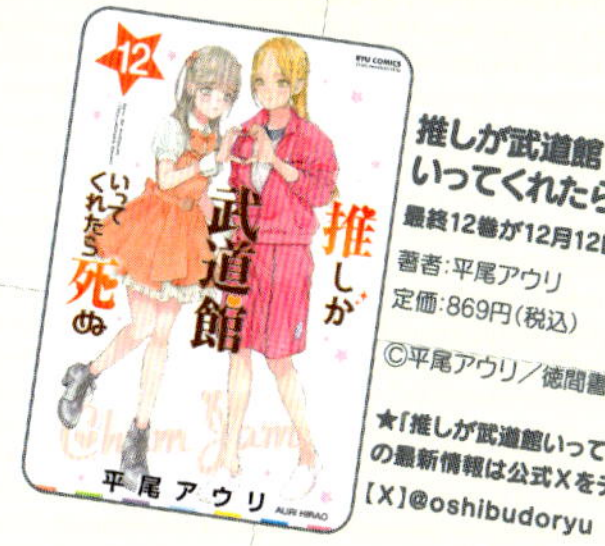

推しが武道館いってくれたら死ぬ
最終12巻が12月12日より発売!
著者:平尾アウリ
定価:869円(税込)

★「推しが武道館いってくれたら死ぬ」の最新情報は公式Xをチェック!
【X】@oshibudoryu

――二〇一五年から約一〇年連載を続けてきた『推しが武道館いってくれたら死ぬ』(以下『推し武道』と表記)が、今年の十一月についに最終回を迎えました。「季刊エス」では連載初期にお話を伺って以来のインタビューです。本日は平尾アウリさんと担当編集の猪飼さんにお話を伺います。『推し武道』の公式Xでは十一月一〇日に最終話の原稿の一部を受け取ったとポストをされていました。その後、原稿はいつごろ描き終えたのでしょうか?

平尾　最後の修正原稿を十一月一九日に描き終えたばかりです。

――最終話公開直前まで描き続けていたのですね。約一〇年『推し武道』を描き続けていかがでしたか?

平尾　物語として、もともと考えていたラストに辿りつくことができたので、一番美しい形で終えることができたと思います。ですが…最終回は描きましたが、私はまだ最後だとは思っていなくて。今後も『推し武道』を描いてほしいと言っていただいているので、これからも描く気持ちでいます。

――作品を振り返った際に、思い出深いシーンなどがあればお聞きしたいです。

猪飼　れおが卒業するエピソードは読者のみなさんの反響が凄かったです。本当に現実のアイドルが卒業するときと同じようなリアクションをたくさんいただきました。

平尾　たくさんの方々から反響があって驚きました。

――エス編集部でも話題になっていました! くまさが卒業に勘付くシーンから読んでいて嫌な予感が…。

平尾　アイドルの子が卒業するときってなぜかわかりますよね。私も勘が良くてそろそろ卒業するのかなと思ったりします。

――れおの卒業はいつ頃から考えられていたのでしょうか?

平尾　連載が始まる前から決めていました。ですが、卒業後のことは何も考えていなくて。10巻でれおの卒業を描いたあとに、今後何を描きたいのかを整理した際に、アイドルの物語としては、「れおの卒業」「れおが卒業した後のChamJamの頑張り」「ChamJamの努力の結果」を描く必要があると思ったんです。同時に、えりと舞菜の関係性についても描き切りたいと思い、最終巻までにそのあたりを描こうと思いました。

――他のインタビューでは、連載を始める前からラストの展開を決めていたとお話されていましたが、それはれおが卒業するあたりの展開も含まれているのでしょうか?

平尾　いえ、もっと早い段階でれおの卒業は描こうと思っていました。

猪飼　平尾さんは5～6巻ぐらいから、れおを卒業させようとしていたんですよ。でもそれは私も悲しいし、読者のみなさまもすごく悲しがるから、とにかくもう少し居させてほしいとお願いをして、延ばして延ばして……。そして、10巻でついに卒業になったんです。…ですが、平尾さんは最初はれおの卒業エピソードを一話で描こうとしていましたよね。

平尾　そうですね。ですが猪飼さんに「絶対に一巻分は描いて欲しい」とお願いをされました。

――今、れおのファンは猪飼さんにとても感謝していますよ!

猪飼　でも、卒業そのものは止めきれなかったです。本当は卒業を取り消せたら良かったんですけど…。ですが、一冊かけて丁寧にれおの卒業を描いていただいたので、読者のみなさまにとって思い入れをもってもらえるようなものが出来たのではないかと思います。

――また、ラストの卒業したれおを武道館前で見かけるくまさのシーンは印象的です。まさにアイドルとファンの関係性を象徴している場面でした。

平尾　あのシーンは絶対に入れたいと思っていたんです。アイドルを辞めているから、本当はれおの髪も下ろしたかったのですが、すぐにれおだと読者のみなさまに伝わるように、ビジュアルはアイドル時代とほとんど変えていません。

――他に描きたいと思っていたシーンはありましたか?

平尾　小ネタやエピソードなど、描きたいものは全部使い切りました。一〇年描いているなかで時代も変わったと感じます。例えば、YouTubeでコラボ動画を撮ったりTikTokを撮影する流れも、連載を始めた頃はアイドルの子達にはまだなかった文化だと思います。時代と共に変化した要素は入れていきたいなと思って描いていました。

――リアルなアイドルの子達の流行りも反映しているのですね。

平尾　そうです。対バンの展開も、アイドルの子達は呼んだり呼ばれたりしているなと思ったので、自分でも描いてみました。それに、たくさんのアイドルを考えたのでせっかくなら登場させたいという気持ちもありましたね。

――れおの卒業だけでなく、ChamJamメンバーのバッググラウンドを掘り下げる物語は印象的でした。

平尾　キャラクターが持つ過去のようなものは

『IDOL×IDOL STORY!』イラストギャラリー

物語に登場する彼女たちの美しい瞬間や、日常を切り取ったかのような作品に注目。上段左図は7巻の表紙イラストで、青い海を背景にセーラー服姿のスズが描かれている。潤んだ瞳がきらめき、ツヤのある黒髪が揺れ動く様子がとても美しい。耳にはイヤホンが付いており、まるで学校を抜け出してきたかのような物語の広がりも感じられる。上段右図では、ユウリとツムギの2人が鯨の滑り台に登り、かつて親しんだ地元の公園を懐かしむような表情を見せる。下図は2023年の新年、卯年を祝って描かれたミミとイブキ。普段の姿とは違う、フワフワとしたうさぎ帽子スタイルが可愛らしい、新鮮な一枚になっている。

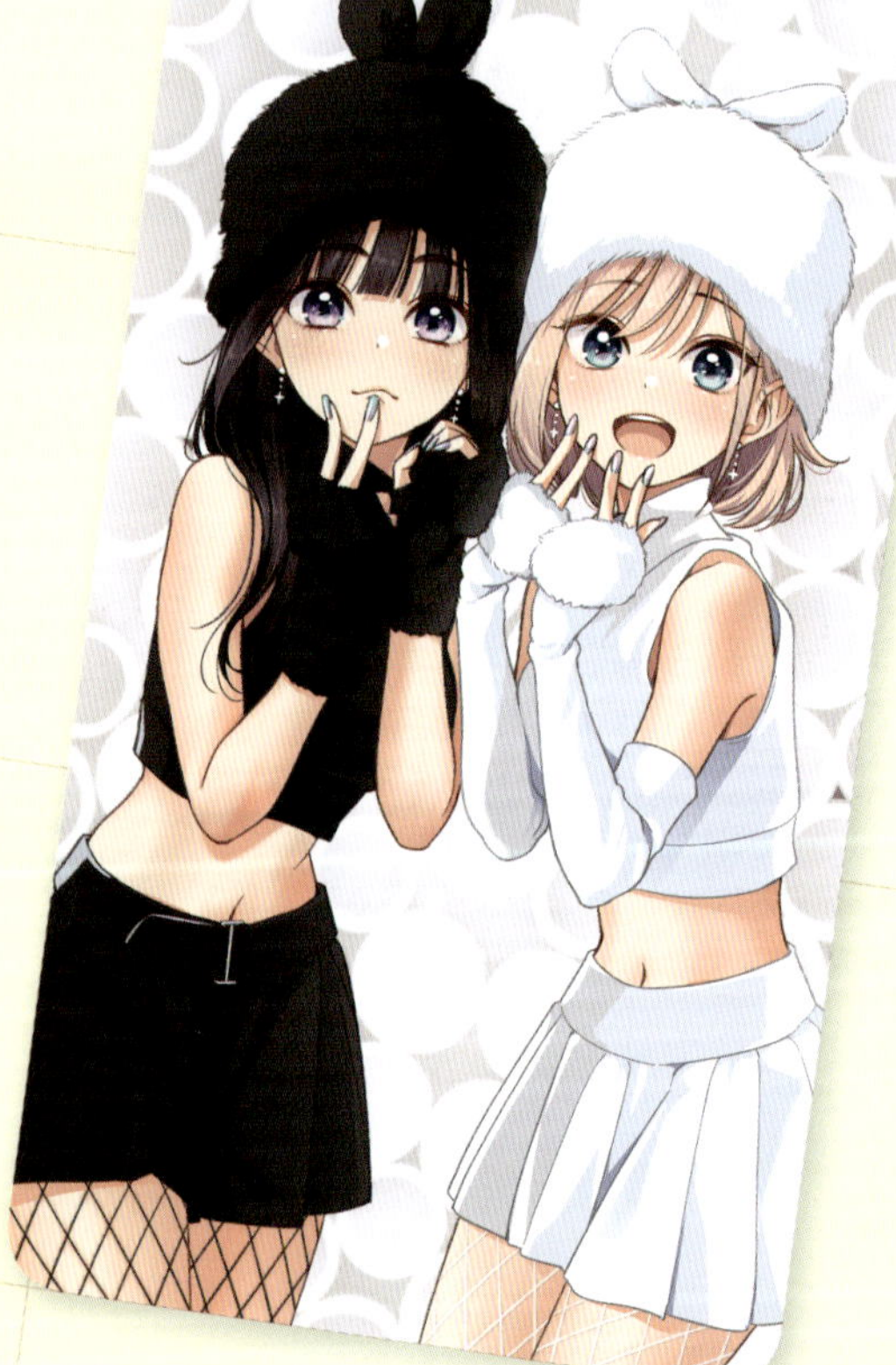

てきたんだから、その時間は絶対にオーラとして出てくる。結果はどうであれ、それは決して無駄にならないと思うんです。

――結果に関わらず、自分の信念や大切なものに真摯に向き合う姿には、人を引きつける力がありますね。では、ここからは作画についてお聞きしたいです。『NEW GAME!』では雑誌で4コマ形式での連載でしたが、『アイスト』はアプリで4コマ形式ではなくなりました。描く上で、意識や手法に変化はありましたか？

得能　まず最初に手をつけたのは「文字の大きさ」です。今はスマホで読む読者が圧倒的に多いので、電子書籍で、自分が読みやすいと思う漫画の文字のサイズを洗い出すことから始めました。4コマ漫画の文字は小さいので結構大きくなったと思います。作画面では、『NEW GAME!』時代には全く触れてこなかった3D技術を取り入れました。3Dを取り入れる作家さんも目にするようになってきたし、僕自身ゲーム会社に勤めていた頃に3Dを扱っていたので10年ぶりに触ってみました。友人に「Blender」をオススメされて、練習がてら美海の部屋をつくってみました。なにもかも試行錯誤で、りんかく線と内側にある線の太さに差を出して描き出すことで3Dの機械的な見え方を緩和させる方法に辿り着きました。オブジェクトの全体の凹凸を、均等な太さの線が抽出されるもの（細い線）と、主にりんかくだけ抽出されるもの（太い線）の2枚にレンダリングしています。仕上げに手描きのニュアンスを加えて、均整を保ちつつ自然な印象にまとめています。また、キャラクターが背景のパースに合っていないと3Dが浮いて見える原因になるので、キャラクターのパースが正確に描けるように、描き方も見直しました。背景以外にも、ダンスシーンはみんなMVなどで見慣れている分、立ち位置など正確なパースが求められるので、そのための3D導入でもありました。横一列に並んでいるようなシーンでもだいぶ助けられています。これを手描きでパースをつけると、キャラの身長も違うし、ものすごく時間がかかって気が狂うので、3Dを導入して本当に良かったです。（※作画については35～37ページで詳しく紹介）

――3Dだからこそ、カメラワークや立ち位置が複雑なシーンもより正確に進められそうです。また、単行本では巻数ごとにデザインが変化していますね。

得能　『NEW GAME!』からずっとお世話になっている、KOMEWORKSの加賀谷遥さんにデザインしていただきました。単行本のロゴを検討しているとき、1巻ごとに変える案はどうかとご提案があったのですが「大変なのにやってくれるの!?」と嬉しい気持ちでいっぱいで、お願いさせていただきました。実は2巻の表紙はとても悩んでいて、初期案では依吹と朱璃のツーショットで考えていたり…。また、依吹のピンが引きだったので、3巻以降は書店で目立つように顔をアップにしています。5巻から一気に明るくなって、デザインも自由になりましたね。7巻は某スポドリの宣伝みたいで、鈴推しの担当さんが一番喜んでいました（笑）。素敵にデザインしていただけて、どんなロゴになるのか、自分も読者のような気持ちでいつも楽しみにしています。

――キャラクターの個性がロゴにも反映されていて、あしらいを見るだけでワクワクします。では最後に、今後の展開についてお話しいただける範囲でお聞きできたら嬉しいです。

得能　『アイスト』では、脱落という辛いことがあっても、前向きに今日と向き合い、明日を元気に迎えられるそんな物語にしたいと思っています。彼女たちが「どう生きたか」が一番のテーマなので、そこを重点に置いて描いていきたいです。よく現実でも「失敗を恐れるな」と言われます。みんなの目が勝者に行くのは当然のことですが、かといって敗者を臭いものに蓋をするように存在そのもの覆い隠すのも違うと思うんです。それこそ失敗を恐れるようになってしまう。結果が失敗だったとしても、向き合い方に恥ずべきものがなければ後ろ指をさされる筋合いはないし、ダメだったところは反省して次に生かせばいいんです。だからこそ、そのキャラが立ち向かった姿勢を見て「負けたけどこのキャラ好きだな」と思ってもらえれば成功だなと思っています。そんなカッコいい生き方を『アイスト』では体現したいと思っています。受かった子も受からなかった子も、16人全員を大切に描きたいです。主人公の美海や依吹が落ちるのか、といった話もありますが、最終的にどうなるかは描きながら考えていくつもりです。全体で20巻ほどの予定なので、そろそろ折り返し。僕も最後まで描き切れるよう、頑張りたいと思います！

――これからもみんなの人生がどうなっていくのか、展開がますます楽しみです。本日は楽しいインタビューをありがとうございました！

と表情が噛み合わない部分が出てきてしまうんですよね。実際に歌詞を書くことでキャラ自身の言葉が出てきたので良かったです。

——彼女たちの内側から湧き上がってくる気持ちが伝わってきて、メロディをイメージしながら読んでいます。ではここからは、これまで得能さんが描いてきたエピソードの中で、特に印象深いものについて教えてください。

得能　夢が脱落したときは、自分もだいぶへこみました…。普段から特段気にしてはいないのですが、作画中に肌荒れを起こしてしまって、これを何年続けていくんだと思いましたね。優梨が紬に「私の人生返してよ」と言う場面も描いていて辛かった…。逆に翼は描いていて楽しいです。ああいうクズキャラ好きなんです。

——翼は愛犬のマカロンと一緒に自由奔放にしているイメージですが、彼自身も突然現れたアリアという存在に悔しい思いをしてきたと思うので、憎みきれないキャラクターです。

得能　最近は人気が出てきて僕も驚いています。また、麗や光のエピソードには、自分の経験が投影されている部分もありますね。たとえば僕の場合、『NEW GAME!』を描いていた当時、売れているのに嬉しいという気持ちよりも、焦燥感の方が強かったんです。目立つことで変な声も目にするのでそのせいかなとも思っていたのですが、SNSなどでたくさんの「イイネ」がついても「死ななかった、よかった」という気持ちの方が強くて。いま考えると、コミュニティに認められたときに「嬉しい！」と思うか「ここにいていいんだ」と思うのかの違いで、本質的には同じで僕は後者だったというだけだと思います。そしてコミュニティに認められるためにバズるための要素を入れての繰り返し。これでいいのか？っていう話です。そういったいろいろな理由もあるんですが、麗がスマホを捨てるのは最初から確定していたイベントだったので、それもあって自分もSNS断ちをしてみたんです。そしたら意外とよかったんですよね。SNSというコミュニティから離れることで、関心も薄れてきて。『NEW GAME!』が終わってからあまりバズらなくなったのもSNSを離れられるキッカケでした。それまではたくさんフォローされているんだしと変な責任感もあったのですが、反応が弱くなったことで解放されたというか。合宿三次審査の最後のほうで光が「解放された」と言っているのですが、あれも僕の気持ちも入っています。

——現代社会の中でSNS断ちを実行するのは、なかなか難しそうです…。作家さんから「初めてバズったときは嬉しいけれど、それが地獄の始まりだった」という話を聞いたことがあります。

得能　絵でも何でも、褒めてもらいたいのか、人に元気を出してもらいたくてやっているのかで、目標地点が変わってくると思います。僕だって褒められたい気持ちはもちろんあるし、『NEW GAME!』をやりきれたからこそ気持ちが落ち着いてきた部分もあります。

——現実のアイドルでも、少し昔であればSNSが発達してなかったので、見え方をコーディネートできたと思うのですが、いまは自分でなんでも発信できるのでファンとの距離感も近く、コントロールが難しい部分があるのかなと思います。

得能　なので人前に立つ仕事の方は自己管理を徹底しないといけないので本当に大変だなと思います。いまの時代はなおさら素の自分を発信してしまう機会が多いので、大変ですよね。

——そう思います。話しは本編に戻りますが、アリアが華鈴を選んだ理由は「応援したくなったから」でした。得能さん自身が応援したくなる子はどんな子でしょうか？

得能　アリアが夢に「主体を自分に持ってほしい」と言っていましたが、まさにその通りで、たとえ結果が悪くても自分の人生に真摯に向き合っている人は応援したくなります。華鈴も自分のなりたい姿を持っていて、泥臭く努力しているのが見えるから頑張れと思う。優梨もずっと妹の世話をしてきて「時間の無駄だった」と言うんですけど、そんなことはない。ずっと人を助け

蒼井 光（あおい みちる）

19歳（高卒）。物心つく前からドラマなどの子役として活躍。歌やダンスは仕事で知り合った芸能人からこっそりと教えてもらった。カリンとは仕事先で共にすることも多い。実力は十分にあり人を魅了するオーラを持っているが、どこか冷めたものを感じられる。

小さい頃から芸能活動をしているが、稼ぎはほとんど両親に管理されている。自分が稼いだことで、両親の金銭感覚だけでなく「普通の家庭」までも壊してしまった現実に心を痛め続けている。

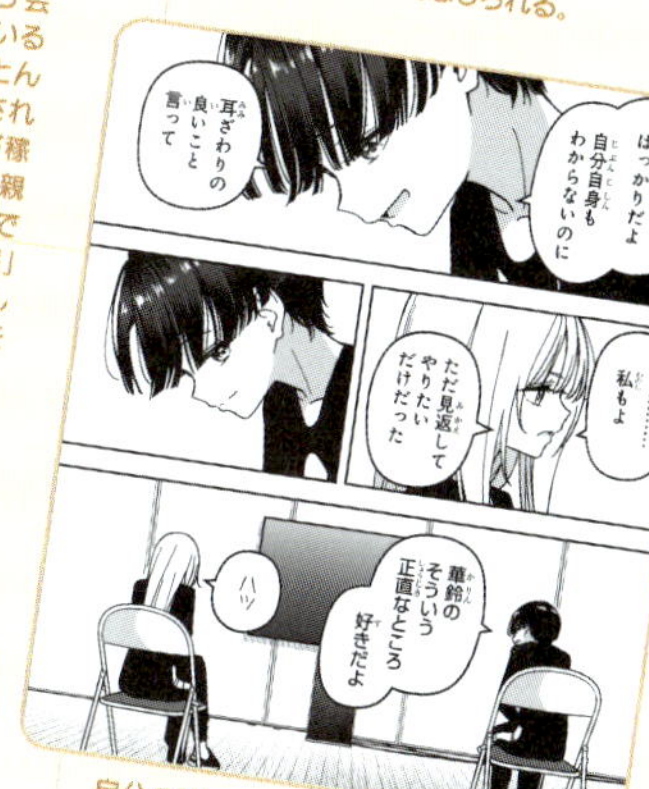

自分の醜い本心を、カリンにだけはさらけ出すことができる。変わらず正直な言葉をかけてくれるカリンに、ミチルは安堵する。

九重 華鈴（ここのえ かりん）

18歳（高3）。5歳の頃から広告などでモデル系の子役として活躍。ダンスと歌は独学で習得。自己主張が強く、圧のある態度で相手を萎縮させることもある。これまで1人でパフォーマンスをすることが多かったが、じつは面倒見が良く、グループでの活動ではリーダシップを発揮。

人見知りのスズを気にせず、ぐいぐい迫るカリン。美しい顔が間近に迫って、スズはドキドキ…！

◀現OTOBOSHI MUSICの専務である母を持つカリン。母親に対し、「アイドルデビューをして自分が認められたい」という思いが強いが故に、母を目の前にするとパフォーマンスが空回りしてしまう…。

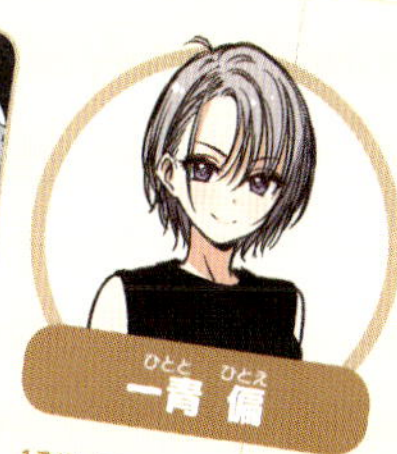

一青 偏（ひとと ひとえ）

17歳（高2）。リツと同じくOTOBOSHI MUSICの養成所に在籍。アリアのライブを見て憧れ、自身もアイドルデビューを目指すようになる。リーダーを任されることもあるかと、事前に本を読む姿が見られるほど何事にも真面目に取り組む優等生タイプ。未経験ながらメキメキと実力を伸ばしてきた。

パフォーマンスが弱気なリツを見兼ねて、共に歩んできたヒトエは歌詞にない言葉を思い切ってぶつける！　普段の真面目なヒトエらしからぬ、熱い想いにリツも心を揺さぶられる。

千馬 律（せんば りつ）

21歳（高卒）。小1から高校卒業まで、数社のアイドル養成所を渡り歩く。高卒以降はOTOBOSHI MUSICの養成所に在籍。実力以外の理由で何度もデビューを逃しているため、今回のオーディションをどこか他人事のように受けている印象がある。

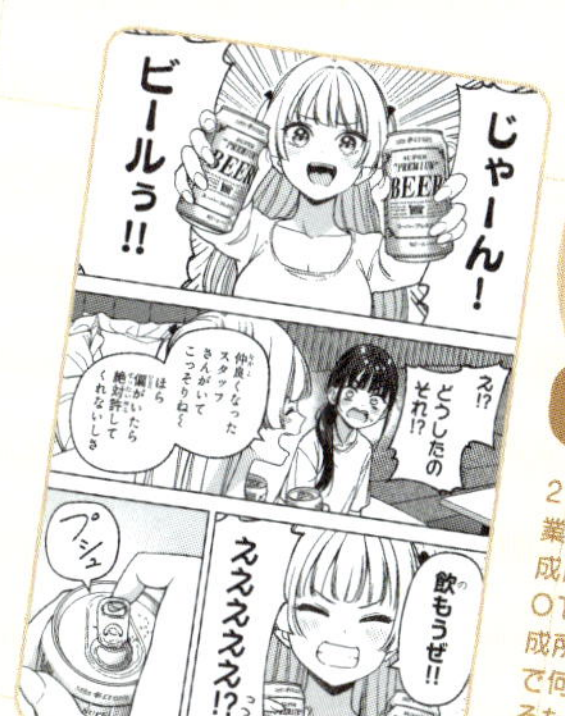

ビールに目がないリツ。同室のミミとこっそり晩酌♪

『4×4チームテスト（合宿一次審査）』を経て、ミミとリツは同室に。お互い挨拶を交わすが、これまで何度もデビューを逃してきたリツにとって、ライバルであるミミに「無理に仲良くする必要はない」と本心を告げる。

16歳(高2)。アイドルが大好きで、アイドルを目指すことに。人からからかわれるのではないかと怖がり、人前に出ると途端に緊張して固まってしまう。弱気な自分も本気の自分も素直に受け入れ、いつも心の中は騒がしい。疑問をつい口にしては、あとで後悔してしまうことも多い。

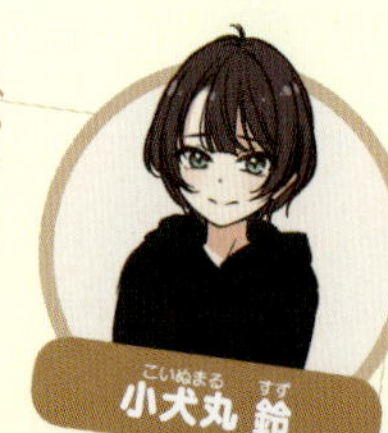

小犬丸(こいぬまる) 鈴(すず)

ステラ時代のミミ助を知っているドルオタのスズは思わず大興奮!

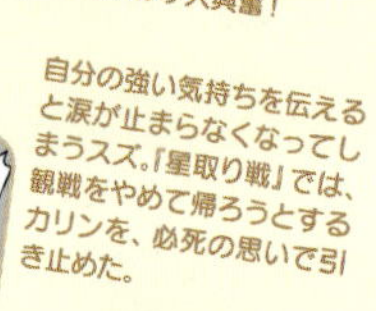

自分の強い気持ちを伝えると涙が止まらなくなってしまうスズ。『星取り戦』では、観戦をやめて帰ろうとするカリンを、必死の思いで引き止めた。

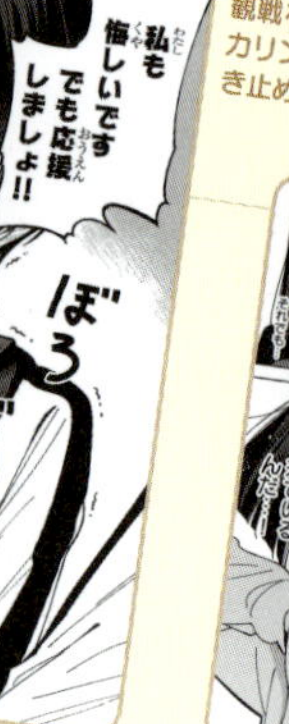

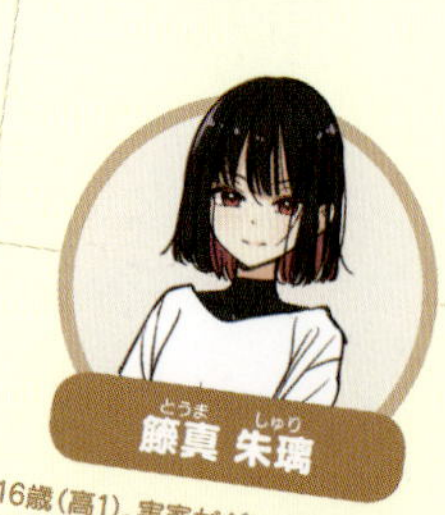

籐真(とうま) 朱璃(しゅり)

16歳(高1)。実家がダンス教室を営んでおり、物心つく前からダンスに親しむ。ダンス大会での優勝経験もあり、圧倒的な実力を持つ。普段は物静かで無口だが、パフォーマンス中は想像できないほどの存在感を放つ。

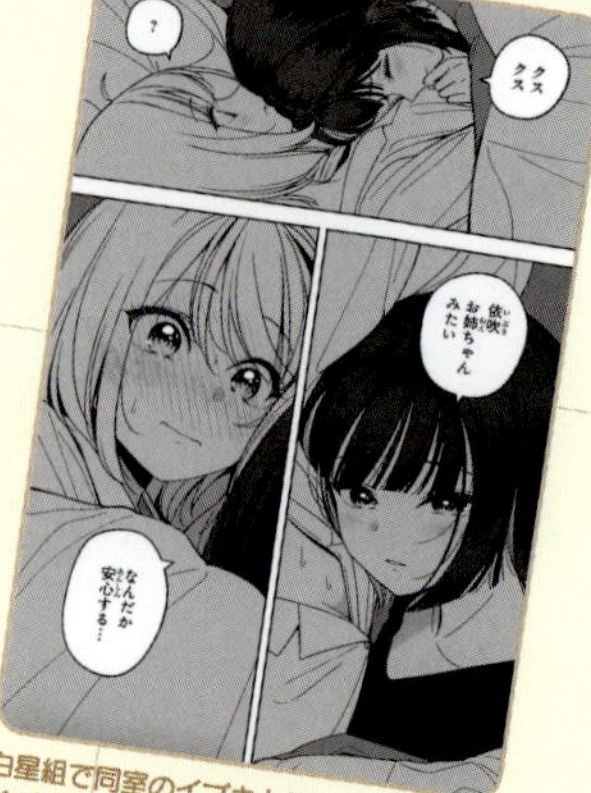

白星組で同室のイブキとシュリ。シュリはイブキのベッドに潜り込み、「お姉ちゃんみたい」と言い、眠ってしまう。

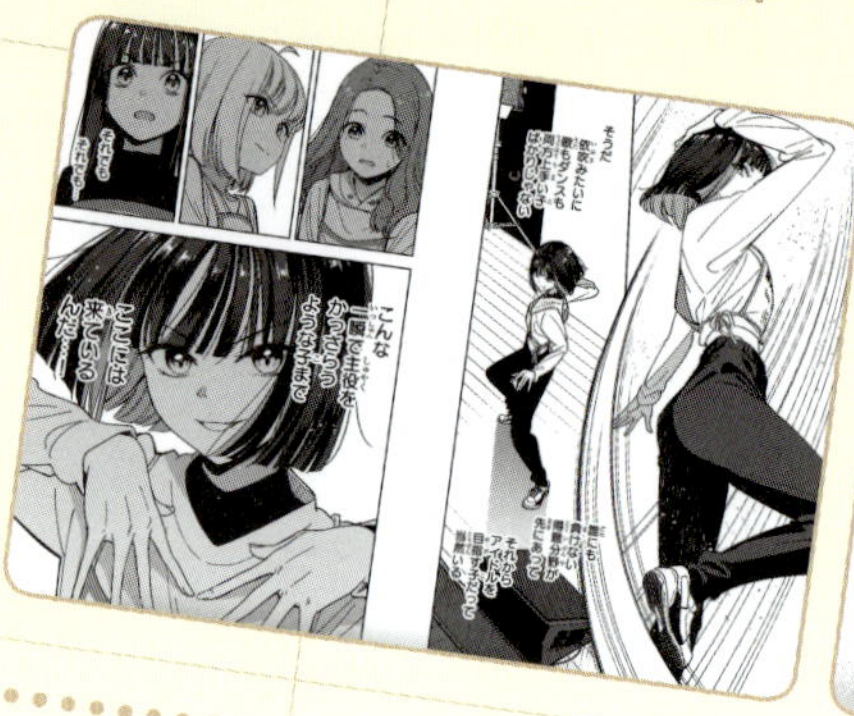

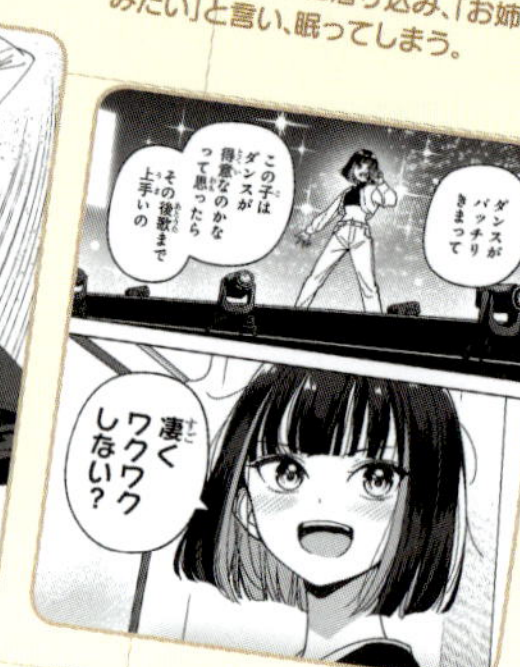

ダンスは得意でも、歌はまだ伸びしろのあるシュリ。それでも前向きに努力を重ね、歌うことを楽しむ姿がとても印象的だ。

漫画のページができるまで③

EP.69「ありがとう」で描かれるミミ・アノン・ヒトエの歌唱シーン。円形舞台をフカンで捉えた構図によって、穏やかな海風の流れやきらめきが自然と伝わってくる。さらに、見開きのタチキリを用いることで、奥へと抜けていくドラマティックな広がりが生まれ、一枚絵としても印象的な迫力を放っている。それぞれの表情にはカメラがぐっと寄り、3人が歌に込めた想いが丁寧に映し出されている。

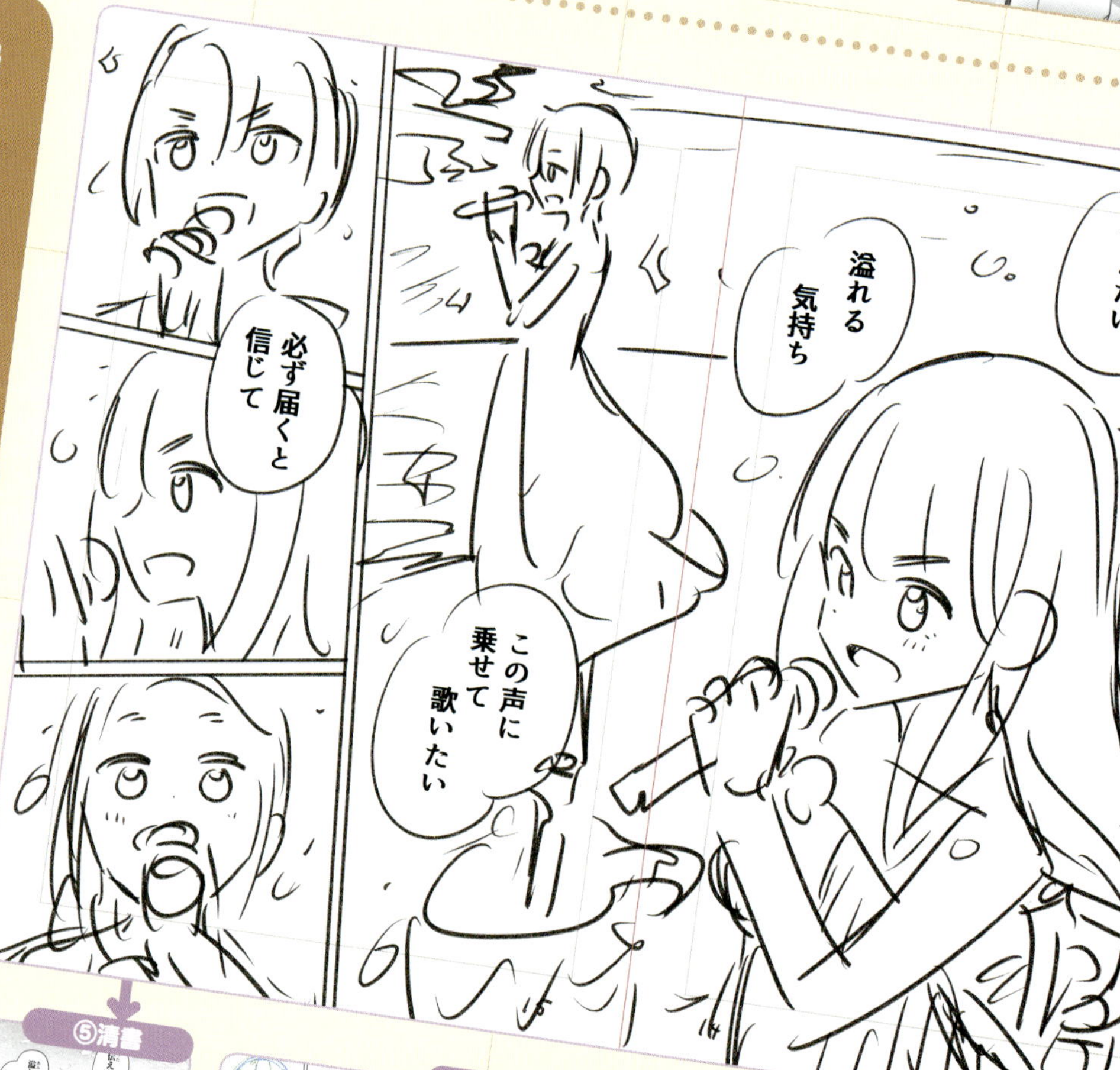

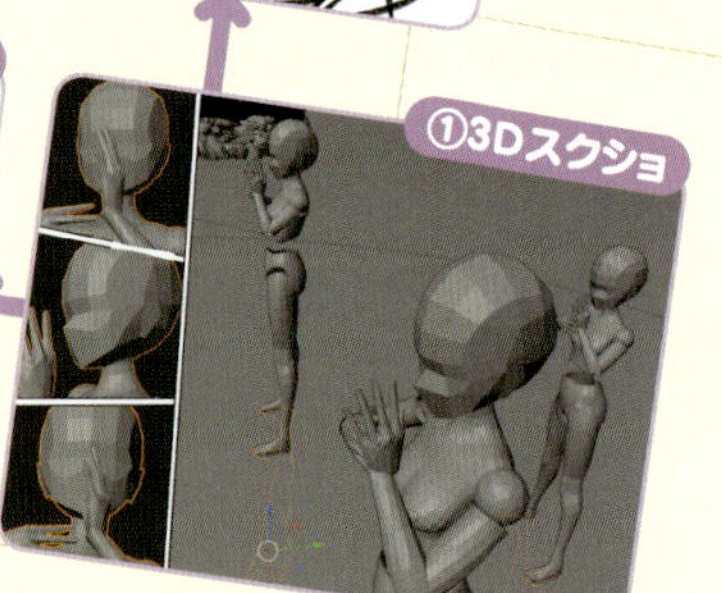

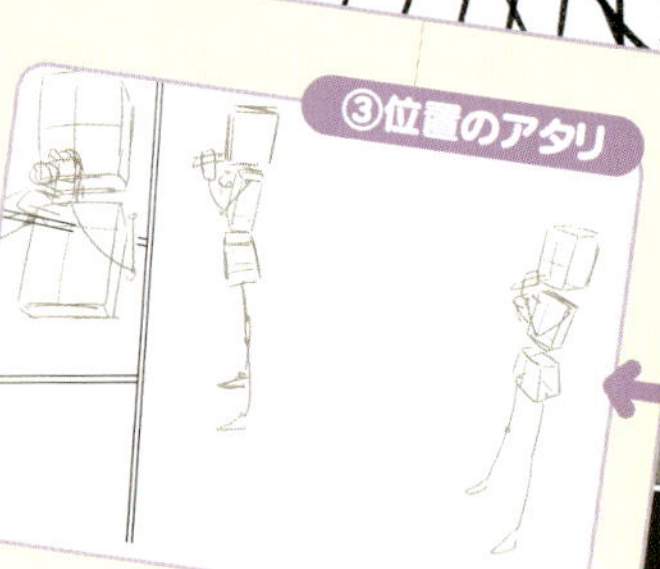

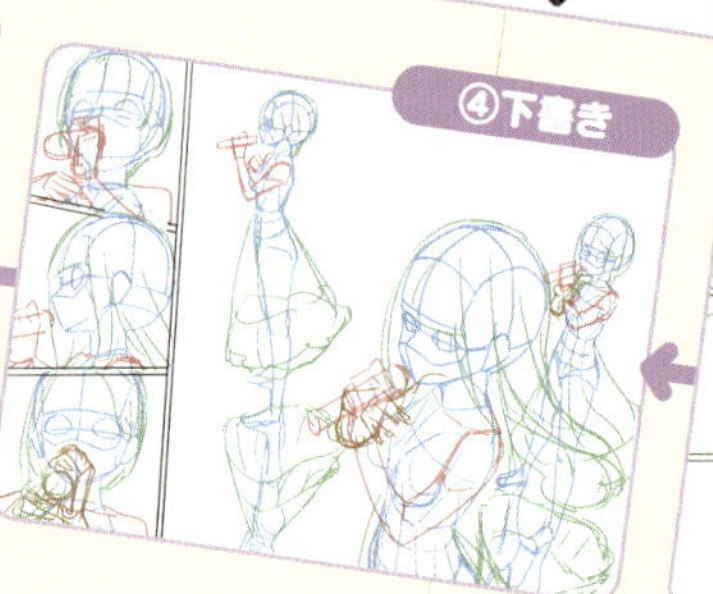

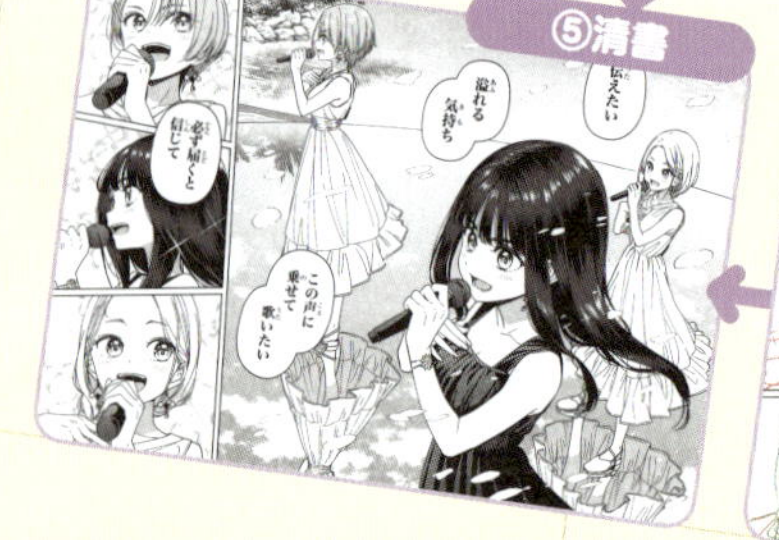

漫画のページができるまで②

EP.45「大将戦」では、美海VS依吹の歌合戦が展開され、漫画から飛び出してきそうな楽しさと躍動感に満ちたシーンが描かれている。作画の流れとしては、まずイメージしているシーンに沿って「①3Dスクショ」をつくり、①をもとに「②ネーム」を描く。また、①をもとにボックスで「③位置のアタリ」取りもおこなった。つづいて③をもとに、「④下書き」を描く。④と②をつかって、「⑤清書」をしている。コマのフチぎりぎりまで人物を配置することで、ステージ上での実際の立ち位置にリアリティが生まれ、読者がまるで映像を観ているかのような広がりを感じられるカットに仕上げている。

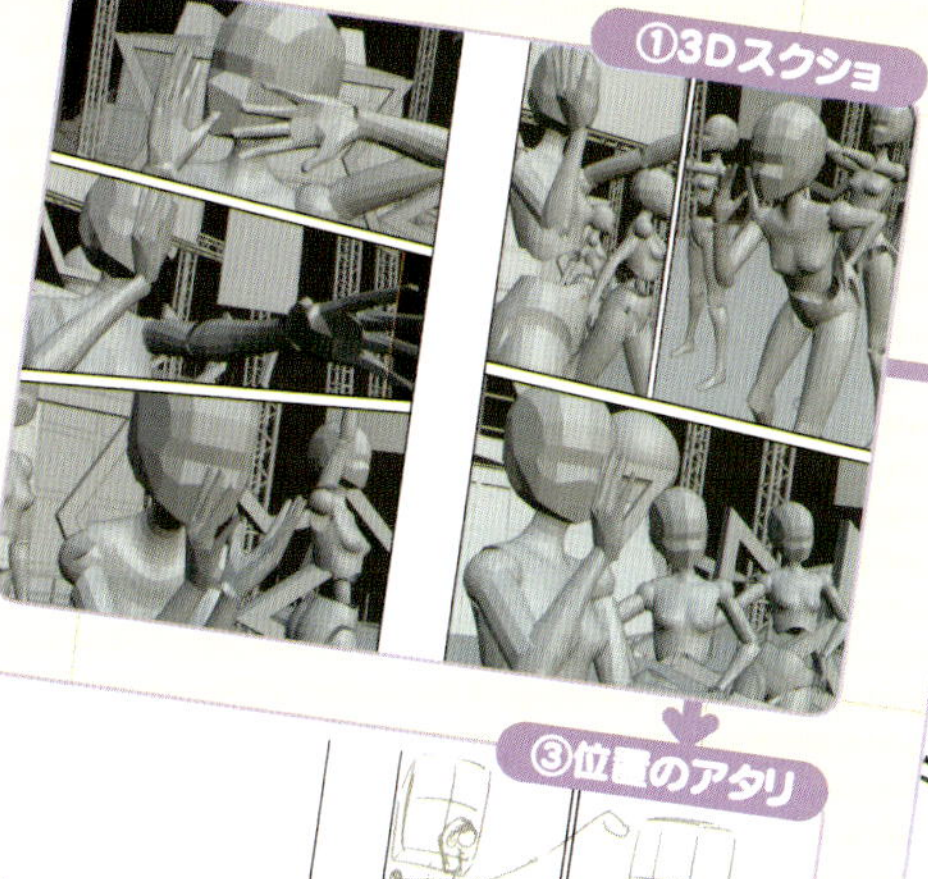

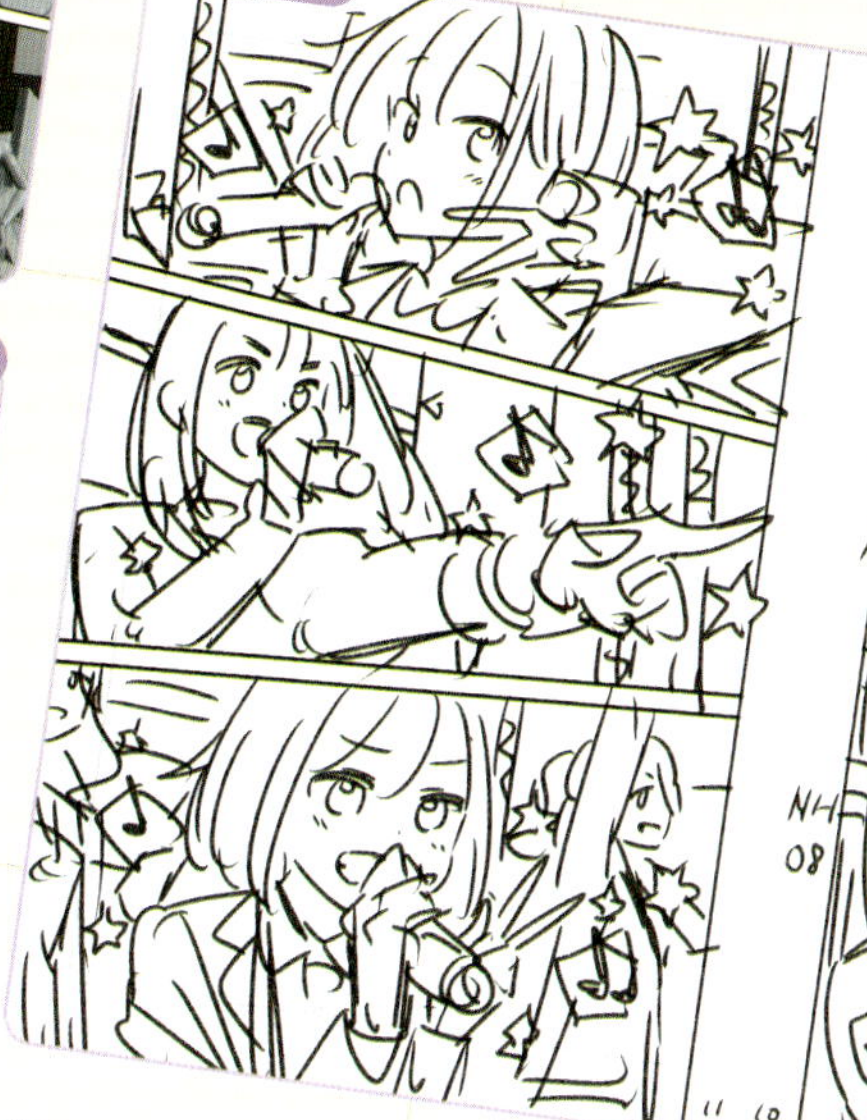

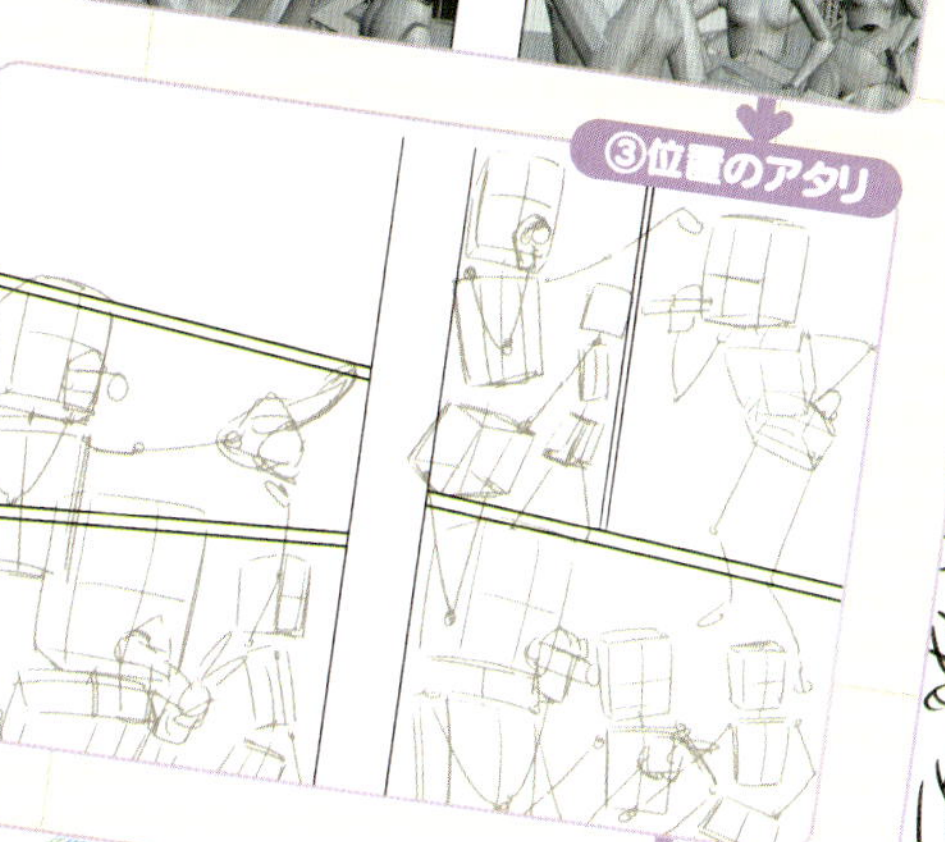

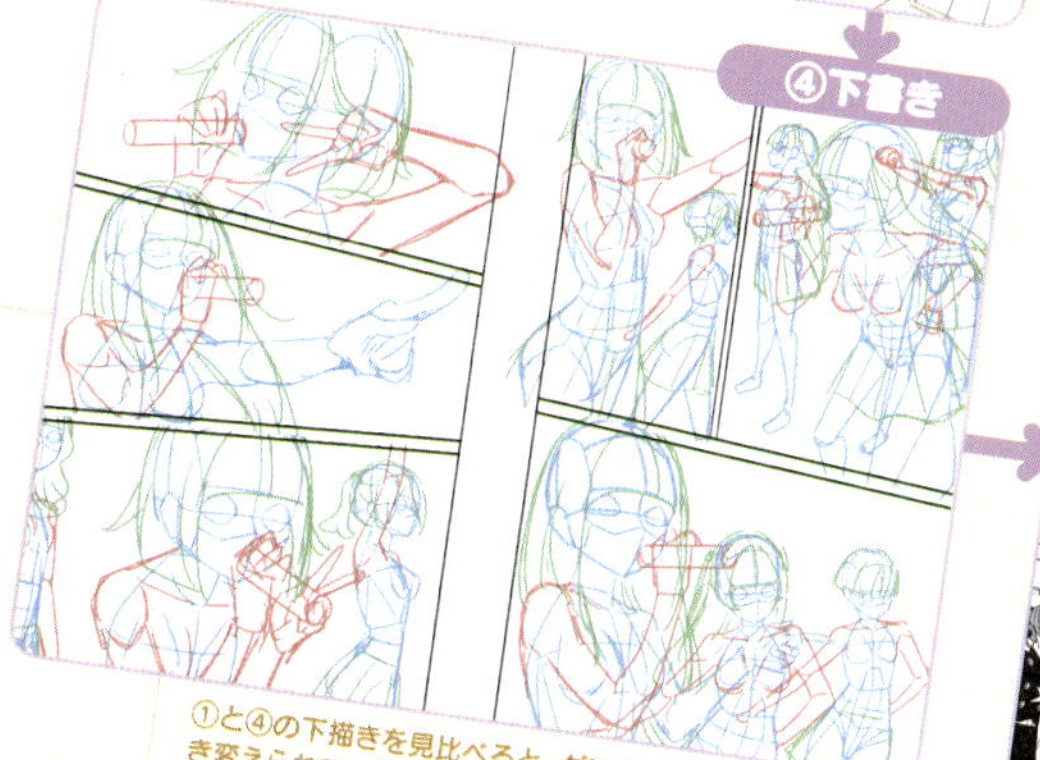

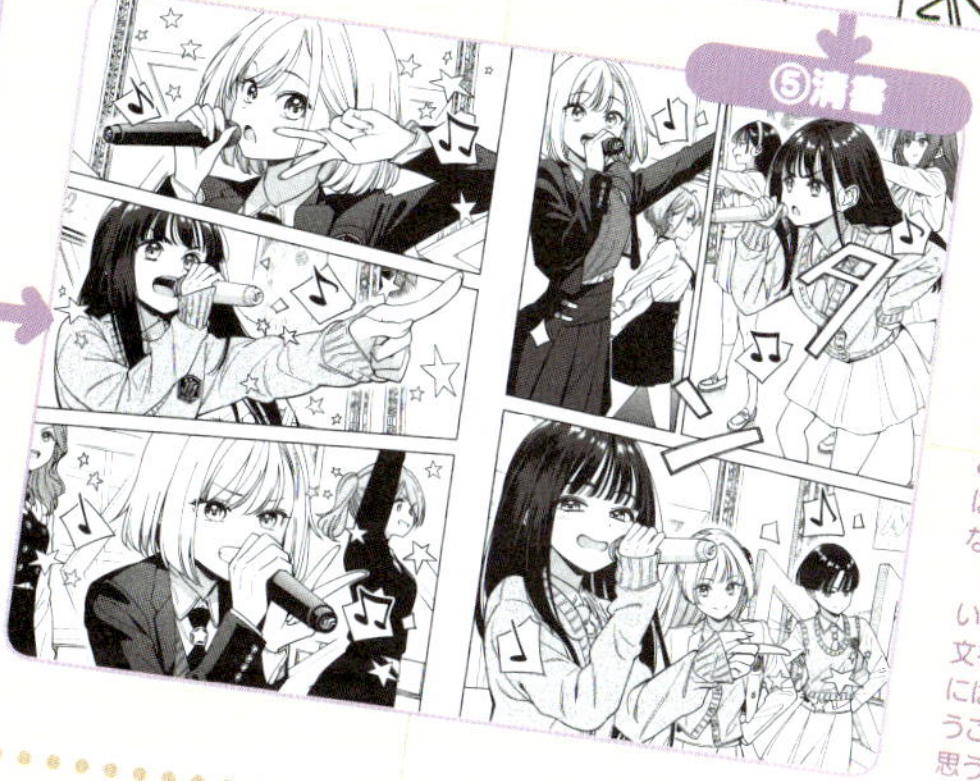

①と④の下描きを見比べると、ダンスのポーズがいくつか描き変えられている。マイクを持ちながらピースをする依吹や、指さしする美海の動きが可愛らしい。

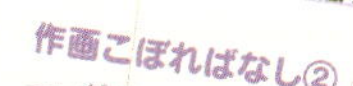

作画こぼればなし②

――ダンスシーンは動きやカメラワークの展開もありますが、どのような工夫をされているのでしょうか？

得能 『NEW GAME!』を終えてアイドルものを描くと決めてからの半年ほど時間がありました。アイドルものとなるとダンスシーンは必須になりますが、自分は動きのある絵に自信が無く、毎日1～2時間、いろんなダンス動画を再生し、良い瞬間で止めてクロッキーを続けました。本番でやらない工程のクロッキーは再現性がないので意味がないと思っていて、ボックス→モデル人形の下描き→清書と本番と同じ順序でのクロッキーをおこなっていました。そのときは清書ではなく下描きのつもりでしたが、これ清書でいいじゃんとなって、今に至ります。

また、ダンスシーンは僕自身に経験がなく自然には浮かんでこないので、イメージに合うMVや練習動画を参考にしています。予め芳文社さんと法的に問題ないラインを確認していて、ポーズそのものには著作権はないけれど、動きの流れや立ち位置などはアウトということで注意しています。それ以外にも見た人が感情的にアウトと思うようなことは避けるよう大丈夫な範囲で参考にしています。

もいます。

――「助」という漢字からは、仲間に手を差し伸べる頼もしい人柄を想像させられました。ではここからは、物語についてお聞かせください。そもそも、オーディションの内容はどのように決められていったのでしょうか？　本編では候補生自身が選択を迫られる場面がたくさん描かれていると思います。

得能 基本的には、現実でおこなわれている審査を踏襲したり、あえて外したりしながら考えています。実際のオーディションでも、上の人たちが全部決めてしまう場合もあれば、できるだけ候補生に決めさせるケースもありますよね。そうした中で僕は、「選択」そのものが面白いと感じていて、選択させる行為がとても大事だと思っています。だから物語でも、なるべく候補生たち自身に決めてもらいたい。「この子はこういう選択をするんだ」という姿が見えると、キャラがどんどん強くなっていきますから。また、『星取り戦（合宿一次審査）』のときは、担当さんから「現実でも対バンのように向かい合って歌う企画がある」と教えてもらい、それを参考にしています。

――『星取り戦』では、勝敗だけが目的ではなく、互いを鼓舞し合い、関係性と向き合う中で素顔がさらけ出されるのが印象的です。また、『私たちの歌テスト（合宿二次審査）』では、それぞれの気持ちが歌詞に込められていましたね。

得能 既存の曲設定だと、どうしても心情

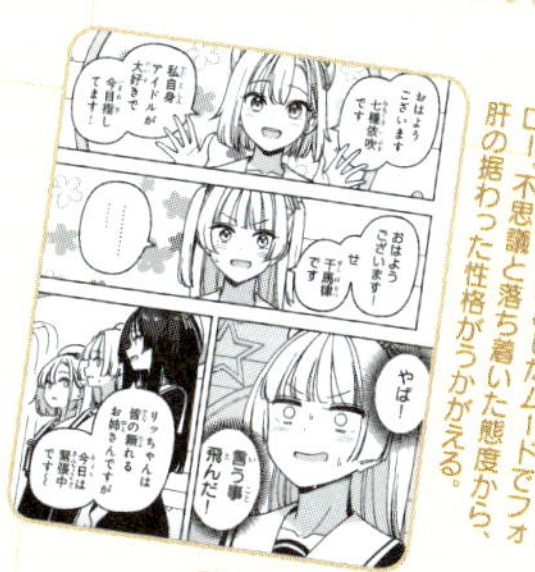

テレビ番組に出演した際は、テンパる律をのほほんとしたムードでフォロー。不思議と落ち着いた態度から、肝の据わった性格がうかがえる。

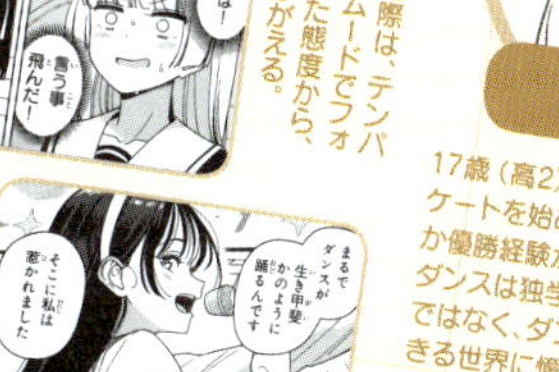

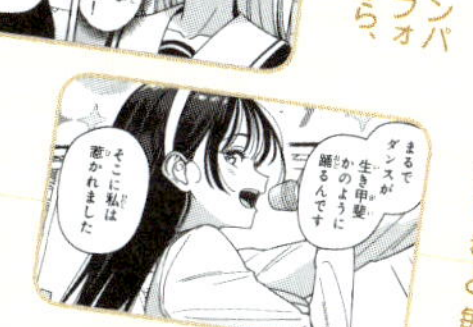

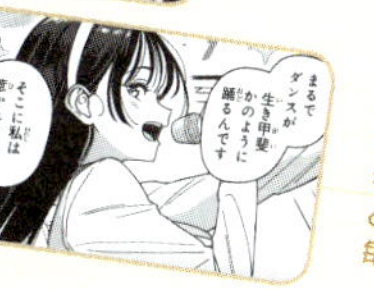

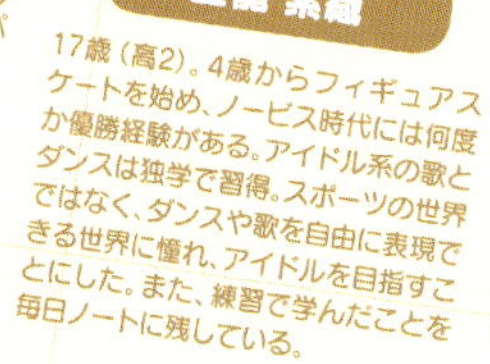

宝龍 紫織（ほうりゅう しおり）

17歳（高2）。4歳からフィギュアスケートを始め、ノービス時代には何度か優勝経験がある。アイドル系の歌とダンスは独学で習得。スポーツの世界ではなく、ダンスや歌を自由に表現できる世界に憧れ、アイドルを目指すことにした。また、練習で学んだことを毎日ノートに残している。

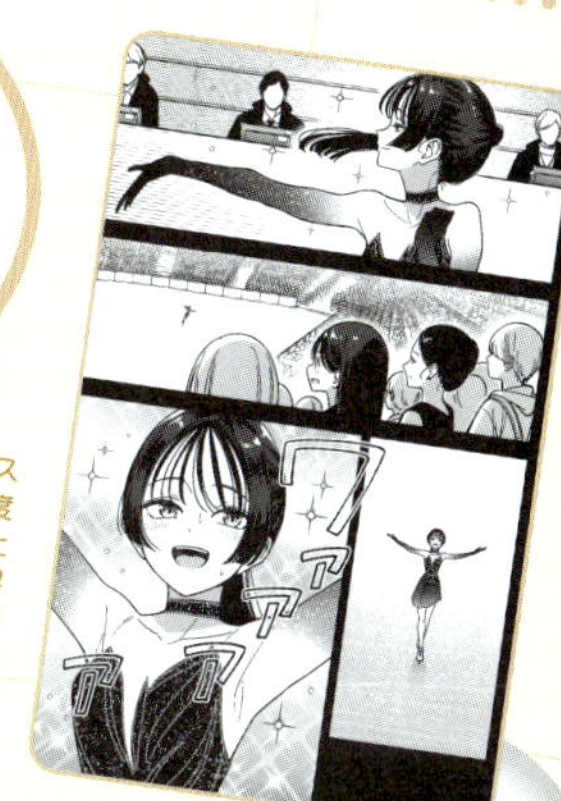

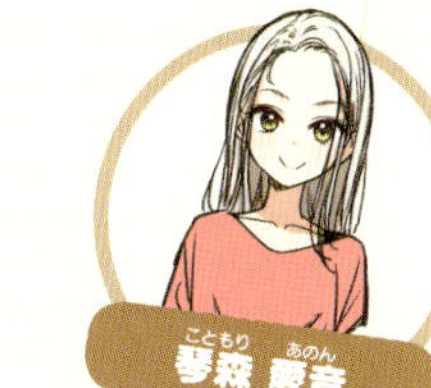

琴森 愛音（こともり あのん）

15歳（中3）、沖縄出身。お母さんと一緒に浜辺で歌うのが大好き。歌は独学ながら、天才としか言いようのない才能を持っている。チームの練習中に海に飛び込んだり、番組の撮影班を撒いたりするなど、かなりの気分屋でもある。

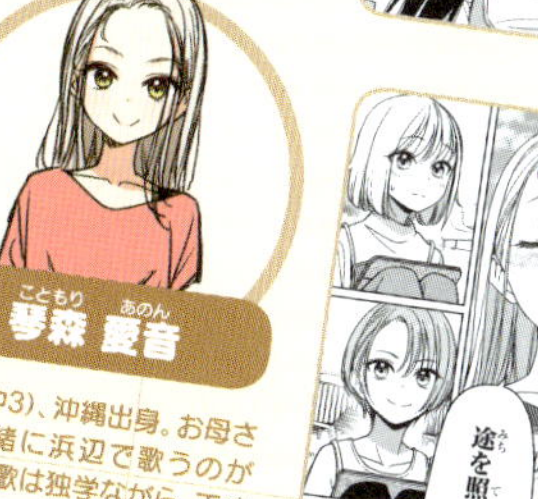

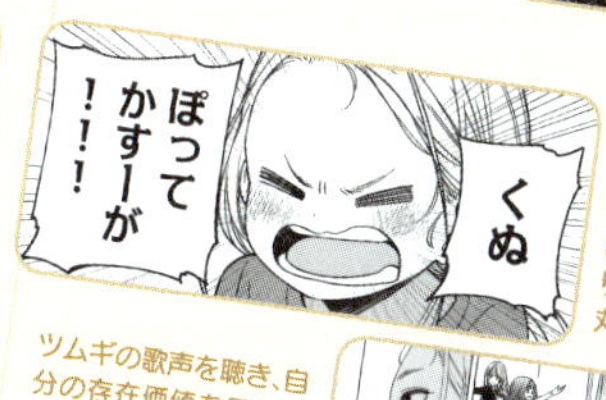

チームメンバーに思いがうまく伝わらず、つい方言で怒りをぶつけてしまうアノン。丸いおでこが可愛らしい。

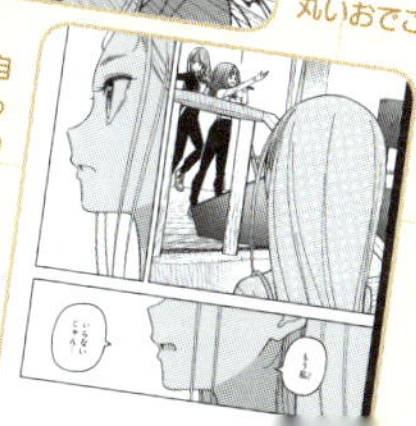

ツムギの歌声を聴き、自分の存在価値を見失ってしまうアノン。思わず、悲しみの言葉がポツリとこぼれる…。

漫画のページができるまで①

ここでは、得能正太郎さんがどのようにして漫画を描かれているのかミニメイキングで紹介。得能さんは3Dソフト「Blender」をつかい、キャラクターそれぞれの素体のモデルを作成し、下描きとして使用することでより正確なパースを取っている。また、体型が異なる大人数を一枚に描く場合でも、モデルを活用すればスムーズに制作を進められる。

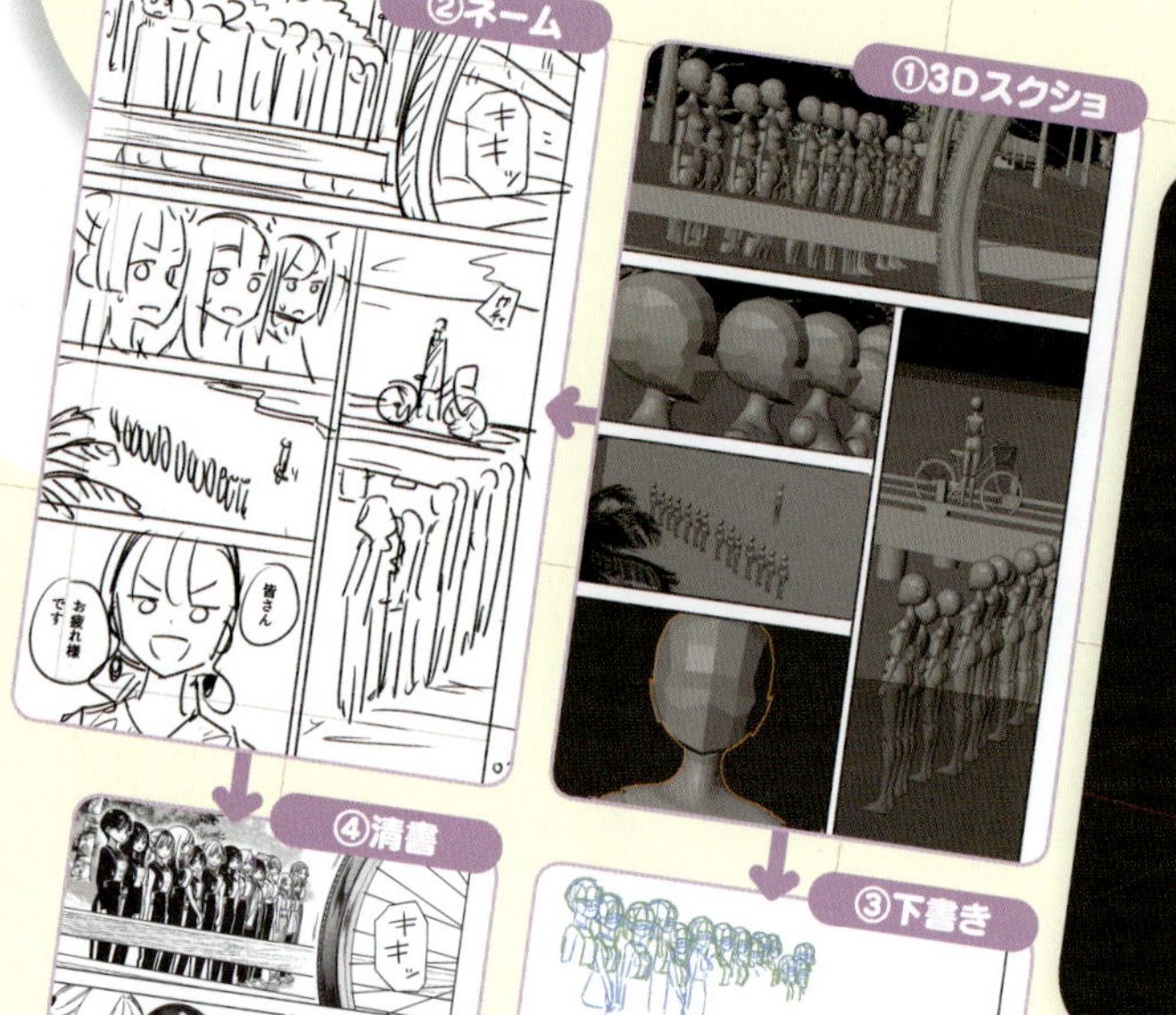

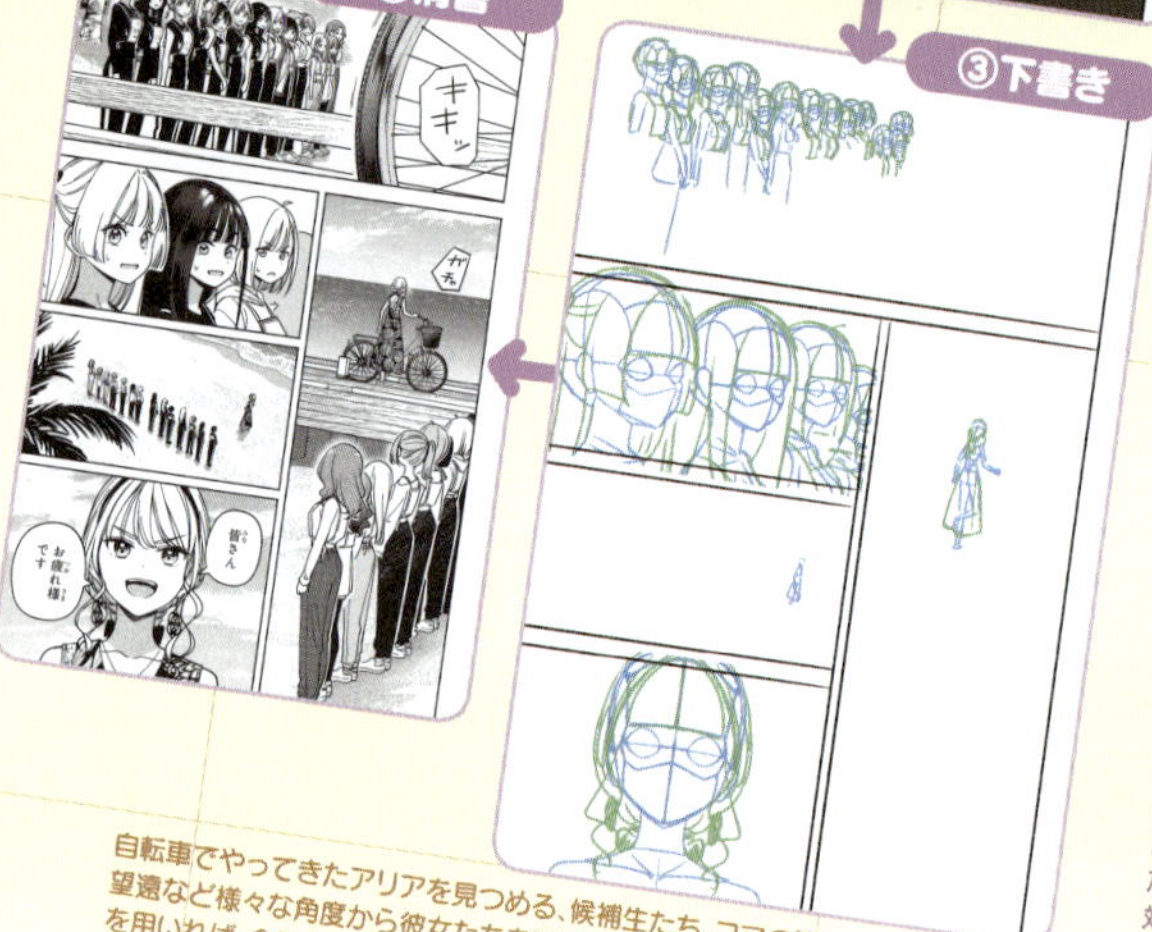

自転車でやってきたアリアを見つめる、候補生たち。コマの流れによって、広角や望遠など様々な角度から彼女たちを映すため複雑なパースが取られている。3Dを用いれば、全員が横並びしている構図も均整を取りやすい。また、下書きにある面のボックスでキャラクターの目線を定めている。空白の部分はそのまま手描きの味を活かしながら清書をする。
※ここのページは下書きでおこなう、位置のアタリを取る工程がスキップされています。

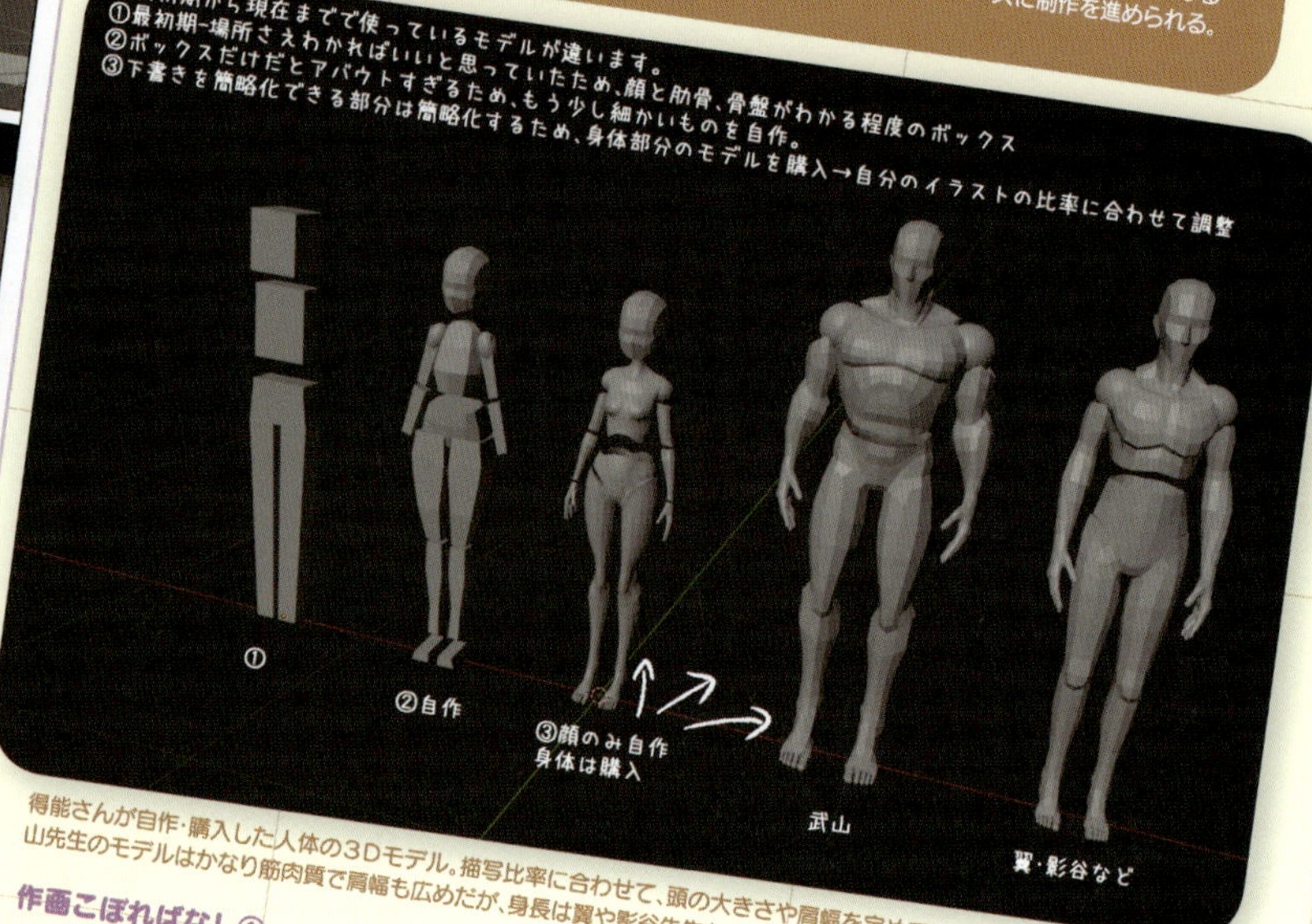

得能さんが自作・購入した人体の3Dモデル。描写比率に合わせて、頭の大きさや肩幅を定めている。マックス武山先生のモデルはかなり筋肉質で肩幅も広めだが、身長は翼や影谷先生と同じほど。

作画こぼればなし①

――漫画を描かれるときの、全体の流れや作画工程について教えてください。

得能　手順で説明しますと、
【1】プロット(脚本)…担当チェックOK後→ネームへ。
【2】ネーム…プロットのセリフだけを抜き出し、並べていき、絵無しのコマ割りを先に作成→3Dで欲しい画角でスクショしてコマを埋めていく(3Dスクショ)→それをガイドに簡易に絵を入れてネームを作成します。
【3】下書き…ここではネームをつかいません。3Dスクショをもとに、必要な場合はボックスをまずは描きます(位置のアタリ)。ボックスは顔や肋骨などの角度や大きさ、腕や脚の長さなどを定めるためのものです。3Dのパースはあまりにも正確すぎるため、手癖に合わせた比率に矯正します(アップになるほど顔に対して肋骨が長くなるので、矯正します)。このボックス、または3Dスクショをガイドに下書きを作成します。
【4】清書…このモデル人形のような下書き以上のことはせずに、清書→仕上げ(清書・完成)。
細かい下書きをはさめばより正確にはなりますが、これ以上正確になると絵が固くなるため、ある程度遊びを入れて生き生きとさせるためにも、直で清書をおこなっています(下書きで表情を描いていないため、ここでネームを確認しながら清書していきます)。

――また、得能さんは3Dソフト「Blender」をつかわれていますが、どのような点がつかいやすいのでしょうか?

得能　まず無料なのにプロでもつかえるほどの機能を有しているところです。僕はモデリングと線画のレンダリングくらいしかしていないので機能面はそれで十分なんです。あと実際触ってみたらつかいやすかった。これが一番です。

――ほかにも背景を描くのにオススメのソフトや工夫があれば教えてください。

得能　背景は3Dか写真トレースかのほぼ2択で、写真のときは撮りにいくわけですが、撮影の前の準備段階として、Google Map の3D表示(イマーシブビュー)を「Blender」にインポートして画角だけ先に決めてネームをつくり、必要な写真が明確になってから現地へ撮りに行きます。この方法であれば追加で撮り直しもなく、ロケハンが最小限で済むので助かっています。ほかにも、アニメ会社でもよくつかわれている「PureRef」というツールが便利です。様々な資料を一枚に並べておけるソフトで、例えば全方角から見たポニーテールやロングなど資料も貼り付けておいて、いつでも確認できるようにしています。

――現実のオーディションでもタイプは様々で、依吹のような子がいなかったというのは面白いですね。少し話しが戻りますが、物語の構想段階でビジュアルが変わった子は、美海や鈴のほかにも居ますか?

得能　現在の律のビジュアルで、中身を華鈴として考えていた時期もありました。華鈴の性格はそのまま、ビジュアルを新しく考えて現在の姿になりました。律は別のビジュアルだったのを今のビジュアルに移動させました。元々は年上のお姉さんっぽいビジュアルでした。

――また、みんながあだ名で呼び合っているのも、オーディションを通して仲良くなった結果、距離が縮まったように感じます。名前やあだ名はどのように決められたのでしょうか?

得能　『NEW GAME!』連載中からずっと、次回作の主人公の名前は「ミミ」にしたいと思っていました。なんだか響きが好きで。「ミミ助」というあだ名を思いついたのは担当さんですが、今となるとミミ助の方がしっくりきてますね(笑)。名前に意味を持たせたのは、夢や偏はそうですが、愛音は旧設定が愛に関するエピソードがあってそこからそのまま。優梨は優しいお姉ちゃんだからとかですが、響きだけで決めた子

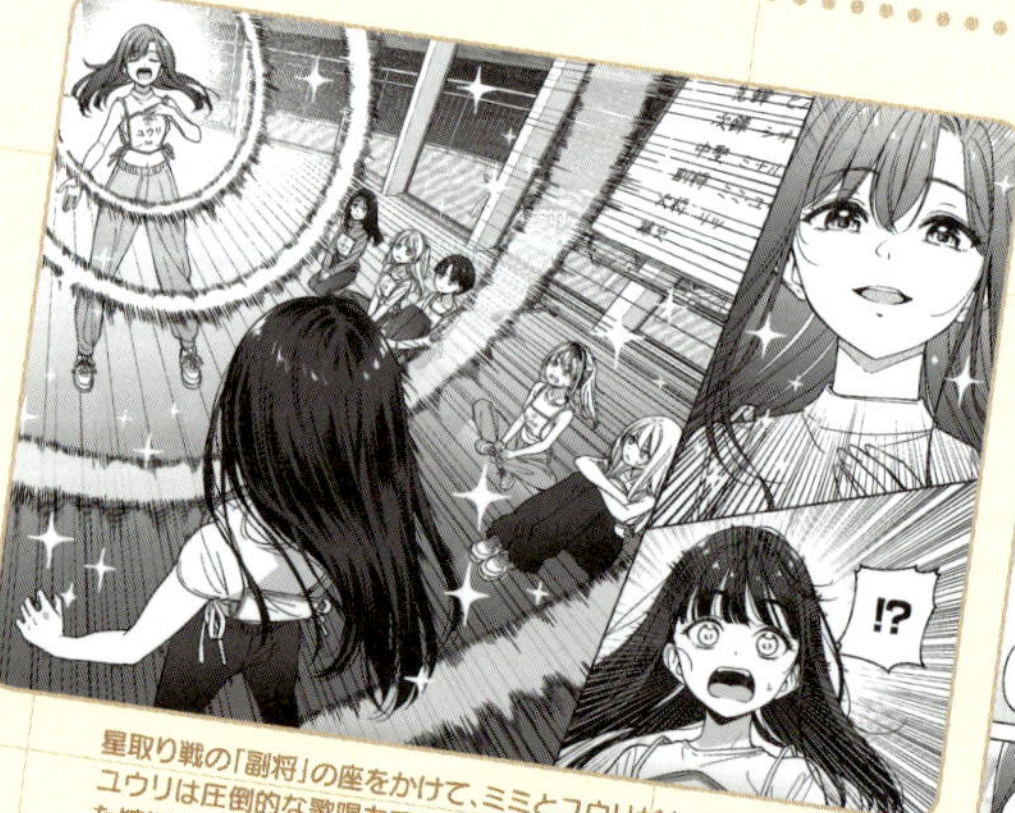

星取り戦の「副将」の座をかけて、ミミとユウリがタイマン勝負! ユウリは圧倒的な歌唱力でミミをねじ伏せ、無意識に秘めていた嫉妬心があらわになる。

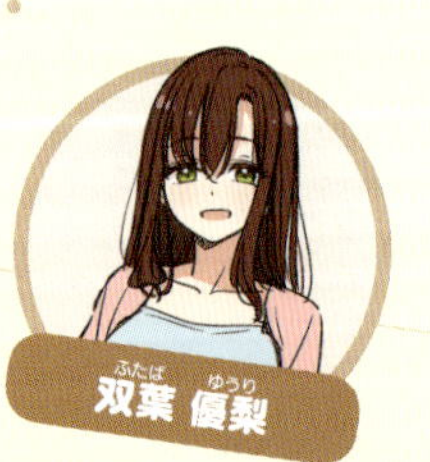

双葉 優梨

20歳(大2)。ツムギの姉。小1~小4までは東京のダンススクールに通い、その後北海道へ引っ越してからは旭川のダンススクールに在籍。現在は同スクールでダンス講師のアルバイトもしている。歌・ダンスともにレベルが高く、ビジュアルにも恵まれているが、今日まで無名の存在だった。

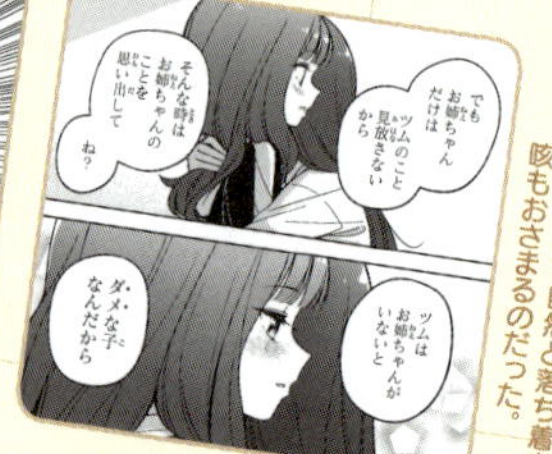

心理的ストレスで咳が出やすいツムギ。ユウリがそばにいるだけで自然と落ち着き、咳もおさまるのだった。

長年閉じ込めていた本心を曝け出したことで、観客から批判の目を向けられてしまうユウリ。そんなユウリに対し、ツムギは「私だけは絶対に味方だから!!!!!」と歌に気持ちを込めて届ける!

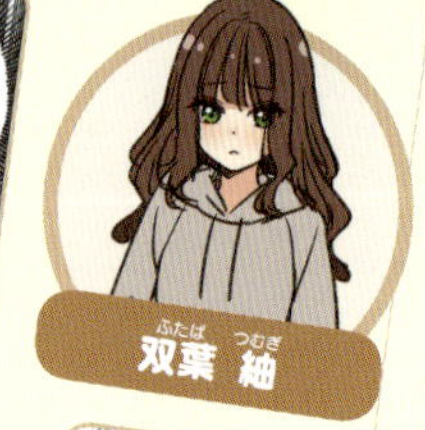

双葉 紬

14歳(中2)。小4の頃から姉のユウリと同じダンススクールに通っている。幼い頃から喘息を患っていたため、より良い環境を求めて家族全員で北海道へ移住した。控えめで遠慮しがちな性格だが、歌声には独特の響きと存在感があり、大きな魅力となっている。

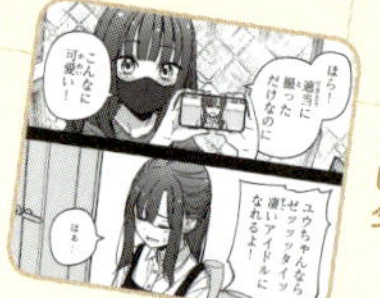

ユウリを「スタシブ」へ応募させたのはツムギがキッカケ。大好きな姉をアイドルデビューさせようと、何度もアタック!

っていた以上の動きをしてくれて、「ああ、こういう子なのね」と分かって、不思議なものです。また、連載開始時に脱落させようと思っていた子が、描き進めるうちに残ることもありました。僕自身も、落としたくないと思えるキャラクターを描きたいですし、自分が辛いと感じる部分が読者にとって面白いところになるので、どれだけ辛くても描き切りたいと思っています。

――得能さんが辛い思いで描いているからこそ、彼女たちの生き様をより感じられます。ちなみに、キャラクターのビジュアルの描き分けはどのように意識されましたか？　朱璃のインナーカラーも素敵です。よく見るとピアスが開いている子もいます。

得能　キャラデザを考えていた時期はインナーカラーが流行していたこともあって、そういった要素を取り入れながら16人のデザインをつくりました。ピアスが開いている子は、アイドルをするうえで覚悟が決まっている子のイメージです。なので、鈴はもともとアイドルを目指していたわけではないので、まだ開けていないんですよね。また、キャラクターを見分けるうえでシルエットが重要だと思っているのですが、全員が同じ世代の女の子なので、ロング・ミディアムとベリーショートの3パターンくらいしかない。さらに漫画だと色がありません。グレーの濃度はほぼ見分けられないと思っているんですが、それでも50％グレーと90％グレーはギリギリという判断で、白と黒も合わせて4パターン。それらを16人で分散させるように工夫しています。朱璃のインナーカラーや火花のメッシュは特殊枠ですね。表情がしっかり描き分けられていれば、たとえデザインが似ていても見分けてもらえると思ったので、その部分は大事にしています。

――笑顔や悲しみにしても、その子自身によってリアクションが変わってきますものね。

得能　三次審査ではじめて16人全員が集まるシーン（EP.5）は作画も大変で、「どんな表情をするんだ？　この子は誰だ？」って。読んだ友達も混乱してました（笑）。

――初めて顔を合わせたみんなの気持ちともリンクしていますね（笑）。集まってみると、鈴はずっと下を俯いているので、逆に気になってしまいます。

得能　16人も集まると、喋らない子（鈴）がいたり、逆に喋りすぎな子（華鈴）もいて、そういった違いを出すことはできたと思います。実際のオーディションでも、偏のように真面目で優等生タイプの子もいれば、美海のようにコミュ力に優れていてリーダーになれる子、気持ちが萎えて後ろ向きになってしまう子、頑張ってはいるけれどまだ今じゃない子など、本当に様々なんですよね。どのキャラもそういった実在の子たちがモデルになっているんですが、依吹だけはモデルがいないんですよね。

二次審査のパフォーマンスでは、歌に憑依したかのような表情で参加者を圧倒する。初対面のミミやイブキのアドバイスを素直に受け入れられる彼女だからこそ、その内に秘めた一面が姿を現した。

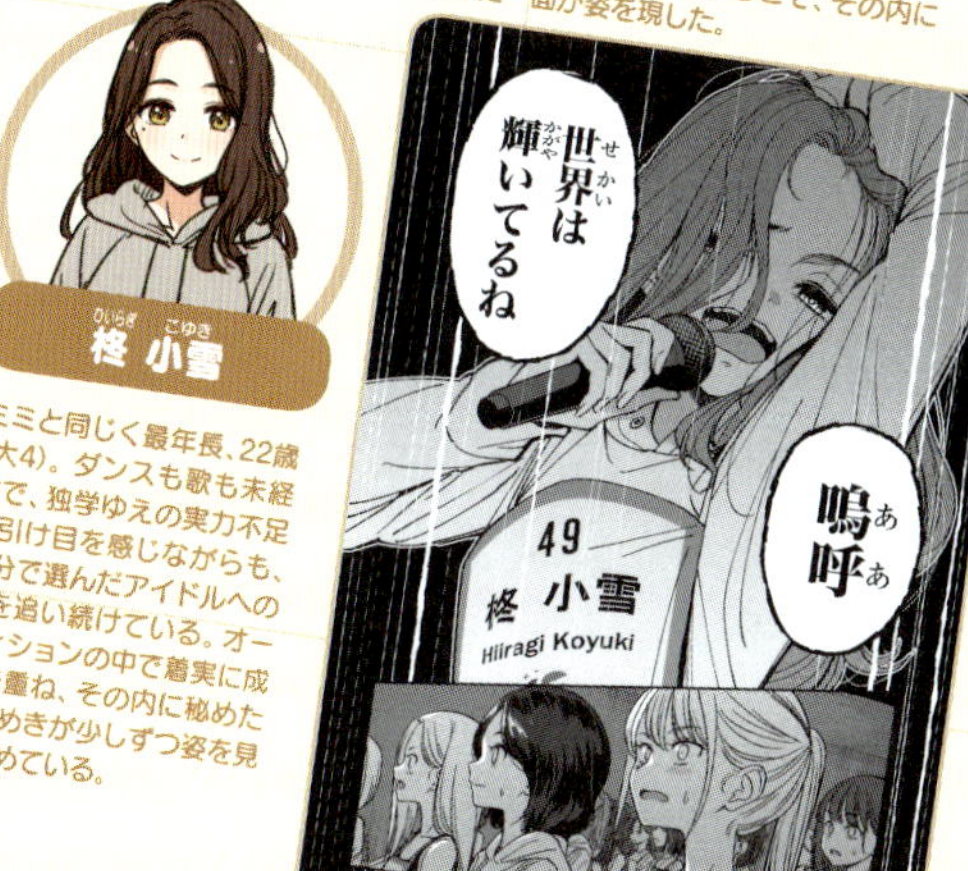

緊張のあまり落ち着きを失ってしまったコユキ。初対面のミミと深呼吸！

焦るヒトエに優しく声を掛けられるほどに成長。選抜メンバーを陰ながら見守り、そっと支えている。

柊 小雪（ひいらぎ こゆき）

ミミと同じく最年長、22歳（大4）。ダンスも歌も未経験で、独学ゆえの実力不足に引け目を感じながらも、自分で選んだアイドルへの夢を追い続けている。オーディションの中で着実に成長を重ね、その内に秘めたきらめきが少しずつ姿を見せ始めている。

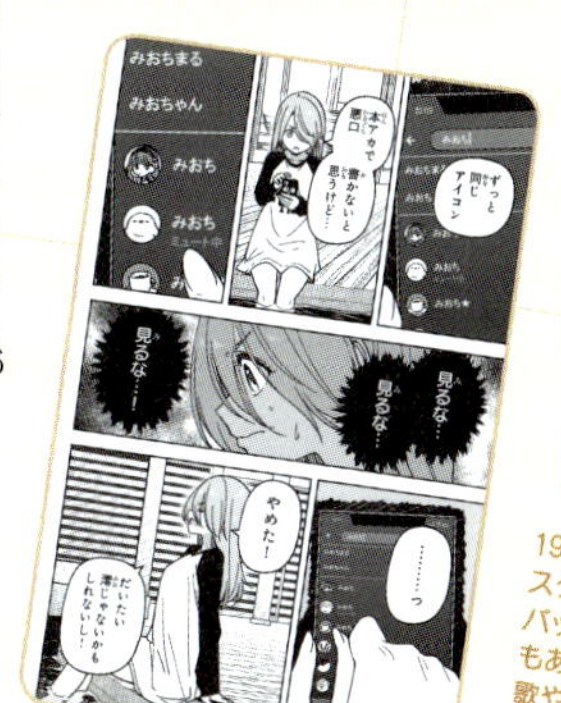

同じダンススクールに通っていたウララの友人・澪（みおち）。過酷なダンス合宿に臨む彼女の前から逃げ出してしまったウララは、強い後悔の念にかられている。自身のオーディション番組の放送を通じて、澪のSNSに自分の悪口が書かれていないかを密かに気にしている。

轟 麗（とどろき うらら）

19歳（大1）。中学・高校とダンススクールに通い、アイドルなどのバックダンサーとしての仕事経験もある。現在は主にUチューブで歌やダンス動画を発信しており、踊ってみたで人気がある。リズム感に優れたダンスは実力十分だが、どこかこなれた印象がある。

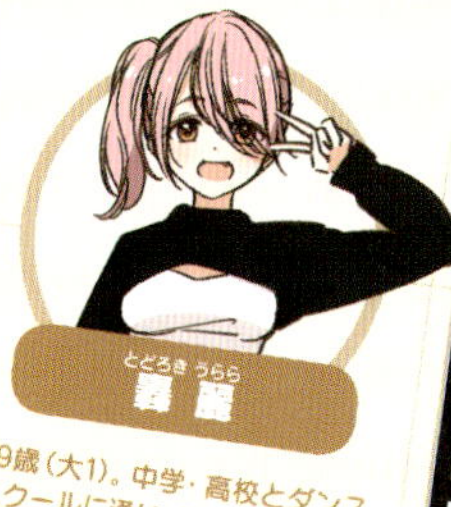

SNSで印象に残るよう、実家の牧場を背景にダンス動画を撮影するウララ。その戦略的な自己プロデュースは、良い方向に働くこともあれば、わるい方向に転ぶこともある。

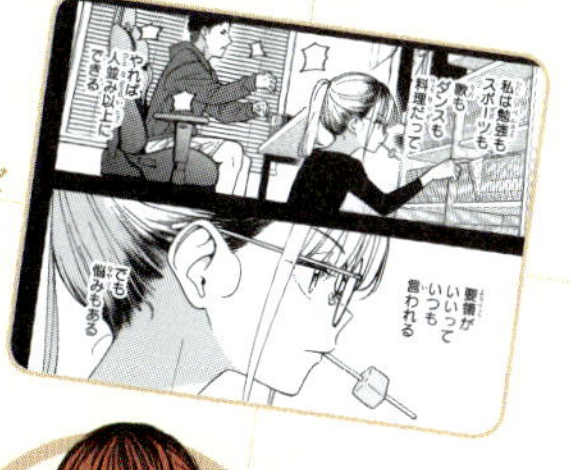

要領が良く、勉強やスポーツ、料理などをやれば人並み以上にできてしまう一方で、「最後まで一つのことをやり抜いた経験がない」ことに悩んでいる。

赤桐 火花（あかぎり ひばな）

18歳（高3）。小1〜中3までバレエスクールに通っていたこともあり、身体がとても柔らかい。歌やリズムダンスは独学のためやや荒削りな印象だが、今後の伸びしろを期待されている。カラッとした明るさがあり、率直な性格。兄が二人いて、家族揃ってヒバナを応援している。

三次審査では、候補生16名それぞれに順位をつける課題が課される。投票方式やくじ引きといった案が出るなか、ミミは「審査員制」を提案。ヘイトを買いやすい損な役回りである審査員役を、ヒバナが自ら立候補する。

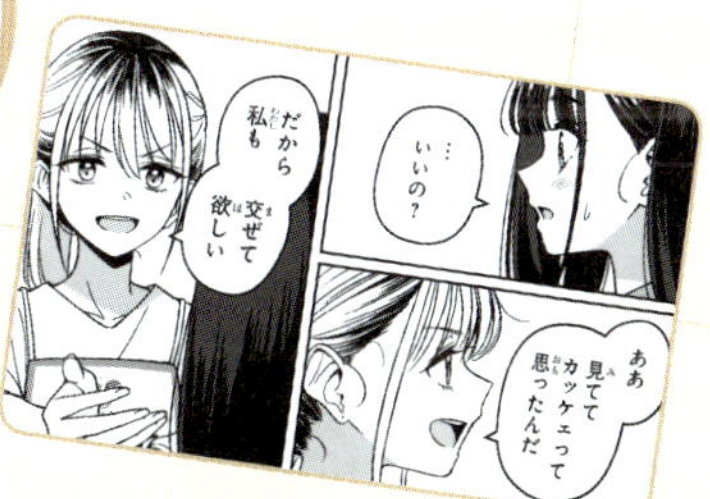

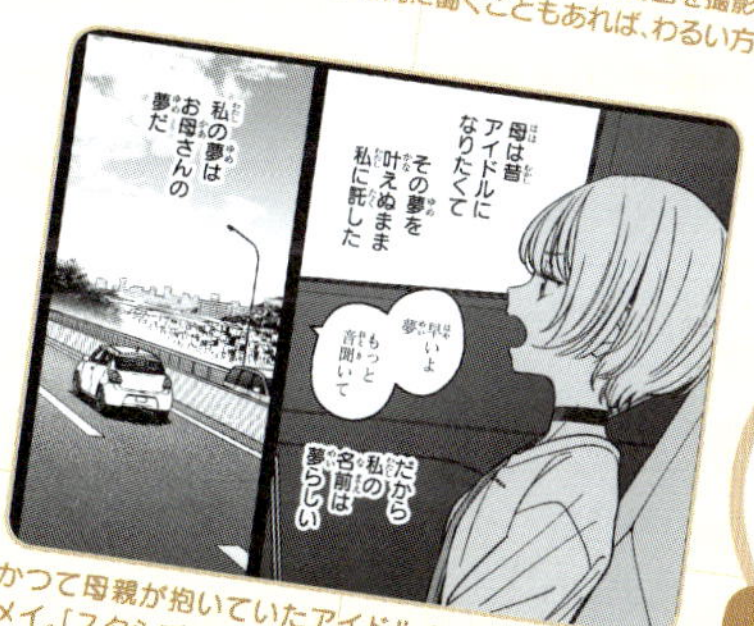

かつて母親が抱いていたアイドルの夢を託されているメイ。「スタシプ」の一次審査に合格したときは、母親と喜びを分かち合った。

如月 夢（きさらぎ めい）

14歳（中2）。候補生の中では最年少ながら、高いポテンシャルを秘めている。地元・鳥取から大阪のアイドル養成所へ、小2〜中2の夏まで、母の車で片道3時間かけて欠かさず通っていた。しかしダンスの先生から「個性が見えない」と指摘され、そのことで悩んでいる。

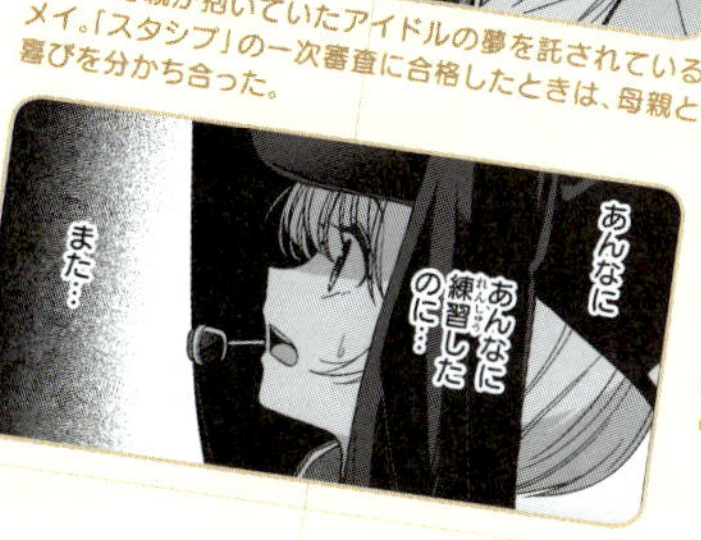

「4×4チームテスト（合宿一次審査）」のパフォーマンスがスタート！　メイは"いつも通り完璧に"踊れていたが…。

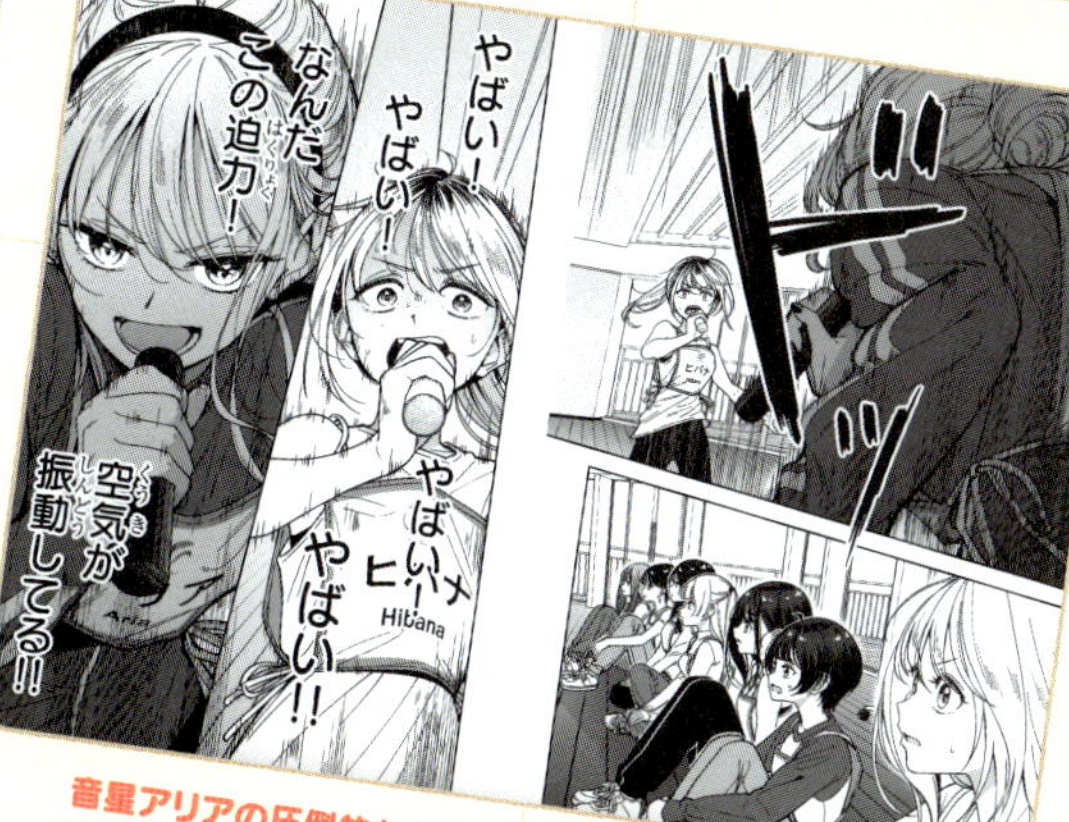

音星アリアの圧倒的なパフォーマンス

「星取り戦（合宿二次審査）」では、課題曲ごとに先鋒・次鋒・中堅・副将・大将に分かれ、白星組と黒星組の選抜5名が対戦する。本番前の模擬試合では、タイマン組手にアリアが登場！　ジャージ姿であってもあふれんばかりのオーラを放ち、先手を切ったヒバナを気圧する。しかし、その歌唱は力でねじ伏せるものではなく、トップアーティストとしての心地よい歌声で会場を包み込む。圧倒的なアリアの姿を前に、選抜メンバーはそれぞれ悩みや新たな課題に直面していくのだった。

得能正太郎インタビュー

ーズまで、アイドルフェスやロックフェスなど、様々なジャンルのライブに足を運びました。お客さんを観察していると年齢層も全然違っていて面白かったです。小中高生の女子ばかりの現場だと、僕、ここにいて大丈夫なのかなっていう異様な空気を感じたり(笑)。また、舞台に立ち慣れていて堂々としているアーティストもいれば、初々しくて緊張が伝わってくるライブもありました。コロナ禍のライブでは掛け声などをあげることができず、生のライブなのにちょっと寂しい気持ちになる経験もありました。コロナ禍が明けてからは、お客さんが地響きを起こすぐらい、一体になって盛り上がっているエネルギッシュなライブに参加したのですが、ものすごく体力を奪われましたね(笑)。ほかにも、アイドルグループ同士が投票数で競うイベントにも参加したのですが、終演後にとあるファンが「協力ありがとう!」と電話をしていて、まるで組織票のようで思わず笑ってしまいました。そうやって仲間同士で支え合いながらアイドルを応援しているんだなと分かって嬉しかったです。

——様々なライブへの参加を通じて、全身で浴びる生の表現に数多く触れられたのですね。「スタシプ」では、番組内の時系列としてはまだ最初の審査が放送された段階なので、これからファンの反応がどのように描かれていくのかも注目しています。

ちなみに「スタシプ」の二次審査では、50名から16名にまで絞られましたが、構想段階からこの人数を想定されていたのでしょうか？

得能　人数は本当に悩みました。実際のオーディションでは30〜40人、場合によっては100人規模になることもありますが、さすがに100人では読者も僕も把握しきれません。かといって少なすぎても物足りない。16人という人数が多くも少なくもないギリギリのラインかなと判断しました。キャラデザは50人くらいはしたと思います。その中から性格や見た目が被るキャラを省いたり、掛け合わせたりしていって、今の16人に絞りました。

——そういう意味では、連載前からすでにオーディションが始まっていたのですね。物語は美海と依吹の二人を中心に始まりますが、オーディション会場では16人全員が出会い、さまざまな関係性が生まれていると思います。

得能　審査が始まる段階でその審査の全体の構成を考えるのですが、主役を目指すようなキャラが16人もいるとほとんどパズルです。それでもその場に出してみると面白い化学反応が起こったりして楽しいです。

——ちなみに、美海と依吹の二人はW主人公のようにも見えます。

得能　主人公が二人いる理由は、最初から途中順位の結果で白星組と黒星組に分ける構成を想定していたからです。片方の組だけに主人公を置くと、もう一方には読者の視点となる軸がなくなってしまう。そこで、あらかじめ二人を別々の組にする前提で、W主人公にしました。基本的には美海と依吹の視点を中心に読んでください、という構成です。実は着想当初は、【ビジュアルは美海・性格は鈴】と、鈴を主人公に考えていました。「学校でつまはじきにされている子がオーディションに挑戦する一方、クラスのヒエラルキートップの子も応募するけれど落ちてしまう…」という話を想定していたのですが、普通すぎて盛り上がりに欠けると感じ、現在の美海が生まれたんです。美海を主人公としたときに、オーディションでの最大のハンデは年齢だと思いました。ラストチャンスという歳でもあって、最年長で何も実績がないと、ちょっと厳しい。ですから、「アイドルをやっていたけれど、うまくいかなかった」という設定にして、その中の延長線上で依吹を相棒として加えました。まだ鈴が主人公だった頃は、助けてくれるポジションとして偏が考えられており、OMの練習生でもなかったですね。

——鈴が主人公候補だったと聞いて驚きです…。物語ではどの子が脱落してしまうのだろうかと、みんなを応援しながら見守る気持ちで読んでいます。

得能　構想当初から決めているのは審査内容くらいで、僕も正直、キャラクター同士で何を言い出すのか、結果がどうなるかは予想できていません。もちろんできるだけ予想して描くんですけど、実際に描いていくとズレることが多いです。「あまり変な方向に飛ばないでくれよ」と思いながら描いています。最近だと、紫織は思

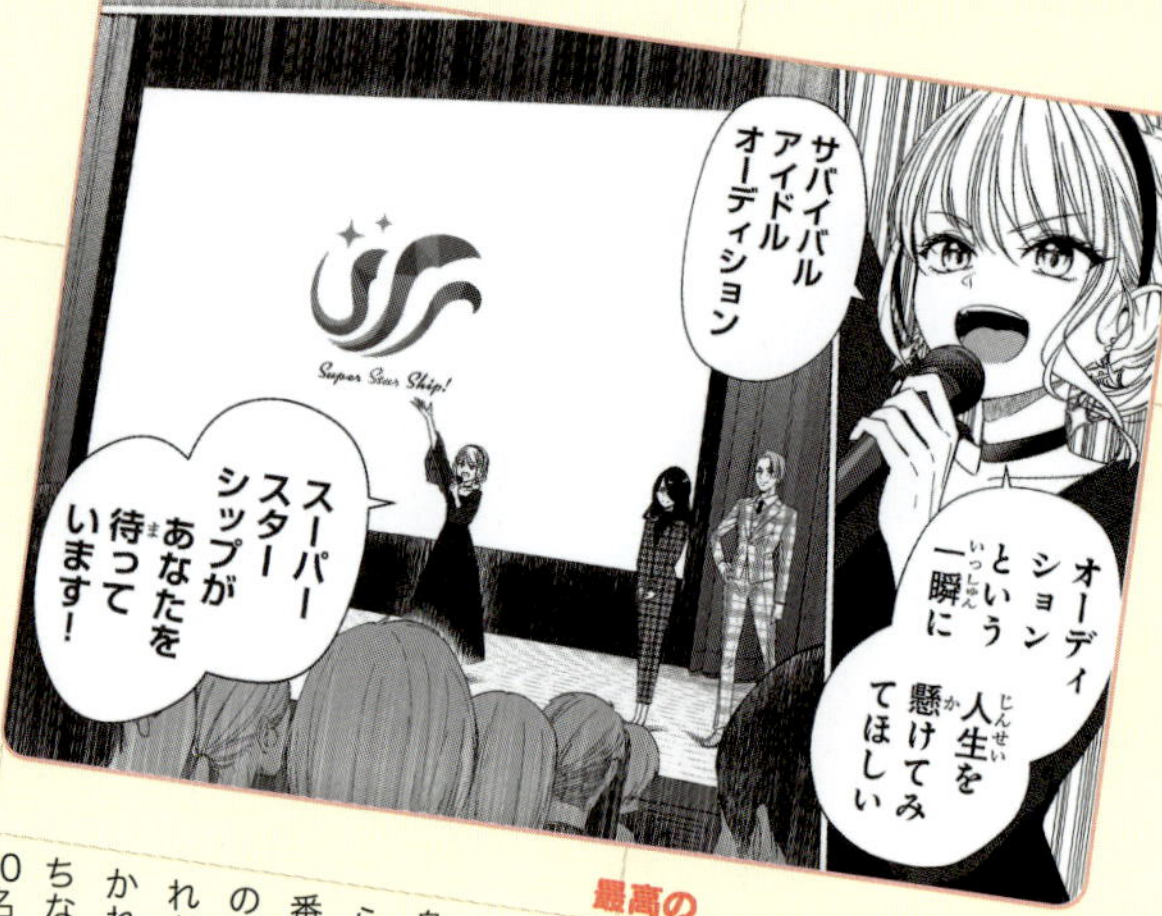

最高のアイドルグループを作るために
音星アリアが主催する、サバイバルアイドルオーディション番組「スーパースターシッププロジェクト」(通称:スタシプ)が始動！　オーディションの様子は撮影され、テレビやネットでの配信もあり、視聴者投票などファンをも巻き込んだ審査がおこなわれる。また、世界的ソロアーティストであるアリアが主催を務めるため、ニュースで取り上げられるほど世間からの注目も高く、一次書類審査の段階から激戦が始まっている。

オーディションの途中順位によって組が分かれてしまったミミとイブキ。チーム練習がうまくいかず悩むイブキを、ミミは明るく励まし、背中を押す。

挫けそうな瞬間があっても、自分を信じて前を向き続けるミミ。決意に満ちた表情がとても魅力的だ。

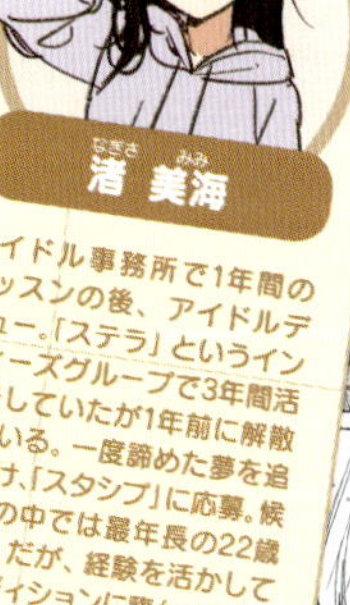

渚 美海
アイドル事務所で1年間のレッスンの後、アイドルデビュー。「ステラ」というインディーズグループで3年間活動をしていたが1年前に解散している。一度諦めた夢を追いかけ、「スタシプ」に応募。候補生の中では最年長の22歳(大4)だが、経験を活かしてオーディションに臨んでいる。

独特ワードチョイス、源流は謎……！

「星取り戦(合宿二次審査)」でスコールの中、滑って転んでしまうミミ。地面を見つめながら、過去の挫折がふと頭をよぎり、心が沈みかける。そんなミミへ、イブキはまっすぐと声を投げかけるのだった。

決意の眼差しで「スタシプ」に挑むとミミに宣言する。その屈託のない言葉は、夢を諦めかけていたミミの心にまっすぐ突き刺さる…。

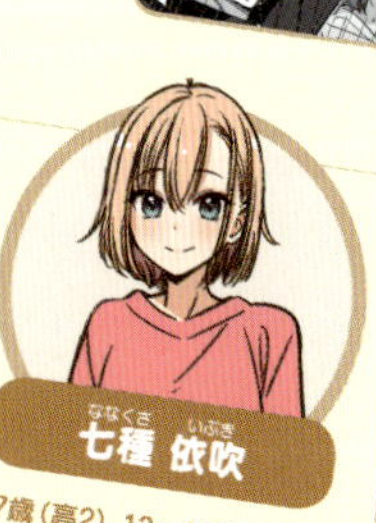

七種 依吹
17歳(高2)。13〜15歳までは独学で歌やダンスを学ぶ。その後、アイドル事務所で半年間の練習期間を経て、アイドルグループ「シュガースマイル」のメンバーとして1年間活動。しかし、グループ内でのコミュニケーションがうまくいかず、脱退。現在は確かな実力と明確な目標を胸に、ひたむきに練習を重ねている。

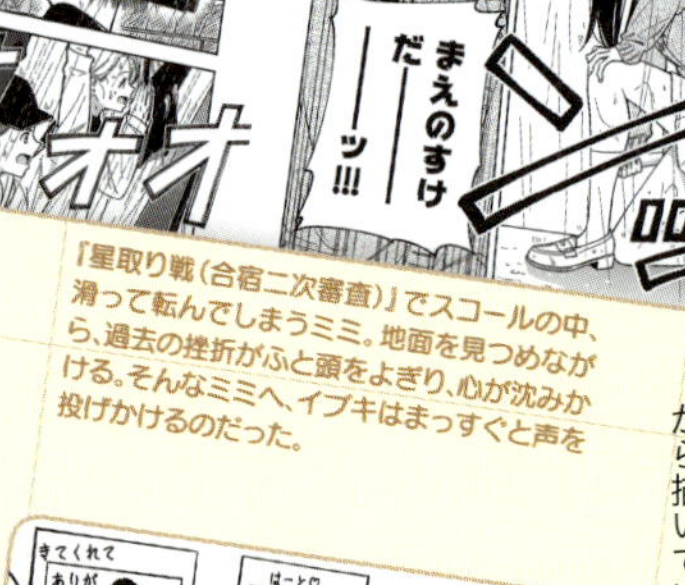

実は小さい頃からミミの大ファン♡　イブキの実家の自室には、チェキがずらりと並んでいる。

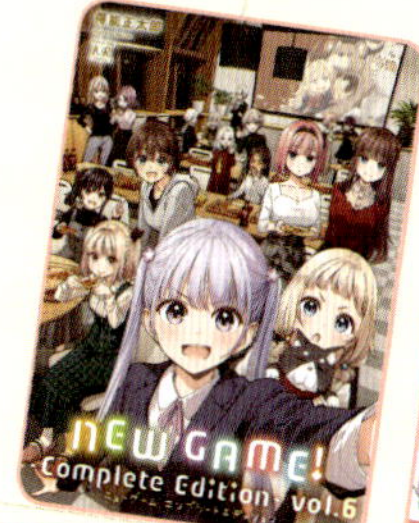

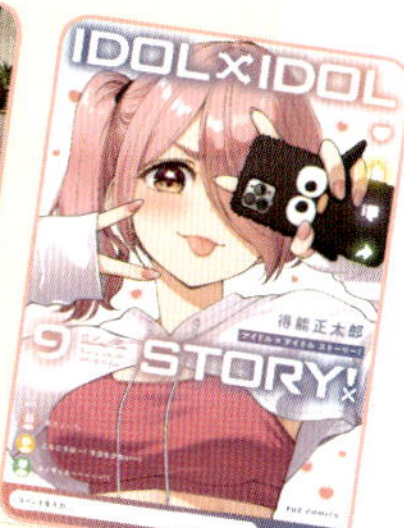

『NEW GAME! -Complete Edition-』全6巻
著者：得能正太郎
発行：まんがタイムKRコミックス
発売：2025年8月1日発売
1～5巻 定価：2,970円（10％税込）
6巻 定価：3,520円（10％税込）

『IDOL×IDOL STORY!』9巻
著者：得能正太郎
発行：芳文社コミックス／FUZコミックス
発売：2025年12月1日発売
定価：891円（10％税込）

COMIC FUZ連載の
『IDOL×IDOL STORY！』
EP.1はコチラから！

とくのう・しょうたろう／漫画家、イラストレーター。2009年～2012年「コミックガム」（ワニブックス）で『こもれびの国』（全4巻）、2013年3月～2021年8月「まんがタイムきららキャラット」（芳文社）にて『NEW GAME！』（全13巻）を連載。2017年にはTVアニメ「NEW GAME!!」が放送された。2022年8月にウェブコミックサイト「COMIC FUZ」（芳文社）にて『IDOL×IDOL STORY！』を連載開始！

X=@tokutaro
『IDOL×IDOL STORY！』
公式X=@idol2story_info

得能正太郎さんの直筆サイン色紙を2名様にプレゼント！
詳しくは巻末プレゼントコーナーへ。

IDOL×IDOL STORY!

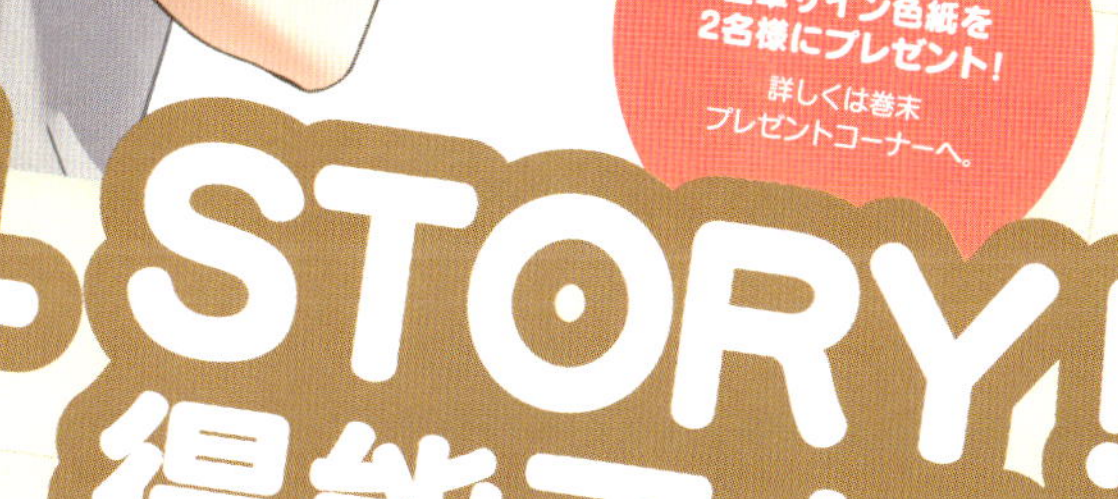

得能正太郎

アイドルのサバイバルオーディション番組に挑む、候補生16名の“生き様（ストーリー）”を描いた作品『IDOL×IDOL STORY!』。元アイドルの渚美海（ミミ）は才能がないと夢を諦め、大学に通いつつバイトの日々を送っていた。ところが最近気になり始めたアイドル・七種依吹（イブキ）と出会ったことで、二人の人生が大きく動きだしていく――。今回は作者である、得能正太郎さんに対面インタビューを敢行！　また、漫画のページができるまでの作画工程をたっぷりとお届けします。

※この記事では、最新話「EP.78」まで取り扱っております。ネタバレにご注意ください。

――2021年に『NEW GAME!』が完結して間もなく、アイドルのサバイバルオーディション番組を舞台とした『IDOL×IDOL STORY!』（以下、『アイスト』）の連載がスタートしました。彼女たちのひたむきな姿を見ていると、胸が熱くなります。さまざまな物語を構想されていたと、2巻のあとがきにも記されていましたね。

得能　『NEW GAME!』の連載が終わって、いろいろとアイデアは出していたものの、何を描きたいのかとても悩んでいました。頭を抱えていた頃、担当さんがいつの間にかアイドルにすごくハマっていて、アイドルオーディションのサバイバル番組を教えてくれたんです。僕は「アイカツシリーズ」や「プリティシリーズ」が大好きなのですが、それらのアニメが終わってからはアイドルを推すことには卒業していて、最新のアイドル事情にはほとんど触れていなかったんですよね。そんな中で担当さんにオススメされたサバ番を観てみたらどれも面白くて、切磋琢磨するアイドルの卵たちの姿に驚かされました。以前から担当さんに、『「女の子同士の葛藤や競争がある、女の子同士がたたかうお話」が得能さんに合っているんじゃないか』と言われていて、たしかにそうかもしれないと腑に落ちたんです。右往左往した結果、次作はアイドルのサバイバルオーディションを舞台にすることに決めました。

――『アイスト』では16人がサバイバルオーディション『スーパースターシッププロジェクト（通称：「スタシプ」）』に挑みますが、デビューできるのは5名だけ。必ず誰かが落ちてしまう場面も描かれています。

得能　もし僕がアニメのプロデューサーだったら、キャラクターで推したいのにアイドルが落ちていく話なんて絶対につくらないです。だからこそ他作品と競合しない確信もあったし、適度に商売になりつつ、自分の好きなものを描けると思いました。現実のオーディションでは、脱落した子はほとんど映らなくなってしまいますが、僕の漫画では落ちた子にもスポットライトを当てたいと思ったんです。本来の目的はアイドルとして勝ち残ることですが、「オーディションにどう立ち向かったのか」「どう向き合ったのか」という部分を丁寧に描写したい。それが前向きな姿として伝われば、たとえ脱落しても愛されるキャラクターになると思いました。

――『アイスト』では、それまで積み重ねてきた努力や、それぞれの想いを抱えてステージに立つ姿が描かれていますが、その子たちを見るとリアルなオーディション番組では知りきれない、その子自身の人生が垣間見える気がして余計に胸が締め付けられます。『アイスト』を描くにあたり、どんな取材をされましたか？

得能　男女問わず、メジャーからインディ

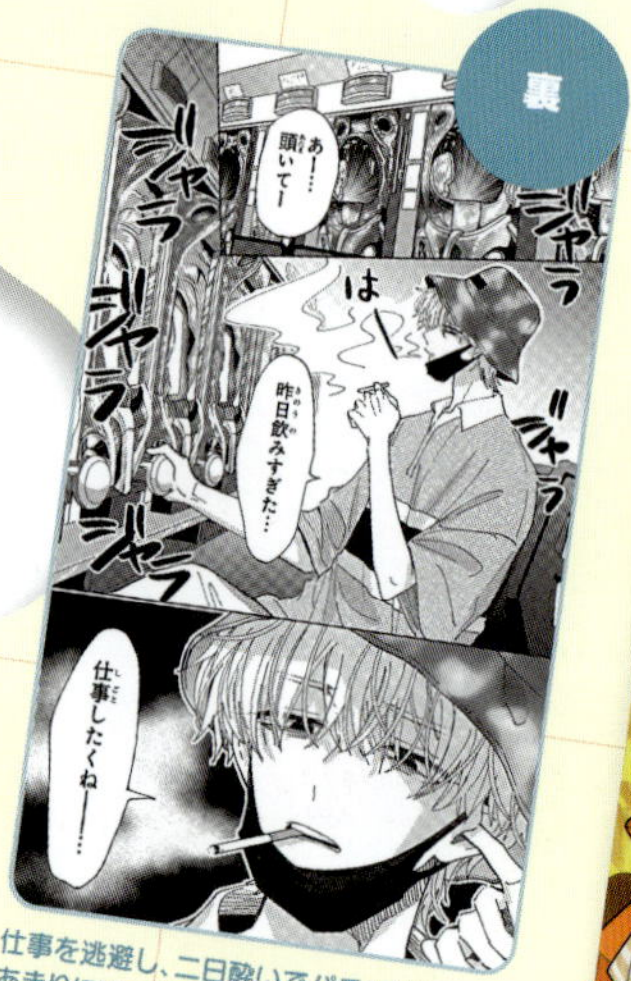

石橋ナツキ

F/ACEのエンジェル担当で、あざとかわいい系プロアイドル。歌やダンスのみならずトークセンスも光るうえ、F/ACEの楽曲の作詞・作曲から、コスメのプロデュースまで器用にこなす。そんな多彩な表の顔に対して、裏の顔はやる気のないヤニパチアル中。新しい曲の締め切り前には逃走することも。

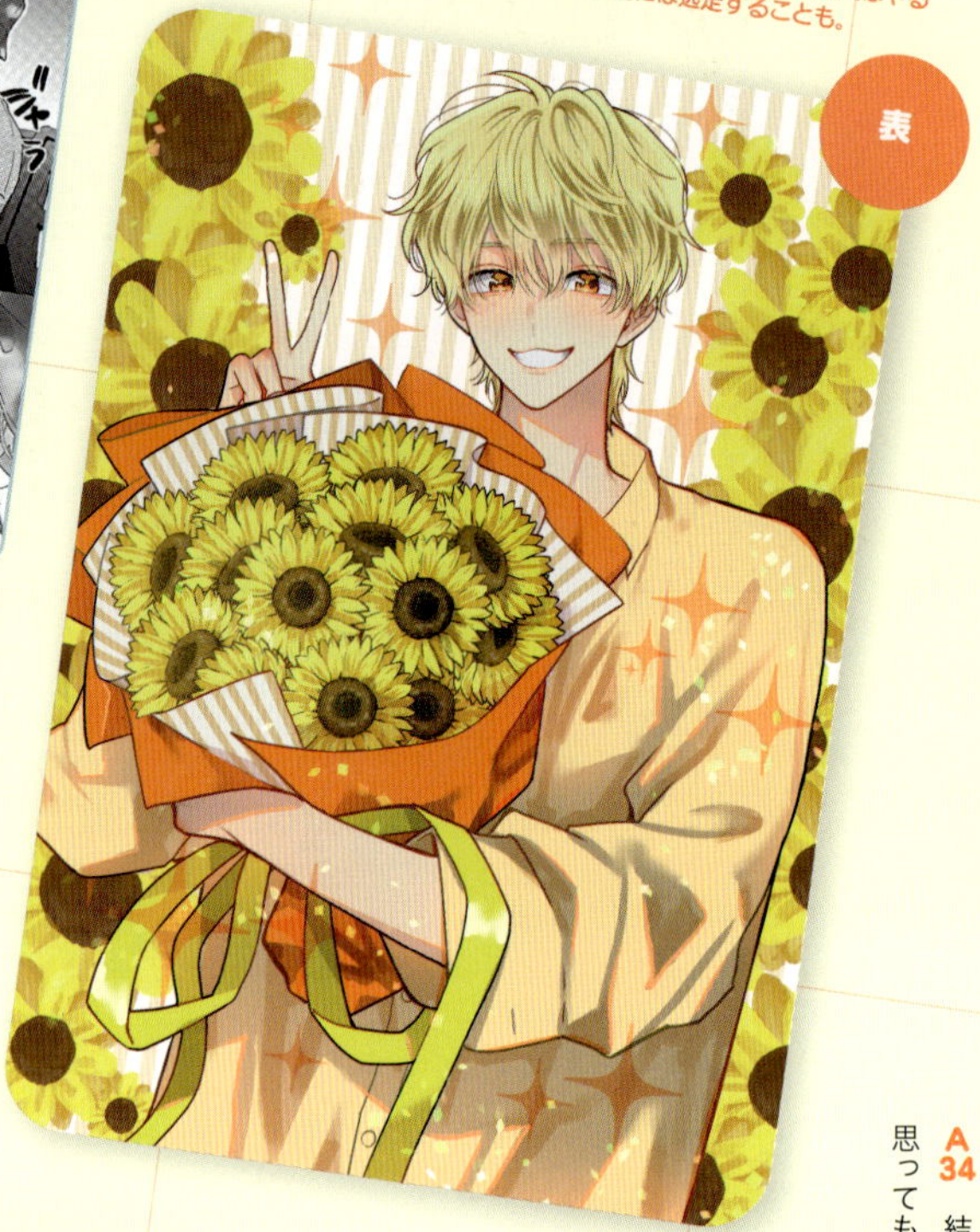

仕事を逃避し、二日酔いでパチンコを打つ、あまりにアイドルから遠い裏の顔。

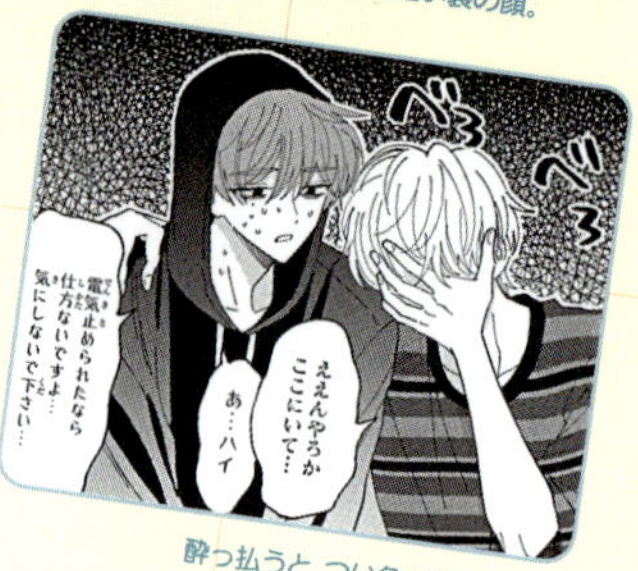

酔っ払うと、つい色々話しちゃう。

甲斐倫太郎

「かっこいいF/ACE」のイメージを牽引してきた、グループのミステリアスな守り神。大人っぽいけれど大学2年生。ポーカーフェイスで無口ながら、ステージではゴリゴリのパフォーマンスを見せるメインラッパー兼リードダンサー。高身長マッチョなことからファンは「プロテイン」を自称。裏の顔は、無口どころかめちゃくちゃ喋るアニメオタクの御曹司。

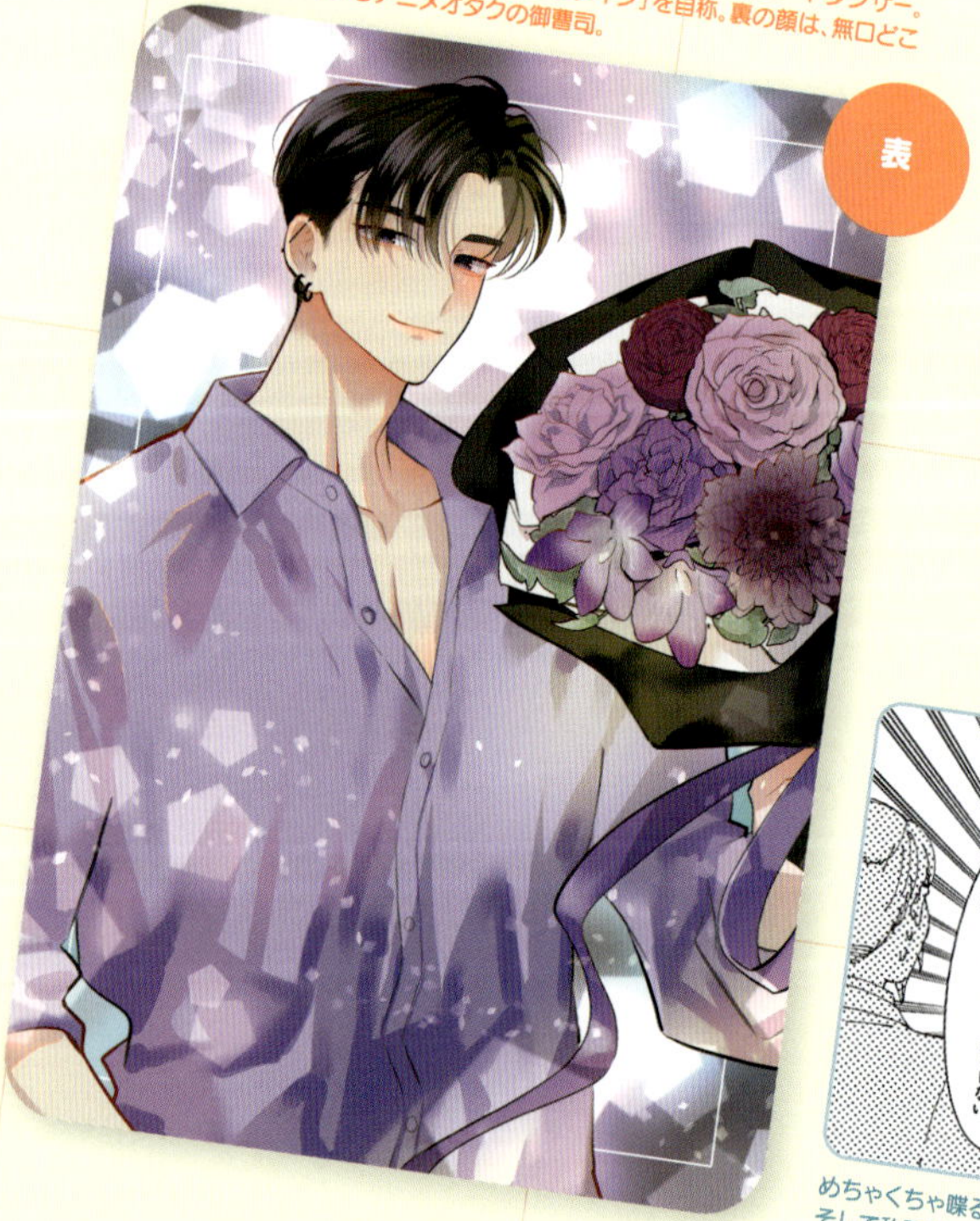

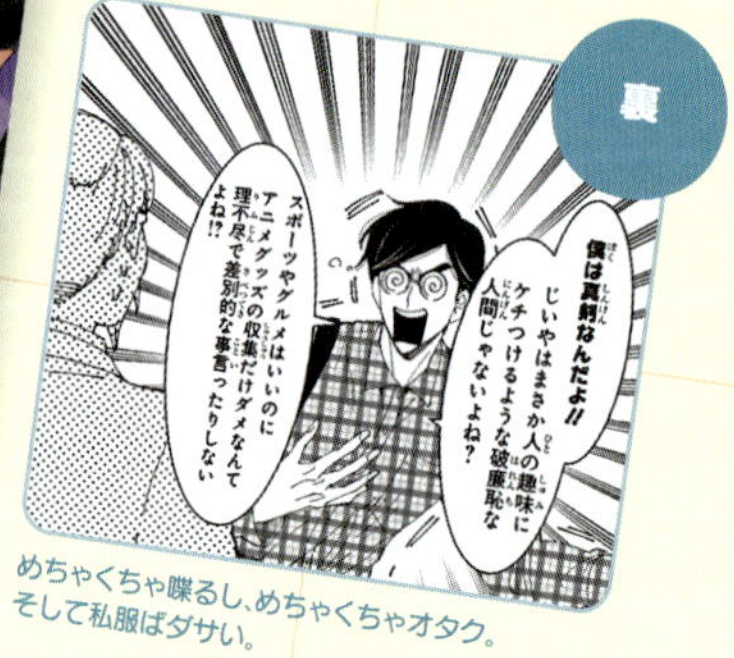

めちゃくちゃ喋るし、めちゃくちゃオタク。そして私服はダサい。

れるところが本当にすごいと思います。例えば五巻二〇話でF/ACEのファンネームが決まる時に書記を勤めていた敬人がカタカナの「ソ」と「ン」の書き分けができていないのを多聞とナツキがツッコむみたいなシーンがあるのも、とても描写が細かく、それによってF/ACEの実在感、リアリティが増していると感じます。ご自身ではどう思われますか？

A31 人間味って「細かすぎて伝わらない」みたいな部分に宿ると思うので、できるだけ入れていきたいとは思っています。ファンネームのくだりもそうですし、四〇話のファンミーティングで、誰かが喋っているあいだ他のメンバーが全員違うとこ見て違うことしてたりとか。六一話で飛鳥が彼氏と別れたと知って微妙に口角があがってしまうナツキとか。意識してちょっと細かめに描いていたりします。

Q32 漫画を描く時の作業環境を教えてください。

A32 PCはマウスコンピューターのDAIVというクリエイター向けのものを使用しています。等身大パネルだったり、巨大広告だったり、かなり大きいサイズで描くこともあるので動作が重くならないようスペック高めです。タブレットはワコムのCintiq Pro24（大きいやつです）。ソフトはCLIP STUDIO PAINTです。

Q33 漫画一話を制作するにあたってのスケジュールを教えてください。

A33 電話で担当さんと次のお話の打ち合わせをして、話した内容を一、二日でプロットにまとめます。分量はA4用紙二枚分くらいです。内容にもよりますが、大体ネームに五日、下絵に四日、ペン入れから仕上げまで五日くらいです。

Q34 作品ごとに絵柄をマイナーチェンジされている印象があります。『多聞くん今どっち!?』で、アイドルの漫画を描くために意識したタッチや線みたいなものはありますか？ 目はキラキラしていて、線も色々試されている感じがして、とにかくすごく今っぽく可愛いです！

A34 結構試行錯誤したので、今っぽいと思ってもらえて嬉しいです…！ 多聞くんはアイドルものということもありキラキラ感や今っぽさは頑張って意識して描いています。ペンは流行りのザクザクとした線が描けるものに変えました。

Q35 カラーイラストを描く上で大事にしていることや、色選びで意識していることはありますか？ 透明感があって、キャラクターの表情やポージングの魅力がグッと際立っているのが印象的です。最近の肌の色も気になっています。

A35 色塗りのトレンドで、肌を彩度低めで塗って、ほほの赤みなどポイントになるところに彩度の高い色を乗せる、というのがあったので取り入れてみました。ただ、六巻までは私がカラーの設定を間違えて描いていたので、ちょっと色の感じが違います（笑）。

Q36 師走さんは『多聞くん今どっち!?』の連載を始めてからメキメキとアイドルの知識を増やしていかれたそうです。連載を始める前と後でアイドルに対するイメージの変化はありましたか？

A36 第一話を描く準備をしながらプデュ（PRODUCE 101）と虹プロ（Nizi Project）を観ていたのですが、オーディション番組を観る前と後でアイドルのイメージが大きく変わりました。キラキラとは言えないような必死な姿がそこにはあって、すごく人間を感じました。そこを知った上でステージを見ると一層輝いて見えるんですよね。「これを描くべきだ！」って思いました。

Q37 以前のインタビューで「息抜きは大体ゲーム」と答えてらっしゃいましたが、これまでに一番ハマったゲームや、最近よくプレイしているゲームがあれば教えてください。

A37 一番好きなゲームはFF（ファイナルファンタジー）シリーズで、今年はFF16をプレイしました。最近やっているのはモンハンワイルズとFF14です。

Q38 ゲームに限らず最近ハマっていることがあれば教えてください。

A38 アニメ『光が死んだ夏』を観たのですが、めちゃくちゃ面白かったです…！ しっかり怖いホラーでありながら、あまりに繊細な心理描写とノスタルジックな空気感で泣けてきます。ハマっている食べ物はカルディの悪魔のパスタソースです！

Q39 最後に、季刊エスを読んでいるガールフレンズへ多聞くんから一言メッセージをお願いします!!

A39 多聞「全員愛してる！！！」以上です。最後までありがとうございました！

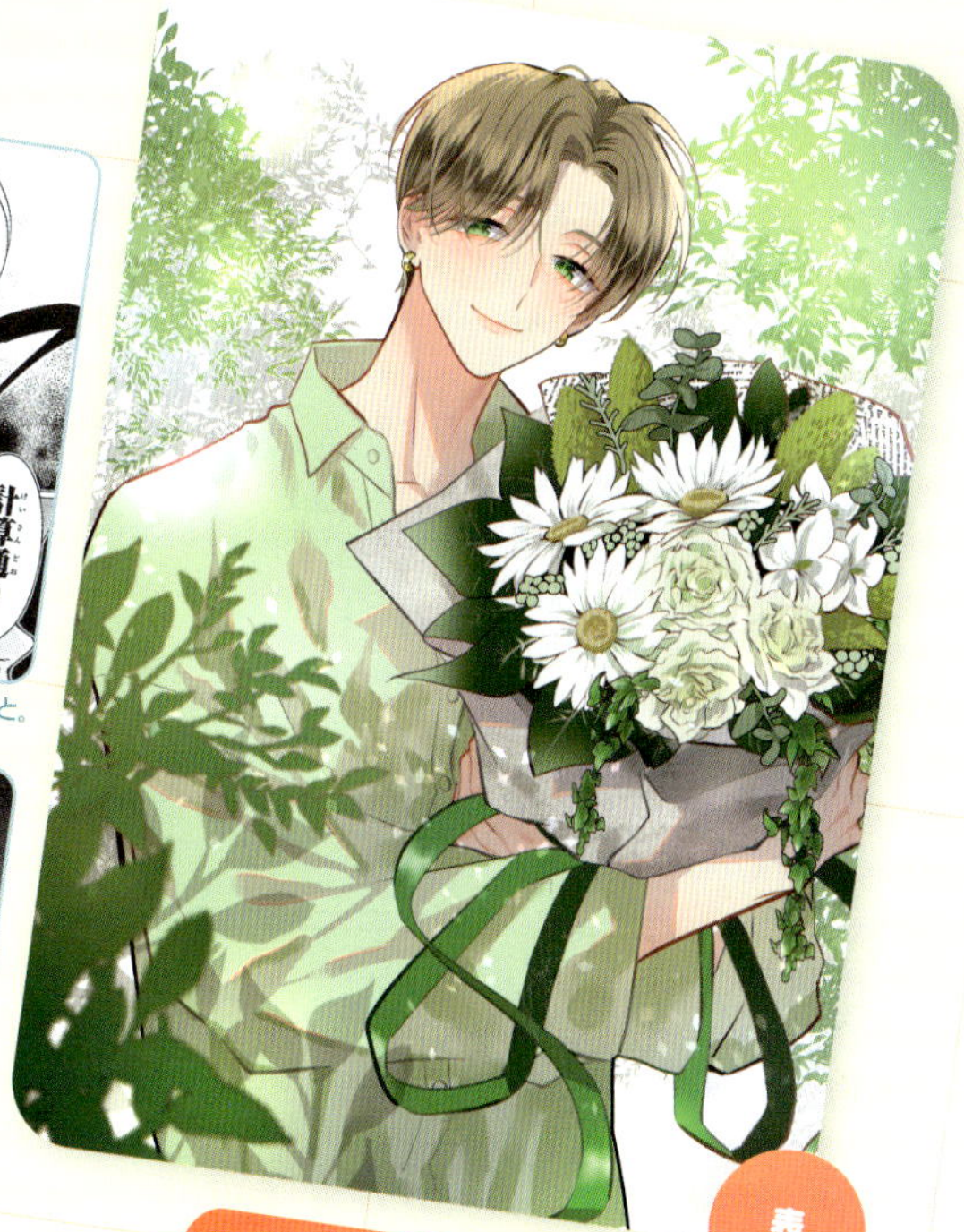

さいました。どんなことをすればオタクの皆さんに面白がってもらえるかを私よりずっと知ってらっしゃるので、信頼してお任せしています。ファンネーム募集についてはどうしてもいい案が浮かばなくて、私のほうから打診しました。

Q21 多聞、うたげ、ナツキ、敬人は誕生日にファンの方から月の土地をプレゼントされていました。読者によるF/ACE、うたげへのプレゼントや推し活などで、これまで他にも印象的だったモノ・コトがあれば教えてください。

A21 「TAMON & UTAGE」という名前を星につけてくださった方、レコード大賞風のタテを作ってくださった方もいらっしゃいました！　祭壇コンテスト、なりきりコンテスト、生誕祭などの企画でこれまでたくさんのご応募をしていただいたのですが、みなさんの熱量と発想力がすごくて、めちゃくちゃ楽しませていただきました。

Q22 『多聞くん今どっち!?』は女の子たちの描写もとても魅力的です。うたげ、結菜、莉子をはじめとするオタクたちの推しへの真剣な向き合い方には楽しく共感しますし、うたげのマシンガントークに「うちの兄貴と似てる…」とトクン…としている凛香はあまりにも可愛いです。そして、うたげ、白石さん、飛鳥先生、ほまれなど、基本的に強くておもしれー女たちが多いとも感じます。本作で女性キャラクターを描く楽しさとはどんなところでしょう？

裏

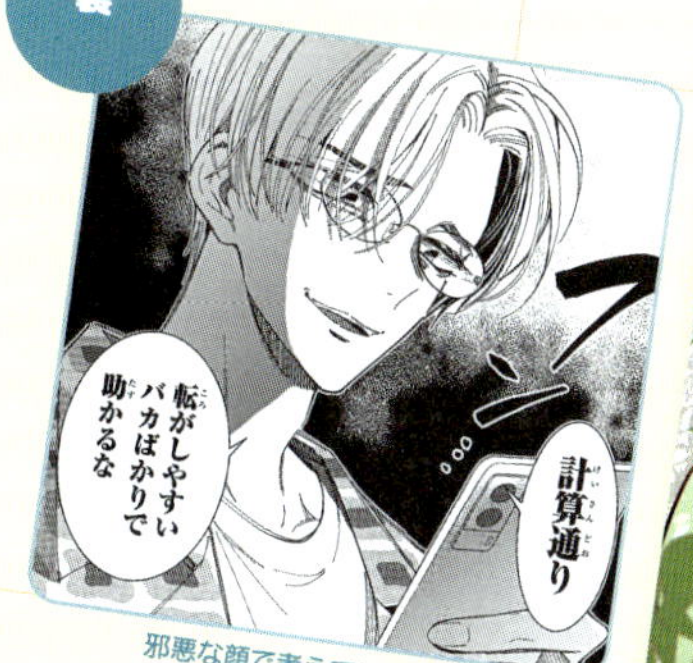

邪悪な顔で考えているのはお金のこと。

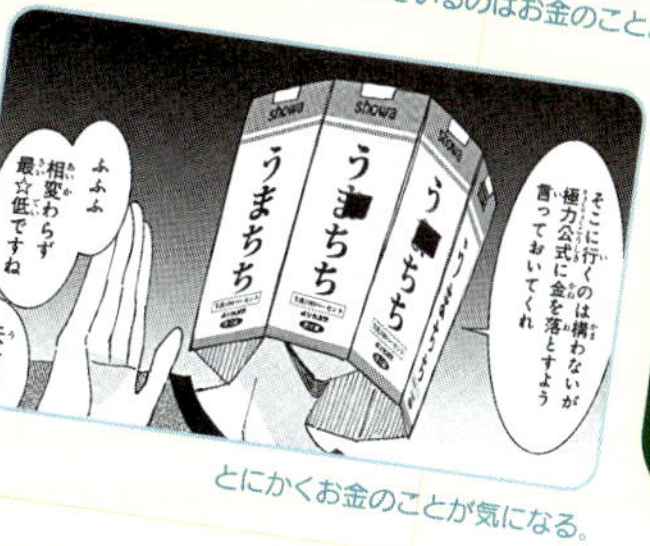

とにかくお金のことが気になる。

表

橘 敬人（たちばな けいと）

F/ACE最年長のリーダー。メンバーが大好きで、人柄の良さと親しみやすさはグループナンバー1。多聞教徒からの信頼も厚い。特技は料理でF/ACEの動画配信チャンネルでも、その実力を遺憾なく発揮している。そんなわけで表の顔は癒し系だが、実は腹黒いモラハラ守銭奴。ただし面倒見は非常に良い。

A22 『多聞くん』に登場する女性の多くがオタクなので、いろんなタイプのオタクが描けて楽しいです。信者型のうたげ、分析型の莉子、創作系の結菜。凛香は兄譲りで収集癖があります。飛鳥はネット弁慶。ほまれはガチ恋系です。

Q23 八巻にF/ACEとうたげの細かいプロフィールが掲載されていましたが、それぞれの星座や血液型はどのようなイメージで設定されたのでしょうか？

A23 星座はなんとなく表のイメージに対応していると思います。血液型は裏の性格に合わせて設定しました。

Q24 十二巻の折り返しで「うたげはドーナッツポップ、多聞はポン・デ・リングが好きです。」とコメントされていましたが、桜利、敬人、ナツキ、倫太郎、師走さんのお好きなドーナッツも教えてください。

A24
桜利…エンゼルクリーム
敬人…ゴールデンチョコレート
ナツキ…(甘いもの苦手なのでなし)
倫太郎…ポン・デ・ストロベリー
師走…オールドファッション

Q25 連載を通じて、各キャラクターのバックグラウンドがどんどん紐解かれていきます。九巻では多聞の子供時代や兄・大輝とのエピソードが描かれ、多聞がなぜアイドルをやっているのか、という今に繋がります。多聞の過去は最初から決めていたのでしょうか？　また、このエピソードを描いていて大変だったところと楽しかったところを教えてください。

A25 回を重ねながら掘り下げていくタイプなので、言ってしまうと後付けです。うたげやメンバーとのやり取りを描きつつ、どういう過去がこの子を育んだんだろう？　と考えていたら大輝の姿が浮かび上がってきました。大変だったのは多聞と大輝の描き分けです。うまいこと年齢感を出せなくて四苦八苦しました(笑)。小百合にベタ惚れの大輝と、それを適度にいなす小百合は描いていて楽しかったです。多聞の前では常に理想的なお兄ちゃんをやっている大輝ですが、小百合と二人きりの時はめんどくさい一面も見せていると思います。

Q26 多聞に限らず、それぞれの今に関わる形でうたげ、F/ACEメンバーの家族も登場します。登場人物の家族を漫画で描く面白さや、描いていて楽しかった家族を教えてください。

A26 家族は頻繁に登場するわけじゃないので、ぱっと見でわかりやすいように似たもの家族で描くことが多いです。うたげ、ほまれ、やまとはほぼ同じ顔ですし、敬人のところにいたっては七人全員同じです。あと単純に、似たもの家族ってかわいいなと思って(笑)。

Q27 多聞を神として崇めてきたうたげですが、次第に自分の中にある恋心に気づくようになり、ハウスキーパーを辞めようとしたり、気持ちを押さえ込もうとしたり、それなのに「笑った顔見たいってどういう意味ですか？」と迫るなど、葛藤の日々を送るようになります。そんなうたげと多聞の移ろう関係を描くにあたって大変なところと楽しいところを教えてください。

A27 ファンとしてのうたげの矜持、アイドルとしての多聞の夢が軽く見えないように関係を進展させるためにはどういう速度で進めるべきか悩むことは多いです。うたげの理性が決壊する瞬間、多聞が大胆な行動に出る瞬間は、やっぱり描いていて楽しいです。

Q28 十一巻から十二巻にかけて、それぞれの恋が動き始めます。そのなかで、多聞もジメ原とイケ原の心の対話を経て自分の気持ちを自覚したり、多聞と桜利、それぞれの気持ちと『金パンチ先生』のストーリーやキャラクターがリンクするような描写もありました。この辺りの展開について、師走さんのなかではどんな意識や手応えがありましたか？

A28 イケ原とジメ原の対話を通して多聞が恋心を自覚するエピソードは、個人的に気に入っています。恋愛漫画において恋心の自覚は重大イベントですし、これまで友達になれただけで浮かれていた多聞がサクッと恋心を認めるはずがないと思ったので、とにかく丁寧に描きたかったです。

Q29 以前のインタビューでキャラクターに対して「ガチガチに設定を決めるとそれに縛られて描けなくなっちゃうので、作り込まないようにしている」と答えてらっしゃいましたが、『多聞くん今どっち!?』で、特に思わぬ変化を遂げたキャラクターや関係性はありますか？

A29 桜利と倫太郎が意気投合して仲良くなったのは想定外でした。倫太郎は多聞と仲良くなると思っていたんですけど、ナツキのほうが多聞と温度感が近いので合ってるのかも？

Q30 『多聞くん今どっち!?』も『高嶺と花』も、師走さんの作品はコメディ要素がかなり強く、会話のかけあい、ツッコミ、絵的なデフォルメ表現など、たくさんの場面で笑わせていただいています。そういったコメディ要素と恋愛描写やシリアスなシーンのバランスに関して気をつけていることはありますか？　また師走さん自身が特に好きなコメディ作品はありますか？

A30 笑える要素は入れられるだけ入れていきたいので、下絵に入った段階でも「ここ、もうひとネタいれられそう」と思ったら追加しちゃいます。まじめなシーンでちゃかさないようにだけ気をつけています。コメディ作品ではないんですけど、ゲーム「龍が如く」が好きで、本筋はシリアスなんですが、小ネタやサブクエストがめちゃくちゃシュールでコメディとしても大好きです。

Q31 師走さんの作品は「女子高生と御曹司」「アイドルとファン」といったドリーミーで漫画らしい、ラブコメ的な題材で漫画ならではの突き抜けた派手さ、楽しさ、デフォルメ表現を楽しませてくれるのと同時に、地に足の着いたリアリティも感じら

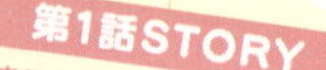

第1話STORY

推しを糧に生きる木下うたげが、ハウスキーピングのアルバイトで派遣された先は、まさかの推し・福原多聞の自宅だった。しかし、そこにいたのは、全国の女子を想像妊娠させ続けるセクシー&ワイルドな推しとは別人の「ジメ原さん」だった。あまりに自己肯定感が低すぎる推しの言動に引退の危機を感じたうたげは、ジメ原さんの暮らしを整えつつ叱咤激励する。しかし、これ以上はファンとしての一線を超えてしまう…と姿を消すのだった。ところが、多聞もまた、うたげの「推し」なくして生きられない体になっていて……!?

下絵最終稿

CLIP STUDIO PAINTにて作成。最終稿ということもあって、基本的にはほぼ完成原稿と近い状態まで仕上げられている。多聞とうたげの表情がとにかく生き生きと魅力的に描かれていて、下絵段階にして非常に見応えのあるものとなっている。なお、木下家も多聞の部屋も、背景には3Dモデルがアタリとして入っている。

③ 下絵最終稿

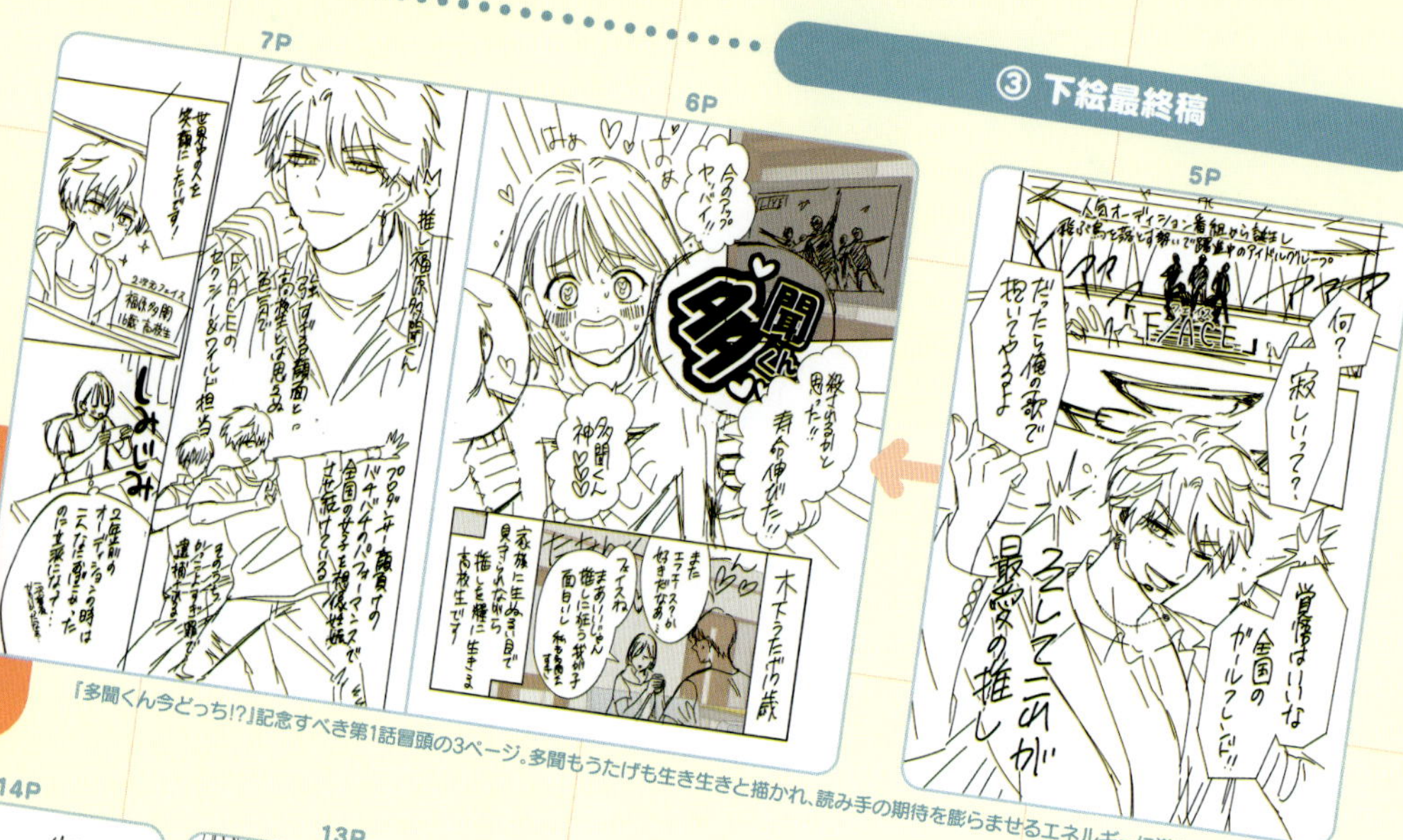

『多聞くん今どっち!?』記念すべき第1話冒頭の3ページ。多聞もうたげも生き生きと描かれ、読み手の期待を膨らませるエネルギーに満ちた下絵となった。

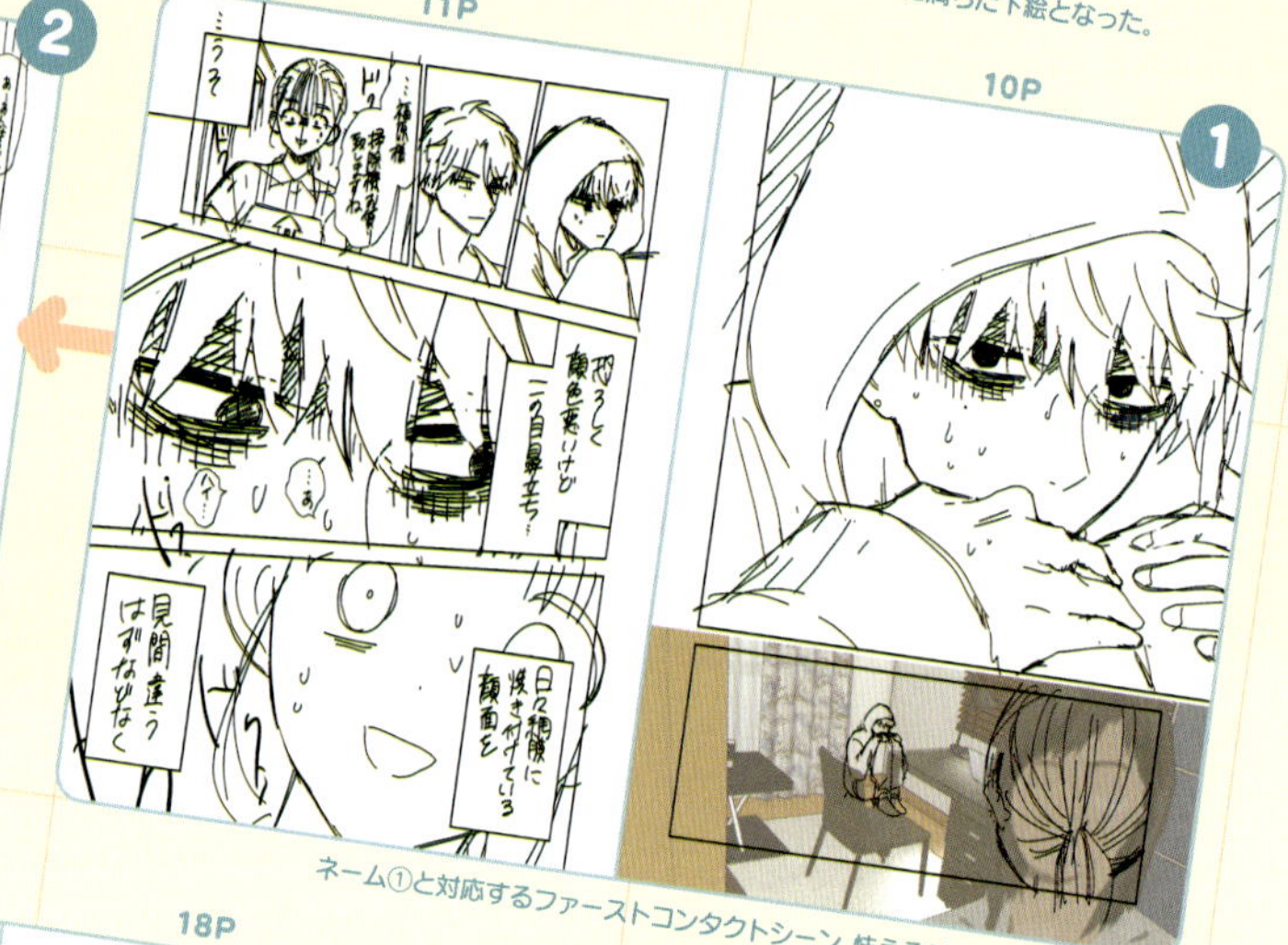

ネーム①と対応するファーストコンタクトシーン。怯えるジメ原さんが愛らしい。

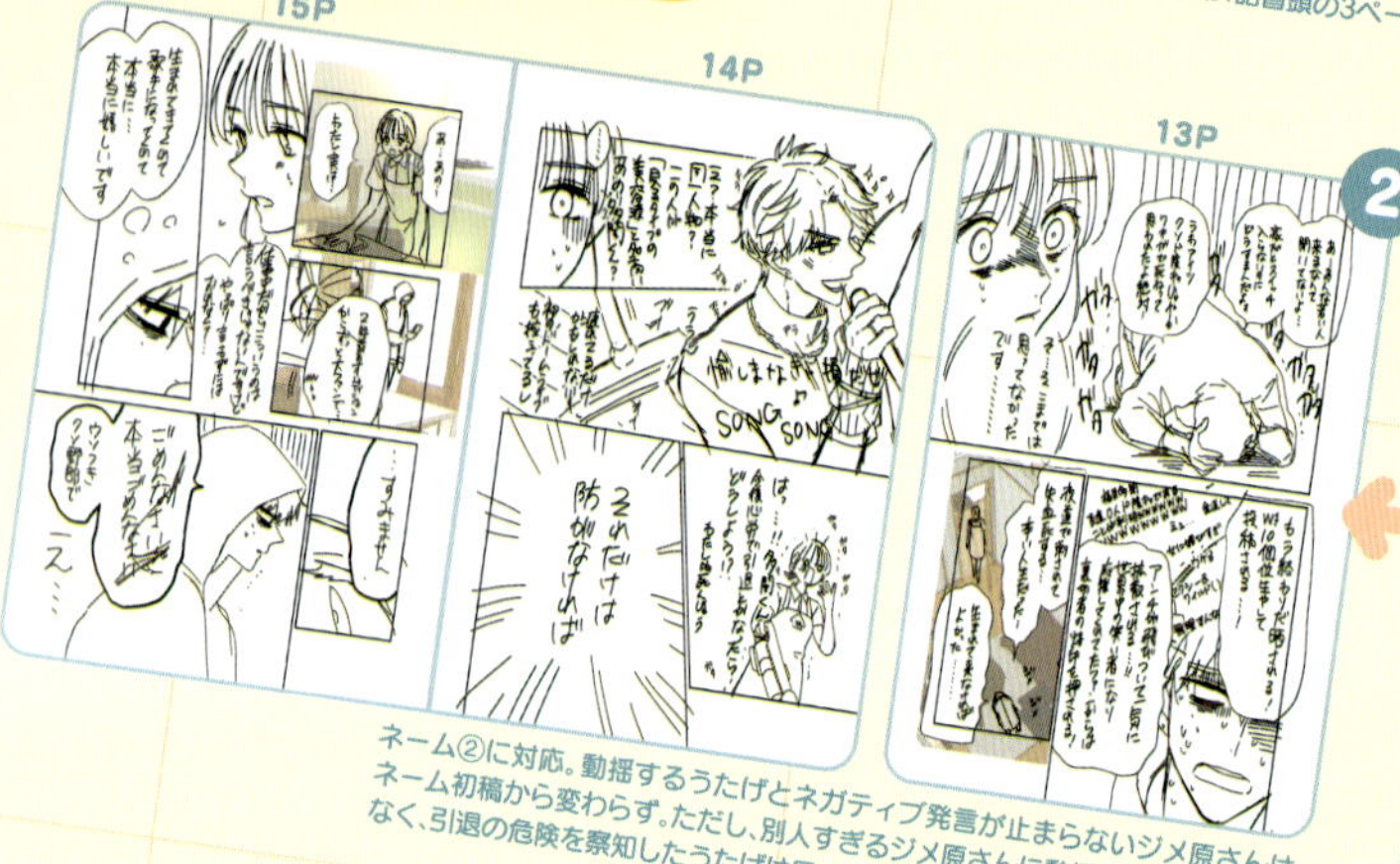

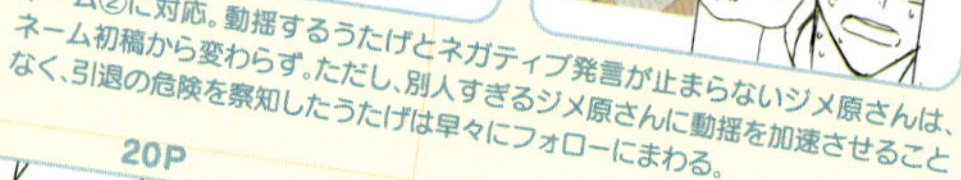

ネーム②に対応。動揺するうたげとネガティブ発言が止まらないジメ原さんは、ネーム初稿から変わらず。ただし、別人すぎるジメ原さんに動揺を加速させることなく、引退の危険を察知したうたげは早々にフォローにまわる。

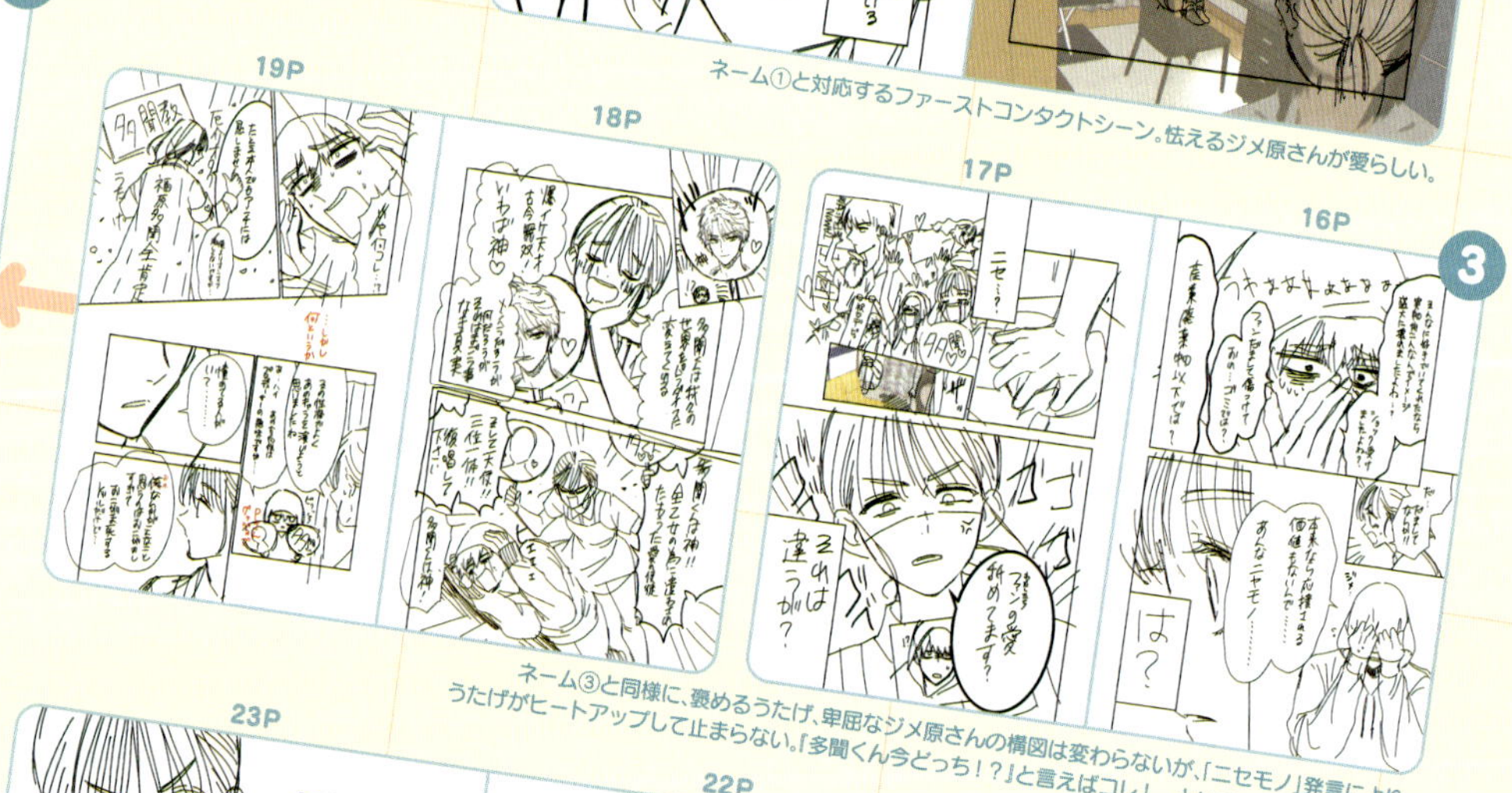

ネーム③と同様に、褒めるうたげ、卑屈なジメ原さんの構図は変わらないが、「ニセモノ」発言により、うたげがヒートアップして止まらない。『多聞くん今どっち!?』と言えばコレ！　というパワフルな展開に。

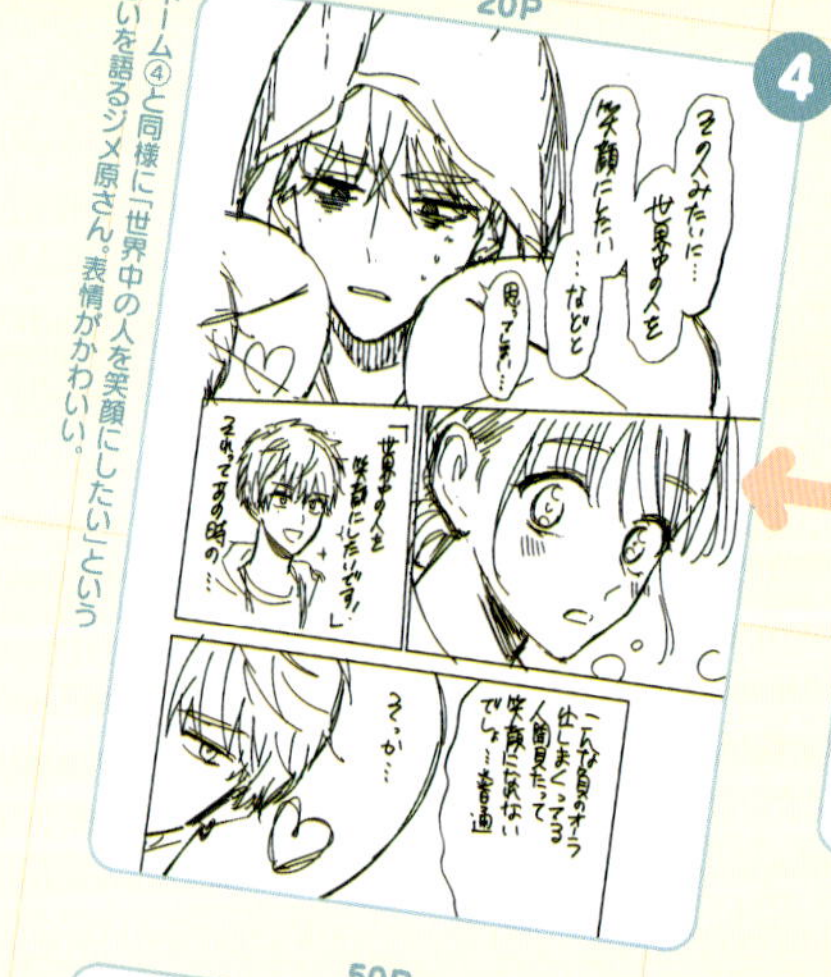

ネーム④と同様に「世界中の人を笑顔にしたい」という想いを語るジメ原さん。表情がかわいい。

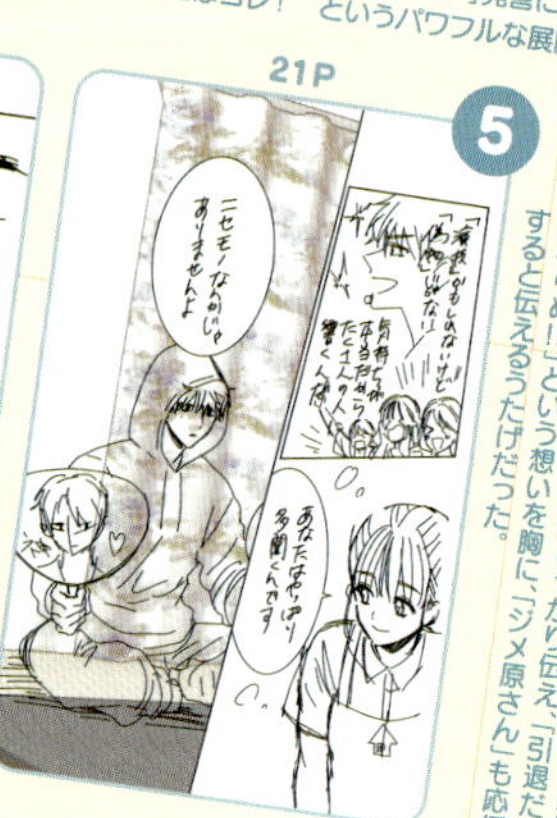

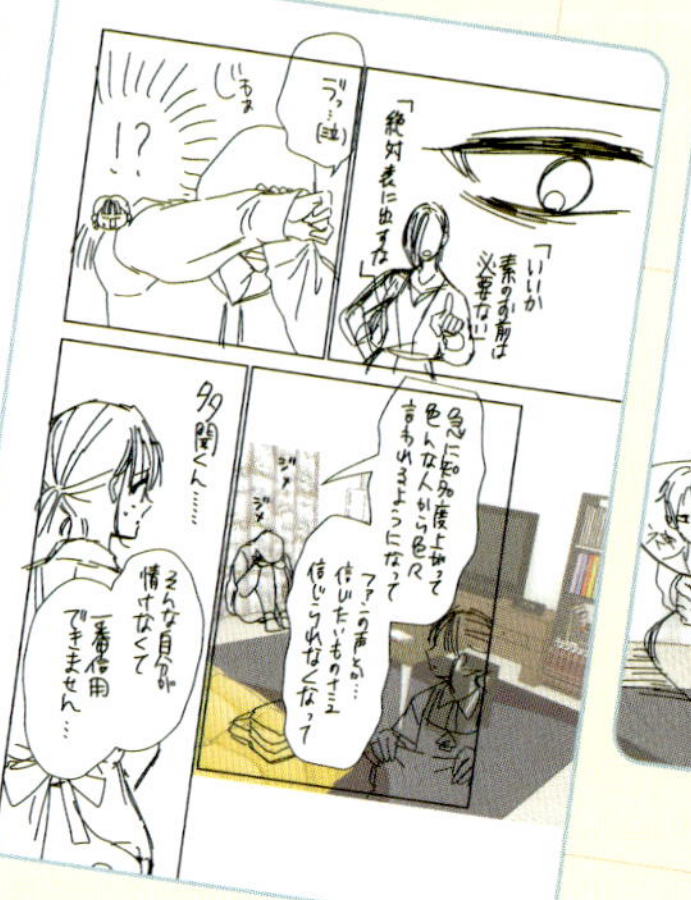

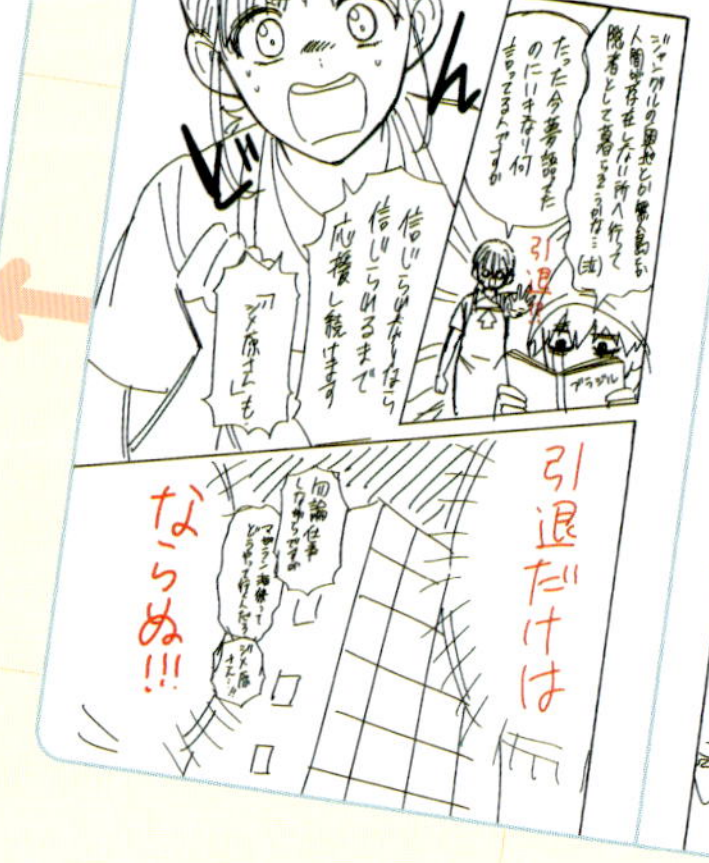

ネーム⑤で噛み締めていた偽物じゃないという想いを、下絵最終稿では本人にしっかり伝え、「引退だけはならぬ!!!」という想いを胸に、「ジメ原さん」も応援すると伝えるうたげだった。

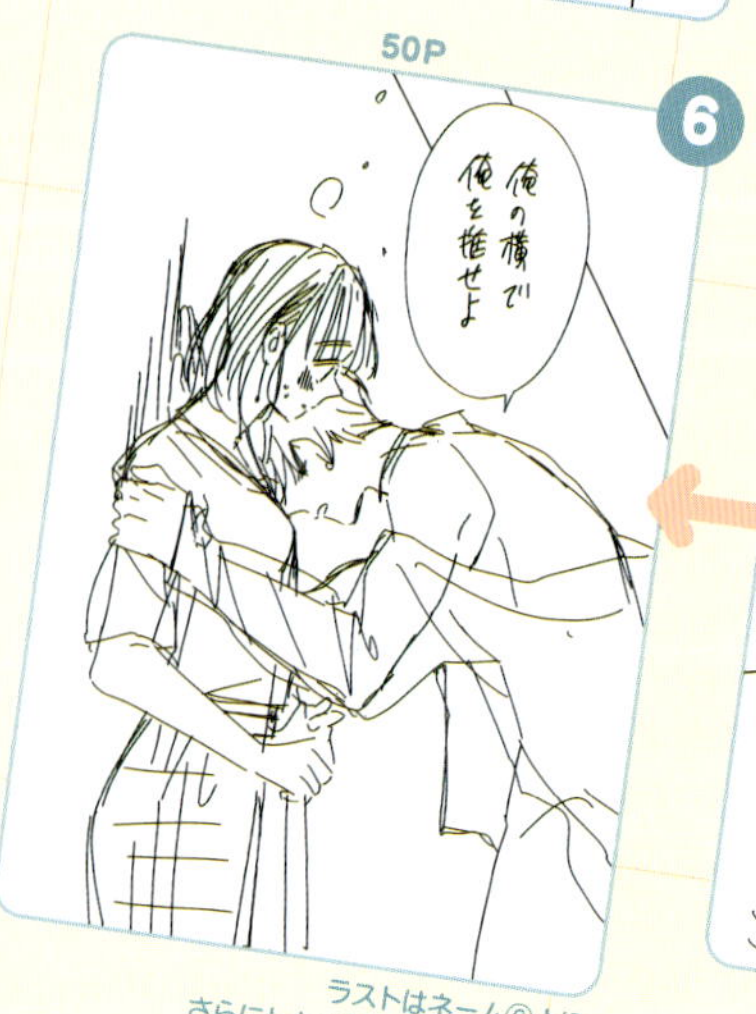

ラストはネーム⑥より、さらにトキメキあふれる展開に!!!!

『多聞くん今どっち!?』第1話ができるまで

① 初期プロット

連載開始前に描かれた初期プロット・設定・スケッチの3点。ネガティブなアイドルとハウスキーパーのアルバイトという主人公ふたりの大まかな属性は現在の『多聞くん今どっち!?』と同じだが、ヒロインがずいぶんクールな印象で、どんな多聞をもすべて受け入れ崇める現在のうたげとはだいぶ雰囲気が異なる。また、かなり早い段階で恋愛的なムードも出そうな予感。スケッチのふたりがかわいい♡

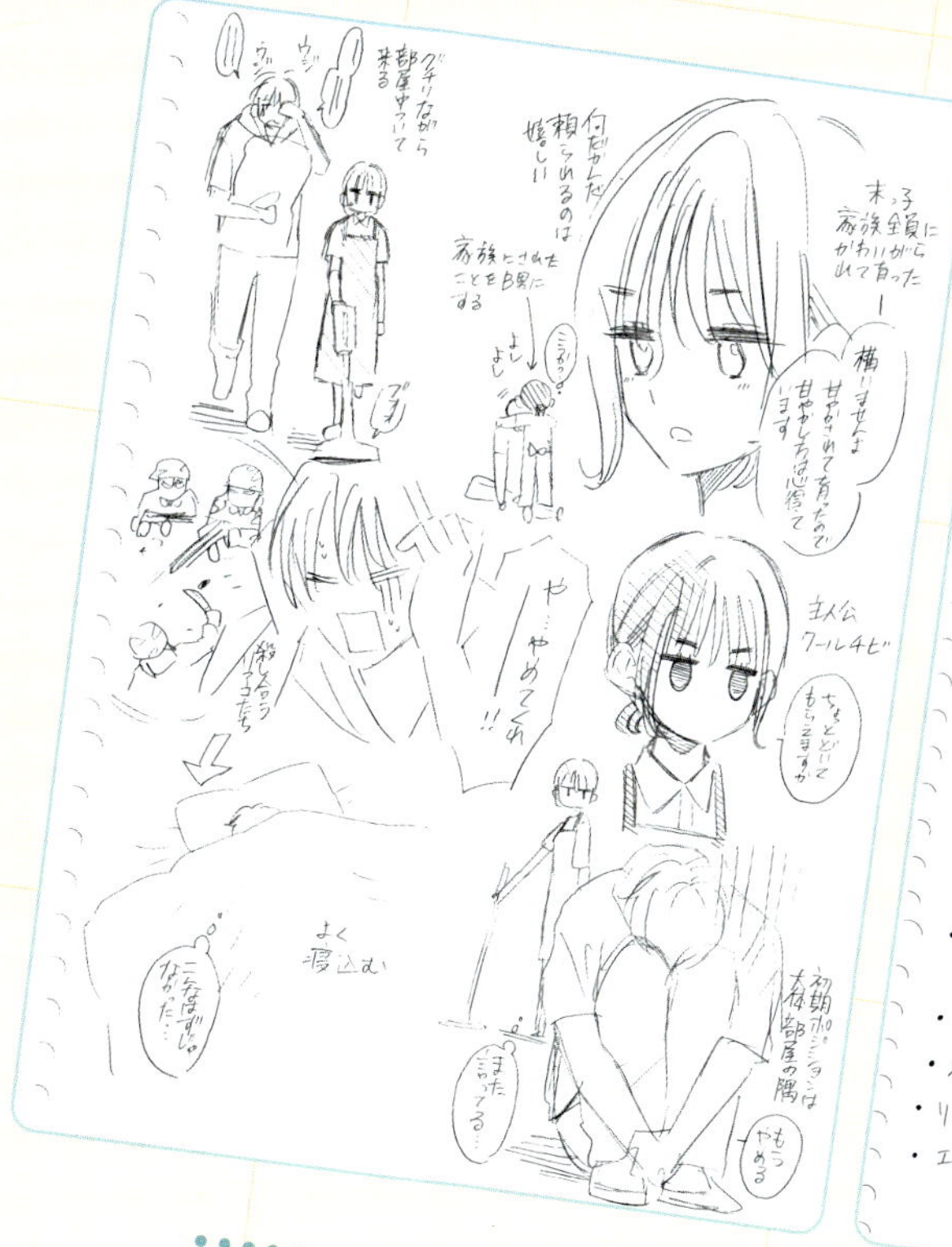

主人公

- アイドルのライブやグッズの為にバイトしている。
- 職場のおじさんおばさんに孫のように甘やかされている。
- B男の本性を見た時、最初は嫌悪感を覚える。「いくら見た目が良くても陰キャはキツイ…」
- クールで完璧主義的だが、B男と過ごす内に完璧な必要はないのだと感じ始める。（常に周囲から子供扱い妹扱いされてきたことからの反動）
- 顔には全く出ないが人並みにときめいたりはする。→

アイドル

- 大型オーディション番組でデビュー。急に有名になったため環境についていけてない。
- A子にだけ弱音をボロボロと吐いてしまう。最初は本性を隠そうとするが、すぐにボロを出す。
- 事務所の借りたマンションに1人暮らし。
- ネガティブすぎて、思考の終着点がいつも「死ぬ」か「殺される」
- リーダーなのでメンバーには弱音吐けない。
- エリート一家の長男で、家族はいまだアイドルに否定的。

プロット 一流アイドル（21歳）× ハウスキーパーバイトのJK（17歳）

- 主人公A子は人気アイドルグループのセンターB男の大ファン。
- 盲腸で入院した社員の代わりに受け持つことになったのが、なんとB男の家。業務時間は毎晩19〜21時。新しく担当になったA子の事を信用していないB男はこの時間あえて在宅していることが多い。
- 仕事中は光属性王子キャラのB男だが、その実体はネガティブヘタレであることがわかり、がっかりするA子。B男のファンであることは隠して仕事をするA子。B男に頑張って欲しいので毎日励ましたりなぐさめたりしていく内にB男はすっかりA子に依存するようになる。
- B男のことがめんどくさいA子だが、過去に何度もB男の歌に励まされたことがあるので恩返しのつもりで甘んじる。日数を重ねる内にB男のことをアイドルではなく、1人の男性として意識しはじめる。
- しかし、リアコファンはB男の頭を悩ませるものの1つ。自分がそうなりたくないA子はB男への気持ちを封印しようと決心する。折よく休んでいた社員が仕事に復帰し、A子はB男に会うことがなくなる。
- さびしかったが「B男は誰かに弱音を吐きたかっただけで、別に私が特別だったわけじゃない」と自分に言い聞かせる。
- B男がA子を迎えに来て「君じゃなきゃイヤだ」と言いキスする。

おわり

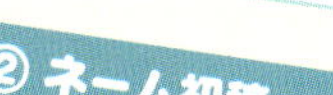

② ネーム初稿

10P　11P

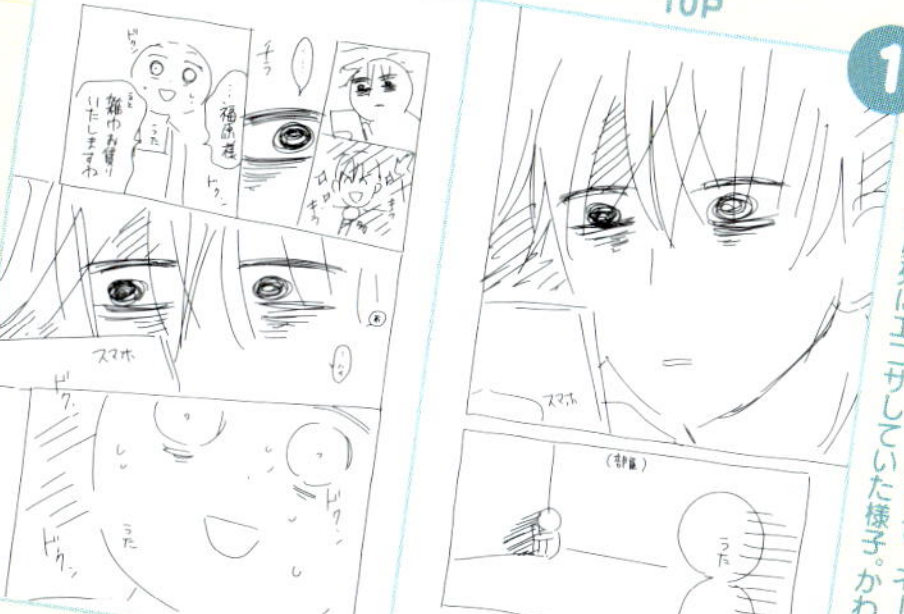

1 ジメ原さんとうたげがファーストコンタクトを果たす記念すべきシーン。構成は下絵最終稿の①とほぼ同じだが、最終稿が膝を抱えて怯えているのに対して、ネーム初稿では必死にエゴサしていた様子。かわいそう。

13P　14P　15P

2 別人すぎるジメ原さんに動揺を隠せないうたげと、ネガティブ発言が止まらないジメ原さん。大まかな展開で言えばすでに下絵の②とも近いが、まだ状況を咀嚼できないうたげの動揺は加速。

16P　19P　21P

3 本当の自分を「存在しない事にしたいんです…」というジメ原さんのセリフが重く響き、ショックを受けるうたげ。シリアスすぎるためか、この展開は最終稿ではなくなった。ただし下絵の⑤に描かれた事務所社長と思われる人物のセリフ「素のお前は必要ない」と通じる。

22P　23P

世界に笑顔を届けてくれた多聞を喜ばせようと、うたげはせっせとジメ原さんを褒める。しかし卑屈なジメ原さんにはまったく響かない。困ったうたげが、なぜアイドルの時に別人格を演じるのか、と訊ねると……。

4 多聞という人物の核とも言える「世界中の人を笑顔にしたい」という夢が語られる。下絵④に比べると、ややシリアスな雰囲気。

24P　25P

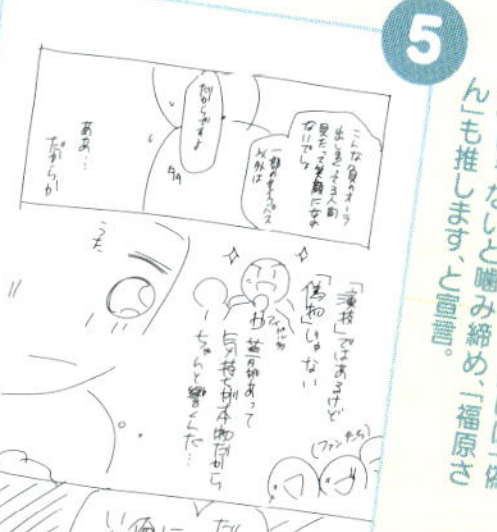

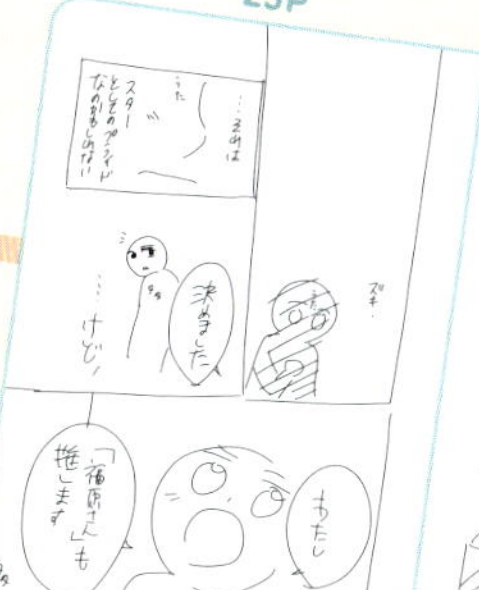

5 夢を語った後に、ついジメジメするジメ原さんだが、うたげは「偽物」じゃないと噛み締め、「福原さん」も推します、と宣言。

53P

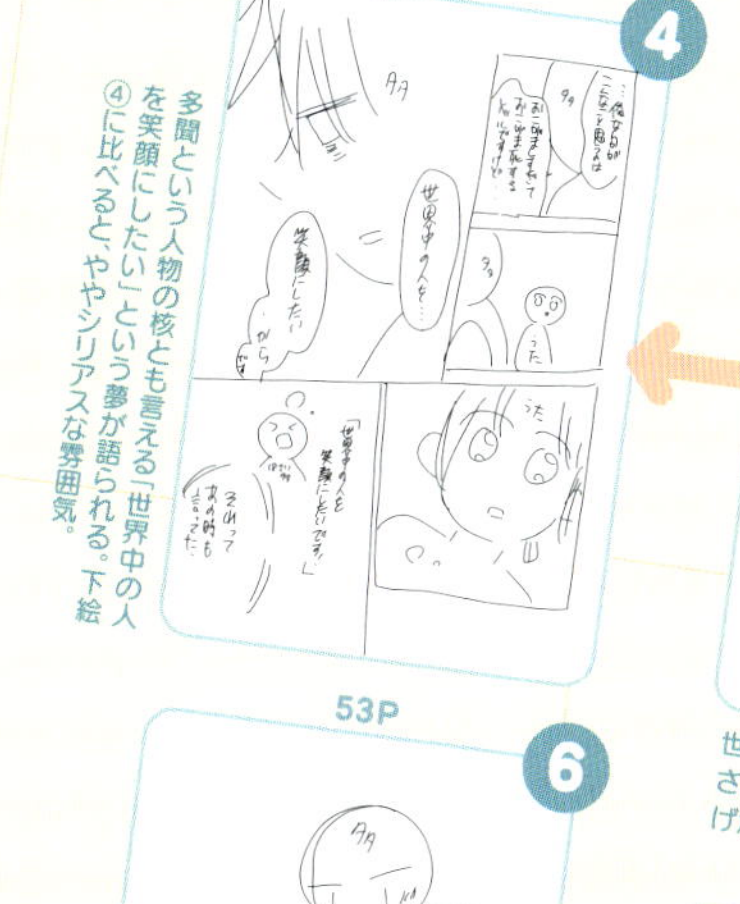

6 最後に多聞が「横で推してほしい」とうたげに伝える展開は下絵最終稿と共通だが、ネームでは、感極まったうたげから抱きついていた！

ネーム初稿

CLIP STUDIO PAINTにて作成。プロットよりは実際の第1話に近い内容となっており、むしろ大まかな展開で言えば、かなり完成に近づいた。ただし、細かい部分にはかなり違いがある。例えばイケ原さん発動シーンやうたげがキレるシーンなどは、まだ描かれていなかった。今と比べると、ややシリアスな雰囲気が濃い印象。

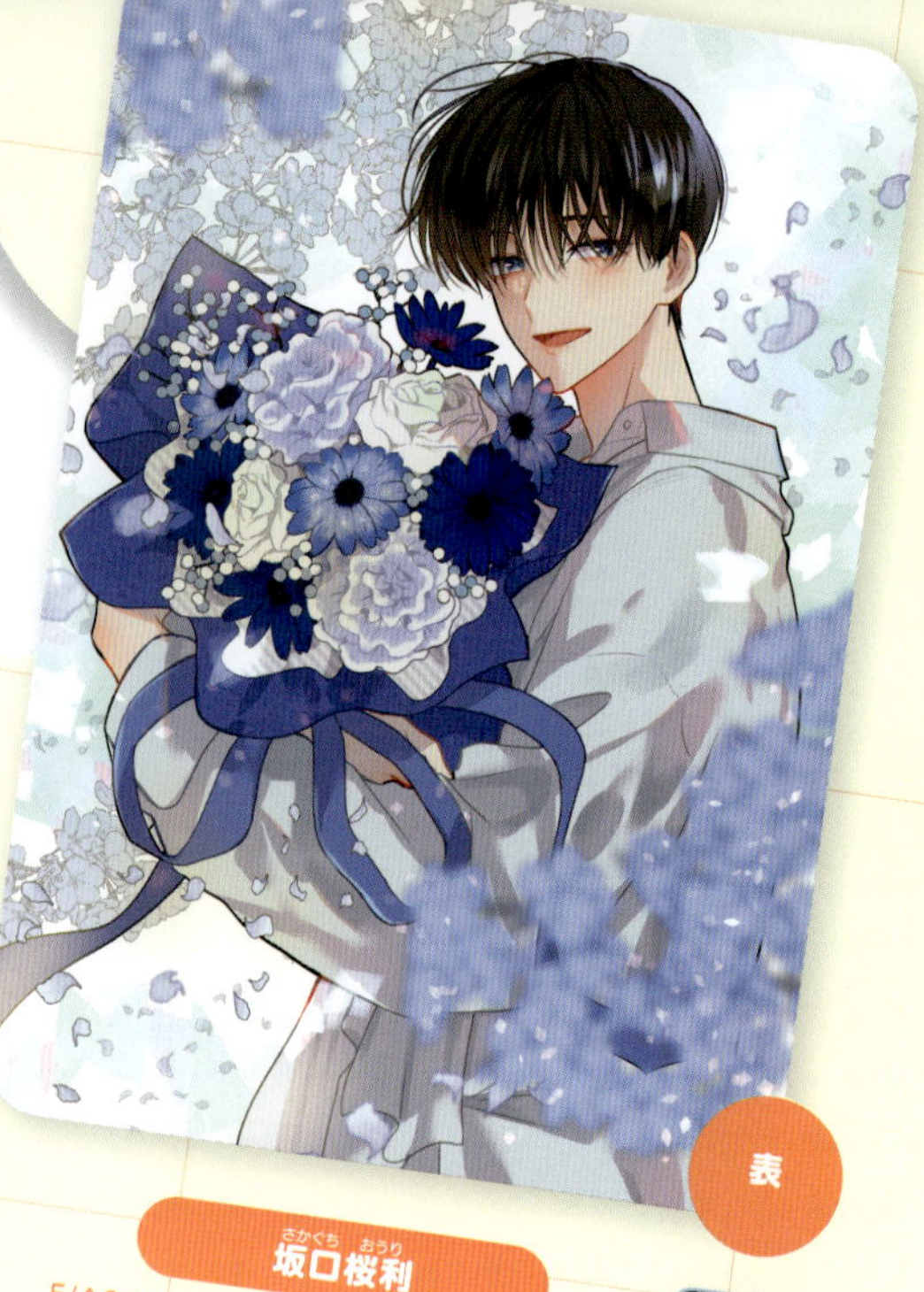

りすぎると思ったので。

●甲斐倫太郎：十九歳に見えなさすぎて作中ファンからアラサー疑惑をかけられています。裏の装いはダサいですが、それなりに良い服を着ていると思います。お坊ちゃんなので。ちなみにメガネは変装用なので度は入っていません（敬人は度入りです）。

Q13 以前のインタビューでヤミ原さんを描くのが一番楽しく、「キモイとかわいいの境目になるように頑張ってます」と答えてらっしゃるのが印象的でした。特にお気に入りのヤミ原さんはいますか？ 最近だと六九話のヤミ原さんがとてつもない破壊力でした…！

A13 ヤミ原は頻出するわけじゃないので、出すときは気合いを入れています。六九話のヤミ原は、自覚した恋心をどうすることもできず持て余し、イラ立ちを見せています。自分が言えないことをうたげに言わせようとしている情けないシーンでもあるんですが、多聞らしくて気に入っています。

Q14 キノコを生やして怯える姿、グルグルの目で爆泣きする姿、うたげの夢の中で無表情で無限増殖する姿……など、モチモチのSDキャラな多聞（小さなジメ原さん？）も可愛いです。SDキャラを描く時のポイントや、可愛く描けたお気に入りのシーンがあれば教えてください。

A14 可愛く描くポイントは鼻と口をかなり上の位置（目と同じ高さ）に小さく描くことです！ 十二巻一〇八ページの最後のコマがいい感じにいじけている感じを出せたと思っています（笑）。

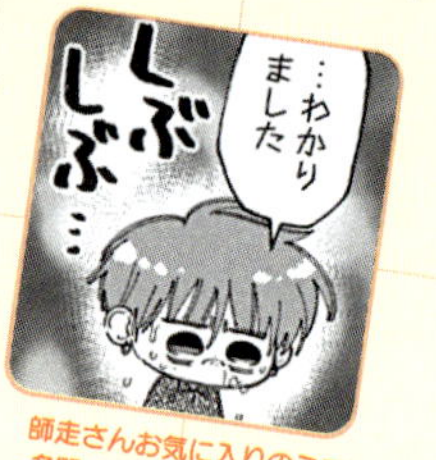

Q15 F/ACEの衣装デザインはどのようにアイデア出しをされているでしょう？ ザ・アイドルな装いからストリート感のある私服まで可愛く格好いいです。最近だとCDジャケットなどでも色々な服装が見られて楽しいです！

A15 実際にアイドルの皆さんが着ている衣装を参考にしています。『Eyes On You』のジャケットの衣装は頑張ってデザインしたので気に入っています！

Q16 文化祭の時のF/ACEメンバーの被り物がそれぞれのキャラクター性をよく表していて大変面白いです。敬人の牛乳パックやナツキの三角コーンもすんなり決まったのでしょうか？ もし倫太郎が被り物をするなら何になるのでしょう？『寿司ムスメ』にまつわるものでしょうか？

A16 敬人は節約家っぽい被り物って何だろう？ と考えた結果の牛乳パックです。三角コーンは適当です！ 倫太郎はかんぴょう巻きの被り物を被っていると思います（笑）。

Q17 F/ACEセンター選抜特番、初の旅行ロケ「F/ACEわくわく夏旅」、ファンネーム募集、冠番組「F/ACE SCHOOL」告知&新曲「FLY」の発表の場となった文化祭シークレット出演、『グレートティーチャー金パンチ先生』出演に、今や紅白を控えた合宿…など、F/ACEにはアイドルならでは企画や番組がてんこ盛りです。師走さんのなかで特に思い入れの深いものはありますか？

A17 金パンチ先生はF/ACEの初連ドラということで、気合いを入れて全十二話のあらすじを全部考えました。五三話の、かつて鮫島（桜利）を守って死んだ「あいつ」というのは向井（倫太郎）の父を指しています。鮫島は「あいつ」と同じくいつも命令に忠実な向井に密かにイラだっており、そのうっぷんを学校で晴らしていました。初めて向井が反抗してきたことで過去のトラウマを乗り越えたお話になります。ちなみにカレン先生は生徒からも金パンチ先生からもモテモテですが、のちに婚約者がいることが発覚します（笑）。

Q18 うたげがF/ACEや多聞くんに出てほしい番組、やってほしい企画やイベントはありますか？

A18 映画デビュー、チャリティ番組のMC、ブランドのイメージモデルなどはまだ果たしてないのでファンも待っていると思います。

Q19 うたげのオタクとしての喜び表現のバリエーションが素晴らしいです。「パァンと弾けてモザイク」を基本に、あまりに尊い光景を見て「墓になる」、地上派で冠番組がスタートすることが決まった狂喜で「打ち上がる」「おにぎりにして食べる」「カバンに入れて持ち帰る」など面白すぎて毎度楽しみです。もはや様式美かつ発明だと思うのですが、ご自身としてはいかがでしょう？

A19 うたげがイケ原を見るたびにワーキャーしていたらテンポが悪くなってしまうので、爆発の1コマだけで済ますことができる点はすごく気に入っています。爆発シーンを入れる余裕さえもないときは、モザイクを入れておけば「ああ、このコマとこのコマの間で爆発したんだな」とわかってもらえるのでモザイクは便利道具です（笑）。

Q20 うたげのXアカウント・もんてぃあで、素敵なケーキと共に福原多聞生誕祭が開催されたり、読者も参加できるSNS連動企画があったり、実際の読者からファンネームを募って「E/YES」が決まるなど、『多聞くん今どっち!?』には、うたげと一緒に読者も推し活を楽しめる企画が盛りだくさんです。こういった企画はどのように生まれているのでしょう？ 例えば担当さんとの打ち合わせはどのような感じですか？

A20 こういった企画は担当さんの発案がほとんどで、もんてぃあのアカウントも担当さんが気を利かせて作ってくだ

師走さんお気に入りのミニ多聞。いじけ顔が愛らしい。

表

裏

坂口桜利（さかぐちおうり）

F/ACE最年少の高校2年生。端正なルックスと溢れ出る育ちの良さで、グループの王子様担当。アイドル業に加え、小学生の頃からドラマやCMにも出演し、幅広い世代から人気を集めている。父は日本を代表する実力派俳優、母はトップシンガー。そんな完璧サラブレッドの表の顔に対して、裏の顔は俺様すぎるわがままゴリラ。

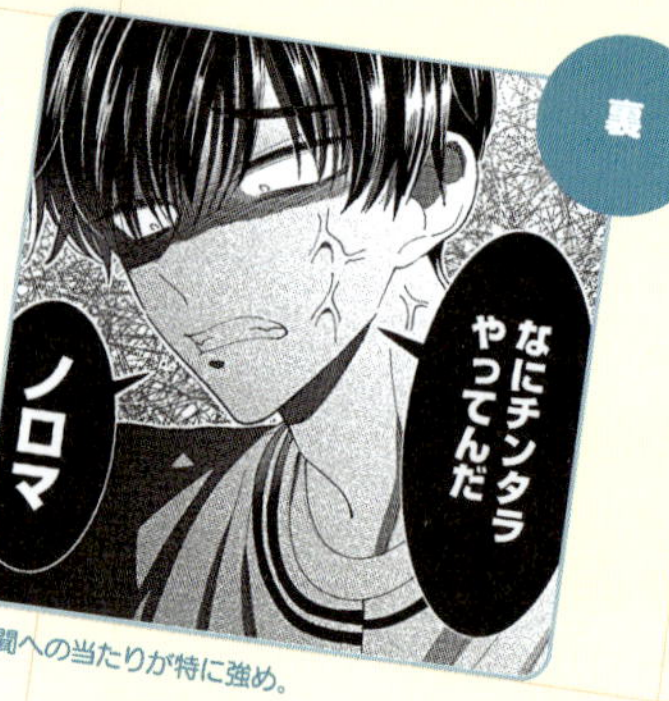

多聞への当たりが特に強め。

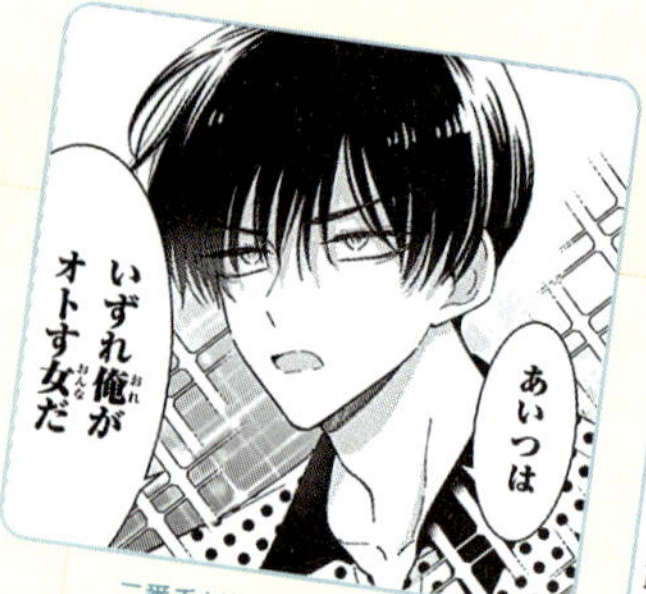

二番手が気に食わず、多聞から自分へ、うたげの推しを変えさせる気満々。

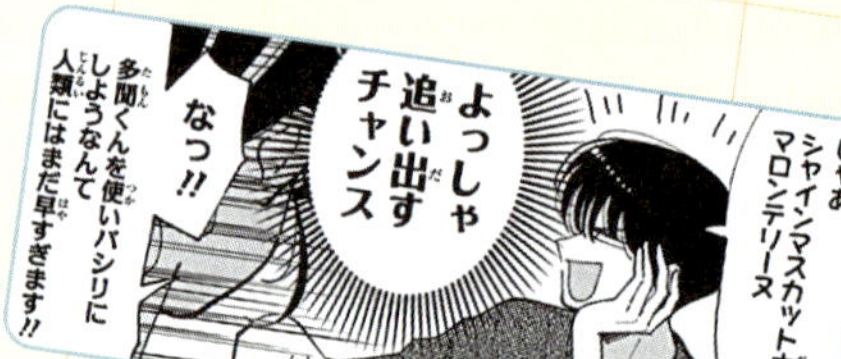

多聞をパシりにしがち。

限界を超えた尊さを前に

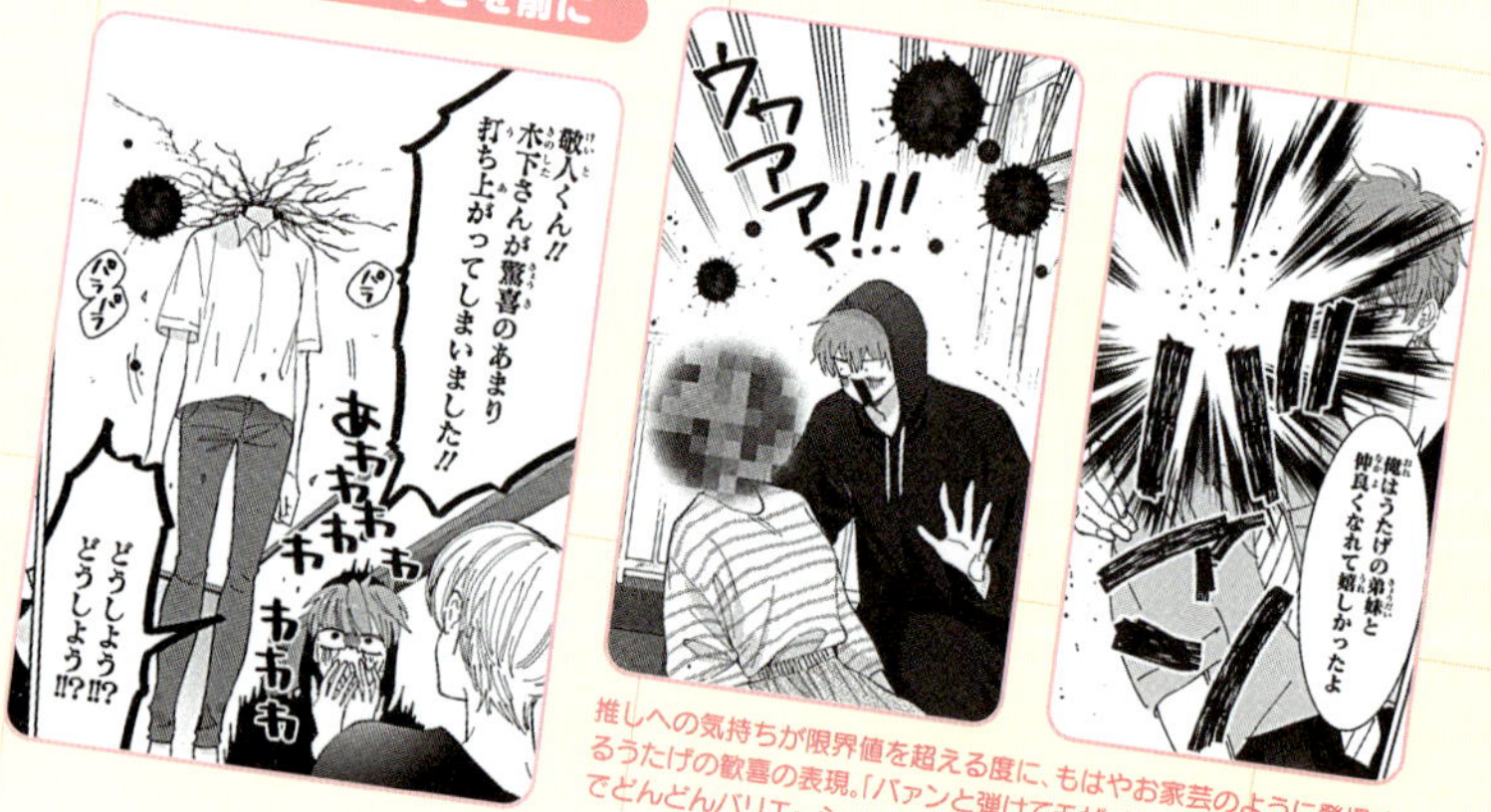

推しへの気持ちが限界値を超える度に、もはやお家芸のように登場するうたげの歓喜の表現。「パァンと弾けてモザイク」を基本に、連載の中でどんどんバリエーションを増やしていく。

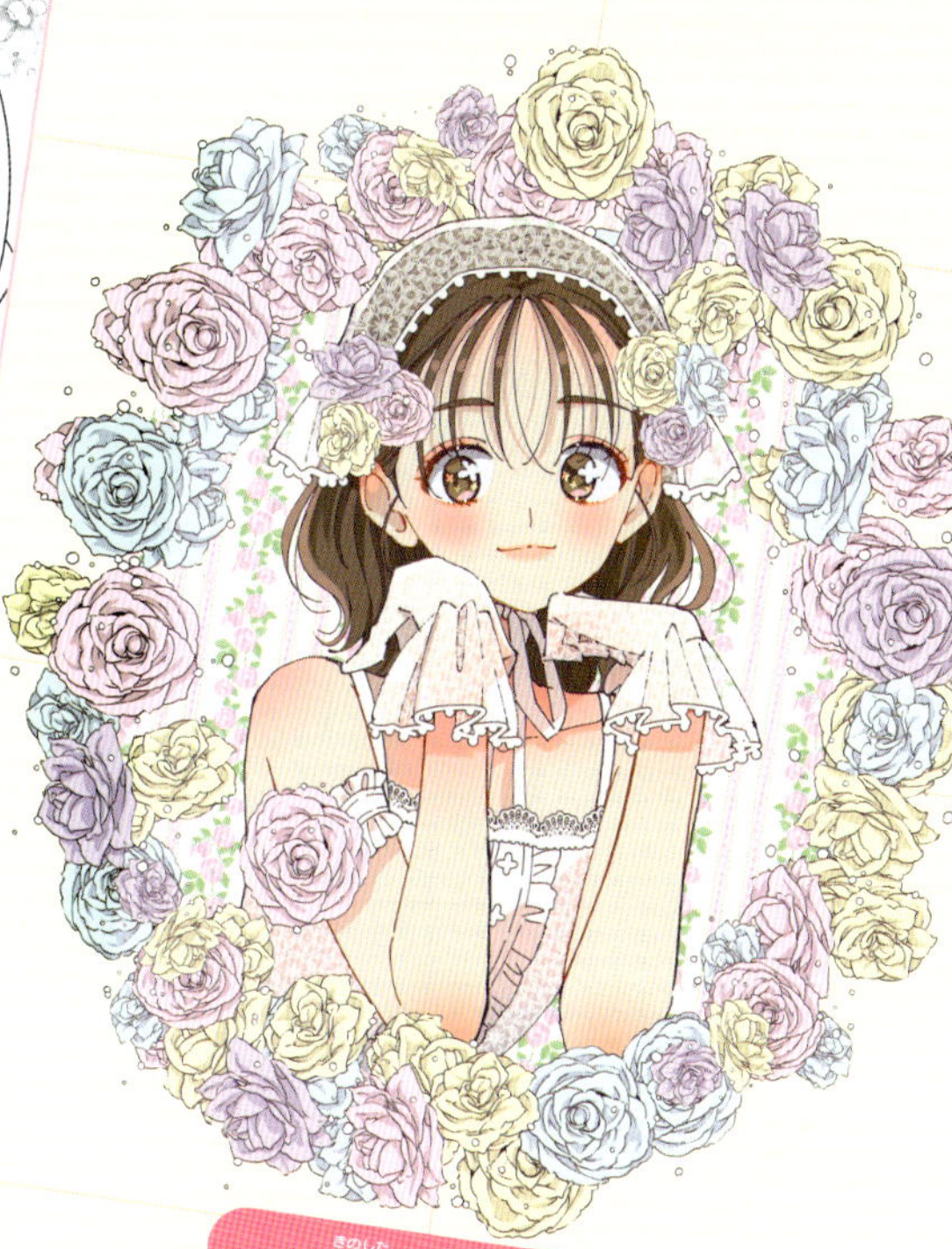

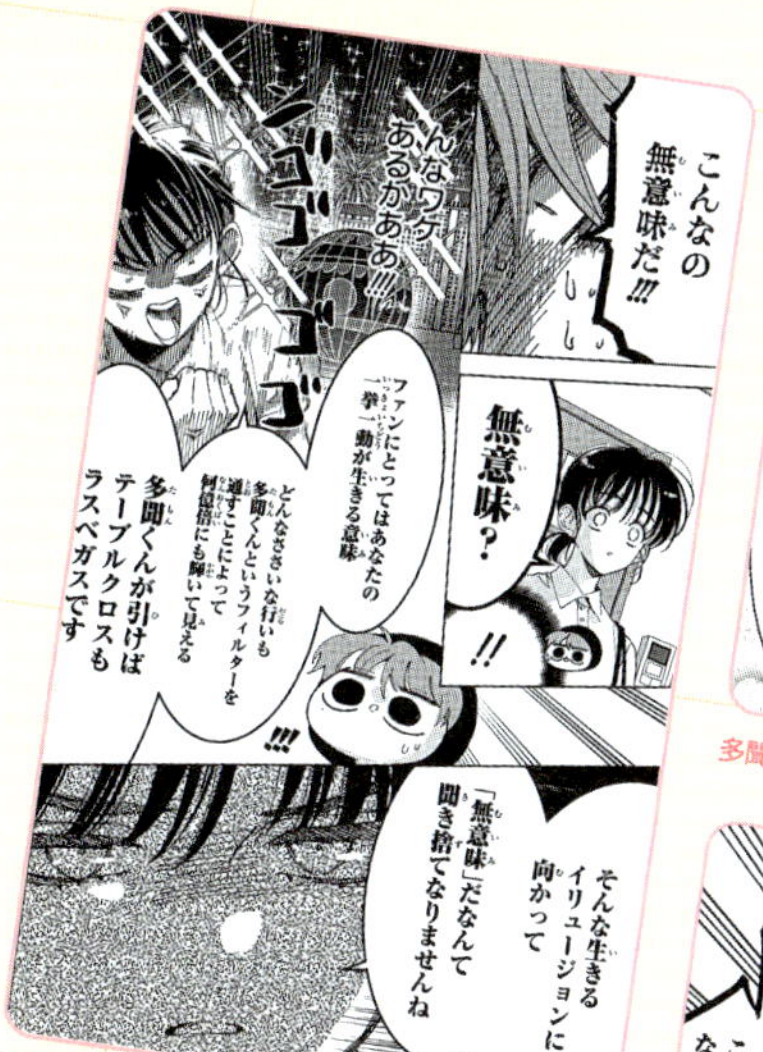

F/ACEのセンター争奪戦の「隠し芸バトル」にて、シャンパンタワーを披露する予定の多聞。その練習に失敗し続け、心を折るジメ原さんが思わず漏らした「無意味」発言を、絶対に許さない。

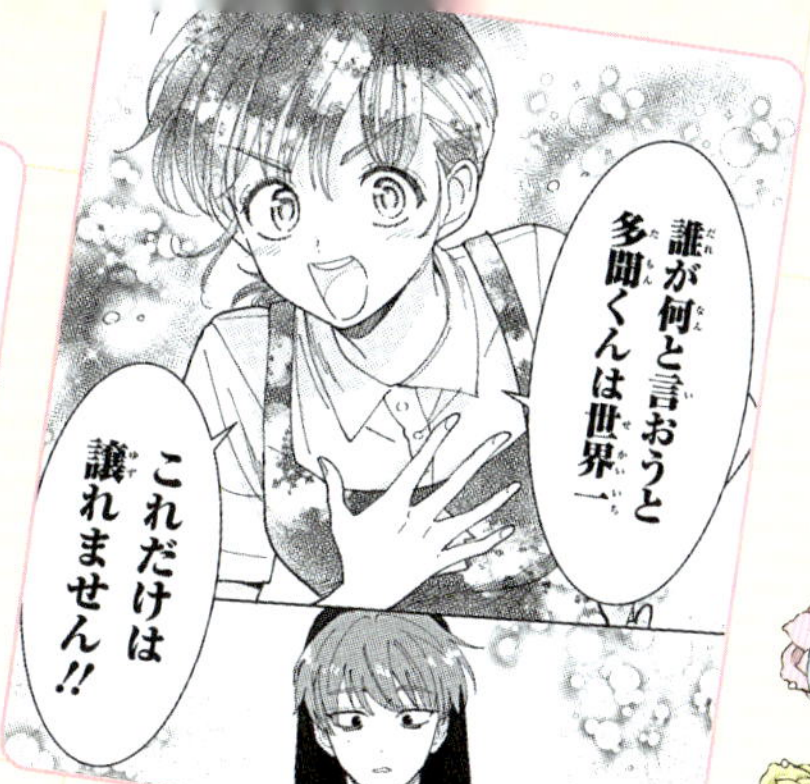

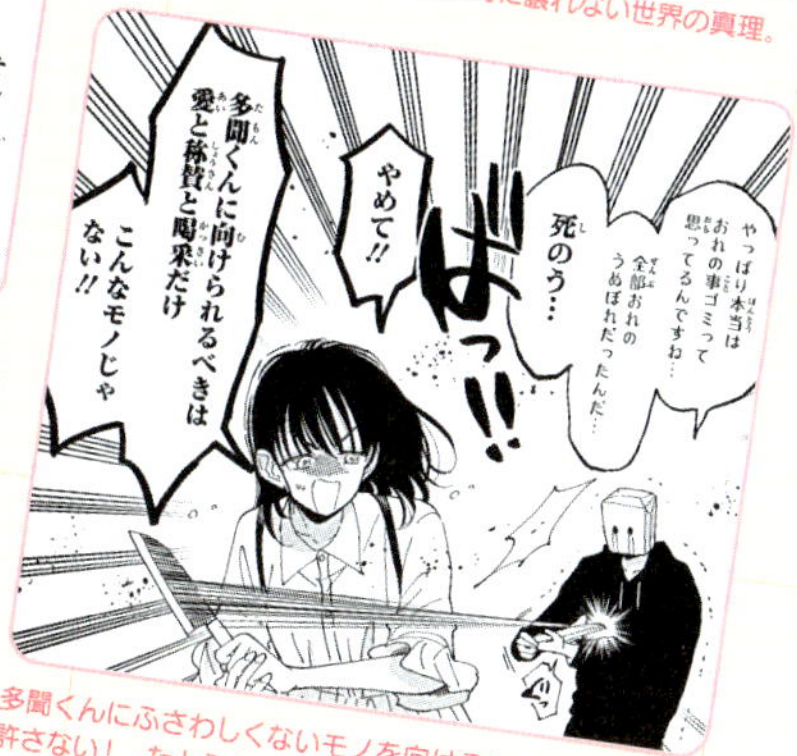

多聞くんは世界一！　それは絶対に譲れない世界の真理。

多聞くんにふさわしくないモノを向ける者は何人たりとも許さない！　たとえ本人であろうとも――！

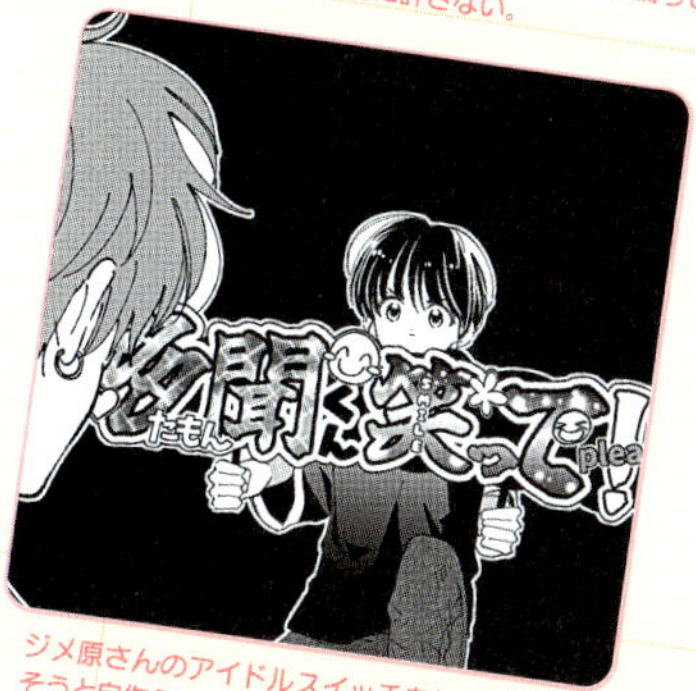

ジメ原さんのアイドルスイッチを押すべく、さっそうと自作うちわを掲げる正しきファンの姿。

木下うたげ

大人気アイドル・F/ACEの多聞くんを神と崇め、生きる糧にする高校2年生。多忙な両親に代わり双子の妹弟の面倒を見てきたため、家事全般が得意。その経験を活かし、推し活資金をハウスキーピングのアルバイトで稼ごうとしたら、まさかの推しの家に派遣され、別人みたいにネガティブな推し・ジメ原さんと出会う。

散らかすうたげだからこそ、多聞との恋も応援したくなります。うたげの多聞やF/ACEメンバーとの距離感について、どんなことを意識されていますか？

A8　読んでいる人にうたげを応援してもらいたいので、読み手にマイナスな印象を与えないかどうか、担当さんとも話し合いながら描いています。実は五話でうたげが初めて桜利（表）と対面する場面、最初のネームではうたげが桜利に「いつも応援してます！　頑張ってください！」と言っていたんですが、うたげは多聞に一途であるべきという理由でなくなりました（笑）。冷たい、失礼な印象になってしまうのも良くないので極端に描いてギャグにしています。

Q9　うたげのビジュアルはどのように設定しましたか？　いわゆる平凡な女の子という雰囲気がありつつも目のキラキラした描写、絶妙な髪のフォルム、お洋服なども可愛いと思います。編集部の若手アシスタントが「シャツワンピースやチェックジャケットに大きなリボンシャツ等、今アイドルを好きな女の子たちが着ている服装のように感じます」と話しておりました。

A9　若い方の目に違和感なく映っていてよかったです（笑）。髪型やファッションはInstagramや雑誌を参考にしています。レトロブームで昔風の絵柄が流行っていることもあり、女の子の目の描き方などはそれを少し意識しています。

Q10　多聞が所属するアイドルグループF/ACEの名称や、グループのイメージはどんなふうに考えましたか？

A10　最初はスター＝惑星のイメージでFreePlanetという名称を考えていましたが、実際にグループ名としてありそうな雰囲気にしたくて、ぎりぎりでF/ACEに変えました。faceに「立ち向かう」などのアグレッシブな意味があるところや、流行りのフレーズ「顔がいい」が連想できるところなどがコンセプトに合っていて気に入っています。ちなみに多聞以外のメンバーについては連載が決まってから考えました。

Q11　多聞がイケ原くん、ジメ原さんに加え、ヤミ原さんバージョンまで存在するように、F/ACEのメンバーも基本的に全員が裏の顔を持っています。メンバーのキャラ設定にあたって、柱となるコンセプトやルールなどはありましたか？

A11　表は王道なキャラ付けをして、裏はそこに対して一番がっかりされそうな性格にしました。初期から五人グループであることと各メンバーの表の性格は決めていたので、その中から恋敵として桜利、多聞とうたげの関係を邪魔する存在として敬人、というふうに合いそうなキャラを割り振りました。ナツキと倫太郎は最初はモブの予定でした。ちなみに多聞に関しては、ジメ原の性格だけを見ると、とても十八歳とは思えないピュアさでリアリティに欠けるので、実は年相応の自我を持っていることを、打算的なヤミ原を描くことで表現したいと考えました。他のメンバーもそれと同じで、悪ガキキャラなのに大人、冷酷に見えて仲間想い、ぶっきらぼうなのに繊細、おチャラけている一方で真面目など、裏の顔の奥にさらにもう一つの顔が垣間見えるようにしたいと思って描いています。

Q12　F/ACEの各メンバーのビジュアルをどのように設定していったかも教えてください。

A12

●坂口桜利：多聞が派手髪、派手顔なので、ライバルである桜利は対照的に黒髪正統派かつスッキリめのイケメンにしました。最年少でもあるので気持ち幼く細身に描いています。

●橘敬人：タレ目担当も必要だと思ってできあがったビジュアルです。イケメンではあるんですが、学校の先輩とか、バイト先とか、リアルにも存在していそうな雰囲気です。裏の顔が完全にオタクの敵なので読者さんからの好感度が一番心配なキャラでしたが、結果的には「そこがいい」と言っていただけてほっとしています（笑）。

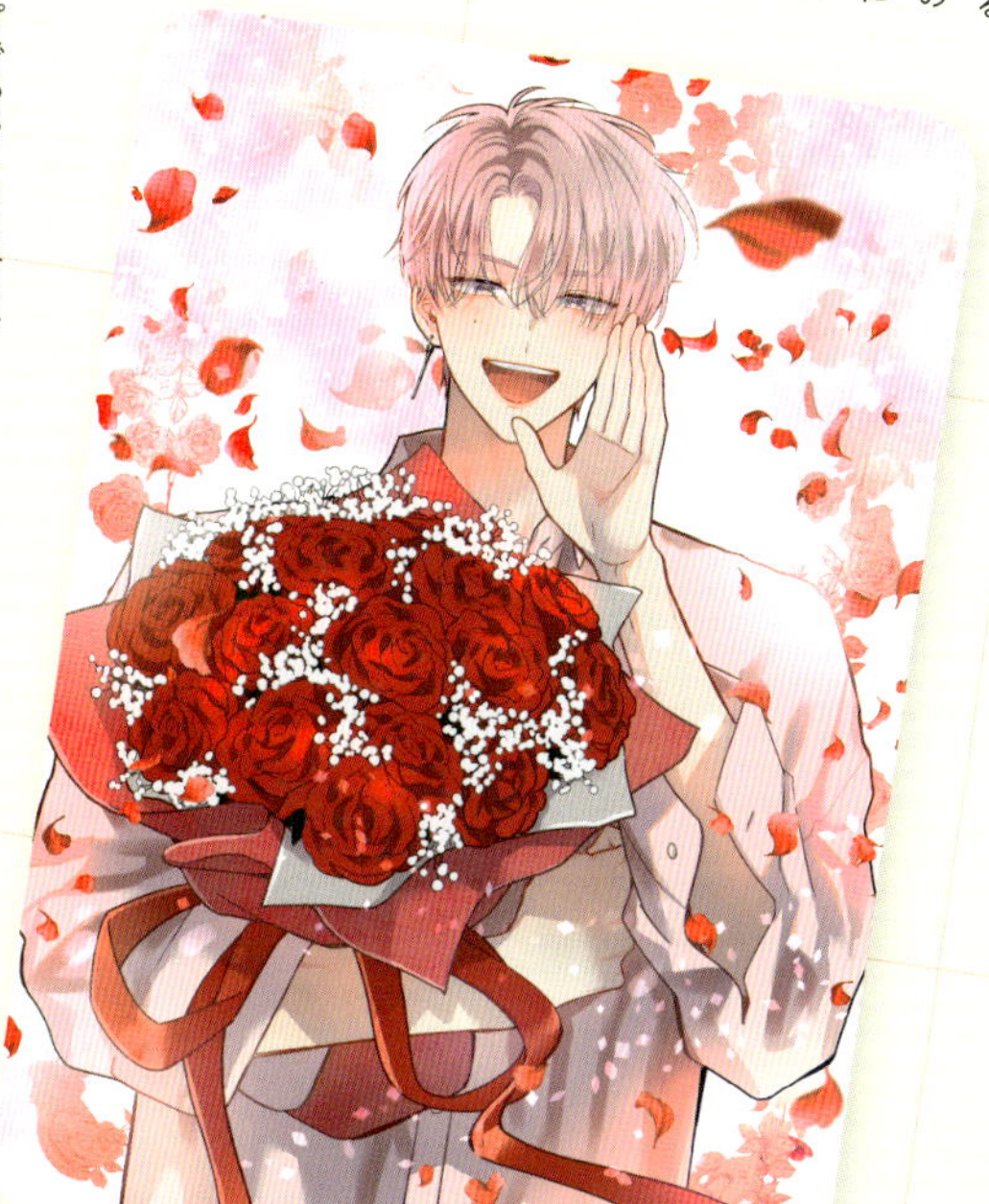

●石橋ナツキ：かわいい担当ですが、顔が完全に女の子になってしまわないよう気をつけています。あくまでイケメンの範疇で。かわいすぎると裏の時の違和感が強くな

いたのですが、『F/ACE OFF』はまさにそのイメージ通りでした。MVは本物のアイドルさながらで最初に観たときはもう大興奮です。原作ではあまり活用できていないF/ACEポーズもたくさん使っていただいていて嬉しかったです。『Supernova』の歌詞「損だぜ SONG SONG」はおふざけのノリで考えたものだったので、まさかこんなにおしゃれな曲になって帰ってくるとは思いませんでした(笑)。『Eyes On You』は、メンバーの名前がさりげなく隠されている歌詞の巧みさに震えました。声優の皆さんの歌声がキャラクターそのものので、F/ACEが現実世界に降臨したかのような不思議な気持ちです。

Q3 前作『高嶺と花』の主人公が高慢な御曹司だったことから、その真逆の「袋をかぶっちゃうくらいのジメジメ系ストーカーを描きたい」という気持ちが多聞というキャラクターのスタート だったそうです。そこから現在の裏表のあるアイドル像にどう辿り着いたのでしょう?

A3 最初はアイドルらしくキラキラ王子様キャラで行こうと思っていたのですが、裏のジメジメとのギャップが大きいほうが面白いよね、ということで表はセクシー&ワイルドになりました。

Q4 「ジメ原さん」に続く裏の顔「ヤミ原さん」の思い詰めた、それでいて有無を言わせぬ押しの強いストーカー感に危うい可愛さ、ひいては色気すら感じます。色気は意識されていますか?

A4 ヤミ原は恋愛感情がからんだ時にだけ出現する人格なので、怖いだけじゃなく読んでいる方にドキドキ感を味わってもらいたくて意識して描いています。そこを色気として感じ取っていただけたのかもしれません。

Q5 ジメ原さんが袋をかぶっているイメージはスタートからあったそうですが、キノコを生やしていることも最初から決めていたのでしょうか?

A5 最初にキノコを描いた理由は、イケ原からジメ原への切り替わりを視覚的にわかりやすくするためでした。使い勝手がいいので、その後はいろんな使い方をして遊んでいます(笑)。

Q6 多聞くんを〝神〟と崇めて推し、ひょんなことから多聞宅のハウスキーパーを務めることになるヒロイン・木下うたげをどのように考えたのか教えてください。

A6 アイドルとの恋愛を描く以上、人目につく場所だとまずいので、家の中を舞台にできるよう、うたげはハウスキーパー設定にしました。そして多聞がネガティブなので励ましてくれる女の子がいいなと思い、全肯定オタクになりました。多聞がストーカー設定だった時は、何事にも動じない冷静な女の子を主人公にするつもりだったので、うたげも初期設定ではクールでした。

Q7 うたげが多聞を讃える多様な言葉の数々がいつも楽しく気持ち良いです。どのように考えているのでしょう? そもそもジメ原さんの自己完結な自虐フレーズも、いつもリズムよくスラスラと出てくるなと感じています。

A7 うたげのオタクセリフはSNSで見かけるアイドルオタクの皆さんの言動を参考にしつつ、耳慣れない単語や言い回しを意識して使うようにしています。また多聞の自虐フレーズはリアルに書くと暗くなってしまうので、虫やごみに例えるなど、なるべくギャグっぽくなるよう気をつけています。

Q8 うたげが桜利に対して「なんだ…ゴリラか…」と無視しようとするなど、推し以外に清々しいほど塩対応なところも面白く信頼できます。そんなうたげの推しを推す姿に共感する読者はとても多いのではないでしょうか。例えば、多聞の過剰なファンサに「市場破壊もいいところ」とキレ

師走ゆきインタビュー

オタク、別人みたいな推しと出会う

推しを糧に生きる木下うたげは、ハウスキーピングのアルバイトで、まさかの推し・福原多聞宅に派遣される。しかし見る美容液と名高い推しは、別人のように丸まって、ひたすらネガティブな言葉を吐き出していた。そんな推しを必死に励まそうとするが、「ニセモノ」というフレーズにキレてしまい、深いオタク愛をぶちまけるのだった。

福原多聞（ふくはら たもん）

人気アイドルグループ・F/ACEのセクシー&ワイルド担当にして、絶対的センターの爆イケ☆アイドル。しかし、それはアイドルとしての表の顔で、普段はジメジメしすぎてキノコを生やす「ジメ原」という裏の顔でひっそりと暮らしている。とてつもなく自己評価は低いが、プロ意識は高い。「世界中の人を笑顔にしたい」という想いからアイドルになった。

裏 ジメ原さん

いつだって死にたい、安定のネガティブ。

自己肯定感が低すぎて、自分を貶める言葉が止まらない！

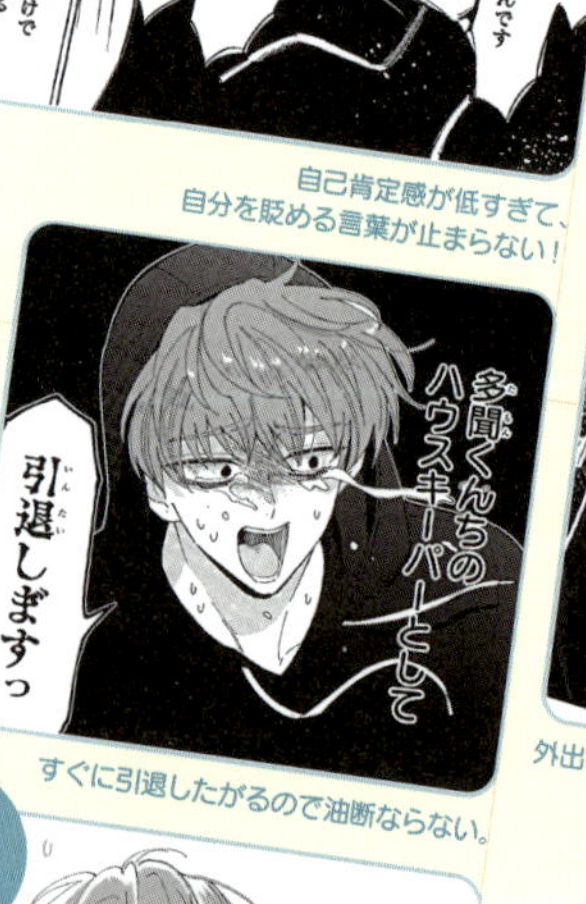

すぐに引退したがるので油断ならない。

外出は世を忍ぶ袋かぶりスタイルで。

表 イケ原くん

セクシー&ワイルドに、今日もたくさんのオタク＝ガールフレンズを狂わせるイケ原くん。

ヤミ原

日々励ましてくれるうたげのおかげで、少しずつ心境にも変化が出てきたジメ原さん。そんなうたげに、ひょんなことから「嫌われるのは苦しい」と言われモヤモヤ。もう一度同じ言葉を引き出したくて――ヤミ原、発動！

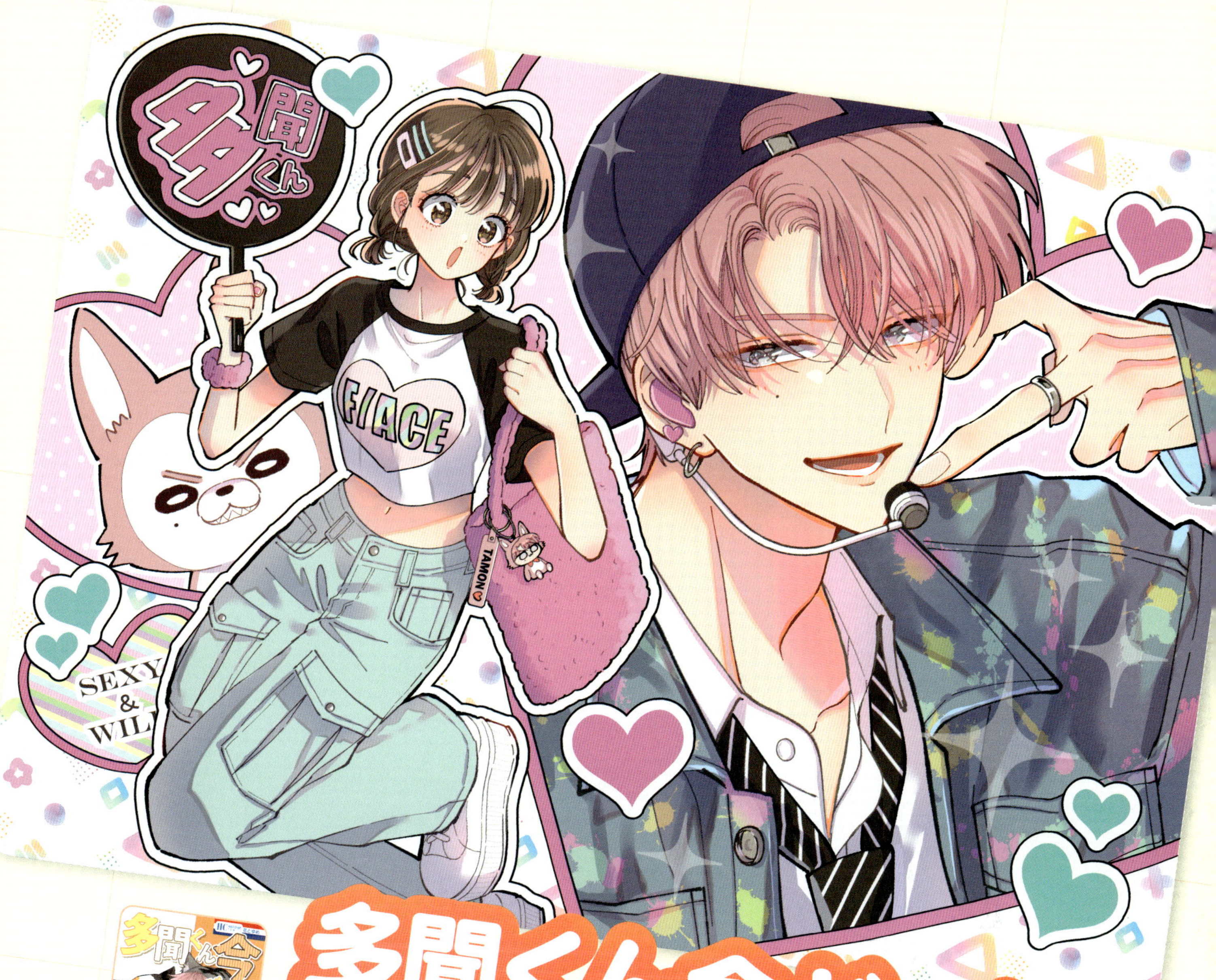

多聞くん今どっち!?
師走ゆき

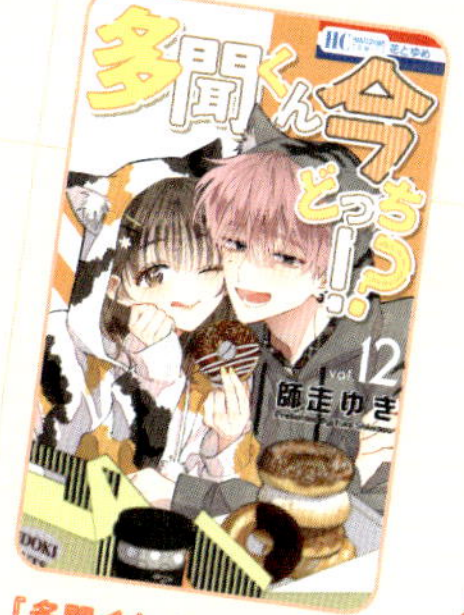

『多聞くん今どっち!?』
1～12巻発売中！
花とゆめコミックス
●発売：白泉社
●価格：594円（税込）

「推し」を糧に生きる高校生・木下うたげがハウスキーピングのアルバイトで訪れたのは、まさかの推し・福原多聞の自宅だった。けれど、セクシー＆ワイルドな推しの姿はどこにもなく、別人みたいに自己肯定感の低い「ジメ原さん」が膝を抱えて座っているのだった。ネガティブすぎる「推し」を引退させないために、うたげの叱咤激励の日々が始まる。そんな多聞をはじめ、裏表がありすぎるアイドルグループF/ACEが活躍するハイテンション推し活ラブコメディ『多聞くん今どっち!?』は絶好調で連載中！　来年1月からはアニメ放送も控える本作の著者・師走ゆきさんにインタビューを敢行！

しわす・ゆき／福岡県出身。2009年「ことだまころころ」で白泉社アテナ新人大賞を受賞してデビュー。以降「花とゆめ」（白泉社）にて活躍中。2021年からは『多聞くん今どっち!?』の連載がスタートし、現在コミックスは12巻まで発売中。また2025年1月よりテレビアニメ化も決定。そのほかの作品には2019年に実写ドラマ化もされた『高嶺と花』（全18巻）などがある。

Q1　まずは来年一月より放送の『多聞くん今どっち!?』のアニメ化、おめでとうございます！　アニメ化が決定した時の師走さんのお気持ちはどんなものでしたか？　また原作者としてアニメにどんな関わり方をされているのかも教えてください。

A1　ありがとうございます！　自分の漫画がアニメ化するのは長年の夢だったので、とにかく嬉しかったです！　アニメには設定画、脚本、グッズなどの監修で関わっています。アフレコ現場にも時々お邪魔していました。

Q2　アニメ化を受け、多聞くんが所属するアイドルグループF/ACEの『F/ACE OFF』『Eyes On You』『Supernova』といった楽曲MVやリリックビデオも公開されました。動くF/ACEが嬉しく格好良く、大興奮です！　師走さんは動画をご覧になっていかがでしたか？

A2　F/ACEのイメージを、レザーと鎖が似合うイケイケグループとお伝えして

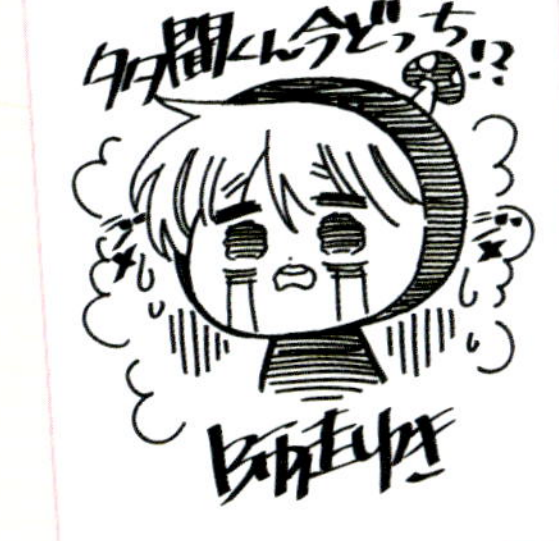

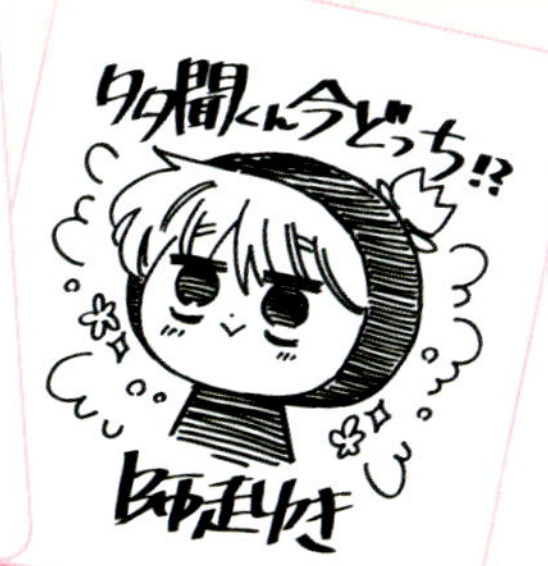

師走ゆき
直筆サイン色紙
2名様にプレゼント！
詳しくは巻末
プレゼントコーナーへ。

天宮こころの衣装デザイン

VTuber事務所「にじさんじ」に所属する、天宮こころちゃん。ここでは、ママであるさくらしおりさんが描いた、天宮こころちゃんが愛用する「ゆめふわパーカー」&「クリスマス衣装」のデザイン画を初公開！

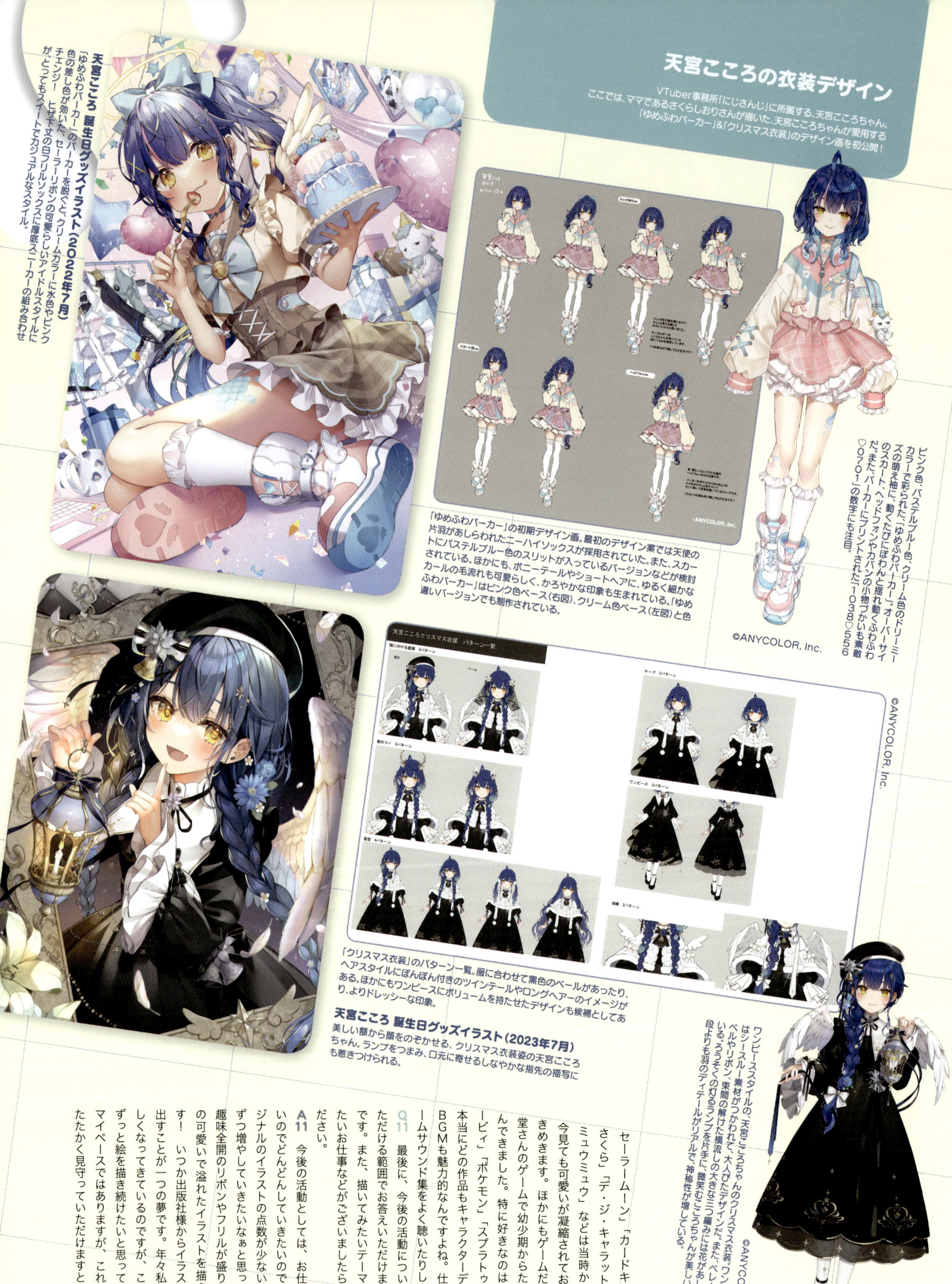

天宮こころ 誕生日グッズイラスト（2022年7月）

「ゆめふわパーカー」のパーカーを脱ぐと、クリームカラーに水色やピンク色の差し色が効いた、セーラーリボンの可愛らしいアイドルスタイルにチェンジ！ ヒザ下丈の白フリルソックスに厚底スニーカーの組み合わせが、とってもスイートでカジュアルなスタイル。

「ゆめふわパーカー」の初期デザイン画。最初のデザイン案では天使の片羽があしらわれたニーハイソックスが採用されていた。また、スカートにパステルブルー色のスリットが入っているバージョンなどが検討されている。ほかにも、ポニーテールやショートヘアに、ゆるく細かなカールの毛流れも可愛らしく、かろやかな印象も生まれている。「ゆめふわパーカー」はピンク色ベース（右図）、クリーム色ベース（左図）と色違いバージョンでも制作されている。

ピンク色、パステルブルー色、クリーム色のドリーミーカラーで彩られた「ゆめふわパーカー」。オーバーサイズの萌え袖に、動くたびにぽわんと揺れ動くふわふわのスカート。ヘッドフォンやカバンの小物づかいも素敵だ。また、パーカーにプリントされた「1038♡556♡0701」の数字にも注目。

「クリスマス衣装」のパターン一覧。服に合わせて黒色のベールがあったり、ヘアスタイルにぽんぽん付きのツインテールやロングヘアーのイメージがある。ほかにもワンピースにボリュームを持たせたデザインも候補としてあり、よりドレッシーな印象。

天宮こころ 誕生日グッズイラスト（2023年7月）

美しい額から顔をのぞかせる、クリスマス衣装姿の天宮こころちゃん。ランプをつまみ、口元に寄せるしなやかな指先の描写にも惹きつけられる。

ワンピーススタイルの、天宮こころちゃんのクリスマス衣装。ワンピースの裾はシースルー素材がつかわれて、大人びたデザインだ。また、ベレー帽子にはベルやリボン、束間の解けた横流しの大きな三つ編みには花があしらわれている。ろうそくの灯るランプを片手に、微笑むこころちゃんが美しい。また、普段よりも羽のディテールがリアルで、神秘性が増している。

セーラームーン」「カードキャプターさくら」「デ・ジ・キャラット」「東京ミュウミュウ」などは当時から好きで今見ても可愛いが凝縮されており心がときめきます。ほかにもゲームだと、任天堂さんのゲームで幼少期からたくさん遊んできました。特に好きなのは「星のカービィ」「ポケモン」「スプラトゥーン」で、本当にどの作品もキャラクターデザインもBGMも魅力的なんですよね。仕事中にゲームサウンド集をよく聴いたりします。

Q11 最後に、今後の活動についてお話いただける範囲でお答えいただけますと幸いです。また、描いてみたいテーマやしてみたいお仕事などがございましたら教えてください。

A11 今後の活動としては、お仕事も楽しいのでどんどんしていきたいのですがオリジナルのイラストの点数が少ないので少しずつ増やしていきたいなぁと思っています。趣味全開のリボンやフリルが盛りだくさんの可愛いで溢れたイラストを描きたいです！ いつか出版社様からイラスト画集を出すことが一つの夢です。年々私生活が忙しくなってきているのですが、これからもずっと絵を描き続けたいと思っています。マイペースではありますが、これからもあたたかく見守っていただけますと幸いです。

胡桃澤もも 誕生日グッズイラスト（2024年8月）

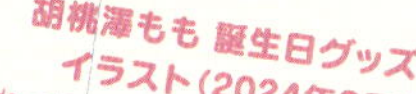

普段の姿とは変わって、ベレー帽に編み込みのツインテールスタイル。オッドアイの瞳がきらめく、ケーキを食べようとする表情がとても愛くるしい。また、プレゼントボックスの中に入るアイデアは胡桃澤ももちゃんからの提案だそう。バルーンやリボンも飾られて、お誕生日の華やかなムードを感じる。柔らかな白いライティングがよりメルヘンでドリーミーな一枚に仕上げている。

▼「星の王子様衣装」の初期デザイン画。肩掛けローブや、紺色と赤色の色づかいのジャケットを着こなすももちゃんはとても美しく、高貴な印象を抱く。またくるんとした毛が引き立つショートヘアーも素敵。完成した星の王子様衣装では、かぼちゃパンツが加えられており、より可愛らしさが増しているので、ももちゃんのチャンネルをチェックしていただきたい。

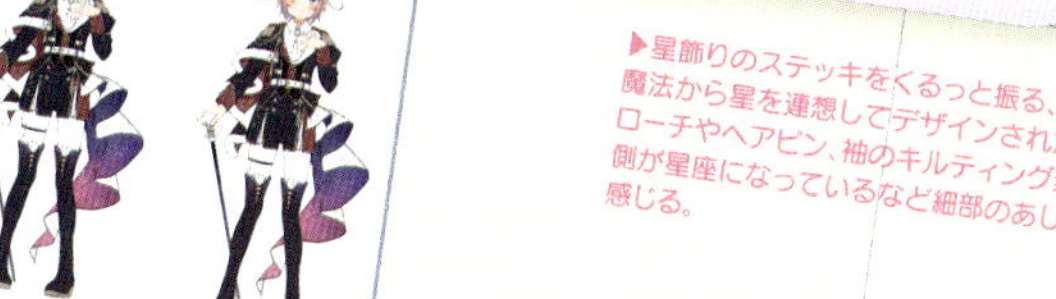

▶星飾りのステッキをくるっと振る、魔法少女の胡桃澤もも。魔法から星を連想してデザインされた衣装となっており、ブローチやヘアピン、袖のキルティング素材の星、スカートの裏側が星座になっているなど細部のあしらいからもこだわりを感じる。

VTuber
胡桃澤もも
YouTube＝胡桃澤もも / kurumizawamomo
X=@kurumizawamomo

悪くなるので、グローブは特に必需品です！　自撮り棒は、ポージングや服のしわを参考にしたいときに自撮りをするのにつかいます。

ほかにも飲み物はカフェオレ（砂糖無し）が大好きで、珈琲メーカーで作った珈琲に牛乳をたっぷり入れて飲みます。これが無いと作業に集中できないので、珈琲豆と牛乳は切らさないように気を付けてます（笑）。

Q9　衣装をデザインしたり描くときに、日常生活のなかで意識すると良いことについてお聞きしたいです。

A9　SNSを見ていて「可愛いな」と思った衣装をブックマークするようにしています。あとは女性アイドルのMVを観るのが好きなので、そこから着想を得たりもします。またウィンドウショッピングをすると、「今はこういう系統や素材の洋服が流行っているんだなぁ〜っ」という発見があるので楽しいです。

Q10　アニメや漫画、小説、音楽、ゲーム、映画などジャンルを問わず、さくらしおりさんが好きな作品や作家さんについて教えてください。

A10　幼少期から大好きで読んでいるのは、漫画雑誌「ちゃお」「りぼん」「なかよし」「まんがタイムきらら」です。小さい頃から絵を描くことが好きだったので、キャラクターの描き方などよく参考にしていました。瞳が大きくてキラキラしている絵柄が好きになったきっかけだと思います。高校〜大学時代は油絵科に属していたので美術作品もとても好きです。特に好きな画家はウィリアム・ターナーで、やわらかい光の描き方に当時とてもあこがれていました。自分が好きな作家さんや作品の傾向は、独自のスタイルや絵柄を追求されている方、一目見て「この人の絵だ！」となる方の絵がすごく大好きで尊敬しています。あとは世代ということもあって、平成初期の絵柄や衣装デザインも好きです。「美少女戦士

VTuber
天宮こころ
（にじさんじ）
X=@amamiya_kokoro
Youtube= 天宮 こころ / Amamya Ch.

◀巫女衣装から制服姿へと衣装チェンジした天宮こころちゃん。パフスリーブでフリルのカットが施された長袖ジャケットに、ボタンチェーンが掛かったコルセット、裾がストライプ柄のスカートなど、細部までこだわりを感じられる美しいデザイン。くすんだ水色を基調としたなかに入る紺色のラインからもクラシカルな印象を抱く。また、特徴的な鈴やクロスヘアピンの飾りに、ベレー帽を被ったハーフツインのヘアスタイルも魅力的だ。

天宮こころ 誕生日グッズイラスト（2024年7月）

ケーキをぺろっと味見する、天宮こころちゃんの無邪気な表情に癒される。ソファや星の吊るし飾り、プレゼントボックス、バタフライティーや青い薔薇などのアイテムは、こころちゃんをイメージしたカラーでまとめられており、心ときめく。羽がふわりと舞い、光の粒子がきらめく描写からも、こころちゃんの一番可愛い瞬間をカメラで捉えたかのよう。

せたかったので、スカートはパーカーより短めに、足元はシンプルにお仕立てしています。

ちなみにこれは私のこだわりなのですが、自分が担当した4名のVTuberさんは、個性を出すため目の形が絶妙に違います！　また、3D化したときに映えるよう、〝揺れる物〟を付けて動きが出る衣装にすることも意識しました。

新衣装制作で大事にしていることは、ライバーさんのご要望を取り入れつつそのライバーさんのシンボルになる装飾や小物などを出来るだけ組み込み、キャラクター性を失わないデザインにすることです。あとは自分が担当していないVTuberさんの新衣装を仕立てる場合は、お顔が浮かないように描きこみ量を調整し全体のバランスを意識しています。

Q4　ぽわんとスカートやフリルが揺れる、ドリーミーな衣装を身にまとった女の子たちがとっても可愛いです！　VTuberさんである胡桃澤ももちゃんの衣装（22ページ掲載）では、胸下辺りでくびれて、そこから大きなスカートと小さなスカートが広がるデザインがとても印象的です。また、腰にある大きなリボンが長めに垂れていたり、全体のシルエット感も素敵です。女の子の衣装をデザインされるときに、絵的な見映えで意識されていることについて教えてください。

A4　抽象的ですが、一目見て「可愛い！」って思ってもらえるデザインにするよう心がけています。自分の可愛いと思う感覚は、制作する上でとても大切にしています。あとはメインの色と差し色選びは結構気をつかいます。例えば「絵師100人展」に出展したイラストは、「晴れ」がテーマだったので青空をイメージした色を多く取り入れました。ただ、淡い色だけで仕上げると絵の印象がぼんやりしてしまいそうだったので、髪と胸元のリボンと蝶々に紺色を取り入れています。一枚絵もVTuberさんの新衣装も制作しているときも、絵を引きで見て、全体の色彩やデザインのバランスをよく観察します。

Q5　さくらしおりさんは、ヘアスタイルや着こなしを変えることで、バリエーション豊かなコーディネートを考えられていると思います。例えばフードやケープを脱ぐことができたり、ケモ耳が生えたりと、一つの衣装でもいろんな姿を見られる楽しさがあります。そういった着こなしのアイデアは、どのように膨らませているのでしょうか？

A5　衣装の差分はライバーさんとご相談の上、制作することがほとんどです。こういう差分が欲しいとご要望をいただいた際には必ず応えるようにしています！

差分制作は大変ですが、新衣装お披露目の配信の際に差分があることにリスナーさんたちがすごく喜んでくれるので、そのときにとてもやりがいを感じます。

Q6　天宮こころちゃんの3Dでは、髪やスカート、背中の羽根がふわふわと揺れてとても可愛いです！　また、かぼちゃパンツや、ソックスとガーターベルトの境目に鱗模様がチラ見えしている細かなあしらいにときめきます。Live2Dや3Dになる前提で描く場合、衣装や髪型をデザインするときの考え方も変わってくるのではないかと思います。例えば、揺れや膨らみなど、「動き」があることを前提としたデザインをするときに、どのようなことを意識されているのでしょうか？

A6　「揺れものをたくさん増やす」ことを意識しています。例えば、ポニーテールやツインテールだったり、衣装から垂れるベルトや、リボン、イヤリングなど踊ったときなどに動きが出やすく映えるデザインを心がけています。Live2Dや3Dデザインで共通で意識していることは、ファンアートで描いて貰いやすいようあまり難しい造形の装飾を付けないようにしています。ただ時々、衣装デザインの作画コストが高いというお声もいただくので、そこは自分の課題だなと思っています…！

Q7　ここ最近のなかで、さくらしおりさんご自身が興味のあるファッションについて教えてください。また、描いてみたいファッションもありましたらお聞きしたいです。

A7　天使界隈のようなパステルカラーと白色を基調としたY3Kを取り入れたファッションのイラストをすごく描いてみたいです！　淡い色味でまとめるコーデにとても惹かれます。あとはフリルをふんだんにつかったロリータファッションの女の子ですかね…！　自分が好きで買う洋服はWILLSELECTION、最近だとGUもよく買います。ウィンドウショッピングをした際に、様々なお店でビビッときたものを買います！

Q8　作業環境や絵を描くときに欠かせないアイテムを教えてください。

A8　ソフトは「CLIP STUDIO PAINT」を使用しています。ペンの種類や商業利用OKの素材がとても豊富で重宝しています。絵を描くときに使用している欠かせないアイテムは、左手デバイスと右手のグローブ、自撮り棒です。左手デバイスは「CLIP STUDIO TABMATE2」を使用していて、右手グローブは百均や薬局で買った綿手袋の、人差し指と親指の部分だけハサミで切ったものを使用しています。手汗などで滑りが

VTuber
咲来希々
YouTube=咲来希々
X=@sakuranono_v

咲来希々
個人VTuber デビュー記念 グッズイラスト（2023年）
ママであるさくらしおりさんが描いた、VTuber・咲来希々ちゃんのイラスト。ツインテールを揺らしながら、トランプを口元に寄せた表情に目を奪われる。また、胸元から腰へのラインが美しく、チラ見えするおヘソがセクシー&キュートなバニーガール姿。うさぎをイメージしたモチーフ付きのガーターベルト・シースルーニーハイソックスも素晴らしい。

VTuber
甘音あむ
YouTube=
甘音あむ / Amane Amu
X=@Amu_amane

甘音あむ
歌ってみた「ヴァンパイア」イラスト（2024年6月）
死神界から人間界へと追い出されてしまった甘音あむちゃん。牙の生えたフードからのぞく、小悪魔っ子らしさ溢れる表情がとってもキュート♡　前髪に入る黒色のメッシュや、グラデーションがかったパープルカラーのツインテールも魅力的だ。縫いアトがある使い魔も居たりと、ダークな可愛さがある。

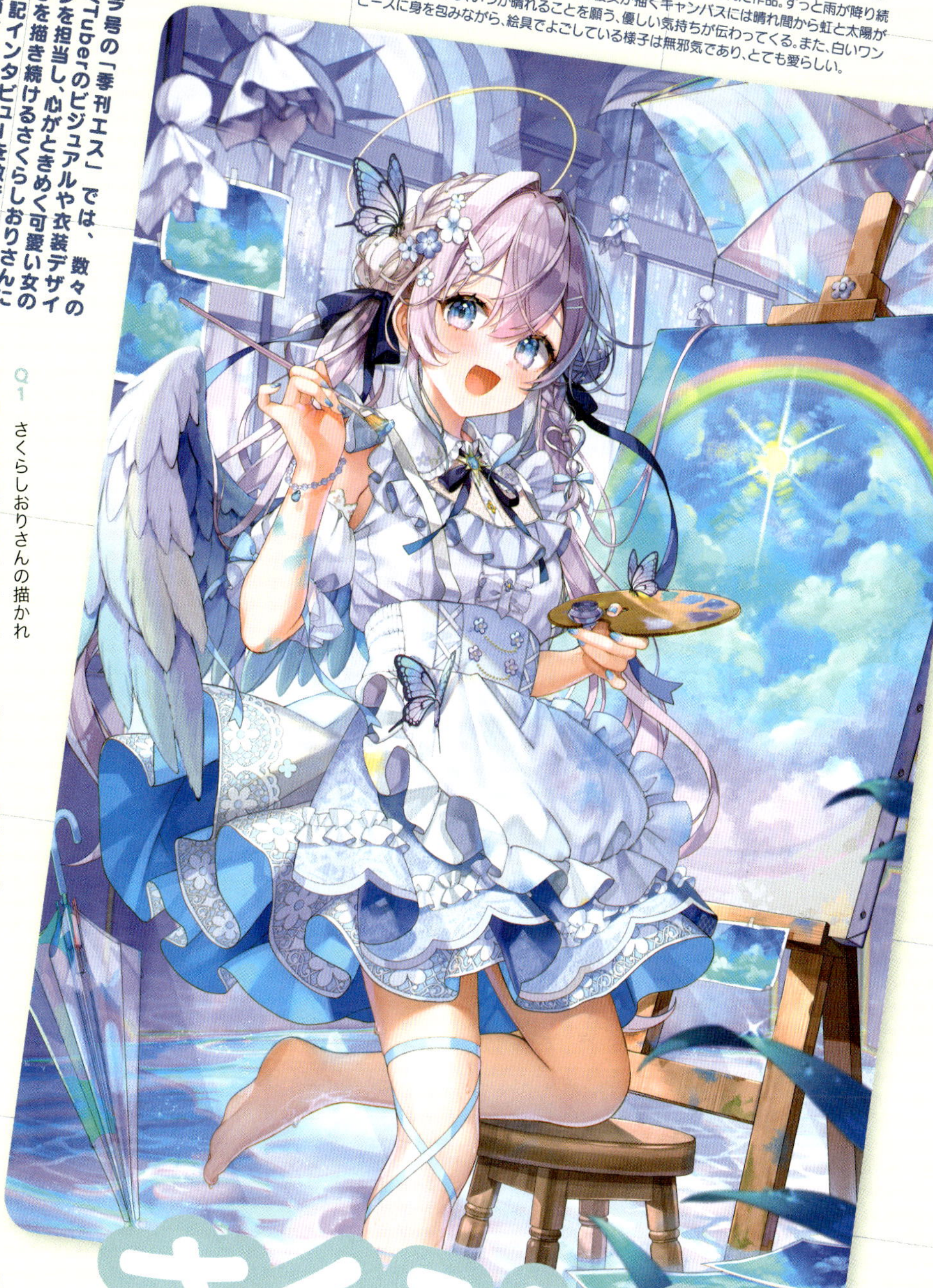

さくらしおり

今号の「季刊エス」では、数々のVTuberのビジュアルや衣装デザインを担当し、心がときめく可愛い女の子を描き続けるさくらしおりさんに筆記インタビューを敢行！ 女の子の描き方をはじめ、構図やカメラワーク、衣装デザインについて、たっぷりとお話いただきました！

さくらしおり／イラストレーター。これまでに天宮こころ（にじさんじ）、胡桃澤もも、咲来希々、甘音あむ（Neo-Porte）のデザインを担当している。また、数多くの衣装デザインを担当。2025年4月に開催された「絵師100人展 15」にも参加した。

X=@shior2
pixiv id= 213348
BOOTH=
https://xxxsi.booth.pm/

「いつか晴れるおまじない」
©産経新聞社／さくらしおり
「絵師100人展 15」（2025年4月） 描き下ろしイラスト
「絵師100人展 15」のテーマである「晴れ」をイメージして描かれた作品。ずっと雨が降り続けている街に住んでいる天使の女の子。彼女が描くキャンバスには晴れ間から虹と太陽が顔を覗かせており、いつか晴れることを願う、優しい気持ちが伝わってくる。また、白いワンピースに身を包みながら、絵具でよごしている様子は無邪気であり、とても愛らしい。

Q1 さくらしおりさんの描かれる、明るい笑顔で包み込んでくれるような女の子たちに癒されいます。空間の光を受けて、うるっときらめく瞳がとても美しいです。まつ毛にも緻密に色があしらわれており、ぱっちりとした印象でありながら、優しげな印象も抱きます。また、編み込みやお団子、ポニーテールなど様々なヘアスタイルも魅力的です。まずは女の子を描いていて楽しいところについて教えてください。

A1 一番はお顔、特に瞳が描いていて楽しいです。ときどき、「目の描き方でさくらさんのイラストだって分かりました」と言っていただけることもあり、瞳は個性が出やすい部分なので特に大事にしています。ほかにも、髪型や洋服のデザインを考えて描いているときがとても楽しいです。フリルや小物が多いデザインを描くときは、よりテンションが上がります！

Q2 さくらしおりさんの描かれるイラストの、女の子が一番可愛く見える瞬間を捉えているかのようなカメラワークに惹かれています。女の子がメインの構図となるとき、カメラワークで意識していることについて教えてください。

A2 その子が着ているお洋服のデザインが一番映えやすい構図を特に意識しています。例えば、フリルの多い衣装はアオリ構図にしてふわっとボリューム感を出してみたり、可愛いポイントとなる装飾が付いていたらそれが目立つようなポージングにしたり…！ あとは、その子の性格が内気で恥ずかしがり屋・あざとい子だったらフカン構図で少し上目づかいに。元気いっぱいの子だったらアオリ構図で躍動感を出してみたりなど、性格や描きたいシチュエーションでカメラの位置を選んでいます。

Q3 さくらしおりさんはこれまでVTuberさんのママになられたり、依頼を受けたライバーさんの新しい衣装を仕立てられていると思います。依頼を受けた子たちの姿や新衣装を考えられるときに、大事にしていることについて教えてください。

A3 自分が担当しているVTuberさんのデザインで心がけたことは、コンセプトを汲み取り、シルエットだけでも分かりやすいデザインにすること、特徴的な装飾や小物を付けることです。企業様VTuberさんの場合は、既存の属している先輩ライバーさんたちと髪色と目の色の組み合わせが全く同じにならないように配慮しています。また、これも共通することで、VTuberさんは配信中、基本的に上半身を映していることが多いので、上半身にキャラクターのシンボル的なマークや装飾など情報量を多く持ってくるように意識しています。

天宮こころちゃんのデザインは、青龍の巫女さんというコンセプトから、青髪に神楽鈴をイメージした鈴飾りを付けました。また、鈴の色と合わせて瞳を黄色にしています。清涼感をより出すために青色の髪にグラデーションで水色を足したり、特徴的な形のくせ毛を追加してキャラクターの個性も出しました。

胡桃澤ももちゃんのデザインは、魔法少女がコンセプトだったので、一目で魔法少女だと分かるよう、星の造形をメインにブローチやステッキをデザインしました。髪がピンク色なのは、同時にデビューするほかのライバーさんと色が被らないように事前に運営さんと相談し決まったお色です。

咲来希々ちゃんはご自身がうさぎが大好きで、モチーフに取り入れたいというご要望もあり、うさぎ耳のパーカーにしたり、ポケット部分にマスコットを付けてみました。パーカーの下に着ているお洋服は夏でも使えるよう、肌の露出を増やして一つの衣装でもオールシーズン着れることを意識しています！

甘音あむちゃんは死神のコンセプトなので、包帯を巻いていたり、装飾に骨を意識したデザインを取り入れています。また、胸下のベルトの金具は「骨盤」の形を崩してハートに見立てたデザインにしました。ほかにも、パーカーのシルエットを強調さ

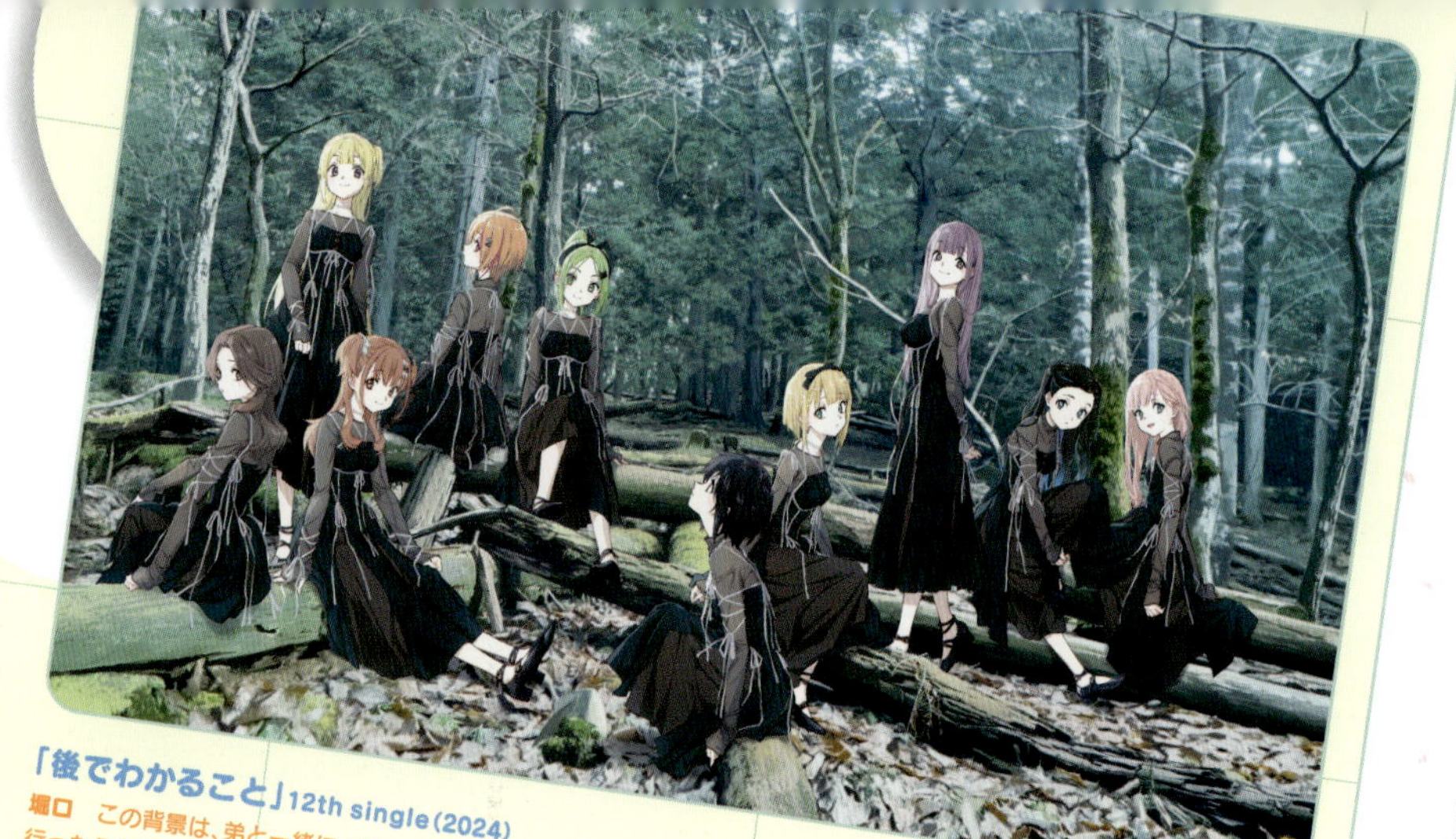

「後でわかること」12th single (2024)

堀口　この背景は、弟と一緒にイラストの資料を探しに出かけた先で撮影した写真をもとにしています。トイレに行った帰りに偶然広がっていた景色で、倒れている木の上にメンバーが座っている姿を想像できたんです。背景は知り合いの方にお願いしているのですが、かなり細かいタッチで描いてくれました。大きなサイズで見てもらいたい絵です。背景はお願いすることが多いのですが、制作時間や内容によって自分でも描くことがあります。

「曇り空の向こうは晴れている」9th single (2022)

堀口　「僕が持ってるものなら」7th single (2021) のジャケットを描いた宇木敦哉さんのカラーリングが美しいんです。実際の衣装よりもかなり明るい配色にされていたので、自分でも淡い色で塗ってみました。実際はチェックの上着を羽織っているのですが、絵にすると重たくなるので、白いシャツにしました。

「シャンプーの匂いがした」2nd single／上から通常版／Type-B／Type-A (2018)

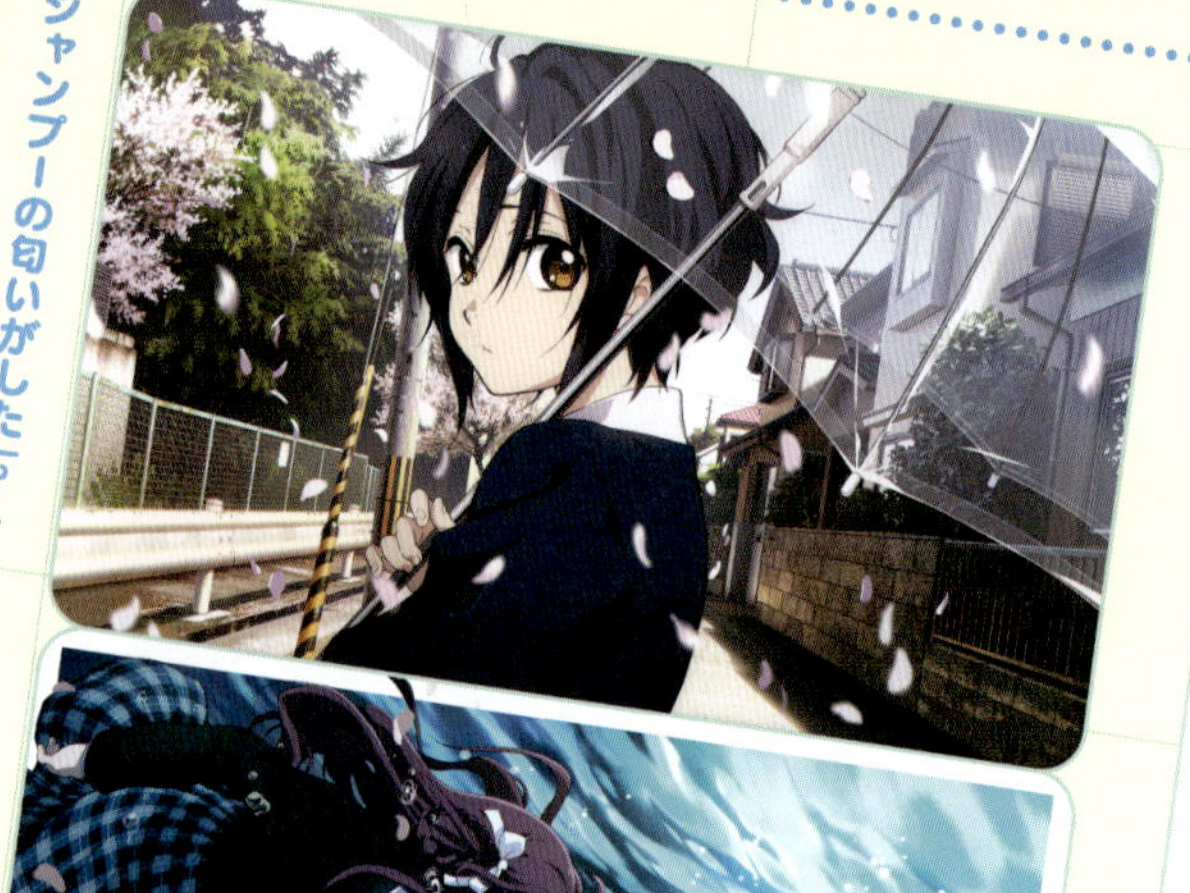

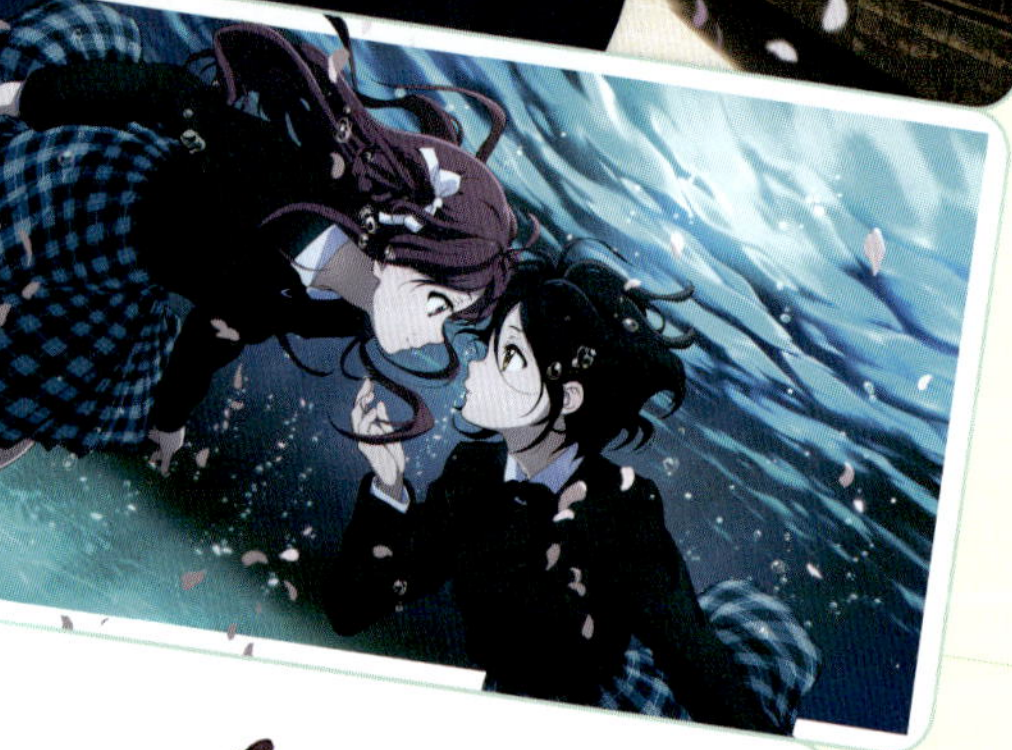

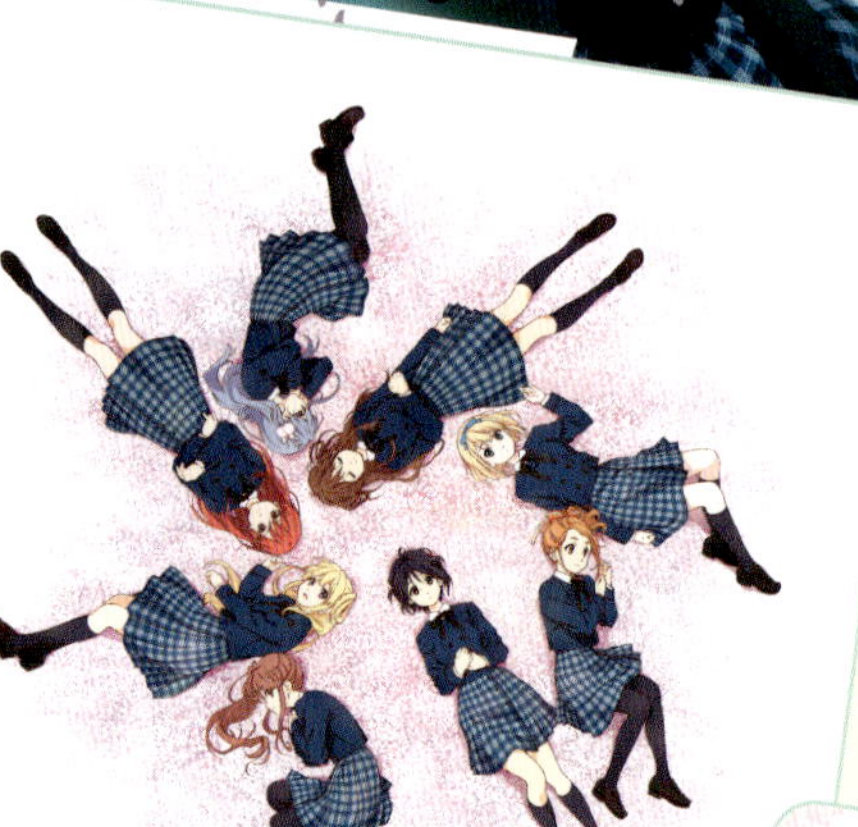

桜の花びらの上に寝転ぶ姿を真上から描いたType-Aのジャケットイラスト。「僕は存在していなかった」のラフ案にも近い構図ではあるが、「シャンプーの匂いがした」では、ラフの段階から背景に色がついていることから、より具体的なイメージを持って描いたのだと伝わってくる。

ラフ

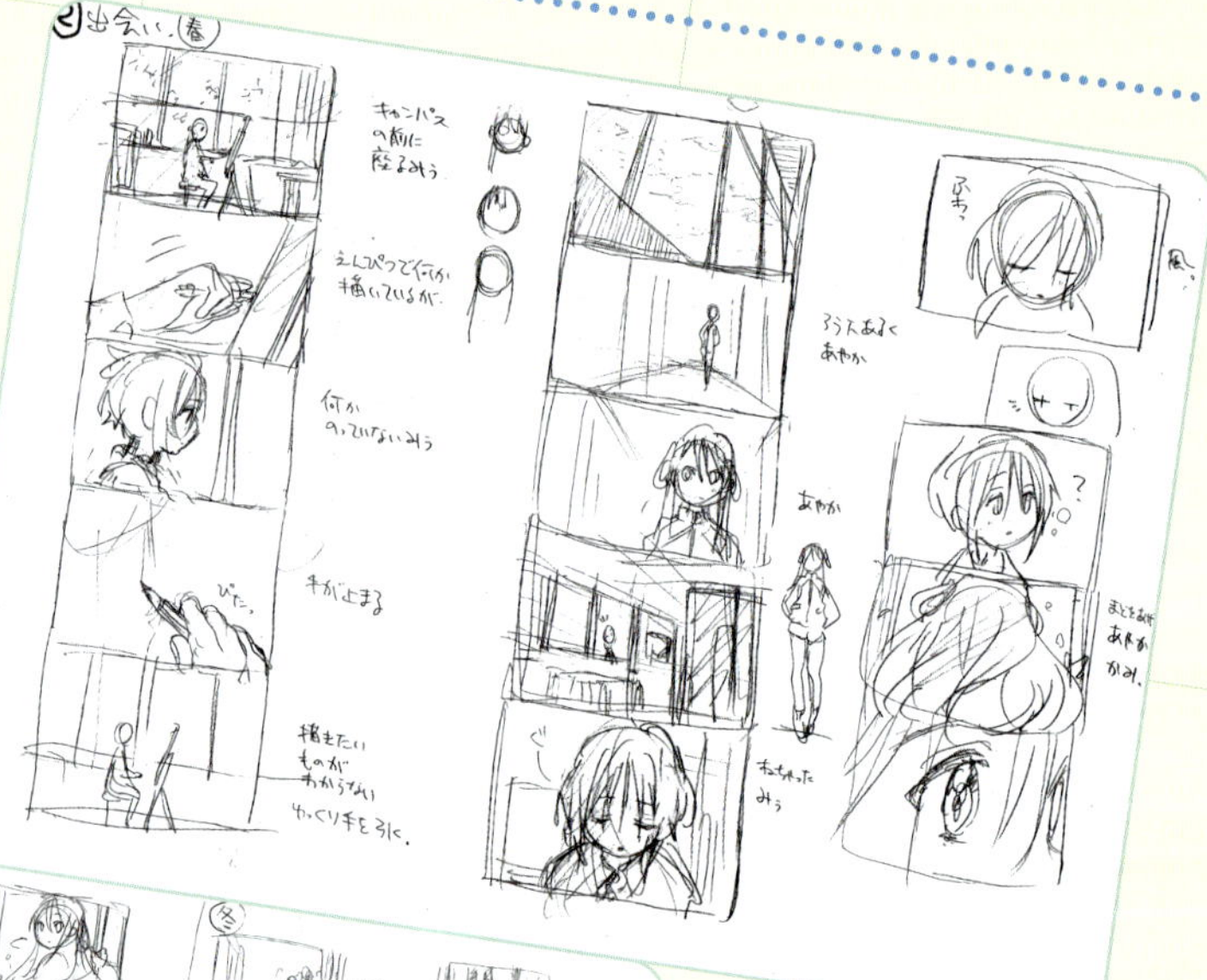

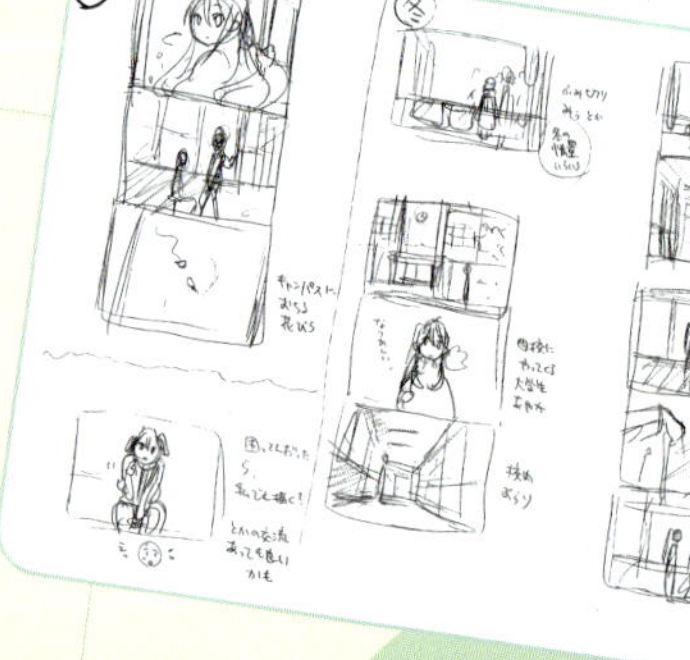

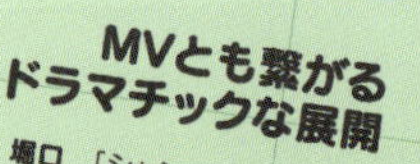

MVとも繋がるドラマチックな展開

堀口　「シャンプーの匂いがした」を聴いて妄想した趣味のメモです。MVを作る前に描いていたもので、制作チームにお渡ししました。とっかかりのひとつとして。

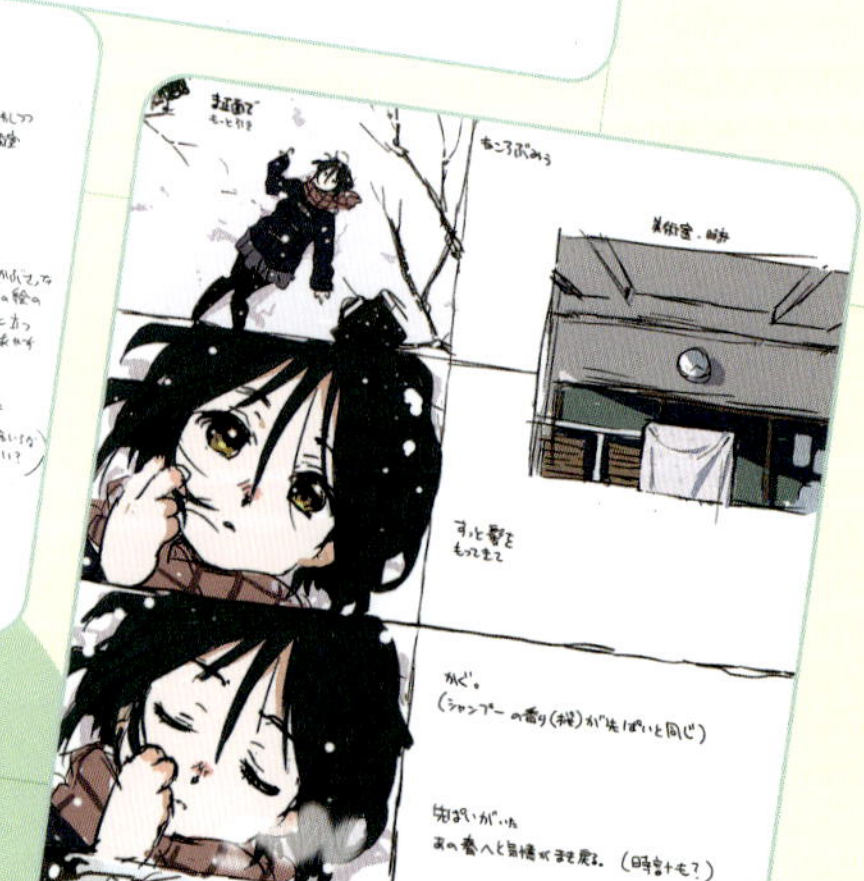

上図は「シャンプーの匂いがした」のイントロを聴いてイメージしたメモ。シャンプーの香りから、先輩がいた春の記憶を思い出すというイメージを描いたもの。みう単体のジャケットイラストの視線が、カメラではなくその先を見つめているようにも感じられるところから物語を想像させられる。

ジャケットイラスト コレクション＆メイキング

これまで堀口が手がけた「22/7」のシングルやアルバムのジャケットイラストから厳選して、制作時のエピソードと共に紹介する。イラスト制作のために描いたラフやイメージメモなども公開！

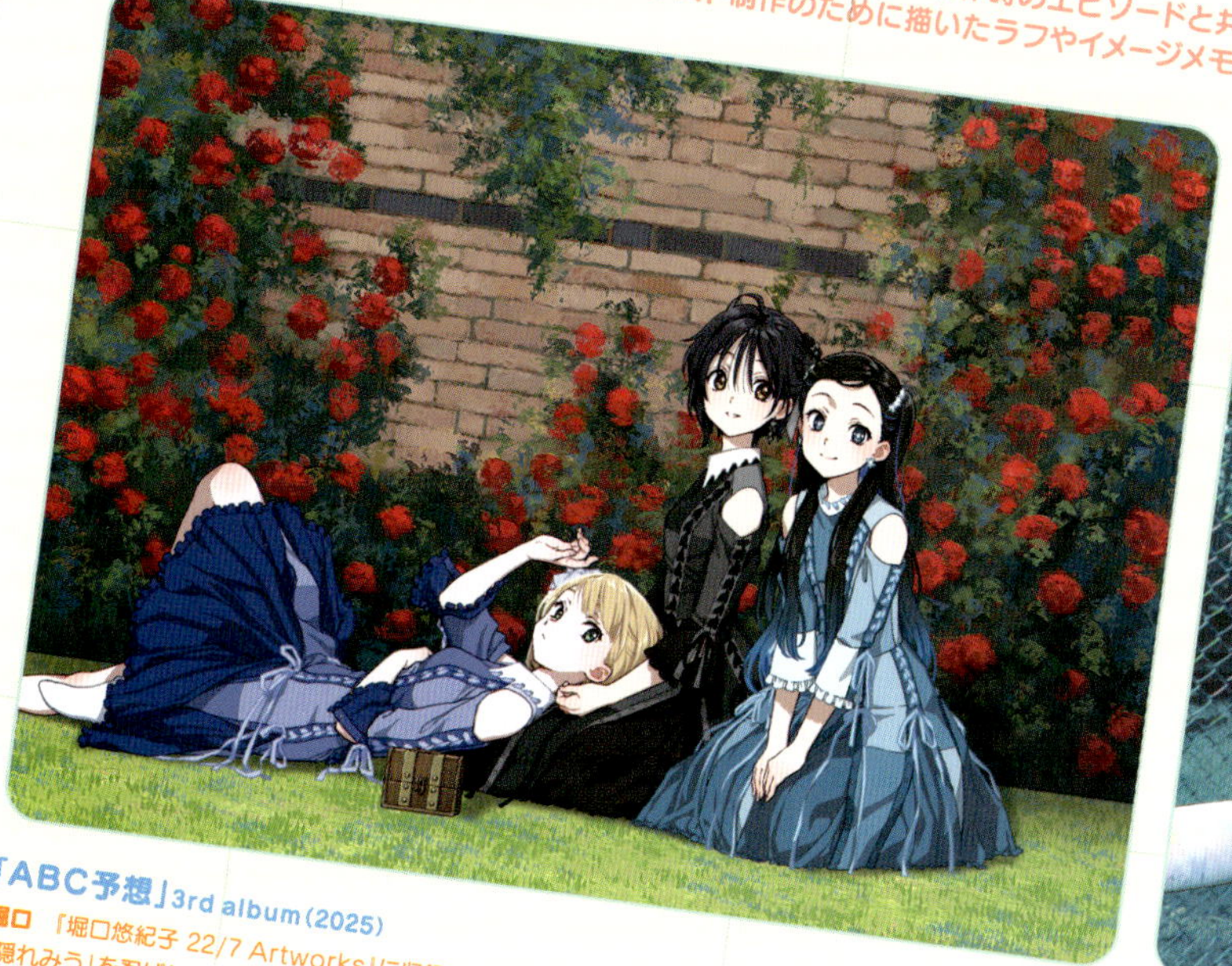

「ABC予想」3rd album（2025）

堀口　「堀口悠紀子 22/7 Artworks」に収録した滝川みう役の西條和さんとの対談で、こっそり「隠れみう」を忍ばせてくれたら嬉しいというリクエストをもらったんです。それで卒業前に歌った「じゃあね／おニャン子クラブ」のMVに登場するタイムカプセルを描いたのですが、よくよく考えるとこのアルバムにはみうがいるので、「隠れみう」ではないことに気づきました（笑）。

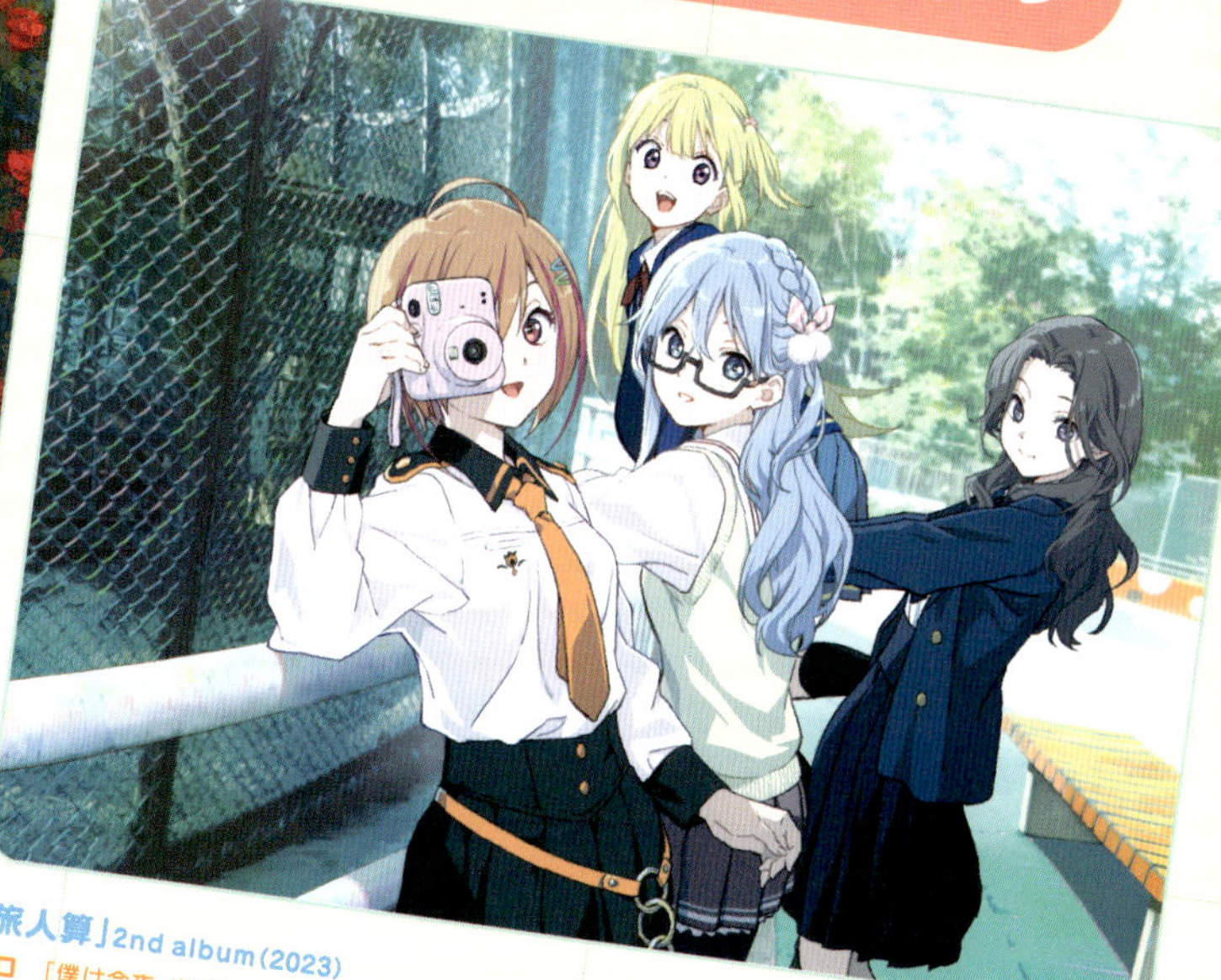

「旅人算」2nd album（2023）

堀口　「僕は今夜、出て行く」のジャケット（10ページ掲載）で、後ろを向かせていた（丸山）あかね。次のシングル「旅人算」で振り向かせるための布石でしたが、このシングルで卒業することに…。悔いがあったので、アルバムでは真ん中にいてもらおうと決めていました。

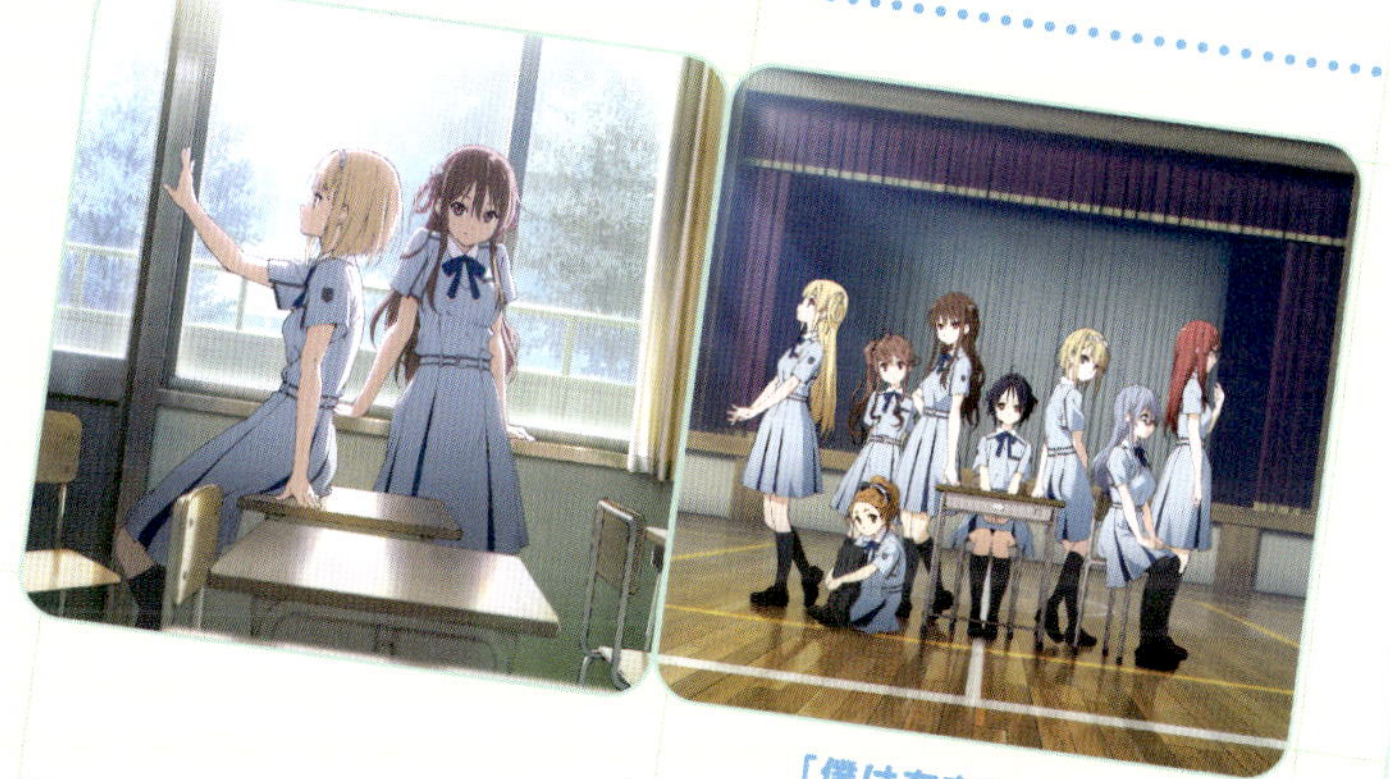

「僕は存在していなかった」
右から：1st single／Type-A・Type-B（2017）

衣装メモ

デビュー曲「僕は存在していなかった」は、ジャケットイラストとMVが学校を舞台に描かれる。Type-Aの広い体育館のなかにポツンと置かれた机に座るみうや、交わることがないメンバーたちの視線からは、孤独や寂しさのようなものがにじむ。だが、差し込む光にどこか希望に似たぬくもりも感じる。また、MVの冒頭、教室で小説を読むみうの姿は、『22/7 「あの日の 彼女たち」day09 滝川みう』の姿と通じるようで、改めて見返したくなる。

メイキングを紹介！

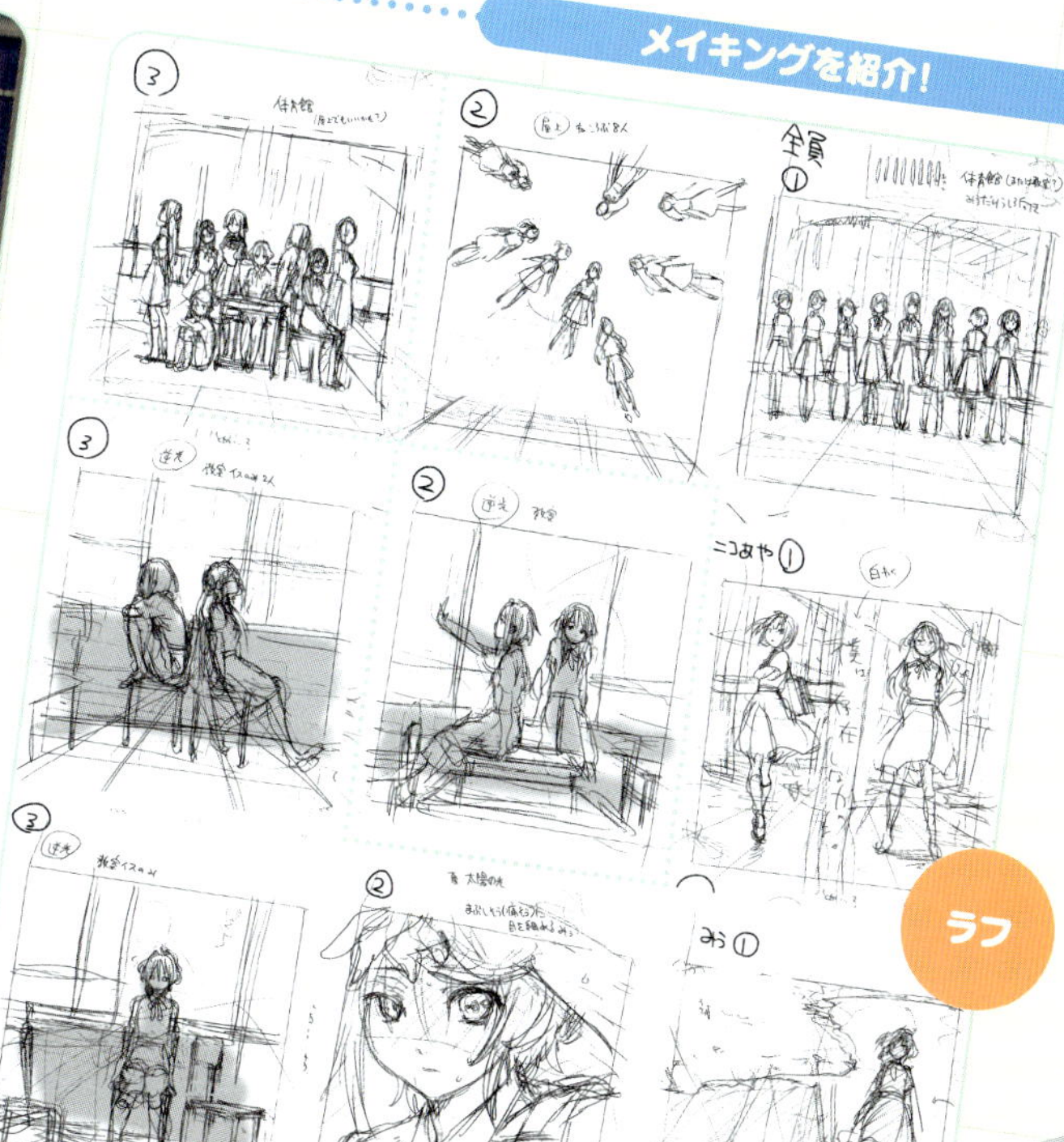

ラフ

「僕は存在していなかった」のラフ。「全員」「ニコル・絢香」「みう」それぞれ3案のなかから「全員-③」「ニコル・絢香-②」の2つが採用された。人物の配置や密度、サイズ感を意識しながら描いているのがわかる。

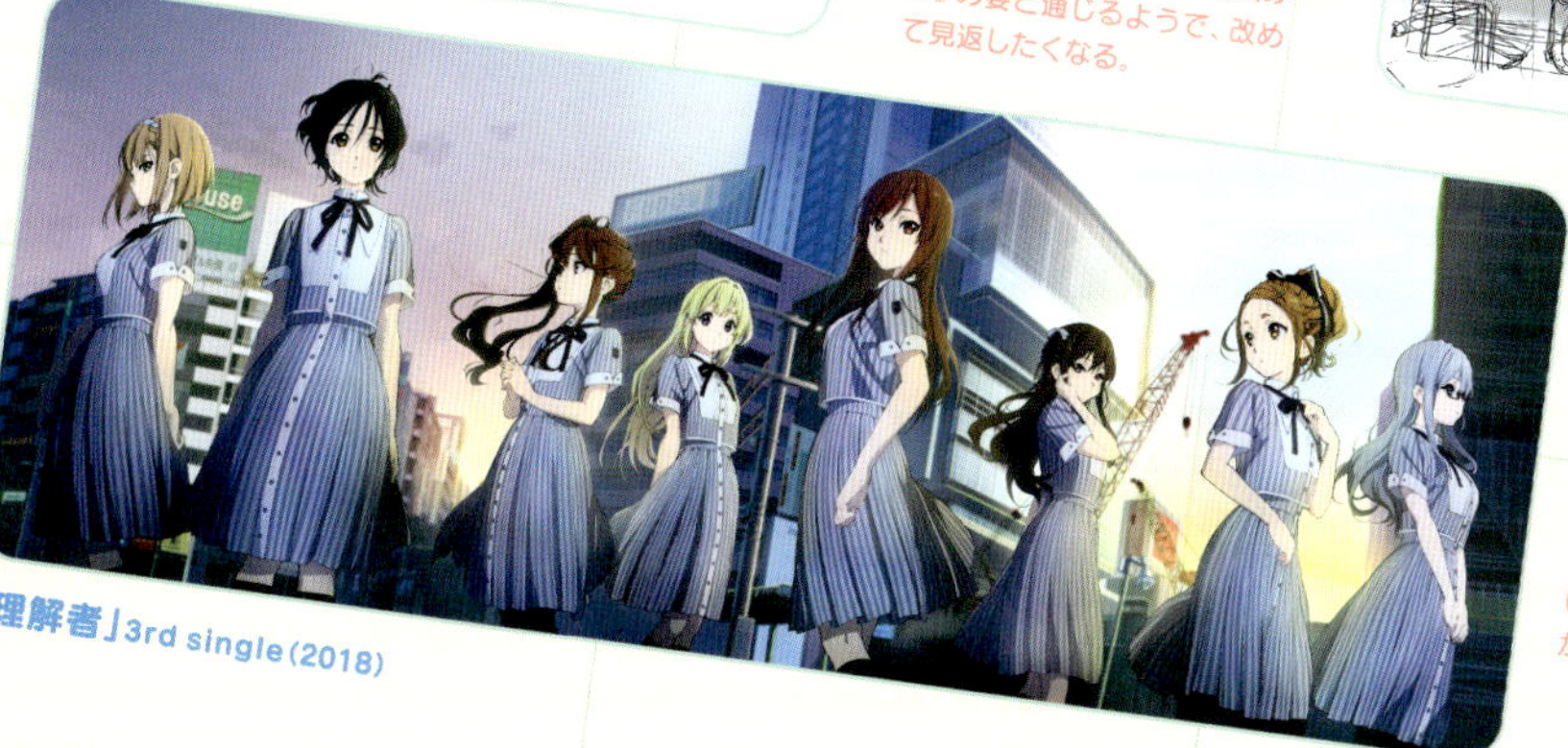

「理解者」3rd single（2018）

学校を舞台にした1st「僕は存在していなかった」、2nd「シャンプーの匂いがした」のMVとは異なり、3rd「理解者」は教室だけでなく渋谷のスクランブル交差点周辺というロケーションに、力強いダンス、そして彼女たちの抱く想いが語りとして入る演出が印象的。ジャケットイラストも実景になり、写実的な濃淡がついている。楽曲の世界観によってタッチが異なることも楽しみのひとつ。

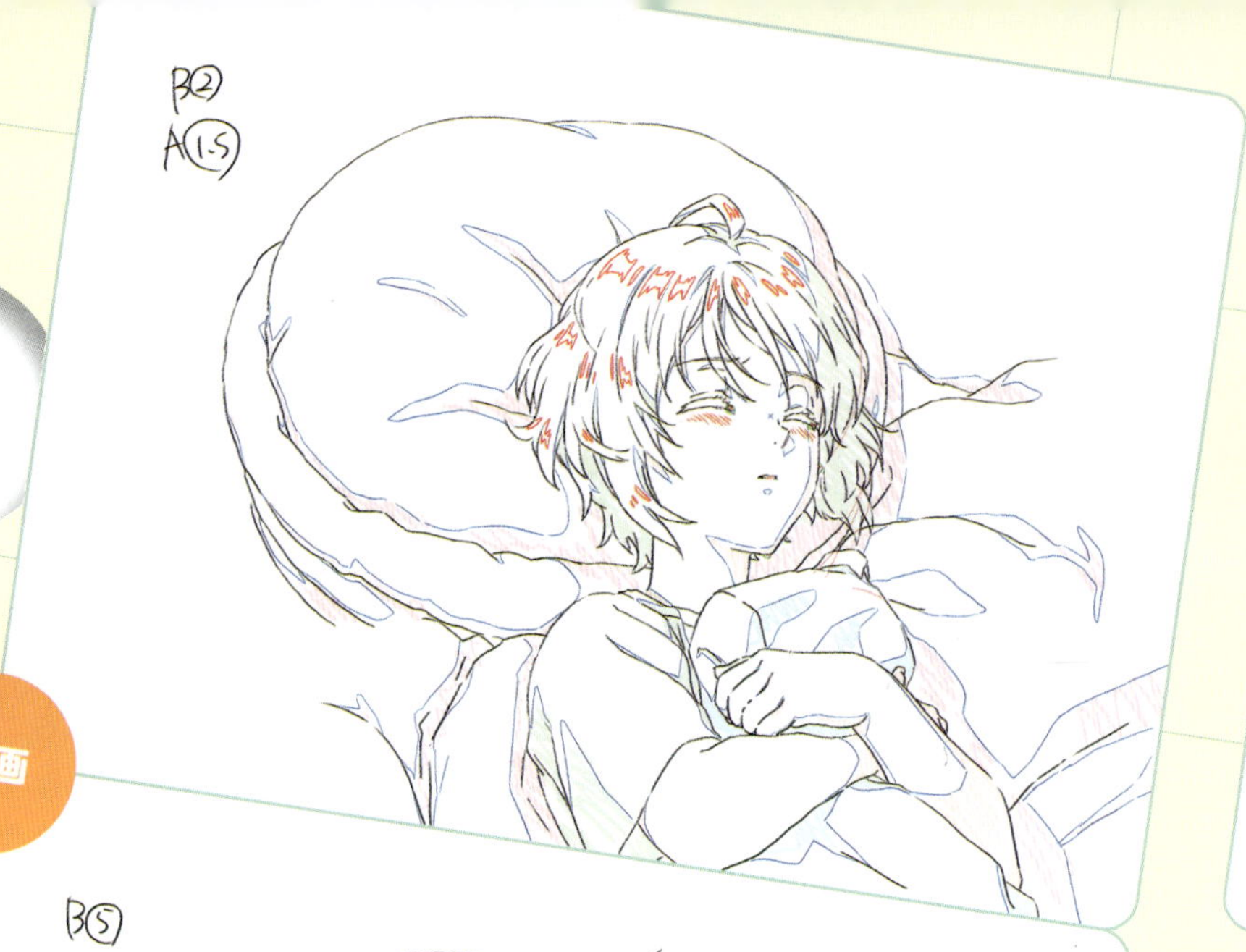

原画

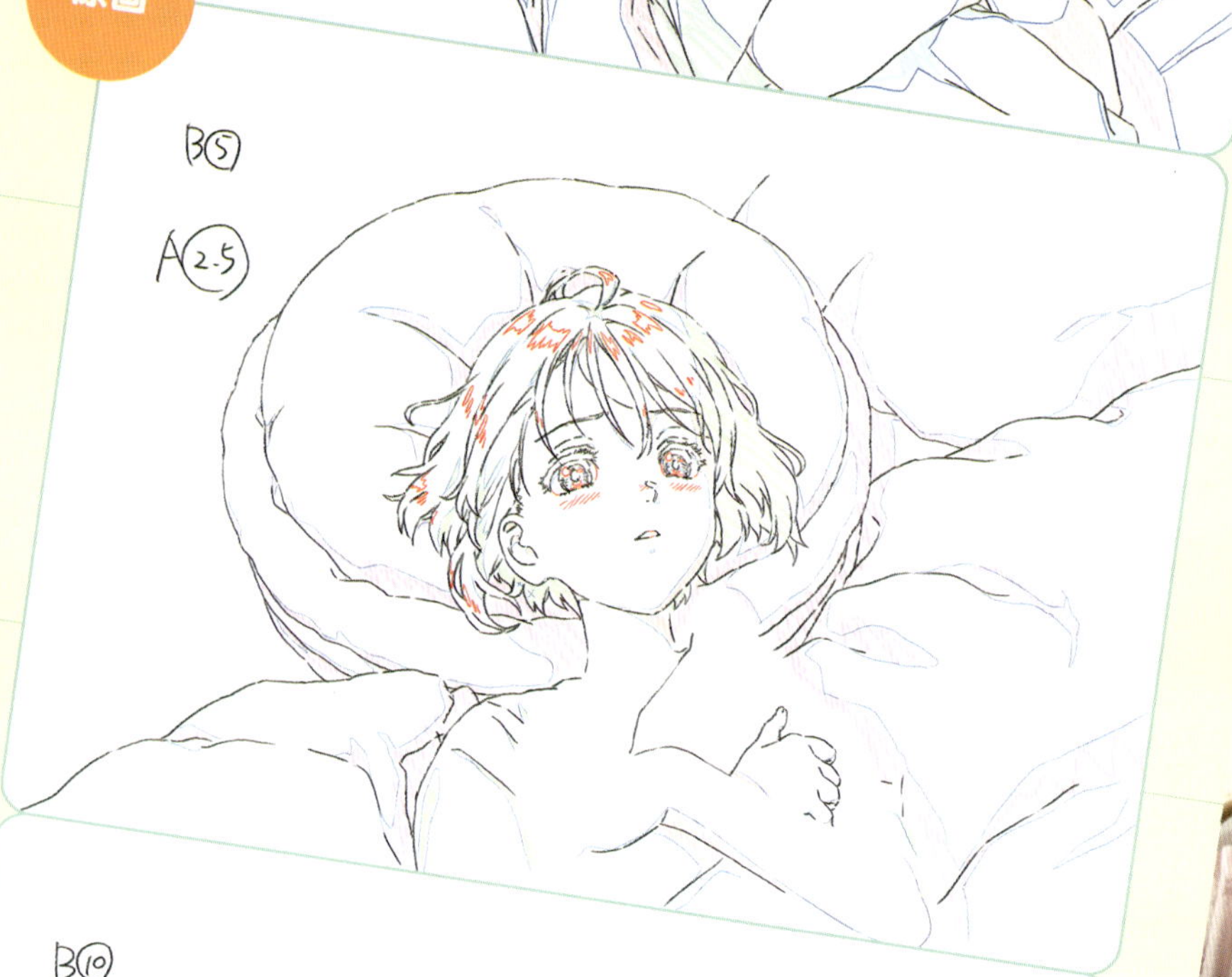

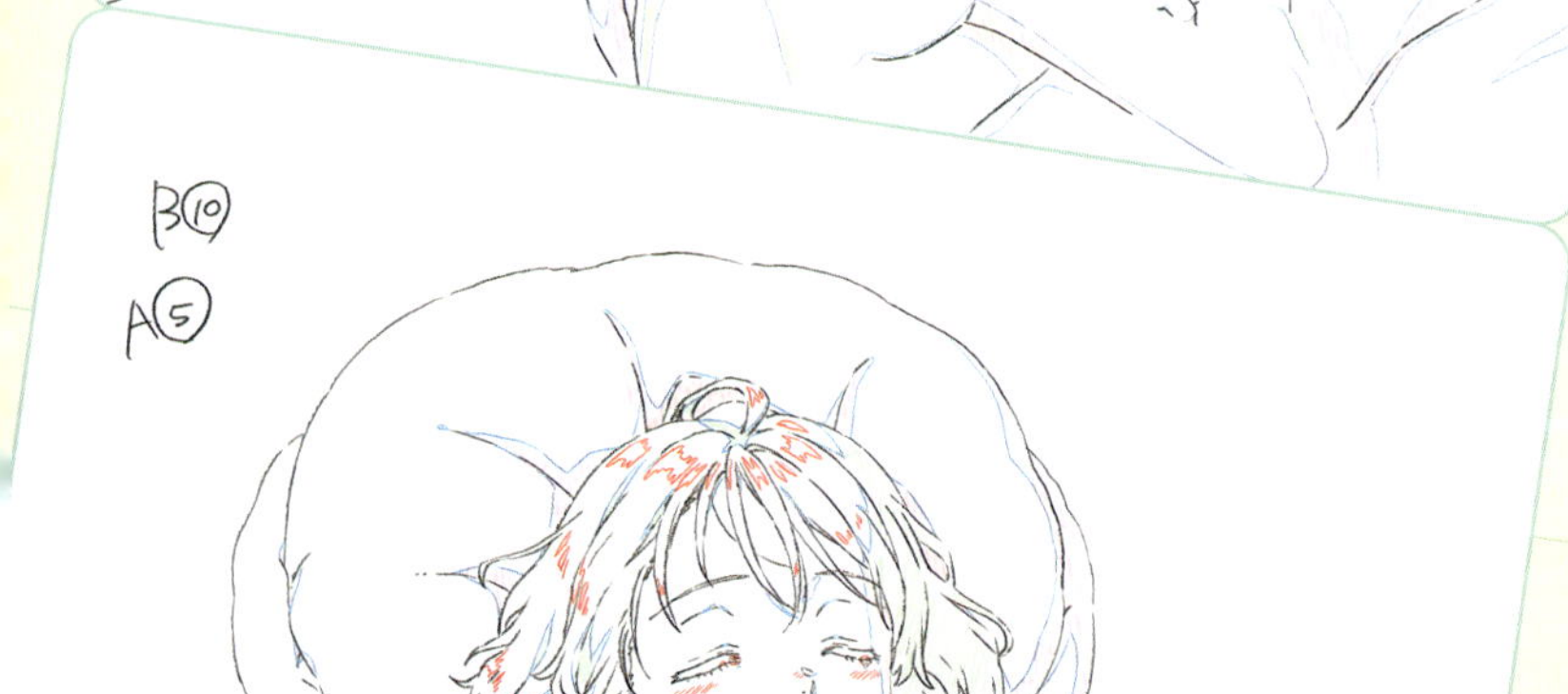

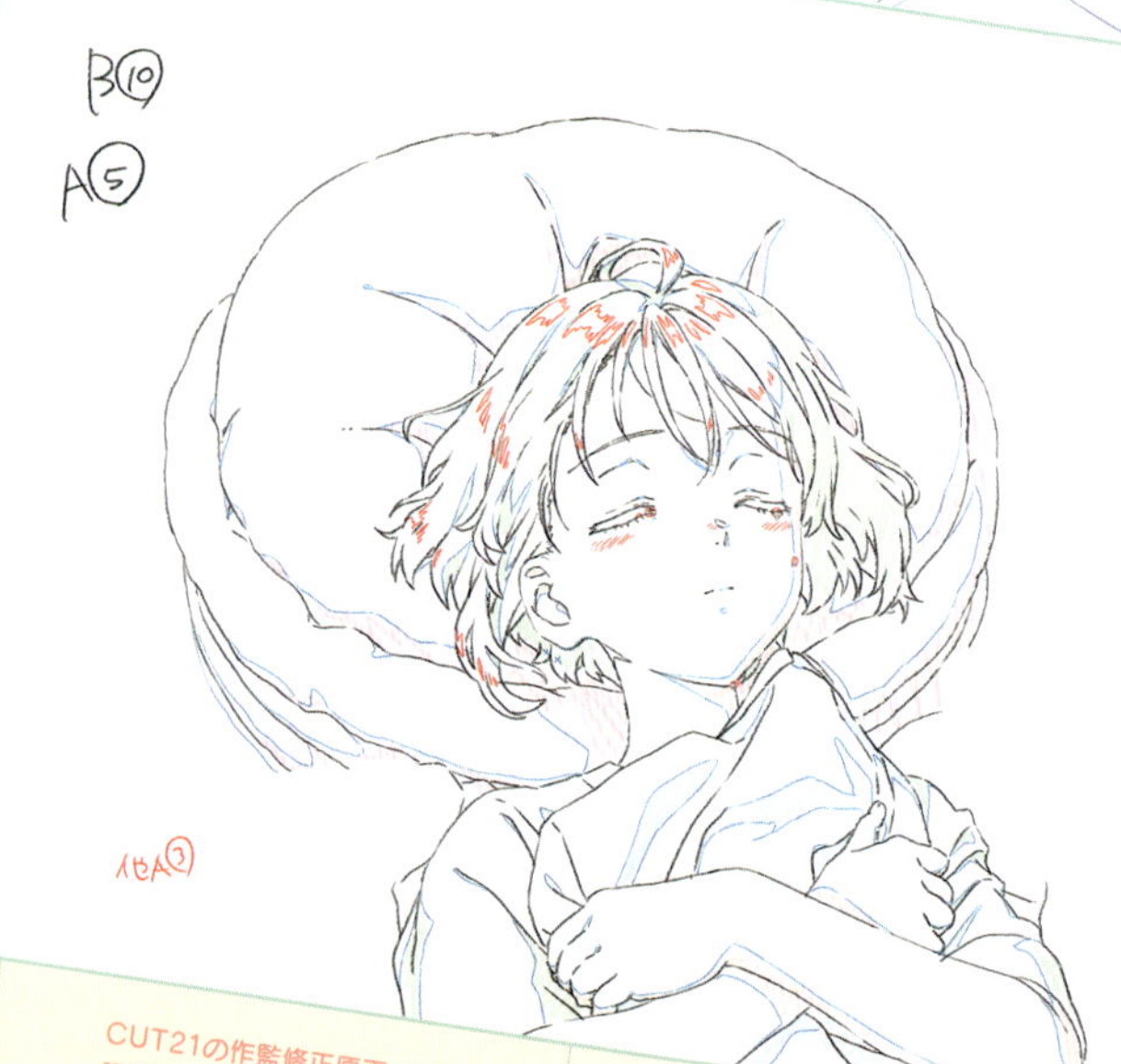

CUT21の作監修正原画。主に位置の調整を行ったとのこと。あわせて、仰向けになる動きのなかに「A1.5」と「A2.5」を追加したという。中間の動きが入ることで、繊細さが増している。また、「安らいだように眠る」とコンテにあるように、「A5」は眉間に入っていた力が抜け、穏やかな顔つきになっている。この次のカットから場面が昼に切り替わり、髪型も変化する。その兆しが垣間見える表情だ。

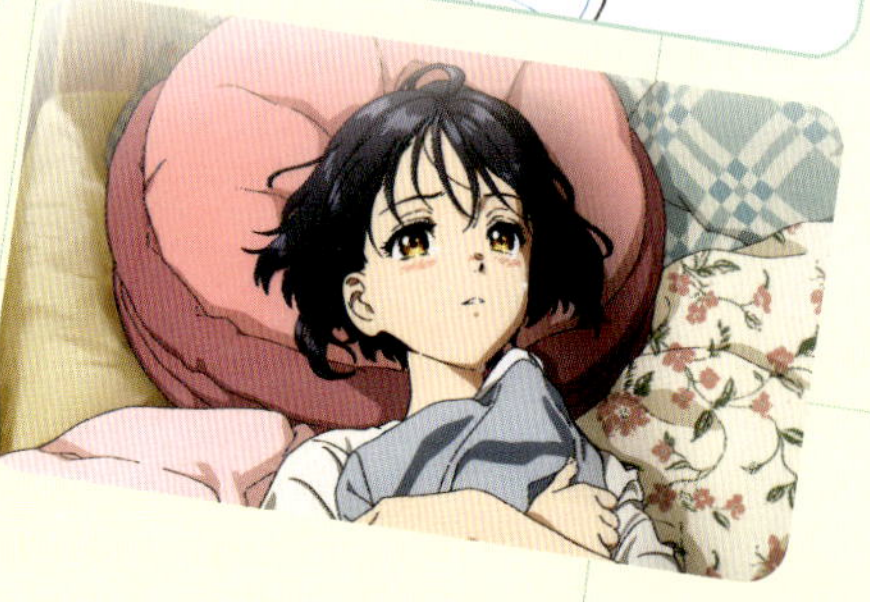

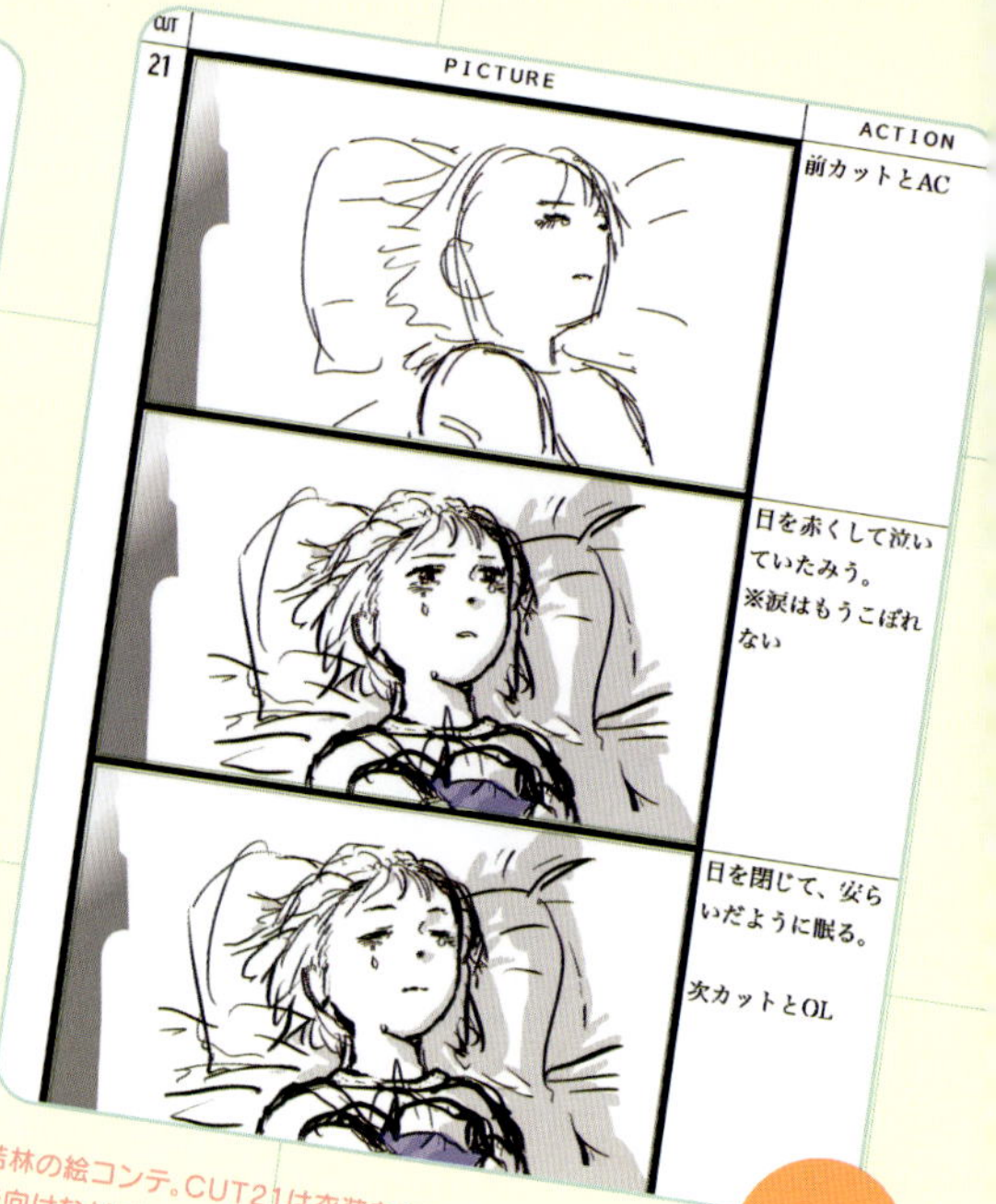

絵コンテ

CUT	PICTURE	ACTION
21		前カットとAC
		目を赤くして泣いていたみう。※涙はもうこぼれない
		目を閉じて、安らいだように眠る。 次カットとOL

若林の絵コンテ。CUT21は衣装を体にあて、カメラに背を向けながら静かに泣いているみうの表情が見えるカット。このときには感情の波が落ち着いていることが、「※涙はもうこぼれない」というメモや宙を見つめる表情からも想像できる。

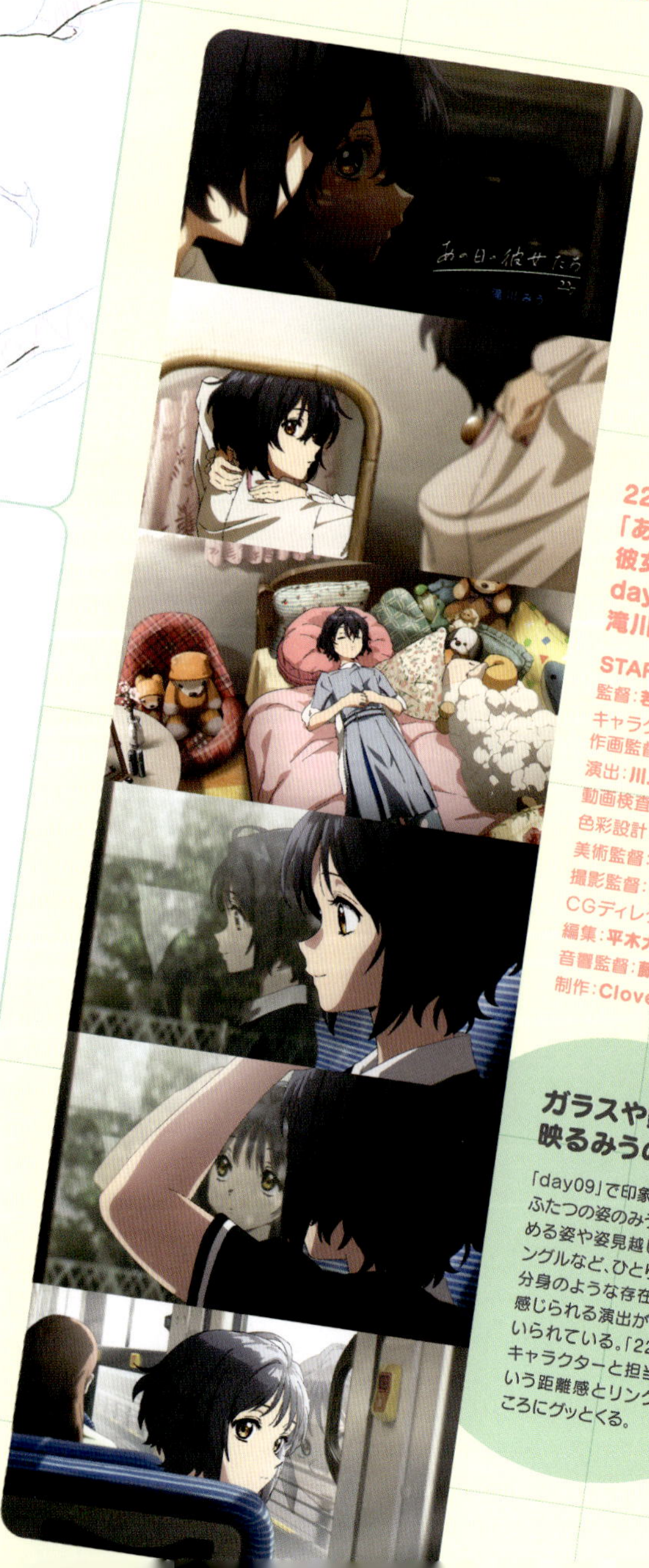

22/7「あの日の彼女たち」day09 滝川みう

STAFF
監督：若林 信
キャラクターデザイン・作画監督：堀口悠紀子
演出：川上雄介
動画検査：大野史織
色彩設計：原 恭子
美術監督：志和史織
撮影監督：佐久間悠也
CGディレクター：任 杰
編集：平木大輔
音響監督：藤田亜紀子
制作：CloverWorks

ガラスや鏡に映るみうの姿

「day09」で印象に残るのが、ふたつの姿のみう。車窓を眺める姿や姿見越しに映すアングルなど、ひとりだけれど、分身のような存在がいると感じられる演出が巧みに用いられている。「22/7」の、キャラクターと担当声優という距離感とリンクするところにグッとくる。

若林信インタビュー

わかばやし・しん／アニメーション監督。主な参加作品にアニメPV『僕はロボットごしの君に恋をする』(2017・ディレクター)、PV『22/7 あの日の彼女たち』(2018／監督)、TVアニメ『ワンダーエッグ・プライオリティ』(2021／監督)、『7FATES: CHAKHO』オリジナルムービー(2025／監督・脚本)などがある。
【X】@huusun

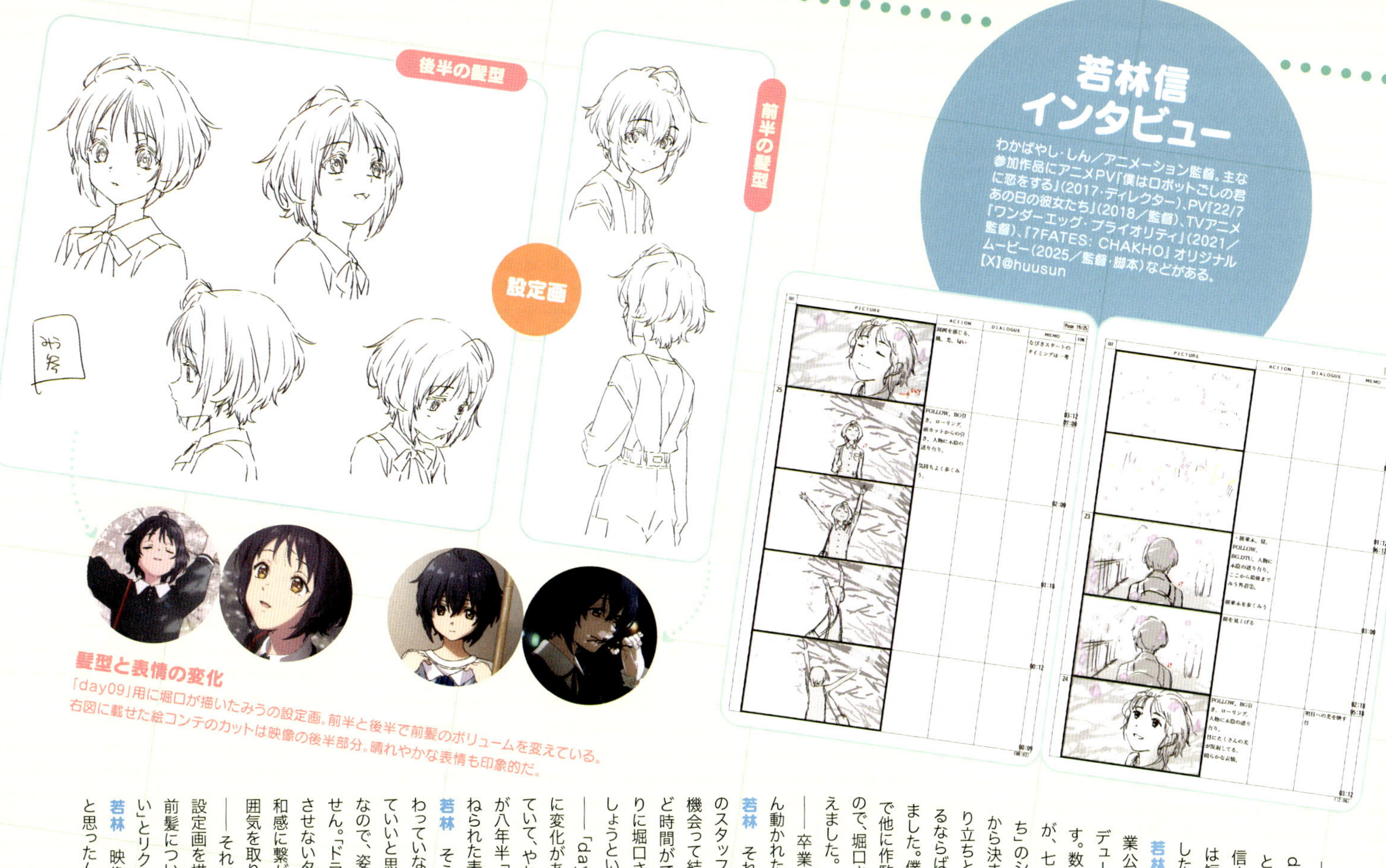

髪型と表情の変化

「day09」用に堀口が描いたみうの設定画。前半と後半で前髪のボリュームを変えている。右図に載せた絵コンテのカットは映像の後半部分。晴れやかな表情も印象的だ。

――『22/7「あの日の彼女たち」day09 滝川みう』(以下「day09」と略記)について、監督を務めた若林信さんにもお話を伺います。制作当初は短い映像を予定していたと聞きました。

若林　堀口さんから、西條和さんの卒業公演で流す映像を作りたいとプロデューサーの梅原に相談があったんです。数カットのイメージだったみたいですが、七年前に制作した「あの日の彼女たち」のシリーズのひとつにすることは最初から決まっていました。「day08」までの成り立ちと地続きになると考えたときに「やるならば三分くらい必要」という提示をしました。僕やスタジオが予定していない仕事で他に作監のスタッフを立てることも難しいので、堀口さんに作監で入ってほしいことも伝えました。

――卒業する西條さんへの気持ちでみなさん動かれたんですね。

若林　それもあったと思います。あとは、現場のスタッフを動かしてアニメーションを作る機会って結構少ないんです。僕自身もちょうど時間ができたタイミングでしたし、久しぶりに堀口さんとも仕事ができるから、やりましょうということで進めていきました。

――「day01」と比べると、みうのビジュアルに変化がありますね。目元がしっかりと見えていて、やわらかい笑顔も素敵です。西條さんが八年半「22/7」に在籍されるなかで積み重ねられた表情なのだと感じました。

若林　そうですね。前回描いた七年前と変わっていない方が不自然ですから、違いはあっていいと思いました。とはいえアニメーションなので、姿かたちはそんなに大きく変わりません。「ドラえもん」のように時間経過を感じさせないタイトルでビジュアルを変えると違和感に繋がりますが、この作品ならいまの雰囲気を取り入れながら描けると思いました。

――それで「day09」では堀口さんが新しい設定画を描いているのですね(16ページ掲載)。前髪について若林さんから「短めにしてほしい」とリクエストがあったと伺いました。

若林　映像の前半と後半で髪型を変えたいと思ったんです。分け目を変えたりおでこを出したりするだけではなく、明確に変わっている印象を出したかったので前髪の長さを変えてもらいました。堀口さんも言及していますが、絵コンテを二回ほど描き直してまして。初稿は違う世界観で、二稿が完成した映像に近い内容でした。この二稿目で髪を切る描写を入れていたのですが、それは邪魔になるのでは？　と物言いが入って最終稿ではなくなっています。

――映像のなかで髪を切る姿を描くという案があったのですね。

若林　電車・徒歩・最後にバスに乗るという姿だけを見せる方が流れはスムーズなんですよね。そこは納得できたんですが、「前髪を自分でちょっと切ったのかな」というニュアンスは残しておきたくて前髪を短くしてもらいました。

――ちなみに初稿の絵コンテはどんな内容だったのでしょう？

若林　『不思議の国のアリス』の世界観で描いたもので、これまでの「あの日の彼女たち」とは異なるアプローチでした。七年振りにシリーズを作ることもあって、まずはアニメーションとしてやってみたい演出や描きたいシーンをコンテに入れることから始めました。短尺の映像は取り回しがいいという良さもあるんです。

▶向かい合うふたりのみう。会話を想像したくなる構図。

▼色がついたカットも。やわらかい光がみうを照らしている。

初稿コンテ

若林が描いた初稿の絵コンテの一部を紹介。

――新しい映像表現や演出にチャレンジしやすいのですね。「day09」では、窓ガラスや鏡ごしにふたつの姿が描かれることも印象に残っています。みうちゃんと西條さんにも見えますし、これまでとこれからなのか…などの想像も膨らみました。

若林　西條和であり滝川みうであることが「22/7」ならではの面白い部分だと感じています。どこかが同期していたり分身のような関係性もいいなと思ってるんです。映っている姿はみうちゃんだけど、西條さんでもあると思いながら描きました。これからの姿というよりも、鏡や窓ガラスに反射するふとした瞬間に思い出してしまうのかな、そんな瞬間があってもいいのかなっていう気がしたんです。一緒に悩むし、一緒に悲しむし、一緒に笑うし、いつでも近くにいるんじゃないかな…という姿を描きたかったんですよね。

――胸が熱くなります。卒業公演の西條さんがステージを去ったあとに流れるというタイミングも、とても感動的でした。

若林　その時間、まだスタジオで作っていたんです。

――ギリギリまで制作されていたことは知っていたのですが、公演中もですか!?

若林　堀口さんから東京に向かう連絡が朝あったのですが、まだ終わってませんよ?ってなってました。会場で流す映像というよりも、YouTubeの公開用（八月一八日の卒業公演後、九月一日に公開された）のリテイク作業をしていたんです。目に見える大きな修正というよりも、クオリティをあげたくてギリギリまで作っていました。

――イレギュラーな制作だったと感じますが、スタッフ一丸となって取り組まれていたことが伝わってきました。あらためて「あの日の彼女たち」を再び作っていただけて嬉しかったです。シリーズのひとつとして見られたことで、卒業よりも日常の姿のように感じられたことも印象的でした。

若林　アイドルの卒業とお葬式って近いところにあるのかなと思っていて。アイドルとしての自分を見送って、本人は生きつづけるという構造から感じたところなんですけどね。生きているけれど会えないという気づきを描けたことで「あの日の彼女たち」になりました。それを見つけられたことが自分にとって、アイドルを描く面白さに繋がりました。卒業公演で流れる映像としての意味も込められたと思います。

CUT1

CUT2

CUT4

なくてもいいときは、使っているブラシの質感をいかして自分でも描いていきこうかなと思っています。

——背景にも注目したいと思います！　実景が多いなかで印象に残るのが「僕は今夜、出て行く」です。舞台の書き割りのような木や窓枠が並ぶビジュアルですね。

堀口　衣装がモノトーンなので、背景の色も抑えて白黒の世界にしようと考えました。発注書にも「スタジオっぽい背景でもいいです」とあったので、色々とアーティストのMVを参考にしながらイメージを膨らませました。すべて白黒では寂しいので、金色のアイテムをワンポイントで乗せています。綺麗な印象も足したいと思ったんです。

——ダンスしているようなポーズも舞台のイメージに繋がっています。

堀口　バレエのイメージです。「僕は今夜、出て行く」というタイトルや、飛び立っていく軽やかさを意識して描きました。

——このシングルで卒業する絢香を支えるような仕草をするみうにもグッときました。九月にはみうも卒業し、見送るメンバーもいるなか「22/7」は心機一転、新メンバーのオーディション中ですね。ちなみに堀口さんは最近見ているアイドルやグループはありますか？

堀口　今だと、「22/7」だけかも（笑）。「22/7 計算外」は毎週予約して観ています。少し前から新メンバーオーディションの様子が放送されていますが、合格する人数だけ教えてもらっていて、誰が実際に合格するのかは知らないので、どきどきしながら観ています。個人的な好みではありますが、韓流のように、声やビジュアル、パフォーマンスがプロとして完成され過ぎているよりも、ある程度粗さがあったり、それぞれ個性が立って見えているほうが人間としてのエネルギーを感じるので好きなんです。日本のアイドルの持ち味って、そこかなと思うので、今回のオーディションで個性的な新メンバーが増えるといいなと思って応援しています。

——「22/7」の今後も楽しみですし、これからも堀口さんの仕事を追いかけていきたいと思います！

22/7 「あの日の彼女たち」

2018年にWebで発表されていた短編アニメーションシリーズ。メンバー同士の何気ないやりとりや自然体な姿を見られるのが嬉しい。こうした日常の一幕はMVとはまた違った雰囲気を感じさせる。また、滝川みう役の西條和の卒業公演に合わせて今年、7年ぶりに新作の「day09 滝川みう」が制作された。現在全話をYouTubeで見ることができる。

YouTube
再生リスト

レイアウト

堀口の作監修正レイアウトより、映像冒頭の電車で移動中のみうの姿を掲載する。CUT1のCセルは実像ではなく車窓に映っている姿なので、映像では手前に実像のセルが重なる。カメラ目線のようで、視線は外の景色に向いているというのが面白い。C4は窓の外から捉えたフカンのアングル。口元が少し開いていて、見上げた空に意識が向いていることが伝わってくる。

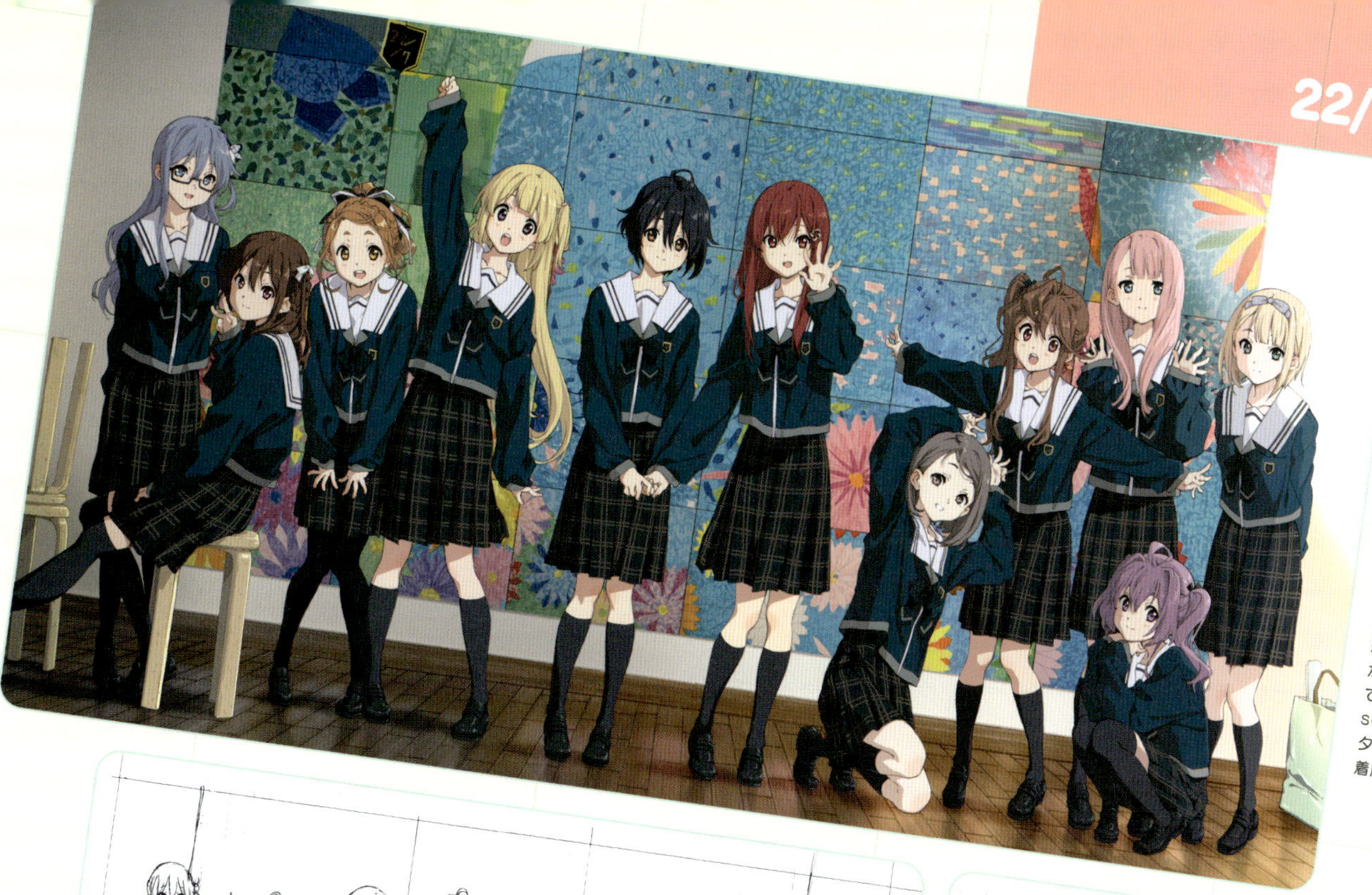

Blu-rey
「22/7 計算中
season2」
(全巻収納BOX)

リズムゲームアプリ「22/7 音楽の時間」のために考えられた、上品な雰囲気の制服衣装は堀口が考えたもの。主題歌である「風は吹いてるか？」のジャケットイラストでも描かれた。「22/7 計算中 season2」の番組内では、スタジオやロケの衣装としても着用された。

ラフ

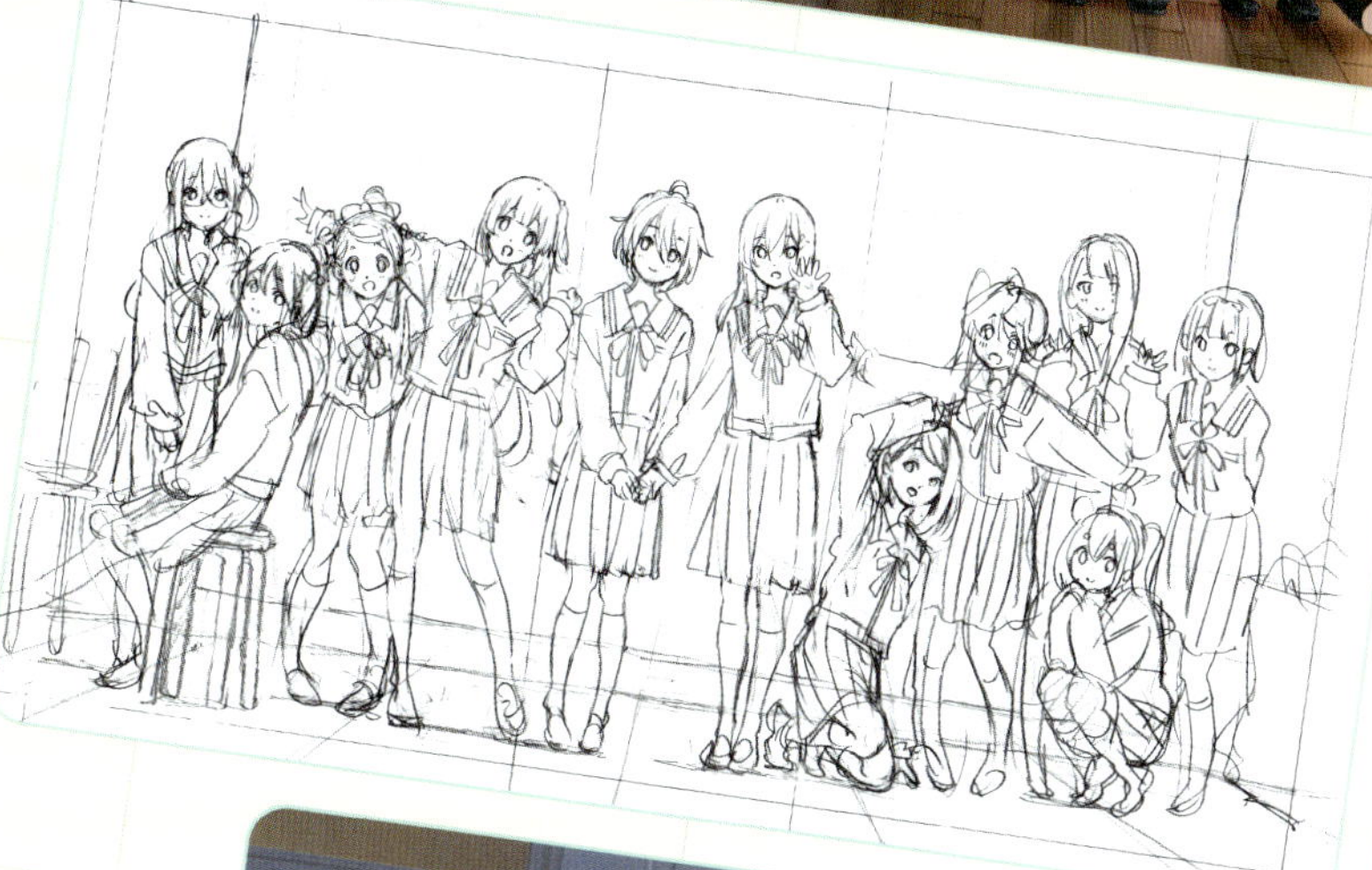

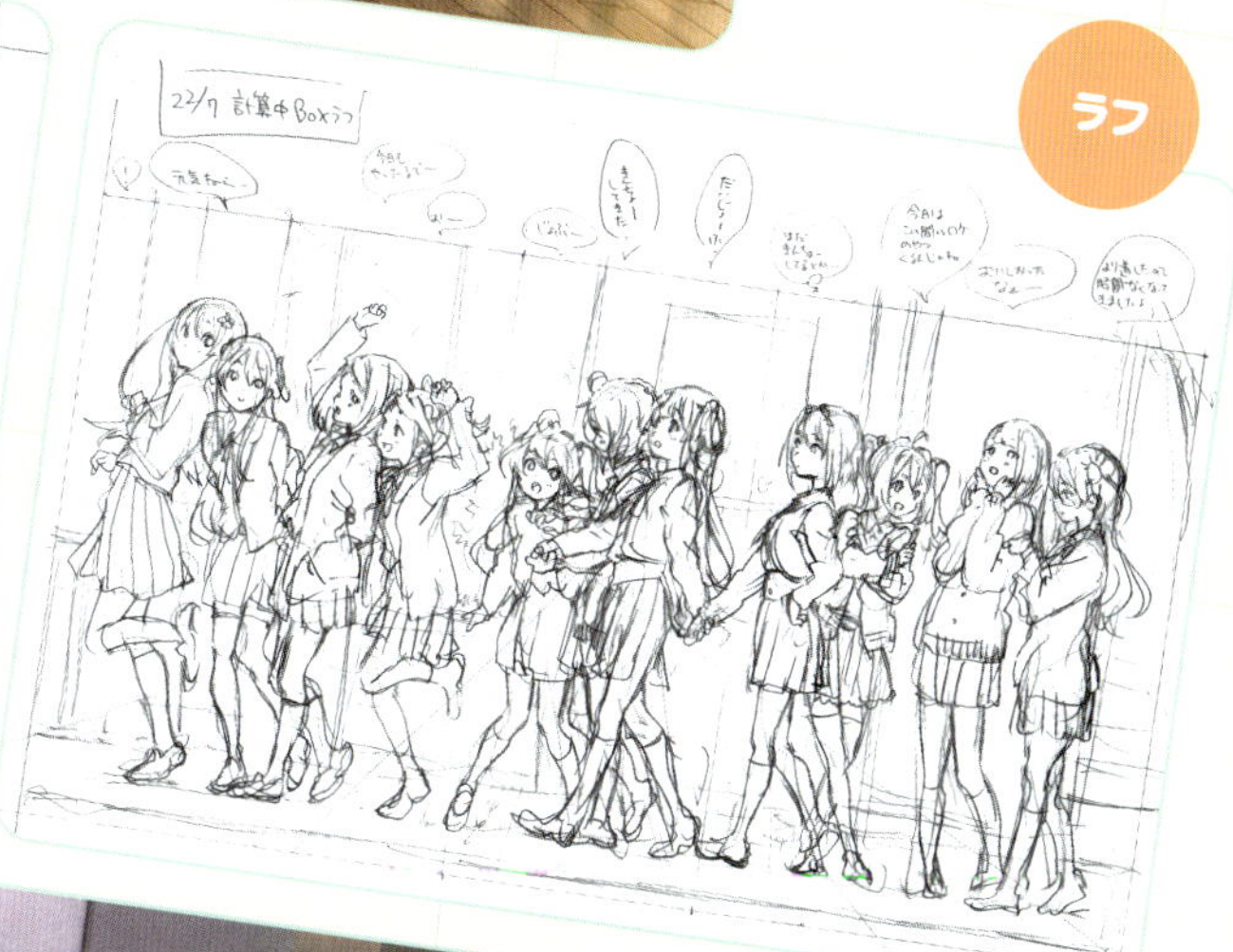

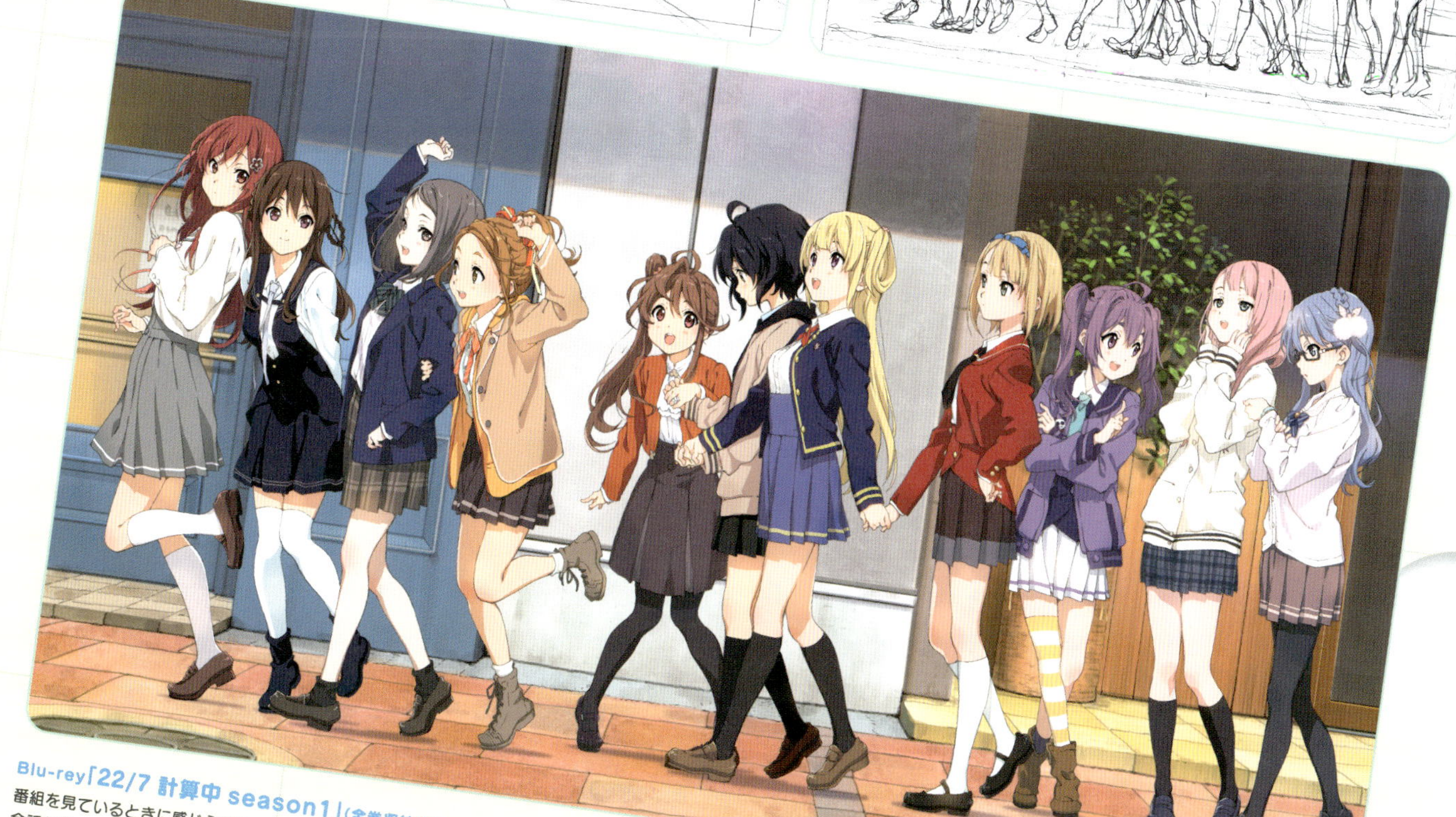

Blu-rey「22/7 計算中 season1」(全巻収納BOX)

番組を見ているときに感じられるにぎやかなムード伝わってくるイラスト。メンバーの楽しそうな会話が聞こえてきそう。ラフを見るとメンバーそれぞれにセリフのメモがついている。いきいきとしたキャラクターを描くときのポイントといえる。

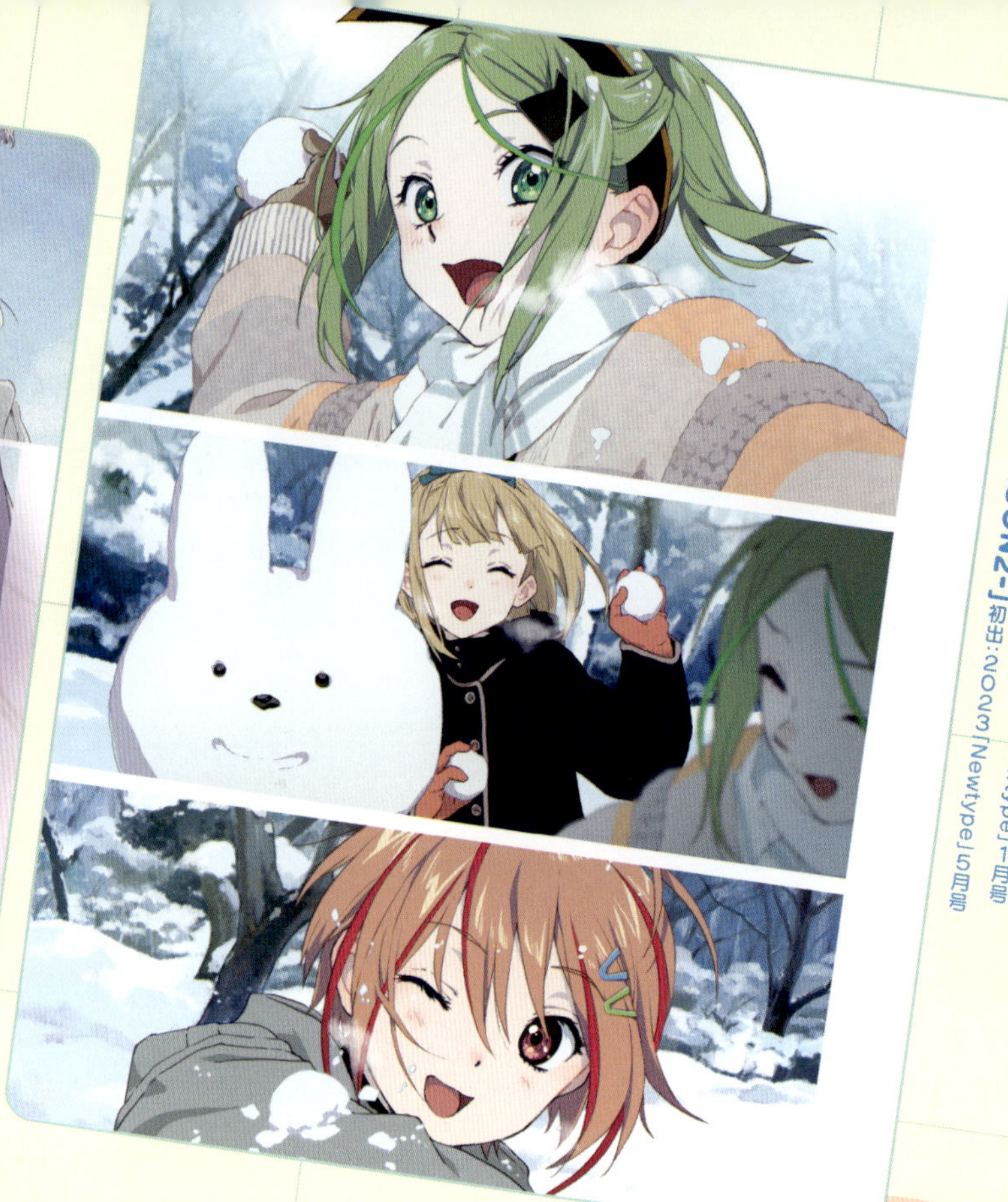

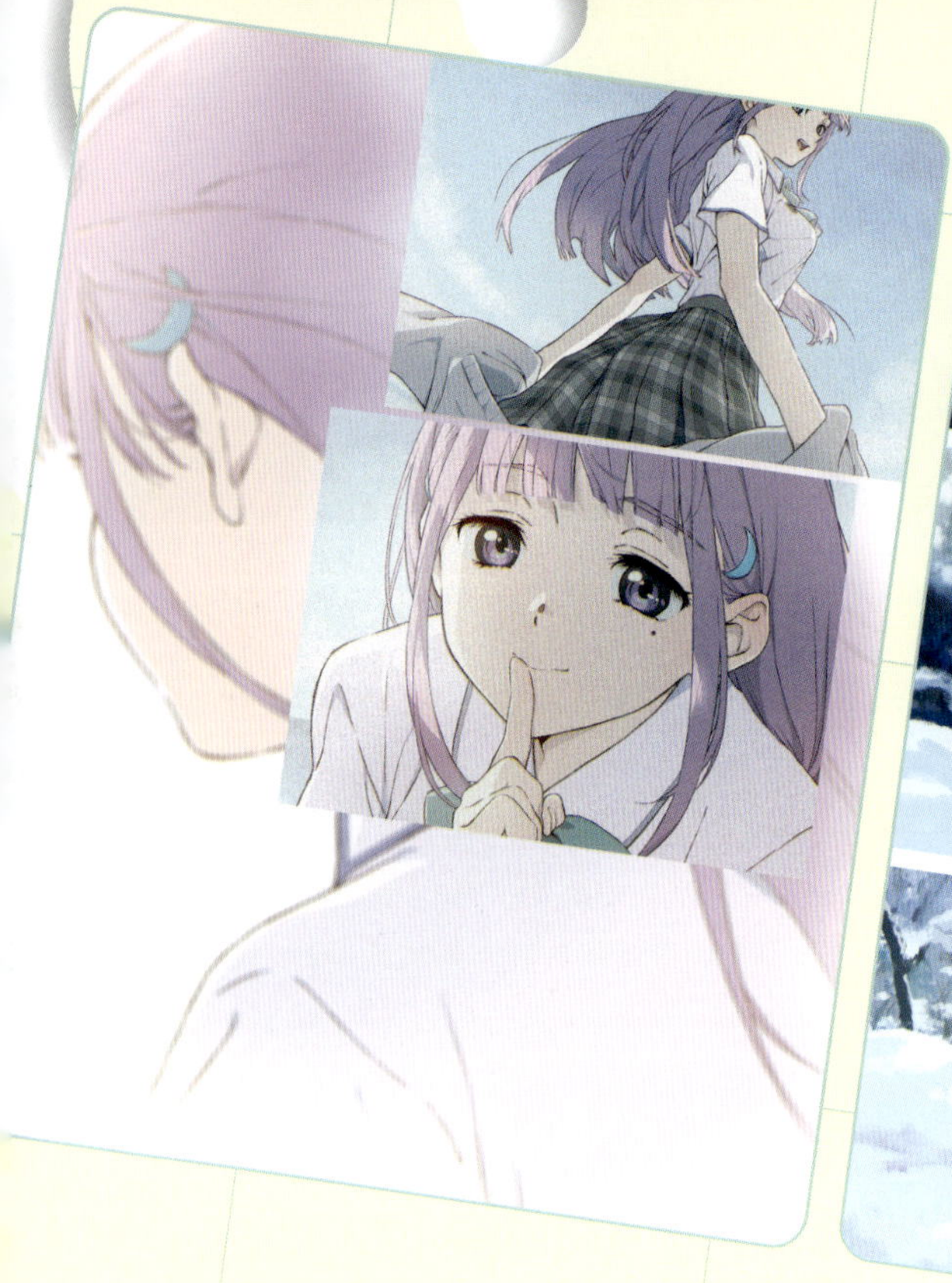

（右）「あの子と、わたし -SEASON2-」初出：2024「Newtype」1月号
（左）「あの日の彼女たち -SEASON2-」初出：2023「Newtype」5月号

「―白身魚 自選イラスト集― 真昼の月」にも詩を提供した上座泉と堀口が再びタッグを組み、「Newtype」で詩とイラストの連載「あの日の彼女たち -SEASON2-」を発表した。ほのかな恋心や女の子の淡い気持ちが透明度の高い言葉で綴られているので、ぜひ書籍でチェックしてみてほしい。新旧メンバーが集う「あの子と、わたし -SEASON2-」はどの回も賑やかで可愛い！

出しながら描きました。「あの日の彼女たち-PRIVATE SIDE-」の（柊）つぼみの上着もディテールを細かく描きましたね。この頃は服の作画に凝っていたのでで描き込みや描写が細かいです。

――ショートストーリーに絵を添える「放課後の時間」や「ナナニジシアター」など、七年間の連載のなかで「22/7」メンバーのいろんな姿や表情を見られて楽しかったです。

堀口　アプリゲーム「22/7 音楽の時間」をやっていた時期は物語をつけていましたね。ゲームでみんなが着ている衣装は、私がデザインを担当しています。漫画っぽくてもいいと言われたので、セーラー服をアレンジした制服にしました。緑色は楽曲の衣装であまり着ていないイメージがあったので選びました。

――「風は吹いてるか？」のジャケットイラストになっている衣装ですね。

堀口　実際に衣装を作ってもらえたことも嬉しくて。自分が描いた衣装をメンバーが着てくれるとは思ってもいませんでした。漫画っぽすぎるかなと思いましたが、ちゃんと可愛かったですし、そのまま「22/7 計算中」の衣装にも使ってもらえました。（天城）サリーちゃんの好きな衣装に動きやすいという事でランクイン（歴代で一番軽い衣装なのかも）していたことも嬉しかったですね。西條さんに会ったときにその話をしたら、デザインしていることを知らないと言っていたので、忖度のない感想なんだと実感できました。

――素敵な話ですね。『堀口悠紀子 22/7 Artworks』では、堀口さんが担当していないジャケットイラストも含めて「22/7」の活動を振り返ることができたところも良かったです。

堀口　本を作るという話が届いたとき、ジャケットイラストは全て入れて欲しいと希望しました。特に宇木敦哉さんが描いた「僕が持ってるものなら」のジャケットイラストが一番好きなので切望したんです。このイラストの衣装の色に囚われない固有色の捉え方や日が当たっているところの鮮やかな色選びが、自分にない感覚で目からウロコでした。私も衣装の固有色に囚われすぎず、配色や色調を変えてみようと思いました。

――実際にイラスト制作に取り入れてみましたか？

堀口　「曇り空の向こうは晴れている」のジャケットイラスト（19ページ）でやってみました。このシングルから追加メンバーが入るという、切り替わりのタイミングだったんです。これまでは色が濃かったなと思ったので、中間色を増やしてやわらかい色調になるように意識しました。衣装のチェック柄も実際より淡く調整しています。

――とても綺麗です。

堀口　衣装のデザインも実際のメンバーが着ている形とは違うんです。デザイナーさんから上がってきたデザイン案の中に、ジャケットなしバージョンがあったので、そちらを採用させてもらいました。白シャツの、爽やかに抜けた雰囲気が欲しいなと思ったので。

――線も柔らかくなったように思います。使用するブラシが違うのでしょうか？

堀口　この頃から違うブラシを使いはじめました。鉛筆っぽい感じのザラっとしたタッチがつくブラシです。でも解像度が足りなかったり、アップにすると粗く見えたりしてしまうんです。

――絵の雰囲気とあわせて使い分ける感じですね。

堀口　そうですね。風合いがあるブラシは背景にも使えて便利ですね。背景を知り合いにお願いする場合もありますが、全てではなく自分で描く場合もあって。ニコルと（桐生）塔子、（氷室）みず姫が雪合戦しているイラスト（13ページ）は、背景も自分で描きました。いつもの背景よりもザクザクしてませんか？（笑）　プレーンなタッチじゃ

「あの日の彼女たち」に続く「Newtype」での連載シリーズ「あの子と、わたし」。イラストとして登場するメンバー同士のトークで構成された連載企画で、浴衣やハロウィンなど堀口は季節を感じる王道のコスチューム姿を描いた。その後スタートした新シリーズ「あの日の彼女たち-PRIVATE SIDE-」では、リアルクローズが多く登場する。これは堀口が自ら服を調べて描くことに凝っていたからだそう。

「あの子と、わたし」 初出：2019「Newtype」3月号

――髪色は完成原案よりも明るかったんですね。黒髪のイメージだったので新鮮です。今回こうして、みうの表紙をアナログで描いてみていかがでしたか？

堀口　一応、原案絵のみうの髪も黒髪のつもりで塗ってます（笑）。おそらく、この「季刊エス」の表紙がみうを描く最後のタイミングになりそうなので、最後がアナログのカラフルな絵になって感慨深いです。「22/7」は衣装の展示をよくしているので、原画を展示してもらえる機会があるならば嬉しいですね。

――そうですね。ぜひ見てみたいです！　原案のお話が出たので伺いたいのですが、みうは最初の立ち絵で目元を前髪で隠しているデザインでした。このビジュアルはすぐに出てきたものだったのでしょうか？

堀口　片目だけ見えている案もありましたが、わりとストレートに出てきました。九〇年代だと前髪で目が隠れているキャラがヒロインのなかにひとりはいたんですよ。そのころに観ていたアニメが意識のベースにあるので、特に違和感も抱いていなくて。

――今は顔を出さないアーティストも増えましたが、目元が隠れているアイドルは少ないかもしれません。

堀口　二次元なら、そこまで特別なキャラデザではないので受け入れてもらえると感じました。それに、踊ったときにチラッと目元が見えるのがいいなと思ったんですよね。

――動いたときの変化も意識されたところだったんですね。「22/7」ではキャラクターデザインも堀口さんが担当されています。複数の絵柄の違うイラストをもとに、キャラクターデザインをされることの難しさについても伺いたいです。

堀口　描きやすい線と普段描かない線があることを実感します。あとはその絵じゃないと出せない雰囲気があって、特に岸田メルさんや細居美恵子さんの繊細なタッチは、きちっとした線でなぞると、元の印象と変わってしまうので難しいです。

――キャラクターごとの情報量のバランスもありますよね。取捨選択するときにどんな点を優先されましたか？

堀口　例えばショートムービーの「あの日の彼女たち」では、学校での一幕を描くというときに、コスチューム感を抑えてリアルクローズに寄せようとしました。（藤間）桜の制服を長袖に変えたり、（丸山）あかねのスカートの裾のフリルや装飾品を減らしたり。監督を務めた若林（信）さんと私の好みが似ていて、ふたりともちょっと地味めにしてしまう傾向があります（笑）。でも基本的には全体のバランスや、作品の雰囲気に合わせて調節する感じでしょうか。あと、自分の考えもその時々で変わったりするので。

――なるほど。コスチュームっぽくない服装ですと、「あの子と、わたし」の桜とみうの冬服（12ページ掲載）がとても可愛いです！

堀口　わかってくれます？（笑）　桜がコートの下に着ているピンク色のサロペットは、似た感じの服を山田（尚子）さんが着ていたんです。それがものすごく可愛くって、そのときの印象を思い

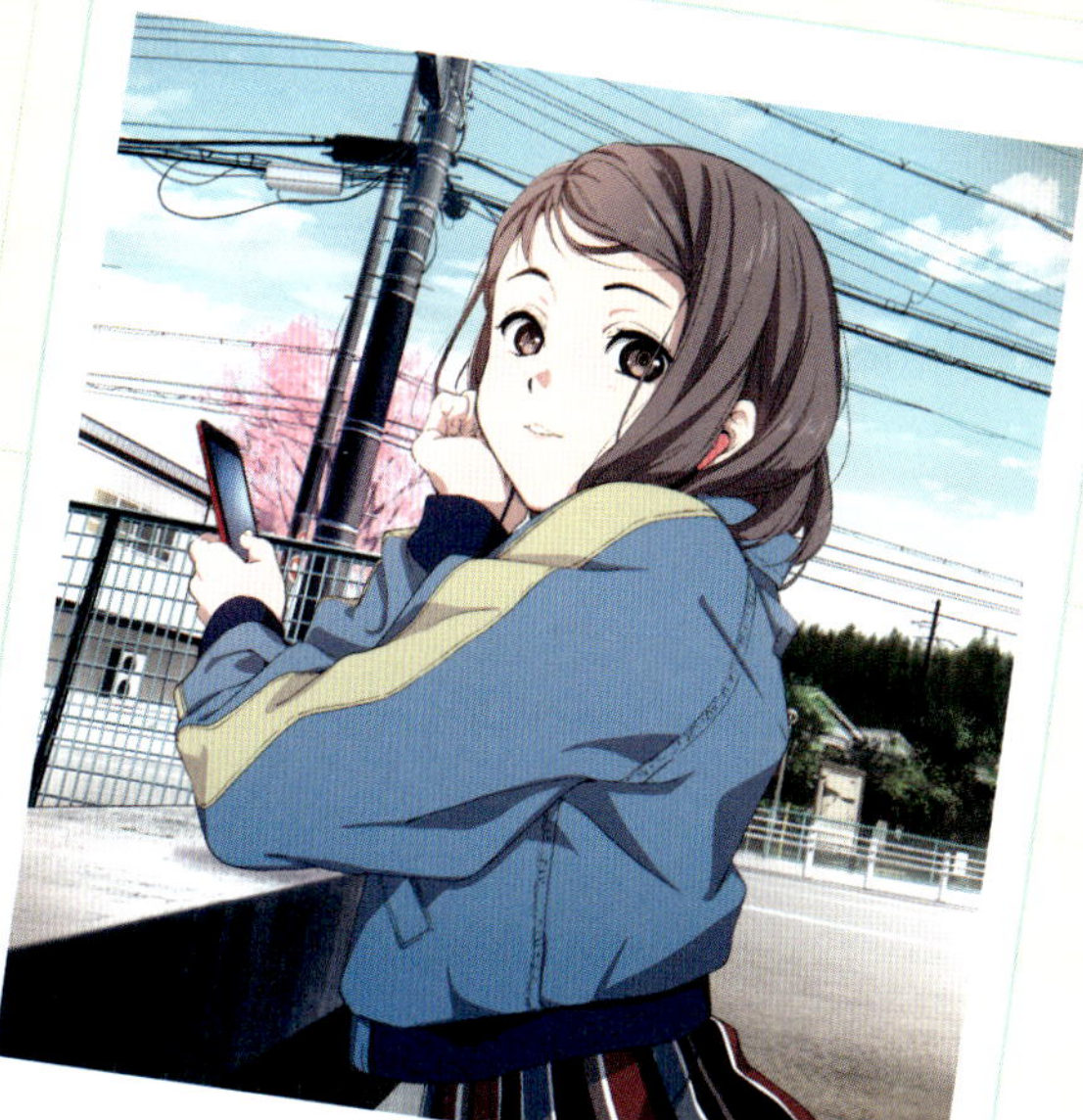

「あの日の彼女たち-PRIVATE SIDE-」
初出：2019「Newtype」5月号

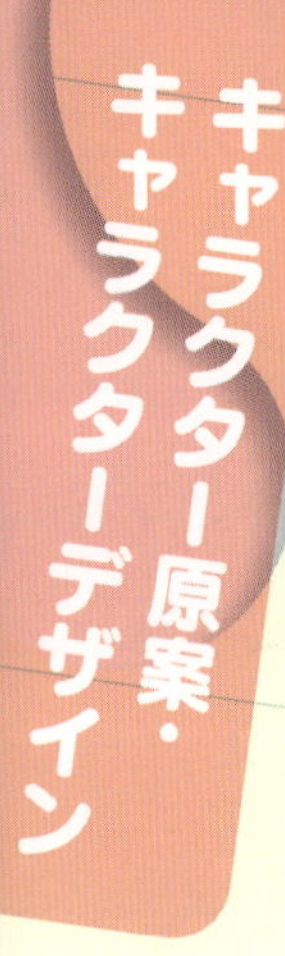

キャラクター原案・キャラクターデザイン

立ち絵

「22/7 計算中 season4」の衣装。メンバーたちの新たな一面が見えてきたことで、初期の立ち絵よりもやわらかな表情に。

初期の立ち絵。目元は見えているが、表情が固く緊張感が伝わってくる。

2016年12月24日に公開された集合写真。原案をもとに全メンバーのキャラクターデザインを堀口が描いたことも話題となった。

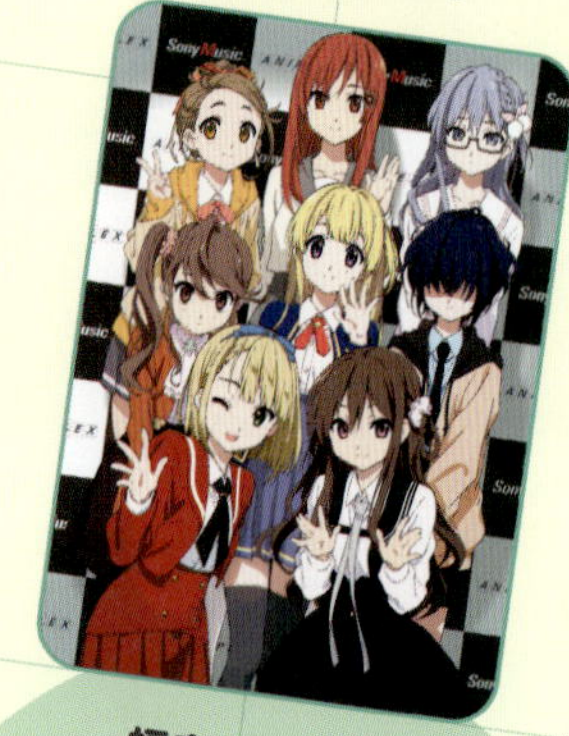

幅広いタッチのビジュアルを持つアイドルたち

「22/7」は声優アイドルのオーディションで結成したグループ。キャラクターのビジュアルを手がける作家は多岐にわたり、深崎暮人やカントク、岸田メル、ゆーげん、いとうのいぢ、高橋沙妃、渡辺明夫らが担当している。堀口は原案の特徴を踏まえ、イラストやアニメーション、3Dモデルなどに展開するキャラクターデザインをつとめる。

完成原案

アナログで描いたものをデジタルで描き直して完成させた。上着にやわらかい色を入れて、髪色やネクタイを深い色に変更した。

初期案

「滝川みう」は堀口がキャラクター原案を担当したひとり。最初はアナログ画材で描いたそう。メンバーカラーに合わせてモノトーンな印象ではあるが、爽やかな水色のネクタイやジップパーカーに入るオレンジ色が差し色として効いている。髪色は淡く儚げな印象だ。

設定画

「曇り空の向こうは晴れている」のMVにあわせて堀口が描いた設定画。「片目がち」というメモがある。

イラスト集― 真昼の月』の表紙もキャンバスを分割して描いていて、とても印象深いカバーとなりました。

堀口 私は基本的に少女漫画畑出身の人間なのですが、今でも自分の絵のベースには小学生の時に刺激を受けたものが残っているんじゃないかなと思います。例えば『姫ちゃんのリボン』とか。「りぼん」「なかよし」「ちゃお」を買っていたあの時代に、特に好きだと思う表紙がコマ割りの絵だったんです。コマごとに主人公の女の子が色んなファッションをしていたり、ドット柄やチェック柄が切り貼りされたり、ポイントで小物があったり。コマごとに色々と詰まっているのが大好きでした。その時の感覚がずっとあるんですよね。

――今回は四つのフレームに分かれています。春夏秋冬でしょうか?

堀口 そうですね。ただ左下の「ヒヤシンス」の衣装はどう見ても春のものだったので、かなり困りました。冬だけ諦めようかなとも思ったのですが、塗ってみると色味的に冬としてもいけそうだったので、うしろの絵に雪を降らせたりして誤魔化しました。何とか四季を揃えることができて嬉しいです(笑)。

――ヒヤシンスが咲く季節は冬から春みたいなので、偶然ですが合っているみたいです! メイキング工程も記録くださりありがとうございます。メインで使っていたドクターマーチン ピグメントが少し前から廃盤になって困っていましたよね。

堀口 ストックがまだ少しだけあります。いまはそれを使いつつ、リキテックスリキッドとチューブのアクリル絵具を組み合わせて描いています。リキテックスリキッドはスポイト状になっているのがドクターマーチンと同じで、使い心地が良いです。ただ、ホワイトがサラサラのため隠蔽力が弱いので、チューブのアクリルガッシュも併用しています。イメージするぼかし具合にならない…ということもあって、塗り方はまだ模索中です。

――なるほど。「22/7」のイラストは、これまでほとんどデジタルで描いていますよね。そのなかで、みうの原案イラストにアナログで塗ったバージョンがあったと知りました。

堀口 一番最初に描いた原案はアナログで描いていたんです(11ページ掲載)。けれど黒いスカートと黒いパーカーで、モノトーンすぎるかなと思って。それは誰にも見せずにデジタルで描き直しました。見返すと、そんなに暗すぎませんね。

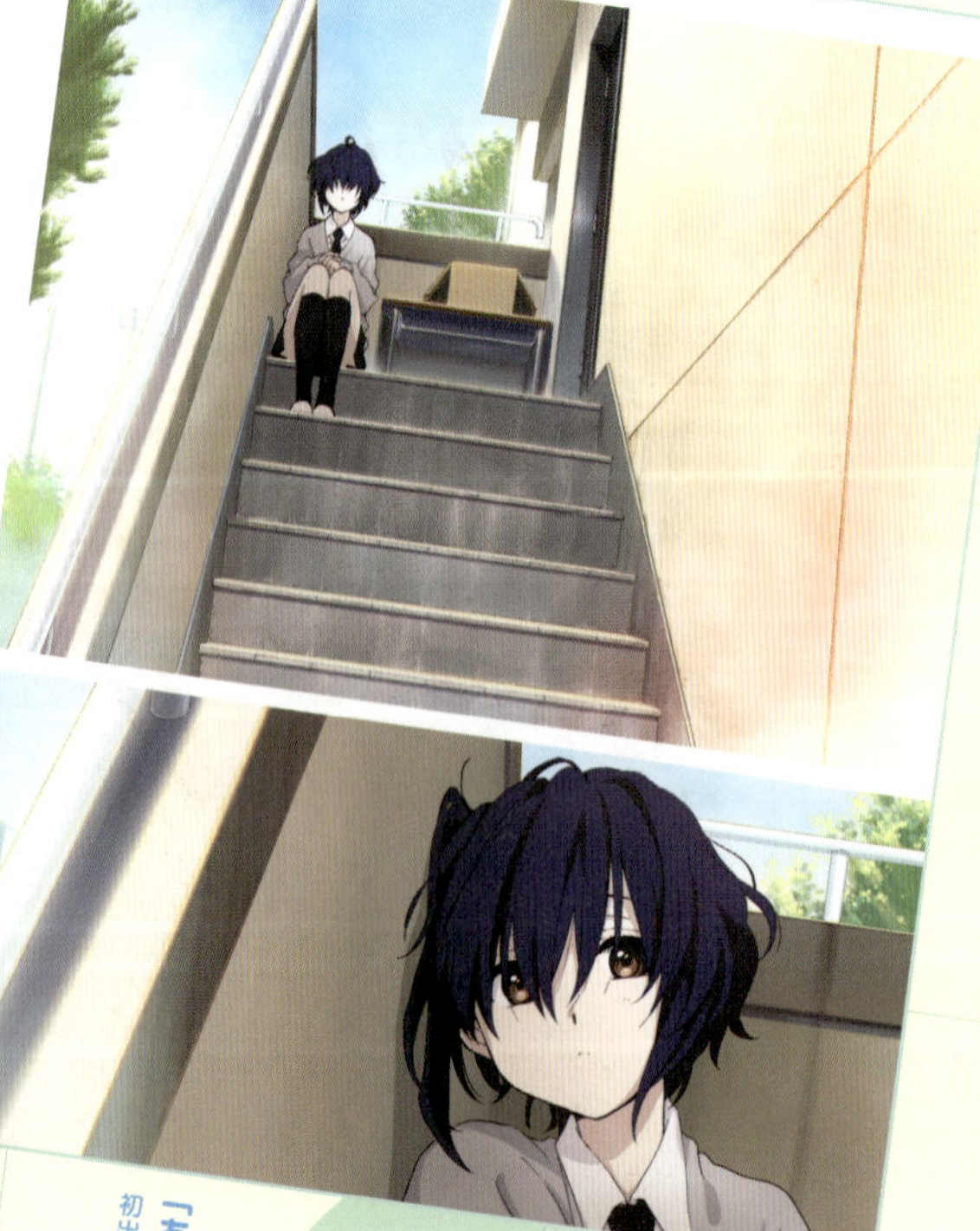

「あの日の彼女たち」
初出:2017「Newtype」4月号

イラストと言葉で広がる彼女たちの日常

「22/7」のデビューから間もなく、「Newtype」でスタートしたのが、総合プロデューサーの秋元康がメンバーへ詩をつむぎ、堀口がイラストを添えるという連載企画。彼女たちが抱く感情の機微や素顔に触れることができる機会となった。

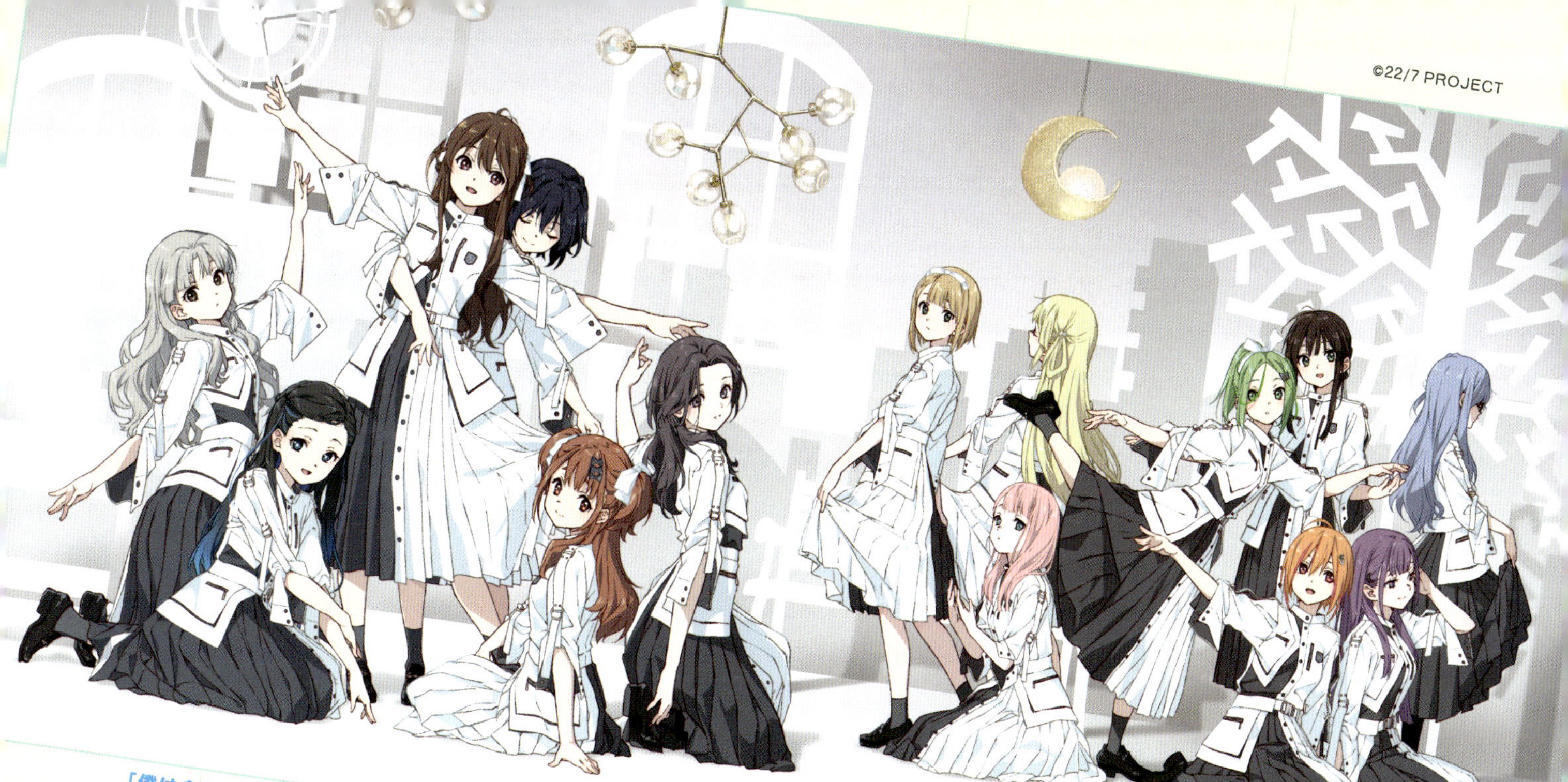

「僕は今夜、出て行く」
11th single（2023）

堀口悠紀子
22/7（ナナブンノニジュウニ）

秋元康総合プロデュース、SonyMusicとANIPLEXがタッグを組んだアイドルプロジェクト「22/7（ナナブンノニジュウニ）」。「22/7」が持つ2次元としての姿と、3次元としての生き方をつなぐキャラクターデザインを務めるのが堀口悠紀子だ。『堀口悠紀子 22/7 Artworks』や3rd album「ABC予想」が発売されこれまでの仕事にも注目が集まっている。ここでは、堀口に制作時のエピソードを中心にお話を伺い「22/7」の魅力を紐解いていく。

ほりぐち・ゆきこ／イラストレーター・アニメーター。主な参加作品に『らき☆すた』『けいおん!』『たまこまーけっと』『22/7（ナナブンノニジュウニ）』などがある。また、「白身魚」名義で小説の挿画や雑誌の表紙なども手がけており、アナログ画材を条件にまとめた『—白身魚 自選イラスト集— 真昼の月』（パイ インターナショナル）も発売されている。また、挿画を手がける『デモンズ・クレスト』（作：川原礫／電撃文庫）のアニメ化が発表された。X【@dochibibi】

――本日は、「22/7（ナナブンノニジュウニ）」での堀口さんの仕事について伺っていきたいと思います。まずは描き下ろしていただいた表紙イラストについてです。

堀口　『堀口悠紀子 22/7 Artworks』の表紙イラストでメンバーにたくさん衣装を着せましたが、（滝川）みうに着せたい衣装はまだあって。せっかくだからいくつか描きたいなと思いました。

――最初はアイドルの姿でなく、オフの一面を描くという案もありましたね。

堀口　のどかな風景のなかにいる女の子が好きなので、そういった絵も考えていました。でも散策するようなシチュエーションだと、風景は複数入れられますが、その場合、衣装は一種類に絞った方が絵としてはいいのかなと。今回は何種類かの衣装を着せたいというのが前提としてあったので、実景よりもスタジオの方が…向いていると考えました。表紙として考えても、セットっぽい雰囲気のある場所やカラフルな場所のほうが合う印象でした。

――最終的に衣装は厳選して三着に決められましたね。

堀口　「ヒヤシンス」「覚醒」「あなたでなくちゃ」で着ている三着を選びました。特に「ヒヤシンス」の衣装が好きなので、今回描くと決めていました。「ヒヤシンス」と「あなたでなくちゃ」の二着は外せなかったです。「覚醒」は色味で決めました（笑）。『堀口悠紀子 22/7 Artworks』の表紙でも「ヒヤシンス」を（斎藤）ニコルが、「覚醒」を（佐藤）麗華が着ています。

――卒業したメンバーにまた出会えるカバーイラストでとても素敵でした。「季刊エス」の表紙でも立ちポーズを複数組み合わせる案がありましたが、キャンバスを分割して構成する見せ方を選ばれました。画集『—白身魚 自選

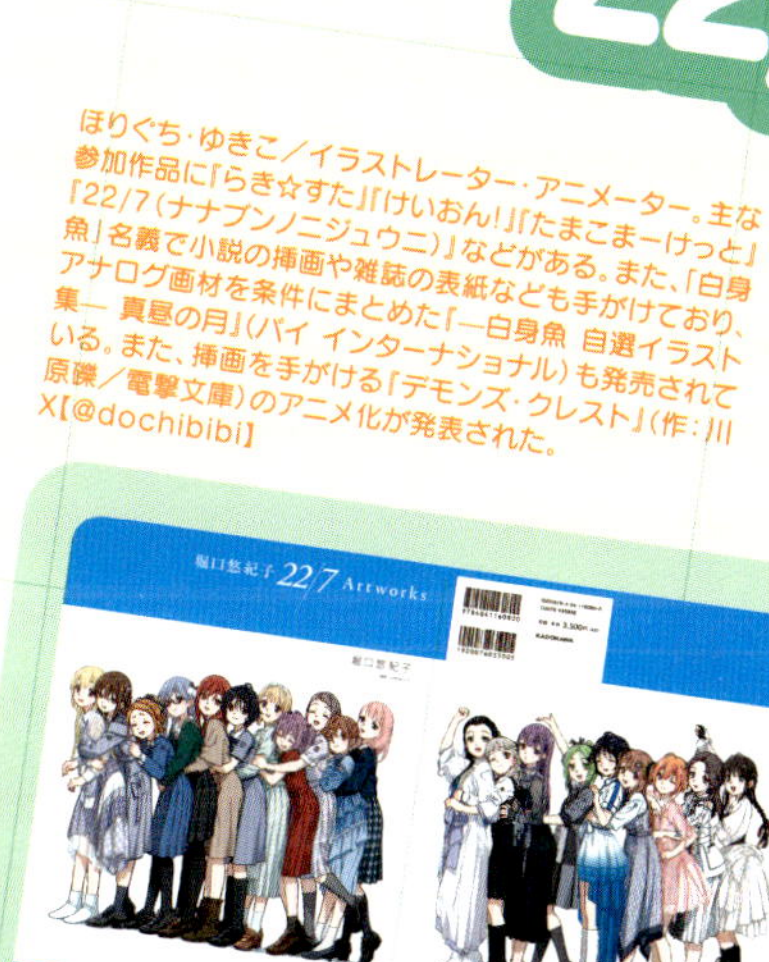

『堀口悠紀子 22/7 Artworks』
紙版・電子版 発売中
◎定価：3,850円（税込）※紙と電子では価格が異なります
◎A4判／136ページ
◎発行元：KADOKAWA

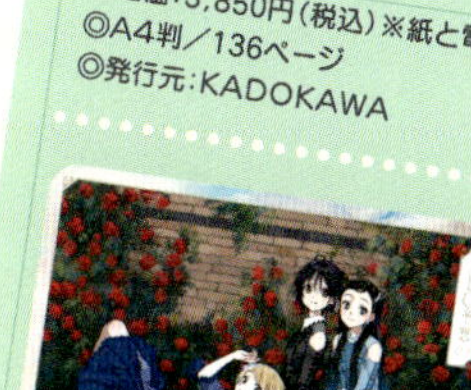

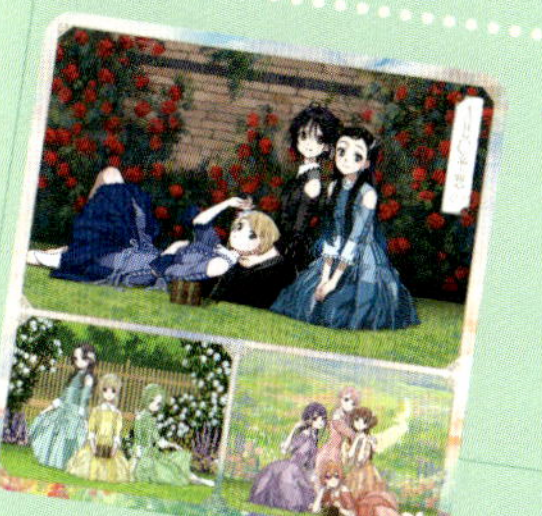

2025年12月10日発売
3rd album
「ABC予想」

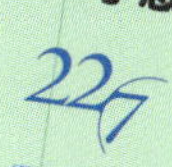

HP

CD+Blu-ray【完全生産限定盤A】11,000円（税込）
CD+Blu-ray【完全生産限定盤B】11,000円（税込）
CD+Blu-ray【完全生産限定盤C】11,000円（税込）
CDのみ【通常盤】2,800円（税込）

着色

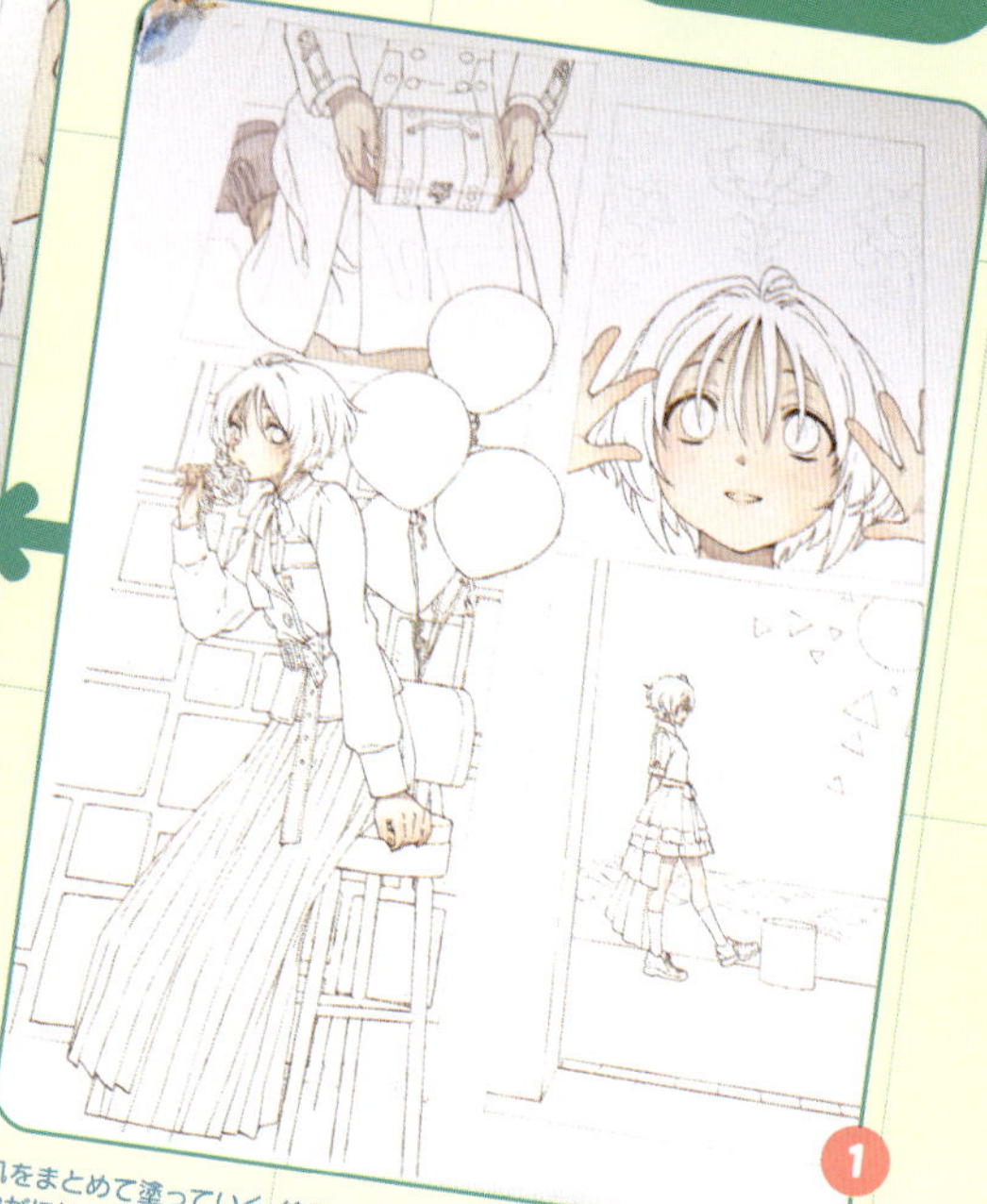

1 肌をまとめて塗っていく。絵具を線画に乗せると、主線のインクがにじんでしまうこともあるため、線に色を被せすぎないように注意しながら塗る。

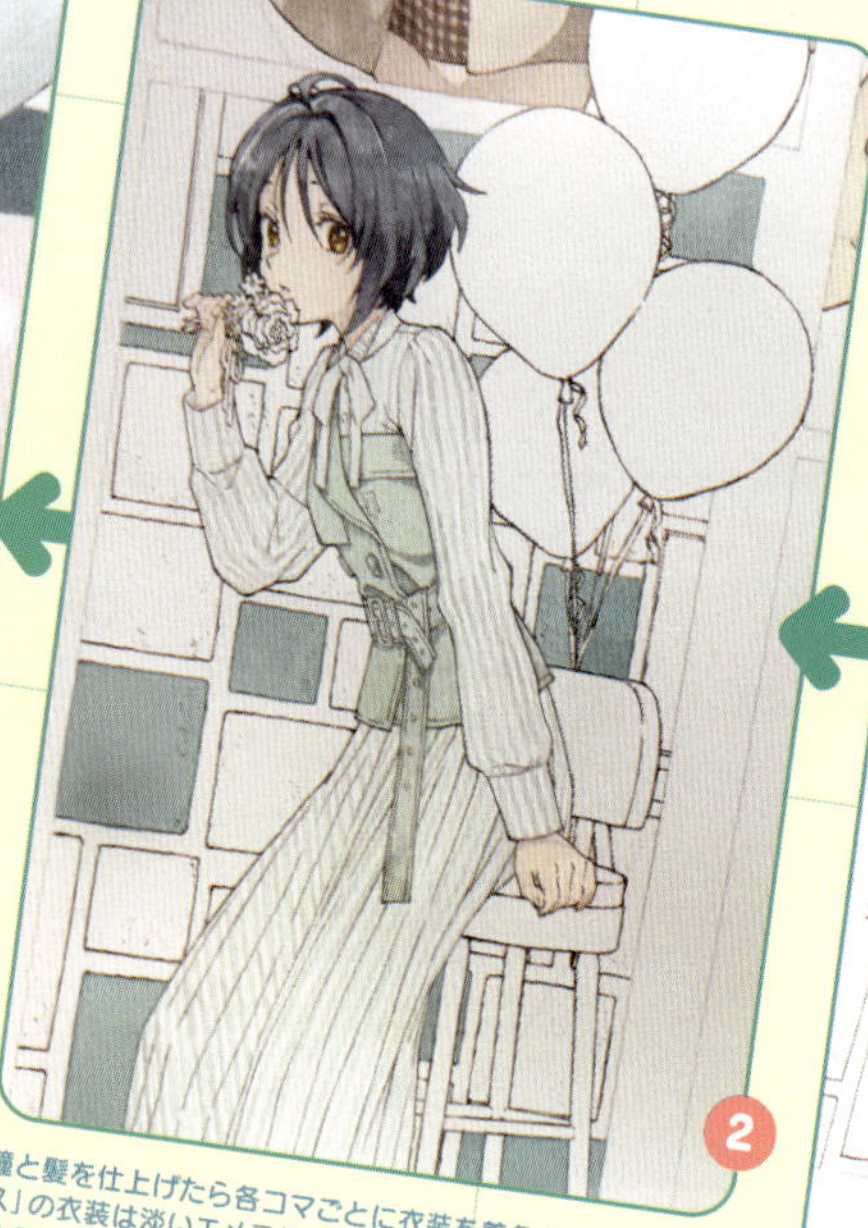

2 瞳と髪を仕上げたら各コマごとに衣装を着色する。「ヒヤシンス」の衣装は淡いエメラルドグリーンが特徴。シャツワンピースのストライプの模様が途中で切り替わるデザインがかっこいい。シャープな印象になる。

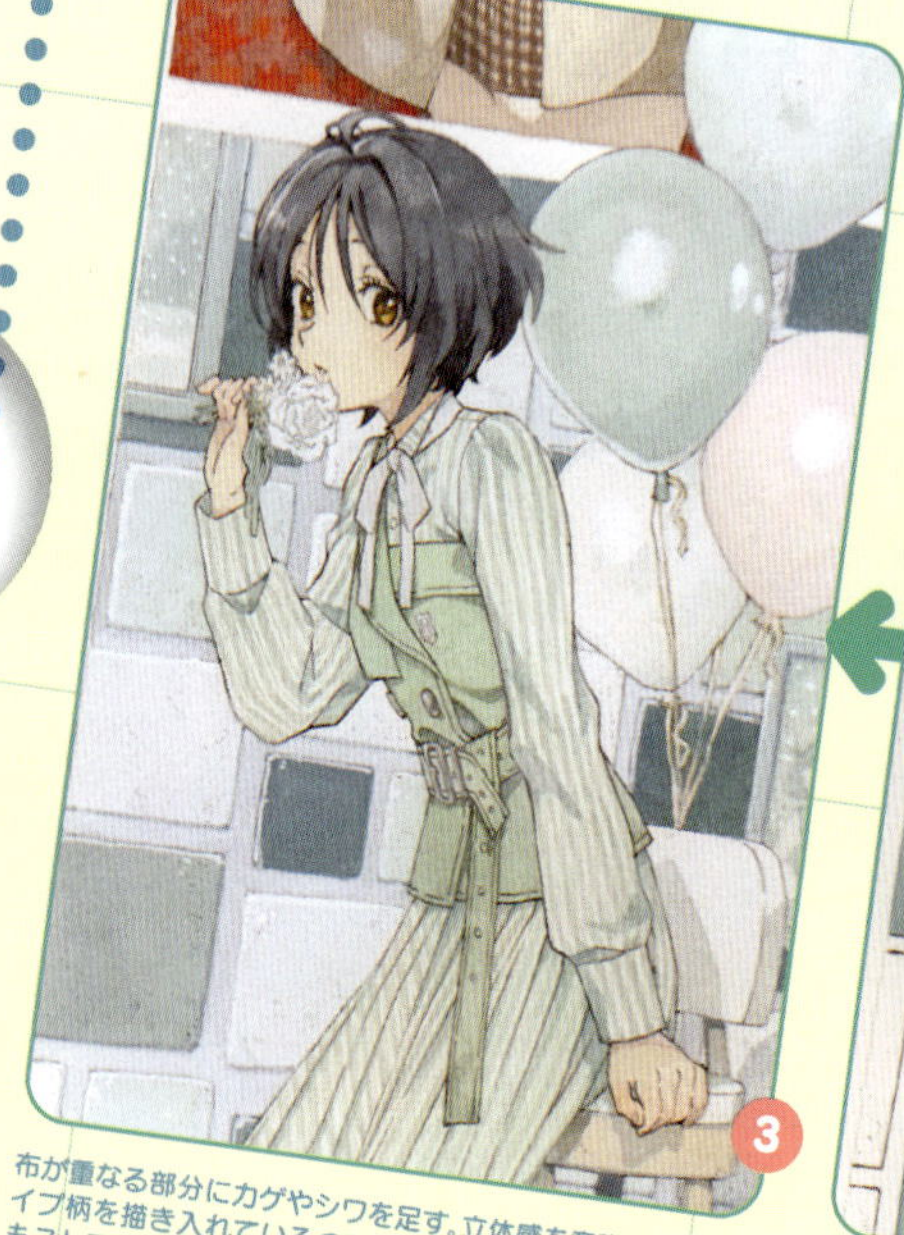

3 布が重なる部分にカゲやシワを足す。立体感を意識してストライプ柄を描き入れているので、あとからシワやカゲを入れてもストライプ模様が絵になじむ。

堀口　背景には、雪に見立てた白いドット柄を入れました。

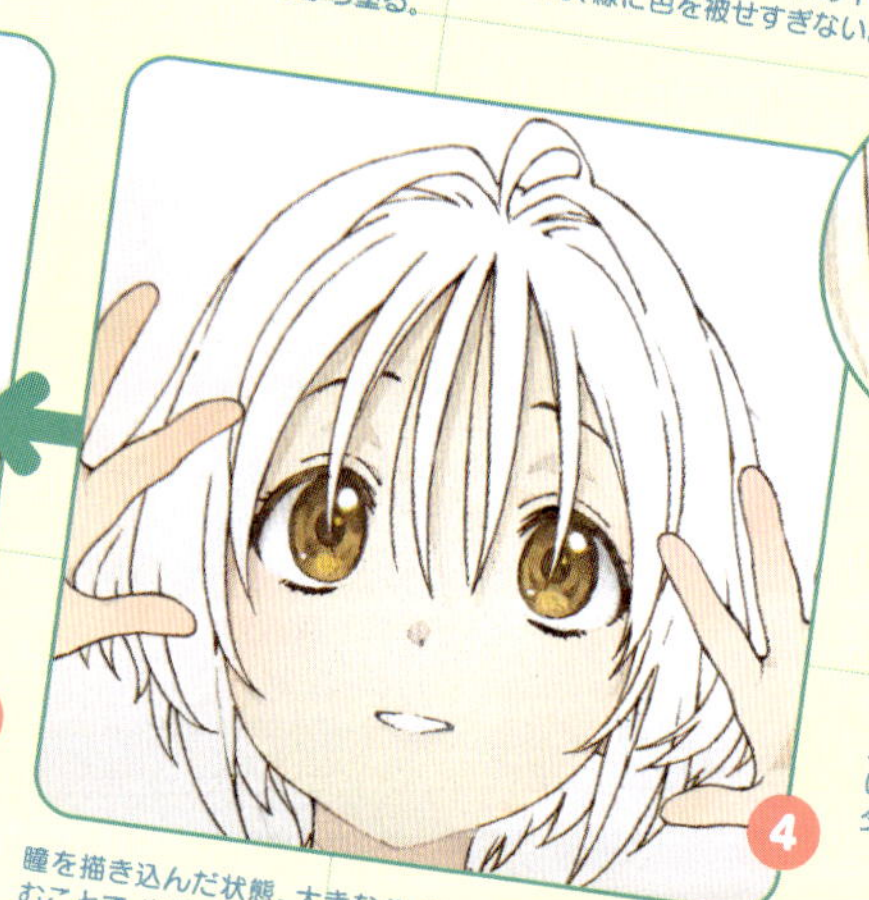
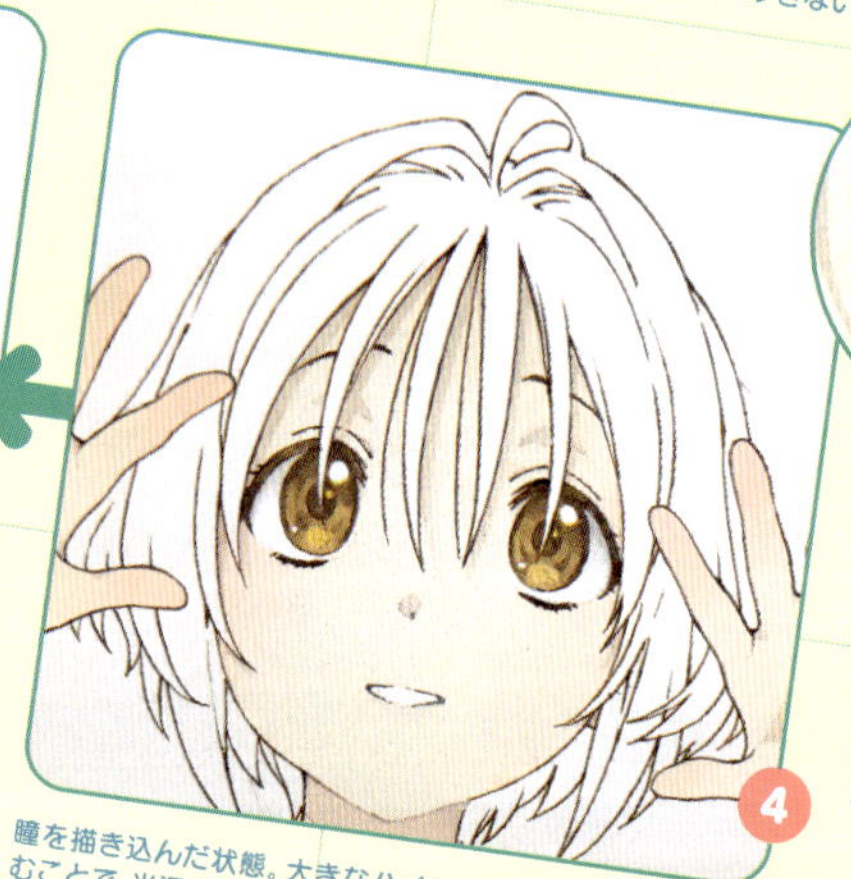

瞳を描き込む前に、ハイライトと瞳孔の位置を鉛筆で薄く描いておく。塗りのシルエットが重要になる大きなシワや壁に落ちるカゲにも、ブレないように鉛筆でアタリを取ると良い。

4 瞳を描き込んだ状態。大きなハイライトを明るい黄土色で囲むことで、光沢感が際立つ。

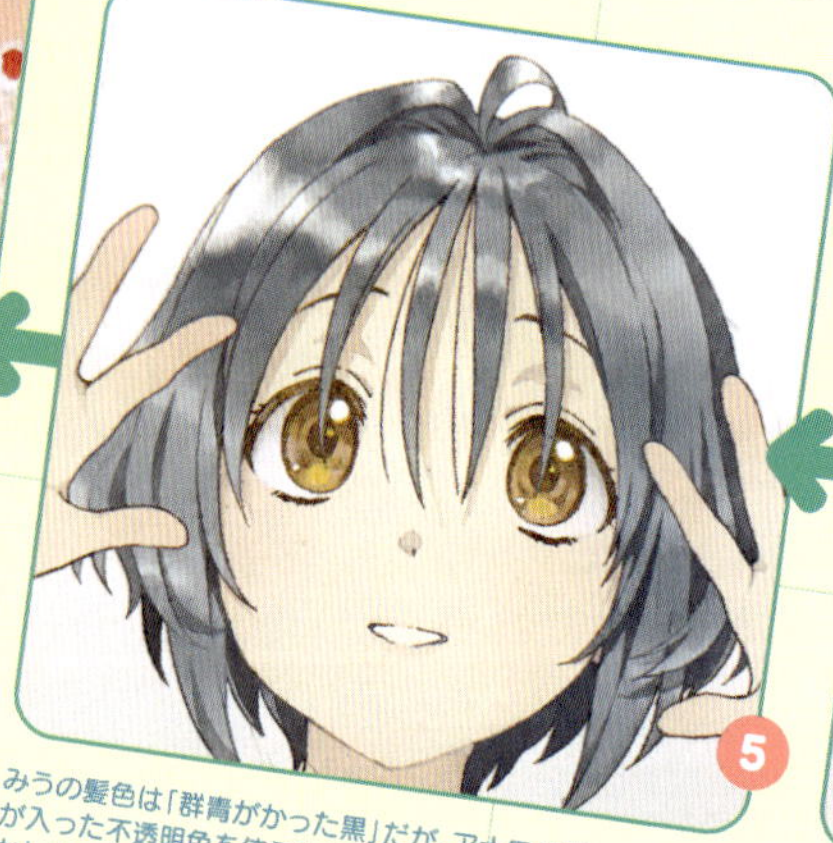

5 みうの髪色は「群青がかった黒」だが、アナログ画材では、白色が入った不透明色を使うためグレーになっている。じわっとぼかしたハイライトが綺麗。

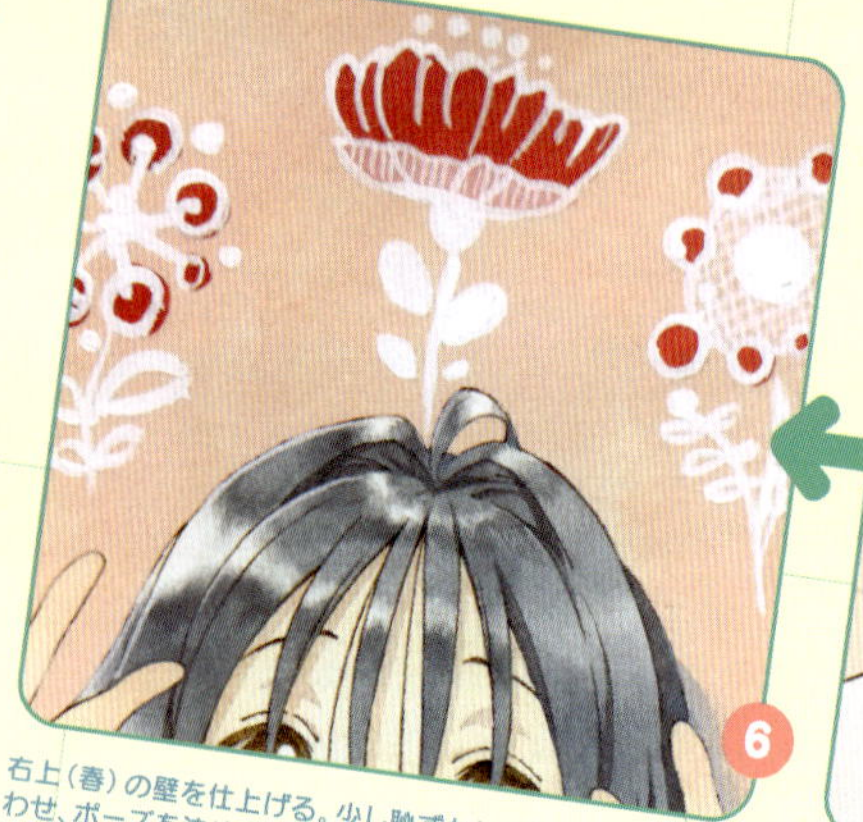

6 右上（春）の壁を仕上げる。少し恥ずかしそうに壁の花柄に合わせ、ポーズを決める姿が愛らしい。筆のタッチを粗めに残しておくことで「描いている」臨場感が出る。

レタッチ・加筆

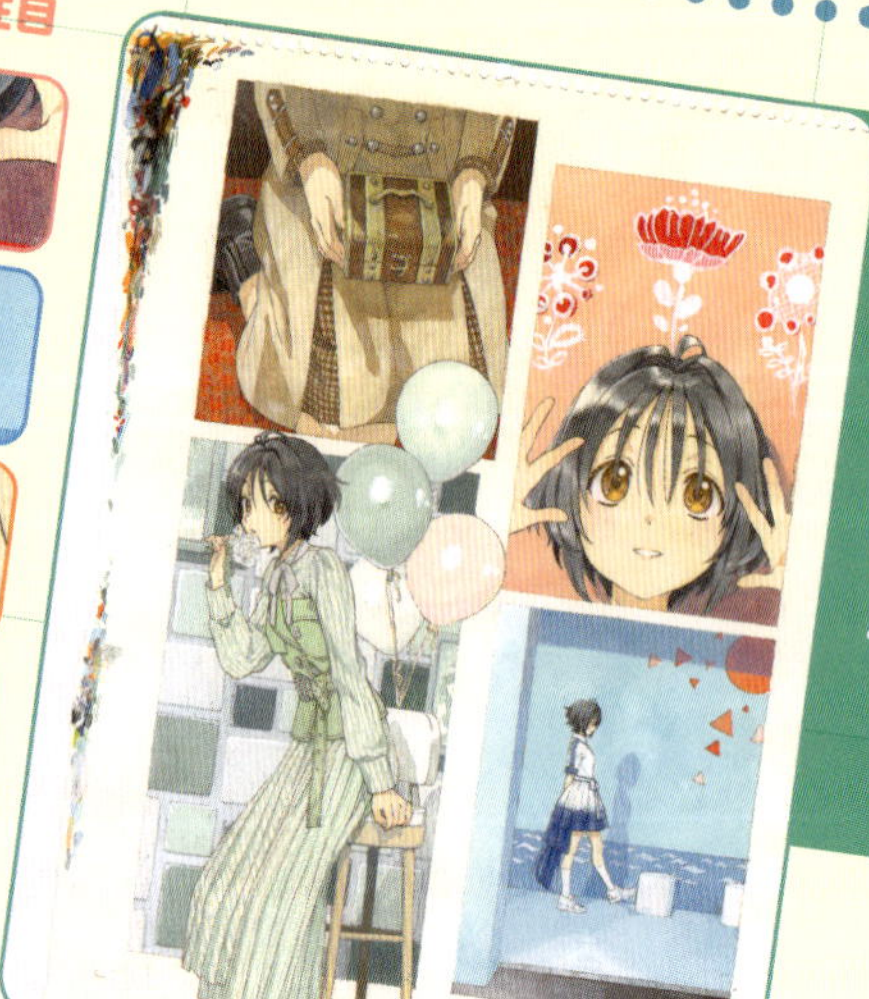

全体の着色が終わった状態。スキャン後、レタッチをしたりゴミを取ったりする。今回はペン入れがしやすいサラッとした水彩紙を選んだが、紙自体がわずかに黄色いため、データ上で紙の黄色みを抑えるイメージで色調整をした。

カゲ色に注目

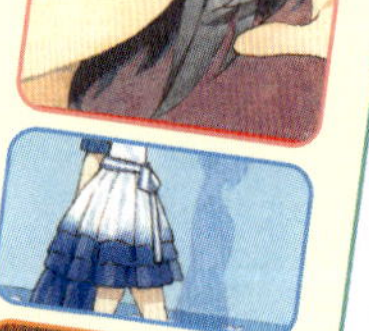
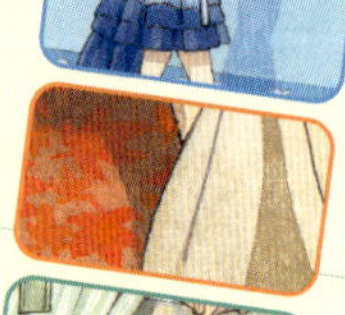
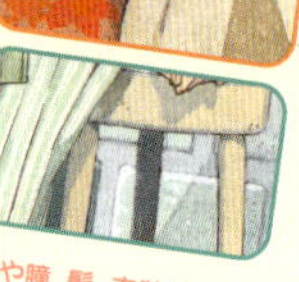

肌や瞳、髪、衣装は固有色をベースに塗り進めていくが、環境光でカゲ色は変わる。堀口は各フレームごとにメインのカラー（春＝ピンク色／夏＝青色／秋＝オレンジ色／冬＝淡い緑色）を決めていて、カゲを描く時にもメインのカラーを混色した色を使っている。

完成

最後にデータ上で枠線を引いて季節ごとにフチを付ける。さらに素材を絵の上に重ねて華やかな印象に仕上げた。四季を感じさせるモチーフや、やわらかい色の組み合わせが素敵。やり直しが難しいアナログ作画でありながらも、堀口は着色前に色見本を用意しないとのこと。代わりに、色を塗る前に試し塗りをして慎重に色を乗せている。

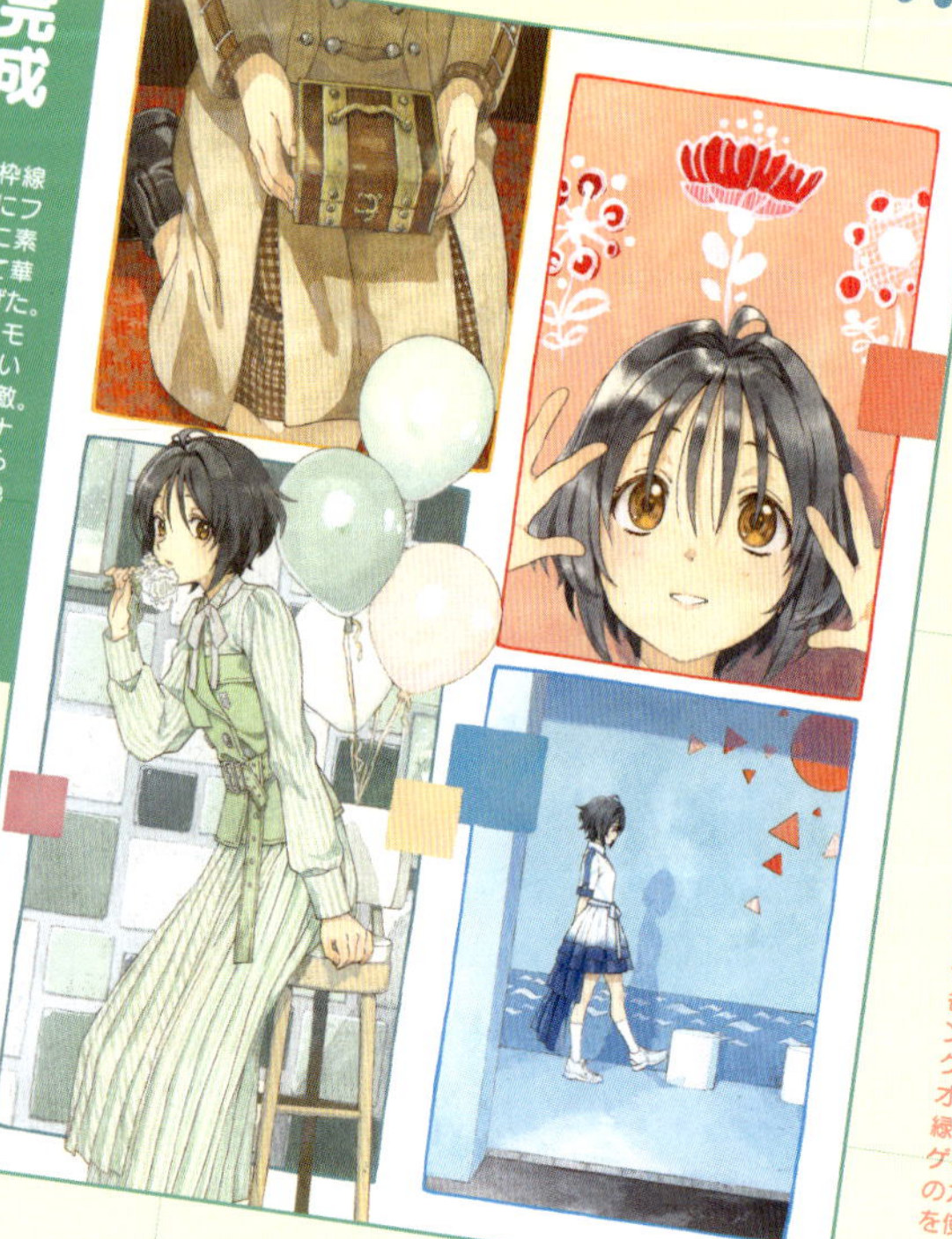

堀口　決まっている色（この絵の場合は衣装）から塗ったあと、バランスを考えつつ他の色を追加しました。塗りすぎて絵が重たくならないように気をつけています。

完成は大きなピンナップでご覧ください！

堀口悠紀子 表紙イラストメイキング

「季刊エス」の描き下ろし表紙イラストメイキングを紹介。「22/7(ナナブンノニジュウニ)」・滝川みうをアナログ画材で描いていく貴重な工程をお届けする。

撮影：堀口悠紀子

使用画材

◎用紙：シリウス水彩画紙
◎主線：リキテックスリキッド(黒色と茶色の混色)
◎ペン入れ(Gペン・ゼブラ)、トレース台
◎着色：
・ドクターマーチン ピグメント(耐水性カラーインク※現在廃盤)
・リキテックス リキッド
・アクリルガッシュ(ターナー・ホワイトのみ)
・アクリル絵具(リキテックス プライム)

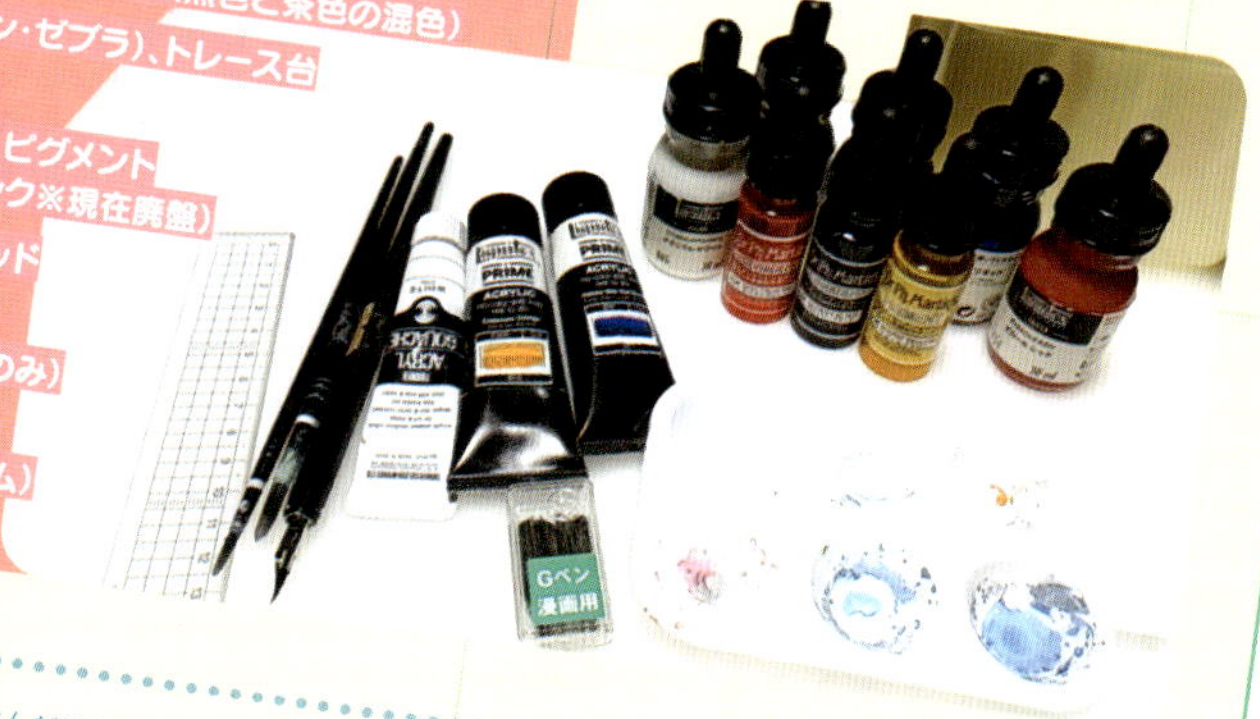

ラフ

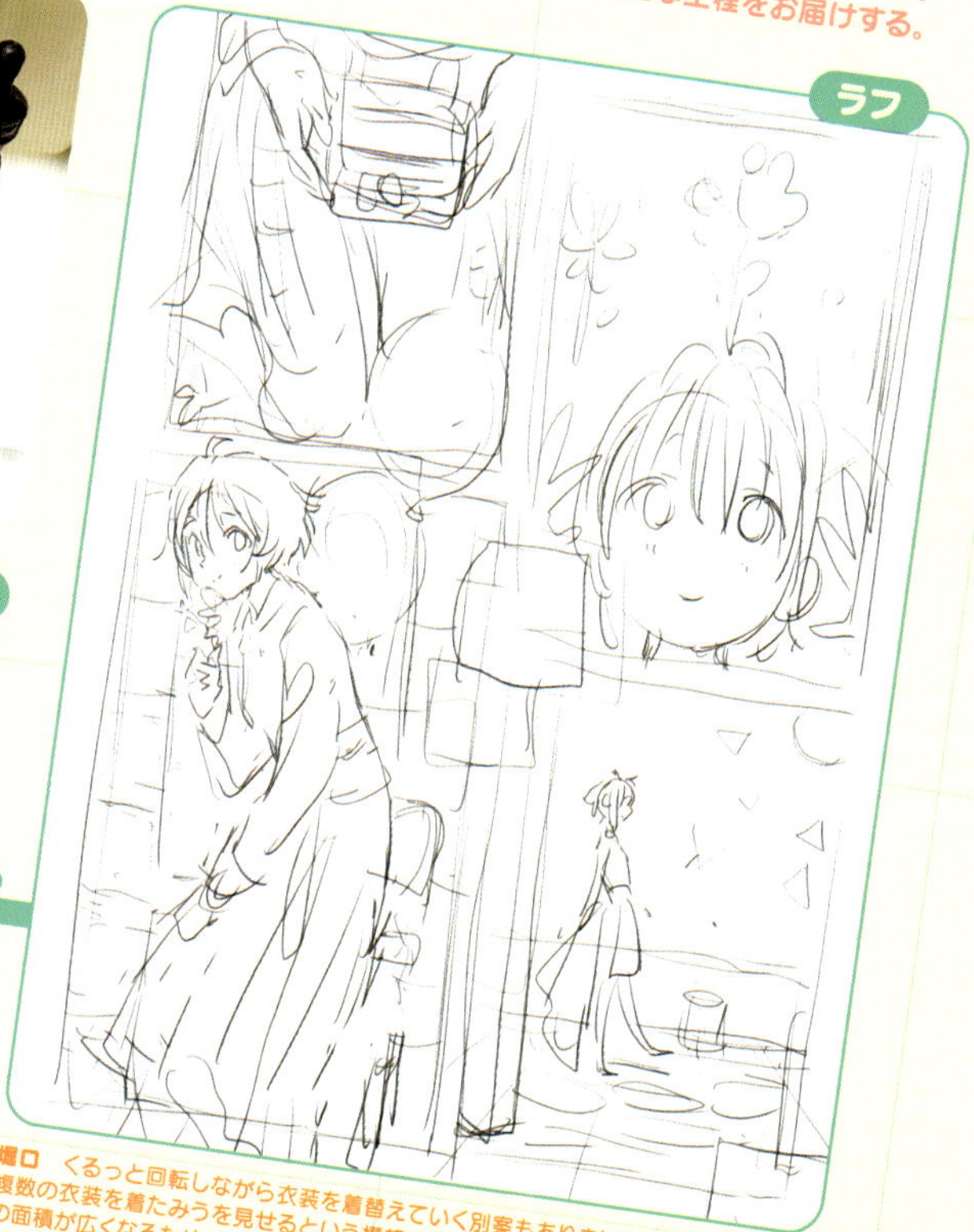

堀口　くるっと回転しながら衣装を着替えていく別案もありました。フレームを縦三分割にして複数の衣装を着たみうを見せるという構想です。ただ、衣装を見せるために全身を並べると背景の面積が広くなるため、地味な印象なりそうだなと思ったんです。それでフレームのサイズに変化をつけることにしました。セットっぽいスタジオの雰囲気やカラフルな壁面をイメージしながら、4つのフレームを「春」「夏」「秋」「冬」にわけて考えていきます。

線画

線がにじんだりかすれたりしないように慎重にペン入れする。シュッと一度に長いストロークで描くのではなく、少しずつ短い線を繋ぎ合わせて、1本の長い線にしていく。

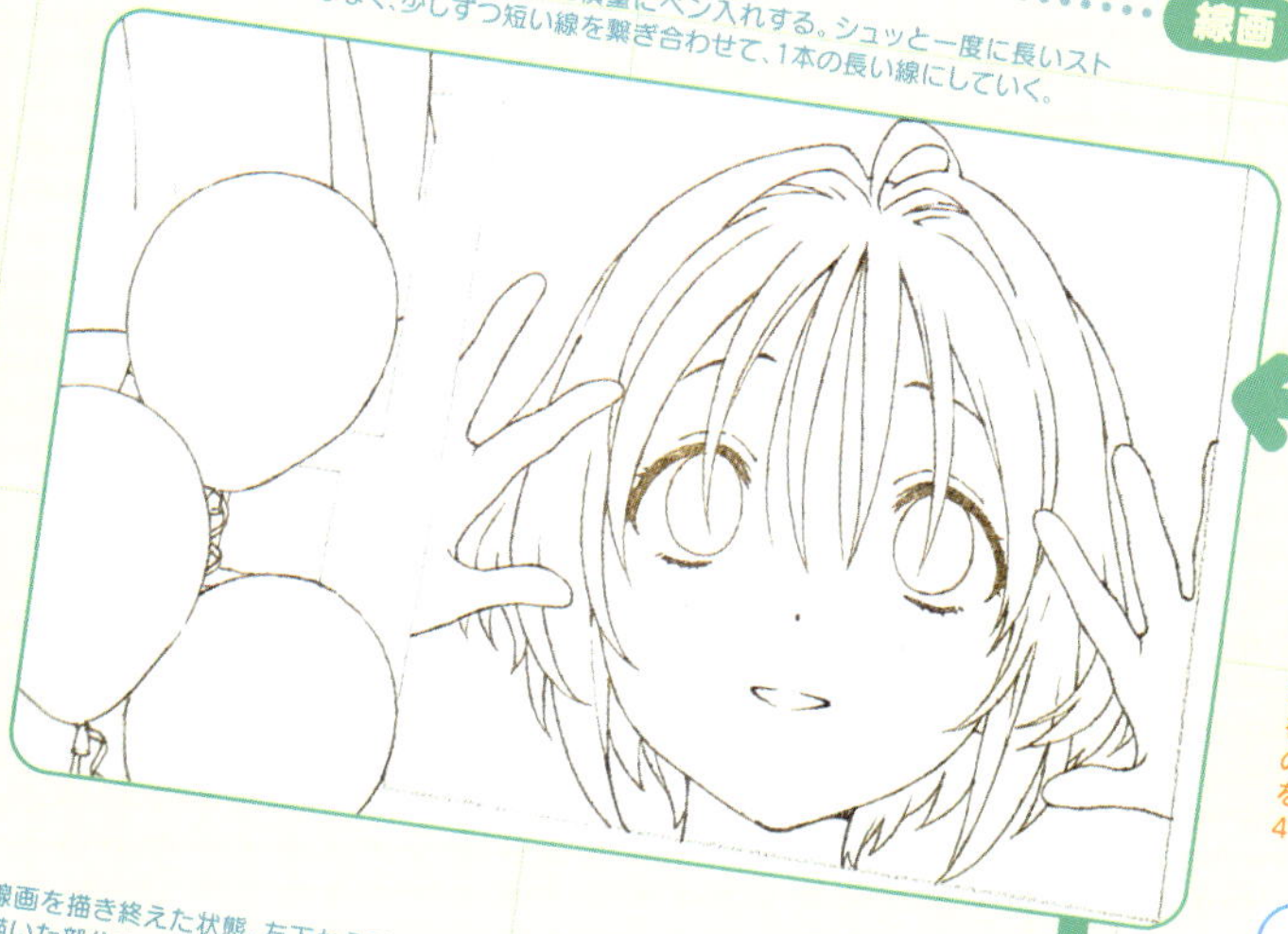

線画を描き終えた状態。左下から時計回りに描き進めることで、描いた部分のインクに触れて擦ってしまうのを避ける。

完成線画

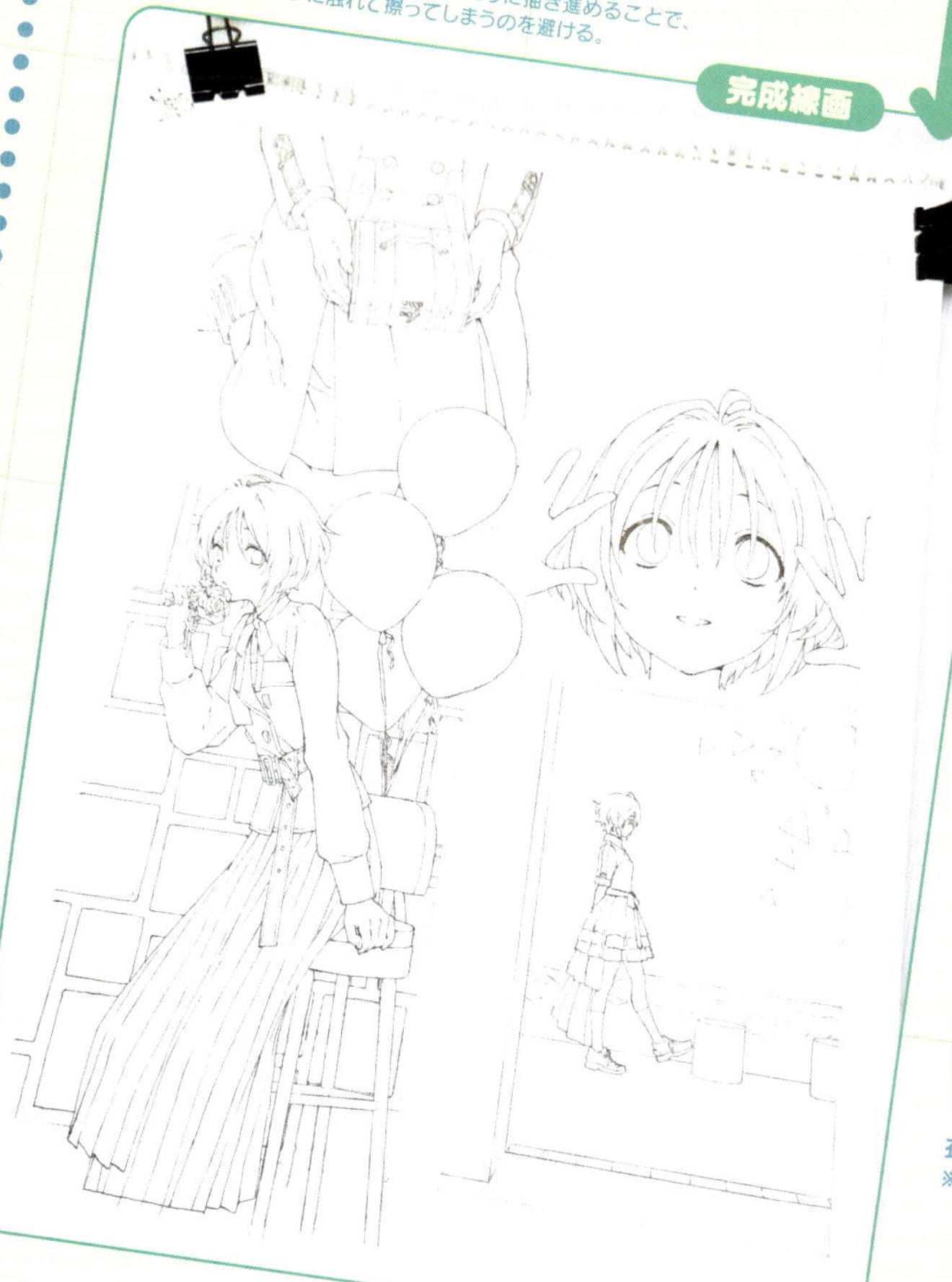

衣装のペン入れ

堀口　衣装デザインを見ながら描いていきます。今回は、私が着せたいと思った衣装から選びました。左下(冬)は「ヒヤシンス」(album「11という名の永遠の素数」収録)の衣装です。シングル曲ではないのでジャケットイラストを描くことはありませんでしたが、とても好きなデザインなので、一番大きく描いています。左上(秋)は「覚醒」。暖色の衣装は珍しく、表紙イラストの色のアクセントになると選びました。持っている箱はalbum「ABC予想」にも描いた宝箱です。右下(夏)の「あなたでなくちゃ」はみうのラストシングルなので、『堀口悠紀子 22/7 Artworks』でも描いています。

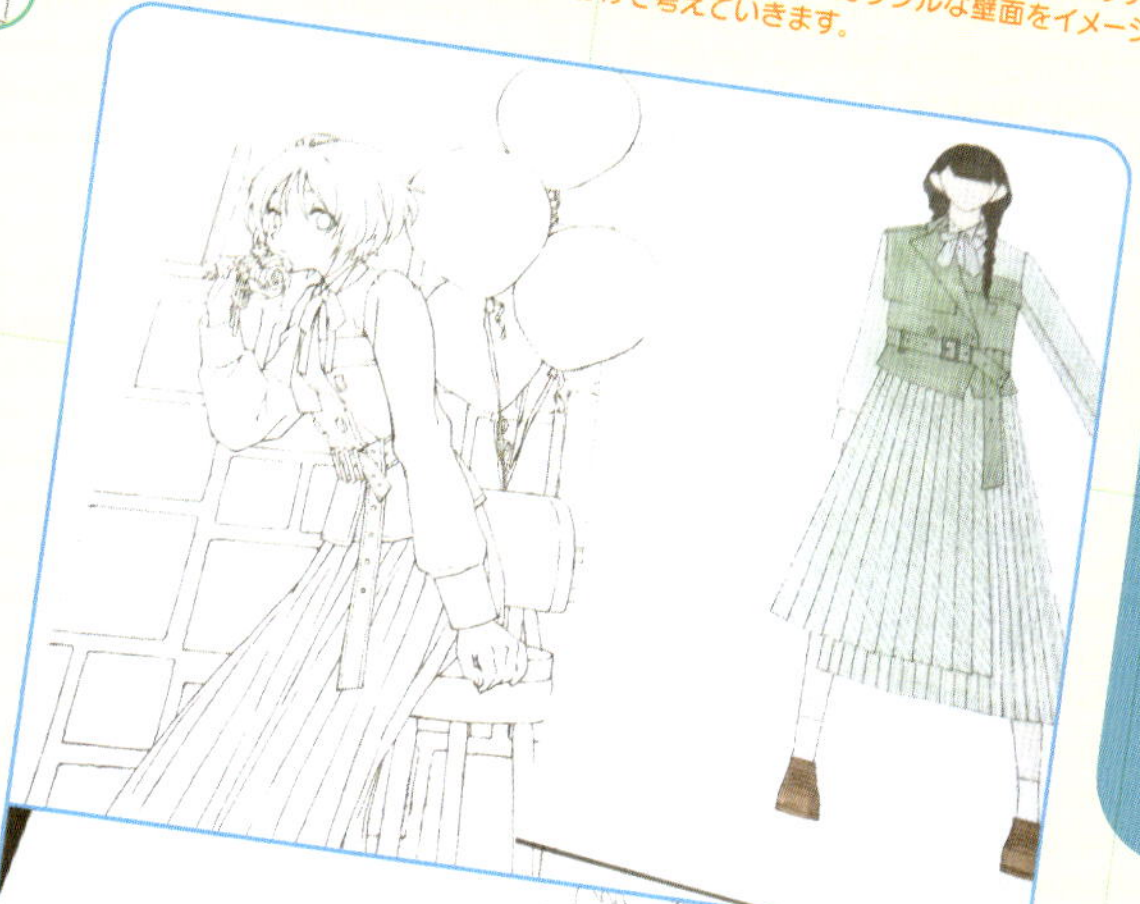

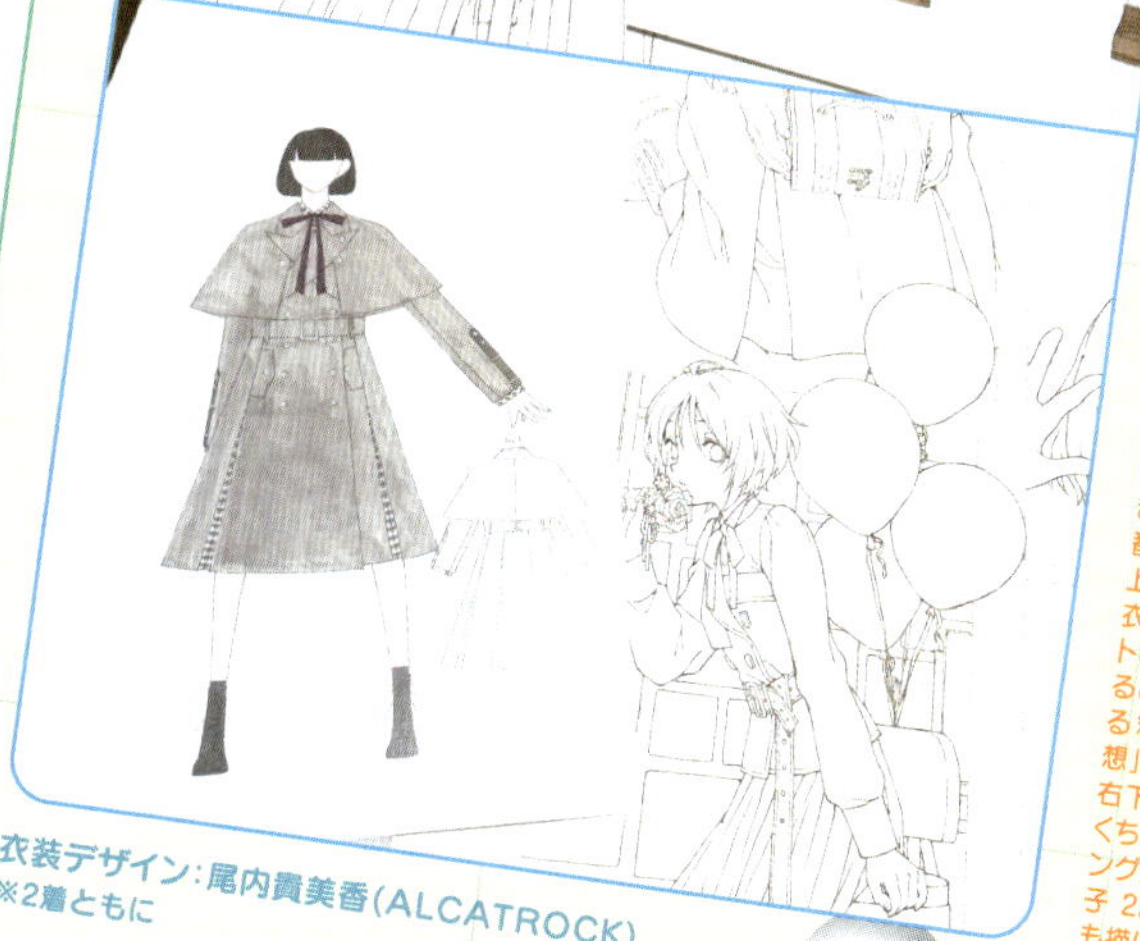

衣装デザイン：尾内貴美香(ALCATROCK)
※2着ともに

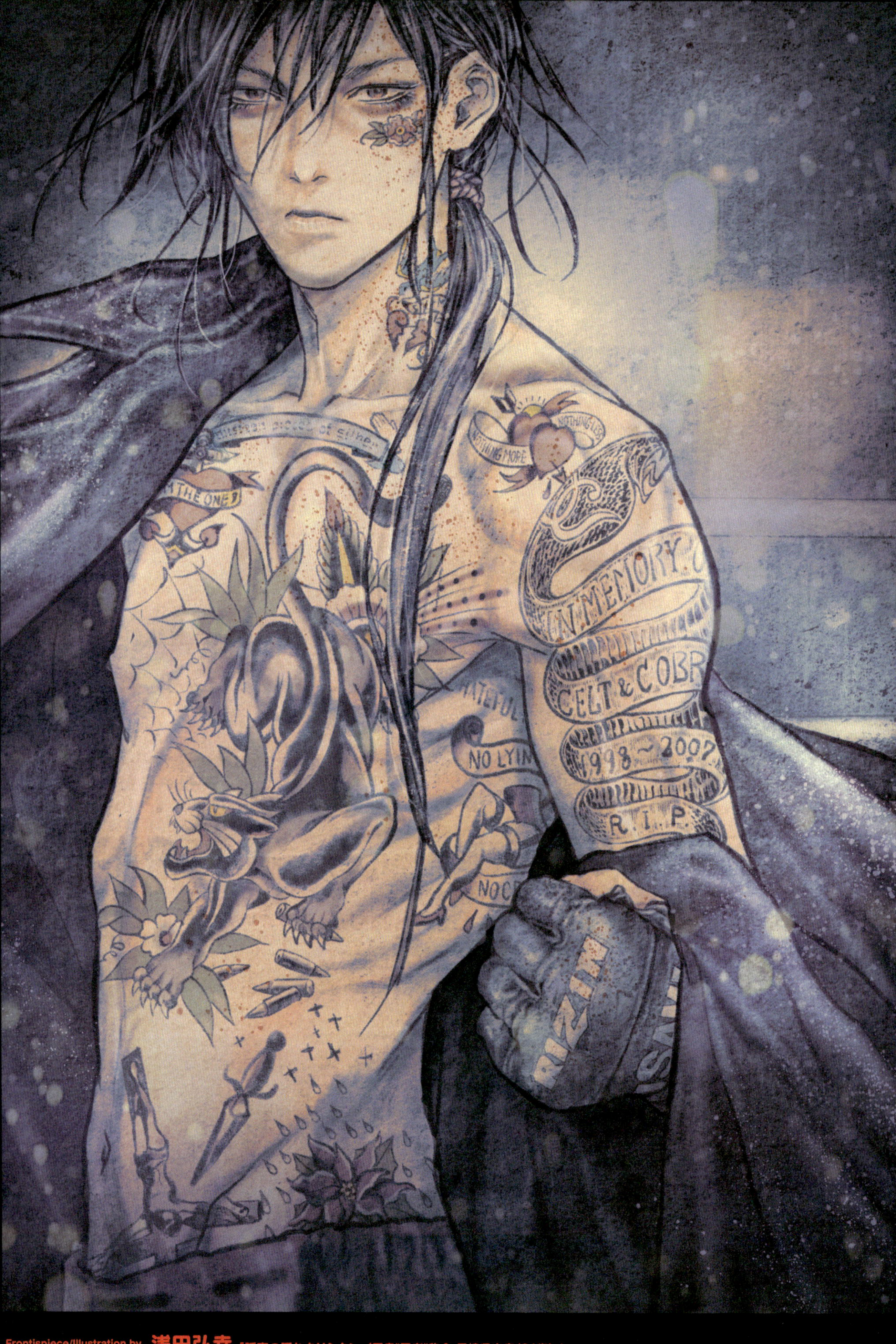

Frontispiece/Illustration by **浅田弘幸**「孤高の隠れキリシタン／黒島"忍者"豹介 長崎県出身（24歳）」

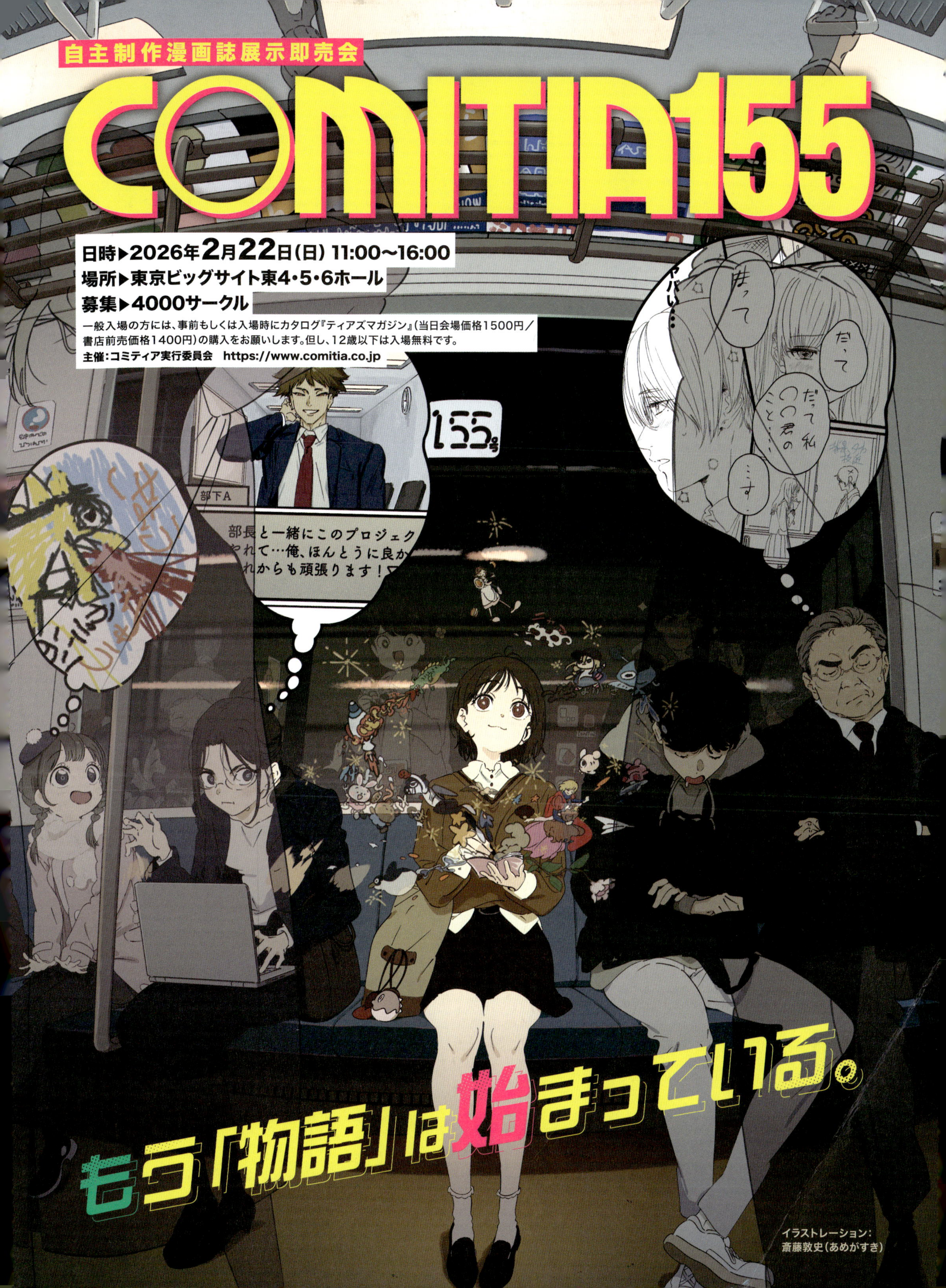
自主制作漫画誌展示即売会
COMITIA155
日時▶2026年2月22日(日) 11:00〜16:00
場所▶東京ビッグサイト東4･5･6ホール
募集▶4000サークル
一般入場の方には、事前もしくは入場時にカタログ『ティアズマガジン』(当日会場価格1500円／書店前売価格1400円)の購入をお願いします。但し、12歳以下は入場無料です。
主催:コミティア実行委員会　https://www.comitia.co.jp
部下A
部長と一緒にこのプロジェク
やれて…俺、ほんとうに良か
れからも頑張ります！
155号
ヤバい…
待って
だって
もう「物語」は始まっている。
イラストレーション:
斎藤敦史(あめがすき)

S-mono Software Hardware Materials etc

水彩画や色鉛筆などにオススメの コットン100%国産水彩紙!!

Doアートペーパー/Beアートペーパー

コットン100%ペーパー
209g/㎡・中性紙
ナチュラルホワイト色
(各紙共通)

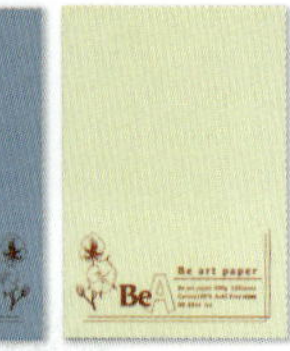

パッド:
サイズ、価格、天糊・15枚入
A3規格:2,970円(税込)
A4規格:1,650円(税込)
B5規格:1,100円(税込)
シート:サイズ、価格
4/6判(1,091mm×788mm)
Y目 726円(税込)

Do art paper [ドゥーアートペーパー] (左)
適度なザラつきのある紙肌と柔軟性を持った風合いある表面が特徴で、自然な水彩表現が可能です。

Be art paper [ビィーアートペーパー] (右)
滑らかな紙肌(細目)と柔軟性を持った表面が特徴で、絵具も適度に吸い込み、発色に優れます。

ミューズ オンラインショップ

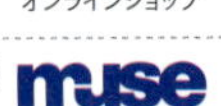

- 株式会社ミューズ ☎03-3877-0123(代)
- www.muse-paper.co.jp

必要なのは、描きたい気持ちだけ。

「Wacom MovinkPad 11」新発売!

描きたいと思ったその瞬間にすぐに描き始められるポータブルクリエイティブパッド「Wacom MovinkPad 11」は、ペンを手に取った瞬間にすぐ描き出せる手軽さと、場所を選ばず自由に使える軽快さが特長です。

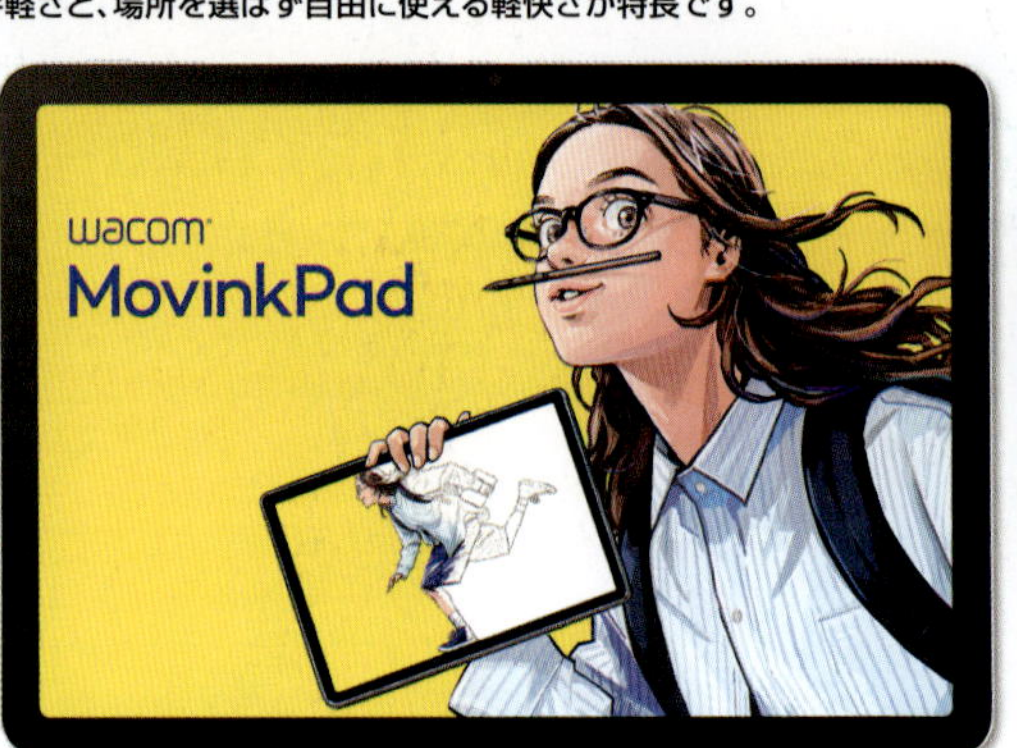

製品情報

- 製品名:Wacom MovinkPad 11
- 型番:DTHA116CL0Z
- ディスプレイ表示サイズ:11.45型
- 筆圧レベル:8192レベル
- マルチタッチ:対応(10点)
- 価格:オープン価格

対応システム

- OS:Android™ 14
- プロセッサー:MediaTek Helio G99
- メモリ/ストレージ:8GB/128GB

- 株式会社ワコム ☎0120-056-814(平日 9:00〜18:00)
- www.wacom.com

気軽にはじめてみよう りーりんセレクトセット登場

ピグメントブラッシュペン スターターセット

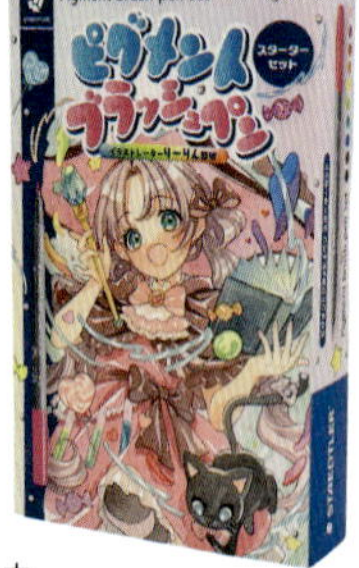

優れた耐光性で鮮やかなまま作品を残せる水性顔料カラーペン「ピグメントブラッシュペン」を気軽に始めていただけるセットです。パッケージイラストを手がけたりーりんさんセレクトの10色入りで、ミリペン、水筆、メイキングと塗り絵が入ったレッスンブック同梱。

内容
ピグメントブラッシュペン 10色 各1本
ピグメントライナー 0.05mm 1本
ウォーターブラシ(中筆) 1本、限定レッスンブック 1冊
価格:5,500円(税込)

- ステッドラー日本株式会社
- https://www.staedtler.jp

紙の色を残してマスキングできる

ZIG マスキングライター

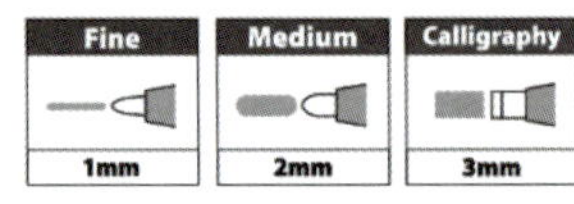

紙の色をそのまま残したい部分に塗って、着色後にはがすと綺麗に白抜きできるマスキングペンです。絵の具、マーカー、インクなど、いろんな画材と組み合わせてお楽しみいただけます。

ラインナップ
FINE(PMW-10)、MEDIUM(PMW-20)
CALLIGRAPHY(PMW-25) 価格:各770円(税込)

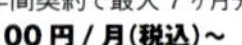

- 株式会社 呉竹 ☎0742-50-2050
- https://www.kuretake.co.jp/

スマホ・タブレット パソコンで描ける

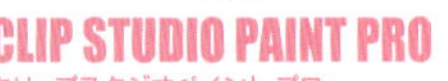

CLIP STUDIO PAINT PRO

クリップスタジオペイント プロ

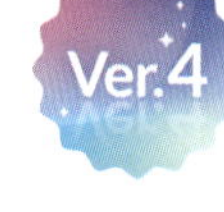

デジタルでお絵描きするなら
みんなが使っている安心定番のペイントアプリ!

[iPad / Android / Windows / macOS / iPhone / Android Phone]

CLIP STUDIO PAINT PRO
[一括払い] Windows / macOS
6,400円(税込)
[月額利用プラン] iPad / Android / Windows / macOS / iPhone / Android Phone
初回申込み時最大3ヶ月無料
年間契約で最大7ヶ月分お得
100円/月(税込)〜

- リアルで自然、思い通りの描き味
- ペンもUIも自由自在にカスタマイズ
- 無限に追加される数万点のブラシ・素材
- スマホなら毎月30時間まで無料体験!

[CLIP STUDIO PAINT 公式サイト] www.clipstudio.net/

- 株式会社セルシス
- www.celsys.com/

王室に讃(たた)えられた色

レンブラント水彩絵具

オランダ王室から「ROYAL」の称号を授けられた、ロイヤルターレンス社が誇る最高級の透明水彩絵具

グラニュレーション12色セット

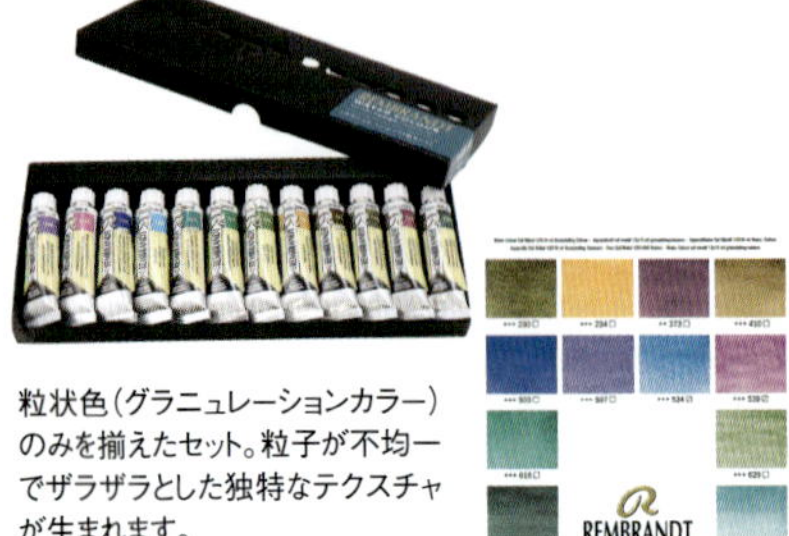

粒状色(グラニュレーションカラー)のみを揃えたセット。粒子が不均一でザラザラとした独特なテクスチャが生まれます。

10ml チューブ 12色セット 13,200円(税込)

- 株式会社ターレンスジャパン
- www.talens.co.jp/

X @talensjapan @talens_japan

同人誌からオリジナルグッズまで 高品質・格安印刷でお届けします!

同人誌印刷・同人グッズ制作なら コミグラ

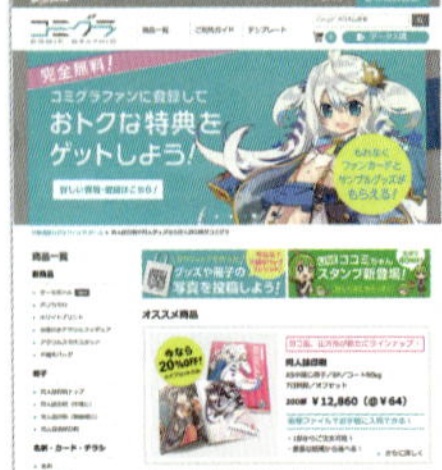

同人誌やイラスト集はもちろん、高画質で滑らかな仕上がりが特徴の各種アクリルグッズや、定番のシール・ステッカーなど、様々なグッズが作れます。イベントでも数多くのクリエイター様にご支持いただいております当社自慢のフルカラー印刷で、あなたの創作活動を応援します!

24時間いつでも
注文・入稿受付 OK

[コミグラ] www.graphic.jp/comic/

今ならポイント倍増キャンペーン中!
新規会員登録ですぐに使える1000円分のポイントをプレゼント!
さらに初回ご注文納品時のアンケートに回答して1000ポイント!

- 株式会社グラフィック
- www.graphic.jp/

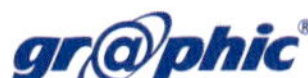

重ね塗りのしやすさに定評のある 「ホワイトアイビス水彩紙」に細目が登場!

ホワイトアイビス細目

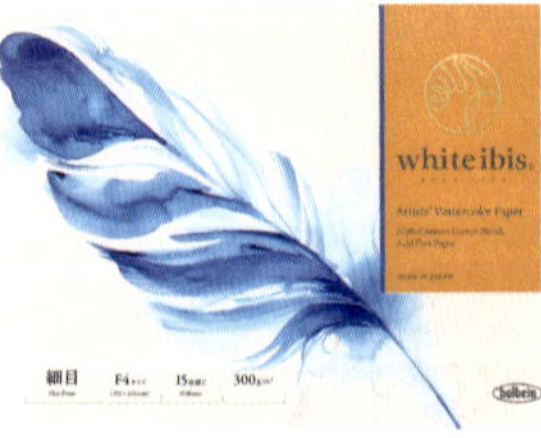

コットン高配合でコストパフォーマンスに優れた国産水彩紙「ホワイトアイビス水彩紙」に細密画やイラストに適した「細目」が新登場。発売中の中目はやや荒目寄りだったため、細目を希望する声が多かったことから開発されました。水彩絵具はもちろん、色鉛筆やミリペンなどにも適しています。

ラインナップ
ブロック:SM、F4、F6 / 水彩色紙:ミニ色紙、1/4色紙、大色紙
A4カット判/ポストカードパック

- ホルベイン画材株式会社
- https://www.holbein.co.jp/

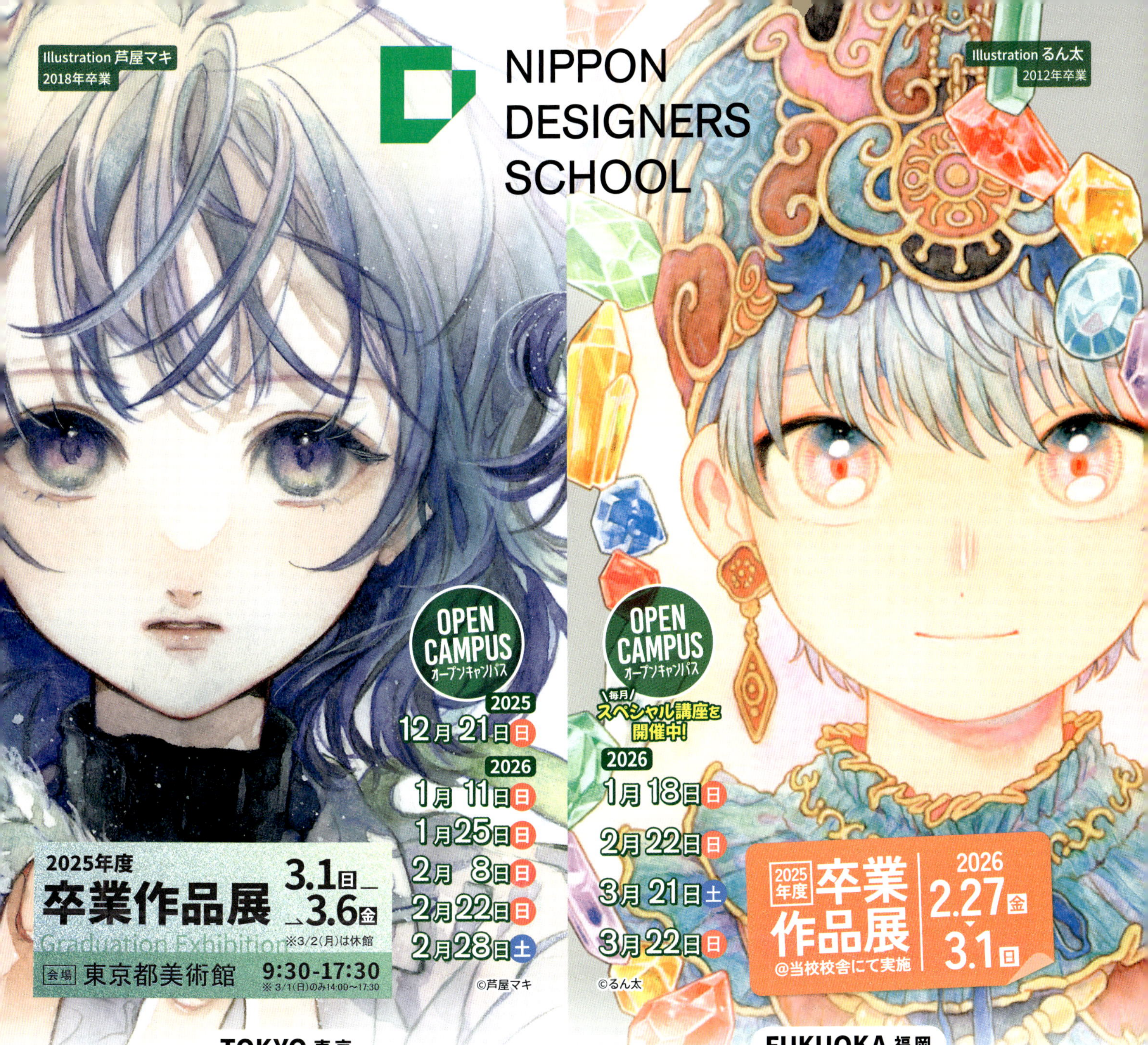

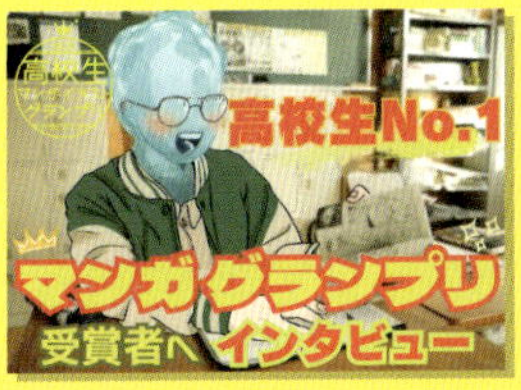

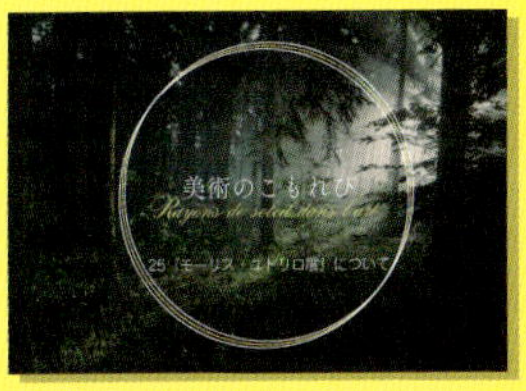

92
季刊エス
2026 Winter
S第92号／2026年1月1日発行　年4回発行(3,6,9,12月発売)
各界のビジュアル表現を総覧★ストーリー&キャラクター表現の総合誌
Story & Character, See & Draw, Style, Show & Move, Sense, Spirit, Soul!

character design by 中村佑介

表紙&ピンナップ｜堀口悠紀子
「22/7(ナナブンノニジュウニ)」

あこがれ歌ふよ。

Editor-in-Chief
天野昌直

Editor
高橋祐美
佐々木弥生
草野友美加
中村穂乃香

Contributing Editor
稲葉怜

Public Relations
杉本歩美

Support Staff
紺野恵未
今井野乃歌
大城麻優見
新井日和
斎藤真帆
石黒陽南
吹野文斐
夢島好美
大倉唯

Art Director & Title Logotype
佐々木暁

Designer
小嶋香織(oflo)
水谷文香

Publisher
三芳寛要

Printing Director
加藤弘貴(広済堂ネクスト)

●発売＝株式会社 パイ インターナショナル
〒170-0005　東京都豊島区南大塚2-32-4
TEL:03-3944-3981(代表)
●制作＝株式会社 パイ インターナショナル　エス編集部
〒150-0041　東京都渋谷区神南1-13-3アーク神南ビル2F
TEL:03-6455-0223(編集部直通電話)

●印刷＝株式会社広済堂ネクスト

PIE International inc.
2-32-4 Minami-Otsuka, Toshima-ku, Tokyo 170-0005
email international@pie.co.jp
www.pie.co.jp/english

Printed in Japan

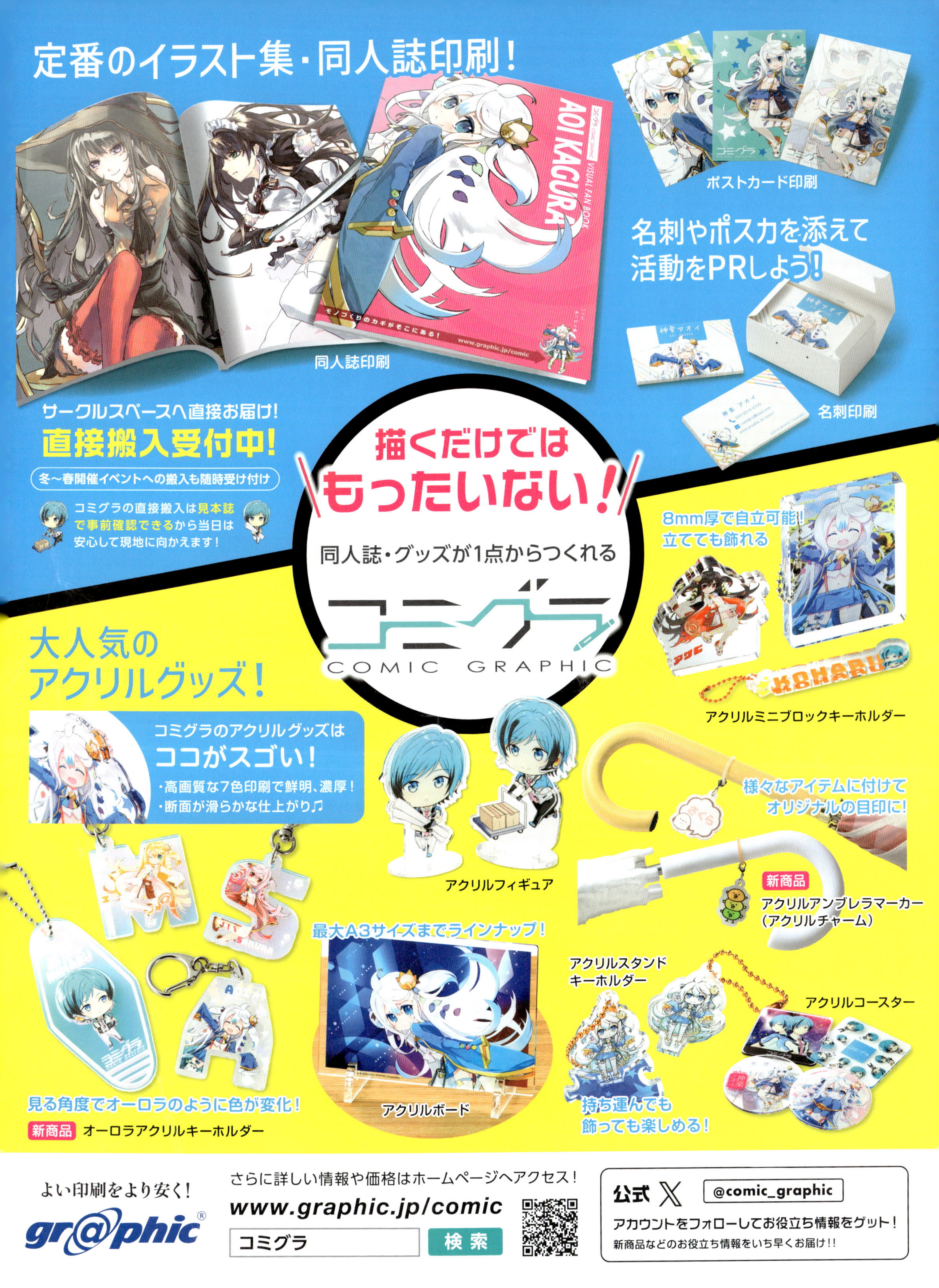